DER LITERATUR BROCKHAUS

Band 3

DER
LITERATUR
BROCKHAUS

Grundlegend überarbeitete
und erweiterte Taschenbuchausgabe
in 8 Bänden

Herausgegeben
von Werner Habicht,
Wolf-Dieter Lange und der
Brockhaus-Redaktion

Band 3: Duc – Gru

B.I.-Taschenbuchverlag
Mannheim · Leipzig · Wien · Zürich

Redaktionelle Leitung: Gerhard Kwiatkowski
Redaktionelle Bearbeitung: Ariane Braunbehrens M.A.,
Heinrich Kordecki M.A., Dr. Rudolf Ohlig,
Heike Pfersdorff M.A., Cornelia Schubert M.A.,
Maria Schuster-Kraemer M.A.,
Dr. Margarete Seidenspinner, Birgit Staude M.A.,
Marianne Strzysch

Redaktionelle Leitung der Taschenbuchausgabe:
Maria Schuster-Kraemer M.A.
Redaktionelle Bearbeitung der Taschenbuchausgabe:
Vera Buller, Dipl.-Bibl. Sascha Höning,
Rainer Jakob, Birgit Staude M.A.

Die Deutsche Bibliothek – CIP-Einheitsaufnahme
Der **Literatur-Brockhaus**: in acht Bänden / hrsg. von
Werner Habicht, Wolf-Dieter Lange und der Brockhaus-Redaktion. –
Grundlegend überarb. und erw. Taschenbuchausg. –
Mannheim; Leipzig; Wien; Zürich: BI-Taschenbuchverl.
ISBN 3-411-11800-8
NE: Habicht, Werner [Hrsg.]
Grundlegend überarb. und erw. Taschenbuchausg.
Bd. 3. Duc – Gru. – 1995
ISBN 3-411-11831-8

Satz: Bibliographisches Institut (DIACOS Siemens) und
Mannheimer Morgen Großdruckerei und Verlag GmbH
Druck: Klambt-Druck GmbH, Speyer
Bindearbeit: Augsburger Industriebuchbinderei
Printed in Germany
Gesamtwerk: ISBN 3-411-11800-8
Band 3: ISBN 3-411-11831-8

Duc

Ducamp (Du Camp), Maxime [frz. dy'kã], * Paris 8. Febr. 1822, † Baden-Baden 8. Febr. 1894, frz. Schriftsteller. – Zeitweilig Freund G. Flauberts, mit dem er eine seiner Orientreisen unternahm; machte sich v. a. durch seine Reisebeschreibungen (›Souvenirs et paysages d'Orient‹, 1848, u. a.) und als Historiker und Soziologe (mit Arbeiten über die Geschichte der Stadt Paris, den Kommuneaufstand, das Jahr 1848 u. a.) einen Namen; auch Lyriker (›Les chants modernes‹, 1855), Romancier und Kritiker. 1880 Mitglied der Académie française. **Literatur:** FINOT, A.: Les amis de Flaubert. M. Du Camp. Paris 1949.

Ducasse, Isidore Lucien [frz. dy'kas], frz. Dichter, † Lautréamont, Comte de.

Ducharme, Réjean [frz. dy'ʃarm], * Saint-Félix-de-Valois (Quebec) 12. Aug. 1941, kanad. Schriftsteller. – Der publicityfeindl. Romancier bevorzugt als Protagonisten selbstbezogene Heranwachsende, wie die bösartige, unglückliche Bérénice Einberg in ›L'avalée des avalés‹ (1966), einem der Höhepunkte des modernen Romans in Quebec. Poetisch und farcenhaft, voller Pessimismus gegenüber der Welt und zugleich voller Freude an der Sprache, ist D. auch in Drama (›HA ha!‹, 1982) und Film tätig. **Weitere Werke:** Le nez qui voque (R., 1967), L'océantume (R., 1968), La fille de Christophe Colomb (Eposparodie, 1969), L'hiver de force (R., 1973), Les enfantômes (R., 1976), Dévadé (R., 1990), Va savoir (R., 1994). **Literatur:** R. D. Sondernummer der Zeitschrift Études françaises, Montreal, Jg. 11 (Okt. 1975). – LAURENT, F.: L'œuvre romanesque de R. D. Montreal 1988.

Dučić, Jovan [serbokroat. 'dutʃitɕ], * Trebinje 5. Febr. 1871, † Gary (Ind.) 7. April 1943, serb. Schriftsteller. – Jurist, Diplomat; emigrierte im 2. Weltkrieg in die USA. Seine euphon. Lyrik (›Pesme ljubavi i smrti‹ [= Lieder von Liebe und Tod], 1929) steht unter dem Einfluß der frz. Parnassiens und der Symbolisten; formbewußter Dichter; auch Prosa (›Die blauen Legenden‹, 1908, dt. 1948). **Ausgaben:** J. D. Sabrana dela. Sarajevo 1969. 6 Bde. – J. D. Izabrana dela. Belgrad 1982. 5 Bde.

Ducis, Jean François [frz. dy'si, dy'sis], * Versailles 22. Aug. 1733, † ebd. 30. März 1816, frz. Dramatiker. – Bearbeitete die frz. Übersetzung der Werke Shakespeares durch Pierre Le Tourneur (* 1736, † 1788) nach den Regeln der klass. frz. Tragödie für die Bühne und machte sie so – obwohl er sich dadurch vom Geist Shakespeares weit entfernte – dem Theaterbesucher zugänglich; sein erster Erfolg mit ›Hamlet‹ (1769) zog ihm scharfe Angriffe Voltaires zu. Seine Tragödie ›Œdipe chez Admète‹ (1778) öffnete ihm im gleichen Jahr die Académie française als Nachfolger Voltaires. Als D.' bestes Werk gilt die Tragödie ›Abufar ou la feuille arabe‹ (1795). **Ausgaben:** J. F. D. Œuvres. Paris 1826/27. 8 Bde. – Œuvres posthumes de J. F. D. Hg. v. M. CAMPENON. Paris 1826. **Literatur:** JUSSERAND, J. A. A. J.: Shakespeare in France under the ancien régime. London 1899.

Duclos, Charles [frz. dy'klo], eigtl. Ch. Pinot, * Dinan (Côtes-du-Nord) 12. Febr. 1704, † Paris 26. März 1772, frz. Schriftsteller. – Mitglied der Académie française (1747) und deren ständiger Sekretär (1755); königl. Hofhistoriograph; seine oft aufgelegten galanten Romane (›Geständnisse des Grafen von ...‹, 1742, dt. 1792) und Erzählungen (›Acajou et Zirphile‹, 1744) treten zurück hinter seinen zeitgeschichtlich aufschlußreichen ›Betrachtungen über die Sitten dieses Jh.‹ (1751, dt. 1758) und ›Geheimen Memoiren zur Geschichte der Regierung Ludwigs XIV. und XV.‹ (hg. 1791, dt.

3 Bde., 1791–93); Mitarbeiter am ›Dictionnaire de l'Académie française‹.
Ausgabe: Ch. D. Œuvres complètes. Paris 1820–21. 9 Bde. Nachdr. Genf 1968.
Literatur: MEISTER, P.: Ch. D. (1704–1772). Genf 1956. – BRENGUES, J.: Ch. D. ou l'obsession de la vertu. Saint-Brieuc 1971.

Du Deffand, Marie Anne Marquise [frz. dydɛ'fã], geb. de Vichy-Chamrond, * Schloß Chamrond bei Mâcon 25. Dez. 1697, † Paris 23. Sept. 1780. – Heiratete mit 22 Jahren den Marquis Du D., von dem sie sich jedoch bald wieder trennte. In ihrem literar. Salon in Paris verkehrten u. a. Voltaire, B. Le Bovier de Fontenelle, J. Le Rond d'Alembert, A. R. J. Turgot und Montesquieu. Bed. ist ihre Korrespondenz, v. a. mit der Herzogin von Choiseul (hg. 1859) und H. Walpole (hg. 1912).
Ausgaben: M. du D. Correspondance complète. Hg. v. A.-M. DE LESCURE. Paris 1865. 2 Bde. Nachdr. Genf 1971. – Lettres à H. Walpole, Voltaire et quelques autres. Hg. v. F. BOTT u. J.-C. RENAULT. Paris 1979.
Literatur: FERVAL, C.: Mme du D., l'esprit et l'amour au XVIIIᵉ siècle. Paris ⁹1933. – DUISIT, L.: Mme du D. épistolière. Genf 1963. – BÖHMER, V.: Konversation u. Literatur. Zur Rolle der Frau im frz. Salon des 18. Jh. In: Die frz. Autorin vom MA bis zur Gegenwart. Hg. v. R. BAADER u. D. FRICKE. Wsb. 1979. S. 109. – CRAVERI, B.: Mme du D. e il suo mondo. Mailand 1982.

Dudek, Louis [engl. 'du:dɛk], * Montreal 6. Febr. 1918, kanad. Lyriker und Literaturwissenschaftler. – Einer poln. Einwandererfamilie entstammend, absolvierte D. die McGill University in Montreal, war in Werbung und Journalismus tätig, 1943–51 an New Yorker Universitäten (in diese Zeit fällt ein Briefwechsel mit E. Pound) und nach seiner Rückkehr nach Montreal bis 1982 Hochschullehrer an der McGill University. Bedeutsam für die Entwicklung der modernen kanad. Lyrik ist sowohl seine Tätigkeit als Hg. von Zeitschriften (1943 Mit.-Hg. von ›First Statement‹) und Verlagsgründer (1952 Mitbegründer von Contact Press) als auch seine eigene Lyrik. Diese ist in den frühen Lyrikbänden ab ›East of the city‹ (1946) konzis und pessimistisch, in den späteren ab ›Europe‹ (1955) und ›En México‹ (1958) universeller.
Literatur: DAVEY, F.: L. D. and Raymond Souster. Seattle (Wash.) 1981.

Duden, Anne, * Oldenburg (Oldenburg) 1. Jan. 1942, dt. Schriftstellerin. – Arbeitet als Verlagslektorin in Berlin und London. Thema ihrer in kühler, distanzierter Sprache geschriebenen Prosatexte ist radikale Selbstentfremdung, Schmerzerfahrung.
Werke: Übergang (Prosa 1982), Das Judasschaf (Prosa 1985), Steinschlag (1993).

Dudevant, Aurore Baronin [frz. dyd'vã], frz. Schriftstellerin, † Sand, George.

Dudinzew (tl.: Dudincev), Wladimir Dmitrijewitsch, * Kupjansk (Gebiet Charkow) 29. Juli 1918, russ. Schriftsteller. – D., dessen erste Erzählungen 1938 erschienen sind, ist bekannt durch seinen Roman ›Der Mensch lebt nicht vom Brot allein‹ (1956, dt. 1957), der Kritik an Bürokratie und Funktionären übt und kennzeichnend für die ›Tauwetterperiode‹ der sowjet. Literatur nach Stalins Tod ist.
Weitere Werke: Ein Neujahrsmärchen (E., 1960, dt. 1960), Worte aus dem Dunkel (En., dt. Auswahl 1960), Die weißen Gewänder (R., 1988, dt. 1989).

Duffy, Maureen [Patricia] [engl. 'dʌfɪ], * Worthing (Sussex) 21. Okt. 1933, engl. Schriftstellerin. – Schreibt Romane, Dramen und Gedichte über menschl. Einsamkeit und Ruhelosigkeit, häufig in Verbindung mit dem Thema Sexualität.
Werke: That's how it was (R., 1962), The single eye (R., 1964), The microcosm (R., 1966), The paradox players (R., 1967), Wounds (R., 1969), Rites (Dr., 1969), Love child (R., 1971), The Venus touch (Ged., 1971), I want to go to Moscow. A lay (R., 1973), Capital (R., 1975), Die Lady ist fürs Feuer (R., 1978, dt. 1979), Memorials of the quick and the dead (Ged., 1979), Londoners (R., 1983), Collected poems (Ged., 1985), Change (R., 1987), Illuminations (R., 1991).

Dufresny, Charles [frz. dyfrɛ'ni], Sieur de La Rivière, * Paris 1648, † ebd. 6. Okt. 1724, frz. Dramatiker. – Genoß als Abkömmling Heinrichs IV. die Gunst Ludwigs XIV., der ihm die Verwaltung der königl. Gärten anvertraute; schrieb geistvolle Lustspiele, meist in Prosa: ›Le chevalier joueur‹ (1697), ›L'esprit de contradiction‹ (1700, dt. 1746 von Luise A. Gottsched u. d. T. ›Die Widerwillige‹), ›Le double veuvage‹ (1702) u. a.; seine Erzählung ›Les amusements sérieux et comiques d'un Siamois à Paris‹ (1699) war das Vorbild für Montesquieus ›Pers. Briefe‹.

Literatur: DOMANN, W.: Ch. R. D.s Lustspiele. Diss. Lpz. 1904. – VIC, J.: Les idées de Ch. R.-D. In: Revue du XVIIIe siècle. Paris 1913–18. 5 Bde. Nachdr. Genf 1970. 3 Bde. – KING, W. L.: The treatment of Commedia dell'arte characters in the dramatic work of Regnard, D. and Marivaux. Diss. University of North Carolina 1968.

Du Fu, chin. Dichter, ↑ Tu Fu.

du Gard, Roger Martin, frz. Schriftsteller, ↑ Martin du Gard, Roger.

Dugonics, András [ungar. 'dugonitʃ], * Szegedin 18. Okt. 1740, † ebd. 25. Juli 1818, ungar. Schriftsteller. – Theologe und Universitätsdozent; hatte bes. Erfolg mit dem Roman ›Etelka‹ (1788), der dem neuerwachten histor. Interesse und der patriot. Stimmung in Ungarn entgegenkam.

Duhamel, Georges [frz. dya'mɛl], * Paris 30. Juni 1884, † Valmondois (Vald'Oise) 13. April 1966, frz. Schriftsteller. – Studierte Medizin; gründete 1906 gemeinsam mit Ch. Vildrac u. a. in Créteil die Künstlergemeinschaft ›Abbaye‹, von der der Unanimismus ausging; nahm am 1. Weltkrieg als Frontarzt teil; mehrere Weltreisen; 1935–37 Leiter der Zeitschrift ›Mercure de France‹; 1935 Mitglied der Académie française. Schildert mit philantrop. Engagement, nüchtern, unsentimental und unpathetisch, in traditioneller, am Roman des 19. Jh. geschulter Erzählweise das zeitgenöss. Bürgertum; psychologisch geschickt versucht er, seine Gestalten auch mit ihren inneren Beweggründen darzustellen; schrieb außerdem Reisebeschreibungen, Essays und Dramen.

Werke: Des légendes, des batailles (Ged., 1907), Das Licht (Dr., 1911, dt. 1921), Leben der Märtyrer 1914–1916 (Nov.n, 1917, dt. 1919), Le combat (Dr., 1919), Besitz der Welt (Essay, 1919, dt. 1922), Vie et aventures de Salavin (R.-Zyklus, 5 Bde., 1920–32: Bd. 1: Mitternächtl. Beichte, 1920, dt. 1948; Bd. 2: Zwei Freunde, 1924, dt. 1925; Bd. 3: Le journal de Salavin, 1927; Bd. 4: Le club des Lyonnais, 1929; Bd. 5: Tel qu'en lui-même, 1932 [die beiden letzten dt. 1933 u. d. T. Dir kannst Du nicht entfliehen]), Essai sur le roman (Schr., 1925), Spiegel der Zukunft (Essay, 1930, dt. 1931), Europ. Herzensgeographie (Essay, 1931, dt. 1948), Die Chronik der Familie Pasquier (R.-Zyklus, 10 Bde., 1933–41, dt. 3 Bde.: Über die Treppen von Paris, dt. 1952; Götter in Paris, dt. 1954; Schatten im Licht Paris, dt. 1955), Lumières sur ma vie (Autobiogr., 4 Bde., 1945–53), Schrei aus

Georges
Duhamel

dem Abgrund (R., 1951, dt. 1953, 1956 u. d. T. Schrei aus der Tiefe), Théophile (R., 1958, dt. 1960).

Literatur: WEHRLI, L.: Welt, Mensch u. Stil im Werke G. D.'s. Diss. Zü. 1937. – SANTELLI, C.: G. D. Avec bibliographie de G. D. Paris 1947. – SAURIN, M.: Les écrits de G. D. Essai de bibliographie générale. Paris 1951. – KEATING, L. C.: Critic of civilization. G. D. and his writings. Lexington (Ky.) 1965. – G. D. (1884–1966). Paris 1967. – ZÉPHIR, J. J.: Psychologie de Salavin, de G. D. Paris 1970. – ZÉPHIR, J. J.: Bibliographie duhamélienne. Paris 1972. – LAFAY, A.: La sagesse de G. D. Paris 1984.

Duinkerken, Anton van [niederl. 'dœÿnkɛrkə], eigtl. Wilhelmus Johannes Maria Antonius Asselbergs, * Bergen op Zoom 2. Jan. 1903, † Nimwegen 27. Juli 1968, niederl. Schriftsteller. – Führender Vertreter der katholischen Erneuerungsbewegung, scharfsinniger Essayist; behandelte meist ästhetische und soziale Probleme. D. verfaßte auch Satiren und einfache, schmucklose Lieder.

Werke: Lyrisch labyrinth (Ged., 1930), Hart van Brabant (Ged., 1936), Verzamelde gedichten (1957), Verzamelde geschriften (1963).

Literatur: BRACHIN, P.: A. van D. Brügge 1959 (mit Bibliogr.).

Dujardin, Édouard [frz. dyʒar'dɛ̃], * Saint-Gervais-la-Forêt (Loir-et-Cher) 10. Nov. 1861, † Paris 31. Okt. 1949, frz. Schriftsteller. – Spielte als Freund S. Mallarmés, als Theoretiker des Vers libre und Begründer (1885) und Leiter (bis 1888) der Zeitschrift ›La revue wagnérienne‹ eine wichtige Rolle in der Frühzeit der symbolist. Bewegung; schrieb Essays, Dramen, Gedichte, Erzählungen (›Les hantises‹, 1886) und religionsgeschichtl. Schriften. Verwendete in seinem einzigen Roman ›Geschnittener Lorbeer‹ (1888, dt. 1966, 1984 u. d. T. ›Die Lorbeerbäume sind geschnitten‹) als einer der ersten den inneren Monolog und wurde damit nicht nur zum Vorbild für J. Joyce, sondern auch für S. Beckett und die Vertreter des Nouveau roman. Literatur: HÖHNISCH, E.: Das gefangene Ich. Studien zum inneren Monolog in modernen frz. Romanen. Hdbg. 1967. – MCKILLIGAN, K. M.: É. D., ›Les lauriers sont coupés‹ and the interior monologue. Hull (N.J.) 1977. – WEISSMAN, F. S.: Du monologue intérieur à la sous-conversation. Paris 1978.

Dukus Horant, um 1300 entstandenes, fragmentarisch (rd. 280 vierzeilige Strophen) in einer Handschrift von 1382/83 erhaltenes Brautwerbungsepos aus dem Hilde-Kudrun-Sagenkreis; formal und stilistisch zur mhd. Helden- und sog. Spielmannsepik gehörig, war der Text infolge seiner Aufzeichnung in hebr. Schrift und durch seinen Überlieferungskontext für jüd. Publikum bestimmt (↑ jiddische Literatur). Ausgabe: D. H. Hg. v. P. F. GANZ u. a. Tüb. 1964. Literatur: CALIEBE, M.: D. H. Bln. 1973. – STRAUCH, G. L.: D. H. – Wanderer zw. den Welten. Amsterdam. 1990.

Du Ligier de La Garde, Antoinette [frz. dyliȝjedla'gard], frz. Dichterin, ↑ Déshoulières, Antoinette.

Dumarchais, Pierre [frz. dymar'ʃε], frz. Schriftsteller, ↑ Mac Orlan, Pierre.

Dumas, Alexandre [frz. dy'mɑ], d. Ä., eigtl. A. Davy de La Pailleterie, * Villers-Cotterêts (Aisne) 24. Juli 1802, † Puys bei Dieppe 5. Dez. 1870, frz. Schriftsteller. – Enkel eines Schwarzen und eines Kreolen; Sohn eines Generals der Revolutionszeit; wuchs ohne regelmäßigen Unterricht auf, war zunächst Schreiber, dann Bibliothekar des Herzogs von Orléans; erster großer Bühnenerfolg mit ›Henri III et sa cour‹ (1829); seine zahlreichen Dramen und Romane, die in der Folgezeit entstanden, waren freie Bearbeitungen von Ereignissen der frz. Geschichte; reiche Erfindungsgabe, wirksame Dramentechnik, lebhafter Dialog, kraftvolle Sprache, aber auch Flüchtigkeiten, Mangel an Tiefe und Originalität sind für sein Riesenwerk bezeichnend, das, z. T. unter Mitarbeit von A. Maquet

(* 1813, † 1888), P. Lacroix (* 1806, † 1884) u. a., auf mehr als 300 Bände anwuchs. Von seinen in der Nachfolge W. Scotts stehenden histor. Abenteuerromanen sind in Deutschland ›Die drei Musketiere‹ (8 Bde., 1844, dt. 1844; 1. Fortsetzung: ›Zwanzig Jahre später‹, 10 Bde., 1845, dt. 1845; 2. Fortsetzung: ›Der Vicomte von Bragelonne oder zehn Jahre später‹, 18 Bde., 1845/46, dt. um 1850) und ›Der Graf von Monte Christo‹ (18 Bde., 1845/46, dt. 15 Bde., 1846) am bekanntesten geworden.

Weitere Werke: Antony (Dr., 1831, dt. 1836), Napoleon (Dr., 1831, dt. 1841), Kean (Dr., 1836, dt. 1839), Die Fräulein von St. Cyr (Dr., 1843, dt. 1843), Memoiren eines Arztes (R.-Zyklus: Joseph Balsamo, 19 Bde., 1846–48, dt. 5 Bde., 1847–51; Das Halsband der Königin, 11 Bde., 1849/50, dt. 15 Bde., 1849/50; Ange Pitou, 8 Bde., 1851, dt. 12 Bde., 1851; Die Gräfin von Charny, 19 Bde., 1852–55, dt. 16 Bde., 1852/53), Memoiren (22 Bde., 1852–54, dt. 1855). Ausgaben: A. D. Œuvres complètes. Paris 1862–89. 301 Bde. – A. D. Werke. Dt. Übers. Bearb. v. F. WENCKER. Hamb. 1927–29. 18 Bde. – A. D. père. Œuvres complètes. Paris 1947. 9 Bde. Literatur: CLOUARD, H.: A. D. Paris 1955. – MAUROIS, A.: Die drei D. Dt. Übers. v. PH. SELKE. Hamb. 1959. – JAN, I.: A. D., romancier. Paris 1973. – HENRY, G.: ›Monte-Cristo‹ ou l'extraordinaire aventure des ancêtres de D. Paris 1976. – NEUSCHÄFER, H.-J.: Populärromane im 19. Jh. Von D. bis Zola. Mchn. 1976. – STOWE, R. S.: A. D., père. Boston 1976. – ADLER, A.: D. und die Böse Mutter. Über zehn histor. Romane v. A. D. d. Ä. Bln. 1979. – MUNRO, D.: A. D. Père. A bibliography of works, published in French, 1825–1900. New York 1981. – SCHOPP, C.: A. D., le génie de la vie. Paris 1985.

Dumas, Alexandre [frz. dy'mɑ], d. J., * Paris 27. Juli 1824, † Marly-le-Roi bei Paris 27. Nov. 1895, frz. Schriftsteller. – Unehel. Sohn von Alexandre D. d. Ä.; erhielt eine sorgfältige Erziehung durch seinen Vater; wurde früh in die literar. Kreise in Paris eingeführt. Behandelte als gewandter Theaterpraktiker, dessen Stücke auf Beobachtung der Wirklichkeit beruhen, fast ausschließlich das Verhältnis von Mann und Frau; Moralist, der an der Gesellschaft und ihrer Scheinmoral Kritik übte; das Thesenhafte seiner konstruierten Dramen wurde durch Einführung der Gestalt des ›raisonneurs‹, des philosoph. Beobachters, noch unterstrichen. Sein Roman ›Die Kameliendame‹

(1848, dt. 1907, 1850 u. d. T. ›Die Dame mit den Camilien‹) wurde ein großer Bühnenerfolg als Drama (1852) und Oper (1853 vertont von G. Verdi u. d. T. ›La Traviata‹ nach einem Libretto von F. M. Piave). 1874 wurde D. Mitglied der Académie française.
Weitere Werke: Demi-monde (Kom., 1855, dt. 1855, 1875 u. d. T. Die Halbwelt), Liebling der Frauen (Dr., 1864, dt. 1891), Monsieur Alphonse (Dr., 1875), Denise (Dr., 1885), Francillon (Dr., 1887, dt. 1889).
Ausgabe: A. D. fils. Théâtre complet. Paris 1898. 8 Bde.
Literatur: GHEORGIU, O.: Le théâtre de D. fils et la société contemporaine. Nancy 1931. – GHEORGIU, O.: Les romans de D. fils. Paris 1935. – ARVIN, N. C.: A. D. fils. Paris 1939. – HARTOY, M. d': D. fils inconnu ou le collier de la Dame aux Camélias. Paris 1964. – ↑auch Dumas, Alexandre, d. Ä.

du Maurier, Dame (seit 1969) Daphne [engl. dju:'mɔːrɪeɪ], * London 13. Mai 1907, † Par (Cornwall) 19. April 1989, engl. Schriftstellerin. – Enkelin von George du Maurier. In ihren Romanen verbinden sich Handlungsreichtum (oft um Geheimnisse und Intrigen), atmosphär. Gestimmtheit und psycholog. Charakterzeichnung. Abenteuer und Romantik bestimmen das Geschehen in ›Gasthaus Jamaica‹ (1936, dt. 1941), ›Rebecca‹ (1938, dt. 1940) und ›Die Bucht des Franzosen‹ (1941, dt. 1942). Einen histor. Hintergrund nutzt sie in den Romanen um die Cromwell-Ära (›Des Königs General‹, 1946, dt. 1947), die Frz. Revolution (›Die Glasbläser‹, 1963, dt. 1963, 1988 u. d. T. ›Ein Kelch aus Kristall‹) und die engl. Zukunft (›Die standhafte Lady‹, 1972, dt. 1984). Fragen nach Moral und Charakter werden zum Hauptthema im Roman ›Der Sündenbock‹ (1957, dt. 1957).
Weitere Werke: Karriere (R., 1933, dt. 1951), Gerald, der Lebensroman meines Vaters (1934, dt. 1955), Meine Cousine Rachel (R., 1951, dt. 1952), Küß mich noch einmal, Fremder (En., 1952, dt. 1953), Mary Anne (R., 1954, dt. 1954), Das Geheimnis des Falken (R., 1965, dt. 1965), Ein Tropfen Zeit (R., 1969, dt. 1970), Spätestens in Venedig (En., 1971, dt. 1971), Eine Schriftstellerin nimmt Gestalt an. Autobiograph. Aufzeichnungen (1977, dt. 1978), Träum erst, wenn es dunkel wird (En., dt. Ausw. 1982).
Literatur: SHALLCROSS, M.: The private world of D. du M. London 1991. – FORSTER, M.: D. du M. Ein Leben. Dt. Übers. Zü. 1994.

Dame
Daphne
du Maurier

du Maurier, George [engl. dju:'mɔːrɪeɪ], * Paris 6. März 1834, † London 6. Okt. 1896, engl. Schriftsteller und Zeichner. – Aus alter frz. Familie. Seine drei Romane (›Peter Ibbetson‹, 1891, dt. 1936; ›Trilby‹, 1894, dt. 2 Bde., 1894; ›The martian‹, 1897) stehen zurück gegenüber seinen Karikaturen, deren Satire gegen die engl. Gesellschaft gerichtet ist. Mitarbeiter und Schriftleiter des ›Punch‹, für den er auch textete.
Literatur: WHITELEY, D. P.: G. du M., his life and work. London 1948.

Dumbadse (tl.: Dumbadze), Nodar Wladimirowitsch, * Tiflis 14. Juli 1928, † ebd. 14. Sept. 1984, georg.-sowjet. Schriftsteller. – War 1967–72 Redakteur der satir. Zeitschrift ›Niangi‹ (= Krokodil), seitdem leitender Sekretär des georg. Schriftstellerverbandes; veröffentlichte seit 1947 (auch unter dem Pseudonym Dschwebe Dumbawa) humorist. und satir. Gedichte und Romane. Der Roman ›Ich sehe die Sonne‹ (1962) wurde 1968 ins Deutsche übersetzt.

Dumb show [engl. 'dʌm 'ʃoʊ = stumme Schau(stellung)], allegor. Pantomime mit Musik, die im engl. Drama des 16. Jh. vor dem Beginn der Aufführung eines Stückes oder auch einzelner Akte oder Szenen (z. B. vor der Theateraufführung im 3. Akt von Shakespeares ›Hamlet‹, entst. um 1601, gedr. 1604, dt. 1766) gespielt wurde; meist sollte sie Inhalt oder Sinn des Folgenden verdeutlichen.
Literatur: MEHL, D.: The Elizabethan d. s. London 1965.

Dumitriu, Petru [rumän. dumi'triu], * Baziaş (Kreis Caraş-Severin) 8. Mai

1924, rumän. Schriftsteller. – Studierte in München; war nach dem kommunist. Umsturz bevorzugter Schriftsteller des Regimes; ging 1960 nach Paris, um frei von polit. Diktat schreiben zu können; lebt heute in der BR Deutschland. Ausgehend von den großen frz. Romanciers, gestaltete er seine Themen im Sinne des sozialist. Realismus, dem er jedoch später entsagte; schreibt heute in frz. Sprache.

Werke: Die Bojaren (R., 3 Bde., 1956, dt. 2 Bde., 1960–62), Treffpunkt Jüngstes Gericht (R., 1961, dt. 1962), Inkognito (R., 1962, dt. 1963), Fernwest (R., 1964, dt. 1965), Transmoderne. Zur Situation des Romans (Essay, 1965), Das sard. Lächeln (R., 1967, dt. 1967), Der Mann mit den grauen Augen (R., 1968, dt. 1969), Le retour de Milo (R., 1969), Le beau voyage (R., 1969), Au dieu inconnu (Essay, 1979), La liberté (R., 1983).

Dumka (Duma) [ukrain.], histor. Epos der Ukrainer, entstanden im 15./16. Jh. im Kosakenmilieu, zu unterscheiden vom histor. Lied und der ↑Byline der Russen; freier Vers mit grammat. Reim und metrisch-syntakt. Formeln; von blinden Berufssängern vorgetragen. Die D. spiegelt in einer älteren Schicht den Türken- und Tatarenkampf wider; im 17. Jh. steht der Kampf gegen die Polen unter Bohdan (Synowi) M. Chmelnyzky im Mittelpunkt.

Literatur: HORBATSCH, A.-H.: Die ep. Stilmittel der ukrain. Duma. Diss. Mchn. 1950 [Masch.].

Du Mu, chin. Dichter, ↑Tu Mu.

Dunbar, Paul Laurence [engl. 'dʌnbɑ:], * Dayton (Ohio) 27. Juni 1872, † ebd. 9. Febr. 1906, amerikan. Dichter. – Journalist und Bibliothekar; neben Romanen schrieb D. erfolgreiche, oft balladeske Gedichte über Lebensart und Brauchtum der Afroamerikaner; seine beste Lyrik, die sich durch sicheres Gefühl für Rhythmus auszeichnet, ist im schwarzamerikan. Idiom verfaßt.

Werke: Oak and ivy (Ged., 1893), Lyrics of lowly life (Ged., 1896), The uncalled (R., 1898), The strength of Gideon and other stories (En., 1900), The love of Landry (R., 1900), The fanatics (R., 1901), The sport of the gods (R., 1902), Lyrics of love and laughter (Ged., 1903), Lyrics of sunshine and shadow (Ged., 1905).

Ausgaben: The complete poems of P. L. D. Hg. v. W. D. HOWELLS. New York 1913. Neuausg. 1980. – The P. L. D. reader. Hg. v. J. MARTIN u. G. H. HUDSON. New York 1975.

Literatur: BRAWLEY, B. G.: P. L. D., poet of his people. Chapel Hill (N. C.) 1936. – CUNNINGHAM, V.: P. L. D. and his song. New York 1947. – A singer in the dawn. Reinterpretations of P. L. D. Hg. v. J. MARTIN. New York 1975. – REVELL, P.: P. L. D. Boston (Mass.) 1979.

Dunbar, William [engl. dʌn'bɑ:], * um 1460, † um 1525, schott. Dichter. – Von vornehmer Abkunft; war kurze Zeit Franziskaner; später Hofdichter und Ratgeber Jakobs IV., zu dessen Vermählung mit Margarete von England er nach dem Vorbild G. Chaucers das allegor. Huldigungsgedicht ›The thrissil and the rois‹ (1503) schrieb; D. war ein Meister der allegor. Satire; ein derb-realist., oft grotesker Humor zeichnet sein Werk ebenso aus wie meisterl. Sprachgewalt und farbige Darstellung; genialer Beherrscher der mittelschott. Mundart.

Weitere Werke: The dance of the sevin deidly synnis (Satire, entst. zw. 1503 und 1508), The goldyn targe (Allegorie, entst. um 1508).

Ausgaben: The poems of W. D. Hg. v. J. SMALL. Edinburgh 1884/85. 5 Bde. – The poems of W. D. Hg. v. J. KINSLEY. Oxford 1979.

Literatur: BAXTER, J. W.: D. A biographical study. Edinburgh 1952. – BAWCUTT, P.: D. the ›makar‹. Oxford 1992.

Duncan, Robert [engl. 'dʌŋkən], * Oakland (Calif.) 7. Jan. 1919, † San Francisco (Calif.) 3. Febr. 1988, amerikan. Lyriker. – Nach Studium in Berkeley hat er die zwei bedeutendsten Zentren der Gegenwartslyrik in den USA mitgeprägt: das Black Mountain College, wo er mit Ch. Olson und R. Creeley die ›Black Mountain Review‹ gründete, und die San Francisco Bay Area, wo er seit den 60er Jahren lebte. Unter dem Einfluß der Imagisten E. Pound, William Carlos Williams und Hilda Doolittle verwendet er für seine mag. und myst. Bereiche evozierende Dichtung musikal. Formprinzipien von Igor Strawinski und Arnold Schönberg. In den Gedichtsammlungen ›The opening of the field‹ (1960) und ›Roots and branches‹ (1964) entwickelt er seine zentralen Themen des homosexuellen Liebe und des Glaubens an die ordnungstiftende poet. Schöpfungskraft; schrieb auch Dramen und Literaturkritik; polit. Engagement in der Antikriegsbewegung.

Weitere Werke: Heavenly city, earthly city (Ged., 1947), Poems 1948/49 (Ged., 1949), Me-

dieval scenes (Ged., 1950), Caesar's gate (Ged., 1955), Faust Foutu (Dr., 1958), Letters. Poems 1953–56 (Ged. und Prosa 1960), The years as catches. First poems (Ged., 1966), Dante (Ged., 1974), Fudschi-Order (R., 1975, dt. 1978), Ground work I: Before the war (Ged., 1984), Ground work II: In the dark (Ged., 1987).
Literatur: FAAS, E.: Young R. D. Santa Barbara (Calif.) 1983. – JOHNSON, M. A.: R. D. Boston (Mass.) 1988).

Duncan, Ronald Frederick Henry [engl. 'dʌŋkən], * Salisbury (Rhodesien) 6. Aug. 1914, † Bideford (Devon) 3. Juni 1982, engl. Schriftsteller. – Befaßt sich in seinen Versdramen vorwiegend mit dem menschl. Absolutheitsstreben, beispielsweise im Bereich der Religion (›Hier ist der Weg zum Grab‹, 1946, dt. 1947), der ird. Gerechtigkeit (›Stratton‹, 1949, dt. EA 1951) oder der Liebe (›Don Juan‹, 1953, dt. 1954; ›Satans Ende‹, 1954, dt. 1958; ›The catalyst‹, 1964). Konventionelle Wertvorstellungen bzw. die materialist. Weltsicht werden in ›The seven deadly virtues‹ (1968) und ›The gift‹ (1968) satirisch hinterfragt; schrieb auch Gedichte (›Unpopular poems‹, 1969; ›Man‹, 1970–74; ›Collected poems‹, 1981), Romane (›Saint spiv‹, 1961), Kurzgeschichten (›A kettle of fish‹, 1971), Libretti (›Der Raub der Lucretia‹, für B. Brittens Oper, 1946, dt. 1961) und Autobiographien (›All men are islands‹, 1964; ›How to make enemies‹, 1968).
Literatur: HAUETER, M. W.: R. D. London 1969. – WAHL, W. B.: R. D. Verse dramatist and poet. Salzburg 1973. – WAHL, W. B.: A lone wolf howling: The thematic content of R. D.'s plays. Salzburg 1973.

Dunkelmännerbriefe ↑ Epistolae obscurorum virorum.

Dunlap, William [engl. 'dʌnləp], * Perth Amboy (N. J.) 19. Febr. 1766, † New York 28. Sept. 1839, amerikan. Schriftsteller. – Gilt als der Begründer des amerikan. Theaters; vielseitiger Dramaturg und Regisseur, der 30 eigene Schauspiele und zahlreiche Bearbeitungen frz. und dt. Dramen (u. a. von Schiller und A. von Kotzebue) produzierte. Seine frühere Karriere als Porträtist (Studium bei Benjamin West in London) nahm er nach dem Bankrott seines Theaters (1805) wieder auf. Daneben verfaßte er auch einen Roman (›Thirty years ago‹,

1836), eine Biographie über den Romancier Ch. B. Brown (1815) und bed. histor. Abhandlungen über die Kunst des Design und das Theater in den USA sowie über den Staat New York.
Weitere Werke: The father; or American shandyism (Kom., 1789), Leicester (Dr., UA 1794, hg. 1807), André (Dr., 1798), The Italian father (Dr., UA 1799, hg. 1810), The history of the American theatre (1832), History of the rise and progress of the arts of design in the United States (2 Bde., 1834).
Literatur: COAD, O. S.: W. D. A study of his life and works and of his place in contemporary culture. New York 1917.

Dunn, Douglas [engl. dʌn], * Inchinnan (Renfrewshire) 23. Okt. 1942, schott. Lyriker. – War Bibliothekar in Hull; seit 1971 freier Schriftsteller. Seine das Industriestadtmilieu erfassende, formal klare Lyrik (›Terry street‹, Ged., 1969) steht zunächst derjenigen seines Freundes Ph. Larkin nahe. Nachfolgende Gedichte, bes. in ›Saint Kilda's parliament‹ (Ged., 1981), nehmen mit persönl. Note oft Eindrücke aus der schott. Lebenswelt auf.
Weitere Werke: The happier life (Ged., 1972), Love or nothing (Ged., 1974), Barbarians (Ged., 1979), Secret villages (En., 1985), Elegien (Ged., 1985, dt. 1991), Selected poems: 1964–1983 (1986), Northlight (Ged., 1988).

Dunn, Nell [engl. dʌn], * London 1936, engl. Schriftstellerin. – Vermittelt ein realistisch illusionsloses Bild des modernen Lebens in ihrer Beschreibung des jugendl. Arbeitermilieus in ›Leben in Battersea‹ (En., 1963, dt. 1968) sowie in ihren Romanen um Frauen und deren zerstörte Existenzen (›Poor cow‹, 1967), seel. Krisen (›The incurable‹, 1971), sexuelle Zwangsvorstellungen (›Tear his head off his shoulders‹, 1974) und inzestuöse Sohnbindungen (›The only child‹, 1978); schrieb auch Dramen, u. a. die ausschließlich weiblich besetzte Komödie ›Steaming‹ (UA 1981).

Dunne, Finley Peter [engl. dʌn], * Chicago (Ill.) 10. Juli 1867, † New York 24. April 1936, amerikan. Schriftsteller und Journalist. – Kommentierte und kritisierte in ir. Dialekt in der Gestalt des ir. Gastwirtes Mr. Dooley mit großem Erfolg Zeitereignisse und Mißstände: ›Mr. Dooley in peace and in war‹ (1898), ›What Dooley says‹ (1899), ›Mr. Dooley on making a will‹ (1919).

Literatur: Irish-American fiction. Essays in criticism. Hg. v. D. J. CASEY u. R. E. RHODES. New York 1979. – ECKLEY, G.: F. P. D. Boston (Mass.) 1981.

Dunsany, Edward John Moreton Drax Plunkett, Baron [engl. dʌn'sɛɪnɪ], *London 24. Juli 1878, † Dublin 25. Okt. 1957, angloir. Dramatiker und Schriftsteller. – Prof. für engl. Literatur an der Univ. Athen; behandelte realistisch v. a. fremdartige, romant. und exot. Stoffe; verwandte eine selbsterfundene Mythologie. D. verfaßte Romane und Erzählungen (›The gods of Pegana‹, 1905; ›The sword of Welleran‹, 1908), zahlreiche Dramen, Gedichte und Reiseberichte. Widmete sich auf Anregung von W. B. Yeats ir. Themen (›Der Fluch der weisen Frau‹, Kurzgeschichten, 1933, dt. 1947).

Weitere Werke: The glittering gate (Dr., 1909), The tents of the Arabs (Dr., 1920), If (Dr., 1921), Die Königstochter aus Elfenland (R., 1924, dt. 1978), Der Schatten der Scheuermagd (R., 1926, dt. 1986), Fifty poems (1930), Jorkens borgt sich einen Whisky (Kurzgeschichten, 1954, dt. 1957), Das Fenster zur anderen Welt (En., dt. Ausw. 1971).

Duodrama [lat.; griech.], Drama, in dem nur zwei Personen auftreten. Es war im 18. Jh. als Sonderform des † Monodramas beliebt, die dadurch entstand, daß dem Hauptdarsteller eine Nebenfigur beigegeben wurde. Bekanntestes Beispiel aus der jüngeren Literatur: H. von Hofmannsthals lyr. D. ›Der Thor und der Tod‹ (1900).

Duonelaitis, Kristijonas [litauisch duʌnæ'laːɪtɪs], litauischer Dichter, † Donelaitis, Kristijonas.

du Perron, Charles Edgar [niederl. dypɛ'rɔn], niederländ. Schriftsteller, † Perron, Charles Edgar du.

Dupin, Aurore [frz. dy'pɛ̃], frz. Schriftstellerin, † Sand, George.

Dupont, Pierre Antoine [frz. dy'põ], *Lyon 23. April 1821, † ebd. 25. Juli 1870, frz. Liederdichter. – Aus einer Handwerkerfamilie; Arbeiter und Angestellter; schrieb (und komponierte) populäre Lieder, v. a. über das Landleben; nach der Februarrevolution 1848 verfaßte er auch sozialist. Lieder, darunter ›Le chant des ouvriers‹ (die sog. Arbeitermarseillaise), wofür er zu sieben Jahren Deportation verurteilt wurde.

Durand, François [frz. dy'rɑ̃], frz. Schriftsteller, † Miomandre, Francis de.

Durante (Ser D.), italien. Dichter des 13. Jahrhunderts. – Als Schöpfer von ›Il fiore‹ (dt. 1908 u. d. T. ›Die Blume‹), der auf 232 Sonette reduzierten italien. Bearbeitung des altfrz. ›Rosenromans‹ und des vom ›Rosenroman‹ und von B. Latinis ›Tesoretto‹ beeinflußten ›Detto d'amore‹ überliefert; die neuere Forschung sieht in D. den jungen Dante.

Literatur: FASANI, R.: Il poeta del ›Fiore‹. Mailand 1971. – CONTINI, G.: Un'idea di Dante. Saggi danteschi. Turin 1976, S. 237. – VANOSSI, L.: Dante e il ›Roman de la Rose‹. Saggio sul ›Fiore‹. Florenz 1979.

Durão, Frei José de Santa Rita [brasilian. du'rɐ̃ṵ], *Cata Preta (Minas Gerais) 1722, † Lissabon 24. Jan. 1784, brasilian. Dichter. – Augustinermönch. Das einzige von ihm erhaltene Werk ist das klassizist., an den ›Lusiaden‹ von L. Vaz de Camões ausgerichtete Epos ›Caramuru‹ (1781) in 10 Gesängen, das unter Verwendung verschiedener Chroniken die Entdeckung und Eroberung des Staates Bahia durch den Portugiesen Diogo Álvares Correia (genannt ›Caramuru‹; † 1510) darstellt.

Literatur: O poeta S. R. D. Hg. v. A. VIEGAS. Brüssel 1914. – PEREIRA, C. DE ASSIS: Fontes do ›Caramurú‹ de S. R. D. São Paulo 1971.

Duras, Marguerite [frz. dy'rɑːs], eigtl. M. Donnadieu, *Gia Đinh (Süd-Vietnam) 4. April 1914, frz. Schriftstellerin. – Kam 1932 nach Frankreich; studierte in Paris Jura, Mathematik und polit. Wissenschaften; Mitglied der Résistance; Journalistin; lebt in Paris. Schrieb zunächst vom amerikan. Roman (E. Hemingway, W. Faulkner) beeinflußte realist., psychologisch vertiefte Romane und Erzählungen, näherte sich dann mit experimentellen Texten dem Nouveau roman. Auch Verfasserin von Dramen, Hörspielen und Drehbüchern (u. a. zu ›Hiroshima mon amour‹, 1959). Hauptthemen ihres Werkes sind die Unmöglichkeit der Liebe und der Tod. Seit 1969 auch als Filmregisseurin tätig; drehte u. a. ›Détruire, dit-elle‹ (1969, nach ihrem gleichnamigen Roman [1969, dt. 1970 u. d. T. ›Zerstören, sagt sie‹]), ›Jaune le soleil‹ (1971), ›La femme du Gange‹ (1974), ›India song‹ (1975), ›L'homme

atlantique‹ (1981), ›Les enfants‹ (1984).
1983 erhielt sie den Grand prix du théâtre der Académie française für ihr dramat. Werk, 1984 wurde ihr autobiograph.
Roman ›Der Liebhaber‹ (1984, dt. 1985)
mit dem Prix Goncourt ausgezeichnet,
1990 mit dem Österr. Staatspreis für Europ. Literatur.
Weitere Werke: Les impudents (R., 1943), Ein ruhiges Leben (R., 1944, dt. 1962), Heiße Küste (R., 1950, dt. 1952), Der Matrose von Gibraltar (R., 1952, dt. 1956), Ganze Tage in den Bäumen (R., 1954, dt. 1964; Dr., 1965, dt. 1966), Im Park (R., 1955, dt. 1987), Moderato Cantabile (R., 1958, dt. 1959), Im Sommer abends um halb elf (R., 1960, dt. 1990), Die Verzückung der Lol V. Stein (R., 1964, dt. 1966), La Musica (Dr., 1965, dt. 1966 in: Dialoge), Der Vize-Konsul (R., 1966, dt. 1967), Die engl. Geliebte (R., 1967, dt. 1969; Dr., 1968, dt. 1972), Abahn Sabana David (R., 1970, dt. 1986), Liebe (R., 1971, dt. 1986), Gespräche (1974, dt. 1986; fünf Interviews mit X. Gauthier), Eden-Cinema (Dr., 1977, dt. 1978), Der Mann im Flur (E., 1980, dt. 1982), Savannah Bay (Dr., 1982, dt. 1985), Die Krankheit Tod (E., 1983, dt. und frz. 1985), Der Schmerz (Texte, 1985, dt. 1986), Blaue Augen schwarzes Haar (R., 1986, dt. 1987), Emily L. (R., 1987, dt. 1988), Sommerregen (R., 1990, dt. 1991), Der Liebhaber aus Nordchina (R., 1991, dt. 1993), Schreiben (Prosa, 1993, dt. 1994).
Ausgabe: M. D. Théâtre. Paris 1965–84. 3 Bde.
Literatur: STEINMETZ-SCHÜNEMANN, H.: Die Bedeutung der Zeit in den Romanen von M. D. Unter bes. Berücksichtigung des Einflusses von Faulkner und Hemingway. Amsterdam 1976. – D., M./PORTE, M.: Die Orte der M. D. Dt. Übers. von J. F. WITTKOP. Ffm. 1981. – SKUTTA, F.: Aspects de la narration dans les romans de M. D. Debrecen 1981. – MURPHY, C. J.: Alienation and absence in the novels of M. D. Lexington (Ky.) 1982. – ANDRÉA, Y.: M. D. Paris 1983. – GALEN, B. VON: M. D. In: Krit. Lex. der roman. Gegenwartsliteraturen. Hg. v. W.-D. LANGE. Losebl. Tüb. 1984 ff. – TISON-BRAUN, M.: M. D. Amsterdam 1985. – PIERROT, J.: M. D. Paris 1986. – VIRCONDELET, A.: M. D. Biographie. Dt. Übers. Freib. 1992. – ROLF-LABARRÈRE, C.: M. D. Paris 1992. – VIRCONDELET, A.: M. D. Biogr. Dt. Übers. Neuausg. Mchn. 1994. – ↑ auch Mallet-Joris, Françoise.

Dürbach, Anna Luise, dt. Schriftstellerin, ↑ Karsch, Anna Luise.

Durbridge, Francis [Henry] [engl. 'də:brɪdʒ], * Hull 25. Nov. 1912, engl. Schriftsteller. – Erfolgreicher Verfasser konventioneller, zumeist für das Fernsehen verfilmter Kriminalgeschichten.
Werke: Der Andere (R., 1956, dt. 1962), Es ist soweit (R., 1959, dt. 1961), Das Halstuch (R.,

1960, dt. 1962), Tim Frazer (R., 1962, dt. 1963), Die Schuhe (R., 1965, dt. 1967), Melissa (R., 1967, dt. 1968), Ein Mann namens Harry Brent (R., 1970, dt. 1970), Paul Temple. Der Fall Kelby (R., 1970, dt. 1971), Dies Bildnis ist zum Morden schön (Kriminalstück, UA 1974, gedr. 1975, dt. 1974), Der Gast. Thriller in 2 Akten (1980, dt. 1980), Mord am Pool. Thriller (1983, dt. 1984), Der Hehler (R., 1986, dt. 1987), A touch of danger (Dr., 1989), The small hours (Dr., 1991).

Durch, literar. Verein, 1886 in Berlin von C. Küster, Leo Berg (* 1862, † 1908) und Eugen Wolff (* 1863, † 1929) gegründet. Mitglieder waren unter anderem H. und J. Hart, B. Wille, W. Bölsche, A. Holz, J. Schlaf, G. Hauptmann und K. Henckell; sie entwickelten die theoretische Fundierung des literarischen ↑ Naturalismus.

Đurđević (Đorđić), Ignjat [serbokroat. 'dzu:rdzɛvitɕ], * Ragusa (heute Dubrovnik) 13. Febr. 1675, † ebd. 21. Jan. 1737, ragusan. Schriftsteller und Historiker. – 1698 Jesuit in Rom, ab 1706 Benediktiner in Ragusa, 1710–12 in Rom und Neapel, Abt auf Mljet 1725–28, ab 1731 wieder in Ragusa; bed. Barockdichter; schrieb in kroat., auch in lat. und italien. Sprache; zunächst Liebeslyrik, Idyllen, später religiöse Epen, Psalmendichtung, auch historiograph. Werke; 1728 erschienen Gedichte u. d. T. ›Uzdasi Mandaljene pokornice‹ (= Die Seufzer der Büßerin Magdalena).
Literatur: LACHMANN-SCHMOHL, R.: I. Đorđić. Köln 1964.

Đurđević, Stijepo . [serbokroat. 'dzu:rdzɛvitɕ], * Ragusa (Dubrovnik) 1579, † ebd. 8. Sept. 1632, ragusan. (kroat.) Lyriker. – Verfasser von Liebesliedern, Übersetzer der Lieder Davids (gedr. 1686); als sein Hauptwerk gilt das satir. Gedicht ›Derviš‹ (hg. 1839) in 50 Strophen, eine Parodie auf das Liebeswerben eines alten Muslims.

d'Urfey, Thomas, frz. Dichter, ↑ Urfey, Thomas d'.

Duribreux, Gaston [frz. dyri'brø], * Ostende 28. Mai 1903, † ebd. 27. Mai 1986, fläm. Schriftsteller. – Wurde bekannt mit Fischer- und Bauernromanen, schrieb dann v. a. Problemromane mit christl. Thematik.
Werke: Bruun (R., 1939), Die letzten Fischer (R., 1940, dt. 1941), De grote Hemme (R., 1950),

14 Duris

Schipper Jarvis (R., 1954), De parabel van de gehate farizeeër (Nov., 1955), De parabel van de geliefde tollenaar (Nov., 1956), Kantwerk en zwanen (R., 1958), Het wrede spel (R., 1960), Ballade van de hopeloze zuiverheid (1971). **Literatur:** HARDY, P.: G. D. Brügge 1963.

Duris von Samos (tl.: Doũris), * um 340, † um 270, griech. Geschichtsschreiber. – Schüler Theophrasts und Tyrann seiner Heimat; schrieb eine Geschichte Makedoniens seit 370, eine ›Geschichte des Agathokles‹ und eine ›Samische Chronik‹; auch Verfasser einer großen Zahl kultur- und literarhistor. Werke.

Dürne, Reinbot von, mhd. Schriftsteller, † Reinbot von Dürne.

Durrell, Lawrence [engl. 'dʌrəl], * Darjeeling (Indien) 27. Febr. 1912, † Sommières (Gard, Frankreich) 7. Nov. 1990, angloir. Schriftsteller. – Schulbesuch in Darjeeling und Canterbury; Aufenthalte in Paris, Athen und auf Korfu; war u. a. Presseattaché in Kairo und auf Zypern; lebte ab 1957 in der Provence. Der östl. Mittelmeerraum ist Schauplatz der meisten seiner Werke, die sich durch einen eigenwilligen Stil mit ausdrucksstarken Bildern auszeichnen und Themen um Kunst, Liebe und Tod behandeln. Das Frühwerk wird durch ein stark sinnl. Element bestimmt, insbes. die deutlich von H. Miller beeinflußte Satire ›Die schwarze Chronik‹ (1938, dt. 1962). In dem vierbändigen Romanzyklus ›Alexandria Quartett‹ (1957–60; ›Justine‹, 1957, dt. 1958; ›Balthazar‹, 1958, dt. 1959; ›Mountolive‹, 1958, dt. 1960; ›Clea‹, 1960, dt. 1961) demonstriert D. durch mehrfache Brechung des Erzählten die Multiperspektivität und damit letztlich die Relativität jegl. Wirklichkeitssicht. Auf den mytholog. Rahmen des Diptychons ›Tunc‹ (R., 1968, dt. 1969) und ›Nunquam‹ (R., 1970, dt. 1970) verweist der im Nachhinein gegebene übergreifende Titel ›The revolt of Aphrodite‹ (1974). D.s Experimentierfreude zeigt sich auch im sog. ›Avignon-Quintett‹, dessen komplexe Struktur der Autor mit der geometr. Figur des ›Quincunx‹ vergleicht, die zwei- oder dreidimensional gesehen werden kann (›Monsieur oder der Fürst der Finsternis‹, 1974, dt. 1977; ›Livia oder lebendig begraben‹, 1979, dt. 1980; ›Constance oder private

Praktiken‹, 1982, dt. 1984; ›Sebastian oder die Gewalt der Leidenschaft‹, 1983, dt. 1986; ›Fünfauge oder was der Frauenmörder erzählt‹, 1985, dt. 1989). D. ist auch als Lyriker bekannt (›Collected poems 1931–1974‹, Ged., 1980) sowie als Verfasser von Essays, Versdramen und Reiseberichten, z. B. über die Inseln Korfu (›Schwarze Oliven‹, 1945, dt. 1963), Rhodos (›Leuchtende Orangen‹, 1953, dt. 1964) und Zypern (›Bittere Limonen‹, 1957, dt. 1962).

Weitere Werke: Private country (Ged., 1943), Cities, plains and people (Ged., 1946), Sappho (Dr., 1950, dt. 1959), A key to the modern poetry (Essay, 1952), The tree of idleness (Ged., 1955), Actis (Dr., 1961, dt. 1964 in: Drei dramat. Dichtungen), Ein ir. Faust (Dr., 1963, dt. 1964), Blühender Mandelbaum (Reisebericht, 1977, dt. 1986), L. D., Alfred Derlès u. Henry Miller: Kunst u. Provokation. Ein Briefwechsel (hg. 1991).

Literatur: FRIEDMAN, A. W.: L. D. and the Alexandria Quartet. Norman (Okla.). 1970. – FRASER, G. S.: L. D. A study. London ²1973. – CREED, W. G.: The muse of science and the Alexandria Quartet. Norwood (Pa.) 1977. – THOMAS, A. G./BRIGHAM, J. A.: L. D. An illustrated checklist. Carbondale (Ill.) 1983.

Dürrenmatt, Friedrich, * Konolfingen bei Bern 5. Jan. 1921, † Neuenburg 14. Dez. 1990, schweizer. Dramatiker und Erzähler. – Sohn eines prot. Pfarrers, studierte in Bern und Zürich Philosophie, Theologie und Germanistik; war zunächst Zeichner und Graphiker (dabei bildner. Vorformung mancher Motive des literar. Werks) und Theaterkritiker bei der Züricher ›Weltwoche‹, lebte als freier Schriftsteller in Neuenburg. D., einer der bedeutendsten zeitgenöss. Dramatiker dt. Sprache, war ein effektsicherer Theaterpraktiker, der die Komödie als ›die einzig mögl. dramat. Form, heute das Tragische auszusagen‹ bevorzugte (›Die Ehe des Herrn Mississippi‹, 1952; ›Ein Engel kommt nach Babylon‹, 1954; ›Frank der Fünfte‹, 1960). Mit vitalem Temperament begabt, das ihn sich über jede Konvention hinwegsetzen ließ, geißelte er, von F. Wedekind, C. Sternheim, und v. a. von der Dramatik B. Brechts und Th. Wilders beeinflußt, mit beißendem Humor, Witz, Zynismus, bisweilen auch Sarkasmus, mit Ironie und Satire alle erstarrten Konventionen eines selbstgefälligen Spießbürgertums (›Der

Friedrich
Dürrenmatt

Besuch der alten Dame‹, Kom., 1956;
›Die Physiker‹, Kom., 1962). Zeitprobleme gestaltete D. auch in seinen Kriminalromanen um Kommissar Bärlach
(›Der Richter und sein Henker‹, 1952;
›Der Verdacht‹, 1953) oder den Polizisten Matthäi (›Das Versprechen‹, 1958),
die ihm durch die ihnen gemäße Form
eine weitere Möglichkeit gaben, virtuos
spannende, faszinierend bedrohliche,
phantasievolle und doch realist. Mittel
zu handhaben. Seine Bearbeitungen
(sehr frei) von Shakespeares ›König Johann‹ (1968) und ›Titus Andronicus‹
(1970), A. Strindbergs ›Totentanz‹ (›Play
Strindberg‹, 1969) und Goethes ›Urfaust‹ (UA 1970) sowie G. Büchners
›Woyzeck‹ (1972) deuten auf eine Krise
des Dramatikers; auch mit seinen neuesten Komödien (›Der Mitmacher‹, UA
1973, gedr. 1976; ›Die Frist‹, 1977; ›Achterloo‹, 1983) konnte er weder das Publikum noch die Kritiker begeistern; die
dreijährige Diskussion um das Regiekonzept der fiktiven Inszenierung der
Komödie ›Achterloo‹ und eine Neubearbeitung des Stücks enthält der zus. mit
seiner Frau Ch. Kerr publizierte Band
›Rollenspiele. Protokoll einer fiktiven
Inszenierung und Achterloo III‹ (1986).
Die Hörspiele D.s sind gelegentlich Vorstufen für ein Drama oder für eine Erzählung. Die meisten seiner Stücke hat er
mehrmals umgearbeitet. Er erhielt viele
Literaturpreise, u. a. den Hörspielpreis
der Kriegsblinden (1957), den Österr.
Staatspreis für Europ. Literatur (1983)
und den Georg-Büchner-Preis (1986).
Weitere Werke: Der Blinde (Dr., 1947), Es steht
geschrieben (Dr., 1947; völlig umgearbeitet

1967 u. d. T. Die Wiedertäufer), Pilatus (E.,
1949), Romulus der Große (Kom., UA 1949,
gedr. 1956), Der Nihilist (E., 1950), Die Stadt.
Prosa I–IV (1952), Herkules und der Stall des
Augias (Kom., 1954), Grieche sucht Griechin
(Prosa-Kom., 1955), Die Panne (E., 1956; Kom.,
1979), Der Meteor (Kom., 1966), Theater
Schriften und Reden (2 Bde., 1966–72), Porträt
eines Planeten (Dr., 1971), Der Sturz (E., 1971),
Zusammenhänge. Essay über Israel (1976),
Stoffe I–III (Prosa, 1981), Justiz (R., 1985), Minotaurus. Eine Ballade (1985), Der Auftrag...
(E., 1986), Durcheinandertal (R., 1989), Stoffe
IV–IX (Prosa, 1990).
Ausgabe: F. D. Werkausg. Zü. 1980. 30 Bde.
Literatur: JENNY, U.: F. D. Velber ⁵1973. – PRO
FITLICH, U.: F. D.: Komödienbegriff u. Komödienstruktur. Stg. u. a. 1973. – F. D.: Studien zu
seinem Werk. Hg. v. G. P. KNAPP. Hdbg. 1976. –
F. D. Hg. v. H. L. ARNOLD. Mchn. ²1980–84. 2
Bde. – BROCK-SULZER, E.: F. D. Neuausg. Zü.
1986. – KNOPF, J.: F. D. Mchn. ⁴1988. – ARNOLD,
H. L.: Querfahrt mit D. Gött. 1990. – Über F. D.
Hg. v. D. KEEL. Zü. ⁴1990. – MAYER, HANS:
Frisch u. D. Ffm. 1992. – KNAPP, G. P.: F. D.
Ffm. ⁴1993. – F. D., Schriftsteller u. Maler.
Bearb. v. U. WEBER u. a. Bern u. Zü. 1994. –
GOERTZ, H.: F. D. Rbk. 27.–29. Tsd. 1994.

Dürrson, Werner, * Schwenningen
(heute zu Villingen-Schwenningen)
12. Sept. 1932, dt. Schriftsteller. – Studium der Musik sowie der dt. und frz.
Literaturwissenschaft. Neben Erzählungen, einem Drama, Hörspielen sowie
Übersetzungen aus dem Französischen
schreibt er v. a. Gedichte, in denen er in
präziser und nüchterner Sprache, jedoch
nicht ohne einen Grundton der Trauer,
seine Umwelt reflektiert.
Werke: Blätter im Wind (Ged., 1959), Schattengeschlecht (Ged., 1965), Flugballade (Ged.,
1966), Drei Dichtungen (1970), Höhlensprache
(Ged., 1974), Schubart, Ch. F. D. (Dr., 1980),
Zeitgedichte (1981), Der Luftkünstler (En.,
1983), Das Kattenhorner Schweigen (Ged.,
1984), Feierabend (Ged., 1985), Blockaden.
Sprüche und Zusprüche (1986), Ausleben
(Ged., 1988), Überm Gefälle. Ein Versuch
(1992).

Durtain, Luc [frz. dyr'tɛ̃], eigtl. André
Nepveu, * Paris 10. März 1881, †ebd.
29. Jan. 1959, frz. Schriftsteller. – Stand
kurze Zeit den Unanimisten, bes. J. Romains, nahe. Seine Gedichte und die erzählenden Werke, die alle Erscheinungen der modernen Zivilisation in verschiedenen Teilen der Erde darstellen,
sind vom Geiste brüderl. Zusammengehörigkeit aller Menschen erfüllt.

Werke: Im vierzigsten Stock (Nov.n, 1927, dt. 1928), Captain O. K. (E., 1931), Frank et Majorie (E., 1934), Quatre continents (Ged., 1935), Mémoires de votre vie (4 Romane, 1946–50). **Literatur:** CHATELAIN, Y.: L. D. et son œuvre. Paris 1933. – WESSELY, T.: Ein Europäer. L. D. Brünn 1933.

Durych, Jaroslav [tschech. 'durix], * Königgrätz 2. Dez. 1886, † Prag 7. April 1962, tschech. Schriftsteller. – Arzt; beeinflußt vom ekstatisch-myst. Element der kath. Moderne, die Anregungen des span. Barock verarbeitete; schrieb außer Lyrik und Dramen Reiseberichte; verfaßte u. a. eine kleine (›Die Kartause von Walditz‹, En., 1927/28, dt. 1934) und die große Wallenstein-Trilogie ›Friedland‹ (R., 1929, dt. 1933), auch die Erzählung ›Gottes Regenbogen‹ (hg. 1969, dt. 1975).

Du Toit, Jacob Daniel [afrikaans dǝ-'to:i̯], Pseudonyme Totius und Jaduto, * Paarl (Kapprovinz) 21. Febr. 1877, † Potchefstroom (Transvaal) 1. Juli 1953, südafrikan. Theologe und Lyriker. – Studierte Theologie, wurde Pfarrer und war 1900 Feldprediger im Burenkrieg; 1908 erschien mit ›By die monument‹ die erste Gedichtsammlung in afrikaanser Sprache; ab 1911 lehrte er als Prof. am Theologischen Seminar der Niederl. Reformierten Kirche in Potchefstroom, wo er 1916–36 die Bibel und ihre Psalmen in die Sprache der Buren übertrug; er führte damit das Erbe seines Vaters, Stephanus Jacobus Du Toit (* 1847, † 1911), fort, dessen sog. ›Erste Bewegung‹ zur Etablierung des afrikaansen Dialektes als Landessprache führte. Der Kalvinist Du T. glaubte an die göttl. Vorsehung und die Prädestination des Menschen, ein Aspekt, der Thematik, Aussage und Ton seines Werkes bestimmt; bindet durch Querverweise und Symbolik histor. Stoffe an bibl. Episoden.
Weitere Werke: Trekkersweë (Ged., 1915), Passieblomme (Ged., 1934), Uit donker Afrika (Ged., 1936), Skemering (Ged., 1948), 64 dae te velde (Autobiogr., hg. 1977).
Ausgabe: J. D. Du T. Versamelde werke. Johannesburg 1960–62. 8 Bde.
Literatur: CLOETE, TH. TH.: Totius. Kapstadt 1963. – KANNEMEIER, J. C.: Geskiedenis van die Afrikaanse literatur. Pretoria ²1984. Bd. 1. S. 113.

Dutourd, Jean [frz. dy'tu:r], * Paris 14. Jan. 1920, frz. Schriftsteller. – Journalist; schrieb v. a. Essays und Romane, in denen er sich als geistreicher, scharfer Kritiker seiner Zeit zeigt. Bes. bekannt wurden der Essay über die Macht, ›Le complexe de César‹ (1946), und der Roman ›Fett schwimmt oben‹ (1952, dt. 1953), eine Satire auf die Besatzungszeit. Trat auch als Übersetzer E. Hemingways, T. Capotes und G. K. Chestertons sowie als Film-, Theater- und Fernsehkritiker hervor.
Weitere Werke: Une tête de chien (R., 1950), Les taxis de la Marne (Essay, 1956), Les horreurs de l'amour (R., 1963), Le printemps de la vie (R., 1972), Carnet d'un émigré (R., 1973), 2024 (R., 1975), Mascareigne ou le schème (R., 1977), Les matinées de Chaillot (Essays, 1978), Les choses comme elles sont (Essay, 1978), Le bonheur et autres idées (Essay, 1980), Un ami qui vous veut du bien (R., 1981), Henri ou l'éducation nationale (R., 1983), Le séminaire de Bordeaux (R., 1987), Portraits de femmes (R., 1991), L'assassin (R., 1993), Domaine public (Porträts, 1993), Le vieil homme et la France (Prosa, 1994).

Dutt, Michael Madhusudan [engl. dʌt], ind. Dichter und Dramatiker, † Datta, Maikel Madhusūdan.

Dutton, Geoffrey [engl. 'dʌtn], * Kapunda (South Australia) 1922, austral. Schriftsteller und Kritiker. – Seine anfänglich modernistisch-experimentelle Lyrik wandelte sich im Laufe der Zeit zu einer mehr reflektierenden und satirischen. Seine Romane gestalten den Zusammenstoß zweier unterschiedl. Kulturwelten; auch Kunst- und Literaturkritiker sowie Verfasser histor. und polit. Schriften.
Werke: The mortal and the marble (R., 1950), Antipodes in shoes (Ged., 1958), Patrick White (Biogr., 1961), Walt Whitman (Biogr., 1961), The literature of Australia (Abh., 1964), Andy (R., 1968), Tamara (R., 1970), Findings and keepings (Ged., 1970), New poems to 1972 (Ged., 1972), Queen Emma of the South Seas (R., 1976), A body of words (Ged., 1977), Snow on the saltbush. The Australian literary experience (Abh., 1984), New poems (Ged., 1986).

Duun, Olav [norweg. dʉ:n], * Fosnes (Nord-Trøndelag) 21. Nov. 1876, † Botne bei Holmestrand (Vestfold) 13. Sept. 1939, norweg. Schriftsteller. – Übte als Sohn eines Bauern und Fischers zunächst den Beruf des Vaters aus; daneben beschäftigte er sich intensiv mit der skand. Literatur; studierte und war bis

1927 Lehrer, danach freier Schriftsteller. Sein bekanntestes Werk, das histor. Epos ›Die Juwikinger‹ (6 Bde., 1918–23, dt. 1927–29), ist eine 400 Jahre umgreifende Familiengeschichte, wobei der Schwerpunkt der Handlung auf den letzten 100 Jahren liegt; geschildert wird die Entwicklung zur Industrialisierung und damit verbunden die Änderung der moral. Anschauungen; Vertreter eines ›neurealist.‹ Stils mit großem Detailreichtum; seine kunstvolle Sprache ist stark dialektal gefärbt.

Weitere Werke: Marjane (E., 1908), Harald (R., 1915), Die Olsöy-Burschen (R., 1927, dt. 1930), Ragnhild (R., 1931, dt. 1948), Gott lächelt (R., 1935, dt. 1939), Der Mensch und die Mächte (R., 1938, dt. 1941).
Literatur: THESEN, R.: O. D. Oslo 1946. – HAAKONSEN, D.: O. D., en dikter om vår egen tid. Oslo 1949. – HAUKAAS, K.: O. D. og bøkene hans. Oslo 1954 (mit Bibliogr.). – HAAKONSEN, D.: O. D. Tre essays. Oslo 1958.

Duval, Alexandre [frz. dy'val], eigtl. Alexandre Vincent Pineux-D., * Rennes 6. April 1767, † Paris 1. Sept. 1842, frz. Dramatiker. – War Matrose, Ingenieur, Schauspieler, Theaterdirektor (Odéon); schrieb etwa 50 Stücke, vorwiegend Lustspiele, in denen er sich als glänzender Schilderer der Sitten seiner Zeit ausweist; von seinen Operntexten ist bes. das Libretto zu É. N. Méhuls ›Joseph in Ägypten‹ (1807) zu nennen; entschiedener Gegner der Romantik; 1812 Mitglied der Académie française.

Werke: Édouard en Écosse (Lsp., 1802), La jeunesse de Henri V (Dr., 1806), Le chevalier d'industrie (Lsp., 1809).

Duval, Paul [frz. dy'val], frz. Schriftsteller, ↑ Lorrain, Jean.

Duvernois, Henri [frz. dyvɛr'nwa], eigtl. Henri Simon Schwabacher, * Paris 4. März 1875, † ebd. 30. Jan. 1937, frz. Schriftsteller. – Journalist und Kritiker (für ›La Presse‹, ›La Patrie‹ u. a. Blätter); schildert in seinen zahlreichen spöttischhumorvollen, zuweilen von G. de Maupassant beeinflußten Romanen und Novellen mit Vorliebe Pariser Typen, so in ›Crapotte‹ (R., 1908), ›Faubourg Montmartre‹ (R., 1914), ›Edgar‹ (R., 1919) u. a.; als Dramatiker arbeitete er u. a. mit M. Donnay und S. Guitry zusammen.
Literatur: TAFFEL, A.: The prose fiction and dramatic works of H. D. New York 1951.

Dux, Ludwig Freiherr von, ungar. Schriftsteller, ↑ Dóczi, Lajos.

Duyckinck, Evert Augustus [engl. 'daɪkɪŋk], * New York 23. Nov. 1816, † ebd. 13. Aug. 1878, und sein Bruder **George Long D.,** * New York 17. Okt. 1823, † ebd. 30. März 1863, amerikan. Schriftsteller. – Gaben 1847–53 die bed. Literatur-Zeitschrift ›New York Literary World‹ heraus und standen mit Schriftstellern der ›American Renaissance‹ (W. Irving, J. F. Cooper, W. C. Bryant, H. Melville) in Verbindung, deren Werke sie förderten. Beide stellten die damals umfassende ›Cyclopedia of American literature‹ (1855, ²1866, 2 Bde. und 1 Supplement-Bd.) zusammen. Nach dem Tod des Bruders war E. A. D. als Hg. von Zeitschriften und Verfasser von biograph. und histor. Studien tätig.
Literatur: WELLS, D. A.: E. D.'s Literary World, 1847–1853. Its views and reviews of American literature. Diss. Duke University Durham (N. C.) 1972.

Duyse, Prudens van [niederl. 'dœÿsə], * Dendermonde 17. Sept. 1804, † Gent 13. Nov. 1859, fläm. Dichter. – Stadtarchivar in Gent; zentrale Figur der literar. fläm. Bewegung, starkes Improvisationstalent. Die besten Gedichte seines umfangreichen Werkes sammelte er in ›Het klaverblad‹ (1848) und ›Nazomer‹ (1859).
Literatur: MICHEELS, J.: P. v. D., zijn leven en zijne werken. Gent 1893. – STERKENS-CIETERS, P.: P. v. D. Antwerpen 1942.

Dvijendralal Ray, ind. Dramatiker, ↑ Ray, Dvijendralal.

Dvořák, Arnošt [tschech. 'dvɔrʒa:k], * Hořovice (Mittelböhm. Gebiet) 1. Jan. 1881, † Prag 22. Okt. 1933, tschech. Dramatiker. – Militärarzt und Redakteur; schrieb Dramen mit Stoffen aus der Geschichte seines Volkes.

Dwight, Timothy [engl. dwaɪt], * Northampton (Mass.) 14. Mai 1752, † New Haven (Conn.) 11. Jan. 1817, amerikan. Dichter. – Sohn eines Kaufmannes, 1795–1817 Präsident der Yale University in New Haven; bed. Erzieher, von großem Einfluß auf die Entwicklung Yales. Bewirkte zus. mit J. Trumbull eine Revision des engl. Literaturkanons und gehörte zur Gruppe der ›Hartford wits‹ (auch ›Connecticut wits‹), deren Lyrik sich formal an engl. Vorbilder anlehnte, aber inhaltlich eine eigenständige amerikan. Literatur auf der Basis des Kalvinismus und des Föderalismus vertrat. Verfasser des ersten amerikan. Epos, ›The conquest of Canaan‹ (1785), sowie von satir. Gedichten (›The triumph of infidelity‹, 1788), polit. Schriften, Predigten, patriot. Gedichten (›America‹, 1772; ›Columbia‹, 1777) und Hymnen. Seine Bedeutung beruht v. a. auf ›Travels in New England and New York‹ (4 Bde., 1821/22).

Weitere Werke: Greenfield hill (Ged., 1794), The nature, and danger of infidel philosophy (Abh., 1798).

Dwinger, Edwin Erich, * Kiel 23. April 1898, † Gmund a. Tegernsee 17. Dez. 1981, dt. Schriftsteller. – Geriet im 1. Weltkrieg in russ. Gefangenschaft, entfloh und kämpfte auf weißruss. Seite gegen die Rotarmisten, nach nochmaliger Gefangenschaft 1921 Rückkehr nach Deutschland. Teilnahme am Span. Bürgerkrieg auf der Seite Francos; im 2. Weltkrieg Kriegsberichterstatter. Schildert in dokumentar. Berichten, die auf eigenem Erleben beruhen, das Grauen des Krieges, der eigenen russ. Gefangenschaft und der russ. Revolution. In der Zeit des Nationalsozialismus wurden seine Bücher wegen ihrer nationalist. und antikommunist. Tendenzen zu vielgelesenen Bestsellern, u. a. der Freikorps-Roman ›Die letzten Reiter‹ (1935).

Weitere Werke: Korsakoff (R., 1926, 1953 u. d. T. Hanka), Die deutsche Passion (R.-Trilogie: Die Armee hinter Stacheldraht, 1929; Zwischen Weiß und Rot, 1930; Wir rufen Deutschland, 1932), Und Gott schweigt (Berichte, 1936), Panzerführer (Tageb., 1941), Wenn die Dämme brechen (R., 1950), Die verlorenen Söhne (R., 1956), Das Glück der Erde (Schrift, 1957).

Dyer, Charles [Raymond] [engl. 'daɪə], * Shrewsbury (Shropshire) 17. Juli 1928, engl. Dramatiker. – Wiederkehrendes Thema der oft tragikom. Stücke des auch als Schauspieler und Regisseur tätigen D. ist die Einsamkeit gesellschaftl. Außenseiter, dargestellt an der Beziehung zwischen einem schüchternen Provinzler und einer Prostituierten in ›Rattle of a simple man‹ (Dr., 1962, R., 1964), der gegenseitigen Abhängigkeit zweier alternder Homosexueller in ›Staircase or Charly always told Harry almost everything‹ (Dr., 1966, R., 1969, dt. 1970 u. d. T. ›Unter der Treppe‹) oder der Haßliebe zwischen einer gelähmten Mutter und ihrem Sohn in ›Mother Adam‹ (Dr., 1971).

Dyer, John [engl. 'daɪə], ≈ Aberglasney (Carmarthenshire) 13. Aug. 1699, □ Coningsby (Lincolnshire) 15. Dez. 1758, walis. Dichter und Maler. – 1741 Geistlicher; seine Dichtungen bezeugen Sinn für die Schönheit der Natur; bekannt als Verfasser von ›Grongar Hill‹ (1726), einer stimmungsvollen Schilderung der Landschaft von Südwales.

Weitere Werke: The ruins of Rome (Ged., 1740), The fleece (Ged., 1757).

Ausgabe: J. D. The poems. Hg. v. E. THOMAS. London 1903.

Literatur: WILLIAMS, R. M.: Poet, painter, and parson. The life of J. D. New York 1956. – HUMPHREY, B.: J. D. Cardiff 1980.

Dygasiński, Adolf [poln. dɨgaˈɕiĩski], * Niegosławice 7. März 1839, † Grodzisk Mazowiecki bei Warschau 3. Juni 1902, poln. Schriftsteller. – Wählte oft die Tiergeschichte zur verschleiernden Darstellung menschl. Existenzprobleme; naturalist. Tendenzen in seinen Schilderungen des Volkslebens; in deutscher Übersetzung liegt der Roman ›Lebensfreuden‹ (1902, dt. 1902) vor.

Ausgabe: A. D. Pisma wybrane. Warschau 1949–52. 24 Bde.

Literatur: JAKUBOWSKI, J. Z.: Zapomniane ogniwo. Studium o A. D.m. Warschau ²1978.

Dygat, Stanisław [poln. 'dɨgat], * Warschau 5. Dez. 1914, † ebd. 29. Jan. 1978, poln. Schriftsteller. – Im 2. Weltkrieg in Konstanz am Bodensee interniert. Seine Prosa behandelt in humorist. Weise Alltagsmenschen und -begebenheiten. Seine Stärke war die kleine Form, das psycholog. Detail; schrieb Grotesken, Kurzgeschichten, Feuilletons, Romane und Jugendbücher, übersetzte u. a. Shakespeare.

Werke: Jezioro Bodeńskie (= Der Bodensee, R., 1946), Verwehte Träume (R., 1958, dt. 1962), Ich kann Jordaus Augen nicht vergessen (R., 1965, dt. 1968), Dworzec w Monachium (= Der Münchener Bahnhof, R., 1973).

Literatur: SKWARCZYŃSKI, Z.: S. D. Warschau 1976.

Dyk, Viktor [tschech. dik], * Pšovka bei Mělník 31. Dez. 1877, † auf Lopud bei Dubrovnik 15. Mai 1931, tschech.

Schriftsteller. – Im Studium Berührung mit radikalsozialist. Ideen; nach dem 1. Weltkrieg polit. (Abgeordneter, Senator) und journalist. Tätigkeit; suchte in der iron. Darstellung menschl. Existenznöte Rettung vor dem Bewußtsein des Widerspruchs zwischen Illusion und Wirklichkeit; schrieb erzählende (›Die Ballade vom Rattenfänger‹, Nov., 1915, dt. 1962) und dramat. Werke sowie Lyrik.
Ausgabe: V. D. Sebrané spisy. Prag 1918–24. 7 Bde.

Dykstra (Dijkstra), Waling Gerrits [niederl. 'dɛikstra], * Vrouwen-Parochie (Friesland) 14. Aug. 1821, † Holwerd (Friesland) 15. Jan. 1914, westfries. Schriftsteller. – Beschäftigte sich mit fries. Sprach- und Literaturwissenschaft und Volkskunde, redigierte das ›Friesch woordenboek‹ (4 Bde., 1885–1911); übersetzte aus dem Deutschen, Niederdeutschen und Niederländischen, schrieb volkstüml. Dramen, Erzählungen und Gedichte; Hg. fries. Zeitschriften.
Werke: De Silveren Rinkelbel (En., 1856), De Fryske Thyl Ulespegel (2 Tle., 1860–62), Uit Frieslands Volksleven (2 Bde., 1892–96).

Dymion, N., Pseudonym des dt. Schriftstellers Hugo ↑ Hartung.

Dymow (tl.: Dymov), Ossip [russ. 'dimɐf], eigtl. O. Issidorowitsch Perelman, * Białystok 16. Febr. 1878, † New York 1. Febr. 1959, russ. Schriftsteller. – Emigrierte 1913 in die USA; schrieb erzählende und dramat. Werke mit stark erot. Einschlag; auch Stücke über das Leben der Intelligenz und aus dem jüd. Leben. In dt. Übersetzung erschien die Alltagstragödie ›Nju‹ (1908, dt. 1908).

Dymytri Rostowsky (tl.: Dymytrij Rostovs'kyj) [ukrain. de'metrij rɔs-'tɔusjkej], russ. Kleriker und Schriftsteller ukrain. Herkunft, ↑ Dmitri Rostowski.

Džagarov, Georgi Georgiev, bulgar. Schriftsteller, ↑ Dschagarow, Georgi Georgiew.

Džalil', Musa Mustafievič, tatarisch-sowjet. Schriftsteller, ↑ Dschalil, Mussa Mustafijewitsch.

Dzjubin, Èduard Georgievič, russ.-sowjet. Lyriker, ↑ Bagrizki, Eduard Georgijewitsch.

E

Eagle, Solomon [engl. i:gl], Pseudonym des engl. Schriftstellers Sir John Collings † Squire.

Earle, John [engl. ə:l], * York 1601 (?), † Oxford 17. Nov. 1665, engl. Theologe und Schriftsteller. – Studierte in Oxford, war Tutor Karls II., wurde 1662 Bischof von Worcester und 1663 von Salisbury. Sein literar. Hauptwerk, ›Microcosmographie‹ (1628, erweitert 1629, 1633), ist eine Sammlung von Charakterskizzen sozialer Typen im Stil Theophrasts.

Eastaway, Philip [engl. 'i:stəwɛi], Pseudonym des engl. Schriftstellers [Philip] Edward † Thomas.

Eastlake, William [engl. 'i:stlɛik], * New York 14. Juli 1917, amerikan. Schriftsteller. – Ließ sich nach Reisen in den USA während der Depression, Kriegseinsatz und Aufenthalt in Paris in New Mexico am Rande der Navajo- und Apachenreservate nieder. Die natürl. Schönheit der Landschaft und die nahezu myth. Vorstellungen des amerikan. Westens werden zur Thematik seiner innovativen Südwestromane, die er mit nachdenkl. Cowboys und philosoph. stoischen Indianern bevölkert (›Go in beauty‹, 1956; ›The Bronc people‹, 1958; ›Dancers in the scalp house‹, 1975); daneben auch Kriegsromane (›Castle keep‹, 1965; ›The bamboo bed‹, 1969; ›The long naked descent into Boston‹, 1977), zahlreiche Kurzgeschichten (›Jack Armstrong in Tangier & other escapes‹, 1984) sowie eine Gedicht- und Essaysammlung (›A child's garden of verses for the revolution‹, 1970).
Literatur: HASLAM, G. W.: W. E. Austin (Tex.) 1970. – Sondernummer der Zs. ›Review of Contemporary Fiction‹ 3 (1983), H. 1.

Eastman, Max Forrester [engl. 'i:stmən], * Canandaigua (N. Y.) 4. Jan. 1883, † Bridgetown (Barbados) 25. März 1969, amerikan. Kritiker. – Gründer und Hg. der sozialist. Zeitschriften ›The Masses‹ (1911–18) und ›The Liberator‹ (1918–22); hielt sich 1922–24 in der Sowjetunion auf; später ablehnende Haltung gegenüber dem sowjet. Kommunismus. Schrieb Essays, eine 2bändige Autobiographie (›Love and revolution‹, 1965), Biographien und Gedichte (›Child of the Amazons and other poems‹, 1913; ›Poems of five decades‹, 1954).
Weitere Werke: Enjoyment of poetry (Essay, 1913), The literary mind. Its place in an age of science (Studie, 1931), Enjoyment of laughter (Essay, 1936), Marxism. Is it science? (Studie, 1940).

Eaubonne, Françoise [frz. o'bɔn], * Paris 12. März 1920, frz. Schriftstellerin. – Veröffentlichte zahlreiche Essays, u. a. zum Problem der Sexualität (›Le complexe de Diane‹, 1948; ›Y a-t-il encore des hommes?‹, 1964), später zum Feminismus (›Feminismus oder Tod‹, 1974, dt. 1975; ›Feminismus und Terror‹, 1978, dt. 1978); schrieb auch [histor.] Romane, Biographien (u. a. über A. Rimbaud) und Lyrik.
Weitere Werke: Comme un vol de gerfauts (R., 1947), Unbezähmbar schlägt das Herz (R., 1948, dt. 1950), Das Geheimnis des Mandelplaneten. Ein Science-fiction-Roman (1975, dt. 1978), Les femmes avant le patriarcat (Essay, 1976), L'indicateur du réseau (Erinnerungen, 1980), Toutes les sirènes sont mortes (R., 1992).

Eberhard von Cersne ['tsɛrsnə], mhd. Minnedichter vom Anfang des 15. Jahrhunderts. – Aus westfäl. Rittergeschlecht stammender Kanonikus in Minden, der z. T. nach dem lat. Traktat des Andreas Capellanus in kreuzweise gereimten Vierzeilern die Minneallegorie ›Der Minne Regel‹, eine Belehrung für Liebende, schrieb (1404 abgeschlossen). Experimentierte mit metr. Formen, u. a. mit hexameterähnl. Langzeilen. 20 Minnelieder in der gleichen Handschrift stammen

ebenfalls von ihm, sie stehen weitgehend in der Tradition des Minnesangs; eine Besonderheit sind die 6 Gesprächslieder.
Ausgaben: Eberhardus C. aus Minden. Der Minne Regel. Hg. v. F. X. WÖBER. Wien 1861. – CRAMER, TH.: Die kleineren Liederdichter des 14. u. 15. Jh. Bd. 1. Mchn. 1977.
Literatur: NIEWERTH, H.-P.: Allegor. Schilderung u. allegor. Handlung. Zum Rahmen von E.s v. C. ›Der Minne Regel‹. Diss. Bonn 1973.

Eberhart, Richard [Ghormley] [engl. ˈɛɪbəhɑːt, ˈɛbəhɑːt], *Austin (Tex.) 5. April 1904, amerikan. Lyriker. – 1956–70 Prof. für engl. Literatur am Dartmouth College. Trotz der Unausgeglichenheit seines Werks kann seine Dichtung als eine von der konkreten Erfahrung ausgehende und diese transzendierende Lyrik gekennzeichnet werden, die deutl. Verbindungslinien zu den Romantikern aufweist. Dieser Einfluß bestimmt auch die dominanten Themen der Kindheit, des menschl. Leidens und des Todes, die moral., metaphys., myst. und religiösen Bedeutungsdimensionen miteinschließen; erhielt für ›Selected poems‹ (1966) den Pulitzerpreis; schreibt auch Versdramen (›Collected verse plays‹, 1962) und poetolog. Essays (›Of poetry and poets‹, 1979).
Weitere Werke: Collected poems 1930–1976 (1976), Survivors (Ged., 1979), Ways of light (Ged., 1980), Chocorua (Ged., 1981), The long reach (Ged., 1984), Collected poems 1930–1986 (1986), Maine poems (1989), New and selected poems 1930–1990 (1990).
Literatur: MILLS, R. J., JR.: R. E. Minneapolis (Minn.) 1966. – ENGEL, R. F.: R. E. New York 1971. – ROACHE, J. H.: R. E. The progress of an American poet. New York 1971. – R. E. A celebration. Hg. v. S. LEA, J. PARINI u. M. R. BARONE. Hanover (N. H.) 1980.

Eberle, Josef, Pseudonym Sebastian Blau, *Rottenburg am Neckar 8. Sept. 1901, †Pontresina (Schweiz) 20. Sept. 1986, dt. Schriftsteller. – Buchhändler, dann Journalist, 1936 Schreibverbot, 1945–71 Hg. der ›Stuttgarter Zeitung‹. E. schrieb zahlreiche Gedichte in schwäb. Mundart. Daneben beschäftigte er sich viel mit der Dichtung der röm. Antike und schrieb selbst sprachgewandte lat. Lyrik.
Werke: Schwäbisch (Essays, 1936), Die schwäb. Gedichte des Sebastian Blau (1946), Rottenburger Hauspostille (1946), Laudes (lat. Ged., 1959), Vorsicht, beißt! Cave canem (Epi-

gramme, 1962), Lat. Nächte (Ged., 1966), Schwäb. Herbst (Ged., 1973), Aller Tage Morgen (Erinnerungen, 1974), Caesars Glatze (Essays, 1977), Mandarinentänze. Chinoiserien (1979), Die Wandzeitung. Ein- und Ausfälle des alten Wang (1981), Auf der Schiffschaukel (Satiren und Epigramme, 1985).

Eberlin von Günzburg, Johann, *Kleinkötz bei Günzburg um 1465 (?), †Leutershausen bei Ansbach im Okt. 1533, dt. Prediger und Schriftsteller. – Ursprünglich Franziskaner; schloß sich 1520 in Ulm der Reformation an, 1525 von Graf Georg II. von Wertheim als Prediger geholt. Veröffentlichte 1521 die erste seiner zahlreichen Streitschriften, die ›Fünfzehn Bundesgenossen‹: Stellungnahmen zu religiösen und sozialen Fragen, auch zum Gebrauch der dt. Sprache. 1526 übersetzte er die ›Germania‹ des Tacitus ins Deutsche.
Ausgabe: Johannes E. v. G.: Sämtl. Schrr. Hg. v. L. ENDERS. Halle/Saale 1896–1902. 3 Bde.

Ebermayer, Erich, *Bamberg 14. Sept. 1900, †Terracina 22. Sept. 1970, dt. Schriftsteller. – Rechtsanwalt; 1933/34 Regisseur und Dramaturg in Leipzig, danach Entlassung, seine Bücher wurden z. T. verboten. Im Mittelpunkt seiner kultivierten Unterhaltungsromane und Novellen stehen Menschen in Gewissensnöten. Er schrieb ferner Dramen und zahlreiche Filmdrehbücher (u. a. ›Traumulus‹, 1934; ›Canaris‹, 1955).
Weitere Werke: Doktor Angelo (Nov.n, 1924), Kaspar Hauser (Dr., 1926), Kampf um Odilienberg (R., 1929), Befreite Hände (R., 1938), Unter anderem Himmel (R., 1941), Der Schrei der Hirsche (R., 2 Bde., 1944–49), Der letzte Sommer (R., 1952), Denn heute gehört uns Deutschland (Tageb., 1959), Verzeih, wenn du kannst (R., 1964), ... und morgen die ganze Welt (Tageb., 1966).
Literatur: BAEDEKER, P./LEMKE, K.: E. E. Lohhof 1960.

Ebernand von Erfurt, mhd. Legendendichter vom Anfang des 13. Jahrhunderts. – Wahrscheinlich Erfurter Bürger; Verfasser einer mhd. Verslegende ›Kaiser und Kaiserin‹ (auch u. d. T. ›Heinrich und Kunigunde‹), die vom heiligmäßigen Leben des otton. Kaisers Heinrich II. und seiner Gemahlin handelt. Entstanden wohl im Anschluß an die Heiligsprechung der Kaiserin Kunigunde 1201 und auf Anregung des Zisterziensers Reimbote aus Georgenthal bei Erfurt, der vorher Kirchenpfleger in Bamberg gewesen war. E. v. E. benutzte lat. Quellen (u. a. die ›Vita Heinrici imperatoris‹ und die ›Vita sanctae Cunegundis‹); im höf. Reimpaarvers geschrieben, auffallend ist das häufige persönl. Hervortreten des Dichters.

Ausgabe: E. v. E. Heinrich u. Kunigunde. Hg. v. R. BECHSTEIN. Quedlinburg 1860. Nachdr. Amsterdam 1968. **Literatur:** SCHRÖPFER, H.-J.: Heinrich u. Kunigunde. Unters. zur Verslegende des E. v. E. u. zur Gesch. ihres Stoffes. Göppingen 1969.

Ebers, Georg Moritz, * Berlin 1. März 1837, † Tutzing 7. Aug. 1898, dt. Ägyptologe und Schriftsteller. – Studierte Jura, Sprachwissenschaft, Archäologie und Ägyptologie; Prof. für Ägyptologie in Jena, ab 1878 in Leipzig; Entdecker des sog. ›Papyrus E‹. Verfasser histor. Romane, Vertreter des Professorenromans. Am bekanntesten wurden die Romane ›Eine ägypt. Königstochter‹ (3 Bde., 1864), ›Uarda‹ (3 Bde., 1877) und ›Homo sum‹ (1878).

Weitere Werke: Die Schwestern (R., 1880), Der Kaiser (R., 2 Bde., 1881), Die Frau Bürgermeisterin (R., 1884), Barbara Blomberg (R., 2 Bde., 1896).

Ebersberg, Ottokar Franz, Pseudonym O. F. Berg, * Wien 10. Okt. 1833, † ebd. 16. Jan. 1886, österr. Bühnenschriftsteller. – Schrieb über 100 Theaterstücke, meist Wiener Lokalpossen (u. a. ›Die gebildete Köchin‹, 1865; ›Der Hasenschrecker‹, 1876); gründete 1861 das polit. Witzblatt ›Kikeriki‹.

Ebert, Johann Arnold, * Hamburg 8. Febr. 1723, † Braunschweig 19. März 1795, dt. Schriftsteller und Übersetzer. – Studierte in Leipzig, wurde 1748 Lehrer, 1753 Prof. am Carolinum in Braunschweig; befreundet mit G. E. Lessing und F. G. Klopstock, Mitarbeiter an den ›Bremer Beiträgen‹ und der Zeitschrift ›Der Jüngling‹. Bed. v. a. durch seine Übersetzungen aus dem Englischen, bes. von E. Young.

Ebner, Christine, * Nürnberg 26. März 1277, † Kloster Engelthal bei Nürnberg 27. Dez. 1356, dt. Mystikerin. – Trat zwölfjährig ins Dominikanerinnenkloster Engelthal ein; wahrscheinlich verfaßte sie das Büchlein ›Von der Gna-

den Überlast‹, das die myst. Erlebnisse von 50 Engelthaler Nonnen erzählt. Auf Geheiß des Dominikaners Konrad von Füssen zeichnete sie ihre eigenen Visionen und Erlebnisse auf.

Ebner, Jeannie, verh. Allinger, * Sydney (Australien) 17. Nov. 1918, österr. Schriftstellerin. – Studium der Bildhauerei in Wien, seit 1950 freie Schriftstellerin ebd.; 1968 übernahm sie die Redaktion der Monatsschrift ›Literatur und Kritik‹, darüber hinaus Tätigkeit als Übersetzerin aus dem Englischen. Sie gehörte dem Kreis junger Autoren um H. Weigel an, als sie 1952 ihren ersten Gedichtband veröffentlichte (›Gesang an das Heute‹). Ihre frühen Erzählungen neigen zum Mythologisch-Allegorischen, Visionären, später Übergang zu realistischerer Prosa mit Bildern einer Traumwelt vor konkretem Zeithintergrund.

Weitere Werke: Die Wildnis früher Sommer (R., 1958), Gedichte (1965), Prosadichtungen (1973), Protokoll aus einem Zwischenreich (En., 1975), Gedichte und Meditationen (1978), Erfrorene Rosen (En., 1979), Drei Flötentöne (R., 1981), Aktäon (Nov., 1983), Papierschiffchen treiben. Erlebnis einer Kindheit (Erinnerungen, 1987), Der Genauigkeit zuliebe (Tagebb., 1993).

Ebner, Margareta, * Donauwörth 1291, † Mödingen (Landkreis Dillingen a. d. Donau) 20. Juni 1351, dt. Dominikanerin und Mystikerin. – Seit 1306 im Dominikanerinnenkloster Mödingen (Maria-Medingen); geistig-religiös beeinflußt von Mechthild von Magdeburgs ›Das fließende Licht der Gottheit‹, finden ihre zwar nicht eigenständigen, aber doch sehr persönlich gefärbten Gedanken Niederschlag im ›Büchlein‹ (Aufzeichnungen eigener Erlebnisse) und im Briefwechsel mit Heinrich von Nördlingen.

Literatur: ZOEPF, L.: Die Mystikerin M. E. Bln. u. Lpz. 1914. Nachdr. Hildesheim 1974.

Ebner-Eschenbach, Marie Freifrau von, geb. Gräfin Dubsky, * Schloß Zdislavice bei Kroměříž 13. Sept. 1830, † Wien 12. März 1916, österr. Erzählerin. – Heiratete 1848 den österr. Physiker und späteren Feldmarschalleutnant Moritz Freiherr von E.-E.; lebte in Wien, dann in Klosterbruck und nach 1860 wieder in Wien. Ihre frühesten Gedichte fanden erste Anerkennung durch F. Grillparzer, mit dem sie neben H. Laube, Ch. F. Hebbel, F. Halm und F. von Saar in briefl. und persönl. Verbindung stand. Mit warmer menschl. Teilnahme schildert sie Adel und Bürgertum Wiens und die Welt der mähr. Bauern in realist. Romanen und Erzählungen, die ihre soziale Einstellung und ihr psycholog. Einfühlungsvermögen dokumentieren. Sie schrieb auch kluge und prägnante Aphorismen, die wie ihr Gesamtwerk von Humanität erfüllt sind.

Marie Freifrau von Ebner-Eschenbach

Werke: Erzählungen (1875), Boẑena (E., 1876), Aphorismen (1880), Neue Erzählungen (1881; darin u. a.: Lotti, die Uhrmacherin), Dorf- und Schloßgeschichten (1883; darin u. a.: Krambambuli), Neue Dorf- und Schloßgeschichten (1886), Das Gemeindekind (E., 2 Bde., 1887), Unsühnbar (1890), Glaubenslos? (E., 1893), Aus Spätherbsttagen (En., 1901), Meine Kinderjahre (Autobiogr., 1906), Meine Erinnerungen an Grillparzer (Autobiogr., 1916).
Ausgaben: M. v. E.-E. Ges. Werke. Hg. v. J. KLEIN. Bln. 1893. Nachdr. Mchn. 1978. 3 Bde. – M. v. E.-E. Sämtl. Werke. Lpz. 1928. 12 Bde. – M. v. E.-E. Ges. Werke. Hg. v. E. GROSS. Mchn. 1961. 9 Bde.
Literatur: BETTELHEIM, A.: M. v. E.-E.s Wirken u. Vermächtnis. Lpz. 1920. Nachdr. Ann Arbor (Mich.) 1979. – FUSSENEGGER, G.: M. v. E.-E. oder Der gute Mensch von Zdißlawitz. Mchn. 1967. – M. v. E.-E. Krit. Texte u. Deutungen. Hg. v. K. K. POLHEIM. Bonn 1978–83. 3 Bde. – BRAMKAMP, A. C.: M. v. E.-E. The author, her time, and her critics. Bonn 1990.

Ebn-e Sina, pers. Philosoph, Gelehrter und Arzt, † Avicenna.

Ebn ol-Moghaffa (tl.: Ibn al-Muqaffaʻ), Abdollah [pers. ebnolmoɣæfˈfæ’], * Firusabad (Iran) um 724, † Basra um 757, pers.-arab. Schriftsteller. – Erzogen im zoroastr. Glauben, trat er zum Islam über, ohne jedoch den Glauben seiner Väter aufzugeben, weshalb er auf Befehl des Kalifen Al Mansur getötet wurde; rege Übersetzertätigkeit, besonders aus dem Mittelpersischen; am berühmtesten ist ›Kalila wa-Dimna‹, eine meisterhafte Übertragung des von Bursoe im 6. Jh. ins Mittelpersische übersetzten indischen ›Pañcatantra‹ ins Arabische.
Literatur: RYPKA, J.: Iran. Literaturgesch. Lpz. 1959. S. 138.

Eça de Queirós, José Maria [portugies. ˈɛsɐ ðə kɐiˈrɔʃ], * Póvoa de Varzim 25. Nov. 1845, † Paris 16. Aug. 1900, portugies. Schriftsteller. – Diplomat (Konsul u. a. in Havanna, Bristol und Paris). Wurde unter frz. Einfluß (H. de Balzac, É. Zola) zum Meister des portugies. realist. Romans, wandte sich später nat. Themen zu. Iron. Distanzierung und suggestive Wirkung kennzeichnen sein Werk, mit dem er wesentlich an der Formung des modernen Portugiesisch mitgewirkt hat.
Werke: Das Verbrechen des Paters Amaro (R., 1876, dt. 1954), Vetter Basilio (R., 1878, dt. 1957), Der Mandarin (E., 1880, dt. 1919), Die Maias (R., 1881, dt. 1987), Die Reliquie (R., 1887, dt. 1951), Das berühmte Haus Ramires (R., 1900, dt. 1990), Stadt und Gebirg (R., hg. 1901, dt. 1903), Der Gehenkte (E., hg. 1902 in: Contos, dt. 1918).
Ausgaben: E. de Qu. Obras. Porto 1946–48. 15 Bde. – E. de Qu. Obras completas. Mexiko 1959–60. 3 Tle. – Obras de E. de Qu. Lissabon 1969–70. 15 Bde.

José Maria Eça de Queirós (Holzschnitt von Altino Maia, um 1930)

Literatur: SEGURA, E.: Vida de E. de Qu. Madrid 1945. – RAMOS, F.: E. de Qu. e os seus últimos valores. Lissabon 1945. – SIMÕES, J. G.: E. de

Qu. Lissabon ²1968. – Nunes, M. L.: Techniques and functions of character drawing in the three versions of ›O crime do Padre Amaro‹. Ann Arbor (Mich.) 1972. – Coleman, A.: E. de Qu. and European realism. New York 1980. – Berrini, B.: Portugal de E. de Qu. Lissabon 1984. – Grossegesse, O.: Konversation u. Roman: Untersuchungen zum Werk v. E. de Qu. Stg. 1991.

Ecbasis captivi (eigtl. Ecbasis cuiusdam captivi per tropologiam) [mlat. = Flucht eines Gefangenen (in allegor. Darstellung)], gilt als ältestes Tierepos der dt. Literaturgeschichte; abgefaßt in lat. (z. T. leonin.) Hexametern; entstanden im 10. Jh. oder (nach neuerer Forschungsmeinung) 11. Jh. in einem lothring. Kloster; Autor unbekannt. Überliefert in zwei Handschriften vom Anfang des 12. Jh. – Die schwer deutbare Allegorie, wohl gegen die Verweltlichung des Mönchtums gerichtet, handelt in einer Außenfabel von einem Kalb, das von seiner Herde getrennt, in die Gewalt des Wolfes gerät; in einer Binnenfabel erzählt der Wolf die Geschichte seines Ahnherrn, der durch den Fuchs ins Unglück gekommen sei. Am Ende wird das Kalb durch die Herde unter Mithilfe des Fuchses befreit, der Wolf getötet. Der Autor verrät Kenntnis der antiken Literatur, u. a. in der Verwendung der Äsopschen Fabel von der Heilung des Löwen und durch zahlreiche Zitate aus Werken von Horaz, Vergil, Ovid, Prudentius u. a.
Ausgabe: E. cuiusdam c. per tropologiam. Hg. v. K. Strecker. In: Monumenta Germaniae Historica. Scriptores rerum Germanicarum. Bd. 24. Bln. 1935. Nachdr. Hann. 1977.
Literatur: Trillitzsch, W.: Die E. c. im Lichte der Forschung. In: Forsch. u. Fortschritte 35 (1961), S. 146. – Thomas, H.: Die E. cuiusdam c., eine Trierer Dichtung aus der Zeit Heinrichs IV. In: Dt. Arch. f. Erforschung des MA 20 (1964), S. 130. – Düchting, R.: E. cuiusdam c. per t[r]opologiam. In: Lex. des MA. Bd. 3. Mchn. u. Zü. 1986.

Echegaray y Eizaguirre, José [span. etʃeyaˈrai̯ i ei̯θaˈyirrɛ], * Madrid 19. April 1832, † ebd. 14. oder 16. Sept. 1916, span. Dramatiker. – Ingenieur, Prof. für Mathematik, 1868–73 Finanzminister; Mitglied der Span. Akademie. Verfasser von rund 60 erfolgreichen, u. a. von A. Dumas d. Ä., H. Ibsen und H. Sudermann beeinflußten neuromantisch-melodramat. Bühnenstücken voll Schwung, Pathos,

starker Spannung und Lebendigkeit; wegen mangelnder Wirklichkeitsnähe, fehlender log. Verknüpfung und starker Übertreibung wurde er jedoch kritisiert. 1904 erhielt er (gemeinsam mit F. Mistral) den Nobelpreis für Literatur.
Werke: Die Frau des Rächers (Dr., 1874, dt. 1883), Wahnsinn oder Heiligkeit (Dr., 1877, dt. 1887), Galeotto (Dr., 1881, dt. 1901, 1974 u. d. T. Der große Kuppler), El hijo de Don Juan (Dr., 1892).
Ausgabe: J. E. y E. Obras dramáticas escogidas. Madrid 1883–1922. 12 Bde.
Literatur: Curzon, H. de: Le théâtre de J. E. Paris 1912. – Martinez Olmedilla, A.: J. E. Su vida, su obra, su ambiente. Madrid 1949. – Mathias, J.: E. Madrid 1970. – Esgueva, M.: Don J. de E., dramaturgo. In: Primeras jornadas de bibliografía. Madrid 1977. S. 197.

Echenoz, Jean [frz. eʃəˈnoː], * Oranges 26. Dez. 1947, frz. Schriftsteller. – In den verwickelten Intrigen und fragmentar., durch Digressionen aufgebrochenen Handlungslinien seiner Romane und Erzählungen konfrontiert E. Außergewöhnliches mit Banalem. Mittels seiner ziselierten, transparenten Diktion, in der unterschiedl. Sprachregister vermischt werden, zeigt er Objekte und Verhaltensweisen des Alltags in ungewohnter Perspektive, ironisch distanziert und mit einer guten Portion schwarzen Humors. In seinen Romanen ›Das Puzzle des Byron Caine‹ (1979, dt. 1988) und ›Cherokee‹ (1983, dt. 1988) rekurriert er auf Versatzstücke des Kriminalromans, in ›Ein malaysischer Aufruhr‹ (1986, dt. 1989) auf solche des Abenteuerromans. In ›See‹ (R., 1989, dt. 1991) vermischt er Elemente des Spionageromans und der Sciencefiction. In ›Nous trois‹ (R., 1992) wird die Macht der Natur in Gestalt eines Erdbebens mit ihrer Beherrschung durch die Weltraumtechnik kontrastiert.
Literatur: Lebrun, J.-C.: J. E. Paris 1992.

Echeverría, Esteban [span. etʃeβɛˈrria], * Buenos Aires 2. Sept. 1805, † Montevideo 19. Jan. 1851, argentin. Schriftsteller. – Entstammte einer wohlhabenden Familie; lebte 1825–30 in Paris ; gründete 1838 in Buenos Aires die ›Asociación de Mayo‹, eine Vereinigung liberaler Intellektueller; ging 1840 ins Exil nach Montevideo. E. ist im gesamten span. Sprachraum einer der ersten Vertreter der Romantik, als deren frühestes Zeugnis seine Dichtung ›Elvira o la novia del Plata‹ (1832) gilt. Das ästhet. Programm einer spezifisch argentin. Nationalliteratur verwirklichte er v. a. mit dem Epos ›La cautiva‹ (in ›Rimas‹, 1837), in dem die Darstellung der Pampalandschaft und die melodramat. Handlung ineinander verschmelzen. Von außergewöhnlich suggestiver Bildgewalt ist seine Erzählung ›El matadero‹ (entst. um 1839, hg. 1871), in der er den Terror der Diktatur J. M. de Rosas' denunziert. Außer Dichtungen, literaturtheoret. und -krit. Schriften verfaßte er die polit. Abhandlung ›Dogma socialista‹ (1846).

Ausgabe: E. E. Obras completas. Buenos Aires 1870–74. 5 Bde. **Literatur:** FURT, J. M.: E. E. Buenos Aires 1938. – HALPERÍN DONGHI, T.: El pensamiento de E. Buenos Aires 1951. – JITRIK, N.: E. E. Buenos Aires 1967.

Echnatons Sonnengesang ↑ Sonnengesang Echnatons.

Echogedicht, Gedicht, auch Lied mit Echoreim: die Verszeilen bestehen gewöhnlich aus Fragen, deren oftmals witzig-verblüffende Beantwortung im Echoreim folgt, z. B. ›Ach, was bleibt mir nun noch offen? – Hoffen!‹ (L. Tieck, aus ›Kaiser Octavianus‹, 1804). – E.e gab es im Altertum, sie wurden im 15. Jh. durch A. Poliziano wieder belebt und in der nlat. und volkssprachl. europ. Lyrik beliebt; Blüte im Barock. Seit dem 18. Jh. finden sich E.e gelegentlich als polit. oder soziale Satiren und in der romant. Lyrik.

Eckart (Eckehart), dt. Dominikaner, ↑ Eckhart (genannt Meister Eckhart).

Eckenlied (Ecken Ausfahrt), mhd. Heldenepos mit höfisch-burlesken Zügen, verfaßt im 13zeiligen Berner Ton (auch: ›Eckenstrophe‹); gehört zum Sagenkreis um Dietrich von Bern. Anonym überliefert in verschiedenen Fassungen (darunter eine rheinisch-höfisch-stilisierte) in Handschriften des 14. und 15. Jh. sowie in Drucken. Handelt vom Kampf des jungen Dietrich von Bern mit den Riesen Ecke und Fasolt, hinter denen man in der Forschung Wetterunholde aus tirol. Volkssepen vermutet.

Literatur: BOOR, H. DE: Zur Eckensage. In: BOOR: Kleine Schr. Bd. 2. Bln. 1966. –

HEINZLE, J.: E. In: Lex. des MA. Bd. 3. Mchn. u. Zü. 1986.

Eckeren, Gerard van [niederl. 'ɛkərə], eigtl. Maurits Esser, * Haarlem 29. Nov. 1876, † Wassenaar (Südholland) 22. Okt. 1951, niederl. Schriftsteller und Kritiker. – Schrieb psychologisierende realist. Romane mit protestantisch-eth. Tendenz. Sein Erfolgsroman ›De paarden van Holst‹ (1946) behandelt die Jugendproblematik in der Zwischenkriegszeit.

Weitere Werke: Ida Westerman (R., 1908), De late dorst (R., 1921), De oogen in den spiegel (R., 1934), Klopsymfonie (R., 1950).

Eckermann, Johann Peter, * Winsen (Luhe) 21. Sept. 1792, † Weimar 3. Dez. 1854, dt. Schriftsteller. – Seit 1823 Vertrauter und literar. Sekretär Goethes, der E. aufgrund seiner ›Beiträge zur Poesie und mit besonderer Hinweisung auf Goethe‹ (1823) nach Weimar geholt hatte. E. war an der Ausgabe letzter Hand von Goethes Werken beteiligt und wurde 1836 Bibliothekar, später Hofrat in Weimar. Sein wichtigstes Werk sind die ›Gespräche mit Goethe in den letzten Jahren seines Lebens [1823–1832]‹ (3 Tle., 1836–48; 26. Originalauflage 1975 in einem Bd., hg. von H. H. Houben), die aus dem persönl. Umgang E.s mit Goethe entstanden sind.

Johann Peter Eckermann (Zeichnung von Joseph Schmeller, um 1830)

Literatur: HOUBEN, H. H.: J. P. E., sein Leben f. Goethe. Lpz. [1-2]1925–28. 2 Bde. Nachdr. Hildesheim 1975. – LÜTH, E.: J. P. E. Zwischen Elbe, Heide u. Weimar. Hamb. 1981. – J. P. E. Leben im Spannungsfeld Goethes. Hg. v. R. SCHLICHTING. Weimar 1992.

Eckert, Horst, dt. Schriftsteller und Maler, ↑ Janosch.

Ęckhart (Eckart, Eckehart), genannt Meister E., * Hochheim bei Gotha um 1260, † Avignon (?) vor dem 30. April 1328, dt. Dominikaner. – E. wirkte in verschiedenen Klöstern des Ordens als Oberer und Lehrer, 1293 Baccalaureus in Paris, dann Prior in Erfurt, 1302 Magister der Theologie in Paris (bis 1303). Dann Provinzial der neugeschaffenen Ordensprovinz Saxonia (Nord- und Mitteldeutschland), 1311/13 wieder in Paris, seit 1314 in Straßburg, seit 1323 in Köln, auch in der Seelsorge unter den Dominikanerinnen tätig. Wegen Häresieverdachtes angezeigt und seit 1326 in Prozesse verwickelt; zuerst in Köln, dann an der päpstl. Kurie (Avignon), wohin sich E. zur Rechtfertigung begab. Nach seinem Tod verurteilte 1329 (Bulle ›In agro dominico‹) Papst Johannes XXII. aus den Schriften 26 Sätze. Die Verurteilung bewirkte die Ablehnung E.s durch niederländ. Mystiker wie J. van Ruusbroec und Jan van Leeuwen. Groß war sein Einfluß auf die Nonnenmystik und die späteren Dominikaner, v. a. auf H. Seuse. Im 15. Jh. nahm Nikolaus von Kues E.s Gedankengut auf. Die lat. Werke sind nur dürftig überliefert im Gegensatz zu den dt., v. a. die ›Rede der underscheidunge‹ und ›Von abegescheidenheit‹. Die Predigten liegen nur in späteren Sammlungen vor, etwa 100 von den 150 E. zugeschriebenen Predigten dürften echt sein. In der E.-Deutung herrscht eine verwirrende Vielfalt. Der Idealismus des 19. Jh. sah in ihm seinen großen Vorläufer; in Fortsetzung dieser Ansätze wurde E. immer wieder als Pantheist gedeutet. Erst durch die histor. Erforschung der Mystik lernte man, E. wieder im Zusammenhang mit der Scholastik zu verstehen. E. lehrt ein einziges, absolutes Sein, das allein Gott zukommt und von dem es die Kreatur empfängt wie der Spiegel das Bild (Analogie). Das Analogon Gottes in der Seele ist das ›Seelenfünklein‹, die Gottesgeburt im Menschen. Diese verlangt Freiwerden von allem Irdischen (abegescheidenheit) und führt zur Teilhabe am innergöttlichen Leben, insofern ist E.s Lehre eine Lebenslehre. E. benutzte zur Darstellung dieser Bezüge die wiss. Sprache der dt. Scholastik, versuchte den Seelengrund mit den Mitteln von Tautologie, Negation und Paradox zu fassen und entwikkelte eine eigene Bildsprache von großer Kraft.

Ausgaben: Meister E. Werke. Hg. v. F. PFEIFFER. Lpz. 1857. Nachdr. Aalen 1962. – Meister E. Die dt. Werke. Hg. v. J. QUINT. Stg. 1936 ff. Auf mehrere Bde. berechnet (bisher 5 Bde. erschienen). – Meister E. Die latein. Werke. Hg. v. K. WEISS. Stg. 1937 ff. Auf mehrere Bde. berechnet (bisher 5 Bde. erschienen). – Meister Eckehart. Dt. Predigten u. Traktate. Hg. v. J. QUINT. Mchn. ²1963. – Meister E. Werke Hg. v. N. LARGIER. Ffm. 1993. 2 Bde. Literatur: HEUSSI, K.: Meister E. – M. E.s Stellung innerhalb der theolog. Entwicklung des Spät-MA. Bln. 1953. – LARGIER, N.: Bibliogr. zu Meister E. Frib. 1989. – RUH, K.: Meister E. Mchn. ²1989. – WEHR, G.: Meister E. Rbk. 1989. – Eckardus Theutonicus, homo doctus et sanctus. Hg. v. H. STIRNIMANN u. a. Frib. 1992. – WELTE, B.: M. E. Neuausg. Freib. 1992.

Ęckstein, Ernst, * Gießen 6. Febr. 1845, † Dresden 18. Nov. 1900, dt. Schriftsteller. – Vielseitiger, jedoch oberfläch. Verfasser von Gedichten, Erzählungen, Romanen und Lustspielen, der sich v. a. mit seinen Humoresken aus dem Gymnasialleben und seinen Professorenromanen dem Geschmack der Zeit anpaßte.

Werke: Schach der Königin (Epos, 1870), Aus Secunda und Prima (Humoresken, 1875; darin u. a. Ein Besuch im Carcer), Stimmungsbilder aus dem Gymnasium (1875), Initium fidelitatis (Ged., 1876), Die Claudier (R., 3 Bde., 1881), Nero (R., 3 Bde., 1889), Decius der Flötenspieler (E., 1891), Die Klosterschülerin (R., 1899). Literatur: RIMMEL, K.: E.-E.-Bibliogr. Fernwald 1993.

Ęcloga Theodụli † Theodulus.

Eco, Umberto, * Alessandria (Piemont) 5. Jan. 1932, italien. Kunstphilosoph und Schriftsteller. – Prof. in Florenz (1966–69) und Mailand (1969–71), seit 1971 Prof. für Semiotik in Bologna; eine der herausragenden Gestalten des zeitgenöss. italien. Geisteslebens. Beeinflußte mit seinen Studien zur mittelalterl. Ästhetik und Geistesgeschichte, zur allgemeinen literar. und musikal. Semiotik sowie zur Massenkommunikation wesentlich die Theorie der internat. künstler. und wiss. Avantgarden seit Mitte der 60er Jahre. Bekannt wurde v. a. sein mit den Strukturen der Detektivgeschichte spielender Roman ›Der Name der Rose‹ (1980, dt. 1982; Premio Strega 1981), der die Welt des 14. Jh. mit ihren theolog. Auseinandersetzungen, individuellen Konflikten und politisch-moral. Horizonten als Gleichnis aktueller Verwirrung, ja des Lebendigen überhaupt, entwirft. E.s zweiter Roman, ›Das Foucaultsche Pendel‹ (1988, dt. 1989), der Magie, Okkultismus, Computertechnik und Verschwörungsgeschichte intertextuell so durcheinanderwirbelt, daß die Grenzen histor. Begreifens erneut aufgebrochen werden, fand weniger enthusiast. Kritiken als ›Der Name der Rose‹.

Umberto Eco

Weitere Werke: Il problema estetico in San Tommaso (1956), Das offene Kunstwerk (1962, dt. 1973), Apokalyptiker und Integrierte. Zur krit. Kritik der Massenkultur (Essays, 1964, dt. 1984), Einführung in die Semiotik (1968, dt. verbesserte Fassung 1972), Zeichen (1973, dt. 1977), Semiotik. Entwurf einer Theorie der Zeichen (1975, dt. 1987), Lector in fabula (1979, dt. 1987), Nachschrift zum ›Namen der Rose‹ (1980, dt. 1984), Semiotik und Philosophie der Sprache (1984, dt. 1985), Über Gott und die Welt. Essays und Glossen (dt. Ausw. 1985), Über Spiegel und andere Phänomene (Essays, 1985, dt. 1988), Kunst und Schönheit im MA (1987, dt. 1991), Die Grenzen der Interpretation (1990, dt. 1992), Platon im Striptease-Lokal. Parodien und Travestien (dt. Ausw. 1990), Wie man mit einem Lachs verreist und andere nützl. Ratschläge (dt. Ausw. 1993), Die Suche nach der vollkommenen Sprache (Abh., 1993, dt. 1994), Die Insel des vorigen Tages (R., 1994, dt. 1995).
Literatur: DE LAURETIS, T.: U. E. Florenz 1981. – CAPOZZI, R.: Scriptor et ›lector in fabula‹ nel ›Nome della rosa‹ di U. E. In: Quaderni d'Italianistica 3,2 (Herbst 1982), S. 219. – WYSS, U.: Die Urgesch. der Intellektualität und das Gelächter. Ein Vortrag über ›Il nome della rosa‹. Erlangen ²1983. – SCHUH, H. M.: U. E. In:

Krit. Lex. der roman. Gegenwartsliteraturen. Hg. v. W.-D. LANGE. Losebl. Tüb. 1984 ff. – STAUDER, T.: U. E.s ›Der Name der Rose‹. Forschungsber. u. Interpretation. Erlangen 1988. – BAUCO, L./MILLOCCA, F.: Das Geheimnis des Pendels entschlüsselt. Dt. Übers. Mchn. 1990. – U. E. zw. Lit. u. Semiotik. Hg. v. A. BURKHARDT. Brsw. 1991. – MERSCH, D.: U. E. zur Einf. Hamb. 1993.

École fantaisiste [ekɔlfätɛ'zist; frz.], spätsymbolist. frz. Dichtergruppe, die sich vor dem 1. Weltkrieg um F. Carco zusammenfand; zur É. f. werden u. a. gezählt: P.-J. Toulet, J.-M. Bernard, Jean Pellerin (* 1895, † 1921), T. Derème.
Literatur: Les poètes fantaisistes. Hg. v. M. DECAUDIN. Paris 1982.

École lyonnaise [frz. ekɔlljo'nɛːz], Lyoneser Dichtergruppe des 16. Jh., die Themen des Neuplatonismus italien. Prägung und des ↑ Petrarkismus in der frz. Dichtung diskutierte und gestaltete. Zur É. l. werden u. a. M. Scève, der frühe P. de Tyard und L. Labé gezählt.
Literatur: WEBER, H.: La création poétique au XVIᵉ siècle en France, de M. Scève à Agrippa d'Aubigné. Paris 1956. 2 Bde. – ARDOUIN, P.: Maurice Scève, Pernette Du Guillet, Louise Labé. L'amour à Lyon au temps de la Renaissance. Paris 1981.

École romane [frz. ekɔlrɔ'man = roman. Schule], wirkungsarmer und reaktionärer frz. Dichterkreis, den J. Moréas 1891 in Abwendung vom Symbolismus mit dem Ziel initiierte, die frz. Dichtung formal und inhaltlich aus dem Geist der Antike und der nat. Vergangenheit (mittelalterl. Lyrik; P. de Ronsard und J. Racine) zu erneuern. Die von Ch. Maurras schon 1891 mit der Rassenideologie verbundenen Absichten der Gruppe belegen die zeitweilige Erstarrung der frz. Literatur nach der Schwächung der symbolist. Bewegung.
Literatur: ↑ Moréas, Jean.

Écriture automatique [frz. ekrityr ɔtoma'tik], von Ph. Soupault und A. Breton in ›Die magnet. Felder‹ (1920, dt. 1981) praktiziertes und von Breton im ›Manifest des Surrealismus‹ (1924, dt. 1968) theoretisch begründetes Verfahren zur Erstellung literar. Texte, das die psych. Realität unmittelbar zum Ausdruck bringen soll. Unter dem Einfluß der Studien zum ›psycholog. Automatismus‹ des frz. Philosophen Pierre Janet

(›L'automatisme psychologique‹, 1889) und der Traumdeutung (›Die Traumdeutung‹, 1900) S. Freuds versuchten die Surrealisten, den Ablauf des Denkens losgelöst von Bewußtsein, Wille und Vernunft nachzuzeichnen, um so zu einem ›Gedankendiktat‹ zu gelangen. In der É. a. spielen Schreibgeschwindigkeit und Zufall eine ebenso wichtige Rolle wie die Infragestellung der Sprache als Kommunikationsmittel. Die der É. a. inhärenten Verfahrensweisen und Ziele wurden u. a. von Marcel Duchamp (›Objet trouvé‹) und Max Ernst (›Frottage‹) auf die bildende Kunst sowie von Edgar Varèse (z. B. in ›Ionisation‹, 1930/31) auf die Musik übertragen. – ↑auch Automatismus.

Literatur: KELLERER, CH.: Objet trouvé u. Surrealismus. Zur Psychologie der modernen Kunst. Rbk. 11.–15. Tsd. 1969. – SCHEERER, TH. M.: Textanalyt. Studien zur ›é. a.‹. Diss. Bonn 1973. – CHENIEUX-GENDRON, J.: Le surrealisme. Paris 1984. – ↑auch Surrealismus.

ecuadorianische Literatur, mit dem Bischof Gaspar de Villarroel (* 1587 [?], † 1665) erlebte die e. L. ihren frühen, während der **Kolonialzeit** fast einzigen Höhepunkt. Manche Stoffe aus seinem Hauptwerk ›Gobierno eclesiástico pacífico y unión de los dos cuchillos, pontificio y regio‹ (1656/57) wurden in späteren Jahrhunderten aufgegriffen. Die erkämpfte Freiheit Amerikas fand in J. J. Olmedos klassizist. Oden ihre früheste poet. Verklärung. Die spät eingetretene und spät beendete **Romantik** repräsentieren Dolores Veintemilla de Galindo (* 1829, † 1857) und J. L. Mera. Überragende Gestalt des **19. Jahrhunderts** war der Essayist J. Montalvo, dessen brillante Prosa ihn als Vorläufer des **Modernismo** erscheinen läßt. Die namhaftesten modernist. Dichter sind Ernesto Noboa Caamaño (* 1891, † 1927), Arturo Borja (* 1892, † 1912), Medardo Ángel Silva (* 1899, † 1920). Mit ›Égloga trágica‹ (entst. 1910/1911, hg. 1956) schuf Gonzalo Zaldumbide (* 1885, † 1965) den bedeutendsten modernist. Roman in Ecuador. Der sozialen und polit. Problematik wandte sich der Grupo de Guayaquil zu: Demetrio Aguilera Malta (* 1909, † 1981), Joaquín Gallegos Lara (* 1911, † 1947), E. Gil Gilbert, J. de la Cuadra

und Alfredo Pareja Diezcanseco (* 1908). Soziales Engagement kommt auch in den Romanen von J. Icaza zum Ausdruck. Sozialkritik aus marxist. Sicht und Freudsche Psychoanalyse verbinden sich in den Romanen Humberto Salvadors (* 1909). A. Ortiz und Nelson Estupiñán Bass (* 1915) griffen als Lyriker wie Romanautoren die Folklore und Lebensproblematik der schwarzen und mulatt. Bevölkerung auf. Nach der Wirklichkeitsflucht der Modernisten gewann die Lyrik Ecuadors ein ausgeprägtes Realitätsbewußtsein. J. Carrera Andrade blieb trotz mancher Kontakte mit dem Ultraismus und dem Surrealismus einer Poesie der konkreten Daseinserfahrung verhaftet. Aus Carrera Andrades Generation zählen Miguel Ángel León (* 1900, † 1942), Gonzalo Escudero (* 1903, † 1971), Augusto Arias (* 1903), Alfredo Gangotena (* 1904, † 1945), Jorge Reyes (* 1905) zu den namhaftesten, avantgardist. Tendenzen aufgeschlossenen Lyrikern. Die folgende Generation, die sich gelegentlich dem Hermetismus der ›konkreten Poesie‹, v. a. aber der Gestaltung existentieller Probleme zuwandte, fand ihren Repräsentanten in César Dávila Andrade (* 1918, † 1967). Zu den bereits bekannteren, zumeist in diversen literar. Gattungen hervorgetretenen Schriftstellern der **Gegenwart** gehören Alejandro Carrión (* 1915), Pedro Jorge Vera (* 1915), J. E. Adoum, Rafael Díaz Ycaza (* 1925), Francisco Tobar García (* 1928), Miguel Donoso Pareja (* 1931), Lupe Rumazo (* 1935), Ignacio Carvalho Castillo (* 1937), Ulises Estrella (* 1939), Iván Egüez (* 1944), Jorge Dávila Vázquez (* 1947), Jorge Velasco Mackenzie (* 1949), Eliécer Cárdenas (* 1950). Seit den 60er Jahren sind mehrere Schriftstellergruppen wie Caminos, Galaxia, Tzánticos auf den Plan getreten, von denen das kulturelle Leben des Landes wichtige Impulse erhält.

Literatur: RIBADENEIRA, E.: La moderna novela ecuatoriana. Quito 1958. – DESCALZI, R.: Historia crítica del teatro ecuatoriano. Quito 1968. 6 Bde. – BARRIGA LÓPEZ, F./BARRIGA LÓPEZ, L.: Diccionario de la literatura ecuatoriana. Quito 1973. – HEISE, K. H.: El grupo de Guayaquil. Madrid 1975. – BARRERA, I. J.: Historia de la literatura ecuatoriana. Quito 1979. – SACOTO, A.: La nueva novela ecuatoriana. Cuenca

1981. – ADOUM, J. E.: La gran literatura ecuatoriana del 30. Quito 1984. – DONOSO PAREJA, M.: Nuevo realismo ecuatoriano. Quito 1984. – HANDELSMAN, M.: Incursiones en el mundo literario del Ecuador. Guayaquil 1987.

ed., Abk. für lat. **ed**idit [= herausgegeben hat es ...], hinter der der Herausgeber genannt wird. – ↑ auch edd., ↑ Edition.

edd., Abk. für lat. **ed**iderunt [= herausgegeben haben es ...], hinter der die Herausgeber genannt werden. – ↑ auch ed., ↑ Edition.

Edda [altnord.] (Lieder-E., poet. E., ältere E., [in fälschl. Zuweisung] *Saemundar-E.*), Sammlung, die von der jüngeren E., der *Snorra-E.,* zu unterscheiden ist (↑ Snorri Sturluson). Die Haupthandschrift erwarb der isländ. Bischof Brynjólfr Sveinsson 1643 auf Island und schenkte sie 1662 dem dän. König Friedrich III. Diese Handschrift, der ›Codex regius‹ (seit 1971 wieder in Reykjavík), überlieferungsgeschichtlich die wichtigste Quelle der eddischen Lieder, geht – wie sprachl. und paläograph. Gründe nahelegen – auf einen isländ. Schreiber der 2. Hälfte des 13. Jh. zurück. Ein Verlust von 8 Blättern des heute 45 Blätter zählenden Kodex betrifft die Sigurdsagen. Einige wenige Lieder, die heute zur eddischen Dichtung gezählt werden, sind außerhalb des ›Codex regius‹ überliefert, so u. a. das alte Hunnenschlachtlied und einige Strophen von Hildebrand (Stoffe, die auch in der außernordischen Überlieferung anklingen). Bei anderen (›Grógaldr‹ und ›Fiǫlsvinnsmál‹), die im 17. Jh. erst in Sammlungen aufgenommen wurden, ist die Zuordnung zur eddischen Gattung umstritten. Gemeinsam ist allen eddischen Liedern, daß sie sich nach Form und Inhalt deutlich von der gleichzeitigen skald. Dichtung abheben: in der metr. Form handhaben sie das Erbe der german. stabreimgeschmückten Langzeile freier, in Sprache und Stilmittel weichen sie weniger von der Prosasprache ab. Im Gegensatz zur skald. Dichtung ist das eddische Lied anonym überliefert. Im Unterschied zum Preislied, das aus aktuellem Anlaß entsteht, führt das eddische Lied in die Vergangenheit. Schicksale von Göttern und Vorzeithelden sind seine Themen.

Die Sammlung des ›Codex regius‹ läßt eine deutl. Gliederung erkennen. Am Anfang stehen die *Götterlieder,* eingeleitet durch die ↑ ›Völuspá‹, der Seherin Vision von dem Geschick der Götter, der Schöpfung und dem Untergang der Erde. Es folgt eine Sammlung von Lebensregeln, Zauberliedern und Abenteuern Odins. Zusammengehalten wird das Ganze unter dem Namen ›Hávamál‹, Reden des Hohen (d. h. des Gottes Odin). Die übrigen Götterlieder kreisen um verschiedene Themen: die Fehde zwischen Göttern und Riesen (›Þrymskviða‹, ›Hymiskviða‹), Freyrs Liebe zu der Riesentochter Gerd und die Werbungsfahrt des Götterboten Skirnir (›Skírnismál‹), Thor und Odin im Männervergleich (›Hárbarðslióð‹), die Götter in der zänk. Charakteristik Lokis (›Lokasenna‹). Um die Ausbreitung von Merkweisheit geht es auch in den beiden Odinsliedern ›Grímnismál‹ und ›Vafþrúðnismál‹. In den ›Alvíssmál‹ läßt sich Thor von einem Zwerg über poet. Umschreibungen der Erde, des Himmels usw. unterrichten. Am Schluß der Götterlieder steht die ›Vǫlundarkviða‹, das Lied von Völund dem Schmied. Außerhalb des ›Codex regius‹ sind überliefert Odins Fahrt in die Unterwelt, um Baldrs Schicksal zu erfahren (›Baldrs draumar‹), die Zeugung der Ahnherrn der drei Stände (Knecht, Bauern, Jarl) durch den König und Gott Rig (›Rigs Þula‹).

Die *Heldenlieder* machen den zweiten Teil der Sammlung und der eddischen Gattung aus. Zu ihrer ältesten Schicht gehören die Lieder von Schicksalen und Helden, die dem Norden aus der Fremde zukamen: das Bruchstück eines Sigurdliedes (›Brot af Sigurðarkviðu‹), das alte Atlilied (›Atlakviða‹) und das Hamdirlied (›Hamðismál‹). Sie behandeln die südlichen Sagen von Siegfried, Etzel und den Burgunden und Ermenrich. Ihnen lassen sich nur zwei außernordische Parallelen an die Seite stellen: das altenglische ›Finnsburglied‹ und das ahd. ›Hildebrandslied‹. Aus nord. Vorzeit fügen sich die Lieder von Helgi, dem Hundingstöter, an (›Helgakviða‹, Lied I und II). Die übrigen Heldenlieder bringen stofflich nicht wesentlich Neues, unterscheiden sich aber in der Darstellungsform und der seel. Haltung ihrer Gestalten: die dramat., in Rede und Bericht zu einem Höhepunkt eilende Darstellung tritt zurück vor dem reinen Redelied. Heldinnen beklagen rückblickend ihr Schicksal: Gudrun (›Guðrúnarkviða‹, Lied I und II), Brunhilde (›Helreið Brynhildar‹) und Oddrun (›Oddrúnargrátr‹). Nur ein Vertreter des Heldenliedes, die ›Atlamál‹, überschreitet die Länge von 200 Langzeilen.

Finden sich also beim Heldenlied kontinentale und angelsächs. Gegenstücke, so daß von einer gemeingerman. Gattung zu reden ist, so ist das Götterlied nur in der Überlieferung des Nordens bekannt. Es macht die Bedeutung der eddischen Sammlung aus, nach Form und Inhalt von einer gemeingerman. Kunstübung und deren nord. Weiterbildung zu zeugen.

Ausgaben: Sæmundar E. Hg. v. S. BUGGE. Oslo 1867. – E. Die Lieder des Codex Regius nebst verwandten Denkmälern. Hg. v. G. NECKEL. Hdbg. Bd. 1: Text. Hg. v. H. KUHN. ⁵1983. Bd. 2: Wörterbuch. Hg. v. H. KUHN. ³1968. – The poetic E. Hg. u. erl. v. U. DRONKE. Oxford 1969. – E. Dt. Übers. v. F. GENZMER. Eingel. v. K. SCHIER. Köln ⁵1984.

Literatur: HERMANSSON, H.: Bibliography of the E.s. In: Islandica 13 (1920), S. 74. – GERING, H.: Kommentar zu den Liedern der E. Hg. v. B. SIJMONS. Halle/Saale 1927. – SCHNEIDER, HERMANN: Probleme der E.forschung. In: Universitas 6 (1951), S. 973. – E., Skalden, Saga. Festschr. zum 70. Geburtstag v. Felix Genzmer. Hg. v. HERMANN SCHNEIDER. Hdbg. 1952. – HANNESSON, J. S.: A supplement to bibliography of the E.s. In: Islandica 37 (1955), S. 93. – KUHN, H.: Zur Grammatik u. Textgestaltung der älteren E. In: Zs. f. dt. Altertum u. dt. Lit. 90 (1960), S. 211. – SVEINSSON, E. O.: Íslenzkar bókmenntir i Fornöld. Bd. 1. Reykjavík 1962. – VRIES, J. DE: Altnord. Lit.gesch. Bln. ²1964–67. 2 Bde. – SCHIER, K.: Ältere E. In: Reallex. der German. Altertumskunde. Hg. v. H. BECK u. a. Bd. 6. Bln. ²1986. S. 355 (mit ausführl. Bibliogr.). – WEBER, G. W.: Jüngere E. In: Reallex. der German. Altertumskunde. Hg. v. H. BECK. Bd. 6. Bln. ²1986. S. 394 (mit ausführl. Bibliogr.). – LA FARGE/TUCKER, J.: Glossary to the poetic E. Hdbg. 1992.

Edfelt, [Bo] Johannes, * Kyrkefalla (Västergötland) 21. Dez. 1904, schwed. Lyriker, Übersetzer und Literaturkritiker. – Seit 1969 Mitglied der Schwedischen Akademie. In seinen frühen Werken zeigt sich der Einfluß der Neuen Sachlichkeit. Hauptthema ist die meta-

phys. Angst, verstärkt durch die polit. Ereignisse. Die Form ist traditionell, die Sprache reich an ausdrucksvollen Metaphern, klar, konzentriert und wirklichkeitsnah; schrieb in letzter Zeit v. a. epigrammat. Lyrik; bed. auch als Übersetzer und kultureller Vermittler bes. dt. Lyrik; auch Essayist.

Werke: Högmässa (Ged., 1934), I denna natt (Ged., 1936), Elden och klyftan (Ged., 1943), Bråddjupt eko (Ged., 1947), Hemliga slagfält (Ged., 1952), Under Saturnus (Ged., 1956), Der Schattenfischer (Ged., dt. Ausw. 1958), Gedichte (dt. Ausw. 1963), Ådernät (Ged. und Aphorismen, 1968), Brev från en ateljé (Ged., 1976), Dagar och nätter (Ged., 1983), Fieberbrief (Prosa-Ged., dt. Ausw. 1984), Ekolodning (Ged., 1986).

Literatur: En bok om J. E. Hg. v. S. CARLSON u. A. LIFFNER. Stockholm 1960. – Perspektiv på J. E. Hg. v. U.-B. LAGERROTH u. G. LÖWENDAHL. Stockholm 1969. – LANDGREN, B.: De fyra elementen. Studier i J. E.s diktning från Högmässa till Bråddjupt eko. Uppsala u. Stockholm 1979.

Edgar, David [engl. 'edgə], * Birmingham 26. Febr. 1948, engl. Dramatiker. – Begann als Journalist in Bradford, wo er ab 1970 die ersten seiner zahlreichen politisch radikalen, der Agitpropdramatik und dem dokumentar. Theater verpflichteten Stücke hervorbrachte. Zunehmend leuchteten diese auch die psycholog. Dimensionen polit. Täter und Opfer aus, so in ›Destiny‹ (Dr., 1976) über faschist. Tendenzen in England, oder in ›Maydays‹ (Dr., 1983) über den Sozialismus der Nachkriegszeit. Zu einem breiten Erfolg wurde ›The live and adventures of Nicholas Nickleby‹ (Dr. in 2 Tlen., 1982), eine Adaptation des Romans von Ch. Dickens für die Royal Shakespeare Company.

Weitere Werke: The national interest (1971), Death story (Dr., 1972), The road to Hanoi (Dr., 1972), O fair Jerusalem (Dr., 1975), Saigon rose (UA 1976), Wreckers (Dr., 1977), The jail diary of Albie Sachs (Dr., 1978), Mary Barnes (Dr., 1979), Entertaining strangers (Dr., 1986), That summer (Dr., 1987), The shape of the table (Dr., 1990).

Literatur: SCHÄFFNER, R.: Politik u. Drama bei D. E. Essen 1988. – PAGE, M.: File on E. London 1991.

Edgeworth, Maria [engl. 'ɛdʒwɔ:θ], * Black Bourton (Oxfordshire) 1. Jan. 1767, † Edgeworthstown (Irland) 22. Mai 1849, ir. Schriftstellerin. – Tochter des

Erfinders und Schriftstellers Richard Lovell E. (* 1744, † 1817), mit dem sie unter dem Einfluß der Ideen J.-J. Rousseaus eine Schrift über Erziehung verfaßte (›Practical education‹, 1798). Ihre bedeutendsten Romane spielen in der Welt des ir. Landadels, dessen Schicksal sie mit Wirklichkeitstreue und Humor beschreibt. Neben der ir. Gesellschaft (›Castle Rackrent‹, R., 1800; ›The absentee‹, R., 1812; ›Ormond‹, R., 1817) ist auch die engl. Society Schauplatz einiger Werke (›Belinda‹, R., 1801; ›Leonora‹, R., 1806; ›Patronage‹, R., 1814; ›Helen‹ R., 1834); schrieb auch Erzählungen und Geschichten für Kinder (›Moral tales‹, 1801) in deutlich lehrhaftem Ton.

Ausgaben: M. E. Novels and romances. London 1832–38. 19 Bde. – The novels of M. E. London u. New York 1893. 12 Bde. – Letters of M. E. and A. L. Barhauld. Hg. v. W. S. SCOTT. London 1953.

Literatur: HAWTHORNE, M. D.: Doubt and dogma in M. E. Gainesville (Fla.) 1967. – BUTLER, M.: M. E. A literary biography. Oxford 1972. – HARDEN, E.: M. E. Boston (Mass.) 1984.

Edgü, Ferit [türk. ɛd'gy], * Istanbul 1936, türk. Erzähler. – Sein Werk ist von einem vielschichtigen Realismus geprägt und durch vielfach wechselnde Erzählebenen und -perspektiven gekennzeichnet.

Werke: Av (= Die Jagd, En., 1968), Kimse (= Jemand, R., 1976), O (= Er, R., 1977).

Edice Petlice [tschech. 'ɛditsɛ 'pɛtlitsɛ = Edition Riegel], Bez. für das Verlegen und Verbreiten von verbotenen literar. und publizist. Werken in der ehem. Tschechoslowakei; die E. P. arbeitete 1970–89 und war von großer Bedeutung für die Literatur(en) in der Tschechoslowakei.

edieren [lat.], herausgeben, bes. von Büchern (↑ Edition).

Edinburgh Review, The [engl. ðə 'edɪnbərə rɪ'vju:], brit. Vierteljahresschrift von beträchtl. Ansehen; begr. 1802 von F. Jeffrey, S. Smith und H. Brougham; politisch liberal orientiert; existierte bis 1929. Für ihren einflußreichen Literaturteil, der anfangs wegen F. Jeffreys negativer Kritik an den romant. Lake poets Aufsehen erregte, schrieben die meisten führenden engl. Schriftsteller des 19. und frühen 20. Jh. Beiträge.

Editio castigata [lat.], ›gereinigte‹ Ausgabe eines Werkes, bei der moralisch oder politisch unerwünschte Stellen vom Hg. ausgelassen oder von der Zensur gestrichen (geschwärzt) sind, z. B. die ›Edizione dei deputati‹ von G. Boccaccios ›Decamerone‹ (Florenz 1573), oder die Erstausgabe von E. T. A. Hoffmanns ›Meister Floh‹ (1822). Aus pädagog. Gründen bearbeitete, gereinigte oder gekürzte Werke werden als Ausgaben ›in usum scholarum‹ oder † ›ad usum Delphini‹ bezeichnet.

Editio definitiva [lat.], letzte vom Verfasser selbst überwachte oder nach seinen letztgültigen Änderungswünschen eingerichtete Ausgabe eines Werks; durch sie kann gegebenenfalls eine † Ausgabe letzter Hand korrigiert und überholt werden.

Edition [lat.], Herausgabe eines (literar., wiss., oder musikal.) Werkes unter bestimmten Gesichtspunkten (textl. Bearbeitung, Einband, Format u. a.), auch Bez. für die gesammelten oder ausgewählten Werke eines Autors, ebenso für eine Serie (z. B. ›edition suhrkamp‹) oder einen Verlag (z. B. ›Edition Musica‹, Bayreuth) sowie die Herausgabe eines (meist älteren oder fremdsprachigen) Textes, bes. eines solchen, für den verschiedene Fassungen vorliegen.

Editio princeps [lat.] † Erstausgabe.

Editor [lat.], Herausgeber (seltener: Verleger) von Büchern, Buchreihen, Zeitschriften, Musikalien.

Edmonds, Walter Dumaux [engl. 'ɛdməndz], * Boonville (N. Y.) 15. Juli 1903, amerikan. Schriftsteller. – Schrieb v. a. beliebte histor. Romane, außerdem Kurzgeschichten (›Mostly canallers‹, 1934) und mehrere Jugendbücher, u. a. ›Tom Whipple‹ (1942) und ›They had a horse‹ (1962).

Weitere Werke: Rome haul (R., 1929; dramatisiert 1934 von M. Connelly und F. B. Elser u. d. T. The farmer takes a wife), The big barn (R., 1930), Pfauenfeder und Kokarde (R., 1936, dt. 1938), Chad Hanna (R., 1940), The wedding journey (R., 1947), Die Boyds und ihre Pferde (R., 1953, dt. 1957), Bert Breen's barn (R., 1975), The night raider and other short stories (En., 1980), The South African quirt (R., 1985).

Edqvist, Dagmar Ingeborg [schwed. ˌe:dkvist], geb. Jansson, * Visby 20. April

1903, schwed. Schriftstellerin. – Zentrales Problem ihrer meist in sehr klarem Erzählstil geschriebenen Romane ist das Verhältnis der modernen Frau zum Mann als Kamerad und Partner.
Werke: Frau und Kamerad (R., 1932, dt. 1943), Drei Männer um Cecilia (R., 1935, dt. 1961), Not des Herzens (R., 1942, dt. 1944), Die Pforte des Paradieses (R., 1956, dt. 1957), Der Mann vom Meere (R., 1967, dt. 1968), Vänta på vind (R., 1985).

Edschmid, Kasimir ['eːt-ʃmɪt], bis 1947 Eduard Schmid, * Darmstadt 5. Okt. 1890, † Vulpera (Schweiz) 31. Aug. 1966, dt. Schriftsteller. – Studierte Romanistik; war für verschiedene Zeitungen tätig; Mitarbeit an den expressionist. Zeitschriften ›Der Sturm‹ und ›Die weißen Blätter‹; 1933 Rede-, 1941 Schreibverbot; nach dem Krieg Vizepräsident des dt. P.E.N.-Zentrums und der Dt. Akademie für Sprache und Dichtung. Prosadichter des Expressionismus mit seinen Novellensammlungen ›Die sechs Mündungen‹ (1915), ›Das rasende Leben‹ (1916) und ›Timur‹ (1916), in denen er in neuartiger Sprache und Bildüberhäufungen das vorwegnahm, was er als Programmatiker und Theoretiker des Expressionismus in Essays (›Über den Expressionismus in der Literatur und die neue Dichtung‹, 1919) und Manifesten formulierte. Im Roman noch intensivere Anwendung der Stilprinzipien (›Die achatnen Kugeln‹, 1920). Nach der expressionist. Periode wandte sich E. einer realist. Darstellung zu, die er allerdings sehr subtil zu handhaben wußte. Später schrieb er realist., farbige Reisebücher und gehobene Unterhaltungsliteratur.

Kasimir
Edschmid

Weitere Werke: Die doppelköpfige Nymphe (Essays, 1920), Der Engel mit dem Spleen (R., 1923), Die gespenstigen Abenteuer des Hofrat Brüstlein (R., 1927, 1947 u. d. T. Pourtalès Abenteuer), Sport um Gagaly (R., 1927), Afrika nackt und angezogen (Reisebericht, 1929), Lord Byron (R., 1929), Hallo Welt! (Nov.n, 1930), Feine Leute oder Die Großen dieser Erde (R., 1931), Glanz und Elend Süd-Amerikas (R., 1931), Italien (5 Bde., 1935–38), Der Liebesengel (R., 1937), Das gute Recht (R., 1946), Wenn es Rosen sind, werden sie blühen (R., 1950, 1966 u. d. T. Georg Büchner), Der Bauchtanz (Nov.n, 1952), Tagebuch 1958–1960 (1960), Lebendiger Expressionismus (Essays, 1961), Portraits und Denksteine (Essays, 1962), Vom Bodensee zur Nordsee (1963), Whisky für Algerien? (R., 1964).
Literatur: WELTMANN, L.: K. E. Stg. u. Mchn. 1955. – K. E. Bibliogr. Bearb. v. U. GUENTHER-BRAMMER. Hdbg. 1970. – K. E. zum Gedenken. Darmst. 1971. – SCHLEUCHER, K.: Der reisende Schriftsteller K. E. Darmst. 1990.

Edwards, Eli [engl. ˈɛdwədz], Pseudonym des amerikan. Schriftstellers Claude ↑ McKay.

Edwards, Jonathan [engl. ˈɛdwədz], * East Windsor (Conn.) 5. Okt. 1703, † Princeton (N. J.) 22. März 1758, amerikan. Schriftsteller. – Nach Studium in Yale erlangte E. Bedeutung als puritan. Geistlicher in Northampton (Mass.); mit seinen Predigten (›Sinners in the hands of an angry God‹, 1741) war er einer der bedeutendsten Führer der religiösen Erneuerungsbewegung des ›Great Awakening‹ (1740 ff.). E. machte J. Lockes empirist. Philosophie zur Grundlage seiner Theologie (›Treatise on religious affections‹, 1746) und stellte eigene philosoph. Betrachtungen in ›Freedom of the will‹ (1754) an. Wegen seiner revisionist. Haltung wurde er 1750 seines Kirchenamtes enthoben, lebte dann als Missionar bei den Indianern in Stockbridge (Mass.). Kurz nach Übernahme des Präsidentenamtes am College of New Jersey (heute Princeton University) starb er. Seine Werke gehören zu den wichtigsten Dokumenten der amerikan. Kolonialliteratur.
Ausgabe: The works of J. E. Hg. v. P. MILLER. New Haven (Conn.) ¹⁻⁴1957 ff.
Literatur: MILLER, P.: J. E. New York 1949. – SCHEICK, W. J.: The writings of J. E. Theme, motif, and style. College Station (Tex.) 1975. – Critical essays on J. E. Hg. v. W. J. SCHEICK. Boston (Mass.) 1980. – LESSER, M. X.: J. E. A reference guide. Boston (Mass.) 1981. – DE PROSPO,

R. C.: Theism in the discourse of J. E. London 1985.

Edwards, Jorge [span. 'eðu̞ars], * Santiago de Chile 29. Juli 1931, chilen. Schriftsteller. – War zur Zeit der Regierung S. Allende Gossens' Diplomat in Havanna; lebt im Exil in Spanien; veröffentlichte u. a. Erzählungen und Romane, in denen die dem Militärputsch von 1973 in Chile vorausgegangene krisenhafte Gesellschaftssituation subtil analysiert wird. Seine Erfahrungen in Kuba behandelt der autobiograph. Roman ›Persona non grata‹ (1973).
Weitere Werke: El patio (E., 1952), Gente de la ciudad (E., 1961), El peso de la noche (R., 1965), Desde la cola del dragón (Essays, 1977), Los convidados de piedra (R., 1978), El museo de cera (R., 1981), La mujer imaginaria (R., 1985), El anfitrión (R., 1987), Adiós, poeta ... (Biogr. P. Nerudas, 1990), Fantasmas de carne y hueso (En., 1992).

Edwards, Sir (seit 1916) Owen Morgan [engl. 'ɛdwədz], * Llanuwchllyn (Merionethshire) 25. Dez. 1858, † ebd. 15. Mai 1920, walis. Schriftsteller. – Durch eigene, meist in walis. Sprache geschriebene Werke, populäre Neuausgaben walis. Klassiker und als Hg. von Zeitschriften trug E. wesentl. zur Wiederbelebung der walis. Literatursprache bei.
Werke: Tro yn yr Eidal (= Italienreise, 1888), O'r Bala i Geneva (= Von Bala nach Genf, 1889), Cartrefi Cymru (= Walis. Heimat, 1896), Wales (1901, ²1925), Clych atgof (= Glocken der Erinnerung, 1906), Llynnoedd llonydd (= Stille Seen, 1922).
Literatur: GRUFFYDD, W. J.: O. M. E. Cofiant. Aberystwyth 1937. – Sir O. M. E. A memoir. Hg. v. SIR. A. TH. DAVIES. Engl. u. Walis. Cardiff u. Wrexham 1946. – JONES, G. A.: Bywyd a Gwaith O. M. E. Aberystwyth 1958.

Edwards, Richard [engl. 'ɛdwədz], * in Somerset um 1523, † London 31. Okt. 1566, engl. Dichter. – Als Musiker und Komponist Leiter der Bühnen- und Gesangsgruppe der Chapel Royal. Madrigaldichter und Verfasser zweier Dramen; 1566 wurde das nicht überlieferte Schauspiel ›Palamon and Arcite‹ vor Königin Elisabeth I. aufgeführt; erhalten blieb das Drama ›The excellent comedy of Damon and Pithias‹ (gedr. 1571); stellte eine Anthologie zusammen (›Paradyse of dainty devises‹, gedr. 1576), die auch eigene Gedichte enthält.

Literatur: BRADNER, L.: The life and poems of R. E. New Haven (Conn.) 1927.

Edwards Bello, Joaquín [span. 'eðu̞arz 'βejo], * Valparaíso 10. Mai 1888, † Santiago de Chile 1968, chilen. Schriftsteller. – Journalist; sucht in seinen Romanen nach dem Vorbild É. Zolas ein umfassendes Panorama der verschiedenen nen dtn. Gesellschaftsschichten darzustellen; gibt dem lebensnahen Stoff und der psychologischen Analyse Vorrang vor erzähltechnischen Problemen.
Werke: El monstruo (R., 1912), El roto (R., 1920), El chileno en Madrid (R., 1928), Criollos en París (R., 1933), La chica del Crillón (R., 1935).

Eeckhout, Jan Hendrik [niederl. 'e:khɔu̞t], * Sluis 10. Jan. 1900, † Amsterdam 6. März 1978, niederl. Schriftsteller. – Verfasser religiös beeinflußter Romane (›De boer zonder God‹, 1933; ›Erde und Brot‹, 1936, dt. 1939) und Gedichte; Bearbeiter chin. Gedichte (›Jaspis en jade‹, 1929) sowie des Gilgamesch-Epos (1933).

Eeden, Frederik Willem van [niederl. 'e:də], * Haarlem 3. April 1860, † Bussum 16. Juni 1932, niederl. Schriftsteller und Sozialreformer. – War Arzt; spezialisierte sich in Psychotherapie; gründete 1885 mit A. Verwey u. a. die Zeitschrift ›De Nieuwe Gids‹, das Organ der † Tachtigers, in dem 1886 sein bekanntestes Werk, der Roman ›Der kleine Johannes‹ (3 Bde., 1887 – 1906, dt. 2 Bde., 1892) erschien. 1898 gründete er die landwirtschaftl. und industrielle Siedlungsgemeinschaft ›Walden‹, die jedoch keinen Bestand hatte. Seine psycholog. Studien finden einen Niederschlag im Roman ›Van de koele meren des doods‹ (1900); auch bedeutend als Dramatiker, u. a. ›De broeders‹ (1894).
Weitere Werke: Johannes der Wanderer (R., 1892, dt. 1908), Lioba (Dr., 1897, dt. 1912), Myst. Gesänge (1901, dt. 1920), Eisbrand (Dr., 1908, dt. 1908), Die Nachtbraut (R., 1909, dt. 1909), Mijn dagboek (9 Bde., hg. 1932–46).
Literatur: TRICHT, H. W. VAN: F. v. E., denker en strijder. Amsterdam 1934. – VERWEY, A.: F. v. E. Santpoort 1939. – RÜMKE, H. C.: Over F. v. E.s ›Van de koele meren des doods‹. Amsterdam 1964.

Eekhoud, Georges [niederl. 'e:khɔu̞t], * Antwerpen 27. Mai 1854, † Schaerbeek 29. Mai 1927, belg. Schriftsteller. – Journalist, Begründer der avantgardist. Zeitschrift ›Le Coq rouge‹, wandte sich in seinen Erzählungen und Romanen engagiert gegen die Verlogenheit der bürgerl. Gesellschaft und gegen den sog. Fortschritt; sah im bäuerl. Menschen das Positive; Außenseiter der Gesellschaft überhöhte er zu idealisierten Gestalten.

Werke: Kees Doorik (R., 2 Bde., 1883, dt. 1893), Kermesses (En., 1884), Nouvelles kermesses (En., 1887), Das neue Karthago (R., 1888, dt. 1917), Escal-Vigor (R., 1899, dt. 1903), Dernières kermesses (En., 1920). **Literatur:** BLADEL, M.: L'œuvre de G. E. Brüssel 1922. – RENCY, G.: G. E., l'homme, l'œuvre. Brüssel 1942. – DELADOES, J.: G. E., romancier. Brüssel 1956.

Effen, Justus van [niederl. 'ɛfə], * Utrecht 21. Febr. 1684, † Herzogenbusch 18. Sept. 1735, niederl. Schriftsteller. – Lernte auf Reisen nach England I. Newton, A. Pope und J. Swift kennen; Hg. verschiedener, nach engl. Muster verfaßter moral. Wochenschriften; Mitarbeiter der von ihm begründeten Zeitschrift ›De Hollandsche Spectator‹ (12 Bde., 1731–35); er schrieb scharfsinnige Gesellschaftskritiken; realist. Darstellung der kleinbürgerl. Welt.

Effendi, Rustam, * Padang 13. Mai 1903, † Jakarta 24. Mai 1979, indones. Schriftsteller. – Seit 1928 in den Niederlanden, wo er 1933–46 Abgeordneter der niederl. KP war; nach Ausschluß aus der Partei kehrte er nach Indonesien zurück. E. ist einer der Wegbereiter der in Bahasa Indonésia geschriebenen modernen indones. Literatur.

Werke: Bebasari (Vers-Dr., 1926), Pertjikan permenungan (= Gedankensplitter, Ged., 1926). **Literatur:** TEEUW, A.: Modern Indonesian literature. Den Haag 1967. Bd. 1. S. 17.

Egen von Bamberg, mhd. Dichter der 1. Hälfte des 14. Jahrhunderts. – Wahrscheinlich in Bamberg geboren oder ansässig; unter seinem Namen sind in einer Handschrift des 15. Jh. zwei Minnereden überliefert: ›Die clage der minne‹ (109 Reimpaare) und ›Das herze‹ (69 Reimpaare) in übersteigertem, geblümtem Stil. Vom anonymen Verfasser der mhd. Minneallegorie ›Minneburg‹ (1330/40) mehrfach als unerreichtes Vorbild genannt.

Egestorff, Georg, Pseudonym des dt. Schriftstellers Georg Freiherr von † Ompteda.

Egge, Peter Andrias, * Drontheim 1. April 1869, † Oslo 15. Juli 1959, norweg. Dichter. – Wurde 1891 durch den Roman ›Almue‹ bekannt; schilderte in seinen von J. P. Jacobsen beeinflußten Erzählungen und Romanen seine Heimat und ihre Menschen im harten Daseinskampf; seine Dramen zeichnen sich durch witzige Dialoge aus; literatur- und kulturhistorisch wichtige Autobiographie (›Minner‹, 4 Bde., 1948–55).

Weitere Werke: Der Schiffsjunge (E., 1892, dt. 1902), Das Herz (R., 1907, dt. 1908), Die Fessel (R., 1908, dt. 1909), Das Idyll (Dr., 1910, dt. 1911), Der Narr (Dr., 1917, dt. 1918), Hansine (R., 1925, dt. 1929), Bernt Lein (R., 1927, dt. 1942), Gäste (R., 1931, dt. 1931), Der Mensch Ada Graner (R., 1945, dt. 1950). **Ausgabe:** P. A. E. Samlede verker. Oslo 1949. 6 Bde. **Literatur:** JYSTAD, B. S.: P. E. og hans trönderromaner. Oslo 1949.

Eggebrecht, Axel, * Leipzig 10. Jan. 1899, † Hamburg 14. Juli 1991, dt. Schriftsteller. – Germanistik- und Philosophiestudium, verschiedene Berufe, seit 1925 freier Schriftsteller, 1933 im KZ, später Mitarbeiter an Unterhaltungsfilmen; 1945–49 am Aufbau des Nordwestdt. Rundfunks beteiligt; Verfasser von Erzählungen, Essays, Drehbüchern (u. a. ›Bel ami‹, 1939), Hör- und Fernsehspielen sowie Reportagen.

Weitere Werke: Katzen (Essays und En., 1927), Leben einer Prinzessin. Amor vacui (R., 1929), Was wäre, wenn ... (Hsp., 1947), Volk ans Gewehr! Chronik eines Berliner Hauses 1930–34 (1959), Epochen der Weltliteratur (Essays, 1964), Bangemachen gilt nicht (Betrachtungen, 1969), Der halbe Weg. Zwischenbilanz einer Epoche (Autobiogr., 1975), Die zornigen alten Männer. Gedanken über Deutschland seit 1945 (1979, Hg.), Meine Weltliteratur (Essays, 1985). **Literatur:** A. E. Eingel. v. R. NEUMANN u. K. W. MAREK. Hamb. 1969 (mit Bibliogr.).

Eggleston, Edward [engl. 'ɛglstən], * Vevay (Ind.) 10. Dez. 1837, † Joshua's Rock (Lake George, N. Y.) 2. Sept. 1902, amerikan. Schriftsteller. – Methodist. Geistlicher, zunächst Wanderprediger, dann in verschiedenen Pfarrstellen; später Historiker und freier Schriftsteller. Vertreter der Heimatkunst des Mittelwestens; kulturhistorisch interessant sind seine Romane ›Der Schulmeister von Flat-Creek‹ (1871, dt. 1877) und ›The circuit rider‹ (1874); verfaßte auch Biogra-

Eglitis 35

phien bekannter Indianer für Jugendliche.
Ausgabe: E. E. Collected works. New York 1870–93. 12 Bde.
Literatur: RANDEL, W.: E. E. New York 1963.

Eghischę Wardapęt (tl.: Eḡišē Vardapęt; Elisäus), armen. theolog. Lehrer (Wardapet) des 7. Jh. n. Chr. – Berühmt durch seine Geschichte des armen. Krieges; ursprünglich eine Darstellung des Religionskrieges von 571 gegen die Perser, von einem Redaktor auf den Krieg von 451 umgestellt; besuchte Palästina und den Sinai; verfaßte Bibel-Kommentare (zu Genesis, Josua, Richter) und Homilien. Außerdem ist eine ›Lehre des Elisäus‹ überliefert.
Ausgaben: LANGLOIS, V.: Collection des historiens anciens et modernes de l'Arménie. Bd. 2. Paris 1869. S. 179. – Ausgew. Schrr. der armen. Kirchenväter. Hg. v. SIMON WEBER. Bd. 2. Mchn. 1927. S. 271.
Literatur: AKINIAN, N.: Eliśē Wardapet. Wien 1932–36 (mit dt. Zusammenfassung) 2 Bde.

Egill Skallagrímsson, * Borg um 910, † Mosfell um 990, isländ. Skalde. – Die bedeutendste Quelle für sein Leben stellt die ›Egils saga‹ dar. Die literar. Formung des Stoffes zu Beginn des 13. Jh. und die ungleichartigen mündl. und schriftl. Quellen erschweren es jedoch, ein historisch getreues Bild von E. S.s Leben zu gewinnen. Von bes. Quellenwert sind dabei die E. S. zugewiesenen Dichtungen: die ›Höfuðlausn‹ (= die Hauptteslösung), ein Lied auf den Sohn König Haralds, Erich Blutaxt, in dessen Gewalt E. S. in England geraten war und an dessen Großmut der Dichter mit seinem Preislied nicht vergeblich appellierte, die ›Arinbjarnarkviða‹, ein Preislied auf den Freund Arinbjörn, und das ›Sonatorrek‹ (= der Söhne Verlust), ein Gedicht auf den Verlust seiner zwei Söhne.
Literatur: Die Gesch. vom Skalden Egil. Dt. Übers. v. F. NIEDNER. Darmst. 1963.

Egils saga, isländ. Saga aus dem Beginn des 13. Jh., die Leben und Taten des isländ. Skalden ↑ Egill Skallagrímsson behandelt. In die Prosadarstellung eingestreut sind skald. Dichtungen, davon 3 große Gedichte und etwa 60 lose Strophen, die die Saga (sicher nicht in jedem Fall zu Recht) Egill selbst zuschreibt. Die Dichtungen Egills, lokale Überlieferungen und weitere zeitgenöss. Quellen lieferten dem Dichter den Stoff für seine Saga, die zu den bedeutendsten Vertretern ihrer Gattung gehört.
Ausgaben: Egils saga Skallagrímssonar. Hg. v. F. JÓNSSON. Kopenhagen 1886–88. – Die Saga von Egil. Übers. u. hg. v. K. SCHIER. Düss. u. Köln 1978.
Literatur: Islandica. Bd. 1–38. The Sagas of Icelanders. Ithaca (N. Y.) 1908–57. Nachdr. 1–24. New York 1966. – VRIES, J. DE: Altnord. Lit.-gesch. Bd. 2. Bln. ²1967. S. 342.

Eginetico, Cornante [italien. edʒi-'nɛ:tiko], Pseudonym des italien. Dichters Carlo Innocenzo ↑ Frugoni.

Eglitis, Andrejs [lett. 'egli:tɪs], * Laudon (Livland) 21. Okt. 1912, lett. Dichter. – Veröffentlichte 1934 seinen ersten Gedichtband ›Kristus un mīla‹ (= Christus und Liebe), lebt seit 1944/45 in Schweden; seine Kantate ›Dievs, Tava zeme deg ...‹ (= Gott, Deine Erde brennt), in der sich das Pathos der Apokalypse mit der Schlichtheit des Volksliedes verbindet, wird seit ihrer Uraufführung in Riga 1942 als Bekenntnis zur verlorenen Heimat bei feierl. Anlässen aufgeführt.
Weitere Werke: Zelta vālodze (= Goldener Pirol, Ged., 1939), Gebt mir einen anderen Himmel (Ged., dt. Ausw. 1964), Caur daudzām zemju zemēm, caur daudzām debesim (= Durch viele Länder, viele Himmel, Ged., 1982).

Eglitis, Anšlavs [lett. 'egli:tɪs], * Riga 14. Okt. 1906, † in Kalifornien 4. März 1993, lett. Schriftsteller. – Sohn des Dichters Viktor E. (* 1877, † 1945), eines Wegbereiters des lett. Symbolismus; wandte sich als Erzähler und Theaterdichter dem Realismus zu, lebte ab 1944 im Exil und gilt als einer der fruchtbarsten und populärsten Schriftsteller der neueren lett. Literatur. Unter seinen etwa 50 Büchern gibt es auch Gedichtsammlungen, Übersetzungen engl. Dichtung, z. T. mit eigenen Illustrationen, und Essays zu verschiedenen Themen. E.' Werke sind auch in mehrere fremde Sprachen übersetzt, so z. B. ›Čingizhana gals‹ (1948), u. d. T. ›Dschingis-Khans Ende‹, 1968 ins Deutsche. Weitere Werke sind die Romane ›Līgavu mednieki‹ (= Die Brautjäger, 1940), ›Es nepievienojos‹ (= Ich schließe mich nicht an, 1971) und ›Piecas dienas‹ (= Fünf Tage, 1976).

Eguren, José María [span. e'ɣuren], * Lima 8. Juli 1882, † ebd. 19. Febr. 1942, peruan. Lyriker. – Postmodernist. Lyriker, in dessen Werk sich Einflüsse des frz. Symbolismus mit subtilem Empfindungsvermögen verbinden.
Werke: Simbólicas (Ged., 1911), La canción de las figuras (Ged., 1916), Sombra (Ged., 1920). **Ausgabe:** J. M. E. Poesías completas. Lima 1952.
Literatur: JIMÉNEZ BORJA, J.: J. M. E., poeta geográfico. Lima 1952. – ARMAZA, E.: E. Lima 1963. – NÚÑEZ, E.: J. M. E. Vida y obra. Lima 1964.

Ehlers, Edith, dt. Schriftstellerin, ↑ Mikeleitis, Edith.

Ehestandsliteratur, literar. Werke in Vers und Prosa (im Gefolge lat. geistl. Traktate), die u. a. von den Aufgaben und Pflichten der Ehe handeln (gelegentlich mit satir. Unterton). Bes. im 15. und 16. Jh. beliebt; u. a. das 1472 entstandene ›Ob einem Manne sey zunemen ein eelichs Weyb oder nicht‹ des Domherrn Albrecht von Eyb und ›Das Philosoph. Ehzuchtbüchlein‹ (1578) von J. Fischart.

Ehrenburg, Ilja, russ. J. Grigorjewitsch Erenburg, * Kiew 27. Jan. 1891, † Moskau 31. Aug. 1967, russ.-sowjet. Schriftsteller. – Aus bürgerl. jüd. Familie; floh 1908 nach Paris, 1917–21 in Rußland, dann bis 1928 Korrespondent im Ausland (Frankreich, Belgien u. a.); im Span. Bürgerkrieg und im 2. Weltkrieg Kriegsberichterstatter. E. vertrat als einer der erfolgreichsten sowjet. Schriftsteller aus der Gruppe der sog. Mitläufer (Poputtschiki) kommunistischer Ideen, scheute jedoch nicht vor offener Kritik am sowjet. System zurück. Der Titel seines Kurzromans ›Tauwetter‹ (2 Tle., 1954–56, dt. 1957) wurde zum Namen der politisch veränderten Periode nach Stalins Tod.
Weitere Werke: Die ungewöhnl. Abenteuer des Julio Jurenito ... (R., 1922, dt. 1923), Und sie bewegt sich doch (Schrift, 1922, dt. 1986), Trust D. E. (R., 1923, dt. 1925), Die Liebe der Jeanne Ney (R., 1924, dt. 1926), Das bewegte Leben des Lasik Roitschwantz (R., 1928, dt. 1928), Das Leben der Autos (Prosa, 1929, dt. 1930), Der Fall von Paris (R., 1942, dt. 1945), Sturm (R., 2 Bde., 1946/47, dt. 1949), Die neunte Woge (R., 2 Bde., 1951/52, dt. 1953), Menschen, Jahre, Leben (Erinnerungen, 6 Tle., 1961–65, dt. 2 Bde., 1962–65).

Ausgabe: I. Ėrenburg. Sobranie sočinenij. Moskau 1962–67. 9 Bde.
Literatur: SIEGEL, H.: Ästhet. Theorie u. künstler. Praxis bei I. Ėrenburg 1921–32. Tüb. 1979. – HAMMERMANN, R.-R.: Die satir. Werke v. I. Ėrenburg. Wien 1979.

Ehrencron-Kidde, Astrid [dän. 'eːrənkroːn'kiðə], * Kopenhagen 4. Jan. 1871, † ebd. 30. Juni 1960, dän. Schriftstellerin. – Schrieb spannende, von S. Lagerlöf beeinflußte Romane; ihr Roman ›Hvem kalder‹ (1960) enthält Erinnerungen an ihre Ehe mit dem Dichter H. Kidde; ihre bevorzugten Themen sind Ehe und Unterdrückung der Frau.
Weitere Werke: En vagabonds roman (R., 1915), Præstehistorier fra det gamle Värmland (En., 1922), Enken på Hafreljunga (R., 1923), Brødrene Nystad (R., 1925), Brødrehuset (R., 1926), Bjærgmandsgården (R., 1927), Historien om en moder (R., 1933), Bronzehånden (R., 1939).

Ehrenstein, Albert, * Wien 23. Dez. 1886, † New York 8. April 1950, österr. Schriftsteller. – Studierte Geschichte, Philologie und Philosophie; lebte als freier Schriftsteller und Literaturkritiker in Berlin; unternahm große Reisen (u. a. Afrika und China); emigrierte 1932 nach Zürich, 1941 nach New York, wo er in Armut und Verbitterung lebte. Schrieb expressionistisch-hymn. Lyrik, viele phantastisch-skurrile Geschichten sowie politische und kulturkritische Essays. Übersetzungen und Nachdichtungen vor allem aus dem Chinesischen.
Werke: Tubutsch (E., 1911), Der Selbstmord eines Katers (E., 1912, 1919 u. d. T. Bericht aus einem Tollhaus), Die weiße Zeit (Ged., 1914), Der Mensch schreit (Ged., 1916), Nicht da, nicht dort (Skizzen, 1916, 1919 u. d. T. Zaubermärchen), Den ermordeten Brüdern (Essays und Ged., 1919), Die Nacht wird (Ged. und Nov.n, 1920), Briefe an Gott (Ged., 1922), Herbst (Ged., 1923), Menschen und Affen (Essays, 1926), Ritter des Todes (En., 1926).
Ausgaben: A. E. Ausgew. Aufss. Hdbg. 1961. – A. E. Gedichte u. Prosa. Hg. v. K. OTTEN. Nw. u. Bln. 1968. – A. E.: Ich bin der unnütze Dichter. Hg. v. J. DREWS. Bln. ²1984. – A. E.: Wie bin ich vorgespannt den Kohlenwagen meiner Trauer. Ged. Hg. v. J. DREWS. Mchn. ²1985.
Literatur: BECK, G.: Die erzählende Prosa A. E.s. Frib. 1969. – BEIGEL, A.: Erlebnis u. Flucht im Werk A. E.s. Ffm. 1972.

Ehrismann, Albert, * Zürich 20. Sept. 1908, schweizer. Schriftsteller. – Zunächst Buchhalter, dann freier Schriftsteller in Zürich. In seinen in schlichter, unaufwendiger Sprache geschriebenen Gedichten erweist er sich als Chronist seiner Zeit; er befaßt sich mit der Politik, dem Krieg, sozialen Fragen, dem Leben des Menschen in der Großstadt, mit der Gefährdung der Natur. Schrieb ferner Erzählungen, Dramen, Hörspiele und Essays.

Werke: Lächeln auf dem Asphalt (Ged., 1930), Der neue Kolumbus (dramat. E., 1939, mit K. Früh) Tag- und Nachtgleiche (Ged., 1952), Das Kirschläuten (Ged., 1956), Der wunderbare Brotbaum (Ged. und En., 1958), Nachricht von den Wollenwebern (Ged., 1964), Wetterhahn, altmodisch (Ged., 1968), Eine Art Bilanz (Ged., 1973), Mich wundert, daß ich fröhlich bin (Ged., 1973), Inseln sind keine Luftgespinste (Ged., 1977), Schmelzwasser (Ged., 1978), Gegen Ende des zweiten Jahrtausends. Postskripte (1988).

Eich, Günter, * Lebus 1. Febr. 1907, † Salzburg 20. Dez. 1972, dt. Lyriker und Hörspielautor. – Studierte Jura und Sinologie, seit 1932 freier Schriftsteller; im 2. Weltkrieg Soldat; seit 1953 ∞ mit I. Aichinger. Abgesehen von v. a. entwicklungsgeschichtlich interessanten Veröffentlichungen nahm E.s literar. Bedeutung 1945 ihren Anfang. Gedichte (›Abgelegene Gehöfte‹, 1948) und seine Kurzgeschichte ›Züge im Nebel‹ (1947) sind exemplar. Beispiele früher Nachkriegsliteratur, sein Hörspiel ›Träume‹ (UA 1951), für das er 1952 den Hörspielpreis der Kriegsblinden erhielt, gilt als richtungweisend für das literar. Hörspiel der 50er Jahre. E.s Hörspiele (u. a. ›Der Tiger Jussuf‹, UA 1952; ›Die Mädchen aus Viterbo‹, UA 1953; ›Die Brandung vor Setúbal‹, UA 1957; ›Festianus, Märtyrer‹, UA 1958) und seine Gedichte (›Botschaften des Regens‹, 1955), seine radikale ›Entscheidung, die Welt als Sprache zu sehen‹, haben zu zahlreichen spekulativen Interpretationen und Mißverständnissen geführt, die E. mit befremdl. Hörspielneufassungen, mit zunehmend formelhafteren und spröderen Gedichten (›Zu den Akten‹, 1964; ›Anlässe und Steingärten‹, 1966) und schließlich mit dem Versuch einer neuen Gattung an der Grenze zur Unsinnspoesie, der Kurzprosa der ›Maulwürfe‹ (1968), ferner ›Ein Tibeter in meinem Büro‹ (1970), konterte. E.s literar. Entwicklung ist demnach auch zu sehen als Flucht vor seiner Interpretierbarkeit, als Versuch, sich immer wieder einer Rezeption zu entziehen, die ein spezif. Verhältnis zur Wirklichkeit, ein konsequentes Sichverweigern ›der Macht und der gelenkten Sprache‹, die von Anfang an angelegten kulturpessimist. und satir. Züge zu verschleiern drohte. 1959 erhielt E. den Georg-Büchner-Preis.

Günter Eich

Weitere Werke: Gedichte (1930), Untergrundbahn (Ged., 1949), Träume (4 Hsp.e, 1953), Stimmen (7 Hsp.e, 1958), Unter Wasser/Böhm. Schneider (Marionettenspiele, 1964), Kulka, Hilpert, Elefanten (Prosa, 1968), Ein Lesebuch (1972), Nach Seumes Papieren (Ged., 1972). **Ausgabe:** G. E.: Ges. Werke Hg. v. S. MÜLLER-HANPFT u. a. Ffm. 1973. **Literatur:** MÜLLER-HANPFT, S.: Lyrik u. Rezeption. Das Beispiel G. E. Mchn. 1972. – G. E. Zum Gedächtnis. Hg. v. S. UNSELD. Ffm. 1973. – SCHAFROTH, H. F.: G. E. Mchn. 1976. – POST, K. D.: G. E. Bonn 1977. – Über G. E. Hg. v. S. MÜLLER-HANPFT. Ffm. ³1979. – NEUMANN, PETER H.: Die Rettung der Poesie im Unsinn. Der Anarchist G. E. Stg. 1981. – VIEREGG, A.: Der eigenen Fehlbarkeit begegnet. G. E.s Realitäten 1933–1945. Eggingen 1993.

Eich, Ilse, österr. Schriftstellerin, ↑ Aichinger, Ilse.

Eichelbaum, Samuel [span. ɛitʃɛl-'βaʊm], * Domínguez (Prov. Entre Ríos) 14. Nov. 1894, † Buenos Aires 1967, argentin. Dramatiker. – Entstammte einer Familie jüd. Einwanderer. Sein Theaterschaffen umfaßt etwa 20 mehraktige und 10 einaktige Stücke, mit denen er das analytisch-introspektive Theater in der Art H. Ibsens und A. Strindbergs auf Milieu und Sozialstruktur Argentiniens überträgt.

Werke: La mala sed (UA 1920), Un hogar (UA 1922), El ruedo de las almas (UA 1923), El gato y su selva (UA 1936, gedr. 1954), Pájaro de barro (1940), Un guapo del 900 (1940), Un tal Servando Gómez (1942), Dos brasas (1955), Las aguas del mundo (1959). **Literatur:** GUARDIA, A. DE LA: Raíz y espíritu del teatro de E. Buenos Aires 1954. – CRUZ, J.: S. E. Buenos Aires 1962.

Eichenbaum (tl.: Èjchenbaum), Boris Michailowitsch [russ. ejxɪn'baum], * Krasny (Gebiet Smolensk) 16. Okt. 1886, † Leningrad (heute Petersburg) 24. Nov. 1959, russ.-sowjet. Literaturwissenschaftler und -kritiker. – Neben W. B. Schklowski Hauptvertreter der russ. formalen Schule (↑ Formalismus), Mitglied des ↑ Opojas.

Werke: Melodika russkogo liričeskogo sticha (= Die Melodie des russ. lyr. Verses, 1922), Anna Achmatova (1923), Lermontov (1924), Aufsätze zur Theorie und Geschichte der Literatur (1924, dt. 1965), Lev Tolstoj (3 Bde., 1928–60).

Eichendorff, Joseph Freiherr von, * Schloß Lubowitz bei Ratibor 10. März 1788, † Neisse 26. Nov. 1857, dt. Lyriker und Erzähler. – Stammte aus alter, dem Katholizismus tief verbundener Adelsfamilie. 1805 begann er mit seinem Bruder Wilhelm ein jurist. und philosoph. Studium in Halle/Saale, das er 1807 nach der Schließung der Univ. durch Napoleon in Heidelberg fortsetzte. Dort hörte er u. a. bei J. Görres und traf A. von Arnim. Ab 1809 in Berlin, wo er Adam Heinrich Müller, H. von Kleist und C. Brentano kennenlernte. Nach der Übersiedelung nach Wien (1810) fand er engen Anschluß an die Familie und den Freundeskreis F. Schlegels. 1813 und 1815 aktive Teilnahme an den Befreiungskriegen. 1815 Eheschließung mit Luise von Larisch (gegen den Willen seiner Eltern, die durch eine günstigere Heirat den finanziellen Ruin der Familie zu vermeiden hofften). 1816 Eintritt in den preuß. Staatsdienst, 1844 auf eigenen Wunsch pensioniert. E.s literar. Wirkung, seine Geltung als Repräsentant und Vollender der dt. Romantik, beruht vorwiegend auf seiner lyr. Liedkunst. Der volksliedhafte Grundcharakter, die Schlichtheit der Formgebung, die Variation weniger poet. Motive sowie die Vertonung durch bed. Komponisten (Robert Schumann, Hugo Wolf) sicherten seiner Dichtung eine breite Rezeption. Die populäre Vorstellung vom ›Romantischen‹ ist durch E. entscheidend mitbestimmt, sie bleibt jedoch im Klischee vom Sänger des dt. Waldes, der Landschafts- und Stimmungspoesie vordergründig. Nach E.s Auffassung besteht das Besondere der Romantik in der Darstellung der geheimen Doppelnatur von Poesie und Religion. Ausgehend von der religiösen Vorstellung einer allumfassenden Weltharmonie, fällt der Dichtung die Aufgabe zu, die Natur als Symbol des Göttlichen begreifbar zu machen, ihr in der Schönheit den geistigen Ausdruck zu verleihen und ihre verhüllte geistige Physiognomie ahnbar werden zu lassen. Alle Motive der Lyrik (Heimweh, Sehnsucht, Wanderschaft) und alle Elemente der Form weisen somit über einen bloßen Stimmungszusammenhang hinaus auf den ›geheimnisvollen Kreis des Ewigen‹. Viele von E.s Liedern sind in Erzählungen eingefügt. Die erste selbständige Sammlung erschien 1837 (›Gedichte‹), eine erweiterte und umgruppierte Sammlung wurde als Band 1 der ›Werke‹ (4 Bde., 1841) veröffentlicht. Der romant. Bezug zur Welt findet seine adäquate Ausprägung auch in E.s erstem Roman ›Ahnung und Gegenwart‹ (1815 von F. de la Motte Fouqué anonym herausgegeben), der nach dem Vorbild von Goethes ›Wilhelm Meister‹ als Entwicklungsroman konzipiert ist. Die märchenhafte Erzählform (endlose Wiederholung der Situationen, additive Szenenfolge, die notwendig fragmentar. und offene Form) machen diesen Roman zum romant. Buch schlechthin. E.s Novelle ›Aus dem Leben eines Taugenichts‹ (1826; zus. mit der Nov. ›Das Mamorbild‹ [erstmals 1819]) gilt als bezeichnendste literar. Dokument der dt. Spätromantik. Weniger erfolgreich war E. mit seinen historisch-sagenhaften oder zeitsatir. dramat. Versuchen in der Nachfolge L. Tiecks und C. Brentanos: ›Meierbeths Glück und Ende‹ (1828), ›Ezelin von Romano‹ (1828), ›Die Freier‹ (Lsp., 1833). Kath. Gläubigkeit findet ihren Niederschlag in den kleinen Epen ›Julian‹ (1853) und ›Robert und Guiscard‹ (1855) und führt zur Beschäftigung mit dem span. Dichter

Joseph
Freiherr von
Eichendorff

P. Calderón de la Barca, von dessen ›Autos sacramentales‹ er 11 übersetzte (2 Bde., 1846–53). E.s Spätwerk umfaßt eine Reihe literarhistor. Studien: ›Der dt. Roman des 18. Jh. in seinem Verhältnis zum Christentum‹ (1851), ›Zur Geschichte des Dramas‹ (1854), ›Geschichte der poet. Literatur Deutschlands‹ (2 Bde., 1857).

Weitere Werke: Der letzte Held von Marienburg (Dr., 1830), Dichter und ihre Gesellen (Nov., 1834), Das Schloß Dürande (Nov., 1834), Die Glücksritter (Nov., 1841), Über die eth. und religiöse Bedeutung der romant. Poesie in Deutschland (1847), Lucius (Vers-E., 1857).

Ausgaben: Sämtl. Werke des Frhr. J. v. E. Histor.-krit. Ausg. Begr. v. W. KOSCH u. a. Hg. v. H. KUNISCH u. H. KOOPMANN. Regensburg 1908 ff. Stg. u. a. 1975 ff. Auf 22 Bde. berechnet (bisher 17 Tle. erschienen). – J. v. E. Werke. Hg. v. W. FRÜHWALD u. a. Ffm. 1985–93. 6 Bde. – J. v. E. Werke. Hg. v. A. HILLACH Neuausg. Mchn. 1988. 5 Bde. – J. v. E. Werke. Hg. v. W. RASCH. Darmst. [4]1988.

Literatur: EICHENDORFF, H. FRHR. VON: J. Frhr. v. E. Bearb. v. K. FRHR. VON EICHENDORFF u. W. KOSCH. Lpz. [3]1924. – Aurora. Ein romant. Almanach. 1929 ff. (seit 1970: Aurora. Jb. der E.-Gesellschaft). – KUNZ, J.: E. Darmst. 1951. Nachdr. 1980. – E. heute. Hg. v. P. STÖCKLEIN. Darmst. [2]1966. – LÜTHI, H. J.: Dichtung u. Dichter bei J. v. E. Bern u. Mchn. 1966. – BORMANN, A. VON: Natura loquitur. Naturpoesie u. emblemat. Formel bei J. v. E. Tüb. 1968. – HILLACH, A./KRABIEL, K.-D.: E.-Kommentar. Mchn. 1971–72. 2 Bde. – KRABIEL, K.-D.: J. v. E. Kommentierte Studienbibliogr. Ffm. 1971. – SCHILD, S.: Die Poesie der innern Landschaft. Eine Studie zu E. Bern. 1972. – SCHWARZ, E.: J. v. E. New York 1972. – WETTSTEIN, M.: Die Prosasprache J. v. E.s. Mchn. 1975. – E.-Chronik. Hg. v. W. FRÜHWALD. Mchn. 1977. – SEIDLIN, O.: Versuche über E. Gött. [3]1985. – J. v. E. Leben u. Werk ... Hg. v. W. FRÜHWALD. Ffm.

1988. – MILITZ, W.: Georg Trakl-J. Freiherr v. E. Das Unvergängliche an ihren Werken. Stg. 1992. – RYBKA, K.: E.s italien. Reise. Ffm. 1993. – STÖCKLEIN, P.: J. v. E. Rbk. 73.–75. Tsd. 1993.

Eichrodt, Ludwig, Pseudonym Rudolf Rodt, * Durlach (heute zu Karlsruhe) 2. Febr. 1827, † Lahr 2. Febr. 1892, dt. Schriftsteller. – Jurist; mit J. V. von Scheffel befreundet; schrieb humorist. Lyrik, auch in Mundart. Veröffentlichte 1855–57 mit A. Kußmaul in den ›Fliegenden Blättern‹ die ›Gedichte des schwäb. Schullehrers Gottlieb Biedermaier und seines Freundes Horatius Treuherz‹, denen das Biedermeier seinen Namen verdankt.

Eidem, Odd [norweg. 'εidəm], * Oslo 23. Okt. 1913, † Nesodden 10. Juni 1988, norweg. Schriftsteller. – Entwickelte in seiner Prosa eine eigenartige Vermischung von Essay, Novelle und Reiseschilderung; hatte als Dramatiker und Kritiker Anteil an der Erneuerung des norweg. Schauspiels nach 1945.

Werke: Uten fane (R., 1939), Spillet om Bly-Petter (Dr., 1947), Min kvinne (Dr., 1956), Kefir og chianti (Prosa, 1958), Guds gjøglere (Dr., 1960), Jeppe Jansens Giraffe (Kinderb., 1969, dt. 1971), Det fjerde Øye (En., 1971), Fløyten og orgelet (Prosa, 1978).

Eidyllion [griech. = Bildchen] (Mrz. Eidyllia), in den antiken Scholien bez. für die Dichtungen ↑Theokrits; poet. Kleinform, die unterschiedl. ›Bilder‹ aus Realität und Mythos vor Augen führt. Der speziellere moderne Terminus Idylle, der sich von E. herleitet, erklärt sich daraus, daß die Eidyllia Theokrits u. a. auch Hirtenpoesie enthalten und die Hirtenwelt in der Folgezeit idealisiert wurde.

Eigamonogatari [jap. 'e:gamonoga-,tari = Erzählung vom Glanz und von der Pracht], früheste (anonyme) histor. Erzählung der jap. Literatur, wahrscheinlich gegen Ende des 11. Jh. entstanden. Beeinflußt von der Hofdamenliteratur, schildert das Werk die Glanzzeit der Fudschiwara-Regenten in annalist. Form und romant. Duktus und ist Hauptvertreter der ›rekischi-monogatari‹ (= Geschichtserzählungen).

Eike von Repgow [...go] (Repgau, Repegouw, Repchov), * um 1180, † nach

1233, edelfreier Sachse aus Reppichau (Anhalt). – Nachweisbar zwischen 1209 und 1233. Als Ratgeber der Fürsten in Nieder- und Obersachsen, Thüringen und Brandenburg schrieb er um 1224–31 den ›Sachsenspiegel‹, eine Zusammenfassung des Land- und Lehnsrechts aufgrund des sächs. Gewohnheitsrechtes in elbostfäl. Mundart. Einige Handschriften zeigen bemerkenswerte Illustrationen, die den Text fortlaufend interpretieren. Der ›Sachsenspiegel‹ wurde das einflußreichste Rechtsbuch im MA in Deutschland. Es ist klar und systematisch aufgebaut, wurde zur Quelle für weitere dt. Rechtsbücher (›Deutschenspiegel‹, ›Schwabenspiegel‹). Umstritten ist, ob E. v. R. auch der Verfasser der ›Sächs. Weltchronik‹ (nach 1225) ist, des ersten histor. Werkes in dt. Sprache. Die Chronik behandelt die Weltgeschichte von der Schöpfung bis zur Stauferzeit; von histor. Wert ist v.a. die Darstellung der letzten Jahrzehnte. Beide Werke stehen am Anfang der mittelniederdt. Prosaliteratur.
Ausgaben: Sachsenspiegel. Hg. v. K. A. ECKHARDT. Hann. u.a. 1955–67. 5 Bde. – Die Dresdner Bildhandschrift des Sachsenspiegels. Hg. v. K. VON AMIRA. Osnabrück 1969. 2 Bde. Literatur: WOLF, E.: E. v. R. In: WOLF: Große Rechtsdenker der dt. Geistesgesch. Tüb. ⁴1963. – HERKOMMER, H.: Überlieferungsgesch. der Sächs. Weltchronik. Mchn. 1972. – LIEBERWIRTH, R.: E. v. R. In: Lex. des MA. Bd.3. Mchn. u. Zü. 1986. – Der Sachsenspiegel als Buch. Hg. v. R. SCHMIDT-WIEGAND u.a. Ffm. u.a. 1991.

Eilhart von Oberg (Oberge), mhd. Dichter der 2. Hälfte des 12. Jahrhunderts. – Verfasser des ältesten dt. Tristan-Romans auf altfrz. Grundlage (›Estoire‹), ›Tristrant und Isalde‹; wird meist mit einem zwischen 1198 und 1208 urkundlich belegten Braunschweiger Ministerialen gleichgesetzt. Seine Identität ist unsicher, die Datierung des Werks (zw. 1160 und 1190 am Niederrhein?) umstritten. – Der in frühhöf. Vers- und Reimtechnik gedichtete Roman ist stark stofflich erzählerisch geprägt; in Bruchstücken von drei Handschriften aus dem Ende des 12. und Anfang des 13. Jh. überliefert. Eine Bearbeitung des 13. Jh. ist in Handschriften des 15. Jh. erhalten. E.s Roman wurde am Ende des 15. Jh.

in Prosa umgesetzt, H. Sachs benutzte ihn für 5 Meisterlieder und eine ›Tragedia‹.
Ausgaben: E. v. O.e. Hg. von F. LICHTENSTEIN. Straßburg 1878. – E. v. O.: Tristrant. Hg. v. H. BUSSMANN. Tüb. 1969. – E. v. O. Tristrant. Hg. v. D. BUSCHINGER. Göppingen 1976. Literatur: SCHINDELE, G.: Tristan. Stg. 1971. – ↑auch Artusdichtung.

Einakter, Drama in einem Akt; meist kürzere Bühnenwerke mit konzentrierter Handlung ohne Szenenwechsel (G. E. Lessing, ›Philotas‹, 1759; A. Strindberg, ›Fräulein Julie‹, 1888, dt. 1889; O. Wilde, ›Salome‹, frz. 1893, engl. 1894, dt. 1903) oder Stücke (oft mit lyr. Grundhaltung) ohne eigentl. dramat. Handlungsablauf (H. von Hofmannsthal, ›Der Thor und der Tod‹, 1900; M. Maeterlinck, ›Die Blinden‹, 1891, dt., 1897). Auch im 20. Jh. sind E. vielfältig vertreten, v. a. im Umkreis des absurden Theaters.
Literatur: SCHNETZ, D.: Der moderne E. Bern u. Mchn. 1967. – PAZARKAYA, J.: Die Dramaturgie des E.s Göppingen 1973. – HALBRITTER, R.: Konzeptionsformen des modernen angloamerikan. Kurzdramas. Gött. 1975.

Einar Skúlasson [isländ. 'ɛinar 'skuːlasɔn], isländ. Dichter des 12. Jahrhunderts. – War Geistlicher; verbrachte lange Zeit außerhalb Islands, v.a. in Norwegen; Verfasser zahlreicher Preislieder, von denen nur Fragmente überliefert sind; berühmt ist v. a. sein vollständig erhaltenes kunstvolles Preisgedicht (Drapa) auf den 1031 heiliggesprochenen norweg. König Olaf den Heiligen, ›Geisli‹ (1153), in der er einen christl. Stoff in den überlieferten skald. Kunstformen behandelt.

Einblattdruck, einseitig bedrucktes Einzelblatt (bzw. nur auf der Innenseite bedrucktes Doppelblatt) unterschiedl. Formats aus der Frühzeit des Buchdrucks (v. a. aus dem 15. und 16. Jh.). Die Herstellung erfolgte in Holzschnitttechnik oder im Buchdruckverfahren. Häufig waren die E.e auch mit volkstüml. Illustrationen versehen. V.a. Ablässe, außerdem amtl. Bekanntmachungen, Kalenderblätter, Verlagsverzeichnisse und dt. wie lat. Almanache machten die Mehrzahl der E.e aus, solche, die Gebete, Lieder, Einladungen, Berichte von geschichtl. Ereignissen und Kuriositäten

u. ä. zum Inhalt hatten, waren weniger häufig. Auch M. Luthers 95 Thesen erschienen als Einblattdruck. Bes. im 16. Jh. arbeiteten namhafte Künstler (A. Altdorfer, H. Baldung, genannt Grien, L. Cranach d. Ä., A. Dürer) und Schriftsteller (H. Sachs, S. Brant) für E. e. Durch die Verbindung von Drucktext und Druckbild wurde der E. zum ↑ Bilderbogen. Bei der Behandlung aktueller polit. Ereignisse, so etwa in den Religionskriegen, wo die E. e zum polit. Massenmedium wurden, oder aber bei tendenziöser Berichterstattung spricht man dagegen vom ↑ Flugblatt.

einfache Formen, nach A. Jolles Grundformen sprachl. Gestaltens, ursprünglich in mündlichen literar. Formen wie Legende, Sage, Mythe, Rätsel, Sprichwort, Kasus, Memorabile, Märchen, Witz. Typisch sind einfache Verknüpfungstechniken, Erzählhaltungen, Sprachgebärden, Topoi und erzähler. Grundmuster und -motive. Bis zu einem gewissen Grad lassen sich die dichter. Gattungen phänomenologisch auf die Grundstrukturen e. F. zurückführen. Literatur: PONGS, H.: Das Bild der Dichtung. Bd. 4: Symbolik der e. F. Marburg 1973. – RANKE, K.: Die Welt der e. F. Bln. 1978. – SCHRADER, M.: Ep. Kurzformen. Ffm. 1980. – JOLLES, A.: E. F. Tüb. ⁶1982. – BÜRGEL, P.: Literar. Kleinprosa. Tüb. 1983.

Einhard (Eginhard), * in Mainfranken um 770, † Seligenstadt 14. März 840, fränk. Geschichtsschreiber und Gelehrter. – Vertrauter und Berater Karls des Großen; Gründer des Klosters Seligenstadt (828), Abt mehrerer Klöster. E. schrieb die erste Herrscherbiographie des MA, die ›Vita Caroli Magni‹ (um 830), eine Biographie Karls des Großen, Ludwigs des Frommen und Lothars I.; formales Vorbild waren Suetons Kaiserviten, er griff auf schriftl. Quellen und eigene Erinnerungen zurück. E.s ›Vita‹ prägte das Karlsbild des Mittelalters. Ausgabe: E. Leben Karls des Großen. In: Quellen zur karoling. Reichsgesch. Bearb. v. R. RAU. Tl. 1. Darmst. 1980. Literatur: BUCHNER, M.: E.s Künstler- u. Gelehrtenleben. Bonn 1922. – BEUMANN, H.: Ideengeschichtl. Studien zu E. u. anderen Geschichtsschreibern des frühen MA. Darmst. 1962. – FLECKENSTEIN, J.: E. In: Lex. des MA. Bd. 3. Mchn. u. Zü. 1986.

Einheiten, drei ↑ drei Einheiten.

Einlage, Darbietung, die als Unterbrechung in ein Programm eingeschoben wird (Theater und Musik). – ↑ auch Entremés.

Einortsdrama, Schauspiel, bei dem die Handlung auf einen einzigen Spielort konzentriert ist. Das E. erfüllt die von der klass. Poetik gestellte Forderung nach der Einheit des Ortes (↑ drei Einheiten). Beliebte dramentechn. Mittel, dem Zuschauer andernorts sich abspielende Ereignisse zu vermitteln, sind dabei z. B. ↑ Botenbericht und ↑ Teichoskopie. Bekannte Einortsdramen sind Goethes ›Iphigenie auf Tauris‹ (1787), ›Warten auf Godot‹ (frz. 1952, dt. 1953, engl. 1954) von S. Beckett, ›Die Physiker‹ (1962) von F. Dürrenmatt, ›Die Geisel‹ (1958, dt. 1962) von B. Behan und ›Zufälliger Tod eines Anarchisten‹ (1970, dt. 1978) von D. Fo.

Einstein, Carl, * Neuwied 26. April 1885, † bei Pau 5. Juli 1940, dt. Kunsthistoriker und Schriftsteller. – Studium in Berlin; Mitarbeiter an der ›Aktion‹ und den ›Weißen Blättern‹; 1922 wegen Gotteslästerung in den Szenen ›Die schlimme Botschaft‹ (1921) angeklagt. Lebte ab 1928 in Paris, kämpfte auf republikan. Seite im Span. Bürgerkrieg; Freitod nach Einmarsch der dt. Truppen in Frankreich. E.s Bedeutung liegt v. a. in dem grotesken Roman ›Bebuquin oder Die Dilettanten des Wunders‹ (1912), einem frühen Werk der sog. ›absoluten Prosa‹, mit dem er u. a. auf den Dadaismus wirkte, in dem epochemachenden Werk ›Negerplastik‹ (1915) und der seinerzeit bed. Darstellung ›Die Kunst des 20. Jh.‹ (1926).
Weitere Werke: Anmerkungen (Essays, 1916), Der unentwegte Platoniker (R., 1918).
Ausgaben: Europa-Almanach. Malerei, Literatur, Musik, Architektur, Plastik, Bühne, Film, Mode, außerdem nicht unwichtige Nebenbemerkungen. Hg. v. C. E. u. P. WESTHEIM. Potsdam 1925. Nachdr. Düss. 1984. – R. C. E. Existenz u. Ästhetik. Hg. v. S. PEUKERT. Wsb. 1970. – C. E. Werke. Hg. v. R.-P. BAACKE u. a. Wien 1981–86. 5 Bde.
Literatur: KIEFER, K. H.: Diskurswandel im Werk C. E.s. Tüb. 1994.

Einzelausgabe, einzeln käufl. Ausgabe eines Textes, im Unterschied zu einer nur im Rahmen einer Gesamt- oder Serienedition erhältl. Ausgabe.

Eipper, Paul, * Stuttgart 10. Juli 1891, † München 22. Juli 1964, dt. Tier- und Reiseschriftsteller. – Schrieb neben zahlreichen Tierbüchern auch für Film, Funk, Fernsehen. Lebendige Darstellung aufgrund seiner vorzügl. Tierbeobachtung.
Werke: Tiere sehen dich an (1928), Freundschaft mit Katzen (1931), Die gelbe Dogge Senta (E., 1936), Elefanten, Saurier und schwarze Katzen (1951), Hundert Tage in den Rocky Mountains (Reisebericht, 1958), Die geschmiedete Rose (Autobiogr., 1961).

Eisendle, Helmut, * Graz 12. Jan. 1939, österr. Schriftsteller. – Telefontechniker, danach Studium der Biologie, Zoologie und Psychologie, seit 1970 freier Schriftsteller; lebt häufig im Ausland. In seinen Arbeiten (Romanen, Erzählungen, Dramen, Hörspielen, Essays) bemüht sich E. um die Aufhebung einer überkommenen Trennung zwischen Wiss. und Kunst, was andererseits eine kritisch-distanzierte Haltung gegenüber beiden Bereichen (zunehmend auch gegenüber dem Ausdrucksmittel der Sprache) miteinschließt.
Werke: Walder oder Die stilisierte Entwicklung einer Neurose (1972), Jenseits der Vernunft oder Gespräche über den menschl. Verstand (R., 1976), Das nachtländ. Reich des Doktor Lipsky (En., 1979), Das Verbot ist der Motor der Lust (Essays, 1980), Der Narr auf dem Hügel (Essays, 1981), Skinfaxi. Ein Märchen mit Bildern (1983), Die Frau an der Grenze (R., 1984), Die Gaunersprache der Intellektuellen. Sechs Dialoge (1986), Oh Hannah (R., 1988), Amokläufer (Farce, 1992), Die vorletzte Fassung der Wunderwelt (Prosa, 1993).

Eisenreich, Herbert, * Linz 7. Febr. 1925, † Wien 6. Juni 1986, österr. Schriftsteller. – Lyriker, Essayist, Erzähler und Hörspielautor. Er beschreibt in seinen Kurzgeschichten v. a. Bereiche einer selbst erlebten, sinnlich erfahrenen Welt, die sich um die Isoliertheit des einzelnen, um die durch Mißverständnisse und andere Hindernisse scheiternde Zuwendung zum Mitmenschen dreht. Dieser nüchternen, fast hoffnungslos negativen Lebenssicht steht gelegentlich die lyrisch-zarte Wahrnehmung einer intakten, doch immer ferner rückenden Natur gegenüber. Erhielt u. a. den Österr. Staatspreis (1958).
Werke: Einladung deutlich zu leben (E., 1952), Auch in ihrer Sünde (R., 1953), Böse schöne Welt (En., 1957), Wovon wir leben und woran wir sterben (Hsp., 1958), Carnuntum (Essays, 1960), Sozusagen Liebesgeschichten (En., 1965), Die Freunde meiner Frau (En., 1966), Das kleine Stifterbuch (1967), Ein schöner Sieg und 21 andere Mißverständnisse (1973), Die abgelegte Zeit (R.fragment, 1985).

Eisler von Terramare, Georg, österr. Schriftsteller, † Terramare, Georg.

Eisner, Pavel, * Prag 16. Jan. 1889, † ebd. 8. Juli 1958, tschech. Schriftsteller und Übersetzer. – Literar. Vermittler zwischen Tschechen und Deutschen; übersetzte Goethe, Schiller, H. von Kleist, H. Heine, R. M. Rilke, F. Kafka u. a. ins Tschechische und übertrug tschech. Lyrik ins Deutsche; auch Bücher über Prager dt. Schriftsteller wie M. Brod, F. Werfel.
Werke: Die Tschechen. Eine Anthologie aus fünf Jahrhunderten (1928), Prag in der dt. Dichtung (1932), Chrám i tvrz (= Kirche und Festung, 1946).

Eist, Dietmar von, mhd. Minnesänger, † Dietmar von Aist.

Eisteddfod [engl. aıs'tεðvɔd; walis. əıs'tεðvɔd], Versammlungen und öffentl. Wettbewerbe walis. † Barden, seit dem 10. Jh. belegt; dienten erst der Kodifizierung der Regeln bard. [Vers]kunst, im 15./16. Jh. v. a. deren Bewahrung gegen den zunehmenden Verfall der Bardendichtung. – Um 1800 wurde, im Rahmen der nat. Erweckungsbewegung in Wales, die Pflege des E.s wieder aufgenommen (z. B. 1819 E. von Carmarthen). Ein erstes nat. E. fand 1858 in Llangollen statt. Seit 1860 wird jährlich abwechselnd in Süd- und Nord-Wales ein E. veranstaltet (Dichterwettbewerbe, Rezitationen, Konzerte, Aufführungen und Ausstellungen).

Ekaterina II Alekseevna, russ. Kaiserin und Schriftstellerin, † Katharina II., die Große.

Ekelöf, Gunnar [schwed. ˌe:kəlø:v], * Stockholm 15. Sept. 1907, † Sigtuna 16. März 1968, schwed. Lyriker, Kunst- und Literaturkritiker. – In seinem Schaffen von Musik, Mystik, ind. und arab. Literatur und Philosophie beeinflußt; 1932 erschien seine erste Lyriksammlung, entstanden unter dem Einfluß I. Strawinskis und des frz. Surrealismus. Die folgenden Publikationen sind eine konsequente Fortführung seiner Auffassung, daß die assoziative Lyrik eine Parallele zur Musik bilde (›Dedikation‹, Ged., 1934). Unter dem Einfluß T. S. Eliots Bruch mit dem Surrealismus. Seine Lyrik wurde klarer, intellektueller, später esoterischer. Von Bedeutung sind auch seine Essays und Studien zu Kunst und Musik; war seit 1958 Mitglied der Schwedischen Akademie.

Weitere Werke: Sent på jorden (Ged., 1932), Köp den blindes sång (Ged., 1938), En mölnaelegi (Ged., 1960), Poesie (Ged., dt. Ausw. 1962), Diwän über den Fürsten von Emgión (Ged., 1965, dt. 1991), Spaziergänge und Ausflüge (Essays, dt. Ausw. 1966), Das Buch Fatumeh (Ged., 1966, dt. 1992), Führer in die Unterwelt (Ged., 1967, dt. 1993). **Ausgabe:** G. E. Brev 1916–1968. Hg. v. C. O. SOMMAR. Stockholm 1989. **Literatur:** EKNER, R.: I den havandes liv. Essäer om G. E. Stockholm 1967. – PERNER, C.: E.s Nacht am Horizont. Basel u. Illertissen 1974. – LANDGREN, B.: Den poetiska världen. Strukturanalytiska studier i den unge G. E.s lyrik. Stockholm 1982. – WIGFORSS, B.: Konstnärens hand. En Symbol hos G. E. Göteborg 1983. – SOMMAR, C. O.: G. E. En biografi. Stockholm Neuausg. 1991.

Ekelund, [Otto] Vilhelm [schwed. ‚e:kəlʊnd], * Stehag (Schonen) 14. Okt. 1880, † Saltsjöbaden bei Stockholm 3. Sept. 1949, schwed. Schriftsteller. – E. gilt als bedeutender Neuerer der schwed. Lyrik mit starkem Einfluß auf spätere, modernist. Schriftsteller. Führte nach Fröding, dem Vollender des traditionellen Verses, freie Verse und Rhythmen in die schwed. Literatur ein. Begann mit symbolist. Naturlyrik, in der er eine an antiken und klass. Vorbildern orientierte, v. a. durch Hölderlin, Nietzsche und Platen vermittelte heroische Lebensauffassung zu entwickeln versuchte. Entmutigt vom fehlenden Erfolg seiner Gedichte, wandte er sich später der Essayistik und Aphoristik zu, wo er allmählich zu einer gemäßigteren Weltanschauung fand, ohne allerdings seine esoter. Haltung je ganz aufzugeben.

Werke: Vårbris (Ged., 1900), Syner (Ged., 1901), Melodier i skymning (Ged., 1902), Ele-

gier (Ged., 1903), In candidum (Ged., 1905), Havets stjärna (Ged., 1906), Dithyramber i aftonglans (Ged., 1906), Nordiskt och klassiskt (Prosa, 1914), Metron (Essays, 1918), Spår och tecken (Ess., 1930), Concordia animi (Essays, 1942). **Ausgaben:** V. E. Dikter. Stockholm 1921. 3 Bde. – V. E. Brev. Hg. v. V. EKELUNDSAMFUNDET. Lund 1968–70. 2 Bde. **Literatur:** SVENSSON, K. A.: V. E. i samtal och brev, 1922–1949. Lund 1958. – WERIN, A. G.: V. E. Lund 1960–61. 2 Bde. – VALDÉN, N. G.: Inledning till V. E. Lund 1965. – LJUNG, P. E.: V. E. och den problematiska författarrollen. Lund 1980.

Ekert-Rotholz, Alice Maria, * Hamburg 5. Sept. 1900, dt. Schriftstellerin. – Lebte lange Zeit in Bangkok, von wo aus sie zahlreiche Reisen durch Südostasien unternahm; schrieb Romane vor dem Hintergrund der polit. Verhältnisse und Ereignisse im Fernen Osten; seit 1959 lebt sie in London.

Werke: Reis aus Silberschalen (R., 1954), Wo Tränen verboten sind (R., 1956), Strafende Sonne – lockender Mond (R., 1959), Elfenbein aus Peking (En., 1966), Der Juwelenbaum (R., 1968), Fünf Uhr Nachmittag (R., 1971), Gastspiel am Rialto (R., 1978), Flucht aus den Bambusgärten (R., 1981), Nur eine Tasse Tee (R., 1984), Furcht und Mitleid (R., 1987), Die letzte Kaiserin (R., 1992).

Ekkehart I. (Ekkehard I.), * bei Sankt Gallen um 910, † Sankt Gallen 14. Jan. 973, mlat. Schriftsteller. – Aus vornehmem alemann. Geschlecht, Mönch im Kloster Sankt Gallen, Dekan; Verfasser geistl. Hymnen, Sequenzen und Antiphonen, soll das Epos ↑ ›Waltharius‹ verfaßt haben (Autorschaft und Entstehungszeit umstritten). **Literatur:** STOTZ, P.: Ekkehard I. In: Lex. des MA. Bd. 3. Mchn. u. Zü. 1986.

Ekkehart IV. (Ekkehard IV.), * im Elsaß (?) um 980, † Sankt Gallen 21. Okt. um 1060, Mönch in Sankt Gallen, Chronist und Schriftsteller. – 1022–32 Leiter der Schule in Mainz, danach wieder in Sankt Gallen. E. setzte – historisch ungenau, aber gut erzählt – die von Ratpert begonnene Chronik des Klosters Sankt Gallen, ›Casus Sancti Galli‹, für die Jahre 860–972 fort, die J. V. von Scheffel für seinen Roman ›Ekkehard‹ (1855) auswertete. Gab als poet. Muster für den Schulgebrauch eine Sammlung seiner lat. Gedichte heraus (›Liber benedictionum‹, um 1030) und übersetzte Ratperts ›Lobgesang auf den hl. Gallus‹ ins Lateinische.

Ausgabe: E. IV. Sankt Galler Klostergeschichten. Hg. u. Übers. v. H. F. HAEFELE. Darmst. 1980. **Literatur:** OSTERWALDER, P.: Das ahd. Galluslied Ratperts u. seine lat. Übers. durch E. IV. Bln. 1982. – STOTZ, P.: Ekkehard IV. In: Lex. des MA. Bd. 3. Mchn. u. Zü. 1986.

Ekkyklema [griech.], im antiken griech. Theater verwendeter Bühnenwagen (Plattform auf Rollen); wurde durch das mittlere Portal der Hintergrunddekoration auf die Bühne geschoben; diente der Darstellung von Ereignissen, die sich hinter der Skene, im Inneren des Hauses, zugetragen hatten; von Aischylos z. B. in der Tragödie ›Agamemnon‹ verwendet.

Literatur: MUSENIDES, T.: Aischylos u. sein Theater. Bln. 1937. – BIEBER, M.: The history of the Greek and Roman theater. Princeton (N. J.) ²1961.

Ekloge [griech. = Auswahl], in der röm. Literatur ursprünglich ein kleineres ›auserlesenes‹ Gedicht beliebigen Inhalts, später eingeengt auf bukol. Dichtungen in der Art Theokrits; entsprechend wurden die ›Bucolica‹ Vergils auch als ›Eclogae‹ bezeichnet.

Ekman, Kerstin, * Risinge 27. Aug. 1933, schwed. Schriftstellerin. – Ab 1978 Mitglied der Schwed. Akademie, trat 1989 aus; schrieb anfangs Kriminalromane, die sich durch hervorragende Erzähltechnik und psycholog. Personenschilderung auszeichnen. Hatte in den 70er Jahren ihren literar. Durchbruch mit der durch ›Bannkreise‹ eingeleiteten Roman-Tetralogie (1974–83; die dt. Übers. 1988–92 erhielt 1994 den Obertitel ›Sara und ihre Schwestern‹), in der sie, aus der Perspektive der Frauen, das bäuerl. Leben der Provinz Sörmland zu Anfang des Jahrhunderts mit Wärme und Anteilnahme schildert.

Werke: Der Tod filmt mit (R., 1959, dt. 1962), Die drei kleinen Meister (R., 1961, dt. 1962), Die Totenglocke (R., 1963, dt. 1974), Pukehornet (R., 1967), Mörker ochj blåbärsris (R., 1972), Bannkreise (R., 1974, dt. 1978, 1988 auch u. d. T. Hexenringe), Springquelle (R., 1976, dt. 1989), Das Engelhaus (R., 1979, dt. 1990), Stadt aus Licht (R., 1983, dt. 1992), Hunden (R., 1986), Rövarna i Skuleskogen (R., 1988), Knivkastarens kvinna. Berättelse (Ged. u. Prosa, 1990), Händelser vid natten (R., 1993).

Ekphrasis [griech.], in der antiken Rhetorik die kunstmäßige, detaillierte ↑ Beschreibung.

Ekwensi, Cyprian Odiatu Duaka [engl. ε'kwɛnsɪ], * Minna (Nord-Nigeria) 26. Sept. 1921, nigerian. Schriftsteller. – Studierte Forstwirtschaft in Ibadan und Pharmazie in London; arbeitete beim nigerian. Rundfunk, später im Informationsministerium. Sein Roman ›People of the city‹ (1954) gilt als der erste afrikan. Gegenwartsroman. E. schildert hpts. das Leben in den modernen Städten Nigerias. Zuletzt wandte er sich der Aufarbeitung des Biafra-Krieges zu.

Weitere Werke: When love whispers (R., 1947), The leopard's claw (E., 1947), People of the city (R., 1954), Jagua Nana (R., 1961, dt. 1965), Burning grass (R., 1962), Beautiful feathers (R., 1963), Iska (R., 1966), Survive the peace (R., 1976), Divided we stand (R., 1980), Jagua Nana's daughter (R., 1986).

Elbertzhagen, Theodor Walter, * Pleschen (heute Pleszew, Woiwodschaft Poznań) 9. Dez. 1888, † Neresheim 27. Juni 1967, dt. Schriftsteller. – Schrieb zahlreiche [histor.] Romane, [Musiker]biographien, Hörspiele und einige Bühnenwerke.

Werke: Elias (Schsp., 1916), Der Pflummern (R., 1924, 1934 u. d. T. Der wehrhafte Ratsherr Pflummern), Der Rosenkranz (Nov., 1926), Amfortas (R., 1932), Sein graues Buch (R., 1935), Die Brückensymphonie (R., 1941), Der Pfeifenlöter (R., 1943), Tu, wozu dein Herz dich treibt (Legende, 1950).

Eldad Hadani (tl.: Ẹldad Hadanî), jüd. Schriftsteller der 2. Hälfte des 9. Jahrhunderts. – Verfasser von Berichten über das angebl. Schicksal der verlorenen zehn Stämme; hatte im MA großen Einfluß, obwohl seine Werke früh als Phantasieerzählungen erkannt wurden.

Literatur: Enc. Jud. Bd. 6, 1972, S. 575.

Eleasar Ben Jehuda Ben Kalonymos (tl.: Ẹl ʿazar Bẹn Yĕhûdã...), * Mainz um 1165, † Worms zwischen 1223 und 1232, Rabbiner und Verfasser liturg. Hymnen. – Als Rabbiner von Worms hatte E. bestimmenden Einfluß auf das Leben der jüd. Gemeinden von Speyer, Worms und Mainz; letzter bed. und literarisch fruchtbarster Vertreter der dt. Chassidim, der mit seiner Gebetsmystik und seiner ausgefeilten Bußlehre, die sich mit der kirchl. berührt, noch lange nachwirkte.

Literatur: SCHOLEM, G.: Ursprung u. Anfänge der Kabbala. Bln. 1962. – SCHOLEM, G.: Die jüd. Mystik in ihren Hauptströmungen. Ffm. 1980.

Elegeion [griech.], eleg. ↑ Distichon.

Elegiambus [griech.], röm. Versform, zusammengesetzt aus einem ↑ Hemiepes und einem jamb. akatalekt. ↑ Dimeter: –◡◡–◡◡|◡–◡–◡–◡; verwandt mit dem griech. ↑ Enkomiologikus. Von Horaz als Epodenvers in der 11. ↑ Epode verwendet. Die Umkehrung des E. heißt *Iambelegus*.

Elegie [griech.; zu élegos = Trauergesang mit Aulosbegleitung], lyr. Gattung; nach der rein formalen Bestimmung ein Gedicht beliebigen Inhalts in eleg. Distichen (↑ Distichon), nach der inhaltl. Bestimmung ein Gedicht im Tone verhaltener Klage und wehmütiger Resignation. Beide Begriffe der E. finden sich bereits in der antiken Dichtungstheorie. Eine der E. verwandte Gattung und nicht immer von ihr zu trennen ist das ↑ Epigramm. – *Die griech. Elegie:* Ihre Ursprünge und Anfänge liegen im dunkeln. Die ältesten erhaltenen E.n (7. Jh. v. Chr.; Kallinos von Ephesos, Archilochos von Paros, Mimneros von Kolophon) zeigen bereits die voll ausgebildete Gestalt der Elegie. – Während im 7. und 6. Jh. v. Chr. die E. universelles Ausdrucksmittel ist, tritt sie in klass. Zeit hinter anderen lyr. Gattungen zurück. Neue dominierende Inhalte der Dichtung in eleg. Distichen sind Klage und Trauer; unter E. wird im engeren Sinne nur noch die threnet. E. (E. als Trauergesang) verstanden. Aus dieser Zeit sind nur wenige E.n erhalten. – Bei den hellenist. E.n handelt es sich meist um kunstvolle, kurze Gedichte gelehrt-höf. Anstrichs. Wichtige Themen sind Mythos (unter erot. Aspekt) und Aitiologie (Kallimachos von Kyrene); dazu kommen Enkomien (↑ Enkomion) in eleg. Distichen. Einen individuellen Ton zeigen die Liebes-E.n des Philetas von Kos. – *Die röm. Elegie:* Blütezeit etwa ein halbes Jh.; Hauptvertreter: Gallus, Catull, Tibull, Properz, Ovid; sie greift die Tradition der griech., v. a. der hellenist. E. und deren Themen auf. Ihre bedeutendste Ausprägung ist die erot. E., so in der von Ovid geschaffenen Form der ↑ Heroide. – *Lat. MA und Humanismus:* Zwischen der spätröm. E. und der E. des lat. MA gibt es so gut wie keinen Bruch. Die Form des eleg. Distichons bleibt das ganze MA hindurch für die lat. E. verbindlich. Hauptinhalte der mlat. E. sind Trauer und Klage. Hauptvertreter: Venantius Fortunatus (6. Jh.), Hildebart von Lavardin (um 1100) und Alanus ab Insulis (12. Jh.). – Im Spät-MA wächst die Vorliebe für die ›ovid.‹ Form des eleg. Distichons, das auch in die ep. und dramat. Dichtung eindringt. – Demgegenüber beschränken die Humanisten des 16. Jh. die Form des Distichons wieder auf E. und Epigramm. Vorbild der nlat. E. der Humanisten ist die klass. röm. E.; daher gewinnt hier auch wieder die erot. E. an Bedeutung (Hauptvertreter: K. Celtis, Petrus Lotichius Secundus, Johannes Secundus), ferner die Heroide (H. Eobanus Hessus, ›Heroides christianae‹, 1514, erweitert 1532). – Die Geschichte der *volkssprachl. Elegie* beginnt mit der Gelehrtendichtung des 16./17. Jh., in Frankreich mit P. de Ronsard und C. Marot, in den Niederlanden mit D. Heinsius, in Deutschland mit M. Opitz, die alle auf die Tradition der Humanisten zurückgreifen. Gattungskennzeichen der *dt. Elegie des 17. Jh.* ist ihre metr. Form, der ›eleg. ↑ Alexandriner‹, der als dt. Ersatzmetrum für das eleg. Distichon gilt. Charakteristisch für die dt. E. des 17. Jh. ist ihre Themenvielfalt (Opitz, ›Buch von der dt. Poeterey‹, 1624): bei Opitz selbst dominiert die erot. E., bei J. Rist die panänet. E., bei P. Fleming das Rückblicksgedicht, bei S. von Birken die threnet. E.; C. Ziegler schreibt vorwiegend geistl. Elegien, J. Ch. Hallmann bevorzugt die panegyr. E., A. Ch. Hofmann von Hofmannswaldau und H. A. von Zigler und Kliphausen pflegen die Heroide. – Im *18. Jh.* setzt J. Ch. Gottsched im wesentlichen die von Opitz begründete Tradition fort. Bes. Formen der E. des 18. Jh. sind das Tierepicedium der ↑ Anakreontik (J. W. L. Gleim, ›Auf den Tod eines Sperlings‹) und L. Ch. H. Höltys Kirchhofgedichte (nach dem Vorbild von Th. Gray). Mit der Nachbildung des griechisch-lat. eleg. Distichons in dt. Sprache, im Ansatz gelungen bei Gottsched (Vorläufer schon im 16./17. Jh.), v.a. aber bei F. G. Klopstock (›Die künftige Geliebte‹, 1748; ›E.‹, 1748, u.a.), ist die formale Voraussetzung für die klass. dt. E. geschaffen. An ihrem Anfang stehen Goethes ›Röm. Elegien‹ (1795). Die E.n Schillers (›Die Ideale‹, ›Das Ideal und das Leben‹, ›Der Spaziergang‹ u.a.) sind v.a. durch die Diskrepanz zwischen Natur und Ideal geprägt. Auch Goethes spätere E.n (›Alexis und Dora‹, ›Euphrosyne‹ u.a.) sind durch ihren rückwärts-gewandten Blick und den Ton wehmütiger Erinnerung gekennzeichnet, seine ›Marienbader E.‹ (1828) zeugt von Resignation. Den Höhepunkt der klass. dt. E. bilden die E.n J. Ch. F. Hölderlins (›Menons Klage um Diotima‹, ›Der Wanderer‹, ›Der Gang aufs Land‹, ›Stuttgart‹, ›Brot und Wein‹). – *19./20. Jh.:* Die E.ndichtung des 19. und des 20. Jh. zeigt im wesentlichen epigonale Züge. E. Mörikes ›Bilder aus Bebenhausen‹ haben idyll., E. Geibels E.n mehr ep. Charakter; bei A. von Platen dominiert akrib. Bemühen um die Form über den Inhalt. R. M. Rilke mit seinen hymnisch-ekstat. ›Duineser Elegien‹ (1923) knüpft unmittelbar an Hölderlin an. Einen sehr persönlichen, oft epigrammatisch-pointierten Ton zeigen die ›Buckower Elegien‹ (1953) von B. Brecht.

Literatur: LUCK, G.: Die röm. Liebes-E. Hdbg. 1961. – BEISSNER, F.: Gesch. der dt. E. Bln. ³1965. – WEISSENBERGER, K.: Formen der E. v. Goethe bis Celan. Bern u. Mchn. 1969. – Die griech. E. Hg. v. G. PFOHL. Darmst. 1972. – POE, J. P.: Caesurae in the hexameter line of Latin elegiac verse. Wsb. 1974. – JUNGMANN, K.: Studien zur frz. E. des 18. Jh. mit bes. Berücksichtigung der Tibull-Rezeption. Hamb. 1976. – KIRCHMAIR, K.-W.: Romant. Lyrik u. neoklassizist. E. Mchn. 1976. – WACKWITZ, S.: Trauer u. Utopie um 1800. Hg. v. U. MÜLLER u.a. Stg. 1982. – NEUMEISTER, K.: Die Überwindung der eleg. Liebe bei Properz (Buch I–III). Ffm. 1983.

elementare Dichtung ↑experimentelle Dichtung.

Eleonore von Österreich, * in Schottland 1433, † Innsbruck 20. Nov. 1480, Herzogin von Tirol und Vorderösterreich. – Verdienste als Mäzenin am Innsbrucker Hof; ihre literar. Bedeutung liegt in der Prosaübersetzung des frz. Romans ›Pontus et la belle Sidonie‹ (dt. ›Pontus und Sidonia‹, gedr. 1483), der bis zum Ende des 17. Jh. weit verbreitet war.

Elf Scharfrichter ↑Kabarett.

Elfsilbler ↑Endecasillabo.

Eliade, Mircea, * Bukarest 9. März 1907, † Chicago (Ill.) 23. April 1986, rumän. Schriftsteller und Religionsphilosoph. – Philosophiestudium in Bukarest und Indien; 1938 polit. Haft in Rumänien, 1940–44 Kulturattaché in London und Lissabon, 1946–48 Prof. an der École des Hautes Études in Paris; ab 1956 Prof. für Religionswiss. in Chicago. E. schrieb, teils in rumän., teils in frz. und engl. Sprache religionswiss. und kulturphilosoph. Abhandlungen sowie [phantast.] Erzählungen und Romane.

Werke: Das Mädchen Maitreyi (R., 1933, dt. 1948), Fräulein Christine (R., 1936, dt. 1979), Andronic und die Schlange (R., 1938, dt. 1949), Hochzeit im Himmel (R., 1938, dt. 1989), Nächte in Serampore (R., 1939, dt. 1953), Die Religionen und das Heilige (1953, dt. 1954), Yoga. Unsterblichkeit und Freiheit (1954, dt. 1960), Der verbotene Wald (R., 1955, dt. 1993), Mythen, Träume und Mysterien (1957, dt. 1961), Das Mysterium der Wiedergeburt (1958, dt. 1961), Auf der Mântuleasa-Straße (E., 1968, dt. 1972), Geschichte der religiösen Ideen (2 Bde., 1976–78, dt. 2 Bde., 1978/79), Phantast. Geschichten (dt. Ausw. 1978), Der Hundertjährige (E., 1978, dt. 1979), Promesses de l'équinoxe. Mémoires (1980), Les moissons du solstice. Mémoires II. 1937–1960 (hg. 1988), Fragments d'un journal. Bd. 3. 1979–1985 (hg. 1991).

Literatur: Myths and symbols. Studies in honor of M. E. Hg. v. M. KITAGAWA u. CH. H. LONG. Chicago (Ill.) 1969. – M. E. Hg. v. C. TACOU. Cahiers de L'Herne 33 (1978). – ALLEN, D./ DOEING, D.: M. E. An annotated bibliography. New York 1980. – Die Mitte der Welt. Aufss. zu M. E. Hg. v. H. P. DUERR. Ffm. 1984.

Eliade-Rădulescu, Ion [rumän. eli-'aderədu'lesku], rumän. Schriftsteller. ↑Heliade-Rădulescu, Ion.

Elia Levita (Elia Bachur, Elia ben Ascher ha-Levi Aschkenasi, Elia Tischbi), jüd. Gelehrter und Grammatiker, ↑Levita, Elia.

Elin Pelin, eigtl. Dimitar Iwanow Stojanow, * Bailowo 18. Juli 1877, † Sofia 3. Dez. 1949, bulgar. Schriftsteller. – Aus armer Familie; Dorflehrer, ab 1899 Journalist; 1906/07 in Frankreich; nach der Rückkehr nach Sofia Bibliotheks- und Museumsbeamter und Hg. von Zeitschriften; führender bulgar. Erzähler. Detaillierte Kenntnis der bäuerl. Welt und ausgeprägte Beobachtungsgabe zeichnen seine dem psycholog. Realismus verbundenen Romane und Erzählungen aus. Einzelne Werke, ›Die Geraks‹ (Nov., 1911, dt. 1955), ›Jan Bibian‹ (R., 1933, dt. 1961), ›Die Liebe aber ist das Größte‹ (En., 1936, dt. 1959) und ›Begegnung‹ (R., 1937, dt. 1952), erschienen auch in deutscher Übersetzung. E. P. schrieb ferner die Erzählung ›Zemja‹ (= Land, 1922).

Ausgabe: E. P. Săčinenija. Sofia 1972–73. 6 Bde.
Literatur: E. P. Hg. v. L. P. Lichačeva. Moskau 1977 (Bibliographie).

Eliot, George [engl. 'ɛljət], eigtl. Mary Ann Evans, * Arbury Farm (Warwickshire) 22. Nov. 1819, † London 22. Dez. 1880, engl. Schriftstellerin. – Methodistisch erzogen, früh selbständig, seit 1841 in Coventry, wo sie sich dem Freidenkertum zuwandte; lebte 1854–78 mit dem Kritiker G. H. Lewes zusammen, heiratete nach dessen Tod 1880 den gemeinsamen Freund, den amerikan. Bankier J. W. Cross. Beschäftigte sich mit bibelkrit. u. positivist. Schriften; übersetzte 1846 D. F. Strauß' ›Leben Jesu‹ und 1854 L. Feuerbachs ›Wesen des Christentums‹; war Mitarbeiterin, 1851–54 auch Mitherausgeberin von ›Westminster Review‹. Sie begann erst 37jährig Romane zu schreiben, bes. ›Adam Bede‹ (R., 3 Bde., 1859, dt. 2 Bde., 1860) und ›Die Mühle am Floss‹ (R., 3 Bde., 1860, dt. 2 Bde., 1861), die in der Provinz Mittelenglands spielen, zeichnen sich durch psycholog. Einfühlung sowie sozialeth. und intellektuelle Durchdringung aus. In den späteren Werken, von denen namentlich ›Middlemarch. Aus dem Leben der Provinz‹ (R., 4 Bde., 1871/1872, dt. 1872/73) als einer der bedeutendsten engl. Romane des 19.Jh. gilt, schildert G. E. gesellschaftl. Verhältnisse als verzweigte Geflechte interdependenter menschl. Schicksale und charakterl. Entwicklungen. Die dabei erreichte Erzählkunst markiert den Beginn des modernen Romans und wurde von H. James weitergeführt. Bemerkenswert sind ferner die histor. Roman ›Romola‹ (3 Bde., 1862/63, dt. 1864), der sozialkrit.

George Eliot (Zeichnung von Sir Frederik William Burton aus dem Jahr 1865)

Industrieroman ›Felix Holt‹ (3 Bde., 1866, dt. 1867) und die einfühlende Auseinandersetzung mit dem Judentum in ›Daniel Deronda‹ (4 Bde., 1876, dt. 1876).

Weitere Werke: Bilder aus dem kirchl. Leben Englands (En., 1858, dt. 1885), Silas Marner (E., 1861, dt. 1861).
Ausgaben: G. E. Works. Warwick edition. Edinburgh 1901–08. 12 Bde. – The G. E. letters. Hg. v. G. S. Haight. London u. New Haven (Conn.) 1954–55. 7 Bde. – Clarendon edition of the novels of G. E. Oxford 1980 ff. – G. E. Collected poems. Hg. v. L. Jenkins. London 1989.
Literatur: Hardy, B.: The novels of G. E. London 1959. – Allen, W.: G. E. New York u. London 1964. – Haight, G. S.: G. E. A biography. Oxford u. New York 1968. Neuaufl. Oxford 1978. – Redinger, R. V.: G. E., the emergent self. Toronto 1975. – Lidell, R.: The novels of G. E. London u. New York 1977. – Fisher, Ph.: Making up society. The novels of G. E. Pittsburgh (Pa.) 1981. – Newton, K. M.: G. E., romantic humanist. Totowa (N. J.) 1981. – Pinion, F. B.: A G. E. companion. London u. a. 1981. – Foltinek, H.: G. E. Darmst. 1982. – Graver, S.: G. E. and community. Chicago (Ill.) 1984. – Levine, G.: An annotated critical bibliography of G. E. Brighton 1988. – Maletzke, E.: G. E. Ihr Leben. Ffm. 1993.

Eliot, T[homas] S[tearns] [engl. 'ɛljət], * Saint Louis (Mo.) 26. Sept. 1888, † London 4. Jan. 1965, amerikan.-engl. Dichter. – Streng puritan. Erziehung; Studium an der Harvard University und in Europa (Sorbonne, München und Merton College, Oxford). Nach einjähriger Tätigkeit als Philosophielehrer in Harvard siedelte E. 1914 nach London um, wo er zunächst als Schullehrer (1915 bis 1917), dann als Bankangestellter (1917–25) arbeitete. Gleichzeitig literar.

Tätigkeit als Verfasser von Rezensionen und Gedichten sowie als Mit-Hg. der bed. Literaturzeitschrift ›The Egoist‹ (1917–19) und als Hg. der von ihm gegründeten Zeitschrift ›The Criterion‹ (1922–39); ab 1926 Mitarbeiter, dann Direktor im Verlag Faber and Faber (bis 1965). Wurde 1927 brit. Staatsbürger und trat 1928 zur anglikan. Hochkirche über. Verschiedene Gastprofessuren (Trinity College, Cambridge; Harvard) und zahlreiche Ehrungen, darunter der Nobelpreis für Literatur 1948. – E. ist eine der bedeutendsten Dichterpersönlichkeiten des 20. Jh., der v. a. durch seine Lyrik, aber auch durch seine Dramen und seine scharfsinnigen literar. Essays, die angloamerikan. Literatur beeinflußte und die engl. Sprache insgesamt erneuerte. Im Spannungsfeld zwischen Tradition und Moderne stellen seine ersten Gedichte (›Prufrock and other observations‹, 1917) eine Übernahme der Techniken der frz. Symbolisten dar und formulieren in ironisch-distanziertem Ton das für die modernen Schriftsteller beherrschende Thema der menschl. Verzweiflung angesichts einer sinnentleerten Welt, das in der Dichtung ›Das wüste Land‹ (1922, dt. 1927) seinen poet. Höhepunkt erreicht. In diesem für die Moderne exemplarischen Gedicht, das unter Mitwirkung E. Pounds entstand und E.s bleibenden Ruhm begründete, werden einerseits die literar. Vorbilder Vergil, Dante und Shakespeare sowie die Mythen außereurop. Kulturen in einer Fülle von verschiedenartigen Motiven aus allen Zeitaltern, andererseits musikal. und kompositor. Elemente als Kennzeichen seiner freirhythm., abstrakten Lyrik für die Suche nach einer Lösung des Existenzproblems genutzt. Sein christl. Humanismus, der nach seiner Konversion z. B. in ›Aschermittwoch‹ (Ged., 1930, dt. 1951) und in ›For Lancelot Andrewes‹ (Essays, 1928) deutlich wird, bestimmt die Dichtung ›Vier Quartette‹ (1943, dt. 1948), die als sein bedeutendstes Werk gilt. Die nach vier Ortsnamen betitelten Gedichte der Sammlung ›Burnt Norton‹ (1936), ›East Coker‹ (1940), ›The Dry Salvages‹ (1941), ›Little Gidding‹ (1942) stellen in kontrapunkt. Technik E.s poet. Meditationen über das Phänomen der Zeit und die Suche nach Erlösung von der Kontingenz des Lebens durch dauerhafte Sinnstrukturen dar, die er in der Form der Dichtung sowie in der Vereinigung der Seele mit Gott erkennt. Im Auftrag der Kirche schrieb E. das Versdrama ›Mord im Dom‹ (1935, dt. 1946), ein modernes christl. Mysterienspiel, das die Ermordung des Erzbischofs von Canterbury, Thomas Becket, im 12. Jh. und die Bedeutung der Kirche für soziale Aktionen zum Thema hat. Er verfaßte auch erfolgreiche Gesellschaftsstücke, u. a. ›Der Familientag‹ (1939, dt. 1949) und ›Die Cocktailparty‹ (1949, dt. 1950), in denen das Christentum ausgleichend und versöhnend wirkt. Seine zahlreichen Essaysammlungen bezeugen seine eingehende Auseinandersetzung mit der literar. Tradition, die wie etwa die Dichtung des 17. Jh. (J. Donne und J. Dryden) für die Moderne fruchtbar gemacht werden kann, formulieren wesentl. Dichtungsprinzipien, wie das des ›objektiven Korrelats‹ für die Darstellung der Emotion (›The sacred wood‹, 1920), und zeigen seine Vorstellungen von einer christl. Gesellschaft in der modernen Kultur (›The idea of a Christian society‹, 1940; ›Beiträge zum Begriff der Kultur‹, 1948, dt. 1949).

T. S. Eliot

Weitere Werke: After strange gods (Essays, 1934), Essays ancient and modern (1936), Old Possums Katzenbuch (Ged., 1939, engl. und dt. 1952), Der Privatsekretär (Dr., 1953, dt. 1954), Dichter und Dichtung (Essays, 1957, dt. 1958), Ein verdienter Staatsmann (Dr., 1958, dt. 1959). **Ausgaben:** T. S. E.: Collected poems, 1909–62. London 1963. – T. S. E. Werke. Dt. Übers. Ffm. 1966–72. 4 Bde. – The complete poems and

plays of T. S. E. London 1969. – T. S. E. Die Dramen. Dt. Übers. Ffm. 1974. – T. S. E. Selected prose. London 1975. – The letters of T. S. E. Hg. v. V. ELIOT. London 1988 ff. Auf mehrere Bde. berechnet.
Literatur: GARDNER, H.: The art of T. S. E. London 1949. Nachdr. London 1972. – KENNER, H.: The invisible poet. London 1960. Nachdr. London 1966. – T. S. E. A collection of critical essays. Hg. v. H. KENNER. Englewood Cliffs (N. J.) 1962. – Twentieth century interpretations of ›The waste land‹. Hg. v. J. MARTIN. Englewood Cliffs (N. J.) 1968. – HESSE, E.: T. S. E. u. Das wüste Land. Ffm. 1973. – Zur Aktualität T. S. E.s: zum 10. Todestag. Hg. v. H. VIEBROCK u. A. P. FRANK. Ffm. 1975. – SPENDER, S.: T. S. E. New York 1976. – RIEHLE, W.: T. S. E. Darmst. 1979. – MOODY, A. D.: T. S. E., poet. Cambridge u. a. 1980. – RICKS, B.: T. S. E. A bibliography of secondary works. Metuchen (N. J.) u. London 1980. – HEADINGS, P. R.: T. S. E. Boston 1982. – T. S. E., the critical heritage. Hg. v. M. GRANT. London 1982. 2 Bde. – BEHR, C.: T. S. E., a chronology of his life and works. New York 1983. – ACKROYD, P.: T. S. E., a life. London 1984. – GORDON, L.: E.'s new life. Oxford 1988. – RIQUELME, J. P.: Harmony of dissonances. T. S. E., romanticism, and imagination. Baltimore (Md.) 1991.

Elisabeth von Nassau-Saarbrücken, * Vézelise bei Nancy (?) um 1394, † Saarbrücken 17. Jan. 1456, Gräfin von Nassau-Saarbrücken (seit 1412). – Mit der Übersetzung von vier frz. Ritterromanen aus dem karoling. Sagenkreis (bis 1437) wurde sie zur Mitbegründerin des dt. Prosaromans: ›Huge Scheppel‹ (gedr. 1500 u. d. T. ›Hug Schapler‹), ›Loher und Maller‹ (1513), ›Herpin‹ (1514), ›Sibille‹ (ungedruckt).

elisabethanisches Theater, Theaterepoche während der Regierungszeit Elisabeths I. von England (1558–1603) bis zum Beginn der Puritan. Revolution, die zur Schließung aller Theater führte (1642). Das e. Th. entwickelte eine Theaterkultur, die London zu einem Theaterzentrum Europas machte und bis heute in der Theatergeschichte als herausragendes Ereignis gilt. Wichtige Autoren neben Shakespeare waren Ch. Marlowe, Th. Kyd, J. Lyly, F. Beaumont, Th. Dekker, J. Fletcher, J. Webster, Ben Jonson, Ph. Massinger. Voraussetzungen für die Hochblüte des engl. Dramas waren die Einführung des Schauspielerberufs (Schauspielertruppen unter der Schirmherrschaft adliger Gönner), die Errich-

tung fester Theater (mit bis zu 3 000 Plätzen, die täglich besetzt waren), ausgestattet mit der sog. † Shakespearebühne, die Förderung des Theaters durch den Hof (etwa alle zwei Wochen ein neues Stück) und ein ständiges, aufgeschlossenes Publikum aller gesellschaftl. Schichten. – † auch Drama.

Elisabeth Charlotte von der Pfalz, genannt Liselotte von der Pfalz, * Heidelberg 27. Mai 1652, † Saint-Cloud bei Paris 8. Dez. 1722, Herzogin von Orléans (seit 1671). – Bewahrte während eines 50jährigen Lebens am frz. Hof (als Gattin Herzog Philipps I. von Orléans) ihre dt. Muttersprache; bekannt v. a. durch ihre urwüchsigen, oft derben Briefe, in denen sie, sehr freimütig und lebhaft teilnehmend, von der Eleganz, von Intrige und Klatsch am frz. Hof erzählt und das traurige Schicksal der Pfalz beklagt, die ihr Schwager, König Ludwig XIV. von Frankreich, teilweise für sich beanspruchte und verwüsten ließ.
Ausgaben: Briefe der Herzogin E. Ch. von Orléans aus den Jahren 1676–1722. Hg. v. W. L. HOLLAND. Stg. u. Tüb. 1867–81. 6 Bde. – Aus den Briefen der Herzogin E. Ch. von Orléans an die Kurfürstin Sophie von Hannover. Hg. v. E. BODEMANN. Hann. 1891. 2 Bde. – Liselotte von der Pfalz: Briefe. 23. Tsd. Ebenhausen 1984.

Elísio, Filinto [portugies. i'liziu], Pseudonym des portugiesischen Dichters Francisco Manuel do † Nascimento.

Elissamburu (Elizamburu), Jean B. [bask. eliçamburu], * Sare (Labourd) 14. Aug. 1828, † ebd. 2. Jan. 1891, bask. Schriftsteller. – Heimat- und Naturdichter, dessen Texte auch iron. Züge aufweisen.
Literatur: LABAYEN, A. M.: Elizamburu. Su vida y su obra. San Sebastián 1978.

Elkin, Stanley [Lawrence] [engl. 'ɛlkın], * New York 11. Mai 1930, amerikan. Schriftsteller. – Seit 1960 Literatur-Prof. an der Washington University in Saint Louis. Gegenstand seiner Romane, Novellen (›Searches and seizures‹, 1973; in England u. d. T. ›Eligible men‹, 1974) und Kurzgeschichten (›Criers and kibitzers, kibitzers and criers‹, 1966) sind Kommunikationsschwierigkeiten, die in Amerika aus der Konsumgesellschaft und Pop-Kultur der Gegenwart entste-

hen. Seine verwaisten Helden suchen Bewährung im Beruf als Ersatz für das fehlende Familienleben. Humor und Tragik, gezeigt an Krankheit und Tod, sind tragende Gestaltungsweisen seiner Fiktion.
Weitere Werke: A bad man (R., 1967), The Dick Gibson show (R., 1971), The franchiser (R., 1976), Himmel und Hölle (R., 1979, dt. 1981), George Mills (R., 1982), The magic kingdom (R., 1985), The rabbi of Lud (R., 1987), The MacGuffin (R., 1991), Van Gogh's room at Arles (En., 1993).
Literatur: BARGEN, D. G.: The fiction of S. E. Ffm. u. a. 1980. – BAILEY, P. J.: Reading S. E. Urbana (Ill.) 1985.

Elkjær, Sigurd Kristian [dän. 'ɛlkɛ:'r], *Havrum bei Horsens 6. Febr. 1885, †Kopenhagen 7. Dez. 1968, dän. Schriftsteller. – Lehrer; schrieb humorvolle Romane und Novellen mit Themen aus seiner Heimat Jütland, u. a. ›Anders Grön‹ (R., 1915), ›Zwischen Meer und Fjord‹ (R., 1936, dt. 1937), ›Ein Maulwurfshügel im Meer‹ (R.-Trilogie, 1937, dt. 1937), ›Folk og fæ‹ (Nov.n, 1944), ›Jernæbler‹ (Erinnerungen, 1961).
Literatur: HANSEN, H. P.: S. E. Odense 1943.

Ellert, Gerhart, eigtl. Gertrud Schmirger, *Wolfsberg (Kärnten) 26. Jan. 1900, †ebd. 7. Mai 1975, österr. Schriftstellerin. – Verfasserin von Romanen und Dramen um histor. Persönlichkeiten, auch Jugendbücher.
Werke: Der Zauberer (R., 1933), Attila (R., 1934), Karl V. (R., 1935), Wallenstein (R., 1937), Mohammed (R., 1938), Michelangelo (R., 1942), Die Johanniter (R., 1947), Richelieu (R., 1948), Jacobe Oderkamp (R., 1958), Gregor der Große (R., 1961), Das Abenteuer des Forschens (Jugendb., 1963), Der blinde Löwe von San Marco (R., 1966), Columban der Ire (R., 1968), Lösegeld für Dorothy (Jugendb., 1971).

Elliott, Ebenezer [engl. 'ɛljət], *Masborough (Yorkshire) 17. März 1781, †Great Houghton bei Barnsley 1. Dez. 1849, engl. Dichter. – Eisengießer, später Händler und Geschäftsmann. Berühmt durch die sozialen Gedichte gegen die Korngesetze der Regierung (›Corn law rhymes‹, 1831), die die Not der unteren Klassen darstellen; E.s Beispiel regte die soziale Dichtung seiner Zeit an; auch politisch engagierte Dichtung; Meister der Landschaftsschilderung.
Ausgabe: E. E. Poetical works. Hg. v. EDWIN ELLIOTT. London Neuaufl. 1876. 2 Bde. Nachdr. Hildesheim 1975.

Ellipse [griech. = Mangel (zur Bezeichnung der Tatsache, daß einem Satz ein Wort bzw. einer länglichrunden Figur die vollkommene Kreisform ›fehlt‹)], rhetor. Figur; Auslassung der für das Verständnis einer Aussage nicht unbedingt nötigen Satzglieder (Ggs. ↑Aposiopese). In der Dichtung kann die E. zur Gestaltung leidenschaftlich erregter Äußerungen dienen, deshalb bes. oft in Sturm-und-Drang-Dichtungen anzutreffen; u. a. auch in Goethes ›Faust I‹ (1808): Faust: ›Im Elend! Verzweifelnd! Erbärmlich auf der Erde lange verirrt und nun gefangen! ...‹ (Szene ›Trüber Tag, Feld‹).

Ellison, Ralph Waldo [engl. 'ɛlɪsn], *Oklahoma City 1. März 1914, †New York 16. April 1994, amerikan. Schriftsteller. – Unter dem Einfluß moderner Literaturtechniken (u. a. T. S. Eliot, J. Joyce, E. Pound, G. Stein, E. Hemingway, W. Faulkner, F. M. Dostojewski) und R. Wrights naturalist. Gesellschaftskritik verfaßte E. seinen einzigen, jedoch für die Literatur der Nachkriegszeit sehr bed. Roman ›Unsichtbar‹ (1952, dt. 1954), der unter Verwendung autobiograph. Züge die vergebl. Suche des Helden nach einer individuellen und rass. Identität zwischen Anpassung und Protest auf seinem Weg vom Süden in die Großstadt New York mit naturalist., symbolist. und musikal. Stilmitteln thematisiert. Neben diesem Klassiker schrieb E. auch Kurzgeschichten, literaturkrit. Zeitungsartikel sowie Essays zu Fragen der Emanzipation der Schwarzen und ihrer Kunst, die in ›Shadow and act‹ (1964) und ›Going to the territory‹ (1986) gesammelt sind.
Literatur: DIETZ, K. W.: R. E.s Roman ›Invisible man‹: Ein Beitrag zu seiner Rezeptionsgeschichte und Interpretation mit bes. Berücksichtigung der Figuren-, Raum- und Zeitgestaltung. Ffm. u. a. 1979. – O'MEALLY, R. G.: The craft of R. E. Cambridge (Mass.) ²1982. – DIETZE, R. F.: R. E., the genesis of an artist. Nbg. 1982. – BISHOP, J.: R. E. New York 1988. – New Essays on ›Invisible man‹. Hg. v. R. O'MEALLEY. Cambridge 1988.

Eloge [e'lo:ʒə; frz.], Lobrede, Lobschrift, in der frz. Literatur des 17. und 18. Jh. in kunstreicher Rhetorik gestaltete Rede zur öffentl. Würdigung des Charakters und der Verdienste einer hervorragenden Persönlichkeit, als Grabrede (›Éloge funèbre‹) und bes. für verstorbene Mitglieder der Académie française, meist durch das nachfolgende Mitglied (›Éloge académique‹ oder ›Éloge historique‹), z. B. die Sammlung von B. Le Bovier de Fontenelle (›Éloges des Académiciens‹, 1715). – ↑ auch Panegyrikus, ↑ Enkomion.

Elpidon, Pseudonym des poln. Schriftstellers Michał ↑ Bałucki.

Elskamp, Max, *Antwerpen 5. Mai 1862, †ebd. 10. Dez. 1931, belg. Dichter. – Aus betont kath. flämisch-frz. Elternhaus; seine schlichten, vielfach gesucht naiven lyr. Gedichte verbinden Elemente heimatl. Folklore mit religiöser Mystik und stehen formal im Zeichen des frz. Symbolismus; seine einprägsamen Wiederholungen und Alliterationen haben bes. auf Ch. P. Péguy gewirkt; beeinflußte auch P. Claudel und G. Apollinaire.

Werke: Dominicales (Ged., 1892), La louange de la vie (Ged., 1898), L'alphabet de Notre-Dame (Ged., 1901), La chanson de la rue Saint-Paul (Ged., 1922), Chansons désabusées (Ged., 1922).
Ausgabe: M. E. Œuvres complètes. Paris 1967.
Literatur: VAN DE VELDE, H.: Formation poétique de M. E. Brüssel 1935. Neuausg. Brüssel 1979. – GUIETTE, R.: M. E. Paris 1955. – OTTEN, M.: M. E. Les années de formation. La période symboliste. Diss. Löwen 1959. – Le centenaire de E. In: Le Thyrse 55 (1962), Nr. 5/6, S. 195. – BOSCHÈRE, J. DE: M. E. Paris 1990.

Elsner, Gisela, *Nürnberg 2. Mai 1937, †München 13. Mai 1992, dt. Schriftstellerin. – Studium der Germanistik, Theaterwissenschaft und Philosophie in Wien, Aufenthalte in London und Paris, lebte als freie Schriftstellerin in München. Wurde bekannt mit der Folge von Erzählungen ›Die Riesenzwerge‹ (1964), einer ins Monströse gesteigerten Kritik kleinbürgerl. Verhaltensweisen, deren leere Mechanik sich in minutiös beschreibenden, typisierenden, durch Wiederholung und Variation weitschweifigen Sprachabläufen spiegelt und in diesem Spiegel zugleich satirisch verzerrt erscheint. Auch in ihren weiteren Romanen und Erzählungen versuchte sie, durch sprachl. Karikierung gesellschaftl. Verhaltensmuster aufzuzeigen. Auch Hörspiele.

Gisela Elsner

Weitere Werke: Der Nachwuchs (R., 1968), Das Berührungsverbot (R., 1970), Der Punktsieg (R., 1977), Die Zerreißprobe (En., 1980), Abseits (R., 1982), Die Zähmung (R., 1984), Das Windei (R., 1987), Fliegeralarm (R., 1989).
Literatur: GERHARDT, M.: G. E. In: Neue Lit. der Frauen. Hg. v. H. PUKNUS. Mchn. 1980.

El Solitario, Pseudonym des span. Schriftstellers Serafin ↑ Estébanez Calderón.

Elsschot, Willem [niederl. ˈɛlsxɔt], eigtl. Alfons de Ridder, *Antwerpen 7. Mai 1882, †ebd. 31. Mai 1960, fläm. Schriftsteller. – In seinen Romanen ›Lijmen‹ (1924) mit der Fortsetzung ›Het been‹ (1938) und ›Kaas‹ (1933, dt. 1952) sind Erfahrungen aus seinem Beruf (Direktor eines Werbebüros) verarbeitet worden. Seine Romane und Novellen zeichnen sich durch einen einfachen Aufbau, einen klaren und sachl. Stil, Entlarvung der menschl. Kleinheit sowie durch meisterhafte Ironie, manchmal durch Zynismus aus.

Weitere Werke: Villa des Roses (R., 1913, dt. 1993), Tschip (R., 1934, dt. 1936), Verzen van vroeger (Ged., 1934, ergänzt als ›Verzen‹ wiederholt neu aufgelegt), Het dwaallicht (R., 1946).
Ausgabe: W. E. Verzameld werk. Amsterdam 1957.
Literatur: VAN VLIERDEN, B.-F.: W. E. Brügge 1958.

Elster, Kristian, d. J., *Drontheim 17. März 1881, †Oslo 6. Nov. 1947, norweg. Schriftsteller. – Sohn von Kristian Mandrup E.; in seinen Romanen steht einer träumerisch-ästhet. Romantik das aktiv-soziale Wirken in der menschl. Gemeinschaft gegenüber; E. schildert v. a. den Niedergang der alten Beamtenschicht; auch Literarhistoriker und Jugendschriftsteller.

Werke: Fortællinger (En., 1907), Min bror Harris (R., 1917), Das Amtsrichterhaus am Fjord (R., 1919, dt. 1929), Drei Jungen auf einer Insel (R., 1921, dt. 1932), Chefen (Dr., 1926), Jon Maar und die Juristen (R., 1930, dt. 1938), Paradisets have (R., 1945).

Literatur: KIELLAND, E.: Min venn K. E. Oslo 1950.

Elster, Kristian Mandrup, * Overhalla bei Namsos 4. März 1841, † Drontheim 11. April 1881, norweg. Schriftsteller. – Vater von Kristian E. d. J.; seine Romane, die sich mit dem Verhältnis von Phantasie und Wirklichkeit sowie mit sozialen Konflikten zw. einem urwüchsigen Bauerntum und dem Beamtenstand beschäftigen, sind von tiefem Pessimismus bestimmt; zeit seines Lebens nicht anerkannt, wurde er erst durch den postum erschienenen Roman ›Gefährl. Leute‹ (1881, dt. 1882) berühmt; bed. als Literarhistoriker.

Weitere Werke: Ein Kreuzgang (E., 1871, dt. 1893), Sonnenwolken (E., 1877, dt. 1886), Ein Zugvogel (E., 1881, dt. 1899).

Ausgabe: K. M. E. Samlede skrifter. Kopenhagen 1903. 2 Bde.

Literatur: NILSSON, J.: K. E., 1841–1881. Lund 1942.

Éluard, Paul [frz. e'lцa:r], eigtl. Eugène Grindel, * Saint-Denis bei Paris 14. Dez. 1895, † Charenton-le-Pont bei Paris 18. Nov. 1952, frz. Lyriker. – Sohn eines kleinbürgerl. Immobilienmaklers; besuchte das Lycée Colbert; 1912/13 wegen Lungenkrankheit Aufenthalt in Davos; 1914 Soldat; 1917 erschien sein erster Gedichtband ›Le devoir et l'inquiétude‹. Zuerst Dadaist, mit A. Breton, Ph. Soupault und L. Aragon einer der ersten Surrealisten; 1924 Weltreise: Ostasien, Australien, Amerika; Mitte der 30er Jahre Spanienreise und Begegnung mit F. Garcia Lorca; während der dt. Besetzung Mitglied der Résistance, 1942 Mitglied der KPF; nach dem Krieg weiter politisch aktiv; Freundschaft mit P. Picasso und einer Reihe anderer bed. bildender Künstler. É. ist einer der großen lyr. Dichter Frankreichs im 20. Jh., der auch in seinen Überlegungen zur Theorie der Dichtung und in seinen polit. Liedern eine ursprüngl. Inspiration und Sensibilität erkennen läßt, die ihn

Paul Éluard

von den orthodoxen Formen des Surrealismus trennt.

Weitere Werke: Mourir de ne pas mourir (Ged., 1924), Hauptstadt der Schmerzen (Ged., 1926, dt. 1959), L'amour, la poésie (Ged., 1929), La vie immédiate (Ged., 1932), La rose publique (Ged., 1934), Les yeux fertiles (Ged., 1936), Le livre ouvert (Ged., 2 Bde., 1940–42), Poésie et vérité (Ged., 1941), Au rendez-vous allemand (Ged., 1944), Polit. Gedichte (1948, dt. 1949), Pouvoir tout dire (Ged., 1951), Le phénix (Ged., 1952).

Ausgaben: P. É. Choix de poèmes. Ausgew. Gedichte. Frz.-dt. Hg. v. J. HÜBNER. Nw. 1963. – P. É. Œuvres complètes. Hg. v. L. SCHELER u. M. DUMAS. Paris Neuaufl. 1979. 2 Bde. – P. É.: Liebesbriefe an Gala. (1924–1948). Hg. v. P. DREYFUS. Dt. Übers. v. Th. Dobberkau. Hamb. 1987.

Literatur: EGLIN, H.: Liebe u. Inspiration im Werk v. P. É. Bern u. Mchn. 1965. – MEURAUD, M.: L'image végétale dans la poésie d'É. Paris 1966. – BLUM, D.: Dichtung als Lobgesang. Die Liebeslyrik P. É.s. Diss. Freib. 1969. – MINGELGRÜN, A.: Essai sur l'évolution esthétique de P. É. Peinture et langage. Lausanne 1977. – DEBREUILLE, J.-Y.: É. ou le pouvoir du mot. Paris 1977. – BERGEZ, D.: É. ou le rayonnement de l'être. Seyssel 1982. – DECAUNES, L.: P. É., l'amour, la révolte, le rêve. Paris 1982. – GATEAU, J.-CH.: É. et la peinture surréaliste. (1910–1939). Genf 1982. – JACQUES, J.-P.: Poésies, É. Paris 1982. – P. É. et ses amis peintres. Paris 1982. – GATEAU, J.-CH.: É., Picasso et la peinture (1936–1952). Genf 1984. – GATEAU, J.-CH.: P. É. oder der sehende Bruder. Biogr. Dt. Übers. Bln. 1994.

Elvestad, Sven [norweg. 'ɛlvəsta], * Halden 7. Sept. 1884, † Oslo 18. Dez. 1934, norweg. Schriftsteller und Journalist. – Verfaßte, z. T. unter dem Pseudonym Stein Riverton, spannende, auch in Deutschland vielgelesene Detektivromane, deren Hauptfigur Asbjörn Krag ist (u.a. ›Der eiserne Wagen‹, 1909, dt. 1913; ›Die Spinne‹, 1910, dt. 1918; ›Das gestohlene Haus‹, 1911, dt. 1913; ›Die Dame im Rollstuhl‹, 1918, dt. 1918; ›Der vierte Mann‹, 1920, dt. 1923).

Elwenspoek, Curt [...spø:k], *Königsberg (Pr) 28. Mai 1884, †Tübingen 13. April 1959, dt. Schriftsteller und Dramaturg. – Studierte Jura; Schauspieler, u.a. 1924–30 Chefdramaturg an den Württemberg. Staatstheatern, 1930–38 Chefdramaturg am Stuttgarter Rundfunk, nach 1945 Mitarbeiter des Süddt. Rundfunks und des Südwestfunks. Schrieb zahlreiche Romane, Biographien, Essays, Hör- und Märchenspiele, Sachbücher.

Werke: Schinderhannes (Biogr., 1925), Hans Unverzagt (Märchenspiel, 1925), Ein Mädchen ohne Mutter (R., 1935), Der höll. Krischan (R., 1936, 1956 u.d.T. ... und nichts ist ihm geblieben), Die roten Lotosblüten (R., 1941), Dynamit (R., 1946), Arme kleine Iphigenie (Nov., 1951), Hauspostille des Herzens (3 Bde., 1956–59), Die Schwalbe und die Nachtigall (R., 1959).

Elyot, Sir Thomas [engl. 'ɛljət], *in Wiltshire um 1490, †Carleton (Cambridgeshire) 20. März 1546, engl. Gelehrter und Schriftsteller. – Gesandter am Hof Karls V. in Spanien; die diplomat. Stellung verdankte E., Freund von Sir Th. More, seinem Heinrich VIII. gewidmeten Fürstenspiegel ›Das Buch vom Führer‹ (1531, dt. 1931), in dem er die Erziehung zum ritterlich-höf., humanistisch geprägten, dem Staat dienenden Gentleman beschrieb. Auch Verfasser eines lateinisch-engl. Wörterbuchs (1538) und Übersetzer griech. Werke.

Literatur: LEHMBERG, S. E.: Sir Th. E., Tudor humanist. Austin (Tex.) 1960 (mit Bibliogr.). Nachdr. 1969. – MAJOR, J. M.: Sir Th. E. and Renaissance humanism. Lincoln (Nebr.) 1964 (mit Bibliogr.). – DEES, J. S.: Sir Th. E. and Roger Ascham. A reference guide. Boston (Mass.) 1981.

Elytis (tl.: Elytēs), Odysseas [neugriech. ɛ'litis], eigtl. Odysseas Alepudelis, *Iraklion (Kreta) 2. Nov. 1911, neugriech. Dichter. – Führender neugriech. Lyriker der Moderne; gehört zum Kreis um G. Seferis, der die neugriech. Dichtung in den 30er Jahren erneuerte; naturverbundene, surrealist. Dichtung, deren Charakteristikum die gewagte, neuartige Metaphorik ist; Auswahl in dt. Übersetzung u.d.T. ›Körper des Sommers‹ (dt. 1980), ›Sieben nächtl. Siebenzeiler‹ (dt. 1968), ›Ausgewählte Gedichte‹(dt. 1979). E. erhielt 1979 den Nobelpreis für Literatur.

Weitere Werke: Prosanatōlismoi (= Orientierungen, Ged., 1936), Hoi klepsydres tu agnōstu (= Die Wasseruhren des Unbekannten, Ged., 1937), Hēlios ho prōtos (= Sonne die erste, Ged., 1943), Axion esti (Ged., 1959, dt. 1969 u.d.T. To axion esti, gepriesen sei), Das Monogramm (Ged., 1972, dt. 1990), To rō tu erōta (= Das L der Liebe, 1972, dt. 1981 u.d.T. Lieder der Liebe), Anoicha chartia (= Offene Karten, Essays, 1974), Maria Nepheli (1978, dt. 1981 u.d.T. Maria Nepheli. Ein szen. Gedicht), Anaphora ston Andrea Empeiriko (= Hinwendung an Andreas Embirikos, Essay 1979), Hemerologio henos atheatu Apriliu (= Tagebuch eines nie gesehenen Aprils, Ged., 1984), Ho mikros Nautilos (= Der kleine Nautilus, Ged., 1985).

Literatur: LIGNADIS, T.: To axion esti tu O. E. Athen 1971. – KARANTONIS, A.: Gia ton Elyti. Athen 1980. – MARONITIS, D. N.: Horoi tou lyrismou ston Odyssea E. Athen 1980. – VITTI, M.: O. E. 1984.

Emants, Marcellus, *Voorburg bei Den Haag 12. Aug. 1848, †Baden (Kanton Aargau) 14. Okt. 1923, niederl. Schriftsteller. – Wegbereiter der niederl. naturalist. Dichtung, deren Zeitschrift ›De banier‹ er 1875–80 herausgab; sein stark psychologisch bestimmtes Werk ist von tiefem Pessimismus erfüllt.

Werke: Lilith (Epos, 1879, dt. 1895), Götterdämmerung (Epos, 1883, dt. 1892), Domheidsmacht (Dr., 1904), Wahn (R., 1905, dt. 1908), Om de mensen (Dr., 1917).

Literatur: DUBOIS, P. H.: M. E. Den Haag 1964.

Embirikos (tl.: Empeiríkos), Andreas, *Bräila (Rumänien) 1901, †Athen 11. Aug. 1975, neugriech. Schriftsteller. – Lebte längere Zeit in Frankreich und England, studierte Psychoanalyse, schloß sich der surrealist. Bewegung an und gilt als der Begründer des griech. Surrealismus.

Werke: Hypsikaminos (= Hochofen, Ged., 1935), Endochōra (= Innenraum, Ged., 1945), Grapta ē prosōpikē mythologia (= Schriften oder persönl. Mythologie, Prosa, 1960), Poiēmata (= Gedichte, 1960), Ho dromos (= Der Weg, Prosa, 1974), Oktana (Prosa, 1980), Argō ē plus aerostatu (= Argo oder Reise mit dem Luftschiff, Prosa, 1980), Hai geneai pasai. Hē sēmeron hōs aurion kai hōs chthes (= Alle Generationen. Das heute wie morgen und wie gestern, Ged., 1984).

Emblem [ɛm'ble:m, ä'ble:m; frz.; von griech. émblēma = Eingesetztes], in allgemeiner Bedeutung Kennzeichen, Sinnbild, Hoheitszeichen. Als Kunstform aus Bild und Text zusammengesetzt, besteht es 1. aus einem meist allegorisch gemeinten Bild (Ikon; auch als Pictura, Imago oder Symbolon bezeichnet), das ein sinnfälliges, oft merkwürdiges Motiv aus Natur, Kunst, Historie, bibl. Geschichte oder Mythologie darstellt, nach dem Vorbild der Hieroglyphik häufig auch nur Einzelheiten daraus, z. B. einzelne Körperteile oder aus verschiedenen Elementen kombinierte Figuren; 2. aus dem Lemma (Titel, Überschrift; auch ↑ Motto oder Inscriptio genannt), das über dem oder auch im Bild angebracht ist: ein knappes Diktum in lat. oder griech. Sprache, häufig ein Klassikerzitat; 3. aus der unter dem Bild stehenden Subscriptio (Unterschrift), oft als Epigramm, aber auch in anderen gebundenen Formen oder in Prosa. Die Subscriptio erläutert den im Bild verschlüsselt oder allegorisch dargestellten Sinn des E.s, der sich auf ein moral., religiöses oder erot. Thema beziehen kann oder eine allge-meine Lebensweisheit aussagt. – Emblemata waren in Europa im 16.–18. Jh. außerordentlich beliebt. E.bücher wurden oft geradezu Hausbücher, jedes Thema, auch z. B. die Bibel oder antike Sagen, wurde emblematisch verarbeitet (dabei oft moralisiert). E.anspielungen wurden überall verstanden und prägten nicht nur die barocke Bildersprache in Kunst und Literatur entscheidend mit, sondern auch die Gestaltungstechniken des barocken Schauspiels und des Romans. Viele dieser Anspielungen in der barocken Dichtung sind heute nur mit Hilfe der Kenntnis der *Emblematik* verständlich; sie bildet für die Literaturgeschichte einen wichtigen Bereich der Toposforschung. – Die Grenzen zur ↑ Imprese oder ↑ Devise sind fließend. Deshalb findet sich der Begriff E. in der älteren Literatur häufig auch für diese Formen; erst seit E. R. Curtius wird unter E. nur die streng dreigeteilte Kunstform verstanden, wie sie A. Alciati in seinem ›Emblematum liber‹ (1531) ausgebildet hat (↑ Emblemliteratur).
Literatur ↑ Emblemliteratur.

Emblematik [griech.-frz.] ↑ Emblem, ↑ Emblemliteratur.

Emblemliteratur, Sammlungen und Beschreibungen von ↑ Emblemen in der Nachfolge des ›Emblematum liber‹ von Andrea Alciati (1531), Blütezeit 16. bis 18. Jh., mit Schwerpunkt in Mittel- und Westeuropa. Der ›Emblematum liber‹ fand v. a. im Barock ungeheuren Anklang; er gab den Anstoß zu einer Flut weiterer Emblembücher. Teilweise wurde das von Alciati geprägte Schema des Emblems übernommen (Matthäus Holzwart [↑ um 1580], ›Emblemata Tyrocinia‹, 1581; Gabriel Rollenhagen, ›Nucleus emblematum selectissimorum‹, 1611, u. a.), in der Regel jedoch bis fast zur Auflösung der eigentl. Form des Emblems variiert durch Ausweitung nach der bildner., lyr. oder erzähler. Seite hin (z. B. L. van Haecht Goidtsenhouen, ›Mikrokosmos‹, 1579; 1613 neu bearbeitet von J. van den Vondel). Parallel ging die theoret. Erörterung der Emblematik, z. B. schon in Alciatis Vorrede zu seiner Ausgabe, J. Fischarts ›Vorred von Ursprung, Gebrauch und Nutz der Emble-

Was du nit glaubtest / das geschiht.

Wie? sol nicht ein Camel durch eine Nadel gehn?
Wann du den Teütschen Fried
jetzt wider sihst entstehn.

Emblem. Johann Vogel. Was du nit glaubtest/das geschiht (1649)

maten‹ zu Holtzwarts Werk oder G. Ph. Harsdörffers ›Frauenzimmer Gesprechspiele...‹ (8 Bde., 1641–49). Bei der späteren E. der roman. Länder überwog die Tendenz zu geistreicher Symbolspielerei, in Deutschland und den Niederlanden eher zu bürgerl. Morallehre. Auch ethisch-polit. E., dem ↑ Fürstenspiegel verwandt, fand sich v. a. in Deutschland. Im 17. Jh. nahm die religiöse E. einen gewaltigen Aufschwung: Etwa ein Drittel der E. waren religiöse Emblembücher (das wichtigste Werk mit etwa 40 lat. Ausgaben zwischen 1624 und 1757 und zahlreichen Übersetzungen waren die ›Pia desideria‹ des Jesuiten Hermann Hugo [* 1588, † 1629]); daneben zahlreiche ↑ Trostbüchlein und Sterbebüchlein, ↑ Ars moriendi). Von den Niederlanden ausgehend, wurden seit Anfang des 17. Jh. auch erot. Themen in Emblemata behandelt (z. B. D. Heinsius, ›Emblemata amatoria‹, 1616, oder J. Cats, ›Emblemata amores moresque spectantia‹, 1622).

Literatur: KIRCHNER, G.: Fortuna in Dichtung u. Emblematik des Barock. Stg. 1970. – TIEMANN, B.: Fabel u. Emblem. Mchn. 1974. – Emblemata. Hg. v. A. HENKEL u. A. SCHÖNE. Stg. 1978. – DALY, P. M.: Emblem theory. Nendeln 1979. – Emblem u. Emblematikrezeption. Hg. v. S. PENKERT. Darmst. 1979. – HÖLTGEN, K. J.: Aspects of the emblem. Kassel 1986. – SCHÖNE, A.: Emblematik u. Drama im Zeitalter des Barock. Mchn. ³1993.

Emendation [lat. = ›Verbesserung, Vervollkommnung‹], Begriff der ↑ Textkritik zur Bez. von Korrekturen an Sprache, Metrum oder Stil eines nicht authentisch überlieferten Textes oder von Ergänzungen verderbter oder unvollständiger Textstellen. – ↑ auch Konjektur.

Emerson, Ralph Waldo [engl. 'ɛməsn], * Boston (Mass.) 25. Mai 1803, † Concord (Mass.) 27. April 1882, amerikan. Philosoph und Dichter. – Sohn eines unitarischen Geistlichen; nach Theologiestudium an der Harvard University zwangen ihn Krankheit und Gewissensgründe, sein geistl. Amt niederzulegen (1832); die Abkehr von der Religion wurde von der Hinwendung zur Natur als Quelle göttl. Offenbarung sowie zur dt. Transzendentalphilosophie, zum Platonismus, dt. Idealismus und zur ind. Philosophie begleitet, in die er auf seiner ersten Europareise (1832/33) von

Th. Carlyle, W. Wordsworth und S. T. Coleridge eingeführt wurde. Durch die in dem programmat. Essay ›Nature‹ (1836) herausgestellte Verbindung von Naturanschauung und Transzendentalphilosophie gelangte E. zu seinem visionären Korrespondenzdenken, wurde damit zu einem der wichtigsten Vertreter der amerikan. Romantik und zum Begründer der klass. amerikan. Literatur. E.s romantisch-philosoph. Ideen, die unter dem Begriff der ›self-reliance‹ den Selbstwert des Individuums und ein durch Intuition gewonnenes Selbstverständnis betonen, sind darüber hinaus auf die Gemeinschaft aller Menschen in der Vorstellung der ›Over-soul‹ sowie auf die kulturelle Unabhängigkeit der amerikan. Nation bezogen (›The American scholar‹, 1837). Mit den in zwei Folgen von Essays (1841 und 1844, dt. 1858) gesammelten Reden demonstrierte E. sein Interesse für zeitgenöss. Reformen und verfeinerte seine Ideen. Im Einklang mit dem Heldenkult der Romantik beschrieb E. das Leben von sechs exemplar. ›Repräsentanten der Menschheit‹ (1850, dt. 1896), nämlich Platon, E. Swedenborg, M. Eyquem de Montaigne, Shakespeare, Napoleon I. und Goethe. Gleichzeitig verfaßte er intellektuell und metaphysisch bestimmte Gedichte (›Poems‹, 1847; ›May-Day and other pieces‹, 1867). Von den späteren Publikationen verdienen nur die aus Vortragsreisen in England (1847/48) bzw. in den USA hervorgegangenen Sammlungen ›Engl. Charakterzüge‹ (1856, dt. 1857), ›Die Führung des Lebens‹ (1860, dt. 1862) und ›Gesellschaft und Einsamkeit‹ (1870, dt.

Ralph Waldo Emerson (Stahlstich von John Wilcox, um 1870)

1875) Erwähnung. E.s Schriften haben die amerikan. Literatur bis ins 20. Jh. nachhaltig beeinflußt und die typisch amerikan. Eigenschaften von Individualismus und Optimismus entscheidend geprägt.

Ausgaben: R. W. E. Complete works. Centenary edition. Hg. v. E. W. EMERSON. Boston (Mass.) 1903–21. 12 Bde. – R. W. E. Ein Weiser Amerikas spricht zu uns. Auszug aus seinen Werken. Dt. Übers. Zusammengestellt v. H. SIEGFRIED. Hamb. 1954. – The journals and miscellaneous notebooks. Hg. v. W. H. GILMAN u. a. Cambridge (Mass.) $^{1-2}$1960. 16 Bde. – Letters of R. W. E. Hg. v. R. L. RUSK. New York u. London ^{2}1966. 6 Bde. – The collected works of R. W. E. Hg. v. R. E. SPILLER u. a. Cambridge (Mass.) 1971 ff. Auf mehrere Bde. berechnet (bisher 4 Bde. erschienen).
Literatur: RUSK, R. L.: The life of R. W. E. New York 1949. – METTKE, E.: Der Dichter R. W. E. Hdbg. 1963. – FIRKINS, O. W.: R. W. E. New York 1965. – WAGENKNECHT, E.: R. W. E. Portrait of a balanced soul. New York 1974. – WAGGONER, H.: E. as poet. Princeton (N. J.) 1975. – PORTE, J.: Representative man. R. W. E. in his time. New York 1979. – ALLEN, G. W.: W. E. A biography. New York 1981. – E. centenary essays. Hg. v. J. MYERSON. Carbondale (Ill.) 1982. – E. Prospect and retrospect. Hg. v. J. PORTE. Cambridge (Mass.) 1982. – MYERSON, J.: R. W. E. A descriptive bibliography. Pittsburgh (Pa.) 1982. – PORTE, J.: E. in his journals. Cambridge (Mass.) 1982. – Critical essays on R. W. E. Hg. v. R. E. BURKHOLDER u. J. MYERSON. Boston (Mass.) 1983. – POIRIER, R.: The renewal of literature. Emersonian reflections. New York 1987.

Emigrantenliteratur ↑ Exilliteratur.

Emin (tl.: Ėmin), Fjodor Alexandrowitsch, *in der Ukraine (?) 1735, †Petersburg 27. April 1770, russ. Schriftsteller. – Weitgereister, erst spät nach Rußland gekommener Verfasser von Übersetzungen aus der westeurop. Romanliteratur und von eigenen Werken, die vom frz. Roman beeinflußt sind. Der an J.-J. Rousseau geschulte Briefroman ›Pis'ma Ernesta i Doravry‹ (= Die Briefe Ernests und Dorawras, 4 Tle., 1766) wurde von den Klassizisten abgelehnt, fand aber als erster Versuch eines empfindsamen russ. Romans viele Leser.

Emin Bey, Mehmet [türk. ɛ'min 'bɛi̯], türk. Lyriker, ↑ Mehmet Emin Yurdakul.

Eminescu, Mihai, eigtl. Mihai Eminovici, *Botoşani 15. Jan. 1850, †Bukarest 15. Juni 1889, rumän. Dichter. – Un-

Mihai
Eminescu

stete Jugend, studierte 1869–74 Philosophie in Wien und Berlin; Bibliothekar, Redakteur; gilt als bedeutendster rumän. Dichter des 19. Jh. und Schöpfer einer rumän. Literatursprache, verschaffte der rumän. Literatur Weltgeltung. Schrieb von dt. Kultur (u. a. von der dt. Romantik und A. Schopenhauer) geprägte Werke, die sich durch musikal. Wohlklang, Empfindungs-, Gedanken- und Bilderreichtum auszeichnen (›Poezii‹, Ged., 1883). Sein Nachlaß enthielt zahlreiche Entwürfe zu Erzählungen, Märchen, Gedichten und Essays. In dt. Übersetzung erschienen u. a. ›Der Abendstern‹ (Ged., 1883, dt. 1892), ›Gedichte und Novellen‹ (dt. Ausw. 1913), ›Märchen und Novellen‹ (dt. Ausw. 1927), ›Mädchen‹ (dt. Ausw. 1972).

Ausgaben: Mihail E. Opere. Hg. v. PERPESSICUS u. DIU PANAITESCU. Bukarest 1939 ff. (bisher 14 Bde. erschienen). – M. E. Gedichte. Dt. Übers. Hg. v. A. MARGUL-SPERBER, Bukarest 1964.
Literatur: LANG, F.: Mihail E. als Dichter u. Denker. Klausenburg 1928. – CONTE, R. DEL: M. E., o dell'assoluto. Modena 1962. – Studii eminesciene. 75 de ani de la moartea poetului. Hg. v. M. SIMIONESCU. Bukarest 1965. – CALINESCU, G.: Das Leben M. E.s. Dt. Übers. Bukarest 1967. – CRETU, I.: M. E. Biografie documentară. Bukarest 1968. – Caietele M. E. Studii, articole, note, documente, iconografie şi bibliografie prezentate de M. Bucur. Bukarest 1972–80. 5 Bde. – ARGHEZI, T.: E. Bukarest 1973. – TALADOIRE, B. A.: Mihail E. Poète militant de la nation roumaine. Nizza 1974. – Wechselwirkungen in der dt. und rumän. Geisteswelt am Beispiel M. E.s. Hg. v. H. TETSCH. Stg. 1977. – E. im europ. Kontext. Hg. v. I. CONSTANTINESCU. Augsburg u. Mchn. 1988.

Eminovici, Mihail [rumän. e'minovit∫], rumän. Dichter, ↑ Eminescu, Mihai.

Emmanuel, Pierre [frz. εma'nɥεl], eigtl. Noël Mathieu, * Gan bei Pau 3. Mai 1916, † Paris 22. Sept. 1984, frz. Schriftsteller. – Studierte Mathematik und Philosophie, Lehrer; Mitglied der Résistance; Journalist, 1945–49 Tätigkeit beim frz. Rundfunk; von 1969 an Inhaber mehrerer hoher Ämter in der frz. Kulturpolitik; 1969–71 Präsident des internat. und 1973–76 des frz. P.E.N.-Clubs. Schrieb von Ch. Baudelaire und S. Mallarmé beeinflußte, christlich inspirierte Lyrik von leidenschaftl. und revolutionärem Charakter, deren Kennzeichen Musikalität sowie realist. und zugleich mystisch-barocker Wort- und Bildreichtum sind. Veröffentlichte auch bed. Résistancegedichte, Essays und einen Roman. Seit 1968 Mitglied der Académie française, erklärte er im Nov. 1975 aus Protest gegen die Wahl von F. Marceau zum Mitglied seinen Austritt.

Pierre
Emmanuel

Werke: Tombeau d'Orphée (Ged., 1941), Jour de colère (Ged., 1942), Le poète fou (Ged., 1944), La liberté guide nos pas (Ged., 1945), Tristesse, ô ma patrie (Ged., 1946), Qui est cet homme? (Autobiogr., 1947), Car enfin je vous aime (Autobiogr., 1950), Babel, poème à deux voix (Ged., 1950), La nouvelle naissance (Ged., 1963), Jacob (Ged., 1970), Pour une politique de la culture (Essay, 1971), Sophia (Ged., 1973), La révolution parallèle (Essay, 1975), Tu (Ged., 1978), Una ou la mort, la vie (Ged., 1978), Duel (Ged., 1979), L'autre (Ged., 1980), Une année de grâce, feuilles volantes 1981–1982 (1983).
Literatur: GILLESSEN, H.: P. E. ›Jacob‹. Dt. Übers. Ffm. 1979. – MAGUIRE, C. M. A.: The theme of language in the work of P. E. Diss. Hull 1979. – ZOBEL-FINGER, M.: P. E. In: Krit. Lexikon der roman. Gegenwartslit. Hg. v. W.-D. LANGE. Losebl. Tüb. 1984 ff.

Emmeran, Eusebius, Pseudonym des dt. Religionsphilosophen und Schriftstellers Georg Friedrich † Daumer.

Emmrich, Curt, dt. Schriftsteller, † Bamm, Peter.

Empedokles (tl.: Empedoklễs), * Akragas (heute Agrigent, Sizilien) 483 oder 482, † zwischen 430 und 420, griech. Philosoph. – Stammte aus vornehmer Familie; war aktiv am Sturz der oligarch. Regierung beteiligt; sammelte als Arzt und Wanderprediger eine große Jüngerschar um sich, die ihn von Stadt zu Stadt begleitete; soll sich nach einer Legende in den Krater des Ätna gestürzt haben. Reste seiner ep. Lehrgedichte ›Peri phýseōs‹ (= Über die Natur) und ›Katharmoí‹ (= Reinigungslehren) sind erhalten. E. sah in den vier Elementen den Urgrund aller Dinge und erklärte Werden und Vergehen als durch Anziehung und Abstoßung, Liebe und Haß bewirkte Mischung und Trennung dieser Elemente.
Literatur: O'BRIEN, D.: Empedocles' cosmic cycle. London 1969. – LÜTH, J. CH.: Die Struktur des Wirklichen im empedokleischen System ›Über die Natur‹. Meisenheim 1970.

Empfindsamkeit, literar. Strömung innerhalb der † Aufklärung (2. Hälfte des 18. Jh.); das Wort ›empfindsam‹ gilt als Übersetzung des engl. Wortes ›sentimental‹, die G. E. Lessing dem Übersetzer (J. J. Ch. Bode) von L. Sternes Roman ›A sentimental journey...‹ (1768, dt. 1768 u. d. T. ›Yoricks empfindsame Reise durch Frankreich und Italien‹) vorgeschlagen haben soll; die E. stellte eine bestimmte Phase in der Entwicklung des neuzeitl. Individualismus dar; kennzeichnend war die Hinwendung zu einer enthusiast., ›sentimentalen‹ Weltsicht zunächst im religiösen Bereich des † Pietismus, dann säkularisiert in allen Lebensbereichen. Zeittypisch waren Freundschaftszirkel (z. B. † Göttinger Hain, † Darmstädter Kreis). Das Naturgefühl mit idyllisch-heiteren wie elegisch-düsteren Stimmungen und Reflexionen war nicht naiv, sondern bewußt antirationalistisch reflektiert (sentimentalisch). Entscheidend für diese Entwicklung waren die engl. † moralischen Wochenschriften, die Naturdichtungen von J. Thomson bis zu E. Youngs ›Klagen

oder Nachtgedanken...‹ (1742–45, dt. 1760/61) sowie die ›Fragments of ancient poetry, collected in the highlands of Scotland‹ (1760) von J. Macpherson, die er als von ihm gefundene und übersetzte gäl. Dichtungen eines blinden Barden Ossian ausgab, und v. a. die Romane S. Richardsons, ferner die von O. Goldsmith, L. Sterne u. a. Auch Frankreich gab mit Romanen (Abbé Prévost und v. a. J.-J. Rousseau, ›Die neue Heloise, oder Briefe zweier Liebenden ...‹, 1761, dt. 1761–66) sowie mit der ↑Comédie larmoyante Anstöße für den E.skult; in der dt. Literatur der E. wurden diese Werke aufgenommen und mit großem Publikumserfolg nachgeahmt. Das Theater beherrschten Ch. F. Gellerts ↑weinerliches Lustspiel nach frz. Muster und die Familien- oder Rührstücke (von F. L. Schröder, A. W. Iffland, A. von Kotzebue u. a.). Ch. F. Gellert eröffnete auch die Romanwelle in der Nachfolge Richardsons, gefolgt u. a. von S. von La Roche oder J. T. Hermes, der den empfindsamen Reiseroman in die dt. Literatur einführte (›Sophiens Reise von Memel nach Sachsen‹, 1769–73). In der Lyrik sind v. a. I. J. Pyra und S. G. Lange, ›Thirsis' und Damons freundschaftl. Lieder‹ (1745), F. G. Klopstock, ›Der Messias‹ (Gesang 1–3, 1748) und die ›Oden‹ (1771), sowie einige Anakreontiker (u. a. E. Ch. von Kleist, S. Geßner, J. P. Uz, L. Ch. H. Hölty, J. W. L. Gleim) zu nennen. Als Höhepunkt und zugleich Überwindung der empfindsamen Dichtung gilt Goethes Roman ›Die Leiden des jungen Werthers‹ (1774).
Literatur: Böschenstein, H.: Dt. Gefühlskultur. Bd. 1: Grundll. 1770–1830. Bern 1954. – Krüger, R.: Das Zeitalter der E. Wien u. a. 1972. – Sauder, G.: E. Stg. 1974 ff. Auf 3 Bde. berechnet (bisher 2 Bde. erschienen).

Emphase [von griech. émphasis, eigtl. = Verdeutlichung], der durch phonet. oder syntakt. Hervorhebung bewirkte Nachdruck, der auf ein Wort oder auf eine Aussage gelegt wird, z. B. ›Feiglinge sind sie alle!‹, wobei das Wort ›Feiglinge‹ akustisch betont und syntaktisch hervorgehoben ist. Emphat. Stilfiguren zur Steigerung der Eindringlichkeit sind Ausruf, rhetor. Frage, ↑Aposiopese, ↑Inversion, ↑Anaklasis und ↑Diaphora.

Empson, Sir (seit 1979) William [engl. ɛmpsn], * Yorkefleet Hall (Yorkshire) 27. Sept. 1906, † London 15. April 1984, engl. Dichter und Kritiker. – Studierte in Cambridge zunächst Mathematik; lehrte engl. Literatur in Tokio und Peking, ab 1953 Prof. in Sheffield. Seine zunächst an J. Donne orientierten lyr. Gedichte (›Poems‹, 1935; ›Collected Poems‹, 1955) sind elliptisch argumentierende Denkspiele um Selbstzweifel und Konflikte zwischen Sinnlosigkeit und fiktiver Sinnstiftung; sie wurden von den Dichtern des Movement geschätzt und haben die moderne engl. Literatur stark beeinflußt. E.s für den New criticism wegweisende literaturwiss. Arbeiten, bes. ›Seven types of ambiguity‹ (1930) und ›The structure of complex words‹ (1951), konzentrieren sich auf die Vieldeutigkeit der Sprache und ihrer dichter. Kontexte.
Weitere Werke: Some versions of pastoral (Kritik, 1935), Milton's God (Kritik, 1961), Using biography (Essays, 1984).
Literatur: Gill, R.: W. E. London 1974. – Meller, H.: Das Gedicht als Einübung. Zum Dichterverständnis W. E.s. Hdbg. 1974. – Norris, Ch.: W. E. and the philosophy of literary criticism. London 1978.

Ems, Rudolf von, mhd. Epiker, ↑Rudolf von Ems.

Enallage [griech. = Vertauschung], Vertauschung der Wortbeziehung, besonders die Setzung eines Adjektivs vor ein Substantiv, zu dem es sinngemäß nicht gehört (das eigentliche Beziehungswort steht meist als Genitivattribut), z. B. ›mit einem blauen Lächeln seiner Augen‹ statt: ›mit einem Lächeln seiner blauen Augen‹.

Encheduanna (tl.: En-ḫedu-ana) [ɛnçe...], Priesterin des Mondgottes Nanna in Ur nach 2300 v. Chr., Tochter Sargons, des ersten Herrschers der Dynastie von Akkad (regierte etwa ab 2300 v. Chr.); unter E.s Namen sind bed. *sumer.* Dichtungen mit autobiograph. Zügen überliefert.
Literatur: Hallo, W. W./van Dijk, J. J. A.: The exaltation of Inanna. New Haven (Conn.) 1968.

Enchi, Fumiko, jap. Schriftstellerin, ↑Entschi, Fumiko.

Enchiridion [griech.-lat., eigtl. = in der Hand (Gehaltenes)], Handbuch, Lehrbuch, Leitfaden, Quellensammlung.

Encina, Juan del [span. en'θina], * Encina de San Silvestre bei Salamanca (?) 12. Juli 1468, † León 1529 oder 1530, span. Dichter und Komponist. – Priester, Sekretär des 3. Herzogs von Alba. Gilt als ›Vater des span. Dramas‹; schrieb geistl. und weltl. Dramen, die v. a. in den Häusern des Hochadels aufgeführt wurden und deren Gestalten dem Volksleben entnommen sind. Die Prosaeinleitung ›Arte de poesía castellana‹ zu der ersten Sammlung seiner poet. Werke (›Cancionero‹, 1496) ist ein früher Versuch einer span. Poetik. Mehr als 60 seiner Kompositionen finden sich im ›Cancionero musical de Palacio‹ (um 1500).
Ausgaben: J. del E. Teatro completo. Hg. v. M. CANETE u. F. A. BARBIERI. Madrid 1893. Nachdr. Westport (Conn.) 1969. – Cancionero de J. del E. Hg. v. E. COTARELO. Faksimile der Ausg. v. 1496. Madrid 1928. – J. del E. Obras completas. Hg. v. A. M. RAMBALDO, Madrid 1978–84. 4 Bde.
Literatur: ANDREWS, J. R.: J. del E. Prometheus in search of prestige. Berkeley (Calif.) 1959. – LÓPEZ MORALES, H.: Tradición y creación en los orígenes del teatro castellano. Madrid 1968. – QUEROL, M.: La producción musical de J. del E. In: Anuario Musical 24 (1969). – SULLIVAN, H. W.: J. de E. Boston (Mass.) 1976.

Enckell, Olof, * Kronoberg 12. März 1900, † Helsinki 1989, schwedischsprachiger finn. Literaturhistoriker und Schriftsteller. – Bruder von Rabbe E.; ab 1950 Prof. für schwed. Literatur in Helsinki; schrieb u. a. von der Psychoanalyse beeinflußte Romane (›Solnedgång‹, 1945), auch Reiseschilderungen und literaturwissenschaftl. Abhandlungen, z. B. ›Esteticism och nietzscheanism i Edith Södergrans lyrik‹ (1949).

Enckell, Rabbe, * Tammela 3. März 1903, † Helsinki 17. Juni 1974, schwedischsprachiger finn. Dichter, Maler und Kritiker. – Bruder von Olof E.; 1928/29 Mitarbeiter der modernist. Zeitschrift ›Quosego‹; begann mit Gedichten, die in exakter und subtiler Gestaltung Sinnesempfindungen beschreiben, und mit Erzählungen um Natur und Liebe; später Hinwendung zur griech. Mythologie; in seinen Dramen setzt er sich an antiken Stoffen mit Problemen der Gegenwart auseinander; einige seiner Gedichte liegen in Übersetzung in dt. Anthologien

vor, u. a. in: ›Panorama moderner Lyrik‹ (1960–63), und in ›Finn. Lyrik aus hundert Jahren‹ (1973).
Werke: Orfeus och Eurydike (Dr., 1938), Jokasta (Dr., 1939), Nike (Ged., 1947), Hekuba (Dr., 1952), Alkman (Dr., 1959), Essay om livets framfart (Essays, 1961), Tapetdörren (Prosa, 1968), Flyende spegel (Ged., 1974).
Literatur: EKELUND, L.: R. E. Lyriker av den svära skolan. Helsinki 1982.

Ende, Michael, * Garmisch-Partenkirchen 12. Nov. 1929, dt. Schriftsteller. – Wurde bekannt durch seine abenteuerlich-phantast. Erzählungen für Kinder (›Jim Knopf und Lukas, der Lokomotivführer‹, 1960; ›Jim Knopf und die wilde 13‹, 1962); erzielte großen Erfolg, auch bei Erwachsenen, durch seine Bücher ›Momo‹ (1973), eine erzähler. Auseinandersetzung über das Problem Zeit (Zeithaben, Zeiteinteilung), und das an J. R. R. Tolkien angelehnte Buch ›Die unendl. Geschichte‹ (1979). Erhielt 1961 den Dt. Jugendbuchpreis.
Weitere Werke: Der Spiegel im Spiegel (E., 1984), Der Goggolori (Stück, 1984), Der satanarchäolügenialkohöllische Wunschpunsch (Kinderb., 1989), Der Rattenfänger (Libretto, 1993), Zettelkasten (Skizzen, 1994).

Endecasillabo [italien.; = Elfsilbler], in der italien. Verskunst elfsilbiger Vers mit weibl. Versausgang und zwei Haupttonstellen: ein Hauptton fällt dabei regelmäßig auf die 10. Silbe (sog. Endtonstelle), während der andere beweglich ist, meist jedoch auf der 4. oder 6. Silbe liegt. Der italien. E. ist eine freie Adaption des frz. Zehnsilbers (↑Dekasyllabus, ↑Vers commun). Er ist der älteste belegte italien. Vers überhaupt (›Iscrizione ferrarese‹, 1135) und als Vers des ↑Sonetts, der ↑Terzine, der ↑Stanze, der ↑Sestine u. a. der wichtigste Vers der italien. Dichtung; u. a. verwendet von Dante, F. Petrarca, L. Ariosto, T. Tasso. – Dt. Nachbildungen des italien. E. gibt es seit der 2. Hälfte des 18. Jh.; sie finden sich v. a. bei Ch. M. Wieland, J. J. W. Heinse, Goethe, bei den Romantikern, bei A. von Platen, später noch bei S. George.

Endecha [span. en'detʃa; = Klagelied], span. eleg. Gedicht, meist in Form einer ↑Romanze aus 6- oder 7silbigen Versen mit 4zeiliger Strophengliederung.

60 Endler

Endler, Adolf, * Düsseldorf 10. Sept. 1930, dt. Schriftsteller. – Übersiedelte 1955 in die ehem. DDR, studierte am Literaturinstitut in Leipzig, lebt als freier Schriftsteller in Berlin. Nach Phasen der Faschismuskritik und des Agitprop nahm E. seit Mitte der 1960er Jahre kritisch zu polit. und literar. Vorgängen in der ehem. DDR Stellung. Schrieb neben Gedichten Prosatexte (›Nadelkissen‹, 1979), Übersetzungen und Nachdichtungen sowjet. Lyrik sowie einige Theaterstücke für Kinder (z. T. mit E. Erb); auch literaturkrit. Essays, Herausgebertätigkeit.

Weitere Werke: Erwacht ohne Furcht (Ged., 1960), Weg in die Wische (Reportagen und Ged., 1960), Die Kinder der Nibelungen (Ged., 1964), Das Sandkorn (Ged., 1974), Zwei Versuche, über Georgien zu erzählen (Reisebericht, 1976), Verwirrte klare Botschaften (Ged., 1979), Akte Endler. Gedichte aus 25 Jahren (1981), Ohne Nennung von Gründen (Prosa, 1985), Schlichtenflotz (Prosa, 1987), Vorbildlich schleimlösend. Nachrichten ... (1990), Die Antwort des Poeten (R., 1992), Tarzan am Prenzlauer Berg (Tageb., 1994).

Endler, Elke, dt. Schriftstellerin, ↑ Erb, Elke.

Endo (tl.: Endô), Schusaku, * Tokio 27. März 1923, jap. Schriftsteller und Kritiker. – Trat zum Katholizismus über; Studium der frz. Literatur (1950–53 in Lyon und Paris), insbes. der kath. Literatur und Philosophie (F. Mauriac, J. Maritain); ab 1956 mehrfach Universitätslehrer. Im Mittelpunkt seiner Werke (Romane, Dramen, Essays) stehen die Auseinandersetzung fremder Kulturen mit dem Christentum sowie die Diskrepanz zwischen abendländischer Philosophie und östlichem Denken.

Werke: Shiroi hito (= Weiße, E., 1955), Meer und Gift (R., 1957, dt. 1976), Der wunderbare Träumer (R., 1959, dt. 1993), Der Vulkan (R., 1959, dt. 1992), Schweigen (R., 1966, dt. 1977), Der Samurai (R., 1980, dt. 1987), Sünde (R., 1986, dt. 1990).

Endreim, spezifizierender Begriff für den ↑ Reim zur Unterscheidung von ↑ Stabreim.

Endrikat, Fred, * Nakel (heute Nakło nad Notecią, Woiwodschaft Bydgoszcz) 7. Juni 1890, † München 12. Aug. 1942, dt. Schriftsteller. – Lebte in Berlin und München, schrieb für literar. Kabaretts,

v. a. in Schwabing, witzig-satir., politisch jedoch belanglose Brettl-Lieder, die sehr erfolgreich waren.

Werke: Die lustige Arche (Ged., 1935), Höchst weltl. Sündenfibel (Ged., 1940), Liederliches und Lyrisches (Ged., 1940), Der fröhl. Diogenes (Ged., 1942), Sündenfallobst (Ged., hg. 1953).

Endrődi, Sándor [ungar. 'ɛndrøːdi], * Veszprém 16. Jan. 1850, † Budapest 7. Nov. 1920, ungar. Dichter. – Schrieb spätromant. Gedichte, daneben auch Novellen; übersetzte H. Heine, dessen Werk ihn beeinflußte; auch Verfasser literarhistor. Arbeiten.

Endsilbenreim, Reimform, bei der der Gleichklang der jeweils letzten Silbe zweier Zeilen, nicht der Gleichklang von der letzten Hebung an (wie beim Endreim) vorgeschrieben ist. Der E. wurde u. a. von Otfrid von Weißenburg verwendet, in der mhd. Dichtung begegnet er dann nicht mehr.

Enea Silvio Piccolomini [italien. e'nɛːa 'silvjo pikko'lɔːmini], früherer Name von Papst Pius II., ↑ Piccolomini, Enea Silvio.

Enfants sans souci [frz. ãfãsãsu'si; = Kinder ohne Sorgen] (Galants sans souci), zwischen 1485 und 1594 in Paris und anderen frz. Städten Name für Gruppen von Laienschauspielern oder Gauklern, die im Narrenkostüm Pantomimen, Gauklerstücke und Parodien, v. a. aber ↑ Sotties zeigten.

engagierte Literatur [ãgaˈʒiːrtə; frz.], Sammelbegriff für jegl. Literatur, in der ein religiöses, gesellschaftl., ideolog. oder polit. Engagement vertreten wird. Der entgegengesetzte Standpunkt ist durch das Schlagwort ↑ L'art pour l'art umrissen. Die Unterscheidung von der sogenannten ↑ Tendenzliteratur erhielt Schwierigkeiten, die auch durch die Feststellung nicht bereinigt sind, daß in der e. L. im Unterschied zur Tendenzdichtung bewußt literar. Mittel eingesetzt werden, durch die ein Erkenntnisprozeß und damit eine Auseinandersetzung mit dem behandelten Problem in die Wege geleitet werden soll. – ↑ auch Littérature engagée.

Engel, Georg, * Greifswald 29. Okt. 1866, † Berlin 19. Okt. 1931, dt. Schriftsteller. – Studierte Philosophie und Phi-

lologie in Berlin, Kunst- und Literaturkritiker ebd., später freier Schriftsteller;
zeichnete in seinen Heimatromanen ein
realist. Bild des Lebens der Bauern und
Fischer an der pommerschen Küste.
Werke: Ahnen und Engel (R., 2 Bde., 1892),
Zauberin Circe (R., 1894), Die Last (R., 1898),
Hann Klüth, der Philosoph (R., 1905), Der Reiter auf dem Regenbogen (R., 1908), Der verbotene Rausch (R., 1909), Der scharfe Junker
(Kom., 1910), Die verirrte Magd (R., 1911),
Claus Störtebecker (R., 2 Bde., 1920), Uhlen-
spiegel (R., 1927), Das Gericht (R., 1931).

Engel, Johann Jakob, * Parchim
11. Sept. 1741, † ebd. 28. Juni 1802,
dt. Schriftsteller. – Studierte Theologie,
Naturwissenschaften, Griechisch und
neuere Sprachen; Lehrer, Prinzenerzieher (u. a. des späteren Friedrich Wilhelm III.); 1786–94 mit K. W. Ramler
Oberdirektor des Hof- und Nationaltheaters in Berlin. Verfaßte in pädagog.
Absicht Dramen, moralisierende, popularphilosoph., ästhet. und krit. Schriften
und den Zeitroman ›Herr Lorenz Stark‹
(1801).
Weitere Werke: Der dankbare Sohn (Kom.,
1771), Der Diamant (Lsp., 1772), Der Philosoph
für die Welt (4 Bde., 1775–1803), Anfangs-
gründe einer Theorie der Dichtungsarten (Abh.,
1783), Ideen zu einer Mimik (2 Bde., 1785/86),
Der Fürstenspiegel (1798).
Literatur: BLATTER, C.: J.J.E. (1741–1802).
Wegbereiter der modernen Erzählkunst. Bern
u. a. 1993.

Engelbretsdatter, Dorothe [norweg.
'εŋɔlbrɛtsdatǝr], * Bergen 16. Jan. 1634,
† ebd. 19. Febr. 1716, norweg. Dichterin. – Bed. als Barockdichterin, v. a. von
Kirchenliedern, die in ihrer Zeit weit verbreitet waren.
Ausgabe: D. E. Samlede skrifter. Oslo 1955–56.
2 Bde.
Literatur: KVALBEIN, L. A.: Feminin barokk.
Oslo 1970.

Engelke, Gerrit (Gerriet), * Hannover
21. Okt. 1890, † in einem brit. Lazarett bei
Cambrai 13. Okt. 1918, dt. Schriftsteller. – Von Beruf Anstreicher; Autodidakt; lernte durch Vermittlung von
R. Dehmel H. Lersch und den Nyland-
kreis kennen. Im Ersten Weltkrieg 1918
mehrmals schwer verwundet, starb er wenige Tage vor dem Waffenstillstand. Die
Welt der Arbeit, der Technik und die
Großstadt sind die Themen seiner Lyrik,

die, stark geprägt von W. Whitman und
R. Dehmel, dem Glauben an einen
›neuen Menschen‹ Ausdruck gibt; ideali-
sierend, ein kosmisches Weltbild gebend,
in das die moderne Welt einbezogen ist,
gehört E. zu den frühvollendeten Expressionisten. Auch Zeichnungen und Aquarelle.

Gerrit
Engelke

Werke: Schulter an Schulter (Ged., 1916; mit
H. Lersch und K. Zielke), Rhythmus des neuen
Europa (Ged., hg. 1921), Briefe der Liebe (Ged.,
hg. 1926), Gesang der Welt (Ged., Tagebuch-
blätter, Briefe, hg. 1927).
Ausgabe: G. E. Rhythmus des neuen Europa.
Mchn. 1960. Nachdr. Hann. 1979.
Literatur: G. E., Arbeiter u. Dichter. Hg. v.
F. HÜSER. Do. 1958. – SCHWARZENAU, D.: Der
Dichter G. E. Diss. Kiel 1966. 2 Tle. [Masch.]. –
MORAWIETZ, K.: Mich aber schone Tod. G. E.
1890–1918. Hann. 1979. – Zw. Wolken u. Groß-
stadtrauch. Warum E. lesen? Dokumentation ...
Hg. v. K. MORAWIETZ u. a. Hann. 1992.

Engelman, Johan Aloysius Antonius
(Jan), * Utrecht 7. Juni 1900, † Amsterdam 20. März 1972, niederl. Schriftsteller. – Mitbegründer und Redakteur der
Zeitschrift ›De Gemeenschap‹; gehört
der jungkath. Richtung an; ekstatisch-
hymn. Lyrik, Vertreter eines christl. Humanismus; auch Essays über bildende
Kunst und Literatur.
Werke: Sine nomine (Ged., 1930), De tuin van
Eros (Ged., 1932), De dijk (Ged., 1937), Het be-
zegeld hart (Ged., 1937), Tweemaal Apollo
(Essay, 1955), Verzamelde gedichten (1960), Het
bittermeer (Ged., 1969).
Literatur: CARTENS, J. H.: Jan E. Brügge 1960.

Engelmann, Bernt, * Berlin 20. Jan.
1921, † München 14. April 1994, dt.
Schriftsteller. – Begann als Journalist mit
Features und Reportagen; ab 1961 freier

Schriftsteller. Schrieb zahlreiche politisch engagierte Sachbücher, ›Anti-Geschichtsbücher‹ und ›Tatsachenromane‹, in denen er an den führenden Schichten in der BR Deutschland und deren Rolle in der dt. Geschichte scharfe Kritik übte. 1977–83 Vorsitzender des ›Verbands dt. Schriftsteller‹.

Werke: Meine Freunde, die Millionäre (1963), Ihr da oben, wir da unten (1973; mit G. Wallraff), Großes Bundesverdienstkreuz (R., 1974), Wir Untertanen (1974), Einig gegen Recht und Freiheit (1975), Hotel Bilderberg (R., 1977), Trotz alledem. Dt. Radikale 1777–1977 (1977), Preußen. Land der unbegrenzten Möglichkeiten (1979), Die Laufmasche (R., 1980), Wie wir wurden, was wir sind (1980), Im Gleichschritt marsch (1982), Bis alles in Scherben fällt (1983), Du deutsch? Geschichte der Ausländer in unserem Land (1984), Die unfreiwilligen Reisen des Putti Eichelbaum (R., 1986), Die Aufsteiger (1989), Geschichte in Geschichten (1989), Die Beamten (Prosa, 1992).

Engländer, Richard, österr. Schriftsteller, ↑ Altenberg, Peter.

englische Komödianten, engl. Berufsschauspieler, die sich, in Wandertruppen organisiert, seit etwa 1590 in Deutschland aufhielten und aufgrund ihres spezif. Theaterstils das dt. Theater und Drama des 17. Jh. nachhaltig beeinflußten. Das erste urkundlich bezeugte Gastspiel einer engl. Wandertruppe in Deutschland fand 1586/87 am kursächs. Hof Christians I. in Dresden statt. Die letzte nachweisbare Truppe e. K. in Deutschland war die von Joris Jolliphus (seit 1648). – Die meisten Gastspiele e. K. in Deutschland fanden anläßlich der großen Messen, Jahrmärkte oder auch höf. Feste statt. Spielort waren Festsäle in Schlössern und Rathäusern, auch Wirtshäuser, Reitschulen u. ä. Die Bühne war eine Variante der ↑ Shakespearebühne, die Szene wurde lediglich durch einfache Requisiten angedeutet, Frauenrollen wurden von Männern gespielt (weibl. Darsteller sind erst in der Truppe des J. Jolliphus nachweisbar). Die Aufführungen erfolgten zuerst in engl., seit etwa 1605 in dt. Sprache. – Die von den e. K. gespielten Stücke waren freie Bearbeitungen elisabethan. Dramen, namentlich Shakespeares und Ch. Marlowes, dazu kam das ↑ biblische Drama; später wurden auch Theaterstücke dt. Autoren auf-

geführt. – Die Bedeutung der e. K. für die dt. Theatergeschichte liegt v. a. in ihrem Theaterstil: 1. Das Spiel ist in erster Linie *Aktionstheater;* Fechtszenen, Tanzeinlagen, artist. Kunststücke sind den Aufführungen fest integriert. 2. Die Stücke sind größtenteils in schlichter, umgangssprachlich gefärbter *Prosa* abgefaßt. Mit dem Spiel der e. K. in Deutschland setzt die Geschichte des dt. Prosadramas ein. 3. Durch die e. K. wird in das dt. Theater die *Figur des Clowns* (↑ Hanswurst) eingeführt.

Literatur: BAESECKE, A.: Das Schauspiel der e. K. in Deutschland. Halle/Saale 1935. – BRENNECKE, E.: Shakespeare in Germany 1590–1700. Chicago (Ill.) 1964.

englische Literatur, im umfassenden Sinn gilt e. L. als weltweit in engl. Sprache verfaßte Literatur, im engeren Sinn als die Literatur Großbritanniens und Irlands, wobei allerdings heute die nat. bzw. regionale Eigenständigkeit englischsprachigen Schrifttums aus Irland, Schottland und Wales, unter Berücksichtigung auch der dortigen kelt. Komponenten, betont wird. Den Entwicklungsstufen der engl. Sprache entspricht die Gliederung der Literaturgeschichte in die altengl. (7.–11. Jh.), die mittelengl. (12.–15. Jh.) und die neuengl. (seit dem 16. Jh.) Periode.

Altenglische Periode (7.–11. Jh.). Die Landnahme Britanniens durch die Angeln, Sachsen und Jüten im 5. Jh. brachte mündlich überliefertes heidnisch-german. Sagen- und Dichtungsgut; davon zeugen Runeninschriften und später aufgezeichnete Merkverse sowie Segens-, Zauber- und Rätselsprüche. Die Christianisierung (ab 597) ließ in Canterbury und in York geistige Zentren entstehen, wo Gelehrte von Weltrang wie Aldhelm von Malmesbury, Beda und Alkuin durch ihre lat. Schriften wirkten. Sie begünstigte auch die Hervorbringung und schriftl. Bewahrung volkssprachl. *Versdichtung.* Diese ist im wesentlichen durch vier westsächs. Handschriften erst des späten 10. Jh. überliefert, dürfte aber auf ältere nordengl. Ursprünge zurückgehen. Sie weist durchweg den german. Stabreimvers und einen formelhaften, variationsreichen, bildhaft umschreibenden Stil auf. Das früheste erhaltene Beispiel ist der Schöpfungshymnus des nordhumbr. Mönchs Cædmon (†um 680). Aus demselben Umkreis dürften heroisierende Bibelparaphrasen stammen, wie sie dann in späteren westsächs. Fassungen verblieben sind (›Genesis‹, ›Exodus‹, ›Daniel‹). Von weiteren Bibel- und Legendenepen, die christl. Gedanken in german. Vorstellungsformen vermitteln, lassen sich vier dem Dichter Cynewulf (um 800?) zuschreiben. Umgekehrt verdankt auch das Heldenepos ›Beowulf‹, das einzige seiner Art aus dem altgerman. Bereich, erst der Kirche seine Existenz; die Formung german. Sagenstoffe zum Buchepos geschah unter Durchdringung mit christl. Vorstellungen und wohl auch in Anlehnung an die Vergil-Tradition. Erhalten sind auch zwei Bruchstücke eines Waltharius-Epos (›Waldere‹). Heldenlieder dagegen sind spärlich verblieben – ein Fragment des ›Finnsburgliedes‹, dem eine Episode des ›Beowulf‹ entspricht, sowie spätere Ereignislieder über die Schlachten von Brunanburh (937) und Maldon (991). Lyr. Gedichte haben einen eleg. Grundton (›The seafarer‹, ›The wanderer‹) oder knüpfen an die Merkversdichtung an (›Widsith‹). – *Prosaliteratur* größeren Umfangs wurde in der 2. Hälfte des 9. Jh. durch den westsächs. König Alfred gefördert, der u. a. lat. Werke der Kirchenväter übersetzte und die ›Angelsachsenchronik‹ redigieren ließ. Auch von Orosius' Weltchronik und von Bedas ›Historia ecclesiastica gentis Anglorum‹ entstanden altengl. Versionen. Zum überlieferten Schriftgut gehören außerdem Übersetzungen und Interlinearversionen der Evangelien und des Psalters sowie Gesetzestexte. Im Gefolge der Benediktinerreform wurde im 10. Jh. Winchester zu einem Zentrum der Theologie, wo Bischof Æthelwold (* 908 [?], † 984) die Benediktinerregel übersetzte. In den Predigten Ælfrics und Wulfstans bildete sich eine rhythmisierte Kunstprosa aus.

Mittelenglische Periode (12.–15. Jh.). Nach der normann. Eroberung (1066) wurde das Englische als Literatursprache weitgehend durch das Französische der nun herrschenden Schicht verdrängt; die Sprache der Kirche und der Gelehrsamkeit blieb ohnehin das Latein. Im 12. Jh.

entfaltete sich im Umkreis des anglonorm. Hofes bei Anwesenheit frz. Dichter ein reiches Geistesleben, aus dem nebst höf. Lyrik und Versromanen die einflußreiche Britenchronik des Geoffrey of Monmouth (›Historia regum Britanniae‹, 1137) hervorging. Aus der 1167 gegründeten Univ. Oxford, der 1209 die Univ. Cambridge folgte, kamen gelehrte und historiograph. Werke. Demgegenüber zielten nur vereinzelt englischsprachige Texte auf ein Laienpublikum ab. Chroniken, bes. die im Kloster Peterborough bis 1154 fortgeschriebene ›Angelsachsenchronik‹, blieben am ehesten in der Kontinuität zur altengl. Literatur. Im frühen 13. Jh. finden sich Nachklänge des Dichtungsstils der altengl. Zeit in Layamons ›Brut‹ (um 1200) – trotz der frz. Vorlage (Wace) – und solche der altengl. Prosakunst in den Heiligenlegenden der ›Katharinengruppe‹. Auch entstanden nun engl. Erbauungsschriften wie die Anchoritenregel (›Ancrene riwle‹, um 1200), Evangelienparaphrasen wie die im übrigen wegen seiner orthograph. Systematik bemerkenswerte ›Orrmulum‹ (1. Hälfte des 13. Jh.), sowie Legendendichtungen, Streitgedichte und Lyrik. Weltl. Unterhaltungsbedürfnis begann durch Verserzählungen (›Romanzen‹), meist nach anglonormann. Vorbild, gestillt zu werden. Erst im 14. Jh., als sich ein kräftiger einheim. Mittelstand herausgebildet hatte und das Englische, nun stark mit roman. Elementen vermischt, sich als Kultursprache wieder durchsetzte, kam es zu einer vielfältigen Blüte volkssprachl. Literatur. Die gereimten Versromanzen, oft bürgerlicheren Zuschnitts als auf dem Festland, wurden zahlreich; zu ihnen gehören kurze breton. Lais, Ritter- und Abenteuergeschichten und auch umfängl. Artus-, Troja- und Alexanderromane. In Mittelengland wurde die Stabreimdichtung wiederbelebt. Sie erreichte bes. in den Werken des anonymen Gawaindichters (u. a. ›Sir Gawain and the green knight‹, um 1370) erzählkünstler. Brillanz. Für W. Langland wurde sie in ›The vision of William concerning Piers the plowman‹ (drei Versionen, um 1370, um 1377/79, nach 1390, 1. Druck 1550, dt. 1935 u. d. T. ›Peter der Pflüger‹) zum Medium für die

Vision vom Ackermann als ird. Abbild des Erlösers, die für die Bauernaufstände des 14. Jh. als Manifest zu wirken vermochte. Soziale Unruhe spiegelt sich auch in polit. Kampflyrik, u. a. von L. Minot (* 1300 [?], † 1352 [?]). Religiöse Prosa kam einerseits von den späten Nachfahren der europ. myst. Bewegung wie Richard Rolle, Walter Hilton (* um 1330, † 1396), Margery Kempe (* um 1373, † um 1438) u. a., andererseits in ungekünstelt kräftigen Predigten und Flugschriften von den sog. Lollarden um J. Wyclif, der auch erstmals die gesamte Bibel übersetzte. Im Südosten verschaffte G. Chaucer, der bedeutendste mittelengl. Dichter, der Sprache Londons literar. Geltung, in der er zunächst nach frz. und italien. Modellen dichtete, um dann in ›The Canterbury tales‹ (begonnen etwa 1386, gedr. um 1478, dt. 1827 u. d. T. ›Canterburysche Erzählungen‹) mit Wirklichkeitssinn und Humor eine Palette mittelalterl. Erzählarten den genau beobachteten Standestypen des engl. Lebens, die der Prolog charakterisiert, zuzuordnen. J. Gower stellte dem in der ›Beichte des Liebenden‹ (entst. um 1390, dt. 1856) eine vom liebeskasuist. Rahmen zusammengehaltene engl. Geschichtensammlung die Seite und bezeugte durch seine übrigen, lat. bzw. frz. geschriebenen Werke die verbliebene Bedeutung aller drei Sprachen.

Namentlich an Chaucers Dichtkunst orientierten sich führende Autoren des **15. Jh.** in oft breiteren, lehrhafteren, moralisierenden Werken, insbes. J. Lydgate, der in ›The fall of princes‹ (entst. 1431–38, gedr. 1494) G. Boccaccios Modell der Fürstenfallgeschichten weiterführte; ferner Th. Occleve und Stephen Hawes (* um 1475, † um 1523). In Schottland setzten R. Henryson, W. Dunbar und D. Lyndsay die Tradition Chaucers eigenständig fort. Zugleich erweiterte sich der soziale Rahmen der Literaturrezeption, begünstigt von der Einführung des Buchdrucks (1476) durch W. Caxton. In Prosa umgegossene Stoffe früherer Versromanzen wurden kompiliert und verbreitet, bes. nachhaltig durch Th. Malorys Aufarbeitung der Artussagen in ›Le morte Darthur‹ (vollendet um 1469/ 1470, gedr. 1485). Auch zahlreiche Volksballaden, z. B. über Robin Hood, dürften im 15. Jh. ihren Ursprung haben. – Das mittelalterl. religiöse Drama, aus liturg. Anfängen schon des 12. Jh. hervorgegangen, war Ende des 14. Jh. zu heilsgeschichtl. Zyklen bibl. Mysterienspiele (Fronleichnamsspiele) angeschwollen, die in den Städten bis ins 16. Jh. als Straßentheater aufgeführt wurden, ausgerichtet von den Handwerkerzünften, doch kontrolliert durch die Kirche. Im 15. Jh. kamen überdies Aufführungen von Moralitäten hinzu, die den geistl. Lebensweg des Menschen zwischen Versuchung und Erlösung allegorisch und predigthaft vergegenwärtigten.

Neuenglische Periode. Renaissance: Historisch fällt das Einsetzen der Neuzeit mit dem Beginn der Herrschaft des Hauses Tudor (1485) und dem Ende der spätmittelalterl. Machtkämpfe (Rosenkriege) zusammen. Doch setzten sich die Ideen der Renaissance in England gegenüber den mittelalterl. Denkweisen zögernder durch als anderswo und gingen mit diesen vielfältige Synthesen ein. Für den **Humanismus** wirkten nebst dem vom Florentiner Neuplatonismus beeinflußten John Colet (* 1467 [?], † 1519) v. a. Erasmus von Rotterdam, der zeitweilig in England lebte, und Th. More, der im öffentl. Leben stand und in ›Utopia‹ (lat. 1516, engl. 1551, dt. 1922, erstmals dt. 1612) das Konzept eines vernünftigen und demokrat. Idealstaats entwarf, sowie eine Gelehrtengruppe in Cambridge, der Sir John Cheke (* 1514, † 1557) Impulse gab. Th. Elyot und R. Ascham plädierten für humanist. Erziehung, wobei christl. und patriot. Züge stärker hervortraten als bei B. Castiglione, ihrem italien. Vorbild. Der Pädagoge Richard Mulcaster (* um 1530, † 1611) setzte humanist. Prinzipien schulpraktisch um und rechtfertigte hierfür den Gebrauch der Landessprache gegenüber dem Latein. Die klass. Rhetorik wurde, u. a. von Th. Wilson, als Stilprinzip auch für die engl. Sprache empfohlen. – Auch die **Reformation** erhielt, trotz des von Heinrich VIII. vollzogenen Bruchs mit der röm. Kirche, erst allmählich ihr geistiges Fundament. In Schottland setzte sich J. Knox im kalvinist. Sinn für sie ein; in England lieferte R. Hooker die theolog. Rechtfertigung der anglikan.

Kirche. W. Tyndale begann das sprachprägende Werk der neuengl. Bibelübersetzung, das Miles Coverdale (* um 1488, † 1568) weiterführte und das, nach etl. weiteren (kollektiven) Bibelübersetzungen, in der von da an maßgebl. ›Authorized version‹ (1611) gipfelte. Überhaupt wurde im 16. Jh. vieles an fremder (antiker wie zeitgenöss. italien., frz. und span.) Literatur ins Englische übersetzt. Zudem wurde seit Beginn der Tudorzeit eine nat. Geschichtsschreibung betrieben; aus ihr gingen u. a. die vielgelesenen Chroniken von Edward Hall (* 1498, † 1547) und Raphael Holinshed († um 1580) hervor. – Die *Dichtung* um 1500 rang, bedingt durch den Lautwandel des 15. Jh., um eine dem veränderten Sprachstand gemäße Verskunst. Charakterist. Übergangserscheinungen sind A. Barclay, dessen aufschwellende Bearbeitung von S. Brants ›Narrenschiff‹ und dessen Eklogen Vehikel zeitkrit. Invektiven sind, und J. Skelton, der in derben Knittelverstiraden voll moral. und polit. Satire auch gezielt den Hof und die Regentschaft des Kardinals Thomas Wolsey angriff. Th. Wyatt und H. Howard, Earl of Surrey, dichteten Lyrik und führten nach italien. Vorbild (F. Petrarca) das Sonett ein; letzterer verwendete zudem in einer Vergil-Übersetzung erstmals den Blankvers, der bald zum vorherrschenden Metrum des Dramas wurde.

Die **Zeit Elisabeths I.** (1558–1603), eine Periode des erstarkenden nat. Selbstbewußtseins, wirtschaftl. Aufschwungs und zunehmender sozialer Mobilität, ist ein Höhepunkt in der Geschichte der engl. Literatur. Nun wurde *lyr. Dichtung,* die vordem in aristokrat. Kreisen handschriftlich zirkulierte, in Sammlungen verbreitet (zuerst in ›Tottel's Miscellany‹, hg. v. R. Tottel und N. Grimald, 1557). Die Lieddichtung und ihre Rhythmik orientierte sich auch an einer aufblühenden Musikkultur und wurde um deren Formen (wie Air oder Madrigal) bereichert; Th. Campion komponierte die Musik zu seinen eigenen Texten. Besonders das Sonett war Medium neuplatonisch inspirierter idealist. Liebesdichtung. Sonettzyklen wurden Mode; dem ersten, Sir Ph. Sidneys ›Astrophel und Stella‹ (hg. 1591, dt. 1889) folgten weitere von E. Spenser, M. Drayton, S. Daniel, Shakespeare u. a. Die Gattung des Kurzepos wurde zur sinnl. Gestaltung von Mythen der Ovid-Tradition neubelebt, u. a. von Th. Lodge, Ch. Marlowe und Shakespeare. E. Spenser zog in dem Eklogenzyklus ›The shepheardes calender‹ (1579) die Schäferdichtung in den engl. Erfahrungsbereich, und sein großes, unvollendetes Epos ›The faerie queene‹ (1590–96) harmonisierte Traditionen der Vergil-Rezeption, der italien. Renaissanceepik und der mittelalterl. Allegorie zur sinnfälligen Darbietung einer die moral. Ordnung auslotenden Phantasiewelt. Sidney, der mit seiner Streitschrift ›The defence of poesie‹ (hg. 1595, Zweitausg. ebenfalls 1595 u. d. T. ›An apologie for poetrie‹) in die aufblende dichtungstheoret. Diskussion eingriff und dem Dichter die Funktion des ersten Gesetzgebers der Welt zuwies, versuchte in dem pastoralen Roman ›Arcadia‹ (begonnen um 1580), den in dessen unvollendeter Zweitfassung (hg. 1590), das Prosaepos. Hierbei, und noch mehr in J. Lylys ›Euphues: the anatomy of wit‹ (1578) wurde die *Erzählprosa* durch eingreifende Ornamentierung und ausgeklügelte Satzkonstruktionen manieristisch hochstilisiert. Diese ›euphuist.‹ Stilmode herrschte auch in den zahlreichen Prosaromanzen von R. Greene, Th. Lodge u. a. vor. Eine z. T. kernigere Prosa findet sich in Schelmenromanen (Th. Nashe), Kleinbürgererzählungen (Th. Deloney), Schwankbüchern, Prosasatiren (Th. Dekker) und einer üppigen Pamphletliteratur. – In der *Dramatik* setzten seit dem frühen 16. Jh. Wandertruppenaufführungen von Interludien die Tradition allegor. Moralitäten unter Verweltlichung der Themen und des Publikumsbezugs fort. Daneben trat ab Mitte des 16. Jh. in akadem. Kreisen, bes. der Londoner Juristenakademien (›inns of court‹), die Nachahmung und Anverwandlung klass. Formen sowohl der Komödie nach Terenz und Plautus (zuerst in N. Udalls Drama ›Ralph Roister Doister‹, entst. um 1553, gedr. 1566/67) als auch der Tragödie nach Seneca d. J. (zuerst in ›Gorboduc‹, 1565, von Th. Sackville und Th. Norton). Ab 1576 begünstigte die Errichtung feststehender Thea-

66 **englische Literatur**

terbauten in London, zusammen mit dem Aufstreben professioneller, durch Adelspatronate geschützter Schauspielertruppen, das Entstehen einer öffentl. Theaterkultur, deren Spektrum zudem Knabentruppen der Chorschulen bereicherten. Intellektuelle Autoren versorgten sie nun mit bühnengerechten Stücken, so u.a. Th. Kyd mit leidenschaftl. Tragödien, J. Lyly mit höf. Komödien, G. Peele, R. Greene und A. Munday mit romanesken und phantast. Dramen, Th. Heywood auch mit bürgerl. Trauerspielen; Ch. Marlowe schuf in kräftigen Blankversen Tragödien von titanenhaften Renaissancemenschen. Aus diesem Umfeld ging das dramat. Werk von W. Shakespeare hervor, der mit enormer Vielseitigkeit aus den verschiedensten Anregungen sinnstiftend heitere und später auch bittere Komödien, ein Panorama nat. Geschichtsdramen und tiefgründige Tragödien gestaltete, die dank ihrer Sprachgewalt, Charaktergestaltung und offenen Dramaturgie wie die keines anderen neuzeitl. Dramatikers weitergewirkt haben. B. Jonson, dessen Tragödien mehr Gelehrsamkeit entfalten, gab der satir. Komödie durch die physiologisch begründete Typisierung degenerierter Figuren gültige Gestalt (›comedy of humours‹). F. Beaumont und J. Fletcher machten nach G. B. Guarinis italien. Vorbild die Tragikomödie populär. Zu den Dramatikern, die die Theater bis zu deren Schließung auf Betreiben der Puritaner (1642) mit Stücken belieferten, gehörten weiterhin G. Chapman, J. Marston, J. Webster, alle u. a. mit Blut- und Rachetragödien, Th. Dekker u. a. mit volkstüml. Komödien, Th. Middleton mit distanzierten Komödien und Schicksalstragödien, Ph. Massinger u. a. mit moralisierenden Liebeskomödien, ferner C. Tourneur, J. Ford und J. Shirley. Aufwendiger wurden bei Hof Maskenspiele inszeniert, für die etliche der genannten Autoren Texte schrieben, und für die ab 1605 Inigo Jones (* 1573, † 1652) seine italienisch geschulte Ausstattungskunst einsetzte.
Im **17. Jh.** kündete sich indes schon zur Herrschaftszeit des Stuartkönigs Jakob I. (1603–25) eine Wende zur empir. Wirklichkeits- und Wissenschaftsauffassung an, der F. Bacon, Thomas Hobbes (* 1588, † 1679) und später J. Locke philosophisch den Boden bereiteten und deren offizielles Ergebnis 1660 die Gründung der Wissenschaftsakademie (Royal Society) war. Zugleich wuchs die eth. und polit. Widerstand der Puritaner gegen den Absolutismus der Stuartmonarchie; dies führte zum Bürgerkrieg und zum republikan. Regiment O. Cromwells. Die aus alledem hervorgegangenen, sich vielfältig überschneidenden Gegensätze reflektierte eine spannungsreiche Literatur, in der das Phantastische und die idealist. Ordnungskonzepte zugunsten konkreter Welterfahrung und religiöser Introspektion zurücktraten. In der *Lyrik* setzte schon um 1600 ein Stilwandel ein, aus dem einerseits die Disparates argumentativ aufeinander beziehende, weltl. und geistl. Bildhaftigkeit überlagernde ›Metaphysical poetry‹ hervorging (Hauptvertreter: J. Donne, G. Herbert, R. Crashaw, H. Vaughan und A. Marvell), andererseits die an antiker Dichtung orientierte anakreont., elegante und wendige ›Cavalier poetry‹, zu der, im Gefolge von B. Jonson, R. Herrick, Th. Carew, R. Lovelace u. a. beitrugen. Diese Tendenzen überkreuzten sich freilich auch; zudem erneuerte A. Cowley die pindar. Ode im schon klassizist. Sinn. – Das *Epos* galt zwar weiterhin als die höchste Dichtungsgattung und blieb dem Vorbild Spensers verpflichtet, verlor jedoch die imaginative Dimension der Renaissanceepik und gestaltete konkretere Inhalte – etwa geschichtl. (S. Daniel), geograph. (M. Drayton) oder anthropolog. (Ph. Fletcher). Es gelangte allein auf der Grundlage des religiösen Mythos zu erneuten Höchstleistungen, namentlich in J. Miltons ›Paradise lost‹ (1667, erweitert 1674; dt. 1855 u. d. T. ›Das verlorene Paradies‹, erstmals dt. 1682), das die Renaissancevorstellung des göttl. Weltbilds nochmals zusammenfaßte, freilich im Zeichen seiner Bedrohung durch den Geist der Revolte. – Die reichhaltige *Prosaliteratur* des 17. Jh. ist fast ausschließlich wiss., religiöser und polem. Natur; sie zeitigte beachtl. kompendiöse Abhandlungen (R. Burton) ebenso wie theophrast. Charakterskizzen (Joseph Hall [* 1574, † 1656], Th. Over-

bury, J. Earle). Stilistisch wurde sie mitunter barock aufgeladen, so bei Th. Browne und auch in den (anglikan.) Predigtsammlungen von J. Donne, J. Taylor u.a. Demgegenüber wahrten Erbauungsbücher der Puritaner (z.B. Richard Baxter [* 1615, † 1691]) einen schlichteren Ton; aus ihnen ragen die Schriften von J. Bunyan heraus, dessen Werk ›The pilgrim's progress‹ (2 Tle., 1678–84, dt. 1685 u.d.T. ›Eines Christen Reise nach der Seeligen Ewigkeit ...‹) allegor. Belehrung durch realist. Erfahrungsbeschreibung verlebendigte.

Restaurationszeit: Nach dem Ende der Cromwell-Republik und der Rückkehr der Stuarts aus dem frz. Exil (1660) wurde der Puritanismus, obschon tief in der bürgerl. Kultur verwurzelt, auch Zielscheibe des Spottes, bes. in S. Butlers satir. Epos ›Hudibras‹ (1663–78, dt. 1765). Nun prägte der Einfluß des Hofes und des frz. Geisteslebens ein elitäreres Literaturverständnis. Dieses hatte seinen krit. Wortführer in J. Dryden, der mit einer um Klarheit bemühten Dichtung die Schicht der Gebildeten erreichte. Die schöpfer. Nachahmung klass. Vorbilder wurde zum Dichtungsprinzip und zeitigte eine Kultur des Übersetzens und Adaptierens antiker Werke. Die Verssatire und ihre Kunst des verhüllten Eingreifens in die polit. Auseinandersetzung fand in Dryden ihren brillanten Meister; als Metrum diente das fortan vorherrschende Reimpaar (›heroic couplet‹). Die *Dramatik* wurde durch die Lizenzierung zweier Londoner Theater neu belebt, die, anders als die elisabethan., mit Rampenbühne und Kulissen ausgestattet waren. Eines davon leitete W. Davenant, der bereits den Typus der dramat. engl. Oper kreiert hatte und nun zur Welle der heroischen Dramen mit ihren Konflikten um Liebe und Ehre beitrug, die von J. Dryden, R. Boyle, E. Settle u.a. fortgesetzt und dann durch die am frz. Klassizismus geschulten Tragödien von N. Lee, Th. Otway, J. Banks, N. Rowe, J. Addison u.a. abgelöst wurde. Auch Shakespeare-Dramen wurden regularisierend bearbeitet. Einen krassen Gegensatz dazu bilden die nicht minder zahlreichen geistreich-frivolen Sittenkomödien (↑ Comedy of manners), ebenfalls von Dryden sowie von G. Etherege, W. Wycherley, A. Behn, Th. Shadwell u.a., später (ab etwa 1690) auch von Th. Southerne, J. Vanbrugh, W. Congreve, G. Farquhar, Susanna Centilivre (* 1669, † 1723) u.a. Das hier entgegentretende Epikureertum durchpulst auch die privaten Tagebuchaufzeichnungen des S. Pepys, eines der lebendigsten Dokumente des bürgerl. Lebens jener Zeit.

Klassizismus und Aufklärung: Zu Beginn des 18. Jh., nach der ›Glorreichen Revolution‹ (1688), die den Parlamentarismus festigte, setzten sich die klassizist. Strömungen im Zeichen des Rationalismus fort, des Glaubens an eine den Menschen gemeinsame und darum normstiftende Vernunft, wie er der empirist. Philosophie George Berkeleys (* 1685, † 1753) und David Humes (* 1711, † 1776) sowie der Ethik Shaftesburys zugrunde liegt. Die *Dichtung* sah nicht in Gefühlen, sondern in Naturgesetzlichkeiten ihren Gegenstand; sie strebte nach Klarheit des Stils und Gewähltheit des Ausdrucks. Im Werk von A. Pope, dem Hauptexponenten des engl. Klassizismus, dominieren demgemäß das Lehrgedicht und die Satire, nebst der vielbeachteten Übertragung des Homer. Allerdings tendierte die Poesie, namentlich in den kom. Epen Popes oder J. Gays, auch zur Ausuferung in rokokohafte Verspieltheit. Gleichsam ihre Zusammenfassung fanden die klassizist. Bestrebungen im Dichten und im kunstrichterl. Einsatz von S. Johnson, von dem auch das bis dahin umfassendste und normstiftende engl. Wörterbuch stammt; Johnsons Einfluß reflektiert J. Boswells mustergültige Biographie. – Die *Dramatik* erhielt in den Komödien von R. Steele und in den bürgerl. Trauerspielen von G. Lillo (›Der Kaufmann von London ...‹, 1731, dt. 1772) sentimentale Züge. Zugleich wurden von J. Gay (›Die Bettleroper‹, 1728, dt. 1960, erstmals dt. 1770), H. Fielding u.a. gängige Dramenformen parodiert oder – so in zahlreichen, oft von Schauspielern (z.B. D. Garrick, Ch. Macklin, S. Foote) verfaßten Komödien und Kurzdramen (›afterpieces‹) – bühnenwirksam variiert, was v.a. bei O. Goldsmith und R.B. Sheridan zu glänzenden Höhepunkten führte. – Die *Prosa* profitierte von einer neuen

Konversationskultur und vom (auch in den Dienst polit. Parteienstreits gezogenen) Journalismus. Ihr literar. Niveau steigerte sich von den essayist. Plaudereien period. Zeitschriften wie in den von Steele, z. T. zus. mit J. Addison, herausgegebenen ›The Tatler‹ (1709–11) und ›The Spectator‹ (1711–12 und 1714) u. a. über die fiktiven Reise- und Tatsachenschilderungen von D. Defoe (›Robinson Crusoe‹, 1719/20, dt. 1947, erstmals dt. 1720/21) und die satir. Prosa von J. Swift (›Gullivers sämtl. Reisen‹, 1726, dt. 1788, erstmals dt. 1727/28) bis zum Aufkommen des bürgerl. Romans um die Mitte des 18. Jh. bei S. Richardson. Der Sentimentalismus von dessen Briefromanen hatte für die literar. Geschmacksbildung weitreichende Folgen. Dem stellte H. Fielding eine auktoriale, realist. und komisch-enthüllende Erzählweise entgegen und knüpfte hierbei, ebenso wie T. Smollett, an Traditionen des (pikaresken) Schelmenromans an. O. Goldsmith traf demgegenüber, im Roman wie in der Dichtung, einen eher idyll. Ton. Die solchermaßen etablierte Romanform wurde sogleich von L. Sterne mit kühnen Formexperimenten durchbrochen (›Das Leben und die Ansichten Tristram Shandys‹, 1759–67, dt. 1937, erstmals dt. 1769, 1774 u. d. T. ›Tristram Schandis Leben und Meynungen‹). Als Gegenströmung kam zudem im späteren 18. Jh. die den Bereich des Phantastischen reaktivierende Welle der Schauerromane (Gothic novel) auf, die H. Walpole eröffnete und zu der A. Radcliffe, W. Beckford, M. G. Lewis u. a. reichlich beitrugen und damit eine romant. Vorstellungswelt vorbereiteten; sie hielt bis ins frühe 19. Jh. an, als M. Wollstonecraft Shelley in ›Frankenstein oder Der moderne Prometheus‹ (1818, dt. 1912) naturwissenschaftl. Phantasien und Ch. R. Maturin das Faustthema einbezogen. Abseits der Mode des Schauerromans, diese mitunter auch parodierend, stehen die ironisierenden Gesellschaftsromane von F. Burney, der Irin M. Edgeworth und v. a. die der feinsinnigen J. Austen. – In der *Lyrik* bahnte sich ab Mitte des 18. Jh. eine Hinwendung zum emotionalen Naturerleben, zu mittelalterl. Inspirationsquellen und zu einer die Originalität des Genies

betonenden Dichtungsauffassung an, so im Jahreszeitenzyklus von J. Thomson, in der Nacht- und Friedhofslyrik von E. Young, Th. Gray u. a., in den Naturgedichten von Th. Chatterton oder in der Gefühlsdichtung von W. Cowper. J. Macpherson veröffentlichte die Ossian. Gesänge, deren schott. Mythen leidenschaftliches Empfinden auslösten. Th. Percy sammelte alte schottisch-engl. Balladen. Im Ton derselben schrieb R. Burns volksnahe schott. Lyrik.

Romantik: Die Romantik selbst, die als gesamteurop. Bewegung den engl. Wegbereitern Anregungen verdankt, suchte, in Reaktion gegen die vernunftbetonte und normative Weltsicht des Klassizismus, den Zugang zu Erkenntnis und Wesensschau durch die auch theoretisch neu begründete Kraft der Imagination. Die *Dichtung* artikulierte das hingebende Naturerleben, die Kindheitserinnerung, das subjektive Empfinden, die imaginativ-schöpfer. Annäherung an die zivilisatorisch verdeckte eigtl. Wirklichkeit; zündend wirkten dabei die (u. a. von W. Godwin vermittelten) Ideen der Frz. Revolution. Ein revolutionäres Element beherrscht die visionären, in Kupferstichen bildlich ornamentierten Dichtungen von W. Blake. Die ›Lyrical ballads‹ (1798, erweitert 1800) von W. Wordsworth und S. T. Coleridge und die bed. Vorrede dazu wurden zum Manifest der neuen organ. Dichtungsauffassung, die in weiteren theoret. Schriften philosophisch vertieft und bes. in hymn. Oden und Verszählungen prophetisch und mythenschöpfend praktiziert wurde. Zum Schaffen einer jüngeren Romantikergeneration gehören die melodiösen Idyllen und Lieder des Iren Th. Moore, die idealistisch aufbegehrende Dichtung von P. B. Shelley, die sensibel ästhetizist. von J. Keats sowie die mit ironisch-skept. Gestus weltschmerzl. von G. G. N. Lord Byron. Die von diesen Autoren ebenfalls geschaffenen lyr. *Dramen* blieben bühnenfern, ungeachtet der neuerwachten Begeisterung für Shakespeare. Der zunächst durch Balladen und Verszählungen bekanntgewordene W. Scott begründete die Gattung des *histor. Romans,* deren Muster bis ins 20. Jh. in Europa vorbildlich blieb. Ch. Lamb, W. Hazlitt,

Th. De Quincey u. a. vervollkommneten die Kunstprosa des Essays. In der **Viktorianischen Ära** (1837–1901), der Zeit der Industrialisierung, der sozialen Krisen und Reformen und des mittelständ. Philistertums, kennzeichneten den geistesgeschichtl. Hintergrund einerseits ein utilitarist. Optimismus (Jeremy Bentham [* 1748, † 1832], John Stuart Mill [* 1806, † 1873], David Ricardo [* 1772, † 1823] u. a.) und wiss. Fortschrittsdogmen (Charles R. Darwin [* 1809, † 1882], Herbert Spencer [* 1820, † 1903] u. a.), andererseits zivilisationsskept. und idealist. Strömungen, letztere etwa in der Kulturkritik von Th. Carlyle, in der Geschichtsschreibung von Th. B. Macaulay und James Anthony Froude (* 1818, † 1894), in der Kunstkritik und den volkswirtschaftl. Ideen von J. Ruskin, in der Literaturkritik des Dichters M. Arnold und in der religiösen Oxfordbewegung des Kardinals J. H. Newman. – In der *Versdichtung* knüpfte A. Lord Tennysons Wortkunst an die Romantik an; R. Browning schuf in kühner ornamentierter Stilart psychologisch tiefgründige dramat. Monologe. Auch soziales Bewußtsein artikulierte die Lyrik, etwa bei Th. Hood oder E. Barrett Browning. Aus der antiakadem. Malergruppe der Präraffaeliten kamen D. G. Rossettis sinnlich-detailgenaue, mystisch-visionäre Gedichte; von dorther beeinflußt sind auch die Dichtung des engagierten Kunsthandwerkers W. Morris und die melod., hedonistisch-erot. Lyrik von A. Ch. Swinburne. Spannungen zwischen Glauben und Zweifel vermittelte die religiöse Dichtung von Francis Thompson (* 1859, † 1907), R. S. Bridges und bes. die von G. M. Hopkins, deren Ausdrucksstärke schon auf die Moderne vorausweist. – Die umfassendste Leistung der viktorian. Literatur aber liegt auf dem Gebiet des realist. *Romans,* der sich in bes. Maße der sozialen Probleme der Zeit annahm. Ch. Dickens zeichnete humorvolle und krit. Bilder vom Leben der Londoner Mittel- und Unterschichten, die sich, namentlich in seinen späteren Werken, auch ins Groteske und Symbolhafte steigern; W. M. Thackeray entwarf ironisch reflektierte Gesellschaftspanoramen; A. Trollope behandelte Themen aus Kleinstadt und Politik. Die Schwestern Ch., E. J. und A. Brontë eröffneten, auch romant. Elemente aufnehmend, die Reihe bed. Frauenromane. B. Disraeli, E. C. Gaskell, Ch. Kingsley, Ch. Reade u. a. schilderten soziale Nöte der Industriearbeiterschaft. G. Eliot spürte mit intellektuellem und psycholog. Scharfblick die Verflechtungen menschl. Schicksale auf und führte bes. in ›Middlemarch‹ (1871/72, dt. 1872/73) die realist. Romankunst zu einem Höhepunkt. G. Meredith lieferte komödienhafte Deutungen der vom wiss. Fortschritt bestimmten Welt. Den histor. Roman führten E. G. E. Bulwer-Lytton und W. H. Ainsworth weiter; auch Thackeray, Dickens, G. Eliot u. a. versuchten sich an ihm. W. Collins entwikkelte in der Dickens-Nachfolge den Detektivroman, den später A. C. Doyles Sherlock-Holmes-Geschichten popularisierten. Durch R. L. Stevenson wurde der Abenteuerroman berühmt. Das Element des Skurrilen, durch die Nonsensverse von E. Lear bekannt, teilte sich in den Phantasiegeschichten von L. Carroll mit. Gegen Ende des 19. Jh. und bes. in der Unruhe des Fin-de-siècle kündete sich der **Aufbruch zur Moderne** an: in den düsteren Schicksalsromanen von Th. Hardy, im schonungslosen Naturalismus der Romane von G. R. Gissing, in S. Butlers Attacken wider die Scheinmoral, in den Wissenschaftsphantasien von H. G. Wells, im von W. H. Pater vorbereiteten Ästhetizismus der Erzählungen und Dramen von O. Wilde, in den Essays und Parodien von M. Beerbohm, im literar. Journalismus des ›Yellow Book‹, aber auch in R. Kiplings Gedichten und Romanen, die den Imperialismus feiern. – Die *Dramatik,* die im 19. Jh. weitgehend zum farcenhaften oder melodramat. Unterhaltungsspektakel geworden war (D. W. Jerrold, D. Boucicault, T. Taylor u. a.), gewann nach T. W. Robertsons Ansätzen zur realist. Dramaturgie unter dem Einfluß H. Ibsens durch H. A. Jones, A. W. Pinero und bes. durch die sozialkrit. Dialektik der Stücke von G. B. Shaw wieder literar. Gewicht. In Irland ging aus der von W. B. Yeats, Lady I. A. Gregory und J. M. Synge getragenen nat. Theaterbewegung eine Erneuerung poet. Dramatik hervor.

20. Jahrhundert (bis 1950): In der edwardian. Zeit und erst recht unter der Desillusion durch den 1. Weltkrieg schwanden der Optimismus und die Tabus der Viktorian. Ära. Konkurrierende, teils avantgardist., teils konservative literar. Stilrichtungen lösten einander nun rascher ab. Für die *Lyrik* blieb W. B. Yeats' mythisch-symbol. Dichten bedeutsam. Neuorientierungen brachten die traditionsbewußten Vertreter der Georgian poetry wie R. Ch. Brooke, W. J. de la Mare, J. Masefield, E. Ch. Blunden u. a., von denen manche, wie auch S. L. Sassoon und W. E. S. Owen, das Kriegserlebnis im pazifist. Sinn verarbeiteten; sodann der auf kühle Präzision bedachte, von Th. E. Hulme begründete Imagismus, dem auch amerikan. Dichter wie E. Pound und H. Doolittle angehörten, ferner der extravagant schockierende Kreis um E. Sitwell. Bes. nachhaltig wirkte T. S. Eliot, dessen Werk ›Das wüste Land‹ (1922, dt. 1927) als Emotionen und Intellekt verschmelzende Seelenschilderung des Zeitalters zum Bezugspunkt moderner Dichtung wurde. In den dreißiger Jahren bekannten sich W. H. Auden, C. Day-Lewis und S. Spender zu einer politisch engagierten Lyrik. E. Muir schöpfte aus schott. Traditionen, und H. MacDiarmid bewirkte in mundartl. Kunstsprache eine schott. Renaissance. Der Wortrausch des Walisers D. Thomas entsprang einer neuromant. Ader. Den Dichtungsprozeß begleitete, bes. seit den 30er Jahren, eine z. T. kulturkritisch verankerte, die Ambivalenzen der Texte rationalisierende Literaturkritik (T. S. Eliot, I. A. Richards, F. R. Leavis, W. Empson u. a.).
Am produktivsten blieb indes der *Roman,* der mitunter zur naturalist. Milieuschilderung tendierte, so bei G. Moore und A. Bennett, abgeschwächt bei J. Galsworthy, W. S. Maugham und J. B. Priestley. Der Aussage nach am radikalsten ist D. H. Lawrences Bloßlegung der vitalen Kräfte des Trieblebens gegenüber den Einengungen durch Intellekt und konventionelle Moral. Erzählkünstler. Innovationen hingegen bewirkte die Konzentration auf Eindrücke und Bewußtseinsvorgänge der Romanpersonen, wie sie, angeregt von H. James, J. Conrads symbol. Seeromane mitformte und

von V. Woolf zur Bewußtseinsstromtechnik (Stream of consciousness) verfeinert wurde. Bei J. Joyce (›Ulysses‹, 1922, dt. 1927) wurde die Widerspiegelung der Welt im Bewußtsein des einzelnen zum modernen Epos. Beachtung fanden weiterhin (beispielsweise) die dialog. Romane von I. Compton-Burnett, die histor. von R. Graves, die kulturkritische von R. Macaulay, A. Huxley, E. Waugh, G. Orwell und Ch. P. Snow, die Schilderungen interkultureller Begegnung von E. M. Forster, die spannend erzählten Auslotungen religiöser Erfahrung von G. Greene und B. Marshall, die Darstellung existentieller Verlorenheit durch M. Lowry. Der Detektivroman hatte in D. L. Sayers, A. Christie u. a. virtuose engl. Autoren. Aus Irland kam, auch in Kurzgeschichten, eine nationalbewußte Fabulierkunst (Somerville und Ross, S. O'Faoláin, F. O'Connor, L. O'Flaherty, M. Lavin u. a.).
Die *Dramatik* tendierte am Anfang des 20. Jh. zum sozialkritischen Realismus (H. Granville-Barker, J. Galsworthy, W. S. Maugham u. a.), mit gelegentl. Ausbrüchen ins Phantastische (wie beim Schotten J. M. Barrie). Doch zunehmend dominierten auf den Bühnen die trivialen, farcenhaften, wohlkonstruierten Salonkomödien, mit denen bes. B. Travers und N. Coward brillierten. G. B. Shaws Stücke nach 1900 verkündeten eine vitalist. Evolutionsphilosophie. J. Drinkwater lancierte ehrgeizige Geschichtsdramen. Formale Neuansätze kamen aus Irland, bes. von S. O'Casey, der mit Revolutionsstücken begann, oder von D. Johnston, der den Expressionismus aufgriff. In England experimentierte J. B. Priestley mit der dramat. Zeitstruktur. Nachhaltiger blieb die von T. S. Eliot sowie W. H. Auden und Ch. Isherwood initiierte zeitgemäße Erneuerung des Versdramas, aus der eine bis in die 50er Jahre anhaltende Welle poet. Stücke hervorging (Ch. Fry, N. Nicolson, A. Ridler u. a.).
Seit 1950: Das Mißbehagen am gesellschaftl. Konformismus angesichts ungewältigter und neuer Probleme der Nachkriegszeit äußerte sich bei der damals jüngeren Generation unter Zurückweisung erschöpfter Möglichkeiten der mo-

dernen Literatur in Gesten des Protests, die in den 60er Jahren sich teils ideologisch aufluden, teils ins subjektive Registrieren von Prozessen der Orientierungs- und Identitätssuche mündeten. Am offensichtlichsten dokumentiert dies die *Dramatik*. J. Osbornes Stück ›Blick zurück im Zorn‹ (1957, dt. 1958) machte die Protestpose der Angry young men publik; es folgten engagierte, teils realist., teils symbolhafte Dramen von A. Wesker, J. Arden, Sh. Delaney u. a. Zugleich wurde die Dramatik des Absurden von E. Ionesco und S. Beckett surrealistisch aufgenommen, bes. in H. Pinters Dramen über zwischenmenschl. Machtkämpfe, ferner von N. F. Simpson, A. Jellicoe u. a.

Überdies gab die Aufhebung der staatl. Theaterzensur in Großbritannien (1968) den Weg für eine Enttabuisierung und aggressive Politisierung frei. Letztere verfolgen E. Bond, der in schockierenden Bildern gesellschaftl. und polit. Machtstrukturen verdeutlicht und neuerdings Antworten darauf versucht, sowie, noch radikaler, Ch. Wood, P. Barnes, H. Williams, H. Brenton, J. McGrath, D. Edgar, C. Churchill u. a. Psychologisch analysierte Identitätskrisen, Neurosen und Selbstverwirklichungsversuche inszenieren P. Shaffer, D. Mercer, D. M. Storey, S. Gray und Ch. Hampton. Auch dient das Illusionsspiel mit parodierten und überraschend kombinierten literar. und dramaturg. Vorbildern und Konventionen – nicht zuletzt mit der bes. von A. Ayckbourn erneuerten Farce – der Bewußtmachung der Grenzen menschl. Erkennens. Auf diesem Wege erzeugte J. Orton schwarzen Humor, während T. Stoppard teils philosoph. Existenzfragen aufwirft, teils politisch für die Menschenrechte Stellung nimmt. Konventionssprengend sind auch neuere ir. Beiträge (B. Behan, B. Friel, H. Leonard, R. Murphy). Viele Dramatiker haben überdies zur Entwicklung des Hörspiels und des Fernsehspiels zur Kunstform eigenen Rechts beigetragen.

In der *Lyrik* manifestierte sich, unter Zurückweisung der intellektualist. und neuromant. Tendenzen früherer Jahre, nüchterne Sachlichkeit in traditionellen Versformen bei den Dichtern des Movement,

die durch die ›New-Lines‹-Anthologien (1956, 1963) bekannt wurden (R. Conquest, Ph. Larkin, D. J. Enright, Th. W. Gunn, D. Davie, J. Wain, K. Amis u. a.), während Ch. Tomlinson auf der Präzision des dichter. Sehens insistiert. Der gleiche Stilkontext ermöglichte die Popularität des traditionsgebundenen J. Betjeman und die Profilierung des Walisers R. S. Thomas zum modernen religiösen Dichter. Indes hat sich demgegenüber auch der Ton einer vitalen Wildheit Geltung verschafft, am energiegeladensten durch T. Hughes, der, oft in Tiergedichten, das Instinktive und Grausame zelebriert; ihm sind auch die Group-Dichter (Ph. Hobsbaum, E. Lucie-Smith, G. MacBeth u. a.) verpflichtet. Andere, wie die Liverpool poets (A. Henri, Brian Patten [* 1934], u. a.), lancierten lyr. Popart. Eine Gruppe um J. Silkin versuchte die Rehabilitation des Imagismus; aus ihr ging die intellektuell komprimierte und historisch dimensionierte Lyrik von G. Hill hervor. Für die jüngeren nordir. Dichter (Ulster poets) ist S. Heaney Vorbild, dessen einfühlende und präzise Naturlyrik bereitwilliges Gehör findet.

In der *Erzählliteratur* artikulierte sich das protestierende Außenseitergefühl der jungen Generation der 50er Jahre in z. T. auf Muster des Schelmenromans oder der viktorian. Erzählkunst zurückgreifenden, jedenfalls vom Bewußtseinsroman abrückenden Formen (K. Amis, J. Wain, J. Braine, A. Sillitoe, K. Waterhouse u. a.). Dieser Tendenz folgten im Prinzip auch die komplexeren Romane von A. Wilson, L. P. Hartley, L. Durrell und v. a. die von W. G. Golding, die mit moral. Ernst die menschl. Neigung zum Bösen aufzeigen. In den 60er Jahren jedoch vollzog sich, auch bei schon arrivierten Autoren, eine Hinwendung zur Innenschau, die die Erzeugung der Fiktionen mitreflektiert, dabei vorhandene, als verbraucht geltende Literatur parodistisch verarbeitet und oft ins Phantastische oder Magisch-Skurrile ausbuchtet. Dazu haben der Einfluß des frz. Nouveau roman und die Wirkung der (z. T. frz. geschriebenen) Texte S. Becketts, die das Ich auf seinen schmerzhaften Kern reduzieren, ebenso beigetragen wie das Anschwellen der Science-fiction. Symptomatisch ist auch der Erfolg der phantast. Mythen von J. R. R. Tolkien. Extreme postmoderne Formexperimente hat dies zwar in der e. L. relativ selten gezeitigt (so immerhin bei Ch. Brooke-Rose, B. S. Johnson oder R. Nye); wohl aber wurden vertraute Erzählweisen produktiv in Frage gestellt. Bei A. Burgess geht dies bis zur Sprachmanipulation und Textmontage. I. Murdoch zeigt in ihrem umfangreichen Werk die Verstrikkung des Menschen in die Kontingenz und in die Nichtkausalität des Geschehens. D. Lessing, die in ihrem Roman ›Das goldene Notizbuch‹ (1962, dt. 1978) ähnliches multiperspektivisch darstellte, hat seitdem Phantasieräume erschlossen. Weibliche Identitätskrisen behandeln u. a. M. Drabble, M. S. Spark, A. Carter, A. Brookner, E. Figes und die wiederentdeckte J. Rhys. J. Fowles, eines der stärksten neueren Erzählertalente, problematisiert das Verhältnis von wirklichkeitserlebendem und imaginativ lebensgestaltendem Ich. Psycholog. und histor. Fiktionen entwerfen A. S. Byatt, P. Ackroyd, R. Tremain u. a. Satirische Skurrilität entfalten Intellektuellenromane wie die von M. Bradbury und D. Lodge. Viel Beachtung fanden S. Hills iron., I. McEwans makabre und M. Amis' drastische Beschreibungen von Extremsituationen. Zu den aus Irland stammenden neueren Autoren gehören u. a. Edna O'Brien, J. McGahern und J. O'Faolain. Nach der Auflösung des brit. Imperialismus werden, z. T. von Autoren fremder Herkunft, zunehmend Probleme interkultureller Begegnung thematisiert, so u. a. von P. Scott, N. Gordimer, N. S. Naipaul, S. Rushdie, K. Ishiguro, W. Boyd und Hanif Kureishi (* 1954).

Literatur: Gesamtdarstellungen: The Cambridge history of English literature. Hg. v. A. W. WARD u. A. R. WALLER. Cambridge 1907–27. 15 Bde. Nachdr. 1949. – The Oxford history of English literature. Hg. v. F. P. WILSON u. B. DOBRÉE. Oxford 1945–63. 12 Bde. – A guide to English literature. Hg. v. B. FORD. London ²1961–64. 7 Bde. Revidierte u. erweiterte Ausg. der 3. Aufl. v. 1972 u. d. T. ›The new Pelican guide to English literature‹. New York 1982–83. 8 Bde. – PARRY, TH.: A history of Welsh literature. Oxford ²1962. Neuaufl. 1970. – A literary history of England. Hg. v. A. C. BAUGH. New York ²1967. – Sphere history of literature in the English language. Hg. v. W. F. BOLTON u. a. London 1969–75. 10 Bde. – OPPEL, H.: Englisch-dt. Literaturbeziehungen. Bln. 1971. 2 Bde. – LINDSAY, M.: History of Scottish literature. London 1977. – MCHUGH, R./HARMON, M.: A short history of Anglo-Irish literature. Totowa (N. J.) 1982. – Macmillan history of literature. Hg. v. A. N. JEFFARES u. a. London 1982–86. 12 Bde. – SCHIRMER, W. F.: Gesch. der engl. und amerikan. Lit. Hg. v. A. ESCH u. a. Tüb. ⁶1983. 2 Bde. – CONRAD, P.: The Everyman history of English literature. London u. a. 1985. – The Oxford illustrated history of English literature. Hg. v. P. ROGERS. Oxford 1987. – FOWLER, A.: A history of English literature. Oxford 1987. – Die engl. Literatur. Hg. v. B. FABIAN. Mchn. 1991. 2 Bde. – STANDOP, E./MERTNER, E.: Engl. Literaturgesch. Wsb. ⁵1992. – Engl. Literaturgesch. Hg. v. H. U. SEEBER. Stg. u. a. ²1993. – **Gesamtdarstellungen einzelner Gattungen:** GRIERSON, H. J. C./SMITH, J. C.: A critical history of English poetry. London ²1947. Nachdr. 1950. – VAN GHENT, D.: The English novel. New York 1953. Neudr. 1967. – ALLEN, W.: The English novel. London 1954. – TILLYARD, E. M. W.: The English epic and its background. London 1954. Neudr. 1968. – WELLEK, R.: A history of modern criticism 1750–1950. New Haven (Conn.) 1955–1965. 4 Bde. Neudr. Cambridge 1981–83. – Der engl. Roman. Hg. v. F. K. STANZEL. Düss. 1969. 2 Bde. – Epochen der engl. Lyrik. Hg. v. H. U. GÖLLER. Düss. 1970. – OTTEN, K.: Der engl. Roman vom 16. zum 19. Jh. Bln. 1971. – Das engl. Drama. Hg. v. J. NÜNNING. Darmst. 1973. – Die engl. Kurzgeschichte. Hg. v. K. H. GÖLLER u. G. HOFFMANN. Düss. 1973. – Der engl. Essay. Analysen. Hg. v. H. WEBER. Darmst. 1975. – The Revels history of drama in English. Hg. v. T. W. CRAIK u. a. London 1976–83. 8 Bde. – The Routledge history of English poetry. Hg. v. R. A. FOAKES. London 1977 (Bd. 1; m. n. e.). – PRIESSNITZ, H. P.: Das engl. ›radio play‹ seit 1945. Bln. 1978. – Engl. u. amerikan. Literaturtheorie. Hg. v. R. AHRENS u. E. WOLFF. Hdbg. 1978–79. 2 Bde. – CRONIN, J.: The Anglo-Irish novel. Totowa (N. J.) 1980. Bd. 1. – British television drama. Hg. v. G. BRANDT. Cambridge 1981. – OTTEN, K.: Der engl. Roman vom Naturalismus bis zum ersten Weltkrieg. Bln. 1986. – The British and Irish novel since 1960. Hg. v. J. ACHESON. London 1991. – **Altenglische Periode:** Continuations and beginnings. Studies in Old English literature. Hg. v. E. G. STANLEY. London 1966. – WRENN, C. L.: A study of Old English literature. London 1967. Nachdr. 1980. – GÖLLER, K. H.: Gesch. der altengl. Lit. Bln. 1971. – OPLAND, J.: Anglo-Saxon oral poetry. New Haven (Conn.) 1980. – GREENFIELD, S. B./CALDER, D. G.: A new critical history of Old English literature. New York 1986. – The Cambridge companion to Old English literature. Hg. v. M. GODDEN u. M. LAPIDGE. Cambridge 1991. –

Mittelenglische Periode: CHAMBERS, E. K.: The mediaeval stage. Oxford 1903. 2 Bde. Nachdr. London 1967. 2 Bde. – LEWIS, C. S.: The allegory of love. Oxford 1936. Neuaufl. 1953. – CHAMBERS, E. K.: English literature at the close of the Middle Ages. Oxford 1945. – KANE, G.: Middle English literature. New York 1951. – SCHLAUCH, M.: English medieval literature and its social foundations. Warschau 1956. – WICKHAM, G.: Early English stages 1300–1600. London 1959–81. 3 Bde in 4 Tlen. – A manual of the writings in Middle English 1050–1500. Hg. v. J. B. SEVERS u. A. E. HARTUNG. New Haven (Conn.) 1967 ff. (bis 1986 7 Bde. erschienen). – WILSON, R. M.: Early Middle English literature. London ³1968. – WOOLF, R.: English mystery plays. Berkeley (Calif.) 1972. – BURROW, J. A.: Medieval writers and their work. New York 1982. – **Renaissance:** CHAMBERS, E. K.: The Elizabethan stage. Oxford 1923. 4 Bde. Neudr. 1974. – BUSH, D.: Mythology and the Renaissance tradition in English poetry. Minneapolis (Minn.) u. London 1932. – BENTLEY, G. E.: The Jacobean and Caroline stage. Oxford 1941–68. 7 Bde. Nachdr. New York 1982. – TUVE, R.: Elizabethan and metaphysical imagery. Chicago (Ill.) 1947. – SMITH, H.: Elizabethan poetry. Cambridge (Mass.) 1952. Neudr. 1964. – DORAN, M.: Endeavours of art. A study of form in Elizabethan drama. Madison (Wis.) 1954. – CLEMEN, W.: Die Tragödie vor Shakespeare. Hdbg. 1955. – GRIERSON, H. J. C.: Cross currents in English literature of the seventeenth century. London u. New York ²1958. Neudr. Gloucester (Mass.) 1965. – HABICHT, W.: Studien zur Dramenform vor Shakespeare. Hdbg. 1968. – MINER, E.: The metaphysical mode from Donne to Cowley. Princeton (N.J.) 1969. – URE, P.: Elizabethan and Jacobean drama. Liverpool u. New York 1974. – BORINSKI, L./UHLIG, C.: Lit. der Renaissance. Düss. 1975. – WEISS, W.: Die elisabethan. Lyrik. Darmst. 1976. – SCHABERT, I.: Die Lyrik der Spenserianer. Tüb. 1977. – WEISS, W.: Das Drama der Shakespeare-Zeit. Stg. 1979. – MCALINDON, T.: English Renaissance tragedy. London. 1986. – WILDING, M.: Dragons teeth. Literature in the English Revolution. Oxford 1987. – **Restauration und 18. Jahrhundert:** SUTHERLAND, J. R.: A preface to eighteenth century poetry. Oxford 1948. – BUTT, J.: The Augustan age. London u. New York 1950. – JACK, I. R. J.: Augustan satire. Oxford 1952. – WATT, I.: The rise of the novel. London u. Berkeley (Calif.) 1957. – LOFTIS, J.: Comedy and society from Congreve to Fielding. Stanford (Calif.) 1959. Nachdr. New York 1979. – BRISSENDEN, R. F.: Virtue in distress. Studies in the novel of sentiment. London 1974. – MINER, E.: The Restoration mode. From Milton to Dryden. Princeton (N.J.) 1974. – ROGERS, P.: The Augustan vision. London 1974. – THORPE, P.: Eighteenth century English poetry. Chicago (Ill.) 1975. – MÜLLENBROCK, H. J./

SPÄTH, E.: Lit. des 18. Jh. Düss. 1977. – BRUNKHORST, M.: Drama u. Theater der Restaurationszeit. Hdbg. 1985. – The new eighteenth century. Hg. v. F. NUSSBAUM u. L. BROWN. New York 1987. – **Romantik und 19. Jahrhundert:** ABRAMS, M. H.: The mirror and the lamp. Romantic theory and the critical tradition. New York 1953. – TILLOTSON, K. M.: Novels of the eighteen-forties. Oxford 1954. – PARROTT, T. M./MARTIN, R. B.: A companion to Victorian literature. New York 1955. – HOUGHTON, W. E.: The Victorian frame of mind. New Haven (Conn.) 1963. – HOUGH, G.: The Romantic poets. London ³1967. Nachdr. 1970. – Versdichtung der engl. Romantik. Hg. v. T. A. RIESE u. D. RIESNER. Bln. 1968. – HÖNNIGHAUSEN, L.: Präraphaeliten u. Fin de Siècle. Mchn. 1971. – Der engl. Roman im 19. Jh. Hg. v. P. GOETSCH u. a. Bln. 1973. – BOSTETTER, E. E.: The romantic ventriloquists. Seattle (Wash.) ²1975. – MILLER, J. H.: The disappearance of God. Cambridge (Mass.) 1976. – REINHOLD, H.: Der engl. Roman des 19. Jh. Tüb. 1976. – HARDY, B.: Forms of feeling in Victorian fiction. London 1985. – JENKINS, A.: The making of Victorian drama. Cambridge 1991. – A handbook to English romanticism. Hg. v. J. RAIMOND u. J. R. WATSON. London 1992. – **20. Jahrhundert:** FRICKER, R.: Der moderne engl. Roman. Gött. ²1966. – Die moderne engl. Lyrik. Interpretationen. Hg. v. H. OPPEL. Bln. 1967. – Engl. Lit. der Gegenwart in Einzeldarstt. Hg. v. H. W. DRESCHER. Stg. 1970. – Engl. Dichter der Moderne. Hg. v. R. SÜHNEL u. D. RIESNER. Bln. 1971. – FRICKER, R.: Das moderne engl. Drama. Gött. ²1974. – Das moderne engl. Drama. Interpretationen Hg. v. H. OPPEL. Bln. ³1976. – Das engl. Drama der Gegenwart. Interpretationen. Hg. v. H. OPPEL. Bln. 1976. – TETZELI VON ROSADOR, K.: Das engl. Geschichtsdrama seit Shaw. Hdbg. 1976. – SCHOLES, R./RABKIN, E. S.: Science fiction. History, science, vision. Oxford u. New York 1977. – ELSOM, J.: Post-war British theatre. Boston (Mass.) ²1979. – The contemporary English novel. Hg. v. M. BRADBURY u. D. PALMER. New York 1980. – Engl. Drama von Beckett bis Bond. Hg. v. H. F. PLETT. Mchn. u. Stg. 1982. – SISSON, C. H.: English poetry, 1900–1950. New York 1982. – A guide to twentieth-century literature in English. Hg. v. H. BLAMIRES. New York 1983. – MAACK, A.: Der experimentelle engl. Roman der Gegenwart. Darmst. 1984. – MAXWELL, D. E. S.: A critical history of modern Irish drama, 1891–1980. Cambridge 1984. – BARKER, C.: British alternative theatre. London 1985. – THWAITE, A.: Poetry today. A critical guide to British poetry 1960–1984. London u. New York 1985. – WILLIAMS, J.: Twentieth century British poetry. London 1987. – The British and Irish novel since 1960. Hg. v. J. ACHESON. London 1991. – A decade of discontent. British fiction of the eighties. Hg. v. H.-J. DILLER u. a. Hdbg. 1992. – Engl. Theater der Gegenwart.

Hg. v. KLAUS P. MÜLLER. Tüb. 1993. – **Nach-schlagewerke:** Dictionary of literary biography. Detroit (Mich.) 1978 ff. Auf zahlreiche Bde. berechnet. – DRESCHER, H. W., u. a.: Lexikon der engl. Lit. Stg. 1979. – The science fiction encyclopaedia. Hg. v. P. NICHOLLS u. a. New York 1979. – The Macmillan dictionary of Irish literature. Hg. v. R. HOGAN. London 1980. – ROYLE, T.: Companion to Scottish literature. Detroit (Mich.) 1983. – TODD, J.: A dictionary of British and American women writers. London 1984. – The Oxford companion to English literature. Hg. v. M. DRABBLE. Oxford ^{5}1985. – The Oxford companion to the literature of Wales. Hg. v. M. STEPHENS. Oxford 1985. – The Cambridge guide to literature in English. Hg. v. I. OUSBY; Cambridge u. a. 1988. – Bloomsbury guide to English literature. Hg. v. M. WYNNE-DAVIES. London 1989. – Die engl. Literatur. Hg. v. B. FABIAN. München 1992. 2 Bde. – **Bibliographien:** Annual bibliography of English language and literature 1920. London 1921 ff. – The new Cambridge bibliography of English literature. Hg. v. G. WATSON. Cambridge 1969–77. 5 Bde. – HOWARD-HILL, T. H.: Bibliography of British literary bibliographies. Oxford ^{2}1987.

Englyn [engl. 'eŋglɪn; walis.] (Mrz. Englynion), Strophenform der walis. (kymr.) Dichtung. Im weiteren Sinne eine Strophe aus 3 oder 4 Zeilen, mit Alliteration, Binnenreim oder deren Kombination (Englynion dieser Art finden sich seit dem 9. Jh.; es handelt sich um Strophen mit religiöser Thematik, um Gnomik und Heldengesänge in eleg. Ton). Im engeren Sinne das seit dem 12. Jh. belegte ›e. unodl union‹ (das vierzeilige ›einreimig durchgereimte E.‹), die bis heute beliebteste der strengeren bard. Strophenformen.

Engonopulos (tl.: Engonopoulos), Nikos, * Athen 1910, † ebd. 30. Okt. 1985, neugriech. Dichter. – Vertreter des kompromißlosen Surrealismus und surrealist. Maler; Studium an der Hochschule für schöne Künste in Athen, wo er auch Prof. war; gehört heute zu den Klassikern der Moderne in Griechenland.

Werke: Mēn 'homileite eis ton hodēgon (= Nicht mit dem Fahrer sprechen, Ged., 1938), Ta kleidokymbala tēs siopēs (= Die Klaviere des Schweigens, Ged., 1939), Hepta poiēmata (= Sieben Gedichte, 1944), Bolivar (Ged., 1944), Hē epistrophē tōn puliōn (= Die Rückkehr der Vögel, Ged., 1946), Eleusis (Ged., 1948).

Engström, Albert, * Lönneberga bei Kalmar 12. Mai 1869, † Stockholm 16. Nov. 1940, schwed. Schriftsteller und Zeichner. – 1925 Prof. an der Kunsthochschule in Stockholm. E. gelang eine vortreffl. Synthese von Bild und Wort. In seinen literar. Arbeiten (Erzählungen, Essays und Prosaskizzen) schildert er Menschen und Natur der schwed. Landschaften Roslagen und Småland; war seit 1922 Mitglied der Schwed. Akademie.

Werke: Hemma och på luffen (E., 1916), Adel, präster, smugglare, bönder (Nov., 1923), Anders Zorn (Biogr., 1928).

Ausgaben: A. E. Gestalten. Dt. Übers. Bln. 1925. 2 Bde. – A. E. Skrifter. Stockholm 1952–53. 28 Bde.

Literatur: FOGELQVIST, T.: A. E. Stockholm 1933. – LÅNG, H.: Den unge A. E. Stockholm 1959. – LÅNG, H.: Kolingen och hans fäder. Om internationell vagabondkomik och A. E. Lund 1966.

Engström, Clas, * Härnösand (Hälsingland) 19. März 1927, schwed. Schriftsteller. – Weist mit Humor und Ironie auf Schwächen des Wohlfahrtsstaates hin; bekannt auch durch die Schilderungen seiner Asienreisen.

Werke: Växtvärk (R., 1950), Löjliga familjen (R., 1955), Förrädare mördare (R., 1965), Indien besökt av medelålders turist från Europa (Reisebericht, 1972), Byalaget (R., 1973), Fallet Klason (R., 1974), Två uppdrag: en berättelse om en resa till Indien (Reisebericht, 1977), Baniantädet (R., 1979), Sagan om Sita (R., 1982), Talmannen gick ut i Kylan (R., 1984).

Enikel, Jans, mhd. Schriftsteller, ↑ Jans, Jansen Enikel.

Enjambement [ãjãbə'mã:; frz.], Übergreifen des Satzgefüges über das Versende hinaus in den nächsten Vers (z. B. E. Mörike, ›An die Geliebte‹: ›Dann hör ich recht die leisen Atemzüge/ Des Engels, welcher sich in dir verhüllt‹); Satz- und Versende fallen nicht zusammen. Die dt. Bez. für das E. ist *Zeilensprung.* – Die durch das E. bedingte Überschneidung von Vers- und Satzgliederung findet sich seit antiker und mittelalterl. Dichtung. Dem E. verwandte Stilmittel sind der Bogen- oder ↑ Hakenstil in den größeren ags. und altsächs. Stabreimdenkmälern und die Technik der ↑ Reimbrechung in mhd. Reimpaargedichten.

Enki-Mythen, eine Reihe sumer. myth. Dichtungen um den Gott Enki von Eridu, der als Gott des Süßwasserozeans Apsu, Gott der Menschenschöpfung,

Weisheit und Beschwörungskunst galt. Alt ist sicher der Mythos **Enki und Ninchursanga** (Tilmun-Mythos), der Segnungen des Schauplatzes Tilmun (heute Bahrain) enthält und Enki sexuell unersättlich darstellt. Jüngere Dichtungen, z. T. erst vom Anfang des 2. Jt. v. Chr., bieten bes. Aitiologien für bestimmte Kulturerscheinungen: **Enki und Ninmach** erzählt von Menschenschöpfung und Entstehung menschl. Gebrechen; **Enki und die Weltordnung** berichtet von Enkis Reisen zu Kultstädten und deren Segnung sowie von der Einsetzung spezieller Gottheiten für bestimmte Bereiche der materiellen Kultur Babyloniens; **Inanna und Enki** dient wohl mehr dem Preise der Göttin Inanna von Uruk, seiner Tochter, die sich der in seinem Besitz befindl. Me (sumer. Bez. für kulturwirksame Kräfte und Fähigkeiten) bemächtigt.
Literatur: KRAMER, S. N.: Enki and Ninḫursag. New Haven (Conn.) 1945. – BENITO, C. A.: ›Enki and Ninmaḫ‹ and ›Enki and the world order‹. Diss. Philadelphia (Pa.) 1969. – FABER-FLÜGGE, G.: Der Mythos Innana und Enki unter bes. Berücksichtigung der Liste der me. Rom 1973. – GALTER, H. D.: Der Gott Ea/Enki in der akkad. Überlieferung. Graz 1983.

Enking, Ottomar, * Kiel 28. Sept. 1867, † Dresden 13. Febr. 1945, dt. Schriftsteller. – Redakteur in Kiel, Köln, Wismar und Dresden, wo er seit 1906 als freier Schriftsteller lebte; Vertreter der Heimatkunst; den größten Erfolg hatte E. mit dem zweibändigen Roman um die ›Leute von Koggenstedt‹: ›Familie P. C. Behm‹ (1903) und ›Patriarch Mahnke‹ (1905).

Enkomiologikus [griech. = zu einem Lobgedicht gehörig(er Vers)], griechischer ↑ archilochischer Vers der Form ‒‿‿‒‿‿‒‿‒‿ als Zusammensetzung aus einem ↑ Hemiepes und dem ersten Teil eines jamb. ↑ Trimeters gedeutet. Zuerst bei Alkman (2. Hälfte des 7. Jh. v. Chr.) und Alkaios (um 600 v. Chr.) belegt; historisch eine Vorform der v. a. bei Pindar beliebten ↑ Daktyloepitriten. Verwendung v. a. im ↑ Enkomion.

Enkomion [griech.], chor. Preisgesang auf hervorragende Persönlichkeiten, gesungen beim Festzug (Komos), instrumental begleitet von Phorminx oder Flöte; wichtigste Versform war der ↑ En-

komiologikus. Die literar. Form soll von Simonides (6. Jh. v. Chr.) entwickelt worden sein; weitergeführt hauptsächlich von Pindar und Bakchylides. – E. wurde auch allgemein für ›Preis‹, ›Preislied‹ gebraucht; eine Sonderform des E. ist das ↑ Epinikion. – Prosaische Enkomien, meist mit ironisch-satir. Spitze, schufen Gorgias und Isokrates (4. Jh. v. Chr.); diese Tradition wirkte bis in die Neuzeit fort: z. B. Erasmus von Rotterdam, ›Encomium moriae‹ (1511). – ↑ auch Panegyrikus.

Enlil-Mythen, eine Reihe sumer. myth. Dichtungen um den Gott Enlil von Nippur. Von Enlil und Ninlil handeln zwei Mythen, deren erster, nur bruchstückhaft erhaltener, von Enlils Brautwerbung um seine spätere Gattin Ninlil handelt, der zweite von der offenbar vorehel. Geburt ihres Sohnes, des Mondgotts Nanna/Suēn. Enlil, daraufhin von den großen Göttern der Stadt verwiesen, wird auf dem Weg zur Unterwelt von Ninlil eingeholt, die ihm weitere drei Götter gebiert. Mehr lehrhafter Kulturmythos ist die sprachlich komplizierte Dichtung von der Erschaffung der Hacke und der Menschenschöpfung aus der Akkerfurche, ebenso mehrere myth. Streitgespräche um Viehzucht und Landwirtschaft, in denen Enlil auftritt.
Literatur: JACOBSEN, TH.: Towards the image of Tammuz. Hg. v. W. L. MORAN. Cambridge (Mass.) 1970. S. 104. – BEHRENS, H.: Enlil und Ninlil. Ein sumer. Mythos aus Nippur. Rom 1978.

Enmerkar-Epen, zwei sumer. Epen des Streitgedichttyps um den histor. König Enmerkar von Uruk (etwa 28. Jh. v. Chr.) und seinen Konflikt mit den Herrschern des südwestl. Iran (Aratta) um die Vorherrschaft und das Recht der Heiligen Hochzeit mit der Göttin Inanna. Ähnlich ist der histor. Ausgangspunkt unter seinem Nachfolger im ↑ Lugalbanda-Epos geschildert.
Literatur: COHEN, S.: Enmerkar and the Lord of Aratta. Diss. University of Pennsylvania, Philadelphia 1973. – BERLIN, A.: Enmerkar and Ensuḫkešdamma. A Sumerian narrative poem. Philadelphia (Pa.) 1979.

Ennery, Adolphe Philippe d' [frz. ɛn-'ri], frz. Dramatiker, ↑ Dennery, Adolphe Philippe.

Ennius, Quintus, * Rudiae (Kalabrien) 239, † Rom 169, röm. Schriftsteller. – Neben Naevius der größte Dichter der röm. Vorklassik. Wurde von Cato d. Ä. nach Rom gebracht, war dort als Lehrer des Griechischen und Lateinischen tätig, gewann die Freundschaft und Protektion der Scipionen sowie des Marcus Fulvius Nobilior, den er in dem Drama ›Ambracia‹ feierte; erhielt 184 das röm. Bürgerrecht. Von seinen Werken, durch die er zu einem bed. Vermittler griech. Literatur wurde, sind nur Zitate bei Späteren erhalten. Unter seinen Dramen (24 Titel) herrschen Tragödien vor; er hat insbes. Stücke des Euripides nachgebildet (u. a. ›Hecuba‹, ›Medea exul‹ [= Medea in der Fremde]). Er übersetzte Euhemeros und ging in der Gedichtsammlung ›Saturae‹ erste Schritte in die Richtung der späteren Satire. Seine Epigramme (drei erhalten) verwendeten zum ersten Mal in der röm. Literatur das eleg. Distichon. Sein Hauptwerk, die ›Annales‹ (= Jahrbücher), das erste lat. Epos in daktyl. Hexametern, stellte in 18 Büchern die röm. Geschichte von den Anfängen bis auf die eigene Zeit dar; es war bis zum Erscheinen der ›Aeneis‹ Vergils das Nationalgedicht der Römer.
Ausgaben: Ennianae poesis reliquiae. Hg. v. I. Vahlen. Stg. 1928. Nachdr. Amsterdam 1963. – E. The tragedies. The fragments. Hg. v. H. D. Jocelyn (mit Kommentar). London 1967.
Literatur: Skutsch, O.: Studia Enniana. London 1968. – E. Hg. v. O. Skutsch. In: Entretiens sur l'antiquité classique 17. Genf u. Bern 1972.

Ennodius, Magnus Felix, * Arles (?) 473 oder 474, † Ticinum (heute Pavia) 17. Juni 521, lat. Schriftsteller. – Gall. Herkunft; war Geistlicher in Mailand, seit etwa 515 Bischof von Pavia, 515 und 517 Gesandter in Konstantinopel; klassisch-heidn. sowie christl. Tradition verpflichtet, war er in gewollt elegantem Stil zu sehr Nachahmer der frühen großen Dichter; schrieb u. a. eine Lobrede auf Theoderich den Großen, Gedichte, Reden, Briefe und eine Biographie des Bischofs Epiphanius von Pavia.

Enquist, Per Olov, * Hjoggböle (Västerbotten) 23. Sept. 1934, schwed. Schriftsteller. – Bed. Vertreter des modernen schwed. Romans. Seine Werke sind gekennzeichnet durch sprachl. und formale Experimente, die den Raum zwischen histor. Wirklichkeit und dichter. Abstraktion bemessen; schrieb mehrere Theaterstücke und Hörspiele (einige zusammen mit Anders Ehnmark).
Werke: Kristallögat (R., 1961), Färdvägen (R., 1963), Der fünfte Winter des Magnetiseurs (R., 1964, dt. 1966), Hess (R., 1966), Die Ausgelieferten (R., 1968, dt. 1969), Der Sekundant (R., 1971, dt. 1979), Die Nacht der Tribaden (Schsp., 1975, dt. 1976), Auszug der Musikanten (R., 1978, dt. 1982), Aus dem Leben der Regenwürmer (Dr., 1981, dt. 1982), Gestürzter Engel (R., 1985, dt. 1987), Två reportage om idrott (1986), Kapitän Nemos Bibliothek (R., 1991, dt. 1994).

Enright, Dennis Joseph [engl. 'enraıt], * Leamington (Warwickshire) 11. März 1920, engl. Schriftsteller. – Wirkte als Dozent u. a. an den Universitäten von Alexandria, Bangkok und Singapur sowie 1956/57 an der Freien Univ. Berlin; 1974–82 Verlagsdirektor. Gehörte als Lyriker zu den Movement-Dichtern der späten 50er Jahre; bevorzugt einen klaren, unprätentiösen, oft ironisch-distanzierten Stil (›Instant chronicles‹, Ged., 1985; ›Collected poems‹, 1987); schrieb auch Romane (z. B. ›Academic year‹, 1955; ›Figures of speech‹, 1965), Kindergeschichten sowie krit. und autobiograph. Prosa (z. B. ›Memoirs of a mendicant professor‹, 1969).
Weitere Werke: Fields of vision (Essays, 1988), Selected poems 1990 (Ged., 1990), Under the circumstances (Ged., 1991), Old men and comets (Ged., 1994).
Literatur: Walsh, W.: D. J. E. Poet of humanism. London 1974. – Life by other means. Essays on D. J. E. Hg. v. J. Simms. Oxford u. a. 1990.

Enríquez Gómez, Antonio [span. en-'rrikɛθ 'ɣomɛθ], Pseudonym Enrique Enríquez de Paz, * Segovia 1600 (?), † Amsterdam (?) 1660 (?), span. Dichter. – Sohn eines getauften portugies. Juden; Offizier, ging 1636 nach Frankreich und in die Niederlande, da er von der Inquisition der Sympathie mit dem jüd. Glauben verdächtigt wurde. Schrieb neben 22 Komödien und gongorist. Lyrik einen Schelmenroman, den er in ›El siglo pitagórico y vida de Don Gregorio Guadaña‹ (1644) mit einer Reihe satir. Charakterbilder verband.
Ausgabe: A. E. G. Comedias. Poesías. In: Biblioteca de autores españoles. Bd. 42. Hg. v. B. C. Aribau. Bd. 42. Madrid 1857.

Literatur: ROSE, C.: Las comedias políticas de E. G. In: Nuevo Hispanismo 2 (1982), S. 45.

Ensenhamen [εnsεnja'mεn; provenzal. = Unterweisung], provenzal. Lehrdichtung, die der Unterweisung der mittelalterl. Gesellschaft in standesgemäßer Lebensführung diente. Entsprechend der sozialen Schichtung existieren E.s für Adlige und Nichtadlige beiderlei Geschlechts.
Literatur: MOUSON, A.: Les ›e.s‹ occitans. Essai de définition et de délimitation du genre. Paris 1981. – VITALE BROVARONE, A.: E. In: Lex. des MA. Bd. 3. Mchn. u. Zü. 1986.

Entführungssagen ↑ Brautwerbungssagen.

Enthüllungsdrama ↑ analytisches Drama.

Entremés [span. entre'mes = Zwischenspiel], span. Begriff für Zwischenspiel; meist schwankhafter oder satir. Einakter, der zwischen den Akten der ↑ Comedia oder zwischen Vorspiel und ↑ Auto sacramental eingeschoben wurde. Die meisten Entremeses entstanden während der Blütezeit der Comedia im 16./17. Jh.; als Meister des span. E. gilt M. de Cervantes Saavedra (›Ocho comedias y ocho entremeses nuevos‹, 1615, dt. 1845 u. d. T. ›Zwischenspiele‹), ferner F. Gómez de Quevedo y Villegas und L. Quiñones de Benavente, der etwa 800 Entremeses geschrieben haben soll, im 18. Jh. R. de la Cruz Cano y Olmedilla und im 20. Jh. die Brüder S. und J. Álvarez Quintero. Das E. ist heute z. T. durch ↑ Sainete und ↑ Género chico abgelöst.
Literatur: ASENSIO, E.: Itinerario del entremés desde Lope de Rueda a Quiñones de Benavente. Madrid 1965.

Entschi (tl.: Enchi), Fumiko, eigtl. Ueda Fumi, * Tokio 2. Okt. 1905, † ebd. 14. Nov. 1986, jap. Schriftstellerin. – Begann mit Theaterstücken, wandte sich Mitte der 30er Jahre dem Roman zu; zentrale Themen sind u. a. menschl. Obsessionen, die Häßlichkeiten des Alters sowie Frauenprobleme.
Werke: Die Wartejahre (R., 1957, dt. 1985), Die Dichterin und die Masken (R., 1958, dt. 1984).

Entwicklungsroman, von M. Gerhard 1926 eingeführter Begriff für einen Romantypus, in dem, im Unterschied zum Typ des Zeit-, Staats- oder Gesellschaftsromans, die erzählte Welt von einer Zentralgestalt her gesehen ist und das Interesse des Erzählers v. a. den Bewußtseins- und sozialen Lernprozessen des zumeist jugendl. Helden gilt. Dessen Sozialisation kann als Geschichte von Vervollkommnung oder Deformation, utop. Entwerfen und Desillusionierung, Anpassung oder Verweigerung und Entsagung, sozialem Auf- oder Abstieg erzählt werden, wobei positive, negative und in Stagnation führende Bewegungslinien oft ineinander verschränkt sind. Der E. grenzt an ↑ Autobiographie, ↑ Bildungsroman und ↑ Erziehungsroman. Goethes ›Wilhelm Meisters Lehrjahre‹ (1795/96) ist wohl der bekannteste E.; je nachdem, welche Aspekte als relevant angesehen werden, gelten als E.e (oft nicht unwidersprochen) neben den ›eigtl.‹ Bildungsromanen auch Werke wie z. B. ›Parzival‹ (nach 1200, Wolfram von Eschenbach), ›Der Abentheurliche Simplicissimus Teutsch‹ (1669, J. J. Ch. von Grimmelshausen), ›Geschichte des Agathon‹ (1766/67, 2. erweiterte Fassung 1773, endgültige Ausg. 1794, Ch. M. Wieland), ›Ahnung und Gegenwart‹ (1815, J. von Eichendorff), ›Der grüne Heinrich‹ (1. Fassung 1854/55, 2. Fassung 1879/80, G. Keller) und im 20. Jh. u. a. ›Der Zauberberg‹ (1924, Th. Mann) oder ›Die Blechtrommel‹ (1959, G. Grass).
Literatur: GERHARD, M.: Der dt. E. bis zu Goethes ›Wilhelm Meister‹. Bern u. Mchn. ²1968. – SCHILLER, D.: Der E. als Bewußtseinsroman. In: Erfahrung Exil. Antifaschist. Romane 1933–45. Hg. v. S. BOCK u. M. HAHN. Bln. u. Weimar 1979. – TROMMLER, F.: Von Stalin zu Hölderlin. Über den E. in der DDR. In: Zum Roman in der DDR. Hg. v. M. SILBERMANN. Stg. 1980. – KOLBE, H.: Wilhelm Raabe. Vom E. zum Desillusionsroman. Bln. 1981. – JENSEN, T./NICOLAISEN, C.: Udviklingsromanen – en genres historie. Odense 1982. – TIEFENBACHER, H.: Textstrukturen des E.s u. Bildungsromans. Königstein i. Ts. 1982. – RATZ, N.: Der Identitätsroman. Eine Strukturanalyse. Tüb. 1988.

Enuma elisch [akad. = als droben], das gegen 1100 v. Chr. verfaßte und nach seinen Anfangsworten benannte babylon. Lehrgedicht von den uranfängl. Göttergenerationen und vom Aufstieg Marduks, des Stadtgottes von Babylon, zur Weltherrschaft nach seinem Sieg über das chaot. Urmeer Tiamat und nach der Erschaffung der Welt.

Enumeration [lat. = die Aufzählung], rhetor. Figur, koordinierende Reihung von Wörtern, die einem Sammelbegriff untergeordnet sind, der vorangestellt oder nachgestellt sein kann.

Envoi [frz. ã'vwa = Geleit, Zueignung, Widmung], Geleit-, meist Schlußstrophe in den alt- und mittelfrz. Liedgattungen ↑Chanson, ↑Ballade, ↑Chant royal; kam mit der Kanzone aus der Troubadourlyrik (↑Tornada) in die mittelalterl. Dichtung Nordfrankreichs.
Literatur: POIRION, D.: Le poète et le prince. Paris 1965. Nachdr. Genf 1978. – DAMBLEMONT, G.: E. In: Lex. des MA. Bd. 3. Mchn. u. Zü. 1986.

Enweri, pers. Dichter, ↑Anwari.

Enzensberger, Hans Magnus, * Kaufbeuren 11. Nov. 1929, dt. Lyriker und Essayist. – Germanistik- und Philosophiestudium, 1955–57 Rundfunk-Redakteur in Stuttgart; Reisen in die USA und nach Mexiko, 1957–59 in Norwegen, 1960 in Italien; 1960–61 Verlagslektor in Frankfurt am Main; Reisen in die UdSSR (1963) und in den Nahen Osten (1964); 1968 abgebrochene Gastdozentur in den USA und anschließender Kubaaufenthalt; lebt seither in der BR Deutschland. E.s Schaffen umfaßt zunächst ein Nebeneinander von v.a. zeit- und gesellschaftskrit. Gedichten (›verteidigung der wölfe‹, 1957; ›landessprache‹, 1960; ›blindenschrift‹, 1964), zunehmend polit. engagierten Essays (›Einzelheiten‹, 2 Tle., 1962–64; ›Politik und Verbrechen‹, 1964; ›Deutschland, Deutschland unter anderm‹, 1967) und eine umfangreiche Hg.-Tätigkeit (u. a. ›Museum der modernen Poesie‹, 1960; ›Allerleirauh‹, Kinderreime, 1961); 1965–75 zeichnete E. als Hg. des ›Kursbuchs‹, seit 1980 Mit-Hg. der Monatsschrift ›Transatlantik‹, seit 1985 Hg. der Reihe ›Die Andere Bibliothek‹. Der politisch unruhige Sommer in Berlin 1967 markierte in E.s Schaffen eine einschneidende Zäsur, da er der Literatur keine ›wesentl. gesellschaftl. Funktion‹ mehr zugestehen will, sondern vom Schriftsteller die Mitwirkung an der ›polit. Alphabetisierung Deutschlands‹ fordert. E.s eigener Beitrag dazu umfaßte die dokumentarisch-literar. Arbeiten ›Das Verhör von Habana‹ (1970), ›Freisprüche. Revo-

lutionäre vor Gericht‹ (1970; Hg.) und den Roman ›Der kurze Sommer der Anarchie. Buenaventura Durrutis Leben und Tod‹ (1972). Daß ›Das Verhör von Habana‹ vor seiner Buchpublikation in Rundfunk und Fernsehen gesendet wurde, zeigt E.s B. Brecht und W. Benjamin folgendes Interesse, die Massenmedien in gesellschaftlich progressivem Sinne produktiv zu machen (›Baukasten zur Theorie der Medien‹, 1971). Mit ›Mausoleum. 37 Balladen aus der Geschichte des Fortschritts‹ (1975) kehrte E. zum Dichterischen zurück, allerdings mit kulturpessimist. und den techn. Fortschritt hinterfragender Tendenz. E. ist auch als Hörspielautor (u. a. ›Nacht über Dublin‹, UA 1961; ›Taube Ohren‹, 1971) und Übersetzer (u. a. von J. Gay, W. C. Williams, C. Vallejo) hervorgetreten. Georg-Büchner-Preis 1963.
Weitere Werke: Zupp (Kinderb., 1958), Clemens Brentanos Poetik (Abh., 1961), Gedichte. Die Entstehung eines Gedichts (1962), Palaver. Polit. Überlegungen 1967–73 (1974), Der Untergang der Titanic (Versepos, 1978), Die Furie des Verschwindens (Ged., 1980), Polit. Brosamen (1982), Der Menschenfreund (Kom., 1984), Ach Europa! Wahrnehmungen aus sieben Ländern (1987), Mittelmaß und Wahn (Essays, 1988), Zukunftsmusik (Prosa, 1991), Aussichten auf den Bürgerkrieg (Prosa, 1993), Delirium (Stück, UA 1994), Diderots Schatten. Unterhaltungen, Szenen, Essays (1994).
Literatur: Über H. M. E. Hg. v. J. SCHICKEL. Ffm. 1970 (mit Bibliogr.). – ZIMMERMANN, A.: H. M. E. Bonn 1977. – H. M. E. Hg. v. R. GRIMM. Ffm. 1983. – GRIMM, R.: Texturen. Essays u. a. zu H. M. E. New York u. a. 1984. – H. M. E. Hg. v. H. L. ARNOLD. Mchn. ²1985 – PREUSSE, H.-H.: Der polit. Literat H. M. E. Ffm. u. a. 1989.

Enzyklopädie [frz., aus mlat. encyclopaedia = Grundlehre aller Wiss. und Künste, von griech. enkyklopaideía], ursprünglich von dem griech. Sophisten Hippias von Elis (5. Jh. v. Chr.) geprägter Begriff zur Bez. der universalen Bildung, später allgemein als Alltagsbildung definiert, die nach Isokrates (* 436?, †338) auf die wahre Bildung nur vorbereitet. Diese Bedeutung einer Propädeutik der Philosophie, im MA zum Theologie, behält der Begriff bis zum Beginn der Neuzeit. – Im 1. Jh. v. Chr. hat ihn M. Terentius Varro erstmals in einem geschlossenen System, dem der ↑Artes liberales, organisiert. Quintilian knüpft im 1. Jh.

n. Chr. in der Definition der E. als ›orbis doctrinae‹ (= Kreis der Bildung) an Varro an, nimmt aber zugleich den Begriff der ›universalen Bildung‹ wieder auf. Die Artes liberales stellen das Fundament mittelalterl. Schulbildung dar und geben das klass. Gliederungsschema der E.n des MA ab; E. als Titel begegnet erst am Ausgang des MA. In der Neuzeit wird der Versuch unternommen, die Gesamtheit menschl. Wissens in einem neuen, dem gewandelten Weltbild entsprechenden Zusammenhang darzustellen. Die Darstellung erfolgt entweder systematisch (nach Themenkreisen) oder alphabetisch (nach Stichwörtern). Man unterscheidet demnach 1. die *systemat. E.* und 2. die *alphabet. E. (Allg.-E., Universal-E., Real-E.* oder *Reallexikon, Sachwörterbuch,* bes. im 19. Jh. *Konversationslexikon),* außerdem die auf nur ein Sachgebiet beschränkte *Fach-* oder *Spezialenzyklopädie.*

Die systematischen Enzyklopädien: Ihre *Anfänge* werden auf Speusippos († 339 v. Chr.), einen Schüler Platons, zurückgeführt, von dessen Werk nur wenige, v. a. naturhistor., mathemat. und philosoph. Fragmente erhalten sind. *Römische* Gelehrte führten die Tradition fort. Gegenstand der Lehrbriefe Catos d. Ä., ›Libri ad Marcum filium‹ (= Bücher an den Sohn Marcus) sind: Landwirtschaft, Medizin, Rhetorik, Kriegswesen. M. Terentius Varro verfaßte die ›Disciplinarum libri IX‹ (fragmentarisch erhalten) sowie die ›Antiquitates rerum humanarum et divinarum‹ (41 Bücher; bruchstückhaft überliefert), ein ›Handbuch der Staatswiss.‹, das über den Menschen, die Geographie des Röm. Reiches, über Regierung, Staat, Recht und Religion informiert. Die ›Artes‹ des A. C. Celsus behandeln Medizin (überliefert), Ackerbau, Rhetorik und Kriegswesen. In der Tradition Varros steht die ›Naturalis historia‹ (= Naturgeschichte, 37 Bücher) Plinius' d. Ä., die aus zahlreichen röm. und nicht-röm. Autoren (relativ unkritisch) ausgezogen wurde. Ihre Themen sind allg. Geographie, Astronomie, Meteorologie, Länderkunde, Ethnographie, Anthropologie, Zoologie, Botanik, Medizin, Arzneimittelkunde, Magie, Mineralogie, bildende Kunst. – Zu den Autoren des *Mit-*

telalters, die wiederum aus röm. Quellen schöpften, gehört Martianus Capella. Seine teils in Versen, teils in Prosa abgefaßte E. ›De nuptiis Mercurii et Philologiae‹ (= Von der Hochzeit Merkurs mit der Philologie) ist die für das ganze MA maßgebende Darstellung der Artes liberales. Das ›Grundbuch mittelalterl. Bildung‹ (E. R. Curtius) sind aber die ›Institutiones divinarum et saecularium litterarum‹ Cassiodors, die bibl. und kirchlich-histor. Wissen mit den Artes liberales verbinden und theologisch begründen. In der E. Isidors von Sevilla ›Etymologiarum sive originum libri XX‹ (meist als ›Origines‹ oder ›Etymologiae‹ bezeichnet; in nahezu 1 000 Handschriften überliefert) ist das gesamte Wissen seiner Zeit und der heidn. Spätantike zusammengetragen: außer den Artes liberales u. a. Medizin, Jura, Theologie, Weltgeschichte, Sprachen, Staatswesen, Etymologie, Zoologie, Geographie, Geologie und Landwirtschaft. Die Nachwirkung der ›Origines‹ läßt sich in einem Großteil der gelehrten Literatur des MA nachweisen, insbes. in der E. ›De rerum naturis seu de universo‹ des Hrabanus Maurus, der sie allerdings leicht veränderte, u. a. durch mystisch-allegor. Ausdeutung. Das ›Didascalicon‹ des Hugo von Saint-Victor ersetzte richtungweisend das Gliederungsschema der Artes liberales durch die Einteilung nach ›theoretica‹, ›practica‹, ›mechanica‹ und ›logica‹. – Im Hoch-MA erschien eine Fülle von E.n, so u. a.: der prächtig illuminierte, als religiöses Erbauungsbuch für Nonnen verfaßte ›Hortus deliciarum‹ der Herrad von Landsberg, wahrscheinlich die erste E. einer Frau, die aus lat. Übersetzungen griech. und arab. Schriften kompilierte E. ›De finibus rerum naturalium‹ des Arnold von Sachsen und der enzyklopäd. ›Bestseller‹ ›Liber de proprietatibus rerum‹ des Bartholomaeus Anglicus, eine bereits im MA u. a. ins Italienische, Französische, Englische, Spanische übersetzte, popularisierte Kompilation aus der Naturgeschichte. Den Höhepunkt der E. des MA stellt das ›Speculum maius‹ des Vinzenz von Beauvais dar, die mit Abstand umfassendste, aus etwa 2 000 Quellen zusammengestellte Sammlung mittelalterl. Wissens, mit den Themen Gott, Schöpfung (hier u. a. Physik, Geographie, Landwirtschaft, Alchimie, Botanik, Astronomie), Mensch, sein Verhältnis zu Gott, Sprache, Grammatik, Logik, Rhetorik, Ethik, Familie, Ökonomie, Politik, Recht, Handwerk, Architektur, Krieg, Sport, Seefahrt, Medizin, Mathematik, Metaphysik, Theologie, Geschichte, Kulturgeschichte. Ihr Einfluß auf gelehrte und belletrist. Literatur des Spät-MA und der Renaissance ist kaum abzuschätzen (Übersetzungen u. a. ins Französische, Spanische, Deutsche). Mit dem ›Compendium philosophiae ...‹ (entst. vor 1320) kündigte sich die erste moderne E. insofern an, als es die in der scholast. Philosophie erfolgte Verschmelzung des Aristotelismus mit der Kirchenlehre erstmals in der enzyklopäd. Gattung spiegelt, Objektivität in der Wissensvermittlung anstrebt und über die neuesten naturwiss. Entdeckungen informiert. – Die Anzahl nationalsprachl. E.n des MA blieb erheblich hinter der in lat. Sprache zurück. In den meisten Fällen sind es für ein Laienpublikum bestimmte vulgarisierte Bearbeitungen lat. Vorlagen, so die dt. E. ›Buch der Natur‹ (1349/50) des Konrad von Megenberg. Zwei weitverbreitete Kompendien religiösen und weltl. Wissens anonymer Verfasser sind der dt. ›Lucidarius‹ (entst. zw. 1190 und 1195) und der frz. ›Sidrach‹ (nach 1268 oder 1291). Als erste Laien-E. von Rang gelten die drei Bücher von ›Li livtes dou

Enzyklopädie. Kopie einer Miniatur aus dem ›Hortus deliciarum‹ der Herrad von Landsberg (verfaßt zwischen 1175 und 1185)

tresor‹ (um 1265) Brunetto Latinis, die, auf ein bürgerl. Publikum zugeschnitten, v. a. prakt. Wissen (Weltgeschichte, Naturwiss., Geographie, Landwirtschaft, Ethik, Rhetorik, Politik) vermitteln (italien. Kurzfassung u. d. T. ›Il tesoretto‹). Bes. im MA stand die *arab.* und *chin.* enzyklopäd. Literatur in hoher Blüte. Ibn Kutaibas ›Kitāb ʻUyūn Al-Aḫbār‹ (= Quellen der Geschichte, 9. Jh.; 10 Bücher mit je einem Themenkreis: Souveränität, Krieg, Adel, Charakter, Gelehrsamkeit und Rhetorik, Askese, Freundschaft, Gebet, Nahrung, Frauen) wurde für viele spätere arab. Werke richtungweisend. Die vor 1 000 publizierten ›Mafātīḥ Al-ʻUlūm‹ (= Schlüssel zu den Wiss.) des Al Chwarismi wirkten hinsichtlich ihrer Einteilung in einheim., d. h. arab. (Jura, Philosophie, Grammatik, Verwaltungswiss., Poetik, Geschichte) und fremde Wiss. (Philosophie, Logik, Medizin, Alchimie) in der enzyklopäd. Tradition des Islam lange nach. – Die chin. E. ›Tʻung-tien‹ des Tu Yu (8. Jh.) informiert über Wirtschaft, Bildungswesen, Regierung, Sitten und Bräuche, Musik, Armee, Rechtsprechung, polit. Geographie, Verteidigung. 1319 wurde sie von Ma Tuanlin u. d. T. ›Wen-hsien tʻung-kʻao‹ auf 348 Bücher erweitert. Li Fangs ›Tʻai-pʻing yü-lan‹ (10. Jh., 1 000 Bde.) erschien noch 1812 in einer revidierten Neuausgabe. Die E. ›Yung-lo ta-tien‹ (1403–07) umfaßte ursprünglich etwa 11 000 Hefte, von denen nur einige Hundert erhalten sind. Alle diese E.n bieten Quellentexte im Wortlaut und überliefern bed., sonst längst verlorene histor. und literar. Texte.

Eine der wenigen bed. systemat. E.n der *Neuzeit* ist J. H. Alsteds ›Encyclopaedia septem tomis distincta‹ (1630), die Philologie, Philosophie, Theologie, Jura, Medizin, Handwerk, Geschichte, Architektur und Magie behandelt. Die in systemat. Ordnung gebrachte, erweiterte ›Encyclopédie‹ D. Diderots und J. Le Rond dʼAlemberts wurde als ›Encyclopédie méthodique par ordre des matières‹ (166 Bde., 1782–1832) von Charles Joseph Panckoucke (* 1736, † 1798) u. a. herausgegeben. – Die ›Encyclopédie française‹ (auf 21 Bde. berechnet, unvollendet, 1935 ff.) folgt einem Einteilungsschema nach umfassenden Sachgruppen. Demgegenüber stellt ›Rowohlts dt. E.‹ (1955 ff.) monograph. Abhandlungen über Einzelprobleme aus allen Wiss.-Bereichen mittels beigegebener ›enzyklopäd. Stichwörter‹ und Register in einen enzyklopäd. Zusammenhang. ›Das Fischer Lexikon‹ (1957–66) ist eine Sammlung von 40 Spezial-E.n, von denen jede aus wenigen größeren, alphabetisch angeordneten Überblicksartikeln besteht, in die eine Fülle von Stichwörtern systematisch eingearbeitet ist.

Den systemat. E.n sind auch die *philosoph.* oder *formalen E.n* zuzurechnen, die die Frage nach dem organ. Zusammenhang der Wiss. zum Gegenstand haben und diesen philosophisch begründen. F. Bacon entwarf in seiner ›Magna instauratio imperii humani in naturam‹ (2 Tle., 1620–23) einerseits eine Methodenlehre der Wiss., andererseits schlug er eine Einteilung aller auf den drei Grundkräften der Seele (Gedächtnis, Einbildungskraft, Verstand) basierenden Wiss. vor, denen Geschichte, Dichtung und Philosophie zugeordnet sind. Der Philosophie liegt dabei eine erst zu schaffende Lehre von allen Wiss. gemeinsamen log. Grundsätzen (›philosophia prima‹) zugrunde. In D. G. Morhofs ›Polyhistor literarius, philosophicus et practicus ...‹ (postum 1708) liegt das Gewicht auf dem literar. Teil, mit dem Morhof die dt. Literaturgeschichtsschreibung begründete. J. G. Sulzers an den führenden empir. und eklekt. Systemen der Zeit orientierter ›Kurzer Begriff aller Wiss.‹ (1745) wurde Vorbild zahlreicher enzyklopäd. Lehrbücher des 18. Jahrhunderts. Am bedeutendsten ist G. W. F. Hegels ›E. der philosoph. Wissenschaft im Grundrisse‹ (1817, ^{3}1830), eine Zusammenfassung aller Teile seines Systems. Den Begriff der E. definierte er als ›die Wissenschaft von dem notwendigen, durch den Begriff bestimmten Zusammenhang und von der philosoph. Entstehung der Grundbegriffe und Grundsätze der Wissenschaften‹.

Die alphabetischen Enzyklopädien: Die in der Neuzeit dominierende alphabet. E. hat im *Altertum* und *Mittelalter* nur wenige, zudem meist schlecht oder gar nicht überlieferte Vorläufer. Die um die Zeitwende von Verrius Flaccus verfaßte E. ›De significatu verborum‹, von der nur der 2. Teil in der Fassung des Sextus Pompeius Festus (2. Hälfte des 2. Jh.) und ein Auszug von Paulus Diaconus (8. Jh.) überliefert sind, ist die mutmaßlich älteste alphabet. Enzyklopädie. Das um 1000 entstandene byzantinische ›Suda‹-Lexikon in griech. Sprache mit etwa 30 000 Stichwörtern enthält neben Worterklärungen u. a. Informationen über griech. Literatur und Philosophie, byzantin. Geschichte sowie Fragmente aus Werken griech. Schriftsteller. – Im *17. Jh.* ragte A. Furetières ›Dictionnaire universel des arts et sciences‹ (3 Bde., 1690, ^{12}1820–24), das erste Beispiel einer nach heutigen Vorstellungen modernen E., heraus. In P. Bayles ›Dictionnaire historique et critique‹ (2 Bde., 1696/97, endgültige Fassung 1702) wurde eine gänzlich neue Konzeption entwickelt: klare und knappe Artikel mit ausführl. Anmerkungen ersetzen die von unkrit. Autoritätsgläubigkeit zeugenden Zitatenschätze früherer E.n durch krit., bereits von aufklärer. Geist bestimmte Stellungnahmen. Die von Bayles Werk ausgehende Wirkung ist an zahlreichen Übersetzungen abzulesen (u. a. die ›entschärfte‹ Fassung von J. Ch. Gottsched ›Histor. und Crit. Wörterbuch‹, 4 Bde., 1741–44). – Erst im *18. Jh.* erschien die erste neuere dt. E. von Bedeutung, das Zedlersche ›Große vollständige Universal-Lexicon aller Wiss. und Künste‹ (64 Bde., 4 Suppl.-Bde. [A–Caq], 1732 bis 1754), an dem bekannte Fachgelehrte, u. a. auch Gottsched, mitarbeiteten. Das Zedlersche Lexikon zeichnet sich, abgesehen von seinem Umfang, durch bes. Genauigkeit aus. Seine genealog. und biograph. Artikel von Zeitgenossen (mit Literaturangaben) sind bis heute unersetzlich. E. Chambers' ›Cyclopædia: or, an universal dictionary of arts and sciences‹ (2 Bde., 1728), die in stärkerem Maß Technik und Naturwiss. berücksichtigt und die Organisation des Wissens durch ein System von Querverweisen verbessert, ist v. a. durch ihren Einfluß auf spätere E.n von Bedeutung. Daß Diderots und d'Alemberts ›Encyclopédie ou Dictionnaire raisonné des sciences, des arts et des métiers‹ (35 Bde.,

1751–80) das Standardwerk der frz. Aufklärung und das ›Einleitungskapitel der
Revolution‹ (M. Robespierre) wurde, ist
v. a. das Verdienst Diderots. Führende
Philosophen und Wissenschaftler der
Zeit (↑ Enzyklopädisten), die Diderot als
Mitarbeiter gewann, verliehen der E. die
antiklerikale und antiabsolutist. Stoß-
kraft; zahllose Handwerker und Techniker machten sie in Kooperation mit Diderot zum ersten namhaften Lexikon der
Technik, das diese mit großer Akribie
darstellt und in einer 12bändigen Tafel-
sammlung genau abbildet. Bleibende internat. Bedeutung errang auch die ›Encyclopædia Britannica: or a Dictionary of
arts and sciences‹ (3 Bde., 1768–71),
deren 15. Auflage 1974 u. d. T. ›The
new Encyclopædia Britannica‹ erschien
(jährl. Neuausgaben, bisher letzte Ausg.
1994 in 32 Bden. auf der Grundlage der
15. Aufl. in: Propædia [1 Bd.], Micropæ-
dia 1–12, Macropædia 13–29, 2 Index-
Bde.). – Das bislang umfangreichste europ. Lexikon, J. S. Erschs und J. G. Gru-
bers ›Allgemeine Encyclopädie der Wiss.
und Künste‹ (167 Bde., 1818–89; unvollendet), ist eine Kollektivarbeit dt. Gelehrter; in ihm dominieren weitgefaßte
Stichwörter und große monograph. Darstellungen. Das Werk beschloß die Epoche der großen wiss. E.n; an ihre Stelle
trat das für das *19. Jh.* typ. Konversationslexikon, das sich unter Preisgabe
einer allg. Interessenidentität zwischen
Gelehrten und gebildeten Laien v. a. an
die letzteren wendete. F. A. Brockhaus
und J. Meyer (Bibliograph. Institut) haben diese Entwicklung maßgeblich bestimmt. Voraus ging das von R. G. Löbel
hg. ›Conversationslexikon mit vorzügl.
Rücksicht auf die gegenwärtigen Zeiten‹
(6 Bde., 1796–1808), das 1808 von F. A.
Brockhaus erworben und 1809 neu her-
ausgebracht wurde (1810/11 folgten 2
Nachtrags-Bde.). Das Konversationslexikon hat nach Löbel den Zweck, den
›Eingang in gebildete Cirkel‹ zu ermöglichen und dazu die Kenntnisse zu vermitteln, ›welche ein jeder als gebildeter
Mensch wissen muß, wenn er an einer
guten Conversation theilnehmen und ein
Buch lesen will ...‹, eine Charakterisierung, die auch für die von Brockhaus be-
sorgten Neuauflagen, meist u. d. T. ›Allg.

Enzyklopädie. Titelseite des ersten Lexikons
aus dem Bibliographischen Institut von Joseph
Meyer (1839)

dt. Real-Encyclopädie für die gebildeten
Stände – Conversations-Lexicon‹, gilt.
Die 5. Auflage (1819/20) wurde erstmals
unter Zugrundelegung einer wiss. Systematik von vielen Fachgelehrten bearbeitet (17. Aufl. in 20 Bden. 1966–74 u. d. T.
›Brockhaus E.‹; 18. Aufl. in 12 Bden.
1977–81 u. d. T. ›Der Große Brockhaus‹;
die 19., völlig neu bearbeitete Aufl. in 24
Bden. u. d. T. ›Brockhaus E.‹ 1986–94).
Nach der Intention seines Hg. J. Meyer
sollte das ›Große Conversations-Lexicon
für die gebildeten Stände‹ (46 Bde., 6
Suppl.-Bde., 1840–55) umfassender (bes.
über Naturwiss., Technik, Gewerbe,
Handwerk) informieren als der ›Brockhaus‹, billiger sein als Erschs und Gru-
bers ›Encyclopädie‹ sowie schneller zum
Abschluß kommen als diese; polit. Ziel
war die intellektuelle Emanzipation brei-
ter Volksschichten. 1857–60 erschien
eine Kurzfassung des ›Großen Conver-
sations-Lexicons‹ u. d. T. ›Neues Con-

versations-Lexikon für alle Stände‹ (bis zum 1. Weltkrieg 6 Auflagen). 1971–79 hat das Bibliograph. Institut die 9. Auflage u.d.T. ›Meyers Enzyklopäd. Lexikon in 25 Bänden‹ herausgegeben (Nachtrags-Bd. 1980, [2]1984; außerdem: ›Meyers Neues Lexikon‹, 8 Bde., 1978 bis 1981, ›Meyers Großes Universallexikon‹, 15 Bde., 1981–86 und ›Meyers Neues Lexikon‹, 10 Bde., 1993). – ›Herders Conversations-Lexikon‹ (5 Bde., 1854–57) wollte eine erschwingl. Lebenshilfe für die ärmeren kath. Bevölkerungsschichten sein. Großlexikon wurde der ›Herder‹ mit der 4. Aufl. (12 Bde., 1931–35). Analog zur 7. Aufl. des ›Meyer‹ u.d.T. ›Meyers Lexikon‹ (1924–30) und zur 15. Aufl. des ›Brockhaus‹ u.d.T. ›Der Große Brockhaus‹ (1928–35) erschien es unter Verzicht auf den jetzt überholten Begriff ›Konversationslexikon‹ als ›Der Große Herder. Nachschlagewerk für Wissen und Leben‹ ([5]1952–62 in 12 Bden.).

Die heutige E. (bzw. das heutige Lexikon) muß angesichts der schnell anwachsenden Informationsmenge (bes. auch auf naturwissenschaftl.-techn. Gebiet) äußerst knapp darstellen. Außerdem ist sie dem Anspruch der Zeit nach größtmögl. Aktualität beeinflußt. Bewältigung der Informationsmenge und Aufbereitung aktueller Tatsachen sind also vorrangige Probleme bei der Bearbeitung enzyklopäd. Werke, die annähernd, aber keineswegs vollkommen gelöst werden können.

Weitere Enzyklopädien des 20. Jh. (Auswahl): *BR Deutschland:* Bertelsmann-Lexikothek. 15 Bde., 1992. – *Dänemark:* Gyldendals tibinds leksikon. 10 Bde., 1977–78. – *DDR:* Meyers Neues Lexikon. 15 Bde., [2]1972–77. – *Frankreich:* Grand Larousse encyclopédique. 10 Bde., 1960 bis 1964, [2-3]1973. – La grande encyclopédie Larousse. 60 Bde., 1971–76. – Encyclopaedia Universalis. 23 Bde., Neuausg. 1990. – *Großbritannien und USA:* Chambers's encyclopaedia. 15 Bde., Neuausg. 1973. – Collier's encyclopedia. 23 Bde., Neuausg. 1986. – The encyclopedia Americana. 29 Bde., Neuausg. 1987. – *Italien:* Enciclopedia italiana di scienze, lettere ed arti. 35 Bde., Neuausg. 1949. – Grande dizionario enciclopedico

Utet. 20 Bde., [4]1991–93. – Enciclopedia europea. 12 Bde., 1976–84. – *Niederlande:* Grote Winkler Prins. 26 Bde., [9]1990–93. – *Norwegen:* Aschehougs konversasjonsleksikon. 20 Bde., [5]1974–75. – *Schweden:* Svensk uppslagsbok. 32 Bde., [2]1947–55, Nachdr. 1963. – *Sowjetunion:* Bol'šaja sovetskaja ènciklopedija. 30 Bde., [3]1970–78. – *Spanien:* Enciclopedia universal ilustrada europeo-americana. 70 Bde., 1905–30, 1931–33 10 Erg.-Bde., 1934 ff. weitere Erg.-Bde. – Diccionario enciclopédico Salvat universal. 20 Bde., Neuausg. 1975–76.

Literatur: KOGAN, H.: The great EB: the story of the Encyclopaedia Britannica. Chicago (Ill.) 1958. – ZISCHKA, G. A.: Index lexicorum. Bibliogr. der lexikal. Nachschlagewerke. Wien 1959. – UNDERBRINK, R. L.: About encyclopedias: An annotated bibliography. Jacksonville (Ill.) 1960. – GANDILLAC, M. P. DE, u. a.: La pensée encyclopédique au moyen âge. Neuenburg u. Paris 1966. – The circle of knowledge. Encyclopaedias past and present. Hg. v. J. M. WELLS. Chicago (Ill.) 1968. – DIERSE, U.: E. Zur Gesch. eines philosoph. u. wissenschaftstheoret. Begriffs. Bonn 1977. – Kleine Gesch. großer Lexika. Güt. 1990.

Enzyklopädisten [griech.], im weiteren Sinn die nahezu zweihundert Mitarbeiter an der von D. Diderot und J. Le Rond d'Alembert 1751–80 herausgegebenen ›Encyclopédie ou Dictionnaire raisonné des sciences, des arts et des métiers‹ (↑Enzyklopädie). Im engeren Sinn aber die frz. Philosophen, die die ›Encyclopédie‹ zum Sprachrohr der Aufklärung machten: Die bedeutendsten neben Diderot, der selbst einige der programmat. Artikel schrieb, waren d'Alembert (Mathematik), J.-J. Rousseau (Musik), P. H. D. Baron von Holbach (Chemie), Voltaire (u. a. die Beiträge ›esprit‹ und ›histoire‹), Montesquieu (Artikel ›goût‹), F. Quesnay (Beiträge ›fermiers‹ und ›grains‹, die den Physiokratismus begründen), A. R. J. Turgot (u. a. ›foire‹ und ›fondations‹), A. Marquis de Condorcet (naturwiss. Beiträge in den Suppl.-Bden.).

Literatur: DUCROS, L.: Les encyclopédistes. Paris 1900. Nachdr. Genf 1967. – SCHALK, F.: Einl. in die Enzyklopädie der frz. Aufklärung. Mchn. 1936. – PROUST, J.: Diderot et l'encyclopédie. Paris 1962. – MONREAL-WICKERT, I.: Die Sprachforschung der Aufklärung im Spiegel der großen frz. Enzyklopädie. Tüb. 1977.

Eobanus Hessus, Helius, dt. Humanist und nlat. Schriftsteller, † Hessus, Helius Eobanus.

Eötvös, József, Freiherr von Vásárosnamény [ungar. 'øtvøʃ], * Ofen (heute zu Budapest) 13. Sept. 1813, † Pest (heute zu Budapest) 2. Febr. 1871, ungar. Schriftsteller und Politiker. – War seit 1840 der liberale geistige Führer der national-zentralist. ungar. Reformbewegung, 1848 Unterrichtsminister, dann bis 1851 in Deutschland; 1867–71 erneut Unterrichtsminister, führte er die obligator. Schulpflicht ein und schuf mit Ferenc Deák (* 1803, † 1876) das bed. Gesetz 44 ex 1868 ›Über die Gleichberechtigung der Nationalitäten‹, das deren Eigenrechte schützte, 1870 aber durch die Magyarisierungspolitik überrollt wurde. E. schrieb gefühlvolle Vaterlandsgedichte, polit. Abhandlungen und Romane. Seine scharfe Gesellschaftskritik wurde in dem satir. Roman ›Der Dorfnotar‹ (1845, dt. 1846) erstes Zeugnis einer bewußt realistisch-polit. Prosa in der ungar. Literatur.

Weitere Werke: Der Karthäuser (R., 1839–42, dt. 1842), Der Bauernkrieg in Ungarn (R., 1847/ 1848, dt. 1850, 1976 u. d. T. Aufstand der Kreuzfahrer), Der Einfluß der herrschenden Ideen des 19. Jh. auf den Staat (Studie, 1851–54, dt. 1854), Die Garantien der Macht und Einheit Österreichs (Studie, 1859).

Ausgabe: Összes regényei. Budapest 1901–04. 20 Bde.

Literatur: BÖDY, P.: Joseph E. and the modernization of Hungary, 1840–1870. Philadelphia (Pa.) 1972. – VARDY, S. B.: Baron J. E. (1813–1871). A literary biography. Boulder (Colo.) 1987.

Epanalepse [griech. = Wiederholung], rhetor. Figur; Wiederholung eines Wortes (lat. iteratio) oder einer Wortgruppe (lat. repetitio): ›Mein Vater, mein Vater, jetzt faßt er mich an‹ (Goethe, ›Erlkönig‹).

Epanastrophe [griech. = Wiederkehr],

1. in der Rhetorik † Anadiplose;
2. in der Verslehre eine Strophe, die mit demselben Vers beginnt, mit dem die vorige endet.

Epanodos [griech. = Rückkehr], rhetor. Figur; nachdrückl. Wiederholung eines Satzes in umgekehrter Wortfolge: ›Ihr seid müßig, müßig seid ihr‹ (2. Mos. 5, 17).

Epeisodion [griech. = das Hinzutreten], eines der Bauelemente der griech.(-röm.) Tragödie: die zwischen zwei Chorlieder eingeschobene Dialogszene. – Der Vers der Epeisodia in der griech. Tragödie ist der jamb. Trimeter, neben dem jedoch auch, v. a. in älterer Zeit (Aischylos, ›Die Perser‹), der trochäische Tetrameter vorkommt; in der röm. Tragödie tritt an die Stelle des jamb. Trimeters der jamb. Senar.

Epenthese (Epenthesis) [griech. = Einschiebung], Einschiebung von Lauten, meist zur Erleichterung der Aussprache, z. B. das t in namentlich. – † auch Epithese.

Epexegese [griech. = hinzugefügte Erklärung], rhetor. Figur; in der Art einer Apposition nebenordnend hinzugefügte Erklärung, z. B. hier in der Heimat, drunten im Unterland.

Ephemeriden [griech. = Tagebücher], offizielle Aufzeichnungen an oriental. und später hellenist. Königshöfen mit minutiöser chronolog. Darlegung bes. des Tagesablaufs. Von Arrianos und Plutarch überlieferte Auszüge aus den im Stabe Alexanders des Großen geführten E., die möglicherweise auch in propagandist. Absicht verfaßt wurden, werden neuerdings in ihrer Authentizität angezweifelt.

Ephoros von Kyme (tl.: Éphoros), * Kyme (Kleinasien), griech. Geschichtsschreiber des 4. Jh. v. Chr. – Schüler des Isokrates, Zeitgenosse des Theopompos. Schrieb u. a. die erste griech. Universalgeschichte (›Historíai‹) in 29 Büchern (bis 341/340). Das nur fragmentarisch erhaltene Werk reichte von der dor. Eroberung des Peloponnes bis zur Zeitgeschichte, unter bes. Hervorhebung der Anfänge Philipps II. von Makedonien. Als Quellen lagen ihm u. a. Herodot, Thukydides und auch schon Kallisthenes vor; sein Sohn **Demophilos** fügte Buch 30 hinzu. Trotz der schon im Altertum geübten Kritik u. a. an seinem Stil wurde E. oft benutzt und exzerpiert.

Ephräm der Syrer [eˈfrɛːm] (Afrem), hl., * Nisibis (heute Nusaybin) um 306, † Edessa (heute Urfa) (nach der Chronik von Edessa) 9. Juni 378, Diakon, theolog. Lehrer. – E. wirkte zuerst als theolog.

Lehrer in Nisibis, seit 363 in Edessa. Durch seine zahlreichen theolog. Werke (Bibelkommentare, Reden und Hymnen) wurde er zum fruchtbarsten Schriftsteller der syr. Kirchen, der ihre eigenständige Theologie zum Ausdruck bringt.

Ausgaben: Kommentare: Commentaire de l'Évangile concordant. Texte syriaque. Hg. v. D. L. LELOIR. Dublin 1963. – Commentaire de l'Évangile concordant. Version arménienne. Hg. v. L. LELOIR. In: CSCO 137 (1953), 145 (1954). – In Genesis et in Exodum commentarii. Hg. v. R. M. TONNEAU. In: CSCO 152 u. 153 (1955). – Hymnen: Hg. v. E. BECK. In: CSCO 154 u. 155 (1955), 169 u. 170 (1957), 174 u. 175 (1957), 186 u. 187 (1959), 198 u. 199 (1960), 223 u. 224 (1962), 240 u. 241 (1963), 246 u. 247 (1964), 248 u. 249 (1964), 322 u. 323 (1972). – Sermones: Hg. v. E. BECK. In: CSCO 212 u. 213 (1961), 270 u. 271 (1966), 305 u. 306 (1969), 311 u. 312 (1970), 320 u. 321 (1972), 334 u. 335 (1973).

Ephtaliotis (tl.: Ephtaliōtēs), Argyris, eigtl. Kleanthis Michailidis, * Molyvos (auf Lesbos) 13. Juli 1849, † Antibes 1923, neugriech. Erzähler und Lyriker. – Lebte im Ausland (Manchester, Liverpool, Bombay); früher Anhänger der griech. Volkssprache, pflegte die Sittenschilderung in seinem erzähler. Werk; übersetzte Homers ›Odyssee‹ ins Neugriechische.

Werke: Nēsiōtikes histories (= Inselgeschichten, E., 1894), Hoi phylades tu Gerodēmu (= Blätter des alten Demos, E., 1897), Die Olivensammlerin (E., 1900, dt. 1952), Palioi skopoi (= Alte Weisen, dt. 1909), Hapanta (= Gesamtwerk, hg. 1952).

Epicharmos (tl.: Epícharmos; Epicharm), * um 550, † Syrakus um 460, griech. Komödiendichter. – E. formte aus der dor. Volksposse seine kurzen, chorlosen Komödien, deren Stoffe er teils der Mythologie, teils Alltagssituationen entnahm. Die Antike rühmte an E. bes. Ideenvielfalt, Sentenzenreichtum und geschmackvolle Durchführung. Charaktere wie die Parasiten waren richtungweisend v. a. für die spätere Komödie. 37 Titel sind bekannt, davon nur wenige Fragmente erhalten.

Ausgabe: Comicorum Graecorum fragmenta. Hg. v. G. KAIBEL. Bd. 1. Zü. ³1975.
Literatur: BERK, L.: Epicharmus. Groningen 1964.

Epideiktik [griech. = aufzeigend, zur Schau stellend] (Epideixis), eine der drei Arten der antiken Rede (neben der Gerichts- und der Staatsrede); rhetorisch reich ausgeschmückte Fest- und Preisrede, auch um zu tadeln. Älteste Muster bei Gorgias (5. Jh. v. Chr.). Lat.: ›oratio demonstrativa‹, ›oratio laudativa‹.

Epigramm [griech., eigtl. = Daraufgeschriebenes, Aufschrift], poet. Form, in der, gedanklich und formal konzentriert, meist antithetisch eine geistreiche, überraschende oder auch nur zugespitzt formulierte Sinndeutung zu einem Gegenstand oder Sachverhalt gegeben wird (auch ›Sinngedicht‹); häufigste Form ist das eleg. ↑Distichon. – E.e waren in der griech. Antike ursprünglich kurze, zweckbestimmte Aufschriften auf Weihegeschenken, Standbildern, Grabmälern (Grabschrift) u. a.; sie wurden Ende des 6. Jh. v. Chr. poetisch erweitert durch knappe Zufügungen von Würdigungen, Wünschen usw. Als Begründer des E.s als Dichtungsgattung gilt Simonides von Keos.

Im antiken Rom wurde bes. das satir. E. entwickelt, speziell durch Martial, dessen gedrängt witzige E.e auch für das E. des Humanismus und Barock vorbildhaft wurden: im 16. Jh. in Frankreich von C. Marot eingeführt, in England von J. Owen, dessen lat. E.e neben den klass. Quellen das Vorbild für die E. des dt. Barock wurden. Die Struktur des E.s kam der barocken Freude an antithet. Formspielereien entgegen und führte zu einer ersten Blüte: E.sammlungen von M. Opitz, J. von Rist, D. Czepko, P. Fleming, J. M. Moscherosch, A. Gryphius, Ch. Hofmann von Hofmannswaldau und v. a. von F. von Logau und Ch. Wernicke. Thematisch waren alle Bereiche vertreten, auch Religiös-Mystisches (Angelus Silesius), formal herrschte die Alexandriner vor. Der Verstandeskultur der dt. Aufklärung entsprach v. a. das satir. E. nach dem Vorbild Martials (A. G. Kästner, G. E. Lessing). Die ersten dt. E.e in Distichen finden sich (neben den üblichen reimenden) erst wieder bei F. G. Klopstock und J. G. Herder. Beide Varianten des E.s begegnen bei Goethe und Schiller. Goethes ›Venetian. E.e‹ (1795) und v. a. die literaturkrit. ›Xenien‹ (1796, beide Sammlungen in Distichen) Goethes und Schillers wurden das Muster für fast alle späteren Epigrammatiker, z. B. (mit polit. Tendenz) für das ↑Junge Deutschland. Eine Rückbesinnung auf die ursprüngl. Funktion des E.s als ›Aufschrift‹ zeigen nur E. Mörikes E.e in Distichen. Während konservative oder klassizist. Dichter immer wieder das E. pflegten (A. von Platen), findet es sich in der modernen Literatur selten; bevorzugt werden die formal indifferenteren Aphorismen, Sentenzen oder Anekdoten.

Literatur: WEINREICH, O.: E.studien. Bd. 1. Hdbg. 1948. – RAISER, R.: Über das E. Stg. 1950. – Das E. Hg. v. G. PFOHL. Darmst. 1968. – NOWICKI, J.: Die E.theorie in Spanien vom 16. bis 18. Jh. Wsb. 1974. – WEISZ, J.: Das dt. E. des 17. Jh. Stg. 1979. – HESS, P.: E. Stg. 1989.

Epigrammatik [griech.], Kunst des ↑ Epigramms.

Epigraphik [zu griech. epigráphein = daraufschreiben, einritzen], Inschriftenkunde; Disziplin der Altertumswissenschaft, die sich der Sammlung, Erforschung, Auswertung und Veröffentlichung von antiken Inschriften (**Epigraphe**) widmet, wie sie sich auf Tafeln, an Grab- und Denkmälern, Gebäuden, Weihegeschenken, Gefäßen und Waffen finden. Häufig sind solche Inschriften die ältesten Sprachdenkmäler einer Kultur. Meist besitzen sie jedoch eher kulturgeschichtl. oder histor. als literar. Wert. **Geschichte:** Die ältesten epigraph. Sammlungen sind für die griechisch-röm. Antike nachweisbar. In der Renaissance nahm das Interesse an antiken Inschriften zu. Die eigtl. Geschichte der E. begann mit den von der Preuß. Akademie der Wiss. herausgegebenen großen Inschriftensammlungen: ›Corpus Inscriptionum Graecarum‹ (CIG; 4 Bde., 1825 bis 1859; Indizes 1877), das heute zum größten Teil veraltet ist seit 1873 durch die auf 15 Bände geplanten ›Inscriptiones Graecae‹ (IG) ersetzt wird. Das ›Corpus Inscriptionum Latinarum‹ (CIL; auf 17 Bde. geplant, von denen 16 vorliegen; erscheint seit 1863) leistet die krit. Edition aller lat. Inschriften. Seither zahlreiche Spezialveröffentlichungen.

Literatur: REINACH, S.: Traité d'épigraphie grecque. Paris 1885. – RAMSAY, W. M.: The cities and bishoprics of Phrygia. Oxford 1895–97. Nachdr. New York 1975. 2 Bde. – RUGGIERO, E.

DE: Dizionario epigrafico di antichità romane. Rom 1895–1922. Nachdr. 1961. 3 Bde. – LIDZBARSKI, M.: Hdb. der nordsemit. E. Weimar 1898. Nachdr. Hildesheim 1962. 2 Tle. – RAMSAY, W. M.: A historical commentary on St. Paul's epistle to the Galatians. London ²1900. – CHABERT, S.: Histoire sommaire des études d'épigraphie grecque. Paris 1906. – CAGNAT, R.: Cours d'épigraphie latine. Paris ⁴1914. Nachdr. Rom 1964. – LARFELD, W.: Griech. E. Mchn. ³1914. – KAUFMANN, K. M.: Hdb. der altchristl. E. Freib. 1917. – DESSAU, H.: Lat. E. In: Einl. in die Altertumswiss. Hg. v. A. GERCKE u. E. NORDEN. Bd. 1, 10. Lpz. ³1925. – SANDYS, J. E.: Latin epigraphy. Cambridge ²1927. – BUONAMICI, G.: Epigrafia etrusca. Florenz 1932. – HONDIUS, J. J. E.: Saxa loquuntur. Leiden 1938. – THOMPSON, J. E. S.: Maya hieroglyphic writing. An introduction. Washington (D. C.) 1950. Nachdr. Norman (Okla.) 1975. – WOODHEAD, A. G.: The study of Greek inscriptions. Cambridge 1959. Neudr. 1980. – MEYER, ERNST: Einf. in die lat. E. Darmst. ³1991. – KLOOS, R. M.: Einf. in die E. des MA u. der frühen Neuzeit. Darmst. ²1992. – WALSER, G.: Röm. Inschriftenkunst. Stg. ²1992. – KLAFFENBACH, G.: Griech. E. Gött. ²1966.

Epik [griech.], Sammelbegriff für jede Art erzählender Dichtung in Prosa oder Versen. E. ist neben ↑ Lyrik und Dramatik (↑ Drama) eine der drei literar. Grundgattungen; die Poetik im Anschluß an Goethe (›Noten und Abhandlungen zum besseren Verständnis des west-östl. Divans‹, 1819) charakterisiert die E. als die mittlere der drei ›Naturformen der Poesie‹: als die ›klar erzählende‹, die weniger subjektiv als die ›enthusiastisch aufgeregte‹ Lyrik und nicht so objektiv wie die ›persönlich handelnde‹ Dramatik sei. In der E. werden als vergangen angenommene Geschehnisse vergegenwärtigt; dabei wird vorwiegend das ↑ epische Präteritum verwendet, seltener das histor. Präsens.

Aus der Position, die der **Erzähler** zum Geschehen bezieht (Erzählerstandpunkt), wird die jeweilige **Erzählhaltung** deutlich; die Art, wie er Vorgänge und Gestalten sieht, wie er über sie Auskunft gibt, wie er über sie urteilt, bestimmt die (opt., psycholog., geistige) Erzählperspektive (↑ Perspektive). Häufig verändern sich Erzählhaltung und Erzählerspektive innerhalb eines Werkes; nimmt der Erzähler selbst an der Handlung teil, wird die Ichform verwendet; häufiger sind der Er-Erzähler oder Formen der ep.

Einkleidung (Rahmenerzählung, Tagebuch, Brief u. a.). So ergibt sich jeweils eine bestimmte Erzählsituation (die Ich-Erzählsituation, die auktoriale und personale Erzählsituation). Der Epiker ist nicht durch Grenzen von Raum und Zeit eingeengt wie der Dramatiker; er kann zeitdehnend, zeitraffend oder zeitdeckend erzählen, sich der Technik der Rückblende bedienen oder durch Vorausdeutung künftige Ereignisse vorwegnehmen.

Die **epischen Grundformen** (Erzählweisen) treten meist vermischt auf; Basis aller E. ist der mehr oder minder zeitraffende Bericht. Zeitdehnend wirken Beschreibung und Erörterung. Annähernd zeitdeckend ist die ep. ↑ Szene, zu der neben dem Gespräch in direkter Rede auch indirekte Redeformen, ↑ erlebte Rede und ↑ innerer Monolog gehören. Gelegentlich werden die ep. Grundformen auf zwei gegensätzl. Erzählweisen reduziert (O. Ludwig: eigtl. und szen. Erzählung; F. Spielhagen: reflektierende und konkrete Darbietung; O. Walzel: subjektiver und objektiver Vortrag; F. K. Stanzel: berichtende und szen. Darstellung), gelegentlich werden sie um spezielle Formen wie Bild (R. Petsch) und Tableau (Kaarlo R. Koskimies) erweitert. Die E., die z. T. erst nach längerer mündl. Überlieferung niedergeschrieben wurde, in der Regel jedoch als literar. Buch-E. entstand, kann nach verschiedenen Gesichtspunkten untergliedert werden: einfache Formen (Legende, Sage, Märchen) und Kunstformen verschiedenster Gattungen, Versepik und Erzählprosa: Groß-E. oder Lang-E. und Klein-E. oder Kurz-E. als die geläufigste Untergliederung; zur *Groß-E.* zählen Epos (in Versen), Saga (in Prosa) und als späteste Form der Roman, zur *Kurz-E.* gehören Epyllion, Novelle, Kurzgeschichte, Anekdote, Fabel, Parabel, Idylle (überwiegend in Versen), Romanze, Ballade und allgemein die Verserzählung; der Begriff der Erzählung, bes. für Prosawerke, ist unspezifisch, doch umfaßt er eher die Kurzformen. Die Großformen ergeben sich meist aus der Auffächerung der erzählten Vorgänge in Vordergrundhandlung und Hintergrundgeschehen, oft auch in mehrere Handlungsstränge

oder selbständige Episoden; dazu kommen Figurenreichtum, eine Fülle von Ereignissen, auch reflektierende Einlagen und Ausführlichkeit im einzelnen, die sog. epische Breite. Die Kurzformen der E. werden oft auch mit anderen Grundgattungen in Verbindung gebracht, Romanze, Ballade und Idylle v. a. mit der Lyrik und die Novelle insbes. mit dem Drama.

Mit einer **Theorie** der E. befaßten sich erstmals Platon und v. a. Aristoteles; die Theorie beschränkt sich bis ins 18. Jh. auf normative oder beschreibende Angaben zum Epos. Seitdem wurde sie entweder als Abgrenzung der E. von anderen Grundgattungen, insbes. von der Dramatik, versucht, so etwa von Goethe und Schiller (›Über ep. und dramat. Dichtung‹, 1827, und im Briefwechsel) oder im Blick auf einzelne Erscheinungsformen und Gattungen ausgebaut.

Literatur: FRIEDEMANN, K.: Die Rolle des Erzählers in der E. Bln. 1910. Nachdr. Darmst. 1969. – PETSCH, R.: Wesen u. Formen der Erzählkunst. Halle/Saale ²1942. – FLEMMING, W.: E. u. Dramatik. Bern u. Mchn. 1955. – FAULSEIT, D.: Die literar. Erzähltechnik. Halle/Saale 1963. – BUCH, H. CH.: Ut pictura poesis. Die Beschreibungslit. u. ihre Kritiker von Lessing bis Lukács. Mchn. 1972. – MEYER, HEINRICH: Die Kunst des Erzählens. Bern u. Mchn. 1972. – RITTER, A.: Landschaft u. Raum. Darmst. 1975. – Erzählforschung. Hg. v. W. HAUBRICHS. Gött. 1976–78. 3 Bde. – Erzählung u. Erzählforschung im 20. Jh. Hg. v. R. KLOEPFER u. G. JANETZKE-DILLNER. Stg. 1981. – Erzählforschung. Hg. v. E. LÄMMERT. Stg. 1982. – DÜWEL, K.: Werkbezeichnungen der mhd. Erzähllit. Gött. 1983. – SCHRADER, M.: Ep. Kurzformen. Königstein i. Ts. ²1986. – LÄMMERT, E.: Bauformen des Erzählens. Stg. 56.–57. Tsd. 1991. – LUKÁCS, G.: Die Theorie des Romans. Ein geschichtsphilosoph. Versuch über die Formen der großen E. Ffm. ¹³1991. – STANZEL, F. K.: Theorie des Erzählens. Gött. ⁵1991. – STANZEL, F. K.: Typ. Formen des Romans. Gött. ¹²1993. – TAROT, R.: Narratio viva. Unters. zur Entwicklungsgesch. der Erzählkunst ... Ffm. 1993 ff. (bisher 1 Bd. erschienen). – ↑ auch Artusdichtung, ↑ Cantar, ↑ Chanson de geste.

Epikedeion [griech.] (Epicedium), im klass. Griechenland Gesang bei einer Trauerfeier oder Bestattung, seit der hellenist. Zeit Trauer- und Trostgedicht (in Distichen oder Hexametern) und Grabepigramm. Vergleichbare Form ist die ↑ Laudatio funebris.

Epikuros (tl.: Epíkouros; Epikur),
*auf Samos 342 oder 341, †Athen 271
oder 270, griech. Philosoph. – Sohn eines
athen. Kolonisten auf Samos; 323 Mili-
tärdienst in Athen; gründete 310 eine eigene Schule in Mytilene, dann in Lymp-
sakos, seit 306 in Athen, wo er den sog.
›Garten‹ erwarb. Mittelpunkt seiner
Ethik ist das Problem der Eudämonie,
d.h. der vollkommene Glückszustand
des Menschen. Das Streben nach
Glück – zwar auf das Diesseits gerichtet – ersehnt jedoch nicht rohe Sinnen-
lust, wie der Begriff Eudämonie in röm.
Zeit ausgelegt wurde, sondern Heiterkeit
gegenüber Schmerz und wechselndem
Schicksal. Von seinen zahlreichen Schriften, die alle im Dienst seiner Lehre standen, sind nur zwei Sammlungen kurzer
Sprüche und drei Briefe im Werk des
Diogenes Laertios erhalten; großer Einfluß, bes. auf Lukrez.
Literatur: CRESSON, A.: Epicure, sa vie, son
œuvre, avec un exposé de sa philosophie. Paris
³1958. – PANICHAS, G. A.: Epicurus. New York
1967. – LEMKE, D.: Die Theologie Epikurs.
Mchn. 1973. – OTTO, W. F.: E. Stg. 1975. – RIST,
J. M.: Epicurus. An introduction. Neuausg.
Cambridge 1977.

Epilog [griech.], Schlußteil einer Rede
oder Nachwort eines literar. Werkes; in
Theaterstücken Schlußwort nach Beendigung der Handlung, von einem Schauspieler direkt ans Publikum gerichtet,
meist mit Bitte um Beifall und Nachsicht,
auch mit moralisierendem Resümee. Begegnet in der antiken Komödie seit Weg-
fall des Chores (Plautus, Terenz); bes.
beliebt im Drama der Renaissance und
des Barock (z.B. bei Hans Sachs, Shakespeare), später z.B. bei B. Brecht; findet
sich mit gleicher Funktion auch in mittelalterl. Epen und Chroniken, später in
Romanen. – Ggs. ↑Prolog.
Literatur: KNAPP, M. E.: Prologues and epi-
logues of the eighteenth century. New Haven
(Conn.) 1961.

Épinay, Louise Florence Pétronille de
la Live d' [frz. epi'nε], *Valenciennes
11. März 1726, †Paris 15. April 1783, frz.
Literatin. – War mit F. M. Freiherr von
Grimm befreundet; in ihrem Salon trafen
sich die führenden Vertreter der Aufklärung, u.a. Voltaire, Ch. Duclos. P. H. D.
von Holbach, D. Diderot, J.-J. Rousseau,

Abbé Galiani. Rousseau bot sie 1756 eine
Unterkunft im Gartenhaus ihres Schlos-
ses La Chevrette. Sie verfaßte moral. und
pädagog. Schriften (›Lettres à mon fils‹,
1759; ›Aennil. Unterredung‹, 1774, dt.
1782), Memoiren in Form eines Schlüs-
selromans (›Histoire de Madame de
Montbrillant‹, hg. 1818) und hinterließ
eine umfangreiche, zeitgeschichtlich bed.
Korrespondenz (hg. 1818).
Literatur: VALENTINO, H.: Une femme d'esprit
sous Louis XV, Madame d'É. (1726–1783).
Paris 1952.

Epinikion [griech.], literar. Gattung
des Preisliedes, das seit dem Ende des
6. Jh. v. Chr. dem Sieger in einem der großen griech. Sportwettkämpfe, meist bei
der Rückkehr in die Heimatstadt, von
einem Chor gesungen wurde; bevorzugt
in triad. Form (Strophe, Antistrophe,
Epode) in Daktyloepitriten. Blütezeit im
5. Jh. v. Chr. Die bedeutendsten Epini-
kiendichter waren Simonides von Keos,
Bakchylides und Pindar, dessen Dichtung (↑pindarische Ode) bis in die Neuzeit nachwirkte.

Epiparodos [griech. = Wiederauf-
tritt], Chorlied in der griech. Tragödie,
vorgetragen beim zweiten Einzug, nachdem der Chor wegen Szenenwechsels ab-
getreten war. – ↑auch Parodos.

Epiphora (Epipher) [griech.], rhetor.
Figur; nachdrückl. Wiederholung eines
Wortes oder einer Wortgruppe jeweils
am Ende aufeinanderfolgender Verse,
Sätze oder Abschnitte.

Epiphrase [griech.], rhetor. Figur;
Nachtrag zu einem an sich abgeschlosse-
nen Satz zur emphatischen Steigerung
oder Verdeutlichung, z.B. ›Dreist muß
ich tun, und keck und zuversichtlich‹ (H.
von Kleist, ›Amphitryon‹, 1807). – ↑auch
Amplifikation.

Epirrhema [griech. = Danachgespro-
chenes], in der att. Komödie ein Teil der
↑Parabase. Er bestand in der Regel aus
16 (oder 20) trochäischen Tetrametern
und folgte auf gesungene stroph. Chor-
partien; vorgetragen vom Chorführer.

episch [von griech. epikós = zum
Epos gehörig], das Erzählerische (↑Epik)
betreffend, in Form eines Epos, Romans
o.ä. dargestellt; das Epische ist nicht an
eine bestimmte Darstellungsform gebun-

den, es kann Bestandteil aller literar. Gattungen sein; Kennzeichen des Epischen sind das erzählende Vergegenwärtigen von Vergangenem, die Distanz zwischen Dichter und Handlung, das Ansprechen einer Zuhörer- oder Leserschaft und die ausführl. Darstellung. Typisch episch sind auch Phänomene wie die Wiederkehr formelhafter Wendungen bzw. bestimmter Motive sowie der im Vergleich zum Drama selbständige Charakter der Einzelteile ep. Werke.

epische Grundformen ↑ Epik.

epischer Zyklus,
1. (ep. Kyklos), Sammelbegriff für eine nicht genau feststellbare Anzahl fragmentarisch erhaltener griech. Epen aus dem 7./6. Jh., die verschiedenen Dichtern, den Kyklikern (Zyklikern, zykl. Dichtern) zugeschrieben wurden. Der e. Z. gliedert sich in 3 Hauptkreise: 1. Göttergeschichte (Theogonie, Titanomachie), 2. theban. Stoffkreis (Ödipodie, Thebais, Epigonen, Alkmeonis), 3. troischer Stoffkreis (Kypria, Aithiopis, Iliupersis, Kleine Ilias, Thesprotis, Nostoi, Telegonie); daneben u. a. auch Dichtungen zur Theseus- und Argonautensage. Der e. Z., in der Überlieferung der griech. Götter- und Heldensagen erkennbar, war insbes. Stoffgrundlage der antiken Tragödie.
2. zykl. Anordnung von Epen, Romanen, Novellen o. ä. überhaupt. Unabhängig vom e. Z. der Antike wurden im Hoch-MA die altfrz. Chansons de geste und einige mhd. Heldenepen zu größeren Zyklen zusammengefaßt, z. B. die Dietrichepen. Auch spätere, v. a. religiöse oder weltanschl. Buchepen folgen zuweilen einer zykl. Anordnung. Zyklusbildung hat man ferner in der erst neuerdings aufgezeichneten ep. Volksdichtung (etwa des Balkans oder Südamerikas) festgestellt. Von der Übertragung zykl. Anordnungsprinzipien der Epik auf den Prosaroman zeugen u. a. H. de Balzacs Romanzyklus ›Die menschl. Komödie‹ (1829–54, dt. 1923–26) und die zahlreichen Novellenzyklen seit G. Boccaccios ›Dekameron‹ (entst. zw. 1348 und 1353, gedr. 1470, dt. 1472/73).

episches Präteritum, vorherrschende Zeitform in den erzählenden Gattungen (↑ Epik); die Funktion der Zeitebene des e. P.s ist in der Literaturwissenschaft umstritten; zum einen unterstreicht man die atemporale Bedeutung des e. P.s; die im Roman o. ä. mitgeteilten Ereignisse sind mit dem e. P. nicht als real vergangen dargestellt, sondern fiktional gegenwärtig; andererseits können mit dem e. P. [je nach ↑ Erzählsituation] verschiedene Zeitebenen ausgedrückt werden; in der Ich- oder Er-Erzählung kann das e. P. durchaus seine Vergangenheitsbedeutung bewahren, während in der personalen oder neutralen Erzählsituation das e. P. den Vorstellungswert des Gegenwärtigen hat, dies u. a. auch mit dem Kunstgriff der Verbindung eines Verbs im Präteritum mit einem zukunftsweisenden Adverb (›morgen ging sein Flugzeug‹).

episches Theater, von B. Brecht in den 1920er Jahren geprägter Begriff für eine dem sog. aristotel. Theater entgegengesetzte Form des Theaters, bei der die Illusion der in sich geschlossenen Welt des Dramas durchbrochen und die Identifikation des Publikums mit Gestalten und Geschehen durch eine distanzierte Haltung ersetzt werden soll. Intendiert ist der Modellcharakter der dramat. Situation, die den Zuschauer zur Reflexion über die gesellschaftl. Verhältnisse und zur Einsicht in deren Veränderbarkeit anregen soll. Grundstruktur ist dabei die ↑ Verfremdung der Handlung; dramaturg. Mittel des e. Th.s sind die argumentierende Kommentierung der szen. Aktion durch einen Erzähler, das Heraustreten des Schauspielers aus seiner Rolle, der Verzicht auf durchgängigen Handlungsablauf, der Einschub von Liedern und Songs in den Dramentext sowie der Einsatz von Spruchbändern und Textprojektionen. Der Schluß des Dramas bleibt offen – der Zuschauer soll die Antwort auf die im Drama aufgeworfenen Fragen selbst finden, erst durch seine Entscheidung kommt das Drama zu dem eigtl. Abschluß. Als paradigmat. Verwirklichung der Grundsätze des e. Th.s gilt die Oper ›Aufstieg und Fall der Stadt Mahagonny‹ von Brecht und K. Weill (1930). Brechts e. Th. wurde in jüngerer Zeit u. a. von P. Weiss weitergeführt, heute u. a. von Heiner Müller. Elemente ep. Dramaturgie finden sich auch in einer Vielzahl von Werken des modernen Musiktheaters, z. B. in I. Strawinskis ›L'histoire du soldat‹ (1918), D. Milhauds ›Christophe Colomb‹ (1930), P. Dessaus ›Die Verurteilung des Lukullus‹ (1951) und L. Nonos ›Al gran sole carico d'amore‹ (1975).

Literatur: BRECHT, B.: Schrr. zum Theater. Hg. v. S. UNSELD. Ffm. 1976. – BUEHLER, G.: Bertolt Brecht, Erwin Piscator. Bonn 1978. – KOLLER, G.: Der mitspielende Zuschauer. Theorie u. Praxis im Schaffen Brechts. Zü. u. Mchn. 1979. – ECKHARDT, J.: Das e. Th. Darmst. 1983. – LAHRMANN-HARTUNG, B.: Sean O'Casey u. das e. Th. Bertolt Brechts. Ffm. 1983. – Zu Bertolt Brecht. Parabel u. e. Th. Hg. v. TH. BUCK. Stg. ²1983. – KESTING, M.: Das e. Th. Stg. ⁸1989. – BLOCH, E.: Die Schaubühne als paradigmat. Anstalt u. die Entscheidung in ihr. In: BLOCH: Das Prinzip Hoffnung. Bd. 1. Neuausg. Ffm. ³1990. – BENJAMIN, W.: Was ist e. Th.? In: BENJAMIN: Ges. Schrr. Neuausg. Ffm. 1991. 4 Bde.

Episode [griech. = Hinzukommendes (das als unwesentlich empfunden wird)], aus dem griech. Bez. ↑ Epeisodion für die zwischen zwei Chorlieder (↑ Stasimon) eingeschobene Sprechpartie abgeleiteter Begriff für Nebenhandlungen (z. B. Max-und-Thekla-E. in Schillers Tragödientrilogie ›Wallenstein‹, 1800) bzw. in sich abgeschlossene, mit der Haupthandlung mehr oder weniger direkt verbundene Einschübe, v. a. in Roman, Epos und Drama. Als eigenständige Literaturform erscheint die E. nicht selten in Gestalt der ↑ Novelle.

Literatur: WERTHEIM, U.: Fabel u. E. in Dramatik u. Epik. In: Neue dt. Lit. 12 (1964), S. 87.

Epistel [griech.-lat.],
1. Brief, v. a. Apostelbrief; in der kath. Liturgie früher Bez. für die erste Lesung der Messe.
2. dem ↑ Briefgedicht verwandte, aber nicht mit ihm ident. Form der Literatur, die v. a. philosoph., eth. oder ästhet. Fragen behandelt; meist in Versen, in plauderndem Ton gehalten, oft satirisch. Sonderformen sind die lyr. E., die der Elegie ähnelt, und die ep. E. (↑ Heroiden); in der Antike, im MA, Humanismus und in der Klassik gepflegte poet. Form.

Epistolae obscurorum virorum [lat. = Briefe von Dunkelmännern] (Dunkelmännerbriefe), fingierte, schein-

bar von J. Reuchlins Gegnern, tatsächlich von den Humanisten (1. Teil [1515] von Crotus Rubianus u. a. Mitgliedern des Kreises um C. Mutianus Rufus, der vielleicht auch selbst mitarbeitete; der in der Form gröbere 2. Teil [1517] v. a. von Ulrich von Hutten) in barbar. Latein abgefaßte Briefsammlung, die im Streit Reuchlins mit den Kölner Theologen dessen Anliegen unterstützte; der Titel bezieht sich auf die 1514 von Reuchlin selbst zu seiner Verteidigung veröffentlichte Briefsammlung ›Clarorum virorum epistolae‹ (= Briefe berühmter Männer). Die Briefe sind eine geniale Satire auf die mittelalterl. Scholastik, die in ihrer sinnentleerten Spitzfindigkeit ebenso ironisch persifliert wird wie frömmelnde Heuchelei, bloßes Zeremonienwesen, Unmoral, Unbildung und das Spießbürgertum der fiktiven Schreiber.

Ausgaben: E. o. v. Hg. v. A. BÖMER. Hdbg. 1924. Neudr. Aalen 1978. 2 Bde. in 1 Bd. – Briefe von Dunkelmännern. Dt. Übers. Bln. 1964.
Literatur: BRECHT, W.: Die Verfasser der E. o. v. Straßburg 1904. – BUCHHOLZ, K.: Ulrich v. Huttens lat. Schrr. u. die Dunkelmännerbriefe. Ffm. 1926.

Epístola moral a Fabio [span. e'pistola mo'ral a 'faβi̯o], span. Elegie, die verschiedenen Dichtern zugeschrieben wird, wahrscheinlich von Andrés Fernández de Andrada (* um 1560); der metrisch und stilistisch vollendete Text, eines der großen Zeugnisse des span. Goldenen Zeitalters, zeigt die stoisch beeinflußte Gelassenheit des Gerechten gegenüber den Wechselfällen des Lebens und entwirft melancholisch und meditativ zugleich Theorie und Praxis des ihm angemessenen ›desengaño‹ (= Ernüchterung, Enttäuschung).

Literatur: ALONSO, D.: Dos españoles del Siglo de Oro. Madrid 1960.

Epitaph [griech. von epitáphios = zum Begräbnis gehörig], Grabschrift, wie sie in der Antike (meist in Form des ↑ Epigramms) in christl. Zeit bis ins Hoch-MA gebräuchlich war, dann wieder seit dem 15. Jh.; zur Zeit des Humanismus wurde der Begriff auch auf das Gedächtnismal als Ganzes übertragen.

Epitasis [griech. = (An)spannung], Begriff der Dramentheorie; nach Aelius Donatus (4. Jh.) der mittlere der drei notwendigen Teile einer dramat. Handlung: die Entfaltung des dramat. Konflikts. Der E. geht die ↑ Protasis voraus, ihr folgt die ↑ Katastrophe.

Epithese [griech.], Anfügen eines unorgan. Lautes an ein Wort, meist aus Gründen der Sprecherleichterung, z. B. das d in niemand (mhd. nieman). – ↑ auch Epenthese.

Epitheton [griech. = das Hinzugefügte], ein attributiv gebrauchtes Adjektiv oder Partizip. Als *schmückendes Beiwort* (E. ornans) hat es typisierende Funktion. Es wird, v. a. im antiken Epos, aber auch in späterer Zeit formelhaft benutzt und kehrt als stehendes Beiwort immer wieder, bisweilen sogar in sinnwidrigem Zusammenhang, z. B. ›göttl. Sauhirt‹ (Homer, ›Odyssee‹, 8. Jh. v. Chr.). Beispiele für typisierende Epitheta sind: ›der listenreiche Odysseus‹ (Homer, ›Odyssee‹), ›der treffl. Hauswirt‹ (Goethe, ›Hermann und Dorothea‹, 1797); Beispiele aus der volkstüml. Dichtung sind: ›grüne Wiese‹, ›blauer Himmel‹, ›scharfes Schwert‹. – Als *individualisierendes Beiwort* bezeichnet die E. eine einmalige, unverwechselbare Eigenschaft, die häufig auch durch eine bes. ausgefallene Formulierung verstärkt wiedergegeben wird (›gründämmerndes Gebiet‹, ›wilde Hoffnung‹, ›plumpe Eilfertigkeit‹).

Epitome [griech.], Auszug aus einem umfangreichen gelehrten Werk, Zusammenfassung eines Wissensgebietes aus mehreren Quellen oder Ausschnitte aus einem literar. Werk. In Antike und MA verbreitet.

Epitrit [griech.] (Epitritus), antiker Versfuß aus einer Kürze und drei Längen, die auf vierfache Weise kombiniert sein können: 1. ◡–––, 2. –◡––, 3. ––◡–, 4. –––◡.

Epoche [mlat. epocha, aus griech. epoché; eigtl. = das Anhalten der Rede, das Verhalten des Laufes, allgemein = die Unterbrechung eines Geschehens], der schon in der Antike (Plutarch, Proklos, Ptolemaios) auch als astronom. und chronolog. Fachterminus verwandte Begriff gewinnt erst im 16. Jh. durch die Magdeburger Zenturiatoren und ihren Versuch, die Kirchengeschichte nach

›centuriae‹ und ›saecula‹ zu gliedern, eine gewisse Eigenständigkeit, die sich bereits in G. Vasaris Überlegungen zur Einteilung der Kunstgeschichte nach den verschiedenen Formen konstruktiver und kompositor. Verfahrensweisen (›maniera‹) äußert (›Leben der ausgezeichnetsten Maler, Bildhauer und Baumeister, von Cimabue bis zum Jahr 1567‹, 1550, erweitert 1568, dt. 6 Bde., 1832–1843). Einen weiteren Schritt in Richtung auf die moderne Verwendung von E. macht J. B. Bossuet (›Einleitung in die allgemeine Geschichte der Welt bis auf Kaiser Carl den Großen‹, 1681, dt. unvollständig 1784–1786), der unter E. (›époque‹) ein Hilfsmittel zur Gliederung geschichtl. Abläufe versteht, nach das die Menschheitsgeschichte von der Geschichte der Natur unterschieden werden kann – eine Differenzierung, gegen die sich Buffon mit seiner Schrift ›Epochen der Natur‹ (1778, dt. 2 Bde., 1782) wendet. Die Auffassung Bossuets, der in E. einen Haltepunkt sieht, von dem aus sich die Möglichkeit der Betrachtung des Voraufgegangenen und des Folgenden ergibt, ist damit im wesentlichen aufgehoben.

Die ungeheure Veränderung des Geschichtsverständnisses im Anschluß an die Frz. Revolution von 1789 löst den Begriff E. endgültig aus der ihm bis dahin inhärenten Statik und läßt ihn unter dem Einfluß von Transzendentalphilosophie und aufklärer. Fortschrittsglauben zu einem Interpretament der Zeit, das durch spezif., herausragende Merkmale oder Ereignisse definiert ist; statt eines Zeitpunktes bezeichnet E. nun einen Zeitabschnitt als Ausdruck bestimmter Bewußtseinsprozesse in der Entwicklung der Menschheit (J. G. Droysen, ›Historik‹, 1857).

Am folgenreichsten für den literaturwiss. E.begriff des 20. Jh. scheinen neben den Überlegungen M. Heideggers (›Der Spruch des Anaximander‹, 1946) diejenigen A. N. Whiteheads (›Modes of thought‹, 1938) und F. Braudels (›La Méditerranée et le monde méditerranéen à l'époque de Philippe II‹, 1949), die den Prozeßcharakter der Geschichte und die wechselseitige Durchdringung epochenspezif. Eigenheiten vor dem Hintergrund kurz- und langfristiger Abläufe (Ereignis – Entwicklung) hervorheben.

Literatur: TEESING, H. P. H.: Das Problem der Perioden in der Literaturgesch. Groningen 1949. – LANDMANN, M.: Das Zeitalter als Schicksal. Die geistesgeschichtl. Kategorie der E. Basel 1956. – GUILLÉN, C.: Literature as System. Essays towards the theory of literary history. Princeton (N.J.) 1971. – DILLER, H./SCHALK, F.: Studien zur Periodisierung u. zum E.begriff. Mainz u. Wsb. 1972. – Gesch., Ereignis u. Erzählung. Hg. v. R. KOSELLECK u. W.-D. STEMPEL. Mchn. 1973. – Renaissance, Barock, Aufklärung. E.n u. Periodisierungsfragen. Hg. v. W. BAHNER. Kronberg i. Ts. 1976. – POR, P.: E.nstil. Hdbg. 1982. – SKALWEIT, S.: Der Beginn der Neuzeit. E.ngrenze u. E.nbegriff. Darmst. 1982. – E.nschwellen u. E.nstrukturen im Diskurs der Literatur- u. Sprachhistorie. Hg. v. H. U. GUMBRECHT u. U. LINK-HEER. Ffm. 1984. – BLUMENBERG, H.: Aspekte der E.nschwelle. Cusaner u. Nolaner. Ffm. ³1985. – E.nschwelle u. E.nbewußtsein. Hg. v. R. HERZOG u. R. KOSELLECK. Mchn. 1987. – BRAUDEL, F.: Schrr. zur Gesch. Dt. Übers. Stg. 1992–93. 2 Bde.

Epochenstil (Epochalstil), bestimmte *Stilzüge,* die den Künsten einer Epoche unabhängig vom Individualstil der Künstler gemeinsam sind, z. B. in der Literatur des Barocks der allgemeine Gebrauch manieristisch rhetor. Formeln oder Emblematik.

Epode [griech. = Nachgesang], **1.** ursprünglich zweiter kürzerer Vers, der in einem ↑ Distichon auf einen längeren folgt. Später wurde der Begriff auf die aus solchen Verspaaren bestehenden Gedichte übertragen, wie sie zuerst Archilochos von Paros im 7. Jh. v. Chr. schrieb (Epoda). Aus solchen Distichen bildete Horaz seine ›Iambi‹ (um 30 v. Chr.), die von den antiken Metrikern E.n genannt wurden. **2.** die im griech. triadischen (↑ Triade) Chorlied auf Strophe und Antistrophe folgende dritte Strophe, die sich im rhythm. Bau von diesen unterscheidet und stets vom ganzen Chor vorgetragen wurde. Sie entspricht dem Abgesang in der dt. Stollenstrophe. Epod. Dichtung verfaßte zuerst Stesichoros, häufig ist die E. bei Pindar (↑ pindarische Ode).

Epopöe [griech.], veralteter Begriff für ↑ Epos, bes. für Helden- oder Götterepos.

Epos [griech. = Wort, Rede, Erzählung, Lied, Gedicht], meist große Form erzählender Dichtung in gleichartig gebauten Versen oder Strophen, meist mehrere Teile (Gesänge, Bücher, Aventiuren, Cantares usw.) umfassend. Das E. ist gekennzeichnet durch die Darstellung ›extensiver Totalität‹ (G. Lukács) und die Einbettung von Begebenheiten und Figuren in ein geschlossenes Weltbild. Dem entspricht die übersichtl. Struktur, die relative Selbständigkeit der Teile, die als Ganzes nicht unbedingt einen fixierbaren Anfang oder ein definiertes Ende aufweisen, auf Erzählerebene die ›ep. Distanz‹, die gehobene Sprache, monostich. oder stroph. Gebundenheit und typisierende Gestaltungsmittel wie Formel, Gleichnis und Wiederholung.

Kulturgeschichtlich spiegelt das E. die Auflösung des myth. Weltbilds in Mythologie und geschichtl. Bewußtsein. Diesen Vorgang spiegelt das E. in Heroengestalten, meist als von Göttern abstammend dargestellt. Der soziale Kontext des frühen E. ist eine einheitlich strukturierte, hierarchische, in ihrer Ordnung nicht in Frage gestellte Gesellschaft, deren Ursprungsgeschichte (Eroberungen, Wanderbewegungen, Staatenbildung usw.) es erzählt. Stofflich basiert das E. auf Götter- und Heldensagen, für die es andererseits zur wichtigsten Quelle wird. Als literar. Vorstufe gelten kult. Einzelgesänge (Götter-, Helden-, Schöpfungs-, Preis- und Opferlieder, die z. T. auch selbständig erhalten sind). Sie sind im E. vielfach durch den kompositor. Eingriff von historisch nur in Ausnahmefällen bestimmbaren Einzelautoren zu ›Großformen‹ ausgestaltet (↑ Liedertheorie).

Das sog. ↑ Volksepos (primäres E.) unterscheidet sich vom jüngeren Kunst-E. (sekundäres E.) v. a. durch die Anonymität der Verfasser, aufgrund der Öffentlichkeit des Vortrags durch traditionsgebundene Rhapsoden, Barden sowie durch seine zunächst nur mündl. Überlieferung. Das Kunst-E. zeichnet sich durch die durchstrukturierte literar. Form aus; es zeitigte auch Nebengattungen wie Tier-E., Epyllion, kom. E. usw. Die späten Formen des E. überschneiden sich auch mit Verserzählung, Versroman oder Versnovelle. Neben Versuchen zur Wiederbelebung früherer Formen kommt es zu Prosaauflösungen der alten

Epen. Heute gelten als E. gelegentlich auch weitgespannte Romane (u. a. von H. de Balzac, L. N. Tolstoi, J. Dos Passos) und Filme (Filmepos).

Theoret. Bestimmungen des E. finden sich in den Poetiken seit Hellenismus und Spätantike. Das E. galt lange als Ideal von Dichtung schlechthin. – Im 18. Jh. betrachten J. G. Sulzer und J. G. Herder das E. genetisch, unter histor. und kulturpsycholog. Aspekten. G. W. F. Hegel entwirft eine geschichtsphilosoph. Theorie des ›eigtl. E.‹, das den ›heroischen Weltzustand‹ voraussetzt, in dem die allgemeinen polit. Verhältnisse sich noch nicht dem subjektiven Wollen entgegensetzen, und leitet daraus die bes. Kennzeichen der ep. Poesie ab. Die Romantheorie setzt sich seit Ch. F. von Blankenburg mit dem E. als einer histor. Form auseinander, als deren Nachfolger der Roman als ›bürgerl. Epopöe‹ (Hegel) gilt. Sowohl bei Goethe als auch bei Schiller (›Über ep. und dramat. Dichtung‹, 1827) bleibt das E. Maßstab aller ep. Dichtung. – Für G. Lukács (›Die Theorie des Romans‹, Buchausg. 1920) gestaltet das E. Totalität, die in ihrer Geschlossenheit der Vergangenheit angehört. A. Döblin (›Der Bau des ep. Werkes‹, 1929) und Th. Mann versuchten, die Charakteristika des E. für einen neuen Romanbegriff positiv geltend zu machen (↑ auch Poetik).

Geschichte: Aus dem *Orient* stammt das älteste Zeugnis des E., das babylon. ›Gilgamesch-E.‹ (2. Jt. v. Chr.), Spuren eines hebr. ›Simson-E.‹ enthält das AT (Richter 13–16). In Indien liegt das volkstüml. E. ›Mahābhārata‹ (nicht vor dem 4. Jh. v. Chr., aber auch nicht nach dem 4. Jh. n. Chr.) in wesentlichen abgeschlossen vor. Daneben entwickelte sich die überlieferte Fassung des eher höfischen E. ›Rāmāyaṇa‹ (4. Jh. v. Chr. bis 2. Jh. n. Chr.?). Auf die altpers. Königsgeschichte bezieht sich das neupers. E. seit dem 10. Jh. mit dem Höhepunkt um 1000 im ›Šāhnāmah‹ (= Königsbuch) von Ferdousi; es beeinflußte die weitere Entwicklung des E. in Mittel- und Vorderasien.

In der *Antike* entstand am Ende der dor. Wanderung das älteste westl. E., das stofflich auf Zustände und Ereignisse vor dieser letzten griech. Wanderbewegung zurückgreift. Früheste Zeugnisse sind zwei Hexameterdichtungen etwa aus der 2. Hälfte des 8. Jh. v. Chr.: die ›Ilias‹ und die ›Odyssee‹, die, immer wieder umstritten, Homer zugeschrieben werden. Ihm verpflichtet sind die ↑ Homeriden, der ↑ epische Zyklus und schließlich das verfeinerte und psychologisierende Buch-E. im Hellenismus, insbes. seit den ›Argonautiká‹ des Apollonios von Rhodos (3. Jh. v. Chr.). Etwa gleichzeitig übertrug Livius Andronicus die ›Odyssee‹ in lat. ↑ Saturnier und begründete Naevius mit dem im selben Versmaß abgefaßten E. über den 1. Pun. Krieg, ›Bellum Poenicum‹, das historisch-politisch und religiös ausgerichtete röm. E.; zum altröm. E. zählen die beiden genannten Werke und die ›Annales‹ (180 v. Chr.) des Ennius, zum augusteischen E. Vergils ›Äneis‹ und Ovids ›Metamorphosen‹, zum neronisch-flavischen ›Pharsalia‹ oder ›Bellum civile‹ von Lucanus, ›Punica‹ von Silius Italicus und die (unvollendete) ›Achilleis‹ des Statius, zum panegyr. E. ›De raptu Proserpinae‹ (= Vom Raub der Proserpina) des Claudianus (um 400) und Corippus (Mitte des 6. Jh.). In der Spätantike erlebte das am Homer und am hellenist. Buch-E. geschulte griech. E. eine letzte Blüte, so bes. in den ›Dionysiaká‹ des Ägypters Nonnos (5. Jh. n. Chr.). Seit dem 4. Jh. gestaltete das lat. und griech. E. auch schon christl. Stoffe (Iuvencus, Prudentius Clemens, Nonnos u. a.). – Nur wenig später als das homer. E. begann um 700 v. Chr. das antike Lehr-E. mit den beiden Hexameterdichtungen von Hesiod, ›Theogonie‹ und ›Werke und Tage‹. Vom Hellenismus bis in die Spätantike lebte das didakt. E. als gelehrtes Buch-E. und schließlich als Schullektüre weiter. Eigenwert gewann im 1. Jh. v. Chr. das lat. Lehr-E. mit dem philosoph. Gedicht über das Wesen des Universums ›De rerum natura‹ (= Die Natur ›Die Dinge) von Lukrez. Der röm. Natur-, Staats- und Lebenslehre gelten Vergils ›Georgica‹ (= Der Landbau) und der Kunstlehre die ›Ars poetica‹ (= Dichtkunst) von Horaz. Lehrhaft sind auch die christl. Epen der ausgehenden Antike. Als Parodie auf das homer. Helden-E. und zugleich als frühe-

stes Kleinepos gilt die ›Batrachomyoma-
chia‹ (= Froschmäusekrieg; über die
Entstehungszeit gehen die Meinungen
auseinander: 3. oder 6./5. Jh. v. Chr).
Weitere Kurzformen bietet seit dem Hellenismus (3. Jh. v. Chr.) das ↑ Epyllion.
Im *MA* und darüber hinaus lebte das
griech. und lat. E. fort; so in den byzantinischen Geschichts- und Preisepen
(7.–12. Jh.), in der mittellat. Dichtung als
Bibel-E., Herrscher- und Heiligenvita,
Chronik oder Bearbeitung, sei es des
Tier-E., sei es sonst nicht erhaltener
Stoffe (›Waltharius‹, 9./10. Jh.; ›Ruod-
lieb‹, um 1040/1050), schließlich im nlat.
E. seit Petrarcas ›Africa‹ (1338–42), z. B.
in der ›Davidias‹ des Kroaten M. Marulić (um 1500), in M. G. Vidas ›Jesus Christus‹ (1535, dt. 1811), in dem ›Olivetum‹
(1646) von A. Gryphius und in der ›Obsi-
dio Szigetiana‹ (1651) des ungar. Grafen
M. Zrínyi. Daneben stehen volkssprachl.
Parallelen wie die ahd. Evangelienharmonie (863/871) Otfrids von Weißenburg, die frühmhd. ›Kaiserchronik‹ (um
1150), auch der frühmittelengl. ›Brut‹ des
Layamon (um 1200) oder die Reineke-
Fuchs-Dichtungen. – In den Volkssprachen brachte das MA aber auch neue
Zweige des E. hervor, in Byzanz etwa das
E. um den Helden Digenis Akritas (11./
12. Jh.), in Europa das german., roman.
und schließlich slaw. Heldenepos, z. T.
mit liedhaften, oft nur fragmentarisch erhaltenen Vorstufen wie dem ags. ›Finnsburglied‹ (8. Jh), dem Anfang des 9. Jh.
aufgezeichneten ahd. ›Hildebrandslied‹
und den slaw. ↑ Bylinen. Das german.
Helden-E. verarbeitet Erfahrungen und
Stoffe aus der Zeit der Völkerwanderung,
der Eroberungen in England (5./6. Jh.)
und der Christianisierung (4.–8. Jh). Frühestes Zeugnis ist der altengl. ›Beowulf‹
(Handschrift um 1000); um 1200 entstand das mhd. ›Nibelungenlied‹, dessen
Vorbild fast die gesamte, vorwiegend do-
nauländ. ↑ Heldendichtung folgte. Das
roman. Helden-E. basiert in Frankreich
auf den karoling. Grenz- und Glaubens-
kämpfen gegen den Islam und auf den
Auseinandersetzungen zw. mächtigen
Territorialfürsten untereinander und mit
dem König. Als erstes Zeugnis gilt das
um 1100 in seiner Oxforder Version
schriftlich fixierte altfrz. ›Rolandslied‹,

das mündlich jedoch schon vorher verbreitet war (↑ Chanson de geste). Der alt-
span. ›Cantar de mío Cid‹ (um 1140)
dagegen ist ganz vom Geist der Re-
conquista und des sich konsolidierenden
kastil. Königshauses erfüllt. Während er
keine Nachwirkungen im Bereich anderer volkssprachl. Epik zeigte, wirkten die
frz. Heldenlieder bis nach Italien und
Spanien weiter. Die meisten slaw. Volks-
epen und ihre Vorstufen wurden erst im
19. und 20. Jh. schriftlich fixiert, so etwa
die russ. Texte um den Fürsten Wladimir
und den Bauernsohn Ilja Muromez, in
Prosa auch das eher höf. ›Igorlied‹ (um
1185–87, Erstdruck 1800), aus der reichen, noch heute mündlich geübten
südslaw. Tradition das E. um den Kö-
nigssohn Marko und seine Türken-
kämpfe. – Mit Volks- und Helden-E.
konkurrierte im hohen MA der ↑ höfische
Roman in Versen, so die ↑ Artusdichtung
nach dem Vorbild des Chrétien de
Troyes bei Hartmann von Aue und die
Gralsdichtung bei Wolfram von Eschenbach sowie ebenfalls nach altfrz. Vorbildern die ›Eneit‹ (Aeneasroman) von
Heinrich von Veldeke (vor 1190) und
Gottfried von Straßburgs ›Tristan und
Isolt‹ (um 1210), ferner die zwischen Helden-E. und Versroman stehende ↑ Spiel-
mannsdichtung, die ebenso wie das satir.
Tier-E. in Volksbüchern und Dramatisie-
rungen bis in die Neuzeit weiterlebt.
Neben dem Legenden-E. (›Salman und
Morolf‹, 2. Hälfte des 12. Jh.; ›Sankt
Oswald‹, um 1170; ›Orendel‹, Ende des
12. Jh.; alle anonym) und dessen höf.
Version bei Hartmann von Aue (›Gregorius‹, um 1187–89) steht das volkssprachl. Lehr-E., so das moralphilosoph.
Werk ›Der wälsche Gast‹ (1215/16) von
Thomasin von Circlaere, als Allegorie
der altfrz. ↑ Rosenroman. Dantes ›Göttl.
Komödie‹ (nach 1313 bis 1321, gedr.
1472, dt. 1814–21, erstmals dt. 1767–69)
ist als Höhepunkt des mittelalterl. E. in
die Weltliteratur eingegangen, da sie in
einzigartiger Weise eigene Gattungsspe-
zifika setzt und damit die Traditionen
volkstüml. und gelehrter Epik des MA
uneinholbar überschreitet und aufhebt.
15.–18. Jahrhundert: Seit der Renaissance trat als volksprachl. Buch-E. und
bewußte Kunstschöpfung das Natio-

nal-E. hervor; antike Vorbilder, Elemente des höf. Romans und des anonymen Helden-E. werden zu einem neuen, auf das Selbstbewußtsein der jeweiligen Nation bezogenen Ganzen verbunden. Voll ausgebildet ist es in den Rolandsepen von M. M. Boiardo (›Rolands Abentheuer‹, entst. 1476–94, gedr. 1495, dt. 1819/20) und L. Ariosto (›Der rasende Roland‹, 1516, dt. 1908, erstmals dt. 1631–36), erweitert und religiös vertieft in T. Tassos ›Das befreite Jerusalem‹ (1581, dt. 1781–83, erstmals dt. 1626). Diesen Mustern folgten in Portugal die ›Lusiaden‹ (1572, dt. 1806) von L. de Camões, in Spanien die ›Araucana‹ (1569–89, dt. 1831) von A. de Ercilla y Zúñiga, in Frankreich die unvollendete ›Franciade‹ (1572) von P. de Ronsard, die bibl. Epen des Hugenotten G. de Salluste, Seigneur Du Bartas, das Alexandriner-E. ›Clovis‹ (1657) von J. Desmarets de Saint-Sorlin und noch Voltaires aufklärer. E. ›Der Heldengesang auf Heinrich IV.‹ (1723, dt. 1751), in England ›The faerie queene‹ (1590–96, dt. Auszüge 1854) von E. Spenser, in Osteuropa schon 1521 die kroat. ›Judita‹ von M. Marulić, im 17. Jh. u. a. ›Die Osmanide‹ (dt. 1919) von I. Gundulić sowie die poln. Epen von W. Potocki. Späte Ausläufer des National-E. sind ›The Columbiad‹ (1807) des Amerikaners J. Barlow, in Deutschland um und nach 1750 das sog. vaterländ. E. über histor. Figuren oder über Zeitgenossen. – Schon im MA vorhanden (›Pèlerinage de Charlemagne à Jérusalem ...‹, Anfang des 12. Jh.; ›Audigier‹, 13. Jh.), entwickelte sich das komische E. als Parodie des hohen E. in der italien. Renaissance (T. Folengo, ›Baldus‹, 1517, 1521, 1539/40 und 1552), bes. aber im 17. und 18. Jh.; zu nennen sind u. a. in Italien ›Der geraubte Eimer‹ von A. Tassoni (1622, dt. 1781), in Frankreich ›Le lutrin‹ (1674–83) von N. Boileau-Despréaux und in England ›The rape of the lock‹ (1712–14) von A. Pope; das erste deutschsprachige kom. E. (›Der Ring‹) verfaßte um 1400 H. Wittenwiler; im 16. Jh. schrieb G. Rollenhagen das satir. Tier-E. ›Froschmeuseler‹ (1595); neben dem kom. Helden-E. ›Der Renommiste‹ (1744) von J. F. W. Zachariae, M. A. von Thümmels ›Wilhelmine oder der ver-

mählte Pedant‹ (1764) und K. A. Kortums Parodie auf ein Heldengedicht (›Die Jobsiade‹, 1799) schuf Ch. M. Wieland mit seinem ›Oberon‹ (1780) das sog. romant. E., dessen parodist. Züge der neueren Form des Scherz-E. ähneln. – Eine dt. Sonderform ist seit J. H. Voß die Hexameteridylle, die Goethe in ›Hermann und Dorothea‹ (1797) zum sog. bürgerl. Klein-E. ausbaut, ebenso wie er im ›Reineke Fuchs‹ (1794) das Tier-E. aufgreift. – Das Lehr-E. erhielt Impulse durch J. Miltons Blankvers-E. ›Das verlorene Paradies‹ (1667, dt. 1855, erstmals dt. 1682). Dem entsprachen seit 1750 die dt. ↑ Patriarchaden in Hexametern und v. a. F. G. Klopstocks ›Messias‹ (1748–73). Das didakt. E. neigte zur Kleinform, so N. Boileau-Despréaux' Lehrgedicht ›Die Dichtkunst‹ (1674, dt. 1899, erstmals dt. 1745). Wielands ›Musarion‹ (1768), Goethes Fragment ›Die Geheimnisse‹ (1784/85) und Schillers Gedicht ›Der Spaziergang‹ (1795) markierten den Übergang zum Weltanschauungsepos.
Im *19. und 20. Jahrhundert* gab es für das absterbende E. in Form von Nationalepen zahlreiche Wiederbelebungsversuche: ›Der eherne Reiter‹ (hg. 1837, dt. 1890) von A. S. Puschkin, die poln. Epen von A. Mickiewicz (›Konrad Wallenrod‹, 1828, dt. 1834; ›Herr Thaddäus oder der letzte Sajasd in Lithauen‹, 1834, dt. 1836) und J. Słowacki sowie ›Die Frithjofs-Sage‹ (1825, dt. 1826) des Schweden E. Tegnér und in Finnland das ›Kalevala‹ (1833–49, dt. 1852) von E. Lönnrot; in Ungarn die patriot. Epen von M. Vörösmarty und J. Arany, auch S. Fergusons gälisches ›Congal‹ (1872) und noch die ›Odyssee‹ (1938, dt. 1973) des neugriech. Schriftstellers N. Kasantzakis. Ebenfalls nat. Impuls entsprangen im dt. Sprachraum neben den Übersetzungen von altdt. Epen die freien Bearbeitungen von Sagen und Märchen im E., etwa ›Hugdietrichs Brautfahrt‹ (1896) von W. Hertz, außerdem Gebilde wie W. Jordans zweiteiliges Stabreim-E. ›Nibelunge‹ (1867–75) und vaterländ. Geschichtsepen, z. B. A. Grüns Romanzenkranz ›Der letzte Ritter‹ (1830), H. Linggs ep. Dichtung ›Die Völkerwanderung‹ (1866–68) und als Nachzügler P. Ernsts

E. ›Das Kaiserbuch‹ (1922–28), auch zeitbezogene Werke wie noch G. Frenssens ›Bismarck‹ (1914). Unter dem Einfluß des histor. Romans, auch benachbart zur Versidylle steht das kulturgeschichtl. Unterhaltungsepos, vertreten durch Werke wie ›Der Trompeter von Säkkingen‹ (1854) von J. V. von Scheffel, ›Dreizehnlinden‹ (1878) von F. W. Weber. Das E. gewann wiederum märchenhafte Züge in A. von Platens ›Abassiden‹ (1835) und wurde zur literar. Form pseudomythische Phantasien im Zeichen von Eros und Tod bei D. von Liliencron (›Poggfred‹, 1896). – Eine Sonderform des E. im 19. und 20. Jh. ist die lyrisch-ep. Versdichtung. Sie trat zuerst in England auf: romant. Verserzählungen bes. von W. Scott und G. G. N. Lord Byron, Bekenntnisdichtungen wie Byrons ›Ritter Harold's Pilgerfahrt‹ (1812–18, dt. 1836) und ep. Fragmente wie J. Keats' ›Hyperion‹ (1820, dt. 1897) oder Byrons satir. E. ›Don Juan‹ (1819–24, dt. 1832). Die europ. Wirkung ist u. a. erkennbar in Puschkins Versroman ›Eugen Onegin‹ (1825–32, dt. 1840). In England selbst ging die Entwicklung weiter über M. Arnold, W. Morris, A. Tennyson (›Königs-Idyllen‹, 1859–85, teilweise dt. 1867) und R. Browning (›Der Ring und das Buch‹, 1868/69, dt. 1927) bis zu J. Masefield und D. Jones. Daneben steht eine selbständige amerikanische Tradition, die von W. Whitmans Gedichtsammlung ›Grashalme‹ (1855, endgültige Fassung 1891/1892, dt. Auswahl 1889) bis zu E. Pounds ›Cantos‹ (unter verschiedenen Titeln in Teilausgaben veröffentlicht bis 1969, dt. Auswahl 1964 und 1975) und dem Stadt-E. ›Paterson‹ (1946–58, dt. 1970) von W. C. Williams reicht. Ein eigenes metaphysisch-spekulatives Epos gibt es auch in Frankreich, bes. bei A. de Lamartine (›Jocelyn‹, 1836, dt. 1880; ›Der Fall eines Engels‹, 1838, dt. 1840), V. Hugo (›Die Weltlegende‹, 1859–83, dt. 1. Teil 1860) und Saint-John Perse (›Anabasis‹, 1924, dt. 1950). All dem entspricht in Deutschland das Weltanschauungsepos. Auf Vorläufer in der Romantik (u. a. C. Brentano, ›Romanzen vom Rosenkranz‹, vollständig hg. 1912; N. Lenau, ›Savonarola‹, 1837; J. von Eichendorff, ›Julian‹, 1853) folgten ›Das Lied der

Menschheit‹ (1888–96) von H. Hart, ›Olymp. Frühling‹ (1900–05, Neufassung 1910) von C. Spitteler, ›Zwei Menschen‹ (1903) von R. Dehmel, ›Das Nordlicht‹ (1910) von Th. Däubler, ›Manas‹ (1927) von A. Döblin, der kulturkrit. ›Kirbisch‹ (1927) von A. Wildgans und noch G. Hauptmanns Dichtung ›Der große Traum‹ (1942). Nach der Mitte des 20. Jh. sind bislang keine neuen Formen des E. mehr entwickelt worden. Versuche sind B. Brechts Fragmente zu einem ›Lehrgedicht von der Natur des Menschen‹ (um 1941–47); als neuer Versuch eines deutschsprachigen E. wird in jüngster Zeit H. M. Enzensbergers ›Der Untergang der Titanic. Eine Komödie‹ (1978) diskutiert. – ↑ auch Roman, ↑ Lehrdichtung, ↑ Verserzählung, ↑ Volksbuch.

Literatur: NEUSTÄDTER, E.: Versuch einer Entwicklungsgesch. der ep. Theorie in Deutschland, von den Anfängen bis zum Klassizismus. Kronstadt 1927. – MENÉNDEZ PIDAL, R.: La epopeya castellana – a través de la literatura española. Madrid ²1959. – ZIRMUNSKIJ, V. M.: Vergleichende Epenforschung. Bln. 1961. – BOWRA, C. M.: Heldendichtung. Eine vergleichende Phänomenologie der heroischen Poesie aller Völker u. Zeiten. Dt. Übers. Stg. 1964. – POLLMANN, L.: Das E. in den roman. Lit. Stg. u. a. 1966. – TILLYARD, E. M. W.: The English epic and its background. Neuausg. London 1966. Nachdr. Westport (Conn.) 1976. – DUMÉZIL, G.: Mythe et épopée. Paris 1968–78. 3 Bde. – Das dt. Versepos. Hg. v. W. J. SCHRÖDER. Darmst. 1969. – MERCHANT, P.: The epic. London 1971. – HAYMES, E. R.: Das mündl. E. Stg. 1977. – Europ. Heldendichtung. Hg. v. K. VON SEE. Darmst. 1978. – Das röm. E. Hg. v. E. BURCK. Darmst. 1979. – SUCHY, V.: Das E. des 19. Jh. in Österreich u. Ungarn u. seine poetolog. Grundlagen. In: Lenau-Almanach (1979), S. 295. – HIEBEL, H. O.: Individualität u. Totalität. Zur Gesch. u. Kritik des bürgerl. Poesiebegriffs von Gottsched bis Hegel anhand der Theorien über E. u. Roman. Bonn ²1980. – HEISSENBÜTTEL, H.: Die Erfindung der Libido. Das dt. E. in der 2. Hälfte des 19. Jh. Wsb. 1981. – MAX, F. R.: Das E. In: Formen der Lit. in Einzeldarst. Hg. v. O. KNÖRRICH. Stg. 1981. – BARTELS, H.: ›E.‹ – die Gattung in der Gesch. Hdbg. 1982. – JACKSON, W. T.: The hero and the king. An epic theme. New York 1982. – ANDERSEN, Ø.: Homer og det episke. In: Edda 83 (1983), S. 71. – Vom E. u. vom Roman. In: Hdb. des dt. Romans. Hg. v. H. KOOPMANN. Düss. 1983. – Religion, myth, and folklore in the world's epics. The Kalevala and its predecessors. Hg. v. L. HONKO. Bln. 1990. – ↑ auch Chanson de geste, ↑ Mündlichkeit.

Epyllion [griech.] (Mrz. Epyllien), kürzeres Epos in daktyl. Hexametern, gelegentlich auch in eleg. Distichen, 100 bis 800 Verse umfassend, in weiterem Sinne jede Verserzählung. In der Antike zur Zeit des Hellenismus von Kallimachos als Gegenstück zum großen Epos gefordert und erstmals in seinem nur fragmentarisch erhaltenen Kleinepos ›Hekálē‹ und in den ebenfalls nur bruchstückhaft erhaltenen ›Aitia‹ (= Ursachen) verwirklicht. Das E. behandelte anfangs mytholog. Stoffe, meist Liebesgeschichten, oft psychologisierend und für ein urban gebildetes Publikum gedacht. Theokrit brachte in seinen Epyllien die Gattung in die Nähe der Bukolik und damit der Idylle. Durch Euphorion von Chalkis den röm. Neoterikern vermittelt, wurde das E. wichtig für die lat. Literatur der ausgehenden Republik und der frühen Kaiserzeit, v. a. für Catull, Vergil und Ovid. Bereits im 4./5. Jh. n. Chr. finden sich auch christl. Epyllien (Paulinus von Nola, Dracontius). Die byzantin. Literatur des MA weist im 12./13. Jh. einige längere, dem Versroman angenäherte Epyllien auf. Neben Wiederbelebungsversuchen bildeten sich seit der Renaissance neue Formen des E.s heraus, z. B. die stroph. Epyllien von Shakespeare (u. a. ›Venus and Adonis‹, 1593, dt. 1783). Epyllien in Anlehnung an antike Muster sind etwa Goethes ›Alexis und Dora‹ (1797) oder die dt. Hexameteridyllen seit J. H. Voß (1780). Eine klare Unterscheidung des neueren E.s gegenüber anderen Arten der Verserzählung ist dabei meist nicht mehr möglich.

Literatur: ALLEN JR., W.: The E. In: Transactions and Proceedings of the American Philological Association 71 (1940). – AGOSTINO, V. DE: Considerazioni sull'epillio. In: Rivista di studi classici 4 (1956). – MALER, A.: Der Held im Salon. Zum antiheroischen Programm dt. Rokoko-Epik. Tüb. 1973. – GUTZWILLER, K. J.: Studies in the Hellenistic E. Königstein i. Ts. 1980.

Erasmus, Desiderius, genannt E. von Rotterdam, * Rotterdam 27. (28.?) Okt. 1469 (1466?, 1467?), † Basel 12. Juli 1536, niederl. Humanist und Theologe. – Schulen in Deventer und Herzogenbusch (Begegnung mit der Devotio moderna und klass. Studien), Augustiner-Chorherr, ab 1491 Sekretär des Bischofs von Cambrai; ging 1496 studienhalber nach Paris, reiste 1499 erstmals nach England. Waren zuvor die rein wiss. italien. Humanisten, v. a. Lorenzo Valla, sein Vorbild gewesen, so wurde er nun durch die stärker religiös interessierten Engländer Thomas More und John Colet bewogen, sich dem Studium des Griechischen als dem Mittel zur Vertiefung der Einsicht in das NT und die altkirchl. Literatur zuzuwenden. Die Frucht dieser Anregung waren das ›Enchiridion militis christiani‹ (1503), eine Anleitung zum christl. Lebenswandel, seine vielen Ausgaben der Kirchenväter und v. a. seine berühmte lateinisch-griech. Ausgabe des NT (1516). Seine finanzielle Lage besserte sich v. a., nachdem er 1516 königl. Hofrat des späteren Kaisers Karl V. geworden war. Wegen seiner unverhohlenen Kritik an kirchl. Mißständen wurde er nach Luthers Auftreten von vielen als Vorläufer und mögl. Anhänger der Reformation angesehen. Nachdem er sich der religiösen Kontroverse zunächst zu entziehen versucht hatte, auch durch seine Übersiedlung von Löwen nach Basel, kam es 1524 zum Bruch mit Luther. Als die Reformation auch in Basel Eingang fand, zog E. nach Freiburg im Breisgau; kurz vor seinem Tod kehrte er nach Basel zurück. - Sein Werk umfaßt kritische Ausgaben antiker Klassiker und Kirchenväter, Sprichwörtersammlungen, Dialoge, Kommentare und bed. philolog. Schriften. Zur Weltliteratur gehört seine Satire ›Encomium moriae‹ (›Lob der Torheit‹, 1511, dt. 1534), die, in Form einer iron. Lobrede auf das Laster, gegen die Rückständigkeit der Scholastik und die Verweltlichung der Kirche gerichtet ist. 3000 Briefe zeugen von seinen Beziehungen zur europ. Geisteswelt, deren unbestrittener Mittelpunkt er war. Sein Bemühen galt einem christl. Humanismus im Sinne einer Synthese von Antike und Christentum.

Ausgabe: Desiderii Erasmi Roterdami. Opera omnia. Hg. v. J. CLERICUS. Leiden 1703–06. 10 Bde. in 11 Bden. Nachdr. Hildesheim 1961–63. – Opera omnia Desiderii Erasmi Roterodami. Amsterdam 1969 ff. (bisher 5 Bde. in 14 Tlen. erschienen).
Literatur: DRUMMOND, R. B.: E. His life and character, as shown in his correspondence and works. London 1873. 2 Bde. – BATAILLON, M.:

Érasme et l'Espagne. Paris 1937. – FLITNER, A.:
E. im Urteil seiner Nachwelt. Das literar.
E.-Bild von Beatus Rhenanus bis zu Jean Le
Clerc. Tüb. 1952. – HUIZINGA, J.: Europäischer
Humanismus: E. Dt. Übers. Hamb. Neuausg.
1958. – BIETENHOLZ, P. G.: History and bio-
graphy in the work of E. of Rotterdam. Genf
1966. – ECKERT, W. P.: E. von Rotterdam. Köln
1967. 2 Bde. – BAINTON, R. H.: E. Dt. Übers.
Gött. 1972. – GAIL, A.: E. v. R. Rbk. 1974. – HAL-
KIN, L. E.: E. von Rotterdam – eine Biographie.
Dt. Übers. Zü. 1989.

Erath, Vinzenz, * Waldmössingen bei
Rottweil 31. März 1906, † Vaihingen an
der Enz 10. Nov. 1976, dt. Schriftsteller. –
Der dt. Erzählertradition verpflichtet,
versucht er in den autobiographisch
bestimmten Romanen ›Größer als des
Menschen Herz‹ (1951) und ›Das blinde
Spiel‹ (1954) die Gattung des Entwick-
lungsromans fortzusetzen.
Weitere Werke: So zünden die Väter das Feuer
an (R., 1956), So hoch der Himmel (R., 1962),
Zwischen Staub und Sternen (1966).

Eratosthenes von Kyrene (tl.: Era-
tosthénēs), * Kyrene (heute Schahhat,
Libyen) um 284 (oder 274), † Alexandria
um 202 (oder um 194), griech. Gelehrter
und Dichter. – Wurde nach Aufenthalt in
Athen durch Ptolemaios III. als Prinzenerzieher und Leiter der Bibliothek nach
Alexandria berufen. Neben philosoph.,
lexikograph. und grammat. Arbeiten sowie Dichtungen ist er v. a. bekannt durch
die Einführung einer chronolog. Zählung
nach Olympiaden, durch ein dreibändi-
ges Werk, in dem er die geograph. Erkenntnisse seiner Zeit zusammenfaßte
(mit dem ersten umfassenden Versuch einer kartograph. Aufnahme der Erdober-
fläche), sowie durch seine Bestimmung
des Erdumfangs. Als Mathematiker er-
fand er u. a. ein Verfahren zur Auffin-
dung der Primzahlen (›Sieb des E.‹). E.,
der zum Inbegriff hellenist. Gelehrsamkeit wurde, bezeichnete sich selbst erstmals als ›Philologen‹ (›Freund aller
geistigen Betätigung‹). Von seinen literaturwissenschaftl. Werken ist v. a. das umfangreiche Werk ›Über die alte Komödie‹ zu nennen; von seinen Schriften sind
nur Fragmente erhalten.

Erb, Elke, * Scherbach (heute zu
Rheinbach) 18. Febr. 1938, dt. Schriftstellerin. – 1949 Übersiedlung in die DDR,

1957–63 Studium in Halle/Saale, Verlagslektorin, seit 1967 freie Schriftstellerin in Berlin; war verheiratet mit A. Endler. Mit der sehr privaten metaphor. und
aphorist. Sprache ihrer Texte nimmt sie
eine Mittelposition zwischen krit. Lyrik
und Innerlichkeit ein. Auch Stücke für
Kinder (z. T. mit A. Endler), Übersetzungen, Hg. von [Lyrik]anthologien (›Berührung ist nur eine Randerscheinung‹,
1985; Mit.-Hg.).
Weitere Werke: Gutachten. Poesie und Prosa
(1975), Der Faden der Geduld. Poesie und
Prosa (1978), Trost (Ged., Prosa, 1982), Vexier-
bild (Ged., Prosa, 1983), Winkelzüge oder nicht
vermutete, aufschlußreiche Verhältnisse (Prosa,
1991).

Erbauungsliteratur, Literatur, die
der Stärkung des Glaubens dienen sollte;
sie umfaßt neben der Bibel Heiligenlegenden, Gebetbücher, Psalterien, myst.
Visionsberichte, bekenntnishafte Autobiographien oder religiöse Dichtungen. –
E. gibt es seit dem MA, sie ist jeweils bestimmt von den religiösen Strömungen
ihrer Entstehungszeit (Mystik, Devotio
moderna, Reformation, Gegenreformation, Pietismus u. a.). Zur E. gehören u. a.
Andachtsbuch, Traktat, Predigtsamm-
lung († Postille), Historienbibel, Trost-
und Sterbebüchlein; oft wurden mehrere
Arten in sog. Spiegeln zusammengefaßt.
Die dt. E. war bis etwa 1750 die am weitesten verbreitete Literaturgattung, die internat. (bes. span., niederl., engl.) Anregungen aufnahm und weiterführte. M.
Luther gab die ›Theologia Deutsch‹ heraus (1516) und eröffnete mit seinen
Schriften eine neue Epoche der E., im
Barock gehören F. Spees von Langenfeld
›Trutz-Nachtigal ...‹ (hg. 1649) und Angelus Silesius' ›Cherubin. Wandersmann‹
(1675) zur E., von konfessioneller Toleranz zeugen die Andachtsbücher Ph. von
Zesens, G. Ph. Harsdörffers, J. M. Mo-
scheroschs u. a. J. Taulers (14. Jh.) Schriften, V. Dietrichs Hausbuch ›Summaria
über die gantze Bibel‹ (1541) oder Martin
Mollers (* 1547, † 1606) katholisch-myst.
›Christl. Sterbekunst‹ (1593) und ›Soliloquia de passione Jesu Christi‹ (1587), J. J.
Landspergers ›Anleitung zur Gottselig-
keit‹ (1590) oder L. Goffinés ›Hauspostille‹ (1690) blieben bis ins 19. Jh. lebendig, bis ins 20. Jh. ›De imitatione Christi‹

(= Über die Nachfolge Christi, 1410/ 1420) von Thomas a Kempis, ebenso J. Arnds ›Vier Bücher vom wahren Christentum‹ (1606–10), die neben Ch. Scrivers ›Seelenschatz‹ (5 Bde., 1675–92) zu den meistgelesenen *Erbauungsbüchern* gehörten.

Literatur: PEIL, D.: Zur ›angewandten Emblematik‹ in prot. Erbauungsbüchern. Hdbg. 1978. – SCHMIDTKE, D.: Studien zur dingallegor. E. des Spät-MA. Tüb. 1982. – MECKING, B.: Christl. Biographien. Beobachtungen zur Trivialisierung in der E. Bern u. Ffm. 1983. – MÜLLER-SALGET, E.: Erzählung für das Volk. Evangel. Pfarrer als Volksschriftsteller im Deutschland des 19. Jh. Bln. 1984.

Erben, Ingrid, dt. Schriftstellerin, † Bachér, Ingrid.

Erben, Karel Jaromír, * Miletín (Ostböhm. Gebiet) 7. Nov. 1811, † Prag 21. Nov. 1870, tschech. Lyriker und Übersetzer. – Gab im Geiste der Romantik Literaturdenkmäler und Urkunden heraus, sammelte die Volkslieder Böhmens (›Písně národní v Čechách‹, 3 Bde., 1842–45), Märchen und Sagen, verfaßte eine Geschichte des tschech. Volkes. Er übersetzte das altruss. ›Igorlied‹ und alttschech. Literatur.

Weitere Werke: Der Blumenstrauß (Ged., 1853, dt. 1900), Regesta diplomatica nec non epistolaria Bohemiae et Moraviae (1855).
Ausgabe: K. J. E. Dílo. Prag 1938–40. 5 Bde.
Literatur: GRUND, A.: K. J. E. Prag 1935. – KUNCOVÁ, J.: Kytice K. J. E.a. Prag 1962.

Erbil, Leyla [türk. ɛr'bil], * Istanbul 1931, türk. Erzählerin. – Zunächst stark beeinflußt vom amerikan. und frz. Existentialismus, widmete sie ihr erzähler. Werk v. a. der Darstellung weibl. Charaktere, die gegen die überkommenen Denk- und fragwürdigen Institutionen einer alten Ordnung rebellieren, an deren Stelle jedoch keine neuen zu setzen wissen oder wünschen.

Werke: Hallaç (= Das Oberste zuunterst, En., 1961), Gecede (= nachts, En., 1968), Tuhaf bir kadın (= Eine sonderbare Frau, En., 1971).

Ercilla y Zúñiga, Alonso de [span. ɛr-'θiʎa i 'θuɲiɣa], * Madrid 7. Aug. 1533, † ebd. 29. Nov. 1594, span. Dichter. – Reiste im persönl. Gefolge des späteren Königs Philipp II. nach Italien, Deutschland und England und nahm am Feldzug gegen die Araukaner teil. Sein bed., vom lat. Epos und von L. Ariosto beeinflußtes

historisch-ep. Gedicht in Stanzen ›Die Araucana‹ (3 Tle., 1569, 1578, 1589, dt. 1831) schildert in 37 Gesängen die Kämpfe zwischen den span. Eroberern und den Indianern im heutigen Chile.
Ausgabe: A. de E. y Z. La Araucana. Hg. v. I. LERNER. Madrid 1993. 2 Bde.
Literatur: STROHMEYER, W.: Studie über die Araukana des Don A. de E. y Z. Diss. Bonn 1929. – MEDINA, J. T.: Vida de E. Mexiko 1948. – AQUILA, A. J.: A. de E. y Z. A basic bibliography. London 1975. – COROMINAS, J. M.: Castiglione y ›La Araucana‹. Estudio de una influencia. Madrid 1980. – IÑIGO-MADRIGAL, L.: Introducción a la lectura de ›La Araucana‹. Odense 1980. – PIERCE, F.: A. de E. y Z. Amsterdam 1984.

Erckmann-Chatrian [frz. ɛrkmanʃatri'ã], Name für zwei frz. Schriftsteller: Émile Erckmann, * Phalsbourg (Moselle) 20. Mai 1822, † Lunéville 14. März 1899, und Alexandre Chatrian, * Abreschviller 18. Dez. 1826, † Villemomble bei Paris 3. Sept. 1890. – E. und Ch. lernten sich 1847 kennen; sie schrieben gemeinsam unter dem Namen E.-Ch. erfolgreiche Romane aus der napoleon. Zeit, u. a. ›Madame Therese‹ (1863, dt. 1865), ›Freund Fritz‹ (1864, dt. 1888, dramatisiert 1877, dt. 1899), ›Erlebnisse eines Conscribirten des Jahres 1813‹ (2 Bde., 1864, dt. 2 Bde., 1865, 1971 u. d. T. ›Der Rekrut‹), ›Waterloo‹ (1865, dt. 1867), die, ebenso wie die übrigen Romane, Sitte, Milieu und Charakter elsäss. Menschen aus dem Volk in liebevoller Detailmalerei schildern. Nach einem Urheberrechtsstreit trennten sich beide 1889.

Weitere Werke: Der berühmte Doktor Mathäus (R., 1859, dt. 1897), Contes de la montagne (En., 1860), Contes et romans alsaciens illustrés (1876), Contes vosgiens (En., 1877).
Ausgaben: E.-Ch. Ausgew. Werke. Hg. v. L. PFAU. Dt. Übers. 1882. 12 Bde. – E.-Ch. Contes et romans nationaux et populaires. Paris 1962–63. 14 Bde. – E.-Ch. Œuvres complètes. Colmar 1986–88. 5 Bde.
Literatur: SCHOUMACKER, L.: E.-Ch. Paris 1933. – BENOIT-GUYOD, G.: La vie et l'œuvre d'E.-Ch. Paris 1963. – RIOUX, J.-P.: E. et Ch. ou le trait d'union. Paris 1989.

Erdélyi, János [ungar. 'ɛrde:ji], * Kiskapos (heute Copşa Mică, Rumänien) 1. April 1814, † Sárospatak 23. Jan. 1868, ungar. Dichter, Kritiker und Philosoph. – Ab 1851 Prof. der Philosophie und Literatur in Sárospatak. Verfasser volkstüml. Lyrik, Hg. einer wichtigen Sammlung ungar. Volkslieder und Volkssagen (3 Bde., 1846–48, dt. Auswahl 1850) und einer Zusammenstellung ungar. Volkssprichwörter (1851).

Erdman (tl.: Èrdman), Nikolai Robertowitsch [russ. 'ɛrdmɐn], * Moskau 16. Nov. 1902, † ebd. 10. Aug. 1970, russ.-sowjet. Dramatiker. – 1935–38 in der Verbannung (Sibirien). E. schrieb in den 20er Jahren von N. W. Gogol beeinflußte groteske Komödien, kritische Satiren auf das nachrevolutionäre Rußland, außerdem Drehbücher.
Werke: Das Mandat (Kom., UA 1925, dt. 1926), Der Selbstmörder (Kom., entst. 1928, dt. 1970).

Erdrich, Louise [engl. 'ɛːdrɪk], * Little Falls (N. Dak.) 6. Juli 1954, amerikan. Schriftstellerin. – Tochter einer Chippewa-Indianerin und eines Deutschen; studierte am Dartmouth College und an der Johns Hopkins University. Schreibt Gedichte (›Jacklight‹, 1984), Kurzgeschichten und Romane, in denen sie anhand von Einzel- und Familienschicksalen die Situation von Indianern und Randexistenzen der weißen Gesellschaft in dem myth. Ort Argus in ihrem heimatl. North Dakota in der Zeit von 1912 bis 1924 (›Spuren‹, R., 1988, dt. 1990), in den frühen 1930er Jahren (›Die Rübenkönigin‹, R., 1986, dt. 1988) und von 1934 bis 1984 (›Liebeszauber‹, R., 1984, dt. 1986) darstellt. Zusammen mit ihrem Mann, dem Anthropologen und Modoc-Indianer Michael Dorris (* 1945), schrieb sie den die Geschichte des verlorenen Tagebuchs des Kolumbus verfolgenden Roman ›Die Krone des Kolumbus‹ (1991, dt. 1991).

Ereignislied, Typ des german. † Heldenliedes, in dem ein ep. Geschehen (›Ereignis‹) unmittelbar, d. h. ohne Rückblick auf eine bestimmte Situation der Vergangenheit, dargestellt wird (z. B. das ›Hildebrandslied‹, aufgezeichnet um 840).
Literatur: HEUSLER, A.: Die altgerman. Dichtung. Potsdam ²1943.

Erenburg (tl.: Èrenburg), Ilja Grigorjewitsch [russ. erɪm'burk], russ.-sowjet. Schriftsteller, † Ehrenburg, Ilja.

Erényi, Erica Marguerite ['ɛre:nji], schweizer. Lyrikerin, † Burkart, Erika.

Erfurt, Ebernand von, mhd. Legendendichter, † Ebernand von Erfurt.

Ericeira, Graf von [portugies. iri-'seirɐ], portugies. Dichter und Gelehrter, † Meneses, [Francisco] Xavier de, Graf von Ericeira.

Erich, Otto, Pseudonym des dt. Schriftstellers Otto Erich † Hartleben.

Ericson, Walter [engl. 'ɛrɪksn], Pseudonym des amerikan. Schriftstellers Howard [Melvin] † Fast.

Ericsson, Volter Adalbert [schwed. ˌe:rikson], finn. Schriftsteller, † Kilpi, Volter Adalbert.

Ericus Olai, eigtl. Erik Olsson, * nach 1420, † Uppsala 24. Febr. 1486, schwed. Theologe und Chronist. – Ab 1477 Prof. der Theologie an der Univ. Uppsala. Seine in den Jahren um 1470 in lat. Sprache verfaßte Reimchronik ›Chronica regni Gothorum‹ ist das erste schwed. Geschichtswerk dieser Art. Neben Kommentaren zu theolog. Werken erstellte er mit einer versifizierten Übersetzung einer Parabel des Lukasevangeliums mit dem Titel ›Een vicker man‹ das erste gedruckte schwed. Gedicht.

Erinna von Telos (tl.: Érinna), griech. Dichterin des 4. Jh. v. Chr. – Lebte auf Telos, einer zu Rhodos gehörenden Insel; schrieb das Epyllion ›Die Spindel‹, ungefähr 300 Hexameter, in dor. Dialekt, in dem sie, den Tod ihrer Freundin Baukis beklagend, Ereignisse der gemeinsam verlebten Jugend erzählt. Drei ihrer Epigramme wurden in die Anthologia Palatina aufgenommen.
Ausgabe: E. In: Supplementum Hellenisticum. Hg. v. H. LLOYD-JONES u. P. PARSONS. Bln. u. New York 1983 (mit Lit.).

Eristawi (tl.: Èristavi), Georgi Dawidowitsch, * Odsissi 1813, † ebd. 22. Sept. 1864, georg. Dichter. – Aus georg. Hochadel; wegen Teilnahme an der Adelsverschwörung 1832 nach Polen und Litauen verbannt, wo er die westl. Literatur studierte; 1852/53 Gründer und Hg. der ersten georg. Literaturzeitschrift ›Ciskari‹ (= Morgenröte). E., der die nat. Theaterliteratur Georgiens begründete, wandte sich in gesellschaftskrit. Komödien wie ›Dava‹ (= Der Prozeß, 1840), ›Gaqra‹ (= Die Scheidung, 1849) oder ›Zunzi‹ (= Der Geizhals, 1850) bes. gegen ruinierte Adlige, bestechl. Beamte und die Macht des Geldes; er gilt als der Schöpfer des Realismus in der georg. Literatur; große Bedeutung haben seine zahlreichen Übersetzungen (u. a. Gedichte von A. Mickiewicz, A. S. Puschkin, M. J. Lermontow, V. Hugo und P. J. de Béranger).

Eristạwi (tl.: Èristavi), Rafael Dawidowitsch, *Tschala 21. April 1824, † Telawi 4. März 1901, georg. Dichter, Ethnograph und Lexikograph. – Aus georg. Hochadel; schrieb außer Märchen, Fabeln und ethnograph. Studien v. a. realist. Erzählungen, in denen er seine volkskundl. Kenntnisse des Bauerntums verwertete; auch patriot. Lyrik, z. B. in dem Gedicht ›Samšoblo xevsurisa‹ (= Die Heimat des Chewsuren, 1881); übersetzte u. a. I. A. Krylow, A. S. Puschkin und A. Mickiewicz.

Eristik [griech. = zum Streit geneigt, zänkisch], Kunst des Streitens und Disputierens; von den Sophisten ausgebildete Technik des Dialogs, mit deren Hilfe alles bewiesen und als widerlegt werden konnte. Beispiele bei Platon, z. B. im ›Euthydemos‹.

Erlebnisdichtung, Dichtung, in der v. a. persönl. Erlebnisse des Dichters verarbeitet werden; sie unterscheidet sich von der Dichtung, die besonders bestimmte Form- und Gehaltstraditionen fortbildet, wie z. B. überwiegend die mittelalterliche Dichtung, die Dichtung von Renaissance und Barock, aber auch die ↑ Anakreontik.

erlebte Rede, ep. Stilmittel; die e. R. steht zwischen der direkten und indirekten Rede, zwischen Rede und Bericht: Gedanken einer bestimmten Person werden statt in zu erwartender direkter Rede oder im zu erwartenden Konjunktiv der indirekten Rede im Indikativ und meist im Präteritum ausgedrückt oder als Zitat einer anderen Person in den Mund gelegt, z. B.: ›Der Konsul ging ... umher ... Er hatte keine Zeit. Er war bei Gott überhäuft. Sie sollte sich gedulden‹ (Th. Mann, ›Buddenbrooks‹, 1901). Die e. R. gilt nach K. Hamburger als kunstvollstes Mittel der Fiktionalisierung der ep. Berichtform. – Die e. R. findet sich in verschiedenen Formen schon in der antiken und mittelalterl. Literatur, in der

neueren europ. Literatur wird sie als Stilmittel eingesetzt. – ↑ auch innerer Monolog, ↑ Stream of consciousness.

Erlingsson, Þorsteinn [isländ. 'ɛrliŋsɔn], *Stóramörk 27. Sept. 1858, † Reykjavík 28. Sept. 1914, isländ. Schriftsteller. – Anhänger des Sozialismus; schrieb formvollendete, sozialkrit., antiklerikale und satir. Gedichte, auch empfindsame Natur- und Liebeslyrik sowie patriot. Gesänge.
Werke: Þyrnar (= Dornen, Ged., 1897), Eiðurinn (= Der Eid, Ged., 1913), Málleysingjar (= Die Stummen, En., hg. 1928).
Ausgabe: Þ. E. Rit. Reykjavík 1958. 3 Bde.

Ermengem, Frédéric van [niederl. 'ɛrmənxəm], belg. Schriftsteller, ↑ Hellens, Franz.

Ermetịsmo [italien. = dunkler Stil] ↑ Hermetismus.

Erné, Nino [ɛr'neː], eigtl. Giovanni Bruno E., *Berlin 31. Okt. 1921, dt. Schriftsteller. – Italienisch-dt. Abstammung; war u. a. Dramaturg, Redakteur, Verlagslektor und Regisseur; lebte längere Zeit in Südfrankreich, London und 1966–73 in Rom. Verfasser von Lyrik, Novellen, Romanen, Essays und Fernsehdrehbüchern; auch Übersetzer.
Werke: Der sinnende Bettler (Ged., 1946), Kunst der Novelle (Essays, 1956), Junger Mann in der Stadtbahn (Kurzgeschichten, 1959), Das Ideal und das Leben (Biographien, 1960), Monolog des Froschkönigs (R., 1966), Italien süß und sauer (Essays, 1975), Nachruf auf Othello (R., 1976), Kellerkneipe und Elfenbeinturm (R., 1979), Rom – ein Tag, eine Nacht (R., 1982), Vorschlag zur Güte (Prosa, 1984), Weiße, schwarzgemusterte Flügel (Tageb., 1986), Von der Mainzer Freundlichkeit (Essays, 1991).

Ernst, Adolf, dt. Literarhistoriker und Schriftsteller, ↑ Stern, Adolf.

Ernst, Gustav, *Wien 23. Aug. 1944, österr. Schriftsteller. – Mitbegründer und Hg. der Literaturzeitschrift ›Wespennest‹, lebt als freier Schriftsteller in Wien. Verfasser mehrerer Erzählungen und Hörspiele sowie des Romans ›Einsame Klasse‹ (1979), in dem das Zusammenleben eines Künstlerehepaars aus der Nahsicht der Romanfiguren schildert. Auch Theaterstücke und Drehbücher.
Weitere Werke: Am Kehlkopf (En., 1974), Ein irrer Haß (Volksstück, 1977), Plünderung (Ged.,

1979), Herzgruft (Kom., 1987), Film-Kritik schreiben (1993; Hg.).

Ęrnst, Otto, eigtl. O. E. Schmidt, * Ottensen (heute zu Hamburg) 7. Okt. 1862, † Groß Flottbek (heute zu Hamburg) 5. März 1926, dt. Schriftsteller. – Lehrer, ab 1901 freier Schriftsteller. Schildert in seinen z. T. an den Naturalismus anklingenden Dramen, seinen Gedichten und gesellschaftskrit. Romanen und Erzählungen satirisch und humorvoll kleinbürgerl. Verhältnisse.

Werke: Gedichte (1889), Der süße Willy (E., 1895), Jugend von heute (Kom., 1899), Flachsmann als Erzieher (Kom., 1901), Asmus Sempers Jugendland (autobiograph. R., 1905), Appelschnut (En., 1907), Tartüff, der Patriot (Kom., 1909), Heidede! (E., 1923), Niederdt. Miniaturen (1925).

Ęrnst, Paul, * Elbingerode/Harz 7. März 1866, † Sankt Georgen an der Stiefing (Steiermark) 13. Mai 1933, dt. Schriftsteller. – Sohn eines Bergmannes; Redakteur, Dramaturg; befreundet mit R. Dehmel, J. Schlaf, Zusammenarbeit mit A. Holz; 1900 erste Italienreise (bedeutsam für seine Kunstvorstellungen). E. war zunächst Naturalist (›Lumpenbagasch‹, Dr., 1898), wandte sich vorübergehend der Neuromantik zu und wurde nach 1900 einer der Hauptvertreter der Neuklassik, mit dem Ziel der Erneuerung klass. Formstrenge. In seinem dichter. Werk suchte er die von ihm entwickelten kunst- und kulturkrit. Theorien (›Der Weg zur Form‹, Essays, 1906; ›Der Zusammenbruch des Idealismus‹, Essays, 1919) zu verwirklichen. Die stärkste Wirkung ging von seinen Novellen aus, die diese Gattung nach dem Vorbild der Renaissancenovelle erneuerten (Verzicht auf psycholog. Begründung, betont konzentrierte Handlung und künstler. Geschlossenheit). E.s Erneuerungsversuche um das Drama waren wenig erfolgreich, ebenso seine Versuche zur Wiederbelebung des großen Epos (›Das Kaiserbuch‹, 3 Bde., 1922–28). Schrieb später einige kleinere Romane, so ›Der Schatz im Morgenbrotstal‹ (1926).

Weitere Werke: Die Prinzessin des Ostens (Nov.n, 1903), Demetrios (Dr., 1905), Der Hulla (Lsp., 1906), Der Tod des Cosimo (Nov.n, 1912), Komödiantengeschichten (1920), Spitzbubengeschichten (1920), Erdachte Gespräche (1921), Jugenderinnerungen (1929), Jünglings-

Paul Ernst

jahre (Autobiogr., 1931), Das Glück von Lautenthal (R., 1933).

Ausgabe: P. E. Der Mann mit dem tötenden Blick. Hg. v. W. PROMIES. Ffm. 1981.

Literatur: Der Wille zur Form. Bll. der P.-E.-Gesellschaft. 1957 ff. – P. E. in St. Georgen. Hg. v. K. A. KUTZBACH. Emsdetten 1966. – HÄRLEN, E.: Unterschiedl. Versuche, vornehmlich an P. E. Bonn 1982. – FUERST, N.: P. E. Der Haudegen des Geistes. Mchn. 1985. – SCHWINGER, C.: P. E. u. moderne Dichter. Gött. 1987. – ↑ auch Scholz, Wilhelm von.

erotische Literatur (amouröse Literatur), Sammelbegriff für literar. Werke, in denen die verschiedensten Dimensionen des Erotischen dargestellt werden; der Begriff der e. L. bezeichnet keine besondere literar. Gattung, er verweist auf die Liebe als existentielles Thema der Kunst in ihrer spezifisch sinnl. bzw. erot. Ästhetik. Die Bedeutung des Sexus ist je nach Kultur- oder Zeitbewußtsein von unterschiedl. Ausprägung.

Die *Intention* der e. L. reicht von der Darstellung reiner Sinnenfreude bis zur Kritik gesellschaftl. Verhaltensweisen bzw. hinter Erotischem versteckter Gesellschaftskritik. Die Geschichte der e. L. ist aufs engste mit der Geschichte ihrer inoffiziellen oder offiziellen Zensur und gerichtl. Verfolgung vor dem Hintergrund wechselhafter Tabuisierung der Sexualsphäre verknüpft. Die immer wieder versuchte Unterdrückung der e. L., ein nicht selten daraus resultierendes Ausweichen auf den bibliophilen Druck mit Titel-, Autor-, Verleger- und Ortsfiktionen und Handel unter dem Ladentisch förderten wesentlich den Eindruck der Rarität und damit einen zeitweise hohen Sammlerwert.

Berühmte *Beispiele* e. L. stammen aus Indien (›Kāmasūtra‹, vermutlich erstes nachchristl. Jh.), China (›Chin-p'ing-mei‹, 16. Jh., gedr. 1617, dt. 1928–32), Japan (Ihara Saikaku, ›Yonsosuke, der dreitausendfache Liebhaber‹, 1682, dt. 1965), dem Orient (›Tausendundeine Nacht‹, entst. seit dem 8. Jh., endgültige Fassung wohl 16. Jh., dt. 6 Bde., 1921–28) und Teilen des AT (›Hoheslied‹). Die abendländ. Literatur bietet seit der Antike v. a. in den roman. Ländern eine Fülle e. Literatur. Sie wurde in Griechenland eingeleitet um 100 v. Chr. durch die von Aristeides von Milet verfaßten ›Miles. Geschichten‹, die reiche Nachfolge fanden; als Einlagen noch bei C. Petronius und Apuleius. Sie kennt weiterhin den Romantyp des ›Lógos erotikós‹ in Form einer nach zahlreichen abenteuerl. Reisen und überstandenen Gefahren zumeist glücklich endenden Liebesgeschichte: bei Antonios Diogenes (2. Jh. n. Chr. [?]), Xenophon von Ephesos, Heliodoros von Emesa, Longos und dem unbekannten Verfasser des ›Apollonius von Tyrus‹ (2. oder 3. Jh.). Neben diesen auch unter dem Begriff **Erotiker** zusammengefaßten Autoren stehen die ›Hetärengespräche‹ (2. Jh., dt. 1788) Lukians. In der röm. Literatur zählen zur e. L. außer Petronius und Apuleius Catull, Ovid und Martial. Das MA kennt die ↑ Schwankliteratur, Frankreich speziell das ↑ Fabliau. In der Renaissance ist in Italien neben G. Boccaccio und P. Aretino v. a. M. Bandello zu nennen, in Frankreich Margarete von Navarra, P. de Bourdeille, Seigneur de Brantôme, F. V. Béroalde de Verville, J. de La Fontaine. Das sog. galante Zeitalter (18. Jh.) verzeichnet zahlreiche Autoren e. L. (Crébillon d. J., P. A. F. Choderlos de Laclos, J.-B. Louvet de Couvray, N. Restif de La Bretonne, D. A. F. Marquis de Sade, ferner Voltaire und H. G. Riqueti, Graf von Mirabeau in Frankreich; in Italien v. a. G. G. Casanova). Verfasser engl. e. L. waren u. a. G. Chaucer, J. Wilmot, Earl of Rochester, J. Cleland. In Deutschland sind zu nennen: im 17. Jh. die zweite ↑ schlesische Dichterschule, im 18. Jh. u. a. J. Ch. Rost, J. G. Schnabel, Goethe (›Röm. Elegien‹, 1795; ›Venezian. Epigramme‹, 1795) und Schiller (›Venus-

wagen‹, 1782). Nach H. de Balzac (›Tolldreiste Geschichten‹, 1832–37, dt. 1926, 1908 u. d. T. ›Die 30 sehr drolligen und sehr kuriosen Geschichten...‹) wurde das Erotische v. a. unter dem Einfluß von psychoanalyt. und psycholog. Erkenntnissen dargestellt; mit A. Ch. Swinburne, der in seinen (zu seiner Zeit einen Skandal auslösenden) ›Poems and ballads‹ (3 Bde., 1866–89, dt. Auswahlen u. a. 1905, 1919, 1948 u. d. T. ›Gesänge und Balladen‹) sadomasochist. Erotik darstellt, ist der österr. Schriftsteller L. von Sacher-Masoch (›Venus im Pelz‹, Buchausg. 1870) verwandt. Mit A. Strindbergs ›Okkultem Tagebuch‹ (auszugsweise hg. 1963, dt. 1964; vollständig schwed. hg. 1977) setzte eine sog. Selbstentblößungsliteratur in einer spezif. Mischung von Tagebuch und Autobiographie ein (u. a. H. Miller). Im 20. Jh. liegt ferner eine Vielzahl v. a. von Romanen vor, die teilweise oder ganz der e. L. zuzurechnen sind: u. a. von J. Joyce, D. H. Lawrence, V. Nabokov, L. Durrell, J. Genet, Ch. Rochefort, A. Nin sowie G. Bataille.

Literatur: WEDECK, H. E.: Dictionary of erotic literature. New York 1962. – HYDE, H. M.: Gesch. der Pornographie. Dt. Übers. Ffm. u. Bln. 1969. – SCHLAFFER, H.: Musa iocosa. Gattungspoetik u. Gattungsgesch. der erot. Dichtung in Deutschland. Stg. 1971. – Liebe als Lit. Aufss. zur e. L. in Deutschland. Hg. v. R. KROHN. Mchn. 1983. – SEESSLEN, G.: Lex. der e. L. Mchn. 1984. – ENGLISCH, P.: Gesch. der e. L. Wsb. ³1987. – BAYER, F. W./LEONHARDT, K. L.: Selten u. gesucht. Bibliogr. n u. ausgew. Nachschlagewerke zur e. L. Stg. 1993. – Das Erotische in der Lit. Hg. v. T. SCHNEIDER. Ffm. u. a. 1993.

Erpenbeck-Zinner, Hedda, dt. Schriftstellerin, ↑ Zinner, Hedda.

Erra-Epos, jungbabylon. Epos um den altmesopotam. Seuchen- und Unterweltgott Erra (Irra, Era), verfaßt wohl kurz nach 765 v. Chr. von Kabti-ilani-Marduk. Das Epos schildert das krieger. Wüten Erras, dem Marduk für kurze Zeit den himml. Thron überlassen hatte.

Literatur: CAGNI, L.: The poem of Erra. Los Angeles (Calif.) 1977.

Errata [lat. = Irrtümer, Fehler], Druckfehler; Verzeichnis von Druckfehlern, die, während des Ausdruckens entdeckt, im letzten Bogen oder auf einem Beiblatt berichtigt werden.

104 erregendes Moment

erregendes Moment, dramaturg. Begriff, geprägt von G. Freytag (›Die Technik des Dramas‹, 1863); bezeichnet die in der ↑ Exposition aufgedeckte Bedingung, die den dramat. Konflikt auslöst.

Erskine, John [engl. 'ɔ:skɪn], * New York 5. Okt. 1879, † ebd. 2. Juni 1951, amerikan. Schriftsteller, Literarhistoriker und Pianist. – War 1916–37 Prof. für Anglistik an der Columbia University, New York; Mit-Hg. der ›Cambridge history of American literature‹ (1917–21); Verfasser zeitgeschichtlich interessanter autobiograph. Schriften und vielgelesener Essays über Literatur und Musik. In seinen Romanen persiflierte er Stoffe der Weltliteratur und Geschichte. Großen Erfolg hatte ›Das Privatleben der schönen Helena‹ (R., 1925, dt. 1927).

Weitere Werke: Lanzelots schwache Stunde (R., 1926, dt. 1952), Adam und Eva (R., 1927, dt. 1928), Odysseus ganz privat (R., 1928, dt. 1959), Vergiß, wenn du kannst (R., 1935, dt. 1938), Das kurze Glück des François Villon (R., 1937, dt. 1939), Memory of certain persons (Autobiogr., 1947), My life as a teacher (Autobiogr., 1948), My life in music (Autobiogr., 1950), My life as a writer (Autobiogr., 1951).

Eršov, Petr Pavlovič, russ. Märchenschriftsteller, ↑ Jerschow, Pjotr Pawlowitsch.

Ersoy, Mehmet Akif [türk. ɛr'sɔi], türk. Lyriker, ↑ Akif [Ersoy], Mehmet.

Erstaufführung ↑ Aufführung.

Erstauflage, erste ↑ Auflage einer Publikation.

Erstausgabe, erste selbständige Buchveröffentlichung eines literar. Werkes; entweder eine vom Autor beglaubigte Werkwiedergabe oder eine vom Autor unabhängige, bisweilen unvollständige oder fehlerhafte Publikation; wichtig für die Textphilologie und als bibliophiles Sammelobjekt. – Als E. bzw. **Editio princeps** bezeichneten die Humanisten die erstmals nach Handschriften verfertigten Drucke antiker Autorentexte. Die E.n der Inkunabelzeit repräsentieren oft die verlorene handschriftl. Überlieferung.

Erstdruck,
1. der erste Korrekturabzug eines Werkes, Probedruck; nicht zu verwechseln mit der Erstausgabe.

2. die erste Veröffentlichung in einer Zeitschrift, im Gegensatz zur Erstausgabe.

Ertel (tl.: Èrtel'), Alexandr Iwanowitsch [russ. 'ertɪlj], * Xisowo (Gebiet Lipezk) 19. Juli 1855, † Moskau 20. Febr. 1908, russ. Schriftsteller. – Bevor er Gutsverwalter wurde, in verschiedenen Berufen tätig; zeitweilig als Revolutionär in Haft und deportiert. Sein literar. Schaffen, auf die Zeit von 1879 bis 1896 beschränkt, umfaßt Romane, Erzählungen und Skizzen, in denen er im Geist der Narodniki die Welt der Bauern realistisch darstellte, wobei er bes. die Stellung der Bauern zur Intelligenz berücksichtigte.

Werk: Gardeniny, ich dvornja, priveržency i vragi (= Die Gardenins, ihr Gesinde, ihre Anhänger und Feinde, R., 2 Bde., 1889).

Ertem, Sadri [türk. ɛr'tɛm], * Istanbul 1900, † Ankara 12. Nov. 1943, türk. Schriftsteller. – Veröffentlichte seit 1931 zwei Romane und fünf Erzählbände, in denen er, gelegentlich allzu plakativ, soziale Unterschiede und Spannungen in der türk. Gesellschaft vor und nach Gründung der Republik 1923 schilderte.

Werke: Çıkrıklar durunca (= Wenn die Spinnräder stillstehen, R., 1931), Düşkünler (= Die Dekadenten, R., 1935), Bir şehrin ruhu (= Die Seele einer Stadt, En., 1938).

Ertl, Emil, * Wien 11. März 1860, † Graz 8. Mai 1935, österr. Schriftsteller. – Studierte Rechtswissenschaft und Philosophie; 1898–1922 Direktor der Bibliothek der TH Graz; befreundet mit P. Rosegger. Vertreter der österr. Heimatkunst in Romanen und Erzählungen; auch Novellen, meist aus der österr. Geschichte. Sein Hauptwerk ist der vierteilige Romanzyklus ›Ein Volk an der Arbeit‹: ›Die Leute vom blauen Guguckshaus‹ (1906), ›Freiheit, die ich meine‹ (1909), ›Auf der Wegwacht‹ (1911), ›Im Haus zum Seidenbaum‹ (1926).

Weitere Werke: Liebesmärchen (1886), Mistral (Nov.n, 1901), Der Neuhäuselhof (R., 1913), Der Antlaßstein (R., 1917), Der Berg der Läuterung (Nov., 1922), Karthago, Kampf und Untergang (R., 1924), Meisternovellen (1930).

Literatur: E. E. Zum 70. Geburtstag. Eine Festschrift. Lpz. 1930.

Ertler, Bruno, * Pernitz (Niederösterreich) 29. Jan. 1889, † Graz 10. Dez. 1927, österr. Schriftsteller. – Studierte Germanistik und Kunstgeschichte in Prag; Journalist und Redakteur. Schrieb stimmungsreiche impressionist. Lyrik, ideenreiche und volkstüml. Dramen sowie sprachlich meisterhafte, formvollendete Novellen.

Werke: Der Glücksbecher (Dr., 1911), Anna Iwanowna (Dr., 1920), Die Königin von Tasmanien (Nov.n, 1921), Venus, die Feindin (Nov., 1921), Das Spiel von Doktor Faust (Dr., 1923).

Ervine, Saint John Greer [engl. 'ɜːvɪn], *Belfast 28. Dez. 1883, † Fitzhall Iping bei Midhurst (West Sussex) 24. Jan. 1971, ir. Dramatiker. – Von 1915 an einige Zeit Theaterleiter, 1933–36 Prof. für dramat. Literatur in Dublin. In seinen bedeutenderen, frühen Werken gestaltet er die bürgerl. Alltagswelt Irlands; später erfolgreiche realist., wenig problemat. Gesellschaftsstücke von geringerem Wert; auch Erzähler.

Werke: Mixed marriage (Dr., 1910), Jane Clegg (Dr., 1913), Four Irish plays (1914), John Ferguson (Dr., 1915), The first Mrs. Fraser (Dr., 1929), Robert's wife (Dr., 1937), Friends and relations (Dr., 1947), Private enterprise (Dr., 1948).

Erwin, Franz Theodor, Pseudonym des dt. Kunsthistorikers, Malers und Dichters Franz ↑ Kugler.

erzählende Dichtung ↑ Epik.

Erzähler,
1. Verfasser von Werken erzählender Prosa.
2. erzählende Gestalt, die als Bestandteil eines ep. Werkes die Funktion hat, als Vermittler zwischen Autor und Leser das Geschehen aus einer ganz bestimmten ↑ Perspektive darzulegen; die verschiedenen Positionen und Sichtweisen des E.s begründen die verschiedenen **Erzählhaltungen;** der E. ist eine fiktive Gestalt, die nur selten (↑ Autobiographie) mit dem Autor identisch ist. – ↑ auch Erzählsituation.

Erzählhaltung ↑ Epik, ↑ Erzähler.

Erzähllieder, Volkslieder, die eine abgeschlossene Handlung zum Inhalt haben. Unterschieden werden in der Hauptsache Volksballaden (Lieder mit weltl. Stoffen) und Legendenlieder (Lieder mit geistl. Stoffen). Die ältesten E. finden sich unter den Heldenliedern und den histor. Ereignis- und geschichtl. Liedern. Erzählende Heiligenlieder sind seit

dem 14. Jh. verbreitet. Im Gegensatz zu den weltl. E.n sind sie arm an Konflikten und weniger dramatisch. Die häufig sehr langen E. wurden vielfach von berufsmäßigen Sängern verbreitet, seit dem 17./18. Jh. auch in der Art und in den Formen des ↑ Bänkelsangs.

Literatur: Dt. Volkslieder. Hg. v. L. RÖHRICH u. R. W. BREDNICH. Bd. 1: Erzählende Lieder. Düss. 1965. – ORTUTAY, G.: Die europ. Volksballaden. In: Kontakte u. Grenzen. Gött. 1969. – SCHMIDT, LEOPOLD: Volksgesang u. Volkslied. Bln. 1970.

Erzählsituation, man unterscheidet im allgemeinen 1. *die Ich-E.,* wobei der fiktive Erzähler selbst Teil der dargestellten Welt ist, das Geschehen miterlebt oder es unmittelbar von den beteiligten Personen erfährt. Dadurch ist der Standpunkt des Ich-Erzählers festgelegt, seine Perspektive ist im Gegensatz zum Er-Erzähler auf Erlebnisse, Beobachtungen und Gedanken einer einzelnen Person, nämlich seiner eigenen, beschränkt. Ausgangspunkt für diese E. ist die ↑ Autobiographie, klass. Gestalter sind die Vertreter des ↑ Schelmenromans und des ↑ Bildungsromans; 2. *die auktoriale E.,* bei der der Erzähler seinen Platz außerhalb der dargestellten Welt hat, er weiß schon im voraus, wie das Geschehen verlaufen wird und warum die Gestalten so und nicht anders handeln (allwissender Erzähler). Er kann sich in das Geschehen einschalten, indem er auf Zukünftiges vorausweist, Vergangenes oder Gegenwärtiges kommentiert, sich von der Handlungsweise der Figuren distanziert oder eigene Gedanken zum Geschehen beisteuert. Das kann im Extremfall dazu führen, daß dieser sogenannte Erzählerkommentar die fiktive Handlung fast völlig überwuchert (z. B. Jean Paul, ›Blumen-, Frucht- und Dornenstücke oder Ehestand, Tod und Hochzeit des Armenadvokaten F. St. Siebenkäs‹, 1796/97). Im allgemeinen jedoch, v. a. in den ep. Werken des Realismus, hält sich der Erzähler im Hintergrund und beschränkt sich auf die Darstellung der fiktiven Wirklichkeit; 3. *die personale E.,* wobei der Erzähler als Vermittler zwischen Autor und Leser fehlt, so daß der Leser selbst Rolle und Funktion einer Romanfigur übernimmt. Dadurch wird nicht nur der

Eindruck der Unmittelbarkeit erweckt, sondern der Leser wird auch zum notwendigen Mitgestalter des Textinhalts und seiner Deutung. Bewußtseinsprozesse der beteiligten Personen werden hier in Form von ↑erlebter Rede oder ↑innerem Monolog dem Leser direkt vermittelt. Die personale E. tritt zumindest seit dem ↑Nouveau roman in reiner Form auf, gekoppelt mit der auktorialen E. erscheint sie etwa in den Romanen von Th. Fontane.

Literatur: STANZEL, F. K.: Theorie des Erzählens. Gött. ⁵1991. – STANZEL, F. K.: Typ. Formen des Romans. Gött. ¹²1993.

Erzählung, Sammelbegriff für alle Formen des Erzählens; im engeren Sinne Einzelgattung der ↑Epik, die sich jedoch mit den übrigen ep. Gattungen häufig überschneidet. Sie ist kürzer als der ↑Roman, aber nicht so knapp und andeutend wie ↑Skizze und ↑Anekdote, im Unterschied zur ↑Novelle weniger streng gebaut sowie umfangreicher, aber weniger pointiert als die ↑Kurzgeschichte. Eigene Formgesetze und eine differenziertere Geschichte hat die ↑Verserzählung.

Literatur: LEISTNER, D. B.: Autor – Erzähltext – Leser. Erlangen 1975. – KAHRMANN, C., u. a.: Einf. in die Analyse v. Erzähltexten. Königstein i. Ts. 1977. 2 Bde. – HARTMANN, K. H.: Wiederholungen im Erzählen. Stg. 1979. – E. u. Erzählforschung im 20. Jh. Hg. v. R. KLOEPFER u. G. JANETZKE-DILLNER. Stg. 1981.

Erzählzeit ↑Epik.

Erziehungsroman, Variante des ↑Entwicklungsromans und ↑Bildungsromans (mit fließenden Grenzen zu diesen Gattungen), wobei der Entwurf oder die exemplar. Veranschaulichung eines Erziehungsprogramms im Mittelpunkt steht; als E.e gelten z. B.: Xenophons ↑Fürstenspiegel, die ›Kýrou paideía‹ (= Die Erziehung des Kyros, vollendet nach 366 v. Chr.), Fénelons ›Begebenheiten des Telemach‹ (1699, dt. 1788, erstmals dt. 1700), J.-J. Rousseaus ›Emil, oder über die Erziehung‹ (1762, dt. 1762), J. H. Pestalozzis ›Lienhard und Gertrud‹ (1781–87) und, mit Einschränkung ›Der grüne Heinrich‹ von G. Keller (1854/55, 2. Fassung 1879/80).

Literatur ↑Bildungsroman.

Esbatement [niederl. ɛzbɑtə'mɛnt; altfrz. = Belustigung], aus dem Franzö-

sischen übernommene Bez. für den Schwank der niederl. Rederijker-Bühnen des 15./16. Jh. (↑Rederijkerskamers).

Eschenbach, Ulrich von, mhd. Epiker, ↑Ulrich von Etzenbach.

Eschenbach, Wolfram von, mhd. Schriftsteller, ↑Wolfram von Eschenbach.

Eschenburg, Johann Joachim, * Hamburg 7. Dez. 1743, † Braunschweig 29. Febr. 1820, dt. Literarhistoriker und Schriftsteller. – Lehrte seit 1767 am Collegium Carolinum in Braunschweig; Mitarbeiter am ›Wandsbecker Boten‹; Freundschaft u. a. mit G. E. Lessing, von dem er Werke aus dem Nachlaß herausgab. E.s Hauptwerke sind aus Vorlesungen erwachsene Handbücher: ›Entwurf einer Theorie und Literatur der schönen Redekünste‹ (1783), dazu eine vielbenutzte Beispielsammlung (8 Bde., 1788 bis 1795); ›Handbuch der class. Literatur und Alterthumskunde‹ (1783), ›Über Shakespeare's Leben und Schriften‹ (1787). Schrieb Gedichte, Epen und Dramen; Verfasser der ersten vollständigen Shakespeare-Übersetzung (in Prosa; 13 Bde., 1775–82, Neufassung 12 Bde., ³1798–1806).

Literatur: PIRSCHER, M.: J. J. E. Diss. Münster 1959. – BLACKALL, E. A.: Ulrich Bräker u. E. In: Shakespeare-Jb. 98 (1962), S. 93.

Eschmann, Ernst Wilhelm, * Berlin 16. Aug. 1904, † München 22. Febr. 1987, dt. Schriftsteller. – Prof. für Philosophie und Kulturgeschichte in Berlin, seit 1960 in Münster. Neben seinen wiss. Abhandlungen ist sein Erzählwerk von Bedeutung, das in Sprache und Form klass. Vorbildern verpflichtet ist; in seinen Versdramen werden antike Stoffe aktualisiert; auch Lyrik, Essays, Reisebuch.

Werke: Griech. Tagebuch (Reisebericht, 1936), Erdachte Briefe (1938), Ariadne (Trag., 1939), Der andere Sultan (Legenden, 1942), Tessiner Episteln (Ged., 1949), Alkestis (Dr., 1950), Das Doppelzeichen (En., 1951), Die Tanne (R., 1953), Im Amerika der Griechen (Essays, 1961), Einträge. Notizen im Raum (1967), Ein Gott steigt herab (En., 1968), Luther findet J. C. (Dr., 1975).

Eschstruth, Nataly von ['ɛʃʃt...], * Hofgeismar 17. Mai 1860, † Schwerin 1. Dez. 1939, dt. Schriftstellerin. – Schrieb Lustspiele, v. a. aber rührselige

Unterhaltungsromane, mit denen sie großen Erfolg hatte.

Werke: In des Königs Rock (Dr., 1882), Gänseliesel (R., 2 Bde., 1886), Polnisch Blut (R., 2 Bde., 1887), Hofluft (R., 2 Bde., 1889), In Ungnade (R., 1891), Die Bären von Hohen-Esp (R., 2 Bde., 1902).

Escosura, Patricio de la, * Madrid 5. Nov. 1807, † ebd. 22. Jan. 1878, span. Politiker und Schriftsteller. – Seine Biographie spiegelt den span. Liberalismus wider: 1824 und 1840 emigriert, unter R. M. de Narváez und nach der Revolution von 1854 Minister, ab 1866 Cortesabgeordneter, beschloß seine polit. Laufbahn 1872 als Gesandter in Berlin. Schrieb histor. Romane im Stil W. Scotts (›El conde de Candespina‹, 2 Bde., 1832, u. a.) und Geschichtsdramen (u. a. ›Las mocedades de Hernán Cortés‹, 1845). In wiss. Abhandlungen setzte er sich u. a. mit P. Calderón de la Barca (1868), Fragen der Mythologie und der Geschichte span. Brauchtums auseinander.

Literatur: INIESTA, A.: Don P. de la E. Madrid 1958.

Esendal, Memduh Şevket, * Çorlu (Anatolien) 29. März 1883, † Ankara 16. Mai 1952, türk. Schriftsteller. – Gehörte in seiner Jugend zur jungtürk. Bewegung; später im diplomat. Dienst (zwischen den beiden Weltkriegen u. a. als Botschafter in Teheran, Kabul und Moskau). Er verfaßte einen Roman (›Ayaşlı ve kiracılar‹ [= Ayaşlı und die Mieter], 1933) und mehrere Erzählbände, in denen in realist., gelegentlich auch sozialkrit. Form die türk. Gesellschaft zwischen den beiden Weltkriegen porträtiert wird.

Esenin, Sergej Aleksandrovič, russ.-sowjet. Lyriker, † Jessenin, Sergei Alexandrowitsch.

eskimoische Literatur, die Ursprünge gehen auf die mündl. Überlieferungen zurück. Diese umfassen neben myth. Erzählungen v. a. Jagd- und Reisegeschichten, Heldensagen (einschließlich histor. Überlieferungen), Tierfabeln und Dichtungen (Jagd-, Streit- und Kinderlieder, Zauberformeln u. a). Aus diesen Gegebenheiten entwickelte sich bes. auf Grönland seit etwa 1870 eine stark von Europa beeinflußte Literatur, deren Verfasser sich der eskimoischen Sprache

bedienten, jedoch teilweise keine Eskimo (Inuit) im engeren Sinne waren. So war nur ein Großelternteil des bedeutenden Knud Rasmussen (* 1879, † 1933) Inuit. Dieser große Forschungsreisende verfaßte neben seinen wiss. Berichten auch Reisebeschreibungen und Erzählungen in eskimoischer Sprache sowie Sammlungen überlieferter Sagen und Mythen. Unter den neueren Schriftstellern ist v. a. Hans Lynge zu nennen, dessen Dramen und Libretti eskimoische Motive und europ. Stilelemente verbinden. Dies ist kennzeichnend für die heutige e. L. aus Grönland, die man eher als grönländ. Literatur bezeichnen kann. Seit etwa 1960 ist eine ähnl. Entwicklung unter den Eskimo (Yupik) in Alaska zu beobachten, wobei allerdings die eskimoischen Schriftsteller und Dichter sich vielfach der engl. Sprache bedienen.

Esnik von Koghb (armen. Esnik Koghbazi), * um 400, Bischof von Bagrewand, armen. Theologe. – Er gehörte zum Schülerkreis des Sahak. Als dessen Mitarbeiter reiste er nach Syrien und Byzanz, um Schriften der Kirchenväter zu übersetzen; er gehörte zu den Korrektoren des Textes der armen. Bibel anhand der griechischen. Klassisch geworden ist sein Werk ›Widerlegung der Irrlehren‹, das sich in vier Büchern gegen den Paganismus, den Zoroastrismus, die griechisch-philosoph. Lehren und gegen Marcion wendet.

Ausgaben: Eznik v. Kolb: Wider die Sekten. Dt. Übers. v. JOHANN MICHAEL SCHMID. Wien u. Lpz. 1900. – Eznik. Schrr. In: Ausgew. Schrr. der armen. Kirchenväter. Dt. Übers. Hg. v. SIMON WEBER. Bd. 1. Mchn. 1927. – Eznik de Kolb. De deo. Armen. u. frz. Hg. v. L. MARIÈS u. CH. MERCIER. Paris 1959. 2 Bde. in 1 Bd.

Espina, Antonio, * Madrid 29. Okt. 1894, † ebd. im Febr. 1972, span. Schriftsteller. – Mitarbeiter verschiedener bed. Zeitschriften, u. a. der ›Revista de Occidente‹; trat als Lyriker hervor (›Umbrales‹, 1918; ›Signario‹, 1923), verfaßte erfolgreiche humoristisch-satir. Erzählungen (›Pájaro pinto‹, 1927) und Romane (›Luna de copas‹, 1929; ›El libro del aire‹, 1957; ›El libro de las montañas‹, 1958), Romanbiographien (›Luis Candelas, el bandido de Madrid‹, 1929; ›Romea, o el comediante‹, 1935) sowie iro-

nisch-skept. Essays (›Lo cómico contemporáneo‹, 1928; ›Seis vidas españolas‹, 1962).
Literatur: CRISPÍN, J.: La novela en la generación de 1925: A. E. In: Archeion 16 (1966), S. 213.

Espina de la Serna, Concepción [span. es'pina ðe la 'serna], span. Schriftstellerin, ↑ Espina y Tagle, Concha.

Espina y Tagle, Concha [span. es'pina i 'tayle], eigtl. Concepción Espina de la Serna, * Santander 15. April 1879, † Madrid 19. Mai 1955, span. Schriftstellerin. – Aus Kaufmannsfamilie; lebte nach ihrer frühen Heirat einige Jahre in Chile; ist mit ihrem vielgelesenen, umfangreichen realist. Romanwerk, das auch soziale Aspekte nicht vernachlässigt, eine angesehene Vertreterin der Literatur des span. Nordens (León).
Werke: La niña de Luzmela (R., 1909), Die Sphinx der Maragatos (R., 1914, dt. 1924), Das Metall der Toten (R., 1920, dt. 1922), Das Mädchen aus der Mühle (R., 1921, dt. 1943), Altar mayor (R., 1926), La flor de ayer (R., 1932), Retaguardia (R., 1937), El más fuerte (R., 1947), Un valle en el mar (R., 1950), Una novela de amor (R., 1953).
Ausgabe: C. E. y T. Obras completas. Madrid ³1970. 2 Bde.
Literatur: MAZA, J. DE LA: Vida de mi madre, C. E. Alcoy 1957. – LAVERGNE, G.: Vie et œuvre de la romancière C. E. Lille 1983. 2 Bde. – FUCELLI, A.: Alla ricerca di una identità letteraria. Vita e romanzi di C. E. Neapel 1986.

Espinel, Vicente, ≈ Ronda (Prov. Málaga) 28. Dez. 1550, † Madrid 4. Febr. 1624, span. Schriftsteller. – Studierte in Salamanca; war Knappe des Grafen von Lemos, Sklave in Algerien, durchzog als Soldat halb Europa; dann Kaplan, auch Musiker. Verfasser des Schelmenromans ›Leben und Begebenheiten des Escudero Marcos Obregon, oder ...‹ (1618, dt. 1827), der ein buntes, auf eigenem Erleben beruhendes Bild der Zeit gibt. A. R. Lesage verwendete den Roman als Vorlage für seinen ›Gil Blas von Santillana‹. Schrieb auch Gedichte (›Rimas‹, 1591).
Literatur: HALEY, G.: V. E. and Marcos de Obregón. A life in its literary representation. Providence (R. I.) 1959. – HEATHCOTE, A.: V. E. Boston (Mass.) 1977. – Estudios sobre V. E. Málaga 1979.

Espinela [span.], klass. Form der span. ↑ Dezime; nach dem span. Schriftsteller V. Espinel benannt, der Ende des

16. Jh. diese Form in die span. Dichtung einführte.

Espmark, Kjell, * Strömsund (Jämtland) 19. Febr. 1930, schwed. Lyriker und Literaturwissenschaftler. – Seit 1978 Prof. für Literaturwissenschaft an der Univ. Stockholm, seit 1981 Mitglied der Schwedischen Akademie. Steht in seinen wiss. Arbeiten wie in seinen Essays und Gedichten sowohl in der Tradition der klass. europ. Moderne seit Baudelaire wie auch des schwed. Modernismus des 20. Jahrhunderts, wobei vielfältige intertextuelle Bezüge auf Autoren und Verfahren moderner Poesie seine vielschichtige, verrätselte Lyrik strukturieren und in ihrer Aussage prägen. Schrieb unter Benutzung sonst unzugängl. Quellen und von Insiderwissen das aufsehenerregende erste wiss. Werk über die Kriterien der Schwedischen Akademie für die Vergabe des Literaturnobelpreises ›Det litterära Nobelpriset‹ (1986).
Weitere Werke: Mordet på Benjamin (Ged., 1956), Mikrokosmos (Ged., 1961), Livsdyrkaren Artur Lundkvist (Abh., 1964), Harry Martinson erövrar sitt språk (Abh., 1970), Att översätta själen. En huvudlinje i modern poesi från Baudelaire till surrealismen (Abh., 1975), Det obevekliga paradiset (Ged., 1975), Senti i Sverige (Ged., 1976), Själen i bild. En huvudlinje i modern svensk poesi (Abh., 1977), Försök till liv (Ged., 1979), Resans formler. En studie i Tomas Tranströmers poesi (Abh., 1983), Den hemliga måltiden (Ged., 1984), Den motsträviga skapelsen. Dikter 1956–1984 (1987), Glömskan (R., 1987).

Espriu, Salvador [katalan. əs'priu], * Santa Coloma de Farnés (Prov. Gerona) 10. Juni 1913, † Barcelona 22. Febr. 1985, katalan. Schriftsteller. – Jurist. Einer der bedeutendsten katalan. Schriftsteller; trug mit seinen Dramen, Romanen, Erzählungen und v. a. mit seiner Lyrik, zu deren Hauptthemen die Rolle seiner Heimat innerhalb Spaniens gehört, entscheidend zur Erhaltung des Katalanischen als Literatursprache bei. Sein Hauptwerk, der aus 54 Gedichten bestehende Zyklus ›Die Stierhaut‹ (entst. 1957/58, gedr. 1960, katalan. und dt. 1985) – zugleich Klage und Hymnus –, stellt die Auswirkungen des Span. Bürgerkrieges in den Mittelpunkt.
Weitere Werke: El doctor Rip (R., 1931), Ariadna al laberint grotesc (E., 1935), Cementiri

de Sinera (Ged., 1946), Primera història d'Esther (Trag., 1948), Las cançons d'Ariadna (Ged., 1949), Les hores i Mrs. Death (Ged., 1952), Der Wanderer und die Mauer (Ged., 1954, dt. 1986), Ende des Labyrinths (Ged., 1955, dt. 1986), Antigona (Trag., 1955), Llibre de Sinera (Ged., 1963), Setmana Santa (Ged., 1971), Formes i paraules (Ged., 1975), Les roques i el mar, el blau (Prosa, 1981).
Ausgabe: S. E. Obres completes. Hg. v. F. VALL-VERDÚ. ¹⁻³1977–90. 5 Bde.
Literatur: CASTELLET, J. M.: Iniciació a la poesía de S. E. Barcelona 1971. – SÜSS, K.: Unterss. zum Gedichtwerk S. E.s. Nbg. 1978. – BIHLER, H.: S. E. In: Krit. Lex. der roman. Gegenwartsliteraturen. Hg. v. W.-D. LANGE. Losebl. Tüb. 1984 ff.

Espronceda y Delgado, José Leonardo de [span. espron'θeða i ðɛl'ɣaðo], *zwischen Villafranca de los Barros und Almendralejo (Prov. Badajoz) 25. März 1808, † Madrid 23. Mai 1842, span. Dichter. – Sohn eines Obersten; früh von antidespotisch-revolutionärem Geist erfüllt, schrieb 14jährig seine erste [polit.] Ode, wurde mit 16 Jahren Geheimbundmitglied, flüchtete nach Gibraltar, Lissabon und London, war an der Pariser Julirevolution und am 1. Karlistenkrieg beteiligt, 1841 Gesandtschaftssekretär in den Niederlanden, zuletzt Abgeordneter der Cortes. Seine v. a. von Lord Byron beeinflußten bed. lyr. und ep. Dichtungen stehen ganz im Zeichen der europ. Romantik und der zeitgenöss. Freiheitsbewegungen; Hauptwerke sind die phantast. Verserzählung ›El estudiante de Salamanca‹ (1840; Don-Juan-Motiv) und das [fragmentar.] lyr. Versepos ›El diablo mundo‹ (1841).
Weitere Werke: Sancho Saldaña o El castellano de Cuéllar (R., 6 Bde., 1834), Poesías líricas (Ged., 1840).
Ausgaben: E. y D. Obras completas. Hg. v. J. CAMPOS. Madrid 1954. – E. y D. Estudio y antología. Hg. v. J. CAMPOS. Madrid 1963.
Literatur: PUJALS, E.: E. y Lord Byron. Madrid 1951. – CASALDUERO, J.: E. Madrid ²1967. – MARRAST, R.: J. de E. et son temps. Littérature, société, politique au temps du romantisme. Paris 1974. – REES, M. A.: E.'s ›El estudiante de Salamanca‹. London 1979. – BILLICK, D. J.: J. de E. An annotated bibliography 1834–1980. New York 1981. – LANDEIRA, R.: J. de E. Lincoln (Nebr.) 1985.

Essay ['ɛse; engl. 'ɛseɪ; eigtl. = (literar.) Versuch], Prosatext, der sich auf ein bestimmtes Thema beliebigen Inhalts konzentriert. E.s, meist als Beiträge für literar., wiss., philosoph. u. a. Zeitschriften oder als gesammelte Texte in Buchform herausgegeben, wurden erst in der 2. Hälfte des 20. Jh. als besondere ästhetisch-literar. Kunstform anerkannt, wobei in der germanist. literaturwiss. Forschung die Frage diskutiert wird, inwiefern das ›Essayistische‹ neben Epik, Dramatik und Lyrik als vierte literar. Grundgattung denkbar ist, während die roman. Literaturen diesen literar. Begriff traditionsgemäß in das Spektrum der Gattungen integriert haben. Die Frage, worin das Typische des E.s im Unterschied zu einer wiss. Abhandlung, einem philosoph. Traktat, zum Feuilleton, literar. Brief oder zu aphorist. Texten besteht, kann, wenn überhaupt, nur umschreibend beantwortet werden. Auch wenn die Charakterisierung als ›Versuch‹ recht vage ist, so ist der E. in seiner Besonderheit damit noch am treffendsten charakterisiert; der E. ist ein Text, dem etwas Fragmentarisches, Bewegliches, Momenthaftes, Gesprächhaftes, manchmal auch Spielerisches anhaftet. Die Art und Weise, wie in einem E. ein Thema dargelegt wird, liegt jenseits der Fragestellung von ›richtig‹ oder ›falsch‹, ›logisch‹ oder ›unlogisch‹, ›begründet‹ oder ›unbegründet‹, der E. stellt meist ohne objektivierende Distanz, ganz unmittelbar vom Autor so gesehen, in freier, intuitiver Weise Querverbindungen her, dabei verzichtet der E. absichtsvoll auf ein Denken im Rahmen von festgelegten Systemen und begriffl. Abstraktionen, er meldet Zweifel an deren Verbindlichkeit an. Essayist. Literatur sucht eher nach Fragen als nach Lösungen, beinhaltet weniger Erklärungen als Überlegungen, formuliert Möglichkeiten des Denkens, die während des Schreibens als Prozeß, Experiment vorgeführt werden; so gesehen könnte der E. auch als Versuch Offenes offenzuhalten beschrieben werden. Für Th. W. Adorno ist der E. ›die krit. Form par exellence‹. In diesem Sinne zielt die Intention des E.s auf Kulturkritik (durchaus auch am Beispiel naturwissenschaftl. Themen) als Kritik an etablierten, gesicherten, mit kausalitätsgläubiger Logik begründeten Erkenntnissen, Erkenntnisweisen und Erkenntnistheo-

110 Essay

rien. – Abgesehen davon, daß die Bez.
›E.‹ relativ undifferenziert für beliebige
Aufsätze, Artikel, Abhandlungen gewählt wird, entspricht der inhaltl. Beweg-
lichkeit des E.s seine stilist., oft aphorist.,
artist. Leichtigkeit oder auch Eleganz:
pointiert, angriffslustig, provokativ, jedoch nicht vernichtend, wird die Lust am
Durchspielen der Möglichkeiten des
Denkens gegen die Gravitation gesicherter Erkenntnisse und deren Neigung zu
Belehrung und Wegweisung sichtbar.
Geschichte: Dem E. vergleichbare Dar-
stellungsformen finden sich in der Antike u.a. bei Plutarch, Cicero, Seneca
d.J., Horaz, Catull, Mark Aurel. Die Geschichte des E.s als eigenständige Form
beginnt mit M. Eyquem de Montaigne,
der den Begriff für das method. Verfahren seiner Reflexionen gebrauchte (›Les
essais‹, 1580–95, dt. 1753/54, 1908–11
u.d.T. ›Essays‹). 1597 übernahm F. Bacon den Begriff E. zur formalen Kenn-
zeichnung seiner Betrachtungen (›Es-
sayes or Counsels civill and morall‹,
letzte Ausgabe 1625), die sich dem Traktat nähern. In *Frankreich* (R. Descartes,
Voltaire, Montesquieu), bes. aber in
England setzte sich die traktatnahe Ausprägung des E.s durch: im 17.Jh. sind
neben William Cornwallis († 1631) u.a.
J. Locke, Owen Felltham (* 1602[?],
† 1668), F. Bacon, Lord George Chandos
(* 1620, † 1655), Thomas Fullen (* 1608,
† 1661), A. Cowley zu nennen. Zu europ.
Wirkung gelangte die angelsächs. Tradition im 18.Jh. durch die ↑moralischen
Wochenschriften, in denen der E. verbreitet wurde (J. Addison, R. Steele), er
läßt sich bis ins 19.Jh. weiterverfolgen, in
England vertreten durch Ch. Lamb,
J. H. L. Hunt, W. Hazlitt, Th. B. Macau-
lay, J. Ruskin, R. L. Stevenson, S. T. Cole-
ridge, M. Arnold, W. H. Pater, in den
USA durch R. W. Emerson (›Essays‹, 2
Tle., 1841–44, dt. 1858), H. D. Thoreau
(E.zyklus ›Walden‹, 1854, dt. 1897),
O. W. Holmes (›Der Tisch-Despot‹, 1857,
dt. 1876), E. A. Poe, W. Irving, J. R. Low-
ell, in Frankreich durch F. Brunetière,
Ch. A. Sainte-Beuve, H. Taine, Stendhal.
Auch in Italien ist der E. (›saggio‹) seit
dem 17./18.Jh. eine beliebte Gattung der
Kritik (Alessandro Verri [* 1741, † 1816],
M. Cesarotti, G. Leopardi, U. Foscolo).

In Deutschland finden sich Abhandlun-
gen in essayist. Denk- und Darstellungs-
formen erstmals im 18.Jh. (u.a. G. W.
Leibniz, G. E. Lessing, J. G. Herder, J. J.
Winckelmann, G. Forster, W. und A. von
Humboldt, Goethe, Schiller, F. von
Schlegel, H. Heine, L. Börne, H. von
Kleist, A. Stifter, A. H. Müller). Erst mit
den ›E.s‹ (4 Bde., 1859–90) von Hermann Grimm, die in Orientierung an
Emersons E.s konzipiert wurden, gewinnt die dt. Essayistik den Anschluß an
die europ. Tradition. – Blütezeiten der
Essayistik sind ebenso Perioden angereg-
ter, sich frei entfaltender Kultur wie Kri-
sen- und Umbruchzeiten; so bemühen
sich E.s der Gegenwart z. B. um eine Wie-
derannäherung von Geisteswissenschaf-
ten und den oft im Spezialistentum iso-
lierten Naturwissenschaften (C. F. von
Weizsäcker, W. Heisenberg, R. Jungk). –
Zu den Autoren, die seit Mitte des 19.Jh.
u.a. als Verfasser von E.s bekannt wurden, gehören: die Philosophen und Kulturkritiker F. Nietzsche, A. Huxley,
B. Croce, M. de Unamuno y Jugo, J. Or-
tega y Gasset, G. Santayana, H. Bergson,
R. Kassner, O. Spengler, W. Benjamin,
S. Kracauer, J. Hofmiller, K. Jaspers,
E. Bloch, R. Guardini, Th. W. Adorno,
G. Lukács, M. Bense u. a., die Historiker
G. G. Gervinus, Julian Schmidt, K. Hille-
brand, F. Kürnberger, J. Burckhardt,
F. Heer u. a.; Schriftsteller und/oder Li-
teraturhistoriker wie z. B. O. Wilde, T. S.
Eliot, V. Woolf, P. A. Valéry, A. Gide, H.
und Th. Mann, K. Kraus, E. Jünger,
S. Zweig, R. Borchardt, H. Bahr, H. von
Hoffmannsthal, R. A. Schröder, J. Was-
sermann, G. Benn, M. Rychner, E. R.
Curtius, H. Broch, R. Musil, E. Canetti,
H. E. Holthusen, W. Jens, V. Ekelund,
G. Ekelöf, S. Sontag, A. Maurois, A. Ca-
mus, R. Barthes, M. Butor, F. De Sanctis,
L. Pirandello, U. Eco, D. Alonso, J. M.
Eça de Queirós, D. Mourão-Ferreira,
F. A. Nogueira de Seabra Pessoa, J. L.
Borges, O. Paz, J. Montalvo, E. Romero
(* 1926), R. Vallejos (* 1943). – Neue Ver-
wendungsmöglichkeiten erfährt die Gat-
tung des E.s in den Medien Hörfunk und
Fernsehen in Form des ↑Features. – Seit
1984 wird im deutschsprachigen Raum
der von dem Bonner Verleger Thomas
Grundmann gestiftete ›Ernst-Robert-

Curtius-Preis‹ für Essayistik (Preisträger: G. Mann, 1984; K. Sontheimer, 1985; H. Spiel, 1986; W. J. Siedler, 1987; F. Bondy, 1988; F. Dürrenmatt, 1989; H. Lübbe, 1990; G. Kunert, 1991; W. Ross, 1992; P. Sloterdijk, 1993) vergeben. – Mit **Essayismus** bezeichnet die moderne Literaturkritik vielfach ein Stil- und Gestaltungsprinzip in erzähler. Texten, die spezif. Formen und Funktionen des E.s (z. B. im Roman) als Mittel bes. Wirklichkeitserfahrung und -darstellung integrieren.
Literatur: SCHON, P. M.: Vorformen des E. in Antike u. Humanismus. Wsb. 1954. – BERGER, B.: Der E. Bern u. Mchn. 1964. – ROHNER, L.: Der dt. E. Nw. u. Bln. 1966. – CHAMPIGNY, R.: Pour une esthétique de l'essai. Paris 1967. – The art of the e. Hg. v. L. FIEDLER. New York ²1969. – BACHMANN, D.: E. u. Essayismus. Stg. u. a. 1969. – HAAS, G.: E. Stg. 1969. – LUKÁCS, G.: Über Wesen u. Form des E.s. In: LUKÁCS: Die Seele u. die Formen: E.s. Nw. u. Bln. 1971. – BELKE, H.: Literar. Gebrauchsformen. Düss. 1973. – Der engl. E. Hg. v. H. WEBER. Darmst. 1975. – HOEGES, D.: E.-Lit. In: Einf. in das Studium der frz. Lit.wiss. Hg. v. W.-D. LANGE. Hdbg. 1979. – ADORNO, TH. W.: Der E. als Form. In: ADORNO: Noten zur Lit. Ffm. 1981. – Essays on the essay. Redefining the genre. Hg. v. A. J. BUTRYM. Athens (Ga.) u. a. 1989.

Essayismus [ɛsɛ'ısmʊs; engl.] ↑ Essay.

Essayisten [ɛse'ıstən; engl.],
1. Verfasser von Essays.
2. Begründer der ersten der engl. ↑moralischen Wochenschriften (›The Tatler‹, 1709–11, ›The Spectator‹, 1711/12 und 1714, ›The Guardian‹, 1713), R. Steele und J. Addison.

Esser, Maurits, niederl. Schriftsteller, ↑ Eckeren, Gerard van.

Essig, Hermann, * Truchtelfingen (heute zu Tailfingen) 28. Aug. 1878, † Berlin 21. Juni 1918, dt. Schriftsteller. – Lebte ab 1904 in Berlin, war ab 1913 Mitglied des Sturmkreises; von F. Wedekind beeinflußter satir., expressionist. Dramatiker mit gesellschaftskrit. Themen; auch Romane und Erzählungen.
Werke: Mariä Heimsuchung (Dr., 1909), Die Weiber von Weinsberg (Kom., 1909), Furchtlos und treu (Dr., 1911), Ihr stilles Glück – ! (Dr., 1912), Überteufel (Trag., 1912), Des Kaisers Soldaten (Dr., 1915), Der Schweinepriester (Kom., 1915), Der Taifun (R., hg. 1919), Kätzi (Dr., hg. 1922).

Esslingen, Schulmeister von, mhd. Lyriker, ↑ Schulmeister von Esslingen.

Estang, Luc [frz. ɛs'tã], eigtl. Lucien Bastard, * Paris 12. Nov. 1911, † ebd. 25. Juli 1992, frz. Schriftsteller. – Journalist; Lyriker, Erzähler und Essayist des Renouveau catholique, anfangs von Ch. Péguy, P. Claudel und G. Bernanos beeinflußt. 1938 erschien E.s erste Gedichtsammlung ›Au-delà de moi-même‹. Die Romantrilogie ›Charges d'âmes‹ (Bd. 1: ›Gezeichnete‹, 1949, dt. 1953; Bd. 2: ›Und suchet, wen er verschlinge‹, 1951, dt. 1953; Bd. 3: ›Brunnen der Tiefe‹, 1954, dt. 1955) schildert Menschen, die sich von Gott abkehren und gleichzeitig nach ihm suchen.
Weitere Werke: Le passage du Seigneur (Essay, 1945), Temps d'amour (R., 1947), Ce que je crois (Essay, 1956), Die Stunde des Uhrmachers (R., 1959, dt. 1964), Das Glück und das Heil (R., 1961, dt. 1963), Le jour de Caïn (dramat. Gedicht, 1967), L'apostat (R., 1968), La fille à l'oursin (R., 1971), Il était un petit homme (R., 2 Bde., 1975), La laisse du temps (Ged., 1977), Corps à cœur (Ged., 1983), Les femmes de M. Legouvé (R., 1983), Le loup meurt en silence (R., 1984), Le démon de pitié (R., 1987), Celle qui venait du rêve (R., 1989), Mémorable planète (Ged., 1991).
Literatur: COGNY, P.: Sept romanciers au-delà du roman. Paris 1963.

Estaunié, Édouard [frz. ɛsto'nje], * Dijon 4. Febr. 1862, † Paris 2. April 1942, frz. Schriftsteller. – Generalinspekteur des frz. Telegraphenwesens, Mitarbeiter mehrerer Zeitschriften. Übte in dem autobiograph. Roman ›L'empreinte‹ (1895) Kritik am jesuit. Erziehungssystem, in ›Le ferment‹ (R., 1899) am Rationalismus des intellektuellen Proletariats. Schilderte in psycholog. Romanen den Alltag und das Leben unauffälliger Menschen (›Das geheime Leben‹, R., 1908, dt. 1938). Wurde 1923 Mitglied der Académie française.
Weitere Werke: Segen der Liebe (R., 1921, dt. 1936), Schwester Therese (R., 1921, dt. 1937), Der Fall Clapain (R., 1932, dt. 1938).
Literatur: SCHLÖTKE, C.: Die eigenartige literar. Technik E.s. Borna u. Paris 1938. – CESBRON, G.: É. E.: romancier de l'être. Genf 1977.

Estébanez Calderón, Serafín [span. es'teβanɛθ kalde'rɔn], Pseudonym El Solitario, * Málaga 27. Dez. 1799, † Madrid 5. Febr. 1867, span. Schriftsteller. – Anwalt, Lehrer für Griechisch, Rhetorik und Poetik, hatte mehrmals hohe Staatsstellungen inne; beeinflußte das zeitgenöss. Kulturleben. Berühmt wurden seine ›Escenas andaluzas‹ (Skizzen, 1847), Bilder des andalus. Volkslebens und seiner Menschentypen.

Ausgabe: S. E. C. Obras completas. Madrid 1955. 2 Bde.
Literatur: CÁNOVAS DEL CASTILLO, A.: ›El solitario‹ y su tiempo. Madrid 1883. 2 Bde. – MUÑOZ ROJAS, J. A.: ›El solitario‹ en el tiempo. In: Revista de occidente 58 (1968), S. 76.

Esterházy, Péter [ungar. 'ɛʃtɛrha:zi], * Budapest 27. Mai 1950, ungar. Schriftsteller. – Virtuoser Sprachkünstler; behandelt mit Vorliebe Grenzsituationen des menschl. Daseins; gilt als wichtigster Vertreter der ungar. Neoavantgarde.

Werke: Termelési regény (= Produktionsroman, R., 1979), Agnes (R., 1982, dt. 1982), Wer haftet für die Sicherheit der Lady (E., 1982, dt. 1986), Fuhrleute (R., 1983, dt. 1988), Die Hilfsverben des Herzens (R., 1984, dt. 1985), Kleine ungar. Pornographie (R., 1984, dt. 1987), A kitömött kattyú (= Der ausgestopfte Schwan, Prosa, 1988), Das Buch Hrabals (R., 1990, dt. 1991), Donau abwärts (R., 1991, dt. 1992), Leben und Literatur (Nov., 1993, dt. 1994 in: Eine Geschichte. Zwei Geschichten; mit Imre Kertész).

Estienne [frz. e'tjɛn] (Étienne, latin. Stephanus), frz. Drucker-, Verleger- und Humanistenfamilie in Paris und Genf, die zwischen 1502 und 1664 rund 1600 Werke veröffentlichte. Signet: Ölbaum.
Literatur: RENOUARD, A. A.: Annales de l'imprimerie des E., ou Histoire de la famille des E. et de ses éditions. Paris 1843. Nachdr. Genf 1971.

E., Henri II, * Paris 1531, † Lyon 1598. Ältester Sohn von Robert Ier E.; ab 1557 Drucker in Genf; Sammler von griech. Handschriften; verfaßte den bed. ›Thesaurus graecae linguae‹ (5 Bde., 1572). Mit Veröffentlichungen wie der zeitkrit. ›Apologie pour Hérodote‹ (1566) und ›De la précellence du langage françois‹ (1579) und anderen Schriften machte er sich in Genf unbeliebt. Wurde u. a. von Ulrich Fugger unterstützt.

E., Robert Ier, * Paris 1503, † Genf 7. Sept. 1559. Schüler des A. I. Laskaris; 1539 zum Imprimeur du roi für Hebräisch und Lateinisch, 1540 auch für Griechisch ernannt; druckte vollständige Bibeltexte in diesen drei Sprachen; auf ihn geht die heutige Einteilung der Bibel in Verse zurück. Verfaßte den ›Thesaurus

linguae latinae‹ (1531), ein ›Dictionarium latino-gallicum‹ (1538) und ein ›Dictionaire françois-latin‹ (1539, ²1549) u. a. grundlegende lexikolog. Werke. 1551 siedelte er wegen Häresieverdachtes (Anmerkungen seiner Bibelausgaben) nach Genf über und druckte im Dienste des Kalvinismus.
Literatur: STARNES, D. T.: R. E.'s influence on lexicography. Austin (Tex.) 1963. – BENOIT, J.-P.: R. E. imprimeur du roi, ... Straßburg u. Paris 1968.

Estilo culto [span. es'tilo 'kulto] ↑ Gongorismus.

estnische Literatur, von einer e. L. mit ästhet. Rang kann erst seit der 2. Hälfte des 19. Jh. gesprochen werden. Das 17. Jh. zeigt die Anfänge mit geistl. Gebrauchsliteratur, das 18. Jh. bringt ein künstlerisch anspruchsloses Bildungsschrifttum, der Anfang des 19. Jh., die Zeit der aufklärer. Estophilie, mit Kristjan Jaak Peterson (* 1801, † 1822), den ersten estn. Dichter von wirkl. Begabung. Die alte estn. *Volksdichtung* bestand im wesentl. aus mittelalterl. und frühneuzeitl. Liedgut in alliterierenden, endreimlosen Achtsilbern. Im 19. Jh. wurden bes. durch die Initiative von Jakob Hurt (* 1839, † 1907) umfangreiche Sammlungen angelegt (die – erweitert – heute zu den größten der Welt gehören). Das Nationalepos ›Kalevipoeg‹ (1857–61, gleichzeitig deutsch), das F. R. Kreutzwald, in romant. Geiste das finn. ›Kalevala‹ nachahmend, aus Liedern, Sagen und seiner eigenen Phantasie formte, übte, obwohl das Vorbild nicht erreichend, auf die junge sprachl. und literar. Entwicklung Wirkung aus.
Die sog. *Nationalromantik* (Mitte des 19. Jh.), in der vaterländ. Lyrik, Bauernepik und durch die Stücke von L. Koidula auch jene ersten estn. Dramen entstanden, hat immer noch den Charakter anbahnender Vorläufigkeit. Eine sich zu europ. Bewegungen in Beziehung setzende Literatur entstand erst mit dem Realismus der Jahrhundertwende (J. Liiv mit suggestiver Naturlyrik und E. Vilde, Estlands erster freier Schriftsteller, mit sozialkrit., z. T. von É. Zola beeinflußten Romanen). *Literarische Gruppen,* die die Anregungen aus der übrigen europ. Literatur verarbeiteten, waren für den Anfang des

20. Jh. kennzeichnend (Noor-Eesti [= Jung-Estland], 1905–17; Siuru, 1917 bis 1920). Hier sammelten sich zu neuromant. Formenstrenge und individueller Ausdruckskunst die besten Kräfte der Zeit (G. Suits, F. Tuglas, bes. A. H. Tammsaare mit Novellen [Konflikt zwischen Bürgertum und junger Intelligenz] und dem großen bäuerl. Generationenroman ›Wahrheit und Recht‹ [1926–33, dt. 1939–41] sowie A. Gailit mit phantasievoller Erzählkunst und M. Under mit einer impressionist., gefühlsstarken Lyrik). Ab 1944 entwickelte sich eine *sowjetestnische Literatur* und eine estn. *Emigrantenliteratur*. Das Experimentieren mit neuen Formen (z. B. die surrealist. Lyrik Ilmar Laabans [* 1921] und Kalju Lepiks [* 1920]) und Ausdrucksmöglichkeiten (Allegorie und Ironie in den von F. Kafka beeinflußten Romanen K. Ristikivis, im Versroman Ivar Grünthals [* 1924]) kennzeichnete die Exilschriftsteller, dann aber auch die sich bes. in den sechziger Jahren stärker entfaltende sowjetestn. Literatur. Neben J. Kross, der in seinen Romanen die schon immer stark geschichtl. Thematik intellektualisiert, die Lyrikerinnen D. Vaarandi, Ellen Niit (* 1928), die Prosaistin L. Promet sowie den Verfasser von Reisebüchern Lennart Meri (* 1929) traten hier mit P.-E. Rummo, dem Schöpfer einer assoziationsreichen Dichtung, der Lyrikerin Viivi Luik (* 1946), mit Jaan Kaplinski (* 1941, Lyrik), den Erzählern Arvo Valton (* 1935), M. Traat (Lyrik, Prosa) und Mati Unt (* 1944) Vertreter der Generation der Nachkriegszeit. Das Ende der sowjet. Zeit kam 1990/91, als Estland unabhängig wurde.

Literatur: HARRIS, E. H.: Literature in Estonia. London ²1947. – Acht estn. Dichter. Hg. u. übers. v. A. ORAS. Stockholm 1964. – JÄNES, H.: Gesch. der e. L. Stockholm 1965. – ORAS, A./ KANGRO, B.: Estonian literature in exile. Lund 1967. – MÄGI, A.: Estonian literature. Stockholm 1968. – IVASK, I.: Die e. L. In: Moderne Weltlit. Hg. v. G. VON WILPERT u. I. IVASK. Stg. 1972. – KOLK, R./MÄGI, A.: Estn. Exillit. In: Ural-Altaische Jbb. N. F. 7 (1987). – NIRK, E.: Estonian literature. Reval ²1987. – E. L. in dt. Sprache. Bibliogr. der Primär- u. Sekundärlit. Zusammengestellt v. C. HASSELBLATT u. V. PIRSICH. Wsb. 1988. – HASSELBLATT, C.: Die e. L. u. ihre Rezeption in Dtl. Lüneburg 1994.

Etana-Epos, akkad. Epos, in altbabylon., assyr. und jungbabylon. Fassung unvollständig erhalten: Etana, ein früher Herrscher (3 Jt.) von Kisch (20 km östlich von Babylon), kinderlos, fliegt auf der Suche nach der ›Gebärpflanze‹ auf einem Adler himmelwärts (auch auf Rollsiegeln bereits des 3. Jt. bildlich dargestellt). Davor ist die Einsetzung des Königtums in Kisch und die Fabel von Adler und Schlange in den Text eingearbeitet. Ausgang und Gesamtanliegen des Texts sind noch unsicher.

Literatur: Ancient Near Eastern texts relating to the Old Testament. In: Ancient Near East in pictures. Hg. v. J. B. PRITCHARD. Princeton (N. J.) ³1969. – The legend of Etana. Hg. u. übers. v. J. V. KIENNIER-WILSON. Warminster 1985.

Etcherelli, Claire [frz. εtʃεrε'li], * Bordeaux 1. Nov. 1934, frz. Schriftstellerin. – Stammt aus bescheidensten Verhältnissen; kam schon früh mit dem Grauen der Okkupation in Berührung (ihr Vater wurde 1942 von den Deutschen ermordet); ist seit ihrer Übersiedlung nach Paris (1960) als Fließbandarbeiterin (bei Citroën) sowie als Haus- und Büroangestellte tätig gewesen. In ihren autobiographisch inspirierten Romanen ›Elise oder das wahre Leben‹ (1967, dt. 1968; Prix Femina), ›Clémence‹ (1971, dt. 1973) und ›Un arbre voyageur‹ (1978) behandelt sie aggressiv, leidenschaftlich und voller Resignation Formen des Scheiterns weibl. Aus- und Aufbrüche aus der frz. Gesellschaft der Gegenwart. Ihre bittere Zeitkritik an Rassismus und Polizeiwillkür, an der Situation der Frau im Arbeitsleben und an der phantasielosen Trägheit der Gewerkschaften begründet nur zwei Lösungen zum Gewinn der individuellen Freiheit: den Rückzug in die Innerlichkeit oder die bewußt gewählte Verwilderung.

Literatur: OPHIR, A.: Regards féminins. Conditions féminine et création littéraire. Paris 1976. S. 153. – SCHEERER, TH. M.: C. E. In: Krit. Lexikon der roman. Gegenwartsliteraturen. Hg. v. W.-D. LANGE. Losebl. Tüb. 1984 ff.

Etesami (tl.: I'tiṣāmī], Parwin [pers. etesɑ'mi:], * Täbris 16. März 1907, † Teheran 4. April 1941, pers. Lyrikerin. – Tochter eines traditionsbewußten, aber aufgeklärten Literaten; Ausbildung in einem amerikan. College in Teheran; Bewahrerin schlichter, klass. Formen der pers. Dichtung, gleichzeitig leidenschaftl. Einsatz für Themen der Aufklärung, der Emanzipation und sozialer Ethik. Durch die Verbindung literar. Begabung mit kompromißlosem Moralismus zählen ihre Werke in Iran zu den beliebtesten Gedichten aus der ersten Hälfte des 20. Jahrhunderts.

Literatur: RYPKA, J.: Iran. Literaturgesch. Lpz. 1959. S. 379. – ALAVI, B.: Gesch. u. Entwicklung der modernen pers. Lit. Bln. (Ost) 1964. S. 190.

Etherege (Etheredge), Sir George [engl. 'εθərıdʒ], *um 1635, †Paris 1691, engl. Dramatiker. – Studierte in Cambridge, war zur Zeit O. Cromwells wahrscheinlich in Frankreich, hatte später diplomatische Aufträge, dabei häufig Schwierigkeiten wegen seines freien Lebenswandels; 1685–89 Gesandter beim Regensburger Reichstag. Verfasser lebhafter, witziger Komödien; einer der Begründer der Comedy of manners; auch Lyrik und kulturhistorisch interessante Briefe.

Werke: The comical revenge, or ... (Kom., 1664), She wou'd if she cou'd (Kom., 1668), The man of mode, or ... (Kom., 1676).
Ausgaben: The dramatic works of Sir G. E. Hg. v. H. F. B. BRETT-SMITH. Oxford 1927. 2 Bde. – Sir G. E. Poems. Hg. v. J. THORPE. Princeton (N. J.) 1963. – Letters of Sir G. E. Hg. v. F. BRACHER. Berkeley (Calif.) 1974.
Literatur: MEINDL, V.: Sir G. E. Sein Leben, seine Zeit u. seine Dramen. Wien u. Lpz. 1901. Nachdr. New York 1965. – UNDERWOOD, D.: E. and the seventeenth-century comedy of manners. New Haven (Conn.) 1957. – HUSEBOE, A. R.: Sir G. E. Boston (Mass.) 1987.

Étiemble, René [frz. e'tjã:bl], *Mayenne 26. Jan. 1909, frz. Schriftsteller. – Wirkte nach Lehrtätigkeiten im Ausland und in Montpellier (1949–56) 1956–78 als Prof. für allgemeine und vergleichende Literaturwiss. an der Sorbonne; ist nicht nur mit einem bed. sprach- und literaturkrit. Œuvre an die Öffentlichkeit getreten (›Rimbaud‹, 1936; ›Proust et la crise de l'intelligence‹, 1945; ›Hygiène des lettres‹, Bde., 1952–67; ›Le mythe de Rimbaud‹, 4 Bde., 1952–61; ›Le babélien‹, 3 Bde., 1961; ›Parlez-vous franglais?‹, 1964; ›Le jargon des sciences‹, 1966; ›L'écriture‹, 1971; ›Essais de littérature (vraiment) générale‹, 1974; ›Quelques essais de littérature univer-

selle‹, 1982), sondern hat sich ebenso als Übersetzer (D. H. Lawrence, G. A. Borgese), als Kulturkritiker (z. B. ›Quarante ans de mon maoïsme‹, 1976), Romancier (›L'enfant de chœur‹, 1937; ›Peaux de couleuvre‹, 1948; ›Lob eines Körpers‹, 1961, dt. 1970) und Lyriker (›Le cœur et la cendre. Soixante ans de poésie‹, 1984) einen Namen gemacht. Wesentl. Motiv seines Schreibens, das auch den Ton von Pamphlet und Satire nicht verschmäht, ist die Ausweitung des abendländ. Erkenntnishorizontes durch die Begründung eines universalist. geistigen Interesses, das sich allen Kulturen mit gleicher Intensität zuwendet.

Weitere Werke: Lignes d'une vie (Autobiogr., 2 Bde., 1988–90), Nouveaux essais de littérature universelle (1992).
Literatur: Le mythe de É. Hommages, études et recherches. Inédits. Paris 1979. – MARINO, A.: É. ou le comparatisme militant. Paris 1982.

Étienne, Charles Guillaume [frz. e'tjɛn], *Chamouilley (Haute-Marne) 6. Jan. 1777 oder 1778, †Paris 13. März 1845, frz. Schriftsteller. – Im Kaiserreich Zensor und Redakteur; 1811 Mitglied der Académie française; während der Restauration gefeierter Liberaler, 1839 Pair; gewandter Lustspielautor (›Die beiden Schwiegersöhne‹, 1810, dt. 1813) und Librettist (›Cendrillon‹, 1810; ›Joconde‹, 1814); auch Romanschriftsteller.

Étienne, Victor-Joseph [frz. e'tjɛn], frz. Schriftsteller, ↑Jouy, Victor-Joseph Étienne de.

Etlar, Carit [dän. 'εdlar], Pseudonym des dän. Schriftstellers Carl ↑Brosbøll.

Ettinghausen, Maurice, frz. Schriftsteller, ↑Sachs, Maurice.

Etzenbach, Ulrich von, mhd. Epiker, ↑Ulrich von Etzenbach.

Eubulos (tl.: Eúboulos), griech. Dichter des 4. Jh. v. Chr. – Vertreter der mittleren att. Komödie, von dessen Werken 58 Titel bekannt sind. Geißelte in seinen Stücken polit. und soziale Zustände seiner Zeit; so bekämpfte er in ›Dionýsios‹ den sizilian. Tyrannen; führte die Figur des Kupplers ein.

Euhemeros (tl.: Euếmeros), *um 340, †um 260, griech. Philosoph und Schriftsteller aus Messene. – Verfaßte um 300 die nur fragmentarisch erhaltene

›Heilige Aufzeichnung‹, eine Art utop. Reiseroman, der hohe Berühmtheit erlangte und von Ennius ins Lateinische übersetzt wurde. E. berichtete darin über eine inschriftl. Aufzeichnung der Taten der ersten Könige eines Inselstaates Panchaia im Ind. Ozean, die ein für alle Zukunft so vorbildl. Grundgesetz dargestellt habe, daß diese Könige zum Rang von Göttern aufgestiegen seien.

Eulaliasequenz, ältestes erhaltenes frz. Gedicht, vermutlich um 881 in der Abtei Saint-Amand bei Valenciennes aufgezeichnet; 1837 von A. H. Hoffmann von Fallersleben wiederentdeckt und erstmals veröffentlicht; sie besteht aus 28 (+ 1) rhythmisch gegliederten, paarweise assonierenden Versen und behandelt in der Tradition von Prudentius und Beda Venerabilis den Märtyrertod der hl. Eulalia zur Zeit des röm. Kaisers Maximian.
Ausgabe: Séquence de Sainte Eulalie. In: A. HENRY: Chrestomathie de la littérature en ancien français. Bern ³1965.
Literatur: AVALLE, D'A. S.: Alle origini della letteratura francese. Turin 1966. – DEL-BOUILLE, M.: Les plus anciens textes et la formation des langues littéraires. In: Grundriß der roman. Literaturen des MA. Bd. I: Généralités. Hg. v. M. DELBOUILLE. Hdbg. 1972. S. 559 u. S. 605.

Eulenberg, Herbert, * Mülheim (heute zu Köln) 25. Jan. 1876, † Düsseldorf 4. Sept. 1949, dt. Schriftsteller. – Jura- und Philosophiestudium, Dramaturg, dann freier Schriftsteller; Dramatiker, Erzähler, Lyriker und Essayist; starke Subjektivität, übermäßige Betonung des Gefühls und eine alles überwuchernde Phantasie sprengen das Gefüge seiner Dramen. Daneben schrieb er romant. Erzählwerke und Skizzen. Seine ›Schattenbilder‹ (1910) mit den Folgebänden ›Neue Bilder‹ (1912) und ›Letzte Bilder‹ (1915) bringen einsichtige biograph. Darstellungen bed. Persönlichkeiten.
Weitere Werke: Anna Walewska (Dr., 1899), Dogenglück (Dr., 1899), Ritter Blaubart (Märchenstück, 1905), Alles um Liebe (Kom., 1910), Katinka, die Fliege (R., 1911), Ikarus und Dädalus (Oratorium, 1912), Belinde (Dr., 1913), Zeitwende (Schsp., 1914), Auf halbem Wege (R., 1922), Schubert und die Frauen (R., 1928).

Eulenspiegel (niederdt. Ulenspegel, vermutl. von ›ülen‹ = fegen und weid-

männ. ›Spiegel‹ = Hinterteil), Till oder Tile, Held eines Schwankromans. Histor. Nachrichten fehlen, doch dürfte E. wohl (so der erste erhaltene Druck von 1515) in Kneitlingen (im Braunschweigischen) geboren und 1350 in Mölln (in Lauenburg) gestorben und dort begraben worden sein. (Den Tod E.s verzeichnet gegen Ende des 15. Jh. H. Bote in einer Weltchronik.) – Bereits Anfang des 15. Jh. muß E. als Träger bestimmter Schwankmotive bekannt gewesen sein. Die Sammlung und schriftl. Fixierung des mündl. Tradierten erfolgte vor 1500 in Braunschweig. Der niederdt. Urdruck ist jedoch nicht erhalten; auf ihn gehen aber die leicht verkürzten niederl. und engl. Fassungen (1515–18 und unmittelbar danach) zurück, während die oberdt. Straßburger Drucke von 1515 und 1519 eine erweiterte niederdt. Bearbeitung wohl vor 1500 erschließen lassen. Die Anordnung der einzelnen Schwänke erfolgte in einem einfachen, biographisch angereicherten Handlungsablauf. E. erscheint als wunderl. Schalk oder Schelm, dessen Streiche Bauern und Bürger, aber auch weltl. und geistl. Herren treffen. Neben den satir. und grobian. sind die auf Wortwitz oder -spiel beruhenden Schwänke kennzeichnend. Im Wörtlichnehmen einer bildhaften Aussage deckt E. den Widerspruch zwischen Sein und Schein auf. Der Druck von 1515 ist reich mit Holzschnitten illustriert. Als ›Volksbuch‹ erfuhr die Sammlung zahlreiche Ausgaben (bis hin zu den billigen Jahrmarktsdrucken) und Übersetzungen in fast alle Kultursprachen. In der Nachfolge E.s entstanden die Schwankbücher über Klaus Narr und Hans Clauert. – Bereits das Volksbuch vom E. vermischt die dichter. Figur wohl ursprüngl. zugehörigen mit den später zugewachsenen Schwänken. Hinzu kommt ein reiches Nach- und Weiterleben E.s in nichtindividuellem Erzählgut und literar. Überlieferung. E. wurde schließlich zum Flamen (auch zum Polen), und diese Bearbeitung Ch. De Costers (1867, dt. 1909) machte ihn zum flandr. Freiheitshelden. Andere, die Figur mehr oder weniger aktualisierende Dichtungen schufen u. a. J. Fischart, H. Sachs, A. von Kotzebue, Ch. D. Grabbe, J. N. Nestroy, F. Lien-

hard, F. Wedekind, Klabund, G. Weisenborn, G. Hauptmann und W. von Niebel-
schütz.
Ausgaben: Ein kurtzweilig lesen von Dyl Ulen-
spiegel, ... Faksimile der Ausg. von 1515. Hg. v.
E. SCHRÖDER. Lpz. 1911. – Ulenspegel. Krit.
Textausg. v. W. KROGMANN. Neumünster
1952. – Ein kurtzweilig Lesen von Dil Ulenspiegel. Nach dem Druck v. 1515. Hg. v. W. LIN-
DOW. Stg. 1966.
Literatur: KADLEC, E.: Unterss. zum Volksb.
von Ulenspiegel. Prag 1916. Nachdr. Hildesheim 1973. – PACHNICKE, G.: E.-Volksb. u.
E.-Gestalt in der Thematik dt. Hochschulschrr.
In: Eulenspiegel-Jb. 7 (1967), S. 18. – HONEG-
GER, P.: Ulenspiegel. Neumünster 1973. –
ARENDT, D.: E. – ein Narrenspiel der Gesellschaft. Stg. 1978. – Till E. in Gesch. u. Gegenwart. Hg. v. TH. CRAMER. Bern 1978. – E.-Inter-
pretation. Hg. v. W. WUNDERLICH. Mchn.
1979. – BOLLENBECK, G.: Till E. – Der dauerhafte Schwankheld. Stg. 1985.

Euphemismus [griech.; zu euphē-
meîn = Unangenehmes mit angenehmen
Worten sagen (eigtl. = gut zureden)], be-
schönigende Umschreibung von Unan-
genehmem, von Tabus u. a.; z. B. ›Freund
Hein‹ für Tod, ›das Zeitliche segnen‹ für
sterben; in moderner Propagandaspra-
che: ›Frontbegradigung‹ für Rückzug;
im Bereich der Wirtschaft ›freistellen‹
für entlassen.

Euphorion von Chalkis (tl.: Eupho-
ríōn), * Chalkis (Euböa) um 275 v. Chr.,
griech. Dichter des Hellenismus. – Erfolgreicher Vertreter der Gattung des
Epyllions, wirkte auf die röm. Neoteriker; neben Gedichten verfaßte E. auch
gelehrte Schriften in Prosa; nur Fragmente seiner Dichtungen sind erhalten.

Euphormio, Pseudonym des engl.
nlat. Dichters John ↑ Barclay.

Euphuismus, nach dem Roman
›Euphues‹ (2 Tle., 1578–80) von J. Lyly
benannter Prosastil, eine frühe literar.
Variante des ↑ Manierismus in England,
die durch reichgegliederte Satzkonstruk-
tion, Parallelismus, üppige Vergleiche,
preziöse Wortwahl usw. gekennzeichnet
ist.
Literatur: The descent of Euphues. Hg. v.
J. WINNY. Cambridge 1957. – HOCKE, G. R.: Die
Welt als Labyrinth. Rbk. 1957.

Eupolis (tl.: Eúpolis), * Athen 446,
† nach 412, griech. Komödiendichter.
– War zunächst mit Aristophanes befreundet, später jedoch dessen bedeutendster

Rivale; Vertreter der alten att. Komödie;
am bekanntesten ist seine Komödie ›Dē-
moi‹ (412), die in der verworrenen polit.
Situation der Zeit das Bild der glorreichen Vergangenheit zeichnet. Sein Werk
(14 Komödien) ist nur in Fragmenten erhalten.
Ausgabe: Poetae Comici Graeci. Hg. v. R. KAS-
SEL u. C. AUSTIN. Bd. 5. Bln. u. New York 1986.

Eurelius, Gunno, schwed. Dichter,
↑ Dahlstierna, Gunno.

Euricius Cordus, dt. Humanist, Arzt
und Schriftsteller, ↑ Cordus, Euricius.

Euripides
(Marmor-
büste)

Euripides (tl.: Euripídēs), * auf Sala-
mis 485/484, † vermutlich am Hof von
König Archelaos in Pella (Makedonien)
406, griech. Tragiker. – Hielt sich, im Gegensatz zu Aischylos und Sophokles,
vom polit. Leben fern. Dichtungskritisch
integrierte er seinem dramat. Werk das
Gedankengut der zeitgenöss. griech.
Aufklärung (Sophistik). Daran erregten
sich Zorn und satirisch-polem. Ablehnung des auf Restauration bedachten
Aristophanes. Mit Anerkennung charakterisierte dagegen Aristoteles in seiner
›Poetik‹ E. als denjenigen, der die konsti-
tutiven Mittel der Tragödie am angemes-
sensten und wirksamsten einsetze, im
Unterschied zu Aischylos und Sophokles, deren Berühmtheit E. zu Lebzeiten
nie erlangte: bei 88 ihm in der Suda zugeschriebenen Dramen (in der Überlieferung von 92 Titeln sind unechte enthalten) erzielte er mit nur 4 Tetralogien je einen Sieg in athen. Dichteragon, einen
fünften Sieg gewann er postum. Außer
zahlreichen Fragmenten (der ›Rhesos‹

gilt als unecht) sind das Satyrspiel ›Kyklops‹ und 17 Tragödien erhalten: ›Alkestis‹ (438), ›Medea‹ (431), ›Herakliden‹ (um 430), ›Andromache‹ (wohl um 429), ›Hippolytos‹ (428), ›Hekabe‹ (wohl um 425), ›Hiketiden‹ (wohl nach 424), ›Elektra‹ (zwischen ›Hiketiden‹ und ›Troerinnen‹), ›Herakles‹ (zw. 421 und 415), ›Troerinnen‹ (415), ›Helena‹ (412), ›Iphigenie bei den Taurern‹ (um 412), ›Ion‹ (um 412), ›Phoenissen‹ (nach 412, vor 408), ›Orest‹ (408), ›Iphigenie in Aulis‹ (nach 406), ›Bakchen‹ (nach 406). – Die mytholog. Stoffe der Tragödie – von Aischylos und Sophokles übernommen – werden in ihrer Idealität für E. problematisch; ihre Konfliktlösungen erweisen sich im menschl. Dasein als irreal, die Übermenschlichkeit ihrer Heroen als inexistent. Indem E. die Erfahrung als literarästhet. Kriterium anwendet, rücken die von den Tragikern zuvor weniger beachteten Frauen- und Sklavenrollen stärker in das Bewußtsein, sie gewinnen Gestalt; gleichzeitig verlieren die heroischen Figuren ihre Überlegenheit und erhalten menschl. Züge. Damit büßt der Mythos seine trag. Erhabenheit und seine Immunität ein; die Götter unterstehen nun in ihrem Handeln der menschl. Überprüfung ihrer Motive und werden poetisch zur Rechenschaft gezogen. Wenn E. dennoch oft durch das dramat. Mittel des Deus ex machina den Handlungsablauf scheinbar in Übereinstimmung mit dem Mythos abschließt, so verdeutlicht die harmon. Scheinlösung den Widerspruch zwischen menschl. Konflikten und mythisch-heroischer Problembewältigung nur um so schärfer. Mit dem Verlust der Erhabenheit zerfällt zugleich der Mythos; an seine Stelle tritt als Thema das Schuldigwerden durch Sieg der irrationalen Kräfte im Menschen, der Aufruf an den Menschen zu Verantwortung und Erkenntnis. Damit geht die detaillierte Analyse der dramat. Mittel (Intrige, Anagnorisis, Peripetie, Metabole usw.) einher, deren poetolog. Bestimmung Aristoteles (von E. ausgehend) leistete. – Der Wirkung des E. kommt in der Weltliteratur hervorragende Bedeutung zu. Sie erstreckt sich auf den späten Sophokles, auf Aristophanes, die neue Komödie, Apollonios von Rhodos, Vergil,

Ovid, Seneca d. J., das gesamte abendländ. Drama.

Ausgaben: Scholia in Euripidem. Hg. v. E. SCHWARTZ. Bln. 1887–91. 2 Bde. Nachdr. 1959–66. – E. In: Tragicorum graecorum fragmenta. Hg. v. A. NAUCK. Lpz. ²1889. Nachdr. Hildesheim 1983 (mit Anhang: Supplementum continens nova fragmenta Euripidea... Hg. v. B. SNELL). – Euripidis Fabulae. Hg. v. J. DIGGLE u. G. MURRAY. London ²1913–84. 3 Bde. – ALLEN, J. T./ITALIE, G.: A concordance to E. Berkeley (Calif.) 1954. – Euripide. Griech. u. frz. Hg. v. L. MERIDIER u. a. Paris ¹⁻⁵1959 ff. – E. Sämtl. Tragödien. Dt. Übers. Bearb. v. R. KANNICHT u. B. HAGEN. Stg. ²1967. 2 Bde. Nachdr. 1984. – Nova Fragmenta Euripidea. Hg. v. C. AUSTIN. Bln. 1968. – E. Werke in drei Bänden. Dt. Übers. D. EBENER. Bln. u. Weimar ²1979. – Euripidis Fabulae. Hg. v. J. DIGGLE. Bd. 1. Oxford 1984.
Literatur: STROHM, H.: E. Interpretationen zur dramat. Form. In: Zetemata 15 (1957). – DILLER, H.: Die Bakchen u. ihre Stellung im Spätwerk des E. In: Abhandlungen der Akad. der Wiss. u. der Lit. zu Mainz, Klasse der Lit. 5 (1958). – Entretiens sur l'Antiquité Classique de la Fondation Hardt. Bd. 6: Euripide. Genf 1960. – FRITZ, K. VON: Antike u. moderne Tragödie. Bln. 1962. – ZUNTZ, G.: The political plays of E. Manchester ²1963. – SCHWINGE, E.-R.: Die Verwendung der Stichomythie in den Dramen des E. Hdbg. 1968. – MURRAY, G.: E. u. seine Zeit. Dt. Übers. Darmst. ²1969. – BURNETT, A. P.: Catastrophe survived. E.' plays of mixed reversal. Oxford 1971. – LESKY, A.: Die trag. Dichtung der Hellenen. Gött. ³1972. – NORDHEIDER, H. W.: Chorlieder des E. in ihrer dramat. Funktion. Ffm. u. a. 1980. – ERBSE, H.: Studien zum Prolog der euripideischen Tragödie. Bln. u. New York 1984. – HARDER, R. E.: Die Frauenrollen bei E. Stg. 1993.

Eusebios von Caesarea

(tl.: Eusébios), * zwischen 260 und 265, † 339 oder 340, griech. Kirchenschriftsteller. – Seit 313 Bischof von Caesarea; schrieb die erste Kirchengeschichte (›Ekklēsiastikē historia‹) des Christentums, eine ›Vita Constantini‹, eine ›Chronik‹ sowie ein Handbuch der Geschichte, das nur in lat. Übersetzung des Hieronymus erhalten ist, außerdem bed. apologet. und exeget. Werke.

Eustathios von Thessalonike

(tl.: Eustáthios), * wahrscheinlich Konstantinopel (heute Istanbul) zwischen 1108 und 1115, † Thessalonike (Saloniki) 1195 oder 1196, byzantin. Gelehrter und Metropolit von Thessalonike (seit 1174). – Während seiner Lehrtätigkeit an der Patriarchats-

118 Euthymios

schule von Konstantinopel (etwa 1150–74) entstanden seine berühmten Kommentare zu ›Ilias‹ und ›Odyssee‹, zu Dionysios dem Periegeten und zu Pindar (letzteres Werk heute verloren), die größten Leistungen des MA auf dem Gebiet der Altertumswissenschaft. Nach seiner Ernennung zum Metropoliten von Thessalonike fand seine seelsorger. Tätigkeit Ausdruck in zahlreichen reformer. Schriften, z. B. zum Mönchtum; daneben auch histor. Abhandlungen, z. B. der Bericht über die 1185 erlebte Eroberung seiner Bischofsstadt durch die Normannen. Literatur: WIRTH, P.: Eusthatiana. Amsterdam 1980.

Euthymios von Tǎrnowo (Euthýmios; bulgar. Ewtimi Tarnowski), *Tarnowo um 1327, †um 1401/02, bulgar. Patriarch und Schriftsteller. – Mönch u. a. auf dem Athos, gründete um 1370 ein Kloster in der Nähe von Tarnowo, wo er von 1375 bis zur Eroberung durch die Türken 1393 Patriarch war; starb in der Verbannung; verfaßte Heiligenviten (u. a. der Petka von Tarnowo), übersetzte griech. Werke ins Bulgarische und verbesserte die kirchl. liturg. Bücher.

Eutropius, röm. Geschichtsschreiber des 4. Jh. n. Chr. – Schrieb im Auftrag des Kaisers Valens das ›Breviarium ab urbe condita‹, eine röm. Geschichte bis zum Jahre 364 in 10 Büchern. Das durch klaren Stil ausgezeichnete Werk fußt auf Livius, Sueton, einer Kaiserchronik und eigenen Erinnerungen und ist ein typ. Beispiel für die Kompendienliteratur dieser Zeit. Übersetzungen ins Griechische, mehrfache Fortsetzungen und die reiche handschriftl. Tradition im MA zeigen die Bedeutung dieses Werkes, auch als Lehrbuch.

Evander, Per Gunnar [schwed. e'vandər], *Ovansjö bei Gävleborg 25. April 1933, schwed. Schriftsteller. – E.s Romane, meist in einer nüchternen, trockenen Sprache abgefaßt, behandeln Themen wie Einsamkeit, Angst und Verantwortung des Menschen in der heutigen Gesellschaft. Nicht selten wird dabei der realist. Rahmen der Erzählung gesprengt, und der Ton gleitet über ins Absurde; schrieb auch Hörspiele und Theaterstücke.

Werke: Tjocka släkten (Nov., 1965), Bäste herr Evander (R, 1967), Uppkomlingarna (R., 1969), Tegelmästaren Lundin och stora världen (R., 1970), Sista dagen i Valle Hedmans liv (R., 1971), En kärleksroman (R., 1971), Det sista äventyret (R., 1973), Måndagarna med Fanny (R., 1974), Härlig är jorden (R., 1975), Anteckningar från ett obekvämt privatliv (R., 1976), Fallet Lillemor Holm (R., 1977), Judas Iskariots knutna händer (R., 1978), Ängslans boningar (R., 1980), Se mig i mitt friska Öga (R., 1980), Hundarnas himmel (R., 1982), Orubbat bo (R., 1983), Himmelriket är nära (R., 1986), Medan dagen svalnar (R., 1989).
Literatur: PETHERICK, K.: P. G. E. Boston (Mass.) 1982.

Evangeliar (Evangeliarium), ursprünglich liturg. Buch mit dem vollständigen Text der vier Evangelien. Bes. aus dem frühen MA sind eine Reihe prachtvoll geschmückter E.e erhalten, z. B. ein karoling. E. aus der Ada-Gruppe (um 800; Trier, Stadtbibliothek), das Lorscher E. aus der Hofschule Karls des Großen (Vatikan. Sammlungen), das Reichenauer E. Ottos III. (um 1000; München, Bayer. Staatsbibliothek), der berühmte Codex Aureus Epternacensis (aus Echternach, um 1030; Nürnberg, German. Nationalmuseum) und das E. Heinrichs des Löwen (aus Helmarshausen, um 1188; Standort Herzog August Bibliothek, Wolfenbüttel).

Evangelienharmonie, Versuch, den Wortlaut der vier Evangelien zu ›harmonisieren‹, um einen einheitl. Bericht vom Leben und Wirken Jesu zusammenzustellen. Dem Versuch liegt die (inzwischen widerlegte) Anschauung zugrunde, die in den Kanon der ↑Bibel aufgenommenen Evangelien seien histor. Berichte. Die erste bekannte E. schuf im 2. Jh. der syr. Kirchenschriftsteller Tatian in seinem ›Diatéssaron‹ (griech. = [eins] aus vieren), das in Übersetzungen und Bearbeitungen (arab., lat., pers., ahd., mittelengl.) noch im MA verbreitet war. Augustinus hat sein Werk ›De consensu evangelistarum‹ (400) ohne Kenntnis des ›Diatéssaron‹ verfaßt. Zu Beginn der Neuzeit verfaßte der dt. luth. Theologe Andreas Osiander (*1498, †1552) die ›Harmoniae evangelicae libri quattuor‹ (1537), von der sich die Bez. E. herleitet. Poet. Bearbeitungen der Evangelien, etwa der altsächs. ›Heliand‹ (um 830)

uuio fir dín & unfih fánd cho er felbo do cher gi nand
oh uuío er fuar ouh chúnne. ub ar hímila alle
ub ar fúnnun liohc · ioh íllan thefan uuórolt thioc ·
haz th drúhtan thanne. inther u fé gun ís fir fp úrne ·
nóh inthe rno uuí her chiu uuórt nimifſi fáhen ·
haz th nifér i bú dúruh r úam. fúntar bichin lób duan
char mír iz ió uuanne. zi uuízen ir gunget
biz zichiu doli gér dúruh mina dúmphett ·
chia fúnta drúh an mín o · gn ú dl ucho dilo
uunta th zálu dir in uuín. iz nift bibál uune gid an
ioh th íz ouh bi mide bini hérn gerno níde ·
hér uuan záll ihbichá. cha hér za uuéift dufilu báz
thoh iz búe innun mír · ift hafto kúndera dir ·
idiu du ió dr úhtan gi nado fél licho mín
húgi in mir mickréfti · dera chínera gi fréif ti
uar húgi mínef uuíother. chíz du ri hafto hál ter.
gizéruumo fir lí her gi nad ith ín thez thíhe
uh ther uuid ar uuer corhin . ni guémer ímmúer min ·
cha zmír har uuid ér re · ouh uuíhr mih ni gi mérre
n kuft rumofínu · ioh nah gnáda thinu
ifformte uuórte báloḟin . thudrúhtan rikti uuórt min

Evangelienharmonie. Einige Zeilen aus Otfrid
von Weißenburgs ›Evangelienharmonie‹
(Handschrift des 9. Jahrhunderts)

und das ›Evangelienbuch‹ (entstanden
zw. 863 und 871) Otfrids von Weißenburg werden zu den E.n im weiteren Sinn
gezählt.

Evans, Caradoc [engl. 'ɛvənz], eigtl.
David E., *Pantycroy (bei Llandyssul,
Wales) 31. Dez. 1878, †bei Aberystwyth
(Wales) 11. Jan. 1945, walis. Schriftstel-
ler. – Bäuerl. Herkunft; schrieb Dramen,
Romane, v. a. aber formvollendete Kurz-
geschichten, die wegen ihres bitteren,
zyn., sarkast. und satir. Tons bei der Dar-
stellung walis. Zustände in E.' Heimat
Entrüstung auslösten und teilweise un-
terdrückt wurden.
Werke: My people (Kurzgeschichten, 1915),
Capel Sion (Kurzgeschichten, 1916), Taffy (Dr.,
1923), Nothing to pay (R., 1930), This way to
heaven (R., 1934).
Literatur: SANDYS, O. (d. i. M. F. H. Evans): C.
E. London ²1950. – WILLIAMS, T. L.: C. E. Cardiff 1970.

Evans, Mary Ann [engl. 'ɛvənz], engl.
Schriftstellerin, †Eliot, George.

Evelyn, John [engl. 'i:vlɪn, 'ɛvlɪn],
*Wotton House bei Dorking (Surrey)
31. Okt. 1620, †ebd. 27. Febr. 1706, engl.
Schriftsteller. – Jurist, weitgereister und
umfassend gebildeter Verfasser eines Ta-

gebuchs der Jahre 1641–1706 (›Diary‹,
6 Bde., hg. 1955), das als wichtige kultur-
histor. Quelle gilt und ein wertvolles
Zeitbild darstellt. Mitbegründer der
Royal Society.
Weitere Werke: Sculptura (Schrift, 1662), Sylva
(Schrift, 1664), Life of Mrs. Godolphin (Biogr.,
hg. 1847).
Literatur: WILLY, M.: English diarists. E. and
Pepys. London 1963. – HIGHAM, F. M.: J. E. Es-
quire. London 1968. – SAUNDERS, B.: J. E. and
his times. Oxford 1970.

Evensmo, Sigurd [norwegisch
'e:vənsmu:], *Hamar 14. Febr. 1912,
†Oslo 17. Okt. 1978, norweg. Schriftsteller. – In seinen Romanen greift E. meist
aktuelle Themen auf, wobei der norweg.
Widerstand gegen die dt. Besetzung im
2. Weltkrieg oft variiert wird; linksorien-
tierter polit. Schriftsteller.
Werke: Englandsfarere (R., 1945), Oppbrudd
etter midnatt (R., 1946), Grenseland (R., 1947),
Flaggermusene (R., 1949), Hjemover (R., 1951),
Femten døgn med Gordona (R., 1963), Inn i din
tid (Memoiren, 1976), Ut i kulda (Memoiren,
1978).

Everaert, Cornelis [niederländisch
'e:vəra:rt], *Brügge um 1480, †ebd.
14. Nov. 1556, niederl. Dichter. – Einer
der Hauptvertreter der ›Rederijkerkunst‹
(†niederländische Literatur); schrieb
zahlreiche ernsthafte, z.T. sozial engagierte Bühnenstücke und Lustspiele.
Ausgabe: C. E. Spelen. Hg. von J. W. MULLER u.
L. SCHARPÉ. Leiden 1920.

Everaerts, Jan Nicolaas [niederl.
'e:vəra:rts], niederl. Dichter, †Johannes
Secundus.

Everyman [engl. 'ɛvrɪmæn] †Jeder-
mann.

Evliyā Çelebi [türk. ɛvli'ja tʃɛlɛ'bi],
*Konstantinopel (heute Istanbul)
25. März 1611, †Temmuz 1682, osman.
Schriftsteller. – Betrieb theolog. Studien,
war einige Zeit am Hof von Sultan Mu-
rad IV., unternahm dann ausgedehnte
Reisen nach Persien, Venedig, Galizien
und in den Sudan und beschrieb seine
Erlebnisse (teilweise auch Phantasiebe-
richte) in dem 10bändigen ›Seyāhat-
nāme‹ (gedr. 1898–1938), einem für Geographie, Kulturgeschichte und Volkskunde höchst interessanten Prosawerk,
das Joseph von Hammer-Purgstall für
Europa entdeckte und z.T. ins Englische
übertrug. Dt. Teilübersetzung (aus Bd. 7)

1957 u. d. T. ›Im Reiche des Goldenen Apfels‹.
Literatur: Enc. Islam Bd. 2, ²1965, S. 717.

Evreinov, Nikolaj Nikolaevič, russ. Regisseur und Dramatiker, ↑Jewreinow, Nikolai Nikolajewitsch.

Evtimij Tărnovski, bulgar. Patriarch und Schriftsteller, ↑Euthymios von Tarnowo.

Evtušenko, Evgenij Aleksandrovič, russ. Lyriker, ↑Jewtuschenko, Jewgeni Alexandrowitsch.

Ewald, Johannes [dän. 'e:val'], * Kopenhagen 18. Nov. 1743, † ebd. 17. März 1781, dän. Dichter. – Theologiestudium, Teilnahme am Siebenjährigen Krieg, führte ein unstetes Leben. Unter dem Einfluß F. G. Klopstocks beschäftigte er sich mit nord. Sagenstoffen, er projizierte seine starken Empfindungen in nord. Götter- und Heldengestalten (›Balders Tod‹, Trag., 1773, dt. 1780). Vorbilder für seine Dichtung entnahm er dem Werk des Saxo Grammaticus. Die dän. Königshymne entstammt seinem Singspiel ›Die Fischer‹ (1779, dt. 1786).
Weitere Werke: Der Fall der ersten Menschen (Trag., 1769, dt. 1772), Rolf Krage (Trag., 1770, dt. 1772).
Ausgabe: J. E. Samlede skrifter. Hg. v. H. BRIX u. V. KUHR. Kopenhagen ²1965. 6 Bde.
Literatur: BRIX, H.: J. E. Kopenhagen u. Christiania 1913. – SMITH, D.: J. E. Oslo 1943. – FRANDSEN, E.: J. E. Kopenhagen 1968. – KAU, E.: Den Ewaldske tekst mellem himmel og jord. Kopenhagen 1977.

Ewers, Hanns Heinz, * Düsseldorf 3. Nov. 1871, † Berlin 12. Juni 1943, dt. Schriftsteller. – Seit 1897 freier Schriftsteller; 1900/01 an E. L. von Wolzogens ›Überbrettl‹. Schrieb phantast. Erzählungen und Romane, in denen er routiniert erot., sadist. und okkultist. Motive verwendet. Den Nationalsozialisten wollte er sich mit den Propagandaromanen ›Horst Wessel‹ (1932) und ›Reiter in dt. Nacht‹ (1932) anbiedern, seine Bücher wurden jedoch 1934 als dekadent verboten.
Weitere Werke: Das Grauen (En., 1908), Die Besessenen (En., 1909), Der Zauberlehrling oder die Teufelsjäger (R., 1909), Grotesken (1910), Alraune (R., 1911), Vampir (R., 1921), Die schönsten Hände der Welt (En., 1943).
Literatur: SENNEWALD, M.: H. H. E. Königstein i. Ts. 1973.

Ewtimi Tarnowski (tl.: Evtimij Tărnovski) [bulgar. ɛf'timij 'tərnofski], bulgar. Patriarch und Schriftsteller, ↑Euthymios von Tarnowo.

Exegese [griech.], Auslegung von Texten, bes. der bibl. Schriften. An ihrem Beginn steht die Schriftauslegung des nachbibl. Judentums, das bestimmte Auslegungsregeln erarbeitet hatte, um die als göttl. Offenbarung verstandenen hl. Schriften einerseits vor Willkür zu schützen, andererseits in den sich wandelnden Verhältnissen verstehbar bzw. anwendbar zu machen. Grundsätzlich kannte die jüd. E. v. a. die wörtl. und die allegor. Schriftdeutung, erstere v. a. in ↑Mischna und ↑Talmud, letztere unter hellenist. Einfluß bei Philon von Alexandria, aber auch später in der Kabbala ausgeprägt. – In den Methoden der E. schloß sich das Urchristentum an das Judentum an, sah aber im AT Hinweise auf Jesus als den Messias, die ›typolog.‹ Vorabbildung endzeitl., in der christl. Gemeinde eingetroffener Ereignisse. – Nach der Kanonisierung zählte in der alten Kirche auch das NT zu den hl. Schriften und unterlag ebenso wie das AT der Spannung zwischen wörtl. und allegor. Exegese. – Der Humanismus führte die in der Hochscholastik begonnene philolog. Arbeit fort, indem ein besserer Urtext und z. B. hebr. Grammatiken geschaffen wurden. So gewann die wörtlich-grammat. E. gegenüber der allegor. an Bedeutung. Luther knüpfte daran an und identifizierte den eigentl., d. h. theolog. Sinn der Bibel mit dem wörtlichen. Das in der Aufklärung entwickelte histor. Wahrheitsbewußtsein führte in der E. zur krit. Erforschung der Bibel durch Herausarbeitung der in ihren Einzeltexten enthaltenen Quellenstücke (Literarkritik). Das Scheitern der Leben-Jesu-Forschung zusammen mit der allmähl. Herausarbeitung der primär theolog. und nicht histor. Intentionen der bibl. Texte sowie die Erkenntnis der sog. religionsgeschichtl. Schule von der Bedingtheit des AT durch die altoriental., des NT durch die spätantike Religionsgeschichte bereiteten den Boden für die Formgeschichte. Sie zeigte, daß die literarkritisch erschlossenen Quellenstücke aus der Theologie der sie tradierenden Gruppen und den das Leben dieser Gruppen prägenden sozialen Institutionen (sog. ›Sitz im Leben‹) zu verstehen sind.

Literatur: KÜMMEL, W. G.: Das NT. Freib. [2]1970. – KRAUS, H.-J.: Gesch. der histor.-krit. Erforschung des AT. Neukirchen-Vluyn [4]1988.

Exempel [lat.; eigtl. = (aus verschiedenen gleichartigen Dingen) als Muster Herausgenommenes (zu eximere = herausnehmen)], in der antiken Rhetorik 1. ein kurzer Bericht von bestimmten Taten oder Leistungen, eingeschoben u. a. in eine Rede als positiver oder negativer Beleg (↑ Paradigma) für eine bes. Eigenschaft; 2. die Berufung auf eine Gestalt aus Mythos, Sage, Geschichte, für die eine bestimmte Eigenschaft oder Verhaltensweise typisch ist (Beispielfigur). E.sammlungen gab es schon in der Antike. Bes. beliebt war das E. im MA in didakt., auch ep. Werken und v. a. in Predigten (Predigtmärlein). Als E. wurden zur moral. oder religiösen Belehrung und Veranschaulichung kurze Erzählformen herangezogen wie Anekdote, Fabel, Parabel, Legende, oft mit einer prakt. Nutzanwendung am Schluß. Die Stoffe der E. stammten aus allen Wissens- und Erfahrungsgebieten, aus der Bibel (Gleichnisse), der antiken Literatur, aus theolog., hagiograph. Schriften, aus der histor. und volkstüml. Überlieferung und der Naturkunde. Die Bedeutung des E.s für die mittelalterl. Literatur dokumentiert sich in zahlreichen, z. T. recht umfangreichen E.sammlungen (z. B. Petrus Alfonsi, ›Disciplina clericalis‹, nach 1106; Cäsarius von Heisterbach, ›Dialogus miraculorum‹, 1219–23; ›Proprietates rerum moralizate‹, Ende des 13. Jh.; ›Liber exemplorum de Durham‹, um 1275; Stephan von Bourbon, ›Tractatus de diversis materiis praedicabilibus‹, Mitte des 13. Jh.). Fundgruben sind auch reich mit E.n ausgestattete Predigtsammlungen (z. B. die ›Sermones de tempore‹ und ›Sermones vulgares‹, 1. Hälfte des 13. Jh., des Jakob von Vitry) oder Chroniken und Geschichtenbücher wie die ›Gesta Romanorum‹ (13./14. Jh.). Im 14. Jh. wurden allegorisierende moral. E. beliebt. Die mittelalterl. E. blieben bis in die Zeit des Barocks lebendig. Es entstanden sogar neue Sammlungen, so u. a.

durch G. Ph. Harsdörffer, H. A. von Zigler und Kliphausen. – ↑ auch Bispel.

Literatur: PABST, W.: Novellentheorie u. Novellendichtung. Zur Gesch. ihrer Antinomie in den roman. Lit.en. Hdbg. [2]1967. – E. u. E.-Sammlungen. Hg. v. W. HAUG u. B. WACHINGER. Tüb. 1991.

Exilliteratur (Emigrantenliteratur), E. besteht aus literar. u. a. Werken von Autoren, die ihr Land aus polit. oder religiösen Gründen, die für den Autor und/ oder sein Werk zur Bedrohung wurden, verlassen mußten oder aufgrund eigener Entscheidung ›freiwillig‹ verließen. In mehreren Ländern wird sie als *Emigrantenliteratur* bezeichnet. Manchmal werden auch Werke nichtexilierter Autoren, die nur im Ausland publizieren können, als Teil der E. betrachtet. Fast immer werden die Werke der E. später unter veränderter polit. Lage in die Geschichte der nat. Literatur aufgenommen.

E. gibt es seit *frühesten Zeiten*. Staatl. Unterdrückung, Zensur, Schreibverbot oder Verbannung zwangen Schriftsteller, Künstler, Wissenschaftler u. a. seit frühesten Zeiten zur Emigration. In der *Antike* waren u. a. B. Hipponax und Ovid Exilautoren, im *MA* u. a. Dante. Während der Religionskriege des *16. Jh.* entstand die erste große Welle von E., v. a. als Literatur der exilierten Protestanten aus streng kath. Ländern. Im *17. und 18. Jh.* überwog weiterhin die Literatur des Exils aus religiösen, seit Ende des 18. Jh. insbes. aus polit. Gründen. In der 1. Hälfte des *19. Jh.* erlangten v. a. die *dt.* und die *poln.* E. große Bedeutung; weniger bedeutsam war die *frz.* E. (B. H. Constant de Rebecque, Mme de Staël u. a.). Die dt. Exilautoren (H. Heine, L. Börne, F. Freiligrath, G. Büchner u. a.) gaben ihre Werke v. a. in Paris und London heraus. Die poln. E. konzentrierte sich nach dem Novemberaufstand 1830/31 in Paris, wo die wichtigsten Werke der poln. Romantik erschienen sind (A. Mickiewicz, J. Słowacki, Z. Krasiński, später C. K. Norwid u. a.). In der 2. Hälfte des 19. Jh. nahm die *russ.* E. größere Ausmaße an. I. Turgenjew, der zuweilen als Exilautor bezeichnet wird, lebte freiwillig in Westeuropa, veröffentlichte aber in Rußland. Wichtig war die Tätigkeit von A. I. Herzen und N. P. Ogarjow, die in London den Almanach ›Poljarnaja zvezda‹ (= Polarstern, 1855–62 und 1869) und die Zeitschrift ›Kolokol‹ (= Die Glocke, 1857–67) herausgaben. Beide wirkten nachhaltig auf das polit. und literar. Leben in Rußland. Das 20. Jh. könnte insgesamt als das Jh. der E. bezeichnet werden, die Zahl der Schriftsteller, Künstler, Wissenschaftler u. a., die heute aus polit. Gründen ihr Land verlassen (müssen), wächst – oft aus entgegengesetzten polit. Gründen – weltweit: in Europa, Lateinamerika, Asien und Afrika. Die längste Geschichte der E. im 20. Jh. besitzen die *Russen* und die *Ukrainer.* Bis 1917 kamen solche Werke der russ. E. heraus, die aus der Feder von linken Schriftstellern stammten (z. B. M. Gorkis Roman ›Die Mutter‹, engl. 1906, russ. 1907, dt. 1907 in Berlin erschienen). Im Frühjahr 1917 endete die Geschichte der E., die gegen das zarist. Rußland opponierte; im Herbst 1917 begann die Geschichte der E., die gegen das sowjet. Regime gerichtet war. Zwischen den beiden Weltkriegen konzentrierte sich die Tätigkeit der Exilverlage in Paris, Berlin, Prag und in den USA. Bis Anfang der 30er Jahre gab es zwischen der E. und der Literatur in der UdSSR manche Parallelen, die sich sowohl in der Wahl der Themen (1. Weltkrieg, Revolution, Bürgerkrieg, Probleme der Bauern und der Intelligenz) wie auch in der Existenz derselben ästhet. Strömungen (Überbleibsel des Symbolismus, dann Futurismus, Realismus u. a.) manifestierten. Es kam sogar dazu, daß Autoren aus der UdSSR legal in den Exilverlagen veröffentlichten und einzelne Publikationen der E. in der UdSSR legal verkauft wurden. Dies gilt v. a. für die Tätigkeit der Verlage in Berlin Anfang der 20er Jahre. Ein Teil der emigrierten Intelligenz entschied sich aus polit., patriot., ökonom. oder privaten Gründen, in ihr Land zurückzukehren; darunter war eine Anzahl bedeutender Autoren (z. B. W. B. Schklowski, N. Bely, A. N. Tolstoi). Ihre im Exil veröffentlichten Werke wurden in der UdSSR z. T. neu herausgegeben und gehörten somit sowohl zur E. wie auch zur Sowjetliteratur (↑ auch russische Literatur). Die E. knüpfte an eine alte Tradition an: seit A. S. Puschkin wurden literar. Werke

häufig in sog. ›dicken Zeitschriften‹ veröffentlicht, wobei viele davon später in Buchform erschienen. Die wichtigsten Exilzeitschriften waren ›Sovremennye zapiski‹ (= Zeitgenöss. Aufzeichnungen, Paris 1929–40) und ›Volja Rossii‹ (= Freiheit Rußlands, Prag und Paris 1922–32). Mehrere Exilautoren hatten internat. Ruf, der u. a. durch die Verleihung des Nobelpreises (1933) an den in Paris lebenden I. A. Bunin zum Ausdruck kam. Anfang der 30er Jahre endeten sowohl die Kontakte zwischen dem literar. Exil und der UdSSR wie auch die Parallelen zwischen der E. und der Sowjetliteratur. Erst nach dem Tod Stalins schlug K. A. Fedin auf dem 2. Schriftstellerkongreß in Moskau (1954) die Herausgabe der Werke Bunins vor (1956 begann man, seine Bücher zu veröffentlichen). Seit dieser Zeit wurden in der UdSSR etl. Werke der E. aus der Zeit zwischen den beiden Weltkriegen herausgegeben. Nach 1945 entwickelte sich in der UdSSR eine neue E., und zwar in mehreren Wellen. Zunächst waren es v. a. solche Autoren, die durch Kriegsereignisse nach Westeuropa gelangt waren und nicht gewillt waren, in ihr Land zurückzukehren. Fast alle begannen erst im Exil zu veröffentlichen. Für die im Krieg eingestellten Zeitschriften entstand als Ersatz ›Novyj žurnal‹ (= Neue Zeitschrift, New York 1942) und ›Grani‹ (= Grenzlinien, Frankfurt am Main 1946). Neben dem schon vor 1939 existierenden Pariser YMCA-Verlag übernahmen die Verlage in den USA (v. a. Tschechow-Verlag, New York 1951) und 1946 in Frankfurt der Possev-Verlag eine führende Rolle. Ende der 60er Jahre ging eine beträchtl. Zahl der in der UdSSR lebenden Schriftsteller mehr oder weniger ›freiwillig‹ in die Emigration (wobei A. A. Amalrik z. B. seine Auswanderung [1976] als ›getarnte Form der Verbannung‹ charakterisierte), andere wurden offen zur Emigration gezwungen; A. I. Solschenizyn wurde 1974 ausgewiesen. In den 70er Jahren entstanden neue Zeitschriften (›kontinent‹, Paris 1974, dt. Ausg. Berlin 1974, Bonn 1983; ›Vremja i my‹ [= Die Zeit und wir], New York 1975; ›Sintaksis‹ [= Syntax], Paris 1978) und neue Verlage, v. a. in den USA. Die Ideen des bekanntesten Exilautors, des Nobelpreisträgers (1970) Solschenizyn, wurden nur von einem Teil der Exilautoren geteilt; die Exilzeitschriften und teilweise auch literar. Werke des Exils widmeten sich neben der Kritik an der UdSSR der Kritik an den verschiedenen Strömungen, Gruppierungen und Persönlichkeiten des russ. Exils. An der Diskussion beteiligten sich die ideolog. Gegner Solschenizyns, v. a. A. D. Sinjawski (in der Zeitschrift ›Sintaksis‹) sowie verschiedene andere Autoren wie u. a. J. Etkind und A. Janow. Probleme der Politik, Moral, Religion und Philosophie, aber auch der Ästhetik wurden in den Zeitschriften ›Tret'ja volna‹ (= Die dritte Welle), ›Ècho‹, ›Kovčeg‹ (= Die Arche), ›Russkoe vozroždenie‹ (= Die russ. Wiedergeburt), ›Gnozis‹ und anderen behandelt. Die Diskussion blieb nicht nur auf Exilzeitschriften und Exilschriftsteller begrenzt, sie wurde auch in der oppositionellen Presse (im Untergrund) in der UdSSR geführt. – Die *ukrain. E.* hat vor 1917 die Möglichkeit genutzt, ihre Werke in dem von Ukrainern besiedelten Ostgalizien herauszugeben, das zu Österreich gehörte. Autoren aus dem Zarenreich konnten in den Zeitschriften und Verlagen v. a. in Lemberg veröffentlichen. Nachdem die Ukraine als selbständiger Staat (1918/19) existierte, begann eine neue Welle der Emigration aus dem nunmehr sowjetisch regierten Land. Bis 1945 war Prag mit einer Exiluniversität das wichtigste Zentrum. Daneben gab es weitere Zentren in Europa und Amerika. Nach 1945 siedelte sich die Exiluniversität in München an und neue Exilverlage entstanden in Deutschland (Mystec'kyj ukraïns'kyj ruch [= Ukrain. Künstlerbewegung]; Sučasnist' [= Zeitgenossenschaft] in München), in Frankreich, den USA und Kanada. In New York etablierte sich in den 60er Jahren eine Gruppe von Lyrikern (B. Boitsch, J. Tarnawschky u. a.). Die *dt. E. des 20. Jh.* nimmt eine besondere Stellung ein. Als Literatur der Autoren, die vor der nationalsozialist. Herrschaft geflüchtet waren, bestand sie 1933–45. Nach 1945 verließen viele Autoren die kommunistisch regierten Gebiete und fanden Zuflucht in Westdeutschland, dann in der BR Deutschland und in Österreich. Als E. gilt meistens nur die Literatur der Jahre 1933–45. Die Emigration deutschsprachiger Intellektueller vollzog sich in zwei Wellen: 1933 (nach ›Machtergreifung‹, Reichstagsbrand und v. a. nach dem Auftakt der Verfolgung dt. Schriftsteller, der ↑ Bücherverbrennung am 10. Mai 1933), dann 1938/39 (bes. der österr. Intellektuellen, nach der Angliederung Österreichs und der Tschechoslowakei und dem Kriegsausbruch); zugleich setzte damit eine zweite Flucht in der europ. kriegsbedrohten Ländern lebenden Emigranten nach Übersee ein. – In den Zentren Paris, Amsterdam, Stockholm, Zürich, Prag und Moskau (nach Ausbruch des Krieges in den USA, Mexiko, Argentinien, Palästina) entstanden neue Verlage (führende Verlage waren der Malik-Verlag [Prag, London], Querido [Amsterdam], Aurora [New York], El libro libre [Mexiko]), auch zahlreiche Emigrantenzeitungen und -zeitschriften: Wichtigstes Tageszeitung war das ›Pariser Tageblatt‹ (1933–36 Redaktion G. Bernhard; 1936–40 u. d. T. ›Pariser Tageszeitung‹, Redaktion C. Misch); eine bed., in der ganzen freiheitl. Welt verbreitete Wochenschrift war ›Der Aufbau‹ (Hg. M. George, New York 1939 ff.). Neben parteipolitisch, konfessionell, überparteilich und überkonfessionell ausgerichteten Zeitschriften gab es auch natur- und geisteswissenschaftl. sowie philosoph. (z. B. ›Zeitschrift für freie dt. Forschung‹, hg. von der Freien dt. Hochschule in Paris, 1938) und bes. literar. und kulturkrit. Zeitschriften, an denen die bedeutendsten Schriftsteller der Zeit mitarbeiteten (z. B. ›Das neue Tage-Buch‹, Hg. L. Schwarzschild, Paris 1933–39; ›Die Sammlung‹, Hg. K. Mann, Amsterdam 1933–35; ›Maß und Wert‹, Hg. Th. Mann und K. Falke, Zürich 1937–40; ›Die Neue Weltbühne‹, Hg. W. Schlamm, H. Budzislawski, Prag, Zürich, Paris 1933–39; ›Neue Dt. Blätter‹, Redaktion O. M. Graf, W. Herzfelde, A. Seghers, Wien, Zürich, Paris, Amsterdam [eigentlich Prag] 1933–35; ›Das Wort‹, hg. von B. Brecht, L. Feuchtwanger, W. Bredel, Moskau 1936–39, ging auf in ›Internat. Literatur. Dt. Blätter‹, Redaktion J. R. Becher, Moskau

1933–45). – Die in diesen Zeitschriften und in Einzelausgaben veröffentlichte E. war in ihren Zielen uneinheitlich; gemeinsam war die grundsätzl. Opposition gegen den Nationalsozialismus. Die E. umfaßte polit. Literatur (Aufrufe, Anklageschriften, Analysen, Dokumentationen zu den Vorgängen in Deutschland, etwa Th. Manns Aufsätze zur Zeit ›Achtung Europa!‹, 1938, ›Dt. Hörer. 25 Radiosendungen nach Deutschland‹, 1942), wiss. Werke (z. B. A. Kerr, ›Walter Rathenau‹, 1935; E. Bloch, ›Erbschaft dieser Zeit‹, 1935; B. Walter, ›Gustav Mahler‹, 1936; F. Muckermann, ›Revolution der Herzen‹, 1937), Autobiographien (z. B. E. Toller, ›Eine Jugend in Deutschland‹, 1933; K. Mann, ›Der Wendepunkt‹, engl. 1942, dt. 1952; S. Zweig, ›Die Welt von gestern‹, 1942; H. Mann, ›Ein Zeitalter wird besichtigt‹, 1946) und literar. Werke, in denen, bes. seit Kriegsausbruch, vielfältig die Zeiterfahrungen gestaltet wurden, v. a. in der Lyrik (z. B. B. Brecht, J. R. Becher, P. Zech, E. Lasker-Schüler, F. Werfel, M. Herrmann-Neiße, E. Weinert, W. Mehring, N. Sachs, A. V. Thelen, E. Waldinger u. a.), aber auch im Roman (z. B. K. Mann, ›Mephisto‹, 1936; B. Frank, ›Der Reisepaß‹, 1937; L. Feuchtwanger, ›Exil‹, 1940; A. Seghers, ›Das siebte Kreuz‹, 1942; ferner Romane von Th. Th. Heine, A. Döblin, E. Canetti, B. Uhse, G. Regler, H. Kesten u. a.) und im Drama (B. Brecht, ›Furcht und Elend des 3. Reiches‹, entst. 1934–38, gedr. 1945; F. Werfel, ›Jacobowsky und der Oberst‹, 1944; C. Zuckmayer, ›Des Teufels General‹, 1946; Dramen von F. Bruckner, S. Lackner, Friedrich Wolf u. a.); neben den genannten stehen bedeutsame Werke ohne unmittelbaren Bezug zur Zeitsituation (Th. Mann, ›Josef und seine Brüder‹, Bd. 2–4, 1934–43, ›Lotte in Weimar‹, 1939; F. Werfel, ›Der veruntreute Himmel‹, 1939, ›Das Lied von Bernadette‹, 1941; R. Musil, ›Der Mann ohne Eigenschaften‹, Bd. 3, 1943; H. Broch, ›Der Tod des Vergil‹, 1945; ferner viele Werke u. a. von E. Weiß, J. Roth, L. Frank, außerdem das dramat. Werk B. Brechts, Dramen von G. Háy, G. Kaiser, E. Toller). Eine typ. Erscheinung war die Zuwendung zur Vergangenheit in Geschichtsromanen

(z. B. B. Frank, ›Cervantes‹, 1934; L. Feuchtwanger, ›Die Söhne‹, 1935; R. Neumann, ›Struensee‹, 1935; H. Mann, ›Henri Quatre‹, 2 Bde., 1935 bis 1938; H. Kesten, ›Ferdinand und Isabella‹, 1936). Die wichtigsten Werke der E. wurden nach 1945 in der BR Deutschland neu herausgegeben und werden in den Veröffentlichungen über die Geschichte der Literatur als Teil der nat. Literatur behandelt, ohne die Erstveröffentlichung im Exil zu würdigen. Es gibt mehrere Institutionen, die sich mit der Erforschung der E. beschäftigen: Neben der ›Wiener Library‹ in London ist die Sondersammlung ›Dt. E.‹ innerhalb der ›Dt. Bibliothek‹ in Frankfurt am Main die umfangreichste Dokumentation der E. in Europa. – In der ehem. DDR entstand ab 1976 (Ausbürgerung W. Biermanns) eine neue Emigrations- bzw. Ausreisebewegung v. a. in die BR Deutschland (u. a. Th. Brasch, Jurek Becker, J. Fuchs, S. Kirsch, G. Kunert). Die *poln.* E. begann im 20. Jh. im Jahr 1939. Zuerst konzentrierte sie sich in Paris, dann in London. Ein Teil der Exilautoren kehrte nach 1945 nach Polen zurück (J. Tuwim, W. Broniewski, Z. Kossak-Szczucka, M. Wańkowicz u. a.). Nach der Liberalisierung (1956) konnten manche Werke der im Exil gebliebenen Autoren auch in Polen erscheinen (z. B. W. Gombrowicz). Die weiterhin im Exil lebenden Autoren begannen, die Zeitschriften ›Wiadomości‹ (= Nachrichten, London 1946) und ›Kultura‹ (Paris 1947) herauszugeben; große Bedeutung hatte der Verlag Instytut Literacki (= Literar. Institut) in Paris. Die Reihen der Exilautoren wurden ständig durch die Autoren verstärkt, die Polen verließen (bes. 1968 und 1981 nach dem Verbot der unabhängigen Gewerkschaft ›Solidarität‹). Nach 1981 entstanden neue, manchmal ephemere Verlage und Zeitschriften, u. a. in Frankreich, in der BR Deutschland und Großbritannien. Weiterhin gab es Fälle, wo Werke der Exilautoren in Polen erschienen oder zumindest besprochen wurden, und es gab eine Reihe in Polen lebender Autoren, die sowohl in Polen wie auch in den Exilverlagen veröffentlichten. Bes. Aufwertung erfuhr die poln. E. durch Verleihung des Nobelpreises

(1980) an den in den USA lebenden C. Miłosz.

Die *tschech. E.* im 20. Jh. existierte zunächst 1916–20 in Rußland; die Autoren waren Angehörige der tschechoslowak. Auslandsarmee (z. B. J. Hašek, F. Langer, R. Medek, Z. Štěpánek). Während des 2. Weltkriegs wurden die Werke der E. v. a. in London herausgegeben (A. Hoffmeister, F. Langer, J. Mucha u. a.). Fast alle Exilautoren sind 1945 in die ČSR zurückgekehrt. Schon 1948, nach dem kommunist. Umsturz, entstand eine neue tschech. E. in Frankreich, Großbritannien, den USA, in der BR Deutschland, in Schweden, Italien usw. (I. Blatný, E. Hostovský, F. Listopad, Z. Němeček u. a.), die mehrere Verlage und Zeitschriften umfaßte, z. B. die bis heute erscheinende Zeitschrift ›Svědectví‹ (= Zeugnis, Paris 1956). Nach der sowjet. Okkupation der ČSSR (1968) gingen erneut zahlreiche Autoren ins Exil; 1971 gründeten sie drei neue Verlage: den ›68 Publishers‹ in Toronto, ›Index‹ in Frankfurt am Main und ›Konfrontation‹ in der Schweiz. Danach sind weitere Verlage und mehrere Zeitschriften entstanden (BR Deutschland, Schweiz, Großbritannien, USA, Kanada u. a.). Mehrere Exilautoren erlangten internat. Bekanntheit (O. Filip, P. Kohout, M. Kundera, J. Škvorecký u. a.), wobei einige zur Sprache ihres Exillandes übergingen, so O. Filip und G. Laub zur dt. Sprache. In den Exilverlagen und -zeitschriften erschienen auch Werke von in der ČSSR lebenden Autoren (z. B. die Werke B. Hrabals und des Nobelpreisträgers für Literatur [1984] J. Seifert). – Die *slowak. E.* war zahlenmäßig viel schwächer als die tschechische (1945 gingen einige slowak. Autoren ins Exil, z. B. R. Dilong, J. Cíger Hronský, die während des Krieges die totalitäre Regierung in Preßburg aktiv unterstützt hatten). Wegen der begrenzten Publikationsmöglichkeiten veröffentlichten slowak. Autoren in tschech. Exilverlagen und -zeitschriften (z. B. Šimko, Taussig); dies galt auch für Werke einiger Autoren, die in ihrem Land Publikationsverbot hatten (z. B. D. Tatarka). L. Mňačko, bed. zeitgenöss. slowak. Schriftsteller, lebte ab August 1968 im Ausland.

Die *ungar. E.* gab es im 20. Jh. ab 1919 in der Tschechoslowakei, in Rumänien, in der Sowjetunion, in Frankreich u. a., sie wurde v. a. von linken Autoren vertreten, von denen der Theoretiker G. Lukács Weltruhm erlangte. Nach 1945 und v. a. nach dem Aufstand von 1956 gingen viele Autoren ins Exil (G. Faludy, G. Háy, L. Szabó u. a.). Ihr Einfluß ging ständig zurück, dafür stieg in den 70er Jahren die Bedeutung derjenigen Autoren, die ihre Werke im Westen veröffentlichten und dort auch lebten, ohne jedoch Emigranten zu sein (G. Konrád u. a.).

Die *rumän. E.* spielte erst seit 1945 eine bedeutendere Rolle. Die Exilautoren (P. Dumitriu, V. Horia u. a.) veröffentlichten oft in frz. Sprache und werden zu den frz. Schriftstellern (wie schon früher E. Ionesco u. a.) gezählt.

Eine besondere Stellung nimmt die *E. der jüd. Autoren* ein. In allen angeführten E.en (quer durch die Jh.) spielte und spielt sie eine herausragende Rolle. Als Autoren der jüd. E. kann man aber nur diejenigen Schriftsteller betrachten, die in der jidd. Sprache außerhalb der jüd. Siedlungsgebiete Osteuropas veröffentlichen. Nach 1918 bildeten sich starke Zentren v. a. in den USA (New York). Während des 2. Weltkriegs wurde Jiddisch in Europa praktisch ausgerottet. In der UdSSR erschienen nach 1948 nur sporadisch Werke in dieser Sprache. Die jiddisch geschriebene Literatur existiert v. a. in den USA und in Israel. Obwohl das Jiddische, bes. in New York, noch nicht auszusterben droht, wird es immer fraglicher, ob die schon in den USA geborenen Autoren als Exilautoren gelten können. Der bekannteste Vertreter der jidd. E. in den USA, I. B. Singer, erhielt 1978 den Nobelpreis für Literatur.

Literatur: dt. E.: BERENDSOHN, W. A.: Die humanist. Front. Einf. in die dt. Emigranten-Lit. Zü. u. Worms 1946–76. 2 Tle. – STERNFELD, W./TIEDEMANN, E.: Dt. Exil-Lit. 1933–1945. Eine Bio-Bibliogr. Hdbg. ²1970. – WALTER, H. A.: Dt. E. 1933–1950. Darmst. u. Stg. 1972 ff. (bisher 5 Bde. erschienen). – Die dt. E. 1933–1945. Hg. v. M. DURZAK. Ditzingen 1973. – Zss. u. Zeitungen der E. 1933–45. Bearb. v. H. HALFMANN. Lpz. ²1975. – Dt. E. nach 1933. Hg. v. J. M. SPALEK u. J. P. STRELKA. Bern u. Mchn. 1976 ff. Auf mehrere Bde. berechnet. –

126 existentialistische Literatur

MAAS, L.: Hdb. der dt. Exilpresse 1933–1945. Mchn. 1976–81. 3 Bde. – Kunst u. Lit. im antifaschist. Exil 1933–1945. Ffm. 1979 ff. Auf 6 Bde. berechnet. – Presse im Exil. Hg. v. H. HARDT u. a. Mchn. 1979. – STEPHAN, A.: Die dt. E. 1933–1945. Eine Einf. Mchn. 1979. – MENNEMEIER, F. N./TRAPP, T.: Dt. Exildramatik 1933 bis 1950. Mchn. 1980. – E.: Forschung, Erkenntnisse, Ergebnisse. Maintal 1981 ff. – STRELKA, J.: E.: Grundprobleme der Theorie, Aspekte der Gesch. u. Kritik. Bern u. a. 1983. – Dt. Exilarchiv 1933–1945. Kat. der Bücher u. Broschüren. Hg. v. der Dt. Bibliothek, Frankfurt a. M. Stg. 1989. – E. 1933–1945. Hg. v. W. KOEPKE u. M. WINKLER. Darmst. 1989. – GOOSSENS, S.: Dt. Dichter im Exil u. Künstlertum im Exilroman. Ffm. u. a. 1993. – russ. E.: FOSTER, L. A.: Bibliography of Russian émigré literature 1918–68. Boston (Mass.) 1970. – MALZEW, J.: Freie russ. Lit. 1955–80. Dt. Übers. Bln. 1981. – STRUVE, G.: Russkaja literatura v izgnanii. Paris ²1984. – The Third Wave. Russian literature in emigration. Hg. v. O. MATICH u. M. H. HEIM. Ann Arbor (Mich.) 1984. – ukrain. E.: DERŽAVYN, V.: Post war Ukrainian literature in exile. In: Ukrainian Review 4–5 (1957–58). – Bibliografija vydan' ukraïns'koï emigracijnoï literatury 1945–70. Philadelphia 1974. – poln. E.: Literatura polska na obczyźnie 1940–60. Hg. v. T. TERLECKI. London 1964–65. 2 Tle. – DANILEWICZ ZIELIŃSKA, M.: Szkice o literaturze emigracyjnej. Paris 1978. – tschech. u. slowak. E.: Bibliographie der Lit. tschech. und slowak. Autoren, erschienen im Ausland ... Bearb. v. L. ŠEFLOVÁ. Köln 1978. – Czech and Slovak press outside Czechoslovakia, its status in 1978. Hg. v. V. N. DUBEN. Washington (D. C.) 1978. – MĚŠŤAN, A.: Gesch. der tschech. Lit. im 19. und 20. Jh. Köln 1984. – ungar. E.: MILDSCHÜTZ, K.: Bibliographie der ungar. Exilpresse (1945–75). Mchn. 1977. – jidd. E.: REISEN, S.: Leksikon fun der najer jidischer literatur. New York 1956–68. 7 Bde. – MADISON, CH. A.: Yiddish literature. Its scope and major writers. New York 1968.

existentialistische Literatur, eine literar. Richtung in der Tradition der **Existenzphilosophie,** die in z. T. sehr verschiedenen Varianten im 20. Jh. vorwiegend in Europa entstand. Den Ansatzpunkt für die Autoren im Umkreis der Existenzphilosophie bildet der Umstand, daß der Mensch nicht bereit ist, sein Vorhandensein in der Welt hinzunehmen, ohne nach den Bedingungen seiner Existenz zu fragen. Geschichtlich gesehen knüpft die Existenzphilosophie an S. Kierkegaard und F. Nietzsche an, wobei zu Beginn der Neuzeit Blaise Pascal (*1623, † 1662) einen der wichtigsten Beiträge zur Existenzanalyse lieferte, auf deren begriffl. Instrumentarium Autoren von Kierkegaard bis A. Camus immer wieder zurückgegriffen haben. In Deutschland verbindet man mit der Existenzphilosophie v. a. die Namen M. Heidegger und K. Jaspers, die Ende der 1920er Jahre an Einfluß gewannen. Die Existenzphilosophie erlebte in den 40er Jahren durch J.-P. Sartre als **Existentialismus** einen neuen Höhepunkt mit Auswirkungen von Frankreich auf Deutschland und Italien. Existentielle Grunderfahrung ist für Sartre der ›Ekel‹, der aus der Erkenntnis resultiert, daß der Mensch in einer ›sinn-leeren‹ Welt zur Freiheit ›verurteilt‹ erscheint. Die Freiheit besteht in der vollen Verantwortlichkeit des Menschen für sein Tun: jeder Mensch muß für sich selbst seiner Existenz den Sinn erst setzen, was nur in einem ›totalen Engagement‹ möglich ist. Für A. Camus ist der Begriff des Absurden zentral. Gegen die Absurdität, der Existenz des Menschen einen Sinn zuzusprechen, setzt er die ›Revolte‹, d. h. das Nicht-akzeptieren-Wollen der Sinnwidrigkeit, die letztlich nur durch die zwischenmenschl. Solidarität überwunden werden kann. Die Theaterstücke, Romane und Erzählungen Sartres wurden mit dem Begriff ›existentialistisch‹ belegt (S. de Beauvoir nennt in ›Der Lauf der Dinge‹, 1963, dt. 1966, G. Marcel, der ihren und Sartres Werken dies ›Etikett verpaßt‹ habe). Obwohl Sartre, der seine literar. Werke als Teil einer ›littérature engagée‹ verstand, den Begriff der e. L. zunächst kritisierte, hat sich diese Bez. jedoch rasch (und vorübergehend als mod. Schlagwort) durchgesetzt, dann auch für die Werke von A. Camus. Die literar. Darstellung des ›homme existentialiste‹ (u. a. ›Der Ekel‹, 1938, dt. 1949; ›Die schmutzigen Hände‹, 1948, dt. 1949; ›Die Eingeschlossenen‹, 1960, dt. 1960; ›Die Wege der Freiheit‹, 1945–49, dt. 1949–51) sowie die Darstellung der menschl. Existenz im Rahmen der Philosophie des Absurden bei Camus (u. a. ›Der Fremde‹, 1942, dt. 1948; ›Die Pest‹, 1947, dt. 1948; ›Der Fall‹, 1956, dt. 1957; ›Der glückl. Tod‹, entst. 1936–38, hg. 1971, dt. 1972) heben sich deutlich vom christl. Existentialismus G. Marcels (u. a. ›Ein Mann Gottes‹, 1952, dt. 1962) ab; S.

de Beauvoir hat mit ›Die Mandarins von Paris‹ (1954, dt. 1955) einen literar. Schlüsselroman des frz. Existentialismus veröffentlicht. Einflüsse e. L. sind nach 1945 auch im Werk verschiedener dt. Autoren nachweisbar (so z. B. bei H. Kasack und H. E. Nossack).

Literatur: GABRIEL, L.: Existenzphilosophie. Wien u. Mchn. [2]1968. – POLLMANN, L.: Sartre u. Camus. Lit. der Existenz. Stg. u. a. [2]1971. – KIRK, I.: Dostoevsky and Camus. The themes of consciousness, isolation, freedom, love. Mchn. 1974. – ANZ, TH.: Lit. der Existenz. Stg. 1977. – BOLLNOW, O. F.: Existenzphilosophie. Stg. u. a. [9]1984. – Literar. Diskurse des Existentialismus. Hg. v. H. HARTH u. V. ROHLOFF. Tüb. 1985.

Exkurs [lat. = Auslauf, Streifzug], bewußtes Abweichen vom eigentlichen Thema, Behandlung eines Nebenthemas in wissenschaftlichen oder in epischen Werken, als Einschub in den Text oder als Anhang. – ↑ auch Digression.

Exl-Bühne [ˈɛksəl], 1902 von Ferdinand (* 1875, † 1942) und Anna Exl (*1882, †?) in Tirol gegründete, durch hervorragende Spiel- und Ensemblekunst international bekanntgewordene Pflegestätte des Volks- und Bauernstückes (L. Anzengruber, K. Schönherr, F. Kranewitter u. a.).

Literatur: KEPPELMÜLLER, E.: Die künstler. Tätigkeit der Exlbühne in Innsbruck u. Wien von 1902–1944. Diss. Wien 1947. – KOCH, E.: Die Entwicklung der E.-B. Diss. Innsb. 1961.

Exlibris [lat. = aus den Büchern], meist auf der Innenseite des Vorderdeckels eines Buches eingeklebtes Buchzeichen, das mit den Wörtern ›ex libris‹ beginnt, Namen, Monogramm oder Wappen des Eigentümers enthält oder auch mit seinem Porträt, allegor. und symbol. Darstellungen geschmückt ist (meist Holzschnitt oder Kupferstich); das **Supralibros** ist außen auf den Buchdeckel gepreßt, das **Donatoren-Exlibris** bezeichnet den Schenker (Geschenk an eine Bibliothek oder ein Kloster).

Exodium [griech.-lat.],
1. Schluß eines antiken Dramas.
2. im röm. Theater heiteres, meist parodist. Nachspiel zu einer Tragödie, z. B. eine ↑ Atellane oder ein ↑ Mimus.

Exodos [griech. = Auszug, Fortgehen], im engeren Sinne das Auszugslied des ↑ Chors in der griech. Tragödie, mit dem diese abschließt. Im weiteren Sinne der ganze auf das letzte Standlied (↑ Stasimon) des Chors folgende Schlußteil der Tragödie, der die Lösung des dramat. Konflikts bringt.

Exordium [lat.], in der Rhetorik der Anfangsteil der Rede, der die Funktion hat, das Publikum für den Gegenstand zu gewinnen; gekennzeichnet durch bestimmte Topoi.

exotische Literatur, Sammelbegriff für eine Literatur, in der bevorzugt exot., fremdartige Landschaften, Kulturen und Sitten dargestellt werden; e. L. gibt es in den Literaturen des MA, z. B. im Anschluß an die Kreuzzüge. Die Funktion des Exotischen reicht vom Leseanreiz im abenteuerl. Unterhaltungsroman (↑ Abenteuerroman) bis hin zur Idealisierung des naturhaft-naiven Lebens in der exot. Wildnis. Dieser letzte Aspekt spielte im 17. und v. a. im 18. Jh. (J.-J. Rousseau) eine überragende Rolle. Häufig wurde mit der exot. Welt eine ideale Menschheitsidylle gestaltet, die der Gegenwart entgegengesetzt wurde, oft auch mit gesellschafts- und kulturkrit. Zielsetzung (↑ Staatsroman, ↑ Robinsonade, ↑ Utopie). Seit der europ. Romantik wurde v. a. die Welt des Orients erschlossen (Goethe, ›West-östl. Divan‹, 1819; A. von Platen, F. Rückert; ↑ orientalisierende Dichtung). Die Entwicklung setzte sich fort über Neuromantik (M. Dauthendey), Expressionismus (A. Döblin, K. Edschmid) zu weiteren Strömungen des 20. Jh. (G. Hauptmann, ›Der weiße Heiland‹, 1920; ›Indipohdi‹, 1920; H. Hesse, ›Siddharta‹, 1922), die sich aus einem gewissen Überdruß an der europ. Zivilisation der fremdartigen fernöstl. Welt zuwandten. – Die weniger von philosoph. oder ästhet. als von abenteuerl. Aspekten bestimmte e. L. des 19. Jh. begann mit den Romanen von Ch. Sealsfield, der als erster deutschsprachiger Schriftsteller den eigentüml. Reiz der amerikan. Landschaft und des amerikan. Lebens schilderte. In seiner Nachfolge standen die Unterhaltungsromane F. Gerstäckers und v. a. K. Mays.

Literatur: CHINARD, G.: L'Amérique et le rêve exotique dans la littérature française au XVIIe et au XVIIIe siècle. Paris 1913. Nachdr. Genf 1970. – LANGE, TH.: Idyll u. exot. Sehnsucht.

128 experimentelle Dichtung

Ffm. 1976. – KIM, K.: Theater u. Ferner Osten: Unterss. zur dt. Lit. im ersten Viertel des 20. Jh. Ffm. u. Bern 1982.

experimentęlle Dichtung, schon die dt. Romantiker Novalis und F. Schlegel bemühten sich um eine Verbindung von Experiment und Literatur. 1880 forderte dann É. Zola in seinem Manifest ›Der Experimentalroman‹ (1880, dt. 1904) – im Rückgriff auf Claude Bernard (* 1813, † 1878), H. Taine und A. Comte –, im Roman das Handeln von Personen unter naturwiss. Experimentalbedingungen zu beschreiben. E. D. im engeren Sinne aber wurde erst im Zuge der tiefgreifenden Krise der europ. Kultur zu Beginn des 20. Jh. möglich. Die Anwendung des Begriffs ›experimentell‹ auf die Dichtung ist bis heute umstritten. Sicher kann nicht von einer genauen Analogie zum Experiment in den Naturwissenschaften gesprochen werden, aber die experimentelle Haltung zeigt in beiden Bereichen durchaus Parallelen: Der Experimentierende sucht neue Möglichkeiten mit ungewissem Erfolg. Eine Klassifikation von Formen e. D. läßt sich je nach den Bereichen vornehmen, in denen scheinbar Selbstverständlichkeiten der Produktion und Rezeption literar. Werke in Frage gestellt und experimentell neue Wege gesucht werden. Im einzelnen lassen sich beobachten: Experimente mit der Sprache (Strukturdurchbrechungen in Grammatik, Syntax und Semantik); Mischung von verschiedenen natürl. Sprachen; experimenteller Umgang mit stilist. Mitteln, Metaphern, Themen, Erzählhaltungen und Wirklichkeitsperspektiven; Verwendung von Montage- und Collagetechniken; Gattungsmischung (mit Übergängen zur Musik, zur Graphik und zur bildenden Kunst); Gattungsüberschreitung in Richtung auf Philosophie und Wissenschaft; Versuche einer Aufhebung der Differenz von Kunst und Leben; Veränderung der traditionellen Handlungsrollen (u. a. Betonung der produktiven Rolle des Rezipienten als Koproduzent des literar. Werks, Veränderung der Autorenrolle durch Computereinsatz, durch Verwendung von aleator. oder stochast. Verfahren, durch automat. Niederschrift u. a.). Das bis heute folgenreichste und immer

noch unabgeschlossene Experiment betrifft die Aufhebung des traditionellen Erzählprinzips mit seinem Beharren auf einer konsistenten Wirklichkeit, ident. Personen und der kausalen bzw. psycholog. Erklärbarkeit von Vorgängen und Handlungen. Wichtige Autoren in diesem Zusammenhang sind u. a. C. Einstein, H. Ball, G. Stein und J. Joyce, nach dem Zweiten Weltkrieg u. a. N. Sarraute, M. Butor, A. Robbe-Grillet, Ph. Sollers, C. Simon, F. Mon, F. Mayröcker und E. Jandl. Erscheinungsformen e. D. finden sich als ↑absolute Dichtung, als *abstrakte, aleatorische, automatische, elementare* oder *konsequente Dichtung;* als ↑Computerdichtung; als ↑konkrete Poesie, als *visuelle* und *akustische Dichtung;* als *Merzdichtung;* als *materialer* oder *reduzierter Text* bzw. ↑Würfeltexte.

Literatur: BENSE, M.: Theorie der Texte. Köln u. Bln. 1962. – Experiment u. Erfahrung in Wiss. u. Kunst. Hg. v. W. STROLZ. Freib. u. Mchn. 1963. – BENSE, M.: Experimentelle Schreibweisen. Stg. 1964. – CHOTJEWITZ, P. O.: Was heißt experimentelle Lit.? In: Akzente 15 (1968). – HEISSENBÜTTEL, H.: Zur Tradition der Moderne. Nw. u. Bln. 1972. – HARTUNG, H.: Experimentelle Lit. u. konkrete Poesie. Gött. 1975. – das experiment in literatur u. kunst. Hg. v. SIEGFRIED J. SCHMIDT. Mchn. 1978. – SCHMIDT, SIEGFRIED J.: Kunst u. Experiment und. Siegen 1982. – HAGE, V.: Collagen in der dt. Lit. Ffm. u. a. 1984. – SCHMID-BORTENSCHLAGER, S.: Konstruktive Lit. Bonn 1985. – ↑auch Dadaismus, ↑Expressionismus, ↑Futurismus, ↑Surrealismus.

experimentęlles Theąter, ungenauer Sammelbegriff, er bezeichnet in Anlehnung an É. Zola (↑experimentelle Dichtung) um 1900 so unterschiedl. Tendenzen wie die russ. Theaterexperimente (v. a. Wsewolod E. Mejerchold [* 1876, † 1940]), die der Bauhausbühne, der Merzbühne K. Schwitters', des expressionist. Theaters, der ›Plays‹ G. Steins sowie deren jeweilige theatergeschichtl. Folgen: nach 1945 u. a. das ↑absurde Theater, das ›dynam. Theater‹ des ↑Darmstädter Kreises, das amerikan. ↑Living Theatre sowie in jüngerer Zeit Formen der ↑Performance, das Theater R. Wilsons u. a. (↑lebende Bilder) sowie das neue ↑Tanztheater.

Explanation [lat.], Erläuterung, Erklärung; veraltet für Auslegung, Deutung, Erklärung von Texten.

explicit [von lat. explicitus (est) = (das Buch) ist zu Ende], Schlußformel von Handschriften und Frühdrucken (↑Kolophon), auch von einzelnen Kapiteln.

Exposition [lat.; zu exponere = heraussetzen, auseinandersetzen, darstellen], erster Teil einer dramat. Handlung (↑Drama). Aufgabe der E. ist die Darlegung der Verhältnisse und Zustände, aus denen der dramat. Konflikt entwickelt wird (↑erregendes Moment), einschließlich der Vorgeschichte (›Vorfabel‹). – Die typ. Form der E. in der antiken Tragödie ist seit Sophokles der Prolog, eine kurze Szene, die dem Einzugslied des Chors (↑Parodos), mit dem die eigtl. Tragödie beginnt, vorausgeht. Die E. ist bei Sophokles (›Antigone‹) ein Dialog, bei Euripides dagegen ein Monolog bzw. ein ep. Bericht an die Zuschauer. Das neuzeitl. Drama verwendet den von der eigentl. dramat. Handlung abgetrennten Prolog nur selten (Humanistendrama; Schuldrama; Meistersingerdrama). Im neuzeitl. Kunstdrama ist in der Regel die E. in die dramat. Handlung integriert; sie umfaßt beim fünfaktigen Drama ungefähr den ersten Akt. Wichtige Ausnahmen: Schillers ›Wallenstein‹ (1800), wo der gesamte erste Teil der Trilogie (›Wallensteins Lager‹) die Funktion der E. hat, und Goethes ›Faust I‹ (1808), wo der ›Prolog im Himmel‹ die ›Vorgeschichte‹ darstellt. Das ↑analytische Drama kennt keine eigentl. E., hier besteht das Drama in der schrittweisen Enthüllung der ›Vorfabel‹.

Expressionismus [zu lat. expressio = Ausdruck], zunächst von der bildenden Kunst geprägt, dann von Musik und v. a. von der dt. Literatur übernommener Sammelbegriff für vielfältige Strömungen einer neuen ›Ausdruckskunst‹ (etwa 1910–20), die in radikalem Gegensatz stand zu vorangehenden Stilrichtungen wie ↑Naturalismus, ↑Impressionismus, ↑Jugendstil, ↑Neuromantik, ↑Symbolismus. Der E. wurde Anfang der 20er Jahre abgelöst von der ↑Neuen Sachlichkeit, einem krit. Realismus. – Literar. Vorbilder waren A. Strindbergs Mysterien-, Traum- und Visionsspiele (›Nach Damaskus‹, 1898–1904, dt. 1899), die Versdichtung W. Whitmans und – thema-

NACH ZEHN KAMPFJAHREN FÜR

Die Aktion

VON GENOSSEN/FREUNDEN/MITARBEITERN

Expressionismus. Titelseite der Nummer vom 2. September 1916 zum zehnjährigen Bestehen der Zeitschrift ›Die Aktion‹

tisch – vor allem die Gedichte Ch. Baudelaires und des frz. Symbolismus. Nachweisbar sind auch Auswirkungen F. T. Marinettis, des italien. Futurismus. Man interessierte sich für bestimmte Züge im Werk F. M. Dostojewskis und entdeckte Mystik und Barock neu, die Dramen H. von Kleists, Ch. D. Grabbes, G. Büchners, die Prosa Jean Pauls und die (v. a. späten) Gedichte J. Ch. F. Hölderlins. Gemeinsam ist den meisten Vertretern des E. ein neues Lebensgefühl: der Protest gegen das in alten Autoritätsstrukturen erstarrte Wilhelminische Bürgertum und gegen eine zunehmende Mechanisierung des Lebens, die Angst vor einer Bedrohung des Geistes, die Vorahnung einer apokalypt. gesellschaftl. Katastrophe. Aus diesem Protest heraus entwarf ein Teil der Expressionisten Bilder eines neuen ›geistigen‹ Zeitalters, einer erneuerten Menschheit in einem ekstat. Bekenntnis zu individuellem Menschsein, teilweise mit stark religiösen (F. Werfel) und myst. Zügen (R. J. Sorge, E. Barlach), und rief zu einer Revolution des Denkens auf, die eine politisch-gesellschaftl. Revolution nach sich ziehen sollte. An die Stelle des Kunstgenusses der impressionist. und symbolist. Ästhetik trat das ›neue Pathos‹ des Aufbegehrens, das ›rasende Leben‹, Aktivismus, Intensität des Gefühls. Typisch dafür sind die Titel bedeutender, oft nur kurzlebiger Zeitschriften expressionist. Gruppen: ›Der Sturm‹ (1910–32, hg. von H. Walden), ›Die Aktion‹ (1911–32, hg. von F. Pfemfert), ›Das neue Pathos‹ (1913–19, hg. von H. Ehrenbaum), ›Revolution‹ (1913, hg. von H. Leybold) und ›Die weißen Blätter‹ (1914–21, hg. von R. Schickele). Neben diesen Zeitschriften gab es eine Vielzahl kleinerer Publikationsorgane der zahlreichen Dichtergruppen, die sich in der Nachfolge des 1909 von K. Hiller in Berlin gegründeten ›Neuen Clubs‹, des ›Neopathet. Cabarets‹, bildeten, sowie Anthologien v. a. der Lyrik (›Der Kondor‹, 1912, hg. von K. Hiller; ›Menschheitsdämmerung‹, 1920, hg. v. K. Pinthus). In diesem Sinne (›Aufstand gegen die Väter‹) wurde der Vater-Sohn-Konflikt zum immer wieder gestalteten Thema der Zeit, in der Erzählung (F. Kafka, ›Das Urteil‹, 1913), im Drama (W. Hasenclever, ›Der Sohn‹, 1914), in der Gedicht (J. R. Becher, ›Oedipus‹, 1916). Bis in den 1. Weltkrieg hinein war der E. im wesentl. von der *Lyrik* geprägt; in der Anthologie ›Der Kondor‹ wurde er zum ersten Mal programmatisch vorgestellt. Außer von F. Werfel erschienen Gedichtbände u. a. von G. Heym, G. Benn, G. Trakl, W. Hasenclever, A. Lichtenstein, A. Ehrenstein, E. Stadler, A. Stramm; zu den Lyrikern des E. zählen ferner J. R. Becher, Th. Däubler, Y. Goll, K. Heynicke, J. van Hoddis, W. Klemm, E. Lasker-Schüler, R. Leonhard, K. Otten, L. Rubiner, R. Schickele, A. Wolfenstein, P. Zech, weiterhin E. Blaß, C. Einstein, F. Hardekopf, H. Lersch und E. Toller. Während des 1. Weltkriegs trat die *erzählende kurze Prosa,* der schon 1912 in der Anthologie ›Flut‹ eine erste, wenig beachtete Publikation gewidmet worden war, stärker in den Vordergrund und erreichte v. a. mit der Publikationsfolge ›Der jüngste Tag‹ ein größeres Publikum. Nach A. Ehrensteins Erzählung ›Tubutsch‹ (1911), C. Einsteins Roman ›Bebuquin oder

Die Dilettanten des Wunders‹ (1912), A. Döblins Erzählungen ›Die Ermordung einer Butterblume‹ (1913) und G. Heyms Novellen ›Der Dieb‹ (hg. 1913) erschienen Prosabände von F. Kafka, C. Sternheim, K. Edschmid, G. Benn, ferner u. a. von R. Schickele, S. Friedlaender, M. Brod, F. Jung, K. Otten, A. Lichtenstein. Die wesentl. Leistung in der zweiten Phase des E. (seit etwa 1915) war das *Drama*: bed. Vertreter waren v. a. C. Sternheim mit seinen Komödien (seit 1911) zusammen mit G. Kaiser (u. a. ›Die Koralle‹, 1917; ›Gas I‹, 1918; ›Gas II‹, 1920), O. Kokoschka mit A. Döblin und W. Kandinsky, dann R. J. Sorge, W. Hasenclever, P. Kornfeld, H. Johst, ferner F. von Unruh, A. Brust, Friedrich Wolf, H. H. Jahnn, Y. Goll, A. Bronnen und – über den E. hinausweisend – B. Brecht. Typisch für das Drama des E. ist die Auflösung in lose verknüpfte Bilderfolgen († Stationendrama) oder in das chorisch-orator. Stimmenspiel. Ausgedehnte Monologe, lyrischhymn. Sequenzen sind ebenso kennzeichnend wie Gebärde, Tanz, Pantomime, wie zeitloses Kostüm und abstraktes Bühnenbild, wie schließlich eine neue Beleuchtungstechnik. – Die Personen erscheinen weitgehend typisiert, überindividuell und zugleich als totale Ich-Projektion. – Die *Sprache* der expressionist. Literatur bewegt sich auf den verschiedensten Ebenen. Sie ist ekstatisch gesteigert oder sachlich, sie ist metaphorisch, symbolisch oder zerstört (wieder) die traditionelle Bildersprache. Auf Ausdruck drängend, betont sie den ›Rhythmen‹. Sprachverknappung ebenso wie Sprachhäufung, nominale Wortballung, Betonung des Verbs, Wortneubildung und Förderung einer neuen Syntax sind die auffallendsten Merkmale. – Der 1. Weltkrieg war für den E. ein tiefer Einschnitt; viele Exponenten, u. a. A. Lichtenstein, E. Stadler, G. Trakl, R. J. Sorge, A. Stramm, sind umgekommen. An die Stelle einer anfänglich ambivalenten trat zunehmend eine radikal pazifist. Haltung. Schließlich begann sich für einige Autoren der utop. Prospekt von der Verbrüderung des neuen Menschen angesichts der russ. Oktoberrevolution zu konkretisieren (u. a. für J. R. Becher).

Schon vor Kriegsbeginn und während der ersten Kriegsjahre hatten sich andere Strömungen herausgebildet bzw. abgetrennt: Äternismus († Äternisten), Aktivismus, Sturmkreis, Dadaismus, die nur schwer unter dem Oberbegriff E. zusammenzufassen sind. Die Verwirrungen der E.forschung resultieren wesentlich aus dem Versuch einer derartigen Zusammenfassung. Der E. wird zwiespältig beurteilt: Einerseits wird sein gewichtiger Beitrag zur Kunst und Literatur der Moderne voll anerkannt, andererseits wird kritisch gefragt, was von seinen umfassenden Zielsetzungen verwirklicht worden sei, wobei die Auffassung, der E. habe der Kunst Aufgaben gestellt, die sie letztlich nicht bewältigen konnte, dominiert. – In der Exilzeitschrift ›Das Wort‹ (Moskau 1936–39) hat eine umfangreiche E.debatte (E. Bloch, G. Lukács, K. Mann, H. Walden u. a.) stattgefunden.
Literatur: Index E.: Bibliogr. der Beitrr. in den Zss. u. Jbb. des literar. E., 1910–1925. Hg. v. P. RAABE. Nendeln 1972. 18 Bde. in 5 Serien. – Begriffsbestimmung des literar. E. Hg. v. H. G. RÖTZER. Darmst. 1976. – ROTHE, W.: Der E. Ffm. 1977. – E. Hg. v. TH. VON ANZ u. M. STARK. Stg. 1982. – GERHARD, C.: Das Erbe der ›Großen Form‹. Unterss. zur Zyklus-Bildung in der expressionist. Lyrik. Ffm. 1986. – E. Der Kampf um eine literar. Bewegung. Hg. v. P. RAABE. Zü. 1987. – RAABE, P.: Die Autoren u. Bücher des literar. E. Stg. ²1992. – Theorie des E. Hg. v. O. F. BEST. Neuausg. Stg. 1994. – VIETTA, S./KEMPER, H.-G.: E. Mchn. ⁵1994.

Exzerpt [lat.], knapper wörtl. oder zusammengefaßter Auszug aus einer Textvorlage mit Zusammenstellung der für den jeweiligen Zweck wichtigsten Gesichtspunkte.

Eyb, Albrecht von, dt. Schriftsteller, † Albrecht von Eyb.

Eybers, Elizabeth Françoise [afrikaans 'əibərs], * Klerksdorp (südl. Transvaal) 26. Febr. 1915, südafrikan. Lyrikerin. – Gilt als erste und bedeutendste afrikaanse Dichterin; lebt seit 1961 in den Niederlanden. Ihre Naturlyrik zeichnet sich durch anschaul. Bilder und klass. Aufbau aus. Thematisch bekennt sie sich v. a. zur Gefühlswelt und zum Werdegang der Frau, den sie in schlichten, eindringl. Versen schildert.

Werke: Belydenis in die skemering (Ged., 1936), Die stil avontuur (Ged., 1939), Die vrou en ander verse (Ged., 1945), Tussensang (Ged., 1950), Die helder halfjaar (Ged., 1956), Bestand (Ged., 1982), Gedigte 1962–1982 (1985), Dryfsand (Ged., 1985), Rymdwang (Ged., 1987).
Ausgabe: E. F. E. Versamelde gedigte. Amsterdam 1990.

Eyck, Pieter Nicolaas van [niederl. ɛik], * Breukelen bei Utrecht 1. Okt. 1887, † Wassenaar (Südholland) 10. April 1954, niederl. Lyriker, Kritiker und Literarhistoriker. – Prof. für niederl. Literatur in Leiden; vertrat in seinen Gedichten einen stoischen Pessimismus, wandte sich dann dem pantheist. Gottesbegriff zu und sah in der Welt die Selbstoffenbarung Gottes.
Werke: De getooide doolhof (Ged., 1909), Uitzichten (Ged., 1912), Inkeer (Ged., 1922), Herwaarts (Ged., 1939), Medousa (Epos, 1947), Gedichten (1949).
Ausgabe: P. N. van E. Verzameld werk. Amsterdam 1958–64. 7 Bde.
Literatur: WAGE, H. A.: Dagend dichterschap. Een onderzoek naar de ontwikkeling de dichter P. N. van E. tot en met de Italiaanse periode. Leiden 1967. 2 Bde.

Eyke von Repgow, Verfasser des ›Sachsenspiegels‹, † Eike von Repgow.

Eysselsteijn, Ben van [niederl. 'ɛisəlstɛin], Pseudonym Fritz Hagemann, * Groningen 22. Jan. 1898, † Sliedrecht 13. Aug. 1973, niederl. Schriftsteller und Theaterkritiker. – Schrieb Dramen, Lyrik und Essays, bes. aber Ehe- und Familienromane, die v. a. im niederl. Bauernmilieu spielen; in Deutschland bekannt durch den Roman ›Vom Südkreuz zum Polarstern‹ (1936, dt. 1939, 1941 u. d. T. ›Die kleine Margot‹ und ›Die Seefrau‹).
Weitere Werke: Harte Erde (R., 1942, dt. 1959), Verwitterte Steine (R., 1955, dt. 1958), Tussen eb en vloed (Dr., 1960).

Eysteinn, isländ. Geistlicher um die Mitte des 14. Jahrhunderts. – Man unterscheidet heute zwischen zwei Vertretern des gleichen Namens. Wem von beiden das Gedicht ›Lilja‹ (einer der Höhepunkte religiöser Dichtung auf Island) zugeschrieben werden kann, ist umstritten. Es behandelt den Verlauf der Heilsgeschichte vom Engelssturz bis zum Jüngsten Gericht und stellt die Erlösung des Menschen in den Mittelpunkt. Neben dem Kreuzestod Christi gewinnt die Vermittlung Marias entscheidende Bedeutung. Literaturhistorisch markiert die ›Lilja‹ eine bedeutsame Wende, als sie weitgehend auf die Mittel skald. Dichtung verzichtet und sich stilistisch an lat. Vorbildern ausrichtet.

Ausgaben: E. Lilja. Hg. v. G. JÓNSSON. Reykjavík 1933. – LANGE, W.: Christl. Skaldendichtung. Dt. Übers. Gött. 1958. S. 57.
Literatur: SCHOTTMANN, H.: Die isländ. Mariendichtung. Mchn. 1973. S. 188.

Eyth, Max von (seit 1896), *Kirchheim unter Teck 6. Mai 1836, †Ulm 25. Aug. 1906, dt. Techniker und Schriftsteller. – Von 1861 bis 1882 arbeitete E. in Leeds bei dem brit. Erfinder J. Fowler, dessen Dampfpflug er in zahlreichen Auslandsreisen auf allen Kontinenten in der Landwirtschaft heimisch machte. Neben techn. Untersuchungen verfaßte er autobiograph. Berichte, volkstüml. Romane und lebendige Erzählungen aus der Welt der Technik.

Werke: Wanderbuch eines Ingenieurs (Autobiogr., 6 Bde., 1871–84), Der Waldteufel (R., 1878), Hinter Pflug und Schraubstock (Autobiogr., 2 Bde., 1899), Der Kampf um die Cheopspyramide (R., 2 Bde., 1902), Der Schneider von Ulm (R., 2 Bde., 1906).
Ausgabe: M. E.: Ges. Schrr. Stg. 1927. 6 Bde.
Literatur: REITZ, A.: M. E. Hdbg. 1956.

Eyüboğlu, Bedri Rahmi [türk. ε'jybɔ:lu], *Görele (Anatolien) 1913, †Istanbul 21. Sept. 1975, türk. Maler und Schriftsteller. – Seit 1933 Prof. für darstellende Kunst an der Istanbuler Akademie; Lyriker der sog. Garip-Bewegung (†türkische Literatur) einen bed. Namen.

Werke: Yaradana mektuplar (= Briefe an Gott den Schöpfer, Ged., 1941), Tuz (= Salz, Ged., 1952).

Eyvindr Skáldaspillir [...dər 'skal...], *um 920, †um 990, norweg. Skalde. – Letzter bekannter norweg. Skalde, verwandt mit König Harald Schönhaar; Verfasser eines als ›Hákonarmál‹ bekannten Gedichtes auf König Håkon den Guten, in dem er des toten Königs Aufnahme in Walhall schildert, und des nur bruchstückhaft überlieferten Preisliedes ›Háleygjatal‹ auf die Vorfahren des Jarls Håkon. Ungeklärt ist der Beiname ›Skáldaspillir‹ (= Dichterverderber).

Ezechiel [e'tse:çiɛl] (tl.: Iezekiɛl; E. der Tragiker), hellenist.-jüd. Dichter des 3. oder 2. Jh. v. Chr. – E. dramatisierte u. a. den bibl. Bericht vom Auszug der Is-

raeliten aus Ägypten nach dem Vorbild der Tragödien des Euripides, von denen sich sein Werk (Exagōgḗ [= Herausführung]; 269 jamb. Trimeter erhalten) aber durch die Deutung der Geschichte als Heilsgeschichte abhebt.

Literatur: Altjüd. Schrifttum außerhalb der Bibel. Übersetzt u. erl. v. P. RIESSLER. Augsburg 1928. S. 337. – SNELL, B.: E.s Moses-Drama. In: SNELL: Szenen aus griech. Dramen. Bln. 1971. S. 170.

Ezekiel, Nissim [engl. ɪ'zi:kjəl], *Bombay 16. Dez. 1924, ind. Lyriker. – Prof. für Englisch an der Universität Bombay; gilt als derzeit bedeutendster englischsprachiger ind. Lyriker. Seine seit 1952 entstandenen, anfangs von der engl. und amerikan. Moderne beeinflußten Gedichte verbinden in klarer und prägnanter Sprache Wirklichkeitssinn und Meditation, rationale Skepsis und religiöses Suchen (›Collected poems 1952–1988‹, 1989). Auch Dramen (›Three plays‹, 1969) und Essays.

Literatur: KARNANI, CH.: N. E., a study. London 1974.

Ezzolied, von Ezzo, einem Bamberger Chorherrn des 11. Jh., im Auftrag des Bamberger Bischofs Gunther im Zusammenhang mit der Einführung einer strengeren Klosterregel für die Domgeistlichen um 1060 oder der Einweihung von Sankt Gangolf 1063 verfaßtes, ältestes früh-mhd. Gedicht. Erhalten ist eine ältere fragmentar. siebenstrophige Fassung (Straßburger Handschrift) und eine jüngere (bearbeitete) Fassung von 34 Strophen (Vorauer Handschrift); Thema ist die Heilsgeschichte im Anschluß an die Johannes-Theologie: Christus als Logos. Ezzo ist auch als Teilnehmer am Pilgerzug des Bischofs Gunther nach Jerusalem (1064/1065) bezeugt, nach der ›Vita Altmanni‹ (um 1130) soll er auf dieser Fahrt eine ›Cantilena de miraculis Christi‹ gedichtet haben, die möglicherweise mit dem E. identisch ist.

Ausgabe: Ezzos Cantilena de Miraculis Christi. In: Die religiösen Dichtungen des 11. u. 12. Jh. Hg. v. F. MAURER. Bd. 1. Tüb. 1964. S. 269.
Literatur: SCHÜTZEICHEL, R.: Ezzos Cantilena de Miraculis Christi. Versuch einer Rekonstruktion. In: Euphorion 54 (1960), S. 121. – MAURER, F.: Der Bestand des alten E.es. In: Festgabe f. Louis Leonor Hammerich. Aus Anlaß seines 70. Geburtstages. Kopenhagen 1962.

F

Fabbri, Diego [italien. 'fabbri], * Forlì 2. Juli 1911, † Riccione 14. Aug. 1980, italien. Dramatiker. – Studierte in Bologna Jura; leitete zeitweise das vatikan. Filmbüro in Rom; schrieb bühnenwirksame, von L. Pirandello und U. Betti beeinflußte Dramen mit christl. Grundhaltung, von denen ihn bes. ›Prozeß Jesu‹ (1955, dt. 1957) um die Frage der Rechtmäßigkeit der Verurteilung Jesu bekannt machte; auch Drehbuchautor und Filmproduzent (bevorzugte religiöse Themen).

Weitere Werke: Der Verführer (Kom., 1952, dt. 1954), Prozeß der Familie (Dr., 1953, dt. 1958), Ambiguità cristiana (Essays, 1955), Delirio (Dr., 1958), Il confidente (Dr., 1964), L'avvenimento (Dr., 1968).

Literatur: ALESSIO, A.: Il teatro di D. F. Savona 1970. – CAPELLO, G.: Invito alla lettura di D. F. Mailand 1979. – TORRESANI, S.: D. F. In: Otto, novecento 4 (1980), H. 5/6, S. 197.

Fabel [lat. = Erzählung, Sage],
1. Stoff- und Handlungsgerüst, das einem ep. oder dramat. Werk zugrundeliegt und in dem die wichtigsten Motive enthalten sind.
2. ep. Kurzform; die F. ist eine in Vers oder Prosa abgefaßte, meist kurze Erzählung mit lehrhafter Tendenz, in der zumeist Tiere (aber auch Pflanzen usw.) menschl. Eigenschaften und Verhaltensweisen verkörpern. In ihrem antithet. Aufbau (gegensätzl. Einstellungen oder Verhaltensweisen zweier oder mehrerer Tiere), in der Darstellung einer dramat. Handlungsumkehr und in ihrer Ausrichtung auf eine wirkungsvolle Schlußpointe zielt die F. auf die Versinnbildlichung einer allgemein gültigen Sentenz, auf eine religiöse, moral. oder prakt. Belehrung oder Kritik. Die der didakt. Literatur zuzuordnende F. kann sich, wenn die Zweckausrichtung fehlt, dem ↑ Märchen, dem ↑ Schwank und der ↑ Verserzählung oder, wenn ganz spezielle, nur durch die beigegebene Belehrung zu durchschauende Verhältnisse dargestellt werden, der ↑ Allegorie, der ↑ Parabel, dem ↑ Gleichnis oder auch der ↑ Satire annähern.

Geschichte: Tierdichtungen finden sich von jeher im volkstüml. Erzählgut aller Völker. Als Vater der europ. F. gilt Äsop. Entscheidend für die inhaltl. und formale Ausbildung der sog. äsop. F. wurden die lat. Sammlungen des Phaedrus (1. Jh. n. Chr.), des Avianus (um 400 n. Chr.) und eine Prosasammlung ›Romulus‹ (entst. zw. 350 und 500). Dieser F.bestand wurde als mittelalterl. Schullektüre in ganz Europa verbreitet, immer wieder neu bearbeitet und durch außereurop. F.n (u. a. aus dem ind. ›Pañcatantra‹, vor 500 n. Chr.) und anderes Erzählgut (bes. Schwänke) angereichert; wichtigste Sammlung dieser Art für die volkssprachl. Überlieferung ist der sog. ›Anonymus Neveleti‹, der ›mittelalterl. Äsop‹, aus dem 12. Jh. (in Distichen). Volkssprachl. F.n finden sich seit dem 12. Jh. zunächst vereinzelt (bei den Spruchdichtern) und integriert in größere literar. Werke (erste dt. F. in der ›Kaiserchronik‹, um 1150, Vers 6854 ff., ferner bei Hugo von Trimberg u. a.) gemäß einer seit der Antike (Hesiod, Horaz) übl. Tradition. Bes. in der Predigtliteratur (Abraham a Sancta Clara; ↑ Predigtmärlein, ↑ Exempel) ist die volkssprachl. F. bis ins 18. Jh. üblich. – In Frankreich entstand zwischen 1170 und 1190 eine eigenständige F.sammlung (›Ésope‹ der Marie de France), in Deutschland erreichten F.sammlungen nach vereinzeltem Auftreten seit dem 13. Jh. (der Stricker) ihren Höhepunkt in Humanismus und Reformation (H. Steinhöwels ›Esopus‹, 1476 ff., B. Waldis' ›Esopus‹, 1548, sowie Sammlungen von Erasmus Alberus, 1534, 2. Fassung

1550, H. Sachs u. a.). Im 17. Jh. ging die Beliebtheit der F. in Deutschland zurück, in Frankreich erreichte sie durch J. de La Fontaine höchste künstler. Verwirklichung. La Fontaine und A. Houdar de La Motte beeinflußten die Entwicklung der engl. F. (J. Gay, ›Fables‹, 1727–38), ebenso der dt. F. in ihrem letzten Höhepunkt als bevorzugte Gattung der dt. Aufklärung. Neben die Übersetzung und Herausgabe von F.n (z. B. der F.n U. Boners) trat auch die poetolog. Fixierung (z. B. durch J. J. Bodmer und J. J. Breitinger sowie J. Ch. Gottsched). Typisch für die F. des 18. Jh. waren die Betonung der bürgerl. Lebensklugheit anstelle der mittelalterl. moralisch-eth. Belehrung, die dramat. oder episch-plaudernde oder galante Ausgestaltung in rokokohaften Versen, ferner die Erweiterung und Erfindung von Motiven, Situationen und Figuren. Aus der Fülle von über 50 F.dichtern zwischen 1740 und 1800 ragen F. von Hagedorn, Ch. F. Gellert, M. G. Lichtwer und J. W. L. Gleim heraus. Dem Verblassen der äsop. Tradition stellte sich G. E. Lessing entgegen, der die F. neu zu definieren suchte und nicht mehr an La Fontaine, sondern wieder an die späthellenist. Äsoptradition anknüpfte. Lessing schloß zugleich die Entwicklung der F. des 18. Jh. ab. Die F.n des 19. Jh. waren weitgehend für Kinder und Jugendliche gedacht (J. H. Pestalozzi, 1803; W. Hey, ›F.n für Kinder‹, 1833–37).

Literatur: DODERER, K.: F.n. Mchn. ²1976. – HASUBEK, P.: Die F. Theorie, Gesch. u. Rezeption einer Gattung. Bln. 1981. – LEIBFRIED, E.: F. Stg. ⁴1982. – F.forschung. Hg. v. P. HASUBEK. Darmst. 1983. – DITHMAR, R.: Die F. Paderborn ⁷1988. – Die dt. u. lat. F. in der frühen Neuzeit. Hg. v. A. ELSCHENBROICH. Tüb. 1990. 2 Bde. – LIEBCHEN, W.: F. heute. Realität u. Argument; rhetor. F.n Kilianshof 1992. – HOLZBERG, N.: Die antike F. Eine Einf. Darmst. 1993.

Fabius Pictor, Quintus, röm. Geschichtsschreiber der 2. Hälfte des 3. Jh. v. Chr. – Röm. Senator, ältester Vertreter der sog. Annalisten, der frühesten röm. Geschichtsschreiber und Prosaschriftsteller; schrieb in griech. Sprache eine Geschichte Roms von der Gründung der Stadt bis zum 2. Pun. Krieg; Quelle für Polybios und Dionysios von Halikarnassos, der den Bericht des F. P. von der Gründung Roms wiedergibt. F. P. ist der erste bekannte röm. Maler; den Beinamen ›Pictor‹ (= Maler) erhielt er aufgrund seiner Malereien im Tempel der Salus auf dem Quirinal in Rom.

Literatur: BUNG, P.: Qu. F. P., der erste röm. Annalist. Unterss. über Aufbau, Stil u. Inhalt seines Geschichtswerkes an Hand v. Polybius 1–2. Diss. Köln 1951.

Fablel [frz.] ↑ Fabliau.

Fabliau [fabli'o:; frz., von altfrz. fablel = kleine Fabel] (Mrz. Fabliaux), ep. Kleinformen wie Lais, Dits, Débats, Fabeln, Exempel, Schwänke wurden im Alt- und Mittelfranzösischen als ›fablels‹, pikardisch als ›fabliaux‹ bezeichnet. Im 16. Jh. wurde die pikard. Form ›F.‹ von C. Fauchet wiederbelebt für die altfrz. volkstüml. Schwankerzählung in 8silbigen Reimpaaren (zwischen 50 und 1 500 Versen). – Die Fabliaux behandeln kom., vorwiegend erot. Themen in pointierter Darstellung, die von realistisch-humorist. Alltagsschilderung bis zur grotesk-drast. Zotenhaftigkeit reicht. Gebrestenkomik, menschl. Dummheit und Schwächen, gewöhnlich im bäuerl., bürgerl. und niederen klerikalen Bereich, sowie die Figur der lasterhaften Frau, des betrogenen Ehemanns oder des Klerikers in der Rolle des Geliebten sind immer wiederkehrende Motive derben Spotts und lästerl. Ständekritik als Mittel volkstüml. Unterhaltung (›contes à rire‹), jedoch ohne sozialkrit. Impetus. Die Stoffe entstammen mittelalterl. frz. Erzählgut sowie orientalisch-antiken Erzähltraditionen und tradieren sich mittels der Fabliaux bis hin zu G. Boccaccio, G. Chaucer, F. Rabelais oder Molière. – Bezeugt ist die Gattung seit Mitte des 12. Jh. bis ins 14. Jh., Blütezeit im 13. Jh.; überliefert sind etwa 150 Fabliaux, frühestes Beispiel ist wahrscheinlich der anonyme F. ›Richeut‹ (um 1170) über eine Dirne gleichen Namens. Von späteren Fabliaux sind z. T. auch Verfasser bekannt, z. B. Henri d'Andeli (›Le lai d'Aristote‹), Huon le Roi, Philippe de Rémi, Jean Bodel und Rutebeuf (alle 13. Jahrhundert). Ihre Standeszugehörigkeit und literar. Bildung weisen darauf hin, daß Fabliaux nicht nur unterhaltsame volkstüml. Geschichten für das einfache Volk waren, sondern, dem Zeitgeschmack entsprechend, auch der Unterhaltung höherer

Gesellschaftsschichten dienten. Die Existenz und Funktion der Gattung ist immer im Rahmen der anderen Gattungen mittelalterl. Kurzerzählungen zu sehen.

Ausgaben: MONTAIGLON, A. DE: Recueil général et complet des fabliaux des XIIIe et XIVe siècles. Paris 1872–90. 6 Bde. Nachdr. 1973. – Nouveau recueil complet des fabliaux (NRCF). Hg. v. W. NOOMEN u. N. VAN DEN BOOGAARD. Assen 1983 ff. (bisher 5 Bde. erschienen). – Fabliaux. Altfrz. u. dt. Hg. v. A. GIER. Stg. 1985. **Literatur:** RYCHNER, J.: Contribution à l'étude des fabliaux. Neuenburg u. Genf 1960. 2 Bde. – BÉDIER, J.: Les fabliaux. Paris ⁶1969. Nachdr. Genf 1982. – BEYER, J.: Schwank u. Moral. Unterss. zum altfrz. F. u. verwandten Formen. Hdbg. 1969. – NYKROG, P.: Les fabliaux. Étude d'histoire littéraire et de stylistique médiévale. Genf ²1973. – MÉNARD, Ph.: Les fabliaux, contes à rire du moyen âge. Paris 1983. – MUSCATINE, CH.: The old French fabliaux. New Haven (Conn.) u. a. 1986. – SCHENCK, M. J. S.: The fabliaux. Tales of wit and deception. Amsterdam u. a. 1987. – HINES, J.: The f. in English. London 1993.

Fabre, Ferdinand [frz. fabr], * Bédarieux (Hérault) 9. Juni 1827, † Paris 11. Febr. 1898, frz. Schriftsteller. – Verließ das Priesterseminar in Montpellier, wurde Bibliothekskonservator in Paris; schrieb zahlreiche realist. Romane, in denen er mit Vorliebe seine Heimat, die Cevennen, schildert und die Probleme des Priesterlebens behandelt.

Werke: Les Courbezon (R., 1862), Julien Savignac (R., 1863), Abbé Tigrane (R., 1873, dt. 1876), Mon oncle Célestin (R., 1881), Lucifer (R., 1884), Ma vocation (Autobiogr., 1889), Mgr. Formose (R., hg. 1929). **Literatur:** DUVIARD, F.: F. F. (1827–1898). Cahors 1927. – EICHHORN, A.: F. F. Sein Leben und seine Werke. Diss. Wien 1949. – VERNOIS, P.: Le roman rustique de George Sand à Ramuz. Son évolution (1860–1925). Paris 1963.

Fabre d'Églantine [frz. fabrədeglã-'tin], eigtl. Philippe François Nazaire Fabre, * Carcassonne (Aude) 28. Dez. 1755, † Paris 5. April 1794, frz. Lustspieldichter. – Wurde zus. mit G. J. Danton hingerichtet. F. d'É. wurde durch eine Fortsetzung des ›Misanthrope‹ von Molière bekannt (›Le Philinte de Molière‹, Kom., 1790); Mitverfasser des Revolutionskalenders. Zum Volkslied wurde sein Gedicht ›Il pleut, il pleut, bergère‹.

Weitere Werke: Le convalescent de qualité (Kom., 1791), Die Hofmeister (Kom., 1791, dt. 1801).

Literatur: JACOB, L.: F. d'É, chef des ›fripons‹. Paris 1946.

Fabricius, Georg, * Chemnitz 23. April 1516, † Meißen 15. (17. ?) Juli 1571, dt. Schulmann und nlat. Schriftsteller. – Erwarb auf einer Reise (1539–43) zu den klass. Stätten Italiens und während des Studiums in Padua und Bologna umfangreiche Kenntnisse der antiken Kultur; war seit 1546 Rektor der Fürstenschule in Meißen; schrieb formvollendete Gedichte und eine Poetik (›De re poetica libri VII‹, hg. 1574); 1570 von Kaiser Maximilian II. zum Poeta laureatus ernannt; seine Ausgaben antiker Autoren (Vergil, 1551; Horaz, 1555) wurden wegweisend für die Interpretation.

Fabricius, Jan [niederl. fɑ'bri:tsɪʏs], * Assen 30. Sept. 1871, † Broadstone (Dorset) 24. Nov. 1964, niederl. Schriftsteller. – War Journalist und Schriftleiter in Niederländisch-Indien und in Den Haag; lebte seit 1938 in Großbritannien; schrieb außer einigen Romanen v. a. Dramen, die in bäuerl. Milieu oder in der indones. Welt spielen.

Werke: Onder een dak (Dr., 1914), Der Rotkopf (Dr., 1916, dt. 1917), Loods aan boord (Dr., 1939), De ring van de profeet (R., 1952), Diana (R., 1954). **Literatur:** J. F. Hg. v. J. SPIERDIJK. Assen 1971.

Fabricius, Johann Johannes [niederl. fɑ'bri:tsɪʏs], * Bandung (Java) 24. Aug. 1899, † Glimmen (Prov. Groningen) 21. Juni 1981, niederl. Schriftsteller. – Sohn von Jan F.; sein literar. Werk umfaßt spannend geschriebene Abenteuerromane, Dramen und Jugendbücher.

Werke: Kapitän Bontekoes Schiffsjungen (E., 1924, dt. 1938), Marietta (R., 1931, dt. 1933), Halbblut (R., 1946, dt. 1954), Die heiligen Pferde (R., 1959, dt. 1961), Weet je nog, Yoshi? (R., 1966).

Fabricius, Sara [norweg. fa'bri:sɪʉs], norweg. Schriftstellerin, † Sandel, Cora.

Fabry, Rudolf [slowak. 'fa:bri], * Budmerice (Westslowak. Gebiet) 8. Febr. 1915, † Preßburg 11. Febr. 1982, slowak. Lyriker. – Verfaßte surrealist., der kath. Moderne nahestehende Lyrik; auch Anregungen durch andere literar. Richtungen; ferner Prosa.

Werke: Ut'até ruky (= Abgehauene Hände, Ged., 1935), Vodné hodiny, hodiny piesočné (= Wasseruhr, Sanduhr, Ged., 1938), Ja je niekto iný (= Das Ich ist jemand anderes, Ged., 1946), Kytice tomuto životu (= Sträuße für dieses Leben, Ged., 1953), Nad hniezdami smrti vánok (= Über den Nestern des Todes ein Wehen, Ged., 1969), Metamorfózy metafor (= Die Metamorphosen der Metaphern, Ged., 1978).

Fabula [lat.], röm. Drama. – Man unterscheidet im einzelnen: **Fabula atellana** (volkstüml. Schwank), **Fabula palliata** (Komödie; mit griech. Stoffen, in griech. Kostümen), **Fabula togata** (Komödie; röm. Stoffe, röm. Kostüme), **Fabula trabeata** (Sonderform der F. togata; spielt in der gehobenen röm. Gesellschaftsschicht), **Fabula tabernaria** (Sonderform der F. togata; spielt in den unteren Schichten der röm. Gesellschaft), **Fabula crepidata** (Tragödie; Stoffe aus der griech. Mythologie oder Geschichte; griech. Kostüme) und **Fabula praetexta** (Tragödie; Stoffe aus der nat. röm. Geschichte; röm. Kostüme).

Facetiae (Facetie), svw. ↑ Fazetie.

Fachprosa, allgemein die Sprache, in der wiss. Abhandlungen verfaßt sind. Im besonderen die volkssprachige Prosaliteratur des MA, die den Stoffkreisen der ↑ Artes liberales zuzuordnen ist. Ihre Untersuchung hat in den letzten Jahrzehnten das besondere Interesse der Altgermanistik gewonnen (Fachprosaforschung). – ↑ auch Artesliteratur.

Fackel, Die, 1899–1936 von K. Kraus in Wien (922 Nummern) herausgegebene satirisch-krit. Zeitschrift mit Artikeln zu aktuellen polit., sozialen, wirtschaftl. und kulturellen Themen sowie literar. Originalbeiträgen. In der ›Fackel‹ veröffentlichten u. a. P. Altenberg, H. Mann, E. Lasker-Schüler, A. Strindberg, G. Trakl und F. Wedekind. Von 1912 an enthielt die Zeitschrift nur noch Beiträge von Kraus selbst.
Ausgabe: Die F. Jg. 1–34. Wien 1899–1932. Nachdr. Mchn. 1968–73. 39 Bde. in 9 Bden.
Literatur: JENACZEK, F.: Zeittafeln zur ›F.‹ Gräfelfing 1965. – HINK, W.: Die F. 1899–1936. Bibliogr. u. Reg. Mchn. u. a. 1994. 2 Bde.

Faction-Prosa [engl. 'fækʃən], eine auch als ›Faktographie‹, ›new journalism‹ oder ›nonfiction novel‹ bekannte Spielart des zeitgenöss. amerikan. Romans, in dem ›fact‹ und ›fiction‹ miteinander verbunden werden. Tatsächlich Geschehenes – Dokumentarisches, Au-

tobiographisches o. ä. – wird zur Grundlage der Gestaltung fiktiver Ebenen eingesetzt und mit fiktionalen Elementen vermischt, um die selbst schon phantast. Wirklichkeit nachzubilden, so bei T. Capote (›Kaltblütig‹, 1966, dt. 1966), J. R. Hersey (›Zwischenfall im Motel‹, 1968, dt. 1970), N. Mailer (›Heere aus der Nacht‹, 1968, dt. 1968; ›Auf dem Mond ein Feuer‹, 1970, dt. 1971; ›Gnadenlos. Das Lied vom Henker‹, 1979, dt. 1979) sowie in jüngster Zeit M. Herr (›Dispatches‹, 1977) und E. L. Doctorow (›Weltausstellung‹, 1985, dt. 1987).
Literatur: JOHNSON, M.: The new journalism. Lawrence (Kans.) 1971. – The new journalism. Hg. v. T. WOLFE u. E. W. JOHNSON. New York 1973. – ZAVARZADEH, M.: The mythopoetic reality. The postwar American nonfiction novel. Urbana (Ill.) 1976. – HOLLOWELL, J.: Fact and fiction. The new journalism and the nonfiction novel. Chapel Hill (N.C.) ²1977. – WEBER, R.: The literature of fact. Literary nonfiction in American writing. Athens (Ohio) 1980. – SMART, R. A.: The nonfiction novel. Lanham (Md.) 1985.

Alexandr Alexandrowitsch Fadejew

Fadejew (tl.: Fadeev), Alexandr Alexandrowitsch [russ. fa'djejıf], * Kimry (Gebiet Twer) 24. Dez. 1901, † Moskau 13. Mai 1956, russ.-sowjet. Schriftsteller. – Im Fernen Osten aufgewachsen; 1918 Mitglied der KPdSU, Teilnahme am Bürgerkrieg; 1928–32 Bergbaustudium; Leiter des Schriftstellerverbandes, Mitglied des ZK. F., ein Meister der russ. Sprache, übte bis zum Tode Stalins entscheidenden Einfluß auf die sowjet. Literatur aus. Sein Roman ›Die junge Garde‹ (1945, dt. 1948) gilt als Musterbeispiel für den sozialist. Realismus. F. griff auf die Methode der psycholog. Analyse L. N. Tolstois zurück, v. a. in dem Roman ›Die Neunzehn‹ (1927, dt. 1928), dessen Held das Ideal eines kommunist. Führers im Bürgerkrieg ist. In dem unvollendeten Roman ›Der letzte Udehe‹ (4 Tle., 1929–40, dt. 2 Bde., 1932–34, und dt. 1972 [1. vollständige dt. Fassung]) wird die Kollektivierung eines fernöstl. Stammes geschildert. Sein Bericht über Leningrad in den Tagen der Blockade (1944) ist ein Dokumentarwerk.

Ausgaben: A. A. Fadeev. Sobranie sočinenij. Moskau 1969–71. 7 Bde. – A. F. Romane, Novellen, Erzählungen. Bln. 1970–73. 4 Bde.
Literatur: OSEROW, W.: Das Schaffen A. F.s. Dt. Übers. Bln. 1953. – ŠEŠUKOV, S. I.: A. Fadeev. Moskau ²1973. – BOBORYKIN, V. G.: A. Fadeev. Moskau 1979.

Faecke, Peter ['fɛkə], *Grunwald (Schlesien) 3. Nov. 1940, dt. Schriftsteller. – Studierte Germanistik und Romanistik, gehörte zur Gruppe 47; lebt als Rundfunkredakteur in Köln. Machte durch den Roman ›Die Brandstifter‹ (1963), in dem er einen heiklen Stoff mit Mitteln der modernen Erzähltechnik (Vor- und Rückgriffe in der Handlung, Überblendungen) raffiniert darstellte, auf sich aufmerksam. In seinem ›Postversand-Roman‹ (1971; mit W. Vostell) versuchte F., die Leser als Mitautoren zu gewinnen.

Weitere Werke: Der rote Milan (R., 1965), Das unaufhaltsame Glück der Kowalskis (R. in Fortsetzungen, 1982), Flug ins Leben (R., 1988).

Faesi, Robert ['fɛ:zi], *Zürich 10. April 1883, †Zollikon 18. Sept. 1972, schweizer. Germanist und Schriftsteller. – Ab 1922 Prof. für dt. Literatur in Zürich. F. steht in der Tradition der schweizer. Realisten; er behandelte seine Stoffe in konservativer Form; schrieb neben bed. literarhistor. Untersuchungen Dramen, Lyrik, Romane, Essays.

Werke: Zürcher Idylle (1908, Neufassung 1950), Odysseus und Nausikaa (Trag., 1911), Füsilier Wipf (E., 1917), Vom Menschlichen zur Marseillaise (Nov., 1930), Das Antlitz der Erde (Ged., 1936), Die Stadt der Väter, Die Stadt der Freiheit, Die Stadt des Friedens (R.-Trilogie, 1941, 1944, 1952), Alles Korn meinet Weizen (R., 1961), Diodor (E., 1968).

Literatur: HUBER, M.: Das Romanwerk von R. F. In: Dt. Rundschau 80 (1954), S. 262.

Fagerberg, Sven [Gustaf] [schwed. ˌfɑ:gərbærj], *Nässjö (Provinz Småland) 17. Dez. 1918, schwed. Schriftsteller. – Die Hauptfiguren seiner experimentellen Romane stammen oft aus dem schwed. Großbürgertum, dessen Wertvorstellungen von einem konservativen Standpunkt aus kritisiert werden. Später wird diese Kritik auch auf die materialist. Lebenseinstellung im modernen Wohlfahrtsstaat ausgedehnt, der der Zen-Buddhismus als Form vertieften Bewußtseins entgegengestellt wird.

Werke: Habichtsnacht (R., 1957, dt. 1959), Svärdfäktarna (R., 1963), Das weißgemalte Herz (R., 1966, dt. 1970), Dialog i det fria (R., 1968), Bronhästarna (R., 1973), De blindas rike (R., 1982), Det mänskliga uppdraget (Essays, 1981), Los Angeles (R., 1984; zus. mit F. Gunilla), Friheten att älska (Essays, 1986).

Faghiri (tl.: Faqīrī), Amin [pers. fæɣi-'ri:], *Schiras 1944, pers. Schriftsteller. – Während seines Militärdienstes Einsatz als Dorfschullehrer. Daraus resultieren mehrere Erzählungssammlungen und zwei Theaterstücke, in denen er sich eingehend mit dem ländl. Leben und der Kulturwelt iran. Bauern befaßt. Dt. Übersetzungen in: ›Die beiden Ehemänner. Prosa aus Iran‹ (hg. 1984), ›Moderne Erzähler der Welt – Iran‹ (hg. 1978) und ›Im Atem des Drachen‹ (hg. 1981).

Fagiuoli, Giovanni Battista [italien. fa'dʒu̯ɔ:li], *Florenz 24. Juni 1660, †ebd. 12. Juli 1742, italien. Dichter. – Lebte am Hof verschiedener Fürsten; schrieb burleske Gedichte und eine Reihe einstmals erfolgreicher, von Molière beeinflußter Komödien (›Il cicisbeo sconsolato‹, ›Il marito alla moda‹, ›Gl'inganni notevoli‹).

Ausgaben: G. B. F. Rime piacevoli. Florenz 1729–45. 7 Bde. – Commedie. Florenz 1734–36. 7 Bde.
Literatur: BACCINI, G.: G. B. F. poeta faceto fiorentino. Florenz 1886.

Fagundes Telles, Lygia [brasilian. fa'gundis 'tɛlis], *São Paulo 19. April 1923, brasilian. Schriftstellerin. – Nach Jurastudium als Staatsbeamtin tätig; schreibt Erzählungen und Romane, in denen mit außergewöhnlich scharfer Beobachtung die auf die Persönlichkeitsentfaltung ihrer zumeist jugendl. Heldinnen einwirkenden negativen gesellschaftl. Kräfte dargestellt werden.

Werke: Praia viva (En., 1944), O cacto vermelho (En., 1949), Ciranda de Pedra (R., 1955), Verão no aquário (R., 1963), Mädchen am blauen Fenster (R., 1973, dt. 1984), Filhos pródigos (En., 1978), Die Struktur der Seifenblase. Unheiml. Erzählungen (dt. Ausw. 1983), Nackte Stunden (R., 1989, dt. 1994).

Fagunwa, Daniel Olorunfemi [engl. fɑːˈguːnwɑː], *Okeigbo um 1910, † Bida 7. Dez. 1963, nigerian. Schriftsteller. – War Lehrer; schrieb auf Yoruba; schöpft in seinem Erzählwerk aus der traditionellen mündl. Literatur; u.a. ›Ogboju ọdẹ ninu igbo irunmale‹ (R., 1950, engl. u.d.T. ›The forest of the thousand daemons. A hunter's saga‹, Übers. von W. Soyinka, 1968).

Fagus [frz. faˈgys], eigtl. Georges Faillet, *Brüssel 22. Jan. 1872, † Paris 8. Nov. 1933, frz. Schriftsteller. – Ab 1880 in Paris, wo er bei der Präfektur tätig war; später Redakteur; katholisch-royalist. Extremist, dessen bildreiche, mystisch-symbolist. Gedichte an der mittelalterl. Dichtung orientiert sind.

Werke: Testament de ma vie première (Ged., 1898), Ixion (Ged., 1903), La danse macabre (Ged., 1920), La guirlande à l'épousée (Ged., 1921), Pas perdus (Essays, 1926), Le sacre des innocents (Ged., 1927), Frère Tranquille à Elseneur (Ged., 1931).

Fahlström, Öyvind, *São Paulo 28. Dez. 1928, † Stockholm 9. Nov. 1976, schwed. Maler und Dichter. – Lebte seit 1961 meist in New York und entwickelte seit 1962 eine variable Malerei, bei der sich verschiedene Bildelemente durch Magnete und Scharniere auf einer Metallplatte unterschiedlich anordnen oder auch im Raum installieren lassen. Neben bildner. Experimenten (darunter auch Collagen, Happenings, Filme usw.) umfaßt sein Werk konkrete Lyrik (›Bord. Dikter 1952–55‹, Ged., 1966) nach dem Vorbild der abstrakten Kunst und der seriellen Musik.

Literatur: Texter av T. Ekbom, R. Rauschenberg och Ö. F. Stockholm 1967.

Fahrende, im MA dt. Bez. für Nichtseßhafte aller Bildungsstufen, die von Hof zu Hof, Stadt zu Stadt, Jahrmarkt zu Jahrmarkt (mhd. varn) zogen und dort ihre Dienste und Künste u.a. als Gaukler, Bärenführer, Spaßmacher, Musikanten, Sänger, Dichter († auch Spielmann) anboten, aber auch als Quacksalber und Händler. Das fahrende Volk wurde bis in die Neuzeit als unehrl. Gewerbe eingestuft (außerhalb der Stände stehend). Die ältesten literar. Zeugnisse für das Auftreten von ›varnden‹ (auch ›varndez volc‹, ›varndiu diet‹ u.a. bezeichnet) finden sich im 12. Jh. in dem sog. Spielmannsepos ›Orendel‹ und in Heinrich von Veldekes ›Eneit‹. Den mhd. Bez. entsprechen lat. Bez. wie ›mimi‹, ›joculatores‹, ›vagabundi‹, auch ›vagantes‹ († Vagantendichtung). In der spätmittelalterl. Literatur begegnet die Figur des Bettelmönchs und des fahrenden Schülers.

Literatur: BOLTE, J.: Fahrende Leute in der Lit. des 15. u. 16. Jh. Bln. 1928. – SALMEN, W.: Der fahrende Musiker im europ. MA. Kassel 1960. – KOPEČNÝ, A.: F. u. Vagabunden. Bln. 1980.

Faiḍi, Abūl-Faiḍ ibn Mubārak, pers.-ind. Dichter, † Feisi.

Faiko (tl.: Fajko), Alexei Michailowitsch [russ. fajˈkɔ], *Moskau 19. Sept. 1893, † ebd. 25. Jan. 1978, russ.-sowjet. Dramatiker. – Wurde 1921 Schauspieler, Regisseur und Theaterschriftsteller; sein Frühwerk ›Ozero Ljul'‹ (= Der Ljulsee, Dr., UA 1923) stellt wie ›Učitel' Bubus‹ (= Lehrer Bubus, Dr., UA 1925) die revolutionären Kreise in Westeuropa dar; F.s erfolgreiches Drama ›Čelovek s portfelem‹ (= Der Mann mit der Aktentasche, 1928) behandelt die sowjet. Position gegenüber der bürgerl. Neigungen bezichtigten Intelligenz.

Faillet, Georges [frz. faˈjɛ], frz. Schriftsteller, † Fagus.

Fainsilberg (tl.: Fajnzil'berg), Ilja Arnoldowitsch [russ. fajnˈziljbɪrk], russ.-sowjet. Schriftsteller, † Ilf, Ilja.

Fair, A. A. [engl. fɛə], Pseudonym des amerikan. Schriftstellers Erle Stanley † Gardner.

Fairfax, Edward [engl. ˈfɛəfæks], *Leeds um 1580, † Fewston (Yorkshire) im Jan. 1635, engl. Schriftsteller. – Bekannt durch seine Übersetzung von T. Tassos Epos ›La Gerusalemme liberata‹, der er den Titel ›Godfrey of Bulloigne, or the recoverie of Jerusalem‹ (1600) gab.

Ausgabe: E. F. Godfrey of Bulloigne ... Hg. v. K. M. LEA u. T. M. GANG. Oxford 1981.

Fairfield, Dame Cecily Isabel [engl. 'fɛəfi:ld], angloir. Schriftstellerin, ↑ West, Rebecca.

Faisi (tl.: Fajzi), Mirchaidar, * Kukschelowo (Gebiet Orenburg) 31. Okt. 1891, † Baimak (Baschkir. Republik) 9. Juli 1928, tatar.-sowjet. Schriftsteller. – Schuf das Genre des musikal. Dramas unter Verwendung mündl. tatar. Erzählguts, z. B. ›Krasnaja zvezda‹ (russ. = Roter Stern, 1924), das den Kampf der Jugend für das neue Leben im Dorf darstellt; auch Erzählungen und Kinderstücke mit sozialer Thematik.

Fajko, Aleksej Michajlovič, russ.-sowjet. Dramatiker, ↑ Faiko, Alexei Michailowitsch.

Fajnzil'berg, Il'ja Arnol'dovič, russ.-sowjet. Schriftsteller, ↑ Ilf, Ilja.

Faksimile [lat. = mach ähnlich!], in allen Punkten originalgetreue Nachbildung bzw. Reproduktion einer Zeichnung, eines Holzschnitts, von Autographen, Briefen, mittelalterl. Handschriften, Inkunabeln usw., die meist mit aufwendigen drucktechn. Methoden hergestellt werden.

Falcão, Cristóvão [portugies. fal'kɐ̃u], * Portalegre zwischen 1515 und 1518, † 1553, portugies. Dichter. – Ihm wird eine der berühmtesten Eklogen der portugies. Literatur, überliefert in den ›Trovas de Crisfal‹ (hg. 1554), zugeschrieben, deren Motiv unerfüllte Liebe ist.
Ausgabe: Trovas de Crisfal. Hg. v. G. DE OLIVEIRA SANTOS. Neuausg. Lissabon 1965.

Falco, Gian, Pseudonym des italien. Schriftstellers Giovanni ↑ Papini.

Falconer, William [engl. 'fɔ:knə], * Edingburgh 8. (11. ?) Febr. 1732, † auf See im Dez. 1769, schott. Dichter und Seemann. – Ging 1746 zur See; überlebte mit 18 Jahren den Schiffbruch der ›Britannia‹; sein aus diesem Erlebnis entstandenes Gedicht ›The shipwreck‹ (1762) wurde sehr beliebt; 1765 erschien die polit. Satire ›The demagogue‹, 1769 ›An universal dictionary of the marine‹.

Faldbakken, Knut [norweg. ,falbakən], * Oslo 31. Aug. 1941, norweg. Romancier. – Der realistisch-psycholog. Tradition verpflichtet; sein Roman ›Unjahre‹ (2 Bde., 1974–76, dt. 1983) ist die Vision einer im Müll erstickenden Welt.

Weitere Werke: Sin mors hus (R., 1967), Jungferntanz (R., 1971, dt. 1988), Insektsommer (R., 1972), Adams Tagebuch (R., 1978, dt. 1988), Der Schneeprinz (R., 1982, dt. 1986), Pan in Oslo (R., 1985, dt. 1987), Livet med Marilyn (Stück, 1987), Bad boy (R., 1988, dt. 1989), Ewig dein (R., 1990, dt. 1992).

Faldella, Giovanni, * Saluggia (Prov. Vercelli) 26. April 1846, † ebd. 14. April 1928, italien. Schriftsteller und Politiker. – 1878 röm. Korrespondent der ›Gazzetta piemontese‹, von 1881 an Abgeordneter, dann Senator. Literarisch stand er dem Kreis der Mailänder ↑ Scapigliatura nahe. Seine skizzenhaften Erzählungen schrieb er in mundartnaher, unkonventioneller Sprache (›Figurine‹, 1875). Heute noch gelesen werden seine Reportagen über das Rom seiner Zeit und seinen eigenen parlamentar. Aufstieg (›Un viaggio a Roma senza vedere il Papa‹, 1880; ›Roma borghese‹, 1882; ›Salita a Montecitorio 1878–1882‹, 5 Bde., 1882–84).
Literatur: SARASSO, T.: G. F., scapigliato vercellese. Vercelli 1959. – RAGAZZINI, G.: G. F. Viaggiatore e giornalista. Mailand 1976.

Faleński, Felicjan [poln. fa'lɛĩski], Pseudonym Felicjan, * Warschau 5. Juni 1825, † ebd. 11. Okt. 1910, poln. Schriftsteller. – Vertreter des Positivismus in lyr., ep. und dramat. Dichtungen; schuf anspruchsvolle, esoter. Werke; bed. Übersetzer u. a. von L. Ariosto, F. Petrarca, V. Hugo.
Ausgabe: F. F. Wybór utworów. Breslau 1971.

Falk, Gunter, * Graz 26. Okt. 1942, † ebd. 25. Dez. 1983, österr. Schriftsteller. – War Dozent für Soziologie in Graz. In seinem literar. Werk, das vorrangig experimentell angelegt ist, hat F. vorgeformtes Sprachmaterial aus alten Bindungen herausgelöst, neue lyr. Bilder angestrebt; darüber hinaus wurden Montagetexte erstellt, Formen konkreter, visueller und phonet. Poesie erarbeitet.
Werke: Der Pfau ist ein stolzes Tier (1965), Die Würfel in manchen Sätzen (1977), Die dunkle Seite des Würfels (1983).

Falk, Johannes Daniel, Pseudonym Johannes von der Ostsee, * Danzig 28. Okt. 1768, † Weimar 14. Febr. 1826, dt. Schriftsteller und Pädagoge. – Theologiestudium, ab 1806 Legationsrat in Weimar. Schrieb Grotesken, Satiren, Lieder. Volksgut wurde sein Lied ›O du fröhliche‹. Seine postum erschienenen Goethe-Erinnerungen (›Goethe, aus näherem persönl. Umgange dargestellt‹, 1832) sind wichtig, wenn auch als Quelle nicht immer zuverlässig. Nahm sich ab 1813 verwahrloster Jugendlicher an, woraus schließlich die Erziehungsanstalt Lutherhof (später F.sches Institut) erwuchs (1821).

Falkberget, Johan Petter [norweg. 'falkbærgə], eigtl. J. P. Lillebakken, * Rugeldalen bei Røros 30. Sept. 1879, † Tyvoll bei Røros 5. April 1967, norweg. Schriftsteller. – Bergarbeiter, später Redakteur norweg. Arbeiterzeitungen, Abgeordneter. 1940 Flucht vor dt. Truppen nach Schweden. F. schrieb in bilderreichem Stil v. a. histor. Romane; Hauptthema ist das Leben der Bergarbeiter. Anfangs war F. Romantiker, später Realist religiös-sozialer Prägung. Sein Hauptwerk ist ›Christianus Sextus‹ (R.-Trilogie, 1927–35; dt. 1938 u. d. T. ›Im Zeichen des Hammers‹), die Geschichte einer Erzgrube. Der Romanzyklus ›Nattens brød‹ (4 Bde., 1940–59; dt. 4 Bde.: ›Brot der Nacht‹, 1953; ›Die Pflugschar‹, 1955; ›Johannes‹, 1957; ›Wege der Liebe‹, 1962) spielt im 17. Jh. und schildert Not, Arbeit und Schicksale der Bergarbeiter.

Weitere Werke: Svarte fjelde (R., 1907), Ved den evige sne (R., 1908), Fimbulwinter (Nov.n, 1911, dt. 1914), Brandopfer (R., 1918, dt. 1929), Die vierte Nachtwache (R., 1923, dt. 1928).

Ausgabe: J. F. Verker. Oslo 1949–51. 10 Bde.

Literatur: Døhl, E.: J. F., bergstadens dikter. Oslo 1949. – Midbøe, H. L.: J. F. Drontheim 1968.

Johan Petter
Falkberget

Falke, Gustav, * Lübeck 11. Jan. 1853, † Großborstel (heute zu Hamburg) 8. Febr. 1916, dt. Schriftsteller. – Buchhändler, Klavierlehrer; von D. von Liliencron entdeckt. Schrieb heiter-stille, z. T. niederdt. Gedichte, die oft Themen aus dem Alltag oder die Natur seiner norddt. Heimat zum Gegenstand haben; selbst in der Prosa noch Lyriker. Einflüsse v. a. Liliencrons, auch J. von Eichendorffs, E. Mörikes, C. F. Meyers; verfaßte auch humorvolle Kinderbücher; weniger bed. sind seine naturalist. Romane.

Werke: Mynheer der Tod (Ged., 1891), Zwischen zwei Nächten (Ged., 1894), Landen und Stranden (R., 2 Bde., 1895), Der Mann im Nebel (R., 1899), Mit dem Leben (Ged., 1899), En Handvull Appeln (Ged., 1906), Die Kinder aus Ohlsens Gang (R., 1908), Geelgösch (Nov.n, 1910), Die Stadt mit den goldenen Türmen (Autobiogr., 1912), Kriegsdichtungen (8 Hefte, 1914–18).

Ausgabe: G. F. Ges. Dichtungen. Hamb. 1912. 5 Bde.

Literatur: Oppert, K.: G. F. zum Gedächtnis. In: Euphorion 47 (1953), S. 68.

Falke, Konrad, eigtl. Karl Frey, * Aarau 19. März 1880, † Eustis (Fla.) 28. April 1942, schweizer. Schriftsteller. – 1906–13 Dozent für Literatur an der TH Zürich; in seinem traditionsgebundenen literar. Schaffen war er v. a. C. F. Meyer verpflichtet, dessen Zug ins Monumentale bes. seine im MA und zur Zeit der Renaissance spielenden großangelegten Tragödien aufweisen; auch Übersetzungen. 1937–40 zus. mit Th. Mann Hg. der Zeitschrift ›Maß und Wert‹.

Werke: Francesca da Rimini (Trag., 1904), Im Banne der Jungfrau (E., 1909), Carmina Romana (Ged., 1910), Astorre (Trag., 1912), Der Marienmaler (Nov., 1917), Der Kinderkreuzzug (R., 2 Bde., 1924), Pauls Hochzeit (Kom., 1932), Jesus von Nazareth (R., 2 Bde., hg. 1950).

Ausgabe: K. F. Dramat. Werke in 5 Bden. Zü. 1930–33.

Literatur: Inderbitzin, Z.: K. F. Luzern 1958.

Falkentheorie, Novellentheorie, die unter Berufung auf eine Äußerung P. Heyses (Einleitung zum ›Dt. Novellenschatz‹, 1871) über G. Boccaccios Falkennovelle (›Decamerone‹, 5. Tag, 9. Geschichte) von jeder Novelle einen dem ›Falken‹ vergleichbaren, organisierenden Mittelpunkt fordert, d. h. ein klar abgegrenztes Motiv, Bild, Symbol von bes.

Prägnanz. Heute wird die F. im allgemeinen als zu normativ abgelehnt.

Fallaci, Oriana [italien. fal'la:tʃi], *Florenz 29. Juni 1930, italien. Journalistin und Schriftstellerin. – Geprägt von der autobiograph. Erfahrung der italien. Widerstandsbewegung und des faschist. Terrors, machte sich F., die bereits in ihrer Jugend erste Zeitungsartikel verfaßte, zunächst als entschiedene und mutige Journalistin einen Namen (›Das unnütze Geschlecht‹, Reportage, 1961, dt. 1965; ›Ab- und Beifälliges über Prominente‹, Interviews, 1963, dt. 1965; ›Brief an ein nie geborenes Kind‹, 1975, dt. 1977), bevor sie mit dem halbdokumentar. Roman über den griech. Widerstandskämpfer Alekos Panagoulis ›Ein Mann‹ (1979, dt. 1980; u. a. Premio Viareggio 1979) zur Literatur fand.

Weitere Werke: Penelope auf dem Kriegspfad (R., 1962, dt. 1967), Wenn die Sonne stirbt. Eine Frau begegnet den Pionieren der Astronautik (1965, dt. 1966), Wir, Engel und Bestien. Ein Bericht (1969, dt. 1970), Inschallah (R., 1990, dt. 1992).

Fallada, Hans, eigtl. Rudolf Ditzen, *Greifswald 21. Juli 1893, †Berlin 5. Febr. 1947, dt. Schriftsteller. – Nach Besuch eines Berliner Gymnasiums, das er vorzeitig verlassen mußte, versuchte er sich in verschiedenen Berufen, bis er schließlich Verlagslektor und freier Schriftsteller wurde; wiederholte Einweisungen in Heilanstalten für Suchtkranke. Lebte während der Zeit des Nationalsozialismus zurückgezogen auf seinem Landgut in Feldberg (Mecklenburg). In seinen sozialkrit. Romanen ›Kleiner Mann – was nun?‹ (1932) und ›Wer einmal aus dem Blechnapf frißt‹ (1934) schildert er im Zuge der Neuen Sachlichkeit mit genialer Beobachtungsgabe das Milieu der ›kleinen Leute‹, die tägl. Begebenheiten und die drückende Not der Ausgestoßenen und Gescheiterten.

Weitere Werke: Der junge Goedeschal (R., 1920), Bauern, Bonzen und Bomben (R., 1931), Wolf unter Wölfen (R., 2 Tle., 1937), Der eiserne Gustav (R., 1938), Der ungeliebte Mann (R., 1940), Damals bei uns daheim (Autobiogr., 1941), Heute bei uns zu Haus (Autobiogr., 1943), Jeder stirbt für sich allein (R., 1947), Der Trinker (R., hg. 1950), Zwei zarte Lämmchen weiß wie Schnee (R., hg. 1953), Ein Mann will

hinauf (R., hg. 1953), Junger Herr – ganz groß (R., hg. 1965).

Ausgaben: H. F. Ausgew. Werke in Einzelausgg. Hg. v. G. CASPAR. Bln. u. Weimar [1–7]1966–85. 10 Bde. – H. F. Ges. Erzählungen. Rbk. 1967. **Literatur:** SCHUELER, H. J.: H. F. Humanist and social critic. Den Haag u. Paris 1970. – H. F. Hg. v. R. WOLFF. Bonn 1983. – CASPAR, G.: F.-Studien. Bln. u. Weimar 1988. – CREPON, T.: Leben u. Tod des H. F. Halle/Saale [9]1992. – DÜNNEBIER, E.: H. F. 1893–1947. Eine Bibliogr. Neubrandenburg 1993. – FARIN, K.: H. F. Mchn. 1993. – LIERSCH, W.: H. F. Neuausg. Hildesheim 1993. – MANTHEY, J.: H. F. Rbk. 44.–46. Tsd. 1993.

Fallas, Carlos Luis [span. 'fajas], *Alajuela im Jan. 1909, †San José 7. Mai 1966, costarican. Schriftsteller. – Autodidakt, Gelegenheitsarbeiter, Parlamentsabgeordneter der sozialist. Partei (Partido Vanguardia Popular); bekannt in seinem bekanntesten Roman ›Die grüne Hölle‹ (1941, dt. 1954) auf der Grundlage persönl. Erfahrungen die Verhältnisse auf den Plantagen der United Fruit Company.

Weitere Werke: Gentes y gentecillas (R., 1947), Marcos Ramírez (R., 1952, dt. 1955), Mi madrina (R., 1954), Tres cuentos (E., 1967).

Ausgabe: Narrativa de C. L. F. San José 1984. 2 Bde.

Literatur: ARROYO SOTO, V. M.: C. L. F. San José de Costa Rica 1973.

Fallersleben, August Heinrich Hoffmann von, dt. Germanist und Lyriker, †Hoffmann von Fallersleben, August Heinrich.

Fallet, René [frz. fa'lɛ], *Villeneuve-Saint-Georges 4. Dez. 1927, †Paris 25. Juli 1983, frz. Schriftsteller. – Journalist; schrieb Gedichte und v. a. populist. Romane; in ›Banlieue sud-est‹ (R., 1947) beschreibt er seine Jugend; auch Drehbücher.

Weitere Werke: Augustine, das Dreirad (R., 1951, dt. 1960), Les pas perdus (R., 1954), La grande ceinture (R., 1956), Les vieux de la vieille (R., 1958), À la fraîche (Ged., 1959), Paris im August (R., 1964, dt. 1966), Ein Idiot in Paris (R., 1967, dt. 1967), Le beaujolais nouveau est arrivé (R., 1975), La soupe aux choux (R., 1980), L'Angevine (R., 1982), Carnets de jeunesse (Tageb., hg. 1990).

Fallhöhe, ein für das Drama der frz. Klassik, des dt. Barock und der Aufklärung (von J. Ch. Gottsched aus der Tragödientheorie der Renaissance übernommener) bedeutsamer dramaturg. Begriff, dem die These zugrunde liegt, der trag. Fall eines Helden wirke um so nachhaltiger auf die Zuschauer, je höher dessen sozialer Rang und Ansehen seien. Die Forderung nach strikter Beachtung der angemessenen F. begründet auch die sogenannte ↑ Ständeklausel. Beides, F. und Ständeklausel, wurde von G. E. Lessing, der in der Folge D. Diderots das ↑ bürgerliche Trauerspiel in Deutschland begründete, in seinen theoret. Schriften zurückgewiesen.

Fallmerayer, Jakob Philipp, * Tschötsch bei Brixen 10. Dez. 1790, † München 25. oder 26. April 1861, österr. Schriftsteller und Historiker. – 1848 Prof. für Geschichte in München, als Demokrat und Mitglied des Frankfurter Parlaments entlassen. Der Schwerpunkt seines wiss. Schaffens galt der Erforschung der mittelalterl. Geschichte Griechenlands. Bed. Reiseschriftsteller und Kulturschilderer; glänzende stilist. Darstellung, hervorragender Vertreter des Feuilletons.

Werke: Geschichte des Kaiserthums von Trapezunt (1827), Geschichte der Halbinsel Morea während des MA (2 Bde., 1830–36), Fragmente aus dem Orient (2 Bde., 1845), Das Albanes. Element in Griechenland (3 Tle., 1857–60).
Ausgabe: J. Ph. F. Ges. Werke. Hg. v. G. M. Thomas. Lpz. 1861. Nachdr. Amsterdam 1964. 3 Bde.
Literatur: Seidler, H.: J. Ph. F.s geistige Entwicklung. Mchn. 1947. – J. P. F. Wissenschaftler, Politiker, Schriftsteller. Hg. v. E. Thurnher. Innsb. 1993.

Fälschung ↑ literarische Fälschungen.

Falster, Christian [dän. 'fal'sdər], * Branderslev 1. Jan. 1690, † Ripen 24. Okt. 1752, dän. Dichter. – Bed. Philologe (Schriften in lat. Sprache) und geistreicher Übersetzer (Ovid); schrieb zahlreiche lat. Zeitsatiren im Stil Juvenals, in denen er menschl. Schwächen geißelt (›Amœnitates philologicae‹, 3 Bde., 1729 bis 1732, dän. 1919/20 u. d. T. ›Lærdom's lystgaard‹).

Faludi, Ferenc [ungar. 'fɔludi], * Güssing (Burgenland) 25. März 1704, † Rechnitz (Burgenland) 18. Dez. 1779, ungar. Dichter. – Umfangreiche Lehrtätigkeit als Jesuitenprediger bis zur Auflösung des Ordens; Anregungen durch die italien. Dichtung bei Aufenthalten in Italien, bes. in Rom; schrieb außer dramat.

und erzählenden Werken v. a. Gedichte im verspielten Stil des Rokokos; Einflüsse der Volksdichtung; lakon. prägnanter Prosastil.
Ausgabe: F. F. Gedichte (ungar. u. dt.). Eisenstadt 1979.

Familienblatt, meist illustrierte Unterhaltungszeitschrift des 19. Jh. für den bürgerl. Mittelstand, die wöchentlich erschien. Vorläufer waren die moralischen Wochenschriften und Kalender des 18. Jh.; die typ. Ausprägung erfuhr das F. jedoch erst seit der Restaurationszeit, einen beispiellosen Aufschwung um 1850, z. B. K. Gutzkows ›Unterhaltungen am häusl. Herd‹ (1853–64; ohne Illustrationen), die aber bald von der illustrierten ›Gartenlaube‹ (gegründet von E. Keil, 1853–1944) überflügelt wurden. Die ›Gartenlaube‹ fand viele Nachahmungen, u. a. ›Über Land und Meer‹ (1858), ›Illustrierter Hausfreund‹ (1861), ›Der Familienfreund‹ (1868), ›Dt. Familienblätter‹ (1876). Die Blütezeit endete etwa um 1880.
Literatur: Reallex. der dt. Literaturgesch. Begr. v. P. Merker u. W. Stammler. Hg. v. W. Kohlschmidt u. W. Mohr. Bd. 1 Bln. ²1958. S. 450.

Familienroman, Sammelbegriff für Romane, in denen die Geschicke einer Familie (oft über längere Zeiträume hinweg) gestaltet werden. Der Schwerpunkt kann auf Fragen der Ehe, auf Problemen zwischen den Generationen oder verschiedenen sozialen Schichten und auf Fragen der Erziehung liegen. Als Beispiele des F.s können angeführt werden: ›Witiko‹ (1865–67) von A. Stifter, ›Die Ahnen‹ (1873–81) von G. Freytag, ›Buddenbrooks‹ (1901) von Th. Mann, ›Die Forsyte Saga‹, (1906–21, dt. 1925) von J. Galsworthy. Die überwiegende Zahl der F.e findet sich in der Trivial- und Unterhaltungsliteratur, u. a. ›Die Barrings‹ (1937) von W. von Simpson.

Fándly, Juraj [slowak. 'faːndli], * Častá 21. Okt. 1750, † Ompitál 7. März 1811, slowak. Schriftsteller. – Kath. Geistlicher; verfaßte außer Gedichten und religiösen Schriften das Geschichtswerk ›Compendiata historia gentis Slavae‹ (1793). Mit seinen von der Aufklärung beeinflußten belehrenden Büchern über Feldwirtschaft (1792 ff.), Bienenzucht

(1802) usw. trug er zur Verbreitung der slowak. Schriftsprache bei.

Literatur: ŽATKULIAK, J. G.: L'udovýchovný pracovník J. F. Preßburg 1951.

Fangen, Ronald, * Kragerø 29. April 1895, † Fornebu (heute zu Oslo) 22. Mai 1946 (Flugzeugunglück), norwegischer Schriftsteller. – War Journalist, literar. Mitarbeiter an verschiedenen Zeitschriften, ab 1935 führendes Mitglied der Oxfordgruppenbewegung (Moralische Aufrüstung), 1940/41 von der Gestapo in Haft gehalten. Seine von christlich-moral. und antimarxist. Ideen getragenen Romane enthalten ausgedehnte weltanschaul. Auseinandersetzungen. Seine frühen Dramen sind vom dt. Expressionismus beeinflußt, später realist. Darstellungsweise.

Werke: Syndefald (Dr., 1920), Erik (R., 1931), Der Mann, der die Gerechtigkeit liebte (R., 1934, dt. 1936), En lysets engel (R., 1945), Presten (R., 1946).

Literatur: ENGELSTAD, C. F.: R. F., en man og hans samtid. Stockholm 1946.

Fanon, Frantz [frz. fa'nõ], * Fort-de-France (Martinique) 20. Juli 1925, † Bethesda (Md.) 6. Dez. 1961, frz. Schriftsteller. – Medizin- und Philosophiestudium in Lyon; schloß sich der literar. Gruppe Présence Africaine an. Kam 1952 als Facharzt für Psychiatrie nach Algerien, wo er bald zu den alger. Freiheitskämpfern stieß. Unterstrich in seinem berühmten polit. Essay ›Die Verdammten dieser Erde‹ (1961, dt. 1966; Vorwort von J.-P. Sartre) die Notwendigkeit gewaltsamer Revolutionen zur Beseitigung des Kolonialismus.

Weitere Werke: Peau noire, masques blancs (Essay, 1952), L'an V de la révolution algérienne (Studie, 1959, 1968 u. d. T. Sociologie d'une révolution).

Literatur: BOUVIER, P.: F. Paris 1971. – GENDZIER, I.: F. F. New York 1973. – Mémorial international F. F. Interventions et communications [prononcées à l'occasion du Mémorial international ...]. Dakar 1984.

Fantasy [engl. 'fæntəsi] ↑ Science-fiction.

Farah, Nuruddin, * Baidoa 1945, somal. Schriftsteller. – Studierte in Chandigarh (Indien), später in London und Essex; schreibt in Italienisch, Somali, v. a. aber in Englisch. In seinen in Somalia spielenden Romanen setzt er sich mit

Frauenfragen und dem Ausgeliefertsein der Menschen an polit., religiöse und traditionelle Tyrannei auseinander.

Werke: Aus einer Rippe gebaut (R., 1970, dt. 1983), Wie eine nackte Nudel (R., 1976, dt. 1983), Staatseigentum (R., 1979, dt. 1980), Sardines (R., 1981), Close sesame (R., 1984), Maps (R., 1986, dt. 1992).

Farasdak, Al (tl.: Al-Farazdaq), Hammam Ibn Ghalib, * Basra um 641, † um 728, arab. Dichter. – Aus vornehmer Familie; führte ein abenteuerl. Leben; schrieb, im sprachl. Ausdruck dem geachteteren Rivalen Dscharir Ibn Atijja nicht nachstehend, originelle Schmäh-, Preis- und Bettelgedichte. Sein Diwan wurde teilweise ins Deutsche übersetzt (u. a. 1903).

Literatur: Enc. Islam Bd. 2, ²1965, S. 788.

Färber, Gottlieb, Pseudonym des dt. Schriftstellers Ludwig ↑ Tieck.

Farce ['farsə; frz. eigtl. = ›Füllsel‹ (von lat. farcire = füllen) zwischen den Akten ernster Schauspiele (aufgrund einer Bedeutungsübertragung von F. = Fleischfüllsel)], derb-kom. Bühnenstück meist in Versen; der Begriff ist in Frankreich seit dem Ende des 14. Jh. belegt für volkstüml. Einlagen (↑ Zwischenspiel, ↑ Intermezzo) in Mysterien- und Mirakelspielen; im 15. Jh. wurde die F. als selbständiges kurzes Stück neben der ↑ Sottie und der ↑ Moralität zur wichtigsten Gattung des weltl. Theaters. Stoffe und Figuren der F. sind denen des ↑ Fabliau verwandt. – Bekannteste F. ist die anonyme ›Farce de Maistre Pierre Pathelin‹ (um 1465). – In Spanien und Portugal kann ›farsa‹ eine Form des ↑ Auto bezeichnen (L. Fernández, ›Farsas y églogas al mondo y estilo pastoril y castellano‹, um 1500; G. Vicente, ›Der Indienfahrer‹, UA 1509, hg. 1562, dt. 1871) und als Vorläufer der Gattung des ↑ Entremés angesehen werden. – In Deutschland weisen bes. die ↑ Fastnachtsspiele (15./16. Jh.) und andere Knittelversdichtungen (H. Sachs) Gattungselemente der F. auf; der Begriff F. setzte sich erst im 18. Jh. durch (vielfach für spöttisch-polem. Literatursatiren auf einen Autor oder ein Werk; z. B. Goethes ›Götter, Helden und Wieland. Eine Farce‹, 1774). – In der engl. Literatur bezeichnet F. allgemein eine kurze Komödie, deren Wirkung v. a.

auf Situationskomik beruht. – Heute wird F. oft gleichbedeutend mit ↑Posse verwendet, gerät aber auch in die Nähe der ↑Groteske (A. Ayckbourn), wird zum Stilelement des absurden Theaters (S. Beckett), der ↑Satire (M. Frisch, ›Die chin. Mauer. Eine Farce‹, 1947; D. Fo) oder der subjektivist. Dramatik (B. Strauß, ›Kalldewey, Farce‹, 1981).

Literatur: BENEKE, A.: Das Repertoir u. die Quellen der frz. F. Weimar 1910. – PORTER, L. C.: La farce et la sotie. In: Zs. f. roman. Philologie 75 (1959), S. 89. – BOWEN, B. C.: Les caractéristiques essentielles de la farce française et leur survivance dans les années 1550–1620. Urbana (Ill.) 1964. – AUBAILLY, J.-CH.: Le théâtre médiéval profane et comique. Paris 1975. – REY-FLAUD, B.: La farce ou la machine à rire. Théorie d'un genre dramatique, 1450–1550. Genf 1984. – SMITH, L.: Modern British farce. London 1989. – FAGET, M. G.: La farce litteraire. Genf 1991.

Fargue, Léon-Paul [frz. farg], * Paris 4. März 1876, † ebd. 24. Nov. 1947, frz. Lyriker. – Beeinflußt u. a. von S. Mallarmé und J. Laforgue; widmete sich, nachdem er zunächst Maler hatte werden wollen, ganz der Literatur; u. a. Mitarbeiter der ›Nouvelle Revue française‹; Freund von A. Gide, P. Valéry, V. Larbauds u. a., auch vieler bed. Maler und Komponisten, über die er als Chronist des Pariser Lebens berichtete.

Werke: Tancrède (Ged., 1911), Pour la musique (Ged., 1914), D'après Paris (Ged., 1932), Der Wanderer durch Paris (Skizzen, 1939, dt. 1967), Haute solitude (Ged., 1941), Méandres (Memoiren, 1947).
Ausgabe: L.-P. F. Poésies. Paris 1964.
Literatur: LA ROCHEFOUCAULD, E. DE: L.-P. F. Paris 1959. – RYBKO-SCHUB, L.: L.-P. F. Genf 1973. – WALTER, J.-CH.: L.-P. F. ou l'homme en proie à la ville. Paris. 1973.

Faria e Sousa, Manuel de [portugies. fɐ'riɐ i 'sozɐ], * bei Pombeiro 18. März 1590, † Madrid 3. Juni 1649, portugies. Historiker und Dichter. – Zunächst Sekretär des Bischofs von Oporto, dann in Madrid, kurze Zeit auch in Rom; schrieb vorwiegend in span. Sprache; verfaßte Sonette, Eklogen, Kanzonen, Madrigale u. a.; bis heute grundlegend sind seine Kommentare zu den Werken von L. de Camões (›Comentários dos Lusíadas‹, 2 Bde., 1639; ›Comentários das rimas várias de Luís de Camões‹, 5 Bde., hg. 1685–89); sein umfangreiches politisch-histor. Werk hat enzyklopäd. Charakter (›Epítome de las historias portuguesas‹, 1628; postum aufgeteilt in: ›Ásia portuguesa‹, 3 Bde., 1666–75, ›Europa portuguesa‹, 3 Bde., 1678–80, und ›África portuguesa‹, 1681).

Ausgabe: M. F. e S. Ásia portuguesa. Hg. v. M. LOPES D'ALMEIDA. Porto 1945–47. 6 Bde.

Farigoule, Louis [frz. fari'gul], frz. Schriftsteller, ↑Romains, Jules.

Farina, Salvatore, * Sorso (Sardinien) 10. Jan. 1846, † Mailand 15. Dez. 1918, italien. Schriftsteller. – Studierte Jura; Redakteur, schrieb zahlreiche Romane und Novellen, die sich fast ausschließlich im kleinbürgerl. Lebenskreis bewegen, den er anschaulich und gemütvoll schildert.

Werke: Der Schatz Donnina's (R., 1874, dt. 1883), Blinde Liebe (E., 1875, dt. 1876 in: Novellen, Bd. 1), Mein Sohn (Autobiogr., 1881, dt. 1884), Der Herr Ich (Nov., 1882, dt. 1883), La mia giornata (Autobiogr., 3 Bde., 1910–15).
Literatur: BALESTRAZZI, A.: Il romanzo di S. F. Pavia 1933. – CARONIA, S.: Uno scrittore dimenticato. S. F. In: Trimestre (Dez. 1980 bis März 1981), H. 13/14, S. 145.

färöische Literatur (färingische Literatur), die ältere f. L. wird bestimmt durch die geringe Einwohnerzahl (um 1800: etwa 5 000, um 1980: etwa 42 000) der sprachlich eigenständigen Färöer, ihre isolierte Lage und die bis ins Spät-MA enge Verbindung zu Norwegen.
Wie bei anderen ›Kleinsprachen‹ dominierte die **mündl. Literatur.** Durch norweg. Vermittlung gelangten viele Stoffe der skand., mittel- und westeurop. Literatur auf die Färöer und wurden hier in der Form der zum Rundtanz gesungenen Langballade (›kvæði‹) z. T. bis in die Gegenwart bewahrt. Unter den mehr als 230 bekannten Liedern und Liedzyklen, die bis zu 600 vierzeilige Strophen umfassen, findet man u. a. solche über den Nibelungenstoff (›Sjúrðar kvæði‹), Karl den Großen und Roland, Tristan, die Tellgeschichte und über den aus dem ahd. ›Hildebrandslied‹ bekannten Vater-Sohn-Kampf. Seit dem 18. Jh. wurden auch neue Tanzlieder über histor. Themen und Gegenwartsereignisse und ein politischsatir. Lied, das bis heute populäre ›Fuglakvæði‹ von Poul Nolsøe (* 1766,

† 1809), gedichtet. Die Aufzeichnung der Liedtexte erfolgte Ende des 18. Jh. (Jens Christian Svabo [* 1746, † 1824]) und v. a. im 19. Jahrhundert. Eine Edition aller Texte erschien 1941 bis 1972 (›Føroya kvæði‹). Eine eigenständige **schriftl. Literatur** entwickelte sich erst, nachdem V. U. Hammershaimb seit 1846 eine färöische Literatursprache geschaffen hatte. Die erste Gattung war die Lyrik, gefolgt von ep. Kleinformen, dann von Novelle und Roman. Der erste färöische Roman ›Bábelstornið‹ von Rasmus Rasmussen (* 1871, † 1962) erschien 1909. Themen für die färöische Erzählliteratur boten oft die eigene Umwelt mit ihren eigenartigen Lebens- und Wirtschaftsformen, Ereignisse aus der Geschichte und die gesellschaftl. und wirtschaftl. Probleme, die sich aus der raschen Veränderung der alten Sozialstruktur ergaben. Im Vergleich zu den übrigen skand. Literaturen blieb die färöische bis in die Mitte des 20. Jh. stark von nationalromant. Traditionen geprägt und rezipierte neue Entwicklungen und Strömungen erst mit erhebl. Verzögerung. Bed. Prosaschriftsteller sind u. a. Mads Andreas Winther (* 1871, † 1923), Sverri Patursson (* 1871, † 1960) und v. a. der vielseitige H. Brú. Als Lyriker sind zu nennen Janus (Jens Hendrik Oliver) Djurhuus (* 1881, † 1948), sein auch als Prosaist erfolgreicher Bruder Hans Andreas Djurhuus (* 1883, † 1951), Friðrikur Petersen (* 1853, † 1917), Rasmus Effersøe (* 1857, † 1916) sowie der einflußreiche Christian Matras (* 1900). Autoren wie Ch. Matras und H. Brú wurzelten mit ihren frühen Werken noch deutlich in dieser Epoche der f. L., wurden dann jedoch zu den Wegbereitern der Moderne. Dieser Übergangsgeneration gehörten ebenfalls der sozialrealist. Prosaist Martin Joensen (* 1902, † 1966) sowie die beiden Lyriker Karten Hoydal (* 1912) und Regin Dahl (* 1918) an. Der 2. Weltkrieg führte zu tiefgreifenden Veränderungen des sozialen und polit. Gefüges. 1948 erlangten die Inseln den Autonomiestatus, und das Färöische wurde zur Hauptsprache. Eine neue Generation nahm in zunehmendem Maße Einfluß auf die Literaturszene und führte den ›modernen Durchbruch‹ herbei. Dazu gehören die Prosaschriftsteller Gunnar Hoydal (* 1941), Valdemar Poulsen (* 1909), Magnus Dam Jacobsen (* 1935, † 1978), Hanus Andreassen (* 1942) sowie J. P. Heinesen. Wichtigste Vertreter modernist. Lyrik sind Liggjas í Bø (* 1939), Guðrið Helmsdal (* 1941) und v. a. Steinbjørn B. Jacobsen (* 1937). An neuromant. Traditionen orientiert war dagegen der Lyriker Tummas Napoleon Djurhuus (* 1928, † 1971). Zur jüngsten Lyrikergeneration gehören Arnbjørn Danielsen (* 1947, † 1980), Alexandur Kristiansen (* 1950), Rói Reynagarð Patursson (* 1947), Martin Gøtuskeggi (* 1953) sowie Martin Næs (* 1953). Wegen der geringen Wirkungsmöglichkeiten literar. Werke in färöischer Sprache schrieben mehrere Schriftsteller in dän. Sprache, so die bekanntesten Autoren überhaupt, J.-F. Jacobsen und W. Heinesen.

Literatur: Boor, H. de: Die färöischen Lieder des Nibelungenzyklus. Hdbg. 1918. – Matras, Ch.: Føroysk bókmentasøga. Kopenhagen 1935. – Krenn, E.: Die Entwicklung der föroyischen Lit. Urbana (Ill.) 1940. – Jacobsen, O.: Nyere digtning. In: Færøerne. Hg. v. N. Djurhuus u.a. Bd. 2. Kopenhagen 1958. – Schier, K.: Die f. L. In: Die Literaturen der Welt in ihrer mündl. u. schriftl. Überlieferung. Hg. v. W. v. Einsiedel. Zü. 1964. S. 497. – Bandle, O.: Moderne f. L. In: Skandinavistik 12 (1982), S. 81. – Nord. Literaturgesch. Hg. v. M. Brøndstedt. Dt. Übers. v. H. Fink. Bd. 2. Mchn. 1984. S. 434. – Die färöischen Lieder zur Nibelungensage. Hg. v. K. Fuss. Göppingen 1985.

Farquhar, George [engl. ˈfɑːkwə], * Londonderry 1677 oder 1678, † London 29. April 1707, ir. Dramatiker. – Sohn eines Geistlichen; Schauspieler; schrieb geistreiche, witzige Lustspiele, teils zynisch-frivol, teils derb-komisch; anschaul. Schilderung des damaligen Lebens. Zu seinen besten Komödien zählen: ›Das beständige Ehepaar‹ (1700, dt. 1839), ›The stage coach‹ (1704), ›Der Werbeoffizier‹ (1706, dt. EA 1966, von B. Brecht 1955 u. d. T. ›Mit Pauken und Trompeten‹ bearbeitet), ›Stutzerlist‹ (1707, dt. 1839).

Weitere Werke: Love and a bottle (Kom., 1699), The twin rivals (Kom., 1702).

Ausgaben: The complete works of G. F. Hg. v. Ch. Stonehill. London 1930. 2 Bde. Nachdr. 1967. – The works of G. F. Hg. v. S. S. Kenny. Oxford 1988. 2 Bde.

Literatur: SPINNER, K.: G. F. als Dramatiker. Bern 1956. – ROTHSTEIN, E.: G. F. New York 1967. – JAMES, E. N.: The development of G. F. as a comic dramatist. Den Haag 1972. – JAMES, E. N.: G. F. A reference guide. Boston (Mass.) 1986.

Farrell, James T[homas] [engl. 'færəl], * Chicago (Ill.) 27. Febr. 1904, † New York 22. Aug. 1979, amerikan. Schriftsteller. – Sohn armer kath. ir. Einwanderer; harte Jugend, nach längerer Tätigkeit als Gelegenheitsarbeiter Studium an der Univ. Chicago; u. a. von Th. Dreiser, J. Joyce und M. Proust beeinflußt. Seine autobiographisch gefärbten, naturalist. Romane behandeln das Schicksal der ir. Einwanderer in den ethn. Gettos der amerikan. Großstadt. Von seinen vier großen Romanzyklen stehen die ersten drei in enger themat. Verbindung. Die als sein Hauptwerk geltende erste Trilogie ›Studs Lonigan‹ (1932–35) schildert den fatalist. Untergang des jungen Titelhelden, Sohn ir. Einwanderer, im Straßenmilieu Chicagos. Der zweite und dritte Zyklus, die ›Danny-O'Neill-Pentalogie‹ (1936–53) und die ›Bernard-Carr-Trilogie‹ (1946–52), zeigen in Anlehnung an J. Joyces ›Stephen Daedalus‹ die Entdeckung des Schriftstellerberufs durch den jungen Helden ir. Abstammung und führen von Chicago nach New York, wo sich Bernard Carr als erfolgreicher Autor verwirklicht. Der 11 Bände umfassende Zyklus ›A universe of time‹ (1963–78) befaßt sich mit der Stellung des Schriftstellers in der modernen Welt. In seinen zahlreichen Kurzgeschichten griff F. Figuren und Themen seiner Romane wieder auf; schrieb auch Gedichte und literaturkrit. Essays, in denen er sich u. a. mit dem Marxismus der 30er Jahre, seiner anfängl. polit. Überzeugung, auseinandersetzte.

Weitere Werke: Kein Stern geht verloren (R., 1938, dt. 1959), Literature and morality (Essays, 1947), A dangerous woman and other short stories (1957), Collected poems (1965), Sam Holman (R., hg. 1983).

Literatur: BRANCH, E. M.: J. T. F. New York 1971. – Literature at the barricades. The American writer in the 1930s. Hg. v. R. F. BOGARDUS u. F. HOBSON. Tuscaloosa (Ala.) 1982. – PIZER, D.: Twentieth-century American literary naturalism. An interpretation. Carbondale (Ill.) 1982. – Hearing out J. T. F. Selected lectures. Hg. v. D. PHELPS. New York 1985.

Farrère, Claude [frz. fa'rɛːr], eigtl. Frédéric Charles Bargone, * Lyon 27. April 1876, † Paris 21. Juni 1957, frz. Schriftsteller. – Marinelaufbahn; während des 1. Weltkriegs im Kriegsministerium; Seereisen bis nach Ostasien; 1935 Mitglied der Académie française. Schrieb in der Nachfolge P. Lotis, den er jedoch nicht erreichte, zahlreiche exotisch-farbige Trivial- und Abenteuerromane, deren Handlung meist vor dem Hintergrund gegensätzl. europ. und oriental. Zivilisationen spielt. Auch Essays, kulturhistor. Studien über den Fernen Osten und Reisebücher.

Werke: Opium (R., 1904, dt. 1911), Kulturmenschen (R., 1906, dt. 1906; Prix Goncourt 1906), Der Mann, der den Mord beging (R., 1907, dt. 1909), Die Schlacht (R., 1909, dt. 1914), Loti (Essay, 1929), La seconde porte (R., 1945), Job, siècle XX (R., 1949), Le juge assassin (R., 1954).

Farrochi (tl.: Farruḫī), Abol-Hasan Ali ebn-e Dschulugh [pers. færro'xiː], * Sistan (Südost-Iran), † 1038, pers. Dichter. – Meisterhafter Panegyriker und Lyriker der frühen pers. Literatur; gilt als der beste Dichter aus der Umgebung des Fürsten Mahmud von Ghazni, Verfasser vieler Preisgedichte auf seinen Fürsten; exzellenter Rhetoriker, der sich dennoch einer klaren und leichtfaßl. Ausdrucksweise befleißigte.

Literatur: RYPKA, J.: Iran. Literaturgesch. Lpz. 1959. S. 174.

Farrochsad (tl.: Farruḫzād), Forugh [pers. færrox'zɑːd], * 1937, † Teheran 1967, pers. Lyrikerin. – Bedeutendste pers. Dichterin der Zeit nach dem 2. Weltkrieg; verließ die metr. Tradition der klass. pers. Literatur und dichtete in freien Versen; vertrat in ihren Werken feminist. Positionen, mit denen sie unter ihren Zeitgenossen Aufsehen erregte. Bei hoher Musikalität und lyr. Eindringlichkeit ihrer Verse sprengt sie traditionelle Tabus und offenbart das leidenschaftl. Gefühlsleben – auch in sexueller Hinsicht – einer modernen Frau des Vorderen Orients; als ihr bedeutendstes Werk gilt die Gedichtsammlung ›Jek tawallod-e digar‹ (= Eine Wiedergeburt, 1966); eine dt. Auswahl ihrer Gedichte (›Jene Tage‹) erschien 1993.

Fashionable novels [engl. 'fæʃnəbl 'nɔvəlz = Moderomane], Sammelbegriff für engl. Romane der Übergangsperiode zwischen Romantik und Realismus (Blütezeit: 1825–35). Thematisch sind sie der aristokrat. Sphäre, insbes. der Welt des ↑Dandyismus (z. T. kritisch) zugewandt, formal sind sie gekennzeichnet durch ausgiebige Milieuschilderungen und Konversationen. Hauptvertreter: B. Disraeli, E. G. Bulwer-Lytton.

Literatur: SCHUBEL, F.: Die ›F. n.‹. Ein Kap. zur engl. Kultur- u. Romangesch. Uppsala 1952.

Fassbind, Franz, * Schwyz 7. März 1919, schweizer. Schriftsteller und Komponist. – Lebt in Adliswil bei Zürich; Verfasser u. a. von Romanen, Dramen und Gedichten; Komponist von Hörspiel- und Filmmusik.

Werke: Gedichte (1937), Zeitloses Leben (R., 1941), Atombombe. Ein gesprochenes Oratorium (1945), Von aller Welt geehrt (R., 1948), Der Mann (R., 1950), Die Hohe Messe (Epos, 1952), Valentin (R., 1958), Lieder aus einer Schenke (Ged., 1959), Stereotypien (Ged., 1977), Vorfälle (En., 1979), Zeichen im Sand (Ged., 1982), Dichter und Krieg. Journalistische Beiträge (1991).

Fassbinder, Rainer Werner, * Bad Wörishofen 31. Mai 1945, † München 10. Juni 1982, dt. Schauspieler, Regisseur und Dramatiker. – Nach Ausbildung zum Schauspieler in München Mitarbeit bei verschiedenen Privattheatern; 1968 Initiator und Leiter des ›antitheaters‹ in München, das sich 1971 wieder auflöste. In dieser Zeit schrieb F. seine meisten Stücke und Stückbearbeitungen, die er zumeist selbst inszenierte und in denen er häufig mitspielte, u. a.: ‹Katzelmacher‹ (UA 1968, gedr. 1970; Film 1969), ›Iphigenie auf Tauris von J. W. von Goethe‹ (UA 1968), ›Der amerikan. Soldat‹ (UA 1969; Film 1970), ›Die Bettleroper‹ (UA 1969, gedr. 1970; nach J. Gay), ›Preparadise sorry now‹ (UA 1969, gedr. 1970), ›Das Kaffeehaus‹ (UA 1969, gedr. 1972; Film 1970; nach C. Goldoni), ›Das brennende Dorf‹ (UA 1970, gedr. 1976), ›Die bitteren Tränen der Petra von Kant‹ (UA 1971, gedr. 1982; Film 1972), ›Bremer Freiheit‹ (UA 1971, gedr. 1972; Film 1972). Dem nach einem Roman von G. Zwerenz entstandenen Stück ›Der Müll, die Stadt und der Tod‹ (1976) wird Antisemitismus vorgeworfen; eine am 31. Okt. 1985 geplante Uraufführung wurde aus diesem Grund verhindert.

Nach Mißerfolgen als Direktor des ›Theaters am Turm‹ in Frankfurt am Main (1974/75) beendete F. sein dramat. Schaffen für die Bühne und wandte sich ausschließlich dem Film zu.

Rainer
Werner
Fassbinder

Weitere Filme: Liebe ist kälter als der Tod (1969), Der Händler der vier Jahreszeiten (1971), Acht Stunden sind kein Tag (Fernsehserie, 5 Tle., 1972/73), Wildwechsel (1972; nach F. X. Kroetz), Angst essen Seele auf (1973), Fontane Effi Briest (1974), Bolwieser (Fernsehfilm, 2 Tle., 1977), Die Ehe der Maria Braun (1978), Berlin Alexanderplatz (Fernsehserie, 14 Folgen, 1980; nach A. Döblin), Lili Marleen (1980), Lola (1981), Querelle (1982; nach J. Genet), Die Sehnsucht der Veronika Voss (1982).

Literatur: R. W. F. Hg. v. P. W. JANSEN u. W. SCHÜTTE. Neuausg. Ffm. 1992. – SPAICH, W.: R. W. F. Leben u. Werk. Whm. 1992. – BRAAD THOMSEN, C.: R. W. F. Leben u. Werk eines maßlosen Genies. Dt. Übers. Hamb. 1993.

Fassung, die einem literar. Text vom Autor bei der Niederschrift (nicht notwendig bei der Drucklegung) gegebene Form. Durch Umarbeitung entstehen Doppel-F.en und Mehrfach-F.en des gleichen Werkes (Beispiel: Goethes ›Faust‹), deren angemessene Wiedergabe in einer historisch-krit. Ausgabe Gegenstand der Editionstechnik ist. – ↑auch Adaptation; ↑dagegen Bearbeitung.

Fast, Howard [Melvin], Pseudonyme Walter Ericson, E. V. Cunningham, * New York 11. Nov. 1914, amerikan. Schriftsteller. – Sohn eines Fabrikarbeiters; politisch linksstehend. Die Stärke F.s liegt auf dem Gebiet des histor. Romans, in dem immer wieder die polit. Überzeugung des Autors deutlich wird;

schrieb auch Biographien, Erzählungen, Essays, Dramen sowie unter dem Pseudonym E. V. Cunningham Detektivromane und Kriminalgeschichten. Seine Autobiographie ›The naked God‹ (1957) behandelt die Zeit seiner Mitgliedschaft in der KP (1943–56). Verschiedene seiner Romane wurden verfilmt (z. B. ›Spartacus‹, R., 1952, dt. 1953); bekannt wurde v. a. seine in San Francisco spielende Romantetralogie mit den Einzelbänden ›Die Einwanderer‹ (1977, dt. 1979), ›Die Nachkommen‹ (1978, dt. 1980), ›Die Arrivierten‹ (1979, dt. 1981), ›Die Erben. Die Lavettes und ihre Schicksale‹ (1981, dt. 1983).

Weitere Werke: Die letzte Grenze (R., 1941, dt. 1951), Bürger Tom Paine (biograph. R., 1943, dt. 1953), Straße zur Freiheit (R., 1944, dt. 1948), Die Affäre Winston (R., 1959, dt. 1960), Die neuen Menschen (E., 1961, dt. 1963), Versuchung der Macht (R., 1963, dt. 1965), The Jews (Studie, 1968), Der Trommelknabe (R., 1972, dt. 1975, 1978 u. d. T. Der Sohn der Söldner), Max (R., 1982, dt. 1985), Der Außenseiter (R., 1984, dt. 1985), Die Tochter des Einwanderers (R., 1985, dt. 1987), The pledge (R., 1988), Das Geständnis des Joe Cullen (R., 1989, dt. 1992).

Fasting, Claus, * Bergen 29. Okt. 1746, † ebd. 24. Dez. 1791, dän.-norweg. Dichter. – Studierte in Bergen und Kopenhagen; Mitbegründer der ›Norweg. Gesellschaft‹ (1772). F. gilt mit seinem Drama ›Hermione‹ (1772) als Schöpfer des dän. Trauerspiels nach dem Vorbild des frz. Klassizismus; übersetzte 1776 in kongenialer Weise Ch. M. Wielands ›Musarion‹.

Ausgabe: Samlede skrifter. Oslo 1963 ff. (bisher 4 Bde. erschienen).
Literatur: HANNEVIK, A.: C. F. – litterat og kritiker. In: Edda 1963.

Fastnachtsspiel, früheste Gattung des weltl. Dramas in dt. Sprache; im 15. Jh. im Rahmen stadtbürgerl. Fastnachtsfeiern entwickelt; umfaßt gewöhnlich etwa 100–600 paarweise gereimte Knittelverse, von meist 4 bis 10 Mitwirkenden aufgeführt. Veranstalter und Darsteller waren üblicherweise Zunftangehörige, die am Spielschluß, oft über fingierte Prügel- oder Tanzszenen, die Trennung zwischen Zuschauern und Spielern aufhoben. Die dargestellten Figuren zeichnen sich durch holzschnittartige, teils parodistisch überzeichnete Typik aus, den Sprachstil bestimmen zu

einem bedeutenden Teil sexuelles und skatolog. Vokabular bzw. entsprechende Metaphorik, aber auch (bes. in Prologen) traditionelle Schulrhetorik und literar. Anspielungen. Die Texte sind als Werke individueller Verfasser anzusehen, die großenteils unbekannt sind. Die Überlieferung konzentriert sich auf Nürnberg mit über 100 und Sterzing (Tirol) mit 26 Stücken, aus Lübeck sind ein Stück und 73 Titel erhalten.

Fastnachtsspiel.
Titelholzschnitt zu Hans Sachs' Fastnachtsspiel ›Der bös Rauch‹ (1560)

Innerhalb der Gattung lassen sich zwei Typen unterscheiden: das *Reihenspiel,* hervorgegangen aus einer Folge derbkom. Einzelsprüche, und das *Handlungsspiel,* das oft an spätmittelalterliche Schwänke anknüpft. Der älteste Nürnberger Autor, H. Rosenplüt, schrieb ausschließlich Reihenspiele, der jüngere H. Folz hingegen überwiegend Handlungsspiele. Im 16. Jh. griff H. Sachs diese Tradition auf und begann, das Spiel vom Fastnachtsrahmen zu lösen, während Peter Probst († 1576) noch Folz naheblieb. J. Ayrer als jüngster Vertreter des Nürnberger F.s führte die von Sachs ausgehende Entwicklung zu Frühformen des dt. Lustspiels fort. – Die Sterzinger Tradition, nur zwischen 1510 und 1535 bezeugt, knüpfte auch an andere Formen des mittelalterl. Dramas (geistl. Spiel, Neidhartspiel) und andere Stoffe als das Nürnberger F. an. Im Lübecker F. scheinen mythologisch-histor. Themen bevor-

zugt worden zu sein. Schweizer und Elsässer F.e des 16. Jh. stehen öfters im
Dienst reformator. Propaganda. – Das
der Fastnacht zeitlich benachbarte jüd.
Purimfest wurde gleichfalls als Spielrah-
men genutzt; das Purimspiel überdauerte
die eigentl., um 1650 endende F.tradition
bis ins 18. Jahrhundert.

Ausgabe: F.e aus dem 15. Jh. Hg. v. A. VON KEL-
LER. Stg. 1853–58. 4 Bde. Nachdr. Darmst.
1965–66.
Literatur: CATHOLY, E.: F. Stg. 1966. – LENK,
W.: Das Nürnberger F. des 15. Jh. Bln. 1966. –
KROHN, R.: Der unanständige Bürger. Kronberg
i. Ts. 1974.

Fasyl Juldąsch (tl.: Fazyl Juldaš),
* 1872, † 1955, usbek.-sowjet. Dichter. –
Verfaßte Revolutionslieder und -poeme;
sein bestes Werk ist das autobiograph.
Poem ›Dni moi‹ (= Meine Tage), in dem
er das histor. und gegenwärtige usbek.
Volksleben schildert.

Fauchet, Claude [frz. fo'ʃɛ], * Paris
3. Juli 1530, † ebd. 10. Jan. 1602, frz. Humanist. – Nach Jurastudien in Paris und
Orléans Rechtsanwalt, ab 1568 Zweiter
Präsident der Cour des Monnaies in Paris, von 1581 an deren Erster Präsident.
Herausragender Renaissancegelehrter,
der die polit. und kulturelle Geschichte
Galliens und Frankreichs mit positivist.
Präzision aufarbeitete und dessen Untersuchungen zur altfrz. Literatur zu Recht
als Beginn der modernen Literaturgeschichtsschreibung angesehen werden.

Werke: Recueil de l'origine de la langue et
poésie française, ryme et romans (1581, Neuausgabe des 1. Buches 1939), Les œuvres de Tacitus, chevalier romain (1582; Übers.), Les anti-
quitez gauloises et françoises... jusqu'en l'an
751 (1599), Plan de la maison de Charlemaigne... depuis l'an 751 jusques à l'an 840 (1601),
Déclin de la maison de Charlemaigne, depuis
l'an 840 jusques à l'an 987 (1602).
Literatur: ESPINER-SCOTT, J. G.: C. F., sa vie,
son œuvre. Paris 1938. – BROCKMEIER, P.: Darstt.
der frz. Literaturgesch. von C. F. bis Laharpe.
Bln. 1963. – DUBOIS, C.-G.: Celtes et Gaulois au
XVIᵉ siècle. Paris 1972.

Faulkner, William [Cuthbert] [engl.
'fɔ:knə], ursprüngl. (bis 1924) W. C. Falk-
ner, * New Albany (Miss.) 25. Sept. 1897,
† Oxford (Miss.) 6. Juli 1962, amerikan.
Schriftsteller. – Entstamme einer Pflan-
zerfamilie der Südstaaten, verließ die
Univ. (Studium der engl. und frz. Literatur) ohne Abschluß, war während des

1. Weltkrieges Pilot der kanad. Luftwaffe
ohne Kriegseinsatz, arbeitete in meist
handwerkl. Berufen und lebte nach kur-
zem Aufenthalt in Europa (1925) in Oxford (Miss.). Nach erfolglosen ersten
Versuchen in Lyrik (›The marble faun‹,
1924) und Prosa (Kriegsroman ›Solda-
tenlohn‹, 1926, dt. 1958) gelang ihm mit
›Sartoris‹ (1929, dt. 1961) der erste seiner
großen Romane, die die Schicksale einer
Reihe von Familien im imaginären Yoknapatawpha County des nördl. Mississippi darstellen, wobei die Geschichte
Nordamerikas in ihren konkreten Auswirkungen auf das Individuum jeweils
präsent ist. In der Gegenüberstellung der
nach seiner eigenen Familie modellierten
Sartoris-Familie und der Snopes-Familie
zeigt F. den Zusammenbruch der Werte
der alten Südstaatenaristokratie und den
Aufstieg der besitzlosen ›poor whites‹ als
der neuen, rücksichtslosen Klasse im
neuen Süden nach dem Bürgerkrieg.
Diese Opposition bestimmt die Handlung der bed. Romane ›Schall und
Wahn‹ (1926, dt. 1956) und ›Absalom,
Absalom!‹ (1936, dt. 1938). Als Ausweg
bleiben Tod, trag. Leiden oder die Übernahme der inhumanen Verhaltensmuster
der skrupellosen Aufsteiger, die in der
Snopes-Trilogie (›Das Dorf‹, 1940, dt.
1957; ›Die Stadt‹, 1957, dt. 1958; ›Das
Haus‹, 1959, dt. 1960) dargestellt sind.
Eine bisweilen überzogene Schreibweise,
die ihm schon bei dem Roman ›Die Frei-
statt‹ (1931, dt. 1951) den Vorwurf einge-
tragen hatte, er habe pervertierte Psycho-
pathen um des Aufsehens willen geschildert, reflektiert F.s vorübergehende Tätigkeit als Drehbuchautor in Hollywood
(u. a. ›To have and have not‹, 1945; ›The
big sleep‹, 1946). Dem anfängl. Fatalis-
mus in F.s Werk folgte ein durch Resignation nuancierter Optimismus (›Requiem für eine Nonne‹, szen. R., 1951, dt.
1956; ›Eine Legende‹, R., 1954, dt. 1955,
Pulitzerpreis; ›Die Spitzbuben‹, R., 1962,
dt. 1963, Pulitzerpreis). Seine zahlreichen
Kurzgeschichten, die z. T. in die Romane
integriert wurden, verdichten das fiktionale Bezugsnetz. Das auch sprachlich anspruchsvolle Werk zeichnet sich bes.
durch innovative Erzähltechniken aus,
die von der Koppelung verschiedener Er-
zählperspektiven über den Einsatz eines

›communal narrator‹ bis zur Wiedergabe von ineinanderverschachtelten Bewußtseinsströmen reichen. Die auf den myth. Schauplatz Mississippi bezogenen kom., trag., grotesken und z. T. absurden Erlebnis- und Gestaltungsweisen fügen sich zu einem Gesamtbild der modernen menschl. Existenz, deren Größe in der bei der Annahme des Nobelpreises für Literatur (1950) gepriesenen ›endurance‹ liegt.

William
Faulkner

Weitere Werke: Als ich im Sterben lag (R., 1930, dt. 1961), Licht im August (R., 1932, dt. 1935), Das verworfene Erbe (En., 1942, dt. 1953), Griff in den Staub (R., 1948, dt. 1951), Essays, speeches and public letters (hg. 1966), Vater Abraham (R.-Fragment, hg. 1983, dt. 1987), Vision in spring (Ged., entst. 1921, hg. 1984).
Ausgaben: W. F. Collected stories. New York 1950. – W. F. Sämtl. Werke. Dt. Übers. Zü. 1954–82. 29 Bde. – W. F. Early prose and poetry. Boston (Mass.) u. Toronto 1962. – W. F. The collected works. Collected edition. London [1-6]1960–79. 23 Bde. – W. F. Ges. Erzählungen. Dt. Übers. v. E. SCHNACK. Tb.-Ausg. Zü. 1972. 5 Bde. – W. F. Selected letters. New York 1977. – W. F. Uncollected stories. New York [3]1979. – Frankie u. Jonny. Uncollected stories. Dt. Übers. Zü. 1993.
Literatur: CHRISTADLER, M.: Natur u. Gesch. im Werk v. W. F. Hdbg. 1962. – VICKERY, O.: The novels of W. F. A critical interpretation. Baton Rouge (La.) Neuaufl. 1964. – STRAUMANN, H.: W. F. Ffm. 1968. – Über W. F. Hg. v. G. HAFFMANS. Zü. 1973. – BLOTNER, J.: F. A biography. New York 1974. 2 Bde. – MEINDL, D.: Bewußtsein als Schicksal. Zu Struktur und Entwicklung von W. F.s Generationenromanen. Stg. 1974. – BROOKS, C.: W. F.: The Yoknapatawpha country. New Haven (Conn.) u. a. [10]1977. – KINNEY, A. F.: F.'s narrative poetics. Style as vision. Amherst (Mass.) 1978. – BROOKS, C.: W. F. Toward

Yoknapatawpha and beyond. New Haven (Conn.) 1978. – MINTER, D.: W. F., his life and work. Baltimore (Md.) u. a. 1980. – NICOLAISEN, P.: W. F. Hbg. 1981. – W. F.: Biographical and reference guide. Hg. v. L. H. COX. Detroit (Mich.) 1982. – BROOKS, C.: W. F. First encounters. New Haven (Conn.) u. a. 1983. – F. International perspectives. F. and Yoknapatawpha. Hg. v. D. FOWLER und A. J. ABADIE. Jackson (Miss.) 1984. – FRIEDMAN, A. W.: W. F. New York 1984. – SNEAD, J. A.: Figures of division. W.F.'s major novels. London 1986. – OATES, S. B.: W. F. Sein Leben, sein Werk. Dt. Übers. Zü. 1990.

Fauriel, Claude [frz. fɔ'rjɛl], *Saint-Étienne 21. Okt. 1772, †Paris 17. Juli 1844, frz. Literarhistoriker. – Gehörte zum Kreis der Madame de Staël: beeinflußte durch seine Schriften zur italien. und provenzal. Literatur die Entwicklung der französischen Romantik; übersetzte die Dramen A. Manzonis, griff durch seine Korrespondenz mit Manzoni auch entscheidend in die italienische romantische Bewegung ein; erhielt 1830 den für ihn in Paris geschaffenen Lehrstuhl für die Literaturen Südeuropas.
Werke: Chants populaires de la Grèce moderne (2 Bde., 1824/1825), Histoire de la poésie provençale (3 Bde., hg. 1846), Dante et les origines de la langue et de la littérature italiennes (2 Bde., hg. 1854).
Literatur: IBROVAC, M.: C. F. et la fortune européenne des poésies populaires grecque et serbe. Paris 1966.

Fausset, Hugh l'Anson [engl. 'fɔsɪt], *Killington (Westmorland) 16. Juni 1895, †4. Nov. 1965, engl. Schriftsteller. – Verfaßte neben Gedichten und Romanen krit. Studien über engl. und amerikan. Autoren (u. a. ›John Donne. A study in discord‹, 1924; ›The lost leader. A study of Wordsworth‹, 1933; ›Walt Whitman, poet of democracy‹, 1942), autobiograph. Werke (›A modern prelude‹, 1933, und ›Towards fidelity‹, 1952) sowie Romane (›Between the tides, a summer idyll‹, 1942; ›The last days. A country chronicle‹, 1945).
Weitere Werke: Youth and sensibility (Ged., 1917), The spirit of love (Ged., 1921), Fruits of silence (Essays, 1963).

Faustdichtung, die Lebensgeschichte des historisch bezeugten dt. Arztes, Astrologen und Schwarzkünstlers **Johannes** (oder Georg) **Faust** (*um 1480, †1536 oder kurz vor 1540) hat zahlreiche

Schriftsteller zu literar. Bearbeitungen angeregt. Faust studierte nach 1507 wohl Theologie in Heidelberg und war u. a. 1513 in Erfurt, 1520 in Bamberg, 1528 in Ingolstadt, 1532 in Nürnberg. Er stand in Verbindung mit humanist. Gelehrtenkreisen und hatte anscheinend Kenntnisse auf dem Gebiet der Naturphilosophie (›magia naturalis‹) der Renaissance. Schon zu seinen Lebzeiten setzte die Sagenbildung um ihn ein. Bes. wurden Zaubersagen auf ihn übertragen, in denen er v. a. als Totenbeschwörer auftritt. Sein plötzl., möglicherweise gewaltsamer Tod gab Anstöße zu der Sage, der Teufel habe ihn geholt.

HISTORIA

Faustdichtung. Titelblatt der Erstausgabe des Faustbuchs (1587)

Am Anfang der Faustliteratur steht das 1587 in Frankfurt gedruckte **Volksbuch** ›Historia von D. Johann Fausten, dem weitbeschreyten Zauberer und Schwartzkünstler‹ von einem unbekannten Autor. Seine weitgehend erfundenen Angaben zur Biographie Fausts sollen die Leser

vor Spekulationen und Naturwissenschaft warnen und zu einem intensiven Studium der Bibel motivieren. Das älteste bekannte Faustdrama ist Ch. Marlowes ›The tragical history of Doctor Faustus‹ (UA 1588 oder 1592, hg. 1604 und 1612, dt. ›Doktor Faustus‹, 1818). Die Tatsache, daß der Gang der Handlung in Marlowes Drama sich eng an die in der ›Historia‹ mitgeteilten Einzelheiten anlehnt, läßt vermuten, daß das Volksbuch dem Autor eventuell durch Vermittlung heimkehrender engl. Komödianten bekannt war. Der einleitende nächtl. Monolog Fausts, der von da an fester Bestandteil der meisten späteren Faustdramen wird, enthält eine Abrechnung mit den einzelnen Universitätswissenschaften unter Einschluß der Theologie und begründet den Entschluß des Doktors, sich der Magie zu ergeben. Damit ist Faust als der typ. Renaissancemensch gekennzeichnet, der beim Versuch, die Grenzen der Wirklichkeit zu sprengen, scheitert. Das **Faustspiel der engl. Komödianten** (ab 1608, nachweisbar zuerst in Graz) orientiert sich stark an Marlowe, bezog aber, wie in den Stücken solcher Gruppen üblich, eine Clownsfigur (↑ Pickelhering) in das Spiel ein. Von den engl. Komödianten übernahmen **dt. Wandertruppen** das Faustspiel. Sie ergänzten es teilweise durch neue Szenen. Seit 1746 ist das **Puppenspiel vom Doktor Faust** bezeugt, in dem Kasperle als Kontrastfigur zu Faust auftritt. Das von G. E. Lessing geplante Faustdrama (er stellte nur ein kurzes Szenario und eine Szene fertig; 17. Literaturbrief, 1759) ist ein Wendepunkt in der literar. Auseinandersetzung mit dem Stoff. Faust wird nicht verdammt, sondern gerettet, weil im Sinne der Aufklärung Streben nach Wissen nicht Maßlosigkeit und Aufbegehren gegen Gott bedeutet. Die Zeit des **Sturm und Drang** brachte eine Vielzahl von Faustdramen: Friedrich Müller (genannt Maler Müller) sieht in seinen beiden Faustdramen ›Situation aus Fausts Leben. Dramatischer Entwurf‹ (1776) und ›Fausts Leben dramatisiert‹ (1778) den Titelhelden als einen Menschen, der ›absolut über sich selbst hinaus begehrt‹ hat, sein titanisches Wollen aber nicht durchhält und sich dem Teufel ausliefert.

Als Weltverbesserer und Sozialrevolutionär erscheint Faust dagegen in F. M. von Klingers Roman ›Fausts Leben, Thaten und Höllenfahrt‹ (1791). Auch **Goethes** 1772–75 entstandener ›Urfaust‹ (erhalten in einer Abschrift des Fräuleins von Göchhausen; erschienen 1887), der die Gelehrtentragödie in lockerer Form mit der Gretchentragödie verbindet, gehört noch ganz in das Umfeld der Zeit des Sturm und Drang. In der ersten von Goethe selbst veröffentlichten Fassung ›Faust. Ein Fragment‹ (1790) sind die aus dem ›Urfaust‹ übernommenen Teile stilistisch überarbeitet; außerdem ergibt sich aus den neu eingefügten Szenen ein erweiterter Gesamtplan des Geschehens: Um zu erfahren, was ›der ganzen Menschheit zugeteilt ist‹, wünscht Faust von Mephistopheles zunächst durch die ›kleine‹, später durch die ›große‹ Welt geführt zu werden. In der Endfassung des ›Faust‹ (Teil I, 1808; Teil II, hg. 1832) wird diese Konzeption, in der das Faustdrama zum Menschheitsdrama wird, realisiert. Den Rahmen des Geschehens bilden die beiden Wetten Mephistopheles', mit dem ›Herrn‹ und mit Faust, in denen Mephistopheles Fausts Streben nach Selbstverwirklichung als Selbsttäuschung zu erweisen hofft, die in Resignation und dumpfem Genuß enden muß. Tatsächlich scheitert Faust auf allen Stationen der Reise durch die ›kleine‹ und die ›große‹ Welt, bis er ganz am Ende in der sozialen Tat Erfüllung seines Strebens findet und gerettet werden kann. Von den zahlreichen F.en des **19. und 20. Jahrhunderts** sind folgende anzuführen: Ch. D. Grabbes Tragödie ›Don Juan und Faust‹ (1829), N. Lenaus episch-dramat. Gedicht ›Faust‹ (1836), P. A. Valérys ›Mon Faust‹ (zwei dramat. Skizzen, hg. 1945, dt. ›Mein Faust‹, 1948) und Th. Manns Roman ›Doktor Faustus. Das Leben des dt. Tonsetzers Adrian Leverkühn, erzählt von einem Freunde‹, 1947). Mann überträgt Motive des Faustbuchs frei auf die Biographie Leverkühns, die zum Spiegel der gesellschaftlich-polit. und geistigen Krise Deutschlands in der ersten Hälfte des 20. Jh. wird.

Literatur: WARKENTIN, R.: Nachklänge der Sturm- u. Drangperiode in F.en des 18. u. 19. Jh.

Mchn. 1896. Nachdr. Hildesheim 1976. – Die F., vor, neben u. nach Goethe. Hg. v. K. G. WENDRINER. Bln. 1913. 4 Bde. Nachdr. Darmst. 1976. – PETERSEN, J.: F.en nach Goethe. In: Vjschr. f. Literaturwiss. u. Geistesgesch. 14 (1936), S. 473. – HENNING, H.: Faust-Bibliogr. Bln. u. Weimar 1966–76. 3 Bde. in 4 Tln. – TRUNZ, E.: Anmerkungen zu Faust. In: GOETHE, J. W. VON: Werke. Bd. 3. Hamb. ⁸1967. – LUKÁCS, G.: Faust u. Faustus. Rbk. 1967. – HÄUSER, H.: Gibt es eine gemeinsame Quelle zum Faustbuch von 1587 u. zu Goethes Faust? Hürtgenwald 1973. – CONRADT, M./HUBY, F.: Die Gesch. vom Doktor Faust. Mchn. 1980. – HARTMANN, H.: Faustgestalt, Faustsage, F. Bln. ⁴1987. – CROM, W.: ›Ich bin's, bin Faust, bin deinesgleichen!‹ [Faustanalogien.] In: Tübinger Bibliotheksinformationen 14 (1992), H. 1.

Faustus von Byzạnz (tl.: P'awstos Biwzandac'i), Verfasser einer Geschichte Armeniens, die die Zeit von Chosrow II. (330–339) bis in die ersten Jahre Chosrows III. (382–392) darstellt, wahrscheinlich im 5. Jh. aus dem Griechischen übersetzt.

Ausgaben: Histoire d'Arménie. Venedig 1832. – Die Geschichte Armeniens. Dt. Übers. Hg. v. M. LAUER. Köln 1879.
Literatur: INGLISIAN, V.: Die armen. Lit. In: Hdb. der Orientalistik. Hg. v. B. SPULER. Abt. 1, 7. Leiden 1963. S. 159.

Favart, Charles Simon [frz. fa'va:r], * Paris 13. Nov. 1710, † ebd. 12. Mai 1792, frz. Dramatiker. – Bäcker; erfreute sich der Gunst der Madame de Pompadour; Direktor der Opéra-Comique; war ∞ mit der gefeierten Schauspielerin Justine Duronceray (* 1727, † 1772). Einer der Schöpfer des frz. Singspiels; schrieb etwa 150 Vaudevilles und Operetten, u. a. ›Bastien und Bastienne‹ (1753, dt. 1764), ›Lottchen am Hofe‹ (1755, dt. 1769).
Literatur: JACUZZI, A.: The European vogue of F. The diffusion of the opéra-comique. New York 1932.

Faye, Jean-Pierre [frz. faj], * Paris 19. Juli 1925, frz. Schriftsteller. – Studierte Jura und Philosophie; u. a. 1951–60 Dozent an der Sorbonne in Paris; ab 1960 Tätigkeit im Centre National de la Recherche Scientifique, 1983 provisorischer Generalsekretär des Collège International de Philosophie in Paris. Gründete 1968 die literar. Zeitschrift ›Change‹; Verfasser experimenteller Lyrik (›Couleurs pliées‹, 1965) sowie von Romanen, Dramen und v. a. sprachtheoret. und ideologiekrit. Essays.

Weitere Werke: Pulsschläge (R., 1962, dt. 1966), Die Schleuse (Berlin-R., 1964, dt. 1967; Prix Renaudot 1964), Théâtre (Dramen, 1964), Les Troyens (R., 1970), Theorie der Erzählung (Essay, 1972, dt. 1977), Totalitäre Sprachen. Kritik der narrativen Vernunft. Kritik der narrativen Ökonomie (Essays, 1972, dt. 2 Bde., 1977), Inferno (R., 1975), L'ovale (R., 1975), Les portes des villes du monde (R., 1977), Verres (Ged., 1977), Dictionnaire politique portatif en cinq mots (1982), Yumi (R., 1983).
Literatur: PARTOUCHE, M.: J.-P. F. Paris 1980. – SCHUH, H.-M.: J.-P. F. In: Krit. Lex. der roman. Gegenwartsliteraturen. Hg. v. W.-D. LANGE. Losebl. Tüb. 1984 ff.

Fazetie [lat. facetia = Witz, Scherz, im Plural: drollige Einfälle, Spottreden], Scherzrede, pointierte Kurzerzählung in lat. Prosa, voll Spott und Ironie, oft erotisch getönt. Von dem Florentiner G. F. Poggio Bracciolini in die Weltliteratur eingeführt (›Liber facetiarum‹, entst. 1438–52, hg. 1471, dt. 1905 u. d. T. ›Schwänke und Schnurren‹). Durch Ausgaben und Übersetzungen in Deutschland (und Frankreich) heimisch geworden, wurde dieser Typus bald nachgeahmt, doch erlagen die dt. Bearbeiter (S. Brant, N. Frischlin u. a.) nicht selten der Gefahr des Moralisierens. Spott und Ironie der F. wirkten auch auf Predigtmärlein (J. Geiler von Kaysersberg) und vergröbert auf Schwankbücher (z. B. J. Wickram, ›Rollwagenbüchlein‹, 1555), ebenso auf die innerhalb der Universitätsdisputationen üblich gewordenen ›Quaestiones de quodlibet‹ als ↑ Exempel. In Deutschland wurde H. Bebel zum Vollender der F. (›Libri facetiarum iucundissimi‹, 3 Bde., 1509–14). Mit der eigentl. F. wenig mehr als den Namen gemein hat die wohl im 12. Jh. entstandene, ›Facetus‹ oder ›Supplementum Catonis‹ genannte Sammlung lat. Sprichwörter ›Cum nihil utilius humanae credo saluti‹. Trocken moralisierend, diente sie auf dt. Schulen lange zu Lehrzwecken und wurde im 14. und 15. Jh. häufig übersetzt, so auch von Sebastian Brant (1490).
Literatur: VOLLERT, K.: Zur Gesch. der lat. Facetiensammlung des 15. u. 16. Jh. Bln. 1912. – ZATOČIL, L.: Cato a Facetus. Zu den dt. Cato- u. Facetusbearbeitungen. Brünn 1952.

Feature ['fi:tʃər; engl. = Aufmachung (zu lat. factura = das Machen, die Bearbeitung)], Bericht, der die wesentl. Punkte eines Sachverhaltes skizziert. Im Zeitungswesen geschieht dies durch die Stilmittel der Reportage, doch geht das F. durch Erläuterung und Aufhellung der Hintergründe und Zusammenhänge über die Reportage hinaus. Das **Rundfunkfeature** ist eine stärker als das ↑ Hörspiel an den medialen Möglichkeiten des Hörfunks orientierte Sendegattung, die auf eine geschlossene Spielhandlung verzichtet und zumeist aktuelle Ereignisse oder Informationen über Zeitgeschehen oder Politik (auch Reiseberichte) unter Verwendung funkgerechter Ausdrucksmittel (Reportage, Dokument, Tonzitat, Kommentar, Statement, Dialog, Interview, elektroakust. Effekte) meist mit den Mitteln der Montage aufbereitet. Das F. gilt als Form, die sich zwischen Essay und Kommentar, Dokumentation und Reportage bewegt. Das F. bei Film und Fernsehen, das undramat. Stoffe, Tatbestände und Sachverhalte gestaltet, hat primär dokumentar. Charakter, gewinnt jedoch durch jeweils dem Stoff angepaßte Elemente und dramaturg. Mittel an Lebendigkeit und Eindringlichkeit und unterscheidet sich so von der reinen Dokumentation.
Literatur: SCHWITZKE, H.: Das Hörspiel. Köln u. Bln. 1963. S. 269. – FISCHER, EUGEN KURT: Das Hörspiel. Stg. 1964. S. 82. – AUER-KRAFKA, T.: Die Entwicklungsgeschichte des Westdt. Rundfunk-F.s von den Anfängen bis zur Gegenwart. Wien 1980.

Fechter, Paul, * Elbing 14. Sept. 1880, † Berlin 9. Jan. 1958, dt. Journalist, Schriftsteller und Literarhistoriker. – Studierte Architektur, Philosophie, Mathematik und Literaturwissenschaft. Tätigkeit für führende Berliner Blätter (›Voss. Zeitung‹ [1911–15], ›Berliner Tageblatt‹ [1937–39], ›Dt. Allgemeine Zeitung‹ [1939–45] u. a.); v. a. Kritiker und Literarhistoriker (›Der Expressionismus‹, 1914; ›Dichtung der Deutschen‹, 1932, 1941 u. d. T. ›Geschichte der dt. Literatur‹; ›Das europ. Drama‹, 3 Bde., 1956–58), Verfasser humorvoller Berlin- und Ostpreußenromane und der Komödie ›Der Zauberer Gottes‹ (1940).
Weitere Werke: Frank Wedekind (1920), Die Kletterstange (R., 1925), Die Rückkehr zur Natur (R., 1929), Das wartende Land (R., 1931), Die Fahrt nach der Ahnfrau (E., 1935), Der Herr Ober (R., 1940), Alle Macht den Frauen

(R., 1950), Menschen auf meinen Wegen (Erinnerungen, 1955).

Federer, Heinrich, * Brienz (BE) 7. Okt. 1866, † Zürich 29. April 1928, schweizer. Schriftsteller. – Kath. Priester, seit 1900 Redakteur und freier Schriftsteller. Den ersten unterhaltenden Romanen folgten an G. Keller und J. Gotthelf geschulte Werke, in denen er liebevoll, mit Menschenkenntnis und Güte, im Geist kath. Religiosität Menschen und Landschaft seiner Heimat schildert. Formales Können und farbiger Bilderreichtum zeichnen seine italien. Wanderbücher aus.
Werke: Berge und Menschen (R., 1911), Lachweiler Geschichten (1911), Pilatus (E., 1913), Das Mätteliseppi (R., 1916), Das Wunder in Holzschuhen (En., 1919), Spitzbube über Spitzbube (E., 1921), Papst und Kaiser im Dorf (E., 1924), Am Fenster (Autobiogr., 1927), Ich lösche das Licht (Ged., hg. 1930).
Ausgabe: H. F. Ges. Werke. Bd. 1–4, 7–9, 11, 12. Bln. 1.–141. Tsd. 1931–38 (m.n.e.).
Literatur: FRICK, S.: H. F. – Leben u. Dichtung. Luzern ²1963. – KRÄHENMANN, H.: Das Gegensätzliche in H. F.s Leben u. Werk. Bern u. a. 1982.

Federman, Raymond [engl. ˈfɛdəmən], * Paris 15. Mai 1928, amerikan. Schriftsteller. – Kind frz. Juden; blieb 1942 als einziger der fünfköpfigen Familie vom Transport nach Auschwitz und von der Vernichtung verschont; wanderte 1947 nach den USA aus; Gelegenheitsarbeiten, u. a. Jazzmusiker, dann Literaturstudium an der University of California in Los Angeles; seit 1964 Prof. an der State University of New York in Buffalo. Seine Romane (›Alles oder Nichts‹, 1971, dt. 1986; ›Take it or leave it‹, 1976; ›Die Stimme im Schrank/The voice in the closet/La voix dans le cabinet de débarras‹, 1979, dt., engl., frz. 1989; ›Die Nacht zum 21. Jh. oder Aus dem Leben eines alten Mannes‹, 1982, dt. 1988; ›Eine Liebesgeschichte oder sowas‹, 1985, dt. 1987; ›Betrifft: Sarahs Cousin‹, R., 1990, dt. 1991) verbinden autobiograph. Themen mit experimentellen Erzähltechniken S. Becketts zu extremen Formen postmoderner Fiktion, die die Probleme der Schriftstellerexistenz in der Gegenwart beleuchten; schrieb auch Gedichte (›Among the beast‹, 1967); Hg. von

Beckett-Studien und postmoderner Literaturkritik (›Surfiction: Der Weg der Literatur. Hamburger Poetik-Lektionen (1975, dt. 1992).
Literatur: KUTNIK, J.: The novel as performance. The fiction of Ronald Sukenick and R. F. Carbondale (Ill.) 1986.

Federmann, Reinhard, * Wien 12. Febr. 1923, † ebd. 29. Jan. 1976, österr. Schriftsteller. – Erzähler, der gern zeitgeschichtl. Themen wählte; auch Abenteuer- und Kriminalromane, Hörspiele und Übersetzungen; häufige Zusammenarbeit mit M. ↑ Dor.
Werke: Es kann nicht ganz gelogen sein (En., 1951), Das Himmelreich der Lügner (R., 1959), Wiener G'schichten – Geschichte Wiens (1968), Herr Felix Austria und seine Wohltäter (R., 1970), Barrikaden (R., 1973).

Federspiel, Jürg, * Zürich 28. Juni 1931, schweizer. Schriftsteller. – Filmkritiker, Reporter; Aufenthalte in Berlin, Paris und New York, freier Schriftsteller in Zürich. Schreibt vielschichtige Erzählungen und Romane in sachl. Sprache; sie sind eine Mischung aus Reportage, Erzählung und amerikan. Short story; auch Hörspiele.
Werke: Orangen und Tode (En., 1961), Massaker im Mond (R., 1963), Der Mann, der Glück brachte (En., 1966), Marco Polos Koffer (Ged., 1968; zus. mit R. Brambach), Museum des Hasses (Bericht, 1969), Paratuga kehrt zurück (En., 1973), Brüderlichkeit (Dr., 1979), Die beste Stadt für Blinde u. a. Berichte (1980), Die Ballade von der Typhoid Mary (E., 1982), Wahn und Müll. Berichte und Gedichte (1983), Die Liebe ist eine Himmelsmacht. 12 Fabeln (1985), Geographie der Lust (R., 1989), Eine Halbtagsstelle in Pompeji (En., 1993), Melancolia americana. Portraits (1994).

Fedin, Konstantin Alexandrowitsch [russ. ˈfjedin], * Saratow 24. Febr. 1892, † Moskau 15. Juli 1977, russ.-sowjet. Schriftsteller. – Wurde in Deutschland, wo er mit dem Expressionismus in Berührung kam, vom 1. Weltkrieg überrascht und interniert; ab 1918 in Rußland Rotarmist, später in der Volksbildung und als Journalist tätig. Er wurde von M. Gorki gefördert und schloß sich 1920 den Serapionsbrüdern an. F. schrieb Romane, Novellen und Bühnenstücke. Sein erster Roman ›Städte und Jahre‹ (1924, dt. 1927), der sehr erfolgreich war, ist kompliziert im Aufbau; formal ist der Einfluß der dt. Expressionisten und

A. Belys spürbar. In den Romanen
›Frühe Freuden‹ (1945, dt. 1948), ›Ein
ungewöhnl. Sommer‹ (1949, dt. 2 Bde.,
1950) und ›Die Flamme‹ (2 Bücher,
1961–67, 1. Buch dt. 1963, vollständige
dt. Ausgabe in 2 Bden. 1985), die zu den
bed. Werken der sowjet. Literatur gezählt
werden, macht er Zugeständnisse an den
sozialist. Realismus.

Weitere Werke: Der Garten (E., 1920, dt. 1958),
Stille (E., 1924, dt. 1958), Die Chronik von Na-
rowtschat (E., 1925, dt. 1958), Transvaal (E.,
1926, dt. 1958), Die Brüder (R., 1928, dt. 1928),
Raub der Europa (R., 2 Bücher, 1933–35, dt.
1958), Sanatorium Arktur (R., 1940, dt. 1956).
Ausgaben: K. F. Ges. Werke. Dt. Übers. Bln.
1958–63. 10 Bde. – K. A. F. Sobranie sočinenij.
Moskau 1971–73. 10 Bde.
Literatur: BRAININA, B.: K. F. Dt. Übers. Bln.
1954. – BLUM, J. M.: K. F. Den Haag 1967. –
KUZNECOV, M. M.: Romany K. F.a. Moskau
²1980. – Problematika i poėtika tvorčestva K.
F.a. Saratow 1981.

Fedkowytsch (tl.: Fed'kovyč), (Os-
syp) Juri [Adalbertowytsch] [ukrain. fɛtj-
'kovetʃ], *Storonez-Putilow (heute Pu-
tila, Gebiet Tschernowzy) 8. Aug. 1834,
†Tschernowzy 11. Jan. 1888, ukrain.
Schriftsteller. – Zunächst österr. Offizier,
später Schulinspektor und Bürgermeister, ferner Mit-Hg. der ersten ukrain.
Zeitung in der Bukowina. Landschaft
und Volkstum seiner Heimat prägten
seine anfangs deutschsprachige, später
ukrain. Lyrik, die starke Einflüsse der
westeurop. Romantik aufweist. F. begründete die Dialektdichtung der in den
östl. Waldkarpaten lebenden Huzulen
(Ukrainisch mit rumän. Elementen). Er
schrieb auch Erzählungen und Dramen,
in denen er (wie in seiner Lyrik) oft Jagd-
und Kriegsmotive verwendete.

Werk: Luk'jan Kobylycja (Poem, hg. 1891).

Feengeschichten [von vulgärlat.
Fata = Schicksalsgöttin, Fee (zu lat. fa-
tum = Schicksal)], der Glaube an die
Existenz von Feen entstammt der kelt.
Mythologie; die Fee ist ursprünglich ein
halbgöttl. Wesen, das in Gewässern,
Höhlen, Grotten oder auf fernen Inseln
(Avalun) lebt, den Menschen Hilfe und
Gaben spendet, Haus und Hof gedeihen
läßt oder Unglück bringt, wenn es belei-
digt oder geschädigt wird. Mit dem kelt.
Feenglauben verschmolz antiker Glaube
an Schicksalsgöttinnen. Darauf weisen

neben der Wortform Fee die Gabe der
Schicksalsbestimmung, die Geburtsga-
ben sowie die gebundene Dreizahl hin, in
der Feen häufig auftreten. Doch bleibt
ihr Charakter ursprünglicher Naturgott-
heiten und -geister auch später erhalten
und verbindet sich v. a. in Britannien mit
german. Glauben an Naturgeister. Zwar
kennt auch der dt. Volksglaube den Feen
vergleichbare Wesen, wie ›Frau Holle‹,
›Frau Gode‹, ›weise Frauen‹ (z. B. im
Märchen ›Dornröschen‹), doch hat die
Fee, anders als in der dt. Literatur und im
Kunstmärchen, im Volksmärchen nie
recht heimisch werden können. In der
altfrz. und provenzal. Dichtung erscheint
die Fee als überaus schönes (›Rosenroman‹, 13. Jh.) und kunstfertiges Wesen
(Chrétien de Troyes, 12. Jh.). Daß Feen
nach der Liebe ird. Männer streben und
Helden und Ritter in ihr Feenreich lok-
ken, ist zu einem beliebten Motiv der mittelalterl. Dichtung geworden. In vielen
Erzählungen erscheint die Fee Morgue,
Schwester des Königs Artus, die die Helden entführt. In der italien. Dichtung
heißt sie Fata Morgana. Im Gefolge der
Rezeption roman. Dichtungsstoffe fanden Feenmotive Eingang in die mhd.
Dichtung (Wolfram von Eschenbach
u. a.). Spanien kannte die ›fadas‹, zau-
berkundige und kunstfertige Feen und
Schicksalsgöttinnen. Nach Italien (M. M.
Boiardo, L. Ariosto, T. Tasso) gelangten
die Feen mit den Artusromanen und der
jüngeren Heldenepik. In England lassen
sich Feenmotive in der literar. Tradition
verfolgen: von G. Chaucers ›The Canterbury tales‹ (begonnen etwa 1386, gedr.
um 1478, dt. 1827 u. d. T. ›Canterburysche Erzählungen‹) über die engl. Übersetzung (zw. 1525 und 1535) des frz. Romans ›Huon de Bordeaux‹ (Auberon als
Feenkönig) und E. Spensers Versepos
›The faerie queene‹ (1590–96, dt. Auswahl 1854 u. d. T. ›Fünf Gesänge der
Feenkönigin‹) bis zu Shakespeares Komödie ›Ein Sommernachtstraum‹ (entst.
um 1595, gedr. 1600, dt. 1775, erstmals dt.
1762; Titania, Oberon). Im 16. Jh. kam es
in Italien durch Rückgriff der Dichter
auf populäre Erzählstoffe zur Neubelebung der literar. Feenwelt (G. Basile, ›Lo
cunto de li cunti‹, hg. 1634–36, 1674
u. d. T. ›Pentamerone‹, dt. 1846). In

Frankreich setzte gegen Ende des 17. Jh. eine wahre Mode des Märchenerzählens ein (Gräfin d'Aulnoy, ›Les contes nouveaux ou les fées á la mode‹, 3 Bde., 1698–1711; Ch. Perrault, ›Contes de ma mère l'oye‹, 1697, dt. 1822 u. d. T. ›Feenmärchen für die Jugend‹). Wie im Englischen ›fairy tale‹ zur Bez. des Märchens überhaupt wurde, so bürgerte sich nun auch in Frankreich ›contes de fées‹ für alle märchenhaften Geschichten ein. Durch literar. Vermittlung und mündl. Tradition der frz. Hugenotten kam es auch in Deutschland im 18. Jh. zur Neubelebung der Feendichtung. Das Wort ›Fee‹ ist erstmals nach 1740˙ belegt. Ch. M. Wieland führte (1752) die Begriffe Feenland und Feenmärchen ein. **Literatur:** MOENCKEBERG, V.: Das Märchen u. unsere Welt. Erfahrungen u. Einsichten. Köln 1972. – BRIGGS, K.: A dictionary of fairies. London 1976. – PAUKSTADT, B.: Paradigmen der Erzähltheorie. Ein methodengeschichtl. Forschungsbericht mit einer Einf. in Schemakonstitution u. Moral des Märchenerzählens. Freib. 1980. – ROBERT, R.: Le conte de fées littéraire en France de la fin du XVIIᵉ à la fin du XVIIIᵉ siècle. Nancy 1982. – TISMAR, J.: Kunstmärchen. Stg. ²1983. – THEUER, J.: Die ›Blaue Bibliothek aller Nationen‹. Ein Beitrag zur europ. Märchentradition. Diss. Wuppertal 1984. – KLOTZ, V.: Das europ. Kunstmärchen. Stg. 1985. – Wege der Märchenforschung. Hg. v. F. KARLINGER. Darmst. ²1985. – GRÄTZ, M.: Das Märchen in der dt. Aufklärung. Vom Feenmärchen zum Volksmärchen. Stg. 1987. – LÜTHI, M.: Märchen. Stg. ⁸1990.

Feerie [feə'ri:; frz.], szen. Aufführung einer Feengeschichte (auch als Singspiel, Oper, Ballett, Pantomime) unter Verwendung raffinierter bühnentechn. Mittel und mit großem Kostüm- u. a. Ausstattungsaufwand. Seit Ende des 17. Jh. bes. in England und Frankreich beliebt; berühmt sind die Inszenierungen von Antonio Sacchi (z. B. der Feenmärchen C. Gozzis, 1761/62) oder von D. Garrick und dem berühmten Bühnenbildner Philippe Jacques de Loutherbourg (*1740, †1812), auch die der Wiener Vorstadttheater (bes. F. Raimunds Inszenierungen seiner eigenen Zauberstücke).

Fefer, Izik Solomonowitsch, *Schpola 23. Sept. 1900 (Gouv. Kiew), †Moskau (?) 12. Aug. 1952, jidd. Schriftsteller. – Nach literar. Anfängen in den 20er Jahren wurde F. aufgrund seiner

künstler. Qualitäten wie seiner Parteitreue zu einem der führenden sowjet.-jidd. Autoren (polit. Dichtung, Naturlyrik, Kindergedichte); hielt sich 1943 als Mitglied des ›Antifaschistischen Komitees‹ in den USA auf; wurde 1948 verhaftet, einige Jahre nach seinem Tod rehabilitiert (1958 ausgewählte Werke in russ. Übersetzung).
Ausgaben: I. S. F. Geklibene werk. Charkow u. Kiew 1929. – I. S. F. Schotns fun Warschewer geto. New York 1945. – I. S. F. Lider, balades, poemes. Moskau 1967.

Fehrs, Johann Hinrich, *Mühlenbarbek (Holstein) 10. April 1838, †Itzehoe 17. Aug. 1916, niederdt. Schriftsteller. – Lehrer in Lübeck und Itzehoe bis 1903; stand als Schriftsteller in der Nachfolge Th. Storms. Schrieb lyr. und ep. Gedichte, u. a. ›Krieg und Hütte‹ (Epos, 1872), Erzählungen wie ›Lütj Hinnerk‹ (1878), ›Allerhand Slag Lüd‹ (2 Bde., 1887–91) und den Dorfroman ›Maren‹ (1907) aus der Zeit von 1848 bis 1851.
Weitere Werke: Eigene Wege (Epos, 1873), Zwischen Hecken und Halmen (Ged., 1886), Ettgrön (En., 1901), Ut Ilenbeck (En., 1901).
Ausgabe: J. H. F. Ges. Dichtungen in 4 Bden. Hamb. 1913.
Literatur: FOERSTE, L.: F.' künstler. Leistung. Köln 1957. – FOERSTE, L.: Idee als Gestalt in F.scher Kunst. Neumünster u. Hamb. 1962. – J. H. F. – Ein Erzähler der Provinz. Studien zu Leben, Werk u. Wirkung. Hg. v. K. DOHNKE u. a. Heide in Holstein 1987.

Fehse, Willi, *Kassieck (Altmark) 16. Mai 1906, †Göttingen 2. März 1977, dt. Schriftsteller. – Studierte u. a. Kunstgeschichte in Berlin; war Lehrer, Schulrektor in Göttingen; schrieb Theaterkritiken, Gedichte (›Das Herbstlicht‹, 1972), den Roman um Josef Kainz ›Romeo im Tingeltangel‹ (1964), Novellen, Essays (›Liebeserklärung an Europa‹, 1969) und Hörspiele; v. a. bekannt durch seine Geschichten- und Anekdotenbücher (›Blühender Lorbeer‹, 1953; ›Die Hausmedizin‹, 1971); Hg. von Anthologien (›Anthologie jüngster Lyrik‹, 1927; mit K. Mann; ›Dt. Lyrik der Gegenwart‹, 1959; ›Dt. Erzähler der Gegenwart‹, 1959).

Feierberg (tls.: Fejerberg; Feuerberg), Mordechai Seew, *Nowograd-Wolynski (Ukraine) 20. Sept. 1874, †ebd. 2. März 1899, hebr. Schriftsteller russ. Nationalität. – Vertreter des Zionismus, beeinflußt von ↑ Achad Haam; schrieb neben Essays eine Reihe lyr. Erzählungen über Generationskonflikte unter den Juden Osteuropas. Als sein Hauptwerk gilt die autobiograph. Erzählung ›Lě'an?‹ (= Wohin?, engl. 1959 u. d. T. ›Whither?‹).

Feijó, António Joaquim de Castro [portugies. fɐi'ʒɔ], * Ponte de Lima 1. Juni 1862, † Stockholm 21. Juni 1917, portugies. Dichter. – Diplomat, u. a. Botschafter in Stockholm; Vertreter der portugies. parnass. Dichtung, beeinflußt von Th. de Banville; später Entwicklung zum Symbolismus. Sein ›Cancioneiro chinês‹ (1890) ist die Übertragung von J. Gautiers Dichtung ›Le livre de jade‹.
Weitere Werke: Transfigurações 1878–1882 (Ged., 1882), Líricas e bucólicas (Ged., 1884), Ilha dos amores (Ged., 1897), Bailatas (Ged., 1907), Novas bailatas (Ged., hg. 1926).
Ausgabe: A. J. de C. F. Sol de inverno. Hg. v. A. M. MACHADO. Lissabon 1981 (mit Bibliogr.).

Feijoo y Montenegro, Benito Jerónimo [span. fɛi'xoo i mɔnte'neɣro], * Casdemiro (Orense) 8. Okt. 1676, † Oviedo 26. Sept. 1764, span. Gelehrter und Schriftsteller. – Prof. für Theologie in Oviedo; ab 1690 Benediktiner; beeinflußte maßgeblich das span. Geistesleben im 18. Jahrhundert. Ausgangspunkt seines literar., mit gemeinverständl. Essays und Briefen eine breite Leserschaft anstrebenden Werkes im Bereich von Naturwissenschaften, Technik, Medizin, Theologie, Philosophie, Literatur und Geschichte (gesammelt in ›Theatro crítico universal‹, 9 Bde., 1726–40, und in den ›Cartas eruditas y curiosas ...‹, 5 Bde., 1742–60) waren krit. Beurteilung der nat. Überlieferung und bewußtes Erleben des polit. und kulturellen Niedergangs Spaniens. Im aufklärer. Sinne tätig, setzte sich F. y M. v. a. für den Anschluß an die naturwiss.-techn. Errungenschaften Westeuropas und die Verwendung experimenteller Methoden ein, ohne nat. Eigenart und kath. Glauben preisgeben zu wollen.
Ausgaben: B. J. F. y M. Obras escogidas. Hg. v. V. DE LA FUENTE. Madrid 1863. – B. J. F. y M. Obras completas. Oviedo 1981 ff. (mit Bibliogr.).
Literatur: DELPHY, G.: L'Espagne et l'esprit européen. L'œuvre de F. (1725–1760). Paris 1936. – EGUIAGARAY BOHIGAS, F.: El padre F. y

la filosofía de la cultura de su época. Madrid 1964. – PÉREZ RIOJA, J. A.: Proyección y actualidad de F. Ensayo de interpretación. Madrid 1965. – El p[adre] F. y su siglo. Oviedo 1966. 3 Bde. – FILGUEIRA VALVERDE, J.: Estudios sobre F. y Sarmiento. Madrid 1983.

Feisi (tl.: Faiḍī), Abol-Feis ebn-e Mobarak [pers. fei'zi:], * Agra (Indien) 1547, † ebd. 5. Okt. 1595, pers.-ind. Dichter. – Dichter und Prinzenerzieher am Hof des Großmoguls Akbar; verfaßte gemeinsam mit seinem Bruder, dem Wesir Abol-Fasl, eine pers. Biographie Akbars; Übersetzer von Sanskritwerken ins Persische, der Hofsprache der Großmoguln, darunter ›Nal o Daman‹, einer Episode aus dem ›Mahābhārata‹. Seine Lyrik ist reich an kunstvollen Metaphern und literarischen Figuren, ganz im Sinne des ›indischen Stils‹ der persischen Literatur. F. ist einer der Träger des persischen Einflusses auf die osmanische Literatur des 17. und 18. Jahrhunderts.
Literatur: RYPKA, J.: Iran. Literaturgesch. Lpz. 1959. S. 289.

Feith, Rhijnvis, * Zwolle 7. Febr. 1753, † Landgut Boschwijk bei Zwolle 8. Febr. 1824, niederl. Dichter. – War Bürgermeister von Zwolle; bekannt mit F. G. Klopstock; schrieb unter dem Einfluß von J.-J. Rousseau, F. G. Klopstock, Ch. M. Wieland und Goethe empfindsame Romane und Dramen, die ihn zum volkstümlichsten Dichter seiner Zeit machten.
Werke: Julie (R., 1783, dt. 1788), Ferdinand en Constantia (R., 1785), Ines de Castro (Dr., 1793), Das Grab (Lehrged., 1793, dt. 1821), Oden en gedichten (5 Bde., 1796–1814), De ouderdom (Ged., 1802).
Ausgabe: R. F. Dicht- en prozaïsche werken. Hg. v. J. KANTELAAR. Rotterdam 1824–25. 13 Bde.
Literatur: BRUGGENCATE, H. G. TEN: Meester R. F. Wageningen 1911. – BUIJNSTERS, P. J.: Tussen twee werelden. R. F. als dichter van ›Het Graf‹. Assen 1963.

Fejes, Endre [ungar. 'fɛjɛʃ], * Budapest 15. Sept. 1923, ungar. Schriftsteller. – Verfasser zeit- und sozialkrit. Prosawerke aus dem Budapester Arbeiter- und Kleinbürgermilieu; schrieb auch Bühnenstücke, Hör- und Fernsehspiele.
Werke: Der Lügner (En., 1958, dt. 1972), Schrottplatz (R., 1962, dt. 1966), Dado oder Das Leben eines armen Schluckers (E., 1963, dt. 1967), Gute Nacht, Liebe (R., 1967, dt. 1971),

Kėktiszta szerelem (= Liebe wie reines Blau; Schsp.e, Hsp.e, Fsp.e, 1971), Szerelemről bolond éjszakán (= Von der Liebe in närr. Nacht, R., 1975).

Felder, Franz Michael, * Schoppernau bei Bregenz 13. Mai 1839, † Bregenz 26. April 1869, österr. Schriftsteller. – Sohn eines Kleinbauern, von Geburt an fast blind; autodidakt. Bildung. War einerseits wirtschaftlich von seinem bäuerl. Beruf abhängig, empfand sich andererseits bewußt als Schriftsteller, der u. a. den Dialekt seiner Umgebung erforschte und sozialreformer. Ideen in Abhandlungen, Polemiken, Satiren und Reden, aber auch in seinen Erzählungen und Romanen verbreitete. Starb an Tuberkulose, kurz nachdem er mit seinem Roman ›Reich und arm‹ (1868, 1949 u. d. T. ›Oben und unten‹) überregional bekannt geworden war und den ersten Band seiner Autobiographie ›Aus meinem Leben‹ (hg. 1904) vollendet hatte.
Weitere Werke: Nümmamüllers und das Schwarzokaspale (E., 1863), Sonderlinge (En., 2 Bde., 1867).
Ausgaben: F. M. F. Sämtl. Werke. Hg. v. H. SANDER. Lpz. 1910–13. 4 Bde. – F. M. F. Aus meinem Leben. Vorwort v. P. HANDKE. Salzburg 1985.
Literatur: METHLAGL, W.: Der Traum des Bauern – F. M. F. Bregenz 1984.

Feldes, Roderich, * Offdilln (heute zu Haiger, Lahn-Dill-Kreis) 21. Dez. 1946, dt. Schriftsteller. – Studium in Gießen und Frankfurt am Main; schreibt Gedichte und Erzählungen, auch Hör- und Fernsehspiele. Seine Romane ›Lilar‹ (1980) und ›Das Verschwinden der Harmonie‹ (1981) handeln von der Zerstörung der überkommenen Gemeinschaft einer ländl. Idylle durch das Vordringen moderner Errungenschaften.
Weitere Werke: haubergsnelken (Ged., 1967), Die Reise an den Rand des Willens (En., 1979), Vom Unwesen einiger Wesen (Fabeln, 1980), Pitagorische Wechselküsse (Ged., 1982), In einem toten Haus (E., 1983), Das Weber-Panofski-Syndrom (E., 1984), Isolierglas (En., 1985), Der Wal oder Mama, hörst du mich noch? (Kinderb., 1991).

Feldman, Miroslav, * Virovitica 28. Dez. 1899, † Zagreb 30. Mai 1976, kroat. Dramatiker. – Nahm als Arzt am Partisanenkrieg gegen Deutschland teil. F. schrieb neben Gedichten v. a. Dramen, die in der Vorkriegszeit mehr satirisch-

groteske Züge tragen und in der Nachkriegszeit v. a. sozial engagiert sind.
Ausgaben: M. F. Drame. Zagreb 1964. – M. F. Izabrane pjesme. Zagreb 1964.

Feldman, Wilhelm, * Zbaraż (heute Sbarasch) 8. April 1868, † Krakau 25. Okt. 1919, poln. Schriftsteller, Literarhistoriker und Kritiker. – Aus jüd. (chassid.) Familie; studierte in Heidelberg und Berlin; trat als Publizist für die nat. Belange Polens und die Gleichberechtigung der Juden in Polen ein; war Dramatiker und Erzähler. Bed. ist seine Abhandlung ›Die poln. Literatur der Gegenwart‹ (1902, dt. 1916).
Literatur: JAZOWSKI, A.: Poglądy W. F. a jako krytyka literackiego. Breslau 1970.

Félibres [frz. fe'libr], einem provenzal. Volkslied entlehnter, nicht genau geklärter Name für Vertreter der provenzalischen literar. Bewegung des † Félibrige (J. Roumanille, F. Mistral, Th. Aubanel, A. Tavan, P. Giéra, J. Brunet, A. Mathieu). Die ab 1855 von den F. herausgegebene Zeitschrift ›L'Armana Prouvençau‹ erscheint noch heute als jährl. Almanach.
Ausgabe: Lyr. Auswahl aus der Félibredichtung. Hg. v. K. VORETZSCH. Halle/Saale 1934–36. 2 Bde.
Literatur: RIPERT, E.: Le félibrige. Paris ³1948. – JAN, E. VON: Neuprovenzal. Literaturgesch. 1850–1950. Hdbg. 1959. – LAFONT, R./ANATOLE, CH.: Nouvelle histoire de la littérature occitane. Paris 1970–71. 2 Bde.

Félibrige [frz. feli'bri:ʒ], provenzal. Dichterbund († Félibres); gegr. 1854 nach dem Vorbild der Toulouser Dichtergesellschaft des ›Consistori de la Subregaya Companhia del Gai Saber‹ (gegr. 1323; † Blumenspiele) mit dem Ziel der ›Ehrenrettung und Wiederherstellung der provenzal. Sprache und des provenzal. Kulturgutes‹ (F. Mistral). Zusammen mit der philolog. Wiederentdeckung der provenzal. Troubadourlyrik im 19. Jh. (F. Raynouard, A. Fabre d'Olivet) förderte der F. die Renaissance provenzal. Kultur. Bis heute existiert der F. in regionalen Komitees und Schulen; seine Vertreter propagieren konservative literar. und politisch-regionalist. Thesen, die bei anderen progressiven provenzal. Autoren (z. B. um die Zeitschrift ›Viure‹, seit 1965) z. T. auf heftige Kritik und Opposition stoßen.

Literatur: JOUVEAU, R.: Histoire du F. (1876–1914). Nîmes 1970. – ↑auch Félibres, ↑provenzalische Literatur.

Felicjan [poln. fɛ'litsjan], poln. Schriftsteller, ↑Faleński, Felicjan.

Feliński, Alojzy [poln. fɛ'liĩ̩ski], * Luzk 1771, † Krzemieniec 23. Febr. 1820, poln. Schriftsteller. – 1794 nahm er am Aufstand teil, war Sekretär Kościuszkos; Vertreter des poln. klassizist. Dramas, dessen patriotisch-pathet. Trauerspiel ›Barbara Radziwiłłówna‹ (beendet 1811, hg. 1820) noch heute aufgeführt wird.
Ausgabe: A. F. Dzieła. Warschau 1840. 2 Bde.

Felipe, León, span. Lyriker, ↑León Felipe.

Felíu i Codina, Josep [katalan. fə'liu i ku'ðinə], * Barcelona 11. Juni 1847, † Madrid 2. Mai 1897, katalan. Schriftsteller. – Stand unter dem Einfluß des neuromant. Dramas von José Echegaray y Eizaguirre; schrieb, meist in Versen, realist. Stücke mit ausgesprochen regionalem Gepräge: ›La Dolores‹ (1892) zeichnet das Milieu von Calatayud, ›María del Carmen‹ (1895; in Prosa) spielt in Murcia, ›La real moza‹ (1896) in Andalusien. Verfasser zahlreicher Singspiele (Zarzuelas).

Fełmayer, Rudolf [...maıər], * Wien 24. Dez. 1897, † ebd. 27. Jan. 1970, österr. Schriftsteller. – Bankbeamter, freier Schriftsteller, nach 1945 Bibliothekar und Lektor beim Österr. Rundfunk in Wien; Lyriker von originaler Sprachkraft, Hg. von Anthologien und der Reihe ›Neue Dichtung aus Österreich‹ (ab 1955).
Werke: Die stillen Götter (Ged., 1936), Gesicht des Menschen (Ged., 1948), Der Spielzeughändler aus dem Osten (Ged., 1958), Eine wiener. Passion (Ged., 1964), Barocker Kondukt (Dichtung, 1968), Landschaft des Alters (Ged., hg. 1970).

Fels, Ludwig, * Treuchtlingen 27. Nov. 1946, dt. Schriftsteller. – Arbeitete als Maler, Packer und Hilfsarbeiter; seit 1973 freier Schriftsteller, lebt seit 1983 in Wien. In seinen Gedichten und realist. Prosaarbeiten, deren Hauptthema die von F. erlebte Arbeitswelt ist, ist er ein kompromißloser Ankläger der Gesellschaft. Verfaßte auch Hörspiele und Dramen.

Werke: Anläufe (Ged., 1973), Platzangst (En., 1974), Die Sünden der Armut (R., 1975), Mein Land. Geschichten (1978), Ein Unding der Liebe (R., 1981), Kanakenfauna. 15 Berichte (1982), Betonmärchen (1983), Lämmermann (Dr., 1983), Der Anfang der Vergangenheit (Ged., 1984), Der Affenmörder (Dr., 1985), Die Eroberung der Liebe (Prosa, 1985), Rosen für Afrika (R., 1987), Sturmwarnung (Stück, 1992), Bleeding heart (R., 1993).

feministische Literaturkritik, sie ist Teil der unterschiedl. Richtungen umfassenden Frauenbewegung, an deren modernem Ausgangspunkt S. de Beauvoirs Analyse ›Das andere Geschlecht‹ (2 Bde., 1949, dt. 1951) steht. Entspringt der in der Folgezeit innerhalb der Frauenbewegung zunächst dominierende liberale Feminismus dem humanist. Denken und strebt die weibl. Emanzipation im Rahmen der existierenden polit. und sozialen Ordnung an, so basiert der in den 1970er Jahren sich entwickelnde radikale Feminismus auf einer dezidierten Abgrenzung von einer phallogozentr. Kultur und plädiert für die bewußte Förderung einer weibl. Ästhetik. Der materialist. Feminismus betont im Gegensatz hierzu den Unterschied zwischen biolog. und soziokulturell geprägtem und damit veränderbarem Geschlecht. Dieser Aspekt erlangt bes. in der brit. f.n L. entscheidende Bedeutung (Catherine Belsey [* 1940]). V. a. der amerikan. f.n L. ist neben der Beschäftigung mit den Bildern von Weiblichkeit in Texten männlicher Verfasser (Josephine Donovan [* 1941]) die Rekonstruktion einer weiblichen literar. und kulturellen Tradition zu verdanken (Elaine Showalter [* 1941], Susan Gilbert und Sandra Gubar [* 1944]). Demgegenüber wurden verschiedene Ausprägungen des Konzepts einer weibl. Ästhetik v. a. innerhalb der psychoanalytisch und poststrukturalistisch orientierten frz. f.n L. entwickelt (H. Cixous, Luce Irigaray, J. Kristeva).

Literatur: Feminist literary criticism. Explorations in theory. Hg. v. J. DONOVAN. Lexington (Ky.) 1975. – CIXOUS, H.: Weiblichkeit in der Schrift. Dt. Übers. Bln. 1980. – GILBERT, S. M./GUBAR, S.: The madwoman in the attic. The woman writer and the 19th-century literary imagination. New Haven (Conn.) ²1980. – KRISTEVA, J.: Desire in language. A semiotic approach to literature and art. Engl. Übers. Oxford 1980. Nachdr. ebd. 1989. – BELSEY, C.: The

160 **Fénelon**

subject of tragedy. Identity and difference in Renaissance drama. London 1985. – The new feminist criticism. Essay on women, literature, and theory. Hg. v. E. SHOWALTER. New York 1985. – IRIGARAY, L.: Speculum, Spiegel des anderen Geschlechts. Dt. Übers. Ffm. ⁵1991.

Fénelon, François de Salignac de La Mothe [frz. fen'lõ], * auf Schloß Fénelon (Dordogne) 6. Aug. 1651, †Cambrai 7. Jan. 1715, frz. Schriftsteller. – Schüler des Seminars Saint-Sulpice in Paris; um 1675 Priester; beauftragt mit der Betreuung neukonvertierter Protestantinnen; hatte enge Beziehungen zu J. B. Bossuet, auf dessen Empfehlung hin er mit einer Missionsaufgabe in den Provinzen Saintonge und Poitou betraut wurde; 1689 mit der Erziehung des Thronfolgers, des Enkels von Ludwig XIV., beauftragt; danach (1695) Erzbischof von Cambrai; wurde unter dem Einfluß von Madame J.-M. Guyon du Chesnoy Anhänger des Quietismus und fiel deshalb bei Kirche und Hof in Ungnade, verbrachte die letzten 13 Jahre seines Lebens isoliert in Cambrai; Mitglied der Académie française (1693). Als Hauptwerk gilt der für seinen königl. Schüler bestimmte staatspolitisch-pädagog. Bildungsroman ›Les aventures de Télémaque‹, der, 1699 ohne F.s Wissen gedruckt, wegen der angebl. Angriffe auf das Königshaus und seines fortschrittl. Ideengutes bis 1717 verboten war, dann aber in zahlreichen Ausgaben verbreitet und in fast alle lebenden Sprachen übersetzt wurde (erstmals dt. 1700, u. a. 1827 u. d. T. ›Die Abenteuer des Telemach‹); auch viele der sonstigen Schriften, v. a. ›Über die Erziehung der Töchter‹ (1687, dt. 1828, 1698 u. d. T. ›Von Auferziehung der Töchter‹) weisen F. als einen Vorläufer der Aufklärung aus.

Weitere Werke: Gespräche der Todten (1700, dt. 1745), Lettre sur les occupations de l'Académie française (hg. 1716), Fables (hg. 1734), L'examen de conscience d'un roi (hg. 1734).

Ausgaben: F. Œuvres complètes. Hg. v. M. GOSSELIN. Paris 1851–52. 10 Bde. Nachdr. Genf 1971. – F. Werke religiösen Inhalts. Dt. Übers. Lpz. ³1878. 3 Bde. in 1 Bd. – F. Geistl. Werke. Briefe, Predigten, Traktate. Dt. Übers. Hg. v. F. VARILLON. Düss. 1961. – F. Œuvres. Krit. Ausg. Hg. v. J. LE BRUN. Paris 1983–84. 2 Bde. **Literatur:** F. Persönlichkeit u. Werk. Festschr. zur 300. Wiederkehr seines Geburtstages. Hg. v. J. KRAUS u. J. CALVET. Baden-Baden 1953. –

François
de Salignac
de La Mothe
Fénelon

CARCASSONNE, E.: F., l'homme et l'œuvre. Paris ²1955. – GORÉ, J.-L.: L'itinéraire de F. Humanisme et spiritualité. Paris 1957. – SPAEMANN, R.: Reflexion u. Spontaneität. Studien über F. Stg. 1963. – DAVIS JR., J. H.: F. Boston (Mass.) 1979. – HAILLANT, M.: Culture antique et imagination dans les œuvres de F. ›ad usum Delphini‹. Diss. Paris 1981. – KAPP, V.: ›Télémaque‹ de F. Tüb. u. Paris 1982.

Feng Meng-lung (Feng Menglong) [chin. fəŋməŋlʊŋ], * Bei Su-chou (Kiangsu) 1574, † 1646, chin. Literat. – War, wie Ling Meng-ch'u, ein Wegbereiter der umgangssprachl. Erzählkunst. Von seinen 120 Erzählungen, oft nach alten Motiven, wurden viele in die Anthologie ↑›Chin-ku ch'i-kuan‹ übernommen; veröffentlichte auch Gedichte, Dramen, histor. Werke und Witzsammlungen; Übersetzungen ins Deutsche erschienen in einzelnen Anthologien, ferner in: ›Die schöne Konkubine‹ (1966), ›Neuer chin. Liebesgarten‹ (1968).

Literatur: TÖPELMANN, C.: Shan-ko von F. M.-l. Wsb. 1973.

Fenis, Rudolf von, mhd. Minnesänger, ↑Rudolf von Fenis.

Fenoglio, Beppe [italien. fe'nɔʎʎo], * Alba (Cuneo) 1. März 1922, †ebd. 18. Febr. 1963, italien. Schriftsteller. – Einer der bedeutendsten italien. Nachkriegsautoren, für den sich bes. I. Calvino einsetzte. F. schrieb Erzählungen und Romane; der Roman ›I ventitre giorni della città di Alba‹ (1952) lebt von der Erinnerung an seine piemontes. Heimat und stellt Härte und Grausamkeit des Partisanenlebens dar.

Weitere Werke: La malora (R., 1954), Eine Privatsache (R., hg. 1965, dt. 1968), Il partigiano

Johnny (R., hg. 1968), Eine feine Methode (R., hg. 1969, dt. 1971).

Literatur: LAGORIO, G.: B. F. Florenz ²1975. – LAJOLO, D.: F. Mailand 1978. – BIGAZZI, R.: F. Personaggi e narratori. Rom 1983. – DE NICOLA, F.: Introduzione a F. Rom u. Bari 1989.

Feraoun, Mouloud [frz. fera'un], *Tizi-Hibel (Kabylei) 8. März 1913, † Algier 15. März 1962, alger. Schriftsteller. – Lehrer; befreundet u. a. mit A. Camus; nahm auf der Seite der Befreiungsfront am alger. Krieg teil, wurde von der OAS ermordet. Schrieb z. T. autobiographisch bestimmte Romane (›Der Sohn des Armen‹, 1950, dt. 1957; ›Die Heimkehr des Amer-u-Kaci‹, 1953, dt. 1956; ›Die Wege hügelan‹, 1955, dt. 1958). Von hohem dokumentar. Wert ist sein Tagebuch der Jahre 1955–62 (›Journal‹, hg. 1963).

Weitere Werke: Jours de Kabylie (En., 1954), La légende de Si Mahoud (E., 1958), L'anniversaire (R.-Fragment, hg. 1972).

Literatur: CHÈZE, M.-H.: M. F., la voix et le silence. Paris 1982. – ACHOUR, CH.: M. F., une voix en contrepoint. Paris 1986.

Ferber, Edna [engl. 'fə:bə], *Kalamazoo (Mich.) 15. Aug. 1887, † New York 16. April 1968, amerikan. Schriftstellerin ungar. Herkunft. – Ihre sentimental-realist. Romane behandeln, z. T. mit sozialkrit. Tendenz, Stoffe aus der amerikan. Geschichte und Gegenwart; zahlreiche Romane und Bühnenstücke wurden verfilmt.

Werke: Buttered side down (En., 1912), So Groß (R., 1924, dt. 1927, 1962 u. d. T. Eine Frau allein; Pulitzerpreis 1924), Das Komödiantenschiff (R., 1926, dt. 1929), Cimarron (R., 1930, dt. 1931), Amerikan. Schönheit (R., 1931, dt. 1933), Giganten (R., 1952, dt. 1954), Der weiße Palast (R., 1958, dt. 1958).

Literatur: GILBERT, J. G.: F. A biography. New York 1978.

Ferdousi (tl.: Firdausī), Abol-Ghasem Mansur [pers. ferdoụ'si:], *bei Tus (Nordost-Iran) um 940, † Tus 1020 oder 1026, pers. Ependichter. – Autor des pers. Nationalepos ›Šāhnāmaʰ‹ (= Königsbuch). In etwa 50 000 Doppelversen schildert er die legendäre Geschichte vorislam. iran. Herrscher von den myth. Urkönigen bis zur arabisch-muslim. Eroberung. Zahlreiche, z. T. volkstüml. Sagenkreise und Überlieferungen wurden zu einem monumentalen Epos vereint. Die Atmosphäre des vorislam. Irans wird durch die archaisierende Sprache unterstützt, die die im 11. Jh. übl. arab. Wörter im Persischen fast völlig vermeidet. Ungeachtet seiner Jahrhunderte langen Popularität und vieler Forschungen ist F.s Biographie nur wenig bekannt. Redaktionen des ›Šāhnāmaʰ‹ stammen aus dem 14. und 15. Jh., auf denen viele Prunkhandschriften beruhen.

Ausgaben: Firdosi's Königsb. Dt. Übers. v. F. RÜCKERT. Hg. v. E. A. BAYER. Bln. 1890–95. 3 Bde. – Heldensagen des Firdusi. In dt. Nachbildung. Hg. v. A. F. V. SCHACK. Stg. ⁴1891–94. 3 Bde.

Literatur: NÖLDEKE, TH.: Das iran. Nationalepos. Bln. ²1920. – WOLFF, F.: Glossar zu Firdosis Schahname. Bln. 1935. 2 Bde. – HANSEN, K. H.: Das iran. Königsb. Aufbau u. Gestalt des Schahname v. Firdosi. Mainz u. Wsb. 1955. – RYPKA, J.: Iran. Literaturgesch. Lpz. 1959. S. 155. – BAYAT-SARMADI, D.: Erziehung u. Bildung im Schahname von Firdousi. Freib. 1970.

Ferguson, Sir (seit 1878) Samuel [engl. 'fə:gəsn], *Belfast 10. März 1810, † Howth bei Dublin 9. Aug. 1886, ir. Dichter schott. Herkunft. – Studierte in Dublin, war erfolgreicher Rechtsanwalt. Bed. sind seine Übersetzungen und Paraphrasen ir. Gedichte; schrieb Kurzgeschichten und sammelte alte kelt. Inschriften.

Werke: Lays of the Western Gael (Ged., 1865), Congal (Ged., 1872), Deirdre (Einakter, 1880), Hibernian night's entertainments (Kurzgeschichten, 1887).

Literatur: FERGUSON, LADY M. C.: Sir S. F. in the Ireland of his day. Edinburgh u. London 1896. 2 Bde. – O'DRISCOLL, R.: An ascendancy of the heart. F. and the beginnings of modern Irish literature in English. Dublin 1976.

Fergusson, Robert [engl. 'fə:gəsn], *Edinburgh 5. Sept. 1750, † ebd. 16. Okt. 1774, schott. Dichter. – Nach dem Studium Schreiber in einem Anwaltsbüro; starb in geistiger Umnachtung; seine volksnahe, humoristisch-lebhafte schott. Dialektdichtung beeinflußte R. Burns; seine engl. Gedichte sind weniger bedeutend.

Werke: Poems (1773), Scots poems (hg. 1898).

Ausgabe: R. F. Poems. Hg. v. M. P. McDIARMID. Edinburgh 1954. 2 Bde.

Literatur: MACLAINE, A. H.: R. F. New York 1965. – DAICHES, D.: R. F. Edinburgh 1982.

Ferienčik, Mikuláš Štefan [slowak. 'fɛrjentʃi:k], *Zvolen 30. Juli 1825, † Turčiansky Svätý Martin (heute Martin, Mittelslowak. Gebiet) 3. März 1881, slowak. Schriftsteller. – Hg. und Redakteur slo-

wak. Zeitschriften; schrieb Novellen mit sozialer Thematik (u. a. ›Irma‹, 1860; ›Jedlovský učitel‹ [= Der Lehrer von Jedlová], 1862) und Dramen.
Literatur: MRÁZ, A.: Literárny profil M. Š. F.a. Preßburg 1959.

Ferlin, Nils [schwed. fær'li:n], * Karlstad 11. Dez. 1898, † Uppsala 21. Okt. 1961, schwed. Lyriker. – Ausbildung als Schauspieler, fuhr zur See und war in diversen anderen Berufen beschäftigt. F. schrieb Gedichte in volkstüml. Ton, die ihn zu einem der beliebtesten schwed. Lyriker dieses Jh. machten. Formal an Volkslied und Revue-Couplet der 30er Jahre anknüpfend, behandeln sie in melanchol., oft durch tiefen Pessimismus gekennzeichneten Bildern Themen wie die Heimatlosigkeit des Menschen auf Erden und die Sinnlosigkeit des Daseins, lassen dabei aber Mitgefühl und Anteilnahme ihres Verfassers mit den sozial Schwachen und Ausgestoßenen der Gesellschaft spüren. Viele der Gedichte sind vertont und besitzen auch heute noch in Schweden die Popularität von echten ›Volksliedern‹.
Werke: En döddansares visor (Ged., 1930), Barfotabarn (Ged., 1933), Goggles (Ged., 1938), Med många kulörta lyktor (Ged., 1944), Kejsarens papegoja (Ged., 1951), Från mitt ekorrhjul (Ged., 1957), En gammal cylinderhatt (Ged., 1962).
Literatur: En bok om N. F. Hg. v. S. CARLSON u. A. LIFFNER. Stockholm 1954. – RUNNQUIST, Å.: Poeten N. L. Stockholm 1958. – RUNNQUIST, Å.: N. F. En bildbiografi. Stockholm 1962.

Ferlinghetti, Lawrence [engl. fə:lɪŋ'gɛtɪ], * Yonkers (N. Y.) 24. März 1919, amerikan. Schriftsteller und Verleger. – Spielte eine wesentliche Rolle in der ›San Francisco renaissance in poetry‹ (F. O'Hara, K. Patchen, R. Duncan, D. Levertov, A. Ginsberg, G. Corso, J. Kerouac); Verleger von A. Ginsbergs Sammlung ›Das Geheul u. a. Gedichte‹ (1956, dt. 1959); seine 1953 gegründete Buchhandlung ›City Lights Bookshop‹ in San Francisco wurde zum Treffpunkt avantgardist. Autoren, die er unterstützte und deren Lyrik und Prosa er in seiner ›Pocket poets series‹ und in der Zeitschrift ›Beatitude‹ verlegte; seine eigenen Werke sind markante Beispiele der von ihm lancierten Beat-Lyrik, die Gesellschaftsveränderung und den Aufbau

einer Gegenkultur zum Ziel hat. Seine besten Werke (›Ein Coney Island des inneren Karussells‹, Ged., 1958, dt. 1962; ›Sie‹, autobiograph. R., 1960, dt. 1965) sind ein Manifest seiner antikapitalist. Einstellung und seiner an W. Whitman erinnernden romant. Visionen von Freiheit und östl. Mystik; schreibt auch Dramen.

Lawrence
Ferlinghetti

Weitere Werke: Pictures of the gone world (Ged., 1955), Starting from San Francisco (Ged., 1961), Routines (Dr., 1964), An eye on the world (Ged., 1967), Mexikan. Nacht (Reisebericht, 1970, dt. 1981), Open eye, open heart (Ged., 1973), Endless life. Selected poems (Ged., 1981), Seven days in Nicaragua (Reisebericht, 1984).
Ausgaben: L. F. Ausgew. Gedichte. Hg. v. A. SCHMITZ. Zü. 1972. – L. F. Gedichte. Dt. Übers. v. W. TEICHMANN. Mchn. 1980.
Literatur: CHERKOVSKY, N.: F. A biography. Garden City (N. Y.) 1979. – SMITH, L. R.: L. F., poet-at-large. Carbondale (Ill.) 1983.

Fermate [italien. = Halt, Aufenthalt], eine vom verwendeten metr. Schema abweichende Dehnung meist der letzten oder vorletzten Silbe eines Verses oder einer rhythm. Einheit.

Fernán Caballero [span. fɛr'nan kaβa'ʎero], eigtl. Cecilia Böhl de Faber, verh. de Arrom, * Morges (Schweiz) 25. Dez. 1796, † Sevilla 7. April 1877, span. Schriftstellerin. – Tochter des dt. Gelehrten Johann Nikolaus Böhl von Faber (* 1770, † 1836), Mutter Spanierin; in Deutschland erzogen, lebte ab 1821 in Spanien, v. a. in Andalusien, wo sie wichtige Anregungen für ihr schriftstellter. Schaffen erhielt. F. C. gilt als Schöpferin des modernen span. Romans. Streng katholisch und konservativ, schildert sie lebendig und gefühlsbetont das Leben des Volkes, wobei sie Beschreibungen der span. Landschaft in ihre Darstellung einbezieht. Sie sammelte auch Volkslieder und Märchen.

Werke: Die Möwe (R., 1849, dt. 1860), Clemencia (R., 1852, dt. 1859), Cuadros de costumbres populares andaluzas (Skizzen, 1852), Die Familie Alvareda (R., 1856, dt. 1864), Ein Sommer in Bornos (R., 1858, dt. 1861), Span. Dorfgeschichten (dt. Ausw. 1877), Span. Novellen (2 Bde., dt. Ausw. 1878), Andalus. Novellen (dt. Ausw. 1891).
Ausgaben: F. C. Ausgew. Werke. Dt. Übers. Paderborn ²1865–67. 8 Bde. – F. C. Obras completas. Madrid 1893–1914. 17 Bde. – F. C. Obras. Hg. v. J. M. CASTRO Y CALVO. Madrid 1961. 5 Bde.
Literatur: HAASE, E.: Der Realismus als Regionalismus bei F. C. Diss. Mainz 1953. – MONTESINOS, J. F.: F. C. Ensayo de justificación. Berkeley (Calif.) 1961. – HERRERO, J.: F. C. Un nuevo planteamiento. Madrid 1963. – MONTOTO, S.: F. C. Algo más que una biografía. Sevilla 1969. – KLIBBE, L. H.: F. C. New York 1973.

Fernandez, Dominique [frz. fɛrnã-'dɛ:z], * Neuilly-sur-Seine 25. Aug. 1929, frz. Schriftsteller. – War 1966–89 Prof. für Italianistik an der Université de Haute Bretagne in Rennes. Neben seinen journalist. Arbeiten an der ›Quinzaine Littéraire‹ und am ›Express‹ Verfasser eines Romanwerkes, das in unterschiedl. histor. Ambiente komplexe Lebenssituationen schwieriger Helden gestaltet: so des Heranwachsenden, des Paares, der Familie im Bereich häusl. Individuation, des Kastraten (in ›Porporino oder die Geheimnisse von Neapel‹, 1974, dt. 1976; Prix Médicis 1974) oder des Homosexuellen (›Signor Giovanni‹, 1981) vor dem Hintergrund histor. Verwirklichungsmöglichkeiten. In seinen Essays, die seine fiktionalen Texte diskursiv begleiten, richtet er die Aufmerksamkeit immer wieder neu auf die normativ verhüllten Sehnsüchte der Gesellschaft.

Weitere Werke: Le roman italien et la crise de la conscience moderne (Essay, 1958), L'aube (R., 1962), Süditalien. Reise (Essay, 1965, dt. 1969), L'échec de Pavese (Essay, 1967), Lettre à Dora (R., 1969), Les enfants de Gogol (R., 1971), Eisenstein (Essay, 1975), Une fleur de jasmin à l'oreille (R., 1980), Dans la main de l'ange (R., 1982; Prix Goncourt 1982), Das Bankett der Engel. Literar. Barockreise von Rom nach Prag (1984, dt. 1986), L'amour (R., 1986), Der Triumph des Paria (R., 1987, dt. 1993), Le radeau de la Gorgone. Promenades en Sicile (Reisebericht, 1988), Der Raub des Ganymed (Essay, 1989, dt. 1992), Die Schule des Südens (R., 1991, dt. 1993), Porfirio et Constance (R., 1991), Le dernier des Médicis (R., 1993).

Fernández, Lucas [span. fɛr'nandɛθ], * Salamanca wahrscheinlich 1474, † ebd. 1542, span. Dramatiker. – War Priester und Prof. für Musik in Salamanca; schrieb unter dem Einfluß von J. del Encina religiöse und profane Spiele (›Farsas y églogas al modo y estilo pastoril‹, 1514), die sich durch wirkungsvolle Dialogführung und geschickte Verbindung von Sprechpartien mit musikal. Einlagen auszeichnen; sein ›Auto de la Pasión‹ gehört zu den bedeutenden religiösen Dramen vor P. Calderón de la Barca.

Ausgabe: L. F. Farsas y églogas. Hg. v. M. J. CANELLADA. Madrid 1976.
Literatur: LIHANI, J.: L. F. New York 1973.

Fernández, Macedonio [span. fɛr-'nandes], * Buenos Aires 1. Juni 1874, † ebd. 10. Febr. 1952, argentin. Schriftsteller. – Eine der Schlüsselfiguren für die avantgardist. Tendenzen der 20er Jahre in Argentinien (Ultraismo); verfaßte Gedichte und lyrisch-philosoph. Prosa, die auf einem subjektiven Idealismus beruhen, den er bis zur Negation von Zeit, Raum, Materie und Subjekt zu entwickeln suchte.

Werke: No toda es vigilia la de los ojos abiertos (Prosa, 1928), Papeles de recienvenido (Prosa, 1929), Una novela que comienza (R., 1941), Continuación de la nada (Prosa, 1944), Poemas (Ged., hg. 1953), Cuaderno de todo y nada (Prosa, 1972).
Literatur: JITRIK, N.: La novela futura de M. F. Caracas 1973. – FLAMMERSFELD, W.: M. F. (1874–1952). Reflexion und Negation als Bestimmungen der Modernität. Ffm. u. Bern 1976.

Fernández Ardavín, Luis [span. fɛr-'nandeθ arða'βin], * Madrid 16. Juli 1891, † ebd. 17. Dez. 1962, span. Schriftsteller. – Begann als modernist. Lyriker (›Meditaciones‹, 1913), schrieb später milieugebundene Versdramen und erfolgreiche Problemstücke.

Weitere Werke: La dama del armiño (Dr., 1921), La vidriera milagrosa (Dr., 1925), La hija de Dolores (Dr., 1927), La florista de la reina (Dr., 1939), El cantar del organillo (Dr., 1949), La reina clavel (Dr., 1951), Sierra Morena (Dr., 1952).

164 Fernández de Avellaneda

Fernández de Avellaneda, Alonso [span. fɛr'nandɛ̞ ð ̞e aβeʌa'neða], Pseudonym für einen unbekannten Verfasser. – Er setzte den ›Don Quijote‹ fort (1614), als der 2. Teil des Werkes von M. de Cervantes Saavedra auf sich warten ließ, und gab damit Anlaß zu Partien und Figuren im 2. Teil des echten ›Don Quijote‹ (1615).
Ausgabe: A. F. de A. Leben u. Taten des weisen Junkers Don Quixote von La Mancha (Segundo tomo...). Dt. Übers. Bln. u. a. 1968.
Literatur: GILMAN, S.: Cervantes y A. Estudio de una imitación. Mexico 1951. – BAHNER, W.: Cervantes' Auseinandersetzung mit A. und ihre Konsequenzen für den Aufbau des ›Don Quijote‹. In: BAHNER: Formen, Ideen, Prozesse in den Literaturen der roman. Völker. Bd. 1: Von Dante bis Cervantes. Bln. 1977. S. 221.

Fernández de la Reguera, Ricardo [span. fɛr'nandɛ̞ ð ̞e la rrɛ'ɣera], * Barcenillas bei Santander 27. April 1912, span. Schriftsteller. – Wuchs in Chile auf; Prof. für span. Literatur in Barcelona; Verfasser realist. Romane, z. T. aus dem Span. Bürgerkrieg: ›Schwarze Stiere meines Zorns‹ (1950, dt. 1958), ›Wehrlos unter Waffen‹ (1954, dt. 1962), ›Das verlorene Paradies‹ (1955, dt. 1965), ›Die Einfalt der Liebe‹ (1956, dt. 1959). Seit 1963 auch Autor (mit seiner Frau Susana March) der Romanreihe ›Episodios nacionales contemporáneos‹ nach dem Vorbild von B. Pérez Galdós.

Fernández de Lizardi, José Joaquín [span. fɛr'nandɛz ð ̞e li'sarði], * Mexiko 15. Nov. 1776, † ebd. 21. Juni 1827, mex. Schriftsteller. – War journalistisch und politisch tätig; veröffentlichte die meisten seiner Schriften, für die er exkommuniziert und mehrfach inhaftiert wurde, unter dem Pseudonym ›El Pensador Mexicano‹. Anknüpfend an die span. ›novela picaresca‹ schuf er mit ›El Periquillo Sarniento‹ (3 Bde., 1816) den ersten hispanoamerikan. Roman; schrieb außerdem Dramen und satir. Gedichte (›Fábulas‹, 1817).
Weitere Werke: Noches tristes (R., 1818), La Quijotita y su prima (R., 1818), El negro sensible (Dr., 1825), La tragedia del P. Arenas (Dr., 1827), Vida y hechos del famoso caballero don Catrín de la Fachenda (R., hg. 1832).
Ausgabe: J. J. F. de L. Obras. Mexiko 1963–65. 5 Bde.
Literatur: SOLÍS, E.: Lo picaresco en las novelas de F. de L. Mexiko 1952. – DEHESA Y GÓMEZ

FARIAS, M. T.: Introducción a la obra dramática de J. J. F. de L. Mexiko 1961.

Fernández de Moratín, Nicolás [span. fɛr'nandɛ̞ ð ̞e mora'tin], † Moratín, Nicolás Fernández de.

Fernández Flórez, Wenceslao [span. fɛr'nandɛθ 'floɾɛθ], * La Coruña 1885, † Madrid 29. April 1964, span. Schriftsteller. – Journalist; 1934 Mitglied der Span. Akademie; wurde v. a. bekannt durch seine humoristisch-satir. Romane: ›Ha entrado un ladrón‹ (1920), ›El secreto de Barba Azul‹ (1923), ›Las siete columnas‹ (1926), ›Relato inmoral‹ (1927), ›El bosque animado‹ (1943).
Literatur: GÓMEZ SANTOS, M.: W. F. F. Barcelona 1958. – MAINER BAQUÉ, J. C.: Análisis de una insatisfacción. Las novelas de W. F. F. Madrid 1975.

Fernández Moreno, Baldomero [span. fɛr'nandez mo'reno], * Buenos Aires 15. Nov. 1886, † ebd. 7. Juli 1950, argentin. Lyriker. – Arzt und Lehrer; seine thematisch den Dingen des Alltags zugewandte, sprachlich höchst subtile und differenzierte Lyrik, für die der programmat. Begriff ›Sencillismo‹ geprägt wurde, bedeutete für die argentin. Literatur die Abkehr vom Modernismo.
Werke: Las iniciales del misal (Ged., 1915), El hogar en el campo (Ged., 1924), Romances y seguidillas (Ged., 1937), Yo médico, yo catedrático (Ged., 1941), Parva (Ged., 1949).

Fernández Retamar, Roberto [span. fɛr'nandɛr rrɛta'mar], * Havanna 9. Juni 1930, kuban. Schriftsteller. – Studierte Literaturwissenschaft in Havanna, Paris und London; Dozent u. a. an der Univ. Havanna; 1961–65 Sekretär des kuban. Schriftsteller- und Künstlerverbandes; 1965–88 Direktor der bed. Kulturzeitschrift ›Casa de las Américas‹. In seiner direkten, metaphernlosen Poesie verbinden sich intimes Gefühl und polit. Engagement. In seinen literaturwissenschaftl. und kulturkrit. Essays sucht er eine Ästhetik aus der Erfahrung des revolutionären Prozesses zu begründen.
Werke: Elegía como un himno (Ged., 1950), Vuelta de la antigua esperanza (Ged., 1959), Ensayo de otro mundo (Essay, 1967), A quien pueda interesar (Ged., 1970), Kaliban – Kannibale. Essays zur Kultur Lateinamerikas (1971, dt. 1988), Circunstancia de poesía (Ged., 1977), Cuba hasta Fidel (Essay, 1979), Para el perfil definitivo del hombre (Ged., 1981), Poeta en La Habana (Ged., 1982), Aquí (Ged., 1994).

Fernández Santos, Jesús [span. fɛr-'nandεθ 'santɔs], * Madrid 9. Nov. 1926, span. Schriftsteller und Filmregisseur. – Verfasser realist., lebensbejahender Romane (›Die tapferen Toren‹, 1954, dt. 1961; ›Die Zypresse‹, 1957, dt. 1962; ›El libro de las memorias de las cosas‹, 1970 [Premio Nadal 1970]; ›Paraíso encerrado‹, 1973; ›Jaque a la dama‹, 1982 [Premio Planeta 1982]) und Erzählungen (›Las catedrales‹, 1970); auch Regisseur preisgekrönter Kulturfilme.

Fernández y González, Manuel [span. fɛr'nandeθ i ɣɔn'θalεθ], * Sevilla 6. Dez. 1821, † Madrid 5. oder 6. Dez. 1888, span. Schriftsteller. – Rechts- und Philosophiestudium in Granada; schrieb mehr als 300 im 19.Jh. vielgelesene Romane, in denen er bevorzugt histor. Themen behandelte, u.a. ›El condestable D. Álvaro de Luna‹ (1851), ›Men Rodríguez de Sanabria‹ (1853), ›Los siete infantes de Lara‹ (1853), ›El cocinero de su majestad‹ (1857), ›El alcalde Ronquillo‹ (2 Bde., 1868).
Literatur: HERNÁNDEZ-GIRBAL, F.: Una vida pintoresca. M. F. y G. Biografia novelesca. Madrid 1931.

Fernau, Joachim, * Bromberg 11. Sept. 1909, † München 24. Nov. 1988, dt. Schriftsteller. – War Journalist, dann freier Schriftsteller. Hatte v. a. großen Erfolg mit seinen Geschichtsdarstellungen in der unterhaltenden Art des Feuilletons ›Rosen für Apoll. Die Geschichte der Griechen‹ (1961) und ›Cäsar läßt grüßen. Die Geschichte der Römer‹ (1971).
Weitere Werke: Deutschland, Deutschland über alles ... von Arminius bis Adenauer (1952), Und sie schämten sich nicht. Ein Zweitausendjahr-Bericht (1958), Die jungen Männer (1960), Weinsberg ... (1963), Disteln für Hagen. Bestandsaufnahme der dt. Seele (1966), Brötchenarbeit (1970), Ein Frühling in Florenz (R., 1973), Die treue Dakerin (1974), Ein wunderbares Leben (R., 1975), Die Gretchenfrage (1979), ›Guten Abend, Herr Fernau‹ (1984).

Fernsehspiel, für das Fernsehen produziertes Stück. Die bisherigen Versuche, das F. gegenüber dem Theaterstück bzw. Film abzugrenzen, beschreiben überwiegend nur technisch bedingte Unterschiede und sind – gehen sie darüber hinaus – oft nur bedingt haltbar: So können z.B. der Auffassung, die Funktion des Wortes sei im F. nicht wie im Film der Funktion des Bildes unter-, sondern gleichwertig zugeordnet, leicht Beispiele entgegengehalten werden, die weitgehend auf das gesprochene Wort verzichten. Ebenso unbefriedigend wie die Abgrenzungsversuche gegenüber Film und Theaterstück sind auch die Versuche geblieben, eine ›Eigengesetzlichkeit der Gattung‹ F. zu beschreiben, sie beziehen sich mehr auf Regie und Aufnahmetechnik. Folgende Formen des F.s können unterschieden werden: das *eigentl. Fernsehspiel* als die ›eigens für dieses Medium konzipierte Form eines Stoffes, der bisher weder in Drama, Epik und Lyrik noch im Hörspiel seinen Niederschlag fand‹ (T. Schwaegerl), die *Fernsehspieladaption* eines Theaterstücks, eines Hörspiels oder einer ep. Vorlage, der *Fernsehfilm* als ein ›eigens für eine Wiedergabe auf dem Bildschirm gedrehter Filmstreifen‹ (T. Schwaegerl), und das *Live-Spiel,* das auf die techn., aber auch ästhet. Möglichkeiten der Aufzeichnung verzichtet, heute allerdings kaum noch im Programm erscheint. Das *dokumentar. F.* sollte gesondert als selbständiger Typ des F.s zwischen dem Information aufbereitenden *Fernsehfeature* und dem eigentl. F. beschrieben werden. Es erscheint in dem Maße, in dem es sich durch Aufnahme von Formelementen anderer Sendeformen wie der Dokumentation, des Berichtes, der Reportage, des Interviews, Kommentars u.a. dem Fernsehfeature nähert, als die medienspezif. Form des Fernsehspiels.
Als wichtige und bekannte Autoren von F.en gelten u.a.: L. Ahlsen, J. Arden, S. Beckett, P. Chayefsky, H. von Cramer, T. Dorst, R. W. Faßbinder, Ch. Geissler, W. Hall, F. von Hoerschelmann, J. Hopkins, C. Hubalek, E. Ionesco, H. Kipphardt, P. Lilienthal, D. Meichsner, D. Mercer, E. Monk, J. Mortimer, T. Mosel, G. Oelschlegel, K. Otsu, H. Pinter, T. Rattigan, R. Rose, Th. Schübel, R. A. Stemmle, O. Storz, Th. Valentin, A. Wesker, K. Wittlinger, T. Willis.

Literatur: SCHWAEGERL, T.: Das dt. F. von 1936–61. Diss. Erlangen-Nbg. 1964. – BERG, H. O.: F.e nach Erzählvorlage. Düss. 1972. – Das F. Hg. v. P. v. RÜDEN. Mchn. 1975. – WALDMANN, W.: Das dt. F. Wsb. 1977. – Theorie des F.s. Hg. v. C. BELING. Hdbg. 1979. – Wirklich-

166 Ferrari

keit und Fiktion im F. Hg. v. A.-L. HEYGSTER
u. a. Mainz 1980. – Dramaturgie des F.s. Die
Diskussion um das F. 1952–1979. Hg. v.
I. SCHNEIDER. Mchn. 1980. – HICKETHIER, K.:
Das F. in der Bundesrepublik. Themen, Form,
Struktur, Theorie u. Gesch. 1951–77. Stg.
1980. – WALDMANN, W./WALDMANN, R.: Einf. in
die Analyse von F.en. Tüb. 1980. – SELF, D.: Television drama. London 1984.

Ferrari, Paolo, *Modena 5. April
1822, †Mailand 9. März 1889, italien.
Dramatiker. – Jurastudium; Gymnasiallehrer und Dozent, auch politisch tätig;
schrieb (z. T. in Mundart) erfolgreiche,
von C. Goldoni und der frz. Literatur be-
einflußte, später mehr an den bürgerl.
Moralbegriffen orientierte Komödien
und Dramen.
Werke: Goldoni e le sue sedici commedie nuove
(Kom., 1852), La satira e il Parini (Kom., 1856),
Il duello (Dr., 1868), Cause ed effetti (Dr.,
1872), Il suicidio (Dr., 1875).
Ausgaben: P. F. Opere drammatiche. Mailand
1877–86. 16 Bde. – P. F. Opere drammatiche.
Mailand 1881. 26 Bde.
Literatur: FORTIS, L.: P. F. Mailand 1889. – FER-
RARI, V.: P. F., la vita, il teatro. Mailand 1899. –
DE BELLIS, N.: Il teatro di P. F. Rom 1922. –
APOLLONIO, C.: P. F. In: La letteratura italiana.
Autori vari. I minori. Bd. 4. Mailand 1962. –
BOZZOLI, A.: P. F. In: Dizionario critico della
letteratura italiana. Hg. v. V. BRANCA. Bd. 1.
Turin 1972. S. 80.

Ferrari, Severino, *Alberino (Moli-
nella) 25. März 1856, †Collegigliato bei
Pistoia 24. Dez. 1905, italien. Dichter und
Gelehrter. – Zuletzt Prof. in Bologna;
Schüler G. Carduccis, mit dem er einen
Kommentar zu F. Petrarcas ›Canzoniere‹
verfaßte; Literarhistoriker und Volks-
liedforscher; neben einer satir. Dichtung
›Il mago‹ (1884) schrieb er an Carducci
geschulte Gedichte (›Bordatini‹, 2 Bde.,
1885/86; ›Primavera fiorentina‹, 1900;
›Sonetti‹, 1901); bed. sind seine stili-
stisch hervorragenden Briefe.
Literatur: COMES, S.: Scrittori in cattedra. F.,
Capuana, Pirandello, Bertacchi. Florenz 1976.

Ferrater i Soler, Gabriel [katalan.
fərrə'tɛr i su'le], *Reus (Prov. Tarragona)
1922, †San Cugat del Vallés (Prov. Barcelona) 1972, katalan. Lyriker. – Mathe-
matikstudium; lebte 1963/64 als Verlagslektor in Hamburg; gehört mit seinen
Lyrikbänden ›Da nuces pueris‹ (1960),
›Menja't una cama‹ (1962), ›Teoria dels
cossos‹ (1966; zus. 1968 u. d. T. ›Les do-
nes i els dies‹) zu den originellsten zeit-

genöss. Lyrikern katalan. Sprache; auch
Übersetzer dt. Literatur ins Spanische
und Katalanische.

Ferreira, António [portugies. fə-
'rrɐi̯rɐ], *Lissabon 1528, †ebd. 29. Nov.
1569, portugies. Dichter. – Studierte
Rechtswiss. in Coimbra; wurde neben
seinem Lehrer F. de Sá de Miranda zum
Begründer der klass. portugies. Literatur,
für die er die antike Dichtung zum Vorbild nahm; formal schulte er sich an der
Dichtung der italien. Renaissance, v. a.
an F. Petrarca; schrieb neben Oden, Epigrammen und Sonetten die erste portugies. Tragödie nach klass. Muster,
›Tragédia muy sentida e elegante de D.
Inês de Castro‹ (um 1558, hg. 1587).
Weitere Werke: Poemas lusitanos (Ged., hg.
1598), Bristo (Kom., hg. 1622), Cioso (Kom., hg.
1622).
Literatur: CASTILHO, J. DE: A. F. Rio de Janeiro
1875. 3 Bde. – ROIG, A.: A. F. Étude sur sa vie et
son œuvre. Paris 1970.

Ferreira, Vergílio [portugies. fə-
'rrɐi̯rɐ], *Melo (Distrikt Guarda) 18. Jan.
1916, portugies. Schriftsteller. – Essayist,
Erzähler und Romancier, der, vom
portugies. Neorealismus der 40er Jahre
ausgehend, über die Integration des Existentialismus in seine essayist. und fiktionalen Texte zu einer Literatur der Grenz-
bereiche und Grenzerfahrungen gelangt,
die die Ausgesetztheit des einzelnen als
seine wesentl., nicht metaphysisch be-
stimmbare Qualität auf der Basis konkreter Erzählhandlungen und begleitender
Reflexionen entwirft.
Werke: O caminho fica longe (R., 1943), Onde
tudo foi morrendo (R., 1944), A face sangrenta
(En., 1953), Manhã submersa (R., 1954), Apari-
ção (R., 1959), Cântico final (R., 1960), Estrela
polar (R., 1962), Alegria breve (R., 1965),
Espaço do invisível (Essays, 3 Bde., 1965–77),
Rápida, a sombra (R., 1974), Contos (En., 1976),
Signo sinal (R., 1979), Conta-corrente (Tageb.,
3 Bde., 1980–83), Para sempre (R., 1983), Em
nome da terra (R., 1990).
Literatur: Estudios sobre V. F. Hg. v. H. GO-
DINHO. Lissabon 1982.

Ferreira de Castro, José Maria [por-
tugies. fə'rrɐi̯rɐ ðe 'kaʃtru], portugies.
Schriftsteller, ↑Castro, José Maria Ferreira de.

Ferreira de Vasconcelos, Jorge
[portugies. fə'rrɐi̯rɐ ðə vɐʃkõ'sɛluʃ], *Lissabon um 1515, †ebd. um 1585, portu-

gies. Dramatiker. – Studierte in Coimbra; schrieb die Prosakomödien ›Eufrósina‹ (1555), ›Ulisippo‹ (hg. [2]1618) und ›Aulegrafia‹ (hg. 1619), breit ausgeführte Sitten- und Charaktergemälde der Zeit (Coimbra, Lissabon), ferner den Ritterroman ›Memorial das proezas da segunda Távola Redonda‹ (1567).

Literatur: SUBIRATS, J.: Les comédies et l'epître de J. F. de V. Contribution à l'étude socio-littéraire du XVIe siècle portugais. Lille 1976. 2 Bde. – SUBIRATS, J.: J. F. de V. Coimbra 1982. 2 Bde.

Ferreira Gullar, José Ribamar [brasilian. fe'rrẹịra gu'lar], * São Luís (Maranhão) 10. Sept. 1930, brasilian. Schriftsteller. – Journalist; lebte 1971–78 im Exil. Trat zunächst mit experimenteller ›konkreter‹ Lyrik (›Luta corporal‹, 1954) hervor, wandte sich ab ›Quem matou Aparecida‹ (1962) volkstüml. Formen zu, die er mit aktuellen polit. und sozialen Themen – vom Krieg in Vietnam bis hin zur Kindersterblichkeit im Norden Brasiliens – verband; schonungslose Hinterfragung der eigenen Existenz beinhaltet die Dichtung ›Schmutziges Gedicht‹ (1976, portugies. und dt. 1985); außerdem Autor von kulturkrit. Essays (u. a. ›Vanguardia e subdesenvolvimento‹, 1969) und Theaterstücken (u. a. ›Um rubi no umbigo‹, 1979; ›Vargas‹, 1983).

Weitere Werke: Faule Bananen und andere Gedichte (portugies. und dt. Ausw., 1986), Crime na flor (Ged., 1986), Der grüne Glanz der Tage (Ged., brasilian. u. dt. Ausw. 1991).

Ausgabe: F. G. Toda poesia. Rio de Janeiro [3]1986.

Literatur: TURCHI, M. Z.: F. G. A busca da poesia. Rio de Janeiro 1985.

Ferrẹro, Leo, * Turin 16. Okt. 1903, † Santa Fe (N. Mex.) 26. Aug. 1933 (Autounfall), italien. Schriftsteller. – Verließ 1928 Italien aus Opposition gegen den Faschismus, lebte zuletzt als Zeitungskorrespondent in den USA; schrieb Theaterstücke (u. a. ›Angélique‹, frz. 1927, italien. 1929) sowie histor., literar. und polit. Essays, nach seiner Emigration meist in frz. Sprache.

Literatur: LOMBROSO, G.: L'œuvre de Léo. F. à travers la critique. Genf 1943.

Ferrier, Susan Edmonstone [engl. 'fɛrɪə], * Edinburgh 7. Sept. 1782, † ebd. 5. Nov. 1854, schott. Schriftstellerin. – Schrieb anonym die drei auch von

W. Scott geschätzten satirischen Gesellschaftsromane ›Marriage‹ (3 Bde., 1818), ›The inheritance‹ (1824) und ›Destiny‹ (3 Bde., 1831), die lebendig und humorvoll ein getreues Bild der schott. Gesellschaft vermitteln.

Ausgabe: The works of S. F. Hg. v. M. SACKVILLE. London 1928. 4 Bde.

Ferron, Louis [niederl. 'fɛrɔn], * Leiden 3. Febr. 1942, niederl. Romancier. – Seine ersten drei Werke (›Gekkenschemer‹, 1974; ›Het stierenoffer‹, 1975; ›De keisnijder van Fichtenwald‹, 1976) beschäftigen sich mit der Entwicklung des Faschismus; auch später fasziniert ihn das Deutschlandthema. Die Ausarbeitung seiner Themen ist manchmal übersteigert.

Weitere Werke: De Gallische ziekte (R., 1979), De ballade van de beul (R., 1980), Hoor mijn lied, Violetta (R., 1982), Alpengloeien. Vertellingen uit een keizerrijk en later (1984), Over de wateren (R., 1986), Karelische nachten (R., 1989).

Festspiel,
1. eigens für eine F.aufführung verfaßtes Bühnenwerk. Das F. als dramat. Gattung spielt v. a. in der Renaissance und im Barock eine Rolle. In der dt. Dichtung kam bes. die zahlreichen F.e des 17. Jh. anläßlich der Beendigung des Dreißigjährigen Krieges zu nennen (z. B. von J. Rist). Höf. F.e sind auch Goethes ›Paläophron und Neoterpe‹ (1800; zu Ehren der Herzogin Anna Amalias von Sachsen-Weimar) und Schillers ›Huldigungen der Künste‹ (1804; aus Anlaß der Ankunft der Erbprinzessin von Weimar, Großfürstin von Rußland, Maria Pawlowna in Weimar); in der Tradition der höf. ↑ Trionfi stehen Goethes allegor. Maskenzüge. F.e aus Anlaß nat. Feierlichkeiten sind Goethes ›Des Epimenides Erwachen‹ (1815), geschrieben anläßlich des Einzugs Friedrich Wilhelms III. von Preußen in Berlin nach dem Sieg über Napoleon und G. Hauptmanns ›F. in dt. Reimen‹ (1913, anläßlich der Säkularfeier der Völkerschlacht bei Leipzig). Richard Wagner bezeichnete seinen ›Ring des Nibelungen‹ als ›Bühnen-F.‹, seinen ›Parsifal‹ als ›Bühnenweihfestspiel‹.
2. periodisch wiederkehrende Folge von Veranstaltungen, bei der Bühnen- oder Musikstücke oder Filme mit dem An-

spruch hoher künstler. Qualität aufgeführt werden (Festival). Zu den Vorläufern des heutigen F.s zählen die Dramenaufführungen während der Dionysien im antiken Athen, die mus. Wettkämpfe anläßlich der Olymp. und der Pyth. Spiele, die mittelalterl. Oster-, Weihnachts-, Passions- (wiederbelebt im ↑ Oberammergauer Passionsspiel) und Mysterienspiele, die Musik und Ballett weitgehend einbeziehenden höf. Prunkfeste der Renaissance und des Barocks. F.e modernen Stils sind im 18. Jh. erstmals in Großbritannien nachzuweisen. Seit Beginn des 20. Jh. hat sich in zahlreichen europ. Städten eine Festspieltradition gebildet (Bayreuther Festspiele, Ruhrfestspiele Recklinghausen, Salzburger Festspiele, Edinburgh International Festival, Festival International de Musique Aix-en-Provence, Maggio Musicale Fiorentino in Florenz, u. a. auch Shakespeare-Festspiele in Stratford [Ontario, Kanada]).

Feszenninen [lat.], altitalische Gesänge voll derben Spotts, ohne festes Metrum, Dialogform; wohl bei Erntefesten, v. a. bei Hochzeiten, aber auch von Soldaten beim Triumphzug gesungen.

Fet, Afanassi Afanasjewitsch [russ. fjɛt], eigtl. A. A. Schenschin, * Nowossjolki bei Mzensk (Gebiet Orel) 5. Dez. 1820, † Moskau 3. Dez. 1892, russ. Lyriker. – Aus reicher Gutsbesitzerfamilie; Vertreter der tendenzfreien Dichtung; Anschaulichkeit, feine Zeichnung seel. Zustände, ungewöhnl. Musikalität und starke Ausdrucksfähigkeit zeichnen seine Lyrik aus, die, die Tradition W. A. Schukowskis fortsetzend, bereits impressionist., dann symbolist. Züge trägt; hervorragender Übersetzer, der neben antiken Dichtern (u. a. Horaz, Ovid, Vergil) Goethes ›Faust‹ übertrug. Eine Gedichtauswahl in dt. Übersetzung erschien 1905.
Werk: Večernie ogni (= Abendl. Feuer, Ged., 4 Hefte, 1883–91).
Ausgabe: A. A. F. Polnoe sobranie stichotvorenij. Leningrad 1959.
Literatur: LOTMAN, L. M.: A. F. Boston (Mass.) 1976. – BUCK, CH. D.: Duality in A. A. F. Diss. Yale University, New Haven (Conn.) 1978.

Fetha nägäst (Fetehä nägäset) [amhar. fətha nɛgɛst = Recht der Könige], ein äthiop., kanon. und weltl. Recht um-

fassendes Korpus; geht auf die arab. Kanonessammlung ›Al-Maġmū' Aṣ-Ṣafawī, Al-Qawānīn Aṣ-Ṣafawiyyaʰ‹ des As Safi Abul Fadail Ibn Al Assal zurück, die dieser in der 1. Hälfte des 13. Jh. zusammenstellte. Bei seiner Übertragung aus dem Arabischen in das Gees (17. Jh.?) wurde das Werk weitergehenden Veränderungen unterworfen. Das Werk gliedert sich in zwei Teile: 1. das kirchl. Recht mit 22 Kapiteln, 2. das weltl. Recht mit 29 Kapiteln. Ein Anhang handelt über Erbschaftsangelegenheiten.
Ausgaben: Il ›Fetha Nagast‹ o ›Legislazione dei re‹; codice ecclesiastico e civile di Abissinia. Äthiop. u. italien. Hg. v. J. GUIDI. Rom 1897–99. 2 Bde. – The Fetha Nagast. The law of the kings. Engl. Übers. v. PAULOS TZADUA. Hg. v. P. L. STRAUSS. Addis Abeba 1968.
Literatur: ROSSI CANEVARI, R.: Fetha Nagast (il libro dei re); codice delle leggi abissine, con note e riferimenti al diritto italiano. Mailand 1936. – PAULOS TZADUA: The ancient law of the kings – The Fetha Nagast – in the actual practice of the established Ethiopian Orthodox Church. In: Kanon 1 (1973), S. 112.

Feuchtersleben, Ernst Freiherr von, * Wien 29. April 1806, † ebd. 3. Sept. 1849, österr. Lyriker und Essayist. – Studierte in Wien Medizin, Philosophie, Literatur, Kunstgeschichte; 1844 Dozent für Psychiatrie, 1848 Unterstaatssekretär im Außenministerium. Verfaßte vorwiegend popularphilosoph. und ästhet. Schriften, daneben Aphorismen und didaktisch bestimmte Lyrik.
Werke: Gedichte (1836), Beiträge zur Literatur, Kunst- und Lebenstheorie (Essays, 2 Bde., 1837–41), Zur Diätetik der Seele (1838, erweitert 1842).
Literatur: ELTZ-HOFFMANN, L.: F. Salzburg 1956. – POSISA, F.: E. Frhr. v. F. u. die Antike. Diss. Wien 1958 [Masch.].

Feuchtwanger, Lion, Pseudonym J. L. Wetcheek, * München 7. Juli 1884, † Los Angeles (Calif.) 21. Dez. 1958, dt. Schriftsteller. – Studierte Philosophie und Philologie; war Theaterkritiker, lebte viel im Ausland; 1914 wurde er bei Kriegsbeginn in Tunis interniert, floh nach Deutschland, wo er an der Revolution beteiligt war; 1933 Verbrennung seiner Bücher und Ausbürgerung, 1933–40 Aufenthalt in Süd-Frankreich; neben B. Brecht und W. Bredel Hg. der Emigrantenzeitschrift ›Das Wort‹; 1937 Reise nach Moskau; 1940 wurde er interniert, im gleichen Jahr gelang ihm über Spanien und Portugal die Flucht in die USA. F. begann mit modernisierenden Bearbeitungen dramat. Werke der Weltliteratur; schrieb dann Dramen und Romane, die, von Brecht, H. Mann und A. Döblin beeinflußt, seine pazifistisch-sozialist. Einstellung zum Ausdruck bringen; durch die Parallelen in histor. und kulturgeschichtl. Stoffen erhielt sein Werk zeit- und gesellschaftskrit. Aspekte; er leistete damit einen gewichtigen Beitrag zur Aktualisierung histor. Romane, die, als eine Art Lehrstück, Geschichte als Lerngegenstand aktueller Prognostizierung und Erkenntnis gegenwärtiger Tendenzen aufbereiten (›Simone‹, R., 1944; die ›Josephus‹-Trilogie: ›Der jüd. Krieg‹, 1932; ›Die Söhne‹, 1934; ›Der Tag wird kommen‹, engl. 1942, dt. 1945). Mit dem aufkommenden Nationalsozialismus setzte er sich v. a. in den beiden ersten Bänden der Romantrilogie ›Der Wartesaal‹ auseinander: ›Erfolg. Drei Jahre Geschichte einer Provinz‹ (2 Bde., 1930), ›Die Geschwister Oppenheim‹ (1933; 1949 u. d. T. ›Die Geschwister Oppermann‹), ›Exil‹ (1940).

Lion Feuchtwanger

Weitere Werke: Der tönerne Gott (R., 1910), Thomas Wendt (R., 1920), Die häßl. Herzogin Margarete Maultasch (R., 1923), Jud Süß (R., 1925, als Drama bereits 1918), Der falsche Nero (R., 1936), Unholdes Frankreich. Meine Erlebnisse unter der Regierung Pétain (1942; 1954 u. d. T. Der Teufel in Frankreich), Die Brüder Lautensack (R., 1944), Waffen für Amerika (R., 2 Bde., 1947/48; seit 1952 meist u. d. T. Die Füchse im Weinberg), Wahn oder Der Teufel in Boston (Dr., 1948), Odysseus und die Schweine (En., engl. 1949, dt. 1950), Goya ... (R., 1951),

Narrenweisheit oder Tod und Verklärung des Jean-Jacques Rousseau (R., 1952), Span. Ballade (R., 1955; auch u. d. T. Die Jüdin von Toledo), Die Witwe Capet (Dr., 1956), Centum opuscula (Essays, 1956; 1984 u. d. T. Ein Buch nur für meine Freunde), Jefta und seine Tochter (R., 1957). **Ausgaben:** L. F. Ges. Werke. Bd. 1–6, 8, 9, 11, 17, 18. Amsterdam 1933–48 (m.n.e.). – L. F. Ges. Werke in Einzelausgg. Bln. u. Weimar [1–3]1959 ff. (bisher 16 Bde. erschienen). – L. F. – Arnold Zweig. Briefwechsel 1933–58. Bln. u. Weimar 1984. 2 Bde. – L. F. Ges. Werke in Einzelbänden. Neuausg. Bln. u. a. 1991 ff. (bisher 10 Bde. erschienen). **Literatur:** L. F. Zum Gedenken. Hg. v. K. DIETZ. Rudolstadt 1959. – L. F. Hg. v. K. BÖTTCHER u. a. Bln. [4]1960. – GOTTSCHALK, G.: Die ›Verkleidungstechnik‹ L. F.s in ›Waffen für Amerika‹. Bonn 1965. – LEUPOLD, H.: L. F. Lpz. [2]1975. – KÖPKE, W.: L. F. Mchn. 1983. – JARETZKY, R.: L. F. Rbk. 1984. – L. F. Werk u. Wirkung. Hg. v. R. WOLFF. Bonn 1984. – PISCHEL, J.: L. F. Neuausg. Ffm. 1984. – SKIERKA, V.: L. F. Eine Biogr. Bln. 1984. – DIETSCHREIT, F.: L. F. Stg. 1988. – STERNBURG, W. VON: L. F. Neuausg. Bln. 1994.

Feuillet, Octave [frz. fœ'jɛ], Pseudonym Désiré Hazard, * Saint-Lô 11. Aug. 1821, † Paris 29. Dez. 1890, frz. Schriftsteller. – Trat zuerst mit Theaterstücken hervor, von denen bes. die bürgerlich gefärbten ›Scènes et proverbes‹ (1851) und ›Scènes et comédies‹ (1854) erfolgreich waren; größeren Ruhm verdankt er jedoch den idealist., psychologisch motivierten Romanen ›Der Roman eines armen jungen Menschen‹ (1858, dt. 1858) und ›Julia de Trécœur‹ (1872), in denen er seiner konservativ-kath. Weltanschauung Ausdruck gab. 1862 wurde er Mitglied der Académie française. **Weitere Werke:** Graf Camors (R., 1867, dt. 1868), Histoire d'une Parisienne (R., 1881), Künstlerehre (R., 1890, dt. 1891). **Literatur:** BORRESSEN, A.: Le théâtre d'O. F. (1821–1890). Paris 1929.

Feuilleton [fœj(ə)'tõ:; frz. eigtl. = Beiblättchen (einer Zeitung), zu feuille (vulgärlat. folia) = Blatt], kultureller Teil einer Zeitung; enthält Kommentare und Nachrichten aus dem Kultur- und Geistesleben, Kritiken über kulturelle Ereignisse (Theater, Filme, Konzerte, Ausstellungen usw.), literar., essayist. und unterhaltende Beiträge, Auszüge aus literar. Werken, Gedichte und oft auch einen Fortsetzungsroman. Begriff und Form des F.s gehen zurück auf den frz. Kritiker

J. L. de Geoffroy, der 1800 durch seine gelegentlich beigefügten Betrachtungen über Kunst, Literatur usw. in einem lose eingelegten Anzeigenblatt des ›Journal des Débats‹ so viele Leser gewann, daß dieser Teil 1801 der Zeitung integriert und vom polit. Hauptteil nur durch einen dicken schwarzen Strich getrennt wurde. Die Anordnung ›unterm Strich‹ findet sich in Deutschland erstmals im ›Nürnberger Correspondenten‹ (1831). – In seinen verschiedenen polit., weltanschaul. und kulturkrit. Tendenzen ist das F. ein wichtiges Instrument geistiger Auseinandersetzungen und durch die Mitarbeit bed. Publizisten als Vermittler neuer Ideen, Kunst- und Geschmacksrichtungen ein wichtiger kulturpolit. Faktor.

F. wird auch der einzelne Beitrag des F.teils der Zeitung genannt und oft synonym mit Essay verwendet. F.s sind jedoch meist wesentlich kürzer und vorrangig an unmittelbar aktuellen Themen, Ereignissen o. ä. orientiert. Als bed. dt. Feuilletonisten gelten im 19. Jh. u. a. L. Börne und H. Heine und nach P. Altenberg im 20. Jh. u. a. H. Bahr, A. Polgar, F. Blei, E. Friedell, A. Kerr, V. Auburtin, K. Tucholsky sowie F. Sieburg, E. E. Kisch, W. Haas, M. Rychner, W. Weber, B. Reifenberg, D. Sternberger, M. Reich-Ranicki, P. Bamm, W. Jens, J. Kaiser und Hans Mayer.

Der leichte, auf Brillanz, geistreiche Pointen o. ä. bedachte, oft auch polem. Stil des F.s wird **Feuilletonismus** genannt. Seit der Kritik von K. Kraus, der den Feuilletonismus in seiner Zeitschrift ›Die Fackel‹ bekämpfte, und H. Hesse, der das 20. Jh. in seinem Roman ›Das Glasperlenspiel‹ (1943) als ›feuilletonist. Zeitalter‹ kritisiert, wird der Begriff Feuilletonismus auch abwertend im Sinne von spielerisch-suggestivem Gebrauch von Sprache, von oberflächl. und pseudowissenschaftl. Argumentation gebraucht.

Literatur: HAACKE, W.: Hdb. des F.s. Emsdetten 1951–53. 3 Bde. – KNOBLOCH, H.: Vom Wesen des F.s. Halle/Saale 1962. – PETERSEN, G.: F. u. öffentl. Meinung. Zur Theorie einer Literaturgattung ... Wsb. 1993.

Féval, Paul [Henry Corentin] [frz. fe-'val], *Rennes 29. Sept. 1816, †Paris 8. März 1887, frz. Schriftsteller. – Veröffentlichte zahlreiche erfolgreiche Unterhaltungsromane, die zuerst in Fortsetzungen in Zeitschriften erschienen, u. a. ›Les mystères de Londres‹ (1844), eine Nachahmung der ›Mystères de Paris‹ von E. Sue, und ›Le bossu ou le petit Parisien‹ (1858), die auch beide als Theaterstücke erfolgreich waren; nach seiner Konversion (1876) verfaßte er religiös orientierte Schriften, u. a. ›Les étapes d'une conversion‹ (autobiograph. R., 4 Bde., 1877–81).

Literatur: VAN HERP, J./OLIVER-MARTIN, Y. O.: P. F. Paris 1970.

Fey, Valentin Ludwig, dt. Komiker und Schriftsteller, ↑Valentin, Karl.

Feydeau, Ernest Aimé [frz. fɛ'do], *Paris 16. März 1821, †ebd. 29. Okt. 1873, frz. Schriftsteller. – Vater von Georges F., Freund G. Flauberts; verdankt seinen literar. Ruhm realist., häufig frivolen Romanen, u. a. ›Fanny‹ (1858, dt. 1859), ›Daniel‹ (1859, dt. 1859), ›Catharina von Overmeire‹ (1860, dt. 1860), ›Sylvia‹ (1861, dt. 1861), ›La comtesse de Chalis ou les mœurs du jour‹ (1867).

Literatur: SPRINGER, M. A.: F., sa vie, son temps, son œuvre. Diss. Chicago (Ill.) 1961.

Feydeau, Georges [frz. fɛ'do], *Paris 8. Dez. 1862, †Rueil (heute Rueil-Malmaison, Hauts-de-Seine) 5. Juni 1921, frz. Schriftsteller. – Vollendeter Beherrscher der Dramentechnik, dessen Meisterschaft auf dem Gebiet der ›comédie légère‹ kaum wieder erreicht wurde. Schrieb u. a. ›Le tailleur pour dames‹ (1887), ›La lycéenne‹ (1887), ›Les fiancés de Loches‹ (1888), ›Monsieur chasse‹ (1892), ›L'hôtel du libre-échange‹ (1894), ›La dame de chez Maxim's‹ (1899), ›Occupe-toi d'Amélie‹ (1908), ›On purge bébé‹ (1910).

Ausgabe: G. F. Théâtre complet. Paris 1948–56. 9 Bde.
Literatur: GIDEL, H.: La dramaturgie de G. F. Paris 1978. 2 Bde. – GIDEL, H.: Le théâtre de G. F. Paris 1979. – BAKER, S. E.: F. and the aesthetics of farce. Ann Arbor (Mich.) 1981. – ESTEBAN, M. A.: F. Boston (Mass.) 1983. – ↑auch Sardou, Victorien.

Feylbrief, Jan Koos [niederl. 'fɛilbri:f], niederl. Schriftsteller, ↑Oudshoorn, Jan van.

Fialho de Almeida, José Valentim [portugies. 'fi̯aʎu ðə al'mɐi̯ðɐ], * Vila-de-Frades (Prov. Alentejo) 7. Mai 1857, † Cuba bei Vila-de-Frades 4. März 1911, portugies. Schriftsteller. – Studierte Medizin in Lissabon; setzte sich in seinem z. T. zeit- und sozialkrit. Werk, das impressionist. und naturalist. Stilmerkmale verbindet, vorwiegend mit dem Leben einfacher Menschen auseinander; seine in der von ihm herausgegebenen Monatsschrift ›Os Gatos‹ (6 Bde., 1889–94) erschienenen satir. Pamphlete trugen maßgeblich zum Sturz der portugies. Monarchie bei.

Weitere Werke: Contos (En., 1881), A cidade do vicio (En., 1882), Lisboa galante (En., 1890), O pais das uvas (En., 1893), A esquina (En., 1903). **Literatur:** OLIVEIRA CARDOSO E CASTRO, B. DE: F. de A. Porto 1917. – COSTA PIMPÃO, Á. J. DA: F. Coimbra 1945. – TROST, K. H.: Kulturkrit. Ideen bei F. de A. Diss. Mainz 1966 (mit Bibliogr.). – PRADO COELHO, J. DO: A letra e o leitor. Lissabon ²1977.

Fibel [kindersprachlich entstellt aus ›Bibel‹ (viele Lesestücke der F.n stammten früher aus der Bibel)], Lesebuch für den Anfangsunterricht in der Schule, in übertragener Bedeutung auch Lehrbuch zur elementaren Einführung in andere Wissensgebiete (z. B. Gesundheits-F., Verkehrs-F.). – Als älteste dt. F. für den Leseunterricht gilt der handgeschriebene ›Modus legendi‹ von Christoph Hueber aus dem Jahre 1477. Unter dem Einfluß der Reformation und begünstigt durch die Erfindung des Buchdrucks brachten die folgenden Jahrhunderte eine Vielzahl von F.n unter den verschiedensten Titeln hervor (neben F. Abecedarium, ABC-Büchlein, Grundtbiechel, Figurenbüchlein und dgl.). Sie folgten fast alle ausschließlich der Buchstabiermethode und waren durch ihren vorwiegend katechet. Inhalt bestimmt. Bebildert (Holzschnittillustrationen u. a.) waren schon die frühen F.n des 16. Jh.; mit Einführung der Lautiermethode (seit dem 19. Jh.; das Schriftbild der Buchstaben wird mit dem wiedergegebenen Laut in Verbindung gebracht) wurden auch den Buchstaben Illustrationen beigegeben. Inhaltlich trat das religiöse, später auch das eth. Moment zurück zugunsten einer verstärkt sachl. und sprachl. Durchdringung der kindl. Erlebnis- und Erfahrungswelt. Das

sich in den F.n (und den Lesebüchern) jeweils ausprägende (meist retardierende) Weltbild ist heute Gegenstand soziolog. Untersuchungen. Durchgesetzt haben sich in Deutschland seit Beginn des 20. Jh. v. a. die F.n, die nach dem analyt., dem synthet. oder dem analytisch-synthet. Verfahren aufgebaut sind.

Literatur: SCHMACK, E.: Der Gestaltwandel der F. in vier Jh.en. Ratingen 1960. – Fünf F.n aus fünf Jh.en. Hg. v. J. MUTH. Bad Godesberg 1962. – GABELE, P.: Pädagog. Epochen im Abbild der F. Mchn. u. a. 1962. – GRÖMMINGER, A.: Die dt. F.n der Gegenwart. Whm. u. a. 1970. – Bilderb. u. F. Hg. v. K. DODERER. Whm. u. Basel 1972.

Fichman (tl.: Fiḵman), Jakob, * Belz (Bessarabien) 1881, † in Israel 1958, israel. Dichter und Literaturkritiker. – Lebte ab 1895 in verschiedenen Städten Rußlands und Westeuropas; seit 1912 in Palästina. Seine Gedichtbände (u. a. ›Giv'ōnīm‹ [= Blütenkelche], 1911) umfassen Idyllen, Sonette, Volkslieder, Prosadichtungen, Gedichte mit nat. und bibl. Thematik sowie besinnl. Gedichte. Der Stil ist gehoben und enthält Archaismen, die die späteren israel. Dichter nicht mehr verwenden; schrieb auch Erzählungen für die Jugend.

Literatur: Enc. Jud. Bd. 6, 1972, S. 1258.

Fichte, Hubert, * Perleberg 21. März 1935, † Hamburg 8. März 1986, dt. Schriftsteller. – Ausbildung zum Schauspieler, längere Frankreichaufenthalte (zeitweilig Schafhirt in der Provence), ab 1963 freier Schriftsteller. Zwischen 1971 und 1975 Aufenthalte zu anthropolog. Studien in Bahia (Brasilien), auf Haiti und Trinidad. Veröffentlichte 1963 den Erzählungsband ›Der Aufbruch nach Turku‹ (erweiterte Neuausg. 1985), 1965 den Roman ›Das Waisenhaus‹, in dem er in sparsamer Diktion aus der Perspektive eines Kindes die jüngste Vergangenheit beleuchtet; schrieb auch Gedichte. Zusammen mit L. Mau entstanden Text- und Bildbände über afroamerikan. Religionen (›Xango‹, 1976; ›Petersilie‹, 1980). Sein Lebenswerk, der Zyklus ›Die Geschichte der Empfindlichkeit‹, an dem F. bis zu seinem Tod bereits zehn Jahre gearbeitet hatte, blieb unvollendet (als Fragment 1987–94 in bisher 16 Bden. herausgegeben).

Weitere Werke: Die Palette (R., 1968), Detlevs Imitationen ›Grünspan‹ (R., 1971), Interviews aus dem Palais d'Amour etc. (1972; 1978 erweitert u. d. T. Wolli Indienfahrer), Versuch über die Pubertät (R., 1974), Jean Genet (Porträt, 1981), Lazarus und die Waschmaschine (1985). **Literatur:** H. F. Hg. v. H. L. ARNOLD. Mchn. 1981. – H. F. Materialien zu Leben u. Werk. Hg. v. T. BECKERMANN. Ffm. 1985. – BÖHME, H.: H. F. Stg. 1992.

Fiction [engl. 'fɪkʃən], engl. Sammelbegriff für fiktive Erzählliteratur, Prosadichtungen, Romane, Science-fiction; Ggs.: Non-fiction. – ↑auch Fiktion.

Fiedler, Leslie A[aron] [engl. 'fi:dlə], * Newark (N. J.) 8. März 1917, amerikan. Literaturwissenschaftler und Schriftsteller. – Seit 1965 Prof. für Englisch an der State University of New York in Buffalo. Vertreter des ›myth criticism‹; wendet sich mit Hilfe von Erkenntnissen der Psychologie, Soziologie und Kulturanthropologie der Beschäftigung mit dem Künstler, dem ästhet. Prozeß hoher und populärer Literatur sowie dem Kontext, in dem das Kunstwerk entsteht, zu, wobei es ihm bes. um die Freilegung der nat. Psyche und der Urmythen Amerikas geht; auch Verfasser von Erzählungen, einem Roman (›The messengers will come no more‹, 1974) sowie Hg. von Gedichten.
Weitere Werke: An end to innocence (Essays, 1955), The art of the essay (Studie, 1958), Liebe, Sexualität und Tod (Studie, 1960, dt. 1964), The second stone (R., 1963), Waiting for the end (Essay, 1964), Rückkehr des verschwundenen Amerikaners (Studie, 1968, dt. 1970), Nude croquet (En., 1969), The stranger in Shakespeare (Studie, 1972), Freaks (Studie, 1978), The inadvertent epic (Studie, 1979), What was literature? (Studie, 1982).

Field, Eugene [engl. fi:ld], * Saint Louis (Mo.) 2. Sept. 1850, † Chicago (Ill.) 4. Nov. 1895, amerikan. Dichter und Journalist. – Ab 1883 Kolumnist der Chicagoer ›Morning News‹ (später ›Record‹), wo er seine humorist. Gedichte, aber auch ernste Prosaschriften und Lyrik veröffentlichte; schrieb auch Kinderbücher.
Werke: A little book of Western verse (Ged., 1889), Echoes from the Sabine farm (Ged., 1892; mit seinem Bruder R. M. Field, * 1851, † 1919), With trumpet and drum (Ged., 1892).

Field, Nathaniel [engl. fi:ld], eigtl. Nathan F., ≈ London 17. Okt. 1587, † ebd.

1619, engl. Schauspieler und Dramatiker. – Wirkte bei der Schauspieltruppe ›Children of the Queen's revels‹ an der Aufführung von Werken Shakespeares, Ben Jonsons, F. Beaumonts und J. Fletchers mit. F. schrieb heitere, bühnenwirksame Dramen in Prosa und Blankversen.
Werke: A woman is a weathercock (Dr., 1612), Amends for ladies (Dr., 1618), The fatal dowry (Dr., hg. 1632; mit Ph. Massinger).
Ausgabe: N. F. Plays. Hg. v. W. PEERY. Austin (Tex.) 1952.
Literatur: BRINKLEY, R. F.: N. F. London 1928.

Field, Rachel [Lyman] [engl. fi:ld], * New York 19. Sept. 1894, † Beverly Hills (Calif.) 15. März 1942, amerikan. Schriftstellerin. – War Redakteurin in New York, bevor sie sich ganz der Literatur widmete. Sie schrieb vielgelesene Unterhaltungsromane, Dramen (v. a. Einakter) und Kinderbücher.
Werke: Three pills in a bottle (Dr., 1918), Hitty (Kinderb., 1929, dt. 1950), Seit Menschengedenken (R., 1935, dt. 1948), Hölle, wo ist dein Sieg (R., 1938, dt. 1939), Als wär es heut (R., 1942, dt. 1942, 1951 u. d. T. Morgen wirst du vergessen).

Fielding, Henry [engl. 'fi:ldɪŋ], * Sharpham Park bei Glastonbury (Somerset) 22. April 1707, † Lissabon 8. Okt. 1754, engl. Schriftsteller. – Entstammte einer wenig begüterten Adelsfamilie; studierte Jura in Leiden; war ab 1748 als Friedensrichter tätig. Seine farcenhaften und satir. Dramen auf polit. Verhältnisse und Persönlichkeiten führten 1737 zur Schließung des ihm geführten Little Theatre (›Die Tragödie der Tragödien oder Leben und Tod vom Tom Däumling dem Großen‹, 1730, dt. 1985; ›Pasquin‹, 1736; ›The historical register for the year 1736‹, 1737). Seine satir. Absichten verfolgte F. jedoch weiter mit der auf Premierminister R. Walpole gemünzten fiktiven Gaunerbiographie ›Geschichte Jonathan Wilds‹ (1743, dt. 1750) sowie mit journalist. Zeitschriftenbeiträgen. Seine größte Bedeutung erlangte F. jedoch auf dem Gebiet des Romans, den er durch die begriffl. Festlegung als ›kom. ep. Gedicht in Prosa‹ in der Gattungspoetik verankern wollte. In ›Abenteuer Joseph Andrews und seines Freundes Abraham Adams‹ (R., 1742, dt. 1784, erstmals dt. 1765) nimmt er parodistisch Bezug auf den empfindsamen Roman S. Richardsons und schafft in der bewußten Nachfolge von M. de Cervantes' ›Don Quijote‹ den ersten großen engl. humorist. Roman. Sein Hauptwerk ›The history of Tom Jones, a foundling‹ (4 Bde., 1749, dt. 1771, 1786–88 u. d. T. ›Tom Jones oder die Geschichte eines Findelkindes‹, übersetzt von J. J. Ch. Bode) zeichnet die Entwicklung des Helden sowie seine glückl. Eingliederung in die Gesellschaft nach, wobei F.s Theatererfahrung bei der Charakterisierung typ. Figuren und bei der szen. Darstellung kom. Situationen bes. effektvoll zum Tragen kommt.

Henry
Fielding

Weitere Werke: Amalie, oder das Muster ehel. Liebe (R., 4 Bde., 1752, dt. 1763, 1957 u. d. T. Amelia), Tagebuch einer Reise nach Lissabon (hg. 1755, dt. 1764).
Ausgaben: H. F. Sämtl. Romane in vier Bänden. Dt. Übers. Hg. v. N. MILLER. Mchn. 1965–66. – The Wesleyan edition of the works of H. F. Hg. v. W. B. COLEY u. F. BOWERS. Oxford 1967 ff.
Literatur: H. F. The critical heritage. Hg. v. R. PAULSON u. T. LOCKWOOD. London 1969. – H. F. und der Roman des 18. Jh. Hg. v. W. ISER. Darmst. 1972. – HUNTER, J. P.: Occasional form. F. and the chains of circumstance. Baltimore (Md.) u. London 1975. – ROGERS, P.: H. F. A biography. London 1979. – STOLER, J. A./FULTON, R. B.: F. criticism. An annotated bibliography of 20th century criticism, 1900–1977. New York 1980. – MCCREA, B.: H. F. and the politics of mideighteenth century England. Athens (Ga.) 1981. – DIRCKS, R. J.: H. F. Boston (Mass.) 1983. – BATTESTIN, M. C./BATTESTIN, R. R.: H. F.: a life. London u. a. 1989.

Fielding, Sarah [engl. 'fiːldɪŋ], * East Stour (Dorset) 8. Nov. 1710, † Bath (?) 9. April 1768, engl. Schriftstellerin. – Schwester von Henry F.; Mitglied des Kreises um S. Richardson. In ihren Werken verbindet sich die Seelenanalyse und Empfindsamkeit der Romane Richardsons mit dem Interesse an gesellschaftl. Verhalten und der Ironie der Romane ihres Bruders. Am bekanntesten ist ihre Beschreibung des Lebens von David Simple (›The adventures of David Simple, a moral romance‹, R., 1744; ›Familiar letters between the principal characters in David Simple‹, R., 1747; ›Volume the last‹, R., 1753).

Fierabras [fiˈeːrabras], altfrz. in Laissen geschriebenes Heldenepos des 12. Jh. aus dem Sagenkreis um Karl den Großen. Es erzählt vom Riesen F., einem Sarazenen, der vom christl. Ritter Olivier in Spanien besiegt und zum Christentum bekehrt wird. Nachdichtungen in mehreren europ. Sprachen.
Literatur: JAUSS, H. R.: Epos und Roman. Eine vergleichende Betrachtung an Texten des XII. Jh. In: JAUSS: Alterität und Modernität der mittelalterl. Lit. Gesammelte Aufss. 1956–1976. Mchn. 1977. S. 310.

Fígaro [span. 'fiɣaro], Pseudonym des span. Schriftstellers Mariano José de ↑ Larra.

Figes, Eva [engl. 'faɪdʒɪs], * Berlin 15. April 1932, engl. Schriftstellerin. – Ihre Familie emigrierte 1939 nach England; schreibt experimentelle Romane in Anknüpfung an die Tradition F. Kafkas und S. Becketts. Krisensituationen und Identitätsprobleme der weibl. Hauptfiguren bestimmen die Romane ›Equinox‹ (1966), ›Days‹ (1974), ›Nelly's version‹ (1977) und ›Waking‹ (1981). Eine Auseinandersetzung mit dem Nationalsozialismus findet in dem Roman ›Konek landing‹ (1969) sowie teilweise in dem autobiograph. Werk ›Little Eden‹ (1978) statt. In ›Die sieben Zeitalter‹ (R., 1986, dt. 1988) geht es unter medizin. und sozialhistor. Aspekten um die Unterdrückung der Frau durch die Jahrhunderte. Bekannt wurde F. auch durch feminist. Studien (›Patriarchal attitudes‹, 1970).
Weitere Werke: Sex and subterfuge (Abh., 1982), Ghosts (R., 1988), The tree of knowledge (R., 1990), The tenancy (R., 1993).

Figueroa, Francisco de [span. fiɣeˈroa], genannt ›El Divino‹, * Alcalá de Henares 1536, † ebd. um 1620, span. Dichter. – Studierte in Italien, war Soldat in Flandern, lebte später sehr zurückgezogen. Schrieb, dem Beispiel von Garcilaso de la Vega folgend, nach dem Muster F. Petrarcas Sonette, Kanzonen, Elegien, Komödien und Pastorellen in span. und italien. Sprache, die er beide meisterhaft beherrschte; seine Werke (hg. 1626) sind nur in Abschriften erhalten. **Ausgaben:** F. de F. Obras. Lissabon 1626. Nachdr. New York 1903. – F. de F. Poesías. Hg. v. A. GONZÁLEZ PALENCIA. Madrid 1943. **Literatur:** MELE, E./GONZÁLEZ PALENCIA, A.: Notas sobre F. de F. In: Revista de filología española 25 (1941), S. 333. – MAURER, CH. H.: F. de F., el divino: Estudio biográfico y edición de sus poemas. Diss. University of Pennsylvania 1982.

Figuli, Margita, * Vyšný Kubín 2. Okt. 1909, slowak. Schriftstellerin. – Schrieb lyr. Novellen mit v. a. erot. Motiven, in denen sie Phantastisches mit Realem verbindet; ihr Roman ›Babylon‹ (1946, dt. 1968) behandelt die Existenznöte des modernen Menschen. **Weitere Werke:** Pokušenie (Nov.n, 1937, die Titel-Nov. erschien dt. 1969 u. d. T. Die Versuchung), Tri gaštanové kone (= Drei kastanienbraune Pferde, Nov., 1940), Zuzana (R., 1949), Mladost' (= Jugendzeit, R., 1956), Ariadnina nit' (= Der Faden der Ariadne, R., 1964), Víchor v nás (= Sturm in uns, R., 1974), Balada o Jurovi Jánošíkovi (= Ballade über Juraj Jánošík, 1980). **Literatur:** FISCHEROVÁ-ŠEBESTOVÁ, A.: M. F. Martin 1970.

Figur [von lat. figura = Gestalt, Gebilde, Erscheinung], **1.** Gestalt, Charakter, Person in einem literar. Werk, im Drama meist für Nebenrollen. **2.** Sammelbegriff für sprachl. Kunstformen; unterschieden werden grammat. F.en, d. h. erlaubte Abweichungen von der grammat. Regel, z. B. histor. Präsens bei Erzählungen, und ↑rhetorische Figuren, z. B. Wortfiguren, Satzfiguren, Gedankenfiguren, Klangfiguren. **Literatur:** AUERBACH, E.: Figura. In: AUERBACH: Ges. Aufss. zur roman. Philologie. Hg. v. G. KONRAD. Bern u. Mchn. 1967.

Figura etymologica [lat.] (Akkusativ des Inhalts), Redefigur, bei der sich ein intransitives Verb mit einem Substantiv gleichen Stammes oder verwandter Bedeutung als Objekt verbindet, z. B. die Redewendungen eine Grube graben oder lat. vitam vivere; oft mit Attribut: einen schweren Kampf kämpfen. Die F. e. wird oft als Stilmittel (Emphase, Steigerung u. a.) verwendet.

Figurengedicht (Carmen figuratum, Technopägnion, Bilderlyrik, Bildgedicht), Gedicht, das durch entsprechende metr. Anlage im Schrift- oder Druckbild einen Gegenstand im Umriß nachbildet, der zum Inhalt (meist) in direkter oder symbol. Beziehung steht; früheste Ausbildung als Kunstform im Hellenismus (3. Jh. v. Chr.). Überliefert sind F.e in Form einer Syrinx (Theokrit), eines Beils, eines Eies, eines Erosflügels (Simias von Rhodos). Diese manierist. Tradition wurde bes. in Konstantin. Zeit (4. Jh.) durch Porphyrius Optatianus wiederbelebt, dessen F.e Vorbilder zahlreicher mittelalterl. F.e mit christl. Figuren wie Kreuz, Kelch, Altar sind. Blüte in karoling. Zeit durch Alkuin und Hrabanus Maurus. Das F. in den Volkssprachen wurde erst von J. C. Scaliger (Poetik, hg. 1561) wiederbelebt (v. a. in Spanien und Deutschland) und war bes. im Barock verbreitet. F.e erhielten sich als volkstüml. Gelegenheits- (Hochzeits-, Liebes-, Trauer-) Gedichte bis ins 19. Jahrhundert. – Bewußte künstler. Rückgriffe sind das ›Trichter‹-Gedicht von Ch. Morgenstern (1904) und die F.e in der Sammlung ›Daphnis‹ von A. Holz (1904). Moderne Ausdrucksformen wie skripturale Malerei, visuelle Dichtung und ↑konkrete Poesie sind z. T. auch den barocken F.en verpflichtet. **Literatur:** Reallex. der dt. Literaturgesch. Begr. v. P. MERKER u. W. STAMMLER. Bd. 1. Hg. v. W. KOHLSCHMIDT u. W. MOHR. Bln. ²1958. S. 461. – KRANZ, G.: Das Bildgedicht. Köln 1981. 3 Bde.

Fiktion [lat., zu lat. fingere, fictum = formen, bilden; ersinnen; erheucheln], als bestimmendes Element von Literatur und Dichtung das Erdachte, Erfundene, Vorgestellte, Erdichtete, das so nicht in der tatsächl. Wirklichkeit existiert, aber so existieren könnte und auch so dargestellt, beschrieben wird, als ob es wirklich wäre. F. und Wirklichkeit sind als vieldeutige Begriffe umstritten; F. wird in der Literaturwissenschaft auch zur Charakterisierung verschiedener Erzählweisen verwendet. **Literatur:** KAYSER, W.: Die Wahrheit der Dichter. Hamb. 1959. – Nachahmung u. Illusion.

Kolloquium Gießen 1963. Hg. v. H. R. Jauss. Mchn. 1964. – Jurgensen, M.: Erzählformen des fiktionalen Ich. Beitr. zum dt. Gegenwartsroman. Bern u. Mchn. 1980. – Keller, U.: Fiktionalität als literaturwissenschaftl. Kategorie. Hdbg. 1980. – Funktionen des Fiktiven. Hg. v. D. Henrich u. W. Iser. Mchn. 1983. – Hamburger, K.: Die Logik der Dichtung. Stg. ⁴1994.

Filelfo, Francesco, latinisiert Philelphus, * Tolentino bei Macerata 25. Juli 1398, † Florenz 31. Juli 1481, italien. Humanist. – Studierte in Padua und wurde Lehrer der Beredsamkeit in Venedig; 1420 Sekretär beim venezian. Gesandten in Konstantinopel; kehrte 1427 mit vielen griech. Handschriften zurück, die er z.T. ins Lateinische übersetzte; lehrte dann u.a. in Bologna, Florenz und Mailand, ab 1474 in Rom, später wieder in Mailand und Florenz. F. war ein ausgezeichneter Kenner der klass. Sprachen und als Schriftsteller nicht ungeschickt; er schrieb lat. Reden, Briefe (hg. 1502), Oden, Satiren, Epigramme, das Epos ›Sphortias‹, griech. Briefe (hg. 1892) und in italien. Sprache Reden, Briefe und Biographien, ferner einen Kommentar zu F. Petrarca.

Literatur: Bottari, G.: F. F. e Dante. In: Dante nel pensiero e nella esegesi dei secoli XIV e XV. Atti del III Congresso nazionale di studi danteschi 1970. Florenz 1975. S. 385. – Kraye, J.: F. F. on emotions, virtues and vices. In: Bibliothèque d'Humanisme et Renaissance 43 (1981), H. 1, S. 129.

Filicaia, Vincenzo da [italien. fili-'ka:i̯a], * Florenz 30. Dez. 1642, † ebd. 24. Sept. 1707, italien. Dichter. – Studierte Jura in Pisa; Mitglied der Accademia della Crusca und der Accademia dell'Arcadia; Statthalter von Volterra und Pisa; schrieb v.a. patriot. und religiöse Lyrik; weithin berühmt machten ihn seine sechs ›Canzoni‹ auf die Befreiung Wiens von den Türken (1684) und seine patriot. Sonette.

Literatur: Caponi, G.: V. da F. e le sue opere. Prato 1901. – Di Biase, C.: F., Guidi e Leopardi. In: Leopardi e la letteratura italiana dal Duecento al Seicento. Atti del 4 Convegno ... Recanati, 1976. Hg. vom Centro nazionale di Studi Leopardiani (Recanati). Florenz 1978. S. 517.

Filidor der Dorfferer [...do:r], Pseudonym des dt. Schriftstellers und Sprachforschers Caspar von † Stieler.

Filimon, Nicolae, * Bukarest 6. Sept. 1819, † ebd. 19. März 1865, rumän.

Schriftsteller. – Schrieb den ersten modernen rumän. Roman, ›Parvenüs der Schreibergilde‹ (1863, dt. 1958), der die schnelle Umstellung der rumän. Gesellschaft nach dem Vorbild der westl. Zivilisation satirisch behandelt.

Literatur: Martin, A.: Întroducere în opera lui N. F. Bukarest 1973. – Ivaşcu, G.: N. F. Bukarest 1977.

Filinto Elísio [portugies. fi'lintu i'liziu], Pseudonym des portugies. Dichters Francisco Manuel do † Nascimento.

Filip, Ota, * Ostrau 9. März 1930, tschech. Schriftsteller. – Journalist; war 1968/69 Verlagslektor; wurde 1970 verhaftet; emigrierte 1974 in die BR Deutschland; schreibt gesellschaftskrit., oft burleske Romane.

Werke: Das Café an der Straße zum Friedhof (R., tschech. 1968, dt. 1968), Ein Narr für jede Stadt (R., dt. 1969, tschech. 1975), Die Himmelfahrt des Lojzek Lapáček aus Schlesisch Ostrau (R., dt. 1973, tschech. 1974/75), Maiandacht (R., tschech. 1976, dt. 1977), Wallenstein und Lukretia (R., dt. 1978, tschech. 1979), Großvater und die Kanone (R., dt. 1981), Café Slavia (R., dt. 1985), Judäa, Jahr Eins bis Null (Dr., dt. UA 1987), Die Sehnsucht nach Procida (R., dt. 1988), Die stillen Toten unterm Klee. Wiedersehen mit Böhmen (dt. 1992).

Filipowicz, Kornel [poln. fili'pɔvitʃ], * Tarnopol 27. Okt. 1913, † Krakau 28. Febr. 1990, poln. Schriftsteller. – Redakteur; 1944/45 im KZ in Deutschland. F. schrieb v.a. Romane über die Kriegs- und Okkupationszeit. Dt. erschienen ›Männer sind wie Kinder‹ (3 Kurz-R.e, 1960–67, dt. 1969), ›Tagebuch eines Antihelden‹ (Kurz-R., 1961, dt. 1964), ›Der Garten des Herrn Nietschke‹ (R., 1965, dt. 1968) und ›Meine geliebte stolze Provinz‹ (En., dt. Auswahl 1976).

Weiteres Werk: Der Kater im nassen Gras (En., dt. Ausw. 1987).

Literatur: Maciąg, W.: F. Warschau 1972.

Filippo, Eduardo De, italien. Dramatiker, † De Filippo, Eduardo.

Filloy, Juan [span. fi'joi], * Córdoba (Argentinien) 1. Aug. 1894, argentin. Schriftsteller. – War Rechtsanwalt und Richter. Veröffentlichte, zumeist in Privatdrucken, die Romane ›Estafen‹ (1932), ›Op Oloop‹ (1934), ›Caterva‹ (1937), ›La potra‹ (1973), ›Vil & Vil‹ (1975) u.a., außerdem lyr. Prosa und den Gedichtband ›Balumba‹ (1933). Wegen seiner erzähltechn. Innovationen, profunden philosoph. Kenntnisse und sprachl. Virtuosität sieht man in ihm heute einen der größten Autoren seines Landes.

Finck, Werner [Walter], * Görlitz 2. Mai 1902, † München 31. Juli 1978, dt. Kabarettist und Schriftsteller. – Nach großen Erfolgen am Berliner Kabarett ›Die Katakombe‹, dessen Leiter F. von 1929 bis 1935 war, erhielt er von den Nationalsozialisten Berufsverbot; zeitweise inhaftiert. 1948 gründete er in Stuttgart das Kabarett ›Die Mausefalle‹. Wirkte auch in zahlreichen Theaterinszenierungen sowie in über 50 Filmen mit.

Werke: Neue Herzlichkeit (Ged., 1931), Das Kautschbrevier (1938), Finckenschläge (1953), Witz als Schicksal, Schicksal als Witz (Autobiogr., 1966), Alter Narr, was nun (Autobiogr., 1972), Der brave Soldat Finck (1975), Heiter, auf verlorenem Posten (1977).

Finckh, Ludwig, * Reutlingen 21. März 1876, † Gaienhofen bei Konstanz 8. März 1964, dt. Schriftsteller. – Jura- und Medizinstudium; schöpfte seine Themen aus schwäb. Landschaft und Geschichte und gestaltete sie in seinen Erzählwerken in volkstüml. Sprache. Ab 1922 unternahm er Vortragsreisen zu den ›Auslandsdeutschen‹, um nationalist. Ideen zu propagieren; mit seinen Beiträgen zur Ahnen- und Sippenforschung (›Ahnenbüchlein‹, 1921; ›Die Ahnenburg‹, 1935), seiner antisemit. Haltung (u. a. in dem Roman ›Die Jakobsleiter‹, 1920; 1943 u. d. T. ›Der Wolkenreiter‹) und bes. mit seinem Gedichtband ›Trommler durch die Welt‹ (1936) machte er sich bei den Nationalsozialisten beliebt. Am bekanntesten wurde der Roman ›Der Rosendoktor‹ (1906).

Weitere Werke: Die Reise nach Tripstrill (R., 1911), Bricklebritt (R., 1926), Stern und Schicksal (R., 1931), Herzog und Vogt (R., 1940), Der Goldmacher (E., 1952), Himmel und Erde (Autobiogr., 1961).

Findeisen, Kurt Arnold, * Zwickau 15. Okt. 1883, † Dresden 18. Nov. 1963, dt. Schriftsteller. – War u. a. Lehrer und Krankenpfleger, lebte als freier Schriftsteller in Dresden; bekannt durch volkstüml. Romane aus seiner sächs. Heimat und biograph. Romane über bed. Musiker; auch Lyriker.

Werke: Mutterland (Ged., 1914), Der Davidsbündler (R., 2 Bde., 1921–24), Der Sohn der Wälder (R., 1922), Lied des Schicksals (R., 1933), Gottes Orgel (R., 1935), Eisvogel (R., 1953), Flügel der Morgenröte (R., 1956), Der große Kantor und seine Orgel (R., 1962), Der Perlenwagen (Autobiogr., 1962).

Fin de siècle [frz. fɛ̃d'sjɛkl = Ende des Jh.], zunächst auf Frankreich begrenzte Epochenzeichnung für den Zeitraum zwischen etwa 1870 und 1900, dessen vielfältige künstler. Entwicklungen jedoch in vielen europ. und außereurop. (z. B. in den lateinamerikan.) Literaturen nahezu zeitgleich wirksam werden und bis weit ins 20. Jh. produktiv sind. Der in der zweiten Hälfte der 80er Jahre des 19. Jh. populär gewordene Begriff (Zeitschrift ›Voltaire‹, 1886; Theaterstück ›F. de s.‹ von J. Cohen, F. de Jouvenot und H. Micard, 1888), der schon etymologisch (spätlat. ›finis saeculi‹ = das Ende der Welt) auf einen Aspekt der ihm zugeordneten Zeitstimmung verweist, gehört in den histor., polit. und sozialen Kontext von Industrialisierung, Imperialismus, Hegemonialstreben, Herausbildung von Machtblöcken und Zerstörung nat. Identitätsvorstellungen, in die geistesgeschichtl. Konfigurationen von Marxismus, Positivismus, Naturalismus und Wissenschaftsgläubigkeit auf der einen, Ästhetizismus, Symbolismus und Suche nach neuen Mythen (vgl. F. Nietzsche) auf der anderen Seite, sowie schließlich in die bildkünstler. Zusammenhänge von historist. Wiederbelebung alter Stile (z. B. Neuromantik, Neugotik; † auch Präraffaeliten) und Streben nach veränderten visuellen Ausdrucksformen in Impressionismus und symbolist. Malerei.

Die profunde Gegensätzlichkeit der angeführten Aspekte und Tendenzen führte in den literar. Äußerungen der Zeit zu einer epochentyp. Mischung von Zerebralität und Empfindung, von Endzeiterwartung und Fortschrittsoptimismus, von sozialem Engagement und hermet. Abkapselung oder von der Ausweitung emanzipator. Bestrebungen im Gegensatz zu dem Entwurf der ›femme fragile‹. Ch. Baudelaires ›Correspondances‹ entfalten sich in den Dichtungen A. Rimbauds und P. Verlaines und R. Wagners

Idee von Gesamtkunstwerk verbindet sich mit denen der dt. Romantiker zu S. Mallarmés absolutem Buch, während É. Zola seine Wissenschaftshörigkeit in der Folge C. Bernards und H. Taines in seiner Abhandlung ›Der Experimentalroman‹ (1880, dt. 1904) entwirft, um sie im Romanzyklus ›Die vier Evangelien‹ (1899–1903, dt. 1900–1902) zukunftsgläubig aufzulösen.

Zusammengehalten wird dieses Streben nach Utopie und Totalität, nach Rationalität und Machbarkeit durch ein bis in die 90er Jahre in allen ideolog. Lagern anzutreffendes Vertrauen in die Möglichkeiten wiss. Erkenntnissicherung – man denke z. B. an die symbolist. Autoren, die sich im Rahmen einer traditionellen Vorstellung von der Einheit der Substanz auf Erkenntnisse der physiolog. Psychologie und der Evolutionstheorie stützen. Der für alle kulturellen Äußerungen des F. de s. charakterist. Zusammenklang von Gegensätzen, der hieraus deutlich wird, scheint letztlich als Suche nach einer neuen, rationalen oder irrationalen Absicherung des Individuums nach dem Verlust von Transzendenz und metaphys. Geborgenheit deutbar.

Literatur: KOPPEN, E.: Dekadenter Wagnerismus. Bln. u. New York 1973. – Neues Hdb. der Lit.wiss. Hg. v. K. VON SEE. Bd. 18: Jahrhundertende, Jahrhundertwende. Hg. v. H. KREUZER. Wsb. 1976. – F. de s. Hg. v. R. BAUER u. E. HEFTRICH. Ffm. 1977. – HINTERHÄUSER, H.: F. de s. Mchn. 1977. – FISCHER, J. M.: F. de s. Mchn. 1978. – Aspekte der Lit. des f.–de-s. in der Romania. Hg. v. A. CORBINEAU-HOFFMANN u. A. GIER. Tüb. 1983. – F. de s. Hg. v. K. BOHNEN u. a. Kopenhagen u. Mchn. 1984. – Fortschrittsglaube und Dekadenzbewußtsein im Europa des 19. Jh. Hg. v. W. DROST. Hdbg. 1986. – Fins de s. Terme, évolution, révolution. Hg. v. G. PONNAU. Toulouse 1989. – STOKES, J.: In the nineties. New York u. a. 1989.

Fink, Humbert, * Salerno 13. Aug. 1933, † Klagenfurt 16. Mai 1992, österr. Schriftsteller. – War Verlagslektor, Hg. mehrerer Kulturzeitschriften; schrieb Gedichte mit realist. und surrealist. Elementen (›Verse aus Aqua fredda‹, 1953), Romane, Reiseberichte, kulturpolit. Essays sowie Sachbücher.

Weitere Werke: Die engen Mauern (R., 1958), Die Absage (R., 1960), Anatol. Elegie (1977), Auf Pilgerstraßen durch Europa (1980), Auf den Spuren großer Archäologen (1982), Eine Reise durch die Toskana, Umbrien und die Marken (1982), Martin Luther (Biogr., 1982), Der Weg nach Jerusalem (1984). Machiavelli (Biogr., 1988), Zu Mantua in Banden. Das Leben und Sterben des Volkshelden Andreas Hofer (1992).

Finn (ir. Fionn Mac Cumhaill), irischer mytholog. Held und zentrale Figur des südir. Sagenzyklus, auch F.zyklus oder nach seinem Sohn Oisín (Ossian) Ossianischer Zyklus genannt. Nach der ir. Geschichtsschreibung des MA soll er ein Heerführer von König Cormac Mac Airt gewesen sein, in der Sage ist er Anführer einer Schar von Männern (›fianna‹), die außerhalb der Gesellschaft nach ihren eigenen Gesetzen von Jagd und Krieg leben. Im Ggs. zu dem aristokrat. Zyklus um ↑Cúchulainn waren die F.stoffe thematisch und formal volkstümlich. Im 16. Jh. wird F. zur bedeutendsten Sagengestalt des gesamten ir. und schottisch-gäl. Kulturkreises. Die Stoffe lebten im Volk bis ins 20. Jh. fort. Neben Prosa wird seit dem 12. Jh. auch die Form der Ballade verwendet. Literar. Höhepunkt des F.zyklus ist die Ende des 12. Jh. entstandene Erzählung ›Acallam na senórach‹ (= Das Gespräch der Alten). In den Werken des Schotten J. ↑Macpherson, der seine Werke als die Ossians ausgab, erscheint F. unter dem Namen Fingal.

Ausgaben: Duanaire F. The book of the lays of Fionn. Hg. v. E. MACNEILL u. G. MURPHY. Ir. u. engl. London u. Dublin 1908–53. 3 Bde. – Stories from the Acallam. Hg. v. M. DILLON. Dublin 1970.
Literatur: MURPHY, G.: The Ossianic lore and romantic tales of medieval Ireland. Dublin 1955.

finnische Literatur, bed. Anteil an der f. L. (d. h. hier der finnischsprachigen Literatur) hat die **Literatur der mündlichen Überlieferung,** die sich z. T. über ein Jt. erstreckende Tradition der Lieder, Balladen, Zaubersprüche, Legenden, Sagen und Märchen, die bis ins 20. Jh. lebendig geblieben sind und deren Form und Motivik die Schriftkultur nicht stark beeinflussen. Ein romantisch-nat., später wiss. Sammeleifer brachte die mündl. Tradition während des 19. und 20. Jh. zum Druck oder in die Archive. Weltliterar. Geltung errang das Epos ›Kalevala‹ (1835, endgültige Fassung 1849, zuerst dt. 1852), das E. Lönnrot aus den alten ep., lyr. und mag. Liedern zusammenfügte.

Die **schriftlich fixierte Literatur** wird zuerst greifbar im 16. Jh. mit Mikael Agricolas (* um 1509, † 1557) Übersetzungen religiöser, erbaul. und gottesdienstl. Bücher und des NT. Im Kreise einfacher, meist übersetzter Unterweisungsliteratur sowie einiger Rechtstexte hielt sich das gedruckte finn. Wort auch in den folgenden Jahrhunderten. Noch die sog. Turkuer und Helsinkier **Romantik** (1810 bis etwa 1860), die in der schwedisch überlagerten Kultur das Selbstbewußtsein weckte, artikulierte sich schwedisch, und A. Kivi suchte seine Vorbilder mehr bei Shakespeare und L. Holberg als bei den Bauerndichtern seiner Generation.

Mit der **Wende zum 20. Jahrhundert** wurde der Anschluß an die gesamteurop. Bewegung gewonnen, denen die f. L. seitdem mit einer gewissen Phasenverschiebung und mit eigener Akzentsetzung folgt. F. M. Dostojewski und L. N. Tolstoi sowie andererseits der frz. Realismus mit sozialer Problematik gaben die ersten Anregungen (J. Aho, M. Canth, A. Järnefelt) und leiteten über zu einer breiten *neuromant.*, oft *symbolistisch getönten Bewegung* Anfang des 20. Jh. (in der Lyrik O. Manninen, V. A. Koskenniemi, E. Leino; in der Epik M. Talvio mit z. T. histor. Romanen, J. Linnankoski, A. Kallas und der vielseitig experimentierende, in seiner Bedeutung erst später erkannte M. Lassila). Leinos Liedkunst wurde später von den Modernen noch als Vorläufer begriffen. Die *Lyrik* behielt auch beim Publikum lange eine beherrschende Stellung, in ihr konnte sich finn. Eigenart häufig deutlicher aussprechen als in den anderen Gattungen. In der *Epik* suchte man im Anschluß an A. Strindberg, K. Hamsun oder biolog. Lehren der Zeit einen neuen *psycholog. Realismus*, eine Entwicklung, die mit dem späten Aho (›Ellis Ehe‹, 1893, dt. 1896) einsetzte und etwa über M. Jotuni und J. Lehtonen über I. Kianto zu F. E. Sillanpää führte, durch dessen zarte Pastellfarben das Bild der finn. Natur im Europa der 30er Jahre bestimmt wurde.

So sehr **seit 1918** die staatl. Selbständigkeit in manchem Befreiung brachte, wie sie sich in schriftsteller. Gruppenbildungen dokumentiert, so machte sich andererseits auch, mißt man an der bis zum 1. Weltkrieg erreichten Offenheit und Höhe, eine gewisse Isolation geltend. Aufs Eigene gewendet, beschränkte man nicht selten die Verbindung zu Europa, bes. Frankreich und Großbritannien, und die Koexistenz mit der reiferen und oft auch im theoret. Ansatz sichereren finnland-schwed. Literatur, später von großer Bedeutung für den Anschluß der f. L. an die lyr. Moderne, wurde in der Zwischenkriegszeit durch die sprachpolit. Streitigkeiten noch wenig fruchtbar. Die neue staatl. und gesellschaftl. Verantwortung führte über Jahrzehnte zu Spannungen, die jedoch auch ästhetisch stimulierend wirksam wurden. Konservative und Liberale entwickelten ihre jeweils verschiedenen Programme. Zu jenen gehörten in den 20er Jahren die sog. Tulenkantajat (= Feuerträger), die Erfahrungen des Expressionismus aufnahmen, ohne daß dieser selber stärker Fuß fassen konnte (U. Kailas). Die polit. Linke schloß sich später (1936) in der Neugründung der ›Feuerträger‹-Zeitschrift (Katri Vala [* 1901, † 1944]) und in der Gruppe Kiila (= Der Keil) zusammen (u. a. Arvo Turtiainen [* 1904, † 1980]).

Der *Roman* blieb in der ersten Hälfte des 20. Jh. im ganzen realistisch; er pflegt, obwohl er die Kenntnis der großen amerikan. Prosa nicht verleugnet, einen gewissermaßen bodenständigen Realismus, dessen immer wieder aufgenommenes Thema Leben und Schicksale bäuerl. Gestalten oder Sippen sind, freilich öfter ironisch oder sozialkritisch zupackend (J. Lehtonen, P. Haanpää, Lauri Viita). In T. Pekkanens industrieller Arbeitswelt kam schon frühzeitig die sog. Arbeiterliteratur zu Wort, voller beherrschter Anklage, ohne Aggressivität und Radikalität. Die stärkste Erzählerbegabung der Autodidakten ist V. Linna. Der Krieg ist häufig das Thema bei den Autoren der modernen experimentierenden Prosa **nach dem 2. Weltkrieg** (V. Meri, P. Rintala und Eeva Joenpelto). Hier v. a. wurde die finn. Literatursprache im Trivialdialog um die Ausdrucksformen der früher gemiedenen Umgangssprache erweitert. Ironie und Skepsis durchziehen auch die Tiefenstruktur eines Werkes, das sonst alte Formen des histor. Romans fortzusetzen scheint; M. Waltari gelangte damit zu weltweiter Wirkung. Sieht man vom Werk Kivis ab, so blieb das Stiefkind der Gattungen bis heute das *Drama,* dessen strengeren Baugesetzen sich das vorwiegend ep. Talent der Finnen nur ungern anpaßt. Das Volksstück mit sozialkrit. Tendenz, wie im Roman oft mit einer spezif. Mischung aus Humor und Pathos und durch die vielen Liebhaberbühnen des Landes vorbereitet, hat sich die meiste Gunst bewahrt. Nach dem auch theoretisch interessierten Symbolisten Lauri Haarla (* 1890, † 1944) war es v. a. die Mitarbeiterin B. Brechts, H. Wuolijoki, die in der finn. Gutsherrenwelt das Ende einer Feudalepoche darstellte. In den 70er und 80er Jahren gab es eine beachtl. Dramenproduktion für Rundfunk und Fernsehen; zu nennen ist hier v. a. P. Haavikko. Die Lyrik *experimentiert* mit fast allen Formen und Ausdrucksgesten des modernen europ. Gedichts (Chiffrengedicht, ›sprachloses‹ Gedicht, antiästhet. Gedicht usw.), nachdem dieses seit dem 2. Weltkrieg auch auf Reim und Metrum verzichtet. Den Übergang zur Moderne bildeten noch die beiden ›Abkömmlinge‹ der ›Feuertläger‹, A. A. Hellaakoski und P. Mustapää, die Entwicklung der 50er Jahre bestimmte neben Marja-Liisa Vartio (* 1924, † 1966) und A. Tynni-Haavio v. a. P. Haavikko. Er ist die letzte beherrschende Gestalt in dieser Gattung. Das Ergebnis der inneren Auseinandersetzung, die zwischen der finn. Neigung zum lyr. Ausdruck und dem auch theoretisch zu begründenden Verfall der Gattung geführt wird, ist noch nicht abzusehen. Zu den wichtigsten Vertretern der jüngeren f. L. gehören u. a. die Lyriker P. Saarikoski, V. Kirstinä, L. Nummi, die Prosaschriftsteller M.-L. Mikkola, H. Salama und Erno Paasilinna (* 1935).

Finn. Literatur in schwed. Sprache †schwedische Literatur.

Literatur: KUNZE, E.: Die dt. Übersetzungen finn. Schönlit. Bibliogr. Helsinki 1950. – Suomen kirjallisuus. Hg. v. M. KUUSI u. S. KONSALA. Helsinki 1963–70. 8 Bde. – LAITINEN, K.: Finnlands moderne Lit. (1917–1967). Dt. Übers. Hamb. 1969. – Suomen kirjailijat 1945–70. Hg. v. H. LAUNONEN. Helsinki 1977. – LAITINEN, K.: Die f. L. In: Moderne Weltlit. Hg. v. G. v. WILPERT u. I. IVASK. Stg. 1978. S. 811. – KUNZE, E.: F. L. in dt. Übers. 1675–1975. Helsinki 1982. – LAITINEN, K.: F. L. im Überblick. Helsinki 1989.

Finnsburglied, fragmentarisch erhaltenes altengl. Heldenlied des 8. Jh., das von der alten Feindschaft zwischen Dänen und Friesen berichtet, die bei einem Besuch des Dänenkönigs Hnæf beim Friesenkönig Finn in Finnsburg wieder ausbricht; eine Ergänzung ist die Finnsburgepisode im ›Beowulf‹.

Ausgaben †Beowulf.

Finžgar, Franc Saleški [slowen. 'fi:nȝgar], * Doslovize bei Bȓeznice 9. Febr. 1871, † Ljubljana 2. Juni 1962, slowen. Schriftsteller. – War Pfarrer in verschiedenen Orten seiner Heimat. Er verfaßte Gedichte, Volksstücke, Romane und Novellen, die die sozialen Veränderungen und Probleme der Landbevölkerung aus kath. Sicht beschreiben.

Werke: Iztok. Roman um Justinian und Theodora (2 Bde., 1906/1907, dt. 1963), Die Magd Anka (R., 1913, dt. 1959).
Ausgabe: F. S. F. Zbrano delo. Ljubljana 1979 ff. (bisher 6 Bde. erschienen).
Literatur: TOPORIŠIČ, J.: Pripovedna dela F. S. F.a. Ljubljana 1964.

fiore, II [italien. = die Blume], italien. Bearbeitung des frz. Rosenromans, †Durante.

fioretti di San Francesco, I [italien. i fi̯o'retti di sanfran'tʃesko], anonyme Legendensammlung um die Person und die Wundertaten des hl. †Franz von Assisi und seiner Gefährten, eine freie Übersetzung der lat. Sammlung ›Floretum‹ vom Anfang des 14. Jh., die wiederum z. T. auf den mlat. ›Actus beati Francisci et sociorum eius‹ eines Ugolino da Montegiorgio zurückgeht. Die älteste erhaltene Handschrift stammt von 1396. Sie umfaßt 53 Erzählungen in toskan. Mundart, in denen sich biographisch Verbürgtes mit Legendärem verknüpft. Die in schlichter poet. Sprache geschriebenen Legenden, ein hervorragendes Zeugnis der italien. Literatur des 14. Jh., fanden weite Verbreitung.

Ausgaben: Die Blümlein. In: Franz v. Assisi. Die Werke. Dt. Übers. Hg. v. W. v. DEN STEINEN u. M. KIRSCHSTEIN. Hamb. 1958. – I f. di S. F. illustrati da Giotto ed altri. Hg. v. M. PASINI

180 Firbank

u. A. Rossi. Brescia 1961. – I F. di S. F. Hg. v. Mariano d'Alatri. Rom 1979.
Literatur: Quaglia, A.: Studi su I F. di S. F. Falconara Marittima 1977.

Firbank, [Arthur Annesley] Ronald [engl. ˈfɔːbæŋk], * London 4. März 1886, † Rom 21. Mai 1926, engl. Schriftsteller. – Geschult an O. Wilde und P. Verlaine, zeichnete er in eigenwilligem Stil die Gesellschaft seiner Zeit. Meister der romant. Ironie, läßt er das Geschehen in einem Phantasieland abrollen.
Werke: Inclinations (R., 1916), Caprice (R., 1917), Sorrow in sunlight (R., 1924), Die Exzentrizitäten des Kardinals Pirelli betreffend (R., 1926, dt. 1970).
Ausgaben: R. F. The works. London 1929. 5 Bde. – The complete R. F. London 1961.
Literatur: Brophy, B.: Prancing novelist. A defence of fiction in praise of R. F. London 1973. – Benkovitz, M. J.: A bibliography of R. F. Oxford ²1985.

Firdausi (Firdawsī, Firdusi), pers. Ependichter, † Ferdousi.

Firenzuola, Agnolo, eigtl. Michelangelo Girolamo Giovannini, * Florenz 28. Sept. 1493, † Prato 27. Juni 1548, italien. Dichter. – Jurastudium; Mönch, Abt, Advokat bei der Kurie, vom Mönchsgelübde entbunden; Gründer der literar. Accademia dell'Addiaccio in Prato. Sein Werk umfaßt Gedichte, zehn Novellen, eine freie Übersetzung des ›Goldenen Esels‹ von Apuleius, Lustspiele (›I lucidi‹, hg. 1549; ›La trinunzia‹, hg. 1549) und die (nach einer span. Übersetzung) freie Bearbeitung des ind. ›Pañcatantra‹ u. d. T. ›Prima veste dei discorsi degli animali‹ (hg. 1548). Schönheit und Lebensgenuß verherrlichend, schreibt er in volkstüml. und lebendiger Sprache; als Novellist steht er in der Nachfolge G. Boccaccios.
Weitere Werke: Ragionamenti d'amore (Nov.n, hg. 1548, dt. 1910 u. d. T. Novellen und Gespräche), Gespräche über die Schönheit der Frauen (hg. 1548, dt. 1903), Rime (Ged., hg. 1549).
Ausgabe: A. F. Opere. Hg. v. A. Seroni. Florenz 1958.
Literatur: Oliveri, M.: A. F. Carmagnola 1935. – Seroni, A.: Bibliografia essenziale delle opere del F. Florenz 1957. – Maniscalco, S.: Criteri e sensibilità di A. F. traduttore di Apuleio. In: La rassegna della letteratura italiana 82 (Serie 7) (1978), H. 1–2, S. 88. – Guglielminetti, M.: Devoti di città e furbi di campagna (in margine ad una novella del F.). In: Letteratura e società. Palermo 1980. Bd. 1. S. 89.

Firmicus Maternus, Julius, lat. Schriftsteller des 4. Jh. n. Chr. aus Syrakus. – Schrieb um 335 das umfangreichste erhaltene lat. Lehrbuch der Astrologie (›Mathesis‹, 8 Bücher). 337 wurde er Christ und verfaßte zw. 346 und 350 die Kampfschrift ›De errore profanarum religionum‹ (= Über den Irrtum der heidn. Religionen), worin er die Kaiser Konstantius II. und Konstans I. aufforderte, das Heidentum auszurotten.
Ausgaben: Firmici Materni, Iulii, matheseos libri VIII. Hg. v. W. Kroll u. a. Lpz. 1897–1913. 2 Bde. Nachdr. Stg. 1968. – F. M. De errore profanarum religionum. Lat u. dt. Hg. v. K. Ziegler. Mchn. 1953. 2 Tle.

Fischart, Johann, eigtl. J. Fischer, genannt Mentzer, * Straßburg um 1546, † Forbach (Lothringen) um 1590, dt. Satiriker und Publizist. – Humanistisch gebildet (u. a. Schüler K. Scheidts), studierte Jura und wurde Advokat; Reisen nach Flandern, Frankreich, England und Italien, Mitarbeiter in der Druckerei seines Schwagers B. Jobin, ab 1583 Amtmann in Forbach. Als Moralsatiriker, derb-humorvoller Volksschriftsteller aus humanist. Geist mit pädagog. Absicht, kämpfte er gegen Sittenverfall und Modetorheiten, gegen das Papsttum und die Jesuiten. Seine Schriften, die er aus kalvinistisch-bürgerl. Gesinnung heraus verfaßte, dienten der Unterhaltung und Belehrung bürgerl. Leser. Berühmt wurde das Lobgedicht auf bürgerl. und polit. Tüchtigkeit ›Das Glückhafft Schiff von Zürich‹ (1576). In ›Flöh Haz, Weibertraz‹ (1573) gibt er in der Form eines Tierepos ein satir. Zeitbild, während sein Hauptwerk ›Affentheurliche und Ungeheurliche Geschichtsschrift …‹ (1575, 1582 u. d. T. ›Affentheurlich Naupengeheurlich Geschichtklitterung …‹) eine freie Bearbeitung von F. Rabelais' ›Gargantua‹ ist. Er entlieh gern fremde Stoff- und Motivmuster; durch seine sprachschöpfer. Begabung machte er sich v. a. um die Erneuerung der dt. Prosasprache verdient.
Weitere Werke: Aller Practick Großmutter (Satire, 1572), Podagrammisch Trostbüchlin (1577), Das Philosophisch Ehzuchtbüchlein (1578), Binenkorb Des Heyl. Römischen Immenschwarms (Satire, 1579), Die … Legend und Beschreibung Des … Vierhörnigen Hütleins (Satire, 1580).

Ausgaben: J. F. Sämmtl. Dichtungen. Hg. v. H. KURZ. Lpz. 1866–68. 3 Bde. – J. F. Werke. Eine Ausw. Hg. v. A. HAUFFEN. Stg. 1895. 3 Bde. – J. F. Geschichtklitterung (Gargantua). Synopt. Abdruck der Fassungen von 1575, 1582 u. 1590. Hg. v. H. SCHNABEL. Halle/Saale 1969. 2 Bde.
Literatur: HAUFFEN, A.: J. F. Bln. 1921–22. 2 Bde. – SOMMERHALDER, H.: J. F.s Werk. Bln. 1960. – KOCKS, G.: Das Bürgertum in J. F.s Werk. Diss. Köln 1965. – SPENGLER, W. E.: J. F., genannt Mentzer. Studie zur Sprache u. Lit. des ausgehenden 16. Jh. Göppingen 1969. – MÜHLEMANN, CH.: F.s Geschichtklitterung als manierist. Kunstwerk. Bern u. Ffm. 1972. – SEITZ, D.: J. F.s Geschichtklitterung. Ffm. 1974. – SCHANK, G.: Etymologie u. Wortspiel in J. F.s ›Geschichtsklitterung‹. Freib. [3]1991.

Fischer, Ernst * Komotau (Nordböhm. Gebiet) 3. Juli 1899, † Deutschfreistritz (Steiermark) 31. Juli 1972, österr. Politiker und Schriftsteller. – 1920 Mitglied der SPÖ, seit 1934 der KPÖ; Redakteur an Parteizeitungen, literar. Tätigkeit. 1934–45 Emigrant in Moskau und Mitarbeiter der Komintern. Nach seiner Rückkehr kurze Zeit Unterrichtsminister, 1945–59 Parlamentsabgeordneter, 1946–69 Mitglied des ZK der KPÖ; wegen seiner Verurteilung der sowjet. Intervention in der Tschechoslowakei (›Panzerkommunismus‹) 1969 aus der KP ausgeschlossen. Neben Gedichten und polit. Theaterstücken schrieb er von G. Lukács u. a. beeinflußte Essays zur Literaturgeschichte und zur Ästhetik.
Werke: Das Schwert des Attila (Dr., 1924), Herz und Fahne (Ged., 1949), Kunst und Menschheit (Essays, 1949), Der große Verrat (Dr., 1950), Elegien aus dem Nachlaß des Ovid (Ged., 1963), Zeitgeist und Literatur (1964), Kunst und Koexistenz (1966), Erinnerungen und Reflexionen (Autobiogr., 1969), Das Ende einer Illusion. Erinnerungen 1945–1955 (hg. 1973).
Ausgabe: E. F. Kultur – Lit. – Politik. Hg. v. K.-M. GAUSS. Ffm. 1984.

Fischer, Johann Georg von, * Großsüßen (Württemberg) 25. Okt. 1816, † Stuttgart 4. Mai 1897, dt. Schriftsteller. – Ausbildung am Lehrerseminar in Esslingen am Neckar und am Reallehrerseminar in Tübingen; Tätigkeit im Schuldienst der Städte Tübingen und Stuttgart; befreundet mit E. Mörike. Seine Lyrik ist von feinsinnigem Naturempfinden bestimmt; farblos und matt bleiben die histor. Dramen.

Werke: Gedichte (1838), Friedrich II. von Hohenstaufen (Trag., 1863), Kaiser Maximilian von Mexiko (Trag., 1868), Den dt. Frauen (Ged., 1869), Aus frischer Luft (Ged., 1872), Auf dem Heimweg (Ged., 1891), Mit 80 Jahren. Lieder und Epigramme (1896).

Fischer, Marie Louise, Pseudonyme Katja Holm, A. G. Miller, * Düsseldorf 28. Okt. 1922, dt. Schriftstellerin. – Studium (u. a. Germanistik, Kunstgeschichte) in Köln, München und Prag; freie Mitarbeit bei einer Filmgesellschaft in Prag, kam bei Kriegsende in ein Internierungslager; 1947 Rückkehr über Berlin (Ost) nach Düsseldorf. Seit 1956 ∞ mit dem österr. Schriftsteller Hans Gustl Kernmayr (* 1906, † 1977). 1949 veröffentlichte sie ihren ersten Kriminalroman (›Zerfetzte Segel‹), darauf folgte der Roman ›Ich spüre dich in meinem Blut‹ (1954). Seitdem schrieb sie etwa 50 Jugendbücher, einige Sachbücher sowie etwa 90 äußerst erfolgreiche Romane, deren Handlungen nahezu alle im Milieu der gehobenen Mittelschicht und der Oberschicht angesiedelt sind.

Fischer, Otokar [tschech. 'fiʃɛr], * Kolín 20. Mai 1883, † Prag 12. März 1938, tschech. Schriftsteller und Literarhistoriker. – Prof. für dt. Literatur in Prag; theoret. und prakt. Theaterarbeit; ging in seiner intimen und reflexiven Lyrik formal von J. Vrchlický aus; gestaltete in seinen Dramen die innere Zerrissenheit des modernen Menschen; auch literarhist. Arbeiten über H. Heine, H. von Kleist und F. Nietzsche, Schriften zur Ästhetik und Übersetzungen engl., frz. und dt. Literatur (u. a. Goethe).
Werke: Otázky literární psychologie (= Fragen der literar. Psychologie, 1916), Přemyslovci (= Die Przemysliden, Dr., 1918), Herakles (Dr., 1919), Hlasy (= Stimmen, Ged., 1923).

Fischer, Otto Peder Leck [dän. 'feʃər], * Kopenhagen 26. März 1904, † Lyngby bei Kopenhagen 17. Juni 1956, dän. Schriftsteller. – Sein umfangreiches Werk spiegelt das Leben der dän. Gesellschaft, bes. des Kleinbürgertums in den Jahren zwischen 1920 und 1950, realistisch wider.
Werke: Leif den lykkelige (R., 3 Bde., 1928/29), Eine Frau von 40 Jahren (R., 1940, dt. 1941), Ausgangstag (Dr., 1954, dt. 1956), Brot der Macht (Dr., 1955, dt. 1957).

Literatur: HALLAR, S. C.: L. F., en vejledning i hans forfatterskab. Kopenhagen 1937.

Fischer, Wilhelm, genannt F.-Graz, *Čakovec (Murinsel) 18. April 1846, †Graz 30. Mai 1932, österr. Schriftsteller. – Studierte in Graz, war von 1901 bis 1919 Direktor der Steir. Landesbibliothek in Graz. Vertreter einer realistisch-impressionist. Heimatkunst, der in seinen ›Grazer Novellen‹ (1894) zu eigenem Stil und eigener Aussagekraft fand; schrieb auch Dramen, Gedichte, Erzählungen und Romane.

Fischer-Colbrie, Arthur ['kɔlbri], *Linz 25. Juli 1895, †ebd. 30. Dez. 1968, österr. Schriftsteller. – Beamter; schrieb v. a. liedhafte, formstrenge, z. T. landschaftlich gebundene Lyrik, auch Erzählungen, Essays, Rundfunkhörfolgen.
Werke: Musik der Jahreszeiten (Ged., 1928), Der ewige Klang (Ged., 1945), Orgel der Seele (Ged., 1953), Der Tag ein Leben (Ged., 1955), Stern des Lebens (Kantate, 1965).
Literatur: JOCHER, H.: A. F.-C. Wesen u. Werk. Diss. Wien 1951.

Fisher, Dorothea Frances [Canfield] [engl. 'fɪʃə], amerikan. Schriftstellerin, †Canfield, Dorothy.

Fishta, Gjergj [alban. 'fiʃta], *Fishta bei Shkodër 23. Okt. 1871, †Shkodër 30. Dez. 1940, alban. Dichter. – Franziskaner; Lehrer, auch politisch tätig; Bemühungen um eine alban. Schrift- und Literatursprache (1908 Mitglied der Alphabetkommission); gilt als alban. Nationaldichter; schrieb [unter mehreren Pseudonymen], von der Volksepik ausgehend, Gedichte, Satiren, Melodramen u. a. Werke; zahlreiche Übersetzungen, v. a. aus dem Italienischen; Hauptwerk ist das Versepos ›Die Laute des Hochlandes‹ (Bd. 1 und 2 1905–07, Bd. 3 1930, endgültige Fassung 1937, dt. 1958), in dem F. den alban. Befreiungskampf darstellt. Seine auch nationalistisch gefärbte Lyrik und Epik spiegelt die traditionelle Kultur der nordalban. Bergstämme wider und verwendet meisterhaft die Kraft und Fülle ihrer Sprache.
Weitere Werke: Anzat e Parnasit (= Die Wespen des Parnaß, satir. Ged., 1907), Mrizi i zanavet (= Die Schatten der Musen, Ged., 1913).

Fitch, Clyde William [engl. fɪtʃ], *Elmira (N.Y.) 2. Mai 1865, †Châlons-sur-Marne (Marne) 4. Sept. 1909, amerikan. Dramatiker. – Erfolgreich mit histor. Dramen, Problem- und Gesellschaftsstücken (u. a. ›The climbers‹, 1901; ›The city‹, 1909) und Farcen. Wohl den größten Erfolg hatte ›The girl with the green eyes‹ (1902).
Weitere Werke: The moth and the flame (Dr., 1898), Nathan Hale (Dr., 1898), Barbara Frietchie (Dr., 1899), Her great match (Dr., 1905).
Ausgabe: C. F. The plays. Hg. v. M. J. MOSES u. V. GERSON. Boston (Mass.) 1915. 4 Bde.

Fıṭnat Ḫanım [türk. fit'nɑt hɑ'nɨm], *Istanbul, †ebd. 1780, osman.-türk. Dichterin. – Als Tochter eines der höchsten Würdenträger des Islams und später als Frau eines einflußreichen Staatsbeamten schrieb sie, im höfisch-urbanen Umkreis, verschiedene Formen der traditionellen islamisch-türk. Poesie, die sie in einem Diwan (im 19. Jh. zweimal aufgelegt) zusammenstellte.

Fitzgerald, Edward [engl. fɪts'dʒɛrəld], eigtl. E. Purcell, *Bredfield bei Woodbridge 31. März 1809, †Merton Rectory (Norfolk) 14. Juni 1883, engl. Dichter und Übersetzer. – Übersetzungen und Nachdichtungen aus dem Griechischen und Spanischen; am erfolgreichsten war er mit der Übertragung der Vierzeiler von Omar Chaijam aus dem Persischen (›Rubāyāt‹, 1859).
Weitere Werke: Collected poems (1849), Euphranor (Dialog, 1851).
Ausgaben: The variorum and definitive edition of the poetical and prose writings of E. F. Hg. v. G. BENTHAM. New York 1902–03. 7 Bde. Nachdr. Staten Island (N.Y.) 1967. – The letters of E. F. Hg. v. A. M. u. A. B. TERHUNE. Princeton (N. J.) 1978–80. 4 Bde.
Literatur: RICHARDSON, J.: E. F. London 1960. – JEWETT, J. B. H.: E. F. London 1977. – MARTIN, R. B.: With friends possessed. A life of E. F. London 1985.

Fitzgerald, F[rancis] Scott [Key] [engl. fɪts'dʒɛrəld], *Saint Paul (Minn.) 24. Sept. 1896, †Los Angeles (Calif.) 21. Dez. 1940, amerikan. Schriftsteller. – Aus wohlhabender Familie, Ausbildung an der Princeton University; nach der Militärzeit (1917–19) zunächst ohne endgültigen Beruf in New York; von 1920 an rasche literar. Karriere und finanzielle Erfolge, die ihm ein exzessives Leben im Stil der ›roaring twenties‹ erlaubten; Auslandsreisen, v. a. nach Frankreich, wo er E. Hemingway und G. Stein kennenlernte; während der Prohibitionszeit verfiel F. allmählich der Trunksucht. Einer der Hauptvertreter der Gruppe von amerikan. Schriftstellern, die oft als Lost generation, Gruppe der Flaming youth oder als Repräsentanten des Jazz-Zeitalters (›Tales of the jazz age‹, 1922) bezeichnet werden, gibt F. in Romanen und Short stories, in nüchterner, dem Jargon seiner Charaktere angenäherter, aber auch symbolhaltiger Sprache eine autobiographisch gefärbte Darstellung des hekt. Lebens der 20er Jahre.

Weitere Werke: Diesseits vom Paradies (R., 1920, dt. 1988), The beautiful and damned (R., 1922), Ein Diamant – so groß wie das Ritz (En., 1922, dt. 1980), Der große Gatsby (R., 1925, dt. 1928), All the sad young men (Kurzgeschichten, 1926), Das Liebesschiff (En., 1927, dt. 1984), Der gefangene Schatten (En., 1928, dt. 1980), Die letzte Schöne des Südens (En., 1929, dt. 1980), Der ungedeckte Scheck (En., 1932, dt. 1985), Zärtlich ist die Nacht (R., 1934, dt. 1952), Der letzte Taikun (R., hg. 1941, dt. 1962), Der Knacks (autobiogr. Fragmente, hg. 1945, dt. 1984).

Ausgaben: F. S. F. Die besten Stories. Dt. Übers. Bln. 1954. – Correspondance of F. S. F. Hg. v. M. J. BRUCCOLI u. M. M. DUGGAN. New York 1980. – F. S. F. Poems. Hg. v. M. J. BRUCCOLI. South Carolina (Mich.) 1981.

Literatur: PIPER, H. D.: F. S. F. New York 1965. – BRYER, J. R.: The critical reputation of F. S. F. A bibliographical study. New Haven (Conn.) 1967. – STERN, M. R.: The golden moments. The novels of F. S. F. Urbana (Ill.) u. a. ²1971. – STAVOLA, TH. J.: S. F., crisis in an American identity. London 1979. – WAY, B.: F. S. F. and the art of social fiction. New York 1980. – BRUCCOLI, M. J.: Some sort of epic grandeur. The life of F. S. F. New York 1981. – The short stories of F. S. F. New approaches in criticism. Hg. v. J. R. BRYER. Madison (Wis.) 1982. – LEVOT, A.: F. S. F. A biography. London 1984.

Fitzgerald, Robert S[tuart] [engl. fɪts-'dʒerəld], * Geneva (N. Y.) 12. Okt. 1910, † Cambridge (Mass.) 16. Jan. 1985, amerikan. Schriftsteller. – Journalist, seit 1946 Lehrtätigkeit, ab 1965 an der Harvard University, bekannt v. a. als Übersetzer aus dem Griechischen (›The Alcestis of Euripides‹, 1936, mit Dudley Fitts [* 1903]; ›The Antigone‹, 1939, mit D. Fitts; ›Oedipus at Colonus‹, 1941; ›Sophocles' Oedipus Rex‹, 1949, mit D. Fitts; ›The Odyssey‹, 1962, in Blankversen) und aus dem Französischen (Saint-John Perse, 1961); schrieb auch

Lyrik (›Poems‹, 1935; ›In the rose of time‹, 1956; ›Spring shade‹, 1971) und literaturkrit. Essays (›Enlarging the change‹, 1984).

FitzGerald, Robert David [engl. fɪts-'dʒerəld], * Sydney 22. Febr. 1902, † Glen Innes (New South Wales) 24. Mai 1987, austral. Lyriker. – War Vermessungsbeamter, davon fünf Jahre in Fidschi; neben K. Slessor bedeutendster Lyriker der 30er Jahre; seine vitalistisch-philosoph. Einstellung kommt bes. in seinen Meditationen und Gedichtzyklen ›Moonlight acre‹ (1938) zum Ausdruck; seine späteren Werke sind von der mit moral. Schuld belasteten Geschichte Australiens bestimmt (›The wind at your door‹, 1959). Eine vom Autor ausgewählte und eingeleitete Sammlung seiner besten Gedichte erschienen 1965 u. d. T. ›Forty years' poems‹.

Literatur: DAY, A. G.: R. D. F. New York 1974.

Flaccus, Gaius Valerius, röm. Epiker, † Valerius Flaccus, Gaius.

Flagellantendichtung † Geißlerlieder.

Flaiano, Ennio, * Pescara 5. März 1910, † Rom 20. Nov. 1972, italien. Schriftsteller. – Studierte Architektur; war Theater- und Filmkritiker für mehrere Zeitschriften; 1949–54 Chefredakteur der Zeitschrift ›Il Mondo‹; veröffentlichte neben Romanen und Erzählungen auch Dramen und schrieb Drehbücher, v. a. für F. Fellini (u. a. ›La dolce vita‹, ›Achteinhalb‹).

Werke: Frevel in Äthiopien (R., 1947, dt. 1953, 1978 u. d. T. Alles hat seine Zeit), Nächtl. Tagebuch und andere Texte (Prosa, 1956, dt. 1988), Eine und eine Nacht (En., 1959, dt. 1989), Un marziano a Roma (Kom., 1960), Blätter von der Via Veneto und andere Texte (Prosa, hg. 1973, dt. 1994), Autobiografia del blu di Prussia (hg. 1974), Melampus (R., hg. 1974, dt. 1993).

Literatur: MINORE, R.: Teatro umoristico e satirico. Campanile/F./Fo. In: Teatro contemporaneo. Bd. 1: Teatro italiano. Rom 1981. S. 569. – FERRARIO, M./RÜESCH, D.: Bibliografia degli scritti di E. F. Mailand 1988.

Flaischlen, Cäsar, Pseudonym C. F. Stuart, * Stuttgart 12. Mai 1864, † Gundelsheim 16. Okt. 1920, dt. Schriftsteller. – War von 1895 bis 1900 in Berlin Redakteur der Kunstzeitschrift ›Pan‹. Als Erzähler, Dramatiker und Lyriker anfangs vom Naturalismus beeinflußt, später Hinwendung zum Impressionismus. Großen Erfolg hatte er auch mit seinen schwäb. Mundartgedichten; auch literaturwiss. Arbeiten.

Werke: Nachtschatten (Ged., 1884), Martin Lehnhardt (Dr., 1895), O. E. Hartleben (Biogr., 1896), Von Alltag und Sonne (Ged., 1898), Aus den Lehr- und Wanderjahren des Lebens (Ged., 1900), Jost Seyfried (R., 1905), Mandolinchen, Leierkastenmann und Kuckuck (Ged., hg. 1921), Von Derhoim ond Drauße (Ged., hg. 1924). **Ausgabe:** C. F. Ges. Dichtungen. Stg. 1921. 6 Bde. **Literatur:** STECHER, G.: C. F. Stg. 1924.

Flake, Otto, Pseudonym Leo F. Kotta, * Metz 29. Okt. 1880, † Baden-Baden 10. Nov. 1963, dt. Schriftsteller. – Studierte Germanistik, Philosophie und Kunstgeschichte in Straßburg, unternahm Reisen nach Rußland, England und v. a. Frankreich, dem seine Liebe galt. Gab zus. mit R. Schickele 1902 die Zeitschrift ›Der Stürmer‹, 1903 die Zeitschrift ›Der Merker‹ heraus. Seine frühe Schaffensperiode ist von den jeweils herrschenden literar. Strömungen beeinflußt (Impressionismus, Expressionismus); der fünfteilige Entwicklungsroman ›Ruland‹ trägt z. T. autobiograph. Züge: ›Freitagskind‹ (1913, 1928 u. d. T. ›Eine Kindheit‹), ›Ruland‹ (1922), ›Der gute Weg‹ (1924), ›Villa U.S.A.‹ (1926), ›Freund aller Welt‹ (1928). Aus seinem umfangreichen Werk ragen v. a. die großen Erziehungs- und Bildungsromane heraus: ›Fortunat‹ (2 Bde., 1946) mit der Fortsetzung ›Ein Mann von Welt‹ (2 Bde., 1947), ›Die Sanduhr‹ (1950), ›Die Monthivermädchen‹ (1952, 1934/35 in 2 Bden. u. d. T. ›Bad. Chronik‹) sowie seine [fiktiven] Biographien (beginnend mit ›Hortense oder Die Rückkehr nach Baden-Baden‹, R., 1933). Der konservativen Form dieser Werke steht die durchaus moderne Sprache gegenüber; der Erzählstil ist klar, sachlich, gelassen. In F.s Vorliebe für die Gestaltung von Themen aus dem Bereich dt.-frz. Beziehungen und Gegensätze wird sein Streben nach einem neuen geistig-polit. Verhältnis zwischen den beiden Nachbarvölkern deutlich. F. war auch Übersetzer (Stendhal, H. de Balzac) und verfaßte Arbeiten u. a. über frz. Literatur, über F. Nietzsche, Stendhal, J. Burckhardt, H. Heine

und O. Wilde; auch histor. Werke, Dramen, Märchen, Essays und philosoph. Schriften.

Weitere Werke: Schritt für Schritt (R., 1912), Die Prophezeiung (Nov.n, 1915), Die Stadt des Hirns (R., 1919), Nein und Ja (R., 1920), Das neuantike Weltbild (Essays, 1922), Zum guten Europäer (Essays, 1924), Sommerroman (1927), Die erot. Freiheit (Essay, 1928), Ulrich von Hutten (1929), Marquis de Sade (1930), Montijo oder Die Suche nach der Nation (R., 1931), Scherzo (R., 1936), Türkenlouis (Biogr., 1937), Große Damen des Barock (Porträts, 1939), Old Man (R., 1947), Der Handelsherr (E., 1948), Schloß Ortenau (R., 1955), Es wird Abend (Autobiogr., 1960). **Ausgaben:** O. F. Die Erzählungen. Kassel 1947. 2 Bde. – O. F. Die Sichtung. Ges. krit. Schrr. Baden-Baden 1948. – O. F. Werke. Hg. v. R. HOCHHUTH u. P. HÄRTLING, Ffm. 1976. **Literatur:** MÖWE, E.: O. F. Lpz. 1931. – FARIN, M.: O. F.s Lauda-Romane ›Die Stadt des Hirns‹ u. ›Nein und Ja‹. Ffm. u. a. 1979. – GRAF, S.: ›Als Schriftsteller leben‹. Das publizist. Werk O. F.s ... Sankt Ingbert 1992. – Die Unvollendbarkeit der Welt. Ein Symposium über O. F. Hg. v. F. DELLE CAVE u. a. Bozen 1992.

flämische Literatur ↑niederländische Literatur.

Flaška z Pardubic, Smil [tschech. 'flaʃka 'spardubits], * um 1350, ✕ bei Kutná Hora (Mittelböhm. Gebiet) 13. Aug. 1403, tschech. Schriftsteller. – Politisch führend tätig, fiel als Gegner Wenzels IV.; verfaßte nach dt. Vorbild eine ritterl. Standeslehre ›Rada otce synovi‹ (= Der Rat des Vaters an den Sohn) und einen Fürstenspiegel als Tierparlament ›Nová rada‹ (= Neuer Rat, 1394), der im 16. Jh. ins Lateinische übersetzt wurde.

Flateyjarbók [isländ. 'fla:tɛijarbɔuk = Buch von Flatey], nach der Insel Flatey im Breiðafjord benannte, umfangreichste isländ. Sammelhandschrift (225 beidseitig beschriebene Folioblätter). Sie wurde zwischen 1387 und 1395 von den Geistlichen Jón Þórdarson und Magnús Þorhallson geschrieben. Magnús Þorhallson illuminierte es. Die F. enthält neben einer Reihe kleinerer Sagas, Erzählungen und dem Bericht über Fahrten nach Nordamerika die Sagas von König Olaf Tryggvesson und König Olaf dem Heiligen.

Ausgaben: F. Hg. v. G. UIGFUSSON u. C. R. UNGER. Christiania 1860–68. 3 Bde. – F. Hg. v. S. NORDAL. Reykjavík 1944–45. 4 Bde.

Flaubert, Gustave [frz. flo'bɛːr], *Rouen 12. Dez. 1821, †Croisset bei Rouen 8. Mai 1880, frz. Dichter. – Studierte Jura, vielseitig gebildet. Durch ein Leiden am prakt. Beruf gehindert, lebte er, abgesehen von Reisen in Italien, Griechenland, Nordafrika und im Orient, sehr zurückgezogen in Croisset. F. begann mit zwei stark persönlich gefärbten Werken in der Art der romant. Bekenntnisromane, den ›Erinnerungen eines Narren‹ (entst. 1838, hg. 1901, dt. 1907) und dem Roman ›November‹ (entst. 1840–42, hg. 1901, dt. 1917). Es folgte der Roman ›Madame Bovary‹ (1857, dt. 1892), F.s Hauptwerk, in dem er das Schicksal einer jungen Frau in der Provinz, die an dem Mißverhältnis von Gefühl und nüchterner Umwelt zugrunde geht, mit unerbittl. Naturtreue, überlegener Kälte und in streng gefeilter Sprache erzählt. Mit diesem Werk setzte F. die Tradition H. de Balzacs und Stendhals fort und wurde, entgegen seinem eigentl. romant. Wesen, zum Überwinder der Romantik und Begründer des Realismus in Frankreich. Der ständige Wechsel zwischen realist. und romant. Werken im weiteren Verlauf von F.s dichter. Schaffen spiegelt seine innere Zwiespältigkeit. F. schrieb seine Werke mit geradezu wiss. Genauigkeit, strebte nach größter Vollendung der Form bei extremer Unpersönlichkeit der Darstellung. Seine romantisch bestimmten Werke zeichnen sich durch Bilderreichtum und glühende Farbigkeit aus. Zeugnis von der stilist. Meisterschaft des reifen F. geben die ›Drei Erzählungen‹ (1877, dt. 1903) sowie die zweite Fassung des Romans ›L'éducation sentimentale‹ (1869, dt. 1904 u. d. T. ›Die Schule der Empfindsamkeit‹, u. a. auch u. d. T. ›Lehrjahre des Gefühls‹ und ›Die Erziehung des Herzens‹), dessen erste, noch romant., autobiographisch-persönl. Fassung F. 1845 verworfen hatte. Wesentlich zum Verständnis von F.s Kunstauffassung tragen v. a. seine Briefe und Tagebücher (u. a. ›Briefe an G. Sand‹, 1884, dt. 1956) bei.

Weitere Werke: Salambo (R., 1862, dt. 1900), Die Versuchung des hl. Antonius (R., 1874, dt. 1905), Bouvard und Pécuchet (R.-Fragment, hg. 1881, dt. 1909).

Ausgaben: G. F. Ges. Werke. Dt. Übers. Hg. v. E. W. FISCHER. Minden 1907–09. 10 Bde. – G. F. Œuvres complètes. Éditions Conard. Paris 1910–54. 28 Bde. – G. F. Tagebücher. Dt. Übers. Hg. v. E. W. FISCHER. Potsdam 1919–20. 3 Bde. – G. F. Ges. Werke. Dt. Übers. Hg. v. W. WEIGAND. Mchn. 1923. 6 Bde. – G. F. Correspondance – Supplément. Hg. v. R. DUMESNIL u. a. Paris 1953. 4 Bde. – G. F. Œuvres. Hg. v. M. NADEAU. Lausanne 1964–65. 18 Bde. – G. F. Correspondance. Hg. v. J. BRUNEAU. Paris 1973. – G. F. Briefe. Dt. Übers. Hg. v. H. SCHEFFEL. Zü. 1977. – G. F. Reisen in den Orient. Dt. Übers. Hg. v. A. STOLL. Ffm. 1985.
Literatur: THIBAUDET, A.: G. F. Paris [2]1935. Nachdr. Paris 1973. – BROMBERT, V.: The novels of F. A study of themes and techniques. Princeton (N. J.) 1966. – WETHERILL, P. M.: F. et la création littéraire. Paris 1967. – REBOUSSIN, M.: Le drame spirituel de F. Paris 1973. – BEYERLE, M.: ›Madame Bovary‹ als Roman der Versuchung. Ffm. 1975. – DETHLOFF, U.: Das Romanwerk G. F.s. Mchn. 1976. – SARTRE, J.-P.: Der Idiot der Familie. Dt. Übers. Rbk. 1977–80. 5 Bde. – FRIEDRICH, H.: Drei Klassiker des frz. Romans. Stendhal, Balzac, F. Ffm. [8]1980. – KRÖMER, W.: F. Darmst. 1980. – LA CAPRA, D.: ›Madame Bovery‹ on trial. London u. Ithaca (N. Y.) 1982. – ROBERT, M.: En haine du roman. Étude sur F. Paris 1982. – CZYBA, L.: Mythes et idéologies de la femme dans les romans de F. Lyon 1983. – F. and postmodernism. Hg. v. N. SCHOR u. H. F. MAJEWSKI. Lincoln (Nebr.) u. London 1984. – LOWE, M.: Towards the real F. Oxford 1984. – LA VARENDE, J. DE: G. F.: In Selbstzeugnissen u. Bilddokumenten. Dt. Übers. Rbk. 37.–39. Tsd. 1986. – LOTTMANN, H.: F. Eine Biogr. Dt. Übers. Ffm. 1992.

Gustave Flaubert

Flavius Josephus, jüd. Geschichtsschreiber, †Josephus, Flavius.

Flavius Philostratus †Philostratos II., Flavius.

Fleck, Konrad, mhd. Epiker der 1. Hälfte des 13. Jahrhunderts. – Heimat und Stand sind nicht belegt; F. gilt in der Forschung als Elsässer oder Basler. Sein nach frz. Vorbild (um 1220) geschaffener Versroman von der Kinderminne ›Flore und Blanscheflur‹ (↑ Floire et Blancheflor) ist ohne Autornennung in zwei Handschriften des 15. Jh. und in zwei Bruchstücken aus dem 13. Jh überliefert. In den Dichterkatalogen Rudolfs von Ems (im ›Alexander‹ und im ›Willehalm von Orlens‹) wird F. als der Autor dieses Romans erwähnt, im ›Alexander‹ wird ihm außerdem ein nicht erhaltener Artusroman ›Clîes‹ (nach ›Cligès‹ von Chrétien de Troyes) zugeschrieben.

Ausgabe: (Gottfried von Straßburgs) Tristan u. Isolde u. (K. F.s) Flore u. Blanscheflur. Hg. v. W. GOLTHER. Bd. 2. Lpz. 1888. S. 235.

Literatur: HUPFELD, K. B.: Aufbau u. Erzähltechnik in K. F.s ›Flore u. Blanscheflur‹. Diss. Hamb. 1967.

Flecker, [Herman] James Elroy [engl. 'flɛkə], * London 5. Nov. 1884, † Davos 3. Jan. 1915, engl. Lyriker und Dramatiker. – Verfaßte unter dem Einfluß der frz. Parnassiens lyr. Gedichte, die romant. Themen in flüssiger Sprache behandeln. Der ›Georgian poet‹ schrieb auch zwei beliebte Dramen (›Hassan‹, dt. 1919, engl. hg. 1922; ›Don Juan‹, hg. 1925).

Weitere Werke: Forty-two poems (1911), Golden journey to Samarkand (Ged., 1913), The old ships (Ged., 1915).

Ausgabe: J. E. F. Collected poems. Hg. v. SIR J. SQUIRE. London Neuausg. 1946.

Literatur: MERCER, TH. S.: J. E. F., from school to Samarkand. Thames Ditton (Surrey) 1952. – SHERWOOD, J.: No golden journey. A biography of J. E. F. London 1973. – MUNRO, J. M.: J. E. F. Boston (Mass.) 1976.

Fleg, Edmond [frz. flɛg], eigtl. E. Flegenheimer, * Genf 26. Nov. 1874, † Paris 15. Okt. 1963, frz. Schriftsteller schweizer. Herkunft. – Studierte in Genf und Paris (École normale supérieure); Theaterkritiker; behandelte in Gedichten, Romanen, Dramen und Essays Geschichte und Wesen des Judentums.

Werke: Écoute, Israël (Ged., 2 Bde., 1914–21), La maison du bon Dieu (Dr., 1920), Anthologie juive (2 Bde., 1923, vollständige Ausg. 1951), Le juif du pape (Dr., 1925), Ein kleiner Prophet (R., 1927, dt. 1927), Warum ich Jude bin (autobiograph. Essay, 1928, dt. 1929), Apocalypse (Essay, 1938), Vers le monde qui vient (Essay, 1960).

Fleißer, Marieluise, verh. Haindl, * Ingolstadt 22. Nov. 1901, † ebd. 2. Febr. 1974, dt. Schriftstellerin. – Studierte Germanistik und Theaterwiss., lebte bis 1933 in Berlin, danach als von den Nationalsozialisten wegen ihrer sozialkrit. Tendenz unerwünschte Autorin wieder in Ingolstadt; ihre Bücher wurden verbrannt, 1935 erhielt sie Schreibverbot. Ihre Dramen, ihr einziger Roman und ihre Erzählungen spielen fast stets in ihrer bayr. Heimat oder in der großstädt. Literatur-Boheme. Ihre Bedeutung als Dramatikerin liegt v. a. in der Bemühung um das krit. Volksstück; hierin war sie Vorbild u. a. für F. X. Kroetz.

Werke: Fegefeuer (Dr., UA 1926; Neufassung 1971 u. d. T. Fegefeuer in Ingolstadt), Ein Pfund Orangen (En., 1929), Pioniere in Ingolstadt (Kom., UA 1929), Mehlreisende Frieda Geier (R., 1931; umgearbeitet 1972 u. d. T. Eine Zierde für den Verein), Andorran. Abenteuer (En., 1932), Der starke Stamm (Kom., UA 1950), Avantgarde (En., 1963), Abenteuer aus dem Engl. Garten (En., 1969), Der Tiefseefisch (Dr., hg. 1980).

Ausgabe: M. F. Ges. Werke. Hg. v. G. RÜHLE. Ffm. 1972. 3 Bde.

Literatur: Materialien zum Leben u. Schreiben der M. F. Hg. v. G. RÜHLE. Ffm. 1973. – M. F. Hg. v. H. L. ARNOLD. Mchn. 1979. – KÄSSENS, W./TÖTEBERG, M.: M. F. Mchn. 1979. – LUTZ, G.: Die Stellung M. F.s in der bayr. Lit. des 20. Jh. Ffm. 1979. – KRAFT, F.: M. F. Ingolstadt 1981. – TAX, S.: M. F. Schreiben, Überleben. Ein biograph. Versuch. Ffm. 1984. – McGOWAN, M.: M. F. Mchn. 1987. – LUTZ, G.: M. F. Mchn. 1989.

Fleming, Ian [Lancaster], * London 28. Mai 1908, † Canterbury 12. Aug. 1964, engl. Schriftsteller. – Bruder von Peter F.; während des 2. Weltkrieges im brit. Geheimdienst tätig; Verfasser erfolgreicher, durch Übersetzungen und Verfilmungen internat. bekannter Spionageromane um die Gestalt des Super-Geheimagenten James Bond (Nr. 007); u. a. ›Casino Royale‹ (1953, dt. 1960), ›Liebesgrüße aus Moskau‹ (1957, dt. 1961), ›007 James Bond jagt Doktor No‹ (1958, dt. 1965), ›James Bond contra Goldfinger‹ (1959, dt. 1965), ›Du lebst nur zweimal‹ (1964, dt. 1967), ›007 James Bond und der Mann mit dem goldenen Colt‹ (1965, dt. 1966).

Marieluise
Fleißer

Literatur: AMIS, K.: James Bond dossier. New York 1965. – PEARSON, J.: The life of F. London 1966. – BRYCE, I.: You only live once. Memoirs of I. F. London 1975.

Fleming (Flemming), Paul, * Hartenstein (Erzgebirge) 5. Okt. 1609, † Hamburg 2. April 1640, dt. Schriftsteller. – Studierte ab 1626 Philosophie und Medizin in Leipzig. Er gehörte dort einem studentischen Dichterkreis an (Bekanntschaft mit M. Opitz und A. Olearius) und wurde nach der Veröffentlichung mehrerer Dichtungen 1631 zum Dichter gekrönt. Nahm als Hofjunker und Truchseß des Herzogs von Holstein-Gottorp an Reisen nach Moskau und Persien teil, starb auf der Reise zu seiner Verlobten nach Reval. F. begann mit lat. Gedichten in der Art F. Petrarcas. In seiner dt. Lyrik gelang ihm der Durchbruch zu eigenständigem Schaffen. Er ist der persönlichste unter den Barocklyrikern und der bedeutendste Opitz-Schüler. Seine reife Lyrik, in der er persönl. Fühlen und Empfinden frei äußert, ist erfüllt von dichter. Kraft, Frische und Lebensnähe, vernachlässigt dennoch nicht die der Zeit eigene korrekte Form. Sein Werk umfaßt v. a. liedhafte Sonette, Liebes-, Trink-, Fest- und Gelegenheitsgedichte, Vaterlandslieder und geistl. Gesänge.
Werke: Rubella seu suaviorum liber I (= Rubella oder das Buch der Küsse, 1631), Klagegedichte über ...Leiden und Todt... Jesu Christi (1632), Poetischer Gedichten... Prodromus (hg. 1641), Teutsche Poemata (Ged., hg. 1642), Nova Epigrammata (Ged., hg. 1649).
Ausgaben: P. F. Lat. Gedichte. Hg. v. J. M. LAPPENBERG. Stg. 1863. Nachdr. Amsterdam 1969. – P. F. Dt. Gedichte. Hg. v. J. M. LAPPENBERG. Stg. 1865. 2 Bde. Nachdr. Darmst. 1965.

Literatur: PYRITZ, H.: P. F.s dt. Liebeslyrik. Lpz. 1932. Nachdr. New York 1967. – PYRITZ, H.: P. F.s Liebeslyrik. Zur Gesch. des Petrarkismus. Gött. 1963. – DÜRRENFELD, E.: P. F. u. Johann Christian Günther. Diss. Tüb. 1964. – AMBACHER, R. F.: P. F. and ›Erlebnisdichtung‹. Diss. New Brunswick (N. J.) 1972. – POHL, M. C.: P. F. Münster 1993.

Fleming, Peter, Pseudonym Moth, * London 31. Mai 1907, † Black Mount (Argyllshire) 18. Aug. 1971, engl. Journalist und Schriftsteller. – Bruder von Ian F.; studierte in Oxford, nahm am 2. Weltkrieg teil; Reisen nach Mexiko, Brasilien, China und Japan (z. T. für ›The Times‹). Der Erfolg seiner Reisebücher beruht auf der sehr anschaul. und eindrucksvollen Schilderung seiner Erlebnisse.
Werke: Brasilianisches Abenteuer (Reisebericht, 1933, dt. 1935), News from Tartary (Kurzgeschichten, 1936), Die sechste Kolonne (Satire, 1951, dt. 1953), A forgotten journey (Skizze, 1952), Die Belagerung zu Peking (Bericht, 1959, dt. 1961), Bayonets to Lhasa (Bericht, 1961).
Literatur: HART-DAVIS, D.: P. F. A biography. London 1974.

Flers, Robert Pellevé de La Motte-Ango, Marquis de [frz. flɛːr], * Pont-l'Évêque (Calvados) 25. Nov. 1872, † Vittel (Vosges) 30. Juli 1927, frz. Dramatiker. – Journalist, zeitweilig Feuilletonchef des ›Figaro‹; 1920 Mitglied der Académie française; schrieb zusammen mit seinem Freund G. A. de Caillavet, nach 1915 v. a. mit F. de Croisset zahlreiche erfolgreiche Bühnenstücke, Operetten (›Les travaux d'Hercule‹, 1901; Musik C. Terrasse) sowie leichte, geistreiche, bisweilen satir. Lustspiele, u. a. ›Le roi‹ (1908), ›Primerose‹ (1911), ›L'habit vert‹ (1913), ›Les nouveaux messieurs‹ (1926).
Literatur: CROISSET, F. DE: Le souvenir de R. de F. Paris 1929.

Flesch-Brunningen, Hans, Pseudonym Vincent Brun, * Brünn 5. Febr. 1895, † Bad Ischl 1. Aug. 1981, österr. Schriftsteller. – Studierte Jura in Wien, lebte ab 1928 in Berlin als freier Schriftsteller, emigrierte 1934 nach London; 1963 kehrte er nach Wien zurück; ab 1971 ∞ mit H. Spiel. Schrieb v. a. Romane und Novellen (z. T. in engl. Sprache); übersetzte auch aus dem Englischen.
Werke: Das zerstörte Idyll (Nov., 1917), Auszug und Wiederkehr (R., 1929), Die Amazone (R., 1930), Alkibiades (R., engl. 1935, dt. 1936), Die

Herzogin von Ragusa (R., 1935), Perlen und schwarze Tränen (R., 1948), Die Teile und das Ganze (R., 1969), Die Frumm (R., 1979).

Fletcher, Giles [engl. 'flɛtʃə], der Jüngere, * London 1588 (?), † Alderton (Suffolk) 1623, engl. Lyriker. – Studierte in Cambridge, wo er Lektor für Griechisch wurde; später durch Vermittlung F. Bacons Pfarrer in Alderton. Das Epos ›Christ's victorie and triumph‹ (1610) zeigt zwar deutl. E. Spensers Einfluß, dennoch gelingt es F. durch seine Neigung zum Paradoxon, dem Ganzen eine persönl. Note zu geben.
Ausgabe: The poetical works of G. and Phineas F. Hg. v. F. S. BOAS. Cambridge 1908–09. 2 Bde. Nachdr. Cambridge 1970.
Literatur: KASTOR, F. S.: G. and Phineas F. Boston (Mass.) 1978.

Fletcher, John [engl. 'flɛtʃə], ≈ Rye (Sussex) 20. (?) Dez. 1579, † London 28. Aug. 1625, engl. Dramatiker. – Sohn eines hohen Klerikers; studierte in Cambridge; wurde dann in London zu einem der erfolgreichsten Dramatiker des † elisabethanischen Theaters. Schrieb ab 1605 v. a. zusammen mit seinem Freund F. Beaumont, nach dessen Rückzug vom Theater (1613) als Autor der Theatertruppe ›King's men‹ teils allein, teils in Verbindung mit anderen, bes. N. Field, Ph. Massinger und Shakespeare (mit letzterem wahrscheinlich ›Die beiden edlen Vettern‹, Dr., UA 1613, Hg. 1634, dt. 1890, sowie ›Heinrich VIII.‹, UA 1613, gedr. 1623, dt. 1777). F.s früher Versuch, mit ›The faithful shepherdess‹ (1609) die pastorale Tragikomödie nach dem Vorbild G. B. Guarinis auf der engl. Volksbühne einzuführen, erwies sich zwar als Fehlschlag, aber die dann aus der Zusammenarbeit mit Beaumont hervorgegangenen heroischen Tragikomödien und Tragödien ›Philaster oder die Liebe blutet‹ (Tragikom., UA 1609, gedr. 1620, dt. 1879), ›Die Braut‹ (Trag., UA um 1610, gedr. 1619, dt. 1765), ›A king and no king‹ (Tragikom., UA 1611, gedr. 1619, dt. 1785 u. d. T. ›Ethelwolf oder der König kein König‹) u. a. initiierten einen neuen Modestil der engl. Bühne, dem sich auch Shakespeare in seinem Spätwerk nicht entzog. F. setzte ihn selbständig fort, u. a. in ›The loyal subject‹ (Tragikom., UA 1618, hg. 1647), ›The humorous lieutenant‹ (Tragikom., UA um 1619, hg. 1647), ›The island princess‹ (Tragikom., UA um 1620, hg. 1647). F. verfaßte auch glänzende satir. Komödien nach der Art B. Jonsons, u. a. ›The wild-goose chase‹ (UA 1621 ?, hg. 1647) und ›Rule a wife and have a wife‹ (UA 1624, hg. 1640).
Ausgaben † Beaumont, Francis.
Literatur: LEECH, C.: The J. F. plays. London 1962. – † auch Beaumont, Francis.

Fletcher, John Gould [engl. 'flɛtʃə], * Little Rock (Ark.) 3. Jan. 1886, † ebd. 10. Mai 1950, amerikan. Dichter. – Studierte an der Harvard University und lebte seit 1908 in England; 1933 Rückkehr nach Amerika. F. war einer der Begründer des Imagismus und gehörte zu dessen bed. Vertretern. Er wandte sich später Schilderungen der Landschaft Amerikas und seiner Geschichte zu.
Werke: Irradiations: sand and spray (Ged., 1915), Breakers and granite (Ged., 1921), The black rock (Ged., 1928), Selected poems (1938; Pulitzerpreis 1939), South star (Ged., 1941), The burning mountain (Ged., 1946).
Literatur: CHASCA, E. S. DE: J. G. F. and imagism. Columbia (La.) u. London 1978. – HERGT, G.: Das lyr. Werk J. G. F.s. Ffm. 1978.

Fletcher, Phineas [engl. 'flɛtʃə], ≈ Cranbrook (Kent) 8. April 1582, † Hilgay (Norfolk) 1650, engl. Dichter. – Bruder von Giles F. dem Jüngeren; studierte in Cambridge; ab 1621 Pfarrer in Hilgay; in seiner Dichtung von E. Spenser beeinflußt; sein Hauptwerk ist das lehrhafte allegor. Versepos über die phys. und psych. Natur des Menschen ›The purple island‹ (1633).
Ausgabe † Fletcher, Giles.
Literatur: LANGDALE, A. B.: Ph. F., man of letters, science and divinity. New York 1937. – † auch Fletcher, Giles.

Fleuron, Svend [dän. flø'rɔn], * Gut Katrinedal (auf Møn) 4. Jan. 1874, † Humlebæk 5. April 1966, dän. Schriftsteller. – Schrieb gelungene Tierschilderungen, die ihn als genauen Beobachter ausweisen; Schöpfer des modernen Tierromans.
Werke: Die rote Koppel (R., 1914, dt. 1920), Strix (R., 1916, dt. 1920), Schnipp Fidelius Adelzahn (R., 1917, dt. 1922), Meister Lampe (R., 1918, dt. 1922), Die gefesselte Wildnis (R., 1925, dt. 1927), Mit dem Stöberhund durch Wald und Heide (R., 1932, dt. 1932), Ajax und die Tiere (R., dt. 1958).

Ausgabe: S. F. Die Welt der Tiere. Ges. Werke. Übers. u. eingel. v. T. DOHRENBERG. Jena 1940. 6 Bde.

Fleury, Jules [frz. flœ'ri], frz. Schriftsteller und Kritiker, ↑ Champfleury, Jules.

Flex, Walter, * Eisenach 6. Juli 1887, ✕ auf Ösel 15. (16.?) Okt. 1917, dt. Schriftsteller. – Studium in Erlangen und Straßburg; Privatlehrer im Hause Bismarck; im Ersten Weltkrieg Freiwilliger an der frz. und russ. Front. Bekannt wurde er durch sein Hauptwerk ›Der Wanderer zwischen beiden Welten‹ (1917), Erinnerungen an einen Kriegskameraden; Wandervogelgeist, patriot. Gesinnung, Idealisierung und Ästhetisierung des Krieges kennzeichnen dieses Werk, das großen Einfluß auf die nationalistisch gesinnte Jugend der Nachkriegszeit hatte und auch in der Zeit des Nationalsozialismus weite Verbreitung fand.

Weitere Werke: Demetrius (Trag., 1910), Zwölf Bismarcks (Nov.n, 1913), Das Volk in Eisen (Ged., 1914), Sonne und Schild (Ged., 1915), Im Felde zwischen Nacht und Tag (Ged., 1917), Wolf Eschenlohr (R., hg. 1919; Fragment).

Flickvers, inhaltlich und gedanklich überflüssiger Vers (zur Strophenfüllung).

Flieg, Helmut, dt. Schriftsteller, ↑ Heym, Stefan.

fliegende Blätter, seit G. E. Lessing belegtes Synonym für ↑ Flugblätter und ↑ Flugschriften.

Fliegende Blätter, illustrierte humorist. Zeitschrift; erschienen 1844–1944 in München; karikierte zeittyp. Verhaltensformen des dt. Bürgertums. Mitarbeiter waren u. a. W. Busch, M. von Schwindt, C. Spitzweg, F. Freiligrath.

Flint, Frank Stewart, * London 19. Dez. 1885, † in Berkshire 28. Febr. 1960, engl. Lyriker. – Gehörte zu den Imagisten, seine Gedichte schrieb er in freirhythm. Versen. Veröffentlichte nur drei Gedichtbände: ›In the net of the stars‹ (1909), ›Cadences‹ (1915) und ›Otherworld‹ (1920); zahlreiche Übersetzungen aus mehreren Sprachen.

Fløgstad, Kjartan [norweg. ˌflœksta], * Sauda 7. Juni 1944, norweg. Schriftsteller. – Nachdem er mit symbolist. Lyrik begonnen hatte, schilderte er später in seinen sozialkrit. Prosawerken Probleme aus dem Industriearbeiter- und Seemannsmilieu.

Werke: Valfart (Ged., 1968), Den hemmelege jubel (Prosa, 1970), Fangliner (En., 1972), Døden ikke heller (R., 1975), Ein for alle (R., 1976), Dalen Portland (R., 1977, dt. 1988), Fyr og flamme (R., 1980), U 3 (R., 1984), Det 7. klima. Salim Mahmood i Media Thule (R., 1986), Tyrannosaurus Text (Essays, 1988).

Floire et Blancheflor [frz. flwareblɑʃ'flɔ:r = Blume und Weißblume (d. h. Rose und Lilie)] (F. et Blancheflur), der oriental. Stoff von der Liebe eines heidn. Prinzen zu einer christl. Gefangenen wurde in einer byzantin. Fassung über ganz Europa verbreitet. Zu unterscheiden sind eine aristokrat. und eine populäre Version. Die erstere liegt der altfrz. ›Li romanz de F. et B.‹ (etwa 1160/70) zugrunde und ebenso dem mhd. Versroman von Konrad Fleck (um 1220), das die Heldin zur Mutter von Berta, der Mutter Karls des Großen, werden läßt. Die letztere Fassung führt Märchenelemente ein und über G. Boccaccios ›Filocolo‹ (entst. um 1336, gedr. 1472) zum dt. Volksbuch von 1499 und zur Komödie ›Florio mit der Bianceflora‹ (1551) von Hans Sachs. Ein dritter Strang betont religiöse Züge, wie die italien. ›Leggenda della reina Rosana‹ (14. Jh.), die auch in dramat. Fassungen begegnet. Der bedeutendste Ableger des Motivkomplexes ist die altfrz. Novelle ›Aucassin et Nicolette‹ (um 1220) mit mehrfacher Trennung und jeweiligem Sichwiederfinden des Liebespaars sowie abenteuerl. Verkleidungsszenen und burlesken Randelementen. Der Stoff lebte auch in der exot. Oper des 18. Jh. wieder auf.

Ausgaben: Floyris. Hg. v. E. STEINMEYER u. M. ROEDIGER. In: Zs. f. Dt. Altertum u. Dt. Litteratur 21 (1877), S. 307. – Flóres saga ok Blankiflúr. Hg. v. E. KÖLBING. Halle/Saale 1896. – Flos unde Blankeflos. Hg. v. O. DECKER. Rostock 1913. – Floris and Blancheflour. Hg. v. A. B. TAYLOR. Oxford 1927. – F. et B. Hg. v. M. PELAN. Paris ²1956. – Floris ende Blancefloer. Hg. v. J. J. MACK. Zwolle ²1964 (mit Bibliogr.).

Literatur: REINHOLD, J.: F. et B. Paris 1906. – MEIER, J.: Die Ballade ›Des Grafen Töchterlein‹ und der Roman F. und B. In: Jb. f. Volksliederforschung 7 (1941). – KARLINGER, F.: F. et B. In: KARLINGER: Einf. in die roman. Volkslit. 1. Mchn. 1969. S. 158. – LEFÈVRE, Y.: Du rêve idyllique au goût de la vraisemblance. In: Grundriß der roman. Literaturen des MA. Hg.

v. H. R. JAUSS u. E. KÖHLER. Bd. 4. Hdbg. 1978. S. 265. – SCHREINER, E.: Mozarts ›Entführung‹ und die altfrz. Erzählung F. et B. – Übereinstimmendes und Unterschiedliches. In: Scripta Romanica Natalicia. Hg. v. D. MESSNER. Salzburg 1984. S. 265.

Flores, Juan de [span. 'flores], span. Schriftsteller vom Ende des 15./Anfang des 16. Jahrhunderts. – Schrieb den seinerzeit in ganz Europa gelesenen Roman ›Historia de Grisel y Mirabella con la disputa de Torrellas y Braçayda‹ (1495 [?], dt. 1630 u. d. T. ›Historia von Aurelio und Isabella‹), ferner den Roman ›Grimalte y Gradissa‹ (1495?), eine Fortsetzung von G. Boccaccios ›Fiammetta‹. Literatur: WALEY, P.: ›Cárcel de amor‹ and ›Grisel y Mirabella‹. A question of priority. In: Bulletin of Hispanic Studies 50 (1973), S. 340.

Flores rhetorici [lat. = Redeblüten], rhetor. Begriff zur Bez. derjenigen Stilmittel sprachl. und gedankl. Ausschmückung der Rede, die bes. starke Wirkung haben und dem Stil Abwechslung und Glanz verleihen.

Florian, Jean-Pierre Claris de [frz. flɔ'rjã], * Schloß Florian bei Sauve (Gard) 6. März 1755, † Sceaux 13. Sept. 1794, frz. Dichter. – Verfasser einstmals vielbewunderter sentimentaler Schäferromane (u. a. ›Galatée‹, roman pastoral, imité de Cervantes‹, 1783; ›Numa Pompilius‹, 1786; ›Estelle‹, 1788) und Komödien (u. a. ›Le bon ménage‹, 1783; ›La bonne mère‹, 1786; ›Le bon père‹, 1790; ›Le bon fils‹, hg. 1816); bedeutender jedoch als Dichter graziöser Versfabeln (›Fables‹, 1792). Von F. stammt auch das bekannte Lied ›Plaisir d'amour‹. 1788 wurde er Mitglied der Académie française. Ausgaben: J.-P. C. de F. Œuvres inédites. Paris 1824. 4 Bde. – J.-P. C. de F. Sämmtl. Werke. Dt. Übers. Quedlinburg 1827–29. 6 Bde. – J.-P. C. de F. Œuvres complètes. Paris 1830. 20 Bde. Literatur: SAILLARD, G.: F. Sa vie, son œuvre. Diss. Toulouse 1912.

Florian, Miroslav, * Kutná Hora (Mittelböhm. Gebiet) 10. Mai 1931, tschech. Lyriker. – Themen seiner Gedichte sind Alltagsgeschehnisse, die in der kleinen lyr. Form mit reicher Bildhaftigkeit gestaltet werden. Werke: Blízký hlas (= Die nahe Stimme, Ged., 1955), Zelená flétna (= Die grüne Flöte, Ged., 1980), Verše do kapsy (= Verse in die Tasche,

Ged., 1984), Dráha blesku (= Die Bahn des Blitzes, 1986).

Florilegium [mlat. = Blütenlese] (Mrz.: Florilegien), **1.** lat. Übersetzung von † Anthologie. **2.** Sammlung von meist lehrhaften oder erbaul. Aussprüchen und Sentenzen der Antike, auch von Bibelstellen und deren Kommentierungen († Katene).

Florus (Lucius Annaeus F. oder Iulius F.; Publius Annius F.?), röm. Geschichtsschreiber Anfang des 2. Jh. n. Chr. – Als Verfasser eines Abrisses der röm. Geschichte in zwei Büchern bis 29 v. Chr. (weitgehend nach Livius) übertrug F. die Altersepochen menschl. Lebens nach griech. Vorbild auf den Ablauf der Geschichte, wobei er die Zeit Trajans als Periode des Neuauflebens sah. Vermutet wird Identität mit dem Dichter Publius Annius Florus sowie mit einem Korrespondenten Hadrians namens Annius Florus. Literatur: ALBA, V.: La concepción historiográfica de L. A. F. Madrid 1953.

Floskel [lat. = Blümchen (hier im Sinne von: Redeblume)], in der antiken Rhetorik zunächst Denkspruch, Sentenz, dann auch formelhafte Redewendung ohne Aussagequalität; heute abwertend für nichtssagende Sprachfüllsel oder formelhafte Wendungen.

Fluch über Akkade (Akkad-Klage), altsumer. Tendenzgedicht mit 283 Zeilen, das den Untergang der altakkad. Hauptstadt Akkade (etwa 2120 v. Chr.) als Verfluchung durch die Götter infolge einer Verfehlung des Naram-Sin (vermutlich gegen den Kult in Nippur) darstellt, im Kontrast zur Segenszeit unter Sargon. Als historiograph. Dichtung ist der gut überlieferte Text dem sumer. Städteklagen († Ur-Klagen) ähnlich. Literatur: FALKENSTEIN, A.: F. ü. A. In: Zs. f. Assyriologie u. vorderasiat. Archäologie 57 (1965), S. 43.

Flugblatt, ein- oder zweiseitig bedrucktes Blatt, oft auch illustriert, das aus aktuellem Anlaß hergestellt und (in der Regel kostenlos) verteilt wird; meist mit polit. Propaganda, aber auch mit kommerziellen u. a. Hinweisen, Aufrufen usw. Die ersten, seit 1488 datierbaren Flugblätter enthielten Sensationsmeldungen, später häufig auch Wallfahrtsgebete, Kalender, zeitgeschichtl. Volkslieder, Bänkellieder, und waren oft mit Holzschnitten u.a. geschmückt. – Spezielle Bedeutung als Kriegspropagandamittel hat das F. seit 1914 (z.B. durch Flugblattbomben).

Literatur: WÄSCHER, H.: Das illustrierte F. Dresden 1955–56. 2 Bde. – Illustrierte Flugblätter des Barock. Hg. v. W. HARMS u.a. Tüb. 1983.

Flügel, Heinz, * São Paulo (Brasilien) 16. März 1907, dt. Schriftsteller. – Studierte in Berlin und Kiel Philosophie; Mitarbeiter der Ev. Akademie in Tutzing; in christl. Tradition stehender Erzähler, Dramatiker, Lyriker, Hörspielautor und Essayist.

Werke: Verzauberte Welt (Nov.n, 1937), Wölund (Trag., 1938), Schalom (Dr., 1953), Zwischen Gott und Gottlosigkeit (Essays, 1957), Der Hahnenschrei (Hsp., 1962), An Gott gescheitert (Szenen und Dialoge, 1967), Grenzüberschreitungen (Essays, 1971), Un-Zeit-Genossen (Szenen, 1973), Im Schatten des babylon. Turms (Essays, 1980), Bekenntnis zum Exodus (Essays, 1983), Zwischen den Linien (Autobiogr., 1987), Im Club von Jerusalem. Gespräche um Jesus von Nazareth (1990).

Flugschriften, aktuelle literar. Produktionen, die nicht an bestimmte Inhalte oder Textgattungen gebunden sind und bei denen es auf raschen Vertrieb ankommt. Die Bez. ist seit dem 18. Jh. gebräuchlich als Übersetzung (von Ch. F. D. Schubart) des frz. ›feuille volante‹. F. umfassen etwa 3–40 Seiten meist kleineren Formats, sind ungebunden (geheftet), mit Ausnahme des Titelblattes ohne Illustrationen und werden unter Umgehung von Verlags- oder Buchhandlung und Zensur vertrieben. Zeiten polit. und militär. Auseinandersetzungen begünstigen Produktion und Absatz: Reformation und Bauernkrieg, Dreißigjähriger Krieg, Siebenjähriger Krieg, Amerikan. Unabhängigkeitskrieg, Frz. Revolution, Befreiungskriege, Revolution von 1848, student. Aktivitäten in den 1960er Jahren, Bürgerinitiativen u.ä. Verfasser von F. sind häufig Personen oder Gruppen, denen die etablierten publizist. Organe nicht zur Verfügung stehen, z.B. Minderheitengruppen, Emigranten; F. bedienen sich vieler stilist. Mittel und literar. Formen: u.a. Artikel, Aufruf, Brief, Dialog, Gedicht, Manifest. Die F. Ende des 15., Anfang des 16. Jh.

enthielten vorwiegend noch ›neue Zeitungen‹ und ›Relationen‹ über wundersame Ereignisse, Prognostiken, Rezepturen, Heiligenfeste, auch Polizei- und Brauordnungen; seit der Reformationszeit gewannen sie dann eine spezifisch polit. Bedeutung (Luther, U. von Hutten, J. Eberlin von Günzburg, H. von Kettenbach sowie J. Cochläus, H. Emser, Th. Murner). Im Dreißigjährigen Krieg erreichte die F.produktion einen neuen Höhepunkt, wobei eine fortschreitende Literarisierung (Lieder, Reimsatiren, emblemat. Aufmachung) zu beobachten ist. Gelegentlich griffen auch Staatsmänner mit F. in die publizist. Diskussion ein (z.B. R. Walpole, W. Pitt der Ältere, Friedrich II., der Große, u.a.). In der Folgezeit übernahmen die periodisch erscheinenden Tages-, Wochenzeitungen und Almanache weitgehend Funktionen der F. und ↑ Flugblätter.

Literatur: Hdb. der Publizistik. Hg. v. E. DOVIFAT. Bd. 3. Bln. 1969. S. 39. – BRUNOTTE, B.: Rebellion im Wort. Eine zeitgeschichtl. Dokumentation. Flugblatt u. Flugschr. aus Ausdruck jüngster Studentenunruhen. Ffm. 1973. – LUCKE, P.: Gewalt u. Gegengewalt in den F. der Reformation. Göppingen 1974. – WEIGEL, S.: F.-Lit. 1848 in Berlin. Stg. 1979. – F. als Massenmedium der Reformationszeit. Hg. v. H.-J. KÖHLER. Stg. 1981. – ROHNER, L.: Die literar. Streitschrift. Wsb. 1987. – SCHILLING, M.: Bildpublizistik der frühen Neuzeit. Tüb. 1990. – KÖHLER, H.-J.: Bibliogr. der F. des 16. Jh. Tüb. 1991 ff.

Flygare-Carlén, Emilie [schwed. ‚fly:garəkar'le:n], geb. Smith, * Strömstad (Bohuslän) 8. Aug. 1807, † Stockholm 5. Febr. 1892, schwed. Schriftstellerin. – Bes. ihre realist. Romane über das Leben der Fischer und Kaufleute an der schwed. Westküste fanden ein breites Publikum; ihr umfangreiches Werk war auch im dt. Sprachraum sehr beliebt.

Werke: Die Rose von Tistelön (R., 1842, dt. 1842), Ein Handelshaus in den Scheeren (R., 1859, als Buch 1860/61, dt. 1859).

Ausgabe: E. F.-C. Sämtl. Werke. Dt. Übers. Stg. 1868–70. 99 Bde.

Literatur: KJELLÉN, A.: E. F.-C. Stockholm 1932.

Fo, Dario [italien. fɔ], * Leggiuno-Sangiano (Prov. Varese) 24. März 1926, italien. Dramatiker, Schauspieler, Regisseur und Theaterleiter. – Debüt als Schauspieler 1952 am Teatro Odeon in Mailand; organisierte zus. mit anderen

politisch-satir. Revuen, die am Piccolo Teatro in Mailand aufgeführt wurden, schrieb ab 1958 zus. mit seiner Frau **Franca Rame** (* 1929) volkstüml. Farcen, u. a. ›Wer einen Fuß stiehlt, hat Glück in der Liebe‹ (1961, dt. 1985), ›Siebentens: Stiehl ein bißchen weniger‹ (1964, dt. EA 1968), ›Die Frau zum Wegschmeißen‹ (UA 1967, erschienen 1976, dt. 1978); seit 1970 polit. Volkstheater, realisiert von einem Theaterkollektiv (›La Comune‹), u. a. ›Mistero buffo‹ (1969, dt. 1984), ›Zufälliger Tod eines Anarchisten‹ (1970, dt. 1978), ›Bezahlt wird nicht!‹ (1974, dt. 1977), ›Nur Kinder, Küche, Kirche‹ (1977, dt. 1979), ›Hohn der Angst‹ (1980, dt. 1981), ferner ›Geschichte einer Tigerin‹ (1980, dt. 1981), ›Offene Zweierbeziehung‹ (UA 1983, dt. 1985), ›Zufällig eine Frau: Elisabeth‹ (UA 1984, dt. 1985), ›Ruhe! Wir stürzen ab (1991, dt. 1992), ›Johan vom Po entdeckt Amerika‹ (1992, dt. 1992).
Ausgabe: Le commedie di D. F. Turin 1974 ff. (bisher 9 Bde. erschienen).
Literatur: COWAN, S. E.: The militant theatre of D. F. Ann Arbor (Mich.) 1977. – VALENTINI, CH.: La storia di F. Mailand 1977. – JUNGBLUT, H.: Das polit. Theater D. F.s. Ffm. u.a. 1978. – PUPPA, P.: Il teatro di F. Dalla scena alla piazza. Venedig 1978. – STARK, J.: D. F. In: Krit. Lex. der roman. Gegenwartsliteraturen. Hg. v. W.-D. LANGE. Losebl. Tüb. 1984 ff. – ORTOLANI, O.: D. F. – Theater u. Politik. Eine Monographie. Bln. 1985.

Fock, Gorch, eigtl. Hans Kinau, * Finkenwerder (heute zu Hamburg) 22. Aug. 1880, ✕ am Skagerrak 31. Mai 1916, dt. Schriftsteller. – Sohn eines Hochseefischers, Bruder von Jacob und Rudolf Kinau; ab 1906 Angestellter der Hamburg-Amerika-Linie in Hamburg; Freiwilliger im 1. Weltkrieg. Die Verbundenheit mit der heimatl. Landschaft und ihren Menschen, die Liebe zur See bestimmten sein realistisch gestaltetes Erzählwerk (z. T. in niederdt. Sprache).
Werke: Schullengrieper und Tungenknieper (En., 1911), Hein Godewind... (E., 1912), Seefahrt ist not! (R., 1913), Plattdt. Kriegsgedichte (4 Tle., 1914/15), Nordsee (En., u. hg. 1916), Sterne überm Meer (Tageb. und Ged., hg. 1917).
Ausgabe: G. F. Sämtl. Werke in 5 Bden. Hamb. 13.–17. Tsd. 1937.
Literatur: KINAU, J.: G. F. Ein Leben im Banne der See. Mchn. 1935. – MEYER-BENFEY, H.: G. F. In: MEYER-BENFEY: Welt der Dichtung.

Hamb. 1962. – G. F. Werk u. Wirkung. Hg. v. F. W. MICHELSEN. Hamb. 1984.

Focquenbroch, Willem Godschalk van [niederl. 'fɔkəmbrɔx], * Amsterdam um 1638 (≈ 1640), † Elmina 1670, niederl. Dichter. – Arzt, ab 1668 Fiskal an der Goldküste von Guinea; wichtigster, von P. Scarron beeinflußter Vertreter der burlesken niederl. Poesie im 17. Jh.; bekannt sind seine Typhon- und Äneas-Travestien; schrieb auch komische Theaterstücke.
Ausgaben: W. G. v. F. Bloemlezing uit zijn lyriek. Hg. v. W. F. HERMANS. Amsterdam 1946. – W. G. v. F. Typhon of De reusen-strijdt. Hg. v. L. LAUREYS. Zutphen 1979.
Literatur: MARGUC, W.: W. G. v. F. Ergänzende Prolegomena. Löwen 1982.

Foerster, Eberhard ['fœrstər], Pseudonym des dt. Schriftstellers Günther ↑ Weisenborn.

Fofanow (tl.: Fofanov), Konstantin Michailowitsch [russ. 'fɔfɐnɐf], * Petersburg 30. Mai 1862, † ebd. 30. Mai 1911, russ. Lyriker. – Aus einer Kaufmannsfamilie; geringe Schulbildung. F., Vertreter der Prinzipien der reinen Kunst, hatte mit seiner anfangs von der Dichtung der Dekadenz beeinflußten Lyrik bes. in den 1880er Jahren großen Erfolg. Er pflegte eine zunehmende Neigung zum Mystizismus und gilt mit seiner musikal., jedoch ungleichwertigen Lyrik als Vorläufer des Symbolismus; z. T. impressionist. Natur- und Stimmungsschilderung. 1903 erschien eine Gedichtauswahl in dt. Übersetzung.
Ausgabe: K. M. Fofanov. Stichotvorenija i poėmy. Moskau u. Leningrad 1962.

Fogazzaro, Antonio, * Vicenza 25. März 1842, † ebd. 7. März 1911, italien. Dichter. – Aus wohlhabender Familie; studierte Rechtswissenschaft in Padua und Turin; war kurze Zeit Advokat; 1896 Senator. F., einer der bedeutendsten Erzähler der italien. Literatur des 19. Jh., verbindet in geschickter Weise Stilelemente des Symbolismus mit realist. Darstellung; Humor und treffende Charakterisierung kennzeichnen sein umfangreiches Werk, das auch um eine Synthese der offiziellen kath. Lehre mit den neuen Ideen des Darwinismus bemüht ist.
Werke: Miranda (Epos, 1874, dt. 1882), Malombra (R., 1881, dt. 1889), Die Kleinwelt unserer Väter (R., 1895, dt. 1903), Die Kleinwelt unserer

Zeit (R., 1900, dt. 1903), Der Heilige (R., 1906, dt. 1906), Leila (R., 1911, dt. 1911).
Ausgabe: A. F. Tutte le opere. Hg. v. P. NARDI. Mailand 1931–45. 16 Bde.
Literatur: LEO, U.: F.s Stil u. der symbolist. Lebensroman. Hdbg. 1928. – DE RIENZO, G.: F. e l'esperienza della realtà. Mailand 1967. – PIROMALLI, A.: Miti e arte in A. F. Florenz 1973. – PICCIONI, D./PICCIONI, L.: A. F. Neuausg. Turin 1974. – HALL, R. A.: A. F. Boston (Mass.) 1978. – A. F. Hg. v. A. AGNOLETTO u. a. Mailand 1984.

Fogelström, Per Anders, * Stockholm 22. Aug. 1917, schwed. Schriftsteller. – Tritt in seinen Romanen für den Pazifismus und für ausgleichendes Verständnis der Menschen untereinander ein; in zwei Romanzyklen Schilderer Stockholms, den bes. das Schicksal des in die Großstadt übergesiedelten bäuerl. Proletariats interessiert.
Werke: Die Zeit mit Monika (R., 1951, dt. 1953), En borg av trygghet (R., 1957), Stadt meiner Träume (R., 1960, dt. 1964), Barn av sin stad (R., 1962), Minns du den stad (R., 1964), I en förvandlad stad (R., 1966), Stad i världen (R., 1968), Upptäckarna (R., 1972), Revoltörerna (R., 1973), Erövrarna (R., 1975), Besittarna (R., 1977), Svenssons (R., 1979), Vävarnas barn (R., 1981), Krigens barn (R., 1985), Komikern (R., 1989).

Foidl, Gerold, * Lienz 28. April 1938, † Salzburg 29. März 1982, österr. Schriftsteller. – Der vielfach gescheiterte, immer wieder in seinem durch Krankheit bestimmten Leben (bereits als Schüler epilept. Anfälle, psychiatr. Behandlung, 1968 schwerer Verkehrsunfall, ab 1980 Kenntnis von Lungenkrebs) zurückgeworfene F. fand erst 1978 mit dem autobiograph. Roman ›Der Richtsaal. Ein Hergang‹ zu seiner literar. Identität. Bereits sein zweites Buch, ›Scheinbare Nähe‹, blieb unvollendet, P. Handke hat ihm die 1985 veröffentlichte Gestalt gegeben; ursprünglich aus dem Erfahrungsbereich einer Mexikoreise (Winter 1979/80) konzipiert, wurde es schließlich aus der Sicht dessen, der mit dem täglich näher rückenden Tod zu ›leben‹ hat, als Kampf gegen Vergessen weitergeschrieben.

Folengo, Teofilo, Pseudonym Merlin Cocai, * Mantua 8. Nov. 1491 (1496?), † Campese (heute zu Bassano del Grappa) 9. Dez. 1544, italien. Schriftsteller. – Philosophiestudium; Benediktiner,

verließ 1524 das Kloster, im Dienst verschiedener Fürsten, Rückkehr ins Kloster 1534, dann Prior in Palermo. F. gilt als Meister makkaron. Dichtung, mit deren Hilfe er die Manier seiner Zeit, die Antike zu imitieren, verspottete. In seinen Epen ›Baldus‹ (4 verschiedene Fassungen: erschienen 1517, 1521, 1539–40 und postum 1552) und ›Zanitonella‹ (1519) parodierte er die Ritterepen und Schäferidyllen.
Weitere Werke: Mückenkrieg (Ged., 1519, dt. 1580), Caos del Triperuno (1527), Atto della Pinta (Dr., 1538).
Ausgaben: T. F. Opere italiane. Hg. v. U. RENDA. Bari 1911–14. 3 Bde. – Le ›maccheronee‹ di Merlin Cocai. Hg. v. A. LUZIO. Bari ²1927–28. 2 Bde. – Macaronee minori. Hg. v. M. ZAGGIA. Turin 1987. – Baldus. Hg. v. E. FACCIOLI. Turin 1989.
Literatur: GOFFIS, C. F.: T. F. Studi di storia e di poesia. Turin 1935. – PAOLI, U. E.: Il latino maccheronico. Florenz 1959. – F. e dintorni. Hg. v. P. GIBELLINI. Brescia 1981.

Folgore da San Gimignano [italien. fol'go:re das'sandʒimiɲ'ɲa:no], eigtl. Giacomo da San Gimignano, * vor 1305, † vor 1332, italien. Dichter. – Verfaßte zwischen 1309 und 1317 zum Preis des Rittertums drei Sonettenkränze auf die Monate, auf die Wochentage und auf den Adel; die Schilderung des vornehmen Lebensstils macht diese Sonette kulturhistorisch interessant; einige polit. Sonette weisen F. als Parteigänger der Guelfen aus.
Ausgabe: F. da San G. Sonetti. Hg. v. G. CARAVAGGI. Turin 1965.
Literatur: CARAVAGGI, G.: F. da San G. Mailand 1960. – FERRERI, R.: I ›Sonetti de' mesi‹ di F. da San G. In: Romance notes 19 (1978/79), H. 3, S. 395. – Il giuoco della vita bella. F. da San G. Studi e testi. Hg. v. M. PICONE. San Gimignano 1988.

Folgore, Luciano, eigtl. Omero Vecchi, * Rom 18. Juni 1888, † ebd. 24. Mai 1966, italien. Schriftsteller. – Zusammen mit E. F. T. Marinetti Vorkämpfer des Futurismus (›Canto dei motori‹, Ged., 1912) und der Dichtung in freien Rhythmen (›Ponti sull'oceano‹, Ged., 1914); wandte sich später vom Futurismus ab, schrieb humorist. Novellen (›Nuda ma dipinta‹, 1924) und persiflierte die zeitgenöss. italien. Romanliteratur und Dichtung (›Poeti controluce‹, 1922; ›Poeti allo specchio‹, 1926).

Literatur: TITTA ROSA, G.: F. e il futurismo. In: Osservatore politico letterario 9 (1958).

Foliant, ein Buch in Folioformat (↑Folio) oder allgemein ein sehr großes Buch. Bes. im späten MA und vom 16. bis 18. Jh. häufig.

Folio [verselbständigt aus der lat. Fügung in folio = in einem Blatt], Abk. fol., Format eines nur einmal gebrochenen (gefalzten) Bogens (= 2 Blatt oder 4 Seiten, Zeichen: 2°); heute v. a. Buchformat: Höhe über 35 bis 45 cm.

Folkevise [dän. = Volksweise, Volkslied] (Mrz.: Folkeviser), dän. Volksballade des MA; episch-dramat. Gedicht mit lyr. Kehrreim, gesungen zum Reihen- und Kettentanz; sie geht zurück auf frz. Balladen, Tanzlieder (im 12. Jh. in Dänemark eingeführt) und knüpft an die heim. Tradition der Helden- und Götterlieder eddischer Art an. Blütezeit ist das 13./ 14. Jh.; Zentren sind v. a. die Adelshöfe; typ. Strophenformen sind der endgereimte Zweizeiler mit Refrain (oft als Zwischenkehrreim) und der Vierzeiler stets mit Refrain am Ende der Strophe. Kennzeichnend sind rhythm. Freiheiten (freie Versfüllung) und altertüml. Reimformen (z. B. ↑Assonanzen). Gegenstände der F.r sind skand. Göttermythen, germanisch-dt. und nord. ↑Heldensagen, volkstüml. Geschichten, Legenden, literar. Stoffe v. a. frz. Herkunft sowie histor. Ereignisse v. a. des 12./13. Jahrhunderts. – Vereinzelte und bruchstückhafte Aufzeichnungen dän. F.r finden sich in der 1. Hälfte des 15. Jh.; die ersten größeren Sammlungen stammen aus dem 16. und 17. Jh.; eine erste Edition von 100 F.r erfolgte 1591 durch Anders Sörensen Vedel (* 1542, † 1616; ›Et hundrede udvelde Danske viser‹), 1695 um weitere 100 F.r durch Peder Pedersen Syv (* 1631, † 1702) erweitert. Syvs Ausgabe liegt W. Grimms Übersetzung von 1811 (›Altdän. Heldenlieder, Balladen und Märchen‹) zugrunde. Die systemat. Sammlung dän. F.r erfolgte im 19. Jahrhundert.
Literatur: FRANDSEN, E.: F.r. Kopenhagen ²1969.

Folklore ['fɔlkloːr, fɔlk'loːrə; engl. = Wissen des Volkes, Lehre des Volkes], zunächst die mündl. Volksüberlieferung (z. B. Märchen, Sage, Sprichwort); im weiteren Sinne die gesamte volkstüml. Überlieferung; außerhalb Deutschlands bezeichnet F. vielfach auch die wiss. Beschäftigung mit diesen Gegenständen (in Deutschland: Volkskunde).

Follain, Jean [frz. fɔ'lɛ̃], *Canisy (Manche) 29. Aug. 1903, † Paris 10. März 1971 (Autounfall), frz. Lyriker. – Rechtsanwalt, dann Richter; wandte sich später ganz der Literatur zu; in seiner formal eigenwilligen Lyrik (abrupter Stil) kehrt er immer wieder zu seiner Kindheit und Jugend in der Normandie zurück; auch Prosa.
Werke: La main chaude (Ged., 1933), Chants terrestres (Ged., 1937), Paris (Prosa, 1937), Usage du temps (Ged., 1943), Exister (Ged., 1947), Territoires (Ged., 1953), Péron (Reisebericht, 1965), D'après tout (Ged., 1967), Espaces d'instants (Ged., 1971), Collège (Erinnerungen, hg. 1973), Comme jamais (Ged., hg. 1976), Présent jour (Ged., hg. 1978).
Literatur: J. F. Textauswahl u. Studie v. A. DHÔTEL. Paris Neuaufl. 1993. – GUILLEVIC, E.: Avec J. F. Pully 1993.

Follen, August Adolf Ludwig, *Gießen 21. Jan. 1794, † Bern 26. Dez. 1855, dt. Schriftsteller. – Führender Kopf der Burschenschaftsbewegung an den Universitäten Gießen und Heidelberg. Entwarf die ›Grundzüge für eine künftige Reichsverfassung‹ (1817/18); emigrierte, nachdem er 1819–21 in Haft war, in die Schweiz. Schrieb neben Studentenliedern Romane und Versepen.

Folquet de Marseille [frz. fɔlkɛdmar-'sɛj], auch Foulques de Toulouse, *Marseille (?) um 1155, † Toulouse 1231, provenzal. Troubadour. – Reicher Kaufmannssohn, scholast. Bildung; lebte an den Höfen des Barral de Baux und des Guillaume de Montpellier; befreundet mit Bertran de Born und Richard Löwenherz. Seine Troubadourlyrik entstand zwischen 1180 und 1195, danach wandte er sich ganz von weltl. Leben und weltl. Dichtung ab, wurde Mönch, Abt, schließlich Bischof von Toulouse; einer der Initiatoren der Albigenserkriege. Von den ihm zugeschriebenen 19 Liedern sind v. a. das ergreifende Klagelied auf den Tod des Herzogs von Baux und zwei Kreuzzugslieder zu erwähnen; daneben verfaßte er bes. Liebeslyrik (erhalten sind 14 Minnelieder, größtenteils mit Melodien).

Ausgabe: Le troubadour F. de M. Krit. Ausg. Hg. v. S. STROŃSKI. Krakau 1910. **Literatur:** LEJEUNE, R.: L'évêque de Toulouse, F. In: Mélanges F. Rousseau. Brüssel 1958.

Folz (Foltz), Hans, * Worms um 1435/ 1440, † Nürnberg im Jan. 1513, dt. Schriftsteller und Meistersinger. – Als Wundarzt und Barbier kam F. nach Nürnberg, wo er 1459 das Bürgerrecht erwarb und 1498 ›geschworener Meister der Wundarzneikunst‹ wurde. Seine etwa 100 Meisterlieder sind vorwiegend religiösen Inhalts, in den ›Reformliedern‹ wehrte er den Versuch ab, in Nürnberg nur die Töne der alten Meister zuzulassen. Hans Sachs rechnet ihn unter die alten Meister der Nürnberger Singschule. In den Reimpaarsprüchen gestaltet er geistl., moralisch-didakt., historisch-polit. und volkstüml. Themen, sowie ökonomisch-medizin. Gegenstände; die 18 Schwankmären (u. a. ›Von einem Wirtsknecht und der Hausmeit‹) sind von derb-drast. Komik und bringen meist eine moral. Nutzanwendung in allegor. Form. Die ihm zuzuschreibenden 12 Fastnachtsspiele (u. a. ›Von der alten und der neuen ee‹, ›Von dem König Salomo und Markolffo‹) setzen die Tradition H. Rosenplüts fort und sind im szen. Aufbau und in der Dialogführung sehr bühnenwirksam: ausgelassen, witzig, einfallsreich, realistisch, mit feinem Sinn für Wort- und Situationskomik begabt. Viele seiner Gedichte hat F. in einer eigenen Druckerei (1479–88) publiziert. **Ausgaben:** H. F. Ausw. Bearb. v. I. SPRIEWALD. Bln. 1960. – H. F. Die Reimpaarsprüche. Hg. v. HANNS FISCHER. Mchn. 1961. – H. F. Meisterlieder. Hg. v. AUGUST L. MAYER. Zü. 1970. **Literatur:** FISCHER, HANNS: H. F. Altes u. Neues zur Gesch. seines Lebens u. seiner Schrr. In: Zs. f. dt. Altertum u. dt. Lit. 95 (1966), S. 212. – HEINEN, H.: Die rhythm.-metr. Gestaltung des Knittelverses bei H. F. Marburg a. d. Lahn 1966. – JANOTA, J.: H. F. in Nürnberg. In: Philologie u. Geschichtswiss. Hg. v. H. RUPP. Hdbg. 1977. S. 74. – LANGENSIEPEN, F.: Tradition u. Vermittlung, literaturgeschichtl. u. didakt. Unters. zu H. F. Bln. 1980. – Repertorium der Sangsprüche u. Meisterlieder des 12. bis 18. Jh. Hg. v. H. BRUNNER u. B. WACHINGER. Bd. 3. Tüb. 1986.

Fondane, Benjamin [frz. fõ'dan], eigtl. Benjamin Wechsler, Pseudonym Barbu Fundoianu, * Jassy 14. Nov. 1898, † KZ Birkenau 2. Okt. 1944, frz. Schriftsteller rumän. Herkunft. – Aus jüdischrumän. Familie; war zunächst (1919–23) in Bukarest journalistisch tätig, bevor er sich in Paris niederließ und Anschluß an den Surrealismus und dessen Dissidenten um die Zeitschrift ›Le Grand Jeu‹ (1927–32) fand. 1938 frz. Staatsbürger. In seinen essayist. Schriften (›Rimbaud le voyou‹, 1933; ›Conscience malheureuse‹, 1936; ›Faux-traité d'esthétique‹, 1938) und in seinen lyr. Texten (›Ulysse‹, 1933; ›Titanic‹, 1937; ›Exode‹, 1943; ›Le mal des fantômes‹, 1944; ›Au temps du poème‹, 1944) bewegt F. sich an den Grenzen der log. Erkenntnis, wie A. Artaud zwischen Artikulation und Schrei, auf der Suche nach dem Punkt der Verschmelzung von Subjekt und Objekt, der die Ordnungen der Rationalität gängiger philosoph. Systeme metaphysisch aufhebt: Die Zerstörung der Vernunft ist ihm so letztes Refugium der gemarterten Individualität. **Ausgabe:** B. F. Œuvres complètes. Paris 1979–82. 5 Bde. **Literatur:** HYDE, J. K.: B. F., a presentation of his life and works. Genf 1971.

Fønhus, Mikkjel [norweg. 'føːnhu:s], * Sør-Aurdal (Oppland) 14. März 1894, † Bagn in Valdres 28. Okt. 1973, norweg. Schriftsteller. – Lebte jahrelang in der Einsamkeit Nord-Norwegens; in seinen Romanen gilt er als einer der großen skand. Darsteller des Tierlebens. **Werke:** Die Wildnis braust (E., 1919, dt. 1928), Der Troll-Elch (R., 1921, dt. 1926), Wölfe (R., 1933, dt. 1935), Der Skiläufer (R., 1936, dt. 1936), Die Biber bauen am Schwarzweiher (R., 1937, dt. 1938), Kampen mot villmarka (E., 1946), Snøen fyker over Nøsfjell (R., 1957), Der Abenteurer vom Skredalelv (E., 1963, dt. 1965). **Literatur:** GLEDITSCH, U.: M. F. Oslo 1960. – BÖRTE, T.: M. F. Oslo 1972.

Fonseca, António José Branquinho da [portugies. fõ'sekɐ], Pseudonym António Madeira, * Mortágua 4. Mai 1905, † Lissabon 18. Mai 1974, portugies. Schriftsteller. – Hg. verschiedener Zeitschriften; trat mit sachlich-straffen Romanen (›Porta de Minerva‹, 1947, aus dem akadem. Leben Coimbras; ›Mar santo‹, 1952, aus dem Leben portugies. Fischer), Erzählungen (›Zonas‹, 1931; ›Caminhos magnéticos‹, 1938; ›Rio turvo‹, 1945; ›Bandeira preta‹, 1958), Lyrik und experimentellen Dramen hervor.

Als sein Meisterwerk gilt die psycholog. Novelle ›O barão‹ (1942).

Fontainas, André [frz. fõtɛ'nɑːs], * Brüssel 5. Febr. 1865, † Paris 9. Dez. 1948, belg. Schriftsteller. – Ab 1888 in Paris; von S. Mallarmé, H. de Régnier und P. Valéry beeinflußter Lyriker (›Le sang des fleurs‹, Ged., 1889; ›Les verges illusoires‹, Ged., 1892; ›La nef désemparée‹, Ged., 1908), auch Romancier (›L'ornement de la solitude‹, 1899; ›Les étangs noirs‹, 1912) und Übersetzer (J. Keats, A. Ch. Swinburne) sowie Verfasser einer ›Histoire de la peinture française au XIXᵉ siècle‹ (1906) und eines ›Tableau de la poésie française d'aujourd'hui‹ (1931).
Literatur: BERVOETS, M.: L'œuvre d'A. F. Brüssel 1949.

Fontaine, Jean de La [frz. fõ'tɛn], frz. Dichter, ↑ La Fontaine, Jean de.

Fontana, Gian, * Fidaz (Graubünden) 16. Nov. 1897, † Flims 30. Nov. 1935, rätoroman. Schriftsteller. – Schrieb Gedichte und Erzählungen aus dem Leben Graubündens, die die Ausdrucksmöglichkeiten der rätoroman. Sprache nicht unwesentlich erweiterten.
Werke: A casa, per l'honur (E., 1922), La parlera (E., 1923), Nora (E., 1924), Gioder dil Run (E., 1926), Poesias (Ged., 1931).
Ausgabe: G. F. Ovras. Ediziun completa. Cuera 1971. 3 Bde.

Fontana, Oskar Maurus, * Wien 13. April 1889, † ebd. 4. Mai 1969, österr. Schriftsteller. – Theaterkritiker, Journalist; kam als Dramatiker und Erzähler vom neuromant. Drama über das expressionist. Stück zum sachl. Realismus im Roman; Essays, Biographien.
Werke: Das Märchen der Stille (Dr., 1910), Marc (Dr., 1918), Erweckung (R., 1918), Gefangene der Erde (R., 1928), Der Weg durch den Berg (R., 1936), Der Sommer singt sein Lied (R., 1949), Im Spiegel der Zeit (Essays, 1960), Meldegänger in der Spur der Sterne (Ged., 1965).

Fontane, Theodor, * Neuruppin 30. Dez. 1819, † Berlin 20. Sept. 1898, dt. Schriftsteller, Journalist und Essayist. – Stammte aus einer Hugenottenfamilie, war zuerst Apotheker, später Journalist, 1860–70 bei der ›Neuen Preuß. (Kreuz-) Zeitung‹; 1864, 1866 und 1870 Kriegsbe-

richterstatter, geriet als vermeintl. Spion 1870 in frz. Internierung und wurde erst auf Bismarcks Veranlassung freigelassen; nach dem Dt.-Frz. Krieg Theaterkritiker bei der ›Voss. Zeitung‹ in Berlin; danach freier Schriftsteller. Begann mit traditioneller Lyrik in den poet. Formen der nachromant. Periode: polit. Vormärzdichtung, Verserzählungen, Balladen; im Alter schrieb er auch Erlebnislyrik. Seine journalist. Schulung erhielt F. in England; neben H. Heine ist er der bedeutendste dt. Feuilletonist, der sein Können in Reisefeuilletons (›Wanderungen durch die Mark Brandenburg‹, 4 Bde., 1862–82), als Kriegsberichterstatter, Kritiker in den Bereichen des Theaters, der Literatur und Kunst unter Beweis stellte. Spät fand er zu der seiner Erzähl- und Darstellungskunst gemäßen Form, dem meist in der Berliner Gesellschaft oder im märk. Adel spielenden realist. Gesellschaftsroman, mit dem er zum Chronisten der preußisch-dt. Wirklichkeit wurde.
Den Beginn machte der histor. Roman ›Vor dem Sturm‹ (1878), der bereits Strukturelemente des Gesellschaftsromans aufweist. Das Genre der Kriminalerzählung wird in ›Grete Minde‹ (1880), ›Ellernklipp‹ (1881), ›Unterm Birnbaum‹ (1885) und ›Quitt‹ (1891) umspielt. ›L'Adultera‹ (Nov., 1882) stellt, wie ›Effi Briest‹ (R., 1895), ›Cécile‹ (R., 1887) und ›Mathilde Möring‹ (unvollendet, hg. 1908), in den Anspruch und dem Verzicht auf Glück, den weibl. Charakter als Paradigma einer humanen Existenzmöglichkeit in den Mittelpunkt. Eine Liebesgeschichte, die die gesellschaftlich-geschichtl. Struktur Preußens zum Ausdruck bringt, ist ›Schach von Wuthenow‹ (E., 1883); ›Graf Petöfy‹ (R., 1884) bereitet die gänzlich vom gesprochenen Wort, der Konversation, abhängige Romanstruktur vor und weist F. als Finder einer geselligen Sprache aus. ›Irrungen, Wirrungen‹ (R., 1888) variiert die Darstellung der konventionellen Lüge und Heuchelei, das falsche Spiel der Gesellschaft, mit unerbittl. Kritik, während ›Frau Jenny Treibel...‹ (R., 1892) die Schwächen der ›besseren‹ Gesellschaft in einem iron. Spiel mit der Sprache herausstellt. Wie ›Irrungen, Wirrungen‹ und die

aufstrebende Jenny Treibel führt auch ›Stine‹ (R., 1890) in das Milieu der unteren Berliner Volksschicht; auch der Roman ›Die Poggenpuhls‹ (1896) bringt eine Phänomenologie der unteren Schicht im Kontrast zu der gründerzeitl. Erfolgshierarchie. Der Roman einer Ehe, ›Unwiederbringlich‹ (1891), verbindet die geschichtl. Erfahrung des unwiederholbaren Lebensmomentes mit der radikalen Absage an ein christlich geführtes Leben. F.s letzter Roman, ›Der Stechlin‹ (1899), spiegelt in den Gesprächen und unterhaltenden Plaudereien seiner Figuren, welche die Struktur des Erzählens ausmachen, das Verhältnis von alt und neu, die Ideen einer neuen Zeit.

F. hat den dt. Roman aus der erstarrenden Tradition des Bildungsromans gelöst und auf die Höhe des europ. krit. Gesellschaftsromans geführt. Im Zurückdrängen der stoffl. Reize der Handlung zugunsten einer Entwicklung der Gesprächskunst und in der Ausbildung eines formbewußten Erzählens hat er entscheidend auf die Entwicklung des Romans gewirkt.

Weitere Werke: Gedichte (1851), Ein Sommer in London (Bericht, 1854), Balladen (1861), Der Schleswig-Holsteinische Krieg im Jahre 1864 (1866), Der dt. Krieg von 1866 (2 Bde., 1870/71), Kriegsgefangen. Erlebtes 1870 (1871), Der Krieg gegen Frankreich 1870/71 (2 Bde., 1873–76), Fünf Schlösser. Altes und Neues aus der Mark Brandenburg (1889), Meine Kinderjahre (autobiograph. R., 1894), Von 20 bis 30 (Autobiogr., 1898). **Ausgaben:** Th. F. Ges. Werke. Bln. [1-15]1905–14. 20 Bde., 2 Brief-Bde. – F. Sämtl. Werke Hg. v. E. GROSS. Mchn. 1959–75. 30 Bde. in 4 Abteilungen (›Nymphenburger Ausg.‹). – Th. F. Werke, Schriften, Briefe. Hg. v. W. KEITEL u. H. NÜRNBERGER. Mchn. [1-2]1962 ff. 20 Bde. in 4 Abteilungen (bisher 19 Bde. erschienen; ›Hanser-Ausg.‹). – Th. F. Briefe. Hg. v. K. SCHREINERT u. CH. JOLLES. Bln. 1968–75. 4 Bde. – Th. F. Briefe. Ausgew. u. eingel. v. G. ERLER. Bln. u. Weimar 1968. 2 Bde. – Th. F. Briefe an Julius Rodenberg. Hg. v. H.-H. REUTER. Bln. u. Weimar 1969. – Th. F. Nymphenburger Tb.-Ausg. Bearb. v. K. SCHREINERT u. a. Mchn. 1969–71. 20 Bde. – Th. F. Romane u. Erzählungen. Hg. v. P. GOLDAMMER u. a. Bln. u. Weimar. [1-2]1969–73. 8 Bde. – Th. F. Tagebücher. 1852–1898. Hg. v. C. Jolles u. G. ERLER. Bln. 1994. 2 Bde. **Literatur:** WANDREY, C.: Th. F. Mchn. 1919. – F.-Bell. Hg. vom ›Kreis der Freunde Th. F.s‹. Jg. 1, 1965 ff. – SCHOBESS, J.: Lit. von u. über Th. F. Potsdam [2]1965. – DEMETZ, P.: Formen des

Realismus. Th. F. Mchn. [2]1966. – RICHTER, K.: Resignation. Eine Studie zum Werk Th. F.s. Stg. u. Bln. 1966. – REUTER, H.-H.: F. Mchn. 1968. 2 Bde. – Th. F., 1819–1969. Stationen seines Werkes. Hg. v. W. MIGGE. Mchn. 1969. – ALTWOOD, K.: F. u. das Preußentum. Bln. 1970. – BRINKMANN, R.: Th. F. Über die Verbindlichkeit des Unverbindlichen. Tüb. [2]1977. – MÜLLER-SEIDEL, W.: Th. F. Stg. [2]1980. – VERCHAU, E.: Th. F. Bln. 1983. – JOLLES, G.: Th. F. Stg. u. a. [4]1993. – NÜRNBERGER, H.: Th. F. Rbk. 102.–105. Tsd. 1993. – MESENHOL, G.: Oftmals auch auf rauhen Pfaden. Das Leben des Th. F. Heilbronn 1994.

Theodor Fontane

Fontenelle, Bernard Le Bovier de [frz. fõt'nɛl], * Rouen 11. Febr. 1657, † Paris 9. Jan. 1757, frz. Schriftsteller und Philosoph. – Neffe von Pierre und Thomas Corneille. 1699 bis 1740 Sekretär der Académie des sciences. Bed. Vorläufer der Aufklärung. Begann mit Dramen (›Psyché‹, 1679; ›Aspar‹, 1680), die, z. T. zusammen mit Th. Corneille verfaßt, jedoch keinen Widerhall fanden. Stand im Literaturstreit der Alten und Modernen (›Querelle des anciens et des modernes‹) auf der Seite der Modernen (›Digression sur les anciens et les modernes‹, 1688). Gilt als Begründer des ›Esprit philosophique‹, einer wiss. Einstellung, deren Verbreitung sich die frz. Enzyklopädie (J. Le Rond d'Alembert, D. Diderot) zur Aufgabe machte. Seine R. Descartes preisenden ›Dialoge über die Mehrheit der Welten‹ (1686, dt. 1780, erstmals dt. von J. Ch. Gottsched, 1727) wurden zum Vorbild popularisierender Darstellungen naturwiss. Theorien in der Aufklärung.

Weitere Werke: Gespräche im Elysium (1683, dt. 1948), Historie der Heydn. Orakel (1687, dt.

198 Fonwisin

1730 von J. Ch. Gottsched), De l'origine des fables (1687), Poésies pastorales (1688), Vie de Corneille (Biogr., 1742).
Ausgaben: Bernard de F. Auserlesene Schrr. Dt. Übers. Hg. v. J. Ch. Gottsched. Lpz. ³1751. – B. le B. de F. Œuvres complètes. Paris 1818. 3 Bde. Nachdr. Genf 1968. – Œuvres de F. Paris 1825. 5 Bde. – Bernard F. Œuvres choisies. Hg. v. P. Chambry. Paris 1937. – B. Le B. de F. Textes choisis (1683–1702). Eingel. u. hg. v. M. Roelens. Paris 1967.
Literatur: Fayol, A.: F. Paris 1961. – Pizzorusso, A.: Il ventaglio e il compasso. F. e le sue teorie letterarie. Neapel 1964. – Krauss, W.: F. u. die ›Republik der Philosophen‹. In: Krauss: Perspektiven u. Probleme. Nw. 1965. – Niderst, A.: F. à la recherche de lui-même (1657–1702). Paris 1972. – Marcialis, M. T.: F., un filosofo mondano. Sassari 1978. – Mortureux, M. F.: La formation et le fonctionnement d'un discours de la vulgarisation scientifique au XVIIIᵉ siècle à travers l'œuvre de F. Paris 1983.

Fonwisin (tl.: Fonvizin), Denis Iwanowitsch [russ. fan'vizin], * Moskau 14. April 1744 oder 1745, † Petersburg 12. Dez. 1792, russ. Dramatiker. – Adliger aus ursprünglich livländ. Familie; war im Staatsdienst tätig; erster bed. Dramatiker Rußlands; legte in klassizist., von Molière und L. von Holberg formal beeinflußten Komödien mit den Mitteln der Satire Korruption, Sittenlosigkeit, Unbildung und Arroganz der Beamten und des Landadels bloß.
Werke: Der Brigadier (Kom., 1768, dt. 1890), Der Landjunker (Kom., 1783, dt. 1890, 1787 u.d.T. Das Muttersöhnchen), Vseobščaja pridvornaja grammatika (= Allgemeine höf. Grammatik, Satire, hg. 1830).
Ausgabe: D. I. Fonvizin. Sobranie sočinenij. Moskau u. Leningrad 1959. 2 Bde.
Literatur: Makogonenko, G. P.: D. Fonvizin. Leningrad 1961. – Kantor, M.: Dramatic works of D. I. Fonvizin. Bern u. Ffm. 1974. – Moser, Ch. A.: D. Fonvizin. Boston (Mass.) 1979. – Rassadin, S. B.: Fonvizin. Moskau 1980. – ↑ auch Plawilschtschikow, Pjotr Alexejewitsch.

Foote, Samuel [engl. fʊt], ≈ Truro 27. Jan. 1720, † Dover 21. Okt. 1777, engl. Dramatiker und Schauspieler. – Studierte in Oxford, ab 1744 Schauspieler; begann nach dem Verlust seines Vermögens Bühnenstücke zu schreiben. Schilderte in bisweilen bissigen Satiren das Leben der zeitgenöss. London, wobei er wegen allzu scharfer Karikaturen von Zeitgenossen manchmal in Schwierigkeiten geriet.
Werke: Taste (Dr., 1752), The Englishman in Paris (Dr., 1753), The minor (Kom., 1760), The mayor of Garret (Dr., 1764), The lame lover (Dr., 1770), The maid of Bath (Dr., 1771), The Nabob (Dr., 1772).
Ausgabe: S. F. The works. Hg. v. J. Bee (d. i. Badcock). London 1830. 2 Bde. Nachdr. Hildesheim 1973.
Literatur: Belden, M. M.: The dramatic works of S. F. New Haven (Conn.) u. a. 1929. – Trefman, S.: F., comedian, 1720–1777. New York 1971.

Forbes, Esther [engl. fɔ:bz], * Westborough (Mass.) 28. Juni 1891, † Worcester (Mass.) 12. Aug. 1967, amerikan. Schriftstellerin. – Verfasserin der 1943 mit dem Pulitzerpreis ausgezeichneten Biographie ›Paul Revere and the world he lived in‹ (1942) sowie einer Reihe in Neuengland spielender histor. Romane, u. a. ›O, genteel lady‹ (1926), ›A mirror for witches‹ (1928), ›Wölfe im Paradies‹ (1937, dt. 1951), ›Die Generalin‹ (1938, dt. 1950), ›Johnny reitet‹ (1943, dt. 1947), ›Im Strom der Gezeiten‹ (1948, dt. 1954), ›Am Wegesrand der Regenbogen‹ (1954, dt. 1956).

Forbes-Mosse, Irene [engl. 'fɔ:bz-'mɔs], geb. Gräfin Flemming, * Baden-Baden 5. Aug. 1864, † Villeneuve (VD) 26. Dez. 1946, dt. Schriftstellerin. – Enkelin von A. und B. von Arnim; ∞ mit dem brit. Major F.-M.; feinsinnige, neuromant. Lyrikerin und Erzählerin; auch Übersetzungen.
Werke: Mezzavoce (Ged., 1901), Das Rosenthor (1905), Der kleine Tod (E., 1912), Gabriele Alweyden... (1924), Kathinka Plüsch (R., 1930), Das werbende Herz (Nov.n, 1934), Ferne Häuser (En., hg. 1953).

Ford, Ford Madox [engl. fɔ:d], eigtl. F. Hermann Hueffer, * Merton (heute zu London) 17. Dez. 1873, † Deauville (Calvados) 26. Juni 1939, engl. Lyriker, Erzähler und Kritiker. – Sohn eines dt. Musikkritikers; Neffe von William Rossetti; eng befreundet mit J. Conrad; 1924 Gründer der Zeitschrift ›Transatlantic Review‹; Beziehungen u. a. zu D. H. Lawrence, H. James, H. G. Wells, J. Galsworthy, E. Pound, G. Stein, J. Joyce, E. Hemingway; Aufmerksamkeit erregten sein ironisch-zivilisationskrit. Roman ›The good soldier‹ (1915, dt. 1962 u. d. T. ›Die allertraurigste Geschichte‹) und seine Romane über den 1. Weltkrieg. Anregender wirkten seine krit. Arbeiten, u. a. über die Präraffaeliten.

Weitere Werke: Romance (R., 1903; mit J. Conrad), The Pre-Raphaelite brotherhood (Studie, 1907), The critical attitude (Essays, 1911), Collected poems (1914), Some do not (R., 1924), No more parades (R., 1925), A man could stand up (R., 1926), The last post (R., 1928), It was the nightingale (Autobiogr., 1933), Memories and criticisms (Autobiogr., 1939).
Ausgabe: The Bodley Head F. M. F. Salem (N. H.) [1-4]1968–80. 5 Bde.
Literatur: MACSHANE, F.: The life and work of F. M. F. London 1965. Nachdr. New York 1966. – F. M. F. The critical heritage. Hg. v. F. MACSHANE. London 1972. – STANG, S. J.: F. M. F. New York 1977. – GREEN, R.: F. M. F., prose and politics. Oxford 1982. – JUDD, A.: F. M. F. London 1990.

Ford, John [engl. fɔ:d], ≈ Ilsington (Devonshire) 17. April 1586, † 1640 (?), engl. Lyriker und Dramatiker. – Bekannt v. a. als Verfasser von Elegien und Dramen, die oft in Zusammenarbeit (u. a. mit Th. Dekker u. W. Rowley, z. B. ›The witch of Edmonton‹, UA 1621, hg. 1658) entstanden. Neigung zu Melancholie unter Einfluß von R. Burton und zur Darstellung des Gräßlichen, Makabren und Abnormen in sprachlich und verstechnisch vollendeten Dramen; als bedeutendste Werke gelten ›Giovanni und Arabella‹ (1633, dt. 1860), ›Das gebrochene Herz‹ (1633, dt. 1848) und die histor. Tragödie ›Die Chronik des Perkin Warbeck‹ (1634, dt. 1866).

Weitere Werke: The lover's melancholy (Dr., 1629), Love's sacrifice (Dr., 1633).
Ausgabe: J. F. Dramatische Werke, englisch. Hg. v. W. BANG u. H. DE VOCHT. Löwen 1908–27. 2 Bde. Nachdr. Nendeln 1967.
Literatur: DAVRIL, R.: Le drame de J. F. Paris 1954. – SARGEAUNT, M. J.: J. F. New York [2]1966. – STAVIG, M.: J. F. and the traditional moral order. Madison (Wis.) u. a. 1968. – ANDERSON, D. K.: F. New York 1972. – J. F. Critical revisions. Hg. v. M. NEILL. Cambridge u. a. 1988.

Ford, Richard [engl. fɔ:d], *Jackson (Miss.) 16. Febr. 1944, amerikan. Schriftsteller. – Schildert in seinen Romanen und Kurzgeschichten die Desillusionierung amerikan. Charaktere, die erfolglos dem Alltag einer mittelständ. Mentalität zu entfliehen suchen. Sein bekanntester Roman (›Der Sportreporter‹, 1986, dt. 1989) zeigt den doppelten Bruch der berufl. wie familiären Ambitionen einer

Schriftstellerkarriere und des Wunsches nach häusl. Glück.

Weitere Werke: Ein Stück meines Herzens (R., 1976, dt. 1989), Verdammtes Glück (R., 1981, dt. 1989, Neuübers. 1994), Rock springs (Kurzgeschichten, 1987, dt. 1989), Wildlife. Wild leben (R., 1990, dt. 1991).

Foreman, Richard [engl. 'fɔ:mən], *New York 10. Juni 1937, amerikan. Dramatiker. – G. Stein und von experimenteller Filmkunst, versucht F., die Konzeption eines ›Ontological-hysteric theatre‹ zu verwirklichen, mit dem er die zwanghafte Verwendung der Bewußtseinsproblematik sowie die konventionelle Behandlung von Charakter, Handlung, Raum und Zeit im traditionell aristotel. Theater durch unbewußte Assoziationsketten ablösen will. Die auf dem Prinzip visueller Kunstformen beruhenden Szenenfolgen kontrastieren polare Themenbereiche und laden den Zuschauer zur Teilnahme am Theatergeschehen ein.

Werke: Angelface (Dr., 1968), Total recall (Dr., 1970), Hotel China (Dr., 1971), Hotel for criminals (Dr., 1975), Warum ich so gute Stücke schreibe (Abhandlungen, 1976, dt. 1982), Slight (Dr., 1977), Madame Adare (Dr., 1980), Reverberation machines. The later plays and essays (1985), Unbalancing acts. Foundations for a theatre (Abh., 1992).
Literatur: DAVY, K.: The ontological-hysteric theatre. The work of R. F. as playwright, director, and designer 1968–1979. New York 1981.

Forester, Cecil Scott [engl. 'fɔrɪstə], *Kairo 27. Aug. 1899, † Fullerton (Calif.) 2. April 1966, engl. Schriftsteller. – Schrieb spannende Soldaten-, Marine- und Abenteuerromane, humorvolle Reisebeschreibungen und eine Nelson-Biographie (1944, dt. 1944). Ersten Erfolg hatte er mit dem psycholog. Kriminalroman ›Zahlungsaufschub‹ (1926, dt. 1951); als Hauptwerk gilt der Roman ›Ein General‹ (1936, dt. 1937); bes. Popularität erfreut sich der Romanzyklus um die Gestalt des Horatio Hornblower (11 Bde., 1937–64, dt. 11 Bde., 1938–65), eines brit. Seeoffiziers zur Zeit Napoleons I.; bekannt wurde auch der Roman ›Die African Queen‹ (1935, dt. 1948).

Literatur: PARKINSON, C. N.: The life and times of Horatio Hornblower. London [2]1971.

Forestier, George [forɛsti'e:], dt. Schriftsteller, † Krämer, Karl Emerich.

Forez [frz. fɔ'rɛ], Pseudonym des frz. Schriftstellers François † Mauriac.

Form [lat.], in der Literaturwiss. unterschiedlich definierter, mit wechselndem Bedeutungsumfang gebrauchter Begriff für die äußere Struktur eines sprachl. Kunstwerkes, für die Gesamtheit der sprachl. Mittel, durch die ein Inhalt, ein Stoff gestaltet wird. Die Analyse der F. reicht von Fragen nach isolierbaren Elementen einer Dichtung (wie Rhythmus, Metrum, Reim, Vers- und Strophenformen, rhetor. Figuren, Metaphorik) bis zur Gliederung eines Stoffes, eines Inhaltes u. a. in Szenen, Akte, Kapitel.

Formalismus [lat.], literaturwiss. Methode, entwickelt zwischen 1915 und 1928 im ›Moskauer Linguistenkreis‹ (gegr. 1915) und in der ›Gesellschaft zur Erforschung der poetischen Sprache‹ († Opojas, gegr. 1916 in Petrograd) in krit. Auseinandersetzung mit kontextgebundenen Interpretationsmodellen (Ideengeschichte, biograph., psycholog., soziolog. Methode) und im analyt. Diskurs mit der russ. Avantgarde. Aus diesem Dialog entstand die Neubestimmung des Gegenstandes der Literaturwiss., die das spezifisch Literarische an Literatur, d. h. die ›Literarizität‹ (›literaturnost'‹), erforscht. In der ersten (reduktionist.) Phase des F. konzentrierte sich das Interesse auf das einzelne Verfahren (›priem‹ [prijom] = Kunstgriff) und den Begriff der *Verfremdung* (›ostranenie‹), der eine rezeptionsästhet. Kategorie impliziert. Das literarische Kunstwerk wurde als ›die Summe der darin angewandten Verfahren in verfremdender Funktion‹ (W. B. Schklowski) aufgefaßt. Die Verfremdungsfunktion intendiert eine Durchbrechung des ›automatisierten‹ Wahrnehmungsbewußtseins des Rezipienten, dem ein ›neues Sehen der Wirklichkeit‹ und die Aktualisierung ästhet. Sinnqualitäten ermöglicht wird. In der zweiten Phase entfernten sich die Formalisten von der rein innerliterar. Betrachtungsweise. Das literar. Kunstwerk wurde als System aus Verfahren (Ebenen-Modell) in ›synchron und diachron‹ spezifizierten Funktionen (J. N. Tynjanow, R. Jakobson) bestimmt. Die Öffnung zum Außerliterarischen erreichte die formale Methode durch die Konzeption der ›literar. Evolution‹ und des ›literar. Lebens‹ (›literaturnyj put'‹).

Die Formalisten konzipierten neue Methoden der Interpretation: Theorie der Prosa (Schklowski, B. M. Eichenbaum, M. M. Bachtin), Gattungsforschung (Tynjanow), Märchenanalyse (Wladimir J. Propp [* 1895, † 1970]), Metrik (O. M. Brik, Jakobson, Tynjanow), Filmtheorie. 1930 in der Sowjetunion unterdrückt, wurde das Gedankengut des F. im sog. Prager † Strukturalismus sowie in der poln. ›integralen Literaturbetrachtung‹ (u. a. Manfred Kridl [* 1882, † 1957], R. Ingarden) weiterentwickelt, gelangte durch emigrierte Wissenschaftler in die USA († New criticism) und wurde durch das New Yorker Zusammentreffen zwischen R. Jakobson und C. Lévi-Strauss 1942 wesentl. theoret. Fundament für den frz. Strukturalismus und die semiotisch orientierten Anhänger der Nouvelle critique (T. Todorov, A. J. Greimas u. a.) der 1960er Jahre.

Literatur: Texte der russ. Formalisten. Dt. u. russ. Hg. v. J. STRIEDTER. Mchn. 1969–72. 2 Bde. – ERLICH, V.: Russ. F. Dt. Übers. Ffm. 1973. – Frz. Literaturkritik der Gegenwart in Einzeldarstt. Hg. v. W.-D. LANGE. Stg. 1975. – HANSEN-LÖVE, A. A.: Der russ. F. Methodolog. Rekonstruktion seiner Entwicklung aus dem Prinzip der Verfremdung. Wien 1978.

Formelmärchen, Terminus der Erzählforschung für verschiedene Arten von formelhaft aufgebauten Märchen: Kettenmärchen, Fragemärchen, Märchen ohne Schluß, endlose Märchen, Rundmärchen u. a. Typ. Merkmale des Märchens, wie Zauber, Dreizahl, moral. Haltung usw., fehlen in den Formelmärchen. Elemente von F. können in Kinderspiel und Arbeitslied, Liturgien und Zaubersprüchen auftreten.

Literatur: Hdwb. des dt. Märchens. Hg. v. J. BOLTE u. L. MACKENSEN. Bd. 2. Bln. 1936–40. S. 164.

Fornaldar sögur [isländ. = Vorzeitgeschichten], etwa 30 altisländ. und altnorweg. Prosaerzählungen (Stoffe german. Heldensage der Völkerwanderungszeit und Wikingergeschichten aus der Zeit vor der Besiedlung Islands [vor 900]). – † auch Saga.

Ausgaben: F. s. Nordrlanda. Hg. v. C. C. RAFN. Kopenhagen 1829–30. 3 Bde. – F. s. norðurlanda. Hg. v. G. JÓNSSON. Reykjavík 1954. 4 Bde.

Literatur: MUNDT, M.: Zur Adaption oriental. Bilder in den F.s. Nordrlanda. Ffm. u. a. 1993.

Forner y Sagarra, Juan Pablo [span. fɔr'ner i sa'ɣarra], *Mérida 23. Febr. 1756, †Madrid 17. März 1797, span. Schriftsteller. – War zunächst als Staatsanwalt in Sevilla, dann am Obersten Gerichtshof in Madrid tätig. Schuf mit der literar. Allegorie ›Exequias de la lengua castellana‹ (1782), einer Satire in Prosa und Vers, ein Werk, in dem er die Tradition der span. Literatur einer scharfen Kritik unterzieht, aber mit einem Lob der span. Sprache schließt. Die span. Kultur verteidigt er in der ›Oración apologética por la España y su mérito literario‹ (1786).

Literatur: JIMÉNEZ SALAS, M.: Vida y obras de Don J. P. F. y Sagarra. Madrid 1944. – ÁLVAREZ GÓMEZ, J.: J. P. F. (1756–1797). Preceptista y filósofo de la historia. Madrid 1971. – SMITH, G.: J. P. F. Boston (Mass.) 1976.

Forsch (tl.: Forš), Olga Dmitrijewna, *Festung Gunib (Dagestan) 28. Mai 1873, †Leningrad (heute Petersburg) 17. Juli 1961, russ.-sowjet. Schriftstellerin. – Sie begann ihre literar. Laufbahn 1908 mit unter dem Pseudonym A. Terek veröffentlichten Erzählungen, wandte sich bald dem histor. Roman zu und stellte mehrfach histor. Aspekte der Revolution dar; eines ihrer Hauptwerke ist die Romantrilogie um A. N. Radischtschew: ›Die Kaiserin und der Rebell‹ (1932–39, dt. 1957).

Weitere Werke: In Stein gehüllt (R., 1924/25, dt. 1926), Sovremenniki (= Zeitgenossen, R., 1926), Simvolisty (= Die Symbolisten, R., 1933), 1825 (R., 1950–53, dt. 1966).

Ausgabe: O. D. Forš. Sobranie sočinenij. Moskau u. Leningrad 1962–64. 8 Bde.

Literatur: TAMARČENKO, A.: O. Forš. Leningrad ²1974.

Forsnäs, Veikko Antero, finn. Lyriker, ↑Koskenniemi, Veikko Antero.

Forssell, Lars [Hans Carl Abraham], *Stockholm 14. Jan. 1928, schwed. Schriftsteller. – Seit 1971 Mitglied der Schwed. Akademie; schreibt v. a. Lyrik und Dramen; zunächst von der schwed. Lyrik der 40er Jahre (›40-tal‹) beeinflußt; probiert die unterschiedlichsten Rollen und Masken aus und erzielt so nicht zuletzt satir. und entlarvende Wirkungen. Die Bandbreite seiner Lyrik umfaßt sowohl hermet. Bildlichkeit als auch eine

einfache, an Alltagssprache orientierte Diktion; auch als polit. Kabarett- und Revue-Autor erfolgreich.

Werke: Ryttaren (Ged., 1949), Narren (Ged., 1952), Chaplin (Essay, 1953), F. C. Tietjens (Ged., 1954), Snurra min jord och andra visor (Ged., 1958), Mary Lou (Dr., 1962), Jack uppskäraren och andra visor tryckta i år (Ged., 1966), Upptåg (Dr., 1967), Show (Dr., 1971), Det möjliga (Ged., 1974), De rika (R., 1976), Haren och vråken (Dr., 1978), Lasse i gatan eller piraten (Dr., 1982), Axplockerskan eller Den främmande kvinnan (Dr., 1984), Sånger (Ged., 1986), Visa stenar (Ged., 1987).

Edward
Morgan
Forster

Forster, Edward Morgan [engl. 'fɔːstə], *London 1. Jan. 1879, †Coventry 7. Juni 1970, engl. Schriftsteller. – Studierte Geschichte und klass. Philologie in Cambridge; bekam früh Kontakt mit literar. Kreisen, war journalistisch tätig und unternahm ausgedehnte Reisen; später Lehrauftrag am King's College der Cambridge University. F. gilt in England als einer der bedeutendsten Romanciers des 20. Jahrhunderts. Liberalismus, ein individualist. Humanismus und moralist. Tendenzen wirkten auf seine Erzähldichtung, die durch skept. Ironie und ausgeprägten Sinn für Komik ebenso gekennzeichnet ist wie durch ernste, eindringl. Darstellung zeitgenöss. Existenzprobleme. Als F.s Hauptwerke gelten ›Howards End‹ (R., 1910, dt. 1949), eine psycholog. Schilderung der Schwierigkeiten menschl. Zusammenlebens, und v. a. ›Indien‹ (R., 1924, dt. 1932, 1960 u. d. T. ›Auf der Suche nach Indien‹), eine Darstellung des Aufeinandertreffens der europ. und der oriental. Welt. Wichtig für die Ästhetik des Romans ist das krit. Werk ›Ansichten des Romans‹ (1927, dt. 1949); bed. Essayist.

Weitere Werke: Engel und Narren (R., 1905, dt. 1948), The longest journey (R., 1907), Zimmer mit Aussicht (R., 1908, dt. 1986), Der Hügel Devi (Autobiogr., 1953, dt. 1955), Maurice (R., hg. 1971, dt. 1988), The life to come (En., hg. 1972), Der lilafarbene Brief (En., dt. Ausw. 1993).
Literatur: GRANSDEN, K. W.: E. M. F. Edinburgh u. London 1962. Nachdr. 1966. – THOMSON, G. H.: The fiction of E. M. F. Detroit (Mich.) 1967. – MACAULY, R.: The writings of E. M. F. New York 1968. Nachdr. Folcraft (Pa.) 1974. – FURBANK, PH. N.: E. M. F. A life. Oxford 1978. – GILLIE, CH.: A preface to F. London 1982. – SCOTT, P. J. M.: E. F., our permanent contemporary. London 1984. – KIRKPATRICK, B. J.: A bibliography of E. M. F. Oxford ²1985.

Forster, Friedrich, eigtl. Waldfried Burggraf, * Bremen 11. Aug. 1895, † ebd. 1. März 1958, dt. Dramatiker. – 1933–38 Schauspieldirektor in München, dann freier Schriftsteller; schrieb bühnenwirksame Schauspiele, die teils histor., teils zeitkrit. Stoffe behandeln; auch Verfasser von Märchenspielen und Lustspielen; bearbeitete ältere Stoffe und schrieb Erzählungen.
Werke: Der Graue (Dr., 1931), Robinson soll nicht sterben (Dr., 1932), Das dicke Kerbholz (En., 1933), Matrosen in Würzburg (Nov.n, 1934), Gastspiel in Kopenhagen (Dr., 1940), Die Dunkelgräfin (Schsp., 1944).

Forster, [Johann] Georg [Adam], * Nassenhuben bei Danzig 27. Nov. 1754, † Paris 10. Jan. 1794, dt. Reiseschriftsteller. – Sohn des Naturforschers Johann Reinhold F. (* 1729, † 1798), den er auf Forschungsreisen (u. a. Weltreise mit J. Cook 1772–75) begleitete, 1778 Prof. in Kassel, 1784 in Wilna, 1788 Bibliothekar in Mainz, 1790 mit A. von Humboldt in den Niederlanden, Großbritannien und Frankreich; Anhänger der Frz. Revolution. Abgeordneter der Mainzer Jakobiner in Paris und 1792/93 führendes Mitglied des jakobin. Mainzer Klubs; trat für den Anschluß des linksrhein. Deutschlands an Frankreich ein, wurde vom Reich als Landesverräter geächtet; starb in großer Armut. Begründer der künstler. Reisebeschreibung und der vergleichenden Länder- und Völkerkunde. Ist durch seine Biographie z. T. für Goethes ›Wahlverwandtschaften‹ bedeutsam.

Werke: Reise um die Welt... (2 Tle., engl. 1777, dt. 1778–80; mit Johann Reinhold F.), Kleine Schriften. Ein Beytrag zur Völker- und Länderkunde ... (6 Bde., 1789–97), Ansichten vom Niederrhein ... (Darstellung, 3 Bde., 1791–94).
Ausgaben: G. F.'s sämmtl. Schrr. Hg. v. TH. FORSTER. Lpz. 1843. 9 Bde. – G. F. Werke. Hg. v. der Dt. Akad. der Wiss. zu Berlin, Inst. f. dt. Sprache u. Lit. Bln. 1958 ff. Auf 20 Bde. berechnet (bisher 17 Bde. erschienen). – G. F. Werke. Hg. v. G. STEINER. Ffm. 1967–70. 4 Bde.
Literatur: MIETHKE, H.: G. F. Halle/Saale 1961. – UHLIG, L.: G. F. Tüb. 1965. – FIEDLER, H.: G.-F.-Bibliogr. 1767–1970. Bln. 1971. – RASMUSSEN, D.: Der Stil G. F.s Bonn 1983. – Goethe u. F. Studien zum gegenständl. Dichten. Hg. v. D. RASMUSSEN. Bonn 1985. – Weltbürger – Europäer – Deutscher – Franke. G. F. zum 200. Todestag. Hg. v. R. REICHARDT u. a. Mainz 1994.

Forsyth, Frederick [engl. fɔːˈsaɪθ], * Ashford (Kent) 25. Aug. 1938, engl. Schriftsteller. – War Pilot, Nachrichtenkorrespondent und Fernsehreporter; internat. Krisenschauplätze, histor. und fiktive Personen, spannende, oft gewaltsame oder erot. Vorfälle sind Bestandteil der detailgetreu geschilderten Bestseller des Autors.
Werke: Der Schakal (R., 1971, dt. 1972), Die Akte Odessa (R., 1972, dt. 1973), Die Hunde des Krieges (R., 1974, dt. 1974), Der Lotse (R., 1975, dt. 1975), Des Teufels Alternative (R., 1979, dt. 1979), In Irland gibt es keine Schlangen (En., 1982, dt. 1984), Das vierte Protokoll (R., 1984, dt. 1984), Der Unterhändler (R., 1989, dt. 1989), McCreadys Doppelspiel (R., 1991, dt. 1991), Die Faust Gottes (R., 1994, dt. 1994).

Forsyth, James [engl. fɔːˈsaɪθ], * Glasgow 5. März 1913, schott. Dramatiker. – Gestaltet in seinen Dramen die Auseinandersetzung von Idealisten mit der Realität am Beispiel von histor. Figuren, oft aus dem Bereich der Religion (Franz von Assisi in dem Drama ›If my wings heal‹, 1968; die Schutzheiligen in dem Dramenzyklus ›David‹, ›Andrew‹, ›Patrick‹ und ›George‹, 1973) und der Literatur (François Villon in dem Drama ›The other heart‹, 1956; Abälard und Heloïse in dem Drama ›Heloise‹, 1956; L. N. Tolstoi in dem Fernsehspiel ›The last journey‹, 1972). Auch Gedichtbände (›On such a day as this‹, 1989; ›A woman there will be ...‹, 1991).

Fort, Gertrud Freiin von Le, dt. Schriftstellerin, † Le Fort, Gertrud Freiin von.

Fort, Paul [frz. fɔːr], *Reims 1. Febr. 1872, †Monthléry bei Paris 20. April 1960, frz. Dichter. – Gründete 1890 das ›Théâtre d'Art‹ (später ›Théâtre de l'Œuvre‹), in dem vorwiegend symbolist. Stücke aufgeführt wurden, und leitete 1905–14 die symbolist. Vierteljahrsschrift ›Vers et prose‹. Als typ. Vertreter des Symbolismus weisen ihn die ›ballades‹ genannten Gedichte (Eklogen, Hymnen, Oden, Idyllen, kleine Epen) aus, die in freirhythm. Prosa, gebunden durch Assonanzen und eingestreute Verse, geschrieben sind. Seine Bühnenwerke ohne dramat. Handlung.

Werke: La petite bête (Dr., 1890), Ballades françaises (17 Bde., 1922–58), Louis XI, curieux homme (Dr., 1922), Ysabeau (Dr., 1925), Le camp du drap d'or (Dr., 1926), Mes mémoires, toute la vie d'un poète (1944), Mon grand pays (1950).
Literatur: P. F. Hg. v. P. BÉARN. Paris ⁵1975.

Forte, Dieter, *Düsseldorf 14. Juni 1935, dt. Schriftsteller. – Regieassistent in Düsseldorf, 1971–75 Autor am Basler Theater; lebt in Basel. Macht in seinen theaterwirksamen Dramen an histor. Stoffen Probleme der Gegenwart transparent und beleuchtet den Mechanismus von Macht und Ausbeutung. Auch Hör- und Fernsehspiele.

Werke: Martin Luther und Thomas Münzer oder Die Einführung der Buchhaltung (Dr., 1971), Weiße Teufel (Dr., 1971; nach J. Webster), Die Wand. Porträt eines Nachmittags (2 Hsp.e, 1973), Jean Henry Dunant oder Die Einführung der Zivilisation (Dr., 1978), Kaspar Hausers Tod (Dr., 1979), Fluchtversuche (4 Fsp.e, 1980), Das Labyrinth der Träume oder Wie man den Kopf vom Körper trennt (Dr., 1983), Das Muster (R., 1992).

Forteguerri, Niccolò, Pseudonym Niccolò Carteromaco, *Pistoia 6. Nov. 1674, †Rom 17. Febr. 1735, italien. Dichter. – Studierte Rechtswiss.; Prälat in Rom; lebte 1702–05 in Spanien; sein Hauptwerk ist das gegen L. Pulci, M. M. Boiardo und L. Ariosto gerichtete komisch-satir. Epos ›Ricciardetto‹ (hg. 1738, dt. Ausw. 1783/84 in 2 Bden. u. d. T. ›Richardett‹); auch Gedichte (›Capitoli‹, 2 Bde., hg. 1765–77), Übersetzungen (Terenz) u. a.

Fortsetzungsroman, Roman, der für den regelmäßigen, abschnittsweisen Abdruck in Zeitungen und Zeitschriften gedacht und oft eigens für diese Publikationsform verfaßt ist. Im Hinblick auf E. Sue und A. Dumas geißelte Ch. A. Sainte-Beuve diese Form des Erzählens (frz. ›roman-feuilleton‹) als ›littérature industrielle‹ (1839). Allerdings sind auch literarisch bedeutsame Romane zuerst als F.e veröffentlicht worden, z. B. in literar. Zeitschriften des 18. Jh.: Ch. M. Wielands ›Abderiten‹ im ›Teutschen Merkur‹ (1774–80), Schillers ›Geisterseher‹ in der ›Thalia‹ (1787–89). In Wochen- und Monatslieferungen zu je 32 Seiten erschienen die Romane von Ch. Dickens seit dem Erfolg seiner ›Pickwick papers‹ (1836/37). Typ. F.e sind die Kolportageromane K. Mays, die bis zu 100 Lieferungen umfaßten.

Literatur: LANGENBUCHER, W. R.: Der aktuelle Unterhaltungsroman. Bonn 1964. – NEUSCHÄFER, H. J.: Populärromane im 19. Jahrhundert. Von Dumas bis Zola. Mchn. 1976.

Fortunatus, Venantius Honorius Clementianus, lat. christl. Dichter, †Venantius Fortunatus.

Fortunatus, Volksbuch; anonym in einem Augsburger Druck von 1509 überliefert; als Autor wird ein Augsburger Bürger vermutet. F., die Titelgestalt, gelangt in den Besitz eines unerschöpfl. Geldsäckchens und eines Wunschhütchens, mit dem er sich an jeden Ort versetzen kann; beides bringt ihm Glück, seinen beiden Söhnen aber Unglück. Der Stoff wurde von H. Sachs (1553), Th. Dekker (›F. und seine Söhne‹, 1600, dt. 1819), den engl. Komödianten und Puppenspielern aufgegriffen; Neubelebung in der Romantik (A. von Chamisso, L. Tieck, L. Uhland).

Ausgabe: F. In: Drei dt. Volksbücher. Hg. v. R. BENZ. Köln u. Olten 1969.
Literatur: GÜNTHER, H.: Zur Herkunft des Volksbuchs von F. u. seinen Söhnen. Diss. Freib. 1915. – SACHSE, S.: Motive u. Gestaltung des Volksbuches v. F. Diss. Wzb. 1955 [Masch.].

Forum Stadtpark (Grazer Forum), Grazer Künstlergruppe, die sich 1958 zusammenschloß mit dem Ziel, das verfallene Grazer Stadtpark-Café in ein modernes Kunstzentrum umzuwandeln. Seit 1960 finden dort zahlreiche Lesungen, Ausstellungen bildender Künstler u. a. künstler. Veranstaltungen statt; wichtigstes Zentrum bes. der jungen österr. Literatur: v.a. W. Bauer, B. Frischmuth, P. Handke, G. F. Jonke, M. Scharang. Publikationsorgan seit 1960: ›manuskripte‹ (hg. von A. Kolleritsch).

Forzano, Giovacchino, *Borgo San Lorenzo bei Florenz 19. Nov. 1883, † Rom 28. Okt. 1970, italien. Dramatiker. – War u. a. Sänger (Bariton), Theater- und Filmregisseur; daneben journalist. Tätigkeit; schrieb zahlreiche erfolgreiche, bühnenwirksame Dramen aus Geschichte und Gegenwart sowie Operntextbücher für P. Mascagni, G. Puccini, R. Leoncavallo, E. Wolf-Ferrari u. a.
Werke: Schwester Angelica (Libretto, 1918, dt. 1945), Madonna Oretta (Dr., 1918, dt. 1921), Gianni Schicchi (Libretto, 1918, dt. 1920), Maestro Landi (Dr., 1925), Danton (Dr., 1930), Campo di Maggio (Dr., 1930).
Literatur: POSSENTI, E.: Guida al teatro. Mailand 1949.

Foscolo, Ugo, eigtl. Niccolò F., * auf Sakinthos 6. Febr. 1778, † Turnham Green bei London 10. Sept. 1827, italien. Dichter und Literarhistoriker. – Durch polit. Verhältnisse bedingtes wechselvolles Schicksal, Flucht nach England, wo er in Armut starb. Als leidenschaftl. Patriot kämpfte er für die Befreiung seines Heimatlandes von der Fremdherrschaft; als Vorläufer des Risorgimento, zwischen Klassizismus und Romantik stehend, erstrebte er die Reinigung der italien. Literatur von fremden Einflüssen; schrieb Tragödien nach V. Alfieris Vorbild (›Tieste‹, 1797; ›Aiace‹, UA 1811, gedr. 1828; ›Ricciarda‹, entstanden 1813, gedr. 1820), den lyrisch-philosoph. Hymnus ›Gedicht von den Gräbern‹ (1807, dt. 1880) unter dem Einfluß von Th. Gray, E. Young, J. Delille, den Briefroman ›Die letzten Briefe des Jacopo Ortis‹ (1802, dt. 1829, 1807 u. d. T. ›Letzte Briefe‹) nach dem Vorbild von Goethes ›Werther‹ und J.-J. Rousseaus ›Heloise‹, sprachlich und formal vollendete Sonette und Oden; verfaßte außerdem mehrere literaturgeschichtl. Studien.
Ausgaben: U. F. Opere edite e postume. Hg. v. F. S. ORLANDINI u. E. MAYER. Florenz 1850–99. 11 Bde. 1 Erg.-Bd. – U. F. Edizione nazionale delle opere. Hg. v. M. BARBI u. M. FUBINI. Mailand ¹⁻⁵1933 ff. Auf mehrere Bde. berechnet (bisher 21 Bde. erschienen).
Literatur: FUBINI, M.: U. F. Neuausg. Florenz 1969. Nachdr. 1978. – RADCLIFF-UMSTEAD, D.:

U. F. New York 1970. – MANDROZZATO, G.: F. Mailand 1978. – CAMBON, G.: U. F., poet of exile. Princeton (N. J.) 1980. – MACRI, O.: Il F. negli scrittori italiani del novecento. Ravenna 1980. – Lezioni sul F. Hg. v. M. BERENGO u. a. Florenz 1981. – BINNI, W.: U. F., storia e poesia. Turin 1982. – CATALANO, E.: La spada e le opinioni. Il teatro di U. F. Foggia 1983. – ↑ auch Sannazaro, Iacopo.

Foster, Stephen [Collins] [engl. 'fɔstə], * Pittsburgh (Pa.) 4. Juli 1826, † New York 13. Jan. 1864, amerikan. Liederdichter und Komponist. – Leistete mit seinen etwa 175 Liedern und Balladen, oft melancholisch-nostalg. Art, einen bed. Beitrag zum volkstüml. amerikan. Lied; die für die Minstrel shows bestimmten Lieder spiegeln das Leben der Schwarzen in der weißen Südstaatengesellschaft; zu den in den ›Ethiopian melodies‹ (1849) gesammelten Texten zählen ›Old folks at home‹ (›Swanee river‹), ›Massa's in the cold, cold ground‹, ›My old Kentucky home‹, ›Oh, Susanna‹.
Literatur: MORNEWECK, E. I.: Chronicles of S. F.'s family. Pittsburgh (Pa.) 1944. 2 Bde. – HOWARD, J. T.: S. F. New York 1962.

Foucault, Michel [frz. fu'ko], * Poitiers 15. Okt. 1926, † Paris 25. Juni 1984, frz. Philosoph. – Wurde 1964 Prof. in Clermont-Ferrand, 1968 in Paris-Vincennes, 1970 am Collège de France in Paris. Versuchte mit Methoden des Strukturalismus die Geschichte (›Archäologie‹) der Zivilisationen zu schreiben, wobei Bewußtsein, Ideologien, gesellschaftl. Einrichtungen und Einstellungen als sprachähnl. Systeme und in ihrer Wechselwirkung mit Sprache dargestellt wurden.
Werke: Psychologie und Geisteskrankheit (1954, dt. 1968), Wahnsinn und Gesellschaft (1961, dt. 1969), Die Geburt der Klinik (1963, dt. 1973), Die Ordnung der Dinge (1966, dt. 1971), Die Archäologie des Wissens (1969, dt. 1971), Die Ordnung des Diskurses (1971, dt. 1974), Überwachen und strafen (1975, dt. 1976), Sexualität und Wahrheit (3 Bde., 1976–84, dt. 1977–86), Dits et écrits 1954–1988 (4 Bde., hg. 1994).
Literatur: CLARK, M. P.: M. F. An annotated bibliography. New York 1983. – RACEVSKIS, K.: M. F. and the subversion of intellect. Ithaca (N. Y.) 1983. – COUSINS, M./HUSSAIN, A.: M. F. London 1984. – SEITTER, W.: M. F. In: Krit. Lex. der roman. Gegenwartsliteraturen. Hg. v. W.-D. LANGE. Losebl. Tüb. 1984 ff. – MARTI, U.: M. F. Mchn. 1988. – FINK-EITEL, H.: F. zur Einf.

Hamb. 1989. – ERIBON, D.: M. F. Eine Biogr. Dt. Übers. Ffm. 1991.

Fouchet, Max-Pol [frz. fu'ʃɛ], * Saint-Vaast-la-Hougue (Manche) 1. Mai 1913, † Avallon (Yonne) 22. Aug. 1980, frz. Schriftsteller. – War 1939–48 Direktor der literar. Zeitschrift ›Fontaine‹ (Sammelpunkt engagierter Lyriker während der dt. Besetzung); u.a. 1949–60 Prof. für Kunstgeschichte am American Center in Paris. Verfaßte außer Gedichten (›Les limites de l'amour‹, 1942; ›Demeure le secret‹, 1961) Erzählungen (›La rencontre de Santa Cruz‹, 1976; ›La relevée des herbes‹, 1980), Reisebücher (›Les peuples nus‹, 1953; ›Nubien, geborgene Schätze‹, 1965, dt. 1965) und Essays zur Kunst. F. war auch als Literatur- und Musikkritiker ab 1953 für das Fernsehen tätig.
Literatur: NYSSEN, H.: Les voies de l'écriture. Paris 1969. – M.-P. F. Hg. v. J. QUEVAL. Paris Neuaufl. 1969. – BERGER, Y./CAYROL, J., u.a.: Hommage à M.-P. F. Paris 1981.

Fouillet, Nelly [frz. fu'jɛ], frz. Schriftstellerin, † Sainte-Soline, Claire.

Foulis, Hugh [engl. faʊlz], Pseudonym des schott. Schriftstellers Neil † Munro.

Foulques de Toulouse [frz. fulkdətu-'luːz], provenzal. Troubadour, † Folquet de Marseille.

Fouqué, Friedrich [Heinrich Karl] Baron de la Motte [dəlamɔtfu'keː], Pseudonyme Pellegrin und A. L. T. Frank, * Brandenburg/Havel 12. Febr. 1777, † Berlin 23. Jan. 1843, dt. Schriftsteller. – F. entstammte einer alten Hugenottenfamilie, aus der viele preuß. Offiziere hervorgegangen waren; Patenkind Friedrichs des Großen; wurde Soldat, brachte es bis zum Major und erhielt nach schwerer Krankheit seinen Abschied. Bei Hauslehrern und in der ›Schule‹ von A. W. Schlegel trieb er umfassende Sprach- und intensive Literaturstudien (belegt durch seine Übersetzungen). In romant. Rückwendung siedelte er seine Werke mit Vorliebe v.a. im MA, im Bereich der german. Heldensagen (Dramentrilogie ›Der Held des Nordens‹, 1808–10) und in der Zeit des Dreißigjährigen Krieges an. Von seinem umfangreichen Werk blieb nur ›Undine‹ (E., 1811) im literar. Bewußtsein. Ihr Stoff erfuhr viele Neubearbeitungen; Opern schrieben u.a. E. T. A. Hoffmann und A. Lortzing, H. W. Henze ein Ballett; die bekannteste literar. Neubearbeitung stammt von J. Giraudoux (Dr., 1939, dt. 1948).
Weitere Werke: Alwin (R., 2 Bde., 1808), Eginhard und Emma (Dr., 1811), Der Zauberring (R., 3 Bde., 1813), Sintram und seine Gefährten (E., 1814), Die Pilgerfahrt (Dr., 1816), Sängerliebe (R., 1816), Die wunderbaren Begebenheiten des Grafen Alethes von Lindenstein (R., 2 Bde., 1817), Heldenspiele (Dramen, 1818), Der Verfolgte (R., 3 Bde., 1821), Die Saga von dem Gunlaugur ... (E., 1826), Mandragora (Nov., 1827), Lebensgeschichte (Autobiogr., 1840).
Ausgaben: F. de La M.-F. Ausgew. Werke. Ausg. letzter Hand. Halle/Saale 1841. 12 Bde. – F. de La M.-F. Werke. Ausw. Hg. v. W. ZIESEMER. Bln. 1908. Nachdr. Hildesheim 1973. – F. de la M. F. Romant. Erzählungen. Hg. v. GERHARD SCHULZ. Neuausg. Mchn. 1985. – F. de la M. F. Sämtl. Romane u. Novellenbücher. Hg. v. W. MÖHRIG. Hildesheim 1989 ff.
Literatur: SCHMIDT, ARNO: F. u. einige seiner Zeitgenossen. Neuausg. Zü. 1993.

Friedrich Baron de la Motte Fouqué (Kupferstich von Friedrich Fleischmann aus dem Jahr 1818 nach einem Gemälde von Wilhelm Hensel)

Fourban, André [frz. fur'bã], Pseudonym des dt. Schriftstellers Karl Emerich † Krämer.

Fournier, Henri-Alban, frz. Schriftsteller, † Alain-Fournier.

Fournier, Pierre [frz. fur'nje], frz. Schriftsteller, † Gascar, Pierre.

Fowles, John [engl. faʊlz], * Leighon-Sea (heute zu Southend-on-Sea) 31. März 1926, engl. Schriftsteller. – Studium in Oxford; Lehrtätigkeit u.a. in Frankreich und Griechenland; lebt jetzt als freier Schriftsteller in Lyme Regis (Dorset). F. ist einer der talentiertesten neueren engl. Erzähler. Seine spannungsreichen Romane und Novellen, die traditionelle Erzählweisen mit experimentellen Formen und parodist. Stilzitaten verbinden, beschreiben Wirklichkeit durch deren fiktive Manipulation, sei es durch mag. Inszenierung (›Der Magus‹, R., 1965, dt. 1969; revidierte Fassung 1978), sei es durch Hinterfragung von Romanbegebenheiten des 19. Jh. mit dem Bewußtsein des 20. Jh. (›The French lieutenant's woman‹, R., 1969, dt. 1970 u. d. T. ›Dies Herz für Liebe nicht gezähmt‹, 1974 u. d. T. ›Die Geliebte des frz. Leutnants‹), sei es durch mythologisch-sexuelle Phantasien (›Mantissa‹, R., 1982, dt. 1984). Wiederkehrende Themen sind Probleme der Identität und der künstler. Inspiration sowie die Unfähigkeit des Mannes, die Rätsel des Weiblichen zu verstehen. F. schreibt auch Texte für Fotobücher und tritt als Verfasser von krit. Studien hervor.

Weitere Werke: Der Sammler (R., 1963, dt. 1964), The aristos (Aphorismen, 1964), Der Ebenholzturm (Nov.n, 1974, dt. 1975), Daniel Martin (R., 1977, dt. 1980), Die Grille (R., 1985, dt. 1987).
Literatur: OLSHEN, B. N.: J. F. New York 1978. – HUFFAKER, R.: J. F. Boston (Mass.) 1980. – CONRADI, P.: J. F. London u. a. 1982. – TARBOX, K.: The art of J. F. Athens (Ga.) 1988. – AUBREY, J. R.: J.F.: a reference companion. New York 1991.

Fracastoro, Girolamo, * Verona um 1478, † Incaffi (heute zu Affi, Prov. Verona) 8. Aug. 1553, italien. Humanist, Arzt und Dichter. – F. war Arzt in Verona, zeitweilig Prof. der Logik in Padua und Leibarzt Papst Pauls III. sowie (1546/47) Amtsarzt des Konzils von Trient. Er schrieb lat. Eklogen und Carmina im Stil Vergils, auch eine Poetik (›Naugerius sive de poetica dialogus‹, hg. 1555). Sein bed. Lehrgedicht ›Syphilis sive de morbo gallico‹ (1521, gedr. 1530, dt. 1828), das in mytholog. Einkleidung Symptome und Therapie der Syphilis beschreibt, wurde für diese Krankheit namengebend. In seinem bedeutendsten Werk, ›De contagione et contagiosis morbis et eorum curatione‹ (1546), gelang F. die erste zusammenfassende Darstellung der Infektionskrankheiten. Weitere wichtige Werke F.s galten der Astronomie.

Ausgaben: G. F. Opera omnia. Venedig 1555. – Scritti inediti di G. F. Hg. v. F. PELLEGRINI. Verona 1955. – F.'s Syphilis. Text, engl. Übers. u. Anm.en v. G. EATOUGH. Liverpool 1984.
Literatur: Dictionary of scientific biography. Hg. v. CH. C. GILLISPIE. Bd. 5. New York 1972. S. 104. – SWERDLOW, N.: Aristotelian planetary theory in the Renaissance. In: J. for the history of astronomy 3 (1972), S. 36.

Fracchia, Umberto [italien. 'frakkja], * Lucca 5. April 1889, † Rom 5. Dez. 1930, italien. Schriftsteller. – Journalist; Gründer der literar. Zeitschrift ›La Fiera Letteraria‹, die er 1925–27 leitete; Verfasser realist. Romane (›Il perduto amore‹, 1921; ›Angela‹, 1923; ›La stella del nord‹, 1929) und Erzählungen (›Gente e scene di campagna‹, hg. 1931); daneben Reiseberichte (›Fogli di diario‹, hg. 1938) und krit. Schriften.
Literatur: GOFFIS, C. F.: ›Angela‹. Crisi ideale e stile. In: Italianistica 11 (2/3), März-Dez. 1982, S. 227.

Fragment [lat. = Bruchstück], unvollendet überliefertes oder geschriebenes Werk, im ästhet. Bereich erst für bildende Kunst, seit dem Humanismus auch für literar. Werke; man unterscheidet: 1. unvollständig überlieferte Werke, bes. aus Antike und MA (Aristoteles, ›Poetik‹, 4. Jh. v. Chr.; Tacitus, ›Historiae‹, etwa 109; ›Hildebrandslied‹, 9. Jh.); 2. unvollendet gebliebene oder aufgegebene Werke, z. B. Wolfram von Eschenbachs ›Willehalm‹, ›Titurel‹ (wohl um 1212 bis nach 1217), Goethes ›Achilleis‹ (1808), Schillers ›Demetrius‹ (1815), J. Ch. F. Hölderlins ›Tod des Empedokles‹ (1826), F. Kafkas sämtl. Romane; 3. die bewußt gewählte literar. Form, die sich als F. gibt und ihre Wirkung aus der vorgebl. Unabgeschlossenheit oder Unfertigkeit gewinnt, z. B. das aphorist. F. als zentrales Ausdrucksmittel der Jenaer Frühromantik. F.e erschienen in den Zeitschriften der Romantiker, so im ›Athenäum‹ der Brüder F. und A. W. Schlegel. Erzähler. F.e verfaßten u. a. F. Schlegel (›Lucinde‹, 1799), Novalis (›Heinrich von Ofterdingen‹, 1802), A. von Arnim (›Die Kronenwächter‹, 1817–54) und H. von Hofmannsthal (›Andreas oder die Vereinigten‹, hg. 1932).
Literatur: Das Unvollendete als künstler. Form. Ein Symposion. Hg. v. J. A. SCHMOLL, gen.

Eisenwerth. Bern u. Mchn. 1959. – SCHUL-
LER, M.: Romanschlüsse in der Romantik. Zum
frühromant. Problem von Universalität und F.
Mchn. 1974. – MECKEL, CH.: Über das Frag-
mentarische. Mainz 1978.

Fragner, Benjamin, tschech. Schriftsteller, † Klička, Benjamin.

Fra Guittone [italien. fragguit'to:ne],
italien. Dichter, † Guittone d'Arezzo.

Frame, Janet [engl. frɛim], * Dunedin
(Neuseeland) 28. Aug. 1924, neuseeländ.
Schriftstellerin. – Ihre Romane und
Kurzgeschichten zeigen unter der Ober-
fläche der Normalität ein Chaos, das Bedrohung und Faszination zugleich darstellt.
Werke: Die Lagune (Kurzgeschichten, 1951, dt.
1962), Wenn Eulen schreien (R., 1957, dt. 1961),
Gesichter im Wasser (R., 1961, dt. 1994), Am
Rande des Alphabets (R., 1962, dt. 1963), Scen-
ted gardens for the blind (R., 1963), The adapt-
able man (R., 1965), The reservoir and other stories (Kurzgeschichten, 1966), The pocket mirror
(Ged., 1967), The rainbirds (R., 1968), Intensive
care (R., 1970), Daughter Buffalo (R., 1972), Auf
dem Maniototo (R., 1979, dt. 1986), Ein Engel
an meiner Tafel (autobiograph. R., 1984, dt.
1993), The Carpathians (R., 1988).
Literatur: EVANS, P.: An inward sun. The novels
of J. F. Wellington 1971. – EVANS, P.: J. F. Boston (Mass.) 1977.

France, Anatole [frz. frã:s], eigtl.
François A. Thibault, * Paris 16. April
1844, † Gut La Béchellerie bei Saint-Cyr-
sur-Loire (Indre-et-Loire) 12. Okt. 1924,
frz. Schriftsteller. – Lektor, dann Bibliothekar; trat als Sozialist für A. Dreyfus
ein. Verkörpert als bed. frz. Erzähler, Essayist und Literaturkritiker seiner Zeit
die humanist. Tradition der frz. Aufklärung; Feind jeder irrationalen Strömung,
auch des Symbolismus. Als Literat war F.
ein typ. Vertreter des Fin de siècle, jedoch ohne dessen morbide Note; geistreich, ironisch, skeptisch, humorvoll und
undogmatisch, vermochte er sich mit ungewöhnl. Fähigkeit in histor. Verhältnisse und Personen einzufühlen. Er begann im Stile der Parnassiens und hatte
seinen ersten Erfolg mit dem Roman
›Sylvester Bonnard und sein Verbrechen‹
(1881, dt. 1885). Höhepunkt seines
Schaffens bildet das Romanwerk; mit
Vorliebe wählte er Stoffe aus Epochen
im Umbruch: der Spätantike (›Thais‹, R.,
1890, dt. 1909), dem späten MA (›Das
Leben der hl. Johanna‹, 2 Bde., 1908, dt.

1926; nach Quellenstudien verfaßter Bericht) und aus der Zeit der Frz. Revolution (›Die Götter dürsten‹, R., 1912, dt.
1912). Schrieb auch Dramen, Aphorismen und literaturkrit. Abhandlungen
(›La vie littéraire‹, 4 Bde., 1888–92). 1896
wurde er Mitglied der Académie française, 1921 erhielt er den Nobelpreis für
Literatur.
Weitere Werke: Die Bratküche zur Königin
Pédauque (R., 1893, dt. 1907), Die rote Lilie (R.,
1894, dt. 1899), Der Garten des Epikur (Aphorismen, 1895, dt. 1906), Histoire contemporaine
(R.-Zyklus, 4 Bde., 1896–1901, dt. 4 Bde.,
1920/21 u. d. T. Die Romane der Gegenwart:
Die Ulme am Wall, Die Probierpuppe, Der
Amethystring, Professor Bergeret in Paris), Auf
dem weißen Felsen (E., 1905, dt. 1910), Die Insel der Pinguine (R., 1908, dt. 1909), Aufruhr
der Engel (R., 1914, dt. 1917).
Ausgaben: A. F. Ges. Schrr. Dt. Übers. Mchn.
1919–26. 22 Bde. Nachtrags-Bd. – A. F. Œuvres
complètes. Paris 1925–35. 25 Bde. – A. F. Œuvres. Hg. v. M.-C. BANCQUART. Paris 1984 ff. Auf
4 Bde. berechnet (bisher 3 Bde. erschienen).
Literatur: SUFFEL, J.: A. F. par lui-même. Paris
1954. – JEFFERSON, C.: A. F. The politics of
skepticism. New Brunswick (N. J.) 1965. –
BRESKY, D.: The art of A. F. Den Haag u. Paris
1969. – SHANKS, L. P.: A. F. Port Washington
(N.Y.) 1970. – BANCQUART, M.-C.: A. F., un
sceptique passionné. Paris 1984. – GIER, A.: Der
Skeptiker im Gespräch mit dem Leser. Studien
zum Werk von A. F. u. zu seiner Rezeption in
der Frz. Presse 1879–1905. Tüb. 1985.

Francesco da Barberino [italien. fran-
'tʃesko dabbarbe'ri:no], * Barberino di
Val d'Elsa (Prov. Florenz) 1264, † Florenz 1348, italien. Dichter. – Seine allegor. Dichtungen ›Documenti d'amore‹
(entst. 1314, hg. 1905–27, 4 Bde.) und der
Traktat ›Del reggimento e costumi di
donna‹ (entst. um 1314, hg. 1875) sind
bes. kulturgeschichtlich aufschlußreich;
als Lyriker ist er Dante und dem Dolce
stil nuovo verpflichtet.
Literatur: JACOBS, H. C./GIER, A.: Les formes
narratives brèves en Italie. In: Grundriß der roman. Literaturen des MA. Bd. 5, Faszikel 3. Hg.
v. W.-D. LANGE. Hdbg. 1991.

Francesco d'Assisi [italien. fran-
'tʃesko das'si:zi], italien. Ordensstifter,
† Franz von Assisi.

Franchy, Franz Karl ['franki], * Bi-
striţa (Siebenbürgen) 21. Sept. 1896,
† Wien 19. Febr. 1972, österr. Schriftsteller. – Begann mit Dramen (histor. und
zeitgebundene Thematik), später Ro-

mancier; bekannt ist v. a. der Roman ›Die Brandgasse‹ (1964), in dem F. das Schicksal einer Judenfamilie nach dem 1. Weltkrieg darstellt.

Weitere Werke: Nero (Dr., 1922), Mafta (E., 1940), Maurus und sein Turm (R., 1941), Abel schlägt Kain (R., 1951), Ankläger Mitmann (R., 1952), Die vielen Tage der Ehe (R., 1953), Zwischen den Geleisen (Dr., 1955).

Franck, Hans, * Wittenburg 30. Juli 1879, † Frankenhorst bei Schwerin 11. April 1964, dt. Schriftsteller. – Lehrer, dann Dramaturg in Düsseldorf, Direktor der Hochschule für Bühnenkunst; ab 1921 freier Schriftsteller. Begann unter dem Einfluß Ch. F. Hebbels mit Ideendramen, wandte sich dann Novellen, Anekdoten und Kurzgeschichten zu und verfaßte später v. a. Romanbiographien bed. Persönlichkeiten. Sein Werk zeichnet sich durch straffe Formgebung und weitgespannte Thematik, scharf zugespitzte Gedanklichkeit, zugleich Neigung zum Mystischen aus.

Werke: Das Pentagramm der Liebe (Nov.n, 1919), Gottesgesänge (Ged., 1924), Klaus Michel (R., 1929), Zeitenprisma (Nov.n, 1932), Die Pilgerfahrt nach Lübeck (Nov., 1935), Annette (R., 1937), Sebastian (R., 1949), Marianne (R., 1953), Letzte Liebe (R., 1958), Cantate. Das Leben Johann Sebastian Bachs (1960), Ein Dichterleben in 111 Anekdoten (Autobiogr., 1961), Enden ist Beginn (Ged., 1964), Friedemann (R., 1964).
Ausgabe: H. F. Ausgew. Werke. Bln. 1959. 2 Bde.
Literatur: Das Herzgeschenk. H. F. zum 75. Geburtstag. Hg. v. H. GROTHE. Hameln 1954.

Franck (Franc, Franke), Salomo, Pseudonym Cleander, ≈ Weimar 6. März 1659, □ ebd. 14. Juni 1725, dt. Liederdichter. – Betreute als Oberkonsistorialsekretär in Weimar die herzogl. Bibliothek und das Münzkabinett; Mitglied der Fruchtbringenden Gesellschaft; dichtete geistl. Lieder, die, einst weit verbreitet, z. T. noch heute gesungen werden; seine Kantatentexte wurden v. a. von J. S. Bach vertont.
Literatur: STRECK, H.: Die Verskunst in den poet. Texten zu den Kantaten J. S. Bach. Hamb. 1971.

Franck, Sebastian, auch genannt Frank von Wörd, * Donauwörth 20. Jan. 1499, † Basel 1542 oder 1543, dt. Schriftsteller. – 1524 kath. Priester, 1527–29

prot. Prediger, geriet wegen seiner Ablehnung jeglichen dogmatisch geprägten Christentums in Widerspruch zu den Lutheranern und wandte sich den Täufern zu. Haft, Ausweisung und Verfolgung zwangen ihn zeitweise zu einem unsteten Wanderleben; 1533–39 Buchdrucker in Ulm, ließ sich 1539 in Basel nieder. Vorkämpfer der Toleranz, volkstümlicher freimütiger Predigtstil, ausdrucksstarke und anschauliche Sprache, bedeutender Prosaist.

Werke: Chronica, Zeytbuch und geschycht bibel (3 Bde., 1531, ²1536), Paradoxa (1534), Weltbuch ... (1534), Germaniae Chronicon (1538), Das Krieg Büchlin des Friedes (1539), Sprichwörter (2 Bde., 1541).
Literatur: PEUCKERT, W.-E.: S. F. Mchn. 1943. – TEUFEL, E.: ›Landräumig‹. S. F., ein Wanderer an Donau, Rhein u. Neckar. Neustadt a. d. Aisch 1954. – WEIGELT, H.: S. F. u. die luther. Reformation. Güt. 1972. – MEISSER, U.: Die Sprichwörterslg. S. F.s von 1541. Amsterdam 1974. – KNAUER, K. P.: Der Buchstabe lebt. Schreibstrategien bei S. F. Bern u. a. 1993. – S. F. Hg. v. JAN-DIRK MÜLLER. Wsb. 1993.

Franc-Nohain [frz. frãknɔ'ɛ̃], eigtl. Maurice Étienne Legrand, * Corbigny (Nièvre) 25. Okt. 1872, † Paris 18. Okt. 1934, frz. Schriftsteller. – Wurde bekannt durch seine kleinen satir. Gedichte gegen das Bürgertum und das Provinzleben (›Chansons des trains et des gares‹, 1899; ›Kiosque à musique‹, 1922), seine meisterhaften, aktuellen Zeitungsbeiträge, Theaterstücke und Libretti (u. a. ›L'heure espagnole‹, 1904, zu M. Ravels gleichnamiger Oper), einen Roman (›Coucicouça‹, 1922) und Fabeln (›Fables‹, 1920; ›Nouvelles fables‹, 1933).

Franco, Niccolò, * Benevent 13. Sept. 1515, † Rom 10. März 1570, italien. Dichter. – Lebte in Neapel, Venedig, Padua und Rom; zeitweilig mit P. Aretino, dessen Sekretär er war, befreundet, dann verfeindet; erregte Aufsehen mit seinen 200 obszönen Sonetten, die 1541 u. d. T. ›Priapea‹ erschienen und denen 500 gegen Aretino gerichtete vorangegangen waren; er kritisierte die moderne Petrarcaverehrung in seinem Werk ›Il petrarchista‹ (1539); Pius V. ließ ihn wegen seiner Verleumdung des Kardinals Carafa, die zu dessen Hinrichtung geführt hatte, hängen.

Ausgabe: N. F. Il Petrarchista. Hg. v. R. L. BRUNI. Exeter 1979.
Literatur: SIMIANI, C.: La vita e le opere die N. F. Turin 1894. – DE MICHELE, G.: N. F., biografia con documenti inediti. In: Studi di letteratura italiana 11 (1919), S. 61. – BRUNI, R. L.: Per una bibliografia delle opere di N. F. In: Studi e problemi di critica testuale 15 (1977), S. 84. – BRUNI, R. L.: Parodia e plagio nel ›Petrarchista‹ di N. F. In: Studi e problemi di critica testuale 20 (1980), S. 61.

Franco, Veronica, * Venedig 1546, † ebd. 1591, italien. Dichterin. – Berühmte Kurtisane; stand in Korrespondenz mit zahlreichen Fürsten und bed. Zeitgenossen (›Lettere familiari a diversi‹, 1580); befreundet mit Tintoretto, der sie malte. In ihren Elegien (›Terze rime o capitoli‹, 1575) und Sonetten kommt trotz des petrarkist. Modestils Wirklichkeitsnähe und Wärme der Empfindung zum Ausdruck.
Ausgaben: Gaspara Stampa et V. F. Rime. Hg. v. A. SALZA. Bari 1913. – V. F. Lettere. Hg. v. B. CROCE. Neapel 1949.
Literatur: RICHTER, B. L. O.: Zwischen Renaissance und Barock. Die italien. Dichterin V. F. (1546–1591). In: Revue des langues vivantes 40 (1974), H. 2, S. 99.

François de Sales [frz. frãswad'sal], frz. Theologe und Schriftsteller, † Franz von Sales.

François, Marie Luise von [frz. frã-'swa], * Herzberg/Elster 27. Juni 1817, † Weißenfels 25. Sept. 1893, dt. Schriftstellerin. – Schrieb Romane und Novellen. Die Strenge gegen sich selbst, Ehrlichkeit und Menschenliebe, das Wissen um Ordnung und Pflicht kennzeichnen auch die Gestalt der Eberhardine in ihrem bekanntesten Roman ›Die letzte Reckenburgerin‹ (2 Bde., 1871); Freundschaft mit C. F. Meyer.
Weitere Werke: Ausgewählte Novellen (2 Bde., 1868), Erzählungen (2 Bde., 1871), Frau Erdmuthens Zwillingssöhne (R., 2 Bde., 1873), Natur und Gnade (En., 3 Bde., 1876), Stufenjahre eines Glücklichen (R., 1877), Der Katzenjunker (Nov., 1879).
Ausgabe: L. v. F. Ges. Werke. Lpz. 1918. 5 Bde.
Literatur: URECH, T.: L. v. F. Versuch einer künstler. Würdigung. Diss. Zü. 1955. – Die Akte Louise v. F. Hg. v. H. MOTEKAT. Bln. u. Weimar 1963.

Franco-Mendes (tl.: Franqô-Mẹn-dẹs), David, * Amsterdam 17. Aug. 1713, † ebd. 10. Okt. 1792, hebr. Dichter. – War Kaufmann und Sekretär der portugie-

sisch-israelit. Gemeinde in Amsterdam, deren erste Chronik er veröffentlichte (1769); schrieb, angeregt durch M. Ch. Luzzatto, u. a. das bibl. Stück ›Gemul Athalia‹ (= Die Vergeltung der Athalia, 1770).
Literatur: MELKMAN, J.: D. Franco Mendes, a Hebrew poet. Jerusalem 1951.

Franičević, Marin [serbokroat. fra'nitʃɛvitɛ], * Vrisnik (auf Hvar) 18. Mai 1911, kroat. Schriftsteller. – Bedeutendster Vertreter der Dichtergeneration der Zwischenkriegszeit; schrieb in čakav. Dialekt und in der Literatursprache kämpfer., aber auch intime Lyrik (›Blišćavci‹ [= Gedankenblitze], 1955); auch Kritiker und Essayist.

Frank von Wọrd, dt. Schriftsteller, † Franck, Sebastian.

Frank, A. L. T., Pseudonym des dt. Schriftstellers Friedrich Baron de la Motte † Fouqué.

Frank, Bruno, * Stuttgart 13. Juni 1887, † Beverly Hills (Calif.) 20. Juni 1945, dt. Schriftsteller. – Zahlreiche Reisen, 1933 emigriert; in seiner Lyrik anfangs von R. M. Rilke beeinflußt (›Aus der goldenen Schale‹, 1905), als Erzähler in der Nachfolge der großen Romanciers des 19. Jh., v. a. I. Turgenjews, stehend; verfaßte flüssig geschriebene, spannungs- und handlungsreiche Romane, oft um das Schicksal histor. Persönlichkeiten (stark gegenwartsbezogen), und bühnenwirksame, erfolgreiche Lustspiele und Zeitstücke.
Weitere Werke: Die Fürstin (R., 1915), Tage des Königs (Nov.n, 1924), Trenck (R., 1926), Polit. Novelle (1928), Der Magier (Nov., 1929), Sturm im Wasserglas (Kom., 1930), Cervantes (R., 1934), Der Reisepaß (R., 1937), Die Tochter (R., 1943).
Ausgabe: B. F. Ausgew. Werke: Prosa, Gedichte, Schauspiele. Hamb. 1957.
Literatur: MANN, TH.: In memoriam B. F. In: MANN: Nachlese. Prosa 1951–1955. Ffm. 1967.

Frank, Elisabeth, Pseudonym der dt. Schriftstellerin Hedda † Zinner.

Frank, Leonhard, * Würzburg 4. Sept. 1882, † München 18. Aug. 1961, dt. Schriftsteller. – Studierte Malerei und Graphik, lebte als überzeugter Pazifist 1915–18 in der Schweiz, emigrierte 1933 über die Schweiz, Großbritannien,

Frankreich, Portugal in die USA und kehrte 1950 nach Deutschland zurück. F. wurde v. a. bekannt durch seine lebendig geschriebenen, straff komponierten, in Tatsachenstil und Novellentechnik verfaßten Romane, in die die fränk. Landschaft einbezogen ist (›Die Räuberbande‹, 1914; ›Das Ochsenfurter Männerquartett‹, 1927). Unter dem Einfluß des Expressionismus wandte er sich sozialrevolutionären Themen zu. Schrieb auch erfolgreiche Dramen.

Weitere Werke: Die Ursache (E., 1915; dramatisiert 1929), Der Mensch ist gut (Nov.n, 1918), Der Bürger (R., 1924), Karl und Anna (R., 1927; dramatisiert 1929), Bruder und Schwester (R., 1929), Hufnägel (Dr., 1930; überarbeitet 1953 u. d. T. Die Hutdynastie), Von Drei Millionen Drei (R., 1932), Traumgefährten (R., 1936), Mathilde (R., 1948), Links, wo das Herz ist (Autobiogr., 1952), Dt. Novelle (1954). **Ausgabe:** L. F. Ges. Werke. Mchn. ³1962. 6 Bde. **Literatur:** FRANK, CH./JOBST, H.: L. F. 1882–1961. Mchn. 1962. – GLAUBRECHT, M.: Studien zum Frühwerk L. F.s Bonn 1965. – L. F. Auswahlbibliogr. zum 100. Geburtstag. Bearb. v. M. ROST u. R. GEIST. Lpz. 1981. – FRANK, CH.: Sagen, was noch zu sagen ist. Mein Leben mit L. F. Mchn. 1982. – DETTELBACHER, W.: L. F.s Zürcher Exil 1915–1918. Wzb. 1993.

Leonhard
Frank

Frank, Waldo David [engl. fræŋk], * Long Branch (N. J.) 25. Aug. 1889, † White Plains (N. Y.) 9. Jan. 1967, amerikan. Schriftsteller und Kritiker. – Journalist in New York, lebte lange in Mexiko und Südamerika. Behandelt in impressionistisch-realist., lyr. Romanen das Thema von der Wiedergeburt der Seele durch Verwandlung; kulturkrit., antipuritan. Essays, die den europ. Einfluß ablehnen (›Our America‹, 1919; ›The redis-

covery of America‹, 1929), Reisestudien, Milieuskizzen.
Weitere Werke: Rahab (R., 1922), Virgin Spain (Essay, 1926), The death and birth of David Markand (R., 1934), Südamerikanische Reise (1943, dt. 1951), Not heaven (R., 1953), Cuba: prophetic island (1961). **Literatur:** BITTNER, W. P.: The novels of W. F. Diss. University of Pennsylvania Philadelphia 1955 [Masch.]. – CARTER, J.: F. New York 1967.

Frankapan, Fran Krsto Tržački (Graf von Tersat), * 1643, † Wiener Neustadt 30. April 1671, kroat. Lyriker. – Aus dem kroat. Adelsgeschlecht der Frankapani (Frankopani); wegen Teilnahme an der Wesselényischen Verschwörung und dem Aufstand in Kroatien (Frühjahr 1670) gegen Kaiser Leopold I. hingerichtet; hervorragender Vertreter der barokken Kavaliersdichtung in Kroatien.
Ausgabe: F. K. Frankopan. Djela. Belgrad 1936.

Franke, Manfred, * Haan (Kreis Mettmann) 23. April 1930, dt. Schriftsteller. – Wurde 1957 Spielleiter beim Süddt. Rundfunk, 1963 Redakteur beim Deutschlandfunk. Schreibt Romane und Erzählungen, Hörspiele und Features; Hg. von Anthologien. F. verarbeitet auf nüchtern-klin. Weise Fakten der Wirklichkeit und zeichnet so die emotionale und psych. Situation des einzelnen. Eine protokollartige Schilderung der Ereignisse in der Stadt Hilden während der sog. Reichskristallnacht gibt sein Roman ›Mordverläufe. 9./10. 11. 1938‹ (1973).
Weitere Werke: Ein Leben auf Probe (E., 1967), Bis der Feind kommt (R., 1970), Albert Leo Schlageter ... Versuch zur Entmythologisierung eines Helden (1980), Schinderhannes (Biogr., 1984).

Fränkel, Naomi, * Berlin 1920, israel. Schriftstellerin. – Emigrierte 1933 nach Palästina; ihr Hauptwerk, die groß angelegte Romantrilogie ›Šaˀul we-Yōhannā‹ (= Saul und Johanna, 1956–67) behandelt das Schicksal dreier Generationen einer deutsch-jüd., assimilierten Familie bis zum Beginn des Dritten Reiches. F. malt die assimilatorischen Tendenzen innerhalb der Familie nicht von ihrem israelischen Standpunkt aus in dunklen Farben, sondern sucht diese Geisteshaltung aus der Zeit und den Umständen heraus verständlich zu machen.
Literatur: WAXMAN, M.: A history of Jewish literature. New York 1960. S. 44. – Enc. Jud. Bd. 7, 1972, S. 79.

Frankfurter, Philipp, Wiener Schwankdichter des 15. Jahrhunderts. – Seine gereimte Schwanksammlung ›Des pfaffen geschicht und histori vom Kalenberg‹ wurde um 1473 in Augsburg erstmals gedruckt. In 2 000 flüssig geschriebenen Versen wird in den Dorfschwänken die Torheit der Bauern geschildert, in den Hofschwänken u. a. die Unsittlichkeit der Geistlichkeit angeprangert. Das Geschehen spielt wie das der verwandten Neidhartschwänke in der Zeit Herzog Ottos des Fröhlichen von Österreich (Anfang des 14. Jh.). – Die Schwanksammlung fand im 16. und 17. Jh. großen Anklang.
Ausgaben: Die Gesch. des Pfarrers vom Kalenberg. Hg. v. V. DOLLMAYR. Halle/Saale 1906. – Ph. F. Die Geschicht des Pfarrers vom Kalenberg. Hg. v. W. HENNING. Mchn. 1962.

Frankfurter, Der, unbekannter Verfasser der ›Theologia deutsch‹ vom Ende des 14. Jahrhunderts. – Von Luther wurde die ›Theologia deutsch‹, ein asketisch-myst. Werk aus dem Kreis der Gottesfreunde (Handschriften Ende des 15. Jh.), 1518 ediert; sie war v. a. im Protestantismus des 16. und 17. Jh. verbreitet. Der F. ist letzter bed. Vertreter der dt. Mystik mit großem Einfluß auf die popularisierte spätmittelalterl. Frömmigkeit.
Ausgabe: Der Franckforter. Hg. v. W. VON HINTEN. Mchn. 1982.
Literatur: BARING, G.: Bibliogr. der Ausgaben der ›Theologia deutsch‹. Baden-Baden 1963. – HAAS, A. M.: Die Theologie deutsch. In: Freiburger Zs. f. Philosophie u. Theologie 25 (1978), S. 304.

Frankfurter Buchmesse, seit 1949 in Frankfurt am Main veranstaltete größte internat. Buchausstellung (Treffen von Verlegern, Buchhändlern, Bibliothekaren und Autoren). Die F. B. knüpft an die Tradition der frühen F. B.n aus dem 2. Drittel des 15. Jh. an, die im 16. Jh. und in der 1. Hälfte des 17. Jh. ihre Blütezeit erreichten. Infolge Zensurstreitigkeiten zwischen dem prot. Rat der Stadt und der kaiserl., kath. Bücherkommission wurde mit der ↑ Leipziger Buchmesse (bald nach 1700 bedeutender als die F. B.) eine liberalere Institution geschaffen, die ihre führende Position bis zum Ende des 2. Weltkrieges behauptete.

Frankfurter Dirigierrolle, eines der ältesten erhaltenen Regiebücher im dt.

Sprachraum. Es wurde um 1350 vom Spielleiter des zweitägigen Frankfurter Passionsspiels, dem Kanonikus des Bartholomäusstiftes Baldemar von Peterweil († um 1382), angefertigt. Neben Bühnenanweisungen enthält die F. D. ein Verzeichnis aller auftretenden Personen (etwa 100) sowie den zu jedem Auftritt gehörenden Anfangstext.

Frankfurter Forum für Literatur e. V., 1966 von H. Bingel u. a. gegründeter Verein, der seine Aufgabe in der Förderung der zeitgenöss. Literatur in ihren verschiedensten Ausprägungen sieht; jährl. Autorentreffen im November mit west- und osteurop. Autoren und Übersetzern.

Frankfurter gelehrte Anzeigen, dt. Zeitschrift literar. und wiss. Inhalts, die von 1772 bis 1790 erschien (als Fortsetzung der 1736 von Samuel Tobias Hocker und Christian Münden gegründeten ›Frankfurter gelehrten Zeitung‹) und zuerst von J. H. Merck und J. G. Schlosser, dann von C. F. Bahrdt geleitet wurde; berühmt ist der Jahrgang 1772 durch die Mitarbeit u. a. von Goethe und J. G. Herder.
Ausgabe: F. g. A. 1772. Ausw. Hg. v. H.-D. DAHNKE u. PETER MÜLLER. Lpz. 1971.
Literatur: ROERTGEN, W. F.: The F. g. A. 1772–1790. Berkeley (Calif.) 1964. – BRÄUNING-OKTAVIO, H.: Herausgeber u. Mitarbeiter der F. g. A. 1772. Tüb. 1966.

Frankfurter Goethepreis ↑ Goethepreis der Stadt Frankfurt am Main.

Frankfurter Hefte, 1946 in Frankfurt am Main gegr., von Walter Dirks (* 1901, † 1991) und Eugen Kogon (* 1903, † 1987) herausgegebene dt. kulturpolit. Monatsschrift mit Essays u. a. über Geschichte, Politik, Philosophie und Literatur; die literar. Beiträge beziehen sich hpts. auf die dt. Gegenwartsliteratur; seit 1958 neben Buchbesprechungen auch Beiträge zu Film und Theater.

Franklin, Benjamin [engl. 'fræŋklɪn], * Boston (Mass.) 17. Jan. 1706, † Philadelphia (Pa.) 17. April 1790, amerikan. Politiker, Schriftsteller und Naturwissenschaftler. – Ab 1723 mit Unterbrechungen in Philadelphia lebend, übte F. zunächst den erlernten Beruf des Buchdruckers aus, 1728–48 in seiner eigenen Druckerei. Anfangs auf lokaler Ebene

212 Franko

publizistisch und politisch tätig, engagierte er sich zunehmend für die polit.
Angelegenheiten der nordamerikan. Kolonien und wurde zu einer populären Figur im polit. Leben des 18. Jahrhunderts.
Ab 1729 gab F. die ›Pennsylvania Ga-
zette‹, 1732–58 den weitverbreiteten
›Poor Richard's Almanach‹ heraus, in
dem er seine aufgeklärt-puritan., v. a. er-
folgsorientierten Anschauungen verbreitete. 1737 Postmeister in Philadelphia,
1753–74 zus. mit W. Hunter General-
postmeister für die nordamerikan. Kolonien; 1736–51 Schriftführer des Parlaments von Pennsylvania (Pennsylvania
Assembly), dem er 1751–64 als Mitglied
angehörte. Seine ab 1743 ausgearbeiteten
Vorschläge zum Aufbau einer wiss. Gesellschaft und einer wiss. Lehranstalt
führten zur Gründung der American
Philosophical Society (1743) und der
Academy of Philadelphia (1751, heute
University of Philadelphia). 1757–62
und wiederum 1764–75 vertrat er die Interessen von Pennsylvania, 1768–70 die
Georgias und danach die Massachusetts'
gegen die brit. Krone in London. Ab
1775 trat er als Mitglied des 2. Kontinen-
talkongresses in Philadelphia für die Unabhängigkeit ein; er gehörte zu den Mit-
unterzeichnern der Unabhängigkeitser-
klärung von 1776. Gesandter in Frankreich (1776–85); war 1783 am Abschluß
des Friedens von Paris beteiligt. Nach
der Rückkehr in die USA wurde F. 1785
Gouverneur von Pennsylvania. Neben
seiner polit. Tätigkeit beruhte F.s Ruhm
auf seinen wiss. Arbeiten: 1746 begann er
mit Experimenten zur Elektrizität; er-
fand 1751 den Blitzableiter. Mit seinen
Drachenversuchen wies er 1752 die
elektr. Natur der Gewitter nach. Als
Schriftsteller wurde er durch verschiedene histor., polit. und didakt. Abhandlungen sowie bes. durch seine in 4 Teilen
abgefaßte ›Autobiographie‹ (1771–90,
frz. [unvollständig] 1791, erste vollständige amerikan. Ausg. 1868, dt. 1954, erstmals dt. 1792) bekannt. Ausgehend von
seinem Druckerberuf begreift er die Darstellung seines Lebens als 2. Auflage eines Buches, in der die ›Errata‹ der 1.
Auflage verbessert werden können. Während der 1. Teil die Zeit von der Geburt
bis zur Heirat mit Deborah Read (* 1706,

† 1730) behandelt, entwirft er in dem kurzen 2. Teil ein pragmat. Modell zur Vervollkommnung des Selfmademan; der 3.
Teil beginnt mit seiner deist. Gottesvor-
stellung und schildert die bed. Stationen
seines Lebens in Philadelphia (1731–57).
Der fragmentar. 4. Teil endet vor der
Aufnahme der diplomat. Tätigkeit in
London. Die Autobiographie ist noch
heute für die Selbstverwirklichung jun-
ger Amerikaner von Bedeutung.
Ausgaben: B. F.s sämmtl. Werke. Dt. Übers. v.
G. T. WENZEL. Dresden 1780. 3 Bde. – The com-
plete works of B. F. Hg. v. J. BIGELOW. New
York u. London 1887–88. 10 Bde. – The writ-
ings of B. F. Hg. v. A. H. SMYTH. New York
1905–07. 10 Bde. – B. F. Autobiogr. Dt. Übers.
Bln. 1954. – The papers of B. F. Hg. v. L. W. LA-
BAREE u. a. New Haven (Conn.) 1959 ff.
Literatur: VAN DOREN, C.: B. F. New York
1939. – COHEN, I. B.: B. F. His contribution to
American tradition. Indianapolis (Ind.) 1953. –
CRANE, V. W.: B. F. and a rising people. Boston
(Mass.) 1954. – AMACHER, R. E.: B. F. New
Haven (Conn.) u. New York 1962. – ALDRIDGE,
A. O.: B. F. Philosopher and man. New York
1965. – KETCHAM, R. L.: B. F. New York 1966. –
ALDRIDGE, A. O.: B. F. and nature's god. Dur-
ham (N.C.) 1967. – BURLINGAME, R.: B. F., en-
voy extraordinary. New York 1967. – DIPPEL,
H.: Individuum und Gesellschaft. Soziales
Denken zwischen Tradition und Revolution.
Smith – Condorcet – F. Gött. 1981. – CLARK, R.
W.: B. F. A biography. New York 1983. –
WRIGHT, E.: F. of Philadelphia. Cambridge
(Mass.) 1986.

Frankọ, Iwan Jakowytsch, * Naguje-
witschi bei Drogobytsch 27. Aug. 1856,
† Lemberg 28. Mai 1916, ukrain. Schriftsteller. – Aus bäuerl. Verhältnissen; als
revolutionärer Demokrat mehrmals in
Haft; bed. Journalist und nationalist.
Politiker; bekannter Literaturwissenschaftler und Volkskundler; übersetzte
R. Burns, Lord Byron, P. Calderón de la
Barca, Dante, Goethe, V. Hugo, Schiller,
Shakespeare u. a. F.s umfangreiches,
viele Gattungen umfassendes Werk ist
unter Einfluß von N. G. Tscherny-
schewski und A. I. Herzen sowie des
Marxismus z. T. sozial orientiert. Er
schrieb soziale und intime Lyrik, realist.
Erzählungen aus der Welt der Arbeiter
und Bauern, soziale und histor. Romane
und Dramen. Eine dt. Auswahl erschien
1951.
Werke: Boryslav smijet'sja (= Boryslaw lacht,
R., 1882), Ukradene ščastja (= Das gestohlene

Glück, Dr., 1894), Mojsej (= Moses, Poem, 1905).
Ausgabe: I. J. F. Zibrannja tvoriv. Kiew 1976 ff. 55 Bde. (bisher 40 Bde. erschienen).
Literatur: TREIMER, K.: I. F. Wien 1971. – MOROZ, O. N.: I. F. Kiew ²1977.

Frankopan, Fran Krsto Tržački, kroat. Lyriker, † Frankapan, Fran Krsto Tržački.

Franz von Assisi (Francesco d'Assisi), hl., eigtl. Giovanni Bernardone, *Assisi 1181 oder 1182, †ebd. 3. Okt. 1226, italien. Ordensstifter. – Stammte aus wohlhabender Familie in Assisi. Der Städtekrieg zwischen Assisi und Perugia (1202), eine einjährige Gefangenschaft und anschließende Krankheit führten F. v. A. auf den Weg der Bekehrung. 1206 trennte er sich in peinl. Gerichtsverhandlung von seinem Vater. Ab 1209 schlossen sich F. v. A. einige Gefährten an. Er gab ihnen Texte des NT als Lebensnorm (1. Regel) und verpflichtete sie als ›Mindere Brüder‹ zum Dienst an Menschheit und Kirche in Armut und Buße. Innozenz III. billigte diese Lebensform 1210 mündlich. Der Aussendung seiner Brüder nach ganz Italien und darüber hinaus in andere Länder schloß sich F. v. A. selbst an. 1219 kam er mit dem 5. Kreuzzug nach Ägypten und predigte vor dem Sultan. Zwei Jahre später gab er seinem Orden eine zweite Regel (Regula non bullata [= nichtbestätigte Regel]), die 1223 durch die endgültige Regel (Regula bullata, durch Bulle Honorius' III. bestätigt) ersetzt wurde. F. v. A. selbst trat 1220 von der Leitung des Ordens zurück. Seit 1224 wurde er als stigmatisiert angesehen. Seine Gläubigkeit und tiefe Frömmigkeit fanden in seinen Schriften (Regeln, Worte der Ermahnung, Sendschreiben, Gebete und bes. im ›Sonnengesang‹, mit dem er am Beginn einer eigenständigen italien. Dichtung steht) bewundernswerten Ausdruck.
Ausgaben: Die Schrr. des hl. Franziskus v. A. Dt. Übers. Bearb. v. K. ESSER u. L. HARDICK. Werl 1951. – F. v. A. Die Werke. Dt. Übers. v. W. VAN DEN STEINEN u. M. KIRSCHSTEIN. Hamb. 1958. – I Fioretti di San Francesco. Hg. v. M. D'ALATRI. Rom 1979.
Literatur: GROETEKEN, A.: Die goldene Legende. Franziskus v. A. in der Poesie der Völker. Mchn. 1912. – POHL, E.: Gestalt u. Idee des hl. Franziskus v. A. in der neueren dt. Dichtung.

Diss. Wien 1933. – SABATIER, P.: Leben des Hl. F. v. A. Dt. Übers. Zü. 8.–10. Tsd. 1953. – THOMAS VON CELANO: Leben u. Wunder des Hl. Franziskus v. A. Dt. Übers. Hg. v. E. GRAU. Werl 1955. – FORTINI, A.: Nova vita di San Francesco. Assisi 1960. 5 in 4 Bden. – STICCO, M.: San Francesco d'A. Vorwort v. A. GEMELLI. Mailand ¹⁵1960. – GOBRY, I.: F. v. A. Dt. Übers. Rbk. 26.–30. Tsd. 1965. – GALLI, M. VON: F. v. A. Luzern 1968. – TRETTEL, E.: Francesco d'A. Bologna 1972. – WENDELBORN, G.: Franziskus v. A. Wien u. a. 1977. – San Francesco e il francescanesimo nella letteratura italiana del novecento. Atti del Convegno Nazionale (Assisi, 13–16 maggio 1982). Hg. v. S. PASQUAZI. Rom 1983.

Franz von Sales (François de Sales) ['zaːləs, frz. sal], hl., *Schloß Sales bei Annecy 21. Aug. 1567, †Lyon 28. Dez. 1622, frz. Theologe und Schriftsteller. – Aus vornehmer Familie, studierte zunächst Jura; 1594 Priester, 1602 Bischof von Genf; stiftete 1610 mit Jeanne Françoise Frémyot de Chantal (*1572, †1641) den Orden der Salesianerinnen; 1877 zum Kirchenlehrer erklärt. Berühmt ist sein u. d. T. ›Philothea‹ bekanntgewordenes Andachtsbuch ›Introduction à la vie dévote‹ (1609, dt. 1699), das ihn ebenso wie sein auch als ›Theotimus‹ bekannter Traktat ›Traité de l'amour de Dieu‹ (1616) in die Reihe der großen frz. Prosaisten des 17. Jh. stellt.
Ausgaben: François de Sales. Œuvres. Édition complète. Annecy 1892–1964. 27 Bde. – Dt. Ausg. der Werke des hl. F. v. S. Eichstätt ¹⁻³1957–81. 12 Bde.
Literatur: LAJEUNIE, E. M.: Saint François de Sales, l'homme, la pensée, l'action. Paris 1966. 2 Bde. – COLLIARD, L. A.: Studi e ricerche su San François de Sales. Verona 1970. – RAVIER, A. S. J./MIROT, A.: Saint François de Sales et ses faussaires. Annecy 1971. Nachdr. 1973. – TIETZ, M.: Saint François de Sales' ›Traité de l'amour de Dieu‹ (1616) und seine span. Vorläufer. Wsb. 1973.

Franzén, Frans Michael [schwed. fran'seːn], *Oulu 10. Febr. 1772, †Säbrå bei Härnösand (Ångermanland) 14. Aug. 1847, schwedischsprachiger finn. Schriftsteller. – Ab 1798 Prof. in Turku, ab 1808 Mitglied der Schwed. Akademie; ließ sich 1811 als Pfarrer in Schweden nieder; ab 1834 Bischof in Härnösand. Vorwiegend vom dt. Idealismus beeinflußt, gilt F. als einer der ersten Romantiker der schwed. Literatur. Schrieb vielseitige Lyrik, die sowohl Anklänge an das Volkslied als auch an die klassizist. Lehrdichtung seiner Zeit erkennen läßt. Seine Ode ›Sången öfver grefve Gustaf Philip Creutz‹ (1797), die die Gedanken der Antike mit denen des nord. Altertums zu verschmelzen sucht, wird als erster Durchbruch der Romantik in Schweden angesehen.

Weitere Werke: Den gamla knekten (Ged., 1793), Det nya Eden (Epos, 1795), Selma und Fanny (Ged., 1824, dt. 1843).

Ausgabe: F. M. F.'s samlade dikter. Örebro 1867–69. 7 Bde.

Literatur: EK, S.: F.s Åbodiktning. Stockholm 1916. – LUNDSTRÖM, G.: F. M. F. Göteborg 1947. – ANDERSON, S. L.: En romantikens kyrkoman. F. M. F. och den andliga förnyelsen i Sverige under förra delen av 1800-talet. Uppsala 1977 (mit dt. Zusammenfassung).

Franzos, Karl Emil, *Czortków (heute Tschortkow, Gebiet Tarnopol) 25. Okt. 1848, †Berlin 28. Jan. 1904, österr. Schriftsteller. – Lebte 1867–76 v.a. in Wien, danach in Berlin. Wiederentdecker und Hg. der Werke G. Büchners (1879); Leiter und Hg. u.a. der Zeitschrift ›Dt. Dichtung‹ (1886–1904). In seinen Erzählungen und Romanen kommen die Spannungen zum Ausdruck, denen er als Jude und als Mitglied einer deutschsprachigen Minderheit in Polen ausgesetzt war. Kulturhistorisch wertvoll sind die realist., stilsicheren Schilderungen aus der Welt des osteurop. Judentums (›Der Pojaz‹, R., 1905) sowie seine ›Culturbilder aus Halb-Asien‹ (›Aus Halb-Asien‹, 2 Bde., 1876; ›Vom Don zur Donau‹, 2 Bde., 1878; ›Aus der großen Ebene‹, 2 Bde., 1888).

Weitere Werke: Die Juden von Barnow (Nov.n, 1877), Ein Kampf ums Recht (R., 2 Bde., 1882), Der Wahrheitssucher (R., 2 Bde., 1893).

Literatur: STEINER, C.: K. E. F. 1848–1904. Emancipator and assimilationist. New York u.a. 1990.

französische Literatur, die Literatur Frankreichs und die französischsprachige Literatur Belgiens.

Mittelalter. *Alt- und mittelfrz. Literatur:* Die f. L. ist die älteste Literatur in einer roman. Sprache. Das erste in ihrem Rahmen belegte literar. Zeugnis ist die ›Eulaliasequenz‹ (um 881). Sie dokumentiert ebenso wie ein Passionsgedicht (um 950) oder das Lied über das Leben des hl. Leodegar (um 1000) die prägende Kraft, die Sprache und Lehrinhalte der Kirche

zunächst für die mittelalterl. Literatur Frankreichs besaßen. In ständiger Auseinandersetzung mit den Modellen der lat. Buchkultur, bes. deutlich am Beispiel des ›Alexiusliedes‹ (Mitte des 11. Jh.), bildete sich das volkssprachl. Schrifttum heraus, indem es Anregungen von ihr aufnahm und verarbeitete und zugleich eigene Stil- und Ausdrucksformen entwickelte. So gilt für die f. L. bis etwa um 1200, daß sie einerseits gelehrte Konventionen adaptierte (z.B. in hagiograph. Texten oder in den sog. Antikenromanen [Alexander-, Theben-, Trojaromane]), andererseits aus der Quelle der volkstüml. Überlieferung schöpfte und dabei neuen Formen und Gattungen im Bereich von Lyrik und Epik zur Würde schriftl. Überlieferung verhalf. Herausragendes Beispiel für diesen zuletzt genannten Prozeß sind die *Heldenepen* (↑Chanson de geste), die von den Kämpfen historisch mehr oder weniger exakt nachweisbarer Krieger in relativ genau datierbaren Epochen berichten. Sie fanden ihr berühmtestes Beispiel im ›Rolandslied‹ (entst. um 1075–1100), das vom Tod Rolands im August 778 im Paß von Roncesvalles berichtet. Aus der bisher nur bruchstückhaft rekonstruierten Überlieferungsgeschichte des Textinhaltes wird deutlich, daß vor der Oxforder Version des Liedes in altfrz. Sprache kürzere Texte Einzelepisoden der Rolandssage mündlich verbreitet hatten, die dann in der genannten Fassung um 1100 zusammengefaßt wurden. Die weitere Entwicklung der Gattung kennzeichnet die Herausbildung bestimmter Epenzyklen. Bereits zu Beginn des 13. Jh. unterschieden die Spielleute (›jongleurs‹) drei Sagenkreise (›gestes‹): um Karl den Großen (›Karls-‹ oder ›Königsgeste‹), um Wilhelm von Orange (›Wilhelmsgeste‹: ›Charroi de Nîmes‹, ›Chanson de Guillaume‹, ›Aimeri de Narbonne‹ u.a.) und die Vasallen- oder Empörergeste (›Gormont et Isembart‹, ›Raoul de Cambrai‹, ›Garin le Lorrain‹ u.a.). Daneben entwickelten sich Heldenepen um Gottfried von Bouillon und die Kreuzritter.
Auch die zweite große Gattung der f. L. des 12. Jh., der *höf. Roman* (›roman courtois‹), nahm in wesentl. Teilen volkstüml. Überlieferungsgut auf, das bes. aus dem

kelt. Sagenkreis um König Artus und die Ritter seiner Tafelrunde stammte. Zugleich war der bedeutendste Verfasser von ›romans bretons‹, Chrétien de Troyes, auch mit Werken antiker Autoren, v.a. Ovids, sehr vertraut. Seine durch Klarheit des Aufbaus und Feinheit der psycholog. Analyse ausgezeichneten Romane (›Érec et Énide‹, um 1170; ›Cligès‹, um 1176; ›Lancelot‹, um 1177–81; ›Yvain‹, um 1177–81; ›Perceval‹, 1181 bis 1188) hat man als die ersten klass. Werke der f. L. bezeichnet. Den zum breton. Sagenkreis gehörenden Tristanstoff faßte um 1170 Bérol zu einem Epos zusammen, das Eilhart von Oberg[e] als Vorlage diente; eine stilistisch anspruchsvollere und stärker die Darstellung der seel. Vorgänge betonende Fassung schrieb sein Zeitgenosse Thomas d'Angleterre, dessen Werk wiederum von Gottfried von Straßburg ins Deutsche übertragen wurde. Märchenhaft aus dem breton. Sagenkreis verwendete auch die in England wirkende Dichterin Marie de France zwischen 1160 und 1189 in ihren Verserzählungen (Lais), darunter auch den Tristanstoff (›Chievrefeuil‹). Von Chrétiens ›Perceval‹ ausgehend, wurde im 13.Jh. die von christl. Mystik geprägte Gralslegende von Robert de Boron (›Die Geschichte des Hl. Gral‹, dt. 1958) und anderen weitergeführt. Damit wurde eines der großen Themen der mittelalterl. Literatur aus dem Rahmen ritterl. Aventiure herausgenommen und als Element eschatolog. Seinserklärung umgedeutet. An diesem Stoff zeigt sich zugleich die Entwicklung des nachantiken volkssprachl. Romans; aus den Versfassungen des 12.Jh. entstand zwischen 1220 und 1235 der große Prosa-Lancelot-Gral-Zyklus, der in ständigen Umformungen, Ausweitungen und Digressionen eine der Vorlagen späterer Ritter- und Abenteuerromane wurde. Im reinen Abenteuerroman wurde die Handlung verwickelter. Schauplatz waren ferne Länder, oriental. Motive wurden aufgenommen (›Floire et Blancheflor‹; ›Guillaume de Dôle‹; ›L'escoufle‹ u.a.). Auf den Gegensätzen von Verkehrung der Welt und Ironie gegenüber der idealen Treue der Protagonisten baute die in Prosa und Vers verfaßte ›chantefable‹

von ›Aucassin et Nicolette‹ (Anfang 13.Jh.) auf. Nach der Blüte der provenzal. *Lyrik* (ab 1100; ↑ Troubadour) hatte sich von etwa 1160 an die altfrz. Literatur diese Ausdrucksform erobert (↑ Trouvère), die ebenfalls gelehrt und populär inspirierte Formen aufweist (›chansons courtoises‹ auf der einen, Pastourellen und Rondeaus auf der anderen Seite). Auch im 13.Jh. folgte der Minnesang weiter dem provenzalischen Vorbild, doch pflegten die Franzosen daneben auch einheimische Formen (z.B. das Tanzlied sowie die Rotrouenge) und verwendeten gern Kehrreime. Gefeierte Dichter waren Conon de Béthune und Thibaut IV de Champagne.

Das mittelalterl. *Theater* entwickelte sich auch in Frankreich aus der Liturgie heraus und behandelte demgemäß zunächst religiöse Stoffe (Schöpfung, Heilserfüllung, Glaubenskontroversen). Im Umkreis der Spielleute entstanden jedoch vom 12.Jh. an Formen des weltl. Spiels, die – ausgeweitet – bald von der geistl. Szene integriert wurden und in die großen Mysterienspiele des 15.Jh. einmündeten.

Mit der sich selbstbewußter gegenüber dem aristokrat. Ambiente behauptenden großbürgerl. Gesellschaft der Städte gewann die f. L. vom 13.Jh. an einen vielfach realistischeren, auch satirisch-skept. Ton. Neben der Darstellung der Selbstzerstörung der höf. Lebenswelt in der Versnovelle ›La chastelaine de Vergi‹ gewannen die Stadt Arras und ihre Bürger in den ›congés‹ (Abschiedsgedichten) von J. Bodel und Adam de la Halle krit. Kontur. Die *Satire*, ständisch im ›Roman de Renart‹ (1175–1250), antiklerikal bei Rutebeuf und frauenfeindlich bei Jean de Meung (* 1240, † um 1305) im zweiten Teil des ›Rosenromans‹, und deren burleske Überzeichnung in den Fabliaux oder der Epenparodie ›Audigier‹ bereicherten nun zunehmend Ausdrucks- und Formenwelt der mittelalterl. f. Literatur. Neben ritterl. Anstandsbüchern (›Les enseignements Trebor‹) traten Abhandlungen über das Wesen der Minne (›La clef d'amour‹, 1165), in lat. Sprache schrieb Andreas Capellanus das umfänglichste Werk, ›De amore‹ (zw. 1174 und 1186, dt. 1482). Den Entwurf eines hochmittelalterl. Universums aus Traumfiktion, Laienenzyklopädie und Liebesallegorie, aus Sozialkritik und der Philosophie des Averroes lieferte der ›Rosenroman‹ (erster Teil von Guillaume de Lorris [* zw. 1200 und 1210, † nach 1240], zwischen 1225 und 1240 verfaßt; zweiter Teil von Jean de Meung). Nicht Ansätze zu wiss. Naturbetrachtung, sondern Allegorien zur moral. Belehrung sind der liturg. Kalender (›Traité de comput‹, um 1119), das Steinbuch (›Lapidaire‹, um 1130) und das Tierbuch (›Bestiaire‹) des Philippe de Thaon, ebenso alle späteren Tierbücher.

Auf eine Regulierung der wuchernden Vielfalt der literar. Ausdrucksweisen zielte erst die in Anlehnung an die provenzal. ›Leys d'amors‹ (entst. Mitte des 14. Jh.) verfaßte, den lyr. Formen gewidmete Poetik des E. Deschamps ›L'art de dictier et de fere chançons‹ (entst. 1392, hg. 1891), die die Norm des Vorhandenen auch als Vorbild weitergeben wollte. Schon Anfang des 15. Jh. wurden erste ›Arts de première rhétorique‹, die das Gleiche für den Bereich der Prosa bewirken wollten, vorgelegt.

Diese normativen Bemühungen sprengte die Literatur selbst jedoch ständig, z. B. in den aufwendigen *Passionsspielen,* die Hohes und Niedriges auf der Simultanbühne verbanden. Gegen 1450 gelangten sie, von Bürgervereinen getragen, zur Blüte; darunter u. a. die ›Passion‹ (um 1450, dt. 1919) von A. Gréban mit 35 000 Versen. Auch weltl. Stoffe wurden verwendet (›Le siège d'Orléans‹, anonym; ›Histoire de la destruction de Troye la grant‹, um 1452, von Jacques Milet [* um 1425, † 1466]). Die *Mysterienspiele* blieben beliebt, bis sie 1548 vom Parlament in Paris verboten wurden. Als weitere dramat. Gattung pflegte man die ebenfalls umfangreiche allegor. *Moralität* (›L'homme pécheur‹, 1494, anonym, mit 22 000 Versen). Auf Allegorie und moral. Belehrung verzichtete die derb-realist. Posse, die *Farce.* Am berühmtesten wurde ›La farce de Maistre Pierre Pathelin‹ (entst. etwa 1465, ältester erhaltener Druck 1485/86). Hinzu trat gegen Ende des 15. Jh. das Narrenspiel, das alle Stände mit beißendem Spott angreifende *Sottie.* Auch die auf der Basis human re-

zipierter mittelalterl. Traditionen persönlich getönte *Lyrik* (›Le lais‹, auch ›Le petit testament‹ genannt, entst. 1456, gedr. 1489, dt. 1907 u. d. T. ›Das kleine Testament‹; ›Le grand testament‹, entst. 1461, gedr. 1489, dt. 1907 u. d. T. ›Das große Testament‹) von F. Villon, deren Wirkung bis ins 20. Jh. ungebrochen bleibt, stellte die poet. Konventionen der Zeit nachdrücklich in Frage.

2. Hälfte des 15. und 16. Jahrhunderts. *Renaissance:* Die Erstarrung der literar. Formen des MA scheint bes. deutlich in der Schule der ›Grands Rhétoriqueurs‹, die die künstler. Aussage hinter hoher Gelehrsamkeit verbargen: Guillaume Crétin (* um 1460, † 1525), Jean Marot (* um 1463, † um 1526), P. Gringore, J. Bouchet, Roger de Collerye (* um 1470, † um 1540), J. Lemaire de Belges, O. de Saint-Gelais (* 1466, † 1502) u. a. Die zugehörige Poetik (›Le grand et vrai art de pleine rhétorique‹) schrieb Pierre Fabri († 1521). Ihre mit Reim- und Wortspielen überreich verzierten Balladen und Rondeaus sind jedoch auch Ausdruck der Abhängigkeit des Dichters von der Willkür der Macht, vor der die Verhüllung der Rede bewahren kann. Gringore schrieb darüber hinaus Mysterienspiele und Collerye Farcen. Doch waren sie auch Neuerer. Aus mittelalterl. Geist schufen sie etwa die Gattung des Blasons, die sich großer Beliebtheit erfreute und entsprechend rasch verbreitete. Zukunftweisend waren ihre Neuerungen ebenfalls in der Verstechnik (Wechsel von männl. und weibl. Reim u. a.).

Gegen die mittelalterlich-scholast. Erstarrung von Kultur und Bildung standen höchst unterschiedl. Tendenzen. Durch den Humanismus wurden die antiken Autoren in ihren Urtexten neu entdeckt und von den Wucherungen figuraler Auslegungen des MA befreit. Griech. und röm. Dichter wurden zu Modellen der nationalsprachl. Literatur. Durch die Vermittlerrolle, die Italien in diesem Prozeß spielte, gewann auch die Literatur des italien. Trecento (Dante, F. Petrarca, G. Boccaccio) Vorbildcharakter. Neuplaton. und reformator. Impulse schließlich ließen die Literatur der Zeit ebenfalls nicht unberührt. Von unerschöpfl. Gelehrsamkeit und von Volksbüchern zu-

gleich inspiriert, lieferte F. Rabelais mit seinem Roman in fünf Büchern über Gargantua und Pantagruel (1532–64, dt. Bearbeitung 1575 von J. Fischart; dt. 1832–41 u.d.T. ›Gargantua und Pantagruel‹) den satirisch-utop. Entwurf einer idealen humanist. Welt unter Ausnutzung aller Möglichkeiten des gelehrten sprachl. Spiels und Nonsens. 1549 legte J. Du Bellay das Sprach- und Literaturmanifest einer Autorengruppe vor, die sich nach alexandrin. Vorbild Pléiade nannte, die ›Défense et illustration de la langue française‹. Das Französische sollte nun, an den genannten Modellautoren orientiert, formal und inhaltlich in die Schule antiker und italien. Werke gehen. Du Bellay selbst und P. de Ronsard nahmen sich zeitweilig Petrarca, Horaz und Anakreon zum Vorbild. Die antike Tragödie wurde zögernd wiederentdeckt und imitiert (R. Garnier), ausführl. Diskussionen über die Dramentheorie des Aristoteles in Italien bereiteten die frz. Klassik vor. Die Grauen der Religionskriege zeichneten die Literatur der Zeit, so das Epos ›Les tragiques‹ (1616) von Th. A. d'Aubigné, so die einen zeitlosen Ort humaner Selbsterkenntnis und -verwirklichung suchenden ›Essais‹ (1580 bis 1595, dt. 1753/54, 1908–11 u.d.T. ›Essays‹) M. Eyquem de Montaignes. Das MA aber blieb so lebendig wie die Renaissance selbst; der aufgeklärte Staatstheoretiker Jean Bodin (*1529 oder 1530, †1596) verfaßte mit seinen ›Six livres de la république‹ (1576) eine Schrift zur jurist. Begründung der Hexenverfolgung, die ›Démonomanie des sorciers‹ (1580).
17. Jahrhundert. *Barock, Klassik:* Literaturgeschichte, wie die allgemeine Geschichte selbst, belegt immer wieder das Prinzip von Aktion und Reaktion. Der sprachlich kühne, Neologismen und Dialektismen nicht scheuende literar. Aufbruch der frz. Renaissanceliteratur erhielt in F. de Malherbe einen rigiden Zensor. Wieder waren es Auswüchse, die im Namen der Klarheit schulmeisterlich gegeißelt wurden. Malherbe aber schrieb auch einige der schönsten Verse der f. L. überhaupt. Der vorklassisch-barocken Strenge öffneten sich jedoch nicht alle Genres in gleicher Weise. Im Umkreis

von Salonkultur und der damit einhergehenden stärkeren Beeinflussung der Gesellschaft durch hochgebildete Aristokratinnen (v.a. die Marquise de Rambouillet) verwilderte der Roman in neuer Weise: Als arkad., galantes Epos wurde der Ritterroman mittelalterl. Provenienz nun endgültig überwunden, dessen zahllose Digressionen gleichwohl nicht aufgegeben wurden (H. d'Urfé, M. de Scudéry). Der literar. Barock in Frankreich entdeckte die span. Literatur als Inspirationsquelle. P. Corneilles Tragikomödie ›Der Cid‹ (1637, dt. 1811, erstmals dt. 1650) ist dafür ein Jahrhundert überdauerndes Zeugnis. An ihm schieden sich jedoch die Geister: Nach Ansicht der Académie française erfüllte er nicht die Regeln der drei Einheiten. Die aristotel. Theorie, von L. Castelvetro durch die dritte Einheit, die des Ortes, ergänzt, wurde zum immer präziseren Maßstab des literarisch noch Gestatteten; neben der gesellschaftlich-moralisch bedingten Beachtung der Schicklichkeit und Angemessenheit (›bienséance‹) hatte der Autor ganz wesentlich dem Kriterium der Wahrscheinlichkeit (›vraisemblance‹) zu genügen, das durch Pierre Daniel Huets (*1630, †1721) ›Traité de l'origine des romans‹ (1670) zu einem weiteren Movens von Emanzipation und Sanktionierung des Romans wurde. Der Streit der Dichtungstheoretiker vertrieb Corneille aus der Gunst der nun vom normierenden Glanz des absoluten Königtums Ludwigs XIV. faszinierten Gesellschaft. Molière und Racine hießen die neuen Idole des Publikums: In den Werken des Schauspielers, Theaterdirektors und Theaterdichters Jean-Baptiste Poquelin, genannt Molière, der von 1659 an (UA von ›Die lächerl. Preziösen‹, dt. 1752, erstmals dt. 1670) bis zu seinem Tode Triumphe feierte, fand das Lustspiel seine klass. Form. Seine Fünfakter blieben Vorbild für die Nachfolger (J.-F. Régnard, Dancourt). Ihre vollendete Ausprägung fand bald nach Molière die klass. Tragödie durch den vom Jansenismus Port-Royals und von Verehrung für die Griechen geprägten J. Racine. Die vollkommene Adaptation antiker Literaturtheorien und antiker Literatur machte die Zeit reif für das Lehrgedicht ›Die

Dichtkunst‹ (1674, dt. 1899, erstmals dt. 1745) des N. Boileau-Despréaux. In Anpassung und Ablehnung prägte diese Schrift in den folgenden Jahrhunderten literar. und literaturkrit. Auseinandersetzungen. Klass. Klarheit und Formenschönheit zeichnet das der preziösen burlesken Dichtung verpflichtete, aber sie verfeinernde Fabelwerk J. de La Fontaines aus (›Fabeln‹, 12 Bücher, 1668–94, dt. 4 Bde., 1791–94). Racine ebenbürtig in der Darstellung von Gewissenskonflikten und in der dramat. Konzentration ist Madame de La Fayette in ihrem Roman ›Die Prinzessin von Cleves‹ (1678, dt. 1790). Um die Bestimmung des Wesens des Menschen ging es B. Pascal in seinen ›Gedanken über die Religion‹ (hg. 1670, dt. 1820) wie auch François VI, Herzog von La Rochefoucauld, in seinen ›Betrachtungen oder moral. Sentenzen und Maximen‹ (1665, endgültige Fassung 1678, dt. 1906, erstmals dt. 1699) und J. de La Bruyère in den Charakterbildern (›Die Charaktere ...‹, 1688, dt. 1871, erstmals dt. 1745).

Um 1685 waren die großen Schriftstellerpersönlichkeiten verstummt. Ein polit. Niedergang setzte ein. Der Hof verfiel frömmelnder Sittenstrenge. Die Historisierung des Verständnisses der Antike markierte das Ende der Klassik in Frankreich. Neben der Vernunft wurden Geschmack und das ›je ne sais quoi‹ Grundlage ästhet. Norm. Die Dichter der Zeit des Sonnenkönigs empfanden sich in neuem Selbstverständnis als den antiken überlegen. Dies drückte sich bes. im Streit um den Vorrang der ›Alten‹ oder der ›Neuen‹, der ›Querelle des anciens et des modernes‹ (1687–94) aus, die Ch. Perrault mit seinem ›Poème sur le siècle de Louis le grand‹ (1687) und der ›Parallèle des anciens et des modernes ...‹ (4 Bde., 1688–97) entfachte. Damit begann ein epochenspezifisch deutendes Literaturverständnis.

Aber nicht nur die weltl. Autorität wurde in Zweifel gezogen. Der Prüfung durch den autonomen Verstand wurde das christl. Dogma unterworfen. Den Angriff auf jeden Aberglauben eröffnete P. Bayle mit dem ›Histor. und crit. Wörterbuch‹ (1696/97, endgültige Fassung 1702, dt. 1741–44); die für die Folgezeit entschei-

dende Hinwendung vollzog B. Le Bovier de Fontenelle mit ›Dialoge über die Mehrheit der Welten‹ (1686, dt. 1780, erstmals dt. 1727). Beide begründeten den Rationalismus der Aufklärung, des ›siècle des lumières‹.

18. Jahrhundert. *Rokoko, Aufklärung:* Der einmaligen polit. und kulturellen Situation der frz. Klassik folgten literar. und allgemein geistesgeschichtl. Tendenzen, die auf die Aufhellung von Bewußtseins- und Empfindungsaspekten gerichtet waren, die die klass. Thematik von Pflicht und Passion verbarg. Bes. in den Romanen von P. de Marivaux und A. F. Prévost d'Exiles, in denen sich ein allmählich selbstbewußter werdender dritter Stand artikuliert, wird dieses Phänomen deutlich. Neben der gelehrten Diskussion über Rolle und Funktion der Literatur, in der neben der Fortsetzung der klass. Poetik in immer größerem Umfang der Bedeutung des Publikums Rechnung getragen wurde, galt die philosoph. und fiktionale Aufmerksamkeit der beiden großen Autoren dieses Jh., Voltaire und D. Diderot, in immer neuen Annäherungen der Erfassung und Bestimmung von Zufall und Glück, Freiheit und Determiniertheit des einzelnen. Mit der großen ›Enzyklopädie‹ (›Encylopédie ou Dictionnaire raisonné des sciences, des arts et des métiers‹, 35 Bde., 1751–80), deren vorrevolutionärer Elan wesentlich von J.-J. Rousseau mitgetragen wurde, setzten die Herausgeber J. Le Rond d'Alembert und Diderot die Zeichen für die intendierte Ablösung irrationalist. Denkformen und die Konzentration auf die Ausweitung der Fähigkeiten des Individuums. Literaturtheoretisch nahmen Diderots und L. S. Merciers Dramentheorien sowie die Naturschilderungen Rousseaus, J. H. Bernardin de Saint-Pierres und Ossians entsprechende poetolog. und fiktionale Entwürfe von Romantik und Nachromantik vorweg.

Auch in diesem Jh. behielt die Gesellschaft zunächst ihren ständ. Aufbau. Aber gerade dieser wurde zur Zielscheibe der Kritik durch die Historiker, Dichter, Dramatiker und Publizisten der Aufklärung. Das literar. Leben lief in neuen Bahnen. Der Hof war nicht mehr Mittelpunkt. Kleinere Hofhaltungen traten mit Versailles in Konkurrenz. Von 1700 an sammelten sich die Verfasser von Gelegenheitsdichtung, von Masken- und Märchenspielen um die Herzogin von Maine (* 1676, † 1753) in Sceaux; die Rokokodichtung fand ihre Heimstätte in Lunéville und Nancy bei Stanislaus I. Leszczyński. Treffpunkt der Literaten waren v. a. aber die Salons: die ›philosophes‹ trafen sich bei der Marquise de Lambert, bei Madame de Tencin, bei der Marquise Du Deffand, bei Mademoiselle de Lespinasse, Madame d'Epinay, Madame Necker (* 1739, † 1794) und in der Zeit der Revolution bei Madame Roland (* 1754, † 1793). Daneben traten die in Mode kommenden Cafés (Café Procope), die polit. Klubs (›Le Club de l'Entresol‹, 1720–30). Hinzu kamen die nun auch in der Provinz entstehenden Akademien sowie die zahlreichen Neugründungen von wissenschaftlich-krit. Zeitschriften, die moral. Wochenschriften nach engl. Vorbild. Als die Verkörperung der Aufklärung galt Voltaire. An seinem vielfältigen Werk sind die geistigen und stimmungsmäßigen Wandlungen der Zeit abzulesen. Doch stand das Jh. Voltaires (›le siècle de Voltaire‹) vor 1750 keineswegs ausschließlich unter dem Banner der Vernunft. Noch hatten die Aufklärer Anteil an der Stimmung der Rokokodichtung und ihrer Kleinformen (Sonette, Madrigale, Epigramme u. a.), in denen auch Voltaire Meister war. Erst nach 1750 wurde die Kritik schärfer, brachen die sozialen Spannungen unvermittelter hervor. Die Herrschaft der Vernunft fand ihr Gegengewicht im Spiel der Phantasie. Ch. Perrault stellte nicht nur literar. Autoritäten in Frage, sondern begründete auch die Märchenmode mit seiner Märchensammlung ›Contes de ma mère l'oye‹ (1697, dt. 1822 u. d. T. ›Feenmärchen für die Jugend‹). Von Bedeutung ist A. Galland mit seiner Übersetzung von ›Tausendundeiner Nacht‹ (1704–17). Es folgten nicht nur Fluten von Märchen, sondern das Märchenhafte blieb bis ans Jahrhundertende Bestandteil der Dichtung. Den islam. Orient nutzte Diderot zu poet. Entrückung und Verharmlosung. Der Verfremdung dienten auch span. Stoffe, Comedia und Schelmen-

roman. Einen span. Schauplatz wählte A. R. Lesage für seine Gesellschaftskritik in dem Roman ›Der hinkende Teufel‹ (1707, dt. 1711) und den Schelmenroman ›Gil Blas von Santillana‹ (4 Bde., 1715–35, dt. 1774). Als Berichte pers. Reisender tarnte Montesquieu seine Verspottung der zeitgenöss. frz. Gesellschaft wie auch oriental. Sitten in den ›Pers. Briefen‹ (1721, dt. 1803, erstmals dt. 1760). Für religiöse Toleranz kämpfte Voltaire in seiner Tragödie ›Mahomet der Lügenprophet‹ (1742, dt. 1749). Aufklärer. Gesellschaftskritik bediente sich der Bühne, so in den satir. Stücken von J.-F. Regnard (›Der Spieler‹, 1697, dt. 1757), Lesage (›Der Schieber‹, 1709, dt. 1933), in den den klass. Stil fortführenden, humanitären Ideen und religiöser Toleranz dienenden Tragödien Voltaires, in den als Vorboten der Revolution überschätzten Komödien ›Der Barbier von Sevilla‹ (1775, dt. 1776), ›Der tolle Tag oder Figaros Hochzeit‹ (1785, dt. 1785) von P. A. Caron de Beaumarchais. Rokokostimmung der ersten Jahrhunderthälfte atmen die Komödien von Marivaux (›Das Spiel von Liebe und Zufall‹, 1730, dt. 1747), während bürgerl. Normvorstellungen und Verhaltensweisen die neue Gattung der Comédie larmoyante, des tugendsamen Rührstücks, das zum bürgerl. Trauerspiel Diderots führte (›Der natürliche Sohn‹, 1757, dt. 1760; ›Der Hausvater‹, 1758, dt. 1760), prägten. **19. Jahrhundert.** *Romantik, Realismus, Naturalismus, Symbolismus:* Aus der unmittelbaren Begegnung mit der Geschichte in der Revolution von 1789 gewann die Literatur des 19. Jh. wesentl. Impulse zu einer Neuorientierung: Auf der Ebene ihrer Theorie wurde die einseitige Orientierung an klass. (antiken und rationalen) Modellen durch die epochenspezifisch situierende Deutung des Einzelwerks abgelöst (zusammenfassend V. Hugo im Vorwort zu seinem Drama ›Cromwell‹: ›Préface de Cromwell‹, 1827). Damit gewann auch das MA den ihm gebührenden Rang in der literar. Praxis wurde die Entdeckung des bes. Individuums aus anthropolog. Sicht, das die Dichter in ständiger Selbstinszenierung beglaubigten (B. H. Constant de Rebecque, ›Adolphe‹, R., 1816, dt. 1898;

É. Pivert de Senancour, ›Obermann‹, R., 1804, dt. 1844; F. R. de Chateaubriand, ›René‹, Nov., 1802, dt. 1802; A. de Musset, ›Beichte eines Kindes seiner Zeit‹, R., 1836, dt. 1903; ›Lorenzaccio‹, Dr., 1834, dt. 1925; G. de Nerval, ›Sylvia‹, E., 1853, dt. 1947; ›Aurelia oder Der Traum und das Leben‹, E., 1855, dt. 1910; A. de Vigny, ›Cinq-Mars‹, R., 1826, dt. 1829; ›Chatterton‹, Dr., 1835, dt. 1850), begleitet von der Enthüllung des Genius in der Geschichte (H. de Balzac, ›Die menschliche Komödie‹, R.-Zyklus, 1829–54, dt. 1923–26; V. Hugo, ›Cromwell‹, Dr., 1827, dt. 1830; ›Hernani, oder die kastilian. Ehre‹, Dr., 1830, dt. 1830; ›Der Glöckner von Notre Dame‹, R., 1831, dt. 1948, erstmals dt. 1831; P. Mérimée, ›Carmen‹, Nov., 1845, dt. 1846).

Neben Drama und Lyrik weitete v. a. der Roman sein Ausdrucksspektrum. Der *Realismus,* der an die Stelle des Imitationsmodells der klass. Dichtung trat, fand in der bewußt als Sittengeschichte konzipierten ›Menschl. Komödie‹ Balzacs ebenso seinen Ausdruck wie im rational-leidenschaftl. Werk Stendhals (›Rot und Schwarz‹, R., 1830, dt. 1901; ›Die Kartause von Parma‹, R., 1839, dt. 1906) und der nur scheinbar distanzierten Seelenanatomie G. Flauberts (›Madame Bovary‹, R., 1857, dt. 1892; ›Die Schule der Empfindsamkeit‹, R., 1869, dt. 1904; ›Die Versuchung des hl. Antonius‹, R., 1874, dt. 1905). Realistisch sind auch die Romane der Brüder E. und J. de Goncourt. Die Entwicklung der Wissenschaften begünstigte in der zweiten Jahrhunderthälfte den Versuch der Präzisierung des romant. Realismusbegriffs unter Einbeziehung naturwiss., auf soziolog. (H. Taine), medizin. (Claude Bernard [* 1813, † 1878]) und evolutionstheoret. (Charles Robert Darwin [* 1809, † 1882]) Untersuchungen basierender Erkenntnisse im *naturalist.* Werk É. Zolas (›Die Rougon-Macquart‹, R.-Zyklus, 1871–93, dt. 1892–99) und seiner Schüler (Kreis von Médan). Der Lyrik aber war dieser Weg zu direkt. Die vielfältig vorbereitete poet. Revolution Ch. Baudelaires (›Die Blumen des Bösen‹, Ged., 1857, dt. 1901; ›Die künstl. Paradiese‹, Ged., 1860, dt. 1901) entwarf nicht nur eine neue Ästhetik des Häßlichen, son-

dern deutete das Universum als eine Fülle von Chiffren, die wechselseitig aufeinander verweisen und einander bedeuten. Aus diesem Aspekt seiner Dichtung schöpften die *Symbolisten* – P. Verlaine (›Saturn. Gedichte‹, 1866, dt. 1912; ›Galante Feste‹, Ged., 1869, dt. 1912; ›Sagesse‹, Ged., 1881), A. Rimbaud (›Aufenthalt in der Hölle‹, Ged., 1873, dt. 1907; ›Erleuchtungen‹, Ged., entst. 1873/74, gedr. 1886, dt. 1907), S. Mallarmé (›Der Nachmittag eines Fauns‹, Ged., 1876, dt. 1920; ›Ein Würfelwurf hebt den Zufall nicht auf‹, Ged., 1. Fassung 1897, 2. Fassung hg. 1914, dt. 1966, erstmals dt. 1957), z. T. auch Lautréamont (›Die Gesänge des Maldoror‹, Ged., 1869, dt. 1954) – ihren Entwurf einer verborgene Sinnzusammenhänge aufdeckenden Lyrik, die deutlich auf die Eindimensionalität, auf den herrschenden Rationalismus reagierte. Auswege aus ihm suchten religiös inspiriert P. Claudel (›Ars poetica mundi‹, Essay, 1907, dt. 1926; ›Verkündigung‹, Dr., 1912, dt. 1913; ›Der Kreuzweg‹, Ged., 1915, dt. 1943), okkultistisch und esoterisch J.-K. Huysmans (›Gegen den Strich‹, R., 1884, dt. 1905; ›Da unten‹, R., 1891, dt. 1903, 1921 u. d. T. ›Tief unten‹) und farcenhaft-grotesk A. Jarry, der mit seinem Theaterstück ›König Ubu‹ (1897, dt. 1958) zum Ahnvater des sog. absurden Theaters wurde.

20. Jahrhundert. Die Zeit vor 1914 weist eine große Vielfalt nebeneinander hergehender literar. Richtungen auf, die sich zu rivalisierenden Gruppen (›chapelles‹) zusammenschlossen. Gegen 1906 fand sich die Künstlerkolonie der *Abbaye* (nach der Abbaye de Créteil) zusammen: J. Romains, Ch. Vildrac, L. Durtain, P. J. Jouve sowie G. Duhamel, der im Romanzyklus ›Die Chronik der Familie Pasquier‹ (1933–41, dt. 1952–55) diesen Versuch einer humanitären Gemeinschaftsgründung schilderte. Die in der Zeit bedeutendste, in ihrer Wirkung und in ihrem Wesen jedoch vielfach überschätzte literar. Bewegung ist die des *Renouveau catholique.* Sie gelangte, von J.-K. Huysmans und L. Bloy vorbereitet, um 1905 zum Durchbruch mit P. Jammes und P. Claudel. Sie war mit nationalist. Gefühlen gekoppelt bei dem Sozialisten

Ch. Péguy, mit lebhafter sozialer Anklage bei Ch.-L. Philippe (›Bübü‹, R., 1901, dt. 1913). Unter Claudels Einfluß (Erfolgsdrama: ›Der seidene Schuh‹, 1929, dt. 1939) führte der Renouveau catholique auch nach 1918 bed. Schriftsteller zusammen: G. Bernanos, J. Green, F. Mauriac, J. Maritain, M. Jouhandeau, M. van der Meersch, Daniel-Rops.

Die Vielfalt dieser Formen und Inhalte, die die Literatur des 19. Jh. hervorgebracht hatte, schien zunächst in einer Art *klassizist. Neubesinnung* gehalten, wie sie bes. von den Autoren der einflußreichen Literaturzeitschrift ›La Nouvelle Revue Française‹ (seit 1909) – unter ihnen als geistiges Haupt A. Gide (›Uns nährt die Erde‹, Prosa, 1897, dt. 1930; ›Die Verliese des Vatikan‹, R., 1914, dt. 1922; ›Die Falschmünzer‹, R., 1925, dt. 1928) – gepflegt wurde. Aber bereits der von ihm zunächst abgelehnte M. Proust durchbrach mit seinem Romanzyklus ›Auf den Spuren der verlorenen Zeit‹ (1913–27, dt. 1926–30, 1953–57 u. d. T. ›Auf der Suche nach der verlorenen Zeit‹) jede enge Normvorstellung und entwarf dem *Roman* des 20. Jh. neue Horizonte. Die Beziehungen zwischen den Geschlechtern, ihre Krisen und Konflikte bildeten das Grundthema der vielfach autobiographisch inspirierten Romane der Colette (›Chéri‹, 1920, dt. 1927). Die Darstellung der Kollektivseele (↑ Unanimismus) und ein mehrere Generationen umfassendes Gesellschaftsbild waren Anliegen des für die Epoche typ. Zyklenromans (›le roman cycle‹, ›le roman fleuve‹) von J. Romains ›Die guten Willens sind‹ (27 Bde., 1932–46, dt. Bd. 1–7, 1935–38, Bd. 2 und 16 zus. u. d. T. ›Quinettes Verbrechen‹), der die Zeit von 1908 bis 1933 umfaßt, und des Familienromans ›Die Thibaults‹ (7 Bde., 1922–30, dt. 1961) von R. Martin du Gard. Das Erlebnis des 1. Weltkrieges schlug sich unmittelbar nieder in den Romanen von H. Barbusse (›Das Feuer‹, 1916, dt. 1918) und R. M. Dorgelès (›Die hölzernen Kreuze‹, 1919, dt. 1930). Das Ästhetentum des Übermenschen lebte weiter in den Romanen des auch als Dramatiker (›Die tote Königin‹, 1942, dt. 1947) bed. H. de Montherlant. Krieg und Abenteuer als heroisches Erlebnis schilderte A. Mal-

raux (›So ist der Mensch‹, R., 1933, dt. 1934). Den unheroischen Geist einer zerfallenden Gesellschaft schilderten die Romane von L.-F. Céline (›Reise ans Ende der Nacht‹, 1932, dt. 1933). – *Drama:* Gegen alle Kriege wandte sich auf der Bühne J. Giraudoux (›Der trojan. Krieg findet nicht statt‹, 1935, dt. 1946, 1936 u. d. T. ›Kein Krieg in Troja‹). Als Bühnendichter traten ferner hervor J. Cocteau, S. Guitry, J. Anouilh sowie eine große Zahl heute fast vergessener Boulevardautoren wie É. Bourdet.

Das Erlebnis des 1. Weltkrieges verwandelte das literar. Szene total. Aus der Erfahrung des Bankrotts bürgerl. Wertvorstellungen entstanden ebenso die Nonsenseruptionen des *Dadaismus* wie der um die Aktivierung unbewußter schöpfer. Potenzen bemühte, sich gegen Literatur im Sinne P. Valérys wendende *Surrealismus:* A. Breton (›Die Manifeste des Surrealismus‹, 1924–30, dt. 1968; ›Nadja‹, Prosa, 1928, dt. 1960; ›L'amour fou‹, lyr. Prosa, 1937, dt. 1970), P. Éluard (›Hauptstadt der Schmerzen‹, Ged., 1926, dt. 1959; ›La vie immédiate‹, Ged., 1932), L. Aragon (›Pariser Landleben‹, Prosa, 1926, dt. 1969), der zugleich neben G. Apollinaire (›Alkohol‹, Ged., 1913, dt. 1976; ›Calligrammes‹, Ged., hg. 1918) einer der wesentl. Anreger sprachexperimenteller (›visueller‹ oder ›konkreter‹) Lyrik war, die sich in Frankreich als ›lettrisme‹ (Isidore Isou [* 1925]; ↑ Lettrismus) oder ›spatialisme‹ (P. Garnier; ↑ Spatialismus) artikulierte. Im Drama setzten A. Artaud und R. Vitrac die Postulate der neuen Literatur um.

Einen immer bedeutenderen Platz nahmen im 20. Jh. die Autoren ein, die neben ihrem literar. auch intensiv ein literaturtheoretisch-essayist. Werk pflegten, das neben den Erkenntnissen aus Surrealismus und Psychoanalyse (G. Bataille, M. Blanchot, Gaston Bachelard [* 1884, † 1962]) auch solche aus Phänomenologie, strukturaler Sprachwiss. und russ. Formalismus (C. Lévi-Strauss, R. Barthes) verarbeitete. Im Umkreis des phänomenologischen Existentialismus entstanden das Werk J.-P. Sartres (›Der Ekel‹, R., 1938, dt. 1949; ›Das Sein und das Nichts‹, Abh., 1943, dt. Teilübers. 1952, vollständig dt. 1962; ›Bei geschlossenen Türen‹, Dr., 1945, dt. 1949), Simone de Beauvoirs (›Die Mandarins von Paris‹, R., 1954, dt. 1955) und in An- und Ablehnung zugleich dasjenige A. Camus' (›Der Fremde‹, R., 1942, dt. 1948; ›Die Pest‹, R., 1947, dt. 1948), das historisch von den Erfahrungen des 2. Weltkriegs, der Résistance und von Hiroshima geprägt ist.

Die neuen Erfahrungen des Schreibens, die sich in der Lyrik zuerst ausdrückten (F. Ponge), wurden in den *50er* und *60er Jahren* im sog. Nouveau roman der Autoren A. Robbe-Grillet (›Der Augenzeuge‹, R., 1955, dt. 1957; ›Die Jalousie oder Die Eifersucht‹, R., 1957, dt. 1959), M. Butor (›Paris-Rom oder Die Modifikation‹, R., 1957, dt. 1958), N. Sarraute (›Tropismen‹, Prosaskizzen, 1939, dt. 1959; ›Das Planetarium‹, R., 1959, dt. 1960) und M. Duras (›Moderato Cantabile‹, R., 1958, dt. 1959) manifest, einer auf die Darstellung von Objekten und deren Veränderungen gerichteten Romanform, die das humane, sich in eigener Willensentscheidung konstituierende Subjekt ebenso aus ihrem Zentrum verdrängt wie das gleichzeitige absurde Theater S. Becketts (›Warten auf Godot‹, 1952, dt. 1953) oder E. Ionescos (›Die kahle Sängerin‹, UA 1950, erschienen 1953, dt. 1959).

Die in den 50er und 60er Jahren zu beobachtenden Tendenzen, in der *Lyrik* einerseits mit dem Material der Sprache formal und inhaltlich zu spielen (›poésie actuelle‹, ›poésie électrique‹, ›poésie-action‹, ›poésie froide‹ u. a.; Jean-François Bory [*1938], P. Garnier) und andererseits Zonen von Schweigen und Geheimnis auszuschreiten (Y. Bonnefoy), wichen nach dem Mai 1968 z. T. einer spontaneren, gefühls- und wirklichkeitsbezogeneren Dichtung, die sich entschieden und heftig mit dem Alltag und seinen zivilisationsbedingten Einsamkeiten – sprachlich unter Einbeziehung zahlreicher Amerikanismen – auseinandersetzte (Daniel Biga [*1940], Franck Venaille [*1936]). Demgegenüber setzten sich Formen meditativen Dichtens fort, die außerhalb von Zeit und Wirklichkeit angesiedelt sind und sich letztlich durch das vorhandene oder fehlende Vertrauen in die Möglichkeiten der Kommunikation unterscheiden (M. Deguy, Ph. Jaccottet, D. Roche). Von daher ergeben sich Vielfalt und Lebendigkeit der frz. Lyrik der Gegenwart, die Formen und Erkenntnisse poet. Traditionen der Moderne zunehmend subjektorientierter abbildete (Madelaine Chapsal [*1930]). Bei ihrer Vermittlung an ein größeres Publikum spielt auch das Chanson eine nicht unbedeutende Rolle.

Dem Facettenreichtum der Lyrik als sensibelster literar. Gattung steht die Immobilität in der zeitgenöss. *dramat. Literatur* Frankreichs gegenüber, die weiterhin von der nahezu totalen Wortlosigkeit S. Becketts, den metaphys. Farcen E. Ionescos und den wortreichen, an überlieferten Mustern des frz. Schauspiels orientierten Werken J. Anouilhs geprägt ist. Innovationen in bezug auf Inszenierung und Dramaturgie des Literarischen werden offenbar immer mehr vom aktuellen Filmschaffen erwartet, dessen Entwicklung auch Autoren wie A. Robbe-Grillet, P. Modiano oder M. Duras mitbestimmen. Den skizzierten Aspekten entsprechend führte die *erzählende Literatur* traditionelle Muster auf der Basis aktueller Stoffe fort (z. B. H. Bazin, M. Tournier), entwickelte im Umkreis der Zeitschriften ›Tel Quel‹ (1960–83) und ›Change‹ (seit 1968) Formen, die sich aus der ständigen Reflexion über das Schreiben vor dem Hintergrund einer unübersehbaren Fülle von literar. und nicht literar. Äußerungen konstituieren (z. B. D. Roche, C. Simon, Ph. Sollers, J.-P. Faye, C. Ollier), und erweiterte ihr inhaltl. Spektrum durch die Auseinandersetzung mit der Résistance-Zeit (D. Fernandez, P. Modiano) sowie bes. durch das ebenso engagierte wie sensible Eingehen auf Rolle und Situation der Frau in dieser Zeit (H. Cixous, M. Cardinal, M. Wittig).

Seit Anfang der 80er Jahre ist darüber hinaus gerade bei den experimentierfreudigen Autoren der 50er und 60er Jahre (M. Duras, A. Robbe-Grillet, N. Sarraute, Ph. Sollers) eine Rückkehr zum autobiographisch inspirierten Erzählen festzustellen und zugleich in anderen literar. Zirkeln die literar. Sanktionierung des nachsartreschen Antiintellektualismus am Beispiel der zeitgenöss. Jugendszene

mit ihrer Hektik und ihrem Jargon zu beobachten (u. a. Ph. Djian).
Die zeitgenöss. philosoph. und literarkrit. *Essayistik* wird nach einer Hinwendung zu marxist. Gedankengut (J.-P. Sartre; Gruppe Tel Quel) und spezif. Weiter-
entwicklungen im Bereich von Strukturalismus und Semiotik (J. Derrida, M. Foucault, J. Kristeva, Jacques Lacan [*1901,
† 1981]) Ende der 60er und Anfang der
70er Jahre zur Zeit von Tendenzen bestimmt, die bemüht sind, der Vielfalt
(›polymorphisme‹) des Individuellen zur
Bewahrung oder Wiedererlangung von
schöpfer. Freiräumen Rechnung zu tragen. Deutl. Indizien dafür liefern nicht
nur die Publikationen der sog. Neuen
Philosophen (z. B. André Glucksmann
[* 1937], Jean-Marie Benoist [* 1942,
† 1990], Jean-Paul Dollé [* 1939], Guy
Lardreau [* 1947], Christian Jambet
[* 1947]), sondern auch die literar. Kritik,
die zum einen auf der Suche nach poetolog. Universalien bleibt (Gérard Genette
[* 1930], Tzvetan Todorov [* 1939], J. Kristeva) und zum anderen die unmittelbare
Beteiligung des Lesers an der Erstellung
des jeweiligen Textes intendiert (R. Barthes: Ré-écriture; † auch Postmoderne).

Literatur: Bibliographien: TALVART, H./PLACE,
J.: Bibliogr. des auteurs modernes de langue
française (1800–1975). Paris 1928 ff. Auf mehrere Bde. berechnet. – LANSON, G.: Manuel bibliographique de la littérature française moderne, XVIᵉ–XIXᵉ siècle. Paris Neuaufl. 1931. –
THIEME, H. P.: Bibliogr. de la littérature française de 1800 à 1930. Paris 1933. 3 Bde. Erg.-Bd.
1: 1930–39. Hg. v. S. DREHER u. M. ROLLI. Lille
u. Genf 1948. Erg.-Bd. 2: 1940–49. Hg. v. M. L.
DREVET. Genf u. a. 1954. – GIRAUD, J.: Manuel
de bibliographie littéraire pour les 16ᵉ, 17ᵉ, 18ᵉ
siècles français. Paris 1939–70. 3 Bde. – Bibliogr. dt. Überss. aus dem Frz. 1700–1948. Bearb. v. H. FROMM. Baden-Baden 1950–53.
6 Bde. – A critical bibliography of French literature. Hg. v. D. C. CABEEN u. a. Syracuse (N. Y.)
1951 ff. – BOSSUAT, R.: Manuel bibliographique
de la littérature française du moyen âge. Melun
1951. 3 Erg.-Bde. Paris 1955–86. – KLAPP, O.:
Bibliogr. der frz. Literaturwiss. Ffm. 1960 ff. Erscheint jährl. – Gesamtdarstellungen: SUCHIER,
H./BIRCH-HIRSCHFELD, A.: Gesch. der frz. Lit.
von den ältesten Zeiten bis zur Gegenwart. Lpz.
²1913. 2 Bde. – The Oxford companion to
French literature. Hg. v. SIR P. HARVEY u. J. E.
HESELTINE. Oxford 1959. Neubearb. u. d. T. The
Oxford dictionary of French literature. Hg. v.
H. REID. Oxford 1976. – Littérature française.

Hg. v. C. M. J. BÉDIER u. P. HAZARD. Bearb. v.
P. MARTINO. Neuausg. Paris 1961–65. 2 Bde. –
JASINSKI, R.: Histoire de la littérature française.
Neuausg. Paris 1966. 2 Bde. – LANSON, G.: Histoire de la littérature française 1850–1950. Be-
arb. v. P. TUFFRAU. Neuaufl. Paris 1967. –
French literature and its background. Hg. v.
J. CRUICKSHANK. London 1968–74. 6 Bde. – Littérature française. Hg. v. C. PICHOIS. Paris
1968–79. 16 Bde. – Manuel d'histoire littéraire
de la France. Hg. v. P. ABRAHAM u. R. DESNÉ.
Paris 1971–82. 6 Bde. – POLLMANN, L.: Gesch.
der frz. Lit. Eine Bewußtseinsgesch. Ffm. u.
Wsb. 1974–78. 3 Bde. – Die frz. Lyrik. Von Villon bis zur Gegenwart. Hg. v. H. HINTERHÄUSER.
Düss. 1975. 2 Bde. – Der frz. Roman. Vom MA
bis zur Gegenwart. Hg. v. K. HEITMANN. Düss.
1975. 2 Bde. – Histoire des littératures. Bd. 3:
Littératures françaises, comparées et marginales.
Hg. v. R. QUENEAU. Paris ²1978. – Einf. in das
Studium der frz. Literaturwiss. Daten u. Inter-
pretationen. Hg. v. W.-D. LANGE. Hdbg. 1979. –
Frz. Lit. in Einzeldarstt.: 1. Von Rabelais bis Di-
derot. 2. Von Stendhal bis Zola. 3. Von Proust
bis Robbe-Grillet. Hg. v. P. BROCKMEIER u. H. H.
WETZEL. Stg. 1981–82. – ENGLER, W.: Gesch.
des frz. Romans. Von den Anfängen bis Marcel
Proust. Stg. 1982. – THEISEN, J.: Gesch. der frz.
Lit. Stg. ⁶1982. – KÖHLER, E.: Vorlesungen zur
Gesch. der frz. Lit. Hg. v. H. KRAUSS u. D. RIE-
GER. Stg. 1983 ff. Auf mehrere Bde. berechnet. –
LOPE, H. J.: Frz. Literaturgesch. Hdbg. ²1984. –
Lex. der frz. Lit. Hg. v. M. NAUMANN. Lpz.
1987. – Dictionnaire des littératures de langue
française. Hg. v. J.-P. DE BEAUMARCHAIS u. a.
Neuausg. Paris 1994. 4 Bde. – Frz. Literatur-
gesch. Hg. v. J. GRIMM. Stg. u. Weimar ³1994. –
ENGLER, W.: Lex. der frz. Lit. Stg. ³1994. – Mit-
telalter: GRÖBER, G.: Gesch. der mittelfrz. Lit.
Bln. ²1933–37. 2 Bde. – ZUMTHOR, P.: Histoire
littéraire de la France médiévale (VIᵉ–XIVᵉ siècles). Paris 1954. – BOSSUAT, R.: Le moyen âge.
Paris 1955. – Dictionnaire des lettres françaises.
Hg. v. G. GRENTE u. a. Bd. 1: Le moyen âge. Paris 1964. – KUKENHEIM, L./ROUSSEL, H.: Führer
durch die frz. Lit. des MA. Dt. Übers. Mchn.
1968. – ZUMTHOR, P.: Die Stimme u. die Poesie
in der mittelalterl. Gesellschaft. Dt. Übers.
Mchn. 1994. – 16. Jahrhundert: MORF, H.:
Gesch. der frz. Lit. im Zeitalter der Renaissance. Bln. ²1914. – Dictionnaire des lettres
françaises. Hg. v. G. GRENTE u. a. Bd. 2: Le XVIᵉ
siècle. Paris 1951. – MORCAY, R./MÜLLER, A.:
La renaissance. Paris 1960. – PLATTARD, J.: La
renaissance des lettres en France de Louis XII à
Henri IV. Neuausg. Paris 1967. – Précis de littérature française du XVIᵉ siècle. La Renaissance. Hg. v. R. AULOTTE. Paris 1991. – 17. Jahrhundert: REYNOLD, G. DE: Le XVIIᵉ siècle, le
classique et le baroque. Montreal 1944. – MOR-
NET, D.: Histoire de la littérature française classique. 1660–1700, ses caractères véritables, ses
aspects inconnus. Paris ⁴1950. – Dictionnaire

224 französische Literatur

des lettres françaises. Hg. v. G. GRENTE u. a. Bd. 3: Le XVIIᵉ siècle. Paris 1954. – ROUSSET, J.: La littérature de l'âge baroque en France. Paris ⁸1972. – ADAM, A.: La littérature française au XVIIᵉ siècle. Neuausg. Paris 1974. 5 Bde. – BRAY, R.: La formation de la doctrine classique. Neuausg. Paris 1978. – Frz. Klassik. Theorie, Lit., Malerei. Hg. v. F. NIES u. a. Mchn. 1985. – ROUHOU, J.: Histoire de la littérature française du XVIIᵉ siècle. Paris 1989. – Précis de littérature française du XVIIᵉ siècle. Hg. v. J. MESNARD. Paris 1990. – **18. Jahrhundert:** TRAHARD, P.: Les maîtres de la sensibilité française au XVIIIᵉ siècle (1715–1789). Paris 1931–33. 4 Bde. – KLEMPERER, V.: Gesch. der f. L. im 18. Jh. Bd. 1: Das Jh. Voltaires. Bln. 1954. – Dictionnaire des lettres françaises. Hg. v. G. GRENTE u. a. Bd. 4: Le XVIIIᵉ siècle. Paris 1960. 2 Tle. – Précis de littérature française du XVIIIᵉ siècle. Hg. v. R. MAUZI. Paris 1990. – **19. und 20. Jahrhundert:** MOREAU, P.: Le romantisme. Paris 1932. – HEISS, H., u. a.: Roman. Lit. des 19. u. 20. Jh. In: Hdb. der Literaturwiss. Hg. v. O. WALZEL. Bd. 10. Potsdam 1935. – DUMESNIL, R.: Le réalisme. Paris 1936. – ROUSSEAUX, A.: Littérature du XXᵉ siècle. Paris 1938–61. 7 Bde. – LALOU, R.: Histoire de la littérature française contemporaine (1870 à nos jours). Paris ⁵1953. 2 Bde. – THIBAUDET, A.: Gesch. der f. L. von 1789 bis zur Gegenwart (1935). Dt. Übers. Mchn. ³1954. – KLEMPERER, V.: Gesch. der f. L. im 19. u. 20. Jh. 1800–1925. Bln. 1956. 2 Bde. – CLOUARD, H.: Histoire de la littérature française du symbolisme à nos jours. Paris ²1959–62. 2 Bde. – PICON, G.: Panorama de la nouvelle littérature française. Paris ²1960. – Dictionnaire de la littérature contemporaine. Hg. v. P. DE BOISDEFFRE. Paris u. Brüssel Neuaufl. 1963. – ENGLER, W.: Der frz. Roman von 1800 bis zur Gegenwart. Bern u. Mchn. 1965. – SIMON, P. H.: Histoire de la littérature au XXᵉ siècle. Paris ⁸1965. 2 Bde. – FRIEDRICH, H.: Die Struktur der modernen Lyrik. Von Baudelaire bis zur Gegenwart. Hamb. ⁴1967. – BOISDEFFRE, P. DE: Une histoire vivante de la littérature d'aujourd'hui (1939–68). Paris ⁷1968. – NADEAU, M.: Le roman français depuis la guerre. Paris ²1970. – SCHOELL, K.: Das frz. Drama seit dem Zweiten Weltkrieg. Gött. 1970. 2 Bde. – ZELTNER-NEUKOMM, G.: Das Wagnis des frz. Gegenwartsromans. Rbk. 26.–33. Tsd. 1970. – Frz. Lit. der Gegenwart in Einzeldarst. Hg. v. W.-D. LANGE. Stg. 1971. – Das moderne frz. Drama. Hg. v. W. PABST. Bln. 1971. – ARNAUDIÈS, A.: Le nouveau roman. Paris 1974. 2 Bde. – ZELTNER, G.: Im Augenblick der Gegenwart. Moderne Bauformen des frz. Romans. Ffm. 1974. – Frz. Literaturkritik der Gegenwart in Einzeldarst. Hg. v. W.-D. LANGE. Stg. 1975. – RAIMOND, M.: Le roman contemporain. Le signe des temps. Paris 1976 ff. – THEISEN, J.: Gesch. der f. L. im 20. Jh. Stg. u. a. 1976. – Die moderne frz. Lyrik. Interpretationen. Hg. v.

W. PABST. Bln. 1976. – BONNEFOY, C., u. a.: Dictionnaire de la littérature française contemporaine. Paris 1977. – SCHIWY, G.: Kulturrevolution u. ›Neue Philosophen‹. Rbk. 1978. – F. L. des 19. Jh. Hg. v. W.-D. LANGE. Hdbg. 1979–80. 3 Bde. – GRIMM, J.: Das avantgardist. Theater Frankreichs 1895–1930. Mchn. 1982. – Histoire littéraire de la France. Bd. 6: De 1913 à nos jours. Hg. v. A. DASPRE und M. DÉCAUDIN. Paris 1982. – La littérature en France depuis 1968. Hg. v. B. VERCIER u. a. Paris 1983. – PABST, W.: Frz. Lyrik des 20. Jh. Bln. 1983. – POLLMANN, L.: Gesch. der frz. Lit. der Gegenwart (1880–1980). Darmst. 1984. – FRIEDRICH, H.: Die Struktur der modernen Lyrik. Von der Mitte des 19. Jh. bis zur Mitte des 20. Jh. Rbk. 157.–161. Tsd. 1985. – Précis de littérature française du XXᵉ siècle. Hg. v. J. ROBICHEZ u. a. Paris 1985. – Die frz. Lyrik des 20. Jh. Modellanalysen. Hg. v. H. STENZEL u. a. Mchn. 1987. – Vive la littérature! Frz. Lit. der Gegenwart. Hg. v. V. VON DER HEYDEN-RYNSCH. Mchn. u. a. 1989. – JURT, J., u. a.: Französischsprachige Gegenwarts-Lit. 1918–1986/ 1987. Tüb. 1989. – Zeitgenöss. Theater in Dtl. u. Frankreich. Théâtre contemporain en Allemagne et en France. Hg. v. W. FLOECK. Tüb. 1989. – Lit. u. Theater im gegenwärtigen Frankreich. Opposition u. Konvergenz. Hg. v. K. SCHOELL. Tüb. 1991. – ENGLER, W.: Frz. Lit. im 20. Jh. Neuausg. Tüb. u. a. 1994. – Intertextualität u. Subversivität. Studien zur Roman-Lit. der 80er Jahre in Frankreich. Hg. v. W. ASHOLT. Hdbg. 1994.

Französische Literatur in Belgien: Das in frz. Sprache verfaßte Schrifttum Belgiens hat stets einen untrennbaren Bestandteil der f. L. gebildet. Die französischsprachigen Autoren aus dem späteren belg. Staatsgebiet gehörten vor der Gründung des Königreiches Belgien (1831) selbstverständlich zur f. L. und haben sich als frz. Schriftsteller gefühlt, seien es im MA die Chronisten J. Froissart und Philippe de Commynes, sei es im 18. Jh. der geistreiche Kosmopolit Charles-Joseph Fürst von Ligne (*1735, †1814). Nach der Konstituierung des Königreiches Belgien dauerte es eine geraume Weile, ehe ein betont belg. Schrifttum in frz. Sprache entstand, doch blieb dieses eng mit der Entwicklung in Frankreich verbunden. Einige Schriftsteller siedelten nach Paris über, wurden dort bekannt und galten für das breite Publikum als Franzosen. Andere blieben in Belgien, ohne sich jedoch von den literar. Strömungen in Frankreich abzusondern, wiederum andere dagegen blieben v. a. in ihrer Stoffwahl heimatverbunden. Ein eigenes Schrifttum entwickelten in Belgien die Flamen (↑niederländische Literatur), die Belgier frz. Sprache folgten erst später. Bahnbrechend war Ch. De Coster, der, einerseits dem frz. Realismus verpflichtet, andererseits durch die dt. Klassik und die engl. Romantik geprägt, ein farbiges Bild seiner flandr. Heimat in seinen Novellen und in seinem Roman ›Tyll Ulenspiegel und Lamm Goedzak‹ (1867, dt. 1909) entwarf. Die Jahre 1874–84, in denen das Streben nach belg. Eigenständigkeit zum Durchbruch kam, sahen die Gründung zahlreicher Zeitschriften, die großenteils in der 1881 von Max Waller (*1860, †1889) gegründeten Zeitschrift ›La Jeune Belgique‹ aufgingen. Mitarbeiter waren der vom ›Parnasse‹ kommende Lyriker A. Giraud, der Erzähler G. Eekhoud, der symbolist. Lyriker G. Rodenbach, der Lyriker und Dramatiker Gilkin, der naturalist. Romancier Lemonnier sowie der Lyriker und Dramatiker É. Verhaeren. Während 1881 Octave Maus (*1856, †1919) in betontem Gegensatz zu ›La Jeune Belgique‹ die frz. inspirierte Zeitschrift ›L'Art moderne‹ begründete, nahm die 1886 von A. Mockel als Sammelplatz der Symbolisten gegründete Zeitschrift ›La Wallonie‹ einen vermittelnden Standpunkt ein. In ihr erschienen Beiträge von frz. Dichtern wie auch von führenden belg. Symbolisten: von É. Verhaeren, dem Lyriker und Dramatiker M. Maeterlinck, Charles van Lerberghe (*1861, †1907), Grégoire Le Roy (*1862, †1941), M. Elskamp. In neuerer Zeit machten sich einen Namen die Erzähler Ch. Plisnier, André Baillon (*1875, †1932), F. Hellens, M. Gevers, ferner G. Simenon, dessen seit 1930 erscheinende Kriminalromane in viele Sprachen übersetzt wurden, sowie der Erzähler Francis Walder (*1906). Im Gefolge von Symbolismus und Poésie pure stehen die Lyriker Pierre Nothomb (*1887, †1966), Marcel Thiry (*1897, †1977), H. Michaux, Géo Norge (*1898, †1977), Robert Vivier (*1894), Maurice Carême (*1899, †1978), E. Vandercammen, Théo Léger (*1912). Auf der Bühne erfolgreich waren F. Crommelynck sowie der am mittelalterl. Mysterienspiel sich orientierende M. de Ghelderode. Leben-

digkeit, Entfaltung und Vielseitigkeit der belg. Literatur mit ihren Widersprüchen, Identitätsbrüchen und Infragestellungen bezeugen *Romanciers* wie Bosquet de Thorau (*1935; ›Le songe de Constantin‹, R., 1973), Conrad Detrez (*1937), Paul Émond (*1944), Hubert Juin (*1926), Pierre Mertens (*1939), Marcel Moreau (*1933), Hubert Nyssen (*1925), Jean-Pierre Otte (*1949; ›Julienne et la rivière‹, R., 1977), Guy Vaes (*1924) und F. Weyergans (›Berlin mercredi‹, R., 1979), *Lyriker* wie Jacques Crickillon (*1940), Françoise Delcarte (*1936), Christian Hubin (*1941) und Jean-Pierre Verheggen (*1942), *Dramatiker* wie Jacques de Decker (*1945), René Kalisky (*1936, †1981) und Jean Louvet (*1934) oder auch Autoren, die sich in mehreren Gattungen auszudrücken suchen wie der Brüsseler Philosophieprofessor Jacques Sojcher (*1939). Daß auch aus dem literarkritisch-essayist. Bereich immer wieder neue Anregungen kommen, erweisen Namen wie Georges Poulet (*1902, †1991) oder Nicolas Ruwet (*1933). – Neben der Literatur in frz. Sprache entwickelte sich in Wallonien seit dem 18. Jh. eine reichhaltige Literatur in wallon. Mundart.

Literatur: WILMOTTE, M.: La culture française en Belgique. Paris 1912. – DOUTREPONT, G.: Histoire illustrée de la littérature française en Belgique. Brüssel 1939. – HANLET, C.: Les écrivains belges contemporains de langue française. Lüttich 1946. 2 Bde. – Histoire illustrée des lettres françaises en Belgique. Hg. v. G. CHARLIER u. J. HANSE. Brüssel 1958. – Bibliographie des écrivains français de Belgique (1881–1950). Ab Bd. II: 1881–1960. Hg. v. J.-M. CULOT. Brüssel 1958–88 (bisher 5 Bde. [A–Q] erschienen). – MALLINSON, V.: Modern Belgian literature, 1830–1960. London 1966. – LAMPO, I.: Le roman contemporain en Belgique. Brüssel 1968. – MORCKHOVEN, P. VAN: Le théâtre contemporain de Belgique. Brüssel 1969. – Lettres vivantes. Deux générations d'écrivains français en Belgique (1945–75). Brüssel 1975. – FRICKX, R./ JOIRET, M.: La poésie française de Belgique de 1880 à nos jours. Paris u. Brüssel 1977. – Études de littérature française de Belgique. Hg. v. M. OTTEN. Brüssel 1978. – BURNIAUX, R./ FRICKX, R.: La littérature belge d'expression française. Paris ²1980. – Alphabet des lettres belges de langue française. Vorwort v. L. WOUTERS. Brüssel 1983. – Studia Belgica. Aufss. zur Lit.- u. Kulturgesch. Belgiens. Hg. v. H.-J. LOPE. Ffm. u. Bern ²1983. – Les lettres françaises de

Belgique. Dictionnaire des œuvres. Hg. v. R. FRICKX u. R. TROUSSON. Paris u. a. 1988/89. 3 Bde. – Les concepts nationaux de la littérature. L'exemple de la Belgique francophone. Hg. v. S. GROSS u. a. Aachen 1989. 2 Bde. – Lit. im französischsprachigen Belgien. Akten der Belgien-Sektion des Dt. Romanistentages Aachen. Hg. v. H. FELTEN u. a. Ffm. u. a. 1990. **Französische Literatur in der Schweiz** ↑ schweizerische Literatur. **Französische Literatur in Kanada** ↑ kanadische Literatur. **Francophonie:** Ein selbstbewußtes Schrifttum in frz. Sprache entwickelte sich teils in Übereinstimmung mit dem Mutterland, teils in betontem Gegensatz dazu seit dem Ende des Kolonialismus in den ehemals frz. Besitzungen (›les pays francophones‹, ›la francophonie‹), in Algerien (u. a. M. Feraoun), in Tunesien (u. a. A. Memmi), in Marokko (u. a. D. Chraibi, T. Ben Jelloun), in Schwarzafrika (u. a. in Senegal L. S. Senghor). – ↑ auch afrikanische Literatur.

Literatur: NANTET, J.: Panorama de la littérature noire d'expression française. Paris 1972. – Guide culturel. Civilisations et littératures d'expression française. Hg. v. A. REBOULLET u. M. TÉTU. Paris 1977. – VIATTE, A.: Histoire comparée des littératures francophones. Paris 1980. – LEINER, J.: Imaginaire, langage, identité culturelle, négritude ... Tüb. u. Paris 1980. – STACKELBERG, J. VON: Klass. Autoren des schwarzen Erdteils. Mchn. 1981. – Francophone literatures of the New World. Hg. v. J. P. GILROY. Denver (Colo.) 1982. – DENIAU, X.: La francophonie. Paris 1983. – JOUBERT, J.-L., u. a.: Les littératures francophones depuis 1945. Paris 1986. – Dictionnaire général de la francophonie. Hg. v. J.-J. LUTHI u. a. Paris 1986. – Frankophone Literaturen außerhalb Europas. Hg. v. J. RIESZ. Ffm. u. a. 1987. – PARMELLI, J.-P.: Lettres noires. Afrique, Caraïbes, Océan Indien. Évry 1990.

Frapan-Akunian, Ilse, eigtl. I. Akunian, geb. Levien, * Hamburg 3. Febr. 1849, † Genf 2. Dez. 1908, dt. Schriftstellerin. – Lehrerin in Hamburg; lebte dann in Stuttgart, wo sie die Vorlesungen F. Th. Vischers besuchte, München und Zürich; heiratete 1898 den armen. Schriftsteller Akunian; ließ sich wegen eines unheilbaren Leidens auf eigenen Wunsch von einer Freundin erschießen. F.-A. verfaßte Novellen über schwierige psycholog. und soziale Probleme. Ihre Romane, u. a. ›Die Betrogenen‹ (1898) und ›Arbeit‹ (1903), enthalten z. T. bittere Anklagen gegen die zeitgenöss. Gesellschaft.

Weitere Werke: Hamburger Novellen (1886), Vischer-Erinnerungen (1889), Gedichte (1891), Bekannte Gesichter (Nov.n, 1893), Schreie (Nov.n und Skizzen, 1901), Die Retter der Moral (Dr., 1905), Erich Hetebrink (R., 2 Bde., 1907).

Frapié, Léon [frz. fra'pje], * Paris 27. Jan. 1863, † ebd. 29. Sept. 1949, frz. Schriftsteller. – Schrieb naturalistisch-humanitäre Romane, in denen er sich bes. der Kinder und Frauen der Pariser Vororte annahm, deren Rechte er ebenso idealistisch wie literarisch konventionell zu verteidigen suchte: ›L'institutrice de province‹ (1897), ›Die Kinderschule‹ (1904, dt. 1905; Hauptwerk, auch dramatisiert; Prix Goncourt 1904), ›La proscrite‹ (1906), ›Die Figurantin‹ (1908, dt. 1910), ›La divinisée‹ (R., 1927), ›La vedette à l'école‹ (R., 1946) u. a.

Frashëri, Naim [alban. 'fraʃəri], Pseudonym N. H. F., * Frashër 25. Mai (?) 1846, † Kızıltoprak bei Istanbul 20. Okt. 1900, alban. Dichter. – Gilt als Klassiker der alban. Literatur; begann mit Lyrik in pers. Sprache; schrieb dann, an der alban. Nationalbewegung führend beteiligt, in alban. Sprache romantisch-idyll. und patriot. Lyrik, Epen, religiöse und didakt. Werke; auch Übersetzer (u. a. der ›Ilias‹).

Werke: Bagëti e bujqësi (= Viehzucht und Landbau, Idylle, 1886, italien. 1941), Luletë e verës (= Frühlingsblumen, Ged., 1890), Historia e Skënderbeut (= Geschichte Skanderbegs, Epos, 1898), Qerbelaja (= Die Schlacht von Kerbela, Volksepos, 1898).

Fraß, Jakob, slowen.-kroat. Schriftsteller, ↑ Vraz, Stanko.

Frauendienst, Fiktion eines Dienstverhältnisses zwischen einem Ritter und einer höf. Dame (mhd. frouwe), das auf (häufig vergeblich erstrebte) Belohnung durch die Liebesgunst der Dame abzielt (auch Minnedienst). Poetisch gestaltet in der provenzal. Troubadourlyrik und den von ihr inspirierten roman. Literaturen sowie im mhd. ↑ Minnesang und den ↑ höfischen Epos. Die Altgermanistik deutet den F. als eine ins Erotische transponierte Sublimierung des Herrendienstverhältnisses der mittelalterl. Ritter und Ministerialen; parodiert bei Neidhart

Frauenpresse 227

und seinen Nachfolgern. – ↑ auch Dolce stil nuovo, ↑ Troubadour, ↑ Trouvère.

Frauenlob (Heinrich von Meißen), * Meißen um 1250/60, † Mainz 29. Nov. 1318, mhd. Lyriker. – Nannte sich selbst F., als Rufname erscheint Heinrich, als Herkunftsbezeichnung einmal ›von Meißen‹. Aus seinen Liedern geht hervor, daß er sich am böhm., kärntner., niederbayr., schles. und brandenburg. Fürstenhof und vielen anderen Höfen im Norden und Osten des dt. Sprachgebiets aufhielt; begraben ist er im Kreuzgang des Mainzer Doms. Von ihm sind überliefert: drei Leiche (Minne-, Kreuz-, Marienleich), etwa 450 (davon 316 als echt anerkannte) Spruchstrophen in 15 Tönen sowie 13 Minnelieder in metaphern- und bilderreicher Sprache und manierist. Form; sein dunkler Stil ist im dt. MA einzigartig. Trotz seines ausgeprägten Selbstbewußtseins, das v.a. in seinen Streitgedichten deutlich wird, orientiert er sich bes. in seinen panegyr. und didakt. Strophen an den Idealen der mhd. Blütezeit. Die Melodien zeigen F. als virtuosen Gestalter der Monodie v.a. in den Leichstrophen. Nicht zuletzt deshalb war sein Einfluß auf die Meistersinger so groß, daß man ihm die Gründung der ersten Meistersingerschule in Mainz zuschrieb und in der Colmarer Liederhandschrift über 1000 Strophen in 22 ihm zugeschriebenen Tönen verzeichnete. Er galt als einer der zwölf alten Meister, und in seinen Tönen ist bis zum Ende der Meistersinger-Gesellschaften gedichtet worden.

Ausgaben: Heinrich von Meißen. Leiche, Sprüche, Streitgedichte u. Lieder. Hg. v. L. ETTMÜLLER. Quedlinburg u. Lpz. 1843. Nachdr. Amsterdam 1966. – F. (Heinrich von Meißen). Leichs, Sangsprüche, Lieder. Hg. v. K. STACKMANN u. a. Gött. 1981. 2 Bde.
Literatur: BERTAU, K.: Genialität u. Resignation im Werke Heinrich F.s. In: Dt. Vjschr. f. Literaturwiss. u. Geistesgesch. u. 40 (1966), S. 316. – STACKMANN, K.: Redebluomen. In: Verbum et signum. Hg. v. H. FROMM. Bd. 2. Mchn. 1975. – BUEHLER, H.: F.-Index. Erlangen u. Nbg. 1985. – Cambridger ›F.‹ – Kolloquium 1986. Hg. v. W. SCHRÖDER. Bln. 1988. – STACKMANN, C.: Wb. zur Göttinger F.-Ausg. Gött. 1990.

Frauenpresse, Gesamtheit der Presseerzeugnisse, die, entsprechend dem je-

weiligen Verständnis von der Rolle der Frau in der Gesellschaft, dem Lebensbereich der Frau bzw. einzelnen seiner Aspekte gewidmet sind. – Die frühesten *Frauenzeitschriften* sind den ↑ moralischen Wochenschriften zuzurechnen, z.B. ›Die vernünftigen Tadlerinnen‹, von J. Ch. Gottsched 1725/26 in Halle/Saale und Leipzig herausgegeben. In der Folgezeit wurde eine größere Anzahl von Blättern für die Frau, mit z.T. niedrigem Niveau und teils thematisch spezialisiert (z.B. Gesundheitspflege), gegründet. Von hohem Niveau waren u.a. die von J. G. Jacobi und J. J. W. Heinse geleitete, in Düsseldorf bzw. Berlin erscheinende ›Iris‹ (1774–76), an der auch Goethe mitarbeitete, und das von Ch. M. Wieland zunächst mitherausgegebene ›Journal für dt. Frauen‹ (Leipzig 1805/06; 1807/08 u.d.T. ›Selene‹). Um die Wende vom 18. zum 19. Jh. entstanden die ersten Modezeitschriften, daneben nur wenige Frauenzeitschriften im eigtl. Sinne. Nach der Revolution von 1848 entwickelte sich die F. in zwei Richtungen: Es entstand eine reine Unterhaltungspresse, meist in Form der *Familienzeitschriften* (↑ Familienblatt), zu denen auch ›Die ↑ Gartenlaube‹ zählte. Außerdem wurden Blätter gegründet, die sich mit speziellen Problemen der Frauen befaßten, z.B. die ›Frauen-Zeitung‹ (1848), hg. von Mathilde Franziska Anneke (* 1817, † 1884), die erste von einer Frau für Frauen herausgegebene, täglich erscheinende Zeitung, die die Zielsetzung hatte, aufklärerisch an den alltäglichen Problemen anzuknüpfen. In Berlin erschien der ›Freischärler‹. Für Kunst und soziales Leben‹ (1848), hg. von Louise Aston (* 1814, † 1871), der sich v.a. an die Frauen des intellektuellen Bürgertums wandte. 1849 erschien die erste Nummer der ›Frauen-Zeitung‹ von L. Otto-Peters, in der nicht nur politisch aufgeklärte Frauen, sondern v.a. Frauen mit unmittelbaren Berichten und Milieuschilderungen zu Wort kamen, die u.a. auch die Grundforderung nach Bildung für alle unterstützen sollten. Mit dem Aufkommen der Frauen-Bildungsvereine entstand ein neuer Typ der Frauenzeitung, die *Verbandsorgane der Frauenbewegung,* so etwa die von L. Otto-Peters als Organ des Allgemeinen Dt. Frauenvereins 1866–1918 herausgegebenen ›Neuen Bahnen‹ oder ›Der Frauen-Anwalt‹, hg. von Jenny Hirsch (*1829, † 1902) in Berlin (1870–76; 1878–81 u. d. T. ›Dt. Frauen-Anwalt‹), ›Die Frau‹, 1893 von Helene Lange (* 1848, † 1930) gegründet, später von G. Bäumer redigiert; ›Die Gleichheit‹ (1891–1923), 1892–1917 von Clara Zetkin (* 1857, † 1933) geleitet. Daneben entstanden *konfessionelle Frauenzeitschriften*, so die ›Ev. Frauenzeitung‹ (1900–41), auf kath. Seite ›Die christl. Frau‹. Zu Beginn des 20. Jh. überwogen die fachlich ausgerichteten Frauenblätter gegenüber den unterhaltenden. Etwa um die Wende vom 19. zum 20. Jh. begannen die Tageszeitungen (z. B. die ›Tägl. Rundschau‹), spezielle *Frauenbeilagen* oder *Frauenseiten* einzuführen, die sich vorwiegend mit hauswirtschafl. Themen und Modethemen beschäftigten. Nach 1933 wurde auch die F. der nationalsozialist. Propaganda dienstbar gemacht und weitgehend gleichgeschaltet. Eine typisch nationalsozialist. Frauenzeitschrift war z. B. die ›NS-Frauen-Warte‹ (1932–44/45). Die nach dem 2. Weltkrieg erscheinenden auflagenstarken Frauenzeitschriften gehören vorwiegend zur Gruppe der Illustrierten (in der BR Deutschland u. a.: ›Brigitte‹, ›Frau im Spiegel‹, ›freundin‹, ›Für Sie‹, ›Jasmin‹, ›Lady international‹, ›petra‹; in der Schweiz die zweisprachige ›elle‹); darüber hinaus gibt es eine Fülle von Blättern, die unter den verschiedenen Aspekten für die Frauen geschrieben werden und sich teilweise den unterschiedlichsten Zeitschriftengruppen (von der religiösen Presse über die Modezeitschriften bis hin zur Regenbogenpresse) zuordnen lassen. Mit der Gründung von ›Ms.‹ (1972) in den USA, von ›Courage‹ (1976–84) und ›Emma‹ (seit 1977) in der Bundesrepublik Deutschland wurde im Zuge der neuen Frauenbewegung ein neuer Typ von Frauenzeitschrift geschaffen, der sich als deren Sprachrohr versteht. Daneben entstanden mehrere regionale Frauenzeitungen und feminist. Kulturjournale.

Literatur: ULZE, H.: Frauenzeitschr. u. Frauenrolle. Bln. ²1979. – Sind das noch Damen? Vom gelehrten Frauenzimmer-Journal zum feminist. Journalismus. Hg. v. R.-E. GEIGER u. S. WEIGEL. Mchn. 1981.

Frauenstrophe, Strophe bzw. Lied (Frauenlied) der frühen volkstüml. Lyrik und des Minnesangs, als deren Sprecher eine Frau erscheint; im weitesten Sinn auch den einstrophigen *Frauenmonolog* umfassend, im engeren Sinn Bestandteil (↑Wechsel) des Botenliedes, des Gesprächsliedes (der altfrz. ›chanson de toile‹ oder Formen der altportugies. ›cantiga de amigo‹), des ↑Tageliedes, in denen das lyr. Ich von Strophe zu Strophe wechseln kann.

Michael Frayn

Frayn, Michael [engl. frɛin], * London 8. Sept. 1933, engl. Schriftsteller. – Schreibt Satiren v. a. auf die liberale Mittelklasse für die Zeitungen ›Manchester Guardian‹ (Sammlungen ›The day of the dog‹, 1962; ›The book of fub‹, 1963) und ›Observer‹ (Sammlungen ›On the outskirts‹, 1964; ›At bay in Gear Street‹, 1967). Satire und Phantasie bestimmen auch seine Romane über die Möglichkeiten der modernen Technologie (›Blechkumpel‹, 1965, dt. 1982; ›A very private life‹, 1968), über einen Mittelstands-Londoner im Himmel (›Sweet dreams‹, 1973) und über das Zeitungswesen (›Towards the end of the morning‹, 1967); auch Fernsehspiele und Bühnenstücke, in denen er witzige Komödienhaftigkeit philosophisch zu vertiefen sucht (›The sandboy‹, 1971; ›Alphabetical order‹, 1976; ›Liberty Hall‹, 1980; ›Make and break‹, 1980; ›Noises off‹, 1982; ›Wohltäter‹, 1984, dt. EA 1986). Übersetzte auch Dramen von A. P. Tschechow.

Weitere Werke: Balmoral (Dr., 1987), First and last (Dr., 1989), Wie macht sie's bloß? (R., 1989, dt. 1992), Look look (Dr., 1990), Sonnenlandung (R., 1991, dt. 1994), Now you know (R., 1992).

Fréchette, Louis Honoré [frz. fre'ʃɛt], * Hadlow Cove bei Lévis (Prov. Quebec) 16. Nov. 1839, † Montreal 31. Mai 1908, kanad. Schriftsteller. – Schrieb als Jurastudent an der Université Laval sein erstes Drama, ›Félix Poutré‹ (1862). Es folgte 1863 unter dem Einfluß der frz. Romantik ›Mes loisirs‹, sein erster Gedichtband (der erste in Quebec publizierte überhaupt). Aufgrund der Auszeichnung seines Gedichtbands ›Les fleurs boréales – Les oiseaux de neige‹ (1879) durch die Académie française (1880) wurde im inoffizieller Poeta laureatus Quebecs, dessen Geschichte er in seinem Hauptwerk ›La légende d'un peuple‹ (1887; histor. Gedichte in der Art von V. Hugos Epos ›Die Weltlegende‹) feierte. Wandte sich später der Prosa zu (›Originaux et détraqués‹, Nov.n, 1892).
Literatur: HAYNE, D.: L. F. In: Canada's past and present. Hg. v. R. McDOUGALL. Toronto 1965.

Fredegar, im 16. Jh. aufgekommener Name für den angebl. Verfasser einer fränk. Weltchronik des 7. Jh.; heute geht man von mehreren Autoren aus, die den ›Chronikon‹ in schlechtem Latein wohl in Burgund geschrieben und um 660 abgeschlossen haben. Für die Zeit bis 584 Kompilation aus älteren Vorlagen, für 584–642 eigenständige und wichtigste Geschichtsquelle dieser Zeit, ebenso die Fortsetzungen bis 768. Kennzeichnend sind die Lösung vom universalist. Geschichtsbild der Spätantike und die Wendung zum ›gentilen‹ Denken, das die Einzelvölker als Träger der Geschichte versteht.
Literatur: WATTENBACH, W./LEVISON, W.: Deutschlands Geschichtsquellen im MA. Vorzeit u. Karolinger. H.1 u. 2. Weimar 1952–53.

Fredro, Aleksander Graf, * Surochów bei Jarosław 20. Juni 1793, † Lemberg 15. Juli 1876, poln. Dramatiker. – Trat 1809 in die frz. Armee ein; 1814 in Paris, wo das Theater großen Einfluß auf ihn ausübte; Schöpfer und bedeutendster Vertreter des poln. Lustspiels. Witzig und aus der Sicht des aristokrat. Offiziers

setzte er sich mit den Schwächen der Gesellschaft auseinander, wobei die frz. Komödie (v. a. Molière) als Vorbild zu erkennen ist; auch Stoffe aus der nat. Geschichte; von den Romantikern heftig angegriffen; bed. Memoiren.
Werke: Herr Geldhab (Kom., 1821, dt. 1956), Mann und Frau (Kom., 1822, dt. 1955), Damen und Husaren (Kom., 1825, dt. 1954), Śluby panieńskie (= Mädchenschwüre, Kom., 1833), Die Rache (Kom., 1834, dt. 1897).
Ausgabe: A. F. Pisma wszystkie. Warschau 1955–68. 14 Bde.
Literatur: POKLEWSKA, K.: A. F. Warschau 1977. – INGLOT, M.: Świat komedii Fredrowskich. Warschau 1986.

Fredro, Andrzej Maksymilian, * in der Region von Przemyśl um 1620, † Przemyśl 15. Juni 1679, poln. polit. Schriftsteller. – Ab 1654 Lemberger Kastellan; ab 1676 Woiwode von Podolien; Hg. altpoln. Sprichwörter und Maximen (›Przysłowia mów potocznych‹ [= Die Sprichwörter der Umgangssprachen], 1658); verfaßte lat. Werke zur Staatslehre und Ethik (›Monita politico-moralia...‹, 1664), zur Rhetorik sowie ein Emblembuch.
Literatur: RYNDUCH, Z.: A. M. F. Danzig 1980.

Fredro, Jan Aleksander Graf, * Lemberg 2. Sept. 1829, † Siemianice bei Posen 15. Mai 1891, poln. Dramatiker. – Sohn von Aleksander F.; kämpfte 1848 auf ungar. Seite und mußte in die Türkei emigrieren, ging von dort 1850 nach Paris; kehrte 1857 nach Galizien zurück; schrieb farcenhafte, seinerzeit beliebte Lustspiele.

Freeling, Nicolas [engl. 'fri:lɪŋ], * London 1927, engl. Schriftsteller. – Verfaßte realist., milieugetreue, durch genaue Charakterisierungskunst ausgezeichnete Kriminalromane, zunächst um den sympath. holländ. Detektiv Van der Valk sowie später um dessen Witwe oder um sein frz. Äquivalent Henri Castang.
Werke: Liebe in Amsterdam (R., 1962, dt. 1963), Van der Valk und die Katzen (R., 1963, dt. 1965), Valparaiso (R., 1965), Das Traumschloß (R., 1968, dt. 1970), Tsching bumm (R., 1969, dt. 1969), Der schwarze Rolls-Royce (R., 1978, dt. 1980), Inspektor van der Valks Witwe (R., 1979, dt. 1979), Castangs Stadt (R., 1980, dt. 1981), Ein verdammtes Ding nach dem anderen (R., 1981, dt. 1982), Wolfsnacht (R., 1982, dt. 1982), Keine Schuld an ihrem Tod (R., 1984, dt.

1984), Kalt wie Eisen (R., 1986, dt. 1987), Lady Macbeth (R., 1988, dt. 1989), Mord auf Norderney (R., 1989, dt. 1991).

Freeman, Mary Eleanor [engl. 'fri:mən], geb. Wilkins, * Randolph (Mass.) 31. Okt. 1852, † Metuchen (N. J.) 13. März 1930, amerikan. Schriftstellerin. – Trug mit ›objektiven‹ realist. Kurzgeschichten viel zur Entwicklung der amerikan. Heimatkunst bei; in ihren z. T. im Dialekt geschriebenen Geschichten zeichnet sie das ländl. Leben der Menschen in Neuengland; auch Verfasserin von Romanen.

Werke: A humble romance (Kurzgeschichten, 1887), A New England nun (Kurzgeschichten, 1891), Pembroke (R., 1894), Jerome. A poor man (R., 1897), Edgewater people (Kurzgeschichten, 1918).
Ausgaben: The best stories of M. E. Wilkins. Hg. v. H. W. LANIER. New York 1927. Nachdr. St. Clair Shores (Mich.) 1971. – The infant sphinx. Collected poems of M. E. Wilkins F. Hg. v. B. L. KENDRICK. Metuchen (N. J.) 1985.
Literatur: FOSTER, E.: M. E. Wilkins F. New York 1956. – WESTBROOK, P. D.: M. Wilkins F. New York 1967.

Freiberg, Heinrich von, mhd. Epiker, † Heinrich von Freiberg.

Freiberg, Siegfried, * Wien 18. Mai 1901, † Veghel (Nordbrabant) 5. Juni 1985, österr. Schriftsteller. – War 1950 bis 1964 Direktor der Bibliothek und des Kupferstichkabinetts der Akad. der bildenden Künste in Wien; Verfasser realist. Gegenwarts- und Sozialromane; auch Lyrik (von R. M. Rilke beeinflußt), Dramen und Hörspiele.

Werke: Die vierte Tafel (Sonette, 1928), Salz und Brot (R., 1935), Die harte Freude (R., 1938), Die Liebe, die nicht brennt (R., 1940), Wo der Engel stehen sollte... (R., 1948), Das kleine Weltmisthaus (Dr., 1951), Geborgenheit (R., 1960), Der Grasel (Volksstück, 1963), Ihr werdet sehen (R., 1967), Zwischenspiel am See (Nov.n, 1971), Tage wie Ferien (R., 1972), Zwischen Freiheit und Jenseits (Dr., 1973), Die Maultasch (Schsp., 1975), Abschied ohne Wiederkehr (R., 1980), Fisch im Netz (R., 1980).

Freiburger, Walter, Pseudonym des dt. Schriftstellers und Kritikers Walter † Jens.

Freidank (mhd. Frîdanc, Vrîdanc, Frîgedanc), mhd. Spruchdichter aus der 1. Hälfte des 13. Jahrhunderts. – Verfasser einer Sammlung von meist 2–4zeiligen Reimpaarsprüchen mit dem Titel

›Bescheidenheit‹ (d. h. Bescheidwissen, Einsicht), die Lebensweisheiten, Sprichwörter, Exempel zu religiösen, ethischmoral. und prakt. Lebensbereichen enthalten; die Grundeinstellung (Stände, Zinsverbot) ist konservativ. F. schöpft dabei aus bibl., antiken, theolog. und volkstüml. Quellen. Die breite und anhaltende Wirkung seines Werkes verrät sich u. a. in der häufigen Zitierung von F.s Sprüchen in späterer Literatur (z. B. im ›Renner‹ Hugos von Trimberg, um 1300, oder einem Cento Oswalds von Wolkenstein, um 1400), in der reichen handschriftl. Überlieferung seit der Mitte des 13. Jh. und in mehreren frühen Druckausgaben: um 1500 in Leipzig, 1508 in Straßburg (durch Sebastian Brant), 1538 in Worms. – In den Annalen des Zisterzienserklosters Kaisheim (bei Donauwörth) ist 1233 der Tod eines ›magister Fridancus‹ bezeugt. Im Anhang der Colmarer Annalen ›De rebus Alsaticis ineuntis saeculi XIII‹ (15. Jh.) wird ein ›Frydanckus vagus‹ erwähnt, der ›rithmos theutonicos gratiosos‹ verfaßt habe. Beide Zeugnisse werden auf F. bezogen, daraus wird dessen oberdt. Herkunft abgeleitet.

Ausgabe: Fridankes Bescheidenheit. Hg. v. H. E. BEZZENBERGER. Halle/Saale 1872. Nachdr. Aalen 1962.
Literatur: LEITZMANN, A.: Studien zu F.s Bescheidenheit. Bln. 1950. – SPIEWOK, W.: F. in: Weimarer Beitrr. 11 (1965), S. 212. – SEIFFERT, L.: Wortfeldtheorie u. Strukturalismus. Studien zum Sprachgebrauch F.s. Stg. 1968. – EIFLER, G.: Die eth. Anschauungen in F.s ›Bescheidenheit‹. Tüb. 1969. – JÄGER, B.: ›Durch reimen gute lere geben‹. Unterss. zu Überlieferung u. Rezeption F.s im Spät-MA. Göppingen 1978.

Freie Bühne, Theaterverein, von O. Brahm, P. Schlenther, M. Harden, Th. Wolff, den Brüdern H. und J. Hart u. a. 1889 in Berlin nach dem Vorbild von André Antoines (* 1858, † 1943) † Théâtre-Libre gegründet; führte in geschlossenen Vorstellungen v. a. (meist durch Zensur verbotene) naturalist. Dramen auf (u. a. H. Ibsen, G. Hauptmann, A. Holz, J. Schlaf, A. Strindberg). Vorsitzender war bis 1894 O. Brahm (bis 1898 P. Schlenther, ab 1898 L. Fulda), der auch die 1890 begründete Zeitschrift ›Freie Bühne für modernes Leben‹ (weitergeführt ab 1894 als ›Neue dt. Rundschau‹, ab 1904 als ›Die neue Rundschau‹) herausgab. Ähnl. Vereine entstanden in Berlin (›Freie Volksbühne‹, 1890; ›Dt. Bühne‹, 1890), München (›Akademischdramat. Verein‹, 1894), Leipzig (›Litterar. Gesellschaft‹, 1895), London, Wien und Kopenhagen.

Freie Künste ↑ Artes liberales.

Freienthal, Reinhold von, Pseudonym des schweizer. Epigrammatikers Johannes ↑ Grob.

freie Rhythmen, metrisch ungebundene, reimlose Verse von beliebiger Zeilenlänge und meist beliebiger Anzahl unbetonter Silben zwischen den betonten, ohne feste Strophengliederung, doch häufig sinngemäß in verschieden lange Versgruppen gegliedert. Im Gegensatz zur reinen Prosa folgen die Hebungen jedoch annähernd in gleichem Abstand. Die Gliederung in Verszeilen unterscheidet die f. Rh. von der sog. rhythm. Prosa. – F. Rh. wurden entwickelt unter dem Einfluß der Psalmen und der Dichtung der Antike, besonders als vermeintl. Nachahmung des Pindarischen ↑ Dithyrambus, tatsächlich aber der jung-att. unstroph. polyrhythm. Dithyramben (nach Melanippides), mit hymnisch-ekstat. Ton. In der dt. Literatur wurden sie erstmals von F. G. Klopstock (›Frühlingsfeier‹, 1759), dann in der ↑ Bardendichtung und vom jungen Goethe verwendet (›Wanderers Sturmlied‹, ›Ganymed‹, ›Prometheus‹); weitere Beispiele finden sich bei J. Ch. F. Hölderlin, Novalis, H. Heine, F. Nietzsche, R. M. Rilke, F. Werfel, G. Trakl, G. Benn, B. Brecht und den meisten Lyrikern der Gegenwart F. Rh. wurden auch in der außerdt. Literatur verwendet: in Amerika von W. Whitman, in Großbritannien von T. S. Eliot und W. H. Auden, in Frankreich von P. Claudel, in der Sowjetunion von W. W. Majakowski. – In neuerer Zeit werden Versuche einer Annäherung der f. Rh. an den natürl. Rhythmus der Alltagssprache unternommen. – ↑ auch freie Verse.

Literatur: CLOSS, A.: Die f. Rh. in der dt. Lyrik. Bern 1947. – JÜNGER, F. G.: Rhythmus u. Sprache im dt. Gedicht. Stg. 1952. – ENDERS, H.: Stil u. Rhythmus. Studien zum freien Rhythmus bei Goethe. Marburg a. d. L. 1962.

Freies Deutsches Hochstift – Frankfurter Goethe-Museum, 1859 gegründetes Institut zur Pflege von Wiss., Kunst und Bildung, bes. zur Erforschung der Goethezeit; Sitz seit 1863 in Frankfurt am Main. Stiftung des Privatrechts, der auch das Frankfurter Goethehaus, eine Spezialbibliothek für das 18. und 19. Jh. (120 000 Bde.) und ein literar. Archiv (25 000 Handschriften, v. a. Goethe-Kreis und Romantiker) gehören. Museum und graph. Sammlung enthalten etwa 400 Gemälde und 14 000 graph. Blätter. Seit 1861 erscheint ein ›Jahrbuch des Freien Dt. Hochstifts‹ (bis 1901 als ›Berichte‹; Neue Folge, hg. von Detlev Lüders [* 1929], seit 1962), ferner die ›Reihe der Schriften‹ (seit 1966; vorher ›Reihe der Vorträge und Schriften‹). 1929–43 erschien ein ›Goethe-Kalender‹; in Vorbereitung ist eine ›Historisch-krit. Ausgabe sämtl. Werke und Briefe C. Brentanos‹ und eine ›Krit. Ausgabe sämtl. Werke H. von Hofmannsthals‹, berechnet auf je etwa 50 Bände.

Literatur: ADLER, F.: F. D. H. Seine Gesch. Tl. 1 1859–85. Ffm. 1959 (m.n.e.).

freie Verse, gereimte, meist jamb. oder trochäische Verse verschiedener Länge und freier Hebungszahl; zuerst im italien. ↑ Madrigal (deshalb auch Madrigalverse), danach auch in anderen, mit Musik verbundenen literar. Formen (Oper, Singspiel, Kantate usw.) und in frz. Fabeln (J. de La Fontaine) und Komödien (Molière) des 17. Jh. (↑ Vers libre), dann in den dt. Fabeln (Ch. F. Gellert), Lehrgedichten (B. H. Brockes, A. von Haller) und Verserzählungen (Ch. M. Wieland) des 18. Jahrhunderts. – Bei manchen frz. Symbolisten (A. Rimbaud, J. Laforgue) und dt. Expressionisten (F. Werfel, E. Stadler) wurde das feste regelmäßige Versmaß aufgegeben, so daß sich die f. V. nur noch durch den Reim von den ↑ freien Rhythmen unterschieden. – ↑ auch Reimprosa.

Freilichtbühne, svw. ↑ Freilichttheater.

Freilichttheater, Theater im Freien, meist vor landschaftlich reizvoller Kulisse (Naturtheater) oder auf Marktplätzen, in Schloßhöfen usw. Frühe Formen waren u. a. das antike Theater, im MA die Aufführung geistl. Spiele auf Marktplätzen oder vor Kirchen, die Theater in den höf. Parks des 17. und 18. Jh.; Wiederbelebung im 20. Jh., oft in Verbindung mit sommerl. Festspielen, z. B. die Aufführung von H. von Hofmannsthals Drama ›Jedermann‹ (1911) vor dem Salzburger Dom, Festspiele in der Ruine der Stiftskirche Bad Hersfeld, Opernfestspiele in der Arena von Verona, Sommerfestspiele in Avignon in den Höfen des Papstpalastes.

Freiligrath, Ferdinand [...ligra:t, ...lɩçra:t], * Detmold 17. Juni 1810, † Cannstatt (heute zu Stuttgart) 18. März 1876, dt. Schriftsteller. – Kaufmannslehrling, dann Buchhalter in Amsterdam und Kontorist in Barmen. In den von der frz. Romantik beeinflußten Gedichten aus dieser Zeit (›Gedichte‹, 1838) huldigte er dem Exotischen und Farbenprächtigen. Ab 1839 freier Schriftsteller. Ab 1842 erhielt er durch den König von Preußen ein Ehrengehalt, auf das er 1844 verzichtete; 1844 veröffentlichte er die Gedichtsammlung ›Ein Glaubensbekenntniß‹, in der er radikalpolit. Ziele vertrat. Seiner Gesinnung wegen verfolgt, ging er 1845 nach Brüssel (Bekanntschaft mit K. Marx), dann in die Schweiz, 1846 nach London. Die Umwälzung von 1848 begrüßte F. mit den Gedichten ›Februar-Klänge‹ (1848) und ›Die Revolution‹ (1849). Nach seiner Rückkehr wurde er verhaftet, jedoch freigesprochen; er floh nach Holland und kehrte 1850 nach Deutschland zurück, das er 1851 jedoch wegen seiner ›Neueren polit. und sozialen Gedichte‹ (2 Bde., 1849–51) und der Beteiligung an der demokrat. Zentralbehörde in Köln wieder verlassen mußte. Er lebte daraufhin in London, 9 Jahre als Direktor der Schweizer Generalbank; 1868 kehrte er nach Deutschland zurück, ab 1874 lebte er in Cannstatt. Höher zu werten als F.s literar. Bedeutung sind sein polit. Einsatz und der idealist. Schwung, mit dem er zu sozialer Reform und nat. Erhebung aufrief. F. war auch Übersetzer engl., amerikan. und frz. Literatur (u. a. R. Burns, H. W. Longfellow, V. Hugo, A. de Musset).

Weitere Werke: Das maler. und romant. Westphalen (1841; mit L. Schücking), Ça ira! (Ged.,

Ferdinand
Freiligrath

1846), Die Todten an die Lebenden. Juli 1848 (Ged., 1848), Neue Gedichte (hg. 1877).

Ausgaben: F. F. Sämtl. Werke. Hg. v. L. SCHRÖDER. Lpz. 1907 (mit Biogr.). 10 Bde. – F. F. Werke. Hg. v. J. SCHWERING. Bln. 1909. Nachdr. Hildesheim 1974. 2 Bde. – F.s Briefwechsel mit Marx u. Engels. Glashütten im Taunus 1976. 2 Bde.

Literatur: EULENBURG, H.: F. F. Bln. 1948. – F. F. als dt. Achtundvierziger u. westfäl. Dichter. Hg. v. E. KITTEL. Lemgo 1960. – Die Akten F. F. u. Georg Herwegh. Hg. v. B. KAISER. Weimar 1963. – FLEISCHHACK, E.: Bibliogr. F. F. 1829–1990. Bielefeld 1993.

Freimund, Pseudonym des dt. Schriftstellers Ludolf † Wienbarg.

Frénaud, André [frz. fre'no], * Montceau-les-Mines (Saône-et-Loire) 26. Juli 1907, † Paris 21. Juni 1993, frz. Lyriker. – Gehörte zu den engagierten existentialist. Lyrikern der Résistance, die sich um P. Seghers sammelten. Verfasser schwer zugängl., spröder Dichtung. Erhielt 1973 den ›Grand prix de poésie‹ der Académie française und 1985 den ›Grand prix national de poésie‹.

Werke: Les rois mages (Ged., 1943), La noce noire (Ged., 1946), Les paysans (Ged., 1951), Il n'y a pas de paradis (Ged., 1963), La sainte face (Ged., 1968), Depuis toujours déjà (Ged., 1970), La sorcière de Rome (Ged., 1973), Notre inhabileté fatale (Essay, 1979), Haeres (Ged., 1982), Nul ne s'égare (Ged., 1986).

Literatur: WIEDMER, M.: A. F. Diss. Zü. 1969. – A. F. Études et poèmes. In: Sud 11 (1981), Hefte 39 u. 40 (mit Bibliogr.). – Pour A. F. Hg. v. F. BODDAERT. Cognac 1993.

Frencel, Michał [sorb. 'frɛntsɛl], obersorb. Schriftsteller und ev. Theologe, † Frentzel, Michael.

French, Marilyn [engl. frentʃ], Pseudonym Mara Solwoska, * New York

21. Nov. 1929, amerikan. Schriftstellerin. – Gestützt auf ihre eigenen Erfahrungen, zeichnet F. in ihren erfolgreichen Romanen die Geschichte der Frauenemanzipation im Nachkriegsamerika nach. So schildert ›Frauen‹ (1977, dt. 1978) anhand von 16 Frauenschicksalen die allmähl. Befreiung von Hausarbeit und Kindererziehung durch berufl. Karriere. Die sich aus dem Widerspruch zwischen feminist. Positionen und traditionellen Vorstellungen über die Beziehungen von Mann und Frau ergebenden Konfliktsituationen sind das Thema von ›Das blutende Herz‹ (R., 1980, dt. 1983) sowie der sozialkrit. Studie ›Jenseits der Macht. Frauen, Männer und Moral‹ (1985, dt. 1988). Die weibl. Perspektive dominiert schließlich in dem Roman ›Tochter und Mutter‹ (1987, dt. 1988).

Weitere Werke: The book as world. James Joyce's ›Ulysses‹ (Studie, 1976), Shakespeare's division of experience (Studie, 1982), Der Krieg gegen die Frauen (Studie, 1992, dt. 1992), Vater unser (R., 1994, dt. 1994).

Freneau, Philip Morin [engl. fri'nou], * New York 2. Jan. 1752, † bei Middletown Point (N. J.) 19. Dez. 1832, amerikan. Dichter. – Entstammte einer hugenott. Familie, studierte in Princeton, fuhr einige Jahre zur See und war danach (1790–99) polit. Journalist im Auftrag Th. Jeffersons. F. wurde mit seiner politisch engagierten Lyrik zum Dichter der Revolution und der jungen amerikan. Republik.

Werke: The rising glory of America (Ged., 1772, zus. mit H. H. Brackenridge), General Gage's confession (Satire, 1775), The house of night (Ged., 1779), The British prison ship (Satire, 1781), Poems (1786), The village merchant (Skizzen, 1794).
Ausgaben: Ph. M. F. Poems. Hg. v. F. L. PATTEE. Princeton (N. J.) 1902–07. 3 Bde. – The poems of F. Hg. v. H. H. CLARK. New York 1929. – The last poems of Ph. F. Hg. v. PH. F. LEARY. New Brunswick (N. J.) 1945.
Literatur: LEARY, L.: That rascal F. A study in literary failure. New Brunswick (N. J.) 1941. – MARSH, PH. M.: Ph. F., poet and journalist. Minneapolis (Minn.) 1967.

Frenssen, Gustav, * Barlt (Dithmarschen) 19. Okt. 1863, † ebd. 11. April 1945, dt. Schriftsteller. – Bis 1902 ev. Pfarrer, danach freier Schriftsteller. Wurde mit seinen beliebten Romanen (›Die Sandgräfin‹, 1896; ›Jörn Uhl‹, 1901; ›Hilligenlei‹, 1905; ›Otto Babendiek‹, 1926, u. a.) einer der erfolgreichsten Schriftsteller um die Jahrhundertwende. Seine Darstellung der norddt. Landschaft und des Volkslebens sowie seine sichere Charakterzeichnung wirken überzeugend, doch beeinträchtigten Sentimentalität und Manierismus sein Schaffen in zunehmendem Maße. F.s Abwendung vom Christentum gipfelt in der Schrift ›Der Glaube der Nordmark‹ (1936), in der er einen germanisch-heidn. Schicksalsglauben vertritt und vom Christentum als einer ›Form des Herrenmenschentums‹ spricht.

Weitere Werke: Dorfpredigten (3 Bde., 1899–1902), Peter Moors Fahrt nach Südwest (R.–1906), Die Brüder (E., 1917), Lütte Witt (E., 1924), Meino der Prahler (R., 1933), Lebensbericht (Autobiogr., 1940).
Ausgabe: G. F. Werke. Bln. u. Hamm 1943. 6 Bde.
Literatur: SCHMIDT, ARNO: Ein unerledigter Fall. Zum 100. Geburtstag v. G. F. In: SCHMIDT: Die Ritter vom Geist. Karlsr. 1965. – JORDAN, O.: G. F. Bibliogr. Bohmstedt 1978.

Frentzel, Carl Wilhelm Theodor, dt. Schriftsteller, † Frenzel, Carl Wilhelm Theodor.

Frentzel, Michael (sorb. Michał Frencel), * Pietschwitz (heute zu Coblenz, Landkreis Bautzen) 2. Febr. 1628, † Großpostwitz (Oberlausitz) 29. Juni 1706, obersorb. Schriftsteller und ev. Theologe. – Begründer der obersorb. Schriftsprache; Pfarrer in Großpostwitz; bemühte sich, durch Pflege der Muttersprache die Volksbildung zu heben; Übersetzung des NT ins Obersorbische (1706).

Frenzel (Frentzel), Carl Wilhelm Theodor, * Berlin 6. Dez. 1827, † ebd. 10. Juni 1914, dt. Schriftsteller. – Als Feuilletonredakteur der ›Berliner National-Zeitung‹ (1862–1908) sowie als Literatur- und Theaterkritiker an der ›Dt. Rundschau‹ (1874–1914) hatte er großen Einfluß auf das bürgerliche Publikum im Wilhelminischen Berlin; schrieb v. a. biographische Romane und Erzählungen.

Werke: Novellen (1860), Die drei Grazien (R., 3 Bde., 1862), Charlotte Corday (R., 1864), Watteau (R., 2 Bde., 1864), La Pucelle (R., 3 Bde., 1871), Die Geschwister (R., 4 Bde., 1881), Dunst (R., 1887), Schönheit (Nov., 1887), Wahrheit (Nov., 1890).

Frescobạldi, Dino, * Florenz nach 1271, † ebd. vor 1316, italien. Dichter. – Entstammte einer florentin. Bankiersfamilie; seine Minnelyrik steht im Gefolge des Dolce stil nuovo G. Cavalcantis und Dantes, er gebraucht jedoch auch eigene Motive; insbes. Preis des Todes als Erlöser von der Liebespein; wurde von G. Boccaccio gerühmt.

Ausgabe: A critical edition of the poetry of D. F. Hg. v. J. ALESSIA. Bloomington (Ind.) 1971.
Literatur: ALESSIA, J.: The poetry of D. F. New York u. a. 1983.

Freuchen, Peter [dän. 'frɔi̯'gən], * Nyköbing (Falster) 20. Febr. 1886, † Elmendorf (Alas.) 3. Sept. 1957, dän. Schriftsteller und Ethnologe. – Nahm an mehreren großen Expeditionen, u. a. mit K. Rasmussen, teil; floh aus dt. Internierung 1944 in die USA; schrieb v. a. unterhaltsame Reiseberichte und Romane, die von tiefem psycholog. Verständnis für das Wesen der Eskimo und Indianer erfüllt sind; daneben auch Hörspiele und Drehbücher.

Werke: Der Nordkaper (R., 1929, dt. 1931), Das Leben geht weiter (Autobiogr., 1938, dt. 1941), Larions Gesetz (R., 1948, dt. 1955), I al frimodighed (Autobiogr., 1953), Fremdeles frimodighed (Autobiogr., 1955), Das Buch der sieben Meere (hg. 1958, dt. 1959).
Literatur: Bogen om P. F. Hg. v. PIPALUK FREUCHEN. Kopenhagen 1958.

Freudenspiel, in der Barockzeit dt. Bez. für Komödie.

Freumbichler, Johannes, * Henndorf am Wallersee 22. Okt. 1881, † Salzburg 11. Febr. 1949, österr. Schriftsteller. – Großvater von Th. Bernhard; bäuerl. Abkunft; viele Berufe; schrieb realist., unsentimentale Romane, Erzählungen und Gedichte.

Werke: Philomena Ellenhub (R., 1937), Geschichten aus dem Salzburgischen (1938), Auszug und Heimkehr des Jodok Fink (R., 1942), Rosmarin und Nelken (Mundart-Ged., hg. 1952).

Freundlich, Elisabeth, Pseudonym E. Lanzer, * Wien 21. Juli 1906, österr. Journalistin und Schriftstellerin. – Studierte Germanistik in Wien, emigrierte 1938 nach Frankreich, später in die USA; war ∞ mit G. Anders. 1950 Rückkehr nach Wien, wo sie u. a. als Übersetzerin und Journalistin (Berichte z. B. über NS-Prozesse) tätig war. Ihr literar. Werk setzt die Tradition der klassisch-realist. Erzähler fort.

Werke: Invasion Day (E., 1948), Der eherne Reiter (R., 1960), Sie wußten, was sie wollten (Lebensbilder, 1981), Der Seelenvogel (R., 1986), Die Ermordung einer Stadt namens Stanislau. NS-Vernichtungspolitik in Polen 1939–45 (1986), Finstere Zeiten (En., 1986), Die fahrenden Jahre (Erinnerungen, 1992).

Frey, Adolf, * Küttigen 18. Febr. 1855, † Zürich 12. Febr. 1920, schweizer. Schriftsteller. – 1898–1910 Prof. für Literaturgeschichte in Zürich; befreundet mit G. Keller und C. F. Meyer, die sein dichter. Schaffen in hohem Grade beeinflußten; schrieb u. a. hochdt. und mundartl. Lyrik und realist. Romane aus der schweizer. Geschichte.

Werke: Albrecht von Haller... (Biogr., 1879), Gedichte (1886), Erinnerungen an Gottfried Keller (1892), Conrad Ferdinand Meyer (Biogr., 1899), Die Jungfer von Wattenwil (R., 1912), Neue Gedichte (1913), Bernhard Hirzel (R., 1918), Stundenschläge (Ged., 1920).
Literatur: FREY, L.: A. F. Lpz. 1923–25. 2 Bde.

Frey, Alexander Moritz, * München 29. März 1881, † Zürich 24. Jan. 1957, dt. Schriftsteller. – Emigrierte 1933 nach Österreich, 1938 in die Schweiz; schrieb phantast. und schwermütige Romane, Märchen und Novellen, die von sozialer, z. T. auch polit. Satire bestimmt sind.

Werke: Dunkle Gänge (En., 1913), Solneman der Unsichtbare (R., 1914), Kastan und die Dirnen (R., 1918), Spuk des Alltags (En., 1920), Der unheiml. Abend (En., 1923), Viel Lärm um Liebe (R., 1926), Die Pflasterkästen (R., 1929), Das abenteuerl. Dasein (R., 1930), Verteufeltes Theater (R., 1957).

Frey, Friedrich Hermann, dt. Schriftsteller, ↑ Greif, Martin.

Frey, Jakob, * Gontenschwil bei Aarau 13. Mai 1824, † Bern 30. Dez. 1875, schweizer. Schriftsteller. – Vater von Adolf F.; Journalist und Redakteur an verschiedenen schweizer. Zeitungen. Sein realist. Erzählwerk umfaßt v. a. Novellen und Geschichten aus dem dörfl. Leben (›Schweizerbilder‹, 1864).

Weitere Werke: Zwischen Jura und Alpen (En., 2 Bde., 1858), Die Waise von Holligen (R., 1863), Erzählungen aus der Schweiz (hg. 1885).

Frey, Karl, schweizer. Schriftsteller, ↑ Falke, Konrad.

Freyenthal, Ernst Warnmund von, Pseudonym des schweizer. Epigrammatikers Johannes ↑ Grob.

Freyre, Gilberto [de Melo] [brasilian. 'freiri], * Recife 15. März 1900, † ebd. 18. Juli 1987, brasilian. Soziologe und Schriftsteller. – Suchte auf der Grundlage soziolog., histor., anthropolog. Forschung Kultur und gesellschaftl. Struktur des modernen Brasiliens zu erhellen; übte starken Einfluß auf die Literatur des Nordostens (José Lins do Rêgo Cavalcanti u. a.) aus; schrieb auch Romane teils autobiograph. Inhalts und Lyrik.
Werke: Herrenhaus und Sklavenhütte (Abh., 1933, dt. 1965), Das Land in der Stadt (Abh., 1936, dt. 1982), Interpretação do Brasil (Abh., 1945), Ordem e progresso (Abh., 1959), Vida, forma e côr (Abh., 1962), Dona Sinhá e o filho padre (R., 1964), O outro amor do Dr. Paulo (R., 1977).
Literatur: MELO MENESES, D. DE: G. F. Notas biográficas. Rio de Janeiro 1944. – G. F. Sua ciência, sua filosofia, sua arte. Rio de Janeiro 1962. – COUTINHO, E.: A imaginação do real. Uma leitura da ficção de G. R. Rio de Janeiro 1983.

Freytag, Gustav, * Kreuzburg O. S. 13. Juli 1816, † Wiesbaden 30. April 1895, dt. Schriftsteller. – Philologe, 1839–44 Dozent für dt. Literatur in Breslau, dann freier Schriftsteller. 1848–70 Mit-Hg. der Zeitschrift ›Die Grenzboten‹; 1867–70 Abgeordneter der Nationalliberalen Partei im Norddt. Reichstag. Publizist der aufstrebenden Mittelklasse, bed. Vertreter des sog. poet. Realismus, überzeugt, daß das Bürgertum Grundlage eines neuen Staates sei. Nüchtern in seinem literar. Werk, das seine pädagog. Absichten und seinen Fortschrittsglauben zeigt und sich durch lebendige Charakterschilderung und klaren Stil auszeichnet. F.s Romane fanden weite Verbreitung. Er begann mit Gedichten und Dramen (u. a. ›Die Journalisten‹, Lsp., 1854), es folgte ›Soll und Haben‹ (3 Bde., 1855), ein realist. Roman, der ein Bild der sozialen Schichten der Zeit gibt (Vorbilder Ch. Dickens und W. Scott). In den ›Bildern aus der dt. Vergangenheit‹ (2 Tle., 1859; erweitert 1867 auf 5 Bde.), seinem wohl bedeutendsten Werk, gelangen F. eindrucksvolle Schilderungen, die es noch heute kulturgeschichtlich wertvoll erscheinen lassen. In dem sechsbändigen Romanzyklus ›Die Ahnen‹ (›Ingo und Ingraban‹, 1872; ›Das Nest der Zaunkönige‹, 1873; ›Die Brüder vom dt. Haus‹,

1874; ›Marcus König‹, 1876; ›Die Geschwister‹, 1878; ›Aus einer kleinen Stadt‹, 1880) versuchte er, anhand einer Generationenreihe den Werdegang des dt. Volkes von der german. Zeit bis ins 19. Jh. zu schildern; der zunehmende Mangel an Erfindungsgabe brachte dieses Werk in die Nähe des Professorenromans.
Weitere Werke: Die Brautfahrt... (Lsp., 1844), In Breslau (Ged., 1845), Die Technik des Dramas (1863), Die verlorene Handschrift (R., 1864), Erinnerungen aus meinem Leben (1887). **Ausgaben:** G. F. Ges. Werke Lpz. ³1909–11. 22 Bde. – G. F. Ges. Werke. Lpz. 34.–38. Tsd. 1923. 16 Bde. in 2 Serien. – G. F. Ges. Werke. Hg. v. H. M. ELSTER. Lpz. 1926. 12 Bde. – G. F. Werke. Hamb. 1927–28. 24 Bde.
Literatur: LINDAU, H.: G. F. Lpz. 1907. – MAYRHOFER, O.: G. F. u. das Junge Deutschland. Marburg 1907. Nachdr. New York 1968. – G.-F.-Bll. 1 (1954) ff. – HUBRICH, P. H.: G. F.s ›Dt. Ideologie‹ in ›Soll u. Haben‹. Kronberg i. Ts. 1974. – SCHNEIDER, M.: Geschichte als Gestalt: Formen der Wirklichkeit u. Wirklichkeit der Form in G. F.s Roman ›Soll u. Haben‹. Stg. 1980. – MATONI, J./GALLER, M.: G. F. Bibliogr. Dülmen 1990.

Frezzi, Federico, * Foligno um 1346, † Konstanz 1416, italien. Dichter. – Dominikaner, lehrte an den Universitäten Florenz, Pisa und Bologna, 1404 Bischof von Foligno, nahm am Konzil von Konstanz teil. Sein 74 Gesänge in Terzinen umfassendes allegor. Lehrgedicht ›Il quadriregio‹ beschreibt die Reiche Amors, Satans, der Laster und der Tugend, die letzten drei den Jenseitsreichen Dantes entsprechend, den F. ebenso nachahmt wie G. Boccaccio, F. Petrarcas ›Trionfi‹ und den ›Rosenroman‹.
Ausgabe: F. F. Il quadriregio. Hg. v. E. FILIPPINI. Bari 1914.
Literatur: ROTONDI, G.: F. F. La vita e le opere. Todi 1921.

Frič, Josef Václav [tschech. fritʃ], * Prag 5. Sept. 1829, † ebd. 14. Okt. 1890, tschech. Schriftsteller. – Als Revolutionär zeitweise in Haft; langes freiwilliges Exil; schrieb nationalist. Lyrik; seine unvollendeten ›Paměti‹ (= Erinnerungen, 4 Bde., 1886/87) geben ein Bild der polit. und literar. Situation seiner Heimat; als Dichter von Byronismus und Spätromantik beeinflußt; stand mit A. I. Herzen in Verbindung.
Ausgabe: J. V. F. Spisy. Prag 1956. 4 Bde.

Frick, Hans Joe, * Frankfurt am Main 3. Aug. 1930, dt. Schriftsteller. – Er erhielt eine kaufmänn. Lehre; seit 1965 freier Schriftsteller; lebt in Portugal. Das Erzählwerk ist z. T. autobiographisch geprägt und von F. Kafka beeinflußt. F.s Figuren kämpfen gegen eine unmenschlich gewordene Umwelt an und machen die Erfahrung eines durch die gesellschaftl. Verhältnisse bedingten Identitätsverlusts. Schrieb auch Hör- und Fernsehspiele.

Werke: Breinitzer oder Die andere Schuld (R., 1965, erweiterte Neuausgabe 1979), Der Plan des Stefan Kaminsky (R., 1967), Henri (E., 1970), Mulligans Rückkehr (R., 1972), Tagebuch einer Entziehung (1973), Dannys Traum (R., 1975), Die blaue Stunde (R., 1977), Die Flucht nach Casablanca (R., 1980).

Frick, Wilhelm, dt. Schriftsteller, ↑ Schussen, Wilhelm.

Frída, Emil [tschech. 'fri:da], tschech. Dichter, ↑ Vrchlický, Jaroslav.

Fridegård, Jan [schwed. ˌfri:dəgo:rd], * Enköping (Uppland) 14. Juni 1897, † Uppsala 8. Sept. 1968, schwed. Schriftsteller. – V. a. bekannt durch gesellschaftskrit. Romane und Erzählungen über das schwed. Landproletariat, die z. T. autobiograph. Züge tragen. Der histor. Romanzyklus ›Land der hölzernen Götter‹ (1940, dt. 1980), ›Gryningsfolket‹ (1944) und ›Offerrök‹ (1949) schildert die Wikingerzeit in Schweden aus der Perspektive eines Sklaven.

Weitere Werke: Ich, Lars Hård (R., 1935, dt. 1972), Der Turmhahn (R., 1941, dt. 1950), Svensk soldat (R., 1959).

Literatur: SCHÖN, E.: J. F. Stockholm 1978.

Fridell, Folke Ivar Valter, * Lagan (Kronoberg) 1. Okt. 1904, † Ljungby (Kronoberg) 12. Aug. 1985, schwed. Schriftsteller. – In seinen Romanen Schilderer des durch Maschinen manipulierten und entfremdeten zeitgenöss. Menschen, der trotz materiellen Fortschritts in geistiger Armut lebt; Vertreter und durch seine Stoffwahl Erneuerer des sog. proletar. Realismus der schwed. Arbeiterdichtung.

Werke: Eines toten Mannes Hand (R., 1946, dt. 1949), Greppet hårdnar (R., 1948), Syndfull skapelse (R., 1948), Bekännelse (R., 1949), Något måste gro (R., 1952), Britta und die Ausreißer (Kinderb., 1959, dt. 1963), Stenansiktet (R., 1962), Dag som ovan (R., 1964), Nattfjäril (R.,

1966), Nedlagd by (R., 1980), Något skymmer vägen (R., 1984).

Literatur: BLOM, R.: F. F. Proletärförfattare. Stockholm 1978 [mit frz. Zusammenfassung].

Friderik, Christiane, österr. Lyrikerin und Erzählerin, ↑ Christen, Ada.

Friðjónsson, Guðmundur [isländ. 'friðjɔunsɔn], * Sílalaekur (Aðaldalur) 24. Okt. 1869, † Húsavík 26. Juni 1944, isländ. Schriftsteller. – Vom Realismus und Symbolismus beeinflußt, fand er zu einer nationalromant. Dichtung, deren Themen der harte Kampf der isländ. Bauern ums Dasein und ihre Gebundenheit an Heimat und Tradition sind.

Werke: Ólöf í Ási (R., 1907), Gamla heyið (= Das alte Heu, E., 1915), Haustlöng (= Herbstbilder, Ged., 1915), Kveldgæður (= Abendsegnungen, En., 1923), Kvæði (= Gedichte, 1925), Utan af viðavangi (= Von weit her, Ged., 1942).

Ausgabe: G. F. Ritsafu. Reykjavík 1955–56.

Friðþjofs saga ['frtjɔfs], altnord., wahrscheinlich um 1300 in Island aufgezeichnete, zur Gruppe der ↑ Fornaldar sögur gehörende Saga von der Liebe des norweg. Helden Friðþjof zur schönen Königstochter Ingibjorg; neu gestaltet von E. Tegnér in der Verserzählung ›Die Frithiofs-Sage‹ (1825, dt. 1826).

Ausgaben: F. s. ins froekna. Hg. v. L. LARSSON. Halle/Saale 1901. – Die Friðþjófssaga. In ihrer Überlieferung untersucht u. der ältesten Fassung krit. hg. v. G. WENZ. Halle/Saale 1914. – Die Gesch. v. Fritjof dem Kühnen. Dt. Übers. v. G. WENZ. Jena 1922.

Frieberger, Kurt, * Wien 4. April 1883, † ebd. 19. Nov. 1970, österr. Schriftsteller. – Jurist, tätig im Staatsdienst, u. a. 1946–53 Senatspräsident beim Verwaltungsgerichtshof in Wien; in seiner schwermütigen, doch zugleich lebenszugewandten Lyrik der Barockdichtung verpflichtet; vielseitiger Romanschriftsteller, impressionist. Dramatiker; Übersetzer (u. a. C. Goldoni) und Essayist. Erhielt 1963 den Großen Österr. Staatspreis.

Werke: Barocke Monologe (Ged., 1907), Hendrickje (Schsp., 1908), Barocke Balladen (1919), Die Scherben des Glücks (E., 1928), Bahnbrecher (R., 1946), Der Fischer Simon Petrus (R., 1953), Spiegel des Lebens (Ged., 1960).

Fried, Erich, * Wien 6. Mai 1921, † Baden-Baden 22. Nov. 1988, österr. Schriftsteller. – Nach Verhaftung seiner Eltern emigrierte er 1938 nach Großbritannien, lebte seitdem in London; während des Krieges in verschiedenen Berufen tätig, ab 1946 freier Schriftsteller, gehörte zur Gruppe 47. Schrieb v. a. Gedichte, die anfangs von der liedhaften Sprache der engl. Lyriker beeinflußt sind; später wandte er sich polit. Themen zu und gilt seit der Veröffentlichung seiner Vietnam-Gedichte (›und Vietnam und‹, 1966) als Musterbeispiel eines polit. Lyrikers. Mit Wortspielen und Klangkonstruktionen entlarvte F. in seinen Gedichten Inhumanität und Widersprüche bestimmter Ideologien; auch Erzähler, Hörspielautor und Übersetzer (T. S. Eliot, G. Green, J. Lind, Shakespeare, D. Thomas). 1987 erhielt er den Georg-Büchner-Preis.

Weitere Werke: Deutschland (Ged., 1944), Österreich (Ged., 1945), Ein Soldat und ein Mädchen (R., 1960), Reich der Steine (Ged., 1963), Überlegungen (Ged., 1964), Kinder und Narren (En., 1965), Anfechtungen (Ged., 1967), Befreiung von der Flucht (Ged., 1968, erweitert 1983), Zeitfragen (Ged., 1968), Unter Nebenfeinden (Ged., 1970), Die Freiheit, den Mund aufzumachen (Ged., 1972), Gegengift (Ged., 1974), Höre, Israel! (Ged., 1974, erweitert 1983), Fast alles Mögliche (En., 1975), Die bunten Getüme (Ged., 1977), So kam ich unter die Deutschen (Ged., 1977), 100 Gedichte ohne Vaterland (1978), Liebesgedichte (1979), Zur Zeit und zur Unzeit (Ged., 1981), Das Nahe suchen (Ged., 1982), Das Unmaß aller Dinge (En., 1982), Angst und Trost (En., Ged., 1983), Es ist was es ist (Ged., 1983), In die Sinne einradiert (Ged., 1985), Um Klarheit (Ged., 1985), Mitunter sogar lachen. Zwischenfälle und Erinnerungen (1986), Vorübungen für Wunder (Ged., 1987), Gedanken in und an Deutschland (Essays u. Reden, 1988).
Ausgaben: E. F. Ges. Werke. Hg. v. V. KAUKOREIT u. K. WAGENBACH. Bln. 7.–9. Tsd. 1993. 4 Bde. – E. F. Anfragen u. Nachreden. Polit. Texte. Hg. v. V. KAUKOREIT. Bln. 1994.
Literatur: E. F. Hg. v. H. L. ARNOLD. Mchn. 1986. – Über E. F. Hg. v. M. LEVIN. Wien 1987. – LAMPE, G.: ›Ich will mich erinnern an alles was man vergißt.‹ E. F., Biogr. u. Werk. Köln 1989. – KAUKOREIT, V.: Vom Exil zum Protest gegen den Krieg in Vietnam. Frühe Stationen des Lyrikers E. F. Werk u. Biogr. 1938–1966. Darmst. 1991.

Fried, Jiří [tschech. fri:t], * Prachatice (Südböhm. Gebiet) 1. März 1923, † Prag 18. März 1976, tschech. Schriftsteller. – Verfaßte Drehbücher, später Gedichte; bed. ist seine analyt. Prosa (Erzählungen und Novellen), in der er, psychologisch vorgehend, das Innere seiner Helden bis ins Detail bloßlegte, so z. B. in ›Abel‹ (Nov., 1966).
Weitere Werke: Rozsvícená okna (= Erleuchtete Fenster, Ged., 1954), Časová tíseň (= Zeitnot, Nov., 1961), Das Gerücht (Nov., 1966, dt. 1968), Hobby (Prosa, 1969).

Friedell, Egon, ursprüngl. E. Friedmann (bis 1916), * Wien 21. Jan. 1878, † ebd. 16. März 1938, österr. Journalist, Schauspieler und Schriftsteller. – Studierte Germanistik und Philosophie; befreundet mit P. Altenberg und A. Polgar; leitete das Kabarett ›Fledermaus‹ in Wien, war Theaterkritiker, spielte Chargenrollen bei M. Reinhardt, war dann freier Schriftsteller; Freitod wenige Tage nach dem Einmarsch der dt. Truppen. Glanzvoll sind seine Aphorismen, amüsant und geistreich seine Essays; am bekanntesten wurden die ›Kulturgeschichte der Neuzeit‹ (3 Bde., 1927–31) und die ›Kulturgeschichte des Altertums‹ (Bd. 1 ›Ägypten und Vorderasien‹, 1936, Bd. 2 ›Kulturgeschichte Griechenlands‹, hg. 1950), in denen F. in oft überpointierter Formulierung Verbindungen schuf, die neue Einsichten ermöglichen. Auch Parodien und Übersetzungen, Herausgebertätigkeit.
Weitere Werke: Ecce poeta (Essays, 1912), Die Judastragödie (Dr., 1920), Steinbruch (Aphorismen, 1922), Die Reise mit der Zeitmaschine (Nov., hg. 1946), Das Altertum war nicht antik (Essays, hg. 1950).
Ausgaben: E. F. Abschaffung des Genies. Essays bis 1918. Hg. v. H. ILLIG. Wien ²1984. – E. F. Selbstanzeige. Essays ab 1919. Hg. v. H. ILLIG. Wien ²1985.
Literatur: HAAGE, P.: Der Partylöwe, der nur Bücher fraß. E. F. u. sein Kreis. Düss. 1971. – WISEMAN, R.: E. F. Die Welt als Bühne. Mchn. 1987.

Friedenspreis des Börsenvereins des Deutschen Buchhandels, 1950 als Friedenspreis des Dt. Buchhandels durch die Initiative von 15 dt. Verlegern gestifteter, zunächst mit 10 000 DM, seit 1979 mit 25 000 DM dotierter Literaturpreis, der 1951 in Form einer Stiftung vom Börsenverein des Dt. Buchhandels übernommen wurde. Nach dem Stiftungszweck (›Förderung des Gedankens des Friedens, der Menschlichkeit und der Verständigung der Völker untereinander‹) wurde der Preis bisher jährlich einer ›Persönlichkeit des geistigen Lebens verliehen, die in hervorragendem Maße durch persönl. Leistung und schriftsteller. Arbeit zur Verwirklichung dieses Gedankens beigetragen hat‹. Seit 1969 jetziger Name; seit 1972 (Statutenänderung) besteht die Möglichkeit, den Preis auch postum und an Organisationen zu verleihen. Bisherige Preisträger: M. Tau (1950), A. Schweitzer (1951), R. Guardini (1952), M. Buber (1953), C. J. Burckhardt (1954), H. Hesse (1955), R. Schneider (1956), Th. Wilder (1957), K. Jaspers (1958), Th. Heuss (1959), V. Gollancz (1960), S. Radhakrishnan (1961), P. Tillich (1962), C. F. von Weizsäcker (1963), G. Marcel (1964), N. Sachs (1965), A. Bea und W. A. Visser't Hooft (1966), E. Bloch (1967), L. S. Senghor (1968), A. Mitscherlich (1969), G. und A. Myrdal (1970), M. Gräfin Dönhoff (1971), J. Korczak (1972), Club of Rome (1973), R. Schutz (Frère Roger, 1974), A. Grosser (1975), M. Frisch (1976), L. Kołakowski (1977), A. Lindgren (1978), Y. Menuhin (1979), E. Cardenal (1980), L. S. Kopelew (1981), G. F. Kennan (1982), M. Sperber (1983), O. Paz (1984), T. Kollek (1985), W. Bartoszewski (1986), H. Jonas (1987), S. Lenz (1988), V. Havel (1989), K. Dedecius (1990), G. Konrád (1991), A. Oz (1992), F. Schorlemmer (1993), J. Semprún (1994). – ↑ auch Börsenverein des Deutschen Buchhandels e. V.

Friedenspreis des Deutschen Buchhandels ↑ Friedenspreis des Börsenvereins des Deutschen Buchhandels.

Friedenthal, Richard, * München 9. Juni 1896, † Kiel 19. Okt. 1979, dt. Schriftsteller. – Studium in München, Berlin und Jena; war danach als Verlagslektor tätig; erhielt 1933 Schreibverbot; emigrierte 1938 nach Großbritannien, war 1945–50 Redakteur der ›Neuen Rundschau‹, 1951–54 Verlagsleiter in München; lebte ab 1956 in London (brit. Staatsangehörigkeit seit 1947). Veröffentlichte anfangs Lyrik, dann sprachlich gepflegte Novellen, Romane, Essays, flüssig geschriebene Biographien Händels (1959), Leonardo da Vincis (1959), Goethes (1963), Luthers (1967) und Jan Hus' (1972), in denen er versuchte, die Personen ohne Beschönigung zu zeigen;

Herausgeber des Nachlasses von S. Zweig.

Weitere Werke: Demeter (Sonette, 1924), Maria Rebscheider (Nov.n, 1927), Der Eroberer (R., 1929), Brot und Salz (Ged., 1943), Die Welt in der Nußschale (R., 1956), Die Party bei Herrn Tokaido (Reiseber., 1958), Entdecker des Ich (Essays, 1969).

Literatur: Und unversehens ist es Abend. Von u. über R. F. Hg. v. K. Piper. Mchn. u. Zü. 1976.

Friedlaender, Salomo [...lɛndər], Pseudonym Mynona, * Gollantsch (heute Gołańcz, Woiwodschaft Poznań) 4. Mai 1871, † Paris 9. Sept. 1946, dt. Philosoph und Schriftsteller. – Lebte nach seinem Studium als freier Schriftsteller in Berlin; emigrierte 1933 nach Paris (dort Mitarbeiter am ›Pariser Tageblatt‹). Veröffentlichte neben philosoph. Werken (Hauptwerk: ›Schöpfer. Indifferenz‹, 1918) zahlreiche Grotesken, die ihn bekannt machten und mit denen er auf den ›Aktionskreis‹ und den ›Sturmkreis‹ wirkte.

Weitere Werke: Rosa, die schöne Schutzmannsfrau (Grotesken, 1913), Die Bank der Spötter (Grotesken, 1919), Der Schöpfer (E., 1920), Mein Papa und die Jungfrau von Orléans (Grotesken, 1921), Das widerspenstige Brautbett (Grotesken, 1921), Graue Magie (R., 1922), Ich möchte bellen (Grotesken, 1924), Das Eisenbahnunglück oder der Anti-Freud (Grotesken, 1925), Katechismus der Magie (1926), Hat E. M. Remarque wirklich gelebt? (Satire, 1929), Der lachende Hiob (Grotesken, 1935). **Ausgaben:** Mynona. Prosa. Hg. v. H. Geerken. Mchn. 1980. 2 Bde. – Mynona (d. h. S. F.). Briefe aus dem Exil. 1933–46. Hg. v. H. Geerken. Mainz 1982. – A. Kubin – S. F. Briefwechsel. 1915–42. Hg. v. H. Geerken u. S. Hauff. Linz 1985.

Friedmann, Egon, österr. Journalist, Schauspieler und Schriftsteller, ↑ Friedell, Egon.

Friedrich von Hausen, mhd. Lyriker der 2. Hälfte des 12. Jahrhunderts. – In der Großen Heidelberger und in der Stuttgarter Liederhandschrift sind unter seinem Namen 53 Strophen überliefert, die zum ersten Mal in der dt. Lyrik (neben Heinrich von Veldeke) das Thema der hohen Minne voll entfalten; in den Kreuzliedern gestaltet er den Widerstreit zwischen Gottes- und Frauenminne. F. v. H. gilt als der bedeutendste Vertreter des durch provenzal. Einflüsse gekennzeichneten rhein. Minnesangs im Umkreis des Stauferhofs. Er wird mit dem rheinfränk. Ministerialen dieses Namens identifiziert, der vielleicht von der Burg Rheinhausen an der Mündung des Nekkars in den Rhein (heute Mannheim) stammt und erstmals 1171 im Dienst des Mainzer Erzbischofs urkundlich bezeugt ist, dann, als einer der wichtigsten Beamten im Königsdienst, u.a. 1187 im Gefolge Kaiser Friedrichs I. Barbarossa bei dessen Begegnung mit dem frz. König Philipp II. August, und der als Teilnehmer am 3. Kreuzzug am 6. Mai 1190 bei Philomelion (heute Akşehir) in Kleinasien fiel.

Ausgaben: F. v. H. Introduction, text, commentary and glossary. Hg. v. D. G. MOWATT. Cambridge 1971. – F. v. H. Lieder, mhd./nhd. Text. Übers. u. Komm. v. G. SCHWEIKLE. Stg. 1984. **Literatur:** BRINKMANN, H.: F. v. H. Bad Oeynhausen 1948. – MAURER, F.: Zu den Liedern F.s v. H. In: MAURER: Dichtung u. Sprache des MA. Bern u. a. ²1971. – BEKKER, H.: F. v. H. Inquiries into his poetry. Chapel Hill (N.C.) 1977.

Friedrich von Sonnenburg (Suonenburg, Sunnenburc), mhd. fahrender Spruchdichter (Meister) der 2. Hälfte des 13. Jahrhunderts. – Herkunft unbekannt. Seine Gedichte sind überliefert v.a. in der Großen Heidelberger und in der Jenaer Liederhandschrift (mit Melodien). Ihre Thematik reicht von religiösen Betrachtungen über Fürsten- und Künstepreis, polit. Aktualitäten (z.B. Tod Kaiser Friedrichs II., Krönung König Rudolfs) bis zu typ. Anliegen der Fahrenden (Freigebigkeit, Kargheit der Fürsten). Ende des 13. Jh. von H. Damen als tot beklagt; von den Meistersingern zu den zwölf alten Meistern gezählt.

Ausgabe: Die Sprüche F.s v. S. Tüb. 1979.

Friedrichshagener Dichterkreis, Gruppe von Naturalisten, die sich ab 1890 zunächst in den Häusern von W. Bölsche und B. Wille in Friedrichshagen am Müggelsee (heute zu Berlin) trafen; u. a. G. Hauptmann, M. Halbe, O. E. Hartleben, A. Strindberg, aber auch C. Hauptmann, R. Dehmel und F. Wedekind; 1893, nach Bölsches Wegzug in die Schweiz, war der neue Mittelpunkt das Haus der Brüder H. und J. Hart. – ↑ auch Durch, ↑ Naturalismus.

Friedrich von Schwaben, mhd., in der 1. Hälfte des 14. Jh. im östl. Schwaben entstandener Versroman; in die abenteuerl. Liebesgeschichte sind zahlreiche Motive aus Märchen und Ritterromanen verwoben; politisch intendiert scheint die Verherrlichung des schwäb. Herzogshauses.

Ausgabe: F. v. Sch. Hg. v. M. H. JELLINEK. Bln. 1904. **Literatur:** SCHÖNING, B.: F. v. Sch. Aspekte des Erzählens im spätmittelalterl. Versroman. Erlangen 1991.

Friel, Brian [engl. fri:l], * Omagh (Gft. Tyrone) 9. Jan. 1929, ir. Dramatiker. – In seinen Dramen charakterisiert der in Nordirland aufgewachsene Katholik F. Hoffnungen, Illusionen und Enttäuschungen der ir. Bevölkerung. Häufig spielt die Verflechtung von Realität, Erinnerung und Traum eine entscheidende Rolle, z.B. in ›Ich komme, Philadelphia‹ (Dr., 1965, dt. 1981, erstmals dt. 1977), in ›Die Liebschaften der Katty McGuire‹ (Dr., 1967, dt. 1977) oder in der Familienchronik ›Living quarters‹ (Dr., 1978). Das Thema des Glaubens behandelt F. unter verschiedenen Aspekten in den frühen Stücken ›The enemy within‹ (1962) und ›The blind mice‹ (1963) sowie in dem aus vier Monologen zusammengesetzten ›Faith healer‹ (1980). Aggressive und selbstzerstör. Tendenzen als individuale und nationale Charakterzüge werden deutlich in seinem Drama um eine Gruppe von Wanderschauspielern, ›Crystal and fox‹ (1968), sowie in der Familiengeschichte ›The gentle island‹ (1971). Die polit. Komponente rückt in den Vordergrund in der Satire auf einen texan. Unternehmer in Irland, ›The Mundy scheme‹ (Dr., 1970), dem Stück um den sog. blutigen Sonntag (3. Aug. 1969), ›The freedom of the city‹ (1974), dem Drama um die Zwangsarbeit polit. Gefangener bei einer archäolog. Ausgrabungsstätte, ›Volunteers‹ (1979), und in der Darstellung des Niedergangs der gäl. Schulen im 19. Jahrhundert, ›Sprachstörungen‹ (Dr., 1981, dt. 1982); schreibt auch Hörspiele und Kurzgeschichten (›Das Strohwitwensystem‹, dt. Ausw. 1970; ›Selected stories‹, 1979).

Weitere Werke: Aristokraten (Dr., 1980, dt. EA 1991), Three sisters (Dr., 1982; Übers.), Väter und Söhne (Dr., 1987, dt. 1989), Making history (Dr., 1989), Dancing at Lughnasa (Dr., 1990),

The London vertigo (Dr., 1990), Wonderful Tennessee (Dr., 1993).

Ausgabe: B. F. Selected plays. London 1984. **Literatur:** O'BRIEN, G.: B. F. Neuausg. Boston (Mass.) 1990. – PINE, F.: B. F. and Ireland's drama. London 1990. – ANDREWS, E.: The art of B. F. London 1994.

Fries, Fritz Rudolf, * Bilbao 19. Mai 1935, dt. Schriftsteller. – 1942 Übersiedlung der Familie nach Deutschland, ab 1958 Dolmetschertätigkeit, seit 1966 freier Schriftsteller; lebt in Petershagen bei Berlin. Sein erster Roman ›Der Weg nach Oobliadooh‹ (1966), der in der ehem. DDR nicht veröffentlicht wurde, kreist um die Spannung von individuellem Wunschbild und sozialist. Realität, wie sie sich in Leben und Bewußtsein eines Freundespaares darstellt. In ›See-Stücke‹ (Prosa, 1973) ist die Zentralmetapher der Reise Ausdruck der Flucht vor gesellschaftl. und polit. Veränderungen.

Weitere Werke: Das Luft-Schiff (R., 1974), Der Seeweg nach Indien (En., 1978; in der BR Deutschland u. d. T. Das nackte Mädchen auf der Straße, 1980), Alle meine Hotel-Leben (Reiseprosa, 1980), Alexanders neue Welten (R., 1982), Verlegung eines mittleren Reiches (R., 1984), Hörspiele (1984), Bemerkungen anhand eines Fundes oder Das Mädchen aus der Flasche. Texte zur Lit. (1985), Die Väter im Kino (R., 1989), Die Nonnen von Bratislava (R., 1994).

friesische Literatur, von einzelnen Namen abgesehen, besteht die älteste schriftl. Überlieferung in 13 kurzen Runeninschriften auf unterschiedl. Gegenständen, deren Alter jedoch nicht näher zu bestimmen ist. Die erste Kodifikation fries. Rechtes erfolgte um 800 n. Chr. in lat. Sprache in der ›Lex Frisionum‹. Darin werden drei Rechtsgebiete unterschieden: Westfriesland vom Sinkfal (bei Brügge) bis zur Zuidersee, Mittelfriesland von dort bis zur Lauwerszee, Ostfriesland von dort bis zur Wesermündung. Im heutigen Sprachgebrauch versteht man in Deutschland unter Westfriesland allein die niederl. Provinz Friesland.

Erst aus dem 13. Jh. **(altfries. Zeit)** sind Texte in fries. Sprache bekannt. Es handelt sich dabei ausschließlich um Rechtsquellen. Manche jedoch inhaltlich bis auf das 9. Jh. zurückgehen. Deutlich treten zwei sprachlich unterschiedene Gruppen auf: Ostfriesisch und wester-

lauwersches Friesisch. Die ostfries. Texte zeigen einen älteren Sprachtypus. Von 1329 bis 1573 sind etwa 1 300 Urkunden in fries. Sprache überliefert, von denen bisher etwa 900 veröffentlicht wurden. Sonstige Literatur ist aus dem MA nicht erhalten. Dennoch muß es auch in Friesland eigenständige Dichtung gegeben haben.

Um 800 n. Chr. wird von einem blinden Harfenspieler Bernlef berichtet, der die Taten der Vorväter in Balladen besang. Er scheint auch die Psalmen übersetzt zu haben. Greifbar wird f. L. erst in sog. **mittelfries. Zeit** (etwa 1550–1800). Der bedeutendste westfries. Dichter ist G. Japiks.

Nach 1800 erfuhr die **neufries. Literatur** durch die Romantik eine starke Belebung; v. a. die Brüder J. H. Halbertsma und E. H. Halbertsma wollten ›ihr Volk das Lesen und Singen lehren‹ mit ihren ›Rimen en Teltsjes‹ (1871). Durch sie wurden u. a. angeregt Herre Gerrits van der Veen (* 1816, † 1887), der den ersten Roman (›De kaertlizzer‹, 1856) schrieb, und Harmen Sytses Sytstra (* 1817, † 1862), der sich als erster auch an seine ost- und nordfries. ›Landsleute‹ wandte und die gemeinsame ›großfries.‹ Vergangenheit beschrieb. Zusammen mit Onno Harmens Sytstra (* 1858, † 1939) gab P. J. Troelstra dann als ›Ankündigung einer neuen Generation‹ die Sammlung ›It jonge Fryslân‹ (1881) heraus. Er schrieb anfänglich Liebeslyrik, histor. Balladen und volkstüml. Lieder, später jedoch auch polit. Dichtung. Obe Postma (* 1868, † 1963) dichtete zunächst in schlichten traditionellen Versen, später in freien Rhythmen. S. Kloosterman wurde bes. durch ihren Roman ›De Hoara's fen Hastings‹ (1921) bekannt, R. Brolsma mit seinen Schilderungen vom Leben und Leiden der einfachen Leute (›Groun en minsken‹, 1940). Um 1914 entstand die ›Jungfries. Bewegung‹, die nat. Bestrebungen mit weltoffener Geisteshaltung zu vereinen suchte. Führend war D. Kalma mit seinen Gedichten und Dramen. Dieser Gruppe stehen u. a. nahe: Rintsje Piters Sybesma (* 1894, † 1975), J. H. Brouwer sowie F. Schurer, der Bühnenstücke, Satiren und literar. Essays schrieb, v. a. aber bewußt ›Gebrauchslyriker‹ war. Wichtigster Vertreter der Generation, die in den 30er Jahren debütierte, ist D. A. Tamminga. Nach 1945 machte sich unter den zahlreichen jungen Dichtern eine neue Einstellung zur Dichtung bemerkbar. Ihnen geht es nicht mehr um das Recht auf eigene Sprache, sondern um Gestaltung und Bewältigung der Gegenwartsfragen. Bedeutendste Vertreter der Generation nach 1945 sind A. S. Wadman und T. Riemersma.

Nordfries. Literatur: Hier sind v. a. bed. die Gedichte und Erzählungen der beiden Sylter J. P. Hansen und J. E. Mungard. Der bekannteste Dichter der Insel Föhr, Lorenz Conrad Peters (* 1885, † 1949), schrieb Gedichte, Novellen und Lustspiele. Von den Festlandfriesen sind zu nennen Albrecht Johannsen (* 1888, † 1967) und Katharine Ingwersen (* 1879, † 1968), die außer Gedichten und Erzählungen viele Krippen- und Lustspiele verfaßte.

Das **Ostfriesische** wich bereits seit dem 15. Jh. dem Niederländischen und hat sich nur noch im niedersächs. Saterland gehalten. Das in Ostfriesland gesprochene Niederdeutsch hat lediglich einige Reste der alten fries. Sprache bewahrt. Nennenswerte Literatur aus neuerer Zeit gibt es nicht. Erhalten ist u. a. ein wichtiges Werk aus dem 17. Jh., das ›Memoriale linguae Frisicae‹ des Pastors Johann Cadovius Müller (* 1650, † 1725).

Literatur: RICHTHOFEN, K. VON: Fries. Rechtsquellen. Bln. 1810. – SIEBS, TH.: Gesch. der f. L. Straßburg ²1902. – BORCHLING, C.: Poesie u. Humor im fries. Recht. Aurich 1908. – Frieslands dichters. Zusammengestellt u. eingel. v. A. WADMAN. Leiden 1949. – HARRIS, E. H.: The literature of Friesland. Assen 1956. – Encyclopedie van Friesland. Hg. v. J. H. BROUWER u. a. Amsterdam 1958. – KROGMANN, W.: F. L. In: Reallex. der dt. Literaturgesch. Bln. ²1958. Bd. 1. S. 485. – KROGMANN, W.: Fries. Dichtung. In: Dt. Philologie im Aufriß. Bln. ²1960. Neudr. 1966. Bd. 2. S. 2445. – SJÖLIN, B.: Einf. in das Friesische. Stg. 1969. – HEWETT, W. T.: The Frisian language and literature. New York 1974. – DYKSTRA, K.: Lyts hânboek fan de Fryske literatuer. Leeuwarden 1977. – RIEMERSMA, T.: Proza van het platteland. Bolsward 1984.

Friis, Peder Claussøn [norweg. fri:s], * Ekersund 1. April 1545, † 15. Okt. 1614, norweg. Schriftsteller. – Große Bedeutung als Übersetzer der ›Heimskringla‹ des Snorri Sturluson (›Snorre Sturlesøns Norske Kongers Chronica‹, 1633) und Verfasser topograph. Schriften über Norwegen.

Ausgabe: P. C. F. Samlede skrifter. Hg. v. G. STORM. Christiania 1881.

Fringeli, Dieter, * Basel 17. Juli 1942, schweizer. Schriftsteller. – Gymnasiallehrer, lebte mehrere Jahre in Hamburg, jetzt Feuilletonredakteur in Basel. F.s Interesse an den ›Dichtern im Abseits‹, so der Titel seiner Dissertation (1974), spiegelt sich auch in seinem lyr. Werk. Alleinsein, Vergeblichkeit und Tod sind die Grundmotive seiner Gedichte. Zunehmend werden doppelbödige Wortspiele und Kurzgedichte zum Stilmittel (›Das Wort reden‹, 1971), das Gewohnte anders zu sehen im Rahmen einer gesellschaftsbezogenen Sprachkritik. Auch literaturwiss. Werke, Herausgebertätigkeit.

Weitere Werke: Zwischen den Orten (Ged., 1965), Was auf der Hand lag (Ged., 1968), Das Nahe suchen (Ged., 1969), Durchaus (Ged., 1975), Ich bin nicht mehr zählbar (Ged., 1978), Ohnmachtwechsel (Ged., 1981), Mein Feuilleton (Essays, 1982), Fingernägel (R., 1992), Minderheiten wie Liebe (Ged., 1994).

Frisch, Max, * Zürich 15. Mai 1911, † ebd. 4. April 1991, schweizer. Schriftsteller. – Studierte 1931–33 Germanistik, war nach dem Studienabbruch als freier Journalist tätig; Reisen u. a. nach Südosteuropa; 1936–41 Studium der Architektur. Als Architekt (ab 1942), v. a. als freier Schriftsteller (ab 1955) unternahm er weiterhin zahlreiche Reisen in Europa und nach Übersee. Für das Verständnis von F.s Werk sind seine Tagebücher (›Blätter aus dem Brotsack‹, 1940; bes. das ›Tagebuch 1946–1949‹, 1950, und das ›Tagebuch 1966–1971‹, 1972) von grundlegender Bedeutung. Seine Werke sind in vielen Fällen in den Tagebüchern vorkonzipiert, ihr Entstehungsprozeß wird in ihnen gespiegelt. Tagebücher und Werke bilden so ein eigentlich unauflösl. Werkganzes. F.s Dramen (v. a. ›Don Juan oder Die Liebe zur Geometrie‹, 1953, Neufassung 1961; ›Herr Biedermann und die Brandstifter‹, Hsp. 1956, Dr. 1958; ›Andorra‹, 1961; ›Biographie: Ein Spiel‹, 1967, Neufassung 1985) sind

Lehrstücke ohne Lehre, Parabeln in Form der Moritat, der Farce, der Groteske; seine Romane (v. a. ›Stiller‹, 1954, mit dem Hörspiel ›Rip van Winkle‹, Ursendung 1953, als Vorstufe; ›Homo faber‹, 1957; ›Mein Name sei Gantenbein‹, 1964) sind auch formal der Versuch heute mögl. Erzählens bis in seine Krise. Die Wirkungsmöglichkeiten sah F. dabei allerdings skeptisch: ›Die Erkenntnis-Vorstöße, die unser Jahrhundert bewegen, verdanken wir nicht der Literatur.‹ Dies bezieht sich auch auf die Erzählung ›Montauk‹ (1975), die sich kritisch von der Position des älteren und reiferen Schriftstellers aus mit seinem bisherigen Leben und Schreiben auseinandersetzt und die gleichzeitig der Beginn eines radikalen Rückzuges aus der Realität und deren Sinnbestimmung durch den Menschen ist. Hauptthema der Werke F.s war schon vorher die Selbstentfremdung des modernen Menschen, das Problem der spaltungsbedrohten Identität, der Versuch der Identitätsfindung; mit ›Montauk‹ beginnt aber die sich in ›Triptychon. Drei szen. Bilder‹ (1978) und ›Der Mensch erscheint im Holozän‹ (E., 1979) fortsetzende Tendenz eschatolog. Denkens, Todes- und Altersbewußtseins, die keine realist. Utopien mehr zuläßt. F. erhielt u. a. 1958 den Georg-Büchner-Preis, 1976 den Friedenspreis des Börsenvereins des Deutschen Buchhandels, 1989 den Heinrich-Heine-Preis.

Max Frisch

Weitere Werke: Jürg Reinhart (R., 1934), J'adore ce que me brûle oder Die Schwierigen (R., 1943, 1957 u. d. T. Die Schwierigen oder J'adore ...), Bin oder Die Reise nach Peking (E., 1945), Nun singen sie wieder (Dr., 1946), Die chin. Mauer (Dr., 1947, Neufassungen 1955 und 1972), Santa Cruz (Dr., 1947), Als der Krieg zu Ende war (Dr., 1949, verkürzte Fassung 1962), Graf Öderland (Dr., 1951, ›endgültige Fassung‹ 1961), Ausgewählte Prosa (1961), Zürich-Transit. Skizze eines Films (1966), Öffentlichkeit als Partner (Reden u. a., 1967), Dramaturgisches. Ein Briefwechsel mit W. Höllerer (1969), Wilhelm Tell für die Schule (E., 1971), Glück (E., 1972), Dienstbüchlein (Prosa, 1974), Blaubart (E., 1982), Schweiz ohne Armee? (Essay, 1989). **Ausgaben:** M. F. Stücke. Ffm. 1975. 2 Bde. – M. F. Ges. Werke in zeitl. Folge. Hg. v. HANS MAYER. Ffm. 1976–85. 7 Bde.

Literatur: DURZAK, M.: Dürrenmatt, F., Weiss. Stg. 1972. – STEINMETZ, H.: M. F., Tageb., Drama, Roman. Gött. 1973. – KIERNAN, D.: Existenziale Themen bei M. F. Bln. u. New York 1978. – Begegnungen. Eine Festschr. für M. F. zum 70. Geburtstag. Ffm. 1981. – Über M. F. Hg. v. TH. BECKERMANN u. W. SCHMITZ. Ffm. 4–10 1982–83. 2 Bde. – M. F. Hg. v. H. L. ARNOLD. Mchn. 3 1983. – STEPHAN, A.: M. F. Mchn. 1983. – SCHMITZ, W.: M. F. Das Spätwerk (1962–1982). Eine Einf. Stg. u. Tüb. 1985. – HAGE, V.: M. F. Rbk. 50–53. Tsd. 1993. – KNAPP, G. P.: M. F. Ffm. 6 1993. – RAMER, U.: M.-F.-Gesamtbibliogr. Ffm. 1993. – REICH-RANICKI, M.: M. F. Ffm. 1994. – TANTOW, K./TANTOW, L.: M. F. Ein Klassiker der Moderne. Mchn. 1994.

Frischlin, [Philipp] Nikodemus [...li:n], * Erzingen bei Balingen 22. Sept. 1547, † Festung Hohenurach 29. (30.?) Nov. 1590, dt. Schriftsteller und Humanist. – Studierte Theologie, Philologie und Poesie, 1568 Prof. für Poetik und Geschichte in Tübingen; 1576 von Kaiser Rudolf II. zum Dichter gekrönt; 1582–84 Schuldirektor in Laibach; sein unruhiges Temperament, das jede Gelegenheit zu Spott und Aggression nutzte, brachte ihm schließlich Verhaftung und Auslieferung nach Württemberg ein; bei einem Fluchtversuch tödlich verunglückt. F. versuchte, zwischen dem lat. Schuldrama (dessen Lehre und Moral) und dem deutschsprachigen ev. Volksspiel zu vermitteln; charakteristisch und neu in seinen Dramen sind die derb-realist. Nebenhandlungen, deutschsprachige Zwischenszenen und Chöre in den lat. Dramen (z. B. in ›Phasma‹, 1592), die realistische Gestaltung der Personen, die psycholog. Motivierung. Gute Kenntnis des Werkes von Aristophanes und Lukian unterstützte die eigene Anlage zu Polemik und Witz, die Neigung, Komik und Tragik komplementär zu sehen. Von großer Bedeutung sind F.s biblische Dramen ›Rebecca‹ (1576), ›Susanna‹ (1578) und die geschichtlichen Dramen ›Hildegardis magna‹ (1579) und ›Frau Wendelgard‹ (1579, in dt. Sprache); auch Elegien, Epen, Oden, Satiren und Epigramme.

Weitere Werke: Priscianus vapulans (Kom., 1571), Venus (Trag., 1584), Iulius redivivus (Kom., 1585), Helvetiogermani (Dr., 1589). **Ausgabe:** N. F. Dt. Dichtungen. Hg. v. D. F. STRAUSS. Tüb. 1857. Nachdr. Darmst. 1969. **Literatur:** STRAUSS, D. F.: Leben u. Schrr. des Dichters u. Philologen N. F. Ffm. 1856. – NEUMEYER, E.: N. F. als Dramatiker. Diss. Rostock 1924. – Tübinger Dichterhumanisten. Bebel, F., Flayder. Hg. v. G. BEBERMEYER. Tüb. 1927. Nachdr. Hildesheim 1967. – KOHL, J. A.: N. F. Die Ständesatire in seinem Werk. Diss. Mainz 1967 [Masch.].

Frischmann, David, * Zgierz bei Łódź 5. Jan. 1864(?), † Berlin 4. Aug. 1922, hebr. Schriftsteller. – Tätigkeit an verschiedenen bed. jidd. und hebr. Zeitungen und Zeitschriften; in seinen Gedichten, fein gezeichneten Erzählungen und krit. Essays bes. von H. Heine beeinflußt; fruchtbarer und bed. Übersetzer (u. a. F. Nietzsches ›Also sprach Zarathustra‹, 1914).
Literatur: Enc. Jud. Bd. 7, 1972, S. 198.

Frischmuth, Barbara, * Altaussee 5. Juli 1941, österr. Schriftstellerin. – Studierte Orientalistik, Türkisch und Ungarisch; lebt als freie Schriftstellerin und Übersetzerin in Wien; Mitglied des Forums Stadtpark. Nach ersten sprachkrit. Arbeiten (›Die Klosterschule‹, Prosa, 1968), in denen durch die Entlarvung der formelhaften Sprache inhumane Erziehungsmethoden in einer Klosterschule aufgedeckt werden, wandte sie sich einer traditionelleren Erzählweise zu und versuchte in der Romantrilogie ›Die Mystifikationen der Sophie Silber‹ (1976), ›Amy oder Die Metamorphose‹ (1978) und ›Kai und die Liebe zu den Modellen‹ (1979), einerseits Traum und Wirklichkeit zu verbinden und andererseits eine Standortbestimmung der Frau vorzunehmen. Verfaßte auch Kinderbücher (›Der Pluderich‹, 1969; ›Ida – und Ob‹, 1972) und Hörspiele (›Die Mauskoth und die Kuttlerin‹, 1971; ›Löffelweise

Mond‹, Ursendung 1971; ›Ich möchte, ich möchte die Welt‹, 1980) sowie Übersetzungen aus dem Türkischen und dem Ungarischen.

Barbara Frischmuth

Weitere Werke: Amoralische Kinderklapper (En., 1969), Tage und Jahre. Sätze zur Situation (1971), Rückkehr zum vorläufigen Ausgangspunkt (En., 1973), Das Verschwinden des Schattens in der Sonne (R., 1973), Haschen nach Wind (En., 1974), Entzug – ein Menetekel der zärtlichsten Art (En., 1979), Bindungen (E., 1980), Die Ferienfamilie (R., 1981), Die Frau im Mond (R., 1982), Traumgrenze (En., 1983), Kopftänzer (R., 1984), Herrin der Tiere (E., 1986), Über die Verhältnisse (R., 1987), Einander Kind (R., 1990), Traum der Literatur – Literatur des Traums. Münchner Poetik-Vorlesungen (1991), Machtnix oder Der Lauf, den die Welt nahm (Bildergeschichte, 1993), Hexenherz (En., 1994).
Literatur: GÜRTLER, CH.: Schreiben Frauen anders? Unterss. zu I. Bachmann u. B. F. Stg. 1984. – B. F. Hg. v. K. BARTSCH u. a. Graz 1992.

Fritsch, Gerhard, * Wien 28. März 1924, † ebd. 22. März 1969, österr. Schriftsteller. – Nach Kriegsgefangenschaft Studium der Germanistik und Geschichte, Bibliothekar in Wien, Verlagslektor, 1962–65 Redakteur der Zeitschrift ›Wort in der Zeit‹, danach Mit-Hg. der Zeitschriften ›Literatur und Kritik‹ und ›Protokolle‹. Schrieb schwermütige, knappe Lyrik aus dem Naturerleben, mit sozialer und humaner Tendenz; ferner Romane, Essays und Hörspiele. Durchgehendes Grundmotiv seiner literar. Werke ist der Gegensatz von Tradition und Erneuerung; schrieb Essays zur zeitgenössischen Literatur Österreichs und war als Übersetzer tätig.

Werke: Zwischen Kirkenes und Bari (Prosa und Ged., 1952), Lehm und Gestalt (Ged., 1954), Dieses Dunkel heißt Nacht (Ged., 1955), Moos auf den Steinen (R., 1956), Der Geisterkrug (Ged., 1958), Feldherr wider Willen (R., 1966), Fasching (R., 1967), Katzenmusik (Prosa, hg. 1974).

Fritz, Marianne, * Weiz (Steiermark) 14. Dez. 1948, österr. Schriftstellerin. – Kaufmänn. Lehre; lebt in Wien. Ihr bisheriges Werk steht in einem zykl. Zusammenhang, der als geplantes Ganzes den Arbeitstitel ›Die Festung‹ trägt und die Geschichte Österreichs im 20. Jh. zum Thema hat. Ihm ordnet sich auch der umfangreiche Roman (über 3300 S.) ›Dessen Sprache du nicht verstehst‹ (3 Bde., 1985, 12 Bde., 1986/87) zu, in dem die Lebenswelt einer österr. Proletarierfamilie zu Beginn des 20. Jh. erschlossen wird.
Weitere Werke: Die Schwerkraft der Verhältnisse (R., 1978), Das Kind der Gewalt und die Sterne der Romani (R., 1980), Was soll man da machen (1985; Einführungsbd. zu Dessen Sprache du nicht verstehst).

Fritz, Walter Helmut, * Karlsruhe 26. Aug. 1929, dt. Schriftsteller. – Begann v. a. mit Natur- und Landschaftsgedichten in einfacher und eindringl. Sprache, ging dann auch zur Prosa über. Der Band ›Zwischenbemerkungen‹ (1964) stellt mit seinen sorgfältig sondierenden Aphorismen den Versuch dar, die Situation des Ungewissen zu fixieren. F. ist ein einfühlsamer Beobachter der scheinbaren Banalitäten des Alltags. Auch Übersetzer frz. Lyrik.
Weitere Werke: Achtsam sein (Ged., 1956), bild + zeichen (Ged., 1958), Veränderte Jahre (Ged., 1963), Abweichung (R., 1965), Die Zuverlässigkeit der Unruhe (Ged., 1966), Bemerkungen zu einer Gegend (Ged. in Prosa, 1969), Die Verwechslung (R., 1970), Aus der Nähe (Ged., 1972), Die Beschaffenheit solcher Tage (R., 1972), Bevor uns Hören und Sehen vergeht (R., 1975), Schwierige Überfahrt (Ged., 1976), Sehnsucht (Ged., 1978), Wunschtraum, Alptraum. Gedichte und Prosagedichte 1979–81 (1981), Werkzeuge der Freiheit (Ged., 1983), Cornelias Traum (Prosa, 1985), Immer einfacher, immer schwieriger (Ged. und Prosaged. 1983–86, 1987), Zeit des Sehens (Prosa, 1989), Die Schlüssel sind vertauscht (Ged., 1992).

Fritzlar, Herbort von, mhd. Epiker,
† Herbort von Fritzlar.

Fröding, Gustaf, * Alster (Värmland) 22. Aug. 1860, † Stockholm 8. Febr. 1911, schwed. Dichter. – War einige Jahre Angestellter einer Zeitung in Karlstad, wo er bis Ende der 1890er Jahre lebte. Nach kürzeren Aufenthalten in verschiedenen Nervenheilanstalten wurde er 1898 in das Hospital in Uppsala eingewiesen und anschließend für unmündig erklärt; 1905 als relativ geheilt entlassen, verbrachte er die letzten Jahre seines Lebens in Stockholm. F. gehört mit seinen vier in den 90er Jahren veröffentlichten Gedichtbänden ›Guitarr och dragharmonika‹ (1891), ›Nya dikter‹ (1894), ›Stänk och flikar‹ (1896) und ›Nytt och gammalt‹ (1897) zu den zentralen Gestalten der schwed. Neuromantik. In melodisch und rhythmisch vollendeten, z. T. von Goethe und H. Heine sowie den engl. Dichtern G. G. N. Lord Byron und R. Burns beeinflußten Gedichten, deren Thematik oft seiner värmländ. Heimat entstammt, entfaltete er eine versöhnl. Welt- und Lebensanschauung, die die Gegensätze zwischen Gut und Böse, Hoch und Niedrig auslöschen wollte (Ged. ›En fattig munk från Skara‹, ›Sagan om Gral‹). Dieselbe Grundeinstellung ließ ihn auch zu einer der Prüderie seiner Zeit entgegengesetzten liberalen Sexualmoral gelangen, die in der literar. Darstellung des Geschlechtsaktes gipfelte (Ged. ›En morgondröm‹). Nach dem durch die daraufhin erfolgende Anklage wegen Pornographie beschleunigten geistigen Zusammenbruch bekamen seine Gedichte einen immer grüblerischeren, selbstquälerischeren Ton, der von den Zeitgenossen nur wenig geschätzt wurde (›Gralstänk‹, 1898; ›Efterskörd‹, 1910). Gerade diese späte Lyrik nimmt jedoch schon Stilzüge späterer Literatur vorweg. Zahlreiche Gedichte wurden in verschiedene Sprachen übersetzt (1914, 1923, 1936 auch ins Deutsche).

Ausgaben: Samlade skrifter. Hg. v. R. G. BERG. Stockholm 1917–22. 16 Bde. – G. F.s brev. Hg. v. G. MICHANEK u. I. ROSENBLAD. Stockholm 1981–82. 2 Bde.
Literatur: LANDQUIST, J.: G. F. Stockholm ²1927. – OLSSON, H.: F. Ett diktarporträtt. Stockholm ³1951. – MICHANEK, G.: En morgondröm. Stockholm 1962. – LANDQUIST, J.: G. F. En biografi. Stockholm ²1964. – G. F.s bibliografi. Hg. v. I. ROSENBLAD u. J. SZCZEPANSKI. Karlstad 1978–84. 2 Bde.

Fröhlich, Hans Jürgen, * Hannover 4. Aug. 1932, † Dannenberg (Elbe) 22. Nov. 1986, dt. Schriftsteller. – Studierte Musik, lebte seit 1976 als freier Schriftsteller in München. Sein Werk umfaßt Erzählungen, Romane, ein Theaterstück und Hörspiele; es ist geprägt durch sowohl experimentelle als auch realistisch-psycholog. Schreibweise.
Werke: Aber egal (R., 1963), Tandelkeller (R., 1967), Engelskopf (R., 1971), Anhand meines Bruders (Prosa, 1974), Im Garten der Gefühle (R., 1975), Schubert (Biogr., 1978), Einschüchterungsversuche (En., 1979), Mit Feuer und Flamme (R., 1982), Das Haus der Väter. Tandelkeller und ein Fragment (hg. 1987).

Fröhlich, Katharina (Kathi), * Wien 10. Juni 1800, † ebd. 3. März 1879, Verlobte F. Grillparzers. – War mit ihren Schwestern **Anna** (* 1793, † 1880), **Barbara Franziska** (* 1798, † 1878) und **Josephine** (* 1803, † 1878) Mittelpunkt eines künstler. und kulturellen Zirkels in Wien; Gäste waren v. a. M. von Schwind und F. Schubert; erbte mit ihren Schwestern Grillparzers Vermögen, mit dem sie die **Fröhlich-Stiftung** zur Unterstützung von Künstlern und Schriftstellern begründete.

Froissart, Jean [frz. frwa'sa:r], * Valenciennes 1337(?), † Chimay um 1410, frz. Geschichtsschreiber und Dichter. – F. befand sich sein ganzes Leben auf Reisen und weilte an den Höfen verschiedener Gönner, zuerst am engl. Hof als Sekretär der Königin Philippa, in deren Auftrag er seine chronikal. Aufzeichnungen begann; später im Dienst Wenzels von Luxemburg, Roberts von Namur u. a., zeitweise Kaplan von Guy de Blois. Als das bedeutendste Schöpfung gilt das (zw. 1373 und 1400 entstandene) den Zeitraum von 1325 bis 1400 in Westeuropa schildernde, für die Zeit bis 1356 sich an die Chronik von Jean Le Bel (* um 1290, † 1370) anlehnende und dann auf eigenen Kenntnissen beruhende Geschichtswerk ›Chroniques de France, d'Angleterre, d'Écosse, d'Espagne, de Bretagne ...‹ (gedr. 1495 in 4 Bden.). Während die Betrachtung der Ereignisse vom wechselnden Standpunkt des Verfassers in der Parteinahme für den jeweiligen Auftraggeber befangen bleibt, sind die lebensnahen Schilderungen des spät-

mittelalterl. Rittertums und des aufstrebenden Bürgertums, die Beschreibungen von Spielen, Festen, Wettkämpfen von hohem kulturhistor. Wert; außer Lyrik und allegor. Lehrdichtungen schrieb F. auch den Artusroman ›Méliador‹ (3 Bde., hg. 1895–99) in 30 000 Versen.
Ausgaben: Œuvres de F. Hg. v. M.-C. KERVYN DE LETTENHOVE. Brüssel 1867–77. 29 Bde. – The lyric poems of Jehan F. Hg. v. R. R. McGREGOR. Chapel Hill (N. C.) 1975.
Literatur: BASTIN, J.: F. Chroniqueur, romancier et poète. Brüssel ²1948. – JÄGER, G.: Aspekte des Krieges u. der Chevalerie im XIV. Jh. in Frankreich. Unterss. zu J. F.s ›Chroniques‹. Bern u. a. 1981. – F. historian. Hg. v. J. J. N. PALMER. Woodbridge 1981. – DEMBOWSKI, P. F.: J. F. and his ›Meliador‹. Context, craft and sense. Lexington (Ky.) 1983. – DILLER, G. T.: Attitudes chevaleresques et réalités politiques chez. F. Genf 1984. – FIGG, K. M.: The lyric poems of F. Diss. Kent State University 1988.

Fromentin, Eugène [frz. frɔmã'tɛ̃], * La Rochelle 24. Okt. 1820, † Saint-Maurice bei La Rochelle 27. Aug. 1876, frz. Schriftsteller und Maler. – Unternahm mehrere Reisen in den Orient und nach Nordafrika; veröffentlichte Reisebücher und Romane, u. a. den meisterhaft in der psycholog. Motivierung gestalteten, eigene Erlebnisse verarbeitenden Roman ›Dominique‹ (1863, dt. 1907), eine Auseinandersetzung mit der Romantik. Als Kunstkritiker schrieb F. ein klass. Werk über die niederl. und fläm. Malerei, ›Die alten Meister‹ (1876, dt. 1914). Mit kleinformatigen, farblich sensiblen Gemälden wurde er zu einem bed. Vertreter der frz. Orientmalerei.
Weitere Werke: Un été dans le Sahara (Reiseb., 1857), Une année dans le Sahel (Reiseb., 1858).
Ausgabe: E. F.: Œuvres complètes. Hg. v. G. SAGNES. Paris 1984.
Literatur: EVANS, A. R. JUN.: The literary art of E. F. Baltimore (Md.) 1964. – HERZFELD, C.: ›Dominique‹ de F. Thèmes et problèmes. Paris 1977. – MICKEL, E. J.: E. F. Boston (Mass.) 1982. – THOMPSON, J./WRIGHT, B.: La vie et l'œuvre d'E. F. Frz. Übers. Paris 1987.

Fromm, Leberecht, Pseudonym des dt. Schriftstellers Karl ↑ Streckfuß.

Fronleichnamsspiel, mittelalterl. geistl. Spiel; prozessionsartige Aufführung anläßlich des Fronleichnamsfestes. Dargestellt wurden einzelne Stationen der christl. Heilsgeschichte. Vom 14. bis

16. Jh. bes. in England verbreitet. Überliefert sind 4 vollständige Spielzyklen
(aus Chester und aus York sowie – un-
lokalisiert – die ›Towneley plays‹ und
der ›Ludus Coventriae‹). Die einzelnen
Spiele der Zyklen wurden auf Schauwa-
gen an mehreren Stationen nacheinander
gespielt, mancherorts auch auf stationä-
ren Schaugerüsten. – Das älteste F. im
deutschsprachigen Raum ist das F. von
Neustift/Tirol (1391), das auch dem
F. von Bozen zugrunde liegt (um 1470);
auf das Bozener F. zurückzuführen ist
das F. von Freiburg im Breisgau (1516).
Bed. ist das F. von Künzelsau (1479).
Bes. Eigenart des italien. F.s (u. a. Viterbo, 1462) ist der szen. Prunk, dem gegenüber der Text an Bedeutung verliert.
Seine literaturgeschichtlich bedeutsam-
ste Ausprägung hat das F. in Spanien erfahren, wo es als ↑ Auto sacramental oder
›Auto del Corpus Christi‹ bis weit in die
Neuzeit lebendig war.

Literatur: Ordinalia. Engl. and Cornish. The
Ancient cornish drama. Hg. u. übers. v. E. NOR-
RIS. Oxford 1859. – KOLVE, V. A.: The play
called Corpus Christi. Stanford (Calif.) 1966. –
Coventrys Plays. The Corpus Christi play in the
English middle ages. Hg. v. R. T. DAVIES. London 1972. – NAGLER, A. M.: The medieval religious stage. Shapes and phantoms. New Haven
(Conn.) u. London 1976. – THORAN, B.: Studien
zu den österl. Spielen des dt. MA. Göppingen
²1976. – Le théâtre au moyen âge. Hg. v. G. R.
MULLER u. a. Montreal 1981. – Les miracles mi-
roirs des corps. Hg. v. J. GELIS u. O. REDON. Paris 1984. – ↑ auch Rappresentazione sacra.

Fronto, Marcus Cornelius, * Cirta
(Numidien; heute Constantine) um 100,
† nach 175, lat. Rhetor und Rhetorikleh-
rer. – Ämterlaufbahn in Rom (Suffekt-
konsul 143). Zum Erzieher der späteren
Kaiser Mark Aurel und L. A. Verus berufen, war F. Mittelpunkt des literar. Lebens in Rom; gilt als Hauptvertreter des
Archaismus, behauptete den Vorrang der
Rhetorik vor der Philosophie. Außer Re-
defragmenten ist nur seine Briefsammlung erhalten, darin ist die historisch interessante Korrespondenz mit Mark Aurel und Verus sowie Antoninus Pius enthalten.

Ausgabe: M. C. F. Correspondence. Hg. v. C. R.
HAYNES. Engl. Übers. London 1955. 2 Bde.

Froschmäusekrieg ↑ Batrachomyo-
machia.

Frost, Robert Lee, * San Francisco
(Calif.) 26. März 1874, † Boston (Mass.)
29. Jan. 1963, amerikan. Lyriker. – Der
frühe Tod des Vaters zwang ihn zu Gelegenheitsarbeiten neben Schule und Studium (klass. Sprachen); lebte 1912–15 in
Großbritannien, wo er durch Vertreter
des Imagismus entscheidende Anregungen erhielt und ersten Ruhm erntete;
nach der Rückkehr nach Amerika auch
dort literarisch erfolgreich; lebte dann
als Landwirt in Neuengland; zeitweilig
auch Gastdozent an amerikan. Universitäten. Formsicherer, an der klass. Dichtung geschulter Lyriker, der in schlichter
Sprache (fast ›colloquial language‹) und
in feiner Melodik und Rhythmik Themen
der bukol. Dichtung neu gestaltete und
variierte. Neben harmon. Stimmungsge-
dichten, die frei von jeder Beziehung zur
Welt der Zivilisation sind, schrieb er
auch Gedichte mit düsterem Inhalt, in
denen er die Ängste des modernen Menschen zum Ausdruck bringt. Die sichere,
nüchterne Darstellung des Anschauba-
ren ermöglichte ihm den Verzicht auf
komplizierte Formen und Bilder in seinen unrhetor., oft zarten Naturgedichten.
In seinen Dramen (›A way out‹, 1929;
›The cow's in the corn‹, 1929) bevorzugte
er locker gebaute Blankverse.

Weitere Werke: A boy's will (Ged., 1913), North
of Boston (Ged., 1914), Mountain interval
(Ged., 1916), New Hampshire (Ged. 1923; Pu-
litzerpreis 1924), Collected poems (Ged., 1930;
Pulitzerpreis 1931), A further range (Ged., 1936;
Pulitzerpreis 1937), A witness tree (Ged., 1942;
Pulitzerpreis 1943), A masque of reason (Vers-
Dr., 1945), A masque of mercy (Vers-Dr., 1947),
Überfließendes Leben (Ged., 1962, dt. 1976).
Ausgaben: R. F. Ges. Gedichte. Dt. Übers.
Mhm. 1952. – Selected letters of R. F. Hg. v.
L. THOMPSON. New York 1964. – R. F. Selected
prose. Hg. v. H. COX u. E. C. LATHEM. New York
1966. – The poetry of R. F. Hg. v. E. C. LATHEM.
New York 1969.
Literatur: R. F. A collection of critical essays.
Hg. v. J. COX. Englewood Cliffs (N. J.) 1962. –
BROWER, R. A.: The poetry of R. F. New York
²1963. – R. F. (autorisierte Biogr.): THOMP-
SON, L.: 1. The early years, 1874–1915 (³1966). 2.
THOMPSON, L.: The years of triumph, 1915–1938
(²1970). 3. THOMPSON, L./WINNICK, R.: The later
years (1976). Thompson New York u. a. (Kurzfassung die-
ser Biogr. in einem Band: R. F. A biography.
Hg. v. E. C. LATHEM. New York 1981). – SOHN,
D. A./TYRE, R.: F. The poet and his poetry. New
York 1967. – POIRIER, R.: R. F. The work of

Robert
Lee Frost

knowing. New York 1977. – KEMP, J. C.: R. F. and New England. The poet as regionalist. Princeton (N. J.) 1979. – POTTER, J. L.: R. F. Handbook. University Park (Pa.) 1980. – GERBER, PH. L.: R. F. Boston (Mass.) Neuaufl. 1982. – Critical essays on R. F. Hg. v. PH. L. GERBER. Boston (Mass.) 1982. – WAKEFIELD, R.: R. F. and the opposing lights of the hour. New York 1985. – R. F. Hg. v. H. BLOOM. New York u. a. 1986.

Frosterus, Theodor Oskar [schwed. frɔs'te:rʊs], finn. Schriftsteller, ↑ Pakkala, Teuvo.

Frottola [italien.], ursprünglich italien. Volkdichtung, vermutlich der Gaukler und ↑ Fahrenden (›F. giullaresca‹): zusammenhanglose Folge von Lebensweisheiten oder witzigen, bizarren, auch absurden Einfällen, Wortspielen, Bildern, scherzhaften Dialogen (›F. dialogica‹) oder Szenen. Zeugnisse sind erst aus dem 14. Jh. erhalten. Seit dem Ende des 14. Jh. auch Entwicklung zur Kunstform (›F. letteraria‹, ›F. d'arte‹). Typisch sind paargereimte Siebensilbler oder Sieben- und Elfsilbler mit Binnenreim. Die ›F. letteraria‹ war vorwiegend moralisierend, mit polit., satir. oder parodist. Tendenz; die traditionellen Reihungen von Sprichwörtern, dunklen Anspielungen und geistreichen Einfällen (›motti‹) erscheinen häufig in der Sonderform des ›motto confetto‹: siebensilbige Reimpaare mit strikter Trennung von Sinn- (oder Satz-) und Reimpaareinheit. Gepflegt v. a. von den Petrarkisten (auch von F. Petrarca), bes. von F. Sacchetti, Francesco di Vannozzo, (*zw. 1330 und 1340, † nach 1389), F. degli Uberti und anderen. Die zwischen 1496 und 1514

entstandenen Vertonungen der F. markieren den Durchbruch eines eigenen italien. Musikstils und stellen wichtige Vorläufer zum ↑ Madrigal dar.
Literatur: JEPPESEN, K.: La F. Kopenhagen 1968–70. 3 Bde.

Froumund von Tegernsee ['fraʊ...], * um 960, † wahrscheinlich 20. Okt. 1008, dt. Benediktiner und fahrender Dichter. – Als Schreiber von Handschriften nicht nur im Kloster Tegernsee, sondern auch in Köln, Füssen und Feuchtwangen tätig. Die chronologisch angelegte Sammlung seiner Briefe und Gedichte ist im Münchener Codex 19412 erhalten. Die zu vielerlei Anlässen verfaßten Gelegenheitsgedichte zeigen eine Vorliebe für dunklen, gelehrten Stil.
Literatur: EDER, C. E.: Die Schule des Klosters Tegernsee im frühen MA im Spiegel der Tegernseer Handschriften. In: Studien u. Mitt. zur Gesch. des Benediktinerordens 83 (1972).

Fruchtbringende Gesellschaft (Palmenorden), älteste und größte deutsche ↑ Sprachgesellschaft, die nach dem Vorbild der ↑ Accademia della Crusca auf Initiative des Fürsten Ludwig von Anhalt-Köthen 1617 auf Schloß Hornstein bei Weimar von einer Gruppe dt. Adliger gegründet wurde. Die Mitglieder hatten sich verpflichtet, nicht nur die dt. Sprache, sondern mit ihr zugleich ›alle Ehrbarkeit, Tugend und Höflichkeit‹ zu fördern (Emblem war der ›indian. Palmbaum‹ [= Kokospalme]). Zu den bedeutendsten, auch bürgerl. Mitgliedern – alle mit eigenem Gesellschaftsnamen, Wahlspruch und Emblem – gehörten später (in der Reihenfolge ihrer Aufnahme) M. Opitz, G. Ph. Harsdörffer, J. G. Schottel, J. M. Moscherosch, J. Rist, F. von Logau, Ph. von Zesen, G. Neumark und A. Gryphius. Die F. G. bestand bis 1680.
Literatur: Die F. G. Quellen u. Dokumente. Hg. v. M. BIRCHER. Nürnberg 1647–68. 3 Bde. Nachdr. 1970. – BARTHOLD, F. W.: Gesch. der F. G. Bln. 1848. Nachdr. Hildesheim 1969. – Die F. G. Hg. v. K. CONERMANN. Whm. 1985. 3 Bde.

Frug, Simon Samuel, russ. Semjon Grigorjewitsch F., * Bobrowy Kut (Gouv. Cherson) 15. Nov. 1859, † Petrograd (heute Petersburg) 20. Sept. 1916, jidd. Dichter. – Schrieb zunächst in russ. Sprache, nach 1885 vorwiegend jiddisch (›Lider un gedankn‹, Ged., 1896), gegen Ende seines Lebens auch hebräisch; in Balladen, Elegien und Satiren beklagt er die Leiden des jüd. Volkes in Rußland, besingt die große Vergangenheit seines Volkes und schildert die Sehnsucht nach Zion; auch Erzählungen und zionist. Schriften.

Ausgabe: S. S. F. Ale shriften. New York 1910. 3 Bde.

Frugoni, Carlo Innocenzo, Pseudonym Cornante Eginetico, * Genua 21. Nov. 1692, † Parma 20. Dez. 1768, italien. Dichter. – Weltgeistlicher; lebte am Hof von Parma als angesehener Hofdichter und Theaterintendant; Mitglied der Accademia dell'Arcadia; seine galanten, durch Zierlichkeit und Gewandtheit, aber auch Manieriertheit und Breite gekennzeichneten Gedichte sind für die Schäferdichtung des italien. Rokoko repräsentativ (›Rime‹, 1734).

Ausgaben: C. I. F. Opere poetiche. Hg. v. C. G. REZZONICO. Parma 1779. 10 Bde. – C. I. F. Poesie. Lucca 1779–80. 15 Bde.

Literatur: CALCATERRA, C.: Storia della poesia frugoniana. Genua 1920. – LONARDI, G.: Lettere e letteratura di C. I. F. In: Studi in onore di Mario Puppo. Padua 1969. S. 33.

Frühdruck, uneinheitlich gebrauchte Gattungsbezeichnung für Druckwerke aus der Anfangszeit des Buchdrucks, somit Synonym für † Inkunabel. Im weitesten Umfang die Drucke von etwa 1450 bis etwa 1550, im engeren Sinn von 1450 bis etwa 1500.

Fruttero, Carlo, italien. Schriftsteller, † Lucentini, Franco.

Fry, Christopher [engl. fraɪ], ursprünglich Ch. Harris, * Bristol 18. Dez. 1907, engl. Dramatiker. – War Lehrer, Schauspieler und Theaterleiter; Verfasser von lyr. Versdramen. In seinen an Metaphern und Wortspielen reichen Komödien mischen sich Heiteres und Tragisches, z. B. in ›Ein Phönix zuviel‹ (Dr., 1946, dt. 1954) oder in dem Dramenzyklus über die vier Jahreszeiten: Frühling (›Die Dame ist nicht fürs Feuer‹, 1949, dt. 1950), Sommer (›Ein Hof voll Sonne‹, 1970, dt. 1971), Herbst (›Venus im Licht‹, 1950, dt. 1951) und Winter (›Das Dunkel ist licht genug‹, 1954, dt. 1955). In seinen mysterienähnl. religiösen Stücken befaßt sich F. mit legendenhaften (›Der Hirt mit dem Karren‹, 1938, dt. 1960) und bibl.

Themen (›Der Erstgeborene‹, 1946, dt. 1952). In ›Ein Schlaf Gefangner‹ (Mysterienspiel, 1951, dt. 1952) bezieht F. gleichzeitig Stellung gegen den Krieg. Die histor. Auseinandersetzung zwischen Heinrich II. und Thomas Becket gestaltet er in ›König Kurzrock‹ (Dr., 1961, dt. 1961). F. ist auch Übersetzer (J. Anouilh, J. Giraudoux) sowie Verfasser von Filmdrehbüchern (›Ben Hur‹, ›Die Bibel‹), Hör- (›One thing more, or Caedmon construed‹, 1986) und Fernsehspielen (›The Brontës of Haworth‹, 2 Bde., 1975) und der Autobiographie ›Can you find me? A family history‹ (1978).

Literatur: Ch. F. Album. Hg. v. D. STANFORD. London u. New York 1952. – ITSCHERT, H.: Studien zur Dramaturgie des ›religious festival play‹ bei C. F. Tüb. 1963. – ROY, E.: Ch. F. Carbondale 1968. – SCHNELLING, H. M.: C. F.'s seasonal comedies. Funktional-strukturalist. Unterss. zur Kritik der themat. Konzeption der ›Jahreszeiten‹. Ffm. u. Bern 1981. – LEEMING, G.: Ch. F. Boston (Mass.) 1990.

Frycz Modrzewski, Andrzej [poln. 'fritʃ mɔd'ʒɛfski], * Wolbórz (Südpolen) um 1503, † ebd. im Herbst 1572, poln. polit. Schriftsteller, Publizist und Theologe. – 1517–22 Studium in Krakau; ab 1531 im Dienst des Reformators und Humanisten Jan Łaski (* 1499, † 1560); in Deutschland Kontakte zu Luther und Ph. Melanchthon; beteiligte sich an der Diskussion über die Kirchenspaltung; stand zuletzt der Lehre der Arianer nahe. Sein wichtigstes Werk und ein Höhepunkt humanist. Dichtung ist ›Commentariorum de Republica emendanda libri quinque‹ (1554).

Ausgabe: A. F. M. Opera omnia. Warschau 1953–59. 5 Bde.

Literatur: KOROLKO, M.: A. F. M. Warschau 1978. – STARNAWSKI, J.: A. F. M. Łódź 1981.

Frýd, Norbert [tschech. fri:t], * Budweis 21. April 1913, † Prag 18. März 1976, tschech. Schriftsteller. – Als Jude bis 1945 im KZ Dachau (Kaufering); 1947–51 im diplomat. Dienst (Mexiko); schrieb (z. T. autobiograph.) Romane, Erzählungen und Reportagen; stellte das jüd. Schicksal, insbes. z. Z. des Nationalsozialismus, dar; auch lateinamerikan. Themen.

Werke: Mexiko liegt in Amerika (Reportagen, 1952, dt. 1956), Der Geierbrunnen (R., 1953, dt.

1954), Kartei der Lebenden (R., 1956, dt. 1959), Die Kaiserin (R., 1974, dt. 1975).
Literatur: MENCLOVÁ, V.: N. F. Prag 1981.

Fučedžiev, Diko Slavov, bulgar. Schriftsteller, ↑ Futschedschiew, Diko Slawow.

Fuchs, Gerd, * Nonnweiler 14. Sept. 1932, dt. Schriftsteller. – Studierte Anglistik und Germanistik, war Redakteur, seit 1968 freier Schriftsteller. In seinen Erzählungen und Romanen behandelt er polit. und gesellschaftl. Themen, z. B. die Nachwirkungen des Nationalsozialismus bis in die heutige Zeit hinein oder, in der Erzählung ›Ein Mann fürs Leben‹ (1978; Fernsehfilm 1980; Theaterstück UA 1985), das Problem der Arbeitslosigkeit, was sie für den Betroffenen und seine engste Umgebung bedeutet.
Weitere Werke: Landru und andere (En., 1966), Beringer und die lange Wut (R., 1973), Stunde Null (R., 1981), Schinderhannes (R., 1986), Katharinas Nacht (R., 1992).

Fuchs, Günter Bruno, * Berlin 3. Juli 1928, † ebd. 19. April 1977, dt. Schriftsteller. – War nach der Entlassung aus belg. Kriegsgefangenschaft Hilfsarbeiter, Student, Clown, 1948–50 Schulhelfer in Berlin (Ost), 1952–57 freier Schriftsteller und Graphiker (v. a. Holzschnitte und Zeichnungen) in Reutlingen, dann in Berlin (West). Lyriker und Prosaist, der hinter seinen verspielten, märchenhaften, phantastischen Versen und Texten Zeitkritik versteckt; schrieb auch Hörspiele.
Werke: Zigeunertrommel (Ged., 1956), Polizeistunde (E., 1959), Brevier eines Degenschluckers (Ged. und En., 1960), Trinkermeditationen (Ged., 1962), Krümelnehmer oder ... (R., 1963), Pennergesang (Ged., 1965), Blätter eines Hof-Poeten (Ged., 1967), Bericht eines Bremer Stadtmusikanten (R., 1968), Handbuch für Einwohner (Ged., 1970), Der Bahnwärter Sandomir (Lesebuch-R., 1971), Reiseplan für Westberliner. Handbuch für Einwohner No. 2 (Ged., 1973), Wanderbühne (En., 1976), Die Ankunft des großen Unordentlichen in einer ordentl. Zeit (Ged. und En., hg. 1978), Gesammelte Fibelgeschichten und letzte Gedichte (hg. 1979), Gemütlich summt das Vaterland (Ged. u. a., hg. 1984).
Ausgabe: G. B. F. Werke. Hg. v. W. IHRIG. Mchn. 1990 ff. Auf 3 Bde. ber. (bisher 2 Bde. erschienen).
Literatur: PROPP, TH.: Ordnung muß sein, sprach der Anarchist. Eine Reise zum Dichter G. B. F. u. zurück. Lüneburg 1985.

Fuchs, Jürgen, * Reichenbach/Vogtl. 19. Dez. 1950, dt. Schriftsteller. – Studierte ab 1971 Psychologie in Jena; 1975 zwangsweise exmatrikuliert, danach in verschiedenen Berufen; nach Protest gegen die Ausbürgerung W. Biermanns 1976 mehrere Monate in Haft; lebt seit 1977 im Westteil von Berlin. Schreibt Gedichte, Prosaskizzen, Dramen, Essays und Hörspiele. Sein Roman ›Fassonschnitt‹ (1984) ist ein Bericht über die ersten zwei Wochen seiner Militärzeit in einem Ausbildungslager der Nat. Volksarmee.
Weitere Werke: Gedächtnisprotokolle (1977), Vernehmungsprotokolle: Nov. 1976–Sept. 1977 (1978), Tagesnotizen (Ged., 1979), Pappkameraden (Ged., 1981), Das Ende einer Feigheit (Prosa, 1988), Poesie und Zersetzung (Rede, 1993).

Fuchs, Ruth, dt. Schriftstellerin, ↑ Schaumann, Ruth.

Fuchsmund, Ferdinand, dt. Schriftsteller, ↑ Gregorovius, Ferdinand.

Fučík, Julius [tschech. 'futʃiːk], * Prag 23. Febr. 1903, † Berlin-Plötzensee 8. Sept. 1943 (hingerichtet), tschech. Schriftsteller. – Kommunist; Publizist und Journalist; 1942 verhaftet; verfaßte literaturkrit. und -theoret. Arbeiten sowie Reportagen, insbes. die ›Reportage unter dem Strang geschrieben‹ (postum 1945, dt. 1946), an deren Authentizität z. T. gezweifelt wird.
Ausgabe: J. F. Dílo. Prag 1945–63. 12 Bde.
Literatur: RYBÁK, J.: Vyprávění o J. F.ovi. Prag ²1983.

Fucini, Renato [italien. fu'tʃiːni], Pseudonym Neri Tanfucio, * Monterotondo (heute zu Castelnuovo di Garfagnana) 8. April 1843, † Empoli bei Florenz 25. Febr. 1921, italien. Schriftsteller. – War Schulinspektor; stellte in seinen ›Cento sonetti in vernacolo pisano‹ (1872) das Leben des toskan. Volkes dar; daneben auch Novellen (›Le veglie di Neri‹, 1884) und Reiseberichte (›Napoli ad occhio nudo‹, 1877).
Literatur: VARANINI, G.: R. F. Profilo critico. Pisa 1955. – BORRI, T.: R. F. La vita e le opere. Pescara 1976. – SBROCCHI, L. G.: R. F.: L'uomo e l'opera. Messina 1977.

Fudschiwara Schunsei (tl.: Fujiwara Shunzei; auch F. no Toschinari), * 1114, † 1204, jap. Dichter und Poetologe. – Kompilator der Anthologie ›Senzaishū‹ (1183–88); Vertreter des ›jugen‹-Ideals der ›still-einsamen Schönheit‹ im jap. ›waka‹-Gedicht.

Literatur: BENL, O.: Die Entwicklung der jap. Poetik bis zum 16.Jh. Hamb. 1951.

Fudschiwara Teika (tl.: Fujiwara Teika; auch F. no Sadaie), * 1162, † 1241, jap. Dichter und Poetologe. – Hg. der kaiserl. Anthologien ›Shinkokinshū‹ (1205) und ›Shinchokuzenshū‹ (1234), Vertreter des ›uschin-tai‹, des ›Stils des tiefen Gefühls‹ im jap. ›waka‹-Gedicht.

Literatur: BENL, O.: Die Entwicklung der jap. Poetik bis zum 16.Jh. Hamb. 1951.

Fuduli, Muhammad Ibn Sulaiman, türk. Dichter, † Fużûlî, Mehmet.

Fuente Benavides, Rafael de la [span. 'fµente βena'βiðes], Pseudonym Martín Adán, * Lima 27.Okt. 1908, † ebd. 29. Jan. 1985, peruan. Lyriker. – Übte starken Einfluß auf die jüngeren Lyriker Perus aus; zunächst vom Expressionismus und Surrealismus beeinflußt, gewinnt seine Lyrik ab ›Travesía de extramares‹ (1950) ihren unverkennbaren Eigenwert in der subtilen Symbolisierung alltägl. Erfahrungen und der Umsetzung einer an F. Gómez de Quevedo y Villegas und L. de Góngora y Argote geschulten Formstrenge in die Umgangssprache der Gegenwart.

Weitere Werke: La casa de cartón (lyr. Prosa, 1928), La rosa de la espinela (Ged., 1939), Escrito a ciegas (Ged., 1961), La mano desasida (Ged., 1964), La piedra absoluta (Ged., 1966), Diario de poeta (Ged., 1975).

Ausgabe: Martín Adán. Obra poética (1928–1971). Lima 1976.

Fuentes, Carlos [span. 'fµentes], * Mexiko 11. Nov. 1928, mex. Schriftsteller. – Sohn eines Diplomaten; arbeitete 1954–56 im mex. Außenministerium; war 1975–77 Botschafter in Paris. Als Erzähler, Essayist, Dramatiker, Filmautor und Herausgeber verschiedener Zeitschriften hat er das mex. Geistesleben stark beeinflußt und bes. mit seinen Romanen wesentlich zur Entwicklung und internat. Verbreitung des lateinamerikan. Romans beigetragen. Thematisch und erzähltechnisch äußerst vielfältig und erfindungsreich, sucht er in seinen Romanen ein umfassendes Bild der mex. Gegenwart mit ihren histor. Wurzeln und kulturellen Zusammenhängen zu entwer-

fen. Er erhielt u.a. 1987 den Premio Miguel de Cervantes.

Werke: Verhüllte Tage (En., 1954, dt. 1988), Landschaft in klarem Licht (R., 1958, dt. 1974), Las buenas conciencias (R., 1959), Aura (Nov., 1962, dt. 1966), Nichts als das Leben (R., 1962, dt. 1964), Hautwechsel (R., 1967, dt. 1969), Zona sagrada (R., 1967), Casa con dos puertas (Essays, 1970), Terra nostra (R., 1975, dt. 1979), Das Haupt der Hydra (R., 1978, dt. 1983), Die Heredias (R., 1980, dt. 1981), Verbranntes Wasser (En., 1981, dt. 1987), Der alte Gringo (R., 1985, dt. 1986), Das Vorleben und die Ansichten … des sinnreichen Kindes Christóbal nonato zu deutsch: Christoph, ungeboren (R., 1987, dt. 1991), La Campaña (R., 1990, dt. 1990), Der vergrabene Spiegel. Die Geschichte der hispan. Welt (engl. 1992, dt. 1992), Constancia und andere Geschichten für Jungfrauen (Nov.n, 1989, dt. 1993), Diana o la cazadora solitaria (R., 1994).

Literatur: Homenaje a C. F. Hg. v. H. F. GIACOMÁN. Long Island City (N.Y.) 1971. – FARIS, W. B.: C. F. New York 1983. – La obra de C. F.: una visión múltiple. Hg. v. A. M. HERNÁNDEZ DE LÓPEZ. Madrid 1988. – IBSEN, K.: Author, text and reader in the novels of C. F. New York 1993.

Carlos Fuentes

Füetrer (Fuetrer, Fürtrer, Füterer, Fütrer), Ulrich ['fy:ɛtrər], * Landshut 1. Hälfte des 15.Jh., † München um 1495, dt. Schriftsteller und Maler. – Als Maler nachweisbar tätig bei der Dekoration des Alten Rathauses in München (1470–78, nicht erhalten), Gemälde sind nicht bekannt, vielleicht war er nur Dekorations- und Wappenmaler. Schrieb für den bayr. Herzog Albrecht IV. sein Hauptwerk ›Buch der Abenteuer‹ (zw. 1473 und 1478), eine Zusammenstellung und Bearbeitung von Erzählstoffen des 13.Jh. (Konrad von Würzburgs ›Trojanerkrieg‹,

bed. Epen um Artus und Gral) im Erzähl-
rahmen und nach dem Vorbild des ›Jüngeren Titurel‹ in rund 41 500 Versen (Titurelstrophen), und zwischen 1478 und
1481 eine ›Bayer. Chronik‹ (von 60
v. Chr. bis 1479) in Prosa, ähnlich kompi-
latorisch wie das ›Buch der Abenteuer‹.
Ferner schrieb er eine Kurzfassung des
dt. ›Lancelot‹-Prosaromans und eine
Versbearbeitung desselben wiederum in
Titurelstrophen.

Ausgaben: U. F. Die Gralepen. Hg. v. K. NY-
HOLM. Bln. 1964. – U. F. Der Trojanerkrieg. Hg.
v. E. G. FICHTNER. Mchn. 1968.
Literatur: BROGSITTER, K. O.: Artusepik. Stg.
²1971. S. 128. – RISCHER, CH.: Literar. Rezeption
u. kulturelles Selbstverständnis in der dt. Lit.
der ›Ritterrenaissance‹ des 15. Jh. Stg. u. a.
1973. – HARMS, W.: Zu U. F.s Auffassung von
Erzählen und von der Historie. In: Zs. f. dt. Philologie 93 (1974; Sonderheft), S. 185. – BA-
STERT, B.: Der Müchner Hof u. F.s ›Buch der
Abenteuer‹. Literar. Kontinuität im Spät-MA.
Ffm. u. a. 1993.

Fugard, Athol [Halligan] [engl.
'fju:gɑ:d], * Middelburg (Kapprovinz)
11. Juni 1932, südafrikan. Dramatiker. –
Mit der Lyrikerin und Erzählerin Sheila
M. F. ∞; nahm aufgrund der Folgen der
Paßgesetze für schwarze Arbeiter 1958
Kontakt zu Intellektuellen in Sophia-
town (↑ Sophiatowngruppe) auf; legte
mit seinem von Beckettscher Bühnen-
und Personengestaltung beeinflußten
Zwei-Mann-Stück ›Mit Haut und Haar‹
(1961, dt. 1975) den Grundstein für das
engagierte Theater seines Landes. Ab
1962 arbeitete er mit den Serpent Players
zusammen, deren Produktionen weltbe-
rühmt wurden. F. wandte sich dann dem
Leben der armen Weißen (›Hallo und
Adieu‹, Dr., 1965, dt. 1972) und der Ob-
dachlosen zu (›Buschmann und Lena‹,
Dr., 1969, dt. 1975). Leitmotiv seiner
Dramen ist der Wille des Menschen, im
Angesicht der Ausweglosigkeit bewußt
zu handeln und selbst in Isolation und
Verirrung zu überleben.

Weitere Werke: Da leben Leute (Dr., 1969, dt.
1975), Sizwe Bansi ist tot (Dr., 1972, dt. 1975;
mit John Kani und Winston Ntshona), Die Insel
(Dr., 1973, dt. 1975), Aussagen nach einer Verhaftung auf Grund des Gesetzes gegen Unsittlichkeit (Dr., 1974, dt. 1975), Botschaft von
Aloen (Dr., 1978, dt. 1984), Tsotsi (R., 1980, dt.
1982), Master Harold ... und die Boys (Dr.,
1982, dt. 1984), Der Weg nach Mekka (Dr.,

Athol Fugard

1984, dt. 1985), A place with the pigs. A per-
sonal parabel (Dr., 1988), My children! My
Africa! (Dr., 1990), Playland (Dr., 1993).
Literatur: SEIDENSPINNER, M.: Exploring the
labyrinth. A. F.'s approach to South African
drama. Essen 1986.

Fugard, Sheila Mary [engl. 'fju:gɑ:d],
* Birmingham (England) 25. Febr. 1932,
südafrikan. Lyrikerin und Erzählerin
engl. Herkunft. – Kam im Alter von 5
Jahren nach Südafrika; gründete 1956
mit ihrem Mann A. H. Fugard ein Lien-
theater; wandte sich dann der nichtdra-
mat. Literatur zu; konvertierte zum
Buddhismus. Obwohl ihre Werke hpts.
histor. Natur sind, gewinnen sie v. a.
durch das im Spannungsfeld zwischen
Mythos und sozialer Wirklichkeit, sexuellen und rass. Gegensätzen, westl. und
östl. Sehensweisen oder zwischen Pazifismus und Gewalt angesiedelte Thematik an aktueller Bedeutung.

Werke: The castaways (R., 1972), Threshold
(Ged., 1975), Rite of passage (R., 1976), Mythic
things (Ged., 1981), A revolutionary woman (R.,
1983).

Fugitives [engl. 'fju:dʒɪtɪvz; = Flücht-
linge], konservative Dichtergruppe des
amerikanischen Südens, die sich an der
Vanderbilt University in Nashville
(Tenn.) um die Zeitschrift ›The Fugitive‹
(1922–25) sammelte. Die F. verbanden
die Skepsis gegenüber Fortschritts- und
Wissenschaftsgläubigkeit und die Ablehnung von Modernismen, bes. von Anlei-
hen bei den Naturwissenschaften, in die
Dichtung; demgegenüber forderten sie
eine Rückbesinnung auf die ländlich-
agrar. Lebensformen des Südens (daher
auch ›Agrarians‹, ›Southerners‹) und

versuchten eine Erneuerung der Literatur aus volkstüml. Traditionen. Von weiter reichender Wirkung als das gegenwartsfeindl. Programm waren die Dichtungen, meist Lyrik, der bedeutendsten Mitglieder (J. C. Ransom, A. Tate, R. P. Warren, M. Moore) und ihre Literaturkritik. – ↑auch New criticism.

Literatur: BRADBURY, J. M.: The f. New Haven (Conn.) 1964. – COWAN, L.: The fugitive group. Baton Rouge (La.) ²1968.

Führmann, Franz, * Rokytnice nad Jizerou (Riesengebirge) 15. Jan. 1922, † Berlin (Ost) 8. Juli 1984, dt. Schriftsteller. – War bis 1949 in sowjet. Kriegsgefangenschaft; lebte ab 1950 in Berlin (Ost). F. setzte sich intensiv mit der Zeit des Nationalsozialismus, dem er bis zur Umschulung in der Kriegsgefangenschaft nahestand, auseinander. Sein bekanntestes Werk ist der autobiographisch bestimmte Erzählungsband ›Das Judenauto‹ (1962) mit Episoden aus den Jahren zwischen 1929 und 1949; schrieb auch Gedichte, Nachdichtungen, Kinder- und Jugendbücher, Novellen, Essays.

Weitere Werke: Die Fahrt nach Stalingrad (Dichtung, 1953), Kameraden (Nov., 1955), Kabelkran und Blauer Peter (Reportage, 1961), Böhmen am Meer (E., 1962), König Ödipus (En., 1966), Der Jongleur im Kino oder Die Insel der Träume (En., 1970), 22 Tage oder die Hälfte des Lebens (Tagebuch, 1973), Erfahrungen und Widersprüche. Versuche über Literatur (1975), Der Geliebte der Morgenröte (En., 1978), Fräulein Veronika Paulmann aus der Pirnaer Vorstadt oder Etwas über das Schauerliche bei E. T. A. Hoffmann (1979), Saiäns-Fiktschen (En., 1981), Der Sturz des Engels. Erfahrungen mit Dichtung (1982; in der DDR u. d. T. Vor Feuerschlünden, 1982), Dreizehn Träume (hg. 1985; mit Graphiken von N. Quevedo), Im Berg (Nachlaß, hg. 1991).

Ausgaben: F. F.: Den Katzenartigen wollten wir verbrennen. Hg. v. HANS-JÜRGEN SCHMITT. Hamb. 1983. – F. F. Briefe 1950–1984. Eine Auswahl. Hg. v. HANS-JÜRGEN SCHMITT. Rostock 1994.

Literatur: RICHTER, H.: F. F. Ein dt. Dichterleben. Bln. 1992. – F. F. Beitrr. v. U. KOLBE u. a. Ffm. 1993. – ↑auch Wolf, Christa.

Fujiwara Shunzei, jap. Dichter und Poetologe, ↑Fudschiwara Schunsei.

Fujiwara Teika, jap. Dichter und Poetologe, ↑Fudschiwara Teika.

Fuks, Ladislav, * Prag 24. Sept. 1923, † 19. Aug. 1994, tschech. Schriftsteller. –

Verfasser von Novellen und psycholog. Romanen. In dem Roman ›Herr Theodor Mundstock‹ (1963, dt. 1964) wird das Schicksal eines alten Juden im besetzten Prag geschildert; in den ›Variationen für eine dunkle Saite‹ (R., 1966, dt. 1967) stellte F. das Vorkriegs-Prag bis zur dt. Besetzung aus der Sicht und in der Art eines halbwüchsigen Jungen dar.

Weitere Werke: Der Leichenverbrenner (R., 1967, dt. 1987), Die Mäuse der Natalie Mooshaber (R., 1970, dt. 1982), Der Fall des Kriminalrats (R., 1971, dt. 1974), Die Toten auf dem Ball (E., 1972, dt. 1976), Der Hütejunge aus dem Tal (R., 1977, dt. 1979), Das Bildnis des Martin Blaskowitz (R., 1980, dt. 1983), Vévodkyně a kuchařka (= Die Erzherzogin und die Köchin, R., 1983).

Fulda, Ludwig [Anton Salomon], * Frankfurt am Main 15. Juli 1862, † Berlin 30. März 1939, dt. Schriftsteller. – Nach seinem Studium kam er 1884 nach München, wo er sich dem Dichterkreis um P. Heyse anschloß. Ab 1888 in Berlin; 1889 Mitbegründer, ab 1898 Vorsitzender der ›Freien Bühne‹. F. begann unter dem Einfluß H. Ibsens als Naturalist (Gesellschaftsdramen), war dann Neuromantiker (Vers- und Märchendramen); wurde als Verfasser geschickt gebauter, kultivierter Bühnenstücke ohne großen Anspruch bekannt. Bleibendere Leistungen stellen seine Übersetzungen dar (Molière, E. Rostand, Shakespeare u. a.).

Werke: Unter vier Augen (Lsp., 1887), Gedichte (1890), Die Sklavin (Schsp., 1892), Der Talisman (Dr., 1893), Jugendfreunde (Kom., 1898), Die Zwillingsschwester (Kom., 1901), Aus der Werkstatt (Essays, 1904), Maskerade (Dr., 1904).

Literatur: KLAAR, A.: L. F. Stg. 1922.

Fuller, Charles [engl. 'fʊlə], * Philadelphia (Pa.) 5. März 1939, amerikan. Dramatiker. – Verarbeitet in seinen Dramen histor. und zeitgenöss. Ereignisse der schwarzen Existenz sowie seine persönl. Erfahrungen als Soldat. F. erhielt 1982 für ›A soldier's play‹ (1981) als zweiter afroamerikan. Dramatiker den Pulitzerpreis.

Weitere Werke: The perfect party (Dr., 1968), My many names and days (Einakter, 1972), The candidate (Dr., 1974), In the deepest part of sleep (Dr., 1974), The Brownsville raid (Dr., 1976), Zooman and the sign (Dr., 1980).

Fuller, Henry Blake [engl. 'fʊlə], * Chicago (Ill.) 9. Jan. 1857, † ebd. 28. Juli

1929, amerikan. Schriftsteller. – Schrieb histor. Romane, in denen er das Leben an europ. Fürstenhöfen schildert, u. a. ›The chevalier of Pensieri-Vani‹ (1890), der zunächst unter dem Pseudonym Stanton Page erschien; auch bed. Gesellschaftsschilderer der älteren Chicagoer Schule mit realist. sozialkrit. Romanen, darunter ›The cliff-dwellers‹ (1893).

Weitere Werke: With the procession (R., 1895), Under the skylights (Kurzgeschichten, 1901), Waldo Trench and others (En., 1908), Not on the screen (R., hg. 1930). **Literatur:** GRIFFIN, C. M.: H. B. F. A critical biography. Philadelphia (Pa.) 1939. – PILKINGTON, J.: H. B. F. New York 1970. – BOWRON, B. R. JR.: H. B. F. of Chicago. The ordeal of a genteel realist in ungenteel America. Westport (Conn.) 1974.

Fuller, [Sarah] Margaret [engl. 'fʊlə], * Cambridgeport (heute Cambridge, Mass.) 23. Mai 1810, † Fire Island bei New York 19. Juli 1850 (Schiffsuntergang), amerikan. Schriftstellerin. – Heiratete 1847 den italien. Marchese Angelo Ossoli; sie war als Publizistin Herausgeberin der transzendentalist. Zeitschrift ›The Dial‹ (1840–42) und als Leiterin eines Konversationskreises einflußreiches Mitglied der Transzendentalistengruppe um R. W. Emerson. 1839 erschien ihre engl. Übersetzung von J. P. Eckermanns ›Gesprächen mit Goethe‹. Sie nahm ferner in essayist. Studien zur Frauenfrage Stellung und schrieb Essays zu Literatur und Kunst.

Werke: Summer in the lakes in 1843 (Studie, 1844), Woman in the 19th century (Studie, 1845), Papers on literature and art (Essays, 1846), Memoirs (hg. 1852). **Ausgabe:** M. F. Essays on American life and letters. Hg. v. J. MYERSON. New Haven (Conn.) 1977. **Literatur:** CHIPPERFIELD, F.: In quest of love. The life and death of M. F. New York 1957. – BROWN, A. W.: M. F. New York 1964. – DURNING, R. E.: M. F., citizen of the world. An intermediary between European and American literatures. Hdbg. 1969. – The woman and the myth. M. F.'s life and writings. Hg. v. B. G. CHEVIGNY. Old Westbury (N. Y.) 1976. – ALLEN, M. V.: The achievement of M. F. University Park (Pa.) u. London 1979. – BLANCHARD, P.: M. F. From transcendentalism to revolution. New York 1979. – Critical essays on M. F. Hg. v. J. MYERSON. Boston (Mass.) 1980.

Fuller, Roy [Broadbent] [engl. 'fʊlə], * Failsworth 11. Febr. 1912, † London

27. Sept. 1991, engl. Schriftsteller. – Jurist; 1968 Prof. für Dichtkunst in Oxford. Seine Lyrik war in den 30er Jahren von W. H. Auden beeinflußt; danach reflektiert sie v. a. Erfahrungen des 2. Weltkriegs und soziales Alltagsleben der Nachkriegszeit; schrieb auch ironischkrit. Romane (z. T. Kriminalromane) und Jugendbücher.

Werke: The middle of a war (Ged., 1942), A lost season (Ged., 1944), Image of society (R., 1956), The ruined boys (R., 1959), The father's comedy (R., 1961), New poems (Ged., 1968), The carnal island (R., 1970), From the joke shop (Ged., 1975), The reign of sparrows (Ged., 1980), New and collected poems 1934–84 (Ged., 1985), Lessons of the summer (Ged., 1987), Available for dreams (Ged., 1989), The world through the window (Kinderged., 1989), Stares (R., 1990), Spanner and pen. Post-war memoirs (1991), Last poems (Ged., hg. 1993). **Literatur:** AUSTIN, A. E.: R. F. Boston (Mass.) 1979.

Funabaschi (tl.: Funabashi), Seiitschi, * Tokio 25. Dez. 1904, † ebd. 13. Jan. 1976, jap. Schriftsteller. – In seinen Romanen und Erzählungen thematisiert er (auch in Reaktion auf die Erstarrung der sog. proletar. Literatur) ein ästhet. Lebensgefühl, Liebe und Leidenschaft, sowohl für Menschen als auch für das Handwerk oder die Kunst; trat auch mit literaturkrit. Arbeiten (v. a. über die Meidschi-Literatur) hervor.

Werke: Bokuseki (E., 1938), Shikkaiya Kôkichi (= Kôkichi aus dem Färberladen, 1945), Das Mädchen Tsunako (R., 1963, dt. 1967), Taikô Hideyoshi (= Großfürst Hideyoshi, R., 1976).

Funabashi, Seiichi, jap. Schriftsteller, ↑ Funabaschi, Seiitschi.

Fundoianu, Barbu [rumän. fundo-'janu], rumän. Pseudonym des frz. Schriftstellers rumän. Herkunft Benjamin ↑ Fondane.

Fünfakter, Drama in fünf ↑ Akten. – Die Fünfteilung der dramat. Handlung findet sich als poetolog. Forderung zuerst bei Horaz (›Ars poetica‹); verwirklicht ist sie zum ersten Mal in der röm. Tragödie bei Seneca d. J. Im Anschluß an Horaz und Seneca erhebt die Dramaturgie der Renaissance und des Humanismus die Gliederung eines Dramas in fünf Akte zu einem poet. Gesetz, das als in der Natur des Dramas selbst liegend angesehen wurde. Der F. wurde zur typ. Bauform des neuzeitl. frz., engl. und dt. Dramas. – ↑auch Dreiakter.

Funkerzählung, für den Rundfunk produzierte Erzählung; im Unterschied zu vergleichbaren Sendeformen (↑Hörspiel, ↑Feature) ist die F. an das rein Erzählerische gebunden (kein Dialog, keine szen. Darstellung), die Stimme des Erzählers ist für die F. bestimmend, sie stellt den unmittelbaren Kontakt zum Hörer her, was sich u. a. auch in direkter Ansprache äußern kann; in seltenen Fällen ist die Erzählung auf verschiedene Stimmen verteilt. Als erste F.en gelten Funkadaptionen ep. Vorlagen, v. a. H. Kessers ›Schwester Henriette‹ (Ursendung 1929) und ›Straßenmann‹ (Ursendung 1930). Einen festen Platz im Hörspielprogramm einzelner Rundfunkanstalten nimmt die F. jedoch erst seit Mitte der 50er Jahre ein.
Literatur: DÄHL, R.: Vorläufiger Ber. über Erzählen u. Erzähler im Hörspiel. In: Probleme des Erzählens in der Weltlit. Hg. v. F. MARTINI. Stg. 1971. S. 367.

Furcht und Mitleid, von G. E. Lessing in der ›Hamburg. Dramaturgie‹ (74. bis 83. Stück, 1768) verwendete Übersetzung der entscheidenden Begriffe in Aristoteles' ›Poetik‹ (›phóbos‹ und ›éleos‹), die sich auf die Wesensbestimmung der Tragödie beziehen und die ↑Katharsis beim Zuschauer bedingen. Sie werden heute, dem aktuellen Kenntnis- und Interpretationsstand entsprechend mit ›Jammer‹ und ›Schauder‹ wiedergegeben (↑Drama).

Furetière, Antoine [frz. fyr'tjɛːr], * Paris 28. Dez. 1619, † ebd. 14. Mai 1688, frz. Schriftsteller. – Advokat, dann Geistlicher; schrieb Gedichte, Satiren, literarkrit. Schriften sowie einen realist. Sittenroman (›Der Bürgerroman‹, 1666, dt. 1992, 1905 u. d. T. ›Unsere biederen Stadtleut‹). Als Mitglied der Académie française (seit 1662) sollte er an deren Wörterbuch mitwirken, verwarf aber die Zielsetzung und wurde, als er vor dem Erscheinen des Wörterbuchs 1684 den ›Essai d'un dictionnaire universel‹ veröffentlichte, ausgeschlossen. F.s Hauptwerk ist sein bis heute wertvoller, postum erschienener ›Dictionnaire universel ...‹ (3 Bde., 1690; zahlreiche Nachdr.), in dem

er techn. Spezialausdrücke, Wörter der Alltags- und der Volkssprache, die die Académie aus ihrem Wörterbuch ausschloß, aufnahm.
Literatur: GÉGOU, F.: A. F., abbé de Cholivoy, ou la chute d'un immortel. Paris 1962. – REY, A.: A. F., imagier de la culture classique. In: Le dictionnaire universel d'A. F. Neuausg. unter Leitung v. A. REY. Paris 1978. Bd. 1 (mit Bibliogr.). – VIALET, M.: Triomphe de l'iconoclaste. ›Le roman bourgeois‹ et les lois de cohérence romanesque. Paris u. a. 1989.

Furius Bibaculus, Marcus, röm. Dichter des 1. Jh. v. Chr. aus Cremona. – Neoteriker, Schüler des Valerius Cato; als bes. gelungen galten seine Spott- und Schimpfgedichte (u. a. gegen Caesar und Oktavian gerichtet); nur wenige Fragmente sind von ihm erhalten. Möglicherweise auch Verfasser des später entstandenen Epos ›Annales belli Gallici‹ (= Annalen des Gallischen Krieges).

Furmanow (tl.: Furmanov), Dmitri Andrejewitsch [russ. 'furmɐnɐf], * Sereda (Furmanow) 7. Nov. 1891, † Moskau 15. März 1926, russ.-sowjet. Schriftsteller. – Am bekanntesten wurde F.s dokumentar. Roman ›Tschapajew‹ (1923, dt. 1928) um den Partisanenführer W. I. Tschapajew, in dessen Armee F. polit. Kommissar war.
Weitere Werke: Die roten Helden (E., 1921, dt. 1928), Zwischen Rot und Weiß (E., 1923, dt. 1956), Meuterei (R., 1925, dt. 1955).
Ausgabe: D. A. Furmanov. Sobranie sočineinij. Moskau 1960–61. 4 Bde.
Literatur: KASPER, K.: D. F. Halle/Saale 1962. – SCHNEIDER, H.-P.: Dokument u. Romanform als Problem in D. A. Furmanovs Romanen. Ffm. u. a. 1977.

Furnadschiew (tl.: Furnadžiev), Nikola Jordanow [bulgar. fur'nadʒiɛf], * Pasardschik 27. Mai 1903, † Sofia 26. Jan. 1968, bulgar. Schriftsteller. – Schrieb u. a. Gedichte (›Proleten vjatär‹ [= Frühlingswind], 1925), anfangs von Symbolismus und Imagismus beeinflußt, in strenger, ausgefeilter Form; auch Märchen und Gedichte für Kinder.
Ausgabe: N. Furnadžiev. Säbrani säčinenija. Sofia 1970–73. 4 Bde.
Literatur: Lit. Bulgariens 1944–1980. Hg. v. T. SHETSCHEW u. a. Bln. 1981.

Fürnberg, Louis, Pseudonym Nuntius, * Iglau (Mähren) 24. Mai 1909, † Weimar 23. Juni 1957, dt. Schriftsteller. – Seit 1928 Mitglied der tschech.

kommunist. Partei, 1932 Gründer der Theatergruppe ›Echo von links‹, 1939 Verhaftung, 1940 Flucht nach Italien, Jugoslawien und zuletzt Palästina. Nach polit. Tätigkeit in Prag wurde er 1954 stellvertretender Direktor der Nat. Forschungs- und Gedenkstätten in Weimar und Mitbegründer der ›Weimarer Beiträge‹. Als Dramatiker, Lyriker und Erzähler schrieb er u. a. auch Festspiele und Kantaten, die er selbst vertonte.

Werke: Lieder, Songs und Moritaten (Ged., 1936), Der Bruder Namenlos. Ein Leben in Versen (1947), Mozart-Novelle (1947), Die span. Hochzeit (Dr., 1948), Das wunderbare Gesetz (Ged., 1956), Heimat, die ich immer meinte (Ged., hg. 1964).
Ausgabe: L. F. Ges. Werke. Bln. u. Weimar 1964–73. 6 Bde.
Literatur: RICHTER, H.: Das lyr. Werk L. F.s Bln. 1966. – POSCHMANN, H.: L. F. Leben u. Werk. Neuausg. Bln. 1982.

Furphy, Joseph [engl. 'fəːfɪ], Pseudonym Tom Collins, * Yarra Glen bei Melbourne 26. Sept. 1843, † Claremont (Queensland) 13. Sept. 1912, austral. Erzähler. – Begann erst 1884 nach glücklosen Versuchen in mehreren Berufen und dem Zusammenbruch seines Fuhrunternehmens, sich als Kurzgeschichtenautor im ›Bulletin‹ zu betätigen. Sein bekanntester Roman ›Such is life‹ (1903) kommt ohne traditionelle Fabel aus und ist erzähltechnisch ein weit in die Moderne vorausweisender Versuch, die verwirrende Vielseitigkeit des Lebens durch eine episodisch gegliederte Struktur zu spiegeln.

Literatur: MITCHELL, A. G.: Such is life. The title and the structure of the book. Southerly 1945. – BARNES, J.: J. F. Melbourne 1963.

Fürst, Max, * Königsberg (Pr) 2. Juni 1905, † Stuttgart 21. Juni 1978, dt. Schriftsteller. – Engagierte sich als Führer eines dt.-jüd. Jugendbundes in den polit. und kulturellen Auseinandersetzungen der 20er Jahre; 1933/34 im KZ; 1935 Auswanderung nach Palästina; 1950 Rückkehr in die Bundesrepublik Deutschland; u. a. Mitarbeit an der Odenwaldschule in Heppenheim. In zwei Büchern (›Gefilte Fisch. Eine Jugend in Königsberg‹, 1973; ›Talisman Scheherezade. Die schwierigen zwanziger Jahre‹, 1976) beschwor er seine Jugend, ohne sie zu verklären.

Fürstenspiegel, mittelalterl. Schriften, in denen das Idealbild eines Fürsten entwickelt und eth. Grundsätze über seine Rechte und Pflichten, über Befugnisse und Begrenzungen fürstl. Macht dargelegt werden. – F. kennt man seit den Staatsschriften Platons und Aristoteles’, u. a. die Selbstbetrachtungen Marc Aurels und Augustinus’ ›De civitate Dei‹ (413–426, dt. 1666). Das 12. Jh. leitete eine neue Epoche ein, indem im ›Polycratius‹ (1159) des Johannes von Salisbury der eth. Wert der Macht und des öffentl. Wohls betont werden. Wichtige Elemente dieser Diskussion über den Vorrang von ›nobilitas mentis‹ vor ›nobilitas corporis‹ finden sich in den ›Siete partidas‹ König Alfons’ X., des Weisen, in Dantes Schrift ›Über die Monarchie‹ (entst. um 1310, gedr. 1559, dt. 1845, erstmals dt. 1559) und bei Juan Manuel; sie wurden von den Humanisten (Guarino von Verona [* 1374, † 1460]) wieder aufgegriffen. Die klass. F. gipfelten in der ›Institutio principis christiani‹ (1516) des Erasmus von Rotterdam und wirkten bis ins 17. Jh. nach; N. Machiavellis Traktat ›Der Fürst‹ (entst. 1513, hg. 1532, dt. 1804) markiert den Bruch mit dem Fürstenideal des ›princeps christianus‹, die Ablösung der Gattung der F. durch die Traktate der Fürstenlehre.

Literatur: BERGES, W.: Die F. des hohen u. späten MA. Lpz. 1938. Nachdr. Stg. 1992. – GARIN, E./RAITH, W., u. a.: Erziehung, Anspruch, Wirklichkeit. Gesch. u. Dokumente abendländ. Pädagogik. Dt. Übers. Starnberg 1971. 6 Bde. – SINGER, B.: Die F. in Deutschland im Zeitalter des Humanismus u. der Reformation. Mchn. 1981.

Fürtrer, Ulrich, dt. Schriftsteller und Maler, † Füetrer, Ulrich.

Füruzan, Selçuk [türk. fyru'zan], * Istanbul 27. Okt. 1935, türk. Erzählerin. – Im Mittelpunkt ihres Werkes stehen meist weibl. Protagonisten, darunter – ein Novum für die türk. Literatur – auch solche des städt. Proletariats und des Kleinbürgertums; verfaßte auch Reisebeschreibungen und Reportagen über türk. Arbeiter in der BR Deutschland.

Werke: Parasız yatılı (= Im Internat, 1971), Benim sinemalarım (= Meine Kinos, En., 1973), 47'liler (= Die Siebenundvierziger, R., 1975), Gecenin öteki yüzü (= Die andere Seite der Nacht, En., 1982).

Fusinato, Arnaldo, * Schio (Prov. Vicenza) 25. Nov. 1817, † Verona 28. Dez. 1888, italien. Dichter. – Teilnehmer der Revolution in Lombardo-Venetien 1848/ 1849; ∞ mit der Dichterin Erminia Fuà Fusinato (* 1831, † 1876); schrieb patriot. Lyrik (›Poesie patriottiche‹, hg. 1913), humoristisch-satir. Lieder (›Lo studente di Padova‹, 1847) und romant. Erzählungen.

Ausgabe: A. F. Poesie complete. Neuausg. Mailand 1955.

Literatur: GORRA, M.: Un cattivo servizio del F. al Nievo. In: Medioevo e Rinascimento veneto. Con altri studi. In onore di Lino Lazzarini. Padua 1979. S. 387.

Fuß, verkürzte Form des metr. Begriffs ↑ Versfuß.

Fussenegger, Gertrud, verh. Dorn, * Pilsen 8. Mai 1912, österr. Schriftstellerin. – Tochter eines Offiziers; Kindheit in Böhmen und Tirol, Studium der Geschichte, Kunstgeschichte und Philosophie in München und Innsbruck, lebt seit 1961 in Leonding bei Linz. Schrieb breitangelegte figuren- und symbolreiche Romane, die teils in der Vergangenheit (›Geschlecht im Advent‹, 1937), teils in der Gegenwart spielen. Nach dem 2. Weltkrieg wandte sich ihr Interesse menschl. Grundsituationen zu, die sie in zeitbezogenen Gesellschaftsromanen behandelte. Grundthema ist der Gegensatz von Wertordnungen und Chaotik, Rationalität und Religion. Formal war sie anfangs der klass. Erzähltradition verpflichtet, später entwickelte sie neue Erzählformen (›Zeit des Raben, Zeit der Taube‹, R., 1960). Bes. bekannt wurden die Romane ›Das Haus der dunklen Krüge‹ (1951) und ›Das verschüttete Antlitz‹ (1957). Verfaßte auch Dramen, Lyrik und Essays. Seit 1975 Mit-Hg. der Literaturzeitschrift ›Die Rampe‹.

Weitere Werke: Mohrenlegende (E., 1937), Eines Menschen Sohn (E., 1939), Die Leute auf Falbeson (E., 1940), Eggebrecht (E., 1943), Die Brüder von Lasawa (R., 1948), Die Legende von den drei heiligen Frauen (Nov., 1952), In deine Hand gegeben (R., 1954), Iris und Muschelmund (Ged., 1955), Der Tabakgarten (En., 1961), Die Nachtwache am Weiher (En., 1963), Die Reise nach Amalfi (Hsp., 1963), Die Pulvermühle (R., 1968), Bibelgeschichten (1972), Widerstand gegen die Wetterhähne (Ged., 1974), Der große Obelisk (Essays, 1977), Ein Spiegelbild mit Feuersäule. Lebensbericht (1979), Maria Theresia (Biogr., 1980), Kaiser, König, Kellerhals (En., 1981), Echolot (Essays, 1982), Sie waren Zeitgenossen (R., 1983), Gegenruf (Ged., 1986), Nur ein Regenbogen (En., 1987), Herrscherinnen. Frauen, die Geschichte machten (1992).

Literatur: WINKLER, CH.: Die Erzählkunst G. F.s Diss. Wien 1972. – ADEL, K.: Wolkensäule u. Feuersäule. Zu G. F.s dichter. Werk. In: Adalbert-Stifter-Inst. des Landes Oberösterreich. Vjschr. 29 (1980), S. 176.

Gertrud
Fussenegger

Fußesbrunnen, Konrad von, mhd. Dichter, ↑ Konrad von Fußesbrunnen.

Füst, Milán [ungar. fyʃt], * Budapest 17. Juli 1888, † ebd. 26. Juli 1967, ungar. Schriftsteller. – Schrieb früh für die avantgardist. Zeitschrift ›Nyugat‹; Prof. für Ästhetik an der Univ. Budapest; schrieb außer umfassenden Arbeiten zur Ästhetik Gedichte, Romane, Novellen und Dramen; bevorzugte als Lyriker einen freirhythm., der Liturgie angenäherten Versbau; pessimist. Grundhaltung; in seinem Hauptwerk, dem psycholog. Roman ›Die Geschichte meiner Frau‹ (1942, dt. 1962), zeigt er Möglichkeiten der Erhaltung menschl. Werte in Grenzsituationen.

Weitere Werke: Advent (E., 1923), Herbstdüsternisse (Ged., dt. Auswahl 1974).

Literatur: SOMLYÓ, G.: F. M. Budapest 1969.

Futabatei, Schimei, eigtl. Hasegawa Tatsunosuke, * Edo (heute Tokio) 28. Febr. 1864, † im Golf von Bengalen 10. Mai 1909 (während der Rückreise aus Rußland auf dem Schiff), jap. Schriftsteller. – Verfasser realist. Romane und Novellen unter dem Einfluß der russ. Literatur; führte die Umgangssprache in die jap. Literatur ein; bed. Übersetzungen aus dem Russischen. Sein Hauptwerk ist der Roman ›Ukigumo‹ (= Schwebende Wolken, 3 Tle., 1887–89, engl. 1967).

Füterer (Fütrer), Ulrich, dt. Schriftsteller und Maler, ↑ Füetrer, Ulrich.

Futschedschiew (tl.: Fučedžiev), Diko Slawow [bulgar. futʃɛˈdʒiɛf], * Gramatikowo 16. Juli 1928, bulgar. Schriftsteller. – Verlagsarbeit, Funktionen im Schriftstellerverband; Diplomat, Theaterdirektor; trat mit Erzählungen (›Der Himmel über dem Veleka-Fluß‹, 1963, dt. 1975) und Romanen (›Schatten über dem Fluß‹, 1974, dt. 1978) hervor.
Weiteres Werk: Zelenata treva na pustinjata (= Das grüne Gras der Wüste, R., 1978).

Futurismus [lat.], um 1910 von Italien aus propagierte, rasch nach Rußland, Deutschland und Frankreich ausstrahlende revolutionäre Kunstbewegung unter der Führung F. T. Marinettis mit starken Einflüssen auf ↑ Expressionismus (speziell den ↑ Sturmkreis), ↑ Dadaismus und ↑ Surrealismus. Auf das 1909 im ›Figaro‹ veröffentlichte Gründungsmanifest folgte eine Flut programmat. Schriften zu fast allen künstler. Bereichen, aber auch zur Politik, wie das Manifest zur Wahl am 7. März 1909 zeigt, von dem aus eine direkte Linie des *italien. F.* zur später eindeutig faschist. Haltung führte (F. T. Marinetti, ›Futurismus und Faschismus‹, 1924). Hauptvertreter des F. in Italien neben Marinetti waren die bildenden Künstler Umberto Boccioni, Giacomo Balla, Carlo Carrà, Enrico Prampolini, Luigi Russolo und Gino Severini; als Schriftsteller sind auch A. Soffici, Paolo Buzzi (* 1874, † 1976), Enrico Cavacchioli (* 1884, † 1954), Auro D'Alba (* 1888, † 1965), L. Folgore, C. Govoni, A. Palazzeschi, G. Papini und G. Prezzolini relevant.
Als weltanschaulich-künstler. Erneuerungsbewegung forderte der F. die Sprengung der geltenden gesellschaftl. und künstler. Traditionen und begeisterte sich für die Rasanz des modernen, durch den techn. Fortschritt geprägten Lebens. Gleich das Gründungsmanifest erklärte, ein ›aufheulendes Auto‹ sei ›schöner als die Nike von Samothrake‹; man forderte deshalb die Zerstörung der bestehenden Museen, Bibliotheken und Akademien und feierte den Krieg als notwendige ›Hygiene der Welt‹. Auf Manifeste zur futurist. Malerei, Musik und Bildhauerei folgte 1912 das ›Techn. Manifest der futurist. Literatur‹, das gegen die überkommene Syntax opponierte, für die Abschaffung der Adjektive, Adverbien und der Zeichensetzung eintrat, der Zerstörung des ‚Ichs‘ in der Literatur das Wort redete und einem neuen Dynamismus der Gegenstände (›Wir wollen in der Literatur das Leben des Motors wiedergeben‹) den Weg ebnen wollte. 1913 feierte Marinetti das Varieté als Ort ›futurist. Wunder‹, einer ›neuen, im Kommen begriffenen Sensibilität‹: Diese moderne Unterhaltungskunst, die gleichsam mit der Elektrizität entstanden sei, fördere den Sinn fürs Naive und Primitive, für Improvisationen, exzentr. Absurditäten usw. Ganz in diesem Sinne schockierten die Futuristen bei ihren öffentl. Auftritten das Publikum und tendierten zu spektakulären Selbstdarstellungen.
In der Propagierung der ›Parole in libertà‹ (des ›befreiten Wortes‹) sowie in der literar. Anwendung des aus der Malerei übernommenen simultanist. bzw. des aus der Musik übernommenen bruitist. Prinzips (Geräuschkunst) liegen die wesentl. Einflüsse des F. auf Expressionismus und Surrealismus und bes. auf den Dadaismus (›Cabaret Voltaire‹, dadaist. Simultan- und Lautgedicht). Gedichte von Marinetti waren integraler Bestandteil der ersten Berliner Dada-Veranstaltungen, doch wandten sich die Dadaisten in ihrem zentralen ›Manifest‹ von 1918 auch schon dezidiert gegen den Futurismus. Mit ihrer faschist. Parteinahme verlor diese Bewegung vollends ihren Einfluß auf die moderne Kunst und Literatur.
Auch der *russ. F.* betonte in dem von den ›Kubo-Futuristen‹ D. Burliuk, W. Chlebnikow, A. J. Krutschonych und W. W. Majakowski unterzeichneten Manifest ›Eine Ohrfeige dem allgemeinen Geschmack‹ (1912) den ›kompromißlosen Haß‹ auf die bisher gebräuchl. Sprache‹, das Recht des Dichters auf Revolutionierung des poet. Stoffes, des Wortschatzes und der Syntax. Diese Kunst- und Literaturrevolution lief zunächst mit der polit.

258 **Fux**

Revolution in Rußland parallel, geriet jedoch rasch in Widerspruch zu den Regierenden und verfiel deren Kritik, so etwa die 1923 von Majakowski herausgegebene radikale Kunstzeitschrift ›LEF‹. In nur äußerl. Beziehung zum russ. F. prägte I. Sewerjanin den Begriff des *Ego-Futurismus*.

Literatur: BAUMGARTH, CH.: Gesch. des F. Rbk. 1966. – MARKOV, V.: Russian futurism. Berkeley (Calif.) 1968. – Der F. Manifeste u. Dokumente einer künstler. Revolution 1909–1918. Hg. v. U. APOLLONIO. Dt. Übers. Köln 1972. – MARINETTI, F. T.: Selected writings. Engl. Übers. London 1972. – ANTONUCCI, G.: Cronache del teatro futurista. Rom 1975. – GERHARDUS, M./GERHARDUS, D.: Kubismus u. F. Freib. u. a. 1977. – METER, H.: Apollinaire u. der F. Rheinfelden 1977. – TISDALL, C./BOZZOLA, A.: Futurism. London 1977. – FALKENHAUSEN, S. VON: Der zweite F. u. die Kunstpolitik des Faschismus in Italien von 1922–1943. Ffm. 1979. – SHEPPARD, R.: Dada u. F. In: Sinn aus Unsinn. Dada internat. Hg. v. W. PAULSEN u. H. G. HERMANN. Bern u. Mchn. 1982. – NAZZARO, G. B.: Introduzione al futurismo. Neapel ²1984. – ROMANI, B., u. a.: Le futurisme. In: Les Avant-gardes littéraires au 20ᵉ siècle. Hg. v. J. WEISGERBER. Budapest 1984. 2 Bde. – Futurismo e futurismi. Ausst.-Kat. Mailand 1986 (mit Bibliogr.). – CALVESI, M.: Der F. Dt. Übers. Köln 1987. – DEMETZ, P.: ›Worte in Freiheit‹. Der italien. F. und die dt. literar. Avantgarde (1912–1934). Mchn. u. a. 1990. – VIOLA, G. E.: Gli anni del futurismo. La poesia italiana nell'età delle avanguardie. Rom 1990. – WHITE, J.: Literary futurism. Oxford 1990. – SCHMIDT-BERGMANN, H.: F. Gesch., Ästhetik, Dokumente. Rbk. 1993.

Fux, Adolf, * Grächen (Kanton Wallis) 10. Sept. 1901, † Visp 18. Nov. 1974, schweizer. Schriftsteller. – Seine Romane, Erzählungen und Hörspiele sind stark geprägt von der Verbundenheit mit seiner Walliser Heimat und der schweizer. Tradition.

Werke: Land unter Gletschern (Novellen, 1936), Das neue Geschlecht (R., 1939), Schweigsames Erdreich (R., 1943), Im Ring der Berge (R., 1953), Wilde Fluten (Nov., 1954), Alexander Burgener, König der Bergführer (R., 1961).
Ausgabe: A. F. Ausgew. Erzählungen u. Novellen aus dem Wallis. Brig 1984.

Fuzûlî, Mehmet [türk. fuzu:'li] (arab. Muhammad Ibn Sulaiman Fuduli), * Hilla (Irak) 1495 (?), † Bagdad 1556, türk. Dichter. – Über sein Leben ist fast nichts bekannt; er gehörte einem im Irak ansässigen Stamm der Ogusen an, seine Muttersprache war Aserbaidschanisch; starb während einer Pestepidemie. Bedeutendster Vertreter der türk. Klassik; schrieb in türk., arab. und pers. Sprache; seine Lyrik, die die aserbaidschan. und auch die neue türk. Dichtung beeinflußt hat, ist von pessimist. Daseinshaltung und myst. Gottesliebe geprägt. Hauptwerke sind sein türk. Diwan und das 4000 Doppelverse umfassende Mesnewi (Dichtung in Doppelversen aus paarweise reimenden Halbversen) ›Leylâ ve Mecnûn‹ (= Leylâ und Mecnûn).

Ausgaben: M. Fuzulî. Fuzûlî dîvânı. Hg. v. A. GÖLPINARLI. Istanbul ²1961. – M. Fuzulî. Farsça divanı. Krit. Ausg. v. H. MAZIOĞLU. Ankara 1962.
Literatur: Des türk. Dichters Fuzûlî Poëm ›Laylâ-Meğnûn‹ u. die gereimte Erzählung ›Benk ū Bâde‹ (Haşiş u. Wein). Übers. v. N. H. LUGAL u. O. RESHER. Istanbul 1943. – Enc. Islam Bd. 2, ²1965, S. 937.

G

Gabaschwili (tl.: Gabašvili), Wissarion, Pseudonym Bessiki, * Tiflis 1750, † Jassy 6. Febr. 1791, georg. Dichter und Politiker. – Bemühte sich für sein Land um russ. Schutz gegen mögl. Gegner; als Dichter Vertreter der Frühromantik; verfaßte vorwiegend patriot. und Liebeslieder, Oden, Sendschreiben, Epigramme; von großem Einfluß auf die georg. Dichtung der 2. Hälfte des 18. und des beginnenden 19. Jahrhunderts.

Gąbe, Dora Petrowa, * Charmanlak (heute Dabowik, Kreis Tolbuchin) 28. Aug. 1888, † Sofia 16. Febr. 1983, bulgar. Schriftstellerin. – Bed. Kinderbuchautorin; auch lyr. Gedichte mit anfangs myst., später bes. polit. Themen; Übersetzungen aus dem Polnischen.
Werke: Zemen pät (= Ird. Weg, Ged., 1928), Vela (Poem, 1946), Mutter Paraschkeva (Biogr., 1971, dt. 1972).
Literatur: Lit. Bulgariens 1944 bis 1980. Hg. v. T. SHETSCHEW u. a. Bln. 1981.

Gabelentz, Georg von der, * Lemnitz (Landkreis Pößneck) 1. März 1868, † Münchenbernsdorf 16. Nov. 1940, dt. Schriftsteller. – Offizier und Militärattaché, später stellvertretender Generaldirektor des Sächs. Hoftheaters in Dresden. Neben Romanen und Novellen, deren Stoffe er aus Geschichte und Gegenwart nahm, schrieb er psychologisch motivierte, zum Spiritismus neigende Romane und Erzählungen.
Werke: Das weiße Tier (Nov.n, 1904), Das Glück der Jahnings (R., 1905), Um eine Krone (R., 1908), Das Auge des Schlafenden (R., 1910), Judas (Dr., 1911), Der große Kavalier (R., 1913), Die Verführerin (R., 1920), Masken Satans (R., 1925), Das Rätsel Choriander (R., 1929), Drei Nächte (En., 1935).

Gabirol (tl.: Gabîrôl), Salomon (auch: Salomon Ben Jehuda Ibn Gabirol [Gebirol], latin. Avicebron oder Avencebrol), * Málaga um 1021, † Valencia 1058 oder 1070, span.-jüd. Dichter und Philosoph. – Wirkte im arab. Spanien als Philosoph und Dichter (z. T. auch in arab. Sprache). Seine ernste und strenge Dichtung umfaßt Hymnen, Klagelieder, Gebete und Bußgesänge; ein Teil davon wurde in die jüd. Liturgie aufgenommen; sein berühmtestes Werk ist das Lehrgedicht ›Keter malkût‹ (= Königskrone, dt. 1856 u. d. T. ›Kether Malchuth‹). Bedeutender sind seine philosoph. Schriften. Sein in arab. Sprache in Dialogform abgefaßtes Hauptwerk ›Mĕqôr ḥayyîm‹, das nur in der lat. Übersetzung von Johannes Hispanus u. d. T. ›Fons vitae‹ (= Lebensquell, um 1150) erhalten ist, enthält jüd. religiöse Ideen, verbunden mit arab. Aristotelismus und alexandrin. Neuplatonismus, und behandelt metaphys. Probleme im Umkreis der Unterscheidung zwischen Form und Materie. Es beeinflußte ungleich stärker als die jüd. Philosophie Duns Scotus und andere Franziskaner. Bes. wegen seiner pantheist. Gedanken stieß G. bei den Juden auf Widerstand. G. verfaßte 1045 ferner eine von religiösem Dogma unabhängige Systematisierung der mittelalterl. jüd. Ethik u. d. T. ›Tiqqûn middôt ha-nefes‹ (= Veredelung der Eigenschaften der Seele, dt. in Auszügen 1894).
Literatur: GUTTMANN, J.: Die Philosophie des S. ibn G. Gött. 1889. – BRUNNER, F.: Platonisme et aristotélisme. La critique d'Ibn G. par St. Thomas d'Aquin. Löwen u. Paris. 1965. – BURGEBUHR, F. P.: Salomo Ibn G. West-östl. Dichtertum. Hdbg. 1970.

Gaboriau, Émile [frz. gabɔ'rjo], * Saujon (Charente-Maritime) 9. Nov. 1832, † Paris 28. Sept. 1873, frz. Schriftsteller. – Erfolgreicher früher Vertreter der Detektivgeschichte; beeinflußte A. C. Doyle; schrieb u. a. ›L'affaire Lerouge oder Gefahren des Irrthums‹ (R., 1866, dt. 3 Bde., 1867, 1887 u. d. T. ›Die Witwe Lerouge‹),

›Das Verbrechen von Orcival‹ (R., 1867, dt. 1942), ›La clique dorée‹ (R., 1871), ›Der Strick um den Hals‹ (R., 1873, dt. 1874, 1968 u. d. T. ›Die tugendhafte Gräfin oder Der Strick um den Hals‹), ›Anderer Leute Geld‹ (R., 1874, dt. 1924). **Literatur:** SCHULZE-WITZENRATH, E.: G. u. die Entstehung des ›roman policier‹. In: Literatur und Kriminalität. Hg. v. J. SCHÖNERT. Tüb. 1983. S. 155.

Gabriel y Galán, José María [span. ga'βrịẹl i ɣa'lan], * Frades de la Sierra (Prov. Salamanca) 28. Juni 1870, † Guijo de Granadilla (Prov. Cáceres) 6. Jan. 1905, span. Dichter. – Seine das Niveau provinzieller Heimatkunst überragenden Dichtungen sind geprägt von der bäuerl. Tradition Kastiliens, von Verständnis und Liebe für die Welt der Hirten und Bauern.
Werke: Castellanas (Ged., 1902), Extremeñas (Ged., 1902), Campesinas (Ged., 1904), Nuevas castellanas (Ged., 1905).
Ausgabe: J. M. G. y G. Obras completas. Neuausg. Madrid 1949. 3 Bde.
Literatur: GUTIÉRREZ MACÍAS, V.: Biografía de G. y G. Madrid 1956. – ROMANO COLANGELI, M.: La poesía di G. y G. Bologna 1965. – VILLA-LOBOS BOTE, R.: Valores religiosos y humanos en la obra poética de G. y G. Sevilla 1972.

Gabryẹlla, Pseudonym der poln. Schriftstellerin Narcyza † Żmichowska.

Gace Brulé [frz. gas'bʀy'le], * Nanteuil-lès-Meaux (Seine-et-Marne) (?) um 1160, † nach 1212, altfrz. Lyriker. – Angehöriger des niederen Adels aus der Champagne; einer der bedeutendsten frühen Trouvères, dessen Werk 69 Lieder mit gesicherter sowie 15 weitere mit diskutierbarer Verfasserschaft aufweist; die Lieder sind oft in mehreren Fassungen überliefert, 57 der authent. Lieder sind mit musikal. Notierung versehen.
Ausgaben: G. B., trouvère champenois. Éditions des chansons et étude historique. Hg. v. H. PETERSEN DYGGVE. Helsinki 1951. – The lyrics and melodies of G. B. Hg. u. übers. v. S. N. ROSENBERG u. S. DANON. New York u. London 1985.
Literatur: FRAPPIER, J.: La poésie lyrique en France aux XIIᵉ et XIIIᵉ siècles. Paris 1952. – DRAGONETTI, R.: La technique poétique des trouvères dans la chanson courtoise. Brügge 1960.

Gadamer, Hans-Georg, * Marburg 11. Febr. 1900, dt. Philosoph. – Studium der Germanistik, Geschichte, Kunstgeschichte und Philosophie; 1939 Prof. in Leipzig, 1947 in Frankfurt am Main, seit 1949 in Heidelberg (Nachfolger von K. Jaspers). G. ist v. a. als Erneuerer der Hermeneutik bekannt geworden. Sein programmat. Hauptwerk ›Wahrheit und Methode‹ (1960) ist der Frage nach dem mögl. Erfahrungen von Wahrheit gewidmet. Der herkömml. Rahmen der Wissenschaftlichkeit, so G.s zentrale These, muß überschritten werden zugunsten anderer Erfahrungsformen von Wahrheit, wie sie in Kunst und Geschichte auftreten. Jedes Verstehen, das Einsicht in Wahrheit vermittelt, ist eingebunden in ein historisch gewachsenes Vorverständnis der Sinnzusammenhänge (›hermeneut. Zirkel‹): Eine unbedingte, geschichtsunabhängige Wahrheit gibt es nicht. Die Gedankengänge G.s finden in neuester Zeit im Zusammenhang mit der Kritik an der analyt. Philosophie zunehmend Beachtung.
Weitere Werke: Wer bin ich und wer bist du? Ein Komm. zu Paul Celans Gedichtfolge ›Atemkristall‹ (1973), Die Aktualität des Schönen. Kunst als Spiel, Symbol und Fest (1977), Das Erbe Europas. Beiträge (1989).
Ausgabe: H.-G. G. Ges. Werke. Tübingen ¹⁻⁶1985–93. 9 Bde.

Gadda, Carlo Emilio [italien. 'gadda], * Mailand 14. Nov. 1893, † Rom 22. Mai 1973, italien. Schriftsteller. – Teilnahme am 1. Weltkrieg, 1918/19 in dt. Kriegsgefangenschaft; einer der bedeutendsten italien. Schriftsteller der Gegenwart; Verfasser vielschichtiger Romane und Erzählungen, die sich durch nuancierte Charakterzeichnungen, Ironie und reichen Stil auszeichnen.
Werke: La Madonna dei filosofi (En., 1931), Il castello di Udine (R., 1934), Vier Töchter und jede eine Königin. Mailänder Skizzen (En., 1944, dt. 1991), Novelle dal ducato in fiamme (Nov.n, 1955), Die gräßl. Bescherung in der Via Merulana (R., 1957, dt. 1961), Cupido im Hause Brocchi (E., 1963, dt. 1987), Die Erkenntnis des Schmerzes (R., 1963, dt. 1964), Frankreichs Ludwige (Essays, 1964, dt. 1966), Die Liebe zur Mechanik (R., 1970, dt. 1993), Novella seconda (Nov.n, 1971), Meditazione milanese (Essays, 1974), Il tempo e le opere (Essay, hg. 1982), Die Wunder Italiens (Artikel, dt. Ausw. 1984).
Ausgaben: C. E. G. Erzählungen. Dt. Übers. Ffm. 1965. – Opere di C. E. G. Hg. v. D. ISELLA u. a. Mailand 1988–93. 5 Bde.
Literatur: GERSBACH, M.: C. E. G. Wirklichkeit u. Verzerrung. Bern 1969. – BALDI, G.: C. E. G. Mailand 1972. – DOMBROSKI, R. S.: Introdu-

21

zione allo studio di C. E. G. Florenz 1974. – Leggere G. Antologia della critica gaddiana. Hg. v. A. CECCARONI. Bologna 1978. – ISELLA, D.: I lombardi in rivolta. Da Carlo Maria Maggi a C. E. G. Turin 1984. – C. E. G. Zeitschrift Akzente, H. 5 (Okt. 1993).

Gaddis, William [engl. 'gædɪs], * New York 29. Dez. 1922, amerikan. Schriftsteller. – Während des Studiums in Harvard Hg. der satir. Zeitschrift ›The Lampoon‹; Reisen in Lateinamerika, Afrika und Europa. Die beiden ersten seiner bisher erschienenen drei Romane sind Meisterwerke postmoderner Fiktion. Sie sind durch enzyklopäd. Themenbreite und Experimente mit narrativen Strukturen gekennzeichnet. Während in ›The recognitions‹ (1955) Formen der Religion in ihrer Beziehung zu menschl. Verhaltensmustern entfaltet werden, führt ›JR‹ (1975) die amerikan. Geschäftswelt vor, die von dem Schüler JR mit betrüger. Tricks manipuliert wird. Der Roman ›Die Erlöser‹ (1985, dt. 1988) zeigt – in bescheidenerem Maße – eine weitere Variante der Konfliktzonen zwischen menschl. und geschäftl. Beziehungen, die von Komik und Verzweiflung erfüllt sind.
Literatur: In recognition of W. G. Hg. v. J. KUEHL u. S. MOORE. Syracuse (N. Y.) 1984. – MOORE, S.: W. G. Boston (Mass.) 1989. – INGENDAAY, P.: Die Romane von W. G. Trier 1993.

Gadenne, Paul [frz. ga'dɛn], * Armentières (Nord) 4. April 1907, † Cambo-les-Bains (Pyrénées-Atlantiques) 1. Mai 1956, frz. Schriftsteller. – Mußte wegen Krankheit (Tuberkulose) aus dem Lehrberuf ausscheiden; ging in seinen zwischen traditionellem Erzählen und Nouveau roman angesiedelten Werken der Enträtselung der menschl. Existenz nach; in dem Roman ›Die Augen wurden ihm aufgetan‹ (1947, dt. 1952) entdeckte er die Natur, in dem Roman ›Le vent noir‹ (1947) Paris.
Weitere Werke: La rue profonde (R., 1949), Der Strand von Scheveningen (R., 1952, dt. 1985), L'invitation chez les Stirl (R., 1955), Les hautsquartiers (R., hg. 1973), Scènes dans le château (Nov.n, hg. 1986).

Gadijew (tl.: Gadiev), Seka (Juri) Kuzrijewitsch [russ. ga'dijɪf], * Ganissi (Georgien) 1855 oder 1857, † Wladikawkas 3. Aug. 1915, osset. Schriftsteller. – Einer der Begründer der osset. Literatur;

schrieb neben Erzählungen zahlreiche volkstüml. Lieder; soziale und patriot. Thematik.

Gadijew (tl.: Gadiev), Zomak Sekajewitsch (Michail Jurjewitsch) [russ. ga'dijɪf], * Ganissi 14. Jan. 1883, † Ordschonikidse (heute Wladikawkas) 24. Okt. 1931, osset.-sowjet. Schriftsteller. – Sohn von Seka (Juri) Kuzrijewitsch G.; Bürgerkriegsteilnehmer, wegen revolutionärer Tätigkeit nach Sibirien verbannt (bis 1917); Verfasser von Revolutionserzählungen, antizarist. Gedichten, Erzählungen und Dramen.

Gaeta, Francesco, * Neapel 27. Juli 1879, † ebd. 15. Mai 1927, italien. Lyriker und Erzähler. – Befreundet mit B. Croce; trauert in seinem Werk dem Vergangenen, dem Vergängl., den verlorenen Illusionen nach; steht mit seiner Liebe zu den einfachen Menschen, den Dingen des Alltagslebens den † Crepuscolari nahe; impressionist. Schilderungen neapolitan. Lebens, innige und leidenschaftl. Liebeslyrik.
Werke: Il libro della giovinezza (Ged., 1895), Reviviscenze (Ged., 1900), Sonetti voluttuosi ed altre poesie (Ged., 1906), Poesie d'amore (Ged., 1920), Novelle gioconde (Nov.n, 1921).
Ausgaben: F. G. Poesie. Hg. v. B. CROCE. Bari 1928. – F. G. Prose. Hg. v. B. CROCE. Bari 1928.
Literatur: CALCATERRA, C.: Con Guido Gozzano e altri poeti. Bologna 1944. – RUGANI, R.: Su F. G. nell'occasione di una ristampa. In: Rivista di studi crociani 12 (1975), S. 1.

Gafuri, Maschit (Gabdulmaschit) Nurganijewitsch, * Jelem-Karanowo (Baschkir. Republik) 1. Aug. 1880, † Ufa 28. Okt. 1934, baschkir.-sowjet. Schriftsteller. – Begründer der baschkir. Literatur; leistete auch Beiträge zur tatar. Literatur; zeigte früh Neigung zum Sozialismus; schrieb Gedichte, Erzählungen und Novellen, ferner Dramen, Libretti und auch Kinderlieder.

gagausische Literatur, die reichhaltige und vielseitige Volksdichtung der Gagausen wurde seit Jahrhunderten nur mündlich überliefert und Ende des 19. Jh. von dem russ. Forscher W. A. Moschkow im Rahmen des großen Sammelwerks von W. W. Radloff (›Proben der Volkslitteratur der turk. Stämme Südsibiriens, 10 Bde., 1866–1907, Nachdr. 1966) teilweise aufgezeichnet. Neben alten christlich-orthodoxen, slaw. und rumän. Einflüssen zeigen sich auch gesamttürk. Elemente aus der Zeit vor der Christianisierung. – Eine moderne Kunstliteratur wurde etwa ab 1958 in der UdSSR gefördert (Lyrik und Erzählungen).

Gagern, Friedrich Frhr. von, * Schloß Mokritz (Krain) 26. Juni 1882, † Geigenberg bei Sankt Leonhard am Forst (Niederösterreich) 14. Nov. 1947, österr. Schriftsteller. – Verfasser von Abenteuer-, Reise- und Jagdgeschichten. Stimmungsvolle Naturschilderungen ohne Sentimentalität und monumentaler Aufbau sind charakteristisch für sein literar. Werk.

Werke: Der böse Geist (R., 1913), Die Wundmale (R., 1919), Das nackte Leben (R., 1923), Ein Volk (R., 1924), Der Marterpfahl (Nov., 1925), Das Grenzerbuch (En., 1927), Die Straße (R., 1929), Der Jäger und sein Schatten (Nov.n, 1940), Grüne Chronik (R., hg. 1948).

Gahse, Zsuzsanna, * Budapest 27. Juni 1946, dt. Schriftstellerin ungarischer Herkunft. – Verließ Ende 1956 Ungarn, lebte 1959–61 in Wien, seitdem in der BR Deutschland. In ihrer Prosasammlung ›Zero‹ (1983) und der Erzählung ›Berganza‹ (1984) schildert sie in impressionist. Knappheit aus dem Lot geratene Beziehungen, den Verlust der Liebes- und Erlebnisfähigkeit und ihren Zweifel an der Beschreibungsfähigkeit der Sprache; ihre Lösung ist der Weg ins Private und die Betonung der Phantasie als eine der Wirklichkeit ebenbürtige Macht.

Weitere Werke: Abendgesellschaft (Prosa, 1986), Übersetzt. Eine Entzweiung (1993), Passepartout (Prosa, 1994).

Gaidar (tl.: Gajdar), Arkadi Petrowitsch, eigtl. A. P. Golikow, * Lgow 22. Jan. 1904, ✕ bei Kanew 26. Okt. 1941, russ.-sowjet. Kinderbuchautor. – In dem autobiograph. Werk ›Die Schule‹ (1930, dt. 1935, 1951 u. d. T. ›Schule des Lebens‹) schildert er die Revolutionszeit; am erfolgreichsten war seine Erzählung ›Timur und sein Trupp‹ (1941, dt. 1947).

Weitere Werke: Ferne Länder (1932, dt. 1951), Tschuk und Gek (1939, dt. 1950).

Ausgabe: A. P. Gajdar. Sobranie sočinenij. Moskau 1979 ff. 4 Bde.

Literatur: ORLOVA, N. N.: A. Gajdar. Moskau 1974. – KAMOV, B. N.: A. Gajdar. Moskau 1979.

Gailit, August, * Sangaste 9. Jan. 1891, † Örebro (Schweden) 5. Nov. 1960, estn. Schriftsteller. – Gehörte zu der in der Revolution von 1917 gegründeten literar. Siuru-Gruppe, die der Neuromantik nahestand; emigrierte 1944 nach Schweden. In der estn. Literatur singulärer, phantasievoll-dynam. Erzähler und Novellist mit dramat. Talent; schrieb meist Episodenromane.

Werke: Nippernaht und die Jahreszeiten (R., 1928, dt. 1931), Das Lied der Freiheit (R., 1935, dt. 1938), Die Insel der Seehundsjäger (R., 1938, dt. 1939), Leegitsev süda (= Flammendes Herz, R., 1945).

Gai Saber [provenzal. = fröhl. Wissen], Dichtkunst der Troubadours im Rahmen des 1323 in Toulouse von dichtenden Bürgern begr. ›Consistori de la Subregaya Companhia del Gai Saber‹, der sich die Wiederbelebung der Troubadourdichtung zum Ziel gesetzt hatte, wobei er sich jedoch vornehmlich auf religiöse und moral. Themen beschränkte. Seine Repräsentanten fanden sich alljährlich in den ersten drei Maitagen zu Dichterwettbewerben zusammen (↑ Blumenspiele); die preisgekrönten, an der vom ›Consistori‹ herausgegebenen Regelpoetik der ↑ ›Leys d'amors‹ orientierten Dichtungen wurden als ›Joias del Gai Saber‹ (= Freuden des fröhl. Wissens) gesammelt. – ↑ auch Gaya Ciència.

Ausgabe: Les joies du Gai Savoir, recueil de poésies couronnées par le consistoire de la gaie science (1324–1484). Hg. v. A. JEANROY. Toulouse 1915.

Literatur: JEANROY, A.: La poésie lyrique des Troubadours. Toulouse u. Paris 1934. 2 Bde. – JEANROY, A.: La poésie provençale dans le sud-ouest de la France et en Catalogne du début au milieu du XIVᵉ siècle. In: Histoire littéraire de la France. Bd. 38. Paris 1941. S. 1.

Gaiser, Gerd, * Oberriexingen 15. Sept. 1908, † Reutlingen 9. Juni 1976, dt. Schriftsteller. – Sohn eines prot. Pfarrers; war im 2. Weltkrieg Offizier einer Jagdfliegerstaffel; Kriegsgefangenschaft, danach freischaffender Maler; 1949–62 Studienrat, dann Prof. der Pädagog. Hochschule in Reutlingen. Bes. Erfolg hatte er mit seinen Romanen, die in kräftiger, urwüchsiger Sprache das Thema der Einsamkeit und Isoliertheit des einzelnen Menschen immer wieder neu gestalten; in dem zeitkrit. Roman ›Schlußball‹ (1958) wendet er sich mit iron. Empörung gegen die Sattheit der Menschen in einem schnell erworbenen Wohlstand.

Gerd Gaiser

Weitere Werke: Reiter am Himmel (Ged., 1941), Eine Stimme hebt an (R., 1950), Die sterbende Jagd (R., 1953), Das Schiff im Berg (R., 1955), Einmal und oft (En., 1956), Gib acht in Domokosch (En., 1959), Sizilian. Notizen (1959), Am Paß Nascondo (En., 1960), Gazelle, grün (En., 1965), Vergebl. Gang (En., 1967), Merkwürdiges Hammelessen (En., 1971), Ortskunde. 18 Geschichten und Betrachtungen (hg. 1977), Mittagsgesicht (En., hg. 1983).
Literatur: HOHOFF, C.: G. G. Werk u. Gestalt. Mchn. 1962. – SCHAUFELBERGER, A.-R.: Das Zwischenland der Existenz bei G. G. Bonn 1974. – BULLIVANT, K.: Between chaos and order. The work of G. G. Stg. 1980.

Gaj, Ljudevit, * Krapina 8. Juli 1809, † Zagreb 20. April 1872, kroat. Publizist und Politiker. – Führender Ideologe des Illyrismus; Einfluß bes. von J. Kollár; setzte sich erfolgreich für eine Verwendung der für die Serben von V. S. Karadžić ausgearbeiteten phonet. Orthographie mit lat. Schriftzeichen durch die Kroaten ein und trug insbes. durch die Zeitschrift ›Danica‹ viel zur Entstehung einer serbokroat. Schriftsprache auf štokav. Grundlage bei; auch Lyrik.
Literatur: ŽIVANČEVIĆ, M.: Literatura o L. G.u. In: Croatica 5 (1973).

Galaction, Gala [rumän. galak'tsjon, ...ti'on], eigtl. Grigore Pişculescu, * Dideşti (Kreis Teleorman) 16. April 1879, † Bukarest 8. März 1961, rumän. Schriftsteller. – Prof. für Theologie in Bukarest; in der Jugend enge Verbindung zu sozialist. Kreisen; Verfasser von Erzählungen und Romanen aus dem bäuerl. Leben und der Geschichte Rumäniens (u. a.

›Roxana‹, 1930, dt. 1969; ›Papucii lui Mahmud‹ [= Die Schuhe Mahmuds], 1932; ›Doctorul Taifun‹ [= Doktor Taifun], 1933) mit ausgeprägt christl. Grundhaltung; bed. Übersetzer des NT (1927).
Literatur: VÎRGOLICI, T.: G. G. Bukarest 1967.

Ğalālu'd-Din Rūmī, pers. Dichter und Mystiker, † Dschalal od-Din Rumi.

galante Dichtung, europ. Modedichtung in der Übergangszeit vom Spätbarock zur Aufklärung und zum Rokoko (etwa 1680–1720); vorwiegend Kleinkunst, auch Romane mit erot. Thematik, als Gesellschaftskunst in den frz. Salons (Hôtel de Rambouillet u. a.) entwickelt. In der dt. g. D. durch zwei Richtungen vertreten: Die 2. Schles. Dichterschule (u. a. Christian Friedrich Hunold, genannt Menantes, * 1680, † 1721; B. Neukirch; Heinrich Mühlpfort, * 1639, † 1681; H. A. Frhr. von Abschatz) folgte Ch. Hofmann von Hofmannswaldau und dem preziösen Stil frz. und italien. Vorbilder. – Dagegen wandte sich eine von der Frühaufklärung beeinflußte Gruppe (A. Gryphius, Christoph Gottehr Burghart, * 1682, † 1745). Die angestrebte Leichtigkeit des Tons, die heiter-iron. Behandlung der Liebe leitete eine Entwicklung ein, die über J. Ch. Günther zur † Anakreontik und zur Erlebnislyrik führte. – Die galante Lyrik, die als Produkt der ›Nebenstunden‹ nicht in erster Linie für die Veröffentlichung bestimmt war, erschien in Anthologien. – Der galante Roman wurde durch A. Bohse begründet; wichtigste Vertreter dieser Gattung sind neben Hunold, J. Ch. Rost und J. G. Schnabel (›Der im Irr-Garten der Liebe herum taumelnde Cavalier‹, 1738).
Literatur: SINGER, H.: Der galante Roman. Stg. ²1966. – HEIDUK, F.: Die Dichter der galanten Lyrik. Bern u. Mchn. 1971. – CUÉNIN, M.: Mme de Villedieu. Paris 1979. – PELOUS, J. M.: Amour précieux, amour galant. Paris 1980.

Gałczyński, Konstanty Ildefons [poln. gau̯'tʃiĩski], * Warschau 23. Jan. 1905, † ebd. 6. Dez. 1953, poln. Schriftsteller. – Während des 2. Weltkriegs im KZ. Seine lyr., ep. und dramat. Werke sind durch Satire, Ironie und hintergründig-makabren Humor sowie durch das Groteske gekennzeichnet; stimmungsvolle Lyrik findet ihr Gegengewicht in Gedichten mit kabarettist. Pointen; auch

264 **Galdós**

experimentelle Einminutenstücke (›Die grüne Gans‹, 1946–50, dt. 1969).
Weitere Werke: Zaczarowana dorożka (= Die verzauberte Droschke, Ged., 1948), Niobe (Poem, 1951).
Ausgabe: K. I. G. Dzieła. Warschau ²1979. 5 Bde.
Literatur: DRAWICZ, A.: K. I. G. Warschau 1972. – DEDECIUS, K.: Von Polens Poeten. Ffm. 1988.

Galdós, Benito Pérez, span. Schriftsteller, ↑Pérez Galdós, Benito.

Gale, Zona [engl. gɛıl], *Portage (Wis.) 26. Aug. 1874, †Chicago (Ill.) 27. Dez. 1938, amerikan. Schriftstellerin. – Arbeitete als Journalistin in Milwaukee und New York; schuf realist. Milieuschilderungen und typ. Charakterdarstellungen des Lebens in der amerikan. Kleinstadt.
Werke: Friendship village (Kurzgeschichten, 1908), Birth (R., 1918, dramatisiert u. d. T. Mr. Pitt, 1924), Miss Lulu Bett (R., 1920, Dr., 1921; Pulitzerpreis 1921), Portage, Wisconsin (Autobiogr., 1928), Borgia (R., 1929).
Literatur: SIMONSON, H. P.: Z. G. New York 1962.

Galeano, Eduardo, *Montevideo 3. Sept. 1940, uruguay. Schriftsteller. – Journalist; lebte 1973–76 im Exil in Argentinien, danach in Spanien, seit 1985 wieder in Uruguay; Hg. der bed. Kulturzeitschrift ›Crisis‹ (1973–76, neue Folge 1986). Die blutige Repression der Militärdiktaturen Uruguays und Argentiniens ist Hintergrund seiner z. T. autobiograph. Romane ›Wenn die Erde aufsteigt‹ (1975, dt. 1978) und ›Tage und Nächte von Liebe und Krieg‹ (1978, dt. 1978). Ein umfassendes Geschichtsbild ganz Lateinamerikas in Momentaufnahmen entwirft er in der Trilogie ›Erinnerung an das Feuer‹ (1981–84, dt. 1983).
Weitere Werke: Die offenen Adern Lateinamerikas (Abh., 1971, dt. 1973), Vagamundo (En., 1973), Schlachthof der Worte. Begegnungen, Beobachtungen, Ausblicke (1977, dt. 1977), Das Buch der Umarmungen (1989, dt. 1991).

Gałecki, Tadeusz [poln. ga'uɛtski], poln. Schriftsteller, ↑Strug, Andrzej.

Galeota, Francesco, *Neapel um 1446, †Serpico 1497, italien. Dichter. – Treuer Anhänger des aragones. Hofes, Prinzenerzieher, oft mit diplomat. Missionen betraut, bereiste u. a. die Provence auf den Spuren F. Petrarcas. Hervorra-

gender Vertreter der höf. Dichtung am Ende des 15. Jh.; Nachahmer Petrarcas, bevorzugte jedoch volkstüml. Dichtungsformen (Strambotto, Barzelletta), verfaßte lat. Episteln in der Art Ovids.
Literatur: FLAMINI, F.: F. G., ... In: Giornale storico della letteratura italiana 20 (1892), S. 1. – CIANFLONE, G.: F. G., strambottista napoletano del '400 (con 100 strambotti inediti). Neapel 1955.

Galgóczi, Erzsébet [ungar. 'gɔlgoːtsi], *Ménfőcsanak 27. Aug. 1930, †Budapest 20. Mai 1989, ungar. Schriftstellerin. – Schilderte in Erzählungen, Romanen und Dramen mit schonungslosem Realismus die mit der sozialist. Umgestaltung ihrer Heimat einhergehenden Konflikte in Stadt und Land.
Werke: Fiú a kastélyból (= Der Junge aus dem Schloß, E., 1968), Der Krieg ist lange vorbei (Fsp., dt. 1971), Minenfeld (Fsp., dt. 1971), A közös bűn (= Die gemeinsame Schuld, R., 1976), Eine andere Liebe (E., 1980, dt. 1986), Vidravas (= Fangeisen, R., 1984).

Galiani, Ferdinando, *Chieti 2. Dez. 1728, †Neapel 30. Okt. 1787, italien. Schriftsteller und Nationalökonom. – Geistlicher; trat ab 1760 als Legationssekretär des Königs von Neapel in Paris mit D. Diderot, J.-F. Marmontel, P. H. D. von Holbach u. a. in Beziehungen, wo der Abbé G. als Verkörperung weltbürgerl. Europäertums galt. Er vertrat in seinem berühmten Werk ›Della moneta‹ (1750) als einer der ersten die Theorie des subjektiven Werts, sein ›Gespräch über den Kornhandel‹ (1770, dt. 1802) enthält eine realist. Kritik an der Theorie der Physiokraten. Verfasser des Librettos zu ›Il Socrate immaginario‹ (Buffo-Oper von Giovanni Paisiello, 1781); bed. Briefwechsel mit Madame d'Epinay, Diderot u. a.
Ausgabe: Abbé G. Briefe an Madame d'Épinay u. a. Freunde in Paris. 1769–1781. Dt. Übers. Mit einer Einl. v. W. WEIGAND. Mchn. 1970. – ↑auch La Rochefoucauld, François VI, Herzog von.
Literatur: ROSSI, J.: The Abbé G. in France. New York 1930. – GANZONI, E.: F. G. Zü. 1938. – WEIGAND, W.: Der Abbé G. Ein Freund der Europäer. Bonn 1948. – SCHLUMBERGER, M.: Der philosophische Dialog. Studien zu Voltaire, Diderot u. G. Göppingen 1971.

Gālib, Mīrzā Asadullāh Ḫān ['gaːlɪp], *Agra 27. Dez. 1797, †Delhi 15. Febr. 1869, ind. Dichter. – Bedeutendster

Urdu-Dichter des 19. Jahrhunderts. Sein ›Divān e-Urdū‹ ist bis heute weit verbreitet. Seine Texte (das Frühwerk in pers. Sprache) dokumentieren den Untergang des Mogulreiches und das Entstehen einer neuen ind. Geisteswelt unter der brit. Herrschaft in einer realist., krit. und gleichzeitig dichterisch vollkommenen Weise.

Ausgaben: Poems by Ghalib. Engl. Übers. v. A. AHMAD u. a. New York 1969. – Aspects of Ghalib. Five essays. Engl. Übers. v. A. ALI u. a. Karatschi 1970. – Ghazals of Ghalib. Hg. v. A. AHMAD. New York 1971.
Literatur: MAHMUD, S. F.: Ghalib. A critical introduction. Lahore 1969. – Ghalib, the poet and his age. Hg. v. R. RUSSELL. London 1972.

Galič, Aleksandr Arkad'evič, russ. Schriftsteller, ↑Galitsch, Alexandr Arkadjewitsch.

galicische Literatur, 1. die **Literatur in galicisch-portugies. Sprache** des 12. bis 14. Jh.: v. a. Minnelyrik; erhalten sind rund 3000 Gedichte von über 200 Autoren in drei Liederhandschriften: ›Cancioneiro da Ajuda‹, ›Cancioneiro da Biblioteca Nacional‹, ›Cancioneiro da Vaticana‹ (↑Cancioneiro); charakteristisch für diese Dichtung (›poesia galego-portuguesa‹) ist neben den provenzalisch inspirierten Liebesliedern (›cantigas de amor‹) und den Spott- und Rügeliedern (›cantigas d'escarnho e de maldizer‹) v. a. das Traditionen des Volksliedes aufnehmende Frauenlied (›cantiga de amigo‹); bed. Dichter: König Dionysius von Portugal und König Alfons X. von Kastilien, von dem auch eine umfangreiche Sammlung von Marienliedern (›Cantigas de Santa María‹, hg. 1889) stammt. Im Laufe des 15. Jh. verlor die Region ihre polit. und kulturelle Eigenständigkeit. Als die Katholischen Könige den Gebrauch des Galicischen als Amtssprache verboten, war der Untergang der galicisch-portugies. Literatur des MA besiegelt.
2. die **neugalicische Literatur.** Die Napoleonische Invasion weckte ein neues polit. Selbstverständnis der Galicier. Sie erwehrten sich der Eindringlinge z. B. mit Pamphleten in ihrer eigenen Sprache (am verbreitetsten ›Os rogos d'un galego‹, 1813). Allgemeine Tendenzen der europ. Romantik wie die Beschwörung der Ver-

gangenheit, der Drang nach individueller Freiheit oder die Rückbesinnung auf volkstüml. Überlieferungen – diese auch angeregt von einer überaus intensiven Ossian-Rezeption – führten im Laufe des 19. Jh. zu einer neuen Blüte der g. Literatur. Die erste Phase erstreckte sich von 1808 bis 1861, die zweite setzt mit den Dichterwettbewerben (›Xogos Froraes de Galicia‹) ein, die von 1861 an jährlich stattfanden. Als offizielles Geburtsdatum gilt das Jahr 1828, in dem Nicomedes Pastor Díaz (* 1811, † 1863) seine an mittelalterl. Liedtraditionen anschließende Dichtung ›Alborada‹ vorlegte. Andere wichtige Autoren dieser ersten Epoche waren Antolín Faraldo (* 1823, † 1853), Manuel Murguía (* 1833, † 1923), Aurélio Aguirre (* 1833, † 1858), Benito Vicetto Pérez (* 1824, † 1878) und Francisco Añón y Paz (* 1812, † 1878). Die Entfaltung der neugalic. Literatur ist jedoch mit den Namen R. de Castro, Eduardo Pondal Abente (* 1834, † 1917), M. Curros Enríquez und Valentín Lamas Carvajal (* 1849, † 1906) verbunden. Das erwachte kulturelle Selbstbewußtsein der Galicier, das sich immer mehr politisch artikuliert, manifestiert sich in Zeitschriften wie der ›Revista Galega‹ (1895–1907), ›A Nosa Terra‹ (1907 ff.) oder in neuerer Zeit ›Grial‹ (1963 ff.), in der Gründung der Real Academia Galega 1906 und der Einrichtung des Seminario de Estudos Gallegos in Santiago de Compostela 1923. Durch die Begründung des Verlagshauses Galaxia in Vigo 1950 hat die Verbreitung der neugalic. Literatur in großem Umfang zugenommen. Diese wurde immer stärker im 20. Jh. europäisiert und gewann Anschluß an literar. Entwicklungen diesseits und jenseits der Pyrenäen. Entsprechend finden sich neben realistisch-naturalist. Erzählformen experimentelle und avantgardist. Ansätze ebenso in der Prosa (Ramón Otero Pedrayo [* 1888, † 1976]; Alfonso Rodríguez Castelao [* 1886, † 1950]; Vicente Martínez Risco [* 1884, † 1963]; Fermín Bouza Brey [* 1901, † 1973]; Xosé Luís Méndez Ferrín [* 1928]; Alfredo Conde [* 1945]) wie in der Lyrik (Ramón Cabanillas [* 1876, † 1959]; Eduardo Blanco Amor [* 1900, † 1979]; Luis Amado Carballo

[* 1901, † 1927]; Manuel António [* 1901, † 1928]; A. Cunqueiro; Celso Emilio Ferreiro [* 1914, † 1979]; Manuel Vilanova [* 1944]). Bed. entwickelt hat sich die Essayistik. Nur das Schauspiel, das jahrzehntelang allein als Lesedrama kursieren konnte, hat sich bisher nicht sehr stark entfaltet.

Literatur: BARJA, C.: En torno al lirismo gallego del siglo XIX. Northampton (Mass.) 1926. – VARELA, J. L.: Poesía y restauración cultural de Galicia en el siglo XIX. Madrid 1958. – CARBALLO CALERO, R.: Historia da literatura galega contemporánea. Vigo ²1975. – Dicionário de literatura. Literatura portuguesa, literatura brasileira e galega, estilística literária. Hg. v. J. DO PRADO COELHO. Porto 1978. 5 Bde. – MARCH, K./MARTUL TOBIO, L.: La crítica literaria en el proceso de autodeterminación de Galicia. In: Ideologies and Literature 4 (1983), H. 16, S. 39. – Sprache, Lit. u. Kultur Galiciens. Hg. v. J. KABATEK u. a. Ffm. 1993.

Galin, Alexandr Michailowitsch, * Alexejewka (Gebiet Rostow) 10. Sept. 1947, russ. Dramatiker. – Seit Beginn der 80er Jahre beliebter russ. Dramatiker, der mehrfach das Thema des Alters behandelte.

Werke: Einmal Moskau und zurück (Dr., 1980, im dt. Fernsehen 1984), Sterne am Morgenhimmel (Dr., 1988, dt. 1988), Der Bibliothekar (Dr., 1989, dt. 1989), Gruppa (= Die Gruppe, Dr., 1990).

Galip Dede, Şeyh Mehmet, türk. Dichter, ↑ Şeyh Mehmet Galip Dede.

Galitsch (tl.: Galič), Alexandr Arkadjewitsch, * Jekaterinoslaw (Dnepropetrowsk) 19. Okt. 1918, † Paris 15. Dez. 1977, russ. Schriftsteller. – Schrieb Dramen und Drehbücher; war wegen seiner beliebten liedhaften, auch polit. Lyrik (zur Gitarre) Verfolgungen ausgesetzt und verließ 1974 die UdSSR.

Werke: Pokolenie obrečennych (= Die Generation der Verdammten, Ged., 1972), General'naja repeticija (= Die Generalprobe, Prosa, 1974).

Galland, Antoine [frz. ga'lã], * Rollot (Somme) 4. April 1646, † Paris 17. Febr. 1715, frz. Orientalist. – Ab 1709 Prof. am Collège de France. Bed. ist v. a. seine Übersetzung von ›Tausendundeine Nacht‹ (12 Bde., 1704–17).

Literatur: ABDEL-HALIM, M.: A. G., sa vie et son œuvre. Paris 1964.

Gallant, Mavis [engl. gə'lænt], eigtl. M. de Trafford Young, * Montreal 11. Aug. 1922, kanad. Schriftstellerin. – Ging 1950 nach Europa, lebt in Paris; schrieb v. a. Kurzgeschichten, deren Themen die Desintegrationskräfte der modernen Zivilisation, der Zusammenstoß zwischen Angehörigen unterschiedl. Kulturen, die Entfremdung und die Tiefen der Psyche sind.

Werke: The other Paris (1956), Green water, green sky (R., 1960), My heart is broken (1964), A fairly good time (R., 1970), Blockstelle Pegnitz (En., 1973, dt. 1991), The end of the world (En., 1973), Späte Heimkehr (En., 1979, dt. 1989), Home truths (En., 1981), What is to be done (Stück, 1983), Overhead in a balloon (En., 1985), Paris note-books. Essays and reviews (1986).

Literatur: MERLER, G.: M. G. Ottawa 1978. – KEEFER, J. K.: Reading M. G. Toronto 1989.

Gallego, Juan Nicasio [span. ga-'ʎeɣo], * Zamora 14. Dez. 1777, † Madrid 9. Jan. 1853, span. Dichter. – Priester; 1830 Mitglied der Span. Akademie; stand als Dichter dem Kreis um J. Meléndez Valdés nahe; sein Ruhm geht auf die den patriot. Enthusiasmus im Kampf gegen die Franzosen widerspiegelnde ›Oda al dos de mayo‹ (1808) zurück; erwähnenswert ist ferner die Ode ›A la defensa de Buenos Aires contra los ingleses‹ (1807).

Literatur: GONZÁLEZ NEGRO, E.: Estudio biográfico de D. J. N. G. Zamora 1901. – MONTIEL, I.: J. N. G., traductor de Ossian. In: Revista de literatura, 35 (1969–71), Hh. 69–70, S. 57.

Gallegos, Rómulo [span. ga'jeɣɔs], * Caracas 2. Aug. 1884, † ebd. 5. April 1969, venezolan. Schriftsteller und Politiker. – Sohn eines kleinen Unternehmers; 1912–18 Lehrer, 1922–30 Oberschuldirektor; schlug 1930 seine Ernennung zum Senator aus Protest gegen die Gómez-Diktatur an und ging bis 1936 ins Exil nach Spanien; 1941 Mitbegründer der reformist. Partei Acción Democrática; 1947 zum Staatspräsidenten gewählt, wurde er 1948 auf Betreiben von Erdölgesellschaften der USA gestürzt; lebte 1949–58 im Exil in Mexiko. Von seinem umfangreichen Gesamtwerk zählen die Romane ›Doña Bárbara‹ (1929, dt. 1941), ›Canaima‹ (1932, dt. 1961) und ›Cantaclaro‹ (1934) zu den bedeutendsten Leistungen der lateinamerikan. Literatur ihrer Zeit. In ausdrucksvollen Landschafts- und Personendarstellungen sucht G. in ihnen das Wesen Venezuelas zu bestimmen, wobei der Dualismus von Zivilisation und Barbarei durch die Vorstellung einer aus nat. Substanz geschaffenen Kultur aufgehoben wird.

Weitere Werke: Los aventureros (En., 1913), El último Solar (R., 1920), La trepadora (R., 1925), Der Bastard (R., 1937, dt. 1970), La brizna de paja en el viento (R., 1952), La brasa en el pico del cuervo (R., hg. 1970). **Ausgabe:** R. G. Obras completas. Madrid 1958. 2 Bde. **Literatur:** DUNHAM, L.: R. G., vida y obra. Mexiko 1957. – WÖRZ, K.: Beitrr. zum Stil v. R. G. Diss. Mchn. 1964. – HOWARD, H. S.: R. G. y la revolución burguesa de Venezuela. Span. Übers. Caracas 1976. – ↑ auch Mistral, Gabriela.

Rómulo
Gallegos

Gallico, Paul William [engl. ˈgælıkoʊ], * New York 26. Juli 1897, † Monte Carlo 15. Juli 1976, amerikan. Schriftsteller. – Sohn eines italien. Pianisten und einer Österreicherin; zeitweilig populärster Sportjournalist der USA. Er schrieb außer Büchern über Sport heitere Romane und Erzählungen mit optimist. Grundhaltung in zart-ironischem Ton, von denen ›Kleine Mouche‹ (E., 1954, dt. 1955) bes. bekannt wurde.

Weitere Werke: Ein Kleid von Dior (R., 1958, dt. 1959), Der geschmuggelte Henry (R., 1960, dt. 1961), Freund mit Rolls-Royce (R., 1960, dt. 1969), Schiffbruch (R., 1969, dt. 1970), Julian und die Seifenblasen (R., 1974, dt. 1975), Mrs. Harris fliegt nach Moskau (R., 1975, dt. 1976).

Gallina, Giacinto, * Venedig 31. Juli 1852, † ebd. 13. Febr. 1897, italien. Schauspieler und Dramatiker. – Schauspieldirektor (Compagnia comica goldoniana); schrieb zahlreiche venezian. Dialektlustspiele aus dem Volksleben, u. a.

›Le barufe in famegia‹ (1872), ›Una famegia in rovina‹ (1872), ›El moroso de la nona‹ (1875), ›Serenissima‹ (1891), ›Fora del mondo‹ (1892) und ›La famegia del santolo‹ (1892), sein Hauptwerk.

Ausgabe: G. G. Teatro completo. Hg. v. D. VARAGNOLO. Mailand 1922–30. 18 Bde. **Literatur:** BASILEA, S.: L'opera di G. G. nel teatro italiano. Bologna 1936. – DAMERINI, G.: G. G. Turin 1941 (mit Bibliogr.).

Gallizismus [lat.], frz. Spracheigentümlichkeit, bes. wenn sie auf eine nichtfrz. Sprache übertragen wird.

Gallo, Aniceto el [span. ɛl ˈɣajo], Pseudonym des argentin. Schriftstellers Hilario ↑ Ascasubi.

Gallo, Max [frz. gaˈlo], * Nizza 7. Jan. 1932, frz. Schriftsteller. – Lehrte Geschichte an der Univ. Nizza; 1981 Abgeordneter der Sozialisten; 1983/84 als Staatssekretär Pressesprecher der Regierung P. Mauroy. Veröffentlichte nach einer Reihe wiss. Werke (u. a. ›Robespierre‹, 1968, dt. 1970) vielgelesene histor. Romane, bes. aus dem Bereich der südfrz. Geschichte, in denen sich Fiktion und histor. Realität (z. B. durch die Verwendung von Photographien) mit dem Ziel verbinden, aus der Gesamtheit individueller Geschicke eine Gesamtheit und Allgemeingültigkeit von Darstellung und Deutung zu gewinnen.

Weitere Werke: Im Gefolge der Sieger (R., 1972, dt. 1975), La baie des anges (R.-Trilogie, Bd. 1: Engelsbucht, 1975, dt. 1977; Bd. 2: Le palais des fêtes, 1976; Bd. 3: La Promenade des Anglais, 1976), Que sont les siècles pour la mer (R., 1977), Les hommes naissent tous le même jour (R., 2 Bde., 1979/80), Ein ganz gewöhnl. Mord (R., 1982, dt. 1983), La demeure des puissants (R., 1983), Le beau rivage (R., 1985), Belle époque (R., 1986), Der lange Weg nach Castellaras (R., 1987, dt. 1989), La fontaine des innocents (R., 1992), L'amour au temps des solitudes (R., 1993), Les rois sans visage (R., 1994), Le condottiere (R., 1994).

Gallus, Gaius Cornelius, * Forum Iulii (heute Fréjus) um 69, † 26 v. Chr., röm. Politiker und Schriftsteller. – Schloß sich Octavian an, kämpfte an dessen Seite gegen Antonius; 30 erster Präfekt von Ägypten; fiel bald in Ungnade und nahm sich das Leben. G., der als Schöpfer der röm. Liebeselegie gilt, dichtete Elegien (4 Bücher) an seine Geliebte Lycoris (Cytheris), die bis auf einen Pentameter vollständig verloren sind; eine ungefähre Kenntnis des Elegikers G. ist aus der 10. Ekloge Vergils zu gewinnen, in der wohl Charakteristisches nachgestaltet ist sowie möglicherweise Verse des G. zitiert werden (43–49).

Gallus Anonymus, Chronist des 11./12. Jh., Benediktiner, wahrscheinlich frz. Herkunft. – Lebte am Hof des poln. Herzogs Boleslaw III. Krzywousty und schrieb 1112–15 in dessen Auftrag eine von den Anfängen bis 1113 reichende Geschichte Polens (hg. 1749), die, z. T. in Versen, in vorzügl. Latein verfaßt ist.

Galsworthy, John [engl. ˈɡɔːlzwəˑðɪ], * Kingston (Surrey, heute zu London) 14. Aug. 1867, † London 31. Jan. 1933, engl. Schriftsteller. – In Harrow und Oxford erzogen; hatte als Jurist eine Anwaltspraxis; war daneben schriftstellerisch tätig; gab 1908 seinen Beruf auf und wurde freier Schriftsteller; Mitbegründer und bis zu seinem Tode Präsident des P.E.N.-Clubs. G. wurde bekannt durch den sozialkrit. Roman ›Auf Englands Pharisäerinsel‹ (1904, dt. 1916). Seine bühnenwirksamen realist. Dramen beschäftigen sich v. a. mit sozialen Fragen. Sein Hauptwerk ist das großartige, breit angelegte, gesellschaftskrit. Zeitgemälde der ausgehenden Viktorian. Epoche, ›Die Forsyte Saga‹ (R.-Zyklus, 5 Tle., 1906–21, dt. 2 Bde., 1925) mit ihren Fortsetzungen ›Moderne Komödie‹ (R.-Zyklus, 5 Tle., 1924–28, dt. 1929) und ›Die Cherrell-Chronik‹ (R.-Zyklus, 3 Tle., 1931–33, dt. 1935). In diesem seinem Meisterwerk gelingt es G., ein typ. Bild engl. Bürgerlichkeit am Beispiel der weitverzweigten Forsyte-Familie, die das nach Besitz strebende, in materiellen Kategorien denkende wohlhabende Bürgertum am Ende der Viktorian. Zeit repräsentiert, einfühlend, exakt, z. T. nahezu mit Akribie, lebendig und einprägsam zu gestalten. Hervorragende Beispiele feinfühliger Erzähl- und subtiler psycholog. Charakterisierungskunst sind seine Novellen. 1932 erhielt G. den Nobelpreis für Literatur.

Weitere Werke: Der Zigarettenkasten (Dr., 1906, dt. 1909), Das Herrenhaus (R., 1907, dt. 1913), Weltbrüder (R., 1909, dt. 1911), Kampf (Dr., 1909, dt. 1910), Justiz (Dr., 1910, dt. 1913), Der Patrizier (R., 1911, dt. 1930), Die dunkle Blume (R., 1913, dt. 1922), Die Ersten und die Letzten (E., 1918, dt. 1931), Bis aufs Messer (Dr., 1920, dt. 1934), Gesellschaft (Dr., 1922, dt. 1925), Viktorian. Miniaturen (hg. 1935, dt. 1952), Glimpses and reflections (Autobiogr., hg. 1937).

Ausgaben: J. G. Works. Manaton edition. London 1923–35. 30 Bde. – J. G. Ges. Werke. Dt. Übers. Wien 1925–30. 18 Bde. – The plays of J. G. London ³1932. – Letters from J. G. 1900–32. Hg. v. E. GARNETT. London u. New York 1934. – J. G. Ten famous plays. Hg. v. E. GILLET. London 1949. Nachdr. 1952. Neuausg. u. d. T. Ten best plays. London 1976.

Literatur: SCHALIT, L.: J. G. Der Mensch u. sein Werk. Wien 1928. – MARROT, H. V.: The life and letters of J. G. London 1934. – BARKER, D.: J. G. Gentleman u. Poet. Dt. Übers. Wien u. Hamb. 1964. – SAUTER, R.: G. the man. An intimate portrait. London 1967. – DUPRÉ, C.: J. G. A biography. London u. New York 1976. – FRECHET, A.: J. G. L'homme, le romancier, le critique social. Paris 1979. – GINDIN, J.: J. G.'s life and art. Ann Arbor (Mich.) 1987.

John
Galsworthy

Galt, John [engl. ɡɔːlt], * Irvine 2. Mai 1779, † Greenock 11. April 1839, schott. Schriftsteller. – Unternahm weite Reisen, 1825–34 in Kanada. Verfasser von Gedichten, Dramen und Romanen, in denen er humorvoll und satirisch nach der Art T. Smolletts das Leben auf dem Lande und in schott. Kleinstädten schildert.

Werke: The Ayrshire legatees (R., 1821), Annals of the parish (Kurzgeschichten, 1821), The entail (R., 3 Bde., 1823), The last of the lairds (R., 1826), Life of Byron (Biogr., 1830), Autobiography (2 Bde., 1834).

Ausgabe: J. G. Works. Hg. v. D. S. MELDRUM u. W. ROUGHEAD. Edinburgh 1936. 10 Bde.

Literatur: LYELL, F. H.: A study of the novels of J. G. Princeton (N. J.) 1942. – FRYKMAN, E.: J. G.'s Scottish stories, 1820–1823. Uppsala

1959. – GORDON, I. A.: J. G. The life of a writer. Toronto 1972. – SCOTT, P. H.: J. G. Edinburgh 1985.

Gálvez, Manuel [span. 'galβes], * Paraná 18. Juli 1882, † Buenos Aires 14. Nov. 1962, argentin. Schriftsteller. – 1906–31 Inspektor für das höhere Schulwesen. Gesellschaftskritisch aus gemäßigt liberaler Haltung sind seine ersten Romane, von ›La maestra normal‹ (1914) bis ›Historia de arrabal‹ (1923). Danach wurden seine weiteren Romane, Biographien und romanhaften Bearbeitungen der argentin. Geschichte von einem reaktionären Nationalismus in Verbindung mit einer antisemit. kath. Grundposition bestimmt.

Weitere Werke: El mal metafísico (R., 1916), Nacha Regules (R., 1919, dt. 1922), López (R.-Trilogie, 1928/29, dt. 1946), Karawane der Sünder (R., 1930, dt. 1951), Recuerdos de la vida literaria (Autobiogr., 4 Bde., 1963–65).
Literatur: ANZOÁTEGUI, I. B.: M. G. Buenos Aires 1961. – DESINANO, N.: La novelística de M. G. Santa Fe 1965. – PUENTE, J. E.: Estudio crítico histórico de las novelas de M. G. Miami (Fla.) 1975.

Gálvez de Montalvo, Luis [span. 'galβeð ðe mɔn'talβo], * Guadalajara 1549 (?), † Palermo (?) 1591 (?), span. Dichter. – Schrieb den vielgelesenen Schäferroman ›El pastor de Fílida‹ (1582).

Gama, José Basílio da [brasilian. 'gɐma], * São José d'El Rei (heute Tiradentes, Minas Gerais) 8. April 1741, † Lissabon 31. Juli 1795, brasilian. Dichter. – Zunächst Jesuitennovize, ging nach Portugal; wurde in Rom Mitglied der Accademia dell'Arcadia; sein Hauptwerk, das gegen die Jesuiten gerichtete klassizist. Epos ›O Uruguai‹ (1769), über einen Indio-Aufstand am Uruguay, gilt als eines der besten Werke der portugies. Kolonialliteratur.
Ausgabe: Obras poéticas de J. B. da G. Hg. v. J. VERISSIMO. Rio de Janeiro 1920.

Ǧamālzāde, Saijid Muḥammad ʿAli, persischer Schriftsteller, † Dschamalsade, Seijjed Mohammad Ali.

Gamar-Katipa, Pseudonym des armen. Dichters Rafael Gabrielowitsch † Patkanjan.

Gambara, Veronica, * Pratalboino bei Brescia 30. Juni 1485, † Correggio (Reggio Emilia) 13. Juni 1550, italien.

Dichterin. – Adeliger Herkunft, gelehrte Erziehung; heiratete 1509 Gilberto X. von Correggio und widmete sich, schon 1518 verwitwet, ganz der Regierung ihres Kleinstaates und der Literatur. Ihre eleganten, formsicheren Gedichte, die den Tod des Gatten beklagen, z. T. von Religion und Staat handeln, folgen F. Petrarca und P. Bembo; ihre Briefe, zusammen mit den Gedichten 1759 veröffentlicht, sind von kulturhistor. Interesse.
Werke: Rime e lettere (hg. 1759), Sonetti amorosi inediti o rari (hg. 1890).

Ǧāmī, Nūr ud-dīn ʿAbd ur-raḥmān, pers. Dichter und Mystiker, † Dschami, Nur od-din Abd or-rahman.

Gamsachurdia (tl.: Gamsachurdia), Konstantin Simonowitsch, * Abascha 15. Mai 1893, † Tiflis 17. Juli 1975, georg.-sowjet. Schriftsteller. – Studierte 1911 bis 1919 in Leipzig, München und Berlin; verfaßte impressionist. Novellen und bed. histor. Romane über Georgien im 11. und 12. Jh.; verwandte archaische Wörter zur Wiedergabe der altgeorg. Traditionen; übersetzte Dante und Goethe ins Georgische. Der Roman ›Die rechte Hand des großen Meisters‹ (georg. 1942, russ. Übers. 1943) wurde 1969 ins Deutsche übersetzt.

Gamsatow (tl.: Gamzatov), Rassul Gamsatowitsch [russ. gam'zatɐf], * Zada (Dagestan. Republik) 8. Sept. 1923, awar.-sowjet. Dichter. – Sohn des awar. Volksdichters G. Zadassa; Lehrer, Studium am Moskauer Gorki-Literaturinstitut; seine erste Gedichtsammlung erschien 1943; schrieb insbes. Lyrik und Poeme, sein Thema war v. a. das Leben im sozialist. Dagestan; in dt. Übersetzung erschienen einzelne seiner Gedichte sowie das Prosawerk ›Mein Dagestan‹ (2 Bde., 1968–71, dt. 1975). Bed. Übersetzer aus dem Russischen (A. S. Puschkin, M. J. Lermontow, W. W. Majakowski).

Gan, Peter, eigtl. Richard Moering, * Hamburg 4. Febr. 1894, † ebd. 6. März 1974, dt. Lyriker und Essayist. – Nach seinem Studium (Jura, Philosophie und Anglistik) Zeitungskorrespondent, Verlagslektor in Berlin; 1938 Emigration nach Paris, 1942–46 in Madrid, danach in Paris und seit 1958 in Hamburg; heiter-besinnlich, verspielt-skurriler und scharfsinnig-hintergründiger Lyriker und Prosaist; auch Übersetzer.

Werke: Von Gott und der Welt (Essays, 1935), Die Windrose (Ged., 1935), Die Holunderflöte (Ged., 1949), Schachmatt (Ged., 1956), Die Neige (Ged., 1961), Das alte Spiel (Ged., 1965), Soliloquia (Ged., 1970), Herbstzeitlose (Ged., 1974).
Literatur: KAYSER, W.: P. G. Hamb. 1972.

Gandersheim, Hrotsvit von, dt. Schriftstellerin, ↑ Hrotsvit von Gandersheim.

Ganghofer, Ludwig, * Kaufbeuren 7. Juli 1855, † Tegernsee 24. Juli 1920, dt. Schriftsteller. – Dramaturg, dann Feuilletonredakteur in Wien, ab 1895 in München. Im 1. Weltkrieg Kriegsberichterstatter. G. schrieb neben vielgespielten Volksstücken zahlreiche von ›sendungsbewußter Trivialität‹ (H. Schwerte) erfüllte Romane und Erzählungen aus seiner bayr. Heimat voller Jagd- und Alpenromantik (z. T. vor histor. Hintergrund), ferner Gedichte und Kriegslieder. Aufgrund der Schlichtheit ihrer Moral und der entsprechend angebotenen Konfliktlösungen eroberten sich seine Bergromane weite Leserkreise und wurden fast alle verfilmt.

Ludwig
Ganghofer

Werke: Der Herrgottschnitzer von Ammergau (Volksstück, 1880; mit H. Neuert), Der Jäger von Fall (E., 1883), Edelweißkönig (R., 1886), Die Sünden der Väter (R., 2 Bde., 1886), Die Falle (Lsp., 1891), Der Klosterjäger (R., 1892), Die Martinsklause (R., 2 Bde., 1894), Schloß Hubertus (R., 2 Bde., 1895), Das Schweigen im Walde (R., 2 Bde., 1899), Der Dorfapostel (R., 1900), Der Hohe Schein (R., 2 Bde., 1904), Der Mann im Salz (R., 2 Bde., 1906), Waldrausch (R., 2 Bde., 1907), Lebenslauf eines Optimisten (Autobiogr., 3 Bde., 1909–11), Der Ochsenkrieg (R., 2 Bde., 1914), Die Front im Osten (2 Tle., 1915), Das große Jagen (R., 1918).
Ausgaben: L. G. Ges. Schrr. Stg. 1906–21. 40 Bde. in 4 Serien. – L. G. Ausgew. Romane u. Erzählungen. Mchn. 1982. 4 Bde.
Literatur: CHIAVACCI, V.: L. G. Ein Bild seines Lebens u. Schaffens. Stg. ²1920. – CASSIMIR, H.: L. G. als Bühnendichter. Diss. Erlangen 1929. – KOCH, W.: G.s Haltung. Wsb. 1979. – PRANGEL, M.: Die Pragmatizität ›fiktionaler‹ Lit. Zur Rezeption der Romane u. Erzählungen L. G.s. Amsterdam 1986.

Gãṅguli, Tārakanātha ['gaːŋguli], * im Bez. Jessore (heute Bangladesch) 31. Okt. 1843, † Baxar (Bihar) 22. Sept. 1891, ind. Schriftsteller. – Veröffentlichte 1873 seinen Roman ›Svarṇalatā‹ in bengal. Sprache, in dem er das tägl. Leben in der dörfl. Großfamilie exemplarisch beschrieb.
Ausgabe: T. G. Svarnalata, scenes from Hindu village life. Engl. Übers. v. D. ROY. London 1926. – G., T.: The brothers. Engl. Übers. v. E. THOMPSON. London 1928.

Ganivet, Ángel [span. gani'βɛt], * Granada 13. Dez. 1865, † Riga 29. Nov. 1898, span. Schriftsteller. – Wandte sich gegen die Europäisierung Spaniens und kritisierte die spanische Gesellschaft. Durch seinen dreiteiligen Essay ›Spaniens Weltanschauung und Weltstellung‹ (1897, dt. 1921), in dem er die historischen Grundzüge spanischen Wesens aufdeckte, beeinflußte er die Generation von 98 und trug zur Erneuerung der spanischen Literatur bei.
Weitere Werke: Granada la bella (Prosa, 1896), La conquista del reino de Maya por el último conquistador Pío Cid (R., 1897), Los trabajos del infatigable creador Pío Cid (R., 2 Bde., 1898), Cartas finlandesas (Briefe, 1898), El escultor de su alma (Dr., hg. 1904), Hombres del norte (Aufsatz, hg. 1905).
Ausgabe: Á. G. Obras completas. Hg. v. M. FERNÁNDEZ ALMAGRO. Madrid ³1961–62. 2 Bde.
Literatur: GARCÍA LORCA, FRANCISCO: Á. G. Su idea del hombre. Buenos Aires 1952. – FERNÁNDEZ ALMAGRO, M.: Vida y obra de G. Neuausg. Madrid ⁹1952. – SCHRADER, I.: G.s Ideenwelt. Diss. Zü. 1955. – HERRERO, J.: Á. G. Un iluminado. Madrid 1966. – FLOR MOYA, C. DE LA: A. G. y la teoría del conocimiento en la España en la fin de siglo. Granada 1982. – GINSBERG, J.: A. G. London 1985.

Garay, János [ungar. 'gɔrɔi], * Szekszárd 10. Okt. 1812, † Pest (heute zu Budapest) 5. Nov. 1853, ungar. Dichter. – Schrieb u. a. an L. Uhland geschulte lyr.

ep. und dramat. Dichtungen im Stil des Biedermeiers; bekannt durch balladeske, oft humorist. Epen, bes. durch sein kom. Epos ›Der Veteran‹ (1843, dt. 1944; Vorlage für das Libretto zu Z. Kodálys Oper ›Háry János‹, 1926) und originelle Genrebilder.

Garborg, Arne [norweg. ˌgaːrbɔr(g)], * Time (Rogaland) 25. Jan. 1851, † Asker 14. Jan. 1924, norweg. Dichter und Sprachreformer. – Vertrat schon 1873 journalistisch eine politisch linksorientierte und freigeistige Richtung; stellte sich in den Dienst der Landsmålbestrebungen (1886). Der naturalist. Roman ›Aus der Männerwelt‹ (1886, dt. 1888) brachte ihm eine Stellung als Staatsrevisor. In seinen späteren Werken verlor er sich immer mehr in religiöses Grübeln; schrieb auch schwermütige Lyrik.
Weitere Werke: Bauernstudenten (R., 1883, dt. 1902), Bei Mama (R., 1890, dt. 1891), Müde Seelen (R., 1891, dt. 1893), Frieden (R., 1892, dt. 1894), Haugtussa (Ged., 1895), Paulus (Dr., 1896, dt. 1898), Der verlorene Vater (R., 1899, dt. 1901).
Ausgabe: A. G. Skrifter i samling. Oslo ⁴1951. 8 Bde.
Literatur: THESEN, R.: A. G. Oslo 1933–39. 3 Bde. – ÅMLID, Å.: A. G. Svein og meister. Oslo 1938. – THESEN, R.: Ein diktar og hans strid. A. G.'s liv og skrifter. Oslo 1945. – DALE, J.: Studiar i A. G.s språk og stil. Oslo 1950.

Garção, Pedro António Joaquim Correia [portugies. gɐrˈsɐ̃u̯], * Lissabon 29. April 1724, † ebd. 10. Nov. 1772, portugies. Dichter. – Starb unter ungeklärten Umständen im Gefängnis; Mitbegründer der Arcádia Lusitana (1756) und führender Vertreter einer antigongorist. arkad. Dichtung nach dem Vorbild des Horaz; auf dem Gebiet des Theaters erfolglos reformerisch tätig; seine Adelssatire ›Assembleia ou partida‹ enthält die berühmte ›Cantata de Dido‹ (nach dem 4. Buch von Vergils ›Äneis‹).
Ausgabe: P. A. Corrêa G. Obras completas. Hg. v. A. J. SARAIVA. Lissabon 1957–58. 2 Bde.
Literatur: STEGAGNO PICCHIO, L.: Storia del teatro portoghese. Rom 1964. S. 149.

Garcia, Francesc Vicens [katalan. gɐrˈsiə], * Tortosa um 1580, † Vallfogona de Riucorp 1625, katalan. Dichter. – Priester, Rektor von Santa Maria de Vallfogona; bekanntester und beliebtester Dichter in der Zeit des polit. Nieder-

gangs Kataloniens, zwischen der mittelalterl. Blüte der katalan. Dichtung und der katalan. Renaissance des 19. Jh.; Verfasser volkstümlich-derber, z. T. obszöner, barocker satir. Scherzdichtung (Gedichtsammlung ›La armonia del Parnás ...‹, hg. 1703).
Ausgaben: Vincenç G. Poesías jocosas y serias. Hg. v. J. M. GRAU u. J. RUBIÓ Y ORS. Barcelona Neuaufl. 1840. – F. V. G. Sonets. Hg. v. G. GRILLI. Barcelona 1979.
Literatur: MUNDO I FUERTES, A.: F. V. G., rector de Vallfogona. Santes Creus 1982.

García Calderón, Ventura [span. garˈsia kaldεˈrɔn], * Paris 23. Febr. 1886, † ebd. 28. Okt. 1959, peruan. Schriftsteller. – Verbrachte die meiste Zeit seines Lebens in Europa, u. a. als Gesandter in Brüssel und Bern, nach 1945 als peruan. Botschafter bei der UNESCO in Paris. Außer zahlreichen Feuilletonartikeln für frz. und lateinamerikan. Zeitschriften veröffentlichte er mehrere literaturgeschichtl. Arbeiten und Bände mit Erzählungen, die in sprachl. Brillanz ein romantisch verklärtes Peru beinhalten.
Werke: La literatura peruana (Studie, 1914), Dolorosa y desnuda realidad (En., 1914), Peruan. Novellen (1924, dt. 1926), Das Weinen des Urwalds (En., 1926, dt. 1926), Sonrisas de París (Briefe, 1926), Traum in der Sierra (En., 1931, dt. 1936), Peruan. Gesichte (En., dt. Ausw. 1951).

García de la Huerta, Vicente [span. garˈθia ðe la ˈu̯εrta], * Zafra (Prov. Badajoz) 9. März 1734, † Madrid 12. März 1787, span. Dichter. – Er schrieb eine der wenigen span. Tragödien des 18. Jh. von Wert, ›La Raquel‹ (1778; Stoff der ›Jüdin von Toledo‹).
Ausgaben: V. Antonio G. de la H. Poesias. Madrid ²1786. 2 Bde. – V. G. de la H. Raquel. Hg. v. J. G. FUCILLA. Madrid ⁴1984.
Literatur: ANDIOC, R.: La ›Raquel‹ de Huerta y la censura. In: Hispanic Review 43 (1975) H. 2, S. 115. – SCHURLKNIGHT, D. E.: La ›Raquel‹ de la Huerta y su ›sistema particular‹. In: Bulletin Hispanique 83 (1981) Hh. 1–2, S. 65.

García Gutiérrez, Antonio [span. garˈθia ɣuˈti̯εrrεθ], * Chiclana de la Frontera (Prov. Cádiz) 5. Okt. 1813, † Madrid 26. Aug. 1884, span. Dramatiker und Lyriker. – Seit 1862 Mitglied der Span. Akademie; erfolgreichster span. Dramatiker der Romantik; verfaßte mehr als 70 Tragödien und Komödien. ›El trovador‹ (Trag., 1836) diente als Vorlage für Verdis Oper ›Der Troubadour‹. Seine Dramen behandeln überwiegend polit. und histor. Stoffe.

Weitere Werke: El rey monje (Dr., 1837), El encubierto de Valencia (Dr., 1840), Poesías (Ged., 1840), Luz y tinieblas (Ged., 1842), Simón Bocanegra (Dr., 1843), Venganza catalana (Dr., 1864), Las cañas se vuelven lanzas (Kom., 1864), Juan Lorenzo (Dr., 1865). **Literatur:** ADAMS, N. B.: The romantic drama of G. G. New York 1922. – LEMARTINEL, J.: ›El Trovador‹ de G. G., objet d'une recherche collective. In: Aspects du XIXᵉ siècle ibérique et ibéroaméricain. Lille 1976. S. 9. – RUIZ SILVA, J. C.: ›El Trovador‹ de G. G., drama y melodrama. In: Cuadernos hispanoamericanos (1978), S. 251.

García Huidobro Fernández, Vicente [span. gar'sia u̯i'ðoβro fɛr'nandes], chilen. Dichter, † Huidobro, Vicente.

García Lorca, Federico [span. gar'θia 'lɔrka], * Fuente Vaqueros (Prov. Granada) 5. Juni 1898, † Viznar (Prov. Granada) 19. Aug. 1936 (erschossen), span. Dichter. – Studierte Philosophie, Literatur und Rechtswiss. in Granada und Madrid, befreundet u. a. mit R. Alberti, S. Dalí, M. de Falla; 1929/30 in Amerika, nach der Rückkehr (1931) Leiter des Studententheaters ›La Barraca‹, das Calderón, Cervantes und Lope de Vega in der Provinz spielte. Südamerikareise. 1936 im Bürgerkrieg von Falangisten ermordet. Vielseitige Künstlerpersönlichkeit: Lyriker, Redner, Dramatiker, Zeichner und Musiker. Seine Dichtung wächst aus der Kultur seiner andalus. Heimat. Ihm gelang die Harmonie von volkstüml. Thematik und moderner Technik. Berühmt machten ihn die leidenschaftl. ›Zigeunerromanzen‹ (1928, dt. 1953). G. L.

Federico
García Lorca

ist auch Erneuerer des span. Dramas. Dank der Bühnenwirksamkeit seiner Stücke ist er einer der im Ausland bekanntesten span. Autoren der Gegenwart. G. L.s Werke wurden in mehr als 20 Sprachen übersetzt. Immer wiederkehrendes Thema ist der Mensch, der mit den festgefügten, erstarrten Traditionen in Konflikt gerät. Die Form seiner Stücke ist streng, immer im Stoff begründet; romanzenartig-balladesker Szenenbau mit lyr. Höhepunkten in melod., bilderreicher Sprache voller komplizierter Metaphern.

Weitere Werke: Libro de poemas (Ged., 1921), Canciones (Ged., 1927), Mariana Pineda (Dr., 1928, dt. 1954), Die wundersame Schustersfrau (Schwank, 1930, dt. 1954), Dichtung vom tiefinnern Sang (Ged., 1931, dt. 1956), Das kleine Don-Cristóbal-Retabel (Spiel, 1931, dt. 1960), In seinem Garten liebt Don Perlimplin Belisa (Schwank, 1933, dt. 1954), Bluthochzeit (Trag., 1933, dt. 1952), Bernarda Albas Haus (Dr., entst. 1933–36, hg. 1945, dt. 1954), Yerma (Trag., hg. 1937, dt. 1954), Doña Rosita bleibt ledig oder Die Sprache der Blumen (Dr., hg. 1938, dt. 1954), Dichter in New York (Ged., hg. 1940, dt. 1963), Prosa (hg. 1969), Das Publikum. Komödie ohne Titel (2 Stücke aus dem Nachlaß, hg. 1976, dt. 1986), Diwan des Tamarit / Sonette der dunklen Liebe (hg. 1981, span. und dt. 1986), Suites (Ged., hg. 1985). **Ausgaben:** F. García L. Briefe an Freunde, Interviews u. a. Dt. Übers. Ffm. 1966. – F. G. L. Die dramat. Dichtungen. Dt. Übers. Sonderausg. Ffm. 20.–25. Tsd. 1966. – F. G. L. Gedichte. Ausgew. u. übertragen v. E. Beck. Ffm. 1969. – F. G. L. Obras completas. Hg. v. A. DEL HOYO. Madrid ¹⁹1974. – F. G. L. Obras completas. Madrid 1987. 3 Bde. **Literatur:** F. G. L. Leben u. Werk. Ein Bücherverz. Bearb. v. R. BLAESER. Do. 1961. – Lorenz, G. W.: F. G. L. Karlsr. 1961. – HUBER, E.: Symbol. Darst. innerer Wirklichkeit. Zur Dichtung G. L.s. Mchn. 1967. – HUBER, E.: G. L. Mchn. 1967. – MICHAELIS, R.: F. G. L. Velber 1969. – MARTÍNEZ NADAL, R.: El público. Amor, teatro y caballos en la obra de F. G. L. Oxford 1970. – GIBSON, I.: L.s Tod. Dt. Übers. Ffm. 1976. – PREDMORE, R. L.: L.'s New York poetry. Durham (N. C.) 1980. – BECK, E.: Über L. Aufss. und Anmerkungen. Basel 1981. – GARCÍA LORCA, FRANCISCO: Federico y su mundo. Madrid 1980. – ROGMANN, H.: G. L. Darmst. 1981. – BELAMICH, A.: L. Neuaufl. Paris 1983. – COBB, C. W.: L.'s Romancero gitano. Jackson (Miss.) 1983. – ANDERSON, R.: F. G. L. London 1984. – F. G. L. Bilder u. Texte. Hg. v. HERBERT MEIER u. P. RAMÍREZ. Ffm. 1986. – GIBSON, I.: F. G. L. Eine Biogr. Dt. Übers. Neuausg. Ffm. 1994.

García Márquez, Gabriel [span. gar-'sia 'markes], *Aracataca (Dep. Magdalena) 6. März 1928, kolumbian. Schriftsteller. – Begann 1947 ein Jurastudium in Bogotá, widmete sich aber bald ausschließlich dem Journalismus und der Literatur; war 1959–61 Korrespondent der kuban. ›Prensa Latina‹ in Bogotá und New York; lebte bis 1967 in Mexiko, danach in Barcelona, 1981–83 wieder in Mexiko; wurde 1972 mit dem Premio Rómulo Gallegos, 1982 mit dem Nobelpreis für Literatur ausgezeichnet. Weltweit berühmt machte ihn sein umfangreicher Roman ›Hundert Jahre Einsamkeit‹ (1967, dt. 1970), eine phantasievoll ausgestaltete, teils magisch-realist., im Kern sozialkrit. Synthese der Vergangenheit und Gegenwart Kolumbiens. Erzähltechnisch komplizierter, obwohl gleichfalls von faszinierender Gestaltungskraft ist sein zweiter großer Roman ›Der Herbst des Patriarchen‹ (1975, dt. 1978), eine alptraumhaft visionäre Darstellung des Phänomens der lateinamerikan. Diktatoren, deren Macht sich auf Furcht und Aberglauben ihrer Untertanen gründet. Mit seinem Kurzroman ›Chronik eines angekündigten Todes‹ (1981, dt. 1981) kehrt G. M. wieder zu dem Schauplatz seiner früheren Romane und Erzählungen, einer fiktiven Ortschaft an der kolumbian. Karibikküste, zurück. ›Der General in seinem Labyrinth‹ (R., 1989, dt. 1989) ist eine phantasievoll ausgestaltete Rekonstruktion der letzten Lebensmonate Simón Bolívars.

Weitere Werke: Laubsturm (R., 1955, dt. 1975), Kein Brief für den Oberst (R., 1961, dt. 1968, 1976 u. d. T. Der Oberst hat niemand, der ihm schreibt), Unter dem Stern des Bösen (R., 1962, dt. 1968, 1979 u. d. T. Die böse Stunde), Das Leichenbegängnis der Großen Mama (En., 1962, dt. 1974), Die Giraffe aus Barranquilla. Journalist. Arbeiten 1948–1952 (1981, dt. 1984), Die Liebe in den Zeiten der Cholera (R., 1985, dt. 1987), Zwischen Karibik und Moskau. Journalist. Arbeiten 1955–1959 (dt. Ausw. 1986), Das Abenteuer des Miguel Littín (Reportage, 1986, dt. 1987), Die Erzählungen (dt. Ausw. 1990), Zwölf Geschichten aus der Fremde (En., 1992, dt. 1993), Von der Liebe und anderen Dämonen (R., 1994, dt. 1994).
Literatur: ARNAU, C.: El mundo mítico de G. G. M. Barcelona 1971. – VARGAS LLOSA: G. M., historia de un deicidio. Barcelona 1971. – CARRILLO, G. D.: La narrativa de G. G. M. Madrid

Gabriel
García
Márquez

1975. – STRAUSFELD, M.: Aspekte des neuen lateinamerikan. Romans u. ein Modell: Hundert Jahre Einsamkeit. Ffm. 1976. – FARÍAS, V.: Los manuscritos de Melquíades. Ffm. 1981. – COLLAZOS, O.: G. G. M. Sein Leben u. sein Werk. Dt. Übers. Köln 1987. – SEMSKOW, W.: G. G. M. Bln. 1990. – PLOETZ, D.: G. G. M. Rbk. 1992. – HOOD, E. W.: La ficción de G. G. M. New York u. a. 1993.

García Pavón, Francisco [span. gar-'θia pa'βon], *Tomelloso 24. Sept. 1919, span. Schriftsteller. – Verfasser meisterhafter, stilistisch ausgefeilter Erzählungen; schrieb auch spannungsreiche, humorvoll-satir. Romane; Schöpfer des span. Kriminalromans. Erhielt für den Roman ›Las hermanas coloradas‹ (1970) den Premio Nadal 1969.
Weitere Werke: Cerca de Oviedo (R., 1946), Cuentos de Mamá (En., 1952), Cuentos republicanos (En., 1961), El teatro social en España (1895–1962) (Abh., 1962), El reinado de Witiza (R., 1968), Historias de Plinio (En., 1968), El rapto de Sabinas (En., 1969), Una semana de lluvia (R., 1971), Vendimiario de Plinio (R., 1972).

García Ponce, Juan [span. gar'sia 'ponse], *Mérida (Yucatán) 22. Sept. 1932, mex. Schriftsteller. – Bed. Literatur- und Kunstkritiker; sucht in Romanen, Erzählungen und Theaterstücken über die subtile psycholog. Analyse individuellen Verhaltens gesellschaftl. Strukturen aufzudecken.
Werke: El canto de los grillos (Dr., 1956), Imagen primera (En., 1963), La noche (En., 1963), Figura de paja (R., 1964), La casa en la playa (R., 1966), La presencia lejana (R., 1968), La cabaña (R., 1969), La vida perdurable (R., 1970), La errancia sin fin: Musil, Borges, Klossowski (Essay, 1981), Crónica de la intervención (R., 2 Bde., 1982), De anima (R., 1984), Inmaculada o los placeres de la inocencia (R., 1989).

García y Sarmiento, Félix Rubén [span. gar'sia i sar'mjento], nicaraguan. Lyriker, † Darío, Rubén.

Garcilaso de la Vega [span. garθi-'laso ðe la 'βeɣa], * Toledo 1503, † Nizza 14. Okt. 1536, span. Dichter. – Wurde am Hof Kaiser Karls V. zum Studium der Antike und der italien. Humanisten angeregt; Ehrenkavalier des Kaisers, 1530 als Gesandter in Frankreich; fiel später in Ungnade und wurde auf die Donauinsel Schütt verbannt; danach in Neapel Versöhnung mit dem Kaiser; im 3. Krieg gegen Frankreich (1536) tödlich verwundet. Bedeutendster span. Dichter der Renaissance, dessen Sonette, Kanzonen, schwärmer. Eklogen und Elegien im Geiste der Renaissance und des Neuplatonismus unter dem Einfluß lat. (Vergil) und italien. (F. Petrarca) Dichtung stehen. Sein wenig umfangreiches Werk (›Las obras‹) wurde 1543 zus. mit dem Werk seines Freundes J. Boscán Almogáver herausgegeben.

Ausgabe: G. de la V. Obras completas. Hg. v. A. LABANDEIRA FERNÁNDEZ. Madrid 1981. Literatur: LAPESA, R.: La trayectoria poética de G. Madrid 1948. – GALLEGO MORELL, A.: G. Documentos completos. Barcelona 1976. – AZAR, I.: Fama póstuma de G. de la V. Antología poética en su honor. Bibliogr. Granada 1978. – RIVERS, E. L.: G. de la V. Poems. A critical guide. London 1980. – FERNÁNDEZ-MORERA, D.: The lyre and the oaten flute. G. and the pastoral. London 1982. – G. Hg. v. V. GARCÍA DE LA CONCHA. Salamanca 1986.

Garcilaso de la Vega [span. garsi-'laso ðe la 'βeɣa], genannt El Inca, * Cuzco 12. April 1539, † Córdoba (Spanien) 22. April 1616, peruan. Schriftsteller. – Unehelicher Sohn einer Inkaprinzessin und eines span. Hauptmanns altadeliger Herkunft; ging 1561 nach Spanien; wurde Hauptmann; nach 1600 Priester. Seine ›Geschichte der Eroberung von Florida‹ (1605, dt. 1753) ist die romanhaft ausgeschmückte, stilistisch hervorragende Chronik der Expedition (1539–42) Hernando de Sotos. Seine zweiteilige ›Geschichte der Incas, Könige von Peru‹ (1609–17, dt. [Auszüge] 1787/88) behandelt Kultur, Geschichte und Eroberung des Landes seiner Mutter.

Literatur: MIRÓ QUESADA SOSA, A.: El Inca G. Neuausg. Madrid 1948. – ESCOBAR, A.: Len-guaje e historia en los ›Comentarios reales‹. Lima 1960. – PUPO-WALKER, E.: Historia, creación y profecía en los textos del Inca G. de la V. Madrid 1982.

Garczyński, Stefan [poln. gar'tʃiĩski], * Kosmów bei Kalisch 13. Okt. 1805, † Avignon 20. Sept. 1833, poln. Dichter. – Schüler G. W. F. Hegels in Berlin; nach der Teilnahme am Aufstand von 1830/31 mit seinem Freund A. Mickiewicz, der nach G.s Tod dessen Dichtungen herausgab (›Poezje‹, 2 Bde., 1833; darin bes. das philosoph. Epos ›Wacława dzieje‹ [= Die Taten Wacławs]), im Ausland. Mickiewicz war für G. auch literar. Vorbild. Patriotismus und nat. Begeisterung bestimmten G.s Dichtung.

Literatur: STAJEWSKA, Z.: ›Wacława dzieje‹ S. G.ego. Breslau 1976.

Gardner, Erle Stanley [engl. 'ɡɑːdnə], * Malden (Mass.) 17. Juli 1889, † Temecula (Calif.) 11. März 1970, amerikan. Schriftsteller. – Rechtsanwalt; erfolgreicher Autor von über 100 Kriminalromanen, von denen er einige unter Pseudonymen (u. a. A. A. Fair) veröffentlichte; im Mittelpunkt einer Gruppe von Romanen steht der Anwalt Perry Mason, der Held einer anderen ist Douglas Selby.

Literatur: VAN DOVER, J. K.: Murder in the millions. E. S. G., Mickey Spillane, Ian Fleming. New York 1984.

Gardner, John [Champlin] Jr. [engl. 'ɡɑːdnə], * Batavia (N. Y.) 21. Juli 1933, † Susquehanna (Pa.) 14. Sept. 1982 (Motorradunfall), amerikan. Schriftsteller. – Prof. für engl. Literatur des MA; schrieb zahlreiche humorvolle und geistreiche Romane, Erzählungen, Gedichte und literarkrit. Arbeiten (›On moral fiction‹, 1978; ›The art of fiction. Notes on Craft for young writers‹, hg. 1984) sowie Studien, u. a. über G. Chaucer. Seine Themen reichen von der klass. Antike (›The wreckage of Agathan‹, R., 1970; ›Jason and Medeia‹, ep. Ged., 1973) über die Aufnahme der engl. Literatur (›Grendel‹, R., 1971, dt. 1972), die skand. Geschichte (›Freddy's book‹, R., 1980) zu philosoph. Problemen gegenwärtiger Existenz (›The sunlight dialogues‹, E., 1972; ›Nickel mountain‹, R., 1973; ›October light‹, R., 1976; ›Mickelsson's ghosts‹, R., 1982); auch Kurzgeschichten (›The king's Indian‹, 1974; ›The art of living‹, 1981) und Kindermärchen (›Dragon, dragon‹, 1975; ›A child's bestiary‹, 1977; ›In the suicide mountains‹, 1977).

Literatur: J. G. A bibliographical profile. Hg. v. J. H. HOWELL. Carbondale (Ill.) 1980. – J. G. Critical perspectives. Hg. v. R. A. MORACE u. K. VAN SPANCKEREN. Carbondale (Ill.) 1982. – J. G. True art, moral art. Hg. v. B. MENDEZ-EGLE. Edinburg (Tex.) 1983. – MORRIS, G. L.: A world of order and light. The fiction of J. G. Athens (Ga.) 1984. – Thor's hammer. Essays on J. G. Hg. v. J. HENDERSON u. a. Conway (Ark.) 1985.

Gárdonyi, Géza [ungar. 'ga:rdonji], eigtl. G. Ziegler, * Agárd (Komitat Fejér) 3. Aug. 1863, † Eger 30. Okt. 1922, ungar. Erzähler. – Er begann mit heiteren Skizzen aus dem Leben der dörfl. Welt, die er anschaulich darzustellen wußte; auch histor. Romane; im Alter neigte er zum Spiritismus.

Werke: Die Lampe (E., 1897, dt. 1954), Sterne von Eger (R., 1901, dt. 1958), Ich war den Hunnen untertan (R., 1902, dt. 1959), Mit der Nacht vertraut (R., 1916, dt. 1961).
Literatur: KISPÉTER, A.: G. G. Budapest 1970.

Gareth, Benedetto [italien. ga'rɛt, katalan. gə'rɛt], genannt Il Cariteo, * Barcelona um 1450, † Neapel 1514, italien. Dichter und Humanist. – Kam 1467 nach Neapel an den aragones. Hof, hatte dort verschiedene Ämter inne; befreundet mit G. Pontano und I. Sannazaro; schrieb Liebeslyrik (›Endimione‹, 1506) in der Art F. Petrarcas an seine Geliebte, für die er den Namen Luna wählte, auch polit. Gedichte zum Preis der Aragonesen; G. griff als erster wieder auf die provenzal. Troubadours und auf Dante zurück; Hauptvertreter der hochartifiziellen Hofdichtung des ausgehenden 15. Jh., Erneuerer der provenzal. Studien.

Ausgabe: B. G. (Il Chariteo). Le rime secondo le due stampe originali. Mit Einl. u. Anmerkungen v. E. PERCOPO. Neapel 1892. 2 Bde.
Literatur: FANTI, C.: L'elegia properziana nella lirica amorosa del Cariteo. In: Italianistica 14 (1985), S. 23.

Gargantua, Held frz. Volkssagen und des 1532 anonym erschienenen Volksbuches ›Grandes et inestimables cronicques du grant et enorme geant G.‹, in dem die seltsamen Abenteuer und Taten des Riesen G. geschildert werden, der sich u. a. durch einen ungeheuren Appetit auszeichnet. Dem Volksbuch entnahm F. Rabelais den Namen für seinen Ro-

man über Gargantua und Pantagruel, der im Jahr 1532 erschien.

Garin, N., eigtl. Nikolai Georgijewitsch Michailowski, * Petersburg 20. Febr. 1852, † ebd. 10. Dez. 1906, russ. Schriftsteller. – Hatte Erfolg mit der Darstellung der gesellschaftl. Verhältnisse, bes. der russ. Intelligenz, vor der Revolution von 1905, v. a. in seinen Erzählungen (›Detstvo Temy‹ [= Die Kindheit Tjomas], 1892; ›Gimnazisty‹ [= Die Gymnasiasten], 1893; ›Studenty‹ [= Die Studenten], 1895; ›Inženery‹ [= Die Ingenieure], 1907); auch Reiseerzählungen aus Korea und anderen Teilen Ostasiens (›Reise zum Pektusan‹, 1899, dt. 1954).

Ausgabe: N. G. Sobranie sočinenij. Moskau 1957–58. 5 Bde.
Literatur: JUDINA, I. M.: N. G. G.-Michajlovskij. Leningrad 1969.

Ğarīr Ibn Aṭiyyaʰ, arab. Dichter, † Dscharir Ibn Atijja.

Garland, Hamlin [engl. 'gɑ:lənd], * bei West Salem (Wis.) 14. Sept. 1860, † Los Angeles-Hollywood 4. März 1940, amerikan. Schriftsteller. – Sohn eines Pioniers aus Neuengland, verbrachte seine Jugend in Iowa, als Farmer in Dakota; bei einem Aufenthalt in Boston Bekanntschaft mit W. D. Howells, der seine literar. Karriere beeinflußte; ließ sich in Chicago nieder, wo er in den 90er Jahren eine führende Rolle im literar. Leben spielte; später Übersiedlung nach New York; seit 1930 in Los Angeles. Er schrieb naturalist. Romane und Erzählungen über den harten Alltag der Pioniere, über Freude und Mühsal des Farmerlebens im Mittelwesten mit zeitgemäßer sozialkrit. Einstellung. Bekannt durch eine Middle-Border-Familienchronik (›A son of the Middle Border‹, Autobiogr., 1917; ›A daughter of the Middle Border‹, Autobiogr., 1921, Pulitzerpreis 1922).

Weitere Werke: Main-travelled roads (Kurzgeschichten, 1891), A spoil of office (R., 1892), Prairie folks (En., 1893), Rose of Dutcher's coolly (R., 1895), Ulysses S. Grant (Biogr., 1898), Boy life on the prairie (R., 1899), Backtrailers from the Middle Border (R., 1928).
Ausgabe: Collected works of H. G. Hg. v. D. PIZER. New York 1970. 45 Bde.
Literatur: PIZER, D.: H. G.'s early work and career. Neuaufl. New York 1969. – McCULLOUGH, J. B.: H. G. Boston (Mass.) 1978. – Crit-

ical essays on H. G. Hg. v. J. NAGEL. Boston (Mass.) 1982. – The critical reception of H. G. 1891–1978. Hg. v. CH. L. P. SILET u. a. Troy (N. Y.) 1985.

Garmendia, Salvador [span. gar-'mendi̯a], * Barquisimeto (Lara) 11. Juni 1928, venezolan. Schriftsteller. – Journalist; Hg. der Kulturzeitschriften ›Sardio‹, ›Actual‹ und ›El techo de la ballena‹. Identitätsverlust, zwischenmenschl. und ideolog. Entfremdung sind die zentralen Themen seiner Romane und Erzählungen, die v. a. im Milieu des unteren Kleinbürgertums von Caracas angesiedelt sind.

Werke: Los pequeños seres (R., 1959), Los habitantes (R., 1961), Día de ceniza (R., 1963), Doble fondo (En., 1966), La mala vida (R., 1968), Difuntos, extraños y volátiles (En., 1970), Los pies de barro (En., 1973), Memorias de Alta Gracia (En., 1974), Enmiendas y atropellos (En., 1979), El brujo hípico y otros relatos (En., 1979), Hace mal tiempo afuera (En., 1986), El capitán Kid (R., 1988). **Literatur:** LLEBOT CAZALIS, A.: El tiempo interior en los personajes garmendianos. Caracas 1980.

Garnett, David [engl. 'gɑːnɪt], * Brighton 9. März 1892, † Montcuq (Lot) 17. Febr. 1981, engl. Schriftsteller. – Sohn von Edward William G.; studierte Botanik, war Buchhändler, im 2. Weltkrieg Leutnant der R.A.F., später im Auswärtigen Amt. In den grotesken Fabeln ›Meine Frau, die Füchsin‹ (R., 1922, dt. 1952) und ›Der Mann im Zoo‹ (R., 1924, dt. 1952) beschreibt G. in sachlichem Stil die Verwandlung einer jungen Frau in ein Tier bzw. die selbst initiierte Ausstellung eines Mannes im Zoo. Die vom Autor als poet. Realismus bezeichnete Darstellungsweise wird u. a. deutlich in der Geschichte um die schwierige Situation eines Seemannes und seiner schwarzafrikan. Frau in einem engl. Dorf, ›The sailor's return‹ (R., 1925); schrieb auch eine dreibändige Autobiographie (›The golden echo‹, 1953; ›The flowers of the forest‹, 1955; ›The familiar faces‹, 1962).

Weitere Werke: Go she must! (R., 1927), No love (R., 1929), A rabbit in the air (R., 1932), Liebe – ganz irdisch (R., 1955, dt. 1957), The sons of the falcon (R., 1972), Plough over the bones (R., 1973).

Garnett, Edward William [engl. 'gɑːnɪt], * London 19. Febr. 1868, † ebd. 21. Febr. 1937, engl. Schriftsteller und Li-

teraturkritiker. – Sohn von Richard G.; förderte zahlreiche Schriftsteller, u. a. J. Galsworthy, J. Conrad, Ch. M. Doughty und D. H. Lawrence; schrieb Kurzgeschichten, krit. Essays, u. a. über L. N. Tolstoi und I. Turgenjew, und verfaßte u. a. die Dramen ›The breaking point‹ (1907), ›Papa's war‹ (1919) und ›The trial of Jeanne d'Arc‹ (1931).

Literatur: JEFFERSON, G.: E. G. A life in literature. London 1982.

Garnett, Richard [engl. 'gɑːnɪt], * Lichfield 27. Febr. 1835, † London 13. April 1906, engl. Schriftsteller. – Ab 1851 Bibliothekar am Brit. Museum. Zahlreiche Übersetzungen aus dem Deutschen, Griechischen, Italienischen, Spanischen und Portugiesischen. Verfasser von krit. Biographien, u. a. über Th. Carlyle, J. Milton, W. Blake und R. W. Emerson; Mitarbeiter an verschiedenen Enzyklopädien. Schrieb satir. Fabeln (›The twilight of the gods‹, 1888), literarhistor. Essays und Gedichte.

Weitere Werke: Primula (Ged., 1858), Age of Dryden (Essay, 1895).

Garnier de Pont-Sainte-Maxence [frz. garnjedpõsɛ̃tmak'sɑ̃ːs], altfrz. Dichter, † Guernes de Pont-Sainte-Maxence.

Garnier, Pierre [frz. gar'nje], * Amiens 9. Jan. 1928, frz. Lyriker. – Nach dem Studium der Germanistik Gymnasiallehrer in Amiens; 1963–67 Hg. der Zeitschrift ›Les Lettres‹ (mit Ilse Garnier). Bed. Benn-Übersetzer; darüber hinaus weitere Übersetzungen dt. und tschech. Lyrik sowie dt. Philosophen. Wurde nach eher traditionell orientierten lyr. Anfängen (›Seconde géographie‹, 1959) in den sechziger Jahren die herausragende Gestalt im Bereich der frz. experimentellen Lyrik. Sein ›spatialisme‹, beeinflußt von der ›Raumkunst‹ Lucio Fontanas (* 1899, † 1968) und den theoret. Überlegungen der brasilian. Noigandres-Gruppe (›Spatialisme et poésie concrète‹, 1968), sucht dem Einzelwort und dessen Bestandteilen einen über die jeweils zugeordneten Inhalte hinausreichenden Zeichenwert zu verleihen, der eine alle Sinne erfassende totale Kommunikation ermöglichen soll. Die differenzierte Beziehung G.s zu Tradition und Geschichte verdeutlichen seine avantgardist. Adaptation des Tristanstoffes

(›Tristan et Iseult‹, 1976), seine Mitarbeit an der wiss. Ausgabe eines altpikard. Textes (›La romance du Sire de Créqui‹, 1976) und seine Auseinandersetzung mit Hélinand de Froidmont (›Hélinand de Froidmont. Poète picard du XIIᵉ siècle‹, Colloque à l'Abbaye de Saint Arnoult, 1987).

Weitere Werke: Les armes de la terre (Ged., 1954), La nuit est prisonnière des étoiles (Ged., 1958), Seuls quelques-uns le peuvent (Nov., 1959), Et par amour voulaient mourir (R., 1959), G. Benn (Essay, 1959), Sept poèmes extraits d'Ithaque (Ged., 1959), Les synthèses (Ged., 1961), Poèmes mécaniques (Ged., 1965; mit I. Garnier), Ozieux (Ged., 1966), Sekunden (Ged., 1967, dt. 1969), Expansion (Ged., 1968), Six odes concrètes à la Picardie (1967), Perpetuum mobile (Ged., 1968), Esquisses palatines (Ged., 1971; mit I. Garnier), Le jardin japonais (Ged., 2 Bde., 1979/80), Le soleil est un regard (Ged., 1979), Congo. Poème pygmée (Ged., 1980), Poèmes blancs (Ged., 1981), Livre de Danièle (Ged., 2 Bde., 1982/83), Livre d'amour d'Ilse (Ged., 1984), Livre de Peggie (Ged., 1985), Les oiseaux chantent l'éternité (1989).
Literatur: Le Sidaner, J.-M.: P. G. Uzès 1976. – Edeline, F.: P. et Ilse G. Diss. Lüttich 1981. – Ilse G./P. G. Qu'est-ce que le spatialisme? Hg. v. H. Bäcker. Graz 1988.

Garnier, Robert [frz. gar'nje], * La Ferté-Bernard (Sarthe) 1544, † Le Mans 20. Sept. 1590, frz. Dramatiker. – Advokat; schrieb handlungsarme Tragödien mit bibl. und antiken Stoffen. Mit den Schultragödien steht er noch in der Tradition des Renaissancetheaters, mit einigen seiner Dramen weist er jedoch bereits auf P. Corneille hin. Seine berühmtesten Werke sind die nach L. Ariosto geschriebene Tragikomödie ›Bradamante‹ (1582, dt. 1883) und ›Les juives‹ (1583), eine bibl. Tragödie. G.s Dramen zeigen tiefe Einsicht in die menschl. Tragik der Helden.

Weitere Werke: Plaintes amoureuses (Ged., 1564), Porcie, épouse de Brutus (Trag., 1568), Hippolyte, fils de Thésée (Trag., 1573), Marc-Antoine (Trag., 1578), Antigone (Trag., 1580).
Ausgabe: R. G. Œuvres complètes. Hg. v. W. Förster. Paris 1580, 1582, 1585. Nachdr. Heilbronn 1882–83. 4 Bde.
Literatur: Mouflard, M.-M.: R. G. La Ferté-Bernard u. La Roche-sur-Yon 1961–64. 3 Bde. – Gras, M.: R. G., son art et sa méthode. Genf 1965. – Lebègue, R.: ›Les Juives‹ de R. G. Paris ³1979. – Holyoake, J.: A critical study of the tragedies of R. G. (1545–1590). New York u. a. 1987.

Garrętt, João Baptista da Silva Leitão de Almeida [portugies. gɐ'rrɛt], * Porto 4. Febr. 1799, † Lissabon 9. Dez. 1854, portugies. Dichter und Politiker. – Begeisterte sich für die Ideale der Liberalen; floh 1823 nach Großbritannien, dann nach Frankreich, kehrte 1826 zurück; 1826–28 Tätigkeit als Journalist; 1828 erneute Emigration nach Großbritannien und Frankreich, schloß sich der Befreiungsarmee an und diente dann der liberalen Regierung; war u. a. 1852 Außenminister. G. stand unter dem Eindruck der Werke Shakespeares, Lord Byrons und W. Scotts, beschäftigte sich mit deutscher Sprache und Literatur, v. a. mit dem Werk J. G. Herders, Goethes und Schillers; er sammelte Balladen und Lieder seiner Heimat (›Romanceiro‹, 3 Bde., 1843–51); gründete das Teatro Nacional; wurde zum Begründer und Hauptvertreter der romant. Schule in Portugal und führte das portugies. romant. Theater mit dem histor. Drama ›Frei Luís de Sousa‹ (1844, dt. 1899 u. d. T. ›Manuel de Sousa‹) auf seinen Höhepunkt; auch Lyriker (›Folhas caídas‹, 1853) und Erzähler (›Viagens na minha terra‹, 1846, dt. 1878 u. d. T. ›Der Mönch von Santarem oder Wanderungen in meinem Vaterlande‹).

Weitere Werke: Lucrécia (Dr., 1819), O retrato de Vénus (Ged., 1821), Camões (ep. Ged., 1825, dt. 1890 von A. von Schack u. d. T. Camoens), Dona Branca (Epos, 1826), Um auto de Gil Vicente (Dr., 1838), Der Schwertfeger von Santarem (Dr., 1842, dt. 1900), O arco de Sant'Ana (histor. R., 2 Bde., 1845–50).
Ausgabe: J. B. da S. L. de A. G. Obras completas. Hg. v. Th. Braga. Lissabon 1904–14. 30 Bde.
Literatur: Antscherl, O.: J. B. de A. G. u. seine Beziehungen zur Romantik. Hdbg. 1927. – Rocha, A. Crabbé: G. Um poeta no seu tempo. Porto 1945. – Rocha, A. Crabbé: O teatro de G. Coimbra ²1954. – Lawton, R. A.: Almeida G. L'intime contrainte. Paris 1966. – Monteiro, O. Milheiro Caldas Paiva: A formação de A. G. Coimbra 1971. 2 Bde.

Garrick, David [engl. 'gærɪk], * Hereford 19. Febr. 1717, † London 20. Jan. 1779, engl. Schauspieler und Dramatiker. – War Schüler von S. Johnson, den er nach London begleitete. Dort wurde G. zum bedeutendsten Schauspieler seiner Zeit. 1747–76 leitete er (mit James Lacy) das Drury Lane Theatre. Berühmt

machte ihn v. a. seine ungekünstelt-
natürl. Darstellung von Charakteren in
Dramen Shakespeares, deren etliche er
für die Aufführung neu bearbeitete. G.
schrieb auch flotte und bühnenwirksame
Farcen, z. B. ›The lying valet‹ (1741),
›Miss in her teens‹ (1747), ›The clandes-
tine marriage‹ (1766; mit G. Colman), ›A
peep behind the curtain‹ (1767).

Ausgaben: D. G. The private correspondence.
Hg. v. J. BOADEN. London 1831–32. 2 Bde. –
The plays of D. G. Hg. v. H. W. PEDICORD u.
F. L. BERGMANN. Carbondale (Ill.) 1980–81.
4 Bde.
Literatur: OMAN, C.: D. G. Bungay (Suffolk)
1958. – STONE, G. W./KAHRL, G. M.: D. G. A
critical biography. Carbondale (Ill.) 1979. –
KENDALL, A.: D. G. London 1985.

Garschin (tl.: Garšin), Wsewolod Michailowitsch [russ. 'garʃin], * Gut Prijat-
naja Dolina (Gebiet Donezk) 14. Febr.
1855, † Petersburg 5. April 1888 (Selbstmord), russ. Schriftsteller. – Freiwilliger
im Russisch-Türk. Krieg 1877. Gegen
den Krieg schrieb er naturalist. und impressionist. Erzählungen über seel. und
phys. Leiden seiner empfindsamen Helden. In erregter, ungewöhnl. Sprache,
knapper, prägnanter Diktion und pessimist. Ton versuchte er, die Ursachen des
Bösen in der Welt zu ergründen; auch
Märchen.

Werke: Vier Tage (E., 1877, dt. 1878), Die
Künstler (Nov., 1879, dt. 1887), Attalea
Princeps (E., 1880, dt. 1887), Die rote Blume
(Nov., 1883, dt. 1887), Das Signal (E., 1887, dt.
1923).
Ausgaben: W. M. G. Ges. Werke. Übers. v.
F. FRISCH. Mchn. 1923. 2 Bde. – V. M. Garšin.
Sočinenija. Moskau 1955.
Literatur: BJALYJ, G. A.: V. M. Garšin. Lenin-
grad 1969. – VARNAI, P.: The prose of V. Gar-
shin. Diss. Ann Arbor 1970. – STENBORG, L.:
Studien zur Erzähltechnik in den Novellen
V. M. Garšins. Uppsala u. Stockholm 1972. –
SCHÖN, L.: Die dichter. Symbolik V. M. Garšins.
Mchn. 1978.

Gart, Thiebolt, elsäss. Dramatiker des
16. Jahrhunderts. – Bürger in Schlett-
stadt; sein im 16. Jh. mehrfach nachge-
drucktes Drama ›Joseph‹ (1540; in dt.
Sprache) nimmt eine formale Mittelstel-
lung ein zwischen dem Volksdrama des
Spät-MA und dem prot. Schuldrama des
16. Jahrhunderts.

Ausgabe: Th. G. Joseph. Die Schaubühne im
Dienste der Reformation. Hg. v. A. E. BERGER.
Lpz. 1936. Nachdr. Darmst. ²1967.

Literatur: KLEINLOGEL, M.: ›Joseph‹. Eine bibl.
Komödie von Th. G. aus dem Jahre 1540. Diss.
Gießen 1932.

Gartenlaube, Die, dt. illustrierte Familienzeitschrift; 1853 von Ernst Keil in
Leipzig gegründet und bis zu seinem Tod
von ihm geleitet, ging 1884 in den Besitz
von Adolf Kröner (Stuttgart), 1904 an
den Verlag A. Scherl (Berlin) über, erschien aber bis 1925 in Leipzig, danach
in Berlin. Die G. brachte vorwiegend be-
lehrende Beiträge und leichte, sentimentale Unterhaltung (insbes. die Romane
von E. Marlitt, später die von H. Courths-
Mahler). Die Wochenschrift, die 1875
mit rund 382 000 Exemplaren ihre höchste Auflage erreicht hatte, wurde ab 1938
u. d. T. ›Die neue Gartenlaube‹ fortgesetzt (bis 1944, zuletzt nur noch in mo-
natl. Folge). Politisch vertrat das Blatt
zuerst eine allgemein nat. und liberale
Grundhaltung, im Kulturkampf bezog es
eine probismarckische Position. Die G.,
deren Erfolg die Gründung einer großen
Zahl ähnl. Zeitschriften nach sich zog,
gilt als Musterbeispiel einer dt. bürgerl.
Familienzeitschrift. – ↑ auch Familienblatt.

Garth, Sir Samuel [engl. gɑːθ], * Bow-
land Forest (Yorkshire) 1661, † London
18. Jan. 1719, engl. Dichter. – Lebte nach
seinem Medizinstudium als Arzt in London; dort befreundet u. a. mit J. Addison
und A. Pope, mit denen er an einer Übersetzung von Ovids ›Metamorphosen‹ arbeitete; 1714 wurde er geadelt und zum
Leibarzt König Georgs I. ernannt. Vertreter der burlesken Dichtung, besonders
mit seinem Epos ›The dispensary‹ (1699),
in dem er den Streit zwischen Ärzten und
Apothekern verspottet.

Literatur: BOND, R. P.: English burlesque poetry, 1700–1750. Neuaufl. New York 1964. –
SENA, J. F.: The best-natured man. Sir S. G.,
physician and poet. New York 1986.

Gärtner, Karl Christian, * Freiberg
24. Nov. 1712, † Braunschweig 14. Febr.
1791, dt. Schriftsteller. – Lernte auf der
Fürstenschule in Meißen Ch. F. Gellert
und G. W. Rabener kennen; Schüler
J. Ch. Gottscheds; 1744–48 Mit-Hg. der
›Bremer Beiträge‹; aus Carolinum in
Braunschweig; schrieb das Schäfer-
spiel ›Die geprüfte Treue‹ (1744); bed.
Übersetzer.

Gary, Romain [frz. ga'ri], eigtl. Roman Kassew, * Moskau 8. Mai 1914, † Paris 2. Dez. 1980, frz. Schriftsteller. – Kam bereits als Kind (1928) mit seiner Mutter nach Frankreich; Jurastudium, im 2. Weltkrieg Kampfflieger, dann frz. Diplomat, u. a. in den USA; später freier Schriftsteller. Verfasser zeitkrit. und auch satir. Romane; bekannt wurde v. a. sein optimist., symbolhaft-zeitbezogener Roman ›Die Wurzeln des Himmels‹ (1956, dt. 1957; Prix Goncourt 1956), ferner der autobiograph. Roman ›Erste Liebe – letzte Liebe‹ (1959, dt. 1961). Unter dem (erst 1981 gelüfteten) Pseudonym Émile Ajar schrieb G. seit 1974 vier Werke, u. a. den erfolgreichen Roman ›Du hast das Leben noch vor dir‹ (1975, dt. 1977; Prix Goncourt 1975) und ›König Salomons Ängste‹ (R., 1979, dt. 1980).

Weitere Werke: General Nachtigall (R., 1945, dt. 1962), Kleider ohne Leute (R., 1949, dt. 1951), Lady L. (R., 1959, dt. 1959), Pour Sganarelle (Essay, 1965), Der Tanz des Dschingis Cohn (R., 1967, dt. 1969), Adieu Gary Cooper (R., 1969), Der weiße Hund von Beverly Hills (R., 1970, dt. 1972), Europa (R., 1972), Les enchanteurs (R., 1973), La nuit sera calme (Ber., 1974), Les têtes de Stéphanie (R., 1974), Ach, Liebster, das macht doch nichts (R., 1975, dt. 1976), Frauenlicht (R., 1977, dt. 1978), Charge d'âme (R., 1978), Les clowns lyriques (R., 1979), Les cerfs-volants (R., 1980), Vie et mort d'Émile Ajar (hg. 1981).

Literatur: GALLAGHER, G.: L'univers du double reflet. Étude thématique de l'œuvre de R. G. Diss. Laval 1979. – TOURNIER, M.: Le vol du vampire. Paris 1981. – BONA, D.: R. G. Paris 1987. – CATONNÉ, J.-M.: R. G. Émile Ajar. Paris 1990.

Gasanbekov, Sulejman, lesg.-sowjet. Dichter, ↑ Stalski, Suleiman.

Gascar, Pierre [frz. gas'ka:r], eigtl. P. Fournier, * Paris 13. März 1916, frz. Schriftsteller. – Erweist sich in seinen Romanen, die oft metaphernhaft eigenes Erleben aus Jugendzeit und Krieg wiedergeben, wie auch in seinen Berichten und Essays als illusionsloser, realist. Beobachter des fragwürdig-aggressiven Verhältnisses zwischen Menschen, zwischen Mensch und Tier sowie Mensch und Natur.

Werke: Die Tiere (Nov.n, 1953, dt. 1956), Garten der Toten (R., 1953, dt. 1954; Prix Goncourt 1953), La graine (R., 1955), L'herbe des rues (R.,

1957), Der Flüchtling (R., 1960, dt. 1962), Les moutons de feu (R., 1963), Les charmes (R., 1965), L'arche (R., 1971), Le présage (Bericht, 1972), Les sources (Bericht, 1975), Der Schatten Robespierres. Eine subjektive Geschichte der Frz. Revolution (1979, dt. 1982), Le règne végétal (Nov.n, 1981), Gérard de Nerval et son temps (Essay, 1981), Le diable à Paris (histor. Berichte, 1984), Portraits et souvenirs (1991).

Gascoigne, George [engl. 'gæskɔɪn], * Cardington (Bedfordshire) wohl um 1540, † Berrack bei Stamford 7. Okt. 1577, engl. Schriftsteller. – Studierte in Cambridge, war 1572 in den Niederlanden im Dienst des Prinzen von Oranien. G. war in England bahnbrechend für verschiedene literar. Richtungen; erster Verfasser einer Prosaerzählung über das Alltagsleben, einer Prosakomödie (›Supposes‹, 1566; nach L. Ariosto) und eines Maskenspieles. Schrieb flüssige, oft jedoch monotone Gedichte.

Weitere Werke: Jocasta (Dr., 1566), A hundred sundrie flowers (Ged., 1573), Adventures of master F. J. (R., 1573), The glasse of government (Dr., 1575), The steele glas (Satire, 1576).

Ausgabe: G. G. The complete works. Hg. v. J. W. CUNLIFFE. Cambridge 1907–10. 2 Bde. Nachdr. Grosse Pointe (Mich.) 1969.

Literatur: PROUTY, CH. T.: G. G., Elizabethan courtier, soldier, and poet. New York 1942. Nachdr. 1966. – JOHNSON, R. C.: G. New York 1972.

Gascoyne, David Emery [engl. 'gæskɔɪn], * Harrow (heute zu London) 10. Okt. 1916, engl. Lyriker. – In den 30er Jahren Hauptexponent des surrealist. Lyrik in England; stark von frz. Dichtung beeinflußt; auch Übersetzungen von P. Éluard, L. Aragon u. a. Später treten existentielle Themen – Angst, Krieg und Kriegsbedrohung – sowie christl. Symbolik in den Vordergrund (›Collected poems 1988‹, 1988). Auch in Essays setzte er sich mit Problemen der surrealist. Dichtung auseinander (›A short survey of surrealism‹, 1935).

Ausgaben: D. E. G. Collected verse translations. Hg. v. A. CLODD u. R. SKELTON. London 1970. – D. G. Collected journals: 1936–1942. London 1991.

Gasel (Gasele) ↑ Ghasel.

Gaskell, Elizabeth Cleghorn [engl. 'gæskəl], geb. Stevenson, * Chelsea (heute zu London) 29. Sept. 1810, † Holybourne bei Alton (Hampshire) 12. Nov. 1865, engl. Erzählerin. – Tochter eines

unitar. Geistlichen; heiratete einen unitar. Geistlichen und entfaltete eine reiche Missionstätigkeit. In ihren zahlreichen Romanen, die z.T. autobiograph. Züge tragen, gestaltete sie mit tiefem Verständnis und Mitgefühl den Lebenskampf und die große Not der engl. Arbeiterklasse ihrer Zeit. Viele ihrer Romane erschienen in Ch. Dickens' Zeitschriften ›Household words‹ und ›All the year round‹ in Fortsetzungen.
Werke: Mary Barton (R., 2 Bde., 1848), Ruth (R., 3 Bde., 1853), Cranford (R., 1853, dt. 1950), North and south (R., 2 Bde., 1855), Life of Charlotte Brontë (1857), Sylvia's lovers (R., 3 Bde., 1863), Wives and daughters (R., 2 Bde., hg. 1866).
Ausgabe: The novels and tales of Mrs. G. Hg. v. C. K. SHORTER. London 1906–19. 11 Bde.
Literatur: HOPKINS, A. B.: E. G. Her life and work. London 1952. Nachdr. New York 1971. – GANZ, E. G. New York 1969. – SHARPS, J. G.: Mrs. G.'s observation and invention. A study of her non-biographic works. Fontwel (Sussex) 1970. – LANSBURY, C.: E. G. London 1975. – EASSON, A.: E. G. London u. a. 1979. – DUTHIE, E. L.: The themes of E. G. Totowa (N. J.) u. London 1980. – STONEMAN, P.: E. G. Brighton 1987. – SCHOR, H. M.: Scheherezade in the marketplace. E. G. and the Victorian novel. Oxford 1992.

Gašpar, Tido Jozef [slowak. 'gaʃpar], * Rakovo 7. März 1893, † Nové Zámky 10. Mai 1972, slowak. Schriftsteller. – In den 20er Jahren Dramaturg am slowakischen Nationaltheater, später Verlagsreferent. G. schrieb effektvolle, impressionistische Novellen und Essays; gestaltete erotische Probleme. Weitere Themen sind der Widerspruch zwischen Illusion und Realität, das Erlebnis des Meeres und die Zeit nach dem 1. Weltkrieg.
Werke: Hana (= Schmach, Nov.n, 1920), Karambol (= Zusammenstoß, Nov.n, 1924).

Gašparovič, Pavol [slowak. 'gaʃparɔvitʃ], slowak. Lyriker, ↑ Hlbina, Pavol G.

Gass, William Howard [engl. gæs], * Fargo (N. Dak.) 30. Juli 1924, amerikan. Schriftsteller. – Seit 1969 Prof. für Philosophie an der Washington University, Saint Louis (Mo.); beeinflußt von R. M. Rilke, P. A. Valéry, G. Stein und L. Wittgenstein. Sein die menschl. Beziehungen thematisierendes Erzählwerk (›Omensetter's luck‹, R., 1966; ›Im Herzen des Herzens des Landes‹, En., 1968, dt. 1991; ›Willie Masters' lonesome wife‹, R.,

1968) demonstriert das in seinen zahlreichen Essays besprochene Problem der weltschaffenden Kraft des Wortes (u. a. ›Fiction and the figures of life‹, 1970; ›On being blue‹, 1976; ›The world within the word‹, 1981; ›Habitations of the word‹, 1985). Mit dieser Aufwertung der von der Wirklichkeit unabhängigen Welt der Fiktion wird er zu einem der bedeutendsten Vertreter der Postmoderne, in der literar. Praxis und Kritik ineinandergreifen und sich ergänzen.
Literatur: SALTZMAN, A. M.: The fiction of W. G. The consolation of language. Carbondale (Ill.) 1986. – HOLLOWAY, W. L.: W. G. Boston (Mass.) 1990.

Gassanbękow, Suleiman, lesg.-sowjet. Dichter, ↑ Stalski, Suleiman.

Gassendi, Petrus [frz. gasë'di], eigtl. Pierre Gassend, * Champtercier (Basses-Alpes) 22. Jan. 1592, † Paris 24. Okt. 1655, frz. Philosoph und Naturforscher. – Ab 1645 Prof. am Collège Royal in Paris. Als entschiedener Gegner der Scholastik wandte sich G. gegen den Dogmatismus des Aristotelismus und vertrat eine mechanist. Physik, die sich an die Ideen der Epikureer anschloß. Verfaßte astronom. und physikal. Werke. Die astronom. Arbeiten zeigten ihn als Anhänger der Lehre des N. Kopernikus. Dagegen verwarf er G. Galileis Ansichten. In seiner Auffassung von Raum und Zeit gilt G. als Vorläufer I. Newtons und I. Kants. Beeinflußte mit seinen Ideen zahlreiche zeitgenössische Schriftsteller.
Literatur: TACK, R.: Unterss. zum Philosophie- u. Wissenschaftsbegriff bei Pierre G. (1592 bis 1655). Königstein i. Ts. 1974. – JONES, H.: P.G., 1592–1655, An intellectual biography. Nieuwkoop 1981. – BRUNDELL, B. V.: G. From Aristotelianism to a new natural philosophy. Diss. Univ. New South Wales (Australien) 1983). – BRUNDELL, B. V.: Pierre G. Dordrecht u. Boston (Mass.) 1987.

Gassenhauer [frühnhd. hauen ist Kraftwort für ›gehen‹], ursprünglich der nächtl. Bummler, dann (im 16. Jh.) auch das von ihm gesungene Lied (Christian Egenolff [* 1502, † 1555], ›Gassenhawerlin und Reutterliedlin‹, 1535). Erst gegen Ende des 18. Jh. wurde G. in zunehmend abwertendem Sinne gebraucht, und zwar für Lieder und Parodien (z. B. aus Opern und Singspielen), die weniger wertvoll und beständig schienen als das ↑ Volkslied, dessen Bedeutung damals entdeckt (J. G. Herder, Goethe, dt. Romantik) und betont herausgestellt wurde. Seit dem späteren 19. Jh. entstanden G. – kurzlebig wie der Schlager – vornehmlich durch Texturierung von Märschen und Tanzmusikstücken im Rahmen städt. Volksfestlichkeiten.

Literatur: PENKERT, A.: Kampf gegen musikal. Schundlit. Bd. 1: Das Gassenlied. Lpz. 1911. – Der Berliner G. Hg. v. L. RICHTER. Lpz. 1969.

Gastew (tl.: Gastev), Alexei Kapitonowitsch [russ. ˈgastɪf], * Susdal 8. Okt. 1882, † Moskau 1941 (in Haft), russ.-sowjet. Lyriker. – 1918 Mitarbeit am ↑ Proletkult; 1938 inhaftiert; in den 50er Jahren rehabilitiert. In seinen expressiven, hymn. Prosagedichten geht es um die Arbeit, mit der er sich auch wiss. und publizistisch befaßte.

Werke: Poèzija raboc̆ego udara (= Poesie des Arbeiterschlags, Ged., 1918), Pac̆ka orderov (= Ein Packen von Ordern, Ged., 1921).

Gathas [awest. = Lied, Gesang], ältester, auf den iran. Propheten und Religionsstifter Zarathustra zurückgehende Sammlung von Liedern innerhalb des ↑ Awesta.

Gatterburg, Juliana Gräfin von, dt. Schriftstellerin, ↑ Stockhausen, Juliana von.

Gatti, Angelo, * Capua 9. Jan. 1875, † Mailand 19. Juni 1948, italien. Schriftsteller und Militärhistoriker. – Offizier, später Lehrer an der Militärakademie in Turin; im 1. Weltkrieg Mitarbeiter des italien. Generalstabschefs L. Cadorna; trat mit histor. und militärwissenschaftl. Werken, Romanen und Erzählungen hervor; am bekanntesten wurde der Roman um eine Ehe ›Ilia und Albert‹ (1930, dt. 1937); daneben Zeitromane.

Weitere Werke: La terra (En., 1939), Il mercante di sole (R., 1942), L'ombra sulla terra (R., 1945), Caporetto. Dal diario di guerra inedito (maggio–dicembre 1917) (hg. 1964).

Literatur: MASCHERONI, L.: A. G. L'uomo, lo scrittore. Mailand 1958.

Gatti, Armand, * Monaco 26. Jan. 1924, frz. Schriftsteller und Regisseur. – Sohn armer russ.-italien. Emigranten; als Jugendlicher Mitglied der Résistance, kam ins KZ; Flucht nach Großbritannien; nach dem 2. Weltkrieg Journalist, u. a. in Guatemala, China, Korea; seit 1961 freier Schriftsteller und Regisseur (u. a. Arbeit im Kollektiv und mit Laien); wiederholt längere Aufenthalte in Berlin; 1983 Leiter des staatlich geförderten ›Atelier de création populaire‹ in Toulouse. Gilt mit seinen zeit- und gesellschaftskritisch engagierten Bühnenstükken als einer der Hauptvertreter des polit. frz. [Dokumentar]theaters. In seinen Dramen bemüht er sich um eine Form, in der u. a. der Zeitablauf aufgehoben ist und das Imaginäre sich mit dem Wirklichen mischt. Auch Essays und Reportagen, Filme (u. a. ›Nous étions tous des noms d'arbres‹, 1982) und Fernsehstücke.

Armand Gatti

Weitere Werke: Der schwarze Fisch (Dr., 1957, dt. 1962), Das imaginäre Leben des Straßenkehrers Auguste G. (Dr., 1962, dt. 1966), Die zweite Existenz des Lagers Tatenberg (Dr., 1962, dt. 1964), Öffentl. Gesang vor zwei elektr. Stühlen (Dr., 1964, dt. 1967), V wie Vietnam (Dr., 1967, dt. 1969), General Francos Leidensweg (Dr., 1968, dt. 1969), Die Geburt (Dr., 1968, dt. 1969), Kleines Handbuch der Stadtguerilla (Kurzstücke, 1970, dt. 1971), Rosa Kollektiv (Dr., 1973, UA dt. 1971), Die andre Hälfte des Himmels und wir (Dr., UA dt. 1975), Le cheval qui se suicide par le feu (Dr., UA 1977), Le labyrinthe tel qu'il a été écrit par les habitants de l'histoire de Derry (Dr., 1983), Le chant d'amour des Alphabets d'Auschwitz (Dr., 1992).

Ausgabe: A. G. Œuvres théâtrales. Hg. v. M. SÉONNET. Lagrasse 1991. 3 Bde.

Literatur: KLEIN, P.-J.: Theater f. den Zuschauer, Theater mit dem Zuschauer. Die Dramen A. G.s als Mittel zur Initiierung humanen Verhaltens. Wsb. 1975. – PRENDERGAST, M.: A. G. and the theater of possibilities. Diss. George Washington University Washington (D. C.) 1980. – PYTLINSKI, B. L.: A. G. and political trends in French theater under de Gaulle

(1959–1978). Diss. Florida State University Tollahassee 1982. – BESSEN, J.: A. G. In: Krit. Lex. zur fremdsprachigen Gegenwartsliteratur. Hg. v. H. L. ARNOLD. Mchn. 1983 ff. – Notes de travail en Ulster. Dirigé par A. G. Toulouse 1983. – SCHOELL, K.: A. G. In: Krit. Lex. der roman. Gegenwartsliteraturen. Hg. v. W.-D. LANGE. Losebl. Tüb. 1984 ff. – NEUMANN-RIEGNER, H.: Das Prinzip Leben. Macht, Widerstand u. Erinnerung im Werk A. G.s. Bonn 1993.

Gattung, Bez. der drei literar. Grundformen ↑Lyrik, ↑Epik und Dramatik (↑Drama). Neben der seit dem 18. Jh. (J. Ch. Gottsched) übl. formalen Einteilung in diese drei Grundformen hat sich bes. im 20. Jh. eine die jeweilige Einstellung eines Autors zur dargestellten Wirklichkeit bezeichnende Einteilung in das Lyrische, Epische und Dramatische eingebürgert. Diese Grundhaltungen können in unterschiedl. Intensität in Epos, Lyrik und Drama verwirklicht sein. Hinter beiden Einteilungen, der Einteilung in die drei Grundformen (von Goethe als ›Naturformen‹ bezeichnet) und der Einteilung in die ›Grundbegriffe‹ lyrisch, episch, dramatisch (E. Staiger), steht die Erkenntnis, daß es in der Praxis die G.en in Reinform nicht gibt, sondern nur in Mischungen verschiedener Grundhaltungen. So gibt es lyrische Formen, die ins Epische oder Dramatische hinüberweisen (etwa die Ballade), es gibt u. a. das epische Drama und den lyrischen Roman. G. bezeichnet auch die verschiedenen einzelnen Formen der jeweiligen Grundformen (u. a. Roman, Novelle, Ballade).
Literatur: FUBINI, M.: Entstehung u. Gesch. literar. Gattungen. Tüb. 1971. – HEMPFER, K. W.: G.stheorie. Mchn. 1973. – FOWLER, A.: Kinds of literature. An introduction to the theory of genres and models. Oxford 1985.

Gaucelm Faidit [frz. gosɛlmfɛ'di], * Uzerche (Corrèze) vor 1185, † nach 1216, provenzal. Troubadour aus dem Limousin. – Weitgereist, Teilnehmer am 4. Kreuzzug 1202–04; fruchtbarster und bedeutendster Vertreter der provenzal. Minnedichtung der letzten Dichtergeneration vor den Albigenserkriegen. Unter seinen 65 überlieferten Gedichten sind 54 Minnelieder (Kanzonen) sowie zwei Kreuzzugslieder; sein Klagelied auf den Tod seines Gönners Richard Löwenherz gehört zu den schönsten dieser Gattung.

Ausgabe: Leben u. Lieder der provenzal. Troubadours. Ausw. v. E. LOMMATZSCH. Bln. u. Mchn. ²1971. 2 Bde.

Gaudy, Franz Freiherr von, * Frankfurt/Oder 19. April 1800, † Berlin 5. Febr. 1840, dt. Schriftsteller. – Aus schott. Familie; preuß. Offizier, nach seinem Abschied (1833) freier Schriftsteller in Berlin; Freund von F. Th. Kugler, W. Alexis und A. von Chamisso. G. steht mit seiner Lyrik und seinen Erzählungen zwischen Spätromantik und Realismus. Seine parodistisch-pointierte Humoreske ›Aus dem Tagebuch eines wandernden Schneidergesellen‹ (1836) ist J. von Eichendorffs ›Taugenichts‹ verpflichtet. Auch Übersetzer (J. U. Niemcewicz, P. J. de Béranger) und Zeichner.
Weitere Werke: Erato (Ged., 1829), Gedanken-Sprünge eines der Cholera Entronnenen (Essays, 1832), Desengaño (Nov., 1834), Kaiser-Lieder (1835), Mein Römerzug (Reisebericht, 1836), Lieder und Romanzen (1837), Novelletten (1837), Venetian. Novellen (2 Bde., 1838), Novellen und Skizzen (1839).
Ausgaben: F. Frhr. v. G. Poet. u. prosaische Werke. Hg. v. ARTHUR MUELLER. Bln. 1853–54. 8 Bde. – F. v. G. Humoresken u. Satiren. Hg. v. M. HÄCKEL. Lpz. 1967.
Literatur: REISKE, J.: F. Frhr. v. G. als Dichter. Bln. 1911.

Gautier d'Arras [frz. gotjeda'ra:s], altfrz. Dichter der 2. Hälfte des 12. Jahrhunderts. – Schrieb die frühhöf. Abenteuerromane in Versen ›Éracle‹ und ›Ille et Galeron‹ (nach der Legende vom Ehemann mit den beiden Frauen).
Ausgaben: G. d'A. Œuvres. Hg. v. E. LÖSETH. Paris 1890. 2 Bde. – G. d'A. Ille et Galeron. Hg. v. F. A. G. COWPER. Paris 1956.
Literatur: HÜPPE, W.: Der Sprachstil G.s v. A. Diss. Münster 1937. – RENZI, L.: Tradizione cortese e realismo in G. d'A. Padua 1964. – SCHNELL, R.: Von der kanonist. zur höf. Ehekasuistik. In: Zs. f. roman. Philologie 98 (1982), S. 257.

Gautier de Châtillon [frz. gotjedʃati-'jõ], mlat. Schriftsteller, ↑Walther von Châtillon.

Gautier de Coinci [frz. gotjedkwɛ̃'si], * Coinci (Aisne) 1177 oder 1178, † Soissons 25. Sept. 1236, altfrz. Dichter. – Benediktiner von Saint-Médard in Soissons, Prior von Vic-sur-Aisne; Lyriker und Verfasser der sehr verbreiteten Marienlegendensammlung ›Miracles de Nostre Dame‹ (58 Mirakel, entst.

1218–27, dt. Ausw. u. a. 1914 u. d. T. ›Unser lieben Frauen Wunder‹) nach einer verlorenen lat. Vorlage.

Ausgabe: G. de C. Les miracles de Nostre Dame. Hg. v. V. F. KOENIG. Genf u. Paris [1-2]1966–70. 4 Bde.
Literatur: Zs. Médiévales 2 (1982): Sondernummer G. – SGARAVIZZI, B.: Étude sur les ›Miracles de Notre Dame‹ de G. de C. Diss. Nizza 1983.

Gautier, Jean-Jacques [frz. go'tje], * Essômes-sur-Marne (Aisne) 4. Nov. 1908, † Paris 20. April 1986, frz. Schriftsteller. – Journalist; bekannt v. a. als Theaterkritiker von ›Le Figaro‹; 1944 bis 1946 Generalsekretär der Comédie-Française; Verfasser von Essays, Novellen und Romanen, u. a. ›Histoire d'un fait divers‹ (R., 1946; Prix Goncourt 1946), ›Tat ohne Täter‹ (R., 1949, dt. 1949, 1962 u. d. T. ›Der Brunnen zur dreifachen Wahrheit‹), ›La demoiselle du Pont-aux-Ânes‹ (R., 1950), ›Ein gemachter Mann‹ (R., 1965, dt. 1966), ›Eine gefangene Frau‹ (R., 1968, dt. 1970), ›La chambre du fond‹ (R., 1970), ›Cher Untel‹ (R., 1974), ›Face, trois quarts, profil‹ (R., 1980), ›Une amitié tenace‹ (R., 1982), ›Le temps d'un sillage‹ (R., 1985). Seit 1972 Mitglied der Académie française.

Gautier, Judith [frz. go'tje], Pseudonym Judith Walter, * Paris 25. Aug. 1850, † Dinard 26. Dez. 1917, frz. Schriftstellerin. – Tochter Théophile G.s, wuchs im Literaten- und Künstlermilieu auf; mit C. Mendès; 1910 Mitglied der Académie Goncourt; begeisterte sich für R. Wagner (›Richard Wagner und seine Dichtung von Rienzi bis zu Parsifal‹, Essay, 1882, dt. 1883; ›Parsifal‹, Übersetzung, 1893) sowie für die chin., jap., ind. u. a. oriental. Literaturen, aus denen sie übersetzte und sich den Stoff für ihre eigenen Dichtungen holte (›Le dragon impérial‹, Roman aus der chin. Geschichte, 1869; ›Le livre de jade‹, frz. Bearbeitungen chin. Dichtungen, 1867).

Literatur: CAMACHO, M.-D.: J. G., sa vie et son œuvre. Genf 1939.

Gautier, Théophile [frz. go'tje], * Tarbes 30. Aug. 1811, † Neuilly-sur-Seine 23. Okt. 1872, frz. Dichter und Kritiker. – Anfangs Maler, kam unter dem Einfluß der Romantik zur Dichtung; ab 1836 Journalist; unternahm zahlreiche Reisen nach Spanien, Italien, Griechenland, Rußland und in den Orient und pflegte Kontakte u. a. zu den Brüdern Goncourt, É. Zola und Ch. Baudelaire, dessen erster Deuter er war. Stand zuerst unter dem Einfluß der romant. Schule V. Hugos, schrieb Künstlerromane, Friedhofslyrik u. a.; dann Abkehr und Auflehnung gegen den Subjektivismus der Romantiker. Seine ausgefeilte, virtuose Lyrik seit den 40er Jahren, die von hohem formalen Können und der plastisch visuellen Darstellungskunst des Malers zeugt und um eine maler. Wiedergabe der Umwelt bemüht ist, nimmt in der Betonung einer autonomen Schönheit und ohne zweckhaftes Interesse am Gegenstand das Ideal des L'art pour l'art des Parnasse vorweg, das er im Vorwort zu seinem Roman ›Mademoiselle de Maupin‹ (1835, dt. 1913) vertrat. Er schrieb auch phantasievolle, abenteuerl. Romane, Reiseberichte, kultur-, kunst- und literarkrit. Arbeiten.

Weitere Werke: Les Jeune-France (R., 1833), Fortunio (R., 1837), La comédie de la mort (Ged., 1838), Poésies complètes (Ged., 1845), Emaillen und Kameen (Ged., 1852, dt. 1919), Histoire de l'art dramatique en France depuis vingt-cinq ans (6 Bde., 1858/59), Der Roman der Mumie (1858, dt. 1903), Kapitän Fracasse (R., 2 Bde., 1861–63, dt. 1925), Histoire du romantisme (1874).
Ausgaben: Th. G. Œuvres. Paris 1883. 34 Bde. – Th. G. Ges. Werke. Dt. Übers. Hellerau 1925–27. 14 Bde. – Th. G. Poésies complètes. Hg. v. R. JASINSKI. Paris [7]1970. 3 Bde.
Literatur: JASINSKI, R.: Les années romantiques de Th. G. Paris 1929. – TILD, J.: TH. G. et ses amis. Paris 1951. – SPENCER, M. C.: The art criticism of Th. G. Genf 1969. – TENNANT, PH. E.: Th. G. London 1975. – Zs.: Bulletin de la Société Th. G. Montpellier 1979 ff. – FELDMANN, H.: Th. G. In: Frz. Lit. des 19. Jh. Hg. v. W.-D. LANGE. Bd. 2. Hdbg. 1980. S. 95. – PRASCHL-BICHLER, G.: G.s Kunstkritiken. Gehalte und Darstellungsmittel. Diss. Wien 1983. – SCHAPIRA, M.-C.: Le regard de Narcisse. Romans et nouvelles de Th. G. Paris 1984. – UBERSFELD, A.: Th. G. Paris 1992.

Gavidia, Francisco [span. ga'βiðia], * San Miguel 4. Okt. 1863, † San Salvador 22. Sept. 1955, salvadorian. Schriftsteller. – Zunächst romant. Lyriker, der durch metr. Neuerungen gleichwohl auf R. Darío und den Modernismo einwirkte. Futurist. Merkmale besitzt die in der von ihm entwickelten Kunstsprache ›Salva-

284 Gavlovič

dor‹ abgefaßte ep. Dichtung ›Los aero-
nautas‹ (1913).

Weitere Werke: Historia moderna de El Salvador (Abh., 2 Bde., 1917/18), Cuentos y narracio-
nes (En., 1931), La princesa Citalá (Dr., 1944).

Gavlovič, Hugolín [slowak. ˈɡaulɔ-
vitʃ], *Czarny Dunajec bei Nowy Targ
11. Nov. 1712, †Horovce (Bezirk Po-
važská Bystrica) 4. Juni 1787, slowak.
Dichter. – Franziskaner; verfaßte in slowak. und lat. Sprache religiöse und didakt. Werke; hervorragendster Vertreter
des slowak. Barock.

Werk: Valaská škola mravov stodola (= Schä-
ferscheuer als Sittenschule, Lehr-Ged., entst.
1755, hg. 1830/31 in 2 Teilen).

Gawain-Dichter, anonymer engl.
Dichter des 14. Jahrhunderts. – Im nördl.
Mittelengland beheimateter Autor der in
teils stabenden, teils endreimenden Strophen geschriebenen Verserzählung ›Sir
Gawain and the green knight‹ (um 1370),
eines der künstlerisch bedeutsamsten
Werke mittelengl. Dichtung, das german.
und frz. Stiltraditionen verbindet. Dem
G.-D. werden auch die (durch die gleiche
Handschrift überlieferten) visionär-alle-
gor. Dichtungen ›The pearl‹, ›Cleanness‹
und ›Patience‹ zugeschrieben.

Ausgaben: Complete works of the Gawain-poet.
Übers. v. J. GARDNER. Chicago 1965. – Sir Ga-
wain and the Green Knight. Hg. v. J. R. R. TOL-
KIEN u. E. V. GORDON. Revidiert v. N. DAVIS. Ox-
ford ²1977.
Literatur: SPEARING, A. C.: The Gawain-poet.
Cambridge 1970. – MARKUS, M.: Moderne Er-
zählperspektive in den Werken des Gawain-
Autors. Regensburg 1971. – WILSON, E.: The
Gawain poet. Leiden 1976. – DAVENPORT,
W. A.: The art of the Gawain-poet. London
1978. – STANBURY, S.: Seeing the Gawain-poet.
University Park (Pa.) 1991.

Gay, John [engl. ɡɛɪ], *Barnstaple
(Devon) 30. Sept. 1685, †London 4. Dez.
1732, engl. Dichter und Dramatiker. –
Begann nach abgebrochener Kauf-
mannslehre zu schreiben; fand Zugang
zum Londoner Literatenkreis um A.
Pope; auch als Sekretär der Herzogin
von Monmouth tätig; verspekulierte Ein-
künfte aus seinen Veröffentlichungen;
verbrachte die letzten Lebensjahre auf
dem Landsitz seines Gönners, des Herzogs von Queensbury. Viel Beachtung
fanden sein kom. Epos ›The fan‹ (1713),
die parodist. Schäferdichtungen ›The
shepherd's week‹ (1714) und v. a. die

witzig-geschliffene Dichtung ›Trivia, or,
The art of walking the streets of London‹
(1716); auch bed. Fabeldichter (›Fables‹,
1727; ›Fables, second series‹, hg. 1738).
Als Dramatiker war G. anfangs weniger
erfolgreich (u. a. ›The Mohocks‹, Dr.,
1712; ›What d'ye call it‹, Kom., 1715;
›Three hours after marriage‹, Kom.,
1717, mit A. Pope und J. Arbuthnot).
Enormen Widerhall jedoch hatte seine
im Londoner Verbrechermilieu angesiedelte ›Bettleroper‹ (1728, dt. 1960, erstmals dt. 1770), die auf eine Anregung
durch J. Swift zurückgeht und als ↑Bal-
lad-opera mit Liedern und Prosatexten
burlesk eine Parodie der italienischen
Oper mit politischer Satire verbindet; sie
wurde von B. Brecht und K. Weill als
›Dreigroschenoper‹ (entst. 1928, gedr.
1929) adaptiert; G.s Fortsetzung, ›Polly‹
(1729), wurde zunächst mit einem Auf-
führungsverbot belegt. G. schrieb auch
Opernlibretti, u. a. für G. F. Händels
›Acis und Galathea‹ (1732).

Ausgaben: J. G. The poetical works. Hg. v. G. C.
FABER. London 1926. – J. G. Die Bettleroper.
Dt. Übers. v. H. M. ENZENSBERGER. Ffm. 1966. –
Poetry and prose of J. G. Hg. v. V. A. DEARING u.
C. E. BECKWITH. Oxford 1974. 2 Bde.
Literatur: ARMENS, S. M.: J. G., social critic.
New York 1954. Nachdr. 1966. – SPACKS, P. M.:
J. G. New York 1965. – FORSGREN, A.: J. G.,
poet of a lower order. Stockholm 1971. – Twen-
tieth century interpretation of ›The Beggar's
Opera‹. Hg. v. Y. NOBLE. Englewood Cliffs
(N. J.) 1975.

Gay, Sophie [frz. gɛ], geb. Nichault de
Lavalette, *Paris 1. Juli 1776, †ebd.
5. März 1852, frz. Schriftstellerin. –
Führte einen bed. literar. Salon; trat in
ihrem Roman ›Laure d'Esterell‹ (1802)
für Madame de Staël ein; schrieb zahlreiche weitere Romane, ferner Romanzen,
die sie selbst vertonte, Theaterstücke und
Opernlibretti.

Gaya Ciència [katalan. ˈgajə ˈsiɛn-
siə = fröhl. Wissenschaft], Bezeichnung
für die Dichtkunst im Rahmen des ›Consistori de la G. C.‹, 1393 zur Erneuerung
der Troubadourdichtung nach dem tolo-
san. Vorbild des ›Consistori de la Subregaya Companhia del ↑Gai saber‹ in Barcelona gegr., und dem nach dem Vorbild der ↑›Leys d'amors‹ erstellte Poetik
der ›Flors del gay saber‹. Initiator: König Johann I. von Aragonien (*1350,

† 1395); Begründer: Jacme March und Lluis de Averço.

Ausgabe: Las flors del gay saber. Hg. v. J. ANGLADE. Barcelona 1926.

Gazul, Clara [frz. ga'zyl], Pseudonym des frz. Schriftstellers Prosper † Mérimée.

Gebände † Abgesang.

Gebäude, Begriff der Meistersinger für die † Stollenstrophe. – † auch Abgesang, † Gesätz, † Bar.

Gebet [zu ahd. beta = Bitte], das G. begegnet als literar. Gattung der religiösen Literatur, v. a. des MA, als Einschub in größere Werke oder als selbständige Form in Vers oder Prosa; Bitt-G.e folgen teilweise einem bestimmten Aufbauschema (Anrufung, Bitte, Begründung, Empfehlung). Es gibt in der dt. Literatur eine Fülle von G.en seit ahd. Zeit, so im 9. Jh. u. a. das stabgereimte ›Wessobrunner G.‹; aus den zahlreichen frühmhd. G.en ragt das umfangreiche Bitt-G. ›Heinrichs Litanei‹ heraus. Das ›Rolandslied‹ (12. Jh.) wird mit Fürbitten beschlossen, das ›Willehalm‹-Epos Wolframs von Eschenbach (entst. wohl um 1212 bis um 1217) beginnt mit einem Gebet. Selbständige, gereimte G.e finden sich u. a. in der Lyrik Walthers von der Vogelweide, Reinmars von Zweter, des Marners, Frauenlobs, in Freidanks ›Bescheidenheit‹ (1. Hälfte des 13. Jh.). Aus dem 12. Jh. ist eine erste größere G.sammlung überliefert: das G.buch aus Muri. Seit der Erfindung des Buchdrucks nimmt die Zahl solcher Sammlungen zu in der Form von Stundenbüchern († Livre d'heures). Auch in der Literatur der Neuzeit begegnen immer wieder G.e, sei es in funktionaler Form, z. B. Gretchens G. in Goethes ›Faust I‹ (1808) oder als eigenständige Form (z. B. E. Mörikes G. ›Herr! schicke, was du willt‹).

Gebetbuch † Gesangbuch.

Gebirol, Salomon, span.-jüd. Dichter und Philosoph, † Gabirol, Salomon.

geblümter Stil [zu mhd. blüemen = mit Blumen schmücken, unter Einfluß von lat. flosculus († Floskel)], Stilform mhd. Dichter des 13. und 14. Jh., die bestimmte Ausdrucksformen Wolframs von Eschenbach und der [Marien]dichtung durch gehäufte Anwendung und Systematisierung ins Extrem steigern. Texte

finden sich in fast allen mittelalterl. Gattungen. Die wichtigsten Vertreter sind Albrecht (von Scharfenberg?), Verfasser des ›Jüngeren Titurel‹ (13. Jh.) und Konrad von Würzburg, dann Frauenlob, Egen von Bamberg (14. Jh.) und der Dichter der ›Minneburg‹ (1. Hälfte des 14. Jh.) sowie Heinrich von Mügeln.

Literatur: NYHOLM, K.: Studien zum sogenannten ›g. S.‹. Turku 1971.

Gebrauchsliteratur, ungenauer Sammelbegriff für Literatur, die an einen bestimmten Zweck gebunden ist; G. umfaßt so Unterschiedliches wie Andachtsbücher, Kirchenlieder, Kalendergeschichten u. a., aber auch Schlager- und Reklametexte, Albumverse sowie jede Art von † Gelegenheitsdichtung und Literatur im Dienste der Politik (politische Dichtung, Tendenzliteratur).

gebundene Rede, sprachl. Darstellungsform, die sich von der Prosa der ungebundenen Rede durch die Verwendung gliedernder und ordnender Gestaltungsmittel (z. B. Metrum, Rhythmus, Reim, Strophe) unterscheidet.

Gecé [span. xe'θe], Pseudonym des span. Schriftstellers Ernesto † Giménez Caballero.

Gedankenlyrik (Ideenlyrik, philosoph. Lyrik), vorwiegend reflektierende Lyrik, die vielfach weltanschaul. Zusammenhänge gestaltet. G. ist keineswegs nur bes. Erscheinung der dt. Lyrik. Ihre Themen entstammen meist theolog. und philosoph. Denken, im MA und in der Aufklärung oft mit didakt. Elementen. G. begegnet im MA z. B. in der mhd., italien. und kastil. Lyrik (Friedrich von Hausen, Walther von der Vogelweide; Dante Alighieri; Diego de Valencia [* um 1350, † um 1412]) und in der Spruchdichtung (Walther von der Vogelweide, Freidank), dann v. a. im 16. Jh., auch in Frankreich († École lyonnaise; ›Poésie scientifique‹), in den Sonetten und Epigrammen des Barock (M. Opitz, A. Gryphius, P. Fleming, F. von Logau), in der Dichtung der Aufklärung (B. H. Brockes, A. von Haller, F. G. Klopstock, G. E. Lessing, Ch. M. Wieland u. a.) und in der Lyrik Goethes (›Geheimnisse‹, 1784; ›Metamorphose der Pflanzen‹, 1798; dann v. a. in den späteren Sammlungen ›Gott und

Welt‹, ›Parabolisch‹, ›Epigrammatisch‹ und im ›West-östl. Divan‹, 1819). Höhepunkt der G. sind die sog. philosoph. Gedichte Schillers (u. a. ›Die Götter Griechenlands‹, 1788; ›Das Ideal und das Leben‹, 1795; ›Der Spaziergang‹, 1795; ›Die Künstler‹, 1789); es folgen J. Ch. F. Hölderlin, F. Grillparzer, Ch. F. Hebbel, F. Rückert, F. Nietzsche, S. George, R. M. Rilke u. a. – Bed. Vertreter der G. sind in Großbritannien Lord Byron, J. Keats, P. B. Shelley, T. S. Eliot, in Frankreich A. de Lamartine, A. de Vigny, P. A. Valéry, in Italien G. Leopardi. – ↑auch Lyrik.

Literatur: SCHMIDT, A.-M.: La poésie scientifique en France au seizième siècle. Paris 1938. – MÜLLER, GÜNTHER: Die Grundformen der dt. Lyrik. In: Von dt. Art in Sprache u. Dichtung. Hg. v. G. FRICKE u. a. Bd. 5. Stg. u. Bln. 1941. – WEBER, H.: La création poétique au XVI⁰ siècle en France de Maurice Scève à Agrippa d'Aubigné. Paris 1956. 2 Bde. – FALKENSTEIN, H.: Das Problem der G. u. Schillers lyr. Dichtung. Diss. Marburg 1963. – LANGE, W.-D.: El fraile trobador. Zeit, Leben u. Werke des Diego de Valencia de León. Ffm. 1971. – TODOROW, A.: G. Stg. 1980.

Gedicht, zunächst jede Dichtung in ↑gebundener Rede, z. B. ›Lehr-G.‹ (›Das Narrenschiff‹ von S. Brant, gedr. 1494) oder ›dramat. G.‹ (z. B. G. E. Lessings ›Nathan der Weise‹, 1779, und Lord Byrons ›Manfred‹, 1817, dt. 1819); heute ungenau gebraucht für meist kürzere, von Prosa unterschiedene Formen.

Gee, Maggie (Mary) [engl. dʒi:], * Poole (Dorset) 2. Nov. 1948, engl. Schriftstellerin. – Verfasserin vielseitig experimentierender Romane, die oft um das Thema Tod kreisen.
Werke: Dying, in other words (R., 1981), The burning book (R., 1983), Light years (R., 1985), Grace (R., 1988), Where are the snows (R., 1991), Lost children (R., 1994).

Geeraerts, Jef [niederl. 'xe:ra:rts], eigtl. Jozef Adriaan G., * Antwerpen 23. Febr. 1930, fläm. Schriftsteller. – Lebte 1954–60 als Assistent-Bezirksverwalter und als Reserveleutnant der Armee in Belgisch-Kongo; seine vitalist. Romane beschäftigen sich mit dem Leben in der Kolonie und mit sexuellen Problemen; die bürgerl. Gesellschaft, Religion und Kultur werden radikal abgelehnt.

Werke: Ik ben maar een neger (R., 1962), Het verhaal van Matsombo (R., 1966, beide zus. ins Deutsche übersetzt u. d. T. Scharlatan auf heißer Erde, 1969), Gangreen 1, Black Venus (R., 1968, dt. 1971 u. d. T. Im Zeichen des Hengstes), Gangreen 2, De goede moordenaar (R., 1972), Gangreen 3, Het teken van de hond (R., 1975), Gangreen 4, Het zevende zegel (R., 1977), Kodiak. 58 (R., 1979), Het Sigmaplan (R., 1986), Sanpaku (R., 1989, dt. 1992), Double face (R., 1990, dt. 1992).
Literatur: CAILLIAU, PH.: J. G. Nimwegen u. Brügge 1978.

Geerken, Hartmut, * Stuttgart 15. Jan. 1939, dt. Schriftsteller. – Nach Studium der Germanistik und Orientalistik Dozent am Goethe-Institut. Verfasser experimenteller Prosa, die die Diskrepanz zwischen Zeichen und Bezeichnetem verdeutlicht und die Bindung der in G.s Sinne niemals objektiven Sprache an die Sprechsituation. Hg. expressionist. Literatur (u. a. A. Kubin, S. Friedlaender [Mynona], M. Maeterlinck); auch Musik- und Filmexperimente.
Werke: Verschiebungen (Prosa, 1972), Obduktionsprotokoll (Prosa, 1975), sprünge nach rosa hin (Prosa, 1981), holunder (Prosa, 1984), Motte, Motte, Motte (Prosa, 1990), Poststempel Jerusalem (Prosa, 1993).

Geffroy, Gustave [frz. ʒɛ'frwa], * Paris 1. Juni 1855, † ebd. 4. April 1926, frz. Schriftsteller und Kritiker. – Setzte sich als Mitarbeiter von Georges Benjamin Clemenceaus Zeitung ›La Justice‹ für den Naturalismus, bes. für É. Zola ein; als Kunstkritiker (u. a. ›La vie artistique‹, Artikelslg., 8 Bde., 1892–1903; ›Les musées d'Europe‹, 12 Bde., 1902–13) warb er für die Impressionisten, v. a. für Claude Monet, über den er eine Monographie schrieb (1924). G. trat auch als Verfasser von Biographien (›L'enfermé‹, 1897; Biographie des Sozialisten Louis Auguste Blanqui) und Erzähler mit v. a. sozialen Romanen hervor (›L'apprentie‹, 1904, 1906 dramatisiert; ›Cécile Pommier‹, 2 Bde., 1923). Ab 1908 war er Direktor der staatl. Gobelinmanufaktur; Mitglied der Académie Goncourt seit der Gründung 1896.
Literatur: ASTRE, A.: G. G., journaliste, critique d'art, romancier, auteur dramatique. Caen 1938.

geflügelte Worte, eine durch Georg Büchmanns (* 1822, † 1884) Sammlung ›Geflügelte Worte. Der Citatenschatz des dt. Volkes‹ (1864, [36]1986, Neuausg. 1994 u. d. T. ›Der neue Büchmann‹) populär gewordene Bez. für allgemein bekannte und oft gebrauchte feste Redewendungen, deren Herkunft (meist Zitate aus literar. Werken oder Aussprüche histor. Personen) eindeutig nachgewiesen werden kann. Der Begriff wurde von J. H. Voß geprägt, der in seiner Homerübersetzung (1781–93) die ständig wiederkehrende Formel ›épea pteroénta‹ (= die vom Mund des Redners zum Ohr des Angesprochenen fliegenden Worte) mit ›geflügelte Worte‹ eindeutschte. – Im Ggs. zu g. W.n, z. B. ›Gut gebrüllt, Löwe‹ (aus ›Ein Sommernachtstraum‹, von Shakespeare, 1600, dt. 1775, erstmals dt. 1762), bleibt beim ↑Sprichwort die Herkunft im dunkeln.

Gegenspieler (Antagonist), in dramat., auch in ep. Werken eine Gestalt, die einen meist negativen Gegenpol zum Haupthelden bildet; der G. bedingt oder beschleunigt durch seine Handlungsweise die Katastrophe des Haupthelden oder bestimmt zumindest sein Schicksal wesentlich mit: z. B. Mephistopheles in Goethes ›Faust‹ (1808–32), bei Schiller Elisabeth im Ggs. zu Maria (›Maria Stuart‹, 1801), Octavio Piccolomini zu Wallenstein (›Wallenstein‹, 1800).

gegenstandsloser Roman, dt. Bez. zweifelhafter Güte für ↑Nouveau roman.

Gegenstrophe, svw. ↑Antistrophe.

Gehalt, in der älteren dt. Literaturwissenschaft als Begriffskorrelat zu ↑Gestalt der literarisch geformte Inhalt, Stoff (nach O. Walzel).
Literatur: WALZEL, O.: G. u. Gestalt im Kunstwerk des Dichters. Potsdam 1929. Nachdr. Darmst. 1957.

Geibel, Emanuel, * Lübeck 17. Okt. 1815, † ebd. 6. April 1884, dt. Schriftsteller. – Studierte in Bonn und Berlin; 1838–40 Hofmeister im Hause des russ. Gesandten in Athen, wo er den Archäologen und Historiker Ernst Curtius kennenlernte; später Gymnasiallehrer in Lübeck; stand wegen seiner national-konservativen Gesinnung in scharfem Gegensatz zur jungdt. Bewegung. Als offizieller und gefeierter Lyriker der dt. Einigungsbestrebungen unter preuß. Führung (›Gedichte‹, 1840, [100]1884) bezog er

seit 1842 von Friedrich Wilhelm IV. eine Pension. 1852 von Maximilian II. von Bayern nach München berufen, wo er Führer des dortigen Dichterkreises wurde. Seit 1868 lebte er wieder in Lübeck. Formal virtuoser, einem epigonalklassizist. Schönheitskult huldigender Lyriker, der in seinen z. T. volkstümlich gewordenen Gedichten (›Der Mai ist gekommen‹) Ursprünglichkeit durch deklamator. Pathos ersetzte. Seine Tragödien hatten keinen Erfolg; bed. als Übersetzer frz. und span. sowie griech. und lat. Lyrik (›Class. Liederbuch‹, 1875).

Emanuel
Geibel

Weitere Werke: Zeitstimmen (Ged., 1841), König Roderich (Trag., 1844), König Sigurds Brautfahrt (Epos, 1846), Zwölf Sonette für Schleswig-Holstein (1846), Juniuslieder (Ged., 1848), Meister Andrea (Lsp., 1855), Neue Gedichte (1856), Brunhild (Trag., 1857), Gedichte und Gedenkblätter (1864), Sophonisbe (Trag., 1868), Heroldsrufe (Ged., 1871), Spätherbstblätter (Ged., 1877).
Ausgaben: E. G. Ges. Werke. Stg. [3]1893. 8 Bde. – E. G. Werke. Hg. v. W. STAMMLER. Lpz. 1920. 3 Bde.
Literatur: KOHUT, A.: E. G. als Mensch u. Dichter. Bln. 1915. – MAYNC, H.: E. G. In: MAYNC: Dt. Dichter. Frauenfeld 1927. – HINCK, W.: Epigonendichtung u. Nationalidee. Zur Lyrik E. G.s. In: Zs. f. dt. Philologie 85 (1966), S. 267.

Geiger, Benno, * Rodaun (heute Wien-Rodaun) 21. Febr. 1882, † Venedig 26. Juli 1965, österr. Schriftsteller. – Lebte seit 1904 als Kunsthistoriker und Kunsthändler in Venedig; befreundet mit H. von Hofmannsthal, R. M. Rilke, A. Holz und S. Zweig. Schrieb Oden und Sonette von klassizist. Formbewußtsein; bed. Übersetzung italien. Literatur

(G. Pascoli, F. Petrarca, Dante). Auch Kunstschriftsteller.

Werke: Ein Sommeridyll (Ged., 1904), Lieblose Gesänge (Ged., 1907), Prinzessin. Ein Herbstidyll (Ged., 1910), Die drei Furien (Ged., 1931), Der fünfzigste Geburtstag (Ged., 1932), Die Ferienreise (Ged., 1952). **Ausgabe:** B. G. Sämtl. Gedichte. Florenz 1958. 3 Bde.

Geijer, Erik Gustaf [schwed. 'jɛiər], * Ransäter (Värmland) 12. Jan. 1783, † Stockholm 23. April 1847, schwed. Schriftsteller, Historiker, Philosoph und Komponist. – 1809 Reise nach London, wo er entscheidende neuhumanist. und romant. Bildungsanregungen empfing; 1824 Mitglied der Schwed. Akad. und 1817–46 Prof. für Geschichte in Uppsala. Als Mitbegründer des Got. Bundes lieferte G. mit E. Tegnér das Programm für die schwed. Romantik; politisch brach er als Hg. des ›Literaturbladet‹ (1838–40) mit dem Konservatismus und schloß sich der liberalen mittelständ. Opposition an. Seine schwungvollen Dichtungen erschienen gesammelt u. d. T. ›Skaldestycken‹ (1835). Bekannt sind neben seinen kurzen, sangbaren Liedern und Kirchenliedern auch die von ihm mit A. A. Afzelius herausgegebenen altschwed. Volkslieder.

Weitere Werke: Manhem, Vikingen, Odalbonden, Den sist kämpen, Den siste skalden (Ged., 1811), Försök till psalmer (Ged., 1812), Den lille kolargossen (Ged., 1815), Geschichte des schwed. Volkes (3 Bde., 1832–36, dt. 1832–36). **Ausgabe:** E. G. G. Samlade skrifter. Neue Ausg. Hg. v. J. LANDQUIST. Stockholm 1923–31. 13 Bde. **Literatur:** BOLDT, A.: E. G. G. Helsinki 1909–10. 3 Bde. – LANDQUIST, J.: E. G. G. Hans levnad och verk. Stockholm 1924. – SKREDSVIK, K.: Die Philosophie des jungen G. in ihrem ideengeschichtl. Zusammenhang. Diss. Nimwegen 1937. – STOLPE, S.: G. Stockholm 1947. – Geijerstudier. Hg. v. Geijersamfundet. Uppsala 1951 ff. – LANDQUIST, J.: G. En levnadsteckning. Stockholm 1954. – HENNINGSSON, B.: G. som historiker. Stockholm 1961 (mit dt. Übersicht).

Geijerstam, Gustaf af [schwed. jɛiərstam], *Jönsarbo (Västmanland) 5. Jan. 1858, † Stockholm 6. März 1909, schwed. Schriftsteller. – Schrieb Erzählungen und Romane, Lustspiele und Volksstücke; entwickelte sich vom naturalist. Schilderer und Sozialreformer zum psychologisierenden Realisten. Den größten

Erfolg hatte er mit volkstüml. Bauernkomödien.

Werke: Pastor Hallin (R., 1887, dt. 1911), Das Haupt der Medusa (R., 1895, dt. 1898), Meine Jungen (R., 1896, dt. 1897), Irre am Leben (R., 1897, dt. 1917), Die Komödie der Ehe (R., 1898, dt. 1903), Das Buch vom Brüderchen (R., 1900, dt. 1902), Frauenmacht (R., 1901, dt. 1904), Nils Tufvesson und seine Mutter (R., 1902, dt. 1904), Die Brüder Mörk (R., 1906, dt. 1908). **Ausgabe:** G. af G. Samlade berättelser. Stockholm 1909–14. 25 Bde. **Literatur:** JOHNSSON, M.: En åttitalist. G. af Gejerstam. Göteborg 1934.

Geiler von Kaysersberg, Johann[es], *Schaffhausen 16. März 1445, †Straßburg 10. März 1510, dt. Theologe und Volksschriftsteller. – Nach dem Tod des Vaters vom Großvater in Kaysersberg (Oberelsaß) erzogen, studierte in Freiburg im Breisgau und Basel; 1470 Priesterweihe, 1476 Rektor der Univ. Freiburg im Breisgau, ab 1478 Prediger in Straßburg, ab 1486 am Münster. Bedeutendster Kanzelredner des Spät-MA. Seine Predigten in dt. Sprache sind nur unvollkommen in lat. Konzepten und in Nachschriften seiner Zuhörer überliefert. Auf dieser Grundlage wurden sie von seinem Neffen P. Wickgram und von J. Pauli ediert (›Evangelienbuch‹, 1515; ›Narrenschiff‹, 1520). Als Anhänger der Scholastik fest auf dem Boden der kirchl. Tradition stehend, geißelt er freimütig weltl., aber auch kirchl. Mißstände. Seine Predigten sind geprägt durch derbe Komik, durch eindrucksvolle Bilder und Gleichnisse und durchsetzt mit Fabeln, Anekdoten, Sprichwörtern u. a. Am berühmtesten wurden seine 1498/99 in Straßburg gehaltenen Predigten über jeden der Narren in S. Brants ›Narrenschiff‹.

Ausgaben: G. v. K. Ausgew. Schrr. Hg. v. PH. DE LORENZI. Trier 1881–83. 4 Bde. – J. G. v. K. Die ältesten Schriften. Hg. v. L. DACHEUX. Freib. 1882. Nachdr. Amsterdam 1965. **Literatur:** ROEDER VON DIERSBURG, E. FREIIN: Komik u. Humor bei G. v. Kaisersberg. Bln. 1921. Nachdr. Nendeln 1967. – DEMPSEY DOUGLASS, E. J.: Justification in late medieval preaching. A study of John G. of Keisersberg. Leiden 1966. – WIMPFELING, J./RHENANUS, B.: Das Leben des J. G. v. K. Eingel., kommentiert u. hg. v. O. HERTING. Mchn. 1970.

Geilinger, Max, *Winterthur 30. Aug. 1884, †Saint-Maurice (Wallis)

11. Juni 1948, schweizer. Schriftsteller. – Schrieb eine bilderreiche, dithyramb. Naturlyrik in strenger oder in freirhythm. Form. Auch Dramen und Übersetzungen.
Werke: Der Weg ins Weite (Ged., 1919), Der große Rhythmus (Ged., 1923), Klass. Frühling (Ged., 1934), Heiden und Helden (Dr., 1937), Der vergessene Garten (Ged., 1943), Genesung (Ged., 1948).
Ausgabe: M. G. Leben u. Werk. Hg. v. A. A. Häsler. Zü. 1967. 2 Bde.

Geiser, Christoph, * Basel 3. Aug. 1949, schweizer. Schriftsteller. – Lebt nach einjährigem Aufenthalt als Stipendiat des Künstlerprogramms in Berlin (1984) wieder in Bern; wurde v. a. durch die der Tradition des Familienromans verpflichteten autobiograph. Romane ›Grünsee‹ (1978) und ›Brachland‹ (1980) bekannt. In seinem Roman ›Wüstenfahrt‹ (1984) schildert er die Situation und das Scheitern einer homoerot. Beziehung in der persönl. und gesellschaftl. Bedingtheit.
Weitere Werke: Mitteilung an Mitgefangene (Ged. und Prosa, 1971), Zimmer mit Frühstück (E., 1975), Disziplinen. Vorgeschichten (1982), Das geheime Fieber (R., 1987), Das Gefängnis der Wünsche (R., 1992), Wunschangst (Prosa, 1993).

Geissler, Christian, * Hamburg 25. Dez. 1928, dt. Schriftsteller. – Setzt sich seit Mitte der 50er Jahre in seinen Prosaarbeiten, Stücken, Hör- und Fernsehspielen mit sozialkrit. Engagement und realist. Erzählweise mit der neuesten dt. Geschichte sowie mit gesellschaftl. Problemen der BR Deutschland (›Anfrage‹, R., 1960) auseinander. Seit 1969 auch Dokumentarfilme.
Weitere Werke: Kalte Zeiten. Erzählung, nicht frei erfunden (1965), Ende der Anfrage (En., Reden, Stücke, 1967), Das Brot mit der Feile (R., 1973), Wird Zeit, daß wir leben. Geschichte einer exemplar. Aktion (R., 1976), Die Plage gegen den Stein (Prosa, 1978), Im Vorfeld einer Schußverletzung (Ged., 1980), spiel auf ungeheuer (Ged., 1983), Kamalatta. Romant. Fragment (1988).

Geißler, Horst Wolfram, * Wachwitz (heute zu Dresden) 30. Juni 1893, † München 19. April 1983, dt. Schriftsteller. – Schrieb Novellen und Romane, meist mit geschichtl. und kulturgeschichtl. Themen. Seine Bücher verdanken ihre Popularität dem nachsichtigen Verständnis für menschl. Schwächen und ihrer liebenswürdigen Unbeschwertheit. G.s erfolgreichster Roman war ›Der liebe Augustin‹ (1921).
Weitere Werke: Der ewige Hochzeiter (R., 1917), Der Puppenspieler (R., 1929), Die Dame mit dem Samtvisier (R., 1931), Wovon du träumst (R., 1942), Odysseus und die Frauen (R., 1947), Der Astrolog (R., 1948), In einer langen Nacht (R., 1954), Lady Margarets Haus (R., 1959), Dame mit Vogel (R., 1962), Königinnen sind so selten (R., 1963), ein schwarzes und ein weißes (R., 1968), Odysseus und Penelope (R., 1970), Über die Erde hin (R., 1971), Der Geburtstag (R., 1973), Das Orakel. Reisetagebuch eines anderen (1977).

Geißlerlieder, Gesänge der Flagellanten, d. h. der Angehörigen schwärmerisch-frommer Laienbewegungen des 13.–15. Jh., die zur Buße Selbstgeißelung übten. Die Bewegung entstand 1260 in Mittelitalien und breitete sich über ganz West- und Mitteleuropa aus; durch das Konstanzer Konzil (1417) verboten. G. wurden bei den Geißlerzügen gesungen; sie wurden neu oder als Kontrafakturen zu älteren Liedern geschaffen. G. sind dem geistl. Volkslied zuzurechnen; in den Quellen sind sie meist als ↑ Leis, auch als ↑ Leich bezeichnet.

Geisterballade ↑ Ballade.

geistliche Epik, ep. Darstellung der christl. Heilsgeschichte u. a. kirchl. Überlieferung (v. a. Legenden). Sie bildet einen wesentl. Bestandteil der spät- und mittellat. Literatur, kennzeichnet im besonderen aber viele volkssprachl. Literaturen des MA (z. B. engl. und frz. Literatur). Dies gilt auch für die hier exemplarisch betrachtete dt. Literatur, an deren Anfang bereits zwei große geistl. Epen, der ›Heliand‹ (um 830) und die ›Evangelienharmonie‹ Otfrids von Weißenburg (zw. 863 und 871), stehen. In der frühmhd. Periode (1050–1150) finden sich neben Darstellungen des gesamten Heilsplanes sog. Summen (›Summa theologiae‹, ›Anegenge‹), religiös-didakt. Geschichtsdichtungen (›Annolied‹, wahrscheinlich um 1080; ›Kaiserchronik‹, vollendet um 1150) und Bibelnachdichtungen (z. B. die ›Wiener Genesis‹, 2. Hälfte des 11. Jh.; die Werke der Frau Ava; die ›Vorauer Bücher Moses‹, letztes Viertel des 12. Jahrhunderts). In den folgenden Jh. tritt die g. E. hinter die weltl.

erzähler. Literatur (höf. Epik) zurück; es entstehen weiterhin Heiligenviten, bes. auch Marienleben und Legendendichtungen, z. B. von Heinrich von Veldeke (›Servatius‹) und Hartmann von Aue (›Gregorius‹, um 1190). Die g. E. der ↑ Deutschordensdichtung ist nochmals vom Streben nach Totalität in der Darstellung religiöser Zusammenhänge in der Bibelepik und in eschatolog. Werken charakterisiert. Seit Humanismus und Reformation wird die kirchlich-dogmat. g. E. weiter zugunsten einer allgemein religiösen, persönlich bestimmten Erlebnisliteratur zurückgedrängt, sie ist Zweckdichtung für Seelsorge und christl. Glaubensstärkung (↑ Erbauungsliteratur). – ↑ auch Legende.

Literatur: KOBER, A. H.: Gesch. der religiösen Dichtung in Deutschland. Essen 1919. – KEMP, F.: Dt. geistl. Dichtung aus tausend Jahren. Mchn. 1958. – Religiöse dt. Dichtung des MA. Hg. u. erl. v. H. J. GERNENTZ. Hdbg. 1965. – ↑ auch englische Literatur, ↑ französische Literatur, ↑ spanische Literatur.

geistliche Lyrik, Lyrik, in der christlich-dogmat. Glaubensinhalte gestaltet werden; sie verläßt dabei nie, im Unterschied zu religiöser Lyrik, die durch die Kirche repräsentierten Heilswahrheiten, wenngleich die Grenze zwischen den beiden Gattungen fließend ist. G. L. wurde v. a. auch im MA gepflegt, in Deutschland z. B. in den sog. Leisen (↑ Leis). Das früheste deutschsprachige Zeugnis stammt vom Ende des 11. Jahrhunderts. Dieses geistl. [Volks]lied fand bis zur Reformation jedoch nur vereinzelt auch Eingang in die Liturgie der Messe. – Daneben entstand etwa parallel zur Dichtung der Troubadours, Trouvères und Minnesänger, oft von denselben Verfassern, eine subtilere geistl. [Kunst]lyrik, u. a. Marienlyrik, Kreuzzugslyrik (P. Abälard, Bernhard von Clairvaux, Marcabru, Walther von der Vogelweide, Thibaut de Champagne, Adam von Sankt Viktor, Franz von Assisi; in Spanien sind u. a. die ›Cantigas de Santa Maria‹ von Alfons X. von Kastilien zu nennen) und geistl. ↑ Spruchdichtung (u. a. Reinmar von Zweter). – Die neue religiöse Seh- und Erlebnisweise seit Renaissance und Humanismus führte die Tradition der geistlichen Kunstlyrik weiter, die bei ihren bedeutendsten Vertretern immer schon die Grenze zur sehr persönlichen religiösen Lyrik gesprengt hatte (u. a. in Frankreich Th. A. d'Aubigné, G. Du Bartas, in Italien I. Sannazaro, T. Tasso, G. Marini, in Spanien Theresia von Ávila, L. de Góngora y Argote, in Portugal D. Bernardes, Pero de Andrade Caminha [* 1520?, † 1589], in England J. Donne, G. Herbert, R. Crashaw, J. Milton u. a., in Deutschland A. Gryphius, Paul Fleming, P. Gerhardt, F. Spee von Langenfeld, Angelus Silesius sowie im 18. Jh. N. L. von Zinzendorf, G. Tersteegen und Ch. F. Gellert). Wichtiger und bis heute von ungebrochener Bedeutung ist ein anderer Zweig der dt. g. L.: der von Luther geschaffene Gemeindegesang für den Gottesdienst, das ↑ Kirchenlied, das z. T. die Tradition des vorreformator. geistl. [Volks]liedes weiterführte.

Literatur: LE GENTIL, P.: La poésie lyrique espagnole et portugaise à la fin du moyen âge. Rennes 1949–53. 2 Bde. Nachdr. Genf 1981. – FRIEDRICH, H.: Epochen der italien. Lyrik. Ffm. 1964. – DARBORD, M.: La poésie religieuse espagnole des rois catholiques à Philippe II. Paris 1965. – SABATIER, R.: Histoire de la poésie française. Paris 1975–82. 6 Bde. in 8 Teil-Bden.

Geistlichendichtung, germanist. Sammelbegriff für die Dichtung vom frühen MA bis zum 12. Jh., die bis zu dieser Zeit fast ausschließlich von Angehörigen des geistl. Standes in Klöstern verfaßt wurde; zum größten Teil handelt es sich um geistl. Dichtung, vereinzelt wurden aber auch weltl. Stoffe gestaltet, z. B. das ›Alexanderlied‹ (um 1150) des Pfaffen Lamprecht oder das ›Rolandslied‹ (zw. 1130 und 1170) des Pfaffen Konrad.

Literatur: MEISSBURGER, G.: Grundll. zum Verständnis der dt. Mönchsdichtung im 11. u. 12. Jh. Mchn. 1970. – MAURER, F.: Zur G. des MA. In: MAURER: Dichtung u. Sprache des MA. Bern u. Mchn. ²1971. S. 214.

geistliches Spiel, das im Rahmen der kirchl. Liturgie entstandene ↑ Drama des europ. MA, das den Gläubigen christl. Heilsgeschehen in dramat. Gestaltung vorführt; seit dem 10. Jh. im Rahmen kirchl. Feiern aus dem ↑ Tropus entwickelt. Ursprünglich in Kirchen aufgeführt, wird es im 14. Jh. auf Marktplätze oder in weltl. Säle verlegt. Gleichzeitig setzt sich die Volkssprache anstelle der lat. Sprache durch. Mit dem Übergang zur Nationalsprache war auch der Weg für nat. Sonderentwicklungen geebnet, die vorher nur in Ansätzen möglich waren, z. B. in Deutschland der lat. ›Ludus de Antichristo‹ (↑ Antichristdichtung). Die bedeutendste Form des g. S.s in Deutschland ist das spätmittelalterl. ↑ Passionsspiel. In England wurden Mysterienspiele als heilsgeschichtl. Zyklen aufgeführt (↑ Fronleichnamsspiel); daneben auch ↑ Moralitäten. In Frankreich setzt die nat. Sonderentwicklung bereits sehr früh ein (12. Jh.). Charakteristisch für die spätere Zeit ist das ↑ Mysterienspiel. Wichtigste Gattungen in den Niederlanden sind das Mirakel (= Mysterienspiel) und das allegor. Sinnspiel, in Italien die ›lauda drammatica‹ (ein Prozessionsspiel), die ›devozione‹ (ein Predigtspiel) und die ↑ Sacra rappresentazione. Bedeutendste Gattung des g. S.s in Spanien ist der ↑ Auto sacramental. – Durch Renaissance und Humanismus sowie die Reformation wird das g. S. im Laufe der 1. Hälfte des 16. Jh. mehr und mehr verdrängt; nur in streng kath. Gebieten konnte es sich noch längere Zeit halten, so im Spanien der Gegenreformation bis ins 18. Jh.; vereinzelt hat es sich bis in die Gegenwart erhalten (Oberammergauer Passionsspiele, seit 1634). – ↑ auch Drama.

Literatur: CREIZENACH, W.: Gesch. des neueren Dramas. Bd. 1. MA u. Frührenaissance. Halle/Saale ²1911. Nachdr. Bronx (N. Y.) 1965. – STAMMLER, W.: Das religiöse Drama im dt. MA. Lpz. 1925. – BRINKMANN, A.: Liturg. u. volkstüml. Formen im g. S. des dt. MA. Münster 1932. – YOUNG, K.: The drama of the medieval church. Oxford 1933. Nachdr. Oxford 1967. 2 Bde. – BORCHERDT, H. H.: Das europ. Theater im MA u. in der Renaissance. Rbk. 1969. – MICHAEL, W.: Das dt. Drama des MA. Bln. 1971.

gekreuzter Reim (Kreuzreim, Wechselreim), eine der häufigsten Reimstellungen: ab ab (Sonne: Herz; Wonne: Schmerz). – ↑ auch Reim.

Gelber, Jack [engl. ˈgɛlbə], * Chicago (Ill.) 12. April 1932, amerikan. Dramatiker. – Seine Dramen (u. a. zum Thema der Rauschgiftsucht) enthalten Elemente des absurden Theaters, des Naturalismus und der Commedia dell'arte; große Ausdruckskraft u. a. durch Anwendung des Großstadtslangs der Schwarzen, des Vokabulars der Rauschgiftsüchtigen und der Umgangssprache. Die meisten seiner Dramen wurden vom ↑ Living Theatre aufgeführt.

Werke: Konnex (Dr., 1960, dt. 1963), Der Apfel (Dr., 1961, dt. 1976), On ice (R., 1964), Square in the eye (Dr., 1965), Die Sache mit Kuba (Dr., 1968, dt. 1970), Sleep (Dr., 1972), Rehearsal (Dr., 1976), Starters (Dr., 1980), Big shot (Dr., 1988).

Geldern, Egmont Colerus von, österr. Schriftsteller, ↑ Colerus, Egmont.

Gelegenheitsdichtung, Sammelbegriff für literar. Werke, die für bestimmte Anlässe (z. B. Taufe, Geburtstag, Fest, Jubiläum, Abschied, Tod) verfaßt werden; von den Anfängen der Lyrik bis zum Rokoko weit verbreitet; im Barock wurde sie, abweichend vom heutigen Dichtungsverständnis, der hohen Dichtung zugezählt und in den Poetiken theoretisch begründet, bes. durch M. Opitz (›Buch von der Dt. Poeterey‹, 1624). Die Formen reichen vom knappen Epigramm bis zum allegor. ↑ Festspiel. Berühmte Gelegenheitsgedichte verfaßten in Deutschland z. B. Paul Fleming, J. von Rist, G. R. Weckherlin, J. Ch. Günther. – Mit dem Wandel des Dichtungsbegriffs in der Goethezeit und mit einem neuen Selbstverständnis des Dichters und der bürgerl. Gesellschaft verlor die G. an literar. Wert. Goethe hat eine Reihe von G.en geschaffen, den Begriff aber auch auf die sog. ↑ Erlebnisdichtung ausgedehnt. Im 20. Jh. setzt sich u. a. der frz. Lyriker P. Éluard für eine Neubewertung des Begriffes (frz. ›poésie de circonstance‹) ein.

Gelehrtendichtung, eine Vielzahl verschiedenartiger, meist didakt. Dichtungen, die entweder einen gelehrten Verfasser (↑ Poeta doctus) oder einen überwiegend gelehrten Inhalt haben und sich an ein informiertes Publikum wenden. G. war in der Spätantike und im MA ebenso verbreitet wie in Renaissance und Humanismus (z. B. Prudentius, Boethius, Hrabanus Maurus, Geoffrey of Monmouth, Benoît de Sainte-Maure, F. Petrarca, Erasmus von Rotterdam, K. Celtis), sie begegnete im ↑ Jesuitendrama und beherrschte die Barockdichtung, v. a. den historisch ausgerichteten Barockroman. Aus dem 19.Jh. ist der sog. † Professorenroman zu erwähnen.

Geleit † Envoi.

Gelléri, Andor Endre [ungar. 'gɛlle:ri], * Budapest 30. März 1907, † Wels (Österreich) (?) 5. (?) Mai 1945, ungar. Schriftsteller. – War u.a. Metallarbeiter; wurde wegen seiner jüd. Abstammung in das KZ Mauthausen deportiert; dort von den Amerikanern befreit; schildert in seinem Roman ›Großwäscherei Phönix‹ (1931, dt. 1962) und in mehreren Novellen, in denen sich Realismus und Phantastik, Traum und Wirklichkeit verknüpfen, poetisch verklärt meist das Leben der Armen im Budapester Stadtbezirk Óbuda.

Weiteres Werk: B. und andere Prosa (E., dt. Auswahl 1969).
Literatur: VARGHA, K.: G. A. E. Budapest 1973. – NAGY, S. P.: Az idilltől az abszurdig. G. A. E. palyaképe. Budapest 1981.

Gellerstedt, Albert Theodor [schwed. ˌjɛlɔrstɛt], * Säterbo (Västermo, Sörmland) 6. Okt. 1836, † Stockholm 7. April 1914, schwed. Schriftsteller. – 1877 Prof. für Architektur; 1901 Mitglied der Schwed. Akad.; schrieb empfindsame Lyrik und Prosaskizzen mit Natur- und Genrethematik; auch Aquarellmaler.

Werke: Dikter (Ged., 1871), Eftersommar (Ged., 1891), Gamla visor (Ged., 1900).
Ausgabe: A. Th. G. Samlade dikter. Hg. v. F. VETTERLUND. Stockholm 1914. 2 Bde.
Literatur: SCHILLER, H.: A. Th. G. Stockholm 1931.

Gellert, Christian Fürchtegott, * Hainichen 4. Juli 1715, † Leipzig 13. Dez. 1769, dt. Schriftsteller. – Sohn eines Predigers, besuchte die Fürstenschule in Meißen, studierte in Leipzig Theologie und Philosophie, schloß sich anfangs dem Kreis um J. Ch. Gottsched an. Hofmeister, Mitarbeiter an den ›Bremer Beiträgen‹, ab 1751 in Leipzig Prof. für Poesie, Beredsamkeit und Moral. Volkstümlichster Dichter der Aufklärung, dessen formal und sprachlich elegantes, inhaltlich pietistisch gestimmtes Werk eine erstaunl. Breitenwirkung erreichte. Bed. sind v.a. die prägnanten, dem Umgangston angepaßten Fabeln und Erzählungen unterhaltenden und belehrenden Inhalts, die gesunden Humor und bürgerl. Moral geschickt verbinden und das Ideal der Zeit in einprägsamer Weise gestalten. Mit seinen ›rührenden‹ Lustspielen (›Die zärtl. Schwestern‹, 1747), die unter dem Einfluß der frz. Comédie larmoyante stehen und in denen er seine Theorie der ›gemischten Empfindungen‹ realisiert, verfolgte G. ebenfalls eine moralischdidakt. Absicht. Das Lustspiel fordert nicht mehr zum Verlachen des Lasters, sondern zur Nachahmung der Tugend auf. G.s empfindsamer Roman ›Das Leben der schwed. Gräfin von G. ...‹ (2 Bde., 1747/48), der engl. und frz. Vorbildern (S. Richardson, A. F. Prévost d'Exiles) folgt und spezifisch bürgerl. Denken in den dt. Roman einführt, ist durch die Darstellung der subjektiven Leidenschaft neben dem aufgeklärten Tugendideal ein wichtiger Schritt über die Aufklärung hinaus.

Weitere Werke: Lieder (1743), Die Betschwester (Lsp., 1745), Fabeln und Erzählungen (2 Bde., 1746–48), Das Loos in der Lotterie (Lsp., 1746), Briefe nebst einer prakt. Abhandlung von dem guten Geschmacke in Briefen (1751), Lehrgedichte und Erzählungen (1754), Geistl. Oden und Lieder (1757), Von der Beschaffenheit, dem Umfange und dem Nutzen der Moral (1766).
Ausgaben: Ch. F. G. Sämtl. Schrr. Hg. v. J. A. SCHLEGEL u. G. L. HEYER. Lpz. 1769–74. 10 Tle. in 5 Bden. Nachdr. Hildesheim 1968. – Ch. F. G. Sämtl. Fabeln u. Erzählungen. Geistl. Oden u. Lieder. Mchn. 1965. – Ch. F. G. Lustspiele. Faksimiledr. der Ausg. von 1747. Stg. 1966. – Ch. F. G. Insel-Gellert. Werke in 2 Bden. Hg. v. G. HONNEFELDER. Ffm. 1979. – Ch. F. G.s Briefwechsel. Krit. Gesamtausg. Hg. v. J. F. REYNOLDS. Bln. 1983–87. 2 Bde. – Ch. F. G. Ges. Schrr. Hg. v. B. WITTE. Bln. 1988ff. Auf 6 Bde. berechnet (bisher 3 Bde. erschienen).
Literatur: MAY, K.: Das Weltbild in G.s Dichtung. Ffm. 1928. – PELLEGRINI, A.: Die Krise der Aufklärung. Das dichter. Werk von Ch. F. G. u. die Gesellschaft seiner Zeit. In: Literaturwiss. Jb. N. F. 7 (1966), S. 37. – SCHLINGMANN, C.: G. Eine literarhistor. Revision. Bad Homburg v. d. H. u.a. 1967. – MEYER-KRENTLER, E.: Der andere Roman. G.s ›Schwed. Gräfin‹. Göppingen 1974. – ›Ein Lehrer der ganzen Nation‹. Leben u. Werk Ch.F.G.s. Hg. v. B. WITTE. Mchn. 1990. – KOCH, F.: Ch.F.G. Poet u. Pädagoge der Aufklärung. Whm. 1992.

Gelli, Giambattista (Giovan Battista) [italien. 'dʒelli], * Florenz 12. Aug. 1498, † ebd. 24. Juli 1563, italien. Schriftsteller. – Strumpfwirker; Mitglied der Florentiner Akademie; hielt Vorlesungen über Dante und F. Petrarca; zeichnet sich in seinen z. T. dialogischen Schriften ›I capricci del bottaio‹ (1546, erweitert 1548), ›La Circe‹ (1549), ›Ragionamento intorno alla lingua‹ (1551), ›Tutte le lezioni fatte nell' Accademia fiorentina‹ (1551) und den Komödien ›La sporta‹ 1553) und ›L'errore‹ (1555) durch philosoph. Betrachtungsweise, Menschenkenntnis und klare, oft satir. Schreibart aus.

Ausgabe: Giovanni Battista G. Opere. Hg. v. I. SANESI. Turin 1952 (mit Bibliogr.).
Literatur: FRESCO, U.: Giovan Battista G. I capricci del bottaio. Udine 1906. – GAETANO, A. L. DE: G. G. and the Florentine academy. The rebellion against Latin. Florenz 1976. – MELANI, V.: Leopardi e la poesia del Cinquecento. Con un'appendice su Giovan Battista G. Messina u. Florenz 1978.

Gellius, Aulus, röm. Schriftsteller des 2. Jh. n. Chr. – Verfaßte die ›Noctes Atticae‹ (= Att. Nächte), ein Miszellaneenwerk in 20 Büchern (Buch 8 verloren), das in lockerer Form philolog., philosoph., jurist. u. a. Fragen erörtert; eine wichtige Stoffquelle, die überdies zahlreiche Zitate aus verlorenen Werken republikan. Autoren enthält.

Gellner, František, * Mladá Boleslav 19. Juni 1881, verschollen in Galizien im Sept. 1914, tschech. Lyriker. – Maler, Zeichner und Journalist, auch in Frankreich und Deutschland; Vertreter des Boheme, des Anarchismus. G.s oft zyn., durch sexuelle Themen schockierende Gedichte sind iron. Glossen zur krisenhaften Zeit; Zusammenarbeit mit dem Kabarett; auch Essays.

Gelman (tl.: Gel'man), Alexandr Issaakowitsch [russ. ˈgjelmɐn], * Dondjuschany (Moldawien) 25. Okt. 1933, russ. Dramatiker. – G. geht es um menschl. und moral. Konflikte; auch krit. Behandlung wirtschaftl. Probleme.

Werke: Allein mit allen (Stück, 1982, dt. 1982), Zwei auf einer Bank (Stück, 1983, dt. 1983), Die ist doch nicht normal! (Stück, 1984, dt. 1985), P'esy (= Stücke, 1985).
Ausgabe: A. G. Stücke. Dt. Übers. Bln. 1981.

Gelman, Juan [span. ˈxɛlman], * Buenos Aires 1930, argentin. Lyriker. – Journalist, Chefredakteur von ›Noticias‹ (1974 verboten), Mitarbeit bei ›Crisis‹ (1973 Leiter der Kulturredaktion, 1975 Rom-Korrespondent); 1976 Exil in Rom; 1977 Mitbegründer des Movi-

miento Peronista Montonero, 1978 Bruch mit den Montoneros wegen ihrer Terrorpolitik. Lebte als Übersetzer und Journalist in Paris, konnte erst 1988 in seine Heimat zurückkehren. Wandte sich nach Fortführung der ›poesía social‹ der 40er Jahre in realistisch-melanchol. Ton in den 60er Jahren sozialkrit. Themen zu und klagte bes. polit. Verbrechen an. Seit 1973 ist er um eine Verschmelzung von Engagement und Kunstpoesie bemüht (Vorbilder u. a. C. Vallejo, H. Heine). Persönl. und polit. Enttäuschungen aus der Zeit der Diktatur werden sprachschöpferisch und psychologisch eindringlich verarbeitet (›Si dulcemente‹, 1980). Nach dem Verlust der Heimat Ausbildung einer modernen Imitation universaler Dichtungstraditionen, Anregungen aus Bibel, provenzal. und jüd. Lyrik des MA, span. Mystikern, europ. Symbolismus, angelsächs. und fernöstl. Dichtung (›Citas y comentarios‹, 1982; ›Com/posiciones‹, 1986). Es entstehen komplexe Integrationen sozialer, psych., sexueller und poetolog. Aspekte in extrem gereinigter, Tradition und Neuschöpfung vereinender Sprache, ohne Verlust der argentin. Realität. G. wird von der Kritik als einer der besten spanischsprachigen Lyriker der Gegenwart gewürdigt.

Weitere Werke: Violín y otras cuestiones (Ged., 1956), El juego en que andamos (Ged., 1959), Gotán (Ged., 1962), Cólera buey (Ged., 1965), Fábulas (Ged., 1971), Hechos y relaciones (Ged., 1973), Interrupciones II (Ged., 1982), Exilio (Prosaskizzen, 1983; mit O. Bayer), La junta luz. Oratorio a las madres de Plaza de Mayo (Ged., 1985), Carta a mi madre (Ged., 1989).
Ausgaben: So arbeitet die Hoffnung. Lyrik des argentin. Widerstandes. Hg. v. W. HEUER u. M. SALÍ. Bln. 1978. – J. G. Obra poética. Buenos Aires ²1984.
Literatur: SCHEERER, TH. M.: La sangre y el papel. Eine Vorstudie zur Lyrik des Argentiniers J. G. Augsburg 1985.

Gelsted, Einar Otto [dän. ˈgɛlsdɛð], eigtl. E. O. Jeppesen, * Middelfart (Fünen) 4. Nov. 1888, † Kopenhagen 22. Dez. 1968, dän. Lyriker. – Intensives Studium der Psychoanalyse, Einfluß des Expressionismus und des Futurismus, bes. aber der antiken Dichtung und der Philosophie I. Kants; Annäherung an kommunist. Ideen, die er jedoch ganz persönlich interpretierte; flüchtete 1943 nach

Schweden. G.s Lyrik ist formal durch die Vertrautheit mit der griech. Dichtung bestimmt, sie strebt nach gedankl. Klarheit und verrät ausgeprägtes Empfinden für die Sinnenwelt; Übersetzer (Homer, Aristophanes, W. Whitman, B. Brecht u. a.).

Werke: De evige ting (Ged., 1920), Henimod klarhed (Ged., 1931), Emigrantdigte (Ged., 1945), Sange under den kolde krig (Ged., 1952), Aldrig var dagen så lys (Ged., 1959), Digte fra en solkyst (Ged., 1961), Hellas i mit hjerte (Ged., hg. 1969). **Literatur:** BAY, C. E.: O. G.s philosoph. Positionen. In: Wiss. Zs. der Ernst-Moritz-Arndt-Univ. Greifswald. Gesellschafts- u. sprachwiss. R. 1936, Nr. 4, S. 263. – Hilsen til O. G. Hg. v. B. HOUMANN u. H. KIRK. Kopenhagen 1958 (mit Bibliogr.).

Gemäldegedicht (Bildgedicht), Sonderform der lyr. Dichtung in Deutschland, bei der Inhalt, Stimmung, Gedankengehalt eines Gemäldes oder einer anderen bildl. Darstellung in lyr. Sprache umgesetzt werden; die Grenze zum ↑ Dinggedicht ist unscharf. G.e gibt es seit dem Barock (J. van den Vondel, G. Ph. Harsdörffer, S. von Birken u. a.); bes. gepflegt wurden sie in der Romantik (A. W. Schlegel u. a.) und im Impressionismus (D. von Liliencron, M. Dauthendey). Aus der engen Beziehung zwischen den Künsten seit den Präraffaeliten, dem Symbolismus und dem Surrealismus entwickeln sich bes. im 20. Jh. in vielen Literaturen neue Beispiele des G.s (z. B. P. Éluard, F. García Lorca). **Literatur:** KRANZ, G.: Das Bildgedicht. Theorie, Lexikon, Bibliographie. Köln u. Wien 1981–87. 3 Bde.

Gemara [aramäisch = Vervollständigung, Erlerntes], Teil des ↑ Talmud, Lehrstoff, zumeist in Form von Diskussionen als Ergänzung und Erklärung der ↑ Mischna. Es gibt, entsprechend den beiden Talmuden (jerusalem. und babylon. Talmud), zwei Gemaren. Die G. des jerusalem. Talmuds ist in den Lehrhäusern Palästinas entstanden und liegt zu 39 (von 63) Mischna-Traktaten vor. Die G. des babylon. Talmuds, die höhere Autorität genießt, behandelt 37 Traktate. Die Entstehung der G. liegt in der Zeit vom 3. bis 6. Jahrhundert, ihre Lehrer heißen Amoräer. Der Stoff der G. läßt sich unterteilen in die Gebiete ↑ Halacha und ↑ Haggada.

Gemination [lat. geminatio = Verdopplung],
1. Verdopplung eines Konsonanten innerhalb eines Wortes.
2. rhetor. Figur der ↑ Epanalepse; auch die mehrmalige nachdrückliche Wiederholung eines Wortes (Epizeuxis).

Gemmingen-Hornberg, Otto Heinrich Freiherr von, * Heilbronn 5. Nov. 1755, † Heidelberg 15. März 1836, dt. Dramatiker. – Studierte Jura in Heidelberg, war Hofkammerrat in Mannheim, Mitglied der Kurpfälz. Dt. Gesellschaft, Freund W. H. Dalbergs, 1799–1805 bad. Gesandter in Wien; bekannt durch sein – D. Diderots ›Le père de famille‹ nachgebildetes ›Schauspiel ›Der dt. Hausvater‹ (1780) – mit dem er nach engl. und frz. Vorbild das dt. moralisierend-rührende Familiendrama begründete. Hatte großen Einfluß auf Schillers ›Kabale und Liebe‹; auch Übersetzer.

Gems, Pam [engl. dʒɛmz], * Bransgore (Dorset) 1. Aug. 1925, engl. Dramatikerin. – Verfasserin engagierter Stücke v. a. über histor. (›Piaf‹, 1979; ›Queen Christina‹, 1982) und fiktionale (›Camille‹, 1984) Frauenschicksale.

Weitere Werke: Betty's wonderful christmas (Dr., 1972), Dusa, Fish, Stas and Vi (Dr., 1977), Aunt Mary (Dr., 1982), Loving women (Dr., 1984), Pasionaria (Dr., 1985).

Genazino, Wilhelm Theodor, * Mannheim 22. Jan. 1943, dt. Schriftsteller. – Redakteur, u. a. bei ›Pardon‹; seit 1971 freier Schriftsteller. Beschreibt, insbes. in seiner ›Abschaffel‹-Romantrilogie (›Abschaffel‹, 1977; ›Die Vernichtung der Sorgen‹, 1978; ›Falsche Jahre‹, 1979), in grotesk-satir., minutiös beschreibender Sprache die Einengung des einzelnen durch die Trivialität des Alltags. Wurde auch als Hörspielautor (›Die Moden der Angst‹, 1980) bekannt. **Weitere Werke:** Laslinstraße (R., 1965), Die Ausschweifung (R., 1981), Fremde Kämpfe (R., 1984), Die Liebe zur Einfalt (R., 1990), Leise singende Frauen (R., 1992), Aus der Ferne. Texte und Postkarten (1993), Die Obdachlosigkeit der Fische (Prosa, 1994).

Genée, Rudolf [frz. ʒə'ne], Pseudonym P. P. Hamlet, * Berlin 12. Dez. 1824, † ebd. 19. Jan. 1914, dt. Schriftsteller. – War Regisseur in Danzig, dann Zeitungsredakteur in Danzig und Coburg; schrieb zahlreiche Lustspiele und Possen, daneben theaterhistor. und dramaturg. Werke; auch Romanschriftsteller und Lyriker.

Werke: Müller und Schultze (Posse, 1851), Ein neuer Timon (Lsp., 1856), Shakespeare's Leben und Werke (1872), Marienburg (R., 1884), Die Klausnerin (Dr., 1885), Zeiten und Menschen (Autobiogr., 1897).

Generación del 98 [span. xenera'θiɔn dεl no'βenta i 'otʃo] ↑ Generation von 98.

Genera dicẹndi [lat. = Arten des Ausdrucks], drei von der lat. Rhetorik unterschiedene Stilarten: **Genus grande** (hoher Stil), **Genus mediocre** (mittlerer Stil), **Genus humile** (niederer Stil). Die antike Theorie ordnet die G. d. nach den Absichten einer Rede: das schmucklose Genus humile dient v. a. sachl. Belehrung, das Genus mediocre in erster Linie der Unterhaltung, das hochpathet. Genus grande dagegen der emotionellen Rührung. In der ›Poetría‹ des Johannes de Garlandia (*um 1180, †nach 1252) werden die drei Stilarten auf der Basis des Werkes von Vergil – daher ›rota Vergilii‹ (= Rad des Vergil) – ständisch interpretiert: Genus grande (miles = Adelskrieger), Genus mediocre (agricola = Bauer), Genus humile (pastor = Schäfer). Die drei Stilarten werden auch drei Ständen zugeordnet (der höf. Oberschicht, dem Bürgertum und der Landbevölkerung). In dieser Verbindung spielt die *Dreistillehre* v. a. in der Poetologie der Renaissance und des Barock eine dominierende Rolle. Im Laufe des 18. Jh. verliert das System der lat. Rhetorik und damit auch die Lehre von den G. d. im Zuge einer Neuorientierung der Poetik ihren Einfluß auf Poetologie und Literatur.

Generation von 98 (Generación del 98), von Azorín 1913 geprägter Name einer Gruppe span. Schriftsteller, die, gestützt auf die Politisierung der öffentl. Diskussion im Spanien der Jahrhundertwende (bes. seit dem Verlust der letzten überseeischen Kolonien im Kubakrieg 1898), eine nat. Regeneration Spaniens durch Wiederanschluß an die geistige Entwicklung Europas erstrebte. Hauptvertreter: M. de Unamuno y Jugo, Azorín, R. de Maeztu y Whitney, P. Baroja y Nessi.

Literatur: JESCHKE, H.: Die G. v. 1898 in Spanien. Halle/Saale 1934. – LAÍN ENTRALGO, P.: La generación del 98. Madrid ⁶1967. – RAMSDEN, H.: The 1898 movement in Spain. Manchester 1974. – SHAW, D. L.: The generation of 1898 in Spain. London u. New York 1975. – FRANZBACH, M.: Die Hinwendung Spaniens zu Europa. Die generación del 98. Darmst. 1988.

Generation von 1927 (Generation der Diktatur, Generation der Freundschaft, Generation der ›Revista de Occidente‹, bei L. Cernuda: Generation von 1925), Gruppe von span. Autoren, die sich im Zusammenhang mit der 300. Todestag von L. de Góngora y Argote zu dessen Feier und Würdigung konstituierte. Zu ihr gehörten R. Alberti, V. Aleixandre, D. Alonso, L. Cernuda, G. Diego, F. García Lorca, J. Guillén, J. Larrea (* 1895, † 1980) und P. Salinas, im weiteren Umkreis auch M. Altolaguirre, J. Bergamín, E. Prados und Fernando Villalón (* 1881, † 1930). Aus ihrer ursprüngl. Zielsetzung – zeitadäquate Lektüre der Klassiker, Aktualisierung der unmittelbaren Vorläufer zur Bestimmung der Funktion von Lyrik und lyr. Sprache in der Moderne und Anschluß bes. an die frz. Lyrik vom Symbolismus über P. Valéry bis zum Surrealismus – entstand die bedeutendste Dichtergruppe seit dem span. Goldenen Zeitalter, die in ihren antirealist. und antiromant. Texten, der metaphor. Redeweise mit einer an Góngora gemahnenden Intensität zu neuer Blüte verhalf.

Ausgaben: Antología del grupo poético de 1927. Hg. v. V. GAOS. Salamanca 1965. – Poesía española. Antología 1915–1931. Hg. v. G. DIEGO. Madrid ⁷1974. – Antología de los poetas del 27. Hg. v. J. L. CANO. Madrid 1982. – Geschichte der ›Generation von 1927‹. Eine Anthologie. Hg. v. P. GIMFERRER u. J. M. CASTELLET. Ffm. 1984.

Literatur: ALONSO, D.: Poetas españoles contemporáneos. Madrid ³1965. – MORRIS, C. B.: A generation of Spanish poets, 1920–1936. Neuausg. Cambridge 1969. Nachdr. London 1978. – La generación del 27 desde dentro. Hg. v. J. M. ROZAS. Madrid ²1987.

Género chico [span. 'xenero 'tʃiko = kleine Gattung], span. volkstüml. musikal. Komödie in einem Akt. Steht wie die ↑Zarzuela in der Tradition von ↑Entremés und ↑Sainete; besoders beliebt in der 2. Hälfte des 19. Jahrhunderts bis etwa 1910.

Literatur: Muñoz, M.: Historia de la zarzuela española y el ›G. ch.‹. Madrid 1946. – Deleito y Piñuela, J.: Origen y apogeo del ›g. ch.‹. Madrid 1949. – Il teatro ›chico‹ spagnolo. Hg. v. C. Vian. Mailand 1957 (kommentierte Anthologie).

Genesis [griech.] (Altsächs. G.), in altsächs. (altniederdt.) Sprache verfaßtes, um 830 entstandenes Epos in Stabreimversen eines anonymen Verfassers, eine freie Bearbeitung des bibl. G.stoffes; nur in Fragmenten überliefert, die sich z. T. in der Vatikan. Bibliothek befinden, z. (größeren) T. (617 Zeilen) in altengl. (angelsächs.) Übersetzung in ein altengl. G.gedicht eingefügt sind; neben dem ›Heliand‹ das bedeutendste Denkmal in altsächsischer Sprache, stammt möglicherweise von einem Schüler des Verfassers des ›Heliand‹.

Ausgaben: Bruchstücke der altsächs. Bibeldichtung aus der Bibliotheca Palatina. Hg. v. K. Zangemeister u. W. Braune. In: Neue Heidelberger Jbb. 4 (1894), S. 205. – Heliand u. G. Hg. v. O. Behaghel u. W. Mitzka. Tüb. ⁹1984. – Heliand u. die Bruchstücke der G. Übers. v. F. Genzmer. Neuausg. Stg. 1989.

Genesis, Wiener ↑ Wiener Genesis.

Genestet, Petrus Augustus de [niederl. 'xeːnəstɛt], * Amsterdam 21. Nov. 1829, † Rozendaal (Geldern) 2. Juli 1861, niederl. Dichter. – Remonstrant; Prediger in Delft; Führer der religiösen Erneuerungsbewegung; verfaßte Gedichte in einfacher Sprache, z. T. mit humorist. Schilderung des holländ. Bürgers.

Werke: Eerste gedichten (1851), Leekedichtjens (Ged., 1860), Laatste der eerste (Ged., 1861).
Ausgabe: P. A. de G. Gedichten. Hg. v. G. A. Brands u. R. W. Lieve. Den Haag ²1948.
Literatur: Schepers, J. B.: P. A. de Bloemendaal en G. Haarlem 1911.

Genet, Jean [frz. ʒə'nɛ], * Paris 19. Dez. 1910, † ebd. 15. April 1986, frz. Schriftsteller. – Wuchs als unehel. Fürsorgekind auf; mit 16 Jahren in der Erziehungsanstalt; 1929 Fremdenlegionär, desertierte nach Spanien; als Vagabund, unter falschem Namen, lebte er in fast allen europ. Ländern und wurde immer wieder ausgewiesen. Wegen Raubes, Zuhälterei, Geldfälschung, Opiumschmuggels und Sexualdelikten hatte er eine Reihe von Gefängnisstrafen zu verbüßen; als Gewohnheitsverbrecher zu lebenslängl. Haft verurteilt, wurde er auf Fürsprache von J.-P. Sartre, J. Cocteau u. a. begnadigt; lebte dann u. a. in Frankreich, in den USA und in Marokko. G. ist einer der umstrittensten Schriftsteller der modernen Literatur. Im Gefängnis entstanden 1942 sein erstes Gedicht ›Der zum Tode Verurteilte‹ (erschienen 1948 in: ›Poèmes‹, dt. 1969) und sein erster Roman ›Notre-Dame-des-Fleurs‹ (erschienen 1944, dt. 1960), bekannt wurde v. a. der Roman ›Querelle‹ (1947, dt. 1955; 1982 von R. W. Fassbinder verfilmt). Die Helden seiner provozierenden, durch eine lyr. und bilderreiche, oft obszöne Sprache gekennzeichneten Romane und Theaterstücke (v. a. Schwerverbrecher und Homosexuelle) leben, wie er selbst, in ständiger Fehde mit der Gesellschaft, deren Normen ihnen fremd sind, G. erhebt sie ins Dämonische, ohne den Versuch zu machen, sie zu rechtfertigen. Man hat G. als genialen Vaganten neben F. Villon und P. Verlaine gestellt. Ab 1961 veröffentlichte er nur noch wenig; verstärkte polit. Aktivität; setzte sich u. a. für die Black-Panther-Bewegung und die Sache der Palästinenser ein. Mit diesen beschäftigt sich sein letztes, 1986 postum erschienenes Werk ›Ein verliebter Gefangener‹ (dt. 1988).

Weitere Werke: Wunder der Rose (R., 1946, dt. 1963), Das Totenfest (R., 1947, dt. 1966), Die Zofen (Dr., 1948, dt. 1957), Tagebuch eines Diebes (autobiograph. R., 1949, dt. 1961), Unter Aufsicht (Dr., 1949, dt. 1957), Der Balkon (Dr., 1956, dt. 1959), Die Neger (Dr., 1958, dt. 1962), Wände überall (Dr., 1961, dt. 1960), Briefe an Roger Blin (1966, dt. 1967).
Ausgaben: J. G. Œuvres complètes. Paris 1951–91. 6 Bde. – J. G. Sämtl. Dramen. Hamb. 1968.

Jean Genet

Literatur: BONNEFOY, C.: G. Paris 1965. – KLIESS, W.: J. G. Velber 1967. – BRÜSKE, H.-G.: ›Verkehrtes Heldentum‹ u. Absonderung in den Romanen G.s. Ffm. 1980. – ZIEGLER, W.: J. G. Metaphern der Vergeblichkeit. Bonn 1981. – SARTRE, J.-P.: Saint Genet. Komödiant u. Märtyrer. Dt. Übers. Hamb. 1982. – WEBB, R. C./ WEBB, S. A.: J. G. and his critics. An annotated bibliography, 1943–1980. Metuchen (N. J.) 1982. – SAVONA, J. L.: J. G. London u. New York 1983. – SCHMELING, M.: J. G. In: Krit. Lex. der roman. Gegenwartsliteraturen. Hg. v. W.-D. LANGE. Losebl. Tüb. 1984 ff. – MORALY, J.-B.: J. G. La vie écrite. Paris 1988. – CHEVALY, M.: J. G. Marseille 1989. 2 Bde. – DICHY, A.: J. G. Versuch einer Chronologie 1910–1944. Dt. Übers. Gifkendorf 1993. – WHITE, E.: J. G. Biogr. Dt. Übers. Mchn. 1993.

Genevoix, Maurice [frz. ʒənˈvwa], * Decize (Nièvre) 29. Nov. 1890, † Alicante 8. Sept. 1980, frz. Schriftsteller. – Als Offizier im 1. Weltkrieg schwer verwundet; bereiste Amerika und Afrika; 1946 Mitglied der Académie française, 1958–73 ihr ständiger Sekretär. Regionalist des Nivernais (›Raboliot‹, R., 1925; Prix Goncourt 1925); auch realist. Chronist des Weltkrieges (›Sous Verdun‹, 1916; ›Nuits de guerre‹, 1917; ›La boue‹, 1921, u. a.); Reisebücher.

Weitere Werke: Rroû (R., 1931), Marcheloup (R., 1934), La dernière harde (R., 1938), Sanglar (R., 1946), Le roman de renard (R., 1958), La Loire, Agnès et les garçons (R., 1962), Derrière les collines (E., 1963), La forêt perdue (R., 1967), Jardins sans murs (R., 1968), Ein Tag, ein Leben (R., 1976, dt. 1977), Lorelei (R., 1978, dt. 1979), Trente mille jours (Erinnerungen, 1980), Beau-François (R., hg. 1982).

Literatur: ABRUZZESE, E. TIMBALDI: Il romanzo rurale di M. G. Turin 1956. – Notre ami M. G. Présenté par J. Jandel. In: La Nouvelle Revue des Deux Mondes (Jan.–März 1981), S. 17.

Gengenbach, Pamphilus, * Basel um 1480, † ebd. 1525, schweizer. Dramatiker und Satiriker. – Lebte seit etwa 1503 in Basel als selbständiger Buchdrucker; Anhänger der Reformation. Bekannt machten ihn allegorisch-didakt. Fastnachtsspiele, die meist aus einer gespielten Bilderfolge und dazu gesprochenem Beitext bestehen.

Werke: Der welsch Fluß (Ged., 1513), Der Bundschuch (Schrift, 1514), Die zehn Alter dieser Welt (Spiel, 1515), Disz ist die Gouchmat (Spiel, 1516 oder 1521), Der Nollhart (Spiel, 1517), Die Totenfresser (Satire, 1521).

Ausgabe: P. G. Werke. Hg. v. K. GOEDEKE. Hann. 1856. Nachdr. Amsterdam 1966.

Literatur: LENDI, K.: Der Dichter P. G. Bern 1926. Nachdr. Nendeln 1970.

Genie [ʒeˈniː; frz., von lat. genius = Schutzgeist, später = Schöpfergeist, natürl. Begabung], zu Beginn des 18. Jh. aus dem Französischen übernommenes Wort, zunächst synonym mit Geist; durch J. A. Schlegel und dessen Übersetzung von Ch. Batteux' Werk ›Beaux-Arts ...‹ (1746, dt. 1751 u. d. T. ›Die schönen Künste, aus einem Grundsatz hergeleitet‹) endgültig eingeführt, wurde G. (oder auch ›Originalgenie‹) zu einem Leitbegriff des Schöpferischen und der Originalität des Künstlers. Im Zusammenhang mit der Entwicklung des neuzeitl. Welt- und Menschenbildes und eines persönl. Bildungsbegriffs wird in der Renaissance die Originalität zum Leitwert zunächst v. a. der ästhet. Theorie und Praxis und der durch Spontaneität und Originalität bestimmte Künstler, das G., zum Inbegriff menschl. [Selbst]verwirklichung. Diese Tendenz verstärkt sich in der Folgezeit, in Aufklärung, Klassik, insbes. in ↑ Sturm und Drang, der Geniezeit, wobei zunehmend der Begriff der Natur in Korrelation zum G.begriff tritt. Wie D. Diderot in Frankreich, so gewinnt in England v. a. A. A. C. Shaftesbury entscheidenden Einfluß auf das G.verständnis. Prometheus wird zum zentralen Symbol der G.theorie. Vorbereitet durch den Pietismus, findet der neue Irrationalismus und Subjektivismus des Gefühls Eingang in die Philosophie und ästhet. Theorie A. G. Baumgartens, M. Mendelssohns und J. G. Sulzers. I. Kant nennt G. ›die meisterhafte Originalität der Naturgabe eines Subjekts im freien Gebrauch seiner Erkenntnisvermögen‹; es ist das ›Talent der Erfindung dessen, was nicht gelernt werden kann‹, die ›angeborene Gemütsanlage (ingenium), durch welche die Natur der Kunst die Regel gibt‹. Goethe, der im übrigen den G.begriff der G.zeit kritisiert, will im Anschluß an Kant das G. bestimmt wissen als ›diejenige Kraft des Menschen, welche durch Handeln und Tun Gesetze und Regeln gibt‹. In F. Nietzsches Philosophie des ›Übermenschen‹ wirkt der G.begriff nach. Die Versuche, das G. mit psychopatholog. Kriterien zu erfassen, sind umstritten, ebenso die Genialität psychometrisch zu bestimmen.

Literatur: SCHMIDT, JOCHEN: Die Gesch. des G.-Gedankens in der dt. Lit., Philosophie u. Politik 1750–1945. Darmst. ²1988. 2 Bde.

Geniezeit (Genieperiode) [ʒeˈniː], geistesgeschichtl. Bewegung in der 2. Hälfte des 18. Jh.; sie entwickelte in krit. Auseinandersetzung mit dem Rationalismus der Aufklärung ein subjektivist. Lebensgefühl und erblickte im Genie die höchste Form menschl. Verwirklichung. Die Betonung der Naturhaftigkeit und der individuellen Freiheit führte nicht nur im Bereich der Kunst zur Ablehnung jegl. einschränkender Fesseln. Die junge Generation begehrte gegen die bestehende Ordnung auf, scheiterte aber an der Übermacht der bestehenden Verhältnisse oder flüchtete in eine ideal vorgestellte Vergangenheit, in der sie mit J.-J. Rousseau einen ursprünglich guten Naturzustand verwirklicht sah. In der dt. Geistesgeschichte bedeutet die G. den Durchbruch des Bürgertums als kulturtragender Schicht. Die G. wirkte auf alle Bereiche der Kultur, sie hatte ihren Höhepunkt in der Literatur des † Sturm und Drang (1767–85), beeinflußte nachhaltig die dt. Romantik, wirkte in F. Nietzsches Philosophie des Übermenschen weiter und wurde in der 1. Hälfte des 20. Jh. u. a. Gegenstand einer die abgelaufene Epoche kritisch betrachtenden künstler. Auseinandersetzung (Th. Mann, ›Doktor Faustus‹, 1947).

Literatur: WOLF, HERMANN: Versuch einer Gesch. des Geniebegriffs in der dt. Ästhetik des 18. Jh. Bd. 1. Hdbg. 1923. Nachdr. Nendeln 1973. – MUCHOW, H. H.: Jugend u. Zeitgeist. Morphologie der Kulturpubertät. Rbk. 21.–25. Tsd. 1964. – PETERS, G.: Der zerrissene Engel. Genieästhetik u. literar. Selbstdarstellung im 18. Jh. Stg. 1982.

Genlis, Stéphanie Félicité du Crest de Saint-Aubin, Gräfin von [frz. ʒãˈlis], * Schloß Champcéri bei Autun 25. Jan. 1746, † Paris 31. Dez. 1830, frz. Schriftstellerin. – Ab 1777 Erzieherin der Kinder des Herzogs von Chartres; während der Revolution (bis 1802) außer Landes; schrieb zahlreiche pädagog. Bücher (u. a. ›Erziehungs-Theater für junge Frauenzimmer‹, 4 Bde., 1779/80, dt. 1780–82) sowie vielgelesene Romane (am besten: ›Louise von Clermont‹, 1802, dt. 1807);

am wertvollsten sind ihre ›Denkwürdigkeiten über das 18. Jh. und die frz. Revolution‹ (10 Bde., 1825, dt. 8 Bde., 1825–27).

Literatur: BERTAUT, J.: Madame de G. Paris 1941. – LABORDE, A. M.: L'œuvre de Mme de G. Paris 1966. – NIEMEIER, U.: Madame de G. oder Zur Konstitution der Rolle einer Literatin zw. Ancien Régime u. Bürgerkönigtum. Diss. Siegen 1989.

Gennadius von Marseille [frz. marˈsɛj], † zw. 492 und 505, Priester, theolog. Schriftsteller. – Sein literar. Hauptwerk ist ein Katalog altkirchl. Schriftsteller ›De viris illustribus‹ (= Über bed. Männer), der das gleichnamige Werk des Hieronymus fortsetzte (geschrieben um 450). Selbständige theolog. Arbeiten waren polem. Art, z. B. gegen Nestorius, Eutyches und Pelagius. Aus einem größeren Werk ›Adversus omnes haereses‹ (= Gegen alle Häresien) blieb ein Teilstück ›Liber ecclesiasticorum dogmatum‹ (= Buch der kirchl. Glaubenslehren) erhalten, das seine theolog. Position als Semipelagianer, nach der Wille und Gnade bei der Erlösung zusammenwirken, deutlich macht.

Genrebild [ʒãːr], literaturwissenschaftl. Bez. für eine typ., häusl. oder ländl. Szene, in der Personen im Alltag geschildert werden; meist eingeschoben in Form von Episoden in lyr., ep. oder dramat. Werken.

Geoffrey of Monmouth [engl. ˈdʒɛfrɪ əv ˈmʌnməθ] (Gottfried von Monmouth), * Monmouth um 1100, † Llandaff bei Cardiff 1154, engl.-walis. Geschichtsschreiber. – Wahrscheinlich Benediktiner in Monmouth; 1152 Bischof von Saint Asaph. Sein 12bändiges histor. Werk ›Historia regum Britanniae‹, das vor 1139 geschrieben wurde, verbindet historisch genaue Darstellung mit Sagenhaftem (Hauptquelle für die Artussage; † Artusdichtung). Der größere stilist. Wert der Erzählung in Hexametern ›Vita Merlini‹ um die Gestalt Merlins, Zauberer und Seher der kelt. Sage, führte zeitweise zu Zweifeln an G.s Verfasserschaft.

Ausgabe: Galfredus Monmutensis. Historia regum Britanniae. The history of the kings of Britain. Neuengl. Übers. v. L. THORPE. Harmondsworth (Middlesex) 1966.

Literatur: FARAL, E.: La légende arthurienne. Paris 1929. 3 Bde. – TATLOCK, J. S. P.: The legendary history of Britain. G. of M.'s Historia regum Britanniae and its early vernacular versions. Berkeley (Calif.) 1950. Nachdr. New York 1974. – Arthurian literature in the Middle Ages. Hg. v. R. S. LOOMIS. Oxford 1959. Nachdr. 1967. – CRICK, J. C.: Historia regum Britannie of G. of M. Cambridge 1985–91. 5 Bde.

Geoffroi de Paris [frz. ʒɔfrwadpa'ri], † um 1320, frz. Geschichtsschreiber. – Mutmaßl. Verfasser einer Chronik in gereimten Versen über die Regierung König Philipps IV. für die Zeit von 1300 bis 1316. Dem nicht näher bekannten G. werden auch Gedichte und polit. Traktate zugeschrieben.

Ausgabe: La chronique métrique attribuée à G. de P. Hg. v. A. DIVERRÈS. Paris 1956 (mit Bibliogr.).

Georg-Büchner-Preis, 1923 zur Erinnerung an Georg Büchner vom Volksstaat Hessen gestifteter Kunstpreis für hess. Künstler. Nachdem 1933–44 kein Preis verliehen worden war, wurde er 1945 für Künstler hess. Herkunft neu ins Leben gerufen. Am 15. März 1951 wurde durch einen Vertrag zwischen dem hess. Kultusminister, dem Magistrat der Stadt Darmstadt und der Dt. Akad. für Sprache und Dichtung die Umwandlung des G.-B.-Preses in einen Literaturpreis beschlossen, der von der Akad. jährlich an Schriftsteller verliehen werden sollte, die in dt. Sprache schreiben, durch ihre Arbeiten und Werke in bes. Maße hervortreten und an der Gestaltung des gegenwärtigen dt. Kulturlebens wesentl. Anteil haben. Der mit dem Preis verbundene Geldbetrag (ursprünglich 3000 DM) wurde inzwischen auf 60000 DM erhöht. Preisträger dieses bedeutendsten Literaturpreises der BR Deutschland seit 1951 sind: G. Benn (1951), (1952 nicht verliehen), E. Kreuder (1953), M. Kessel (1954), M. L. Kaschnitz (1955), K. Krolow (1956), Erich Kästner (1957), M. Frisch (1958), G. Eich (1959), P. Celan (1960), H. E. Nossack (1961), W. Koeppen (1962), H. M. Enzensberger (1963), I. Bachmann (1964), G. Grass (1965), W. Hildesheimer (1966), H. Böll (1967), G. Mann (1968), H. Heißenbüttel (1969), Th. Bernhard (1970), U. Johnson (1971), E. Canetti (1972), P. Handke (1973), H. Kesten (1974), M. Sperber (1975), H. Piontek (1976), R. Kunze (1977), H. Lenz (1978), E. Meister (1979; postum),

Christa Wolf (1980), M. Walser (1981), P. Weiss (1982), W. Schnurre (1983), E. Jandl (1984), Heiner Müller (1985), F. Dürrenmatt (1986), E. Fried (1987), A. Drach (1988), B. Strauß (1989), T. Dorst (1990), W. Biermann (1991), G. Tabori (1992), P. Rühmkorf (1993), A. Muschg (1994).

Literatur: Büchner-Preis-Reden 1951–1971. Vorwort v. E. JOHANN. Stg. 1972. – Büchner-Preis-Reden 1984–1994. Vorwort v. H. HECKMANN. Stg. 1994.

Stefan George

George, Stefan, * Büdesheim (heute zu Bingen) 12. Juli 1868, † Minusio bei Locarno 4. Dez. 1933, dt. Dichter. – Sohn eines Weinhändlers und Gastwirts; studierte einige Semester Romanistik, Philosophie und Kunstgeschichte in Berlin; Reisen führten ihn durch ganz Europa; in Paris wurde er mit S. Mallarmé, P. Verlaine, A. Rodin u. a. Künstlern bekannt, in Wien mit H. von Hofmannsthal, in Belgien begegnete er A. Verwey und É. Verhaeren, in England A. Ch. Swinburne u. a.; 1892 erschien das erste Heft der ↑›Blätter für die Kunst‹ (insgesamt 12 Hefte bis 1919), ein Organ für den sich um ihn sammelnden Kreis, der ihm und seinem Werk huldigte (↑George-Kreis). 1893 lernte er in München K. Wolfskehl kennen und bekam durch ihn Kontakt zur Kosmiker-Runde, u. a. mit L. Klages, L. Derleth und A. Schuler. Ab 1900 lebte G. ziemlich zurückgezogen, meist in Berlin, München oder Heidelberg; 1933 ging er in die Schweiz. G. gilt als der bedeutendste Dichter des Symbolismus in Deutschland. Seine gegen Naturalismus und Epigonendichtung gerichtete exklusive Kunstauffassung des L'art pour l'art, sein am frz. Symbolismus geschulter Schönheits- und Formsinn fanden ihren Niederschlag in den Gedichtzyklen ›Hymnen‹ (1890), ›Pilgerfahrten‹ (1891) und ›Algabal‹ (1892). Die in den ›Blättern für die Kunst‹ propagierte Vergeistigung der Kunst, die ›neue fühlweise und mache‹ zeigt sich bereits hier, als Abkehr von der Alltagswirklichkeit, in der sprachl. Ökonomie. Wiedergeburt der Kunst heißt auch: Dichtung wird als Sinnbild für innere Zustände begriffen, der Dichter als ›Fremdling‹ der Masse gegenübergestellt. Der ästhet. Amoralismus in ›Algabal‹ steht unter dem Einfluß der Dichtung Ch. Baudelaires. ›Die Bücher der Hirten- und Preisgedichte, der Sagen und Sänge und der hängenden Gärten‹ (1895) stellen die drei großen Bildungswelten Orient–Antike–MA dar, in denen das dichter. Ich seinen geistigen Ursprung und die archetyp. Lebensformen zu erschließen versucht. Mit dem dreiteiligen Zyklus ›Das Jahr der Seele‹ (1897; erweiterte Neuaufl. 1899) endet das Frühwerk. Mit dem Zyklus ›Der Teppich des Lebens und die Lieder von Traum und Tod‹ (1900) wandte sich G. vom Ästhetizismus ab und begann eine neue myth. Wertwelt aufzubauen, in der der Dichter als Seher im Gefolgschaftskreis der Jünger wirkt. In den Vordergrund tritt jetzt das Ethos der Tat. 1902 hatte G. in München seine erste Begegnung mit dem 14jährigen Gymnasiasten Maximilian Kronberger, der zwei Jahre später starb. Diese Begegnung wurde für G. zum zentralen Erlebnis, er empfand sie als Mitte und Erfüllung seines Lebens. Aus Max Kronberger schuf er den Mythos ›Maximin‹, erhob ihn zum neuen Gott seiner Religion (›Maximin. Ein Gedenkbuch‹, 1907; ›Der siebente Ring‹, 1907). G.s vage und irrationale Religionsstiftung wurde unterstützt von den Kosmikern; als Prophet verkündete er das kommende neue Reich, das nach dem Durchgang durch das Chaos erstehen und den aristokrat., göttergleichen Menschen hervorbringen sollte. Zeitkritik und Verherrlichung der neuen myth. Einheit des Daseins bestimmen auch den Zyklus ›Der Stern des Bundes‹ (1914). Der in der Nachfolge F. Nietzsches un-

ternommene Versuch, die Krise der europ. Kultur durch die Stiftung eines ›Neuen Bundes‹ des mythisch-aristokrat. Menschen zu überwinden, führte wegen seiner inhaltl. Vagheit dazu, daß es dem Nationalsozialismus möglich war, in G. einen Geistesverwandten zu sehen; sein Weggang in die Schweiz ist als Protest gegen eine solche Vereinnahmung anzusehen. Bed. war G. auch als Übersetzer (u. a. Dante, Shakespeare, Baudelaire, Mallarmé).

Weitere Werke: Die Fibel (Ged., 1901), Tage und Thaten. Aufzeichnungen und Skizzen (1903, erweitert 1925), Der Krieg (Dichtung, 1917), Drei Gesänge (1921), Das neue Reich (Ged., 1928).

Ausgaben: S. G. Gesamtausg. Düss. u. Mchn. [1-5]1927–42. 18 Bde. Nachdr. 1964–69. – Briefwechsel S. G. – Hugo von Hofmannsthal. Mchn. u. a. [2]1953. – S. G./Gundolf, F.: Briefwechsel. Hg. v. R. BOEHRINGER u. G. P. LANDMANN. Stg. 1962. – S. G. Werke. Mchn. u. a. [2]1968. 2 Bde. – S. G. Sämtl. Werke in 18 Bden. Hg. v. G. P. LANDMANN. Stg. 1982 ff. (bisher 11 Bde. erschienen). – S. G./Coblenz, Ida: Briefwechsel. Hg. v. G. P. LANDMANN u. E. HÖPKER-HERBERG. Stg. 1983.

Literatur: GUNDOLF, F.: G. Bln. [3]1930. Nachdr. Darmst. 1968. – JOST, D.: S. G. u. seine Elite. Zü. 1949. – KLUSSMANN, P. G.: S. G. Bonn 1961 (mit Bibliogr.). – BOCK, C. V.: Wort-Konkordanz zur Dichtung S. G.s. Amsterdam 1964. – ARBOGAST, H.: Die Erneuerung der dt. Dichtersprache in den Frühwerken S. G.s. Köln u. Graz 1967. – DAVID, C.: S. G. Dt. Übers. Mchn. 1967. – BOEHRINGER, R.: Mein Bild von S. G. Stg. [2]1967. 2 Bde. – SCHULTZ, HANS STEFAN: Studien zur Dichtung S. G.s. Hdbg. 1967. – DURZAK, M.: Der junge S. G. Mchn. 1968. – HEFTRICH, E.: S. G. Ffm. 1968. – S. G. 1868–1968. Bearb. v. B. ZELLER u. a. Ausst.-Kat. Marbach am Neckar u. Mchn. [2]1968. – MORWITZ, E.: Komm. zu dem Werk S. G.s. Mchn. [2]1969 (mit Reg. ebd. 1969). – WINKLER, M.: S. G. Stg. 1970. – DURZAK, M.: Zwischen Symbolismus u. Expressionismus. S. G. Stg. 1974. – WÜRFFEL, B.: Wirkungswille u. Prophetie. Studien zu Werk u. Wirkung S. G.s. Bonn 1978. – KRAFT, W.: S. G. Mchn. 1980. – KLUNCKER, K.: Das geheime Deutschland. Über S. G. u. seinen Kreis. Bonn 1985. – HEINTZ, G.: S. G. Studien zu seiner künstler. Wirkung. Stg. 1986. – USINGER, F.: S. G. Aachen 1988. – SCHONAUER, F.: S. G. Rbk. 41.–43. Tsd. 1992.

George, Walter Lionel [engl. dӡɔ:dӡ], * Paris 20. März 1882, † London 30. Jan. 1926, engl. Schriftsteller. – Journalist; befaßte sich mit sozialen Problemen; schrieb neben Frauenromanen, von denen ›The second blooming‹ (1914) bes. erfolgreich war, polit. und nationalökonom. Werke, Essays und Kurzgeschichten.

George-Kreis, Gruppe von Dichtern, Künstlern und Gelehrten, die in sich nicht einheitlich war, sondern die sich in teils sehr enger, teils weniger enger Bindung an S. George und sein Werk anschlossen. Im Zentrum standen die Mitarbeiter des programmat. Organs ›Blätter für die Kunst‹ (1892–1919) und der von F. Gundolf geführten ›Jahrbücher für die geistige Bewegung‹ (1910 bis 1912). Die kulturreformer. und ästhet. Zielsetzung war durchaus Veränderungen unterworfen; die einzelnen Autoren, die dem G.-K. zuzuordnen sind, nahmen oft eine Entwicklung, die zu starken Modifizierungen, oft zur Distanzierung führte. Zu nennen sind die Dichter K. Wolfskehl, H. von Heiseler, E. Hardt, K. G. Vollmoeller, H. von Hofmannsthal und M. Dauthendey, die Maler M. Lechter und L. Thormaehlen, Wissenschaftler wie K. Hildebrandt, E. H. Kantorowicz und E. Salin und Literaturwissenschaftler wie F. Gundolf, F. Wolters, E. Bertram und M. Kommerell, der sich zunächst einer histor. Begründung, später einer Kritik des Georgeschen Führungsanspruchs zuwandte, wie sie dann schärfer von W. Benjamin formuliert wurde.
Literatur: WINKLER, M.: G.-K. Stg. 1972. – LANDMANN, G. P.: Stefan George u. sein Kreis. Bibliogr. Stg. ²1976. – Stefan George in seiner Zeit. Dokumente zur Wirkungsgesch. Hg. v. R.-R. WUTHENOW. Stg. 1980–81. – PORNSCHLEGEL, C.: Der literar. Souverän. Zur polit. Funktion der dt. Dichtung bei Goethe, Heidegger, Kafka u. im G.-K. Freib. 1994.

Georgian poetry [engl. ˈdʒɔːdʒən ˈpoʊɪtrɪ], Titel einer von E. Marsh 1912–22 herausgegebenen fünfbändigen lyr. Anthologie, seitdem auch für die literar. Richtung der darin vertretenen, zur Regierungszeit des brit. Königs Georg V. wirkenden Schriftsteller, v. a. R. Ch. Brooke, W. H. Davies, J. Drinkwater, W. J. de la Mare, W. W. Gibson, H. E. Monro, auch D. H. Lawrence, J. Masefield, R. Graves. Hauptkennzeichen der G. p. sind Traditionsverbundenheit, sentimentalist. Sehnsucht nach dem ländl. Leben, Betonung des typisch Englischen,

Abkehr von der Fin-de-siècle-Stimmung und Publikumswirksamkeit. – G. p. wird auch über die in der Anthologie vertretenen Dichter hinaus ausgeweitet auf andere, die in jener Zeit eine ähnl. Stil- und Geisteshaltung zeigten: so enthält die von J. Reeves herausgegebene Anthologie ›G. p.‹ (1962) auch Lyrik von E. Ch. Blunden, A. E. Housman, W. E. S. Owen u. a.
Literatur: SWINNERTON, F. A.: The Georgian literary scene, 1910–1935. London Neuausg. 1969.

Georgiew (tl.: Georgiev), Michalaki, * Widin 11. Aug. 1854, † Sofia 14. Febr. 1916, bulgar. Schriftsteller. – Lehrer, Ministerialbeamter, Redakteur und Diplomat; stellte in seinen Erzählungen (›Rada‹, 1903) und Humoresken das Land- und Provinzstadtleben seiner Heimat dar.
Ausgabe: M. Georgiev. Săčinenija. Sofia 1961. 2 Bde.

Georgios Pisides (tl.: Geōrgios Pisídēs), byzantin. Schriftsteller der 1. Hälfte des 7. Jahrhunderts. – Lebte unter Kaiser Herakleios (610–641), dessen Feldzug und Sieg gegen die Perser er in zwei Gedichten verherrlichte; in dem großen Lehrgedicht ›Eis tēn hexaēmeron‹ über die Erschaffung der Welt folgte G. P. den naturwiss. Anschauungen des Aristoteles; schrieb neben zahlreichen episch-enkomiast. und theologisch-moral. Dichtungen Epigramme über weltl. und geistl. Themen und Prosawerke (Viten). Gilt als wichtigster Vertreter der byzantin. Profandichtung.
Ausgabe: Poemi di Giorgio di Pisida. Griech. u. Italien. Krit. Ausg. Hg. v. A. PERTUSI. Ettal 1959.

georgische Literatur, die g. L. umfaßt fünf Perioden: 1. die altgeorg. geistl. Literatur (5.–11. Jh.), 2. die weltl. Literatur des MA (11.–13. Jh.), 3. die Literatur der vorneugeorg. Epoche (13.–19. Jh.), 4. die neugeorg. Literatur (19. Jh. – 1921), 5. die sowjet. Periode (1921–90/91). Die **altgeorg. geistl. Literatur** wurde überwiegend von Mönchen in Klöstern innerhalb Georgiens (Gelati, Ikalto) und außerhalb Georgiens in Kleinasien und dem Byzantin. Reich (Palästina, Sinai, Athos, Antiochia, Batschkowo in Bulgarien) gepflegt. Sie umfaßt Übersetzungen aus dem Armenischen, Syrischen, Griechischen und Originalschöpfungen. Bed. Übersetzer waren Euthymios (* um 955, † 1028), Abt des Iwironklosters auf dem Athos, sein Nachfolger Georgios Hagiorites (* 1009, † 1065), Ephrem Mzire (* 1027, † 1094) und der Neuplatoniker Johannes Petrizi († um 1125). Die älteste Evangelienübersetzung erfolgte aus dem Armenischen. In georg. Übersetzungen erhalten geblieben sind Viten und Martyrologien, deren Originale verlorengingen. Zu den Neuschöpfungen gehören u. a. Jakob Zurtawelis ›Martyrium der hl. Schuschanik‹ (5. Jh.) als ältestes Denkmal g. L., das ›Martyrium des hl. Abo von Tiflis‹ des Johannes Sabanisdse (8. Jh.), die Vita des hl. Gregor von Chandsta (10. Jh.), die in zwei Rezensionen vorliegende Kompilation ›Mokcevaj Kartlisaj‹ (= Die Bekehrung Georgiens) und die buddhist. Legende von † Barlaam und Josaphat (›Balavariani‹), von Euthymios aus dem Georgischen ins Griechische übertragen.

Die an den Fürstenhöfen gepflegte **mittelalterl. Dichtung und Prosa** stand unter pers. Einfluß. Als Werk der Weltliteratur ragt das georg. Nationalepos (›Vepxistqaosani‹, um 1200, 1. Druck 1712, dt. 1889 u. d. T. ›Der Mann im Tigerfelle‹) von Sch. Rustaweli heraus. Zu diesem Nationalepos abgefaßt sind die Ritterromane ›Amiran-Daredžaniani‹ des Moses Choneli (12. Jh.) und die Sargis Tmogweli zugeschriebene Übersetzung des ›Visramiani‹ (12. Jh.) aus dem Persischen dem Tristan-und-Isolde-Motiv. Unter den Chroniken zu nennen ist die im 18. Jh. zusammengestellte Sammlung ›Kartlis cxovreba‹ (= Das Leben Georgiens), deren Grundlagen auf Leonti Mroweli (11. Jh.) zurückgehen.

In die **vorneugeorg. Periode** gehören die sich als Dichter betätigenden Könige: Teimuras I. (* 1589, † 1663) dichtete nach pers. Vorbild, Artschil II. (* 1647, † 1713) versuchte, den pers. Einfluß zurückzudrängen. Wachtang VI. (* 1675, † 1737) betätigte sich als Dichter und vielseitiger Förderer georg. Kultur. Sein Onkel S.-S. Orbeliani verfaßte eine ›Die Weisheit der Lüge‹ (1695, dt. 1933) genannte Sammlung von Fabeln, Parabeln, Märchen und ein georg. Wörterbuch; durch Wach-

tangs Söhne erfolgte 1743 eine vollständige Bibelausgabe. Im 18. Jh. traten die oriental. Einflüsse gegenüber europ., bes. russ., bei den Lyrikern D. G. Guramischwili und W. Gabaschwili zurück. Romantiker waren im 19. Jh. Alexandr Tschawtschawadse (* 1786, † 1846), G. Orbeliani, N. Barataschwili und Wachtang Orbeliani (* 1812, † 1890). Der Schöpfer der Komödie, G. D. Eristawi, betätigte sich bereits als krit. Realist.

Die Sprache der **neugeorg. Literatur** wurde vornehmlich durch zwei Autoren geschaffen, die zu den bedeutendsten Vertretern der g. L. zählen, durch den vielseitigen I. G. Tschawtschawadse und den Lyriker A. K. Zereteli. Beide Dichter standen an der Spitze der georg. Schriftstellervereinigung der ›Tergdaleulni‹, die nach russ. Muster für die Verwirklichung sozialreformer. Ideen eintrat. Leben und Sitten der ostgeorg. Bergstämme wurden von A. M. Kasbegi und Wascha-Pschawela dichterisch gestaltet. Unter den Realisten um die Jahrhundertwende sind u. a. E. F. Ninoschwili, D. S. Kldiaschwili, Schijo Aragwispireli (* 1867, † 1926) und Wassili Barnowi (* 1856, † 1934) zu nennen. Zu Beginn des 20. Jh. wurde der Symbolismus auch in der g. L. gepflegt.

Prominente Vertreter der **georg.-sowjet. Literatur,** wie die Dichter Galaktijan Tabidse (* 1891, † 1959) und Georgi Leonidse (* 1897, † 1966), begannen ihre Tätigkeit als Symbolisten, der Schriftsteller G. Robakidse emigrierte nach Deutschland und wurde hier durch seine Werke bekannt. In den stattl. Kreis der georg. Sowjetliteratur gehörten u. a. N. Lordkipanidse, K. S. Gamsachurdia, Simon Tschikowani (* 1902, † 1966), G. Abaschidse und N. W. Dumbadse. Seit den 70er Jahren gab es eine georg. Untergrundliteratur, die unter starkem staatl. Druck stand. Die Wende kam erst 1990/ 1991, als Georgien seine Unabhängigkeit erklärte und die Sowjetunion zerfiel. Seitdem ist das Land kaum zur Ruhe gekommen.

Literatur: KARST, J.: Littérature géorgienne chrétienne. Paris 1934. – TARCHNIŠVILI, M.: Gesch. der kirchl. g. L. Vatikan 1955. – BARAMIDZE, A. G., u. a.: Istorija gruzinskoj literatury. Neuausg. Tiflis 1958. – DEETERS, G.: Die g. L.

In: Hdb. der Orientalistik. Hg. v. B. SPULER.
I. Abt. Bd. 7. Leiden 1963. – BARAMIDZE,
A. G./GAMEZARDASHVILI, D. M.: Georgian lit-
erature. Engl. Übers. Tiflis 1968. – Georg. Poe-
sie aus acht Jahrhunderten. Eingel. u. übersetzt
v. A. ENDLER u. a. Bln. ²1974. – Kartuli mcer-
loba. Leksikoni-cnobari. Hg. v. G. ASATIANI u. a.
Bd. 1. Tiflis 1984. – Georg. Erzähler der neueren
Zeit. Dt. Übers. v. R. NEUKOMM. Zü. ²1984. –
CHOTIWARI-JÜNGER, S.: Die Entwicklung des
georg. histor. Romans. Ffm. u. a. 1993. – FÄHN-
RICH, H.: G. L. Aachen 1993. – FÄHNRICH, H.:
Georg. Schriftsteller von A–Z. Aachen 1993.

Georgov, Ilja [tschech. 'gɛɔrgɔf],
Pseudonym des tschech. Schriftstellers
Antonín ↑ Sova.

Georgslied, ältester deutschsprachiger Heiligenhymnus, entstanden um 900;
in eigenartiger Orthographie auf den
letzten Blättern der Heidelberger Otfrid-
Handschrift aufgezeichnet; der Eintrag
bricht nach etwa 57 Versen ab. Das Gedicht, in gereimten Vierhebern, ist in un-
gleiche Abschnitte mit Kehrreim gegliedert; es handelt von den Wundern
und dem Martyrium des hl. Georg. Es
gilt als Gemeinschaftslied, der Entste-
hungsort (Weißenburg, Prüm) ist umstritten.
Literatur: TSCHIRCH, F.: Wisolf – eine mittelalterl. Schreiberpersönlichkeit. Zur Schreibung
des ahd. G.es. In: Beitrr. zur Gesch. der Dt.
Sprache u. Lit. 73 (1951), S. 387. – HAUB-
RICHS, W.: G. u. Georgslegende im frühen MA.
Königstein i. Ts. 1979. – HAUBRICHS, W.: Die
Kultur der Abtei Prüm zur Karolingerzeit. Bonn
1979.

Gerald of Wales [engl. 'dʒɛrəld əv
'wɛɪlz], Geistlicher und Schriftsteller normann.-walis. Herkunft, ↑ Giraldus Cambrensis.

Géraldy, Paul [frz. ʒeral'di], eigtl.
P. Lefèvre-Géraldy, * Paris 6. März 1885,
† Neuilly-sur-Seine 10. März 1983, frz.
Schriftsteller. – War als Lyriker am erfolgreichsten mit der kleinen Sammlung
von Liebesgedichten ›Du und ich‹ (1913,
dt. 1927), als Dramatiker mit seinen geist-
voll analysierenden Bühnenstücken ›Les
noces d'argent‹ (1917), ›Aimer‹ (1921),
›Robert et Marianne‹ (1925) u. a.; bemerkenswert auch sein Essay ›L'Amour. Der
Mann und die Liebe‹ (1951, dt. 1955,
1960 endgültige Frz. Ausg. u. d. T.
›L'homme et l'amour‹).

Gerbert de Montreuil [frz. ʒɛrbɛr-
dəmõ'trœj] (Girbert de M.), altfrz. Dich-

ter der 1. Hälfte des 13. Jh. aus Mon-
treuil-sur-Mer (Pas-de-Calais). – Verfaßte eine Fortsetzung zu Chrétiens de
Troyes Gralsroman ›Perceval‹ und um
1227 den ›Roman de la violette‹, auf dem
u. a. das Textbuch zu C. M. von Webers
Oper ›Euryanthe‹ (UA 1823) beruht.
Literatur: FRANÇOIS, C.: Études sur le style de la
continuation du ›Perceval‹ par G. et du ›Roman
de la violette‹ par G. de M. Paris 1932. – G. de
M. as a writer of Grail romance. Chicago (Ill.)
1942. – Grundriß der roman. Literaturen des
MA. Bd. IV: Le roman jusqu'à la fin du XIIIᵉ
siècle. Hg. v. J. FRAPPIER u. R. R. GRIMM. Hdbg.
1978–84. 2 Teil-Bde.

Gercen, Aleksandr Ivanovič, russ.
Schriftsteller und Publizist, ↑ Herzen,
Alexandr Iwanowitsch.

Gerchunoff, Alberto [span. xɛrtʃu-
'nɔf], * Proskurow (Chmelnizki [Ukrai-
ne]) 1. Jan. 1883, † Buenos Aires 2. März
1950, argentin. Schriftsteller. – Sohn rus-
sisch-jüd. Einwanderer. Schildert in seinen Erzählungen ›Los gauchos judíos‹
(1910) die jüd. Erschließung der Provinz
Entre Ríos. Zeitsatiren sind die Romane
›El hombre que habló en la Sorbona‹
(1926), ›El hombre importante‹ (1934).
Seine stilistisch brillanten Essays behandeln span., argentin. und dt. Literatur sowie soziale und innenpolit. Probleme Argentiniens.

Gerhard, Adele, geb. de Jonge,
* Köln 8. Juni 1868, † ebd. 10. Mai 1956,
dt. Schriftstellerin. – Emigrierte 1938 in
die USA; veröffentlichte mehrere sozial-
polit. Schriften, wandte sich dann der erzählenden Dichtung zu und gestaltete
soziale und psycholog. Probleme, v. a.
Frauenschicksale.
Werke: Pilgerfahrt (R., 1902), Die Geschichte
der Antonie van Heese (R., 1906), Begegnung
u. a. Novellen (1912), Magdalis Heimroths Leidensweg (R., 1913), Am alten Graben (R., 1917),
Sprache der Erde (Nov.n, 1918), Lorelyn (R.,
1920), Pflüger (R., 1925), Via sacra (R., 1928),
Das Bild meines Lebens (Autobiogr., 1948).
Literatur: GERHARD, M.: Das Werk A. G.s als
Ausdruck einer Wendezeit. Bern u. Mchn. 1963.

Gerhardt, Ida Gardina Margaretha
[niederl. 'xɛrhɑrt], * Gorinchem 11. Mai
1905, niederl. Lyrikerin. – Schrieb zahlreiche Gedichtbände (Themen: Natur,
Religion, Liebe) in klass. Formgebung
sowie Übersetzungen; erhielt 1979 den
Pieter-Cornelisz.-Hooft-Preis.

Werke: Kosmos (Ged., 1940), Het veerhuis (Ged., 1945), Buiten schot (Ged., 1947), Sonneten voor een leraar (Ged., 1952), Het levend monogram (Ged., 1955), De hovenier (Ged., 1961), De slechtvalk (Ged., 1966), Het sterreschip (Ged., 1979), Verzamelde gedichten (Ged., 1980), De zomen van het licht (Ged., 1983), De adelaarsvarens (Ged., 1988). **Literatur:** REITSMA, A.: ›In de taal zelf verscholen‹. Over de poëzie van I. G. Amsterdam 1983.

Gerhardt, Paul, *Gräfenhainichen 12. März 1607, † Lübben/Spreewald 27. Mai 1676, dt. Theologe und Kirchenlieddichter. – Studierte in Wittenberg Theologie, war Hauslehrer, ab 1657 Diakonus an der Nikolaikirche in Berlin. Als bekenntnistreuer Lutheraner Gegner der vom Großen Kurfürsten angestrebten ev. Union; mußte 1666 von seinem Amt zurücktreten und wurde 1669 Archidiakonus in Lübben/Spreewald. G. schrieb über 130 geistl. Lieder (u. a. ›Nun ruhen alle Wälder‹, 1648; ›Ich steh an deiner Krippen hier‹, 1653; ›Befiehl du deine Wege‹, 1656; ›Geh aus, mein Herz und suche Freud‹, 1656; ›O Haupt voll Blut und Wunden‹, 1656), z. T. nach Psalmen; sein Schaffen bildet den Höhepunkt der ev. Kirchenlieddichtung nach Luther und bewirkte die Entwicklung vom Bekenntnislied zum persönl. Erbauungslied. Die schlichten Lieder zeugen von empfindsamer Frömmigkeit und starkem Gottvertrauen. **Ausgaben:** P. G. Geistl. Lieder. Eingel. v. K. GEROK. Stg. ²1879. – P. G. Dichtungen u. Schrr. Hg. v. E. VON CRANACH-SICHART. Mchn. 1957. – P. G. Geistl. Andachten. Reprint der Ausg. von 1667. Hg. v. F. KEMP. Bern u. a. 1975. **Literatur:** IHLENFELD, K.: Huldigung f. P. G. Bln. ²1957. – RÖDDING, G.: P. G. Güt. ²1984. – HESSELBACHER, K.: P.G. Sein Leben, seine Lieder. Konstanz ¹⁰1991. – BRUNNERS, CH.: P.G. Weg, Werk, Wirkung. Bln. ²1994.

Gerhoh (Gerhoch) **von Reichersberg,** *Polling (Oberbayern) 1093, † Reichersberg (Oberösterreich) 27. Juni 1169, dt. Theologe und Kirchenschriftsteller. – Domschüler u. a. in Freising, dann Scholaster an der Domschule zu Augsburg, ab 1118/19 dort Domherr; im Investiturstreit erst kaiserlich, dann streng päpstlich gesinnter Teilnehmer am 1. Laterankonzil (1123), 1124 Augustiner-Chorherr in Rottenbuch, ab 1132 Propst des Augustiner-Chorherrenstiftes Reichersberg, wo er eine starke Reformtätigkeit entfal-

tete. Einer der fruchtbarsten Schriftsteller des MA, der in lat. Streitschriften zu theolog., kirchl. und polit. Fragen Stellung nahm. Sein Bruder, Arno von Reichersberg (*um 1100, †1175), unterstützte ihn literarisch. **Werke:** De investigatione Antichristi (3 Tle., 1161/62), Opusculum de gloria et honore filii hominis (1163). **Literatur:** CLASSEN, P.: Gerhoch v. R. Wsb. 1960.

Gerhold, Franz Josef, Pseudonym des österr. Schriftstellers Adam ↑ Müller-Guttenbrunn.

German, Daniil Alexandrowitsch [russ. ˈgjɛrmɐn], russ. Schriftsteller, ↑ Granin, Daniil Alexandrowitsch.

German, Juri Pawlowitsch [russ. ˈgjɛrmɐn], *Riga 4. April 1910, † Leningrad (heute Petersburg) 16. Jan. 1967, russ.-sowjet. Schriftsteller. – In seinem bekanntesten Roman ›Naši znakomye‹ (= Unsere Bekannten, 1936) stellte G. das sowjet. Alltagsleben nicht ohne Sentimentalität und Patriotismus dar. 1952 erschien sein Roman über das Rußland Peters des Großen, ›Rossija molodaja‹ (= Junges Rußland); auch Dramen und Drehbücher. **Weitere Werke:** Schwert und Flamme (En., 1947, dt. 1952), Bis zur letzten Operation (R., 1956, dt. 1959). **Ausgabe:** J. P. G. Sobranie sočinenij. Moskau 1975 ff. Auf 6 Bde. berechnet. **Literatur:** FOROSTENKO, A.: The major novels of J. G. and their evaluation by Soviet critics. Diss. Bryn Mawr 1972.

Germanicus, Iulius Caesar, *Rom 15 v.Chr., † Antiochia 19 n.Chr., röm. Feldherr und Schriftsteller. – Sohn des älteren Drusus, Adoptivsohn des Tiberius; kämpfte 13–17 in Germanien. Von ihm ist ein astronom. Lehrgedicht erhalten, eine umsichtige und gewandte lat. Bearbeitung der ›Phainómena‹ (= Himmelserscheinungen) des Aratos von Soloi. Schrieb auch in griech. Sprache (Epigramme, vielleicht auch Komödien). **Ausgabe:** The Aratus ascribed to G. C. Hg. v. D. B. GAIN. London 1976. **Literatur:** MAURACH, G.: G. und sein Arat. Hdbg. 1978.

germanische Dichtung, Dichtung der german. Stämme vor der Christianisierung; sie kann, da nur mündlich tradiert, lediglich aus sekundären Quellen erschlossen werden. Die wichtigsten Quellen sind 1. Zeugnisse lat. Schriftsteller seit Tacitus, vereinzelt auch in volkssprachiger Literatur des MA; 2. der Wortschatz der einzelnen Stammesmundarten (Glossierungen und Interlinearversionen lat. Texte enthalten poetolog. Bezeichnungen für die einzelnen Gattungen, Dichter, Dichtungen usw.); 3. vereinzelte und zufällige Aufzeichnungen mündlich tradierter Texte in literar. Zeit (z. B. ›Merseburger Zaubersprüche‹, im 10. Jh. aufgezeichnet; ›Hildebrandslied‹, Anfang des 9. Jh.), die jedoch oft Spuren christl. Bearbeitung erkennen lassen. Unsicher sind auch 4. die Rückschlüsse (v. a. formaler Art) von der teilweise am Vorbild lat. Literatur geschulten christl. Stabreimpoesie der Angelsachsen (Blütezeit 7.–10. Jh., überliefert erst im 10. Jh.). Ebensowenig kann 5. die altisländ. Dichtung (Blütezeit der Schriftliteratur 1200–60) ohne starke Abstriche als verläßl. Quelle für eine g. D. gewertet werden. Sie entsprang einer Rückbesinnung auf kulturelles Erbe der heidn. Zeit im bereits seit 200 Jahren christianisierten Island des 13. Jahrhunderts. Aufgrund der Quellensituation ergibt sich nur ein ungefähres Bild der g. D., ihrer Gattungen und Formen. Zwei Epochen sind dabei zu unterscheiden: die Dichtung der bäuerl. Urgesellschaft und die Dichtung der Kriegergesellschaft der Völkerwanderungszeit. Die *Dichtung der bäuerl. Urgesellschaft* der gemeingerman. Zeit war, wie alle frühzeitl. Dichtung, Gemeinschaftsdichtung. Bezeugt sind der in den Bereich des bäuerl. Vegetationskults gehörende Kulthymnus, der von diesem nur schwer trennbare Zauberspruch (wichtigste Zeugnisse: die ahd. ›Merseburger Zaubersprüche‹, dazu eine Reihe altengl. Zaubersprüche und Segensformeln), weiter Hochzeitsgesänge, Totengesänge, Schlachtgesänge (↑auch Barditus) und Arbeitslieder, ferner Spruchdichtung, Rätselpoesie, Merkdichtung aller Art; bes. Bedeutung kommt der Merkdichtung auf dem Gebiet der Rechtsüberlieferung zu. Die sprachl. Form dieser Gattungen ist der ↑Carmenstil. Mit der Herausbildung einer adligen Führungsschicht in der *Völkerwanderungszeit*

kamen zu den ›niederen‹ Gattungen der frühgeschichtl. Zeit die ›höheren‹ Gattungen des ep. ↑Heldenliedes und des panegyr. ↑Preisliedes. Gepflegt wurden die heroischen Gattungen an den Adelshöfen; ihre Träger (ahd. ›scoph‹, ›scof‹, altengl. ›scop‹ gegenüber altnord. ›scáld‹) gehörten als Hofdichter zur Gefolgschaft der Fürsten. Auch die sprachl. Gestalt der neuen Gattungen ist höher entwickelt; die wenigen einigermaßen authent. Zeugnisse (Heldenlieder: ›Hildebrandslied‹, altengl. ›Finnsburglied‹, 8. Jh.; Preislied: ahd. ›Ludwigslied‹, Ende des 9. Jh. – mit Einschränkung, da als Werk bereits der christl. Zeit angehörend) zeigen rohe Ausprägungen des Stabreim- und Endreimverses. – Der Bruch, den die Christianisierung und die Anfänge der Schriftliteratur für die g. D. bedeuten, wirkte sich für die einzelnen german. Völker unterschiedlich aus. Am einschneidendsten war dieser Bruch im dt. Sprachgebiet. Weniger scharf scheint er im ags. Bereich gewesen zu sein, wo immerhin Stoffe älterer Heldenlieder zu einem Stabreimepos (›Beowulf‹, 7.–10. Jh.) verarbeitet wurden und auch altererbte Spruchdichtung und Rätselpoesie literar. Gestalt erhalten (allerdings mit christl. Tendenz). Stabreimvers – im ags. Bereich – und Endreimvers – im hochdt. Raum – finden erst in dieser Epoche der Literarisierung ihre endgültige, ästhetisch befriedigende Form. Am längsten lebte die alte Dichtung in Skandinavien fort: ↑Edda, ↑Skaldendichtung, ↑Saga.

Literatur: German. Altertumskunde. Hg. v. HERMANN SCHNEIDER. Mchn. 1938. Nachdr. 1951. – BAESECKE, G.: Vor- u. Frühgesch. des dt. Schrifttums. Bd. 1. Vorgesch. des dt. Schrifttums. Halle/Saale 1940. – HEUSLER, A.: Die altgerman. Dichtung. Potsdam ²1943. Nachdr. Darmst. 1957. – SCHNEIDER, HERMANN: German. Heldensage. Bln. ²1961. – Gesch. der dt. Lit. von den Anfängen bis zur Gegenwart. Bd. 1. Gesch. der dt. Lit. von den Anfängen bis 1160. Hg. v. V. E. ERB. Bln. ²1965. – KELLERMANN, V.: German. Altertumskunde. Bln. 1966. – GENZMER, F.: Vorgeschichtl. u. frühgeschichtl. Zeit. 2000 v. Chr. –770 n. Chr. In: Annalen der dt. Lit. Hg. v. H. O. BURGER. Stg. ²1971. – Reallex. der german. Altertumskunde. Begr. v. J. HOOPS. Hg. v. H. JANKUHN u. a. Bln. ²1973. Auf 21 Bde. berechnet (bisher 7 Bde. erschienen). – HANSEL, J.: Bücherkunde für Germanisten. Bln. ⁹1991.

Germanistik, geisteswiss. Disziplin, die sich mit den sprachl. Kulturzeugnissen des german. und bes. des dt. Sprachraums befaßt. Der G., oft in gleichem Sinn wie german. Philologie oder auch dt. Philologie verstanden, wird bisweilen die german. Altertumskunde und die Nordistik zugeordnet. Seit Ende des 19. Jh. etablierten sich die Teilfächer Alt-G. (Sprache und Literatur der Frühzeit und des MA) und Neu-G. (v. a. Literatur der Neuzeit). Als histor. und systemat. Wiss. von der dt. Sprache und Literatur zeitweise zur Ideologisierung eines besonderen dt. Geistes und Wesens mißbraucht, ist die G., als Nachbarwiss. der anderen Philologien (↑ Romanistik, ↑ Anglistik usw.), eingebunden in die allgemeine Sprachwiss. einerseits und die allgemeine Literaturwiss. andererseits. Die germanist. Sprachwiss. wird unter dem Aspekt der Diachronie, d. h. als Sprachgeschichte, und unter dem Aspekt der Synchronie, in neuester Zeit v. a. als germanist. Linguistik, betrieben.

Als unsystematisch betriebenes Interessengebiet einzelner Gelehrter läßt sie sich auf dem Gebiet der german. Altertumskunde zurückverfolgen bis Tacitus; im Sinne einer dt. Sprach- und Literaturkunde setzt sie im Humanismus (16. Jh.) ein mit der Erforschung und Publizierung alter Rechts- und Geschichtsquellen und mittelalterl. Bibelübersetzungen, z. B. etwa der Ausgabe von Otfrid von Weißenburgs ›Evangelienbuch‹ (1571) durch Matthias Flacius (Illyricus) oder der Teilausgabe der got. Bibel von Bonaventura Vulcanius (1597); zur gleichen Zeit begann auch die Erforschung älterer Sprachformen. Conrad Gesner legte z. B. in seinem ›Mithridates‹ (1555) einen frühen Grundstein für die vergleichende Sprachwissenschaft. Die normierende Tendenz des Buchdrucks förderte auch die Beachtung der Gegenwartssprache: Dt. Grammatiken verfaßten u. a. Valentin Ickelsamer (1534), Laurentius Albertus, Albert Oelinger (1573) und Johannes Klaj (1578). Im 17. Jh. wurde die Kenntnis altdt. Sprachdenkmäler und auch der Literatur des Hoch-MA durch die Schriften Melchior Goldasts (∗ 1578, † 1635, genannt von Haiminsfeld) verbreitet. Er publizierte als Zeugnisse mittelalterl.

Rechtsauffassung aus der ›Großen Heidelberger Liederhandschrift‹ zum ersten Mal in der Neuzeit Strophen Walthers von der Vogelweide. Auch Barockdichter wie M. Opitz setzten sich mit altdt. Literatur auseinander (›Das Annolied‹, 1639); die erste Gesamtausgabe der got. Bibel besorgte Franciscus Junius d. J. (1664/65). Die Sprachkunde empfing wichtige Impulse von den ↑ Sprachgesellschaften: neben den Bemühungen von Opitz (›Aristarchus‹, 1617) v. a. J. G. Schottels ›Ausführl. Arbeit von der Teutschen Haubt Sprache‹ (1663). Eine erste Geschichte der dt. Philologie findet sich in J. G. Eccards sprachgeschichtl. Darstellung ›Historia studii etymologici linguae Germanicae hactenus impensi‹ (1711), er gab u. a. auch das ›Hildebrandslied‹ (1729) heraus. Die bis zum Beginn des 18. Jh. bekannt gewordenen mittelalterlichen Werke faßte J. Schilter in seinem ›Thesaurus antiquitatum Teutonicarum‹ (1726–28, u. a. Otfrids ›Evangelienbuch‹, Notkers Psalter, das ›Rolandslied‹) zusammen.

Unter den Bewegungen gegen die rationalist. Strömungen der Aufklärung gewannen Zeugnisse der Geschichte der nat. Sprache und Literatur immer stärkere Beachtung, wobei sich das Augenmerk nun stärker auf die Literatur des Hoch-MA richtete. J. J. Bodmer und J. J. Breitinger machten sich um die Herausgabe mhd. Dichtungen verdient (Teile der ›Maness. Handschrift‹, 1748 veröffentlicht u. d. T. ›Proben der alten schwäb. Poesie des dreyzehnten Jahrhunderts‹). Neben dem Minnesang, der auch auf die Dichtung jener Zeit einwirkte (J. W. L. Gleim, ›Gedichte nach den Minnesingern‹, 1773), interessierte bes. die mittelalterl. didakt. Dichtung: G. E. Lessing edierte U. Boners ›Edelstein‹ (1781) und plante wie J. G. Herder eine Ausgabe des ›Renner‹ (1300 vollendet, mit Nachträgen bis 1313) von Hugo von Trimberg. Ein umfangreicheres Sammelwerk, das den literarhistorisch Interessierten Ende des 18. und Anfang des 19. Jh. die Kenntnis der Literatur des 12. bis 14. Jh. vermittelte, stammt von Ch. H. Myller (1782); es enthält u. a. Heinrich von Veldekes ›Eneit‹, das ›Nibelungenlied‹, Wolfram von Eschenbachs ›Parzival‹. – Mit der Beschäftigung mit älteren Literaturepochen ging eine den normativen Regelkanon überwindende krit. Würdigung der neueren Literatur einher, so bei Lessing (›Briefe, die neueste Literatur betreffend‹, 1759 bis 1765) und v. a. bei Herder (›Über die neuere dt. Literatur‹, 1766/67), der in den ›Briefen zur Beförderung der Humanität‹ (1793–97) u. a. auch eine Geschichte der mittelalterl. Dichtung in Umrissen entwarf. Als Sprachforscher ragen in dieser Zeit F. G. Fulda mit dem Versuch einer vergleichenden Grammatik der german. Sprachen (1773) und seiner ›Sammlung und Abstammung, german. Wurzelwörter‹ (1776) und J. Ch. Adelung mit seinem ›Versuch eines vollständigen grammatisch-krit. Wörterbuches der hochdt. Mundart ...‹ (1774–86) heraus. Im 19. Jh. führte die Romantik diese Ansätze fort. In der Zeit polit. Zerrissenheit befaßte man sich gern mit einer ›ursprünglicheren, besseren‹ Zeit der nat. Entwicklung und tat dies durch Sammlung (A. von Arnim, C. Brentano), Übersetzung (L. Tieck), literarhistor. Überschau (A. W. Schlegel, ›Vorlesungen über schöne Litteratur und Kunst‹, 3 Tle., hg. 1883/84, F. Schlegel, ›Geschichte der alten und neuen Literatur‹, 2 Tle., 1813; F. Bouterwek, ›Geschichte der neueren Poesie und Beredsamkeit‹, 1801–19) und wiss. Erforschung der einzelnen altdt. Sprach- und Literaturdenkmäler. Den ersten germanist. Lehrstuhl hatte F. H. von der Hagen in Berlin inne (ab 1810); seine Editionen (›Nibelungenlied‹, nhd. 1807, mhd. 1810, ›Minnesinger‹, 1838–56, ›Gesammtabenteuer‹, 1850) sind als Materialsammlungen z. T. bis heute nicht ersetzt worden; L. Uhland publizierte 1822 die erste umfassende Monographie Walthers von der Vogelweide. Das method. Fundament legten aber erst J. und W. Grimm sowie K. Lachmann. In seiner ›Dt. Grammatik‹ (1819) brachte J. Grimm durch die Entdeckung der Ablautgesetze die dt. Sprache in gesetzmäßige Verbindung mit der german. und indogerman. Sprachentwicklung, Ansätze bei F. Bopp und R. Ch. Rask fortführend, später zusammenfassend dargestellt in seiner ›Geschichte der dt. Sprache‹ (1848). Bahnbrechend war auch die umfassende Konzeption des ›Dt. Wörterbuches‹ (1. Lieferung 1852), das bis 1961 nach denselben Grundsätzen weitergeführt wurde. Wegweisend waren die Brüder Grimm auch auf dem Gebiet der Rechtsforschung (J. Grimm: ›Dt. Rechtsalterthümer‹, 1828; ›Weisthümer‹, 1840 bis 1878), der Sagen- und Märchenforschung (›Kinder- und Hausmärchen‹, 1812–15; ›Dt. Sagen‹, 1816–18; J. Grimm: ›Dt. Mythologie‹, 1835), in ihren Ausgaben zu mlat., altengl., altnord. (›Edda‹), ahd. (›Hildebrandslied‹, ›Wessobrunner Gebet‹ u. a.) und mhd. (Hartmann von Aue, Freidank u. a.) Literatur. Sie wirkten als Anreger, Förderer und Organisatoren, jedoch weniger schulebildend als K. Lachmann. Lachmann übertrug die textkrit. Methode der Altphilologie auf mittelalterl. Texte und begründete durch seine bis heute als mustergültig anerkannten Editionen (›Nibelungenlied‹, 1826; ›Iwein‹, 1827; Gedichte Walthers von der Vogelweide, 1827; Werke Wolframs von Eschenbach, 1833, u. a.) die germanist. Textkritik; seine Methode führte v. a. M. Haupt fort (zus. mit K. Lachmann: ›Minnesangs Frühling‹, 1858, Neidhart, 1858), der die ›Zeitschrift für dt. Altertum‹ (1841 ff.) begründete. Zwischen J. Grimm und K. Lachmann stand W. Wackernagel, der (wie später K. Bartsch) auch das Altfranzösische in seine Betrachtungen einbezog; seine ›Geschichte der dt. Literatur‹ (1848–55) war stärker auf Philologisches bezogen als die von romant. Vorstellungen getragenen Literaturgeschichten von A. F. Ch. Vilmar (1845) und A. Koberstein (1827 ff.); G. G. Gervinus betonte als Literarhistoriker mehr die geschichtl. Zusammenhänge. W. H. Riehl begründete die germanist. Volkskunde (›Naturgeschichte des dt. Volkes ...‹, 1851–69). Die Wiener Schule F. Pfeiffers trat mit der Editionsreihe ›Dt. Classiker des MA‹ (1864 ff.) einer ›Wissenschaft für Gelehrte‹ entgegen. In der 2. Hälfte des 19. Jh. wurde versucht, die Methoden der Naturwiss. auf die G. zu übertragen. Die sog. Junggrammatiker (H. Paul, W. Braune, E. Sievers) verfolgten die histor. Gesetzmäßigkeit der Sprachentwicklung von den indogerman. Vorstufen bis ins Neuhochdeutsche. Ihre

Grammatiken sind heute noch Grundlage der histor. Sprachbetrachtung (u. a. O. Behaghel, F. Kluge). Auf dem Gebiet der Literaturgeschichte erbrachte die positivist. Methode eine Perfektionierung der Stoffsammlungen und Quellenerschließung (W. Wilmanns, E. Schröder, K. Burdach, G. Roethe); sie kam der Lexikographie (M. Lexer), der Editionstechnik und der Biographik zugute. Bedeutsam war die Ausweitung der germanist. Forschung auf die Literatur der neueren Zeit besonders durch W. Scherer, der in seiner ›Geschichte der deutschen Literatur‹ (1883) auch kausal-genet. Gesetzmäßigkeiten (Verfalls- und Blütezeiten) nachzuweisen versuchte. Scherers Anstoß zur Erforschung der neueren Literaturgeschichte führten Erich Schmidt, A. Sauer (Begründer der Zeitschrift ›Euphorion‹, 1894 ff.), F. Muncker u. a. fort.

Zu Beginn des 20. Jh. zeigte sich in der Abkehr vom Positivismus eine durch W. Dilthey (›Das Erlebnis und die Dichtung‹, 1906) eingeleitete Wendung zu geistesgeschichtl. Problemstellungen. Das Organ dieser literaturwiss. Richtung wurde die von E. Rothacker und P. Kluckhohn begründete ›Dt. Vierteljahrsschrift für Literaturwiss. und Geistesgeschichte‹ (1923 ff.), die Methode bestimmten v. a. R. Unger, H. A. Korff (›Geist der Goethezeit‹, 1923–53), F. Strich, F. Schultz, F. Gundolf und O. Walzel. Die neuere Literaturgeschichte löste sich mehr und mehr als ›Neu-G.‹ oder ↑Literaturwissenschaft von der ›Alt-G.‹, die v. a. durch A. Heusler, G. Ehrismann, C. von Kraus, H. Schneider, J. Schwietering, Th. Frings getragen wurde. Die sprachgeschichtl. Forschung griff auf W. von Humboldts Sprachphilosophie zurück (L. Weisgerber) oder wandte sich der Mundartforschung und Sprachgeographie zu (G. Wenker, F. Wrede, K. Bohnenberger, W. Mitzka). Wie stark die G. in ihrer Geschichte (im Unterschied zur Romanistik und Anglistik) auch von polit. Strömungen abhängig ist, wurde bes. nach 1933 deutlich. Nach 1945 begann als Reaktion auf die völkisch-rassist. Vereinnahmung der G. während des Nationalsozialismus ein Rückzug auf die textimmanente Me-

thode (v. a. von E. Staiger); weiter wurde eine Reihe von Sammelwerken in Angriff genommen (›Dt. Philologie im Aufriß‹, 1952–59, ²1978/79, Registerband 1969; ›Reallexikon der deutschen Literaturgeschichte‹, 1925–31, ²1958–84; ›Goethe-Wörterbuch‹, 1978 ff.). Wesentl. Impulse erhielt die dt. G. v. a. nach 1945 von der ausländ. Germanistik. Deren wichtigsten Zeitschriften sind: ›Journal of English and Germanic Philology‹ (Urbana, Ill., 1897 ff.), ›Monatshefte für dt. Unterricht, dt. Sprache und Literatur‹ (Madison, Wis., 1899 ff.), ›The Germanic Review‹ (New York, 1926 ff.), ›The German Quarterly‹ (Appleton, Wis., 1928 ff.), ›German Life and Letters‹ (Oxford, 1936 ff.), ›Études Germaniques‹ (Paris, 1946 ff.), ›Studi Germanici‹ (Rom, 1963 ff.). – Ein dt. Germanistenverband wurde 1912 in Frankfurt am Main gegründet (neu konstituiert 1952), eine Vereinigung der Hochschulgermanisten 1951; außerdem besteht eine ›Internat. Vereinigung für german. Sprach- und Literaturwissenschaft‹ (Abk. IVG, Sitz Amsterdam).

In neuester Zeit ist die G. neben der Anlehnung an Methoden und Terminologie der modernen Linguistik von einer intensivierten Methodendiskussion geprägt, die sich in Auseinandersetzung mit philosoph., hermeneut. und sozialwiss. Theorien entwickelte. Entsprechend ist ein Pluralismus der Erkenntnisinteressen, Verstehensweisen und Interpretationszugänge festzustellen, wobei Positionen der ästhet. Hermeneutik, der sozialgeschichtl. Interpretation, der Rezeptionsästhetik und Wirkungsgeschichte, des Strukturalismus und der Psychoanalyse – teils nebeneinander, teils in Syntheseversuchen – hervortreten. In den letzten Jahren sucht man nach einer neuen Rückbindung der G. in die Kommunikations- und Medienwissenschaften und in die Kulturwissenschaften (Kulturanthropologie, -psychologie, -soziologie usw.; Mentalitätsgeschichte; Psychohistorie). Dabei werden u. a. Fragen der interkulturellen Kommunikation, d. h. des Verhältnisses von kultureller Identität und Verstehen des Fremden, thematisiert (Jahrbuch ›Deutsch als Fremdsprache‹, seit 1975; ›Gesellschaft für innerkulturelle Germanistik‹, gegr. 1984).

Literatur: DÜNNINGER, J.: Gesch. der dt. Philologie. In: Dt. Philologie im Aufriß. Hg. v. W. STAMMLER. Bd. 1. Bln. ²1957. Nachdr. 1978. – LEONHARDT, R. W.: Der Sündenfall der dt. G. Zü. u. Stg. 1959. – NEUMANN, F.: Studien zur Gesch. der dt. Philologie aus der Sicht eines alten Germanisten. Bln. 1972. – CEPL-KAUFMANN, G./HARTKOPF, W.: G.studium. Stg. 1973. – GANSBERG, M. L./VÖLKER, P. G.: Methodenkritik der G. Stg. ⁴1973. – Materialien zur Ideologiegesch. der dt. Literaturwiss. Von W. Scherer bis 1945. Hg. v. G. REISS. Tüb. 1973. 2 Bde. – GREWENDORF, G.: Argumentation u. Interpretation. Wissenschaftstheoret. Unterss. am Beispiel germanist. Lyrikinterpretationen. Ffm. 1975. – BERGHAHN, K. L./PINKERNEIL, B.: Am Beispiel Wilhelm Meister. Einf. in die Wissenschaftsgesch. der G. Königstein i. Ts. 1980. 2 Bde. – KLEIN, J.: Theoriengesch. als Wissenschaftskritik. Zur Genesis der literaturwiss. Grundlagenkrise in Deutschland. Königstein i. Ts. 1980. – Lex. der Germanist. Linguistik. Hg. v. H. ALTHAUS u. a. Tüb. ²1980. – RÖTHER, K.: Die Germanistenverbände u. ihre Tagungen. Ein Beitr. zur germanist. Organisations- u. Wissenschaftsgesch. Köln 1980. – Eine Wiss. etabliert sich. 1810–70. Hg. v. J. JANOTA. Tüb. 1980. – Fremdsprache Deutsch: Grundll. u. Verfahren der G. als Fremdsprachenphilologie. Hg. v. A. WIERLACHER. Mchn. 1980. 2 Bde. – Fachstudienführer G. Hg. v. V. KILIAN. Ismaning 1983. – Einf. in die neuere dt. Literaturwiss. Hg. v. D. GUTZEN u. a. Bln. ⁵1984. – Wissenschaftsgesch. der Philologien. Hg. v. W. HAUBRICHS u. G. SAUDER. Gött. 1984. – Das Fremde u. das Eigene. Prolegomena zu einer interkulturellen G. Hg. v. A. WIERLACHER. Mchn. 1985. – Gegenwart als kulturelles Erbe. Ein Beitr. der G. zur Kulturwiss. dt.sprachiger Länder. Hg. v. B. THUM. Mchn. 1985. – Berliner Studien zur G. Hg. v. H.-G. ROLOFF u. a. Bd. 1 ff. Bern 1993 ff. – GAUL-FERENSCHILD, H.: National-völkisch-konservative G. Krit. Wissenschaftsgesch. ... Bonn 1993. – Studien zur G. Jg. 1 ff. (Pécs 1993 ff.). – ROMPELTIEN, B.: G. als Wiss. Essen 1994. – Wissenschaftsgesch. der G. im 19. Jh. Hg. v. J. FOHRMANN u. W. VOSSKAMP. Stg. u. Weimar 1994.

Gernhardt, Robert, * Reval 13. Dez. 1937, dt. Maler, Schriftsteller, Zeichner und Satiriker. – Wurde u. a. bekannt durch seine Bücher ›Die Wahrheit über Arnold Hau‹ (1966; mit F. W. Bernstein und F. K. Waechter) und ›Die Blusen des Böhmen‹ (1977). Mitbegründer und Mitarbeiter der satir. Zeitschrift ›Titanic‹. Auch Kinderbücher, stets mit Illustrationen der Malerin Almut Gernhardt (* 1941), u. a. ›Mit dir sind wir vier‹

(1976), ›Was für ein Tag‹ (1978), ›Feder Franz sucht Feder Frieda‹ (1985); für ihr gemeinsames Buch ›Der Weg durch die Wand‹ (1982) erhielten sie den Dt. Jugendliteraturpreis 1983.

Weitere Werke: Besternte Ernte (1976; mit F. W. Bernstein), Wörtersee (1981), Ich Ich Ich (R., 1982), Glück Glanz Ruhm (1983), Letzte Ölung (Satiren, 1984), Kippfigur (En., 1986), Reim und Zeit (Ged., 1990), Lug und Trug (E., 1991).

Gerok, Friedrich Karl von (seit 1868), * Vaihingen an der Enz 30. Jan. 1815, † Stuttgart 14. Jan. 1890, dt. ev. Theologe und Schriftsteller. – Studierte Theologie in Tübingen, war ab 1840 Repetent am dortigen Stift; später Pfarrer in Böblingen und Stuttgart, schließlich Oberkonsistorialrat, Oberhofprediger und Prälat. Schrieb vorwiegend religiöse Lyrik in eleganten Versen und musikal. Sprache, daneben erbaul. Literatur und Predigten.

Werke: Predigten ... (2 Bde., 1855–57), Palmblätter (Ged., 1857; neue Folge 1878), Pfingstrosen (Ged., 1864), Blumen und Sterne (Ged., 1868), Dt. Ostern (Ged., 1871), Jugendinnerungen (1876), Der letzte Strauß (Ged., 1885).

Literatur: GEROK, G.: K. G. Stg. 1892. – SLARK, D.: K. G. Dichter u. Prälat. Lahr-Dinglingen 1990.

Gerow (tl.: Gerov), Alexander Zwetkow [bulgar. 'gɛrof], * Sofia 15. Mai 1919, bulgar. Schriftsteller. – Mitarbeiter an literar. Zeitschriften und beim Rundfunk, Redakteur; Autor von Gedichten, Poemen, Novellen; auch Dramatiker; setzte sich v. a. mit zeitgenöss. Themen auseinander, verwendete in seinen Gedichten eigenwillige Bilder.

Gerow (tl.: Gerov), Naiden [bulgar. 'gɛrof], * Kopriwschtiza 23. Febr. 1823, † Plowdiw 9. Okt. 1900, bulgar. Schriftsteller. – Frühe Kontakte mit bulgar. Revolutionären und Aufklärern; wurde 1857 russ. Vizekonsul in Bulgarien. G. führte in dem Poem ›Stojan i Rada‹ (1845) den ton. Vers in die bulgar. Dichtung ein, die vorher nur den syllab. Vers gekannt hatte. Seine bedeutendste Leistung ist ein Wörterbuch der bulgar. Sprache (5 Bde., 1895–1904) mit bulgar. und russ. Worterklärungen.

Literatur: GEORGIEV, E.: N. Gerov. Sofia 1972.

Gerretson, Frederik Carel [niederl. 'xɛrətsɔn], niederl. Lyriker, Historiker und Essayist, ↑Gossaert, Geerten.

Gersão, Teolinda [portugies. ʒɛr'sãu],
* Coimbra 30. Jan. 1940, portugies.
Schriftstellerin. – Lehrt an der Univer-
sidade Nova in Lissabon Germanistik
und vergleichende Literaturwissenschaft. Entwickelte in ihren Romanen
›Das Schweigen‹ (1981, dt. 1987) und
›Landschaft mit Frau und Meer im Hintergrund‹ (1982, dt. 1985) eine Art Poetik
der Lebensumstände der Frau im Kontext moderner Zivilisation.
Weitere Werke: Alfred Döblin – individu e na-
tureza (Abh., 1979), Os guarda-chuvas cintilan-
tes (Tageb., 1984), O cavalo do sol (R., 1989).
Literatur: HASEBRINK, G.: Wege der Erneuerung. Portugies. Romane nach der Nelkenrevo-
lution. Bln. 1993.

Gerschenson (tl.: Geršenzon), Michail Ossipowitsch [russ. gɪrʃən'zɔn],
* Kischinjow 13. Juli 1869, † Moskau
19. Febr. 1925, russ. Literatur- und
Kunsthistoriker. – Verfaßte literarhistor.
Untersuchungen über russ. Schriftsteller
des 19. Jh. (A. S. Puschkin, A. S. Gribojedow, P. J. Tschaadajew) und schrieb mit
W. I. Iwanow den ›Briefwechsel zwischen zwei Zimmerwinkeln‹ (1921, dt.
1946), in dem die geistige Haltung der
russ. Intelligenz während und nach der
Revolution aufschlußreich dargestellt
wird.

Gerschom (Gerson) Ben Jehuda (tl.:
Geršom Ben Yehûdā), *um 960, † Mainz
1028, Talmudgelehrter und liturg. Dichter. – Als ›Leuchte des Exils‹ verehrt,
prägte G. durch seine Mainzer Talmud-
akademie, bes. durch seine ursprünglich
nur für die Gemeinden Speyer, Worms
und Mainz bestimmten Verordnungen
(›Taqqanot‹), wie Verbot der Mehrehe,
Forderung nach Zustimmung der Frau
zur Scheidung, das mittelalterl. Judentum in Deutschland, Frankreich und Italien. Persönl. Erfahrungen bestimmen
seine Bußlieder.
Literatur: SALFELD, S.: Bilder aus der Vergangenheit der jüd. Gemeinde Mainz. Mainz 1903.
S. 10. – EIDELBERG, S.: The response of Rabbi
Gershom Ben Judah Me'or Ha-Golah. Diss.
Yeshiva University New York 1952.

Gerstäcker, Friedrich, * Hamburg
10. Mai 1816, † Braunschweig 31. Mai
1872, dt. Schriftsteller. – Durchzog aus
Abenteuerlust 1837–43 die USA, wo er
den verschiedensten Beschäftigungen
nachging; bereiste 1849–52 Südamerika

und Australien; war später als freier
Schriftsteller tätig; bekannt und erfolg-
reich v. a. durch eine große Zahl farben-
prächtiger, spannender Romane sowie
Schilderungen seiner Reisen in der
Neuen Welt.
Werke: Streif- und Jagdzüge durch die Verei-
nigten Staaten Nord-Amerikas (Tageb., 2 Bde.,
1844), Die Regulatoren in Arkansas (R., 3 Bde.,
1846), Mississippibilder (Reisebericht, 3 Bde.,
1847), Die Flußpiraten des Mississippi (R., 3
Bde., 1848), Gold (R., 3 Bde., 1858), Hell und
Dunkel (En., 2 Bde., 1859), Wilde Welt (En., 3
Bde., 1865–67), Der Erbe (R., 3 Bde., 1867), Un-
ter den Penchuenchen (R., 3 Bde., 1867), Das
Wrack des Piraten (R., 1870), In Mexico (Reise-
bericht, 4 Bde., 1871).
Ausgabe: F. G. Ges. Schrr. Jena 1872–80. 46
Bde. in 3 Serien.
Literatur: SEYFARTH, E.: F. G. Freib. 1930. –
OSTWALD, T.: F. G. – Leben u. Werk. Brsw.
²1977.

Gerstenberg, Heinrich Wilhelm von,
Pseudonym Ohle Madsen, * Tondern
3. Jan. 1737, † Altona (heute zu Hamburg) 1. Nov. 1823, dt. Schriftsteller und
Kritiker. – Sohn eines dän. Offiziers, studierte Jura in Jena; 1760 in dän. Heeres-
dienst; in Kopenhagen gehörte er zum
Kreis um den fortschrittlich gesinnten
dän. Außenminister J. H. E. Graf von
Bernstorff; freundschaftl. Beziehungen
zu F. G. Klopstock; Begegnung mit
altnord. Dichtung und Mythologie;
1775–83 als dän. Konsul in Lübeck,
1789–1812 Justizdirektor des Lottos in
Altona; vielseitiger, in der Gestaltung
seiner Stoffe eigenwilliger Dichter zwischen Aufklärung, Empfindsamkeit und
Sturm und Drang, dessen dramat. Theorien er vorbereitete und mit seinem bedeutendsten Werk, dem düsteren, für die
Geniezeit typ. Trauerspiel ›Ugolino‹
(1768), dichterisch gestaltete. Er gilt außerdem als Begründer der † Bardendichtung (›Gedicht eines Skalden‹, 1766).
Weitere Werke: Tändeleyen (Ged., 1759),
Kriegslieder eines königlich dän. Grenadiers ...
(1762), Ariadne auf Naxos (Dr., 1765), Briefe
über Merkwürdigkeiten der Litteratur (3 Bde.,
1766–70; mit anderen), Minoa, oder Die Angelsachsen (Dr., 1785).
Ausgabe: H. W. v. G. Vermischte Schrr., von
ihm selbst gesammelt. Altona 1815–16. Nachdr.
Ffm. 1971. 3 Bde.
Literatur: WAGNER, ALBERT MALTE: H. W. G. u.
der Sturm u. Drang. Hdbg. 1920–24. 2 Bde. –
GERTH, K.: Studien zu G.s Poetik. Gött. 1960. –

KLIESS, W.: Sturm u. Drang: G., Lenz, Klinger, Leisewitz, Wagner, Maler Müller. Mchn. ³1975.

Gervasius von Tilbury (Gervase of Tilbury) [engl. 'tɪlbərɪ], *Tilbury (Essex) um 1150, † um 1235, engl. Rechtsgelehrter und Geschichtsschreiber. – Angeblich ein Enkel Heinrichs II. von England; Rechtslehrer in Bologna, 1177 in Venedig, später in Guyenne am Hofe Heinrichs III., nach dessen Tod (1183) im Dienst des sizilian. Königs Wilhelm II. und in Burgund, durch Kaiser Otto IV. zum Marschall des Königreiches Arles ernannt; zur Unterhaltung des Kaisers schrieb G. sein Hauptwerk ›Otia imperialia‹ (um 1212), ein Kompendium von geograph. und histor. Nachrichten, aufgelockert durch eingefügte Märchen, Sagen und Erzählungen.

Ausgaben: G. Tilberiensis. Otia imperialia. In: LEIBNIZ, G. W.: Scriptores rerum Brunsvicensium antiqui omnes. Hann. 1707. 3 Bde. – Otia imperialia. Ausw. v. R. PAULI. In: Monumenta Germaniae historica. Scriptores. Bd. 27. Bln. 1885.

Gerzen (tl.: Gercen), Alexandr Iwanowitsch [russ. 'gjɛrtsən], russ. Schriftsteller und Publizist, † Herzen, Alexander Iwanowitsch.

gesammelte Werke, ein- oder mehrbändige Ausgabe, die nur die wichtigen Werke eines Autors enthält. Vom gleichen Autor können mehrfach g. W. erscheinen. Die einzelnen Bände sind oft auch separat käuflich (g. W. in Einzelausgaben). – † dagegen Gesamtausgabe.

Gesamtausgabe, ungekürzte Ausgabe sämtl. Werke oder sämtl. einer bestimmten Gattung angehörenden Werke (z. B. sämtl. Dramen) oder auch eines vorher in Teilen erschienenen einzelnen Werkes eines Autors. – † auch gesammelte Werke, † kritische Ausgabe.

Gesamtkunstwerk, Vereinigung von Dichtung, Musik, Tanz und bildender Kunst zu einem einheitl., ›absoluten‹ Kunstwerk; als solches bleibt das G. ein Ideal und die Anwendung des Begriffs auf bestimmte Werke ein Anspruch. R. Wagner, der, auf Gedanken von Novalis fußend († Universalpoesie), die Idee des G.s in den Kunstschriften der Jahre 1849–51 entwickelte, setzt das G. mit dem absoluten (Wort-Ton-)Drama (Musikdrama) gleich und erhob dessen Verwirklichung in den Rang geschichtl. Notwendigkeit. Nach Ansicht Wagners hatten die Künste zu seiner Zeit (Dichtkunst, Musik, Tanz, bildende Kunst) in ihren Ausdrucksmitteln ein Maximum techn. Differenzierung, jedoch an Erfindungskraft einen Tiefpunkt erreicht und waren zur Darstellung eines ›rein Menschlichen‹ nur noch in einer alle vereinenden Synthese befähigt. Anders als in den Kunstmischungen der Barockzeit und des 19. Jh. (z. B. der Grand opéra) verhalten sich im G. die Kunstmittel nicht additiv, sondern komplementär zueinander; keines ist die Funktion eines anderen, sondern jedes wahrt seine Eigengesetzlichkeit als integraler Bestandteil einer Ganzheit, deren Artifizielles verborgen bleiben und bei stärkster sinnl. Wirkung als ein Natürliches wahrgenommen werden soll. In Wagners Konzeption fließen klassizist. Ideen von Kunst als zweiter Natur und vom gemeinsamen Urgrund der Einzelkünste, romant. Vorstellungen von deren Vereinigung und synästhet. Entgrenzung sowie geschichtsphilosoph. Theoreme von der Entfremdung und Restitution des wahren Menschen zusammen. Aus solcher eklekt. Verknüpfung ist die breite Resonanz, die Wagners Theorie und ihre (vermeintl.) Umsetzung in den Musikdramen gefunden hat, zu erklären. Die Idee des G.s ist, besonders auch durch ihren Einfluß auf den Symbolismus mannigfach variiert, im 20. Jh. aktuell geblieben. Sie hat das Theaterkunst (z. B. A. Appia, A. Artaud, M. Reinhardt, E. Piscator), die Literatur (z. B. O. Kokoschka, W. Kandinsky, Y. Goll), die Architektur (Bauhaus) und dadaist. Strömungen (K. Schwitters) beeinflußt und liegt traditionellen und avancierten musiktheatral. Konzeptionen (z. B. F. Busoni, B. A. Zimmermann, K. Stockhausen) ebenso zugrunde wie den audiovisuellen Experimenten der Farbenmusik (z. B. A. N. Skrjabin) und der Multi-Media-Art (z. B. D. Schönbach).

Literatur: WAGNER, R.: Das Kunstwerk der Zukunft. Lpz. 1850. Neudr. in: WAGNER: Dichtungen u. Schrr. Hg. v. D. BORCHMEYER. Bd. 6. Ffm. 1983. – ADORNO, TH. W.: Versuch über Wagner. Ffm. 1974. – ADORNO, TH. W.: Die Kunst u. die Künste. In ADORNO: Ges. Schrr. Bd. 10. Ffm.

1976. – LICHTENFELD, M.: G. u. allgemeine Kunst. In: Beitrr. zur Gesch. der Musikanschauung im 19. Jh. Hg. v. W. SALMEN. Regensburg ²1974. – Der Hang zum G. Europ. Utopien seit 1800. Hg. v. H. SZEEMANN. Aarau u. Ffm. 1983. – Unsere Wagner. Hg. v. G. FÖRG. Ffm. 1984. – G. zw. Synästhesie u. Mythos. Hg. v. H. GÜNTHER. Bielefeld 1994.

Gesang, in der Literatur dt. Übersetzung von ↑Canto; längerer Abschnitt in Versdichtungen, z. B. in F. G. Klopstocks Epos ›Der Messias‹ (1748–73, 20 Gesänge).

Gesangbuch, die für eine Glaubensgemeinschaft bestimmte Sammlung kirchl. oder geistl. Lieder (auch Gebetstexte; dann **Gebetbuch** genannt). Seine an die Entwicklung des Buchdrucks gebundene Geschichte beginnt mit einem tschech. G. der Böhm. Brüder von 1501. Auf Luther gehen das Erfurter ›Enchiridion‹ und das ›Geystl. gesank Buchleyn‹ (beide 1524) sowie das Klugsche (1529 ff.) und das Babstsche G. (1545 ff.) zurück. Ältestes kath. G. ist das ›New Gesangbuchlin‹ von M. Vehe (1537), es folgte das von J. Leisentrit (1567). Wichtige Gesangbücher der Folgezeit sind im prot. Bereich das ›Württemberger G.‹ (1583) und das mehrstimmige ›Cantional‹ von J. H. Schein (1627) sowie in neuester Zeit das ›Ev. Kirchengesangbuch‹ (1950) und das „Ev. Gesangbuch" (1993), im kath. Bereich das G. von Bamberg (1576), München (1586) und Innsbruck (1588) sowie das ›Einheits-G.‹ (1973; 1975 für das gesamte dt. Sprachgebiet ersetzt durch ›Gotteslob‹ – Kath. Gebet- und Gesangbuch‹).

Gesar-Epos, in den Sprachen Zentralasiens verbreitetes Epos. In den ältesten tibet. Quellen heißt der Held ›Gesar von P'rom‹, d. h. Kaiser von (Ost-)Rom, wohl ursprünglich der Titel eines Turkherrschers, später heißt er ›Gesar von Gling‹ (einer osttibet. Provinz). Das Epos schildert Gesars siegreiche Feldzüge gegen China, die Uiguren, den Iran und die Mongolen. Der reale Hintergrund ist Tibets Aufstieg zur Großmacht im 7.–9. Jahrhundert. Mythologisch ist Gesars Kampf gegen den schwarzen Dämon, der Diebstahl des Eis die des Vogels K'yung und sein Abstieg in die Hölle. Das G.-E. war Vorbild für das bei den Mongolen und

Burjäten in verschiedenen Ausformungen verbreitete **Geser-Khan-Epos,** dessen Held Geser von Ling auf Wunsch des Königs der Himmlischen, Hormusta, auf Erden wiedergeboren wird, wo er eine Reihe von Heldentaten im Kampf gegen Unrecht und Ungeheuer zum Schutze der Menschen durch seine Zauberkräfte siegreich besteht. Das Eindringen der tibet. Heldendichtung in die mongol. Literatur ist im frühen 17. Jh. anzusetzen. Die mongol. Dichter bemächtigten sich rasch der Gestalt des Helden, sie schufen immer neue Gesänge des Epos, dessen umfangreichste Fassungen die burjat. und mongol. sind. Noch 1959 schuf Pajai, ein Dichter aus der Inneren Mongolei, eine neue Fassung. Die ersten 8 Gesänge einer 1716 in mongol. Sprache in Peking gedruckten Fassung übersetzte I. J. Schmidt schon 1839 ins Deutsche und Russische.

Ausgaben: Die Thaten Bogda Gesser Chan's, des Vertilgers der Wurzel der zehn Übel in den zehn Gegenden. Dt. Übers. v. ISAAK JAKOB SCHMIDT. Petersburg 1839. Nachdr. Bln. 1925. – L'épopée tibétaine de Gesar. Hg. v. R. A. STEIN. Paris 1956. – HEISSIG, W.: Helden-, Höllenfahrts- u. Schelmengesch. der Mongolen. Dt. Übers. Zü. 1962. S. 81. – Das National-Epos der Tibeter Gling König GeSar. Dt. Übers. v. M. HERMANNS. Regensburg 1965.
Literatur: DAMDINSÜRÉN, C.: Istoričeskie korni Geseriady. Moskau 1957. – STEIN, R. A.: Recherches sur l'épopée et la barde au Tibet. Paris 1959. – ŠARAKŠINOVA, N. O.: Geroičeskij épos o Gesere. Irkutsk 1969. – HEISSIG, W.: Geser-Studien. Opladen 1983.

Gesätz, Strophe eines Meistersanglieds (↑Meistersangstrophe), die in zwei gleiche ↑Stollen und in einen davon abweichend gebauten ↑Abgesang gegliedert ist; für Gesätz ist auch die Schreibung ↑Gesetz üblich.

Geschichtsdichtung, Sammelbegriff für literar. Werke, in denen die Darstellung von Geschehnissen oder von herausragenden Personen der Vergangenheit (manchmal aber auch der Gegenwart) nicht im Sinne der Geschichtswissenschaft nur der Ermittlung genauer Fakten dient, sondern vielmehr der Veranschaulichung bestimmter Auffassungen des jeweiligen Autors vom Wesen der Geschichte oder gewisser Tendenzen auf polit., religiösem oder kulturellem

Gebiet. Die wichtigsten Formen der G. sind das ↑Geschichtsdrama und der ↑historische Roman.

Geschichtsdrama (histor. Drama), Unterart der Gattung ↑Drama. Das G. im weiteren Sinn gestaltet histor. Themen und Stoffe quellentreu oder auch in künstler. freier Abwandlung. Es wird zum G. im engeren Sinn, d. h. zur ↑Geschichtsdichtung in dramat. Form, wenn die Handlung weniger durch die histor. Faktizität als durch eine bestimmte Geschichtsauffassung geprägt ist.

Literatur: SENGLE, F.: Das histor. Drama in Deutschland. Stg. ²1969. – LINDENBERGER, H.: Historical drama. Chicago (Ill.) u. London 1975. – Gesch. im Gegenwartsdrama. Hg. v. R. GRIMM u. a. Stg. 1976. – TETZELI VON ROSADOR, K.: Das engl. G. seit Shaw. Hdbg. 1976. – Gesch. als Schauspiel. Dt. G.n. Hg. v. W. HINCK. Ffm. 1981. – KOCH, G. M.: Zum Verhältnis von Dichtung u. Geschichtsschreibung. Ffm. 1983. – HERNADI, P.: Tragicomedies of history on the modern stage. Ithaca (N. Y.) u. London 1985. – SCHRÖDER, J.: Geschichtsdramen. Die ›dt. Misere‹ – von Goethes Goetz bis Heiner Müllers Germania? Tüb. 1994.

Geschichtsroman ↑historischer Roman.

geschlossene Form, Begriff der ↑Poetik für Kunstwerke von streng gesetzmäßigem, oft symmetr. Bau, überschaubarer, auf Einheit abzielender Anordnung aller Elemente um eine prägende Leitlinie und entsprechend konsequenter Funktionalität aller Teile, im Gegensatz zur atekton. ↑offenen Form. Charakteristisch ist die g. F. bes. für klass. oder klassizist. Kunstepochen, z. B. für die bildende Kunst und Architektur der Renaissance oder die Techniken der Fuge und des Sonatensatzes in der Musik des 18. und 19. Jahrhunderts. In literar. Kunstwerken geht die g. F. einher mit gehobener, oft typisierender Sprache und einheitl. Thematik, wenigen Hauptgestalten und übersichtl., stets in sich geschlossener Handlung in Erzählkunst und Drama, in der Lyrik mit wenigen Hauptmotiven und normgerechter Ausfüllung der Vers- und Strophenformen. Von bes. Bed. ist die g. F. als Dramentypus mit festen Regeln, z. B. Wahrung der ↑drei Einheiten, Abfolge von Spiel und Gegenspiel, Einteilung in drei oder fünf Akte; Gegentypus dazu ist das

Drama der offenen Form (z. B. das elisabethanische Drama).

Literatur: KLOTZ, V.: Geschlossene u. offene Form im Drama. Mchn. ¹³1992.

Geschmack (frz. ›goût‹, engl. ›taste‹), allgemein die Fähigkeit, das Schöne in Natur und Kunst aus der Unmittelbarkeit der ästhet. Erfahrung zu beurteilen. – Der G.sbegriff bildet sich vor dem Hintergrund der Rezeption G. Graciáns im 17. Jh. in Frankreich zunächst in der Moralistik aus (La Rochefoucauld, Pascal, La Bruyère), wird jedoch bereits in der ›Querelle des anciens et des modernes‹ von beiden Seiten als Element der poetolog. Theorie und damit als Teil der sich ausbildenden Allgemeinen Ästhetik verwandt. Wie England, wo die Diskussion um den ›taste‹ in der Folge von Th. Hobbes und J. Locke zum Beginn des 18. Jh. zunimmt und sich bis zu D. Hume hin präzisiert, kennzeichnet auch Frankreich in diesem Jh. eine intensive Auseinandersetzung mit dem G.sbegriff, die von seiner Annäherung an die Empfindung als Grundlage des ästhetischen Urteils (Abbé Du Bos, *1670, †1742) bis hin zu seiner Abwertung bei Diderot gegenüber der Spontaneität des Genies führt. Die dt. Erörterung von G. im 18. Jh. basiert auf diesen Traditionen. Auch hier erhält der Begriff große Bedeutung im Bereich der philosoph. Ästhetik. Nach I. Kant handelt es sich bei dem Urteil ›schön‹ um ein Gefühlsurteil, das auf einem interesse- und begriffslosen Wohlgefallen, ausgelöst durch die Erscheinung zweckloser Zweckmäßigkeit eines Gegenstands der Anschauung, beruht. Unter Voraussetzung eines ästhet. ›Gemeinsinns‹, über den die urteilenden Subjekte verfügen, spricht Kant dem G.surteil Notwendigkeit und Allgemeingültigkeit zu. Hinsichtlich der Beurteilung von Werken der Kunst verliert der G. schon bei G. W. F. Hegel seine Zuständigkeit. Denn als Produkt des Geistes sind Kunstwerke Gegenstand der Erkenntnis. Vollends verschließt sich die Kunst der Moderne dem G.surteil, die um ihrer Authentizität willen den Anspruch, ›Wohlgefallen‹ zu erregen, preisgibt. Statt den G., ›der gebildete Schönheitssinn‹, als ›subjektiver G.‹ zu begreifen, der für die ›schönheit keine feste Regel hat‹ und der ›nicht über sich disputieren‹ läßt. Seine im wesentlichen den Moden unterworfene Zustimmung oder Ablehnung richtet sich auf die Natur und v. a. auf das Dekorative (Kleidung, Schmuck u. ä.), das als solches den Anspruch erhebt, zu gefallen.

Literatur: BÄUMLER, A.: Das Irrationalitätsproblem in der Ästhetik u. Logik des 18. Jh. bis zur Kritik der Urteilskraft. Kants Kritik der Urteilskraft. Halle/Saale 1923. Erweiterter Nachdr. Darmst. 1981. – SCHÜMMER, F.: Die Entwicklung des G.sbegriffs in der Philosophie des 17. u. 18. Jh. In: Arch. f. Begriffsgesch. 1 (1955), S. 120. – KLEIN, H.: There is no disputing about taste. Unterss. zum engl. G.sbegriff im 18. Jh. Münster 1967. – KNABE, P.-E.: Schlüsselbegriffe des kunsttheoret. Denkens in Frankreich. Düss. 1972. – CASSIRER, E.: Die Philosophie der Aufklärung. Tüb. ³1973. – FRACKOWIAK, U.: Der gute G. Studien zur Entwicklung des G.-Begriffs. Mchn. 1994.

Gesell, Michael, Pseudonym des dt. Schriftstellers Otto Ernst ↑ Hesse.

Gesellschaften, literarische ↑ literarische Gesellschaften.

Gesellschaftsdichtung, Dichtung, die sich nach den sozialen, geistigen, eth. Konventionen und den ästhet. Normen der jeweils herrschenden Gesellschaftsordnung richtet (sie wird deshalb in gewissem Sinne auch mit Standesdichtung, Standespoesie gleichgesetzt). Ihre Thematik ist nicht durch individuelles Erleben bestimmt, sondern durch allgemein anerkannte Verhaltensmuster, die durch typ. Gestalten repräsentiert werden. Teilweise ist sie unmittelbar für den Vortrag in der Gesellschaft konzipiert. Ihre kennzeichnendsten Varianten sind die ↑ Gelegenheitsdichtung, die Rollenlyrik, das ↑ Gesellschaftslied. G. begegnet v. a. in Zeiten einer geschlossenen Sozialordnung, so im Hoch-MA (Minnesang, höf. Epik), im Barock (höf. Dichtung) und Rokoko (↑ galante Dichtung, ↑ Schäferdichtung usw.).

Gesellschaftslied, ein von A. H. Hoffmann von Fallersleben 1844 eingeführter Begriff zur Bez. der Liedtraditionen, die weder dem Kunstlied noch dem Volkslied zuzurechnen sind. Mit der Bindung an bestimmte Gesellschaftsschichten (breite Mittelschicht), Aufführungsorte und mit der Beschränkung auf be-

stimmte inhaltl. Aussagen hängt die meist schriftl. Überlieferung des G.es zusammen. Es wird vom 16. bis zum 19. Jh. überwiegend in G.erbüchern tradiert. Als eigtl. Blütezeit gilt die Zeit zwischen 1600 und 1800. Die Titel der gedruckten Sammlungen geben oft einen Hinweis auf die soziale Zusammensetzung der Gruppe, in der das Liedgut kursierte: ›Studentengärtlein‹ (1613), ›Musical. Convivium‹ (1621), ›Amores musicales‹ (1633), ›Venusgärtlein‹ (1657), ›Augsburger Tafel-Confect‹ (1733–46), ›Singende Muse an der Pleiße‹ (1736–45) usw. Die Verfasser der Texte sind selten festzustellen; an der meist mehrstimmigen Bearbeitung der Melodien beteiligten sich angesehene Komponisten, u. a. M. Franck, G. Forster, H. L. Haßler, J. H. Schein, I. de Vento.

Literatur: HOFFMANN VON FALLERSLEBEN, A. H.: Die dt. G.er des 16. u. 17. Jh. Lpz. ²1860. 2 Tle. – DITFURTH, F. W. FRHR. VON: Dt. Volks- u. G.er des 17. u. 18. Jh. Nördlingen 1872. – PLATEL, M.: Vom Volkslied zum G. Bern 1939. – Reallex. der dt. Literaturgesch. Begr. v. P. MERKER u. W. STAMMLER. Hg. v. W. KOHLSCHMIDT u. W. MOHR. Bd. 1. Bln. ²1958. – PETZSCH, CH.: Einschränkendes zum Geltungsbereich von ›G.‹. In: Euphorion 61 (1967), S. 342.

Gesellschaftsroman, Roman, der auf eine breite Darstellung des Gesellschaftslebens einer Epoche ausgerichtet ist und dessen Handlungsaufbau weniger nach dem Prinzip der Steigerung in der zeitl. Abfolge der Ereignisse, sondern vielmehr nach der der ausführl. Darstellung vieler gleichzeitig ablaufender Handlungsstränge erfolgt. G.e sind sehr oft bestimmt von einer gesellschaftskrit. Tendenz, die entweder direkt ausgesprochen wird oder die, wie in den Romanen des europ. Realismus (Th. Fontane, Stendhal, H. de Balzac, G. Flaubert, Ch. Dickens, L. N. Tolstoi, F. M. Dostojewski), sich dem Leser aus der bewußt objektiv gehaltenen Schilderung und Analyse der Gesellschaft erschließt. – ↑ auch Zeitroman.

Gesetz, seit der Renaissance, ursprünglich als Übersetzung von griech. ›nómos‹ (= Gesetz, aber auch: Melodie, Lied), gebräuchlich für 1. Lied, 2. Lied- oder Gedichtstrophe, so bes. als ↑ Gesätz im Meistersang, und dort 3. für den Aufgesang der Meistersangstrophe.

Gespensterballade (Geisterballade) ↑ Ballade.

Gespenstergeschichte, Dichtung, in der unheiml. Begebenheiten im Zusammenhang mit dem Auftreten von Dämonen und Gespenstern dargestellt werden. G.n finden sich in allen Kulturen schon in ↑ einfachen Formen, in den Literaturen gibt es sie von jeher als selbständige Gestaltungen oder in größere Werke eingeschoben. Sie sind oft im Umkreis der Trivialliteratur anzusiedeln, da ihre Stoffe dem Bedürfnis nach spannender und aufregender Unterhaltung entgegenkommen. Trotzdem finden sich einschlägige Motive in der gesamten dt. Literatur seit der Barockzeit, z. B. im Drama ›Cardenio und Celinde, Oder Unglücklich Verliebete‹ (1657) von A. Gryphius, in der Geisterballade (↑ Ballade) und bes. in der erzählenden Literatur der Romantik, aus der v. a. E. T. A. Hoffmanns Roman ›Die Elixiere des Teufels‹ (1815/16) und die Erzählung ›Das Majorat‹ (1817) hervorzuheben sind; auch Goethe mit Teilen aus der Novellendichtung ›Unterhaltungen deutscher Ausgewanderten‹ (1795), Schiller mit dem Erzählungsfragment ›Der Geisterseher‹ (1787–89), H. von Kleist mit der Erzählung ›Das Bettelweib von Locarno‹ (1811) und Th. Storm mit der Novelle ›Der Schimmelreiter‹ (1888) gehören in diese Tradition, die wesentlich von der engl. ↑ Gothic novel beeinflußt wurde. Eine bed. Rolle bei der Entwicklung der modernen G. spielen u. a. E. G. Bulwer-Lytton, Ch. Dickens, E. A. Poe, O. Wilde, G. de Maupassant, N. W. Gogol, I. Turgenjew. Zu Beginn des 20. Jh. erwachte im Gefolge von Psychoanalyse und Okkultismus das Interesse am Übersinnlichen wieder (v. a. in der Neuromantik), z. B. bei G. Meyrink (›Der Golem‹, R., 1915).

Literatur: DIEDERICH, B.: Von G.n, ihrer Technik u. ihrer Lit. Lpz. 1903. – Reallex. der dt. Literaturgesch. Begr. v. P. MERKER u. W. STAMMLER. Hg. v. W. KOHLSCHMIDT u. W. MOHR. Bd. 1. Bln. ²1958. – WILPERT, G. VON: Die dt. G. Motiv, Form, Entwicklung. Stg. 1994.

Gesprächsspiel, im Barock beliebte literar. Dialogform, die Stoffe und Themen belehrenden und unterhaltenden Charakters als zwanglos-galante Konversation mehrerer Personen für ein adlig-patriz. Publikum aufbereitet; schwoll oft in vielen Fortsetzungen zu kompendienartigen Bildungs-›Summen‹ an. Nach italien., an Cicero anknüpfenden Vorbildern (z. B. B. Graf Castigliones ›Il libro del cortegiano‹, 1528, dt. 1565 u. d. T. ›Der Hofmann‹) von G. Ph. Harsdörffer eingeführt (›Frauenzimmer Gesprechspiele‹, 8 Bde., 1641–49); wirkte bis auf J. Ch. Gottsched (›Die vernünftigen Tadlerinnen‹, 1725/26).

Geßner, Salomon, *Zürich 1. April 1730, †ebd. 2. März 1788, schweizer. Schriftsteller und Maler. – Buchhändlerlehre in Berlin, interessierte sich bes. für die bildende Kunst; war später im Verlagshaus des Vaters und als Kantonalbeamter tätig. Gehörte zu den meistgelesenen Autoren seiner Zeit. Von der antiken Bukolik (v. a. Theokrit) beeinflußter Idylliker, der die antike Mythologie mit dem Bemühen der eigenen Zeit um ein enges Verhältnis zur Natur geschickt in Verbindung brachte und in rhythm. Prosa ein behaglich-gefühlvolles Bild des zufriedenen Rokokobürgertums zeichnete. Diese idyll. Stimmung charakterisieren auch seine Kupferstiche, Aquarelle und Gouachen (Landschaften mit Tempel, Grotten usw. mit mytholog. Staffage); auch Illustrator (v. a. eigener Werke).

Werke: Daphnis (R., 1754), Idyllen (1756), Der Tod Abels (Prosa-Epos, 1758), Gedichte (1762).
Ausgabe: S. G. Werke. Hg. v. A. FREY. Stg. 1884. Nachdr. Hildesheim 1973.
Literatur: LEEMANN-VAN-ELCK, P.: S. G. Zü. 1930. – STRASSER, R.: Stilprobleme in G.s Kunst u. Dichtung. Diss. Hdbg. 1936. – BURK, B.: Elemente idyll. Lebens. Studien zu S. G. u. J.-J. Rousseau. Ffm. u. Bern 1981. – S. G. 1730–1788. Hg. v. M. BIRCHER u. E. SCHINKEL. Zü. ²1982 (Ausstellungskat. der Herzog August Bibliothek).

Gesta [lat.], Sonderform mittelalterl. Geschichtsschreibung in lat. Sprache. Im Unterschied zu den ↑ Annalen und ↑ Chroniken, die auf korrekte Information bedacht sind und Geschichte als Zeitkontinuum darstellen, beschreiben die G. Leben und Handlungen bed. Personen, Völker und Menschengruppen in einem mit Anekdoten und moralisierender Verallgemeinerung angereicherten, rhetorisch ausgeschmückten, z. T. metrisch gebundenen Erzählstil.

Gestalt, in der Literaturwissenschaft synonym mit ↑ Form gebraucht. Als Begriffskorrelat zu Gehalt meint G. die ästhet., stilist., strukturale Durchgestaltung eines literar. Stoffes.
Literatur ↑ Gehalt.

Gęsta Romanọrum [lat. = Taten der Römer], Titel einer mittellat. Novellensammlung des 13./14. Jh., die wahrscheinlich in England, vielleicht auch in Deutschland entstanden ist. Der Verfasser oder Sammler der Legenden, Sagen und Märchen, meist mit moralisierender Tendenz, ist nicht bekannt. Die Verbindung mit der Geschichte der röm. Kaiser ist nur äußerlich. In fast alle europ. Sprachen übersetzt; bed. als Quellenwerk, aus dem viele Dichter Stoffe entnommen haben.
Ausgaben: G. R. Die Taten der Römer. Dt. Übers. Hg. v. H. E. RÜBESAMEN. Mchn. 1962. – Geschichten von den Römern. Ein Erzählb. des MA. Hg. v. W. TRILLITZSCH. Ffm. 1973.
Literatur: WEISKE, E.: R. G. Tüb. 1992. 2 Bde.

Gevers, Marie [niederl. ˈxe:vərs], * Edegem bei Antwerpen 30. Dez. 1883, † ebd. 9. März 1975, belg. Schriftstellerin. – Wurde bekannt durch realist. Romane über Menschen und Landschaft des Scheldegebietes; schrieb auch Gedichte und Kinderbücher.
Werke: Die Deichgräfin (R., 1931, dt. 1936), Frau Orpha (R., 1933, dt. 1935), Der Damm zerreißt (R., 1943, dt. 1951), Hohe Düne (R., 1948, dt. 1951), Das Blumenjahr (R., 1949, dt. 1955), Vie et mort d'un étang (Autobiogr., 1961).
Literatur: JANS, A.: M. G. Brüssel 1964. – HERMANS, G.: Bibliogr. de M. G. In: Le livre et l'estampe. Brüssel 1967. – GIJSEN, M.: M. G. Brügge u. Utrecht 1969. – SKENAZI, C.: M. G. et la nature. Brüssel 1983.

Geyter, Julius de [niederl. ˈxɛitər], * Lede bei Aalst 25. Mai 1830, † Antwerpen 18. Febr. 1905, fläm. Dichter. – Gehörte zur Fläm. Bewegung; schrieb eine Reihe von Kantaten (›De Rubenscantate‹, 1877; ›De wereld in‹, 1878; ›Der Rhein‹, 1882, dt. 1882) und polit. Liedern (›Geuzenlied‹, 1873). Bekannt wurde seine Modernisierung der mittelniederländischen Fassung der Reineke-Fuchs-Geschichte (›Reinaart-de-vos in Nieuwnederlandsch‹, 1874).
Literatur: SIMONS, L.: Van 't ongediert der Papen ... Rondom De G.s Geuzenlied. Heule 1968.

Gezelle, Caesar [niederl. xəˈzɛlə], * Brügge 23. Okt. 1875, † Moorsele 11. Febr. 1939, fläm. Schriftsteller. – Priester; Neffe von Guido Pierre G., über den er einige Werke veröffentlichte (u. a. ›Guido G. 1830–1899‹, 1918); schrieb außerdem Guido Pierre G. verpflichtete Natur- und religiöse Lyrik (›Primula veris‹, 1903; ›Verzen‹, 1933) sowie Prosa in impressionist. Darstellungstechnik (›Uit het leven der dieren‹, Skizzen, 1908; ›Vlaamsche verhalen‹, En., 1923).

Gezelle, Guido Pierre [niederl. xəˈzɛlə], * Brügge 1. Mai 1830, † ebd. 27. Nov. 1899, fläm. Dichter. – Priester und Lehrer in Roeselare und Brügge, ab 1865 Kaplan in Brügge und Kortrijk; seit dieser Zeit auch intensiv als Publizist tätig (Begründer und Leiter mehrerer Zeitschriften) und Mundartforscher. – Der bedeutendste Gedichtband seiner Lehrerzeit (›Gedichten, gezangen en gebeden‹, 1862) ist stark von apostol. Eifer und von seinem persönl. Verhältnis zu seinen Schülern geprägt. In seinen letzten Jahren erreichte seine Kunst einen neuen Höhepunkt in ›Tijdkrans‹ (1893) und ›Rijmsnoer‹ (1897). Diese Gedichtbände zeugen ebenfalls von einer tiefen Religiosität; der Aufbau richtet sich nach dem Kirchenjahr. G.s Formgebung stammt aus der rhetor. Tradition, sie ist von der (v. a. engl.) Romantik beeinflußt und entwickelt sich zu einer sprachl. Virtuosität mit impressionist. Zügen. Vielfach werden westfläm. Dialektelemente verarbeitet. G. gilt als der bedeutendste fläm. Lyriker.
Weitere Werke: Dichtoefeningen (Ged., 1858), Kerkhofblommen (Ged., 1858), Kleengedichtjes (Ged., 1860), Liederen, eerdichten en reliqua (Ged., 1881), Laatste verzen (Ged., 1901), Im Kranz der Gezeiten (dt. Ausw., 1948).
Ausgaben: G. G. Dichtwerken. Amsterdam ¹⁻¹⁶1930. 14 Bde. in 7 Bden. – G. P. G. Dichtwerken. Eingel. v. F. BAUR. Amsterdam ¹⁻³1949–50. 4 Bde. – G. G. Verzameld dichtwerk. Hg. v. J. BOETS. Amsterdam 1980. 8 Bde.
Literatur: WALGRAVE, A.: Het leven van G. G. Amsterdam 1919–23. 2 Bde. – VOORDE, U. VAN DE: G.'s eros. Antwerpen ²1943. – G.-Kroniek. Hg. v. G. G.-Genootschap. Bd. 1. Kapellen 1963 ff. – VLIERDEN, B. F. VAN (B. KEMP): G. G. tegenover het dichterschap. Kapellen 1967. – Gezelliana 1 (1970) ff. – WESTERLINCK, A.: De innerlijke wereld van G. G. Nimwegen u. Brügge 1977.

Ghaani (tl.: Qā'ānī), Habibollah Farsi [pers. ɣɑ'ɑ'ni:], * Schiras 20. Okt. 1808, † Teheran 1. oder 2. Mai 1854, pers. Dichter. – Bed. pers. Dichter des 19. Jh.; nach Jahrhunderten blumiger, metaphernreicher pers. Lyrik belebte er den schlichten Stil alter Meister (12. Jh. und früher) wieder und wurde zum Mitbegründer der sog. Basgascht-Bewegung der pers. Literatur, die der modernen Dichtung unmittelbar vorangeht. Sein Werk – Lyrik, Panegyrik und eine Anekdotensammlung – umfaßt 23 000 Verse.
Literatur: RYPKA, J.: Iran. Literaturgesch. Lpz. 1959. S. 315.

Ghasar von Parp (tl.: Ḡazar P'arpa'i), armen. Historiker vom Ende des 5. Jahrhunderts. – Stammte aus vornehmem Haus und war von Jugend an mit Vahan Mamikonjan, dem späteren pers. Statthalter in Armenien bekannt; wurde Vorsteher des Domstifts von Vagharschapat; schrieb auf Veranlassung Vahans eine Geschichte, die von der Teilung Armeniens (385) bis zur Ernennung Vahans (485) reicht. G. gehört zum ›silbernen Zeitalter‹ der armen. Literatur (Einflüsse der Umgangssprache).
Ausgaben: LANGLOIS, V.: Collection des historiens anciens et modernes de l'Arménie. Bd. 2. Paris 1869. S. 255. – G. v. P. Werke. Tiflis 1904. – G. V. P. Werke. Venedig ⁴1933.

Ghasel (Ghasele, Gasel) [arab. = Gespinst], lyr. Gedichtform, von den Arabern ausgebildet, seit dem 8. Jh. im gesamten islam. Raum verbreitet, Höhepunkt im Werk des pers. Dichters Hafis (14. Jh.). G.e sind Lieder zum Lob des Lebensgenusses, des Weins und der Frau. Ein G. besteht aus einer nicht festgelegten Anzahl von Langversen, die in je zwei Halbverse zerfallen. Die beiden Halbverse des Eingangsverses reimen, alle anderen Langverse behalten diesen Reim bei. Bei den dt. Nachahmungen des G.s entsprechen den arab. zweigeteilten Langversen Verspaare. Das G. wurde durch F. Schlegel 1803 in Deutschland bekannt gemacht und bes. durch F. Rückert und A. von Platen gepflegt. Goethe ahmte es in einigen Gedichten des ›West-östl. Divan‹ (1819) frei nach.
Literatur: TSCHERSIG, H.: Das Gasel in der dt. Dichtung u. das Gasel bei Platen. Lpz. 1907. – KINANY, A. K.: The development of Gazal in

Arabic literature. Damaskus 1951. – BALKE, D.: Westöstl. Gedichtformen. Sadschal-Theorie u. Gesch. des dt. G.s. Diss. Bonn 1952 [Masch.].

Ghassali, Al (tl.: Al-Ḡazzālī), Abu Hamid Muhammad (Al Ghasali, Algazel, Algazelius), * Tus (Chorasan) 1059, † ebd. 1111, islam. Theologe. – Verließ nach einer Krise 1095 seinen Lehrstuhl in Bagdad, um sich myst. Versenkung hinzugeben; übernahm 1106 ein Lehramt in Nischapur. Eingehende Beschäftigung mit griech. Philosophie führte ihn zur Ablehnung von deren Metaphysik, die er in seinem Werk ›Die Widersprüchlichkeit der Philosophen‹ zu widerlegen suchte, und schließlich zu der Überzeugung, daß Glaubensgewißheit nur durch intuitives Erleben zu gewinnen sei. Mit seinem Hauptwerk ›Wiederbelebung der Wissenschaften von der Religion‹ hat er die Frömmigkeit der islam. Mystik (Sufismus) mit der orthodoxen Theologie versöhnt. Er gilt als einer der bedeutendsten Denker und Theologen des Islams.
Literatur: BOUYGES, M.: Essai de chronologie des œuvres de al-Ghazali. Hg. v. M. ALLARD. Beirut 1959. – Enc. Islam Bd. 2, ²1965, S. 1039.

Ghelderode, Michel de [niederl. 'xɛldəro:də, frz. gɛldə'rɔd], eigtl. Adhémar Martens, * Ixelles 3. April 1898, † Brüssel 1. April 1962, fläm. Dramatiker. – War Matrose, Journalist, Archivar, dann Dramaturg des ›Vlaams Volkstoneel‹. Expressionistisch-visionärer Dramatiker in spezifisch fläm. Ausprägung, dessen über 50 (meist histor., im 16. Jh. spielende) Stücke umfassendes Werk oft mit der farbigen, exzessiven Bilderwelt von P. Bruegel d. Ä., H. Bosch und J. Ensor verglichen wurde. G. veröffentlichte auch Arbeiten zur belg. Geschichte und Folklore sowie Erzählungen.
Werke: La mort du docteur Faust (Dr., 1926), Don Juan (Dr., 1928), Escorial (Dr., 1930, dt. 1963), Barabbas (Dr., 1931, dt. 1951), Pantagleize (Dr., 1934, dt. 1963), Sire Halewijn (Dr., 1934), Ausgeburten der Hölle (Dr., 1934, dt. 1963), Hop Signor! (Dr., 1938), Ein Abend des Erbarmens (Dr., 1955, dt. 1958).
Ausgaben: M. de G. Théâtre. Paris ¹⁻²1950–72. 5 Bde. – M. de G. Theater. Teilslg. Dt. Übers. Nw. u. Bln. 1963.
Literatur: DECOCK, J.: Le théâtre de M. de G. Paris 1969. – JANS, A.: La vie de G. Paris 1972. – BEYEN, R.: G. Paris 1974. – VANDEGANS, A.: Aux origines de ›Barabbas‹, ›actus tragicus‹ de M. de G. Paris 1978. – CASTRO, N.: Le théâtre de

M. de G. Paris 1979. – BEYEN, R.: Bibliographie de M. de G. Brüssel 1987.

Ghéon, Henri [frz. ge'õ], eigtl. H.-Léon Vangeon, * Bray-sur-Seine (Seine-et-Marne) 15. März 1875, † Paris 13. Juni 1944, frz. Dramatiker. – Arzt; gehörte 1909 dem Gründerkreis der Zeitschrift ›La Nouvelle Revue Française‹ an; konvertierte während des 1. Weltkriegs an der Front zum Katholizismus; 1924 Leiter einer eigenen Schauspieltruppe (›Compagnons de Notre-Dame‹); schrieb im Sinne eines neuen ›poet.‹ Dramas zahlreiche, meist an mittelalterl. Mysterien und Heiligenlegenden anknüpfende christl. Theaterstücke: ›Die Wallfahrt nach Compostela‹ (1911, dt. 1931), ›Der Arme unter der Treppe‹ (1920, dt. 1948), ›Die hl. Klara von Assisi‹ (1944, dt. 1949), ›Das Geheimnis von Lisieux‹ (1934, dt. 1935), ›Judith‹ (1950) u. a.; ferner Romane (›Die Spieler der Hölle und des Himmels‹, 3 Bde., 1929, dt. 1937), Gedichte, Essays (›L'art du théâtre‹, 1944).

Literatur: BROCHET, H.: H. G. Paris 1946. – REYNAUD, J.: H. G., 1875–1944. Étude et bibliographie. Paris 1962.

Gheorghiu, Constantin Virgil [rumän. ɡeorˈɡiu], * Războeni (Verw.-Geb. Neamţ) 15. Sept. 1916, † Paris 22. Juni 1992, rumän. Schriftsteller. – Diplomat; im 2. Weltkrieg auf deutscher Seite Kriegsberichterstatter, wurde deshalb nach Kriegsende interniert. Während dieser Zeit schrieb er gemeinsam mit seiner Frau in französischer Sprache den Roman ›25 Uhr‹ (1949, dt. 1950), eine Anklage gegen jeden versklavenden Totalitarismus. G. lebte in Paris. Ab 1963 war er dort als orthodoxer Geistlicher tätig.

Weitere Werke: Johannes Chrysostomos (R., 1957, dt. 1960), Bettelt nicht um Wunder (R., 1958, dt. 1961), Die Peitsche (R., 1960, dt. 1960), Alibi für Limitroff (R., dt. 1962), Gangster Maximilian Perahim (R., 1961, dt. 1963), Die Unsterblichen von Agapia (R., 1964, dt. 1965), Dieu à Paris (R., 1980), Mémoires (Erinnerungen, 1986).

Gherardi del Testa, Tommaso Graf [italien. geˈrardi del ˈtɛsta], * Terricciola (Prov. Pisa) 30. Aug. 1818, † Pistoia 12. Okt. 1881, italien. Dramatiker. – Zunächst Anwalt in Florenz; nahm die Stoffe für seine erfolgreichen Lustspiele aus dem Leben der Toskana; schrieb auch Romane und politisch-satir. Gedichte.

Werke: Una folla ambizione (Kom., 1844), Le false letterate (Kom., 1846), Il figlio del bastardo (R., 1847), La farina del diavolo (R., 1859), La carità pelosa (Kom., 1860), Der wahre Adel (Kom., 1862, dt. 1877), La vita nuova (Kom., 1879).

Literatur: ZENDRALLI, A. M.: T. G. d. T. Vita, studio critico sul suo teatro comico. Bellinzona 1910. – FERRERO, F.: T. G. d. T. In: FERRERO: Livorno e i grandi letterati da Petrarca a d'Annunzio. Livorno 1948.

Ghica, Ion (Ioan) [rumän. 'gika], * Bukarest 16. Aug. 1816, † Ghergani (Kreis Dîmboviţa) 4. Mai 1897, rumän. Schriftsteller und Politiker. – Einer der Führer der Revolution von 1848, danach Geschäftsträger der provisor. Regierung in Konstantinopel, 1854–59 türkischer Bei von Samos. Unter Fürst Karl I. von Rumänien war er mehrfach Minister und Ministerpräsident. Von seinen Schriften, die von seiner Erzählkunst und seinem Geschick zum literar. Porträt zeugen, hat der Band ›Scrisori către Vasile Alecsandri‹ (= Briefe an Vasile Alecsandri, 1884) kulturhistor. Wert.

Ausgabe: I. G. Opere. Hg. v. I. ROMAN. Bukarest 1967.

Literatur: PĂCURARIU, D.: I. G. Bukarest 1965. – ROMAN, I.: Viaţa lui I. G. Bukarest 1970.

Ghil, René [frz. gil], eigtl. R. Guilbert, * Tourcoing 27. Sept. 1862, † Niort 15. Sept. 1925, frz. Dichter belg. Herkunft. – Einer der frühesten Symbolisten, Schüler S. Mallarmés. Legte seine für die Deutung symbolist. Dichtung wichtige Theorie der ›instrumentation verbale‹ in seinem ›Traité du verbe‹ (1886) dar, in dem er die synästhet. Beziehungen zwischen Vokalen, Konsonanten, Farben und Tönen behandelt. G. wandte seine Theorie in einer Reihe außerordentlich dunkler, schwer verständl. Gedichte an.

Ausgabe: R. G. Œuvres complètes. Édition définitive. Paris 1938. 3 Bde.

Literatur: MONTAL, R.: R. G., du symbolisme à la poésie cosmique. Brüssel 1962. – THEILE, W.: R. G. Eine Analyse seiner Dichtungen und theoret. Schriften. Diss. Tüb. 1965.

Ghiraldo, Alberto [span. giˈraldo], * Mercedes (Buenos Aires) 1875, † Santiago de Chile 23. März 1946, argentin. Schriftsteller. – Journalist; bekannte sich zum Anarchismus; lebte in Argentinien,

Spanien und Chile; befreundet mit Rubén Darío, stand jedoch als Lyriker eher der Romantik als dem Modernismo nahe; schrieb auch Dramen, Erzählungen sowie den autobiograph. Roman ›Humano ardor‹ (1928).

Weitere Werke: Música prohibida (Ged., 1904), Alma gaucha (Dr., 1906), Triunfos nuevos (Ged., 1910), Cuentos argentinos (En., 1935), La novela de la pampa (En., 1943). **Literatur:** CORDERO, H. A.: A. G., precursor de nuevos tiempos. Buenos Aires 1962.

Ghislanzoni, Antonio [italien. gizlan-'tso:ni], * Lecco 25. April 1824, † Caprino Bergamasco (Prov. Bergamo) 16. Juli 1893, italien. Schriftsteller. – Opernsänger in Mailand, nach Verlust der Stimme Schriftsteller und Journalist; Republikaner; schrieb mehrere Romane, interessant bes. der autobiograph. Roman ›Gli artisti da teatro‹ (2 Bde., 1858) mit der zeitgeschichtlich bedeutsamen Schilderung des Theaterlebens. G. erlangte jedoch v. a. mit seinen Libretti, die er u. a. für G. Verdi schrieb, Bedeutung, u. a. ›Die Macht des Schicksals‹ (1869) und ›Aida‹ (1871).

Literatur: MANTOVANI, T.: Librettisti verdiani: A. G. In: Musica d'oggi 11 (1929). – TRAVI, E.: L'opera dimensione scapigliata di A. G. In: Otto-Novecento 4 (1980), H. 5/6, S. 69.

Ghorrat ol-Ein (tl.: Qurratu 'l-'ain; Tahere [γɔrrætol"ein], * Kaswin (Iran), † 1849 (hingerichtet), pers. Dichterin. – Legendäre Heldin der Babi-Aufstände in Iran (1. Hälfte des 19. Jh.). Als Tochter eines angesehenen muslim. Theologen erfuhr sie eine profunde Bildung in Theologie, Philosophie, klass. pers. und arab. Literatur; war als Anhängerin des Religionsstifters Sajjed Ali Mohammad (bekannt als der ›Bab‹, Dichtern. Ullahs, des Stifters der Baha'i-Religion) 1849 an der zeremoniellen Absage der Babis an das islam. religiöse Rechtssystem maßgeblich beteiligt; Verfasserin zahlreicher Gedichte emanzipator. Inhalts, darunter leidenschaftl. Liebesgedichte. Außerdem vertrat sie in ihren Werken weltanschaul. Werte der Babis.

Literatur: ROOT, M. L.: Táhirih the pure, Iran's greatest woman. Karatschi 1938. – BAUSANI, A.: Un ›ġazal‹ di Qurrat ul'Ain. In: Oriente Moderno 29 (1949), S. 190.

Ghostwriter [engl. 'goʊst,raɪtə = Geisterschreiber], anonymer Autor, der im Auftrag und unter dem Namen anderer Personen (z. B. Politiker, Künstler) entweder nach genauer Absprache oder auch in weitgehender Freiheit Reden, Zeitungsartikel und Bücher (v. a. Memoiren) schreibt.

Giacometti, Paolo [italien. dʒako-'metti], * Novi Ligure (Prov. Alessandria) 19. März 1816, † Gazzuolo (Prov. Mantua) 31. Aug. 1882, italien. Dramatiker. – Schrieb als besoldeter Dichter wandernder Schauspieltruppen über 80 bühnenwirksame Dramen, meist mit historisch-patriot. oder moralisch-sozialem Hintergrund; am bekanntesten ist ›La morte civile‹ (1862) über das Problem der Ehescheidung.

Weitere Werke: Il poeta e la ballerina (Dr., 1841), Elisabetta regina d'Inghilterra (Dr., 1853), Torquato Tasso (Dr., 1855), Maria Antonietta (Dr., 1870). **Literatur:** GRIMALDI GROSSO, G.: P. G. nella vita e nelle opere. Genua 1913. – P. G. Hig. v. W. BISIO u. A. MODENA. Alessandria 1966.

Giacomino da Verona [italien. dʒako-'mi:no davve'ro:na], italien. Dichter der 2. Hälfte des 13. Jahrhunderts. – Franziskaner; schrieb vor Dante zwei religiös-didakt. Dichtungen über Paradies und Hölle: ›De Jerusalem coelesti‹ und ›De Babylonia civitate infernali‹, beide in einem lombardisch-venezian. Mischdialekt.

Ausgabe: The ›De Jerusalem celesti‹ and the ›De Babylonia infernali‹ of Fra G. da V. London u. Florenz 1930. **Literatur:** CECCHETTO, V.: The language of G. da V. and a concordance of his works. Diss. University of Toronto 1982.

Giacomino Pugliese [italien. dʒako-'mi:no puʎ'ʎe:se], italien. Dichter des 13. Jahrhunderts. – Gehörte zur Sizilianischen Dichterschule. Von ihm sind acht Gedichte überliefert. Es bleibt umstritten, ob der von Uc Faidit in seiner provenzal. Dichtungsgrammatik ›Donatz proensals‹ genannte Iacobus de Mora mit G. P. identisch ist.

Literatur: SANTANGELO, M.: Le poesie di G. P. Palermo 1937. – SKUBIKOWSKI, H. C.: A critical edition of the poetry of G. P. Diss. Indiana University Bloomington (Ind.) 1979.

Giacomo da Lentini [italien. 'dʒa:komo], * Lentini wahrscheinlich Ende des 12. Jh., † vor 1250, italien. Dichter. – Notar und Hofbeamter Kaiser

Friedrichs II.; ältester Vertreter der Sizilianischen Dichterschule, die er (wahrscheinlich) zwischen 1233 und 1240 begründete. Seine rund 40 erhaltenen Gedichte sind teils Kanzonen, zum größeren Teil Sonette; gilt als Schöpfer des Sonetts. Sein Ansehen als Haupt der Sizilianischen Dichterschule spiegelt sich u. a. in seiner Erwähnung in Dantes ›De vulgari eloquentia‹ und ›Divina Commedia‹.

Ausgaben: Poeti del Duecento. Hg. v. G. CONTINI. Bd. 1. Mailand u. Neapel 1960. – G. da L. Poesie. Hg. v. R. ANTONELLI. Rom 1979. Bisher 1 Bd. erschienen.
Literatur: POPOLIZIO, S.: The poetry of G. da Lentino and stylistic criteria in the early Italian love lyric. In: Canadian Journal of Italian studies 2, 1–2 (1978/79), S. 1. – VANASCO, R. R.: La poesia di G. da L. Analisi strutturali. Bologna 1979.

Giacomo da San Gimignano [italien. 'dʒa:komo das'sandʒimiɲ'ɲa:no], italien. Dichter, ↑ Folgore da San Gimignano.

Giacomo, Salvatore Di [italien. 'dʒa:komo], italien. Dichter, ↑ Di Giacomo, Salvatore.

Giacosa, Giuseppe [italien. dʒa-'ko:za], * Colleretto Parella (heute Colleretto Giacosa, Prov. Turin) 21. Okt. 1847, † ebd. 2. Sept. 1906, italien. Dramatiker. – Zunächst Rechtsanwalt; einer der vielseitigsten und erfolgreichsten italien. Bühnenautoren des ausgehenden 19. Jh.; behandelte Tagesfragen ebenso gewandt wie mittelalterlich-romaneske Stoffe (›Una partita a scacchi‹, 1873; ›La signora di Challant‹, 1891); Meister des bürgerlich-realistischen Dramas (›Tristi amori‹, 1887; ›Come le foglie‹, 1900); schrieb zusammen mit Luigi Illica (* 1857, † 1919) Libretti für G. Puccini (›La Bohème‹, 1896; ›Tosca‹, 1900; ›Madame Butterfly‹, 1904).

Weitere Werke: Novelle e paesi valdostani (Nov.n, 1886), Die Rechte der Seele (Dr., 1894, dt. 1898).
Ausgabe: G. G. Teatro. Hg. v. P. NARDI. Mailand 1948.
Literatur: RUMOR, M.: G. G. Padua 1940. – DONELLI, D.: G. G. Mailand 1948. – BARSOTTI, A.: G. G. Florenz 1973. – GOTTA, S.: Tre maestri: Fogazzaro, G., Gozzano. Mailand 1975.

Giamboni, Bono [italien. dʒam'bɔ:ni], * Florenz (?), † nach 1292, italien. Schriftsteller. – Richter in Florenz; übersetzte u. a. aus dem Lateinischen die ›Historia adversus paganos‹ des Paulus Orosius, den ›Fiore di rettorica‹ des Fra Guidotto da Bologna (13. Jh.), ferner ›De miseria humanae conditionis‹ von Innozenz III.; verfaßte einen moralisch-allegor. visionären Reiseroman, ›Introduzione alle virtù‹ (um 1270).

Ausgaben: B. G. In: Volgarizzamenti del due e del trecento. Hg. v. C. SEGRE. Turin 1953. – B. G. Il libro de' vizî e delle virtudî et Il trattato di virtù e di vizî. Hg. v. C. SEGRE. Turin 1968.
Literatur: BERTOLINI, L.: Ancora un testimone del ›Libro de' vizî e delle virtudî‹. In: Studi Mediolatini e Volgari 27 (1980), S. 105.

Giambullari, Pier Francesco [italien. dʒambul'la:ri], * Florenz 1495, † ebd. 24. Aug. 1555, italien. Schriftsteller. – War an der Einrichtung der Biblioteca Medicea Laurenziana beteiligt, 1540 Mitbegründer der Accademia degli Umidi, der nachmaligen Accademia Fiorentina, an der G. 1551 Vorlesungen über Dante hielt; verfaßte neben einem unvollendeten Kommentar zu dessen ›Divina Commedia‹ (1538) die Abhandlung ›De 'l sito, forma e misure dello Inferno di Dante‹ (1544), forderte in der Diskussion über die Schriftsprache die Berücksichtigung des mündl. Sprachgebrauchs (›Il Gello‹, Dialog, 1546; ›Della lingua che si parla e scrive in Firenze‹, Grammatik, 1551); seine auf Quellenstudium beruhende ›Historia dell'Europa‹ in sieben Büchern (hg. 1566) umfaßt die Zeit von 887 bis 947.

Literatur: CROCE, B.: P. G. In: CROCE: Poeti e scrittori del pieno e del tardo rinascimento. Bd. 2. Bari ²1958. – BISCEGLIA BONOMI, I.: La grammatica di Pierfrancesco G. In: Il Rinascimento. Aspetti e problemi attuali. Hg. v. V. BRANCA. Florenz 1982. S. 231.

Giannini, Guglielmo [italien. dʒan-'ni:ni], * Pozzuoli 15. Okt. 1891, † Rom 14. Okt. 1960, italien. Schriftsteller und Politiker. – Verfaßte humorist. Kriminalstücke und Lustspiele (›Mimosa‹, 1935; ›Supergiallo‹, 1937; ›Eva in vetrina‹, 1939; ›Il pretore De Minimis‹, 1951), teilweise unter dem Pseudonym Zorro oder Alberto Vario; war auch Filmregisseur (›Grattocielo‹, 1943); gründete die Zeitschrift ›L'uomo qualunque‹ (1945–47) als Organ einer polit. Bewegung, der sich das unzufriedene Kleinbürgertum v. a. Süditaliens für kurze Zeit

anschloß (›Qualunquismo‹). 1946–48 Mitglied des Parlaments.
Weitere Werke: Grattacieli (Dr., 1930), L'angelo nero (En., 1950).
Literatur: D'AMICO, S.: Palcoscenico del dopoguerra. Turin 1953. 2 Bde.

Giannone, Pietro [italien. dʒan-'noːne], *Camposanto (Prov. Modena) 5. März 1792, † Florenz 24. Dez. 1872, italien. Dichter. – Wurde als Republikaner wegen seiner polit. Tätigkeit verbannt und übernahm mit G. Mazzini in Paris die Führung der italien. Flüchtlinge; ab 1859 wieder in Florenz. Sein Hauptwerk ist die patriot. Versdichtung in 15 Gesängen ›L'esule‹ (1829) mit vielen zeitgenöss. Anspielungen.
Literatur: GIANNANTONIO, P.: P. G. Neapel 1964–65. 2 Bde.

Giannotti, Donato [italien. dʒan-'nɔtti], *Florenz 27. Nov. 1492, † Rom 27. Dez. 1573, italien. Schriftsteller. – Wurde 1527 als Nachfolger von N. Machiavelli Sekretär der ›Cancelleria dei Dieci‹ in Florenz, ging nach der Wiedereinsetzung der Medici 1530 an die Kurie in Rom; überzeugter Republikaner wie Machiavelli, betrachtete er die Staatsordnung Venedigs als die ideale Verfassung (›Trattato della repubblica fiorentina‹, entst. 1531, hg. 1721; ›Respublica Venetum‹, 1540, dt. 1557); empfahl die polit. Annäherung an Frankreich (›Discorso delle cose d'Italia a Paolo III‹, 1535); verfaßte auch lat. und italien. Gedichte sowie zwei Komödien (›La Milesia‹ und ›Il vecchio amoroso‹, entst. 1533–36).
Ausgaben: D. G. Opere politiche e letterarie. Hg. v. F. L. POLIDORI. Florenz 1850. 2 Bde. – D. G. In: Commedie del Cinquecento. Hg. v. N. BORSELLINO. Bd. 1. Mailand 1962. S. 1.
Literatur: SANESI, G.: La vita e le opere di D. G. Pistoia 1899. Bd. 1 (m.n.e.). – ZANONI, E.: D. G. nella vita e negli scritti. Rom 1900. – CADONI, G.: L'utopia repubblicana di D. G. Mailand 1978.

Giardinelli, Mempo [italien.-span. dʒardi'neli], *Resistencia 2. Aug. 1947, argentin. Schriftsteller. – Lebte 1976–85 im Exil in Mexiko. In seinen Romanen und Erzählungen, die z. T. im paraguayisch-argentin. Grenzbereich spielen, dominieren die parodist. und humorist. Elemente.
Werke: Die Revolution auf dem Fahrrad (R., 1980, dt. 1988), El cielo con las manos (R.,

1981), Leb wohl, Mariano, leb wohl! (En., 1982, dt. 1987), Heißer Mond (R., 1983, dt. 1986), Wie einsam sind die Toten (R., 1985, dt. 1990).
Literatur: KOHUT, K.: Un universo cargado de violencia. Presentación, aproximación y documentación de la obra de M. G. Ffm. 1990.

Gibbon, Edward [engl. 'gɪbən], *Putney (heute zu London) 8. Mai 1737, † London 16. Jan. 1794, engl. Historiker und Schriftsteller. – Konvertierte 16jährig in Oxford zum Katholizismus, trat später in Lausanne wieder zum prot. Glauben über; 1758 Rückkehr nach England; 1759–63 aktiver Dienst in der Bürgermiliz von Hampshire; durch Studienreisen und Aufenthalte wesentl. Einflüsse der roman. Welt; 1774–83 wenig erfolgreiche Laufbahn als Parlamentsmitglied. Seinem Hauptwerk, ›Geschichte des Verfalls und Untergangs des Röm. Reichs‹ (6 Bde., 1776–88, dt. 19 Bde., 1788–1806), verdankt G. seinen Ruhm. Das der universalgeschichtl. Programmatik verpflichtete Werk, das die Zeit von 180 bis 1453 behandelt, zeichnet sich durch künstlerisch vollendete Struktur und Sprachformung aus.
Weitere Werke: Essai sur l'étude de la littérature (1761, engl. u. d. T. An essay on the study of literature, 1764), Miscellaneous works (2 Bde., hg. 1796, und 5 Bde., hg. 1814).
Ausgaben: E. G. The history of the decline and fall of the Roman Empire. Hg. v. J. B. BURY. London 1896–1900. 7 Bde. Nachdr. New York 1974. – The letters of E. G. Hg. v. J. E. NORTON. London 1956. 3 Bde.
Literatur: LOW, D. M.: E. G., 1737–1794. London 1937. – NORTON, J. E.: A bibliography of the works of E. G. London 1940. – BOND, H. L.: The literary art of E. G. Oxford 1960. – SWAIN, J. W.: E. G. the historian. London 1966. – DE BEER, SIR G. R.: G. and his world. London 1968. – JORDAN, D. P.: G. and his Roman Empire. Urbana (Ill.) 1971. – CRADDOCK, P. B.: E. G., luminous historian, 1772–1794. Baltimore (Md.) 1989.

Gibbon, [William] Monk [engl. 'gɪbən], *Dublin 15. Dez. 1896, †ebd. 29. Okt. 1987, ir. Schriftsteller. – Schrieb ausdrucksstarke Lyrik in konventionellem Stil (›The branch of Hawthorn Tree‹, 1927; ›The velvet bow and other poems‹, 1972, u. a.), daneben Prosagedichte (›The tremulous string‹, 1926); bekannt wurde er auch durch Reiseberichte (darunter ›Swiss enchantment‹, 1950; ›Austria‹, 1953; ›Western Germany‹, 1955) und die

philosophisch-dichter. Autobiographien
›The seals‹ (1935), ›Mount Ida‹ (1948)
und ›The Brahms waltz‹ (1970).

Gibbons, Stella Dorothea [engl. 'gɪbənz], * London 5. Jan. 1902, † ebd.
19. Dez. 1989, engl. Schriftstellerin. – Beschreibt in ihren Romanen und Kurzgeschichten mit Sympathie und Ironie die
zumeist bitteren Lernprozesse ihrer
schüchternen Heldinnen im Londoner
Künstlermilieu. In ihrem erfolgreichsten
Roman ›Cold Comfort Farm‹ (1932) parodierte sie gängige Liebesromane aus
dem ländl. Milieu.

Weitere Werke: Enbury heath (R., 1935), Das
Nachtigallenwäldchen (R., 1938, dt. 1938),
Ticky (R., 1943), Westwood, or the gentle
powers (R., 1946), Conference at Cold Comfort
Farm (E., 1949), Collected poems (Ged., 1950),
The wolves were in the sledge (R., 1964), The
charmers (R., 1965), Starlight (R., 1967), The
snow-woman (R., 1969), The woods in winter
(R., 1970).

Gibbs, Sir (seit 1920) Philip Hamilton
[engl. gɪbz], * London 1. Mai 1877,
† Shamley Green (Surrey) 10. März 1962,
engl. Schriftsteller. – Literar. Redakteur,
u. a. bei ›Daily Mail‹, ›Daily Chronicle‹
und ›Tribune‹; Sonderkorrespondent im
1. Weltkrieg. Mehrere seiner Romane
entstanden aufgrund seiner Kriegseindrücke (u. a. ›Realities of war‹, 1920)
oder behandeln zeitpolit. Fragen.

Weitere Werke: Zwischen Ja und Nein (R.,
1922, dt. 1936), Ewiges Suchen (R., 1925, dt.
1935), The cross of peace (R., 1933), Verwandte
Welten (R., 1935, dt. 1937), England spricht
(Essay, 1935, dt. 1937), Begnadete Hände (R.,
1957, dt. 1958), One of the crowd (R., 1959), The
wheel of fortune (R., 1960).

Gibson, Wilfrid Wilson [engl. gɪbsn],
* Hexham (Northumberland) 2. Okt.
1878, † Virginia Water (Surrey) 26. Mai
1962, engl. Schriftsteller. – Führender
Vertreter der Georgian poetry; Verfasser
von Gedichten über die Armut der Industriearbeiter und Kleinbauern; schrieb
auch Dramen.

Werke: Mountain lovers (Ged., 1903), Daily
bread (Dr., 1910), Fires (Ged., 1912), Thoroughfares (Ged., 1914), Livelihood (Ged., 1917),
Kestrel Edge (Dr., 1924), Collected poems
1905–25 (Ged., 1926), The outpost (Ged., 1944),
Within four walls (Dramen, 1950).

Gibus [italien. 'dʒi:bus], Pseudonym
der italien. Schriftstellerin Matilde
↑ Serao.

André Gide

Gide, André [frz. ʒid], * Paris 22. Nov.
1869, † ebd. 19. Febr. 1951, frz. Schriftsteller. – Nach dem frühen Tod (1880)
des Vaters, der Prof. der Rechte war, von
der Mutter streng prot. erzogen; wegen
seiner labilen Gesundheit erhielt er Privatunterricht, besuchte dann u. a. die
École alsacienne; 1890 lernte er P. Valéry, 1891 O. Wilde und S. Mallarmé,
1893 F. Jammes kennen; 1893/94 Reise
nach Algerien und Tunesien. Heiratete
1895 seine Kusine Madeleine Rondeaux
(* 1866, † 1938), mit der er Europa und
Afrika bereiste. 1895 Bekanntschaft mit
P. Claudel. G. war Mitbegründer der
Zeitschrift ›La Nouvelle Revue Française‹ (1909); 1925/26 reiste er im Auftrag des Kolonialministeriums nach
Afrika (›Voyage au Congo‹, 1927, und
›Retour du Tschad‹, 1928; beide zus. dt.
1930 u. d. T. ›Kongo und Tschad‹; eine
Anklage gegen den Kolonialismus).
Einige Jahre stand G. dem Kommunismus nahe; eine Reise in die UdSSR
(1936) ernüchterte ihn jedoch (›Zurück
aus Sowjet-Rußland‹, 1936, dt. 1937).
Neben anderen Auszeichnungen erhielt
er 1947 den Nobelpreis für Literatur.
G. gehörte zu den vielseitigen und einflußreichsten Persönlichkeiten des literar. Lebens zu Beginn des 20. Jahrhunderts. Sein Werk reicht von Übersetzungen (Goethe, Shakespeare, W. Blake,
W. Whitman, A. S. Puschkin u. a.) über
ein umfangreiches literaturkrit. Werk
und Biographien bis zu [polit.] Reisebeschreibungen, Erzählungen, Romanen,
Dramen und Gedichten. Er begann als
Symbolist; starke Einflüsse u. a. von
B. Pascal, F. Nietzsche, F. M. Dosto-

jewski und Goethe, der G.s Schaffen seit Mitte der 20er Jahre wesentlich bestimmte. In seinem Werk proklamiert G. das Recht des Individuums auf sein ganz persönl. Leben. Er wendet sich gegen jede Konvention, die er als Einschränkung der Persönlichkeit ablehnt. Künstlerisch bed. ist v. a. seine mehrbändige Autobiographie, beginnend mit ›Stirb und werde‹ (2 Bde., 1920/21, dt. 1930); die folgenden Bände enthalten bis dahin in der Literatur in dieser Form unübl. Schilderungen [homo]sexueller Erlebnisse (›Et nunc manet in te‹, hg. 1951; ›Intimes Tagebuch‹, hg. 1952; beide zus. dt. 1952; ›So sei es oder Die Würfel sind gefallen‹, hg. 1952, dt. 1953). G.s Werk ist gekennzeichnet durch eine klassisch reine Sprache, klar, musikalisch, rauschhaft in der Darstellung des Lebensgenusses; Hedonismus steht neben Askese, scharfe Selbstanalyse, Einfühlungsvermögen neben Ästhetizismus.

Weitere Werke: Die Aufzeichnungen und Gedichte des André Walter (1891, dt. 1969), Der Traktat vom Erlebnis des Narkissos (Essay, 1891, dt. 1907), Ein Liebesversuch (En., 1893, dt. 1907), Paludes (E., 1895, dt. 1905), Uns nährt die Erde (Prosa, 1897, dt. 1930), Der schlechtgefesselte Prometheus (Dr., 1899, dt. 1909), Der König Candaules (Dr., 1901, dt. 1905), Der Immoralist (R., 1902, dt. 1905), Saul (Dr., 1903, dt. 1909), Die Rückkehr des verlorenen Sohnes (E., 1907, dt. von R. M. Rilke, 1914), Die enge Pforte (R., 1907, dt. 1909), Isabelle (E., 1911, dt. 1926), Die Verliese des Vatikan (R., 1914, dt. 1922; auch dramatisiert), Die Pastoral-Symphonie (Nov., 1919, dt. 1925), Die Falschmünzer (R., 1925, dt. 1928), Die Schule der Frauen (R., 1929, dt. 1929), Robert (R., 1930), Oedipus (Dr., 1931, dt. 1931), Uns nährt die Hoffnung (Prosa, 1935, dt. 1974), Genoveva (R., 1936, dt. 1950), Theseus (R., 1946, dt. 1949).
Ausgaben: Œuvres complètes d'A. G. Hg. v. L. MARTIN-CHAUFFIER. Paris 1933–54. 15 Bde. 2 Erg.-Bde. – A. G. Tageb. 1889–1939. 1939–1949. Dt. Übers. Stg. 1950–67. 4 Bde. – Paul Claudel – A. G. Briefwechsel 1899–1926. Dt. Übers. Stg. 1952. – Rainer Maria Rilke – A. G. Briefwechsel 1909–1926. Dt. Übers. Stg. u. Wsb. 1957. – A. G. u. Paul Valéry. Briefwechsel 1890–1942. Dt. Übers. Wzb. u. Wien 1958. – A. G. Romans, récits et soties. Œuvres lyriques. Paris 1958. – A. G. Theater. Ges. Stücke. Dt. Übers. Stg. 1968. – A. G. Selbstzeugnis. Autobiograph. Schrr. Stg. 1969. – A. G. Romane u. lyr. Prosa. Hg. v. G. SCHLIENTZ. Stg. 1973. – A. G. Sämtl. Erzählungen. Dt. Übers. Stg. 57.–60. Tsd. 1976. – A. G. Ges. Werke in 12 Bden. Hg. v.

H. HINTERHÄUSER u. a. Stg. 1989 ff. (bisher 9 Bde. erschienen).
Literatur: PIERRE-QUINT, L.: A. G. Der Mensch u. sein Leben, sein Werk. Dt. Übers. Darmst. u. a. 1956. – BRÉE, G.: G. New Brunswick (N. J.) 1963. – MOUTOTE, D.: Le journal d'A. G. et les problèmes du moi (1889–1925). Paris u. Montpellier 1968. – Zeitschrift: Bulletin des amis d'A. G. 1 (1968) ff. – Cahiers A. G. 1 (1969) ff. – BOISDEFFRE, P. DE: Vie d'A. G. Paris 1970 ff. – BASTIDE, R. M.: Anatomie d'A. G. Paris 1972. – THEIS, R.: A. G. Darmst. 1974. – COTNAM, J.: Inventaire bibliographique et index analytique de la correspondance d'A. G. Boston (Mass.) 1975. – MARTIN, C.: La maturité d'A. G. ˙ De ›Paludes‹ à ›L'immoraliste‹ (1895–1902). Paris 1977. – ANGLÈS, M. A.: A. G. et le premier groupe de la Nouvelle Revue Française. Paris 1978. – ANGELET, CH.: Symbolisme et invention formelle dans les premiers écrits d'A. G. Gent 1982. – MARTIN, C.: A. G. Dt. Übers. Rbk. 36.–37. Tsd. 1983. – THEIS, R.: Auf der Suche nach dem besten Frankreich. Zum Briefwechsel von E. R. Curtius mit A. G. und Ch. du Bos. Ffm. 1984. – A. G. La correspondance générale (1879–1951). Hg. u. eingel. v. C. MARTIN. Lyon 1984 ff. Auf mehrere Bde. berechnet. – Album G. Hg. v. PH. CLERC u. M. NADEAU. Paris 1985. – MARTY, E.: L'écriture du jour. Le ›Journal‹ d'A. G. Paris 1985. – RYSSELBERGHE, M. VAN: Das Tagebuch der kleinen Dame. Auf den Spuren von A. Gide 1934–1951. Dt. Übers. Mchn. 1986. – WAGNER, H.: A. G. In: Frz. Lit. des 20. Jh. Gestalten u. Tendenzen. Hg. v. W.-D. LANGE. Bonn 1986. S. 129. – THIERRY, J.-J.: A. G. Paris 1986. – PISTORIUS, G.: A. G. u. Deutschland. Eine internat. Bibliographie. Hdbg. 1990. – A. G. u. Deutschland/A. G. et l'Allemagne. Hg. v. H. T. SIEPE u. R. THEIS. Düss. 1992. – CLAUDE, J.: A. G. et le théâtre. Paris 1992. 2 Bde.

Gierow, Karl Ragnar [schwed. ˈɡiːrɔv], * Hälsingborg 2. April 1904, † Stockholm 30. Okt. 1982, schwed. Schriftsteller. – 1951–63 Intendant des Königl. Dramat. Theaters Stockholm, ab 1961 Mitglied der Schwed. Akademie, 1964–77 deren ständiger Sekretär; formsicherer Lyriker mit humanist., oft aber auch pessimist. Lebenseinstellung; als Dramatiker von T. S. Eliot beeinflußt.
Werke: Solen lyser (Ged., 1925), Ödletid (Ged., 1937), Av hjärtans lust (Dr., 1945), Domkyrkospel (Dr., 1948), Om livet är dig kärt (Ged., 1963), Skall jag taga vara på min broder? (Ged., 1968), Den fjärde vise mannen (Dr., 1971), I daggkåpans mantelfäll (Ged., 1983).

Giertz, Bo [schwed. jærts], * Borgholm 31. Aug. 1905, schwed. Schriftsteller. – 1935 ev. Pfarrer, 1949–70 Bischof von Göteborg. B. beteiligte sich an der religiösen Debatte und Neuorientierung der 40er Jahre in Schweden und verfaßte einige Romane über diese Thematik. **Werke:** Und etliches fiel auf den Fels (R., 1941, dt. 1952), Das Herz aller Dinge (R., 1943, dt. 1946), Riddarna på Rhodos (R., 1972).

Gifford, William [engl. 'gɪfəd], * Ashburton (Devonshire) 17. April 1756, † London 31. Dez. 1826, engl. Dichter und Kritiker. – Verfasser von zwei Satiren (›The Baviad‹, 1794; ›The Maeviad‹, 1795) gegen die engl. Della-Crusca-Schule und gegen kleinere Londoner Dramatiker. 1797 Hg. der Wochenschrift ›Anti-Jacobin‹, 1809–24 der von ihm mitbegründeten ›Quarterly Review‹; G. gab Werke von Ph. Massinger, Ben Jonson u. a. heraus, er übersetzte Juvenal (1802) und Persius (1821). **Literatur:** CLARK, R. B.: W. G. New York 1930. Nachdr. 1967.

Gigli, Girolamo [italien. 'dʒiʎʎi], eigtl. G. Nenci, * Siena 14. Okt. 1660, † Rom 4. Jan. 1722, italien. Dichter. – Prof. an der Univ. Siena; suchte die Überlegenheit des Sieneser Dialekts gegenüber dem Florentiner zu beweisen und zog sich dadurch die Feindschaft der Accademia della Crusca und zeitweilige Verbannung zu; sein wichtigstes Werk ist die Komödie ›Il Don Pilone, ovvero il Bacchettone falso‹ (1711) nach Molières ›Tartuffe‹; ferner schrieb er bes. Satiren (›Scivolata‹, 1720; ›Brandaneide‹, hg. 1757). **Ausgaben:** Collezione completa delle opere edite e inedite di G. G. Siena 1797. 3 Bde. – G. G. Scritti satirici in prosa e in verso. Hg. v. L. BIANCHI. Siena 1865. **Literatur:** CARLONI VALENTINI, R.: G. G. interprete di Giovanni Racine. In: Aevum 46 (1972), H. 1–2, S. 49.

Gijsen, Marnix [niederl. 'xɛɪzə], eigtl. Jan-Albert Goris, * Antwerpen 20. Okt. 1899, † Lubbeek 29. Sept. 1984, fläm. Schriftsteller. – Begann mit expressionist. Gedichten in christlich-humanitärem Geist; lebte jahrzehntelang als Beauftragter für kulturelle Angelegenheiten der belg. Regierung in den USA; schrieb dort seit 1947 (›Joachim von Babylon‹, 1948, dt. 1953) und nach seiner Rückkehr zahlreiche stark autobiographisch gefärbte Romane, die einen Bruch mit seiner früheren Überzeugung darstellen. Sie zeugen einerseits von einer skept., ratio-

nalist. Lebenshaltung, andererseits von einem emotional geprägten Engagement. **Weitere Werke:** Loblitanei zum heiligen Franz von Assisi und Gedichte (1919, dt. 1931), Telemachus in het dorp (R., 1948), Klaaglied om Agnes (R., 1951), An den Fleischtöpfen Ägyptens (R., 1952, dt. 1954), Er gebeurt nooit iets (R., 1956), Allengs, gelijk de spin (R., 1962), Zelfportret, gevleid, natuurlijk (Autobiogr., 1965), Jacqueline en ik (R., 1970). **Literatur:** GORIS, R./GRESHOFF, J.: M. G. Den Haag 1955. – ROELANTS, M.: M. G. Brüssel 1958. – VERBEEK, G.: M. G. Brügge 1966.

Gilbert, Sir (seit 1907) William Schwenck [engl. 'gɪlbət], * London 18. Nov. 1836, † Harrow Weald (heute zu London) 29. Mai 1911, engl. Dramatiker. – War Rechtsanwalt; schrieb komisch-satir. Gedichte (›Bab ballads‹, 1869; ›More Bab ballads‹, 1872), burleske Lustspiele und Parodien (›The happy land‹, 1873, mit Gilbert Arthur à Beckett; ›The princess‹, 1870; ›Rosencrantz and Guildenstern‹, 1891). Bes. erfolgreich war seine Zusammenarbeit mit dem Komponisten Arthur Seymour Sullivan, für den er 15 Jahre lang die Libretti zu zahlreichen witzig-satir. Operetten verfaßte. **Weitere Werke:** Thespis (Libretto, 1871), Trial by jury (Libretto, 1875), H. M. S. Pinafore (Libretto, 1878), Patience (Libretto, 1881), Iolanthe (Libretto, 1882), The micado (Libretto, 1885), Ruddigore (Libretto, 1887), The gondoliers (Libretto, 1889), Utopia limited (Libretto, 1893), The grand duke (Libretto, 1896), Fallen fairies (Dr., 1909), The hooligans (Dr., 1911). **Ausgabe:** Sir W. Sch. G. The Savoy Operas. London 1962–63. 2 Bde. **Literatur:** PEARSON, H.: G. and Sullivan. London ²1975. – SUTTON, M. K.: W. Sch. G. Boston (Mass.) 1975. – BENFORD, H.: The G. and Sullivan lexicon ... New York 1978. – HAYTER, CH.: G. and Sullivan. London 1988.

Gilbert-Lecomte, Roger [frz. ʒilbɛr-lə'kõːt], eigtl. R. Gilbert Lecomte, * Reims 18. Mai 1907, † Paris 19. Jan. 1944, frz. Lyriker und Essayist. – Inspiriert von V. Hugo, Lautréamont und bes. A. Rimbaud suchte G.-L. in der Dichtung Absolutes auszudrücken und es zugleich durch sie aufzufinden. Dabei stützte er sich nicht nur auf Selbsterfahrungen mit Drogen, denen er schließlich erlag, sondern auch auf die bewußte Einbeziehung von Kindheitsträumen und -ängsten, von Witz, Vision, Wahn und Verfolgung. Einen ersten Rahmen für entsprechende li-

Gil Gilbert 325

terar. Experimente gab die 1922 in Reims u. a. mit R. Daumal und R. Vailland im Zeichen des Spontan-Einfachen begründete Gruppe der Phrères simplistes ab, die sich 1928–32 als ›Le Grand Jeu‹ (Gruppenbezeichnung und Zeitschriftentitel zugleich) zu einer Bewegung entwickelte, die ebenso stark vom Surrealismus angeregt war wie sie sich von ihm distanzierte. Als Summe seines literar. Entwurfs erschien 1933 (mit einem Vorwort von A. Artaud) G.-L.s ›La vie, l'amour, la mort, le vide et le vent‹.

Ausgabe: R. G.-L. Œuvres complètes. Hg. v. M. THIVOLET u. J. BOLLERY. Paris 1974–77. 2 Bde.
Literatur: VIRMAUX, A./VIRMAUX, O.: R. G.-L. et le Grand Jeu. Paris 1981. – DUMAS, R.: Plaidoyer pour R. G.-L. Paris 1985.

Gilboa (tl.: Gilboa'), Amir, * Radziwiłłów (Wolynien) 1917, †7. Sept. 1984, israel. Lyriker. – Wanderte 1937 in Palästina ein; seine (z.T. surrealist.) Gedichte, die gegensätzl. Gefühle wie Angst und Furcht, Freude und Hoffnung ausdrücken, sind zum großen Teil vereint im Sammelband ›Kehūlīm we-adummīm‹ (= Blau und Rot, 1963).

Literatur: Enc. Jud. Bd. 7, 1972, S. 569.

Gilgamesch-Epos, bedeutendstes Werk der babylon. Literatur. Seit etwa 1900 v. Chr. wurden einzelne sumer. ep. Dichtungen um den frühgeschichtl. König Gilgamesch von Uruk (28./27.Jh.) schriftlich überliefert: Ein ep. Bericht vom Kampf Gilgameschs mit Akka von Kisch; eine Dichtung um Gilgameschs Tod; in ›Gilgamesch, Enkidu und die Unterwelt‹ gerät Gilgameschs Freund Enkidu in die Unterwelt und berichtet als Totengeist vom trostlosen Schicksal von deren Bewohnern; in ›Gilgamesch und Chuwawa‹ ziehen die beiden Freunde, um Ruhm zu erlangen, zum Zedernwald und töten dessen dämon. Wächter Chuwawa; in ›Gilgamesch und der Himmelsstier‹ erschlagen Gilgamesch und Enkidu den Himmelsstier, den Anu auf Bitten der erzürnten Göttin Inanna gegen sie sendet. Vorwiegend aus den beiden letzteren Sagenstoffen entstand wohl bereits im 18.Jh. v.Chr. ein einheitl. Epos in akkad. (altbabylon.) Sprache, das weite Verbreitung fand, im 13.Jh. bis nach Hattusa (neben einer akkad. auch

Teile von hethit. und churrit. Fassungen) und Megiddo. Gegen Ende des 2.Jt. wurde in Babylonien das *eigtl. G.-E.* geschaffen, eine Neufassung in jungbabylon. Sprache in elf Tafeln mit insgesamt etwa 3 600 Verszeilen, für die die babylon. Tradition sogar einen Verfasser nennt. Überliefert ist das G.-E. v. a. auf Tafeln aus der Bibliothek von Ninive (7.Jh. v.Chr.; unvollständig, sog. *ninevit. Fassung*): Dem tyrann. Gilgamesch wird als Gegenspieler der wilde Naturmensch Enkidu geschaffen, der Diener, Freund und Gefährte der Abenteuer gegen Chuwawa und den Himmelsstier wird. Enkidus auf Traumvorahnungen folgende Krankheit und sein Tod treiben Gilgamesch auf die Suche nach dem ewigen Leben, zum Sintfluthelden Utanapischtim, den der Dichter die Flutsage – aus ursprünglich unabhängiger Tradition (†Atrachasis), als elfte Tafel angefügt – erzählen läßt. Eine Schlange stiehlt Gilgamesch das vom Meeresgrund geholte ›Lebenskraut‹, so daß ihm nur Ergebung in sein menschl. Todeslos und der Nachruhm seiner Taten bleiben. Als 12. Tafel wurde der ninevit. Fassung eine Teilübersetzung des sumer. ›Gilgamesch, Enkidu und die Unterwelt‹ angefügt. Unmittelbare Einflüsse des G.-E. auf die Antike sind nicht nachweisbar.

Ausgaben: Das G.-E. Dt. Übers. u. Erl. v. A. SCHOTT. Neu bearb. v. W. VON SODEN. Stg. 1966. Nachdr. 1992. – G.-E. Hg. v. K. OBERHUBER. Darmst. 1977. – RÖMER, W. H.: Das sumer. Kurzepos ›Bilgameš und Akka‹. Neukirchen-Vluyn u. Kevelaer 1980. – Das G.-E. Eingel. u. übers. v. H. SCHMÖKEL. Stg. ⁸1992.
Literatur: TIGAY, J. H.: The evolution of the Gilgamesh epic. Philadelphia (Pa.) 1982. – RÖLLIG, W.: G. In: Enzykl. des Märchens. Hg. v. K. Ranke. Bd. 5 (1987).

Gil Gilbert, Enrique [span. 'xil xil-'βɛr], *Guayaquil 8. Juli 1912, †ebd. 21. Febr. 1973, ecuadorian. Schriftsteller. – Früh Mitglied der Kommunist. Partei; 1944 Abgeordneter; Prof. für Geschichte und Literatur in Quito; behandelt in dem Roman ›Unser Brot‹ (1942, dt. 1954) den Wandel des Ausbeutungssystems in den Reisanbaugebieten Ecuadors.

Weitere Werke: Yunga (En., 1933), Relatos de Emmanuel (R., 1939), La cabeza de un niño en un tacho de basura (En., 1967).

Gilkin, Iwan [frz. ʒil'kɛ̃], * Brüssel 7. Jan. 1858, † ebd. 29. Sept. 1924, belg. Schriftsteller. – Bibliothekskonservator; führendes Mitglied der Dichtergruppe La Jeune Belgique; schrieb von Ch. Baudelaire beeinflußte Gedichte (›La nuit‹, 1897), daneben philosoph. und histor. Dramen (›Prométhée‹, 1899; ›Savonarole‹, 1906).
Literatur: TANT, E.: Un grand poète: I. G. Gent 1945.

Gill, Claes Daniel [norweg. jil, gil], * Odda (Hordaland) 13. Okt. 1910, † Oslo 11. Juni 1973, norweg. Lyriker. – Seine visionäre Lyrik beschwört eine hinter der äußeren Welt verborgene geistige Wirklichkeit: ›Fragment av et magisk liv‹ (Ged., 1939) und ›Ord i jærn‹ (Ged., 1942).
Ausgabe: C. D. G. Samlede dikt. Oslo 1974.

Gille, Valère [frz. ʒil], * Brüssel 3. Mai 1867, † Haasdonk 1. Juni 1950, belg. Schriftsteller. – Aus dem Kreise La Jeune Belgique; Bibliothekar; seine lyr. Gedichte (›Le château des merveilles‹, 1893; ›La cithare‹, 1897; ›La corbeille d'octobre‹, 1902) zeichnen sich durch parnass. Reinheit und unverfälschte Heiterkeit aus; auch Dramatiker (›Ce n'était qu'un rêve‹, 1903; ›Madame reçoit‹, 1908).
Literatur: LIEBRECHT, H.: V. G. Brüssel 1906. – VANWELKENHUYZEN, G.: Hommage à V. G. In: Bulletin de l'Académie royale de langue et de littérature françaises 35 (1957).

Gillhoff, Johannes, * Glaisin (Landkreis Ludwigslust) 24. Mai 1861, † Parchim 16. Jan. 1930, dt. Schriftsteller. – Als Erzähler bekannt durch seinen humorvollen Auswandererroman ›Jürnjakob Swehn, der Amerikafahrer‹ (1917); auch folklorist. Schriften.
Weiteres Werk: Bilder aus dem Dorfleben (En., 1905).

Gilliams, Maurice [niederl. 'xɪljɑms], * Antwerpen 20. Juli 1900, † ebd. 18. Okt. 1982, fläm. Schriftsteller. – Schrieb schwer zugängl., nach musikal. Gesetzen aufgebaute Gedichte; seine Romane, Erzählungen und Tagebuchaufzeichnungen betonen innere Vorgänge und Gefühle.
Werke: Elias oder das Gefecht mit den Nachtigallen (R., 1936, dt. 1964), Der Mann am Fenster (Tagebuchaufzeichnungen, 1943, dt. 1967

[enthält auch: Die Kunst der Fuge, Essay, 1953, und Libera nos, Domine, E., 1927]), Winter in Antwerpen (R., 1953, dt. 1964), Vita brevis (Ged., 4 Bde., 1956–60, dt. 1965).
Literatur: VREE, P. DE: M. G. Brügge 1964.

Gilliard, Edmond [frz. ʒi'ja:r], * Fiez (Waadt) 10. Okt. 1875, † Lausanne 11. März 1969, schweizer. Schriftsteller. – Gymnasialprofessor in Lausanne, gehörte mit Ch. F. Ramuz und Paul Budry (* 1883, † 1949) zur Gruppe um die ›Cahiers Vaudois‹; verfaßte in frz. Sprache literarhistor., polit. und pädagog. Schriften (›Rousseau et Vinet, individus sociaux‹, 1925; ›Du pouvoir des Vaudois‹, 1926; ›L'école contre la vie‹, 1944); veröffentlichte außerdem vielbeachtete Tagebücher (›Journal‹, 2 Bde., 1945–52; ›Outrejournal‹, 1953).

Gilman, Charlotte Perkins [engl. 'gɪlmən], * Hartford (Conn.) 3. Juli 1860, † Pasadena (Calif.) 17. Aug. 1935, amerikan. Schriftstellerin. – Erlebte als Kind die ärml. Verhältnisse einer von ihrem Vater verlassenen Familie. Diese schwierige Lage sowie die in ihrer 1. Ehe mit Ch. W. Stetson erlittenen seel. Depressionen bildeten die Grundlage ihrer bekanntesten Werke, der Erzählung ›Die gelbe Tapete‹ (1892, dt. 1985) und der Studie ›Mann und Frau. Die wirtschaftl. Beziehungen der Geschlechter als Hauptfaktor der sozialen Entwicklung‹ (1898, dt. ²1916). Gab die Zeitschrift ›The Forerunner‹ (1909–16) heraus, in der sie ihre Ideen in Artikeln, Gedichten (›In this our world‹, 1893), Erzählungen, utop. Romanen (›Herland‹, 1915, dt. 1980) abdruckte, und gründete 1915 zusammen mit Jane Addams (* 1860, † 1935) die ›Woman's Peace Party‹.
Literatur: HILL, M. A.: Ch. P. G. The making of a radical feminist, 1860–1896. Philadelphia (Pa.) 1980.

Gilmore, Dame (seit 1936), Mary Jean [engl. 'gɪlmɔ:], * Goulburn (New South Wales) 16. Aug. 1865, † Sydney 3. Dez. 1962, austral. Dichterin. – Ihre intellektuelle, stark von W. Baylebridge beeinflußte sozial engagierte Dichtung zeichnet sich durch Wärme und Menschlichkeit aus; schrieb außer Essays und Memoiren acht Gedichtbände, die besten davon sind ›The passionate heart‹ (1918), ›The wild swan‹ (1930).

Ausgabe: M. G. A tribute. Hg. v. T. I. MOORE. Sydney 1965.
Literatur: LAWSON, S.: M. G. Melbourne 1966.

Gilm zu Rosenegg, Hermann von, * Innsbruck 1. Nov. 1812, † Linz 31. Mai 1864, österr. Lyriker. – Wirkte als Jurist im Staatsdienst, zuletzt Leiter des Präsidialbüros in Linz; seine Lyrik umfaßt schlichte Natur- und Liebeslieder im Volkston sowie scharfe, antiklerikale Jesuitenlieder; auch Dramatiker und Theaterkritiker.
Werke: Tiroler Schützenleben (Ged., 1863), Gedichte (2 Bde., 1864/65).
Ausgabe: H. v. G. zu R. Gedichte. Gesamtausg. Hg. v. R. GREINZ. Lpz. 1894.
Literatur: DÖRRER, A.: H. v. G.s Weg u. Weisen. Innsb. 1924.

Gil Polo, Gaspar [span. 'xil 'polo], span. Dichter, ↑ Polo, Gaspar Gil.

Gil Vicente [portugies. 'ʒil vi'sentə], portugies. Dichter, ↑ Vicente, Gil.

Giménez Caballero, Ernesto [span. xi'menεθ kaβa'ʎero], Pseudonym Gecé, * Madrid 2. Aug. 1899, † 14. Mai 1988, span. Schriftsteller. – Repräsentativer und erfolgreicher Autor nach dem 1. Weltkrieg. Begründete 1927 die ›Gaceta Literaria‹, die das literar. Leben in Spanien maßgebend mitbestimmte; bed. als Kritiker, verfaßte vorwiegend vom Journalismus geprägte Werke; Mitbegründer der Falange; 1958 Gesandter in Paraguay (›Revelación del Paraguay‹, Essay, 1958).
Weitere Werke: Los toros, las castañuelas y la virgen (Essays, 1927), Yo inspector de alcantarillas (R., 1928), Genio de España (Essay, 1932).
Literatur: SCOTTI-ROSIN, M.: E. G. C. ›nieto del 98‹. Ein Beitrag zur neueren span. Ideologiegeschichte. In: Stimmen der Romania. Festschrift für W. Theodor Elwert zum 70. Geburtstag. Wsb. 1980. S. 405.

Ginsberg, Allen [engl. 'gɪnzbɔːg], * Paterson (N. J.) 3. Juni 1926, amerikan. Lyriker. – Unternahm nach der Studienzeit ausgedehnte Reisen, u. a. nach Indien, Kambodscha, Japan und in die UdSSR. Einer der Hauptvertreter der Dichtung der ↑ Beat generation und zugleich einer der schärfsten Kritiker der amerikan. Gesellschaft, dessen aufsehenerregendes Gedicht ›Howl‹ (1956, dt. 1959 u. d. T. ›Das Geheul u. a. Gedichte‹) den Ruhm der San-Fransisco-Renaissance begründete. In seiner bekenntnishaften Lyrik manifestiert sich der Versuch der radikal-individualist. Beatniks, durch ekstat. Lebensgestaltung dem Zwang der Konventionen zu entrinnen. G.s bildhafte, rhythm. und assoziationsreiche Sprache zeigt formal wie thematisch v. a. den Einfluß W. Whitmans.
Weitere Werke: Empty mirror. Poems 1948–51 (1960), Kaddisch (Ged., 1961, dt. 1962), Reality sandwiches (Ged., 1963), T. V. baby poems (1967), Planet news (Ged., 1968, dt. 1969), Ind. Tagebuch (1970, dt. 1972), Der Untergang Amerikas. Gedichte 1965–1971 (1972, dt. 1975), A. G.s Notizbücher, 1952 bis 1962 (1977, dt. 1980), Composed on the tongue, literary conversations, 1967–1977 (1980), Herzgesänge. Ausgewählte Gedichte 1947–1980 (1980, dt. 1981), Plutonian ode. Poems 1977–1980 (1982), Jukebox Elegien. Gedichte aus einem Vierteljahrhundert, 1953–1978 (dt. Ausw. 1982), The cantos 125–143 (Ged., 1986; mit R. Creeley), White shroud. Poems 1980–1985 (Ged., 1986).
Ausgabe: A. G. Collected poems. 1947–1980. New York 1984.
Literatur: KRAMER, J.: A. G. in America. New York 1969. – MOTTRAM, E.: A. G. in the 60's. Brighton u. Seattle (Wash.) 1972. – TYTELL, J.: Naked angels. The lives and literature of the Beat generation. New York 1976. – BURNS, G.: Great poets howl. A study of A. G.'s poetry, 1943–55. Ffm. u. a. 1983. – On the poetry of A. G. Hg. v. L. HYDE. Ann Arbor (Mich.) 1984. – MILES, B.: A. G. New York 1989.

Ginsburg (tl.: Ginzburg), Jewgenija Semjonowna [russ. 'ginzburk], * Moskau 20. Dez. 1906, † ebd. 25. Mai 1977, russ.-sowjet. Schriftstellerin. – Mutter von W. P. Axjonow; Kommunistin; 1937 18 Jahre Haft, Zwangsarbeit und Verbannung, 1956 rehabilitiert. Ihre Lebenserinnerungen ›Marschroute eines Lebens‹ (1967, dt. 1967) und ›Gratwanderung‹ (1979, dt. 1980) erschienen in Mailand.

Ginsburg (tl.: Ginzburg), Lew Wladimirowitsch [russ. 'ginzburk], * Moskau 24. Okt. 1921, † ebd. 17. Sept. 1980, russ.-sowjet. Schriftsteller. – Befaßte sich in seiner (publizist.) Prosa mit dem Nationalsozialismus und dessen Weiterwirken in der BR Deutschland der 60er Jahre; Übersetzer dt. Dichtung.

Ginza [mandäisch tl.: ginzā = Schatz] (auch Sidra rabba [= Großes Buch]), bedeutendstes literar. Werk der Mandäer. – Unter dem Zwang, sich vor den Arabern als Ahl Al Kitab (Schriftbesitzer) auszuweisen, um religiös anerkannt zu werden, faßten die Mandäer ältere Werke mytholog., lehrhaften und liturg. Inhalts im G. zusammen. Im 7./8. Jh. kanonisiert.

Ausgaben: PETERMANN, H.: Thesaurus s. Liber magnus vulgo ›Liber Adami‹ appellatus opus Mandaeorum summi ponderis. Lpz. 1867. 2 Bde. – LIDZBARSKI, M.: Ginzā. Dt. Übers. Gött. u. Lpz. 1925. Nachdr. Gött. 1979. **Literatur:** RUDOLPH, K.: Mandäische Quellen. In: Die Gnosis. Bd. 2. Hg. v. W. FOERSTER. Zü. u. Stg. 1971. S. 171.

Ginzberg, Ascher, jüd. Schriftsteller, Soziologe und Philosoph, ↑ Achad Haam.

Ginzburg ↑ Ginsburg.

Ginzburg, Natalia [italien. 'gindzburg], geb. Levi, * Palermo 14. Juli 1916, † Rom 8. Okt. 1991, italien. Schriftstellerin. – Wurde 1940–43 mit ihrer Familie von den Faschisten in die Abruzzen verbannt; nach dem Krieg Verlagslektorin, lebte ab 1952 in Rom. Gehörte mit ihren in kargem, unsentimentalem Stil geschriebenen kurzen Romanen und Dramen über meanschl. Beziehungen und alltägl. Begebenheiten ihres bürgerlich-jüd. Milieus sowie mit ihren Essays zu den bedeutendsten Vertretern der italienischen Literatur der Nachkriegszeit.

Werke: La strada che va in città (E., 1942), So ist es gewesen (R., 1947, dt. 1992), Alle unsere Jahre (R., 1952, dt. 1967), Valentino (R., 1957, dt. 1960), Die Stimmen des Abends (R., 1961, dt. 1964), Mein Familien-Lexikon (autobiograph. Werk, 1963, dt. 1965), Ti ho sposato per l'allegria e altre commedie (1967), L'inserzione (Dr., 1968), Mai devi domandarmi (Essays, 1971), Caro Michele (R., 1973, dt. 1974), Vita immaginaria (Essays, 1974), Schütze (R., 1975, dt. 1994), Ein Mann und eine Frau (En., 1977, dt. 1980), Die Familie Manzoni (Chronik, 1983, dt. 1988), Die Stadt und das Haus (R., 1984, dt. 1986), Nie sollst du mich befragen (En., 1989, dt. 1991).

Literatur: CLEMENTELLI, E.: Invito alla lettura di N. G. Mailand 1972. – MARCHIONNE PICCHIONE, L.: N. G. Florenz 1978. – PICLARDI, R. D.: Forms and figures in the novels of N. G. In: World literature today 53 (1979), H. 4, S. 585. – SPAGNOLETTI, G.: N. G. In: Belfagor 39 (1984), S. 41.

Ginzkey, Franz Karl, * Pola (heute Pula) 8. Sept. 1871, † Wien 11. April 1963, österr. Schriftsteller. – Infanterieoffizier, war 1897–1914 am Militärgeograph. Institut in Wien, im 1. Weltkrieg Archivrat und Berichterstatter, seit 1920 freier Schriftsteller. Als späten Nachfahren der Romantik weist ihn seine zarte, liedhafte Lyrik aus, in der er Themen seiner Hei-

matlandschaft gestaltet, ebenso wie in den romant. Balladen und im Erzählwerk, das auch histor. und kulturgeschichtl. Romane und Novellen umfaßt; auch Kinderbücher (›Hatschi-Bratschi's Luftballon‹, 1904).

Weitere Werke: Das heiml. Läuten (Ged., 1906), Jakobus und die Frauen (R., 1908), Der von der Vogelweide (R., 1912), Der Wiesenzaun (Nov., 1913), Der Gaukler von Bologna (R., 1916), Von wunderl. Wegen (En., 1922), Balladen aus dem alten Wien (1923), Balladenbuch (1931), Der Heimatsucher (Autobiogr., 1948), Seitensprung ins Wunderliche (Ged., 1953).

Ausgabe: F. K. G. Ausgew. Werke. Wien 1960. 4 Bde.

Literatur: MITTEREGGER, H.: F. K. G. Sein lyr. Schaffen. Diss. Innsb. 1952 [Masch.]. – KOPPENSTEINER, J.: Die Bedeutung der alten österr. Armee für Leben u. Werk F. K. G.s. Diss. Graz 1967 [Masch.].

Giono, Jean [Fernand] [frz. ʒjɔ'no], * Manosque (Basses-Alpes) 30. März 1895, † ebd. 8. Okt. 1970, frz. Schriftsteller. – Stammte aus einfachen Verhältnissen; blieb in seinem Schaffen mit seiner Heimat eng verbunden. Als konsequenter Pazifist, der in dem Roman ›Die große Herde‹ (1931, dt. 1932) und in dem Essay ›Refus de l'obéissance‹ (1937) das sinnlose Morden des 1. Weltkrieges scharf verurteilte, wurde er der Kollaboration verdächtigt und hatte 1944–47 Veröffentlichungsverbot. G. schrieb zuerst Lyrik, begann dann mit naturalistisch-lyr. Romanen über Themen seiner Heimat, in denen er seine Verwurzelung in der Provence und eine erdhaft-sinnl. Leidenschaft, ein myth. Erleben der Natur bekundet; wandte sich nach der politisch bedingten Schweigeperiode in der

Jean Giono

Nachfolge Stendhals mit chronikartigen Romanen v. a. histor. Stoffen zu. Auch Verfasser von Erzählungen, Dramen und Essays. Seit 1954 Mitglied der Académie Goncourt.

Weitere Werke: Pan-Trilogie (Der Hügel, R., 1929, dt. 1932; Der Berg der Stummen, R., 1929, dt. 1933; Ernte, R., 1930, dt. 1931), Das Lied der Welt (R.,1934, dt. 1935), Bleibe, meine Freude (R., 1935, dt. 1937), La femme du boulanger (Dr., 1943), Ein König allein (R., 1947, dt. 1951), Die große Meeresstille (R., 1948, dt. 1950), Der Husar auf dem Dach (R., 1951, dt. 1952), Die poln. Mühle (R., 1952, dt. 1955), Das unbändige Glück (R., 1957, dt. 1959), Der Deserteur (E., 1966, dt. 1992), Ennemonde (R., 1968, dt. 1989), L'iris de Suse (R., 1970), Les récits de la demibrigade (Nov.n, hg. 1972), Le déserteur et autres récits (Nov.n, hg. 1973), Die Leidenschaft des Herzens. Geschichten und Charaktere (hg. 1982, dt. 1990). **Ausgaben:** J. G. Œuvres romanesques complètes. Hg. v. P. CITRON u. a. Paris 1972–83. 6 Bde. – J. G. Récits et essais. Hg. v. P. CITRON u. a. Paris 1989. **Literatur:** J. G. Sondernummer. Nouvelle Revue Française 37 (1971). – GOODRICH, N. L.: G. Princeton (N. J.) 1973. – Zeitschrift: Bulletin de l'Association des Amis de J. G. 1 (1973)ff. – CHONEZ, C.: G. Paris Neuaufl. 1973. – CLAYTON, A. J.: Pour une poétique de la parole chez G. Paris 1978. – G. Sondernummer. Revue des Sciences Humaines 169 (1978). – Album G. Hg. v. H. GODARD. Lys Neuaufl. 1980. – CARITÉ, J.-M.: J. G., homme du contadour. Lys Neuaufl. 1980. – CHABOT, J.: La Provence de G. Paris 1980. – G. aujourd'hui. Aix-en-Provence 1982. – CITRON, P.: G. Paris 1990.

Giordani, Pietro [italien. dʒor'da:ni], * Piacenza 1. Jan. 1774, † Parma 14. Sept. 1848, italien. Schriftsteller. – Studierte Philosophie und Rechtswissenschaft; Benediktiner, ab 1803 wieder im Laienstand; 1808–15 Sekretär der Accademia di Belle Arti in Bologna; als Freisinniger mehrfach verfolgt; eng befreundet mit G. Leopardi; war Ästhetiker, Panegyriker und polit. Pamphletist und galt als die maßgebende Autorität in Fragen des reinen italien. Stils; bed. Korrespondenz. **Werke:** Panegirico a Napoleone (1807), A un giovane italiano. Istruzione per l'arte di scrivere (1821), Lettere (2 Bde., 1837). **Ausgabe:** P. G. Opere. Hg. v. A. GUSSALLI. Mailand 1854–62. 14 Bde. **Literatur:** FERMI, S.: Bibliografia delle lettere a stampa di P. G. Florenz 1923. – FERRETTI, G.: P. G. sino ai quaranta anni. Rom 1952. – TIMPANARO, S.: Classicismo e illuminismo nell' Ottocento italiano. Pisa 1965. – Comitato per onoranze e P. G. P. G. nel II° centenario della nascita. Atti del Convegno di studi. Piacenza 1974. – CECIONI, G.: Lingua e cultura nel pensiero di P. G. Rom 1977.

Giovagnoli, Raffaello [italien. dʒovaɲ'ɲɔ:li], * Rom 13. Mai 1838, † ebd. 15. Juli 1915, italien. Schriftsteller. – Teilnehmer an den Freiheitskriegen 1859, 1860 und 1866, Mitkämpfer G. Garibaldis u. a. bei Mentana; mehrmals Abgeordneter. Verfaßte Zeitromane (›Evelina‹, 1868, u. a.), bes. aber histor. Romane aus der röm. Geschichte (›Messalina‹, 1885; ›Publio Clodio‹, 1905); am erfolgreichsten wurde ›Spartacus, Feldherr der Sklaven‹ (2 Bde., 1874, dt. 1971) wegen der darin enthaltenen freiheitl. Ideen; dokumentar. Wert hat noch G.s Darstellung der röm. Republik von 1848, ›Pellegrino Rossi e la rivoluzione romana‹ (3 Bde., 1898–1911). **Literatur:** BACCERETI, E.: Lo ›Spartaco‹ di G. tra romanzo storico e romanzo sociale. In: Critica letteraria 7 (1979), H. 2 (23), S. 282.

Giovanni, Domenico di [italien. dʒo-'vanni], italien. Dichter, ↑ Burchiello, il.

Giovanni, Nikki [engl. dʒoʊ'va:ni], * Knoxville (Tenn.) 7. Juni 1943, amerikan. Schriftstellerin. – Aus der Sicht einer schwarzen Frau widmet sich G. in ihren ersten Gedichtbänden (›Black feeling. Black talk‹, 1967, und ›Black judgement‹, 1968, beide zus. 1970 u. d. T. ›Black feeling, Black talk, Black judgement‹) militant der Revolution der Afroamerikaner, später wendet sie sich häusl. und familiären Themen (›My house‹, 1972; ›The women and the men‹, 1975) sowie Kindergedichten zu (›Spin a soft Black song‹, 1971; ›Ego-tripping and other poems for young people‹, 1973; ›Vacation time. Poems for children‹, 1980; ›Cotton candy on a rainy day‹, 1978; ›Those who ride the night winds‹, 1983). **Weitere Werke:** Poem of Angela Yvonne Davis (Ged., 1970), Night comes softly. An anthology of Black female voices (1970; Hg.), Re: creation (Ged., 1970), Gemini (Autobiogr., 1971), Sacred cows and other edibles (Essays, 1988).

Giovannini, Michelangelo Girolamo [italien. dʒovan'ni:ni], italien. Dichter, ↑ Firenzuola, Agnolo.

Gippius, Sinaida Nikolajewna, russ. Schriftstellerin, ↑ Hippius, Sinaida [Nikolajewna].

Giraldi, Giambattista [italien. dʒi-'raldi], genannt Cinzio, Cintio oder Cinthio, * Ferrara 1504, † ebd. 30. Dez. 1573, italien. Dichter. – Ab 1541 Prof. für Philosophie und Rhetorik an der Univ. Ferrara, später in Mondovì, Turin und Pavia, seit 1571 wieder in Ferrara. G. schrieb 113 Novellen (›Gli hecatommithi‹, 1565; dt. Ausw. 1614), die er in der Art G. Boccaccios in eine Rahmenhandlung hineinstellte. In den z. T. zeitgenöss. Ereignisse wiedergebenden Erzählungen tritt das erot. Element des ›Decamerone‹ jedoch zurück; Quelle u. a. für Shakespeare (›Othello‹). G.s Werk zeigt eine stark moralisierende Tendenz. Mit ›Orbecche‹ schuf er die erste Tragödie der neueren italien. Literatur, bes. nach dem Vorbild Senecas d. J. Das Schauerdrama – der Chor berichtet von den grauenerregenden Vorfällen – hatte bei der Aufführung in Ferrara 1541 ungeheueren Erfolg. G.s Tragödie fand viele Nachahmer. Seine ›Epitia‹ (hg. 1583) gaben Shakespeare den Stoff zu ›Maß für Maß‹. G.s ästhet. Schriften verursachten lebhafte Polemiken (›Discorso intorno al comporre delle commedie e delle tragedie‹, entst. 1543, erschienen 1554).
Literatur: BERTHÉ DE BESAUCÈLE, L.: Jean-Baptiste G. 1504–1573. Étude sur l'évolution des théories littéraires en Italie au XVIᵉ siècle. Paris 1920. Nachdr. Genf 1969. – GUERRIERI-CROCETTI, C.: Giovanni Battista G. e il pensiero critico del secolo XVI. Mailand 1932. – HORNE, P. R.: The tragedies of G. Cinthio G. London 1962. – OSBORN, P.: Fuor di quel costume antico. Innovation versus tradition in the prologues of G. Cinthio's tragedies. In: Italian Studies 37 (1982), S. 49. – LUCAS, C.: De l'horreur au ›lieto fine‹. Le contrôle du discours tragique dans le théâtre de G. C. Rom 1984.

Giraldus Cambrensis, auch Gerald of Wales, eigtl. Giraldus (Gerald) de Barri, * Manorbier Castle (Pembrokeshire) 1147, † 1223, Geistlicher und Geschichtsschreiber normann.-walis. Herkunft. – Nach gescheiterter Wahl zum Bischof von Saint Davids (Wales), 1176, ab 1184 in königl. Diensten; nahm an mehreren Zügen nach Irland und Wales teil, die er in wertvollen Landesbeschreibungen verarbeitete (›Topographia Hibernia‹, um 1188; ›Expugnatio Hibernica‹, um 1189; ›Itinerarium Cambriae‹, 1191). G. widmete sich nach 1192 ganz seinem das gesamte Wissen der Zeit umfassenden literar. Schaffen, aus dem eine Selbstbiographie und ein Fürstenspiegel herausragen.
Ausgaben: Giraldi Cambrensis opera. Hg. v. J. S. BREWER u. a. London 1861–91. 8 Bde. Nachdr. Nendeln 1964–66. – The autobiography of G. C. Hg. v. H. E. BUTLER. London 1937.
Literatur: BARTLETT, R.: Gerald of Wales. Oxford 1982.

Girard, Antoine [frz. ʒi'ra:r], frz. Lyriker, ↑ Saint-Amant, Marc Antoine Girard, Sieur de.

Girard, Henri [frz. ʒi'ra:r], frz. Schriftsteller, ↑ Arnaud, Georges.

Girart de Roussillon [frz. ʒirardə-rusi'jõ], altfrz. Heldenepos (Chanson de geste) des 12. Jh., in ungleich langen Strophen assonierender Zehnsilbler angeordnet und in einem frz.-provenzal. Mischdialekt abgefaßt; das Epos behandelt einen der erbitterten Vasallenkämpfe gegen die frz. Krone.
Ausgabe: G. de R. ou l'Épopée de Bourgogne. Hg. v. M. ZINK u. M. THOMAS. Paris 1990.
Literatur: LE GENTIL, P.: G. de R., sens et structure du poème. In: Romania 56 (1977), S. 328.

Giraud, Albert [frz. ʒi'ro], eigtl. A. Kayenbergh, * Löwen 23. Juni 1860, † Brüssel 26. Dez. 1929, belg. Lyriker. – Journalist; Mitbegründer der Gruppe La Jeune Belgique, Anhänger des frz. Parnasse, dessen Vertreter seiner eigenen Gedankenlyrik entscheidende Impulse verliehen; virtuos in der Beherrschung aller formalen Kunstmittel, gestaltete er zumeist Szenen aus dem röm. Altertum, das er den an Glanz und Ruhm armen Gegenwart gegenüberstellt; auch bilderreiche Schilderungen der heimatl. Landschaft.
Werke: Le scribe (Ged., 1883), Pierrot lunaire (Ged., 1884), Hors du siècle (Ged., 2 Bde., 1888–94), La guirlande des dieux (Ged., 1910), La frise empourprée (Ged., 1912), Le miroir caché (Ged., 1921).
Literatur: LIEBRECHT, H.: A. G. Brüssel 1946. – CHRISTOPHE, L.: A. G. Son œuvre et son temps. Brüssel 1960.

Giraud, Giovanni Graf [italien. dʒi-'ra:ud], * Rom 28. Okt. 1776, † Neapel 31. Okt. 1834, italien. Dramatiker. – Schrieb erfolgreiche, an C. Goldoni geschulte Lustspiele mit wirksamer Situationskomik: ›Hofmeister in 1 000 Ängsten‹ (1808, dt. 1824), ›Don Desiderio disperato per eccesso di buon cuore‹ (1809), ›Il galantuomo per transazione‹ (1833) u. a.; seine Satiren beeinflußten G. G. Belli und G. Giusti.

Ausgabe: G. G. Commedie scelte. Hg. v. P. COSTA. Rom 1903.
Literatur: FEDERZONI, L.: Un poeta comico romano. G. G. In: L'Urbe 2 (1937).

Jean
Giraudoux

Giraudoux, Jean [frz. ʒiro'du], * Bellac (Haute-Vienne) 29. Okt. 1882, † Paris 31. Jan. 1944, frz. Schriftsteller. – Studierte in Paris, Bonn und München Germanistik; 1905 Hauslehrer im Haus Sachsen-Meiningen in München; 1906 Lektor für Französisch an der Harvard University; 1907 Rückkehr nach Paris und journalist. Tätigkeit; ab 1910 im diplomat. Dienst (u. a. in Berlin und in der Türkei), 1936–39 Inspekteur der frz. Auslandsvertretungen, 1939/40 Leiter des Informationsdienstes. Einer der bedeutendsten frz. Dramatiker der Zeit vor dem 2. Weltkrieg; er löste die frz. Bühne vom Pseudorealismus und erneuerte sie. In ihm verbindet sich der Humanismus A. Gides, das Erbe der dt. Romantik und frz. Esprit zu einer originellen Mischung von Spott, Witz, Skepsis und Menschlichkeit, die in stilistisch blendenden Dramen zum Ausdruck kommt. Hinter Leichtigkeit und Phantasie steht immer eine polit. oder auch allgemein menschl. Problematik. G. reduziert die Handlung seiner Bühnenstücke oft auf ein Minimum, seine Figuren sind keine Charaktere, sondern Typen. Moderne Probleme behandelt er häufig vor antikem (›Amphitryon 38‹, ›Kein Krieg in Troja‹, ›Elektra‹) oder bibl. Hintergrund (›Judith‹, ›Sodom und Gomorrha‹). Er transportiert seine Themen in eine Welt, die jenseits der Wirklichkeit steht. Obwohl Feenspiel und Komödie G. gemäßer waren als die Tragödie, zeigt sich in seinen letzten Werken ein zunehmender Pessimismus. G.s Romane, die teilweise unter dem Eindruck des Kriegserlebnisses und der Nachkriegszeit entstanden (›Siegfried oder Die zwei Leben des Jacques Forestier‹ behandelt das Thema der dt.-frz. Verständigung), sind wirksam durch Einfallsreichtum, Humor und subtile Seelendarstellung. Er schrieb auch Novellen, Essays und Filmdrehbücher.

Werke: Simon (R., 1918, dt. 1961), Die Irrfahrten des Elpenor (R., 1919, dt. 1960), Suzanne und der Pazifik (R., 1921, dt. 1958), Siegfried oder Die zwei Leben des Jacques Forestier (R., 1922, dt. 1962), Juliette im Lande der Männer (R., 1924, dt. 1927), Bella (R., 1926, dt. 1927), Eglantine (R., 1927, dt. 1928), Die Grenze (Dr., 1928, dt. 1930, 1956 u.d.T. Siegfried), Amphitryon 38 (Dr., 1929, dt. 1930), Die Abenteuer des Jérôme Bardini (R., 1930, dt. 1948), Judith (Schsp., 1931, dt. 1951), Intermezzo (Kom., 1933, dt. 1950), Kampf mit dem Engel (R., 1934, dt. 1955), Kein Krieg in Troja (Dr., 1935, dt. 1936, 1946 u.d.T. Der trojan. Krieg fällt aus!), Elektra (Trag., 1937, dt. 1959), Impromptu (Dr., 1937, dt. 1956), Undine (Dr., 1939, dt. 1948), Littérature (Essays, 1941), Der Apoll von Bellac (Dr., 1942, dt. 1961), Sodom und Gomorrha (Dr., 1943, dt. 1944), Die Irre von Chaillot (Dr., hg. 1945, dt. 1959), Um Lukrezia (Dr., hg. 1953, dt. 1954).

Ausgaben: J. G. Le théâtre complet. Neuenburg u. Paris 1945–53. 16 Bde. – J. G. Ges. Werke in Einzelausgg. Dt. Übers. Hg. v. O. F. BEST. Ffm. 1956 ff. Auf mehrere Bde. berechnet. – J. G. Dramen. Dt. Übers. Hg. v. O. F. BEST u. J.-P. GIRAUDOUX. Ffm. 1961. 2 Bde. – Théâtre complet de J. G. Hg. v. J. BODY. Paris 1982. – J. G. Œuvres romanesques complètes. Hg. v. J. BODY. Paris 1990 ff. Bisher 2 Bde. erschienen.

Literatur: LE SAGE, L.: L'œuvre de G. Essai de bibliographie chronologique. Paris u. University Park (Pa.) 1955–58. 2 Bde. – ALBÉRÈS, R. M.: Esthétique et morale chez J. G. Paris 1957. – MARKER, Ch.: J. G. Dt. Übers. Rbk. 1962. – VAN DE LOUW, V.: La tragédie grecque dans le théâtre de G. Nancy 1967. – MANDER, G.: J. G. Velber 1969. – MAURON, Ch.: Le théâtre de G. Paris 1971. – Cahiers J. G. 1 1972 (1973) ff. – BODY, J.: G. et l'Allemagne. Paris 1975. – ROBICHEZ, J.: Le théâtre de G. Paris 1976. – BRUNET, E.: Le vocabulaire de J. G., structure et évolution. Genf 1978. – DAWSON, B.: Bibliographie de l'œuvre de G., 1899–1982. Bellac 1982. – J. G. In: Revue d'Histoire Littéraire de la France 83 (1983), S.

707. – BUCK, A. C.: J. G. and oriental thought. A study of affinities. New York u. a. 1984. – BODY, J.: J. G. La légende et le secret. Paris 1986. – DUFAY, PH.: J. G. Paris 1993.

Giraut de Borneil (Giraut de Bornelh) [frz. ʒirodbɔr'nɛj], * Boureix (Dordogne) um 1138, †um 1215, provenzal. Troubadour. – Teilnehmer des 3. Kreuzzugs im Gefolge von Richard Löwenherz; galt bei seinen Zeitgenossen als ›mestre dels trobadors‹; überliefert sind 125 Lieder (meist Liebeslieder), Sirventes und Klagelieder unter G. de B.s Namen; davon können ihm 81 mit Sicherheit zugeschrieben werden. Gleichwohl sind von G. de B., der sowohl hermetisch-kompliziert (im ›trobar clus‹) als auch schlicht und natürlich (im ›trobar leu‹) dichtete, nur vier Texte mit Melodien erhalten.

Ausgabe: Sämtl. Lieder des Troubadours G. de Bornelh. Mit Übers., Komm. u. Glossar. Hg. v. A. KOLSEN. Halle/Saale 1910–35. 2 Bde.
Literatur: LEWENT, K.: Zum Text der Lieder des G. de Bornelh. Florenz 1938. – SALVERDA DE GRAVE, J.-J.: Observations sur l'art lyrique de G. de B. Amsterdam 1938. – MÖLK, U.: Trobar clus, trobar leu. Studien zur Dichtungstheorie der Trobadours. Mchn. 1968.

Gironella, José María [span. xiro-'neʎa], * Darníus (Prov. Gerona) 31. Dez. 1917, span. Schriftsteller. – Bed. Vertreter des zeitgenöss. span. Romans, behandelt in seinem Hauptwerk, der Romantrilogie ›Die Zypressen glauben an Gott‹ (1953, dt. 1957), ›Reif auf Olivenblüten‹ (1961, dt. 1963) und ›Ha estallado la paz‹ (1966), die Zeit des Span. Bürgerkriegs und die Nachkriegsjahre.

Weitere Werke: Der Mann Miguel Serra (R., 1947, dt. 1959), Todos somos fugitivos (R., 1961), Condenados a vivir (R., 2 Bde., 1971).
Literatur: SHEEHAN, R. L.: G. and Hemingway. Novelists of the Spanish Civil War. In: Studies in honor of Samuel Montefiore Waxman. Hg. v. H. H. GOLDEN. Boston (Mass.) 1969. S. 158. – SCHWARTZ, R.: G. New York 1972.

Girri, Alberto [span. 'xirri], * Buenos Aires 27. Nov. 1918, †ebd. 16. Nov. 1991, argentin. Lyriker. – Vertrat in seiner konzessionslos schwierigen, hermet., unemotionalen Lyrik einen christl. Existentialismus, für den Ethik und Metaphysik in engem Zusammenhang stehen; schrieb auch Erzählungen.

Werke: Playa sola (Ged., 1946), Línea de la vida (Ged., 1957), La penitencia y el mérito (Ged.,

1957), Propiedades de la magia (Ged., 1959), Elegías italianas (Ged., 1962), El ojo (Ged., 1964), Envíos (Ged., 1966), Casa de la mente (Ged., 1968), Valores diarios (Ged., 1970), En la letra, ambigua selva (Ged., 1972).

Gisander, Pseudonym des dt. Schriftstellers Johann Gottfried ↑ Schnabel.

Giseke, Nikolaus Dietrich, * Nemescsó bei Kőszeg (Ungarn) 2. April 1724, † Sondershausen 23. Febr. 1765, dt. Schriftsteller. – Luth. Theologe, Erzieher, arbeitete an den ›Bremer Beiträgen‹ mit, wurde 1753 Oberhofprediger in Quedlinburg, 1760 Superintendent in Sondershausen. Von F. von Hagedorn, Ch. F. Gellert und F. G. Klopstock beeinflußter Verfasser von geistl. Liedern, Oden, Episteln und didakt. Gedichten sowie Fabeln und Erzählungen in empfindsamem Stil.

Werke: Poet. Werke (hg. 1767), Das Glück der Liebe (Lehr-Ged., hg. 1769), Predigten (hg. 1780).

Gísla saga Súrssonar [altnord. = Die Geschichte von Gísli, Súrs Sohn], Saga aus der Mitte des 13. Jh.; behandelt das trag. Schicksal des Isländers Gísli, der, geächtet und gejagt, jahrelang seinen Verfolgern zu entkommen weiß, bis er schließlich in einem grandiosen Schlußkampf einer Übermacht an Gegnern erliegt.

Ausgaben: G. s. S. Hg. v. F. JÓNSSON. Kopenhagen 1929. – Die Saga von Gisli. Übers. v. F. RANKE. Jena 1940. – Die Saga von Gisli Sursson. Übers. u. erl. v. F. B. SEEWALD. Stg. 1976.
Literatur: HOLTSMARK, A.: Studies in the Gísla saga. Oslo 1951.

Gissing, George Robert [engl. 'ɡɪsɪŋ], * Wakefield (Yorkshire) 22. Nov. 1857, † Saint-Jean-de-Luz (Pyrénées-Atlantiques) 28. Dez. 1903, engl. Schriftsteller. – Stammte aus ärml. Verhältnissen, studierte am Owes College (Manchester), lebte vorwiegend in London, zeitweilig auch Aufenthalte in den USA und in Deutschland. Beeinflußt von A. Schopenhauer, Ch. Dickens, É. Zola, I. Turgenjew und F. M. Dostojewski, schilderte er in düsterem Pessimismus und einem z. T. krassen Naturalismus Elend und Trostlosigkeit in den Londoner Armenvierteln sowie den harten Existenzkampf des verarmten Mittelstandes. Die sozialkrit. Haltung, die gute Charakter- und Milieuzeichnung, Aufbau und Stil seiner

Romane hatten auf die jüngere Schrift-
stellergeneration Einfluß.
Werke: The unclassed (R., 3 Bde., 1884), Demos
(R., 3 Bde., 1886, dt. 1892), A life's morning (R.,
1888), The nether world (R., 3 Bde., 1889), The
emancipated (R., 3 Bde., 1890), Zeilengeld (R.,
3 Bde., 1891, dt. 1986), Born in exile (R., 3 Bde.,
1892), The odd women (R., 3 Bde., 1893), The
town traveller (R., 1898), Charles Dickens. A
critical study (1898), The crown of life (R.,
1899), Veranilda (R., hg. 1904), The house of
cobwebs (Kurzgeschichten, hg. 1906).
Ausgabe: The collected letters of G. G. Hg. v.
P. F. MATTHEISEN. Athens (Ohio) 1990 ff.
Literatur: WEBER, ANTON: G. G. u. die soziale
Frage. Lpz. 1932. – COLLIE, M.: G. G. Folke-
stone (Kent) 1977. – GAPP, S. V.: G. G. Classi-
cist. Philadelphia (Pa.) 1978. – HALPERIN, J.: G.
Oxford 1982. – SLOAN, J.: G.G. The cultural
challenge. Basingstoke u. a. 1989.

Gittings, Robert [engl. 'gɪtɪŋz],
* Portsmouth (Hampshire) 1. Febr. 1911,
† Chichester (West Sussex) 18. Febr.
1992, engl. Dichter und Kritiker. – Seine
formal konservative Dichtung (›The Roman road and other poems‹, 1932; ›Collected poems‹, 1976) zeichnet sich durch
narrative und dramat. Elemente aus;
schrieb auch poet. Dramen und Hörspiele sowie bed. literaturkrit. Arbeiten,
v. a. über J. Keats (z. B. ›John Keats‹,
1968) und eine Biographie über Th.
Hardy (2 Bde., 1975–78).

Giudici, Giovanni [italien. 'dʒu:ditʃi],
* Le Grazie (La Spezia) 26. Juni 1924, italien. Lyriker. – Nach literaturwiss. Studien Berufstätigkeit als Werbetexter bei
Olivetti und Mitarbeit an verschiedenen
Zeitschriften. G.s Lyrik, die zunächst von
T. S. Eliot und E. Montale angeregt
wurde (›Fiori d'improvviso‹, 1953; ›La
stazione di Pisa‹, 1955), setzt sich iro-
nisch-distanziert und betroffen zugleich
mit der Situation des Menschen in dieser
Zeit, seiner Einsamkeit und metaphys.
Verlorenheit, auseinander und beschreibt intellektuell brillant soziale und
individuelle Verformungen durch die In-
dustriegesellschaft (›Il male dei credi-
tori‹, 1977; ›Il ristorante dei morti‹,
1981). G. ist auch als Übersetzer
(E. Pound, A. Puschkin u. a.) hervorgetreten.
Weitere Werke: L'intelligenza col nemico
(Ged., 1957), L'educazione cattolica (Ged.,
1963), La vita in versi (Ged., 1965), Omaggio a
Praga (Ged. u. Prosa, 1968), Autobiologia

(Ged., 1969), O Beatrice (Ged., 1972), Lume dei
tuoi misteri (Ged., 1984), La dama non cercata.
Poetica e letteratura 1968–1984 (Studien, 1985),
Fortezza (Ged., 1990).

Giunti, Pierre [italien. 'dʒunti], frz.
Dramatiker, † Larivey, Pierre de.

Giurlani, Aldo [italien. dʒur'la:ni], italien. Schriftsteller, † Palazzeschi, Aldo.

Giusti, Giuseppe [italien. 'dʒusti],
* Monsummano Terme bei Pistoia
13. Mai 1809, † Florenz 31. März 1850,
italien. Dichter. – Mit seinen von Frei-
heitsliebe erfüllten, zu seiner Zeit vielgelesenen politisch-satir. Versen gehört G.
zu den Wegbereitern des Risorgimento.
Werke: Dies irae (Ged., 1835), Lo stivale (Ged.,
1836), L'incoronazione (Ged., 1838), Brindisi
(Ged., 1843), Versi (1844), Scherzi (Ged., 1845,
dt. Ausw. 1875 u. d. T. Gedichte), Discorso della
vita e delle opere di G. Parini (1846), Raccolta
di proverbi toscani (hg. 1853), Memorie (hg.
1890).
Ausgabe: G. G. Opere. Hg. v. Z. ARICI. Turin
1963.
Literatur: SCHIPPISI, R.: G. Brescia 1951. – Col-
loquio sul tema: G. G. e la Toscana del suo
tempo. Rom 1974. – MINEO, N./NICASTRO, G.:
G. e il teatro del primo ottocento. Rom 1976. –
L'uomo poeta G. G. Hg. v. M. ZENI. Pisa 1979.

Giustinian, Leonardo [italien. dʒusti-
'nian], * Venedig 1388, † ebd. 10. Nov.
1446, italien. Dichter und Humanist. –
Hoher Staatsbeamter in Venedig; übersetzte Plutarch ins Lateinische und
schrieb volkstüml., von ihm selbst vertonte Lieder in venezian. Mundart, die in
ganz Italien beliebt waren (nach dem
Verfasser ›giustiniane‹ genannt).
Ausgabe: L. G. Poesie edite ed inedite. Hg. v.
B. WIESE. Bologna 1883.
Literatur: FENIGSTEIN, B.: L. G. Halle/Saale
1909. – DAZZI, M. T.: L. G., poeta popolare
d'amore. Con un scelta di sue poesie. Bari
1934. – NADIN, L.: Appunti sull'epistolario di L.
G. In: Lettere italiane 33, 1 (Jan.–März 1981),
S. 66.

Gjallandi, Þorgils [isländ. 'ɟjaðlandɪ],
Pseudonym des isländ. Erzählers Jón
† Stefánsson.

Gjalski (Đalski), Ksaver Šandor [ser-
bokroat. 'dza:lski:], eigtl. Ljubomir Ba-
bić, * Gredice 26. Okt. 1854, † ebd.
9. Febr. 1935, kroat. Schriftsteller. – Jurist; schrieb realist. Romane und Erzählungen (›Pod starim krovovima‹ [= Unter alten Dächern], 1886) von unterschiedl. Wert, in denen er sich bes. mit

sozialen Problemen, u. a. mit dem Niedergang des kroat. Adels, befaßte.
Ausgabe: K. Š. Đalski. Sveukupna djela. Zagreb 1912–19. 19 Bde.

Gjellerup, Karl Adolph [dän. 'gɛl'ə-rob], *Roholte (Seeland) 2. Juni 1857, † Dresden 11. Okt. 1919, dän. Schriftsteller. – Pfarrerssohn, studierte Theologie; anfangs unter dem Einfluß G. Brandes' und Ch. R. Darwins, wandte er sich vom Christentum ab. G. bereiste Deutschland, Rußland, Griechenland, Italien, ließ sich dann endgültig in Deutschland nieder. Er fühlte sich als Jünger der dt. und griech. Klassik. Später fand er im Buddhismus die ihm zusagende Weltauffassung. G. schrieb Dramen, Novellen und Romane. Seine letzten Werke verfaßte er in dt. Sprache. Nobelpreis für Literatur (mit H. Pontoppidan) 1917.

Karl Adolph Gjellerup

Werke: Antigonos. Eine Erzählung aus dem 2. Jh. (1880, dt. 1921), Ein Jünger der Germanen (R., 1882, dt. 1923), Romulus (R., 1883, dt. 1888), Saint-Just (Dr., 1886, dt. 1925), Minna (R., 1889, dt. 1897), Pastor Mors (R., 1894, dt. 1894), Die Hügelmühle (R., 1896, dt. 1909), An der Grenze (R., 1897, dt. 1919), Der Pilger Kamanita (R., 1906, dt. 1907), Das Weib des Vollendeten (Dr., 1907, dt. 1907), Die Weltwanderer (R., 1910, dt. 1910), Das heiligste Tier (En., 1919).
Literatur: K. G., der Dichter u. Denker. Eingel. v. P. A. ROSENBERG. Lpz. 1921–23. 2 Bde. – PAUL, F.: G. u. die Aufwertung des Jugendstils. In: Danske studier (1971), S. 81.

Gladilin, Anatoli Tichonowitsch, *Moskau 31. Aug. 1935, russ. Schriftsteller. – Bekannter Vertreter der sog. Jugendprosa v. a. in den 60er Jahren; emigrierte 1976 nach Paris.
Werke: ... und morgen wechselnd wolkig (R., Ffm. 1972, dt. 1978), Probe am Freitag (Prosa, dt. 1980), Kakim ja byl togda (= Wer ich damals war, En., 1986).

Gladkow (tl.: Gladkov), Fjodor Wassiljewitsch [russ. glat'kɔf], *Tschernawka (Gebiet Saratow) 21. Juni 1883, † Moskau 20. Dez. 1958, russ.-sowjet. Schriftsteller. – Sohn eines Bauern; anfangs Gelegenheitsarbeiter. Seine ersten Werke erschienen 1899; mit M. Gorki bekannt; wegen Teilnahme an der Revolution 1905 zu drei Jahren Verbannung verurteilt; Lehrer in Sibirien, später im Kubangebiet; schloß sich der Dichtergruppe Kusniza an. G. wurde mit dem Industrieroman ›Zement‹ (1925, dt. 1927) bekannt, der als erstes Beispiel der Gattung des sozialist. Aufbauromans Elemente eines pathet. Kollektivheroismus mit der Beobachtung zwischenmenschl. Beziehungen verbindet.
Weitere Werke: Ugrjumow erzählt vom Zuchthaus (E., 1927, dt. 1931), Neue Erde (R., 1930, dt. 1932), Malen'kaja trilogija (= Eine kleine Trilogie, En., 1932), Energie (R., 2 Bde., 1932–38, Bd. 1 dt. 1935), Das Birkenwäldchen (E., 1941, dt. 1976), Der Schnee schmilzt (Autobiogr., 1949, dt. 1956).
Ausgabe: F. V. Gladkov. Sobranie sočinenij. Moskau 1958–59. 8 Bde.
Literatur: VOLOŽENIN, A. P.: F. Gladkov. Moskau 1969. – BRAJNINA, B. J.: Talant i trud. Kritičeskie razdum'ja o F. Gladkove. Moskau 1977.

Glaeser (Gläser), Ernst, *Butzbach 29. Juli 1902, † Mainz 8. Febr. 1963, dt. Schriftsteller. – War Dramaturg, Mitarbeiter beim Rundfunk und der ›Frankfurter Zeitung‹, Verlagslektor. Emigrierte 1933 in die Schweiz, kehrte jedoch 1939 zurück und wurde 1941 Redakteur einer Frontzeitung auf Sizilien. Schrieb spannende, handlungsreiche, realist. Romane, bekannt v. a. durch ›Jahrgang 1902‹ (R., 1928), die Darstellung der Probleme seiner Generation, und ›Frieden‹ (R., 1930, 1960 u. d. T. ›Die zerstörte Illusion‹). Im Roman ›Der letzte Zivilist‹ (1935) zeichnete G. ein Bild der Jahre vor Hitlers Machtübernahme; dieser Roman stieß bereits bei seinem Erscheinen unter den dt. Emigranten auf Kritik, da er einerseits die damaligen Verhältnisse verzerrt wiedergibt, andererseits von romant. Deutschtümeleien nicht frei ist.
Weitere Werke: Überwindung der Madonna (Dr., 1924), Das Gut im Elsaß (R., 1932), Das

Unvergängliche (En., 1936), Das Kirschenfest (En., 1953), Glanz und Elend der Deutschen (R., 1960).

Gläser, Ernst, dt. Schriftsteller, ↑Glaeser, Ernst.

Glasgow, Ellen [engl. 'glæsgoʊ], * Richmond (Va.) 22. April 1874, † ebd. 21. Nov. 1945, amerikan. Schriftstellerin. – Entnahm die Themen ihrer Romane der Welt der Südstaaten. Ihre realist. Darstellungsweise in psycholog. Differenziertheit ist von H. James beeinflußt. Ironisch, mitunter satirisch, schildert sie das Leben der Südstaatler aller Gesellschaftsschichten der jüngeren Vergangenheit und ihrer eigenen Zeit; war eine der ersten Schriftstellerinnen, die das z. T. trag. Schicksal der Frauen, ihre Aufopferung für die Familie, behandelte.
Werke: The battle-ground (R., 1902), Virginia (R., 1913), Barren ground (R., 1925), The romantic comedians (R., 1926), Rette mich nicht (R., 1929, dt. 1930), The sheltered life (R., 1932), Die eiserne Ader (R., 1935, dt. 1947), So ist das Leben (R., 1941, dt. 1948), The woman within (Autobiogr., hg. 1954).
Ausgaben: E. G. Works. Virginia edition. New York 1938. 12 Bde. – E. G. Collected stories. Hg. v. R. K. MEEKER. Baton Rouge (La.) ²1966.
Literatur: KELLY, W. W.: E. G. A bibliography. Hg. v. O. STEELE. Charlottesville (Va.) 1964. – SANTAS, J. F.: E. G.'s American dream. Charlottesville (Va.) 1965. – GODBOLD, E. S.: E. G. and the woman within. Baton Rouge (La.) 1972. – E. G. Centennial essays. Hg. v. TH. M. INGE. Charlottesville (Va.) 1976. – MYER, E. G.: The social situation of women in the novels of E. G. New York 1979. – RAPER, J. R.: From the sunken garden. The fiction of E. G. 1916–1945. Baton Rouge (La.) 1980. – THIEBAUX, M.: E. G. New York 1982. – SEIDEL, K. L.: The Southern Belle in the American novel. Tampa (Fla.) 1985.

Glaspell, Susan [engl. 'glæspəl], eigtl. S. G.-Cook, * Davenport (Iowa) 1. Juli 1882, † Provincetown (Mass.) 27. Juli 1948, amerikan. Schriftstellerin. – Mitbegründerin der sich gegen den kommerziellen Theaterbetrieb richtenden, unbekannte Talente fördernden und vom modernen europ. Theater beeinflußten Amateurtruppe der Provincetown Players. Ihre Einakter zählten neben den Dramen E. O'Neills zu den wichtigsten von der Schauspielgruppe aufgeführten Stücken (u. a. ›Suppressed desires‹, 1914; ›Trifles‹, 1916; ›Close the book‹, 1917; ›A woman's honor‹, 1918); ihre abend-

füllenden Dramen (›Bernice‹, 1919) und Erzählungen waren weniger erfolgreich. Die Geschichte ihrer Ehe mit dem Schriftsteller und Leiter der Truppe George Cram Cook (* 1873, † 1924) schildert sie in dem Buch ›The road to the temple‹ (1926). Für das späte Drama ›Alison's house‹ (1930), dessen Stoff auf E. Dickinsons Leben beruht, erhielt sie 1931 den Pulitzerpreis.
Weitere Werke: The glory of the conquered (R., 1909), Treue (R., 1915, dt. 1947), The inheritors (Dr., 1921).
Literatur: WATERMAN, A. E.: S. G. New York 1966. – BACH, G.: S. G. und die Provincetown Players. Die Anfänge des modernen amerikan. Dramas und Theaters. Ffm. u. a. 1979.

Susan
Glaspell

Glaßbrenner, Adolf, Pseudonym Adolf Brennglas, * Berlin 27. März 1810, † ebd. 25. Sept. 1876, dt. Journalist und Schriftsteller. – Kaufmann, dann Schriftsteller und Mitarbeiter verschiedener Zeitschriften, zeitweilig seiner liberalen Haltung wegen verfolgt. G. gilt als Begründer der humoristisch-satir. Berliner Volksliteratur, die er in zündendem Witz und mit iron. Humor um typ. Gestalten bereicherte.
Werke: Berlin, wie es ist und – trinkt (33 Hefte, 1832–50), Die politisirenden Eckensteher (1833), Leben und Treiben der feinen Welt (1834), Buntes Berlin (15 Hefte, 1837–53), Herr Buffey in der Berliner Kunstausstellung (4 Bde., 1838/39), Neue Berliner Guckkastenbilder (1841), Verbotene Lieder (1844), Neuer Reinecke Fuchs (Epos, 1846), Die Insel Marzipan. Ein Kindermärchen (1851).
Ausgaben: A. G. Unsterbl. Volkswitz. Hg. v. K. GYSI u. K. BÖTTCHER. Bln. 1954. 2 Bde. – A. G. Unterrichtung der Nation. Ausgew. Werke u. Briefe. Hg. v. H. DENKLER. Köln 1981. 3 Bde. –

A. G. Welt im Guckkasten. Hg. v. G. UEDING. Bln. 1985. 2 Bde.

Literatur: KRUSZYNSKI, G.: Die kom. Volkskalender A. G.s 1846–1854. Mchn. 1978. – HEINRICH-JOST, I.: Literar. Publizistik A. G.s (1810–1876). Mchn. u. a. 1980. – HEINRICH-JOST, I.: A. G. Bln. 1981. – STEINER, V.: A. G.s Rentier Buffey. Ffm. 1983.

Glauser, Friedrich, * Wien 4. Febr. 1896, † Genua 8. Dez. 1938, schweizer. Schriftsteller. – Führte ein unstetes Leben; 1921–23 in der Fremdenlegion (›Gourrama‹, entst. 1928/29, gedr. 1940); u. a. wegen seiner Drogenabhängigkeit Aufenthalte in Gefängnissen und Heilanstalten. Bekannt v. a. durch seine Kriminalromane, u. a. ›Wachtmeister Studer‹ (1936), ›Matto regiert‹ (1936), ›Der Chinese‹ (hg. 1939); 1979 wurden autobiograph. Texte u. d. T. ›Morphium‹ herausgegeben.

Weitere Werke: Die Fieberkurve (R., 1938), Der Tee der drei alten Damen (R., hg. 1940), Krock & Co. (R., hg. 1941), DADA, Ascona (Erinnerungen, hg. 1976).

Ausgaben: F. G. Ges. Werke. Hg. v. H. LEBER. Zü. 1969–74. 4 Bde. – F. G. Das erzähler. Werk. Hg. v. B. ECHTE u. a. Zü. 1992–93. 4 Bde.

Literatur: JAACKSCH, E.: F. G. Ein Anwalt der Außenseiter. Bonn 1976. – GÖHRE, F.: Zeitgenosse G. Ein Porträt. Zü. 1988. – SANER, G.: F. G. Eine Biogr. Ffm. 1990.

Glazarová, Jarmila [tschech. 'glazarᴐva:], eigtl. J. Podivínská, * Malá Skála 7. Sept. 1901, † Prag 20. Febr. 1977, tschech. Schriftstellerin. – 1946–48 Kulturattaché in der Sowjetunion, in den 50er Jahren Abgeordnete; befaßte sich in z. T. autobiograph. Erzählwerken mit der Psyche der Frau und Fragen der Moral; auch Reisereportagen.

Werke: Roky v kruhu (= Jahre im Kreis, R., 1936), Die Wolfsfalle (R., 1938, dt. 1960), Advent (R., 1939, dt. 1953).

Gleich, Joseph Alois, Pseudonyme Adolph Blum, Ludwig Dellarosa, Heinrich Walden, * Wien 14. Sept. 1772, † ebd. 10. Febr. 1841, österr. Schriftsteller. – Staatsbeamter, daneben Theaterdichter des Theaters in der Leopoldstadt und des Theaters in der Josefstadt (dort 1814–16 auch Vizedirektor); starb verarmt. G. schrieb weit über 200 Wiener Volksstücke und Zauberpossen (Vorläufer F. Raimunds, dessen Schwiegervater er war), ferner damals äußerst beliebte Ritter- und Schauerromane. Ab 1832 Hg.

der heiteren Zeitschrift ›Kom. Briefe des Hansjörgels von Gumpoldskirchen…‹.

Werke: Elisabeth, Gräfin von Hochfeld … (Schsp., 1791), Fridolin von Eichenfels (R., 1796), Die Löwenritter (Dr., 1807), Moses in Egypten (Schsp., 1810), Die Musikanten am Hohenmarkt (Dr., 1816), Der Eheteufel auf Reisen (Nov., 1821, Dr., 1822).

Gleichen-Rußwurm, Alexander Freiherr von, * Schloß Greifenstein ob Bonnland (Unterfranken) 6. Nov. 1865, † Baden-Baden 25. Okt. 1947, dt. Schriftsteller. – Enkel von Emilie Freifrau von G.-R.; Urenkel Schillers; war bemüht, die idealistisch-humanitären Ideen der Klassik durch sein umfangreiches Werk weiterwirken zu lassen. Biograph und Interpret Schillers (›Schiller‹, 1913). Schrieb Dramen, Gedichte, Romane, Novellen und v. a. kulturphilosoph. und kulturhistor. Abhandlungen.

Weitere Werke: Amor und Psyche (Kom., 1896), Vergeltung (R., 1902), Die Geschichte der europ. Geselligkeit (6 Bde., 1909–21), Schiller in Mannheim (Nov., 1923), Kultur- und Sittengeschichte aller Zeiten und Völker (24 in 12 Bden., 1929–31; Hg., mit F. Wencker).

Gleichen-Rußwurm, Emilie Freifrau von, * Weimar 25. Juli 1804, † Schloß Greifenstein ob Bonnland (Unterfranken) 25. Nov. 1872, dt. Schriftstellerin. – Jüngste Tochter Schillers; ihre literar. Arbeit galt v. a. der Lebensgeschichte Schillers und seiner Frau.

Werke: Schiller und Lotte 1788/89 (1856), Schillers Beziehungen zu Eltern, Geschwistern und der Familie von Wolzogen (1859), Charlotte von Schiller und ihre Freunde (3 Bde., 1861–65).

Gleichnis, Form des ↑ Vergleichs in literar. Sprache, bei dem ein Vorgang, auch eine Vorstellung oder ein Zustand durch einen entsprechenden Sachverhalt aus einem anderen sinnlich konkreten, dem Vorstellungsvermögen der Leser näherstehenden Bereich veranschaulicht wird. So wird in Homers ›Odyssee‹ (8. Jh. v. Chr., dt. 1778) die Blendung des einäugigen Riesen Polyphem durch Odysseus und seine Gefährten so beschrieben: ›Sie ergriffen den Ölbaumpfahl … und stemmten ihn in das Auge, aber ich stemmte mich von oben her auf ihn und drehte. Wie wenn ein Mann mit einem Schiffsbalken anbohrt mit dem Bohrer, und die anderen fassen zu auf beiden Seiten und wirbeln ihn unten herum mit dem Riemen ...: so faßten wir den Pfahl und drehten ihn in seinem Auge ...‹ (Übers. von W. Schadewaldt, 1958). Bei einem G. werden der zu veranschaulichende Sachverhalt (= Sachsphäre) und das zur Veranschaulichung dienende Bild (= Bildsphäre) meist ausdrücklich durch die Vergleichspartikeln ›so ... wie‹ miteinander verbunden. Die Entsprechungen zwischen Sach- und Bildsphäre erstrecken sich nicht (wie in der ↑ Allegorie) auf mehrere Einzelheiten, sondern konzentrieren sich auf einen einzigen, für die Aussage wichtigen Vergleichspunkt, das sogenannte Tertium comparationis, im angeführten Beispiel also auf das Drehen des glühenden Pfahls im Auge des Kyklopen Polyphem. Vom bloßen Vergleich unterscheidet sich das G. durch eine relativ große Selbständigkeit des Bildes. Der Unterschied zwischen G. und ↑ Parabel besteht u. a. darin, daß bei der Parabel die Sachsphäre ausgespart bleibt und allein aus der Bildsphäre erschlossen werden muß (die Parabel setzt das Bild *statt* der Sache, das G. setzt es *neben* sie). – G.se finden sich insbes. in den Homer. Epen und in der Bibel, wo sie v. a. für Jesus ein wichtiges Mittel der Verkündigung und der Argumentation darstellen. In der Forschung wurden die bibl. G.se gelegentlich als Allegorien, Parabeln oder eth. ↑ Maximen bezeichnet.

Literatur: JÜLICHER, A.: Die G.reden Jesu. Tüb. ²1910. 2 Bde. Nachdr. Darmst. 1976. – GÜNTHER, J.: Über das G. In: Literatur 38 (1936), S. 455. – PONGS, H.: Das Bild in der Dichtung. Bd. 1. Marburg ²1971. – WIMMER, G.: Die große Überraschung. Für einen lebendigen Umgang mit den G.sen Jesu. Freib. 1982. – G.se. Hg. v. B. SCHELP u. K. H. KOCH. Clausthal-Zellerfeld 1982. – EICHHOLZ, G.: G.se der Evangelien. Neukirchen-Vluyn ⁴1984. –

Gleim, Johann Wilhelm Ludwig, * Ermsleben 2. April 1719, † Halberstadt 18. Febr. 1803, dt. Dichter. – Studierte 1738–41 in Halle/Saale Jura und Philosophie und begründete mit J. P. Uz und J. N. Götz den anakreont. Halleschen Freundeskreis. 1743 Hauslehrer in Potsdam, 1744 Sekretär beim Prinzen Wilhelm von Brandenburg-Schwedt, den er in den 2. Schles. Krieg begleitete. 1745 Sekretär des Fürsten Leopold von Dessau, 1747 Domsekretär in Halberstadt, schließlich Kanonikus des Stiftes Waldeck. Widmete sich ab 1747 ganz der Literatur. Stand mit fast allen dt. Schriftstellern seiner Zeit in regem Briefwechsel, wirkte unermüdlich als Förderer junger Talente und war Mittelpunkt eines Kreises, der sich dem Kult des heiter-privaten Lebens, der enthusiast. Freundschaft und des Patriotismus hingab. Führender Vertreter der anakreont. Dichtung in Deutschland. Daneben stehen Gedichte mit moralisch-humanitärer und patriot. Tendenz und v. a. der Versuch, das Denken und Fühlen des naiv-einfachen Volkes poetisch darzustellen. Mit der Absicht, die niederen Stände nach Vorstellungen der Staatsraison durch seine Lieder zu erziehen, kehrte G. zu moralisch-didakt. Zweckhaftigkeit zurück.

Werke: Versuch in scherzhaften Liedern (3 Tle., 1744–58), Lieder (1745), Freundschaftl. Briefe (1746), Fabeln (2 Bde., 1756/57), Romanzen (1756), Preuß. Kriegslieder in den Feldzügen 1756 und 1757 von einem Grenadier (1758), Lob des Landlebens (Ged., 1764), Petrarchische Gedichte (1764), Lieder nach dem Anakreon (1766), Oden nach dem Horatz (1769), Lieder für das Volk (1772), Gedichte nach den Minnesingern (1773), Halladat oder Das rothe Buch (Spruchdichtung, 1774), Das Hüttchen (1794), Preuß. Volkslieder in den Jahren 1772–1800 (1800).
Ausgaben: J. W. L. G. Sämmtl. Werke. Hg. v. W. KÖRTE. Halberstadt u. Lpz. 1811–41. Nachdr. Hildesheim 1970. 8 Bde. – J. W. L. G. Versuch in scherzhaften Liedern u. Lieder. Hg. v. A. ANGER. Tüb. 1964. – J. W. L. G. Gedichte. Hg. v. J. STENZEL. Stg. 1969. – J. W. L. G. Gedichte u. Fabeln. Ausgew. v. G. WAPPLER. Halberstadt 1977.
Literatur: BECKER, KARL: G. Halberstadt 1919. – BAER, K.: Der junge G. u. die Hallesche Schule. Diss. Erlangen 1924 [Masch.]. –

Johann Wilhelm Ludwig Gleim (Stahlstich nach einem Ölgemälde von Johann Heinrich Ramberg aus dem Jahr 1790)

Festschr. zur 250. Wiederkehr der Geburtstage von J. W. L. G. u. Magnus Gottfried Lichtwer. Hg. vom Gleimhaus. Halberstadt 1969. – ↑auch Götz, Johann Nikolaus.

gleitender Reim ↑Reim.

Glichesaere [...zɛːrə], mhd. Dichter, ↑Heinrich der Glichesaere.

Glišić, Milovan [serbokroat. 'gliʃitɕ], *Gradac bei Valjevo 7. Jan. 1847, †Dubrovnik 20. Jan. 1908, serb. Schriftsteller. – Dramaturg des Nationaltheaters, Direktor der Nationalbibliothek. Seine oft humorvollen Erzählungen aus dem serb. Dorfleben (›Die erste Furche‹, 1891, dt. 1960), sein Drama ›Ein Geniestreich‹ (1885, dt. 1903) sowie seine Übersetzungen u.a. von Werken I. A. Gontscharows, A. N. Ostrowskis und L. N. Tolstois beeinflußten die serb. Literatur des Realismus; Begründer der realist. serb. Dorfnovellistik.
Ausgabe: M. G. Celokupna dela. Belgrad 1930. 2 Bde.

Glissant, Édouard [frz. gli'sã], *Sainte-Marie (Martinique) 21. Sept. 1928, frz. Schriftsteller. – Studierte in Paris Philosophie und Ethnologie; beschäftigt bei der UNESCO in Paris, ab 1980 Chefredakteur des ›Courrier de l'UNESCO‹. Bed. Vertreter der zeitgenöss. frankophonen Literatur in der Karibik; Verfasser von Lyrik, Romanen, Essays und einem Bühnenstück (›Monsieur Toussaint‹, 1961); vertritt in seinen kultur- und literaturtheoret. Aufsätzen (v.a. in dem Essay ›Zersplitterte Welten. Der Diskurs der Antillen‹, 1981, dt. 1986) das Konzept der Antillanité (im Gegensatz zu A. Césaires Négritude).
Weitere Werke: Un champ d'îles (Ged., 1953), La terre inquiète (Ged., 1954), Les Indes (Ged., 1955; alle drei zus. auch in: Poèmes, 1965), Sturzflut. Das Lied von Martinique (R., 1958, dt. 1959; Prix Renaudot 1958), Le sel noir (Ged., 1960), Le sang rivé (Ged., 1961), Le quatrième siècle (R., 1964), Die Entdecker der Nacht (R., 1964, dt. 1991), L'intention poétique (Essays, 1969), Malemort (R., 1975), Boises (Ged., 1977), Die Hütte des Aufsehers (R., 1981, dt. 1983), Mahagony (R., 1987, dt. 1989), Poétique de la relation (Essay, 1990), Tout-monde (R., 1993).
Literatur: ANDRÉ, J.: Caraïbales. Études sur la littérature antillaise. Paris 1981. – RADFORD, D.: É. G. Paris 1982. – CAILLER, B.: Conquérants de la nuit nue. É.G. et l'H(h)istoire antillaise. Tüb. 1988.

Globe Theatre [engl. 'gloʊb 'θɪətə], 1599 von Mitgliedern von Shakespeares Schauspieltruppe am südl. Londoner Themseufer erbautes Theater, 1613 nach einem Brand neu errichtet, nach 1647 erneut zerstört. Das G. Th. war eines der wichtigsten Zentren des elisabethan. Theaters. Überreste des Fundaments wurden 1989 entdeckt. Eine Originalkonstruktion ist z.Z. im Bau.
Literatur: ADAMS, J. C.: The Globe playhouse. New York ²1961. – ORRELL, J.: The quest for Shakespeare's Globe. Cambridge 1983. – BERRY, H.: The globe playhouses and their predecessors. London 1987. – ↑auch Shakespearebühne.

Gloriant [niederl. 'xloːriɑnt], niederl. weltl. Schauspiel aus der Mitte des 14. Jh.; eines der in der Van-Hulthemschen Sammelhandschrift (um 1412) überlieferten ↑Abele spelen.

Glossar [griech.-lat.], erklärendes Verzeichnis schwer verständlicher (fremdsprachiger, altertümlicher, mundartlicher) Wörter (↑Glosse) eines bestimmten Textes, oft als dessen Anhang gedruckt; auch selbständiges Wörterbuch ungebräuchlicher Ausdrücke; seltener Bez. für Wörterverzeichnisse und Sprachwörterbücher überhaupt. – Das zu erklärende Stichwort heißt Lemma.

Glosse [in mhd. Zeit aus lat. glossa = erläuternde Bemerkung, von griech. glõssa = Zunge, Sprache], **1.** fremdes oder ungebräuchl. Wort wie auch die Erklärung oder Übersetzung eines derartigen Wortes. In Handschriften unterscheidet man zwischen **Interlinearglossen** (Erklärungen zwischen den Textzeilen), **Marginalglossen** (Erklärungen in Form von Randnotizen) und den seltener vorkommenden **Kontextglossen,** die in den Text selbst eingefügt sind. Die Überlieferung der G. erfolgte teils in den Texten selbst, in die sie bei Abschriften mit aufgenommen wurden, teils unabhängig von den Bezugstexten in **Glossaren.** In der Antike gab es G.n, z.B. zu Homer (seit dem 5. Jh. v. Chr.). *Lat. G.n* zu antiken Autoren und zur Bibel finden sich seit dem 6. Jahrhundert. Sie überliefern z. T. vulgärlat. und frühroman. Sprachgut. In der dt. wie in den roman. Sprachen stellen *volkssprachl. G.n* die ältesten Schriftzeugnisse dar, z. B. G.n in latei-

nisch abgefaßten Rechtstexten, in bibl. Schriften oder zur lat. Schullektüre, v. a. aber in selbständigen Glossaren als Übersetzungen lat. Stilwörterbücher oder als Sammlungen von Interlinearglossen. Das älteste zweisprachige Glossar der dt. Sprachgeschichte ist der aus Freising stammende ›Abrogans‹ (etwa 765–770), der nach seinem ersten Stichwort benannt ist. Die Bedeutung dieser G.n liegt darin, daß sie wichtige Anhaltspunkte für die Sprach- und Kulturgeschichte liefern, bes. für die Entwicklung der Ausdrucksmöglichkeiten der langsam aus dem Schatten des Lateinischen tretenden Volkssprachen. Bes. bedeutsam waren G.n für die Rechtspflege, da sie im Lauf der Zeit den Charakter von Ausführungsbestimmungen zu den lat. Gesetzestexten bekamen. Die älteste Sammlung sind die ›Malberg. Glossen‹ zur ›Lex Salica‹, die im 6. Jh. entstanden.
Ausgaben: Corpus glossariorum latinorum. Hg. v. G. LÖWE u. a. Lpz. 1888–1923. 7 Bde. Nachdr. Amsterdam 1965. 7 in 9 Bden. – Glossaria latina. Hg. v. W. M. LINDSAY u. a. Paris 1926–31. 5 Bde. Nachdr. Hildesheim 1965. – STEINMEYER, E./SIEVERS, E.: Die ahd. G.n. Zü. ²1968. 5 Bde. **Literatur:** STARCK, T./WELLS, J. C.: Ahd. G.nwörterbuch. Hdbg. 1972 ff. (bisher 11 Lfgg. erschienen). – ROHMER, E.: Die literar. G. Erlangen 1988.
2. eine span. Gedichtform (auch Glosa), die vom 15. bis 17. Jh. weit verbreitet war. In der G. wird ein Thema, meist ein mehrzeiliges Zitat aus einem bekannten Gedicht (dt. meist ›Motto‹ genannt), variiert und kommentiert. Jeder Zeile des Zitats ist eine ↑ Dezime gewidmet, an deren Ende der übernommene Vers steht. Die G. wurde in Deutschland durch die Romantiker (die Brüder Schlegel, L. Uhland u. a.), gelegentlich auch in parodist. Absicht, nachgeahmt.
Literatur: JANNER, H.: La glosa española. Madrid 1943. – VOSSLER, K.: Die Dichtungsformen der Romanen. Stg. 1951.
3. in der Publizistik als journalist. Stilform ein häufig polem. Kurzkommentar, der in der Presse oder in den audiovisuellen Medien auf aktuelle polit. oder kulturelle Ereignisse Bezug nimmt.
4. kurze spött. Äußerung zu irgendeiner Sache oder zu einem beliebigen Vorfall.

Gloux, Olivier [frz. glu], frz. Schriftsteller, ↑ Aimard, Gustave.

Głowacki, Aleksander [poln. guɔ-'vatski], poln. Schriftsteller, ↑ Prus, Bolesław.

Głowacki, Janusz [poln. guɔ'vatski], * Posen 13. Sept. 1938, poln. Schriftsteller. – Verfasser (seit 1968) von grotesk-komischen Erzählungen und Stücken, in denen er ein kritisch-satirisches Bild der polnischen Gesellschaft gibt; Feuilletonist; lebt seit 1982 im westlichen Ausland.
Werke: Aschenkinder (Stück, 1981, dt. 1985), Ich kann nicht klagen (R., 1982, dt. 1983).

Glück, Barbara Elisabeth, österr. Schriftstellerin, ↑ Paoli, Betty.

Glück, Louise [engl. glu:k], * New York 22. April 1932, amerikan. Dichterin. – Studium an der Columbia University; Lehrtätigkeit am Warren Wilson College; ihre in strengem und zugleich sinnl. Stil abgefaßten Gedichte evozieren den Mythos des Westens: ›Firstborn‹ (1969), ›The house on marshland‹ (1976), ›Descending figure‹ (1980), ›The triumph of Achilles‹ (1985), ›Ararate‹ (1990), ›The wild iris‹ (1992).

Glückel [von] Hameln, * Hamburg 1645, † Metz 17. Sept. 1724, jüd. Schriftstellerin. – Kaufmannsfrau, die etwa 1690–1719 in dt.-jüd. Sprache Memoiren verfaßte, die zwar literarisch anspruchslos sind und wohl nicht für außerfamiliäres Publikum geschrieben wurden, aber eine wichtige Quelle für Sprache, Kultur- und Wirtschaftsleben der jüd. Mittelschicht Deutschlands im 17./18. Jh. darstellen.
Ausgaben: Die Memoiren der G. v. H. 1645–1719. Hg. v. D. KAUFMANN. Ffm. 1896. – Denkwürdigkeiten der G. v. H. Übers. v. A. FEILCHENFELD. Bln. ⁴1923. Nachdr. Königstein i. Ts. 1980.
Literatur: LANDAU, A.: Die Sprache der Memoiren der G. v. H. In: Mitt. der Gesellschaft f. jüd. Volkskunde 7 (1901), S. 20. – KAUFMANN, D.: Die Memoiren der G. v. H. In: KAUFMANN: Ges. Schrr. Bd. 1. Ffm. 1908. S. 174.

Glúmr Eyjólfson [...mər] (auch Víga-Glúmr), * um 940, † 1003, isländ. Skalde. – Lebte in seiner Jugend längere Zeit in Norwegen; trat kurz vor seinem Tod zum Christentum über; seine Kämpfe als Häuptling im Südwesten Islands sind in der zu den ›Islendinga sögur‹ gehörenden ›Víga Glúms saga‹ (entst. im 13. Jh.) beschrieben.

Ausgabe: Die Gesch. vom Glúm. In: Fünf Geschichten aus dem östl. Nordland. Dt. Übers. u. hg. v. W. RANISCH u. W. H. VOGT. Darmst. u. a. Neuausg. 1964.

Gluth, Oskar, * München 16. Sept. 1887, † Prien a. Chiemsee 5. Okt. 1955, dt. Schriftsteller. – Verfasser von Unterhaltungsromanen und Dramen. Die Liebe zu seiner Heimatstadt spiegeln die Romane der ›München-Trilogie‹: ›Der verhexte Spitzweg‹ (1928; auch als Lsp.), ›Seine schönste Münchnerin‹ (1931), ›Sonne über München‹ (1935).

Weitere Werke: Frauenblüh (R., 1928, 1933 u. d. T. Bayr. Himmelfahrt), Der Rupp von Aigen (R., 1937), Die schöne Amazone (R., 1940), Das höll. Paradies (R., 1949), Der Löwe und die Tänzerin (R., 1950), Berg der Gnade (R., 1953).

Glykas, Michael, byzantin. Geschichtsschreiber und Schriftsteller, † Michael Glykas.

Glykoneus [griech.-lat.], lyr. Vers der griech. und lat. Dichtung, benannt nach einem sonst unbekannten hellenist. Dichter Glykon. Der G. ist eines der Grundmaße der äol. Metrik (↑ äolische Versmaße), bestehend aus der ↑ äolischen Basis, einem ↑ Choriambus und meist einem Jambus, sein Grundschema ⏕–⏑⏑–⏑– ist in der Lyrik in der Regel achtsilbig, wird aber in der Chorlyrik vielfach abgewandelt.

Gmelin, Otto [...li:n], * Karlsruhe 17. Sept. 1886, † Bensberg 22. Nov. 1940, dt. Schriftsteller. – Bis 1936 Studienrat, dann freier Schriftsteller. Schrieb Erzählungen und Romane über histor. Themen (Völkerwanderung und MA), die er unter dem Gesichtspunkt der mittelalterl. Reichsidee behandelte, u. a. in dem Stauferroman ›Das Angesicht des Kaisers‹ (1927).

Weitere Werke: Der Homunkulus (En., 1923), Temudschin, der Herr der Erde (R., 1925, 1930 u. d. T. Dschingis Khan, der Herr der Erde), Naturgeschichte des Bürgers (Essays, 1929), Das neue Reich (R., 1930), Sommer mit Cordelia (E., 1932), Konradin reitet (E., 1933), Die Gralsburg (E., 1935), Die junge Königin (E., 1936), Der Ruf zum Reich (R., 1936, 1937 u. d. T. Die Krone im Süden), Das Haus der Träume (autobiograph. R., 1937), Die Fahrt nach Montsalvatsch (E., 1939).

Gnaphaeus, Guilhelmus, auch Gulielmus Fullonius, eigtl. Willem de Volder van de Voldersgraft, * Den Haag 1493, † Norden 29. Sept. 1568, niederl. Humanist und Dramatiker. – Anhänger Luthers, floh 1528 nach Deutschland; 1535–41 Schulrektor in Elbing, trat nach seiner Vertreibung aus konfessionellen Gründen in den Dienst des Herzogs Albrecht in Preußen, wurde Leiter des Pädagogiums in Königsberg (Pr), 1544 Universitätsprofessor; seit 1547 im Dienst der Gräfin Anna von Ostfriesland. Bed. für die Entwicklung des prot. lat. Schuldramas ist G.' ›Acolastus‹ (1529, dt. 1530), eine Paraphrase über das Thema vom verlorenen Sohn.

Weitere Werke: Morosophus (Dr., 1541), Hypocrisi, tragicomoedia (1544).

Ausgabe: Gulielmus Gnapheus. Acolastus. Hg. v. P. MINDERAA. Zwolle 1956.

Literatur: ATKINSON, W. E. D.: ›Acolastus‹. A study of its dramatic structure ... Diss. Chicago (Ill.) 1954.

Gneditsch (tl.: Gnedič), Nikolai Iwanowitsch [russ. 'gnjedit∫], * Poltawa 13. Febr. 1784, † Petersburg 15. Febr. 1833, russ. Lyriker und Übersetzer. – Verfaßte außer klassizist. Dichtungen v. a. Übersetzungen dramat. Werke, u. a. von Schiller und Shakespeare; übersetzte auch die ›Ilias‹ (1829).

Gnessin, Uri Nissan, * Starodub (Ukraine) 29. Okt. 1879, † Warschau 5. April 1913, hebr. Erzähler. – Nach unstetem Wanderleben, das ihn nach Rußland, Großbritannien und Palästina führte, lebte er ab 1908 in Warschau. G. beschreibt in seinen vielfach autobiograph. Erzählungen die Entwurzelung und Heimatlosigkeit des Juden in der modernen und moderne literar. Techniken (z. B. den inneren Monolog) anwendet.

Literatur: Enc. Jud. Bd. 7, 1972, S. 634.

Gnoli, Domenico [italien. 'ɲɔ:li], * Rom 6. Nov. 1838, † ebd. 12. April 1915, italien. Historiker und Schriftsteller. – Seit 1882 Direktor der Biblioteca Vittorio Emmanuele und dann weiterer Bibliotheken in Rom; 1888 Gründer des ›Archivio storico dell'arte‹; schrieb unter verschiedenen Pseudonymen (u. a. G. Orsini) Gedichte meist traditioneller Form (u. a. ›Odi tiberine‹, 1879; ›Fra terra ed astri‹, 1903; ›Canti del Palatino‹, hg. 1923), außerdem literar. und kunstkrit. Studien sowie einen histor. Romführer

(›Ave Roma‹, 1909). Postum erschien die Schriftensammlung ›Orti letterari nella Roma di Leone X‹ (hg. 1930).
Literatur: DE CAMILLIS, M.: D. G. letterato e poeta. Neapel u.a. 1925. – DI PAOLA, C.: La poesia di D. G. Catania 1934.

Gnome [zu griech. gignóskein = (er)kennen], ein in Versform oder Prosa gefaßter Erfahrungssatz oder ↑Denkspruch; verwandt mit ↑Sentenz und ↑Maxime. G. sind als einfachste Form der ↑Lehrdichtung in frühen Entwicklungsstufen nahezu aller Literaturen geläufig, bes. im Orient und in Griechenland. Sie waren oft in Sammlungen (↑Florilegium) vereinigt, z.B. in der unter dem Namen des Theognis von Megara im 6.Jh. v.Chr. überlieferten Sammlung von Kurzelegien (in Distichen) sowie in den Gnomologien von Solon und Phokylides. In der röm. Literatur sind bes. die G.n von Publilius Syrus und die Sammlung von Dionysius Cato (›Dicta Catonis‹, 2.Jh., 145 Doppelhexameter, eines der didakt. Grundbücher des MA) zu nennen. Im MA gehört Freidanks ›Bescheidenheit‹ (13.Jh.) in diese Tradition. Die ↑Priamel gilt als spezifisch dt. Sonderform der Gnome.

Gobineau, Joseph Arthur Graf von [frz. gɔbi'no], * Ville-d'Avray bei Paris 14. Juli 1816, †Turin 13. Okt. 1882, frz. Diplomat und Schriftsteller. – Diplomat. Vɪ ɪtrɛtɔr u.a. in Deutschland, Persien, Griechenland; gehörte dem Kɪeɪs um R. Wagner an. Mit seiner Abhandlung ›Versuch über die Ungleichheit der Menschenrassen‹ (4 Bde., 1853–55, dt. 4 Bde., 1898–1901), in der er die Gleichwertigkeit der Menschen verschiedener Rassen leugnete und die Überlegenheit der ›arischen‹ Rasse demonstrieren wollte, war er von entscheidendem Einfluß auf Wagner, F. Nietzsche und die imperialist. Bewegung und hat Argumente für den Rassenfanatismus des Nationalsozialismus geliefert. Durch seine Verherrlichung des Ausnahmemenschen, die er in Gestalten der Renaissance verkörpert sah, nahm er Nietzsches Vorstellung vom Übermenschen vorweg. Seine dichterisch beste Leistung sind seine Erzählungen und Novellen.
Weitere Werke: Reiseerlebnisse (Nov.n, 1872, dt. 1945), Das Siebengestirn (R., 1874, dt. 1909,

1964 u.d.T. Die Plejaden), Asiat. Novellen (1876, dt. 1923), Die Renaissance. Histor. Szenen (1877, dt. 1896), Alexander (Dr., hg. 1901, dt. 1902).
Ausgabe: J. A. de G. Œuvres. Hg. v. J. GAULMIER u. J. BOISSET. Paris 1982 ff. (bisher 3 Bde. erschienen).
Literatur: Études gobiniennes. Hg. v. A.-V. DUFF u. J. GAULNIER. Paris 1966 ff. (bisher 9 Bde. erschienen). – BUENZOT, J.: La formation de la pensée de G. et ›L'essai sur l'inégalité des races humaines‹. Paris 1967. – YOUNG, E. J.: G. u. der Rassismus. Meisenheim am Glan 1968. – REY, P.-L.: L'univers romanesque de G. Paris 1981. – BOISSEL, J.: G. Paris 1981. – BEZIAU, R.: Les débuts littéraires de G. à Paris. Première époque (1835–1846). Paris 1982. 3 Tle. – SMITH, A.: G. et l'histoire naturelle. Genf 1984.

Göchhausen, Louise Ernestine Christiane Juliane von, * Eisenach 13. Febr. 1752, †Weimar 7. Sept. 1807, sachsenweimar. Hofdame. – Zunächst im Diensten der Markgräfin von Baden, ab 1775 Gesellschafterin der Herzogin Anna Amalia und seit 1783 Erste Hofdame am ›Musenhof‹ in Weimar, wo sie eine wichtige Rolle spielte. Sie war Mitherausgeberin des ›Journals von Tiefurt‹; von ihrer Hand stammt die einzige Abschrift, in der Goethes ›Urfaust‹ überliefert ist.

Godbout, Jacques [frz. gɔd'bu], * Montreal 27. Nov. 1933, kanad. Schriftsteller. – Wurde v. a. durch seine Romane bekannt, die, angefangen mit ›L'aquarium‹ (1962), oft sehr indirekt, die Psyche Quebecs nachzeichnen. ›Le couteau sur la table‹ (1965) führt zum Bruch des Erzählers mit seiner anglokanad. Geliebten und suggeriert Gewalt als Lösung des Identitätsproblems von Quebec. ›Salut Galarneau!‹ (1967) behandelt humorvoll Quebecs Sprach- und Wirtschaftsprobleme und seine Amerikanisierung.
Weitere Werke: Carton-pâte (R., 1956), D'Amour, P. Q. (R., 1972), L'île au dragon (R., 1976), Les têtes à Papineau (R., 1981), L'écrivain de province. Journal 1981–1990 (Tageb., 1991).
Literatur: SMITH, ANDRÉ: L'univers romanesque de J. G. Montreal 1977.

Godden, [Margaret] Rumer [engl. gɔdn], eigtl. Margaret Rumer, * Eastbourne (Sussex) 10. Dez. 1907, engl. Schriftstellerin. – Eigene Erfahrungen, wie ihre in Indien verlebte Kindheit oder ihre Konversion zum Katholizismus, verarbeitet G. in ihren Romanen um das Leben in einem exot. Land (›Emily unter Indiens Sonne‹, 1942, dt. 1949; ›A fugue in time‹, 1945; ›Der Fluß‹, 1946, dt. 1947), um religiöse Existenzformen (›Uralt der Wind vom Himalaja‹, R. und Dr., 1939, dt. 1952; ›In diesem Haus des Friedens‹, 1969, dt. 1970; ›Five for sorrow, ten for joy‹, 1979) oder um geheime Gedanken und Phantasien von Kindern (›Gefährl. Freundschaft‹, 1958, dt. 1959; ›Pfauenfrühling‹, 1975, dt. 1976). G. schreibt auch Kurzgeschichten, Kinderbücher (›The dragon of Og‹, 1981; ›Thursday's children‹, 1984) und Gedichte.

Weitere Werke: Schwarzer Narziß (R., 1939, dt. 1986), A time to dance, no time to weep (Biogr., 1987), A house with four rooms (R., 1989), Coromandel sea change (R., 1991).
Literatur: SIMPSON, H. A.: R. G. New York 1973.

Godescalc von Orbais [frz. ɔr'bε], dt. Theologe und Schriftsteller, † Gottschalk von Orbais.

Godoy Alcayaga, Lucila [span. go-'ðoi̯ alka'ɣaɣa], chilen. Dichterin, † Mistral, Gabriela.

Godwin, Mary [engl. 'gɔdwɪn], geb. Wollstonecraft, *Hoxtont(?) (heute zu London) 27. April 1759, †ebd. 10. Sept. 1797, engl. Schriftstellerin ir. Herkunft. – 1797 ∞ mit William G.; erste Frauenrechtlerin Großbritanniens.

Werke: Rettung der Rechte des Weibes, mit Bemerkungen über polit. und moral. Gegenstände (1792, dt. 2 Tle., 1793/94), Historical and moral view of the origin and progress of the French Revolution (1794).
Ausgabe: The works of M. Wollstonecraft. Hg. v. M. BUTLER u. J. TODD. London 1989. 7 Bde.
Literatur: WARDLE, R. M.: M. Wollstonecraft. Lincoln (Nebr.) Neuaufl. 1966.

Godwin, William [engl. 'gɔdwɪn], *Wisbech (Cambridgeshire) 3. März 1756, †London 7. April 1836, engl. Schriftsteller. – 1778–83 Prediger verschiedener Dissentergemeinden, später freier Schriftsteller, der als Anreger der engl. Romantik und ihr Theoretiker großen Einfluß hatte (P. B. Shelley, S. T. Coleridge, W. Wordsworth, R. Southey); ∞ mit Mary G., deren Biographie ›Memoirs of the author of a vindication of the rights of woman‹ (1798) er schrieb; trat für die Freiheit der Persönlichkeit ein, stellte sich gegen jeden [polit.]

Zwang, verkündete anarchist. und atheist. Ideen.

Weitere Werke: An enquiry concerning political justice (Studie, 2 Bde., 1793, Bd. 1 dt. 1803 u. d. T. Untersuchung über polit. Gerechtigkeit ...), Caleb Williams oder Die Dinge wie sie sind (R., 3 Bde., 1794, dt. 1795), St. Leon (R., 3 Bde., 1799), Fleetwood (R., 3 Bde., 1805), Mandeville (R., 3 Bde., 1817), History of the Commonwealth of England (4 Bde., 1824–28).
Ausgaben: Collected novels and memoirs of W. G. Hg. v. M. PHILP u. a. London 1992. 8 Bde. – The political and philosophical writings of W. G. Hg. v. M. PHILP u. a. London 1993. 7 Bde.
Literatur: MONRO, D. H.: G.'s moral philosophy. London 1953. – SMITH, E. E./SMITH, E. G.: W. G. New York 1965. – POLLIN, B. R.: G. criticism. A synoptic bibliography. Toronto 1967. – TYSDAHL, B. J.: W. G. as novelist. London 1981. – MARSHALL, P. H.: W. G. New Haven (Conn.) 1984. – PHILIP, M.: G.'s political justice. London 1986.

Goeckingk, Leopold Friedrich Günther von ['gœkɪŋ], *Gröningen (Landkreis Oschersleben) 13. Juli 1748, †Wartenberg (Schlesien) 18. Febr. 1828, dt. Dichter. – Besuchte die Domschule in Halberstadt; Jurastudium; Freundschaft mit J. W. L. Gleim und G. A. Bürger; Verwaltungsbeamter, lebte ab 1806 in Berlin und auf seinen Gütern. G. war Vertreter der Rokokodichtung mit Beziehung zum ›Göttinger Hain‹ und stand bereits unter dem Einfluß des Sturm und Drangs. Durch Erlebnis und echtes Gefühl wies er über das Spielerische der Anakreontik hinaus.

Werke: Sinngedichte (2 Tle., 1772), Lieder zweier Liebenden (1777), Gedichte (3 Bde., 1780–82), Prosaische Schriften (1784), Charaden und Logogryphen (1817).

Goedeke, Karl Ludwig ['gø:...], *Celle 15. April 1814, †Göttingen 27. Okt. 1887, dt. Literarhistoriker. – Schüler J. Grimms, 1873 Prof. in Göttingen. Nach schriftsteller. Versuchen (Komödien, polit. Gedichte) als Hg. tätig: Anthologien (›Elf Bücher dt. Dichtung‹, 1849) und Texteditionen (historisch-krit. Schiller-Ausgabe, 17 Bde., 1867–76). Hauptwerk ist ein enzyklopäd. Sammelwerk, das alle dt. Schriftsteller von den Anfängen bis 1830 bio-bibliographisch verzeichnen sollte: ›Grundriß zur Geschichte der dt. Dichtung‹ (3 Bde., 1857–81, m. n. e.; [2]1884–1991, bisher

17 Bde., Nachdr. Bde. 1–15 1976–79; Bd. 4, Abt. 1–5 ³1910–60).
Literatur: ALPERS, P.: K. G., sein Leben u. sein Werk. Bremen 1949.

Goering, Reinhard ['gø:...], * Schloß Bieberstein bei Fulda 23. Juni 1887, † (Selbstmord) in der Flur Bucha bei Jena 14.(?) Okt. 1936 (tot aufgefunden am 4. Nov. 1936), dt. Schriftsteller. – Studierte Medizin, kurze Zeit Feldarzt; lebte als Lungenkranker jahrelang in Davos. G.s Bedeutung liegt in seinen expressionist. Dramen, in denen er nach dem Sinn der Kriegsopfer fragt. Sprachlich tendiert er zur Neuen Sachlichkeit, der er mit seinem Spätwerk angehört. Schrieb auch Romane und Lyrik.
Werke: Jung Schuk (R., 1913), Seeschlacht (Trag., 1917), Der Erste (Dr., 1918), Die Retter (Trag., 1919), Scapa Flow (Dr., 1919), Der Zweite (Trag., 1919), Die Südpolexpedition des Kapitäns Scott (Dr., 1929).
Ausgabe: R. G. Prosa, Dramen, Verse. Mchn. 1961.
Literatur: CAPELL, G.: Die Stellung des Menschen im Werk R. G.s. Diss. Bonn 1967. – MENNEMEIER, F. N.: G.s Tragödienversuch. In: Unterss. zur Lit. als Gesch. Hg. v. V. J. GÜNTHER u. a. Bln. 1973.

Goertz, Heinrich [gœrts], * Duisburg 15. Mai 1911, dt. Schriftsteller. – Zog 1932 nach Berlin, seitdem freier Schriftsteller; zeitweise Dramaturg und Regisseur in Berlin, 1967–70 Chefdramaturg in Hannover; auch Maler. Sein Roman ›Lachen und Heulen‹ (1982) schildert autobiographisch die Jahre 1932–45 v. a. in Berlin. Schreibt surrealist. Gedichte, Erzählungen, Monographien, hpts. jedoch Dramen und Hörspiele.
Weitere Werke: Johannes Geisterseher (R., 1942), Die Antigone des Sophokles (Schsp., 1969; mit H. Kreppel), Jack the Ripper (Hsp., 1974), Erwin Piscator (Biogr., 1974), Gustaf Gründgens (Biogr., 1982), Friedrich Dürrenmatt (Biogr., 1987).

Goes, Albrecht [gø:s], * Langenbeutingen (heute zu Langenbrettach, Landkreis Heilbronn) 22. März 1908, dt. Schriftsteller. – Seit 1930 ev. Pfarrer, während des Krieges Nachrichtensoldat und Lazarettgeistlicher; lebt seit 1953 als freier Schriftsteller und Prediger in Stuttgart. Schreibt Lyrik, Erzählungen, Essays, Laienspiele, Biographien und Predigten. Er bevorzugt die kleine Form; sein Werk steht auf der Grundlage einer

christlich-humanist. Gesinnung. Die Erzählung ›Unruhige Nacht‹ (1950) stellt die Frage nach der menschl. Schuld im Gespräch eines Feldgeistlichen, der einem zum Tode verurteilten Fahnenflüchtigen in der letzten Nacht beisteht. ›Das Brandopfer‹ (E., 1954) behandelt die Judenvernichtung unter den Nationalsozialisten.
Weitere Werke: Der Hirte (Ged., 1934), Die Hirtin (Spiel, 1934), Heimat ist gut (Ged., 1935), Mörike (Biogr., 1938), Der Nachbar (Ged., 1940), Schwäb. Herzensreise (Essays, 1946), Die Herberge (Ged., 1947), Freude am Gedicht (Essays, 1952), Im Weitergehen (Essays, 1965), Löffelchen (E., 1965), Dichter und Gedicht (Essays, 1966), Der Knecht macht keinen Lärm (Predigten, 1968), Kanzelholz (Predigten, 1971), Tagwerk. Prosa und Verse (1976), Lichtschatten du. Gedichte aus 50 Jahren (1978), Quellen, die nicht versiegen. Geschichten und Gedanken (1980), Noch und schon. 12 Überlegungen (1983), Vierfalt. Wagnis und Erfahrung (Schrift, 1993).
Literatur: A. G. zu seinem 60. Geburtstag am 22. März 1968. Ffm. 1968. – WENTORF, K.: Dem Dichter A. G. Bln. 1968. – Men of dialogue. M. Buber and A. G. Hg. v. E. W. ROLLINS u. H. ZOHN. New York 1969.

Goes, Joannes Antonides van der [niederl. xus], niederl. Dichter, ↑ Antonides van der Goes, Joannes.

Goetel, Ferdynand [poln. 'gɛtɛl], * Sucha 15. Mai 1890, † London 24. Nov. 1960, poln. Schriftsteller. – Dt. Abstammung; sozialist. Neigungen; im 1. Weltkrieg nach Turkestan deportiert; floh nach Persien und Indien; Journalist; wandte sich vom Sozialismus ab; 1945 angeklagt wegen Kollaboration mit den Deutschen, verließ er Polen; schrieb Romane und Erzählungen, meist mit Themen aus exot. Ländern, in einem der Reportage angenäherten Stil.
Werke: Der Flüchtling von Taschkent (E., 1923, dt. 1927), Menschheit (En., 1925, dt. 1928), Von Tag zu Tag (R., 1926, dt. 1931).

Goethe, Christiane von ['gø:tə], * Weimar 1. Juni 1765, † ebd. 6. Juni 1816. – Schwester des Romanschriftstellers Ch. A. Vulpius; aus einfachem Haus, zeichnete sie sich durch ihr natürl. Wesen, schlichte Lebensformen und die Kraft ihres Gefühls aus; ab 1788 lebte sie mit Johann Wolfgang von G. in freier Gemeinschaft als dessen Haushälterin; sie heirateten 1806, nachdem Christiane das Goethesche Haus bei der Eroberung Weimars furchtlos gegen frz. Marodeure verteidigt hatte.

Literatur: KLESSMANN, E.: Christiane. Goethes Geliebte u. Gefährtin. Zü. 1992.

Goethe, Cornelia Friederica Christiana ['gø:tə], * Frankfurt am Main 7. Dez. 1750, † Emmendingen 8. Juni 1777. – Schwester von Johann Wolfgang von G.; heiratete 1773 den Freund ihres Bruders, J. G. Schlosser.

Literatur: WITKOWSKI, G.: Cornelia, die Schwester Goethes. Ffm. 1924. Nachdr. Bern 1971. – DAMM, S.: C. G. Ffm. u. Lpz. 1992.

Goethe, Johann Wolfgang von (seit 1782) ['gø:tə], * Frankfurt am Main 28. Aug. 1749, † Weimar 22. März 1832, dt. Dichter, Staatsmann und Naturforscher. – G. war der Sohn des Kaiserlichen Rates Johann Kaspar G. (* 1710, † 1782) und der Katharina Elisabeth, geb. Textor. Mütterlicherseits entstammte er dem Frankfurter Patriziat, die Vorfahren väterlicherseits waren Thüringer, der Großvater wurde Frankfurter Bürger. Zusammen mit seiner Schwester Cornelia erhielt er seine Erziehung vorwiegend durch Hauslehrer. Der Vater bestimmte ihn zum Studium der Rechtswissenschaften, ungeachtet sich früh meldender poet. und überhaupt musischer Neigungen des Sohnes. Die damals fortschrittlichste Universität, **Leipzig,** die G. vom Herbst 1765 an besuchte, brachte ihm über das Fachstudium hinaus reiche allgemeine kulturelle Anregung, die den künstler. Klassizismus J. J. Winckelmanns ebenso einschloß wie die Poetik der Aufklärung. In diesen sechs Leipziger Semestern entstanden Gedichte im Ton des Rokoko (Liederbuch ›Annette‹, entst. 1767; ›Neue Lieder‹, 1769), erlebnisgeprägte Bekenntnislyrik und Oden (›Drei Oden an meinen Freund Behrisch‹, entst. 1767, gedr. 1836), Zeugnisse religiöser Beunruhigung; daneben gab es dramat. Versuche in den Formen des zeitgenöss. Theaters wie die gesellschaftskrit. ›Mitschuldigen‹, die 1769 in Frankfurt (1. und 2. Fassung) vollendet wurden (gedr. 1787 [3. Fassung]); auch die Schülerszene des späteren ›Faust‹ dürfte in dieser Zeit ihre Wurzeln haben. Eine lebensgefährl. Krankheit seit Juni 1768, vielleicht tuberkulösen Ursprungs,

zwang ihn zur Rückkehr ins Elternhaus. Geheilt durch den alchimist. zugeneigten Arzt J. F. Metz und im Umgang mit pietist. Kreisen, v. a. mit Susanne Katharina von Klettenberg, öffnete sich G. hermet. Literatur und experimentierte selbst nach den Rezepten alchimist. Praxis, ein Bereich neuer Erfahrungen, die in den ›Ephemerides‹ (1769 ff.), einer Art Büchertagebuch, festgehalten wurden.

Nach der Rokoko-Phase und der Frankfurter Verinnerlichung brachte das Studium in **Straßburg (1770–71)** neue Erfahrungen. In die Anfänge des Sturm und Drang griffen neue Bildungsmächte ein: das Erlebnis der üppigen Landschaft des Elsaß; die unter dem Appell J.-J. Rousseaus ursprünglich gesehene Natur; die Liebe zu der Sesenheimer Pfarrerstochter Friederike Brion (* 1752, † 1813); die Begegnung mit dem ideenreichen J. G. Herder; die Erfahrung einer got. Stadt mit ihrem Münster, dem er 1772 in seiner dithyramb. Schrift ›Von dt. Baukunst‹ huldigte; eine bewußte Wendung zur dt. Tradition mit Sage und Volkslied und der ersten Faszination durch die Faustgestalt. In dieser Zeit entwickelte G. einen neuen, in dt. Sprache bisher unerhörten lyr. Stil, der Erlebnis und formale Reflexion zu bisweilen volksliedhaft schlichten, bisweilen emphat. Versen verschmilzt. Herder vermittelte ihm die biblisch inspirierte Aufklärungskritik J. G. Hamanns und seine eigenen sprachphilosoph. Ideen, lenkte den Blick auf Shakespeare und Ossian sowie auf eine geniale neue Wertung der Antike (Homer, Pindar). Das jurist. Abschlußexamen, das G. in Straßburg ablegte, brachte ihm den Titel eines Lizentiaten und berechtigte ihn zur Advokatur (im Herbst 1771 in Frankfurt).

Frankfurt 1771–75: Als Advokat war G. wenig beschäftigt; daß er an einem Prozeß gegen eine Kindsmörderin teilnahm, war eine auch poetisch wirksame Erfahrung, die auf die ›Gretchentragödie‹ des ›Faust‹ ausstrahlte. Der ›Götz von Berlichingen mit der eisernen Hand‹ (gedr. 1773) wurde vollendet; die großen Hymnen (›Wandrers Sturmlied‹ [entst. 1772, gedr. 1815]; ›Mahomets Gesang‹ [entst. 1772/73, gedr. 1774]; ›Prometheus‹

[entst. 1774, gedr. 1785]; ›Ganymed‹ [entst. 1774, gedr. 1789]) entstanden. Dramenpläne mit welthistor. Genies im Mittelpunkt (Caesar, Mohammed, Sokrates) wurden entworfen; die Rede ›Zum Schäkespears Tag‹ 1771 (gedr. 1854) bezeugte dem lebenslänglich verehrten Urpoeten seine erste Reverenz. In dieser Zeit galt G. als ein Hauptrepräsentant des Sturm und Drang, an dessen krit. Organ, den ›Frankfurter gelehrten Anzeigen‹, er sich zeitweise als Rezensent beteiligte. Von Mai bis Sept. 1772 arbeitete er am Reichskammergericht in Wetzlar. Wichtiger als die von ihm ironisierte Einsicht in langwierige Staatsprozesse war die widerspruchsvolle Liebe zu der Braut des Juristen J. Ch. Kestner, Charlotte Buff. Dieses schmerzlich-beseligende Dreiecksverhältnis inspirierte G.s ersten Roman ›Die Leiden des jungen Werthers‹ (1774, Neufassung 1787), der G.s weltliterar. Ruhm begründete; er wurde in alle europ. Sprachen übersetzt und gilt als das produktive Vorbild des neuzeitl. dt. Romans.

Johann Wolfgang von Goethe

Im Herbst 1772 nach Frankfurt zurückgekehrt, arbeitete G. wieder als Rechtsanwalt. Neben dem Studium Pindars, das sein Hymnenwerk beeinflußte, behauptete sich auch eine reiche, übermütig-satir. Produktivität, in welcher sich der Protest der Sturm-und-Drang-Bewegung gegen die anerkannten Vertreter der zeitgenöss. Kultur äußerte (›Götter, Helden und Wieland‹, Farce, 1774); der ›Götz‹ erhielt damals, nach Herders strenger Kritik, eine neue Fassung. Auch

seinem ›Schauspiel für Liebende‹, ›Stella‹, mit der dramat. Konstellation einer Liebe zu dritt, die in der Fassung von 1776 mit der Utopie eines selbstlosen Glücks endete, gab G. auf die moralisierende öffentl. Kritik hin einen trag. Schluß (entst. 1806, gedr. 1816). Die Geniebegeisterung des Sturm und Drang weckte G.s Interesse für den Helden des niederl. Befreiungskampfes, der zur Zentralfigur des 1775 begonnenen Dramas wurde (›Egmont‹, 1788). Das Ende des Sesenheimer Idylls brachte die Erfahrung einer unschuldigen Schuld, auch die zur Verlobung gediehene Liebe zu Lili Schönemann, einer Offenbacher Bankierstochter, verstand G. bald selbst als verfehlten Versuch, sich bürgerlich zu etablieren. So war die erste, mit den beiden Grafen Ch. und F. L. zu Stolberg-Stolberg unternommene Reise in die Schweiz (1775) auch die erste einer Reihe von Fluchten, mit denen G. sich hemmenden Verhältnissen entzog, im Sinne dessen, was er das ›Obere Leitende‹, später die ›Entelechie‹ nannte.

Weimar 1775–86: Kurz nach G.s Rückkehr aus der Schweiz lud ihn der junge Herzog Carl August an den Weimarer Hof, wo er im November 1775 eintraf. Der sog. Musenhof der Herzogin Anna Amalia hatte eine Reihe literarisch tätiger Hofleute versammelt, darunter Ch. M. Wieland als Erzieher Carl Augusts. Mit der in glückloser Ehe lebenden Hofdame Charlotte von Stein verband G. eine einzigartige, geistgeprägte Liebe, deren Phasen die an Charlotte gerichteten Verse und Briefe bezeugen. G. übernahm in Weimar zahlreiche polit. Aufgaben: zunächst sollte er den jungen Herzog führen und beraten; bald wurde ihm die Verwaltung der Finanzen, des Berg- und Wegebaus, des Militärwesens übertragen; später übernahm er die Leitung des Theaters, die Aufsicht über das Hoftheater und generell über das Bildungswesen. Die G. verliehenen Titel beschreiben diese Laufbahn: 1776 Ernennung zum Geheimen Legationsrat, 1779 zum Geheimen Rat, 1815 zum Staatsminister; 1782 wurde er durch Kaiser Joseph II. geadelt. Weimar gewann durch G.s Betreiben und Vermittlung bedeutenden Zuwachs von außen. Aus der eher bohemehaften Lebensform im Gartenhaus an der Ilm wechselte G. 1782 in das zunächst gemietete, später als Geschenk übereignete palaisartige Haus am Frauenplan, das er bis zu seinem Tod bewohnte. Für die Hofbühne schrieb er u. a. Schauspiele wie ›Die Geschwister‹ (entst. 1776, gedr. 1787) und die Bearbeitung der ›Vögel‹ von Aristophanes (1787); die frühen ›Mitschuldigen‹ kamen zur Aufführung, ebenso die erste [Prosa]fassung der ›Iphigenie auf Tauris‹ (UA 1779). In diese frühe Weimarer Zeit gehört auch die Frühfassung des ›Torquato Tasso‹ (entst. 1780/81, endgültige Fassung gedr. 1790); die aus Frankfurt mitgebrachten ›Faust‹-Szenen wurden vorgelesen, die Hofdame Luise von Göchhausen schrieb sie ab; dieser sog. ›Urfaust‹ kam 1887 in Weimar ans Licht. Die literar. Öffentlichkeit erhielt 1790 vom ›Faust‹ Kenntnis, als G. ›Faust. Ein Fragment‹ drucken ließ. Auch der 1777 begonnene ›Wilhelm-Meister‹-Roman wuchs langsam in dieser Zeit; von der fragmentar. 1. Fassung erhielt sich die Abschrift einer Züricher Freundin, Barbara Schultheß; sie wurde 1911 veröffentlicht als ›Wilhelm Meisters theatral. Sendung‹. Aus der großen lyr. Ernte des ersten Weimarer Jahrzehnts ragen die Verse an Ch. von Stein hervor, v. a. die zu G.s Lebzeiten unveröffentlichten (›Warum gabst du uns die tiefen Blicke‹, entst. 1776, gedr. 1848). In dieser Zeit legte G. den Grund zu seinen umfassenden Naturstudien und Sammlungen. Seine Studien bewertete er bisweilen höher als seine Dichtung. Anerkennung fand seine Entdeckung des Zwischenkieferknochens beim Menschen (1784), sie sicherte ihm einen Platz in der Geschichte der vergleichenden Anatomie. Auf seinen Reisen entwickelte G. auch sein zeichner. Talent weiter, das er seit den ersten Leipziger Lehrstunden bei dem Winckelmann-Schüler A. F. Oeser geübt hatte. Der morphologisch geübte Blick des Naturforschers hielt in Briefen, Berichten, Tagebuchaufzeichnungen und zu Aufsätzen objektivierten Darstellungen die beobachteten Phänomene in einer präzisen und das ›Gesetz‹ in den einzelnen Erscheinungen erkennenden Weise fest.

1. Italienreise (1786–88): Zu den anthropolog. Grundüberzeugungen G.s gehört, neben den Begriffen ›Polarität‹ und ›Steigerung‹, das Gesetz von Systole und Diastole, im schlichten Bild des Ein- und Ausatmens, später auch mit den Begriffen ›Verselbsten‹ und ›Entselbstigen‹ plausibel gemacht; d. h., Poesie wird G. zum Mittel der Selbstbefreiung, Abschiede erweisen sich als notwendig, lästig gewordene Verhältnisse werden verlassen. Den offenbar lang erwogenen Vorsatz zur Flucht aus der Enge Weimars, aus einer Liebe ohne Hoffnung, aus dem ›Druck der Geschäfte‹ setzte er am 3. Sept. 1786 mit seiner heiml. Abreise von Karlsbad in die Tat um. Er suchte in Italien, das noch eine tradierte Antike versprach, eine Art Griechenlandersatz. Daher blieb G. auf den Stationen seiner Reise – Venedig, Rom, Neapel, Sizilien – ohne eigtl. Blick für das mittelalterlich-christl., ›got.‹ Italien, sondern interessierte sich v. a. für das antike Rom und die italien. Renaissance. Den Aufenthalt in Rom unterbrach eine fast viermonatige Reise nach Neapel und Sizilien, die er auch zu naturwiss. Forschungen nutzte: am Vesuv trieb er geolog. Forschungen, im Botanischen Garten Palermos fand er seine Idee der ›Urpflanze‹ bestätigt, die ihm das Gesetzmäßige in allen Bereichen des Seienden, in der Natur wie in der Kunst, beispielhaft darstellte. Die Erfüllung der architekton. Normen des Vitruv durch A. Palladio wurde ihm ebenso zum Erlebnis wie die Entdeckung von Naturformen menschl. Gesellung im röm. Karneval. Überall, v. a. in Rom, suchte G. den Kontakt zu den bildenden Künstlern, so zu J. H. W. Tischbein und Angelika Kauffmann. K. Ph. Moritz, zeitweise sein Gesellschafter in Rom, bestärkte ihn in seinen Überzeugungen von der Wahrheit der Mythen und den Gesetzen der Schönheit. Italien brachte G.s poet. Klassizismus hervor: die ›Iphigenie‹ in ihrer endgültigen Fassung (1787) als humane Replik der antiken Tragödie; das Fragment gebliebene Drama der ›Nausikaa‹ (1827); den ›Torquato Tasso‹ (1790) als den modernen Mythos der ›Disproportion des Talents zum Leben‹. Auch entstanden dort wichtige Szenen zum ›Faust‹, die nunmehr

den Sturm-und-Drang-Charakter der
›Urfaust‹-Szenen als Zitat ›nordischer
Fremde‹ gegenüber der neuen klassizist.
Schönheitsphilosophie verwendeten. Die
eigtl. poet. Frucht der Italienreise sind
die ›Röm. Elegien‹ (entst. 1788–90, gedr.
1795), der geistreiche Dialog mit den großen Liebesdichtern der Goldenen Latini-
tät (Tibull, Properz, Catull) im Zeichen
des Amor.
Im Juni 1788 kehrte G. nach Weimar zurück; seine Erlebnisse und Erfahrungen
sind in der Redaktion der Briefe und Tagebücher, die in 3 Bänden 1829 erstmals
vollständig u. d. T. ›Italiänische Reise‹
veröffentlicht wurden, zu verfolgen. Aus-
gewählt und bearbeitet wurde dieses Material, wie so oft in G.s autobiograph.
Schriften, aus einer genetisch und morphologisch bestimmten Altersrückschau
und -stilisierung. Auch im privaten Bereich zog G. durchaus die Konsequenz
aus seiner italien. ›heidn. Wiedergeburt‹:
die Verbindung mit der jungen Christiane Vulpius, der Schwester des erfolgreichen Trivialautors Ch. A. Vulpius,
führte zum Konflikt mit Ch. von Stein
und Herder. Allen späteren Spekulationen über die angebl. Unebenbürtigkeit
der Gefährtin zum Trotz bekannte sich
G. zu dieser unhöf. Wahl; von den fünf
Kindern aus dieser seit 1806 legalisierten
Verbindung blieb nur der erstgeborene
Sohn August (* 1789, † 1830) am Leben.
2. Italienreise: 1790 ging G. noch einmal
für wenige Monate nach Italien. An die
Stelle seiner ersten Italienbegeisterung
trat nun ein skept., sogar zyn. Bild der
italien. Gesellschaft. Zeugnis davon geben die ›Venetian. Epigramme‹ (1795 in
Schillers ›Musenalmanach‹ erschienen).
Sie enthalten auch G.s schärfste wider-
christl. Äußerungen überhaupt.
Eine Auseinandersetzung mit der Frz.
Revolution brachten das Lustspiel ›Der
Groß-Cophta‹ (1792), der burleske Einakter ›Der Bürgergeneral‹ (1793), das erste Stück einer Fragment gebliebenen
dramat. Trilogie ›Die natürliche Tochter‹
(entst. 1799–1803, gedr. 1804), der ebenfalls Fragment gebliebene Roman ›Die
Reise der Söhne Megaprazons‹ (entst.
1792, gedr. 1837), das Epos ›Reineke
Fuchs‹ (1794) als zeitlose Satire auf den
polit. Weltlauf. 1792 begleitete G. den

Herzog Carl August in das Feldlager des
gegen Frankreich verbündeten Koali-
tionsheeres bis zu dessen Rückzug vor
den Franzosen (Longville, Verdun,
Valmy).
Freundschaft mit Schiller: Die 90er Jahre
sind geprägt durch die Zusammenarbeit
mit Schiller (ab 1794), die bis zu Schillers
Tod (1805) dauerte, ein Bund, der in der
neueren dt. Geistesgeschichte einzigartig
ist. Im Austausch mit Schiller wurde
theoretisch und durch poet. Exempla ein
Stil entwickelt, der als ›Weimarer Klassik‹ zur literarhistor. Epochenbezeich-
nung wurde. Die Verbindung beider,
nach Herkunft und Bildung verschiedener Geister ergab sich freilich in einer
fundamentalen Spannung, welche Schiller gern unter der Struktur von vermittelten Gegensätzen theoretisierte: Schiller,
der von der krit. Philosophie I. Kants geprägt war, und G., der aus der ›Wahrheit
der Sinne‹ dachte, ein Gegensatz, der allerdings mit der Entgegensetzung von
Idealismus und Realismus nicht zuläng-
lich beschrieben werden kann. Für die
Geschichte der dt. Dichtung wurde die
krit. Einwirkung Schillers auf die großen
Werke G.s fast wichtiger als seine poetolog. Reflexionen, so etwa bei der Umfor-
mung des ›Wilhelm-Meister‹-Romans
(›Wilhelm Meisters Lehrjahre‹, 4 Bde.,
1795/96); bei den Novellen, die u. d. T.
›Unterhaltungen dt. Ausgewanderten‹
(1795) G.s ersten Novellenkranz bildeten; bei der Theorie eines modernen und
doch den antiken Gattungsgesetzen entsprechenden Epos (›Hermann und Dorothea‹, 1797); v. a. aber bei der Umarbeitung des ›Faust‹. Auch für den ›Egmont‹, dem Schiller schon vor der Bekanntschaft mit G. eine scharfsinnige Re-
zension gewidmet hatte, war sein krit.
Rat für die Umarbeitung produktiv. Wie
G. die Anregung zu seinem Schauspiel
›Die natürliche Tochter‹ Schiller verdankte, so dieser ihm die Idee zu ›Wilhelm Tell‹. Für die Weimarer Hofbühne,
deren Leitung G. 1791 übernommen
hatte, bearbeitete Schiller Werke Shakespeares und G. E. Lessings. Zu den Bemühungen, die poet. Gattungen in ihrer
Gesetzlichkeit zu bestimmen, trat der
gemeinsamen Aufsatz ›Über ep. und dramat. Dichtung‹ (entst. 1797, gedr.

1827), trat die unmittelbare krit. Einwirkung auf die literar. und polit. Zustände ihrer Gegenwart. Das Dokument ihrer gemeinsamen Literaturkritik als Zeitkritik sind die epigrammatisch zugespitzten und mit ihrem jeweiligen Gegenstand scharf ins Gericht gehenden ›Xenien‹ (1796). Das von G. und Schiller verfochtene klassizist. Kulturprogramm hatte v. a. zum Ziel, das ›alte Wahre‹ vor dem Angriff revolutionärer Ideen zu schützen. Diesem Ziel sollten die freilich kurzlebigen Zeitschriften ›Die Horen‹ und ›Propyläen‹ dienen, ebenso die populärere Erscheinung des Schillerschen ›Musenalmanachs‹.
Die ›Propyläen‹ (1798–1800) entwickelten sich zum Organ einer klass. Kunstpädagogik; die Verantwortung trug hier G. allein; bed. Anteil an dieser geist- und praxisbezogenen klassizist. Programmatik hatten W. von Humboldt und die später als die bedeutendsten romant. Maler geltenden Ph. O. Runge und C. D. Friedrich. G. verstand Natur und Kunst nicht als Gegensätze, sondern als komplementäre Bereiche. Seine ästhet. und naturforschenden Studien tendierten zu einem universalen System der Erscheinungen, das v. a. durch die Idee der Metamorphose bestimmt wird, die sowohl für die Pflanzen- und Tierwelt als auch im Prozeß der geistigen Produktivität gilt. Auch in der Optik (›Zur Farbenlehre‹, 2 Bde., 1810) verfocht G. die geistig-ethischsinnl. Einheit. Ist auch der Reichtum an lyr. Hervorbringungen dieser Epoche kaum zu systematisieren, läßt sich doch die Tendenz erkennen, für die theoret. Ermittlung der Formen und Gattungen typ. und reine Beispiele zu liefern. Der poet. Urform der Ballade gewannen G. und Schiller reichen Ertrag ab: im sog. Balladenjahr 1797 entstanden u. a. ›Der Zauberlehrling‹, ›Der Gott und die Bajadere‹, ›Die Braut von Korinth‹, ›Der Schatzgräber‹ und ›Legende‹.
1805–1813: In den ersten Jahren des neuen Jh. geriet G. in Krisen mehrfacher Art; die Zeichen dafür waren häufige Krankheiten. Sein bisheriger Lebenskreis begann zu zerbrechen: 1803 starb Herder, 1805 Schiller, 1813 Wieland. Aus dem Kreis der Frühromantik, dessen Zentrum zeitweise Jena war, kamen neue

ästhet. und universalphilosoph. Ideen, der Einfluß der Transzendentalphilosophie (J. G. Fichte, F. W. J. von Schelling) verdrängte die Kritik Kants. G. hielt zeitlebens an seiner philosoph. Grunderfahrung, der Identität von Gott und Natur, die er in der Lektüre B. Spinozas gewann, fest. Aber anders als Schiller, der in seinen letzten Lebensjahren die klassizist. Position fest behauptete, scheint G. sich den ästhet. Ideen der Romantiker gegenüber in liberaler Offenheit verhalten zu haben. Allerdings blieb er der ›Mittelalter‹-Schwärmerei eines W. H. Wackenroder und L. Tieck (im 1796/97 erschienenen ›Herzensergießungen eines kunstliebenden Klosterbruders‹) ebenso feind wie den sich davon herleitenden Bestrebungen, die Kunst überhaupt religiös zu erneuern. Die wahre Bedeutung des MA, die Größe des ›Nibelungenlieds‹ wie der höf. Epik anerkannte er dagegen ebenso wie die der mittelalterl. Malerei; die Bemühungen des Kunstsammlers S. Boisserée um die Vollendung des Kölner Domes hat G. fördernd begleitet. Er rezensierte ausführlich die wohl gewidmete Sammlung von Volksliedern ›Des Knaben Wunderhorn‹ (3 Bde., 1806–08) A. von Arnims und C. Brentanos. Auf die Wiederbelebung der roman. Sonettform durch die Brüder Schlegel und Z. Werner antwortete G. mit einem Zyklus von Sonetten (entst. 1807/08, gedr. 1815 [I–XV], 1827 [XVI, XVII]). Ihr erot. Pathos gewannen sie aus G.s Neigung zur Pflegetochter des Jenaer Buchhändlers C. F. E. Frommann, Minna Herzlieb. Allerdings verstand sich auch Bettina Brentano als heiml. Adressatin.
Bei all solcher Nähe zu ›romant.‹ Tendenzen hat G. sein Bekenntnis zu einem humanen, zugleich normativen Klassizismus nie widerrufen. Am entschiedensten offenbarte es seine Schrift ›Winckelmann und sein Jahrhundert‹ (1805). Fehlurteile und Verkennungen wurden ihm vorgeworfen: den Ernst von J. Ch. F. Hölderlins Leiden an der götterfernen Moderne konnte er nicht gewahren, die ›romantische‹ Größe Jean Pauls, den er den ›Chinesen in Rom‹ nannte, ebensowenig; H. von Kleists expressionist. Unbedingtheit war ihm unheimlich, und F. Schubert erhielt auf seine Zusendung

von Vertonungen Goethescher Verse keine Antwort; L. van Beethovens Genialität scheint er geahnt zu haben, er liebte das Spiel und die Kompositionen F. Mendelssohn Bartholdys. Seine Ablehnung betraf das, was er das ›Pfäffische‹ und das ›Fratzenhafte‹ kultureller neuer Erscheinungen nannte. Die Briefe an den ›Urfreund‹ Karl Ludwig von Knebel (* 1744, † 1834) und an C. F. Zelter sind reich an solchen scharfen Urteilen. Auf der anderen Seite galt die Dichtung G.s, v. a. als 1808 der vollendete 1. Teil des ›Faust‹ erschienen war, der romant. Kritik als Gipfel der ›modernen‹ Dichtung. Indessen nötigte der Zusammenbruch des tradierten Herrschaftssystems durch die Siege Napoleons G. zu konservativem Verhalten in Politik wie in Kulturpolitik. Die Niederlage der preuß. Truppen bei Jena 1806 verstand er epochensymbolisch. Seine Sorge galt dem Bewahren, dem Wiederaufbau der ihm anvertrauten Einrichtungen der Universität, des Theaters, sowie seinem Bestreben, die naturwiss. Arbeiten und biograph. Niederschriften weiterzuführen und abzuschließen. Seine eher kosmopolit. Einstellung ließ ihn Napoleon als große, als dämon. ›Natur‹ sehen. Er begegnete ihm im Oktober 1808 in Erfurt; dabei kam es zu einem intensiven Gespräch über den ›Werther‹.

Die seit 1785 wiederholten Reisen in die böhm. Bäder wurden auch in den kommenden Jahren fortgesetzt. G. nutzte sie nicht nur zu geolog. und mineralog. Studien, sondern auch poetisch. Die weltliterar. Erweiterung seines Horizontes ist aus der reichen Lektüre ebenso zu ersehen wie aus dem von ihm verantworteten Theaterprogramm. Bes. fesselte ihn P. Calderón de la Barca, dem der 2. Teil des ›Faust‹ formal viel verdanken dürfte. Es entstanden bed. naturphilosoph. Gedichte und Novellen zu einer geplanten Fortsetzung des ›Wilhelm Meister‹. Daraus nehmen ›Die Wahlverwandtschaften‹ (2 Tle., 1809) die Dimension eines eigenen Romans an. Daneben wurde die Arbeit an der Autobiographie fortgesetzt; im Weimarer Theater ließ G. ›Weltliteratur‹ spielen: P. Corneille, Calderón, W. Shakespeare (z. B. seine Bearbeitung von ›Romeo und Julia‹). Das lyr.

Werk dieser Zeitspanne erstreckt sich auf die verschiedensten Formen und Gattungen: Volkstümliches wie Ballade und der Ton schlichter Innigkeit, wie in den Versen, mit denen er den 25. Jahrestag der Verbindung mit Christiane feiert: ›Ich ging im Walde so für mich hin‹ (entst. 1813, gedr. 1815). Das Ende der Napoleon. Ära, die für Weimar neue Kriegswirren und Einquartierungen brachte, war auch für G.s Leben ein deutlich empfundener Einschnitt. Er markierte ihn dichterisch, als ihn ein Berliner Auftrag erreichte, die Rückkehr Friedrich Wilhelms III. aus dem Befreiungskrieg mit einem Festspiel zu würdigen. ›Des Epimenides Erwachen‹ (1815) feiert, das Festspielfragment der ›Pandora‹ (1810; Teilabdruck 1808 u. d. T. ›Pandoras Wiederkunft‹) weiterdenkend, Befreiung und Sieg als Resultante der nat. Einigkeit.

Altersperiode (1814–32): G.s Neigung, sich selbst historisch zu sehen und anhand seines Lebens den Wandel der Epochen objektiv zu überliefern, verstärkte sich. Die drei ersten Teile der Autobiographie ›Aus meinem Leben. Dichtung und Wahrheit‹ erschienen 1811–14, der vierte Teil, der bis zu der Berufung nach Weimar führt, postum 1833. Als Ergänzung kamen hinzu: die ›Campagne in Frankreich 1792‹, in der er das Persönliche auch weltgeschichtlich zu objektivieren sucht; sie erschien 1822 als 5. Teil der 2. Abteilung von ›Aus meinem Leben‹, damals u. d. T. ›Auch ich in der Champagne‹; außerdem die Redaktion von G.s Aufzeichnungen, Briefen und Tagebüchern seiner Italienreisen, die ›Italiänische Reise‹ (erstmals vollständig 3 Tle., 1829; Teil 1 und 2 erschienen bereits 1816/17 als 1. bzw. 2. Teil der 2. Abteilung von ›Aus meinem Leben‹ u. d. T. ›Auch ich in Arcadien!‹). Die Lektüre altpers. Dichtung, des ›Diwans‹ des pers. Dichters Ch. M. Hafes (in der dt. Übersetzung von J. von Hammer-Purgstall), regte G. zu dem neuen lyr. Stil seines ›West-östl. Divans‹ (1819, erweitert 1827) an, dem Stil einer geistdurchtränkten Sinnlichkeit, die ihre Farbe, Anmut und Kunst der verhüllten Mitteilung vollends gewann, als der Dichter in Marianne von Willemer, der Frau eines G. längst bekannten Frankfurter Bankiers, die Partnerin einer Liebesbeziehung begegnete, deren Geschichte v. a. das ›Buch Suleika‹ lyrisch als Dialog stilisierte. Der ›Divan‹ war wesentlich ein Ertrag der beiden Sommerreisen 1814 und 1815 in die Rhein-Main-Gegenden, die G. seit 1797 nicht mehr besucht hatte. In Weimar wurden die Orientstudien fortgesetzt; G. faßte seine Eindrücke und Erkenntnisse zusammen in den ›Noten und Abhandlungen zu besserem Verständnis des West-östl. Divans‹ (als 2. Teil der ›Divan‹-Ausgabe, 1819). 1816 starb Christiane; G.s Wirken erhielt mehr und mehr testamentar. Charakter. Sein Ruhm wuchs, in Europa und der Welt, seine Werke wurden in mehrere Sprachen übersetzt, es entstand eine erklärende, krit., verteidigende Goetheliteratur. Noch während der Arbeit an der 3. Gesamtausgabe seiner Schriften dachte G. an eine Ausgabe letzter Hand (Ankündigung 1826). Den Briefwechsel mit Schiller veröffentlichte er selbst; die Herausgabe des Briefwechsels mit C. F. Zelter wurde verabredet, die Niederschrift der ›Gespräche mit Goethe in den letzten Jahren seines Lebens‹ (3 Bde., 1836–48) seines Sekretärs J. P. Eckermann deutlich sanktioniert. Spätestens seit 1821 ordneten Schreiber und Sekretäre den Vorrat an Handschriften und Sammlungen samt deren stetigem Zuwachs bis zu G.s Lebensende. In den von ihm betreuten Zeitschriften versammelte er frühere und aktuelle einschlägige Studien. Der alte, aus der Schiller-Periode stammende Plan eines Epos ›Die Jagd‹ wurde zu der ›Novelle‹ umgearbeitet, einem Höhepunkt seiner ep. Alterskunst (1828). Die schon im Titel des ersten ›Wilhelm Meister‹-Romans (›Lehrjahre‹) sich ankündigende Fortsetzung (›Wilhelm Meisters Wanderjahre‹), deren erste Fassung (1821) G. nicht befriedigte, arbeitete er in einem langsamen, oft unterbrochenen Schaffensprozeß zu ihrer endgültigen Fassung (1829) aus. Der Untertitel des Romans (›oder Die Entsagenden‹) signalisiert die geschichtl. Situation nach der Revolution: Verzicht und Neubeginn. Der oft kritisierte, mitunter verkannte Altersstil des Erzählers G. wurde erst seit der offenbaren Krise des modernen Romans als ein Versuch verstanden, mit der ›offenen Form‹ einem disparaten Weltzustand zu entsprechen. Im ganzen ist dieser Roman als ein Vermächtnis zu verstehen, als Vermächtnis des Weltbeobachters G.; so lautete denn auch die Überschrift eines der beiden großen weltanschaul. Gedichte, mit denen G. den 2. und 3. Teil des Romans jeweils schloß, ›Vermächtnis‹; das andere sind die Terzinen, die G. ›Bei Betrachtung von Schillers Schädel‹ (entst. 1826) dichtete (›Im ernsten Beinhaus war's‹), als man plante, die ›Überreste‹ Schillers aus dem verfallenden Sarg würdiger beizusetzen (sie wurden dann 1827 in der sog. Fürstengruft bestattet).

G. ist in der Weltliteratur das seltene große Beispiel für eine lebenslängl. lyr. Produktivität. Bes. erstaunen Reichtum und Tiefe der Alterslyrik: die ›Zahmen Xenien‹ (1827), Sprüche mit einer Spannweite des Ausdrucks, der vom Grimmigen bis ins Humorvoll-Zustimmende reicht; zahlreiche Gedichte an Personen, aus jeweiligem Anlaß; die großen weltanschaul. Gedichte ›Urworte. Orphisch‹ (entst. 1817, gedr. 1820), ›Eins und Alles‹ (1823); die ›Paria-Trilogie‹ (entst. 1821–23, gedr. 1824); die aus einer bestürzenden, späten Liebeserfahrung hervorgegangene ›Trilogie der Leidenschaft‹ (entst. 1823/24, gedr. 1827) mit der sog. ›Marienbader Elegie‹ in der Mitte; schließlich die Verse vom Juli bis Sept. 1828, als G. sich nach dem Tod Großherzog Carl Augusts in eines der Dornburger Schlösser zurückgezogen hatte, die sog. ›Dornburger Gedichte‹ (›Dem aufgehenden Vollmonde‹, 1828). Der Abschluß seines Weltgedichts ›Faust‹ fällt in diese Jahre. Der 1. Teil wurde durch den ›Prolog im Himmel‹ bereits auf den barocken Welttheateraspekt hin orientiert. Ab 1827 erhält der ›Faust‹ in den Tagebüchern den Titel ›Hauptgeschäft‹. Den vollendeten ›Helena‹-Akt veröffentlichte G. vorab in der ›Ausgabe letzter Hand‹: ›Helena. Klassisch-romantische Phantasmagorie. Zwischenspiel zu Faust‹ (1827). In dieser ›Geisterversammlung‹, die in einem ironisch gebrochenen mytholog. Spiel in Nähe und Abstand die Versöhnung von Moderne und Antike, Faust und Helena, poetisch veranschaulichen will, geht es um nichts Geringeres als das tragisch getönte Schicksal des klass. Erbes im christl. Abendland. So wurde die Gestalt des ›Faust‹, mit ihrer dramat. Wiedergeburt als ›Kunstfigur‹ aus dem Geist der Oper und dem Erbe der ›romant. Erzdichter‹ Shakespeare und Calderón, zur wechselnden Maske eines abendländ. Agenten und Zuschauers: als Dichter, Mythologe, Helena-Sucher, got. Herrscher, Feldherr, moderner Kaufherr und kolonisierender Unternehmer. Dem entspricht in Mephisto die personifizierte Vielfalt der Negativität. Mit dem 5. Akt wird das Drama Fausts zu seinem existentiellen Grund zurückgeführt, und die eigenwillige Auslegung einer ›Gnade von oben‹, mit der G. den – trotz allem – ›Knecht‹ Gottes in einen naturhaften Erlösungsvorgang einbeziehen, wollte sowohl die Orthodoxie provozieren wie die moralphilosoph. Interpretation des ›Faust‹ herausfordern. G. hatte dies vorausgesehen und das Werk für die Zukunft bestimmt: 1831 versiegelte er das Manuskript und beauftragte seine literar. Helfer Eckermann und F. W. Riemer mit der Herausgabe dieser ›sehr ernsten Scherze‹ (hg. 1832), die mit dem Gedanken von der Paradoxie der Gnade jene religiöse Dimension des Tragödienbeginns zurückgewinnen, welche die Aufhebung aller Polaritäten durch den Heilswert der Liebe verbürgt.

Weitere Werke: Die Laune des Verliebten (Schäferspiel, entst. 1767/68, gedr. 1806), Satyros oder Der vergötterte Waldteufel (Dr., entst. 1770, gedr. 1817), Brief des Pastors zu *** an den neuen Pastor zu *** (1773), Zwo wichtige bisher unerörterte Bibl. Fragen ... (1773), Ein Fastnachtsspiel vom Pater Brey (1774), Clavigo (Dr., 1774), Das Jahrmarktsfest zu Plundersweilern (Puppenspiel, 1774), Erwin und Elmire (Schsp. mit Gesang, 1775), Claudine von Villa Bella (Singspiel, 1776), Proserpina (Monodrama, 1778, Versfassung 1815), Der Triumph der Empfindsamkeit (entst. 1778/79, gedr. 1787), Über den Granit (Abhandlung, entst. 1784, gedr. 1878), Das Röm. Carneval (1789), Jery und Bäteli (Singspiel, 1790), Versuch, die Metamorphose der Pflanzen zu erklären (1790), Die Aufgeregten (Dr., Fragment, entst. um 1791/92, gedr. 1817), Beyträge zur Optik (2 Tle., 1791–93), Alexis und Dora (Elegie, 1797), Die neue Melusine (Märchen, entst. 1797–1812, gedr. 1817 und 1819), Achilleis (Epos, Fragment, entst. 1799, gedr. 1808), Shakespeare und

kein Ende (Essay, 2 Tle., entst. 1813–16, gedr. 1815–26), Sankt Rochusfest zu Bingen (entst. 1814, gedr. 1817), Ueber Kunst und Alterthum (Zeitschrift, 1816–32; Hg.), Zur Naturwissenschaft überhaupt ... (2 Bde., 1817–24), Wilhelm Tischbeins Idyllen (Ged., 1822), Tag und Jahreshefte ... (1830), Chin.-dt. Jahres- und Tageszeiten (Ged., 1830), Der ewige Jude (Ged., Fragment, postum 1836).

Ausgaben: J. W. v. G. Werke. Hg. im Auftrage der Großherzogin Sophie von Sachsen. Weimar 1887–1919. 143 Bde. in 4 Abteilungen. Nachdr. Tüb. u. a. 1975. Tb.-Ausg. Mchn. 1987. – J. W. v. G. Sämtl. Werke. Jubiläumsausg. Hg. v. E. v. DER HELLEN. Stg. 1902–07. 40 Bde. Reg.-Bd. Stg. u. Bln. 1912. Nachdr. Bern 1969. – G.s Gespräche. Begr. v. W. v. BIEDERMANN, hg. f. v. BIEDERMANN. Lpz. [2]1909–11. 5 Bde. Neubearbeitung hg. v. W. HERWIG. Zü. u. a. 1955–87. 5 Bde. in 6 Tlen. – J. W. v. G. Sämtl. Werke. Propyläen-Ausg. Hg. v. C. HÖFER u. C. NOCH. Mchn. u. Bln. 1909–32. 45 Bde. – J. P. Eckermann. Gespräche mit G. Hg. v. E. CASTLE. Bln. 1916. 2 Bde. – G.s Werke. Festausg. Hg. v. R. PETSCH. Lpz. 1926. 18 Bde. – J. W. v. G. Die Schrr. zur Naturwiss. Hg. v. K. L. WOLF u. a. Abt. 1.2. Weimar 1947 ff. Auf 11 Bde., 10 Kommentar-Bde. u. 1 Reg.-Bd. berechnet (bisher 19 Bde. ersch.). – J. W. v. G. Gedenkausg. der Werke, Briefe u. Gespräche. Hg. v. E. BEUTLER. Zü. [1–2]1948–71. 24 Bde., 3 Erg.-Bde. Tb.-Ausg. Mchn. [1–3]1961–67. 45 Bde. – Werke G.s. Hg. v. der Dt. Akad. der Wiss. zu Berlin. Bln. 1952–66. 11 Bde.; 3 Erg.-Bde. (m. n. e.); weitere Bde. in Einzelausg. – G.s Werke. Hamburger Ausg. in 14 Bden. Hg. v. E. TRUNZ u. a. Hamb., seit 1972 Mchn. [1–13]1953–82. Tb.-Ausg. Mchn. 1988. – Der junge G. Neubearb. v. H. FISCHER-LAMBERG. Bln. 1963–74. 5 Bde. u. 1 Reg.-Bd. – G.s Briefe. Hg. v. K. R. MANDELKOW. Hamb. [1–2]1965–68. 4 Bde. – J. W. G. Sämtl. Werke nach Epochen seines Schaffens. Hg. v. K. RICHTER. Mchn. 1985 ff. Auf 20 Bde. in 25 Teil-Bden. berechnet. – G.s Dramen. Hg. v. W. HINDERER. Stg. 1993.

Literatur: Allgemeines: G.-Jb. Bd. 1–34. Ffm. 1880–1913. Fortges. durch: Jb. der G.-Gesellschaft. Bd. 1–21. Weimar 1914–35. Fortges. u. d. T.: G. Viermonatsschr. der G.-Gesellschaft. Bd. 1–33. Weimar 1936–71. Seit 1972 fortges. als: G.-Jb. – Schrr. der G.-Gesellschaft Weimar 1 (1885) ff. – Jb. des Freien Dt. Hochstifts (Tübingen 1902–1940 u. 1962 ff.). – **Bibliographien:** GOEDEKE, K.: Grundr. zur Gesch. der dt. Dichtung. Bd. 4, 2–4. Dresden [3]1910–13. Nachdr. Bln. u. Düss. 1955. 3 Bde.; Bd. 4, 5 Bln. u. Düss. 1960. – G.-Bibliogr. Begr. v. H. PYRITZ, fortgef. v. H. NICOLAI u. a. Hdbg. 1965–68. 2 Bde. – **Handbücher:** GRÄF, H. G.: G. über seine Dichtungen. Ffm. 1901–14. 9 Bde. – G.-Hdb. Hg. v. J. ZEITLER. Stg. 1916–18. 3 Bde. Neubearbeitung. Hg. v. A. ZASTRAU. Bd. 1 u. 4. Stg. 1956–61 (m.n.e.). – Lex. der G.-Zitate. Hg. v. R. DOBEL. Zü. u. Stg. 1968. – G. im Urteil seiner Kritiker.

Hg. v. K. R. MANDELKOW. 4 Bde. Mchn.
1975–84. – STEIGER, R.: G.s Leben von Tag zu
Tag. Eine dokumentar. Chronik. Zü. u. Mchn.
1982 ff. 7 Bde. (bisher 6 Bde. ersch.). –
BIEDRZYNSKI, E.: G.s Weimar. Das Lex. der Personen u. Schauplätze. Zü. ²1993. – **Monographien u. Biographien:** SIMMEL, G.: G. Lpz.
⁵1923. – BIELSCHOWSKY, A.: G. Neuausg. Mchn.
143.–147. Tsd. 1928. 2 Bde. – GUNDOLF, F.: G.
Bln. 46.–50. Tsd. 1930. Nachdr. Darmst. 1963. –
GRIMM, H.: G. Neuausg. Detmold-Hiddesen
1948. – VIËTOR, K.: G. Bern 1949. – MÜLLER,
GÜNTHER: Kleine G.biographie. Bonn ³1955. –
LUKÁCS, G.: G. u. seine Zeit. Bln. 1955. – STAIGER, E.: G. Zü. u. a. ³⁻⁴1970–81. 3 Bde. – SPRANGER, E.: G. Seine geistige Welt. Tüb. 1967. –
BRUFORD, W. H.: Die gesellschaftl. Grundll. der
G.zeit. Neuausg. Ffm. 1975. – G.s Leben in
Bilddokumenten. Hg. v. J. GÖRES. Mchn.
1981. – CONRADY, K. O.: G. Leben u. Werk. Königstein i. Ts. 1982–85. 2 Bde. – HENKEL, A.:
G.-Erfahrungen. Stg. 1982. – G. Sein Leben in
Bildern u. Texten. Hg. v. CH. MICHEL. Ffm.
1982. – EISSLER, K. R.: G. Eine psychoanalyt.
Studie 1775–1786. Basel u. a. 1983–85. 2 Bde. –
HÖLSCHER-LOHMEYER, D.: J. W. G. Neuausg.
Mchn. 1991. – BOERNER, P.: J. W. v. G. Rbk.
221.–226. Tsd. 1993. – FEHR, W.: Der junge G.
Paderborn 1994. – LEPPMANN, W.: G. u. die
Deutschen. Neuausg. Mchn. u. a. 1994. – ROTHMANN, K.: J. W. G. Stg. 1994. – ↑auch Goethe-Wörterbuch.

Goethe, Katharina Elisabeth (Catharina Elisabetha) ['gøːtə], genannt ›Frau
Rat‹, ›Frau Aja‹, * Frankfurt am Main
19. Febr. 1731, † ebd. 13. Sept. 1808. –
Älteste Tochter des Frankfurter Stadtschultheißen Johann Wolfgang Textor.
Heiratete 1748 Johann Kaspar G.
(* 1710, † 1782); von sieben Kindern blieben nur Johann Wolfgang und Cornelia
Friederica Christiana am Leben. Ihre lebensmutige, heitere, gesellige Natur und
eine urwüchsige Erzählerbegabung spiegeln sich in ihren Briefen.
Ausgabe: Die Briefe der Frau Rath G. Hg. v.
A. KÖSTER. Ffm. ⁸1968.

Goethe-Gesellschaft in Weimar
['gøːtə], literarisch-wiss. Vereinigung mit
dem Ziel, Werk und Wirken Goethes und
seiner Zeitgenossen und den Sinn für humanist. Ideen und vollkommene Kunstformen lebendig zu erhalten und ihre
Verbreitung und wiss. Erforschung zu
fördern; zahlreiche Ortsvereinigungen,
auch ausländ. Tochtergesellschaften. Die
G.-G. wurde unter dem Protektorat
Großherzog Karl Alexanders 1885 gegründet; u. a. widmete sie sich dem Aufbau einer Goethe-Bibliothek (heute in
die ›Zentralbibliothek der deutschen
Klassik‹ eingegliedert, die Teil der ↑Nationalen Forschungs- und Gedenkstätten
der klassischen deutschen Literatur in
Weimar ist). Schon 1880 wurde das
›Goethe-Jahrbuch‹ begründet, zwischen
1914 und 1971 mit unterschiedlichen Titeln, seit 1972 wieder als ›Goethe-Jahrbuch‹; ›Schriften der G.-G.‹ werden seit
1885 herausgegeben.

**Goethepreis der Stadt Frankfurt
am Main** ['gøːtə], seit 1927 jährlich, seit
1949 im allgemeinen alle drei Jahre an
Goethes Geburtstag verliehener Kulturpreis. *Preisträger:* u. a. S. George (1927),
A. Schweitzer (1928), S. Freud (1929),
M. Planck (1945), H. Hesse (1946),
Th. Mann (1949), C. Zuckmayer (1952),
A. Kolb (1955), C. F. von Weizsäcker
(1958), E. Beutler (1960), W. Gropius
(1961), B. C. Reifenberg (1964),
C. Schmid (1967), G. Lukács (1970),
A. Schmidt (1973), I. Bergman (1976),
R. Aron (1979), E. Jünger (1982),
G. Mann (1985), P. Stein (1988),
W. Szymborska (1991), E. Gombrich
(1994).

Goethe-Preise ['gøːtə] ↑Goethepreis
der Stadt Frankfurt am Main, ↑Hansischer Goethe-Preis.

Goethe- und Schiller-Archiv
['gøːtə] ↑Nationale Forschungs- und Gedenkstätten der klassischen deutschen
Literatur in Weimar.

Goethe-Wörterbuch ['gøːtə], synchron. Wörterbuch zu sämtl. Schriften
Goethes. Die Bedeutungen der Wörter
werden nach ihrer individuellen Anwendung differenziert. Jeder einzelne Wortartikel ist nach Anwendungsbereichen
gegliedert und wird mit Zitaten reichhaltig, womöglich vollständig belegt. – Das
G.-W. entsteht seit 1947 auf Anregung
und nach der Konzeption W. Schadewaldts (Denkschrift vom 12. Dez. 1946)
als Gemeinschaftsunternehmen der Dt.
Akademie der Wissenschaften zu Berlin
(1972–91 Akademie der Wissenschaften
der DDR), der Heidelberger Akademie
der Wiss. und der Akademie der Wiss. in
Göttingen (1. Lfg. 1966, Bd. 1 1978, Bd. 2
1989 [bis ›einweisen‹], von Bd. 3 erschienen bis 1994 6 Lieferungen; auf 8 Bde.
berechnet).

Literatur: SCHADEWALDT, W.: Das G.-W. In: Goethe. N. F. des Jb. der Goethe-Gesellschaft 11 (1949). – WISSMANN, W.: Über das G.-W. In: Das Inst. f. dt. Sprache u. Lit. Bln. 1954. S. 53.

Goetz, Curt [gœts], eigtl. Kurt Götz, * Mainz 17. Nov. 1888, † Grabs (Kanton Sankt Gallen) 12. Sept. 1960, dt. Bühnenschriftsteller und Schauspieler. – Ab 1923 ∞ mit Valérie von Martens (* 1894, † 1986), mit der er in eigenen Komödien auftrat. Lebte ab 1933 in der Schweiz, später in Kalifornien, ab 1945 wieder in der Schweiz; schrieb Gesellschaftskomödien, die sich durch glänzende Situationskomik und pointierte Dialoge auszeichnen (z. T. unter seiner Regie verfilmt); auch satir. Prosa.

Werke: Die tote Tante (Kom., 1924), Dr. med. Hiob Prätorius (Kom., 1934), Die Tote von Beverly Hills (R., 1951), Das Haus in Montevideo (Kom., 1953), Miniaturen (3 Einakter, 1958), Die Memoiren des Peterhans von Binningen (Erinnerungen, 1960), Die Verwandlung des Peterhans von Binningen (Erinnerungen, 1962; mit V. von Martens).
Ausgabe: C. G. Sämtl. Bühnenwerke. Neuausg. Stg. 1977.
Literatur: Das große C. G.-Album. Hg. v. V. VON MARTENS. Stg. 1968.

Goetz, Wolfgang [gœts], * Leipzig 10. Nov. 1885, † Berlin 3. Nov. 1955, dt. Schriftsteller. – Lebte nach dem Studium der Germanistik und Geschichte meist in Berlin; war v. a. Dramatiker und bes. mit histor. Dramen erfolgreich, u. a. ›Neidhardt von Gneisenau‹ (1925) und ›Der Ministerpräsident‹ (1936); seine Stärke waren Dialogführung und vorzügl. Charakterisierung der Personen. Schrieb auch Theaterkritiken, Novellen, Romane, so den satir. Zeitroman ›Der Mönch von Heisterbach‹ (1935).

Weitere Werke: Kreuzerhöhung. Der böse Herzog (2 Einakter, 1911), Die Reise ins Blaue (E., 1920), Das Gralswunder (R., 1926), Von Zauberern und Soldaten (En., 1926), Robert Emmet 0180581928), Kavaliere (Kom., 1930), Kampf ums Reich (Dr., 1939), Ergoetzliches (Prosa, 1940), Das Glück sitzt an der nächsten Ecke (Prosa, hg. 1958).

Goga, Octavian, * Răşinari bei Hermannstadt 1. April 1881, † Ciucea bei Klausenburg 7. Mai 1938, rumän. Dichter und Politiker. – Studierte Philologie; trat für die Vereinigung Siebenbürgens mit Rumänien ein; u. a. 1937/38 Ministerpräsident. Schrieb ausdrucksstarke Lyrik mit nat. und sozialen Motiven; daneben Dramen und polem. Essays.

Werke: Ne cheamă pămîntul (= Uns ruft die Erde, Ged., 1909), Cîntece fără ţară (= Lieder ohne Land, Ged., 1916), Mustul care fierbe (= Der gärende Most, polit. Schrr., 1927), Precursori (= Die Vorgänger, histor. Biographien, 1930).
Ausgabe: O. G. Poezii. Hg. v. I. D. BĂLAN. Bukarest 1965. 2 Bde.
Literatur: BĂLAN, I. D.: O. G. Neuausg. Bukarest 1975. – MUNTEANU, I.: O. G. Bibliografie (selectivă). In: România literară 14 (1981), H. 14, S. 5.

Gogarty, Oliver St. John [engl. 'gougǝtı], * Dublin 17. Aug. 1878, † New York 22. Sept. 1957, ir. Schriftsteller. – War auch populärer Sportler sowie Mediziner und Politiker; emigrierte 1939 in die USA und wurde dort Staatsbürger; J. Joyce, mit dem er befreundet war, verewigte ihn im ›Ulysses‹ als Buck Mulligan. G. schrieb parodist. Dichtungen (›Selected poems‹, 1923; ›Collected poems‹, 1950), Dramen für das Abbey Theatre (z. B. ›Blight‹, 1917; ›A serious thing‹, 1919) sowie autobiographischzeitkrit. Schriften, von denen bes. ›As I was going down Sackville Street‹ (1937) Aufsehen erregte.

Literatur: JEFFARES, A. N.: O. St. J. G. London 1961. – O'CONNOR, U.: O. St. J. G. London 1964. – LYONS, J. B.: O. St. J. G. The man of many talents. Dublin 1980.

Goggan, John Patrick [engl. 'gɔgǝn], amerikan. Schriftsteller, † Patrick, John.

Gogol (tl.: Gogól'), Nikolai Wassiljewitsch [russ. 'gogelj], * Bolschije Sorotschinzy (Gebiet Poltawa) 1. April 1809, † Moskau 4. März 1852, russ. Schriftsteller. – Sohn eines ukrain. Gutsbesitzers, ging 1828 nach Petersburg, um Schauspieler zu werden; war dann Hauslehrer, Staatsbeamter und Dozent, bis er sich mit Erzählungen einen Namen gemacht hatte; Freundschaft mit A. S. Puschkin. Trotz des großen Theatererfolges seines ›Revisors‹ (UA 1836) ging G. mißverstanden und enttäuscht ins Ausland, wo er sich mit einigen Unterbrechungen bis 1848 (bes. in Italien) aufhielt. In seinen letzten Jahren verfiel er einem selbstzerstörer. religiösen Mystizismus. 1848 pilgerte er ins Heilige Land; kurz vor seinem Tod verbrannte er, wahrscheinlich in depressivem Zustand, das Manuskript des 2. Teils seines Romans ›Die toten Seelen‹ (1. Teil 1842, dt. 1846, 2. Teil fragmentarisch hg. 1855). G.s schriftsteller. Tätigkeit begann mit der anonym veröffentlichten Idylle ›Hans Küchelgarten‹ (1829, dt. 1914), die von J. H. Voß' ›Luise‹ beeinflußt und völlig erfolglos war. Sehr erfolgreich hingegen waren die ersten beiden Novellenbände ›Abende auf dem Vorwerk bei Dikanka‹ (1831/32, dt. 1910). Die acht Novellen schildern das Bauernleben in der Ukraine; Verbindung von folklorist. mit romant. Elementen; romantisch sind auch die feine Ironie und der Kunstgriff des fiktiven Erzählers. Die berühmteste Novelle aus diesem Zyklus ist ›Die schreckl. Rache‹, die Geschichte eines verdammten Geschlechts. Bed. sind auch die Novellensammlungen ›Arabesken‹ (2 Bde., 1835), die drei Petersburger Novellen – ›Der Newski Prospekt‹ (die wichtigste; dt. 1903), ›Das Porträt‹ (2. Fassung 1842, dt. 1851), ›Aufzeichnungen eines Wahnsinnigen‹ (dt. 1839) – enthalten, und ›Mirgorod‹ (2 Bde., 1835, dt. 1910) mit vier Novellen des ukrain. Themenkreises – u. a. ›Der Vij‹ und ›Taras Bulba‹, eine histor. Novelle über die Kämpfe der Kosaken gegen die Polen im 17. Jh. – und der Novelle ›Die Geschichte darüber, wie Iwan Iwanowitsch sich mit Iwan Nikiforowitsch stritt‹. Die bedeutendste Komödie G.s, ›Der Revisor‹ (gedr. 1836, dt. 1854), wurde in didakt. Absicht geschrieben. Das Thema der Verwechslung ist alt (Anregung dazu von Puschkin); die traditionelle Liebesintrige ist nur parodistisch eingefügt, die Charaktere der Personen sind ins Groteske gesteigert; dadurch entstand eine neue Wirkung der übl. Bühnenmittel. Der 1. Teil des Romans ›Die toten Seelen‹ (geplant als Trilogie; unvollendet) gehört zur Gattung des Schelmenromans; auch hier Verzerrung der Figuren ins Groteske. ›Der Mantel‹ (1842, dt. 1851) ist G.s bedeutendstes novellist. Werk. Eine nur sozialkrit. Deutung wird der Novelle nicht gerecht; auch hier ist der Held zur Groteske ›entmenschlicht‹. G.s Stil wirkte stark auf die russ. Literatur (v. a. auf F. M. Dostojewski). Bes. die Realisten bezogen sich auf G.; der Unterschied zwischen der Poetik G.s mit ihrer grotesken Darstellung der Dinge und der Wirklichkeitsauffassung der Realisten ist jedoch erheblich. Künstler. Stilmittel sind v. a. Hyperbel und Oxymoron. Die Sprache ist mit Neologismen, Wörtern verschiedener Sprachschichten und ungewöhnl. Formen durchsetzt.

Weitere Werke: Die Nase (E., 1836, dt. 1883), Die Heirat (Kom., 1842, dt. 1931, erstmals dt. 1911), Rim (= Rom, Nov., 1842), Aus dem Briefwechsel mit meinen Freunden (Schrift, 1847, dt. 1913/14).

Ausgaben: N. V. Gogol'. Polnoe sobranie sočinenij. Moskau 1937–52. 14 Bde. – N. G. Ges. Werke. Dt. Übers. Hg. v. J. von GUENTHER. Bln. 1952. 5 Bde. – N. V. Gogol'. Sobranie sočinenij. Moskau 1976–78. 7 Bde. – N. W. G. Ges. Werke. Dt. Übers. Hg. v. A. MARTINI. Stg. 1981 ff. Auf 5 Bde. berechnet.

Literatur: SETSCHKAREV, V.: N. V. G. Wsb. 1953. – KASACK, W.: Die Technik der Personendarst. bei N. V. Gogol'. Wsb. 1957. – DRIESSEN, F. C.: G. as a short-story writer. Engl. Übers. Den Haag 1965. – STORCH, W.: N. G. Velber 1967. – GÜNTHER, H.: Das Groteske bei N. V. Gogol'. Mchn. 1968. – BRAUN, MAXIMILIAN: N. W. G. Mchn. 1973. – SCHREIER, H.: G.'s religiöses Weltbild u. sein literar. Werk. Mchn. 1977. – PEACE, R.: The enigma of G. Cambridge u. New York 1982. – FRANZ, PH.: G. Bibliography. Ann Arbor (Mich.) 1984. – KEIL, R. D.: N. W. G. Rbk. 1985. – NOSOV, V. D.: ›Ključ‹ k G.ju. London 1985. – NABOKOV, V.: Ges. Werke, Bd. 16: Nikolaj G. Dt. Übers. Rbk. 1990. – KRZIWON, A.: Das Komische in G.s Erzählungen. Ffm. u. a. 1994.

Goj, Ervín, tschech. (lach.) Lyriker, ↑ Łysohorský, Óndra.

Gojawiczyńska, Pola [poln. gɔjavi'tʃiïska], eigtl. Apolonia G., * Warschau 1. April 1896, † ebd. 29. März 1963, poln. Schriftstellerin. – Während der dt. Okkupation in Haft (›Krata‹ [= Gitter], R., 1945); gab in Romanen und Erzählungen ein realist., sozialkrit. Bild vom Leben in Industriegebieten und Großstädten; stellte oft Existenzprobleme polnischer Frauen und Mädchen dar.

Literatur: RUDZKA-KNYSZ, D.: P. G. Warschau 1976.

Gökalp, Ziya, türk. Schriftsteller, ↑ Ziya Gökalp, Mehmet.

Gökçe, Enver [türk. gœk'tʃɛ], * bei Erzincan 1920, † Ankara 19. Nov. 1981, türk. Lyriker. – Betätigte sich bereits als Student politisch und wurde dafür 1951–57 inhaftiert und zwei Jahre verbannt. Diese Erfahrungen flossen in seine sozialkrit. Lyrik (›Şiirler‹ [= Gedichte], hg. 1982) ein, die im Ton bewußt an die Tradition der Volkssänger (Âşıks) anschließt.

Golaw, Salomon von [...af], Pseudonym des dt. Schriftstellers Friedrich Freiherr von ↑ Logau.

Goldbarth, Albert [engl. 'goʊldbɑːθ], * Chicago (Ill.) 31. Jan. 1948, amerikan. Dichter. – Prof. für engl. Literatur an der University of Texas in Austin; seine Gedichte stellen eine imaginative Rekonstruktion von Leben und Werk verstorbener Künstler dar (›Opticks‹, 1974) und thematisieren mit autobiograph. Bezug den privaten, häusl. Bereich (›Original light. New and selected poems‹, 1983). **Weitere Werke:** Comings back (Ged., 1976), Different fleshes (Ged., 1979), Faith (Ged., 1981), Arts & sciences (Ged., 1986), Popular culture (Ged., 1990), Heaven and earth. A cosmology (Ged., 1991).

Goldberg (tl.: Gôldbẹrḡ), Lea, * Königsberg (Pr) 29. Mai 1911, † Jerusalem 15. Jan. 1970, israel. Dichterin und Literaturkritikerin. – Kam 1935 nach Palästina, arbeitete als Kritikerin bei verschiedenen Zeitungen und war ab 1952 Dozentin und Prof. für vergleichende Literaturwissenschaft an der Hebr. Univ. Jerusalem. G. wurde bes. durch ihre Lyrik bekannt; daneben Prosawerke, ein Schauspiel, Kinderliteratur und zahlreiche Übersetzungen (L. N. Tolstoi, H. Ibsen, H. Mann).

Goldene Legende ↑ Legenda aurea.

Goldfaden, Abraham, * Starokonstantinow (Ukraine) 12. Juli 1840, † New York 9. Jan. 1908, jidd. Dramatiker. – Begründer des jidd. Berufstheaters, tätig als Autor, Komponist, Direktor, Regisseur und Darsteller; schrieb nach frühen aufklärer. Komödien zahlreiche Melodramen, Operetten, Volksstücke (oft Bearbeitungen russ., frz., dt. oder engl. Dramen bzw. Romane), die zumeist humoristisch moralisierend gegen assimilator. Zeittendenzen im Ostjudentum gerichtet waren. Der breite Publikumserfolg verhalf G.s Theater zu einer stilprägenden Wirkung bis in die neuere Zeit. **Werke:** Bobe mitn einikel (Volksstück, 1875), Die Kischufmacherin (Volksstück, 1878), Bar Kochba (Dr., 1882), Akedas Jitzchak (Dr., 1897).

Ausgabe: A. G. Geklibene dramatische Werk. Kiew 1940. **Literatur:** MEISEL, N.: A. G. New York 1938. – Hundert jor G. Hg. v. J. SHATZKI. New York 1940.

Golding, Arthur [engl. 'goʊldɪŋ], * London um 1536, † um 1605, engl. Schriftsteller. – Mit Sir Ph. Sidney befreundet; bed. Übersetzer lat. und frz. Werke, u. a. von Caesar und Calvin; literarisch einflußreich war v. a. seine engl. Übertragung von Ovids ›Metamorphosen‹ (1565–67).

Golding, Louis [engl. 'goʊldɪŋ], * Manchester 19. Nov. 1895, † London 9. Aug. 1958, engl. Schriftsteller. – Reisen nach Palästina und Sizilien fanden ihren Niederschlag in den Reiseberichten ›Sunward‹ (1924) und ›Sicilian noon‹ (1925). In Romanen, Kurzgeschichten und Hörspielen gestaltete G. oft Probleme des Judentums; schrieb auch Gedichte und eine Studie über J. Joyce (1933). **Weitere Werke:** Day of atonement (R., 1925), Die Magnolienstraße (R., 1931, dt. 1934), Elsie Silver (R., 1934, dt. ²1957), Leb wohl, Ithaka (R., 1955, dt. 1956).

Golding, Sir (seit 1988) William [Gerald] [engl. 'goʊldɪŋ], * Saint Columb Minor (Cornwall) 19. Sept. 1911, † Perranarworthal bei Falmouth (Cornwall) 19. Juni 1993, engl. Schriftsteller. – Beschrieb in seinen pessimist. Romanen die zerstörer. Neigung der menschl. Natur, z. B. in den Antiutopien ›Herr der Fliegen‹ (R., 1954, dt. 1956) und ›Der Felsen des zweiten Todes‹ (R., 1956, dt. 1960) oder in der Darstellung der erbarmungslos grausamen Entstehungsgeschichte der Menschheit, ›Die Erben‹ (R., 1955, dt. 1964). Der Frage nach dem Ursprung des Bösen ging G. auch in dem Roman ›Das Feuer der Finsternis‹ (1979, dt. 1980) nach. Erhielt 1980 den Booker-Preis und 1983 den Nobelpreis für Literatur. **Weitere Werke:** The brass butterfly (Dr., 1958), Freier Fall (R., 1959, dt. 1963), Der Turm der Kathedrale (R., 1964, dt. 1966), Oliver (R., 1967, dt. 1972), Der Sonderbotschafter (3 R.e, 1971, dt. 1974), Die Äquatortaufe (R., 1980, dt. 1983), Papier-Männer (R., 1984, dt. 1984), Ein ägypt. Tagebuch (1985, dt. 1987), Die Eingepferchten (R., 1987, dt. 1988), Fire down below (R., 1989). **Literatur:** KINKEAD-WEEKES, M./GREGOR, I.: W. G. critical study. London 1967. – OLDSEY, B. S./WEINTRAUB, S.: The art of W. G. Bloom-

ington (Minn.) u. London 1968. – HODSON, L.:
W. G. Edinburgh 1969. – TIGER, V.: W. G. The
dark fields of discovery. London 1974. –
LUTZ, H.: W. G.s Prosawerk im Lichte der analyt. Psychologie C. G. Jungs und der Psychoanalyse S. Freuds. Ffm. 1975. – JOHNSTON, A.:
Of earth and darkness. The novels of W. G. Columbia (Mo.) u.a. 1980. – CROMPTON, D.: A
view from the spire. W. G.'s later novels. Oxford
1985. – W. G., the man and his books. Hg. v.
J. CAREY. London u.a. 1986. – JAENTSCH, K.:
Das Böse in den späten Romanen W. G.s. Ffm.
u.a. 1994.

William
Golding

Goldmann, Lucien [frz. gɔld'man],
*Bukarest 20. Juli 1913, †Paris 3. Okt.
1970, frz. Philosoph, Literaturtheoretiker
und Literatursoziologe. – Wurde 1958
Prof. an der École pratique des hautes
études in Paris, ab 1965 zugleich in Brüssel. Befaßte sich mit der marxist. Er-
kenntnistheorie und begründete, insbes.
im Anschluß an die Frühschriften von
G. Lukács und entwicklungspsycholog.
Ansätze von Jean Piaget (*1896, †1980),
Methode und Theorie des ›genet. Strukturalismus‹. Nach G. kommen sozioöko-
nom. Strukturen, unbewußte Kollektiv-
erfahrungen der Gruppen und Klassen,
ihre Interessenkonflikte usw. in der Literatur aufgrund ästhet. Verdichtungspro-
zesse in relativ einfachen Strukturen zum
Ausdruck und können in ihnen ›homo-
log‹ erkannt werden.
Werke: Der verborgene Gott (1955, dt. 1973),
Dialekt. Untersuchungen (1958, dt. 1966), Welt-
flucht und Politik. Studien zu Pascal und Racine (1959, dt. 1967), Soziologie des modernen
Romans (1964, dt. 1970), Structures mentales et
créations culturelles (1970), Kultur in der Me-
diengesellschaft (hg. 1971, dt. 1973), Lukács
und Heidegger (hg. 1973, dt. 1975).

Literatur: HOEGES, D.: L. G. In: Frz. Literaturkritik der Gegenwart in Einzeldarstt. Hg. v.
W.-D. LANGE. Stg. 1975. S. 208.

Goldoni, Carlo, *Venedig 25. Febr.
1707, †Paris 6. Febr. 1793, italien. Dramatiker. – Studierte Philosophie und
Rechtswissenschaft, war u.a. 1744–48
Advokat in Pisa, fühlte sich jedoch schon
seit frühester Jugend dem Theater verbunden, für das er sich bereits 1734
entgültig entschieden hatte. Nach Venedig zurückgekehrt, schrieb er zunächst
(1748–53) für das Teatro Sant'Angelo,
dann (bis 1762) für das Teatro San Luca.
Wegen der Zwistigkeiten mit seinem
größten Rivalen P. Chiari und mit
C. Gozzi ging er 1762 nach Paris, wo er
1762–64 das italien. Theater leitete und
zum größten Teil in frz. Sprache schrieb.
Er starb, in den Revolutionswirren
verarmt, im Elend. Als Reformator der
italien. Komödie gelang es G., die in
ihrer Thematik erschöpfte ›Commedia
dell'arte‹, an der er u.a. die platte Handlung bemängelte, durch eine v.a. an Molière geschulte italien. Rokokokomödie
zu ersetzen, in der er mit einfachen
künstler. Mitteln, geschickter psycholog.
Motivierung, realist. Charakterzeichnungen und lebhafter, bühnenwirksamer
Handlungsführung die alltägl. Wirklichkeit lebensnah darstellte.

Werke: Das Kaffeehaus (Kom., 1743, dt. 1771),
Das Theater (Kom., 1751, dt. 1752), Miranda-
lina (Kom., 1753, dt. 1910, 1770 u.d.T. Die
Gastwirtin), Der Diener zweier Herren (Kom.,
1753, dt. 1794), Die neugierigen Frauen (Kom.,
1753, dt. 1956, 1768 u.d.T. Das neugierige
Frauenzimmer), Der Spieler (Kom., 1753, dt.
1777), Der Lügner (Kom., 1756, dt. 1767), Skandal in Chioggia (Kom., erschienen zwischen
1761 und 1764, dt. 1935), Der seltsame Zufall
(Kom., 1761, dt. 1774), Die vier Grobiane
(Kom., 1762, dt. 1770), Geschichte meines Lebens und meines Theaters (Memoiren, 1787, dt.
1968, 1788 in 3 Bden. u.d.T. Goldoni über sich
selbst ..., 1987 u.d.T. Meine Helden sind Menschen), Der Fächer (Kom., 1789, dt. um 1875).
Ausgaben: C. G. Opere complete. Venedig
1907–51. 38 Bde. – C. G. Lustspiele. Dt. Übers.
Hg. v. L. LORME u. M. SCHELL VON NOÉ. Wien
1957–59. 4 Bde. – C. G. Tutte le opere. Hg. v.
G. ORTOLANI. Mailand $^{2-5}$1964–73. 14 Bde.
Literatur: Convegno internazionale di studi
goldoniani. Hg. v. V. BRANCA u. M. MANGINI.
Venedig 1957. – PETRONIO, G.: G. Palermo
1958. – MANGINI, N.: Bibliografia Goldoniana.
1908–1957. Venedig u. Rom 1961. Haupt-Bd.,

Carlo Goldoni

Erg.-Bd. – CACCIA, E.: Carattere e caratteri nella commedia del G. Neuausg. Florenz 1967. – MOMIGLIANO, A.: Saggi goldoniani. Hg. v. V. BRANCA. Neuausg. Venedig u. Rom 1968. – Studi Goldoniani. 1 (1968)ff. – HOLME, T.: A servant of many masters. The life and times of C. G. London 1976. – RIEDT, H.: C. G. Neuausg. Velber 1976. – FIDO, F.: Guida a G. Teatro e società nel Settecento. Turin 1977. – THEILE, W.: G. Darmst. 1977. – BINNI, W.: Settecento maggiore. G., Parini, Alfieri. Mailand 1978. – BOSISIO, P.: Carlo Gozzi e G. Florenz 1979. – STEELE, E.: C. G. Life, work, and times. Ravenna 1981. – MAURER, A. E.: C. G. Seine Komödien und ihre Verbreitung im dt. Sprachraum des 18. Jh. Bonn 1982. – ANGLANI, B.: G. Il mercato, la scena, l'utopia. Neapel 1983. – NICASTRO, G.: G. riformatore. Diss. Catania 1983. – HÖSLE, J.: C. G. Sein Leben, sein Werk, seine Zeit. Mchn. 1993. – SCHEIBLE, H.: C. G. Rbk. 1993.

Goldschmidt, Meïr Aron [dän. 'gɔlsmedj, * Vordingborg 26. Okt. 1819, † Kopenhagen 15. Aug. 1887, dän. Schriftsteller. – Sohn eines jüd. Kaufmanns, Journalist, 1840–46 Hg. des satir. Wochenblattes ›Corsaren‹; begann mit dem Roman ›Ein Jude‹ (1846, dt. 1856), einer scharfen Anklage gegen den Antisemitismus; der Roman ›Heimathlos‹ (10 Tle., 1853–57, dt. 1854–58) ist ein interessantes kulturgeschichtl. Dokument über die 40er Jahre des 19.Jh. in Dänemark; als Vertreter des poet. Realismus erst spät anerkannt.
Weitere Werke: Arvingen (R., 1865), Der Rabe (R., 1868, dt. 1886), Kleine Erzählungen (1868, dt. 1874).
Literatur: KYRRE, H. P.: M. G. Kopenhagen 1919. 2 Bde. – BRØNSTED, M.: M. G. Kopenhagen 1965. – BRØNSTED, M.: G.s fortællekunst. Kopenhagen 1967.

Goldsmith, Oliver [engl. 'goʊldsmɪθ], * Pallasmore (Irland) 10. Nov. 1728,

† London 4. April 1774, engl. Schriftsteller ir. Herkunft. – Studierte Medizin, vagabundierte dann durch Europa, kam schließlich 1756 nach England zurück und war als Arzt und Apotheker tätig; übte verschiedene andere Berufe aus; ab 1761 befreundet mit S. Johnson. Seine wesentlichste Leistung ist der Familienroman ›Der Pfarrer von Wakefield‹ (1766, dt. 1963, 1776 u. d. T. ›Der Dorfprediger von Wakefield‹), der durch seinen Humor und die vorzügl. Charakterzeichnungen beeindruckte und große Wirkung hinterließ; schrieb ferner bühnenwirksame Komödien (›Der Gutherzige‹, 1768, dt. 1777; ›Sie läßt sich herab, um zu siegen‹, 1773, dt. 1773), bedeutende Essays und Gedichte (›Das verlassene Dorf‹, 1770, dt. 1812 u. d. T. ›Das entvölkerte Dorf‹ 1779), Porträts berühmter Zeitgenossen (in ›Retaliation. A poem‹, 1774), die ihn zu einem der bedeutendsten Vertreter der engl. Literatur des 18. Jahrhunderts werden ließen.
Weitere Werke: The life of Richard Nash, of Bath (Biogr., 1762), Der Wanderer (Ged., 1764, dt. 1843).
Ausgabe: O. G. Collected works. Hg. v. A. FRIEDMAN. Oxford 1966. 5 Bde.
Literatur: WARDLE, R. M.: O. G. Lawrence (Kans.) 1957. – QUINTANA, R.: O. G. A Georgian study. New York 1967. – SELLS, A. L.: O. G. His life and works. London 1974. – GINGER, J.: The notable man. The life and times of O. G. London ²1979. – SWARBRICK, A.: The art of O. G. London 1984.

Golikow (tl.: Golikov), Arkadi Petrowitsch [russ. 'golikəf], russ.-sowjet. Kinderbuchautor, ↑Gaidar, Arkadi Petrowitsch.

Goll, Claire, geb. Clara Aischmann, * Nürnberg 29. Okt. 1890, † Paris 30. Mai 1977, dt.-frz. Schriftstellerin. – Lebte in München, Genf und Ascona, war bekannt mit vielen Künstlern und Literaten; 1919 ging sie mit Yvan G., den sie 1921 heiratete, nach Paris; 1939–47 in New York, danach wieder in Paris. Schrieb in dt. und frz. Sprache, z. T. zus. mit ihrem Mann, Gedichte, Erzählungen und Romane. Gab das Werk und den Nachlaß von Yvan G. heraus, übersetzte viele seiner Werke ins Deutsche. 1971 erschienen ihre Erinnerungen u. d. T. ›Traumtänzerin. Jahre der Jugend‹, 1978 eine autobiograph. ›Chronique scandaleuse‹ u. d. T. ›Ich verzeihe keinem‹ (frz. 1976 u. d. T. ›La poursuite du vent‹).

Weitere Werke: Mitwelt (Ged., 1918), Die Frauen erwachen (Nov.n, 1918), Lyr. Films (Ged., 1922, Nachdr. 1973), Une Allemande à Paris (R., 1924, dt. 1927 u. d. T. Eine Deutsche in Paris), Der Neger Jupiter raubt Europa (R., 1926, frz. 1928), Une perle (R., 1929, dt. 1931 u. d. T. Ein Mensch ertrinkt), Un crime en Province (R., 1932, dt. 1933 u. d. T. Arsenik; Neubearbeitung 1977 u. d. T. Jedes Opfer tötet seinen Mörder), Les larmes pétrifiées (Ged., 1951, dt. 1952 u. d. T. Versteinerte Tränen), Das tätowierte Herz (Ged., 1957, frz. 1958), Le ciel volé (E., 1958, dt. 1962 u. d. T. Der gestohlene Himmel).

Goll, Yvan [frz. gɔl], eigtl. Isaac Lang, Pseudonyme Iwan Lassang, Tristan Torsi u. a., *Saint-Dié 29. März 1891, † Neuilly-sur-Seine 27. Febr. 1950, frz.-dt. Schriftsteller. – Elsäss.-lothring. Abstammung; Jugendjahre in Metz, Jurastudium in Straßburg; lebte 1914–18 in der Schweiz (Verbindung zu den Dadaisten; Freundschaft mit J. Joyce, S. Zweig und H. Arp), 1919–39 in Paris und 1939–47 in Amerika. Oft Zusammenarbeit mit seiner Frau Claire Goll. Schrieb in dt., frz. und engl. Sprache. In seinen frühen Gedichten Expressionist, dann Surrealist, später z. T. dunkle Metaphorik. Sein ›Überdrama‹ ist ein groteskes Maskentheater, seine Schlüsselromane sind zeitkritisch und satirisch.

Werke: Der Panama-Kanal (Ged., 1914), Requiem. Für die Gefallenen von Europa (1916, dt. 1917), Die Unterwelt (Ged., 1919), Methusalem oder Der ewige Bürger (Dr., 1922), Der Stall des Augias (Dr., 1924), Poèmes d'amour (Ged., 1925; mit Claire G.), Poèmes de la vie et de la mort (Ged., 1926; mit Claire G.), Le microbe de l'or (R., 1927), Die Eurokokke (R., 1928), Der Mitropäer (R., 1928, dt. 1928), Sodom Berlin (R., 1929, dt. 1985), Malaiische Liebeslieder (Ged., 1935, dt. 1952), Atom elegy (Ged., 1946), Abendgesang (Ged., hg. 1954), Melusine (Dr., hg. 1956), Jean sans terre (Ged.-Zyklus, entst. 1934–44, vollständig hg. 1957, frz. u. dt. 1990 u. d. T. Jean sans terre. Johann Ohneland).

Ausgaben: Y. G. Dichtungen. Lyrik, Prosa, Drama. Teilweise dt. Übers. Hg. v. C. GOLL. Darmst. 1960. – Y. G. Jean sans terre. A critical edition. Hg. v. F. J. CARMODY. Berkeley (Calif.) u. Los Angeles (Calif.) 1962. – Ivan G. – Claire Goll. Briefe. Hg. v. C. GOLL. Mainz u. Bln. 1966. – Y. G. Œuvres. Hg. v. C. GOLL u. F. X. JAUJARD. Paris 1968–70. 2 Bde.

Literatur: MÜLLER, JOACHIM: Y. G. im dt. Expressionismus. Bln. 1962. – HAUCK, W.: Die Bildwelt bei G. Diss. Mchn. 1965. –

SCHWANDT, E.: Das poet. Verfahren in der späten Lyrik Y. G.s. Bln. 1970. – PERKINS, V.: Y. G. An iconographical study of his poetry. Bonn 1970. – RIESER-SPRIEGEL, K.: Unterss. zum dramat. Werk Y. G.s. Salzburg u. Mchn. 1972. – PARMÉE, M. A.: Ivan G. The development of his poetic themes and their imagery. Bonn 1981. – PHILIPS, J.: Y. G. and bilingual poetry. Stg. 1984. – POUTHIER, P. G.: Y. à Claire – Y. an Claire – Y. to Claire. Studien zu Thematik u. Symbolik der ›Clairelyrik‹ Y. G.s. Ffm. u. a. 1988. – Y. G. (1891–1950). Situations de l'écrivain. Hg. v. M. GRUNEWALD. Ffm. u. a. 1994.

Golon, Anne [frz. gɔ'lõ], eigtl. Simone Golonbinoff, *Toulon 17. Dez. 1921, frz. Schriftstellerin. – Verfaßte, z. T. in Zusammenarbeit mit ihremMann Serge G. (eigtl. S. Golonbinoff [* 1903, † 1972]) die außerordentlich erfolgreiche Serie der abenteuerlich-erot. ›Angélique‹-Romane aus der Zeit LudwigsXIV. (13 Bde., 1956–85).

Golowanjuk, Jascha, *Samarkand 20. Febr. 1905, † Stockholm 25. April 1974, schwed. Schriftsteller jüd.-russ. Herkunft. – Kam 1929 nach Schweden, seit 1944 schwed. Staatsbürger; in seinen oft humorvollen, von einer exot. Thematik geprägten Romanen verarbeitet G. zumeist eigene Erinnerungen; auch Jugendbücher.

Werke: Mein goldener Weg aus Samarkand (R., 1937, dt. 1938, 1963 u. d. T. Flucht aus Samarkand), Fremd im eigenen Land (R., 1942, dt. 1961), Die Quelle des Lebens (R., 1943, dt. 1944), Bettler der Liebe (R., 1955, dt. 1962), Die Kinder aus dem Schusterhaus (Jugendb., 1958, dt. 1960), Die schönste Gabe (R., 1961, dt. 1964), ... och min son heter Daniel (R., 1973), Livets källa (R., 1978).

Golschiri (tl.: Gulširī), Huschang, *Isfahan 1937, pers. Schriftsteller. – 1958–74 Lehrer in der Provinz Isfahan, zuletzt in Teheran. Nach polit. Haft (1975) Privatlehrer; während der 70er Jahre einer der beliebtesten pers. Erzähler; Vertreter des psycholog. Realismus mit Neigungen zu formalen Experimenten; Erzählsammlungen und kurze Romane; dt. Übersetzungen liegen vor in ›Moderne Erzähler der Welt – Iran‹ (1978) und in ›Im Atem des Drachen. Moderne pers. Erzählungen‹ (1981).

Goltz, Bogumil, *Warschau 20. März 1801, † Thorn 12. Nov. 1870, dt. Schriftsteller. – Schrieb geistreiche Prosa, zynisch, mit Humor gewürzt, an Jean Paul erinnernd; wendet sich oft gegen die Überbetonung der Zivilisation.

Werke: Buch der Kindheit (1847), Das Menschen-Dasein (2 Bde., 1850), Ein Jugendleben (3 Bde., 1852), Ein Kleinstädter in Ägypten (1853), Exakte Menschenkenntnis (4 Bde., 1859/1860), Typen der Gesellschaft (2 Bde., 1860), Die Weltklugheit und die Lebensweisheit (2 Bde., 1869).
Literatur: KUTTENKEULER, TH.: B. G. Danzig 1913.

Goltz, Joachim Freiherr von der, * Westerburg (Westerwald) 19. März 1892, † Obersasbach (heute zu Sasbach, Ortenaukreis) 29. März 1972, dt. Schriftsteller. – Wurde mit seinen Kriegsgedichten ›Dt. Sonette‹ (1916) und dem Schauspiel um Friedrich den Großen ›Vater und Sohn‹ (1921) bekannt; auch Romane (›Der Baum von Cléry‹, 1934), Lyrik, Kinderbücher und Übersetzungen.

Weitere Werke: Die Leuchtkugel (Dr., 1920), Der Rattenfänger von Hameln (Dr., 1932), Von mancherlei Hölle und Seligkeit (En., 1936), Das Meistermädchen (Kom., 1938), Der Steinbruch (R., 1938), Die Ergriffenen (En., 1948), Peter Hunold (Kom., 1949), Mich hält so viel mit Liebesbanden (Ged., 1951).

Goltzheim, Ilse Stach von, dt. Schriftstellerin, ↑ Stach, Ilse von.

Goma, Paul, * in Bessarabien 2. Okt. 1935, rumän. Schriftsteller. – Während seiner Literaturstudien (1954–67) inhaftiert (1956–62), dann als Hilfsarbeiter tätig (1962–65); 1968–71 Redakteur der Zeitschrift ›Românìa Literarǎ‹; erhielt 1977 die Erlaubnis, nach Frankreich überzusiedeln. Wurde international bekannt durch den nur im westl. Ausland veröffentlichten Roman ›Ostinato‹ (dt. 1971), der in Anlehnung an J. Joyce und F. Kafka persönl. Leiden und Empfindungen literarisch überhöht darstellt und damit zur grundsätzl. Kritik an staatl. Übergriffen wird.

Weitere Werke: Camera de alǎturi (= Das Zimmer nebenan, R., 1968), Die Tür (R., dt. 1972), Dans le cercle (R., 1977), Garde inverse (R., 1979), Le tremblement des hommes (R., 1979), Les chiens de mort (R., 1981), Chassé-croisé (Bericht, 1983), Le calidor (R., 1987, rumän. 1989).

Gombauld, Jean Og[i]er de [frz. gõ-'bo], * Saint Just (heute Saint-Just-Luzac, Charente-Maritime) um 1588, † Paris 1666, frz. Dichter. – 1634 Mitbegründer

der Académie française; schrieb einen Schäferroman (›Endymion‹, 1624), Schäferstücke, Tragikomödien, Madrigale, Sonette, Epigramme.

Gomberville, Marin Le Roy, Sieur de [frz. gõbɛr'vil], * Paris 1600, † ebd. 14. Juni 1674, frz. Schriftsteller. – Neben histor. Werken und Gedichten waren v. a. seine Romane beliebt, in denen er Ritterromanzen im höf. Gewand des 17. Jh. gestaltete. Wurde 1634 Mitglied der Académie française.

Werke: Polexandre (R., 1637), La Cythérée (R., 4 Bde., 1639), La jeune Alcidiane (R., 1651).
Literatur: KÉVORKIAN, S.: Le thème de l'amour dans l'œuvre romanesque de G. Paris 1972. – TURK, E. B.: Baroque fiction making. A study of G.'s ›Polexandre‹. Chapel Hill (N. C.) 1978.

Gombrowicz, Witold [poln. gɔm'brɔvitʃ], * Małoszyce (Kreis Opatów) 4. Aug. 1904, † Vence 25. Juli 1969, poln. Schriftsteller. – Studierte in Warschau und Paris, arbeitete bis 1934 in Warschau an Gerichten; 1939–63 in Argentinien, dann meist in Frankreich, zeitweise auch in Berlin (West); extremer, dem Existentialismus nahestehender Vertreter der grotesk-phantast. Erzählweise, der mit allen Möglichkeiten der Sprache arbeitete. Bevorzugte Themen seiner witzig-satir. Romane, parodist. Dramen und seiner Erzählungen sind der Zerfall alter und die künstl. Schaffung neuer Formen sowie die Unreife des Menschen. Von Bedeutung für das Verständnis von G.' Werk sind v. a. seine geistvoll-reflektierenden Tagebücher (3 Bde., 1957–66, sowie Aufzeichnungen [1967–69] in der Zs. ›Kultura‹, dt. 3 Bde. u. d. T. ›Die Tagebücher. 1953–1969‹, 1970).

Weitere Werke: Ferdydurke (R., 1937, dt. 1960), Yvonne (Dr., 1938, dt. 1964), Die Besessenen (R., 1939, dt. 1989), Trans-Atlantik (R., 1953, dt. 1964), Die Trauung (Dr., 1953, dt. 1964), Verführung (R., 1960, dt. 1963, 1984 u. d. T. Pornographie), Indizien (R., 1965, dt. 1966), Berliner Notizen (dt. 1965), Operette (Dr., 1966, dt. 1970), Poln. Erinnerungen (hg. 1977, dt. 1985).
Ausgaben: W. G. Dzieła zebrane. Paris 1969–77. 11 Bde. – W. G. Ges. Werke. Hg. v. R. FIEGUTH u. F. ARNOLD. Mchn. u. Wien 1983 ff. Auf 13 Bde. berechnet (bisher 11 Bde. erschienen). – W. G. Dzieła. Krakau 1986–93. 10 Bde.
Literatur: KĘPIŃSKI, T.: W. G. i świat jego młodości. Krakau 1974. – SCHMIDT, KRYSTYNA: Der Stil v. W. G.' ›Trans-Atlantyk‹ u. sein Verhältnis

zur poln. Tradition. Meisenheim 1974. –
BONDY, F./JELENSKI, C.: W. G. Mchn. 1978. – G.
en Argentine. Témoignages et documents,
1939–1963. Bearb. v. R. GOMBROWICZ. Paris
1984. – G. en Europe. Témoignages et documents, 1963–1969. Bearb. v. R. GOMBROWICZ.
Paris 1988.

Witold
Gombrowicz

Gomes, João Baptista [portugies.
'gomıʃ], * Porto 1775, † ebd. 20. Dez.
1803, portugies. Dramatiker. – Verfasser
der nach seinem Tod außerordentlich erfolgreichen Verstragödie ›Nova Castro‹,
einer Bearbeitung des histor. Inês-de-
Castro-Stoffes (hg. 1806, dt. 1841 u. d. T.
›Ignez de Castro‹).
Ausgabe: J. B. G. Obras. Porto 1794–1825. 4
Bde. in 1 Bd.

Gomes Coelho, Joaquim Guilherme
[portugies. 'gomıʃ 'kuɐʎu], portugies.
Schriftsteller, † Dinis, Júlio.

Gomes de Amorim, Francisco [por-
tugies. 'gomıʒ ðǝ ɐmu'ri], * Póvoa de Varzim 13. Aug. 1827, † Lissabon 4. Nov.
1891, portugies. Schriftsteller. – Kam als
Kind nach Brasilien, 1846 Rückkehr
nach Portugal; wurde schon früh durch
J. B. da Silva Leitão de Almeida Garrett
zur Literatur geführt; sein Ruhm beruht
auf der Bearbeitung und Herausgabe der
Memoiren Garretts (3 Bde., 1881–84),
lyr. Gedichten (u. a. ›Cantos matutinos‹,
1858), Dramen (u. a. ›O cedre vermelho‹,
mit einem Kommentar über Sprache und
Sitten der Indianer Brasiliens), Romanen
(›Os selvagens‹, 1875; ein Bild brasilian.
Lebens); gab auch eine kommentierte
krit. Ausgabe von L. Vaz de Camões'
Epos ›Die Lusiaden‹ heraus (2 Bde.,
1889).

Literatur: LIMA, B. DE: G. de A. Vida e obra do
ilustre biógrafo de Garrett. Póvoa de Varzim
1928.

Gomes Leal, António Duarte [portu-
gies. 'gomıʒ 'lial], * Lissabon 6. Juni 1848,
† ebd. 29. Jan. 1921, portugies. Dichter. –
Schrieb u. a. an H. Heine und V. Hugo
orientierte, z. T. polit. Lyrik; Vorläufer
des Symbolismus (›Claridades do sul‹,
1875, erweitert 1901); auch Verfasser an-
timonarchist. Streitschriften.
Weitere Werke: O Anti-Cristo (Ged., 1884, erweitert 1907), Fim dum mundo (Ged., 1899),
Pátria e deus e a morte do mau ladrão (Ged.,
1914).
Ausgabe: A. D. G. L. Antologia poética. Hg. v.
F. DA CUNHA LEÃO u. A. O'NEILL. Lissabon
1959.
Literatur: NEVES, A./MARQUES JR., H.: G. L.,
sua vida e sua obra. Lissabon 1948. – CORTESÃO,
J. D.: G. L. A mulher o amor. Lissabon 1967.

Gómez Carrillo, Enrique [span.
'gomes ka'rrijɔ], * Guatemala 27. Febr.
1873, † Paris 29. Nov. 1927, guatemal-
tek. Schriftsteller. – Journalist, zeitweise
Diplomat; schrieb Romane, die der De-
kadenzliteratur der Jahrhundertwende
zugerechnet werden, v. a. jedoch Reiseberichte, literaturkritische Essays und
feuilletonistische Artikel, deren welt-
männischer Humor und stilistischer
Glanz für die Prosa des Modernismo
ähnlich charakteristisch und bedeutsam
sind wie die Lyrik von R. Darío.
Werke: Esquisses (Artikel, 1892), Del amor, del
dolor y del vicio (R., 1898), Bohemia sentimental (R., 1899), El alma encantada de París (Berichte, 1902), El modernismo (Essay, 1905), El
evangelio del amor (R., 1922), Treinta años de
mi vida (Autobiogr., 3 Bde., 1926).
Ausgabe: E. G. C. Obras completas. Madrid
1919–23. 26 Bde.
Literatur: MENDOZA, J. M.: E. G. C. Guatemala
²1946. 2 Bde. – TORRES, E.: E. G. C., el cronista
errante. Guatemala 1956.

Gómez de Avellaneda, Gertrudis
[span. 'gomeɵ ðe aβeʎa'neða], * Puerto
Príncipe (heute Camagüey, Kuba)
23. März 1814, † Madrid 1. Febr. 1873,
span. Dichterin. – Kam 1836 nach Spanien; schrieb Novellen und erfolgreiche
romant. Dramen, u. a. ›Leoncia‹ (1840),
›Alfonso Munio‹ (1844) und ›El príncipe
de Viana‹ (1844). Die Romane ›Sab‹ (2
Bde., 1841) und ›Espatolino‹ (1844) sind
von G. Sands sozialen Ideen beeinflußt.
Großen Erfolg hatte sie als Lyrikerin:

›Poesías líricas‹ (1841), ›Devocionario en prosa y verso‹ (1861).
Weitere Werke: Guatimozín, último emperador de México (R., 4 Bde., 1846), Baltasar (Dr., 1858).
Ausgaben: G. G. de A. Obras (Nationalausg.). Havanna 1914–18. 4 Bde. – Obras de G. G. de A. Edición y estudio preliminar de José María Castro y Calvo. Madrid 1974–78. 2 Bde.
Literatur: BALLESTEROS GAIBROIS, M.: G. G. de A. Marid 1949. – HARTER, H. A.: G. G. de A. Boston (Mass.) 1981.

Gómez de la Serna, Ramón [span. 'gomeθ ðe la 'sɛrna], * Madrid 5. Juli 1891, † Buenos Aires 12. Jan. 1963, span. Schriftsteller. – Seine ›Greguerías‹ (1917, dt. Auswahl 1958), geistvolle, sprachlich brillante Aphorismen, enthüllen durch barocke, irrationale Vergleiche oft humoristisch-grotesk das Wesen der Dinge. Seine Essays und Romane sind reizvolle ästhet. Spielereien ohne Kausalität, ohne polit., religiöses oder moral. Anliegen. Weiter sind ›Pombo‹ (2 Bde., 1918–24), die Chronik eines literar. Zirkels, dessen Haupt G. de la S. war, ›La viuda blanca y negra‹ (R., 1918), ›Das Rosenschloß‹ (R., 1923, dt. 1929), ›Torero Caracho‹ (R., 1926, dt. 1928), viele Künstlerbiographien und die autobiograph. Erzählung ›Automoribundia‹ (1948) erwähnenswert.
Ausgaben: R. G. de la S. Obras completas. Barcelona 1956 ff. Auf mehrere Bde. berechnet. – R. G. de la S. Obras selectas. Mit einem Vorwort v. P. NERUDA. Eingel. v. F, C. SÁINZ DE ROBLES. Barcelona ²1973.
Literatur: CARDONA, N.: A study of G. de la S. New York 1957. – GRANJEL, L. S.: Vida y obra de R. G. de la S. Madrid 1963. – PONCE, F.: R. G. de la S. Bilbao u. a. 1968. – DAUS, R.: Der Avantgardismus R. G. de la S.s. Ffm. 1971. – MAZZETTI GARDIOL, N.: R. G. de la S. New York 1974. – LLANOS ÁLVAREZ, T.: Aportación al estudio de las greguerías de R. G. de la S. Origen y evolución. Madrid 1980.

Gomringer, Eugen, * Cachuela Esperanza (Bolivien) 20. Jan. 1925, schweizer. Schriftsteller. – Studierte Kunstgeschichte in Bern und Rom, arbeitete u. a. an der Ulmer Hochschule für Gestaltung und als Werbefachmann in der Industrie. Begann mit traditionellen Gedichten (Sonetten), wandte sich dann jedoch radikal neuen Gedichtversuchen zu. Nach Mitbegründung der Zs. ›spirale‹ (1952) gründete er 1960 als Publikationsforum

für eigene und Arbeiten von Freunden die ›eugen gomringer press‹. Seither rege Herausgebertätigkeit. G. zählt zu den Repräsentanten einer nach 1950 einsetzenden ersten Phase ↑konkreter Poesie (›vom vers zur konstellation‹, erschienen in der Zs. ›augenblick‹, 1954). Seine ›konstellationen‹, seit 1960 mehrfach erweitert, hat G. 1969 in einem Sammelband ›worte sind schatten‹ zusammengefaßt.
Weiteres Werk: Inversion und Öffnung. Zwei Sprachspiele (1988).
Literatur: DEMETZ, P.: E. G. u. die Entwicklung der konkreten Poesie. In: Die dt. Lyrik 1945–75. Hg. v. K. WEISSENBERGER. Düss. 1981. – RIHA, K.: G. oder: die Anwendung der Konstellation auf ihren Erfinder. Wien 1991.

Gomulicki, Wiktor [poln. gɔmu-'litski], * Ostrołęka 17. Okt. 1848, † Warschau 14. Febr. 1919, poln. Schriftsteller. – Strebte in seiner Großstadtlyrik im Sinne der Parnassiens nach höchster sprachl. Vollendung und stellte in Romanen, Novellen und Skizzen die Schönheiten des Warschauer Lebens dar. Das Frühwerk ist teilweise autobiographisch, zum Spätwerk gehören seine histor. Romane.
Werke: Miecz i łokieć (= Schwert und Ellenbogen, R., 2 Bde., 1903), Wspomnienia niebieskiego mundurka (= Erinnerungen der blauen Schüleruniform, E., 1906).

Gonçalves, Olga [portugies. gõ'salvif], * Luanda 12. April 1929, portugies. Schriftstellerin. – Begann mit introspektiver und teilweise experimenteller Lyrik. Seit ›A floresta em Bremerhaven‹ (R., 1975) erfolgreiche Autorin zeit- und sozialkrit. Romane über Emigration und die Lebenswelt der postrevolutionären Jugend.
Weitere Werke: Movimento (Ged., 1972), 25 composições e 11 provas de artista (Ged., 1973), Só de amor. Sonetos (Ged., 1975), Mandei-lhe uma boca (R., 1977), Este verão o emigrante làbas (R., 1978), Três poetas (Ged., 1981), Ora esguardae (R., 1982), O livro de Olotolilisobi (Ged., 1983), Rudolfo (E., 1985), Sara (R., 1986), Armandina e Luciano, o traficante de canários (R., 1988), Contar de subversão (R., 1990), Eis uma história (R., 1992).

Gonçalves de Magalhães, Domingos José [brasilian. gõ'salviz di maga-'ʎẽis], brasilian. Dichter, ↑Magalhães, Domingos José Gonçalves de.

Gonçalves Dias, Antônio [brasilian. gõ'salviz 'dias], brasilian. Dichter, ↑ Dias, Antônio Gonçalves.

Gončarov, Ivan Aleksandrovič, russ. Schriftsteller, ↑ Gontscharow, Iwan Alexandrowitsch.

Goncourt [frz. gõ'ku:r], Edmond [Huot] de, * Nancy 26. Mai 1822, † Champrosay (heute zu Draveil, Essonne) 16. Juli 1896, und sein Bruder Jules [Huot] de G., * Paris 17. Dez. 1830, † ebd. 20. Juni 1870, frz. Schriftsteller. – Schrieben und veröffentlichten ihre Werke meistens gemeinsam. Von Bedeutung sind v. a. die Studien über Kunst-, Gesellschafts- und Sittengeschichte des 18. Jahrhunderts. Mit ihren Romanen gelten sie als Vorläufer des Naturalismus, dessen erste grundlegende Theorie sie in dem Vorwort zu ›Germinie Lacerteux. Der Roman eines Dienstmädchens‹ (1864, dt. 1896) gaben. In ihren frühnaturalist. Romanen aus Bürger- und Künstlerkreisen ›Renée Mauperin‹ (1864, dt. 1884), ›Manette Salomon‹ (2 Bde., 1867), ›Madame Gervaisais‹ (1869) u. a. werden Personen und Milieu mit wiss. Exaktheit dargestellt, die Ereignisse authentisch dokumentiert und in impressionist. Darstellungsweise gestaltet. Nach des Bruders frühem Tod ging Edmond den Weg, den beide gemeinsam eingeschlagen hatten, konsequent weiter. Von kulturhistor. Interesse ist v. a. das gemeinsam begonnene ›Journal des G., Mémoires de la vie littéraire‹ (unvollständig in 9 Bden. hg. 1887–96, vollständig in 22 Bden. 1956–58, dt. Auszüge u. a. 1905, 1947, 1969). Die von E. de G. begründete Académie Goncourt vergibt den ↑ Prix Goncourt.

Weitere Werke: Die Kunst des 18.Jh. (12 Tle., 1859–75, dt. 2 Bde., 1908–10), Die Dubarry (Biogr., 1860, dt. 1932), Frau von Pompadour (Biogr., 1860, dt. 1922), Sœur Philomène (R., 1861), Die Frau im 18.Jh. (1862, dt. 2 Bde., 1905–07), Elisa. Roman einer Verlorenen (1877, dt. 1893, auch u. d. T. Die Dirne Elisa; nur von E. de G.), Die Brüder Zemganno (R., 1879, dt. 1892; nur von E. de G.), Chérie (R., 1884; nur von E. de G.), L'art japonais du XVIIIᵉ siècle (2 Bde., 1891–96; nur von E. de G.).

Ausgabe: E. et J. de G. Œuvres. Paris 1926–37. 27 Bde.

Literatur: RICATTE, R.: La création romanesque chez les G. Paris 1953. – BILLY, A.: Les frères G.

La vie littéraire à Paris pendant la seconde moitié du 19ᵉ siècle. Paris 1954. – CARAMASCHI, E.: Le réalisme romanesque des G. Pisa 1964. – GRANT, R. B.: The G. brothers. New York 1972. – BORIE, J.: Le célibataire français. Paris 1976. – HOEGES, D.: E. u. J. de G. In: Frz. Lit. des 19.Jh. Hg. v. W.-D. LANGE. Bd. 3. Hdbg. 1980. S. 185. – BANNOUR, W.: E. et J. de G. ou le génie androgyne. Paris 1985. – Les frères G. Le journal d'un demi-siècle. Magazine littéraire 269 (1989), Sondernummer.

Goncourtpreis [frz. gõ'ku:r] ↑ Prix Goncourt.

Gondola, ragusan. Dichter, ↑ Gundulić, Ivan.

Góngora y Argote, Luis de [span. 'goŋgora i ar'γote], * Córdoba 11. Juli 1561, † ebd. 23. Mai 1627, span. Dichter. – Studierte die Rechte und klass. Literatur; wurde Diakon, zog sich mit 50 Jahren aufs Land zurück, wo er seine Meisterwerke schrieb; 1617 empfing er die Priesterweihe und wurde Ehrenkaplan König Philipps III. G. wandte sich nach seinen frühen volkstüml. Dichtungen der Romances und Letrillas um 1600 dem ›estilo culto‹ zu, begründete den ↑ Gongorismus, die typische span. Spielart der Barockdichtung. G., im 17. und 18.Jh. wegen seiner barocken Sprachkunst scharf abgelehnt, wurde Ende des 19.Jh. durch R. Darío wiederentdeckt und übte auf die span. Lyrik des 20.Jh. großen und nachhaltigen Einfluß aus. Neben seinen eleganten Sonetten sind v. a. die mytholog. Versdichtung ›Die Fabel von Poliphem und Galatea‹ (entst. 1612, gedr. 1627, dt. 1930) und ›Die Soledades...‹ (entst. 1613/14, gedr. 1636, dt. 1934) als die Hauptwerke des Gongorismus zu nennen. G. erneuerte daneben auch die Kunstromanze.

Ausgaben: L. de G. y A. Obras completas. Hg. v. J. MILLÉ Y GIMÉNEZ u. I. MILLÉ Y GIMÉNEZ. Madrid Neuaufl. 1956. – L. de G. y A. Sonette. Span. u. dt. Bearb. v. S. MEURER. Bln. 1960. – Soledad. Das Spätwerk G.s Dt. Übers. Bearb. v. F. EGGARTER. Bremen 1962.

Literatur: ARTIGAS Y FERRANDO, M.: Don L. de G. y A. Biografía y estudio crítico. Madrid 1925. – ALONSO, D.: La lengua poética de G. Madrid ²1950. – ALONSO, D.: Estudios y ensayos gongorinos. Madrid ²1960. – DEHENNIN, E.: La résurgence de G. et la génération poétique de 1927. Paris 1962. – MÜLLER, BODO: G.s Metaphorik. Wsb. 1963. – JAMMES, R.: Études sur l'œuvre poétique de Don L. de G. y A. Bordeaux 1967. – PABST, W.: L. de G. im Spiegel der dt.

Dichtung u. Kritik (17. bis 20.Jh.). Hdbg. 1967. – ALONSO, D.: Obras completas. Madrid 1972–84. 7 Bde. Bd. 5–7: G. y el gongorismo. – ENTRAMBASAGUAS, J. DE: Estudios y ensayos sobre G. y el barroco. Madrid 1975. – HEYDENREICH, T.: Culteranismo und theolog. Poetik. Die ›Collusión de letras humanas y divinas‹ (1637/44) des Aragoniers Gaspar Buesso de Arnal zur Verteidigung G.s. Ffm. 1977. – BEVERLEY, J. R.: Aspects of G. ›Soledades‹. Amsterdam 1980. – CALCRAFT, R. P.: The sonnets of L. de G. Durham 1980. – OROZCO, E.: Introducción a G. Barcelona 1984.

Gongorismus [span.] (Cultismo, Estilo culto; pejorativ: Culteranismo, wegen der lautl. Nähe zu luteranismo = Luthertum), Spielart des literar. Manierismus in Europa (entsprechend dem ↑ Euphuismus in der engl. und dem ↑ Marinismus in der italien. Literatur), benannt nach ihrem bedeutendsten Vertreter Luis de ↑ Góngora y Argote. Den G. kennzeichnen äußerlich phantasievolle sprachliche Form- und Inhaltsfiguren, kühne Metaphorik sowie Anlehnung an die Syntax des Lateinischen und inhaltlich Verschlüsselungen der jeweils intendierten Aussage durch Anspielungen auf antike und zeitgenöss. Nationalliteraturen und auf die Mythologie. Wie das Werk Góngoras selbst fußt auch der G. darüber hinaus auf der präzisen Beobachtung und Adaptation von populären Sprachtraditionen und deren auf gelehrter Überlieferung (antiker Hermetismus, Sevillaner Dichterschule) basierender Verfeinerung. Als Manifest des G. gilt der ›Libro de erudición poética‹ des Luis Carrillo y Sotomayor (* 1582 oder 1583, † 1610) von 1611. In ihm fordert der Verfasser die Vertrautheit des Dichters mit den klass. Literaturen, damit nur ein Eingeweihter seine Texte verstehen kann. Weitere Vertreter waren u.a. Juan de Tassis y Peralta, Graf von Villamediana (* 1582, † 1622), Pedro Soto de Rojas (* 1585[?], † 1658), Gabriel Bocángel y Unzueta (* 1603, † 1658), Salvador Jacinto Polo de Medina (* 1603, † 1676), Sor Juana Inés de la Cruz. Die mit den Namen von D. Alonso, G. Diego Cendoya, F. García Lorca, R. Alberti, J. Guillén und L. Cernuda verbundene Góngora-Renaissance des 20.Jh. führte zu einer angemessenen Würdigung auch des G., die dessen geistes- und sozialge-

schichtl. Entstehungsbedingungen mitberücksichtigte.

Literatur: KANE, E. K.: Gongorism and the Golden Age. Chapel Hill (N. C.) 1928. – COLLARD, A.: Nueva poesía. Conceptismo, culteranismo en la crítica española. Madrid 1967. – GALLEGO MORELL, A.: Estudios sobre poesía española del primer siglo de oro. Madrid 1970. – WOODS, M. J.: The poet and the natural world in the age of Góngora. Oxford 1978. – WARDROPPER, B. W.: Siglos de oro. Barroco. Barcelona 1983. – ↑ auch Góngora y Argote, Luis de.

Gontard, Susette, * Hamburg 9. Febr. 1769, † Frankfurt am Main 22. Juni 1802, Freundin Hölderlins. – Tochter des Lustspieldichters H. Borkenstein; heiratete 1786 den Frankfurter Bankier Jakob Friedrich G., in dessen Haus Hölderlin 1796–98 die Hofmeisterstelle innehatte. Hölderlin nannte sie in seinen Gedichten ›Diotima‹.

Gontscharow (tl.: Gončarov), Iwan Alexandrowitsch [russ. gəntʃɪ'rɔf], * Simbirsk 18. Juni 1812, † Petersburg 27. Sept. 1891, russ. Schriftsteller. – Aus reicher Kaufmannsfamilie; 1834 im Staatsdienst in Petersburg. 1852 machte G. eine Weltreise und verfaßte die Reisebeschreibung ›Die Fregatte Pallas‹ (1858, dt. 1925) in Tagebuchform. 1856 wurde er Zensor, später Beamter in der obersten Pressebehörde. Seine drei bed. Romane sind vom gleichen Grundthema, der maßlosen Langeweile, bestimmt, das G. von Werk zu Werk zu steigern vermag. Was in dem Roman ›Eine alltägl. Geschichte‹ (1847, dt. 1885) erst anklingt, wird in ›Oblomow‹ (1859, dt. 1869) zum wesentl. Inhalt. Der Roman ist handlungsarm, sein Titelheld lebt träge und energielos, jedoch nicht ohne Verstand und Empfindung, dahin und verliert schließlich die Verbindung zu Zeit und Mitmenschen; in dem Roman ›Die Schlucht‹ (1869, dt. 1912, 1890 u. d. T. ›Der Absturz‹) Steigerung zu einer dem Nihilismus nahestehenden Weltsicht. G. ist Mitbegründer und Hauptvertreter des realist. Romans in Rußland.

Ausgaben: I. A. Gončarov. Polnoe sobranie sočinenij. Petersburg 1899. 12 Bde. – I. A. G. Ges. Werke in 4 Bden. Dt. Übers. Bln. 4.–7. Tsd. 1923. – I. A. Gončarov. Sobranie sočinenij. Moskau 1977–80. 8 Bde.
Literatur: REHM, W.: G. u. Jacobsen oder Langeweile u. Schwermut. Gött. 1963. – ALEKSEEV,

A. D.: Bibliografija I. A. Gončarova (1832–1964). Leningrad 1968. – SETCHKA-REV, V.: I. Goncharov. Wzb. 1974. – LOŠČIC, J.: Gončarov. Moskau 1977. – RUSSELL, M.: Unterss. zur Theorie u. Praxis der Typisierung bei I. A. Gončarov. Mchn. 1978. – Ivan A. Gončarov. Leben, Werk u. Wirkung. Hg. v. P. THIERGEN. Köln u. a. 1994.

Iwan Alexandrowitsch Gontscharow (zeitgenössischer Holzstich)

Gonzaga, Tomás António [brasilian. gõ'zaga], Pseudonym Dirceu, * Porto 11. Aug. 1744, † in Moçambique 1810, portugies.-brasilian. Dichter. – 1792 der Teilnahme an der Minas-Verschwörung angeklagt und zu 10jähriger Verbannung nach Moçambique verurteilt. Berühmt durch seine leidenschaftl. melanchol. Gedichte ›Marília de Dirceu‹ (1792–99) über seine Liebe zu der jungen Maria Joaquina Dorotéia de Seixas (Marília). Seine Autorschaft der satir. Dichtung ›Cartas chilenas‹ (entst. 1788/89, hg. 1845) steht außer Zweifel.
Ausgabe: T. A. G. Obras completas. Hg. v. M. RODRIGUES LAPA. Rio de Janeiro 1957. 2 Bde.
Literatur: FRIEIRO, E.: Como era G.? Belo Horizonte 1950. – LAPA, M. RODRIGUES: As ›Cartas chilenas‹. Um problema histórico e filosófico. Rio de Janeiro 1958. – CRISTÓVÃO, F.: ›Marília de Dirceu‹ de T. A. G., ou a poesia como imitação e pintura. Lissabon 1981.

González, Fray Diego Tadeo [span. gɔn'θaləθ], * Ciudad Rodrigo 1732, † Madrid 1794, span. Dichter. – Augustiner; 1771 Mitbegründer der Dichterschule von Salamanca. G. schrieb bukol. Dichtungen im Stil des 18. Jh. und eiferte Fray Luis de León nach. Seine Dichtung (›Poesías‹, 1796) wurde erst postum herausgegeben.

González Blanco, Andrés [span. gɔn'θaləθ 'βlaŋko], * Cuenca 21. Aug. 1888, † Madrid 21. Okt. 1924, span. Schriftsteller und Literaturkritiker. – Schrieb neben bed. literarhistor. Arbeiten (›Historia de la novela en España‹, 1909; ›Los dramaturgos españoles contemporáneos‹, 1917; ›Escritores representativos de América‹, 1918) auch modernist. Lyrik und Romane (u. a. ›Doña Violante‹, 1910; ›Matilde Rey‹, 1911; ›Mademoiselle Milagros‹, 1918).
Literatur: MARTÍNEZ, G.: Crítica de un crítico. In: MARTÍNEZ: De paso por las bellas letras. Bd. 2 Madrid o. J. S. 46.

González del Castillo, Juan Ignacio [span. gɔn'θaləθ ðɛl kas'tiʎo], * Cádiz 1763, † ebd. 1800, span. Dramatiker. – Theatersouffleur; Schöpfer des andalus. Sainete, in der das andalus. Volksleben in Augenblicksbildern festgehalten wird; u. a. ›El payo de la carta‹, ›El café de Cádiz‹.
Ausgabe: J. I. G. del C. Obras completas. Hg. v. L. CANO. Madrid 1914. 3 Bde.

González Martínez, Enrique [span. gɔn'salez mar'tines], * Guadalajara 13. April 1871, † Mexiko 19. Febr. 1952, mex. Dichter. – Letzter großer Dichter des Modernismo, von dem er sich mit ›La muerte del cisne‹ (Ged., 1915) abwandte, um zu einer philosophisch vertieften Poesie zu gelangen. Wendung zum sozialen Engagement in ›Segundo despertar‹ (1945).
Weitere Werke: Los senderos ocultos (Ged., 1911), Parábolas (Ged., 1918), Poemas truncos (1935), Ausencia y canto (Ged., 1937), El diluvio de fuego (Ged., 1938), El hombre del buho (Autobiogr., 1944, 2. Tl. 1951 u. d. T. La apacible locura).
Ausgabe: E. G. M. Obras completas. Hg. v. A. CASTRO LEAL. Mexiko 1971.
Literatur: La obra de E. G. M. Hg. v. J. L. MARTÍNEZ. Mexiko 1951. – CAMPOS CORNEJO, F. J.: E. G. M. Ensayo psicológico. Mexiko 1978.

González Prada, Manuel [span. gɔn-'sales 'praða], * Lima 6. Jan. 1848, † ebd. 22. Juli 1918, peruan. Schriftsteller. – Aus aristokrat. Familie; wandte sich früh gegen die Vorrechte der eigenen Klasse und näherte sich anarchist. Positionen; kritisierte in vielen Aufsätzen Großgrundbesitz, Kirche und ausländisches Kapital als Ursachen der nationalen Unterentwicklung. Er verfocht ein modernistisches Literaturprogramm. Seine Poesie ist in ihrer antirhetorischen, subtilen Schlichtheit – Reimlosigkeit, freie Strophen, Polyrhythmie – ihrer Zeit voraus.

Werke: Páginas libres (Essays, 1894), Horas de lucha (Essays, 1908), Exóticas (Ged., 1911), Baladas peruanas (1915). **Ausgabe:** M. G. P. Obras. Hg. v. L. A. SÁNCHEZ. Lima 1985 ff. Auf mehrere Bde. berechnet. **Literatur:** CALCAGNO, M. A.: El pensamiento de G. P. Montevideo 1958. – SÁNCHEZ, L. A.: Nuestras vidas son los ríos ... Historia y leyenda de G. P. Lima 1977.

Goodrich, Samuel Griswold [engl. ˈgʊdrɪtʃ], Pseudonym Peter Parley, *Ridgefield (Conn.) 19. Aug. 1793, † New York 9. Mai 1860, amerikan. Schriftsteller. – Buchhändler und Verleger; Hg. des Jahrbuchs ›The token‹, zu dem N. Hawthorne, H. W. Longfellow u. a. Beiträge lieferten. G. ist Verfasser von mehr als 150 pädagogisch-moralischen Erbauungsbüchern für die Jugend.

Literatur: ROSELLA, D.: S. G. G., creator of Peter Parley. Albany (N. Y.) 1968.

Googe, Barnabe [engl. guːdʒ], *Alvingham (Lincolnshire) 25. Juli 1540, † Febr. 1594, engl. Dichter. – Verbindet in seinen Gedichten eine moralisch-allegor. Ausrichtung mit antik-renaissancehafter Liebeskloge (›Eglogs, epythaphes and sonettes‹, 1563).

Ausgabe: B. G. Selected poems. Hg. v. ALAN STEPHENS. Denver (Colo.) 1961.

Gopālakṛṣṇa Aḍiga, M. [...ˈkrɪʃna], *Mogeri (Karnataka) 8. Febr. 1918, ind. Dichter. – Schreibt in kanaresischer Sprache; Lyriker und Essayist, der mit seiner kraftvollen, bilderreichen Sprache die myth. Vergangenheit und das Alltagsleben im heutigen Indien kritisch und humorvoll zu verbinden weiß; zählt zu den Erneuerern ind. Regionalliteraturen.

Ausgabe: The song of the earth and other poems. Hg. v. A. K. RAMANUJAN u. a. Engl. Übers. Kalkutta 1968.

Goran Kovačić, Ivan, kroat. Schriftsteller, ↑ Kovačić, Ivan Goran.

Gorbatow (tl.: Gorbatov), Boris Leontjewitsch [russ. garˈbatəf], *Petromar (Perwomaisk [Donbass]) 15. Juli 1908, † Moskau 20. Jan. 1954, russ.-sowjet. Schriftsteller. – Begann mit literar. Arbeiten, in denen er die Arbeit des Komsomol darstellte, dem er angehörte; während des Krieges Berichterstatter; setzte

sich in seinen Erzählwerken u. a. mit Problemen der Arbeiter auseinander; stellte in seiner von N. W. Gogol abhängigen Erzählung ›Die Unbeugsamen. Die Familie des Taras‹ (1943, dt. 1944) Heldentum und Patriotismus einfacher russ. Menschen während des Krieges dar.

Weitere Werke: Meine Generation (R., 1933, dt. 1954), Die Geburt auf dem Gurkenland (R., 1940, dt. 1952), Donbass (R., 1951, dt. 1953). **Ausgabe:** B. L. Gorbatov. Izbrannye proizvedenija. Moskau 1980. 2 Bde.

Gorbunow (tl.: Gorbunov), Iwan Fjodorowitsch [russ. gɐrbuˈnɔf], *im Gouv. Moskau 22. Sept. 1831, † Petersburg 5. Jan. 1896, russ. Schriftsteller und Schauspieler. – Gehörte zeitweise zur Redaktion des ›Moskvitjanin‹ (= Der Moskauer), ging nach Petersburg und lebte dort als Schauspieler; mit A. N. Ostrowski bekannt; schrieb skizzenhafte, humoristisch-parodist. Erzählungen aus der Welt der Bauern, Kaufleute und Bürger; Rezitator seiner Werke; Vorliebe für Kleinformen (wie A. P. Tschechow).

Ausgabe: I. F. Gorbunov. Izbrannoe. Moskau u. Leningrad 1965.

Gordimer, Nadine [engl. ˈgɔːdɪmə], *Springs (Transvaal) 20. Nov. 1923, südafrikan. Erzählerin. – Tritt für die Gleichstellung der nichtweißen Bevölkerungsgruppen ein. Ihre Romane, die hinter die gleichförmige Fassade des alltägl. Lebens dringen, sind Fallstudien jener zwischenmenschl. Beziehungen, die das Miteinander und Gegeneinander der verschiedenen Rassen in Südafrika beherrschen, wobei sie das politisch Unsagbare nicht meidet. Durch lyrisch-subtile Verdichtung der meist sachl., präzise rekonstruierten Handlungsreportagen sucht G. den von ihr beschriebenen, emotional, moralisch und politisch komplexen Sachverhalten gerecht zu werden. 1991 erhielt sie den Nobelpreis für Literatur.

Werke: Die Entzauberung (R., 1953, dt. 1956), Sechs Fuß Erde (En., 1956, dt. 1959), Fremdling unter Fremden (R., 1958, dt. 1962), Anlaß zu lieben (R., 1963, dt. 1983), Die spätbürgerl. Welt (R., 1966, dt. 1994), Der Ehrengast (R., 1970, dt. 1986), Livingstone's companions (En., 1971), Der Besitzer (R., 1974, dt. 1977), Burgers Tochter (R., 1979, dt. 1981), Clowns im Glück (Kurzgeschichten, 1980, dt. 1982), July's Leute (R., 1981, dt. 1982), Gutes Klima, nette Nachbarn (En., dt. Ausw. 1982), Eine Stadt der Toten, eine Stadt der Lebenden (En., 1984, dt. 1985), Leben

im Interregnum (Essays, dt. Ausw. 1987), Ein Spiel der Natur (R., 1987, dt. 1987), Die Geschichte meines Sohnes (R., 1990, dt. 1991), Die endgültige Safari (En., 1991, dt. 1992), None to accompany me (R., 1994).
Literatur: HAGENA, A.: N. G.s neuere Romane. Essen 1987. – CLINGMAN, S.: The novels of N. G. Amherst ²1992. – N. G. A bibliography of primary and secondary sources, 1937–1992. Bearb. v. D. DRIVER. London u. a. 1994.

Nadine
Gordimer

Gordin, Jakob, * Mirgorod (Ukraine) 1. Mai 1853, † New York 10. Juni 1909, jidd. Dramatiker. – Wichtigster Vertreter des jidd. Theaters in Amerika; schrieb nach seiner Einwanderung in die USA (1891) etwa 100 Bühnenstücke, zumeist angelehnt an Vorlagen aus der europ. Literatur (z. B. Shakespeare: ›Der jidischer kenig Lir‹, 1892); intendierte in Thematik und Darstellungsstil zeitnahen Realismus; Abkehr von A. Goldfadens Melodramatik, aber wie dieser moralisierend.
Ausgabe: Ale schriftn fun J. G. New York 1910. 4 Bde.
Literatur: ZYLBERCWEIG, Z.: Die welt fun Jankew G. Tel Aviv 1964.

Gordon, Adam Lindsay [engl. gɔ:dn], * Faial (Azoren) 19. Okt. 1833, † Brighton bei Melbourne 24. Juni 1870, austral. Dichter. – Kam mit sieben Jahren nach England (Besuch von Privatschulen in Cheltenham und Worcester); 1853 vorzeitiger Abgang von der Militär-Akademie Woolwich nach Australien, dort zeitweise Polizist, Zureiter, Parlamentarier und legendärer Rennreiter. Seine Gedichte über waghalsige Reiterabenteuer vereinen oft volkstümlich-balladeske Motive und spätviktorian. Melancholie; erschoß sich am Tag der Veröffent-

lichung seiner erfolgreichsten Gedichtsammlung ›Bush ballads and galloping rhymes‹, weil er die Druckkosten nicht bezahlen zu können glaubte.
Weitere Werke: Ashtaroth (Ged., 1867), Sea spray and smoke drift (Ged., 1867).
Literatur: MACRAE, C. F.: A. L. G. New York 1968. – WILDE, W. H.: A. L. G. Melbourne u. London 1972.

Gordon, Caroline [engl. 'gɔ:dn], * Trenton (Ky.) 6. Okt. 1895, † San Cristobal de la Casas (Chiapas, Mexiko) 11. April 1981, amerikan. Schriftstellerin. – G. kam als Journalistin der ›Chattanooga News‹ (1920–24) mit der Gruppe der Fugitives in Verbindung, deren konservatives Wertesystem sie in ihren zahlreichen Kurzgeschichten und Romanen über den amerikan. Süden teilte; von 1925–54 ∞ mit A. Tate, mit dem sie ›The house of fiction. An anthology of the short story‹ (1950) herausgab.
Werke: Penhally (R., 1931), Aleck Maury sportsman (R., 1934), None shall look back (R., 1937), The garden of Adonis (R., 1937), Green centuries (R., 1941), The women on the porch (R., 1944), The forest of the South (Kurzgeschichten, 1945), The strange children (R., 1951), The malefactors (R., 1956), How to read a novel (Studie, 1957), The glory of Hera (R., 1972).
Literatur: Flannery O'Connor and C. G. A reference guide. Hg. v. R. E. GOLDEN u. M. C. SULLIVAN. Boston (Mass.) 1977. – WALDRON, A.: Close connections. C. G. and the Southern Renaissance. New York 1987.

Gordon, Charles William [engl. gɔ:dn], Pseudonym Ralph Connor, * Glengarry County (Ontario) 13. Sept. 1860, † Winnipeg 31. Okt. 1937, kanad. Schriftsteller. – Wurde presbyterianischer Geistlicher; Missionar unter Bergarbeitern, Holzfällern und Ranchern im kanad. Westen, ab 1894 Geistlicher in Winnipeg; im 1. Weltkrieg Armeegeistlicher; schrieb v. a. im Westen und in der Pionierzeit Ontarios spielende Romane (ursprünglich Fortsetzungsromane).
Werke: Black rock (R., 1898), The sky pilot (R., 1899), The man from Glengarry (R., 1901), Glengarry school days (R., 1902), The prospector (R., 1904), The foreigner (R., 1909), The sky pilot in no man's land (R., 1919).
Literatur: VIPOND, M.: Ch. W. G. In: Journal of Canadian Studies 10 (1975), H. 3.

Gordon, Glenn [engl. gɔ:dn], Pseudonym des österr. Schriftstellers Fritz ↑ Habeck.

Gordon (tl.: Gôrḏôn), Jehuda Leib, *Wilna 7. Dez. 1830, †Petersburg 16.Sept. 1892, hebr. Schriftsteller. – Führender Vertreter der russ.-jüd. Aufklärung. Mit seinem Werk (Gedichte, Fabeln, Erzählungen und Essays) trat er für soziale und religiöse Reformen innerhalb der jüd. Gesellschaft ein und bekämpfte den Rigorismus und die Rückständigkeit vieler ihrer Autoritäten. G. bediente sich des Hebräischen, das er im Ggs. zum Jiddischen als jüd. Nationalsprache betrachtete. Wichtiger Vermittler der Aufklärung an die späteren jüd. Erneuerungsbewegungen.
Literatur: Enc. Jud. Bd. 7, 1972, S. 797.

Gordon, Richard [engl. gɔ:dn], eigtl. Gordon Osterle, *London 15.Sept. 1921, engl. Schriftsteller. – Der Arztberuf, den G. bis 1952 ausübte, ist Thema seiner humorist. Erfolgsromane über ›Dr. Gordon‹.
Werke: Der lachende Mediziner (R., 1952, dt. 1954), Aber Herr Doktor. Auf hoher See (R., 1953, dt. 1955, 1956 u. d. T. Doktor ahoi), Der Schönheitschirurg (R., 1967, dt. 1968), Wo fehlt's Doktor? (R., 1972, dt. 1973), Machen Sie sich frei, Herr Doktor (R., 1973, dt. 1974), Gesundheit, Herr Doktor (R., 1976, dt. 1978), Doktor auf Abwegen (R., 1979, dt. 1979), Tief atmen, Frau Doktor (R., 1981, dt. 1984), Dr. Gordon's casebook (R., 1982), Doctor on the ball (R., 1985), Wer Aaahh sagt, ... (R., 1986, dt. 1987), A gentleman's club (R., 1989).

Gordone, Charles [engl. gɔ:r'doʊni], *Cleveland (Ohio) 12. Okt. 1925, amerikan. Dramatiker. – Der auch als Schauspieler und Regisseur tätige Dramatiker wurde durch ›No place to be somebody‹ (Dr., 1969, Pulitzerpreis 1970) bekannt, in dem er die Auseinandersetzung der armen Schwarzen mit der weißen Mafia in New York schildert.
Weitere Werke: Gordone is Muthah (Dr., 1970), The last chord (Dr., 1976).

Gore, Catherine Grace Frances [engl. gɔ:], geb. Moody, *East Retford (Nottinghamshire) 1799, †Lyndhurst (Hampshire) 29. Jan. 1861, engl. Schriftstellerin. – Eine der bedeutendsten Vertreterinnen der †Fashionable novels; kritisiert in ihren Romanen die Lebensweise der oberen Schichten Englands.
Werke: Mothers and daughters (R., 3 Bde., 1831), Mrs. Armytage (R., 3 Bde., 1836), Cecil (R., 3 Bde., 1841), The banker's wife (R., 3 Bde., 1843), The two aristocracies (R., 3 Bde., 1857).

Gorenko, Anna Andrejewna [russ. ɡa'rjɛnkɐ], russ.-sowjet. Lyrikerin und Übersetzerin, †Achmatowa, Anna Andrejewna.

Gorenschtein (tl.: Gorenštejn), Fridrich Naumowitsch, *Kiew 18. März 1932, russ. Schriftsteller. – Schrieb neben Drehbüchern Romane und Erzählungen, von denen angesichts sexueller und religiöser Tabus in der UdSSR nur wenige veröffentlicht werden konnten; emigrierte 1980.
Werke: Die Sühne (R., 1979, vollständig 1984, dt. 1979), Die Straße Zum Schönen Morgenrot (En., 1985, dt. 1991), Psalm. Ein betrachtender Roman über die vier Strafen Gottes (1986, dt. 1992), Tschok-Tschok. Philosophisch-erot. Roman (1992, dt. 1993), Skrjabin. Poem der Ekstase (R., dt. 1994).

Gorgani (tl.: Gurgānī) [pers. gorga-'ni:], Fachroddin Asad, *Gorgan(?) 11.Jh., pers. Dichter. – Verfasser eines der frühesten pers. romant. Liebesepen: ›Wīs o Rāmin‹ (= Wis und Ramin, entst. zw. 1040 und 1054), einer oriental. Parallele zu Tristan und Isolde, in der jedoch durch den Tod des alten Königs die Liebenden glücklich zusammenfinden.

Görg, Hanns, Pseudonym des dt. Schriftstellers Johann Adolf †Schlegel.

Gorgias von Leontinoi (tl.: Gorgías), *Leontinoi (heute Lentini, Sizilien) um 485, †wohl in Thessalien (Larisa?) um 380, griech. Sophist und Rhetor. – Neben Protagoras der wichtigste Vertreter der Sophistik; von Platon, der einen Dialog nach ihm benannte, bekämpft und negativ gezeichnet. Von seinem Werk sind u. a. zwei Reden über Helena und Palamedes sowie Auszüge aus der philosoph. Abhandlung ›Über das Nichtseiende‹ (›Peri toũ mḕ óntos‹) überliefert. Die Deutung der in dieser Schrift enthaltenen berühmten Thesen: 1. ›Nichts ist‹; 2. ›Selbst wenn etwas ist, so ist es doch unerkennbar‹; 3. ›Selbst wenn es erkennbar ist, ist es doch nicht mitteilbar‹ ist umstritten (›Scherz‹ oder ernstzunehmende Reaktion auf die eleat. Ontologie?).
Ausgabe: DIELS, H./KRANZ, W.: Die Fragmente der Vorsokratiker. Bln. ⁶1952. Nachdr. Zü. 1985. Bd. 2. S. 271.
Literatur: NEWIGER, H. J.: Unterss. zu G.' Schrift über das Nichtseiende. Bln. 1973.

Gorion, Micha Josef Bin, hebr. Schriftsteller, †Bin Gorion, Micha Josef.

Goris, Jan-Albert [niederl. 'xo:rɪs], fläm. Schriftsteller, ↑Gijsen, Marnix.

Gorki (tl.: Gor'kij), Maxim [russ. 'gɔrjkij], eigtl. Alexei Maximowitsch Peschkow, * Nischni Nowgorod 28. März 1868, † Moskau 18. Juni 1936, russ.-sowjet. Schriftsteller. – Aus ärml. Verhältnissen, ohne geregelte Schulbildung aufgewachsen, durchstreifte als Gelegenheitsarbeiter Rußland und die Ukraine; 1892 begann er zu schreiben (›Makar Tschudra‹, E., 1892, dt. 1901); seine 1898 veröffentlichten Skizzen und Erzählungen machten ihn bekannt. Es folgten weitere Erzählungen, in denen er das Leben der Landstreicher naturalistisch (mit romant. Zügen versehen) darstellt (›Sechsundzwanzig und eine‹, 1899, dt. 1901). Spätere Romane und Schauspiele weisen eine polit. Tendenz auf. 1905 lernte G. Lenin kennen, stand ihm persönlich, aber auch Sozialdemokraten nahe; 1906 Amerikareise, dann jahrelang in Westeuropa (bis 1913, 1921–31 [endgültige Rückkehr]). Den Terror nach der Oktoberrevolution lehnte er ab, obwohl er sich zum Bolschewismus bekannte. G. förderte junge Dichter, bejahte eine proletar. Literatur und stand dem sozialist. Realismus, zu dessen Mitbegründern er gehörte, positiv gegenüber. Seinen Werken, die ihn als warmherzigen Menschen zeigen, haften Kompositionsschwächen und oft Mängel in der Charakterdarstellung an. Er stellte in ep. und dramat. Werken u. a. das Milieu der Kleinbürger und das der Kaufleute dar (›Die Kleinbürger‹, Dr., 1901, dt. 1902; ›Das Werk der Artamonows‹, R., 1925, dt. 1927). Aus G.s Werk ragt das Schauspiel ›Nachtasyl‹ (1902, dt. 1903) heraus, mit dem er die Menschheit auf das Elend der Gestrauchelten aufmerksam machen wollte. Bed. sind seine autobiograph. Werke.

Weitere Werke: Lied vom Falken (1895, dt. 1901), Die alte Isergil (R., 1895, dt. 1901), Foma Gordejew (R., 1899, dt. 1901), Drei Menschen (R., 1900, dt. 1902), Der Sturmvogel (Prosa, 1901, dt. 1901), Sommergäste (Dr., 1905, dt. 1906), Kinder der Sonne (Schsp., 1905, dt. 1906), Die Feinde (Dr., 1906, dt. 1907), Die Mutter (R., engl. 1906, russ. Berlin 1907, dt. 1907), Das Städtchen Okurov (R., 1909, dt. 1954, erstmals dt. 1926), Wassa Schelesnowa (Dr., 1910, 2. Fassung 1935, dt. 1962), Matwej

Koshemjakin (R., 1910/11, dt. 2 Bde., 1927), Meine Kindheit (Autobiogr., 1913, dt. 1917), Unter fremden Menschen (Autobiogr., 1916, dt. 1918), Meine Universitäten (Autobiogr., 1922, dt. 1926), Das Leben des Klim Samgin (R., 4 Bde., 1927–37, dt. 1929 [Teilausg.] und dt. 4 Bde., 1952–57), Jegor Bulytschow und die anderen (Dr., 1932, dt. 1946), Dostigajew und die anderen (Dr., 1933, dt. 1962).

Ausgaben: M. G. Ges. Werke in Einzelausg. Dt. Übers. Bln. 1926–30. 17 Bde., 1 Erg.-Bd. – M. Gor'kij. Sobranie sočinenij. Moskau 1949–56. 30 Bde. – M. G. Ges. Werke in Einzelbden. Dt. Übers. Hg. v. E. KOSING u. E. MIROWA-FLORIN. Bln. u. Weimar 1965 ff. Auf 24 Bde. berechnet (bisher 20 Bde. erschienen). – M. Gor'kij. Sobranie sočinenij. Moskau 1979. 16 Bde. – M. G. Briefwechsel mit sowjet. Schriftstellern. Dt. Übers. v. G. JAROSCH. Bln. 1984.

Literatur: BORRAS, F. M.: M. G., the writer. Oxford 1967. – HABERMANN, G. E.: M. G. Bln. 1968. – RISCHBIETER, H.: M. G. Velber 1973. – PAILER, W.: Die frühen Dramen M. Gor'kijs in ihrem Verhältnis zum dramat. Schaffen A. P. Čechovs. Mchn. 1978. – GOURFINKEL, N.: M. G. in Selbstzeugnissen u. Bilddokumenten. Rbk. 26.–33. Tsd. 1981. – MURATOVA, K. D.: M. Gor'kij. Seminarij. Moskau 1981. – LUDWIG, N.: M. G. – sein Leben u. Werk. Bln. 1984. – TROYAT, H.: G. Sturmvogel der Revolution. Dt. Übers. Gernsbach 1987. – GÜNTHER, H.: Der sozialist. Übermensch. M. Gor'kij u. der sowjet. Heldenmythos. Stg. 1993. – STUDNITZ, C. VON: Mit Tränen löschst du das Feuer nicht. M.G. u. sein Leben. Düss. 1993. – KNIGGE, A.: M. Gor'kij. Das literar. Werk. Mchn. 1994.

Maxim Gorki

Gorki-Literaturinstitut [russ. 'gɔrjkij], auf Anregung von M. Gorki 1933 in Moskau eröffnet; 1936–91 Literaturinstitut des Schriftstellerverbandes der UdSSR; ab 1942 Hochschule; 1946 Benennung nach Gorki; Aufgabe: Lehre und Erziehung junger schriftsteller. Talente. Es lehrten u.a. F. W. Gladkow, W. W. Iwanow, W. A. Kawerin, L. M. Leonow, K. G. Paustowski, K. A. Fedin. Absolventen des Instituts, die später Bedeutung erlangten, sind u.a. M. I. Aliger, B. A. Achmadulina, J. W. Bondarew, R. I. Roschdestwenski, K. M. Simonow, W. A. Solouchin, W. F. Tendrjakow, J. W. Trifonow.

Gorlin, Michail (Michael) Genrichowitsch [russ. 'gɔrlin], * Petersburg 11. Juni 1909, † in Deutschland April 1944 (?; in Haft), russ.-dt. Lyriker. – Emigration 1919, ab 1922 in Berlin; Studium der Slawistik; 1933 Emigration nach Paris; 1941 Deportation nach Deutschland. G. schrieb romantisch-märchenhafte Lyrik, die er selbst ins Deutsche übersetzte (›Märchen und Städte‹, 1930).

Görling, Lars [schwed. ˌjœːrlɪŋ], * Stockholm 23. Aug. 1931, † Järna (Södermanland) 31. Juli 1966, schwed. Schriftsteller. – Seine gesellschaftskrit. Romane und Novellen schildern in schonungslosem Realismus v. a. die Situation des Menschen in einer von Gewalt beherrschten Welt. Der Roman ›491‹ (1962, dt. 1965) wurde v. a. wegen der darin geschilderten sexuellen Freizügigkeit ein Sensationserfolg.

Weitere Werke: Triptyk (R., 1961), Hela apparaten (Nov., 1964).

Górnicki, Łukasz [poln. gur'nitski], * Auschwitz 1527, † Lipniki (Woiwodschaft Białystok) 22. Juli 1603, poln. Schriftsteller. – Unter seinen poet. und histor. Werken ist v.a. die im Sinn des Humanismus bearbeitete Übersetzung des ›Cortegiano‹ von B. Castiglione, ›Der poln. Demokrit als Hofmann‹ (1566, dt. 1856), bedeutend.

Ausgabe: Ł. G. Pisma. Warschau 1961. 2 Bde.
Literatur: PICCHIO, R.: Le courtisan selon G. Châlons-sur-Marne 1953.

Gorodezki (tl.: Gorodeckij), Sergei Mitrofanowitsch [russ. gɐra'djɛtskij], * Petersburg 17. Jan. 1884, † Moskau 8. Juni 1967, russ.-sowjet. Lyriker. – Stand anfangs dem Symbolismus nahe, mit N. S. Gumiljow Begründer des Akmeismus; beeinflußte die Gruppe der Bauerndichter; nach der Revolution kommunist. Propagandadichtung; auch

Kritiker und Übersetzer; Verfasser von Opernlibretti.

Werk: Nekotorye tečenija v sovremennoj russkoj poèzii (= Einige Strömungen in der zeitgenöss. russ. Dichtung, Aufsatz, 1913).
Ausgabe: S. M. Gorodeckij. Stichotvorenija i poèmy. Leningrad 1974.

Gorostiza, Manuel Eduardo [span. goros'tisa], * Veracruz 13. Okt. 1789, † Tacubaya bei Mexiko 23. Okt. 1851, mex. Dramatiker. – Oberst, später im diplomat. Dienst (London, Paris); schrieb erfolgreiche Lustspiele, u.a. ›Indulgencia para todos‹ (1818), ›Contigo, pan y cebolla‹ (1833), die den Übergang vom Klassizismus zur Romantik bezeichnen.

Literatur: AGUILAR M. E.: Estudio bio-bibliográfico de Don M. E. de G. Mexiko 1932.

Görres, [Johann] Joseph von (seit 1839), * Koblenz 25. Jan. 1776, † München 29. Jan. 1848, dt. Publizist und Gelehrter. – Studierte in Bonn Naturwiss. und Medizin; Anhänger der Frz. Revolution und einer rhein. Republik. Ernüchtert vom Pariser Revolutionsterror (nach einem Aufenthalt in Paris 1799/1800) änderte er seine polit. Ansichten. 1801 Physiklehrer in Koblenz, 1806–08 Privatdozent für Naturphilosophie, Ästhetik und Literatur in Heidelberg, wo er auch an der von C. Brentano und A. von Arnim herausgegebenen ›Zeitung für Einsiedler‹ mitarbeitete. 1814–16 Hg. des ›Rhein. Merkur‹, der wichtigsten Publikation im nat. Kampf gegen Napoleon. Als er sich für eine freiheitl. Verfassung in einem geeinten Deutschl. unter österr. Führung einsetzte, wurde die Zeitschrift verboten und G. entlassen. Nach Erscheinen seiner Schrift ›Teutschland und die Revolution‹ (1819) wurde er durch einen preuß. Haftbefehl zur Flucht gezwungen. Zunächst lebte er in der Schweiz, dann in Straßburg, wo er sich wieder dem Katholizismus zuwandte. 1827 wurde er Prof. für Geschichte in München, wo er Mittelpunkt eines Kreises bed. kath. Gelehrter war. Die von ihm als Instrument zur Verteidigung der Kirche 1838 mitbegründeten ›Historischpolit. Blätter‹ wurden bald zum Organ der Großdeutschen. G. wandte sich gegen jede staatl. Einmischung in kirchl. Belange, er setzte sich ein für Toleranz

Gorrio

und ökumen. Gesinnung. Er war eine der führenden Persönlichkeiten der kath. Spätromantik und der kath. Publizistik, von ungewöhnl. Sprachkraft, hervorragendem Stil und Einfluß. Bed. auch als Hg. der dt. Literatur des MA (›Altteutsche Volks- und Meisterlieder‹, 1817).

Weitere Werke: Aphorismen über Kunst ... (1802), Glauben und Wissen (1805), Des Uhrmachers BOGS wunderbare Geschichte (E., 1807; mit C. Brentano), Die teutschen Volksbücher (Abh., 1807), Mythengeschichte der asiat. Welt (2 Bde., 1810), Die christl. Mystik (4 Bde., 1836–42), Athanasius (Streitschr., 1838).

Ausgaben: J. v. G. Ges. Schrr. Hg. v. M. GÖRRES. Mchn. 1854–74. 2 Abteilungen, 9 Bde. – J. v. G. Ges. Schrr. Hg. v. W. SCHELLBERG u. a. Köln 1926 ff. Auf 28 Bde. berechnet (bisher 16 Bde. u. 2 Erg.-Bde. ersch.). – J. v. G. Ein Leben für Freiheit u. Recht. Ausw. Hg. v. H. RAAB. Paderborn u. a. 1978. – J. v. G. Ausgew. Werke. Hg. v. W. FRÜHWALD. Freib. u. a. 1978. 2 Bde.

Literatur: SCHULTZ, F.: J. G. als Hg., Litterarhistoriker, Kritiker im Zusammenhange mit der jüngeren Romantik. Bln. 1902. Nachdr. New York 1967. – SAITSCHIK, R.: J. G. u. die abendländ. Kultur. Olten u. Freib. 1953. – BÜRKE, G.: Vom Mythos zur Mystik. J. v. G.' myst. Lehre u. die romant. Naturphilosophie. Einsiedeln 1958. – HABEL, R.: J. G. Studien über den Zusammenhang von Natur, Gesch. u. Mythos in seinen Schrr. Wsb. 1960. – G.-Bibliogr. Bearb. v. A. PORTMANN-TINGUELY. Paderborn 1993.

Gorrio, Tobia, Pseudonym des italien. Komponisten und Dichters Arrigo ↑ Boito.

Górski, Artur [poln. 'gurski], Pseudonym Quasimodo, * Krakau 2. Juli 1870, † Warschau 7. Dez. 1959, poln. Schriftsteller. – Literaturkritiker und Publizist; bis 1893 Sozialist; trat 1898 mit den programmat. Artikeln ›Młoda Polska‹ (= Junges Polen) hervor, womit er der literar. Richtung des Modernismus in Polen ihren Namen gab; aktualisierte die Tradition des poln. romant. ↑ Messianismus; schrieb Gedichte, Erzählungen und Dramen; Übersetzer.

Gorter, Herman [niederl. 'xɔrtər], * Wormerveer 26. Nov. 1864, † Brüssel 15. Sept. 1927, niederl. Lyriker. – Mit-Hg. der Zeitschriften ›De Jonge Gids‹ und ›De Nieuwe Tijd‹; später Hinwendung zu extremen marxist. Strömungen, als Kommunist Tätigkeit in der Arbeiterbewegung; G. erstrebte dichter. Wirkung allein durch die Schönheit von Klang und Rhythmus; bed. ist das breitange-

legte Epos ›Mai‹ (1889, dt. 1909) sowie sein Epos ›Pan‹ (1912, erweitert 1916).

Weitere Werke: Verzen (Ged., 1890), Kenteringssonnetten (1891), Ein kleines Heldengedicht (1906, dt. 1909), De arbeidersraad (Ged., hg. 1931), Sonnetten (hg. 1934), De groote dichters (Essays, hg. 1935).

Ausgabe: H. G. Verzamelde werken. Bussum 1948–52. 8 Bde.

Literatur: ROLAND HOLST, H.: H. G. Amsterdam 1933. – CORSTIUS, J. C. B.: H. G. de mens en dichter. Amsterdam 1934. – ANTONISSEN, R.: H. G. en Henriette Roland Holst. Antwerpen 1946 (mit Bibliogr.).

Gossaert, Geerten [niederl. 'xɔsa:rt], eigtl. Frederik Carel Gerretson, * Kralingen (Südafrika) 9. Febr. 1884, † Utrecht 27. Okt. 1958, niederl. Lyriker, Historiker und Essayist. – 1925–54 Prof. für Geschichte an der Univ. Utrecht; formstrenger, in seinen Themen jedoch leidenschaftlich-bewegter Lyriker; veröffentlichte nur einen Band mit Gedichten (1911 u.d.T. ›Experimenten‹, dt. 1929 u.d.T. ›Gedichte‹).

Gosse, Sir (seit 1925) Edmund William [engl. gɔs], * London 21. Sept. 1849, † ebd. 16. Mai 1928, engl. Kritiker und Schriftsteller. – 1884–90 Prof. für engl. Literatur in Cambridge, 1904–14 Bibliothekar des brit. Oberhauses. G. war befreundet mit bed. Schriftstellern (A. Ch. Swinburne, R. L. Stevenson, H. James u. a.); schrieb neben idyll. Landschaftsgedichten zahlreiche Monographien und eine bed. Autobiographie (›Father and son‹, 1907); auch Arbeiten zur engl. Literatur des 17. und 18. Jh. sowie Studien über das frz. und skand. Schrifttum.

Weitere Werke: Studies in the literature of Northern Europe (1879), Seventeenth century studies (Essays, 1883), Life of Congreve (Biogr., 1888), H. Ibsen (Studie, 1907), Life of Swinburne (Biogr., 1917).

Literatur: CHARTERIS, SIR E. E.: The life and letters of Sir E. G. London 1931. – THWAITE, A.: E. G. London 1984.

Gosselin, Théodore [frz. gɔ'slɛ̃], frz. Historiker und Dramatiker, ↑ Lenôtre, Georges.

Gosson, Stephen [engl. gɔsn], ≈ Canterbury 17. April 1554, † 13. Febr. 1624, engl. Dramatiker. – Bekannt durch seine ›School of abuse‹ (1579), in der er, nach seinem Scheitern als Dramatiker, die zeitgenöss. Komödie moralisch verdammte; er widmete diese Schrift Sir

Philip Sidney, der als Antwort darauf seine ›Apologie for poetrie, or ...‹ (1595) schrieb.

Literatur: RINGLER, W. A.: S. G. Princeton (N. J.) 1942.

Goszczyński, Seweryn [poln. gɔʃ-'tʃiĩski], * Ilinzy bei Uman 4. Nov. 1801, † Lemberg 25. Febr. 1876, poln. Schriftsteller. – Nach Teilnahme am poln. Aufstand 1830/31 ab 1838 bis kurz vor Lebensende in Frankreich und der Schweiz; gehört zur ›Ukrain. Schule‹ der poln. Romantik; das Epos ›Das Schloß von Kaniow‹ (1828, dt. 1832) ist in seiner düsteren Stimmung von Lord Byron beeinflußt; weitere bedeutende Werke behandeln, oft in allegorischer Form, polnische Probleme; Übersetzer Ossians.

Ausgabe: S. G. Dzieła zbiorowe. Warschau 1911. 4 Bde.

Literatur: ROSNOWSKA, J.: G. Warschau 1977.

Gothic novel [engl. 'gɔθιk 'nɔvl = got. Roman], engl. ↑ Schauerroman, der in Phantasielandschaften spielt, sich ein [pseudo]histor. Kolorit gibt, düstere Architektur mit unterird. Gängen, Verliesen und Schreckenskammern bevorzugt, von unerklärl. Verbrechen erzählt sowie gern unheiml. Gestalten, Gespenster oder Vampire auftreten läßt. Wegbereiter der G. n. war H. Walpoles Roman ›Schloß Otranto‹ (1765, dt. 1768). Die Romane ›Udolpho's Geheimnisse‹ (1794, dt. 1795–97) von A. Radcliffe und ›Der Mönch‹ (1796, dt. 1797/98) von M. G. Lewis sind Beispiele für diese Modeströmung, die auch auf die dt. Literatur des 18. Jh. ausstrahlte (↑ Gespenstergeschichte) und von da wieder auf England zurückwirkte. Die spätere G. n., z. B. M. W. Shelleys Roman ›Frankenstein oder Der moderne Prometheus‹ (1818, dt. 1912) oder Ch. R. Maturins Roman ›Melmoth der Wanderer‹ (1820, dt. 1822), ist daher gelegentlich im deutschen Milieu angesiedelt und verarbeitet deutsche Einflüsse.

Literatur: LÉVY, M.: Le roman gothique anglais. 1764–1824. Toulouse 1968. – KLEIN, J.: Der Got. Roman u. die Ästhetik des Bösen. Darmst. 1975. – PRAZ, M.: Liebe, Tod u. Teufel. Die schwarze Romantik. Dt. Übers. Mchn. ²1981. – NAPIER, E.: The failure of gothic. Problems of disjunction in an eighteenth century literary form. Oxford 1986. – HAGGERTY, G. E.: Gothic fiction/gothic form. University Park (Pa.) 1989.

Gotischer Bund (schwed. Götiska förbundet), romant. konservative patriotisch-literar. Vereinigung; gegr. 1811 in Stockholm mit dem Ziel, durch Wiederbelebung der nord. Mythologie (Quellenforschungen, Übersetzungen, Sammlungen, Dichtungen) das nach dem russ. Krieg (1808; Friede von Fredrikshamn 1809) zerrüttete schwed. nat. Selbstbewußtsein zu heben. Mitglieder waren u. a. die bedeutendsten romant. Dichter Schwedens, die viele ihrer wichtigsten Werke in der Zeitschrift des G. B.es, ›Iduna‹ (1811 ff.), veröffentlichten, die zur Blüte der schwed. Literatur führten, u. a. E. G. Geijer, E. Tegnér, A. A. Afzelius, E. J. Stagnelius.

Gotsche, Otto, * Wolferode (Landkreis Eisleben) 3. Juli 1904, † Berlin (Ost) 17. Dez. 1985, dt. Schriftsteller. – 1918 Mitglied in einer Jugendorganisation des Spartakusbundes, später Funktionär der KPD; 1933 verhaftet, war in mehreren Gefängnissen und Konzentrationslagern; nach der Entlassung bis 1945 Arbeit im Widerstand; ab 1949 Sekretär von W. Ulbricht, ab 1966 Mitglied des ZK der SED. Seit Ende der 20er Jahre schriftstellerisch tätig; schrieb dokumentarisch-histor. Romane, deren Stoffe aus der neueren, z. T. selbst erlebten Geschichte der Arbeiterbewegung stammen und auf den Aufbau einer sozialist. Gesellschaft bezogen werden.

Werke: Märzstürme (R., 1933; überarb. Fassung 1953; 2. Bd. 1971), Tiefe Furchen (R., 1949), Zwischen Nacht und Morgen (R., 1955), Die Fahne von Kriwoj Rog (R., 1959), Unser kleiner Trompeter (R., 1961), Links und rechts vom Äquator (Reiseber., 1970), ... und haben nur den Zorn (R., 1975), Die seltsame Belagerung von Saint Nazaire (R., 1979), Die Hemmingstedter Schlacht (R., 1982).

Gött, Emil, * Jechtingen (heute zu Sasbach, Landkreis Emmendingen) 13. Mai 1864, † Freiburg im Breisgau 13. April 1908, dt. Dramatiker. – Führte ein ruheloses Wanderleben als Handwerker und Landarbeiter, zeitweise in der Gesellschaft seines Freundes Emil Strauß. Später war er als Landwirt tätig. Er schrieb Erzählungen, Lyrik, Spruchdichtungen und Aphorismen, bühnenwirksame Dramen mit sozialer und eth. Problematik. Die psycholog., humorvollen Stücke sind vom klass. span. Theater beeinflußt.

Werke: Verbotene Früchte (Kom., 1894), Edelwild (Dr., 1901), Mauserung (Lsp., 1908), Freund Heißsporn (Lsp., hg. 1911), Nachdenkl. Geschichten (hg. 1923).
Ausgabe: E. G. Ges. Werke. Hg. v. R. WOERNER. Straßburg ²1943.
Literatur: GÖTT, M. U.: E. G. Mchn. ²1924. – E. G. Dokumente u. Darstellungen zu Leben, Dichtung u. früher Lebensreform. Bearb. v. V. SCHUPP u. a. Freib. 1992.

Gotta, Salvatore, * Montalto Dora bei Ivrea 18. Mai 1887, † Rapallo 7. Juni 1980, italien. Schriftsteller. – Jurist und Journalist; trat mit dem umfangreichen Romanzyklus ›La saga de I Vela‹ (urspr. 29 Tle., 1912–50, 1954 in 3 Bden., dt. Bd. 1 u. d. T. ›Romant. Vorspiel‹, 1957; Bd. 2 u. d. T. ›Die Vela-Saga‹, 1959; Bd. 3 u. d. T. ›Späte Heimkehr‹, 1962); schrieb auch Novellen, Dramen und Jugendbücher.
Literatur: PUGLIESE, S.: Salvator G. Saggio bibliografico 1909–1929. Mailand 1929. – TRAMBALLI, G.: Un ragazzo di 90 anni. In: Epoca 1391 (1977), S. 44.

Gotter, Friedrich Wilhelm, * Gotha 3. Sept. 1746, † ebd. 18. März 1797, dt. Schriftsteller. – Studierte Jura, war Archivar in Gotha; gründete 1769 mit H. Ch. Boie den ›Göttinger Musenalmanach‹; 1770 Legationssekretär in Wetzlar; Bekanntschaft mit Goethe; 1772 Geheimer Sekretär in Gotha, setzte sich für das Gothaer Hoftheater ein. Als klassizist. Lyriker und Dramatiker bearbeitete er frz. Originale in oft glatter Verskunst.
Werke: Gedichte (1770), Die Dorfgala (Lsp., 1774), Orest und Elektra (Trag. nach Voltaire, 1774), Medea (Dr., 1775), Mariane (Trag., 1776), Der Kobold (Lsp., 1778), Zwei Onkels für Einen (Lsp., 1781), Die Erbschleicher (Lsp., 1789), Die Geisterinsel (Singspiel nach Shakespeare, 1797).
Literatur: SCHLOESSER, R.: F. W. G. Sein Leben u. seine Werke. Hamb. 1894. Nachdr. Nendeln 1977.

Gottfried von Monmouth [engl. 'mʌnməθ], engl.-walis. Geschichtsschreiber, ↑ Geoffrey of Monmouth.

Gottfried von Neifen, mhd. Minnesänger des 13. Jahrhunderts. – Seine Lieder sind v. a. in der Großen Heidelberger Liederhandschrift überliefert (190 Strophen); die 45 Minnelieder reduzieren das Inventar des hohen Minnesangs auf in-

haltl. und sprachl. Versatzstücke in formaler und verbaler Virtuosität. Von den 6 Liedern des ›genre objectif‹ (d. h. der situationsdeutenden Gattungen wie Tagelied oder Pastourelle) gelten 5 als unecht wegen ihrer gewagteren und derberen Darstellung. Der Dichter ist wohl identisch mit dem zwischen 1234 und 1255 nachweisbaren Angehörigen eines schwäb. Freiherrengeschlechts, dessen Stammburg auf dem Hohenneuffen oberhalb der Stadt Neuffen lag. Er wirkte vermutlich am Hof König Heinrichs (VII.) und beeinflußte die späteren schwäb. Dichter.
Literatur: KUHN, H.: Minnesangs Wende. Tüb. ²1967.

Gottfried von Straßburg, mhd. Dichter des frühen 13. Jahrhunderts. – Schuf mit seinem unvollendet gebliebenen Versepos ›Tristan und Isolt‹ (19 548 Verse) den klass. Liebesroman von der zwanghaften Leidenschaft, die nicht harmonisierbar ist. G. übernahm den mit Motiven aus aller Welt durchsetzten Stoff aus der frz.-kelt. Literatur- und Sagentradition. Als Quelle nannte er den anglonormann. Dichter Thomas d'Angleterre. Er führte die in dessen nur fragmentarisch überliefertem Werk angelegte Tendenz fort, die märchenhaften Elemente der Fabel mit Reflexionen über die Vorbildlichkeit und die zerstörer. Macht der Liebe zu durchdringen. Der Held Tristan ist nicht nur ein vorbildl., tapferer Ritter, er verfügt auch über eine vielseitige Bildung, breite Sprachkenntnisse, poet. und musikal. Künste und höfisch-prakt. Fertigkeiten. G.s Werk ist einerseits ausgezeichnet durch sprachl. Musikalität, vers- und reimtechn. Raffinement, durch eine souveräne Handhabung der Mittel der antiken Rhetorik, andererseits durch die geistige Durchdringung der Minneproblematik und eine psychologisch-ästhet. Personendarstellung. Überall verrät sich die Schulung des Dichters in den Artes liberales, seine Vertrautheit mit antikem Geistesgut und frz. Kultur, z. B. im kunstvollen Prolog oder in der Minnegrotte-Allegorie, auch in der Auseinandersetzung mit der Dichtung seiner Zeit, im sog. Literaturexkurs (Vers 4589–4820), einer poetolog. Reflexion, in der G. die bedeutendsten Dichter seiner Zeit charakterisiert und in der er gegen einen Ungenannten polemisiert, den man als Wolfram von Eschenbach identifiziert. Über G.s Person ist so gut wie nichts bekannt. In seinem Epos finden sich keine persönl. Angaben, nicht einmal sein Name. Der im Akrostichon des Prologs gebildete Name ›Dietrich‹ wird gewöhnlich auf einen unbekannten Mäzen G.s bezogen. Erst spätere Dichter wie Rudolf von Ems und die Fortsetzer seines Epos, Ulrich von Türheim und Heinrich von Freiberg, überlieferten G.s Namen mit dem Titel ›Meister‹; darin wird ein Zeichen für seine gelehrte Ausbildung gesehen; ob er als Jurist oder Kleriker in Straßburg tätig war, bleibt Vermutung. Aus Bezügen zu anderen mhd. Werken wird geschlossen, er sei um 1220 gestorben. Unter G.s Namen sind in der Großen Heidelberger Liederhandschrift ein Minnelied, ein Sangspruch und ein religiöses Lied überliefert; sie gelten als unecht. Rudolf von Ems rühmte ihn weiter als Dichter des ›Spruches vom gläsernen Glück‹, der sich in der Handschrift indes unter den Gedichten Ulrichs von Lichtenstein findet; auch hier ist die Echtheit problematisch. Die Überlieferung des Tristanepos ist auffallend stark auf den deutschen Südwesten beschränkt: im 13. Jh. stammen 9 von 10 Handschriften aus dem elsässischen Raum.

Ausgaben: G. v. S. Tristan. Hg. v. K. MAROLD. Lpz. ³1906. Nachdr. Bln. u. New York 1969. – G. v. S. Tristan u. Isold. Hg. v. F. RANKE. Dublin u. Zü. ¹⁵1978. – G. v. S. Tristan. Mhd. und nhd. Hg., übers. v. R. KROHN. Stg. 1980.
Literatur: MOHR, W.: Tristan u. Isold als Künstlerroman. In: Euphorion 53 (1959), S. 153. – STEINHOFF, H.-H.: Bibliogr. zu G. v. S. Bln. 1971. – G. v. S. Hg. v. A. WOLF. Darmst. 1973. – KUHN, H.: Tristan, Nibelungenlied, Artusstruktur. Mchn. 1973. – WEBER, G.: G. v. S. Stg. ⁵1981. – MIETH, D.: Dichtung, Glaube u. Moral. Studien zur Begründung einer narrativen Ethik, mit einer Interpretation zum Tristanroman G. v. S.s. Tüb. ²1983. – G. v. S. and the medieval Tristan legend ... Symposium. Hg. v. A. STEVENS u. a. Cambridge 1990. – HALL, C. D.: A complete concordance to G. v. S.'s Tristan. Lewiston 1993. – SCHRÖDER, W.: Kleinere Schrr. Bd. 5: Über G. v. S. Stg. 1994.

Gotthelf, Jeremias, eigtl. Albert Bitzius, * Murten 4. Okt. 1797, † Lützelflüh (Kanton Bern) 22. Okt. 1854, schweizer.

Erzähler. – Aus Altberner Patrizierfamilie, Pfarrerssohn, studierte in Bern und Göttingen Theologie, war später Vikar an verschiedenen Orten der Schweiz, ab 1832 Pfarrer in Lützelflüh. Begann erst mit 40 Jahren zu schreiben. Profunde realist. Darstellungskunst und Psychologie heben seine Werke weit über die Gattung der ↑Dorfgeschichte hinaus. G.s Schriften sollten als vertiefte Seelsorge das Volk erreichen. Sie sind gekennzeichnet durch eine ungewöhnlich treffsichere und eindrückl. Gestaltung der Menschenseele, ihrer Anfechtung und ihrer inneren Kräfte, vergleichbar der großen russ. und skand. Erzählkunst. In noch stärkerem Maßstabe als G. Keller war G. zudem Humorist und polit. Satiriker: nach liberalen Anfängen im Herderschen Sinne wurde er zum fanat. Gegner des in der Schweiz herrschenden Freisinns und dessen Fortschrittsglaubens. In seinen polit. Traktaten und Erzählungen dominiert die Schärfe des Satirischen, in seinem dichter. Werk jedoch herrscht, untrennbar vom Ernst des erzieher. Einsatzes, ein auf überlegener Menschenkenntnis beruhender Humor. – G. ist kein Dialektdichter, er erzählt im ep. Präteritum, das es im Berndeutsch nicht gibt. Das Gespräch läßt er überwiegend auf Berndeutsch erfolgen und durchsetzt auch seine Hochsprache mit alemann. Spracheigentümlichkeiten. G.s große erzähler. Leistungen liegen gleichermaßen auf dem Gebiet des Romans wie der Novelle. Die Romane ›Der Bauern-Spiegel oder Lebensgeschichte des Jeremias Gotthelf‹ (1837), ›Leiden und Freuden eines Schulmeisters‹ (2 Tle., 1838/39), ›Wie Uli der Knecht glücklich wird‹ (1841, Neufassung 1846 u. d. T. ›Uli der Knecht‹) mit der Fortsetzung ›Uli der Pächter‹ (1849), ›Wie Anne Bäbi Jowäger haushaltet ...‹ (2 Tle., 1843/44), ›Käthi, die Großmutter, oder ...‹ (2 Bde., 1847), ›Die Käserei in der Vehfreude‹ (1850), ›Zeitgeist und Berner Geist‹ (2 Tle., 1852) und ›Erlebnisse eines Schuldenbauers‹ (1854) enthalten alle massive Zeitkritik aus konservativem Blickwinkel, doch ist das keineswegs ihr Hauptvorzug. Dieser ist vielmehr ihr eindrucksvolles Menschenbild (dem ein ebenso eindrucksvolles Gottesbild entspricht) sowie die

Jeremias
Gotthelf
(Stahlstich
von K. Gon-
zenbach)

Kunst der Darstellung innerer Situationen und ihres symbol. Ausdrucks im
Gespräch. Unter den histor. Novellen
und Sagenerzählungen ragen heraus:
›Die schwarze Spinne‹ (1842, in: ›Bilder
und Sagen aus der Schweiz‹), großartig
in den Kontrasten des realist. Rahmens
und der düsteren Dämonie des mittelalterl. Pestsymbols, und ›Elsi, die seltsame
Magd‹ (1843, in: ›Neues Schweizer. Un-
terhaltungsblatt ...‹), eine schlichte und
trag. Liebesgeschichte; unter den Gegen-
wartsnovellen: ›Das Erdbeeri Ma-
reili‹ (1850, in: ›Alpenrosen auf das Jahr
1851‹) und ›Barthli der Korber‹ (1852,
in: ›Illustrierter Volkskalender‹). Die politisch getönten und die Erziehungsno-
vellen ordnen sich mehr in das allgemeine Genre dieser Gattung, teils nach
der satir., teils nach der moralist. Seite.
Überragend ist jedoch wieder G.s Leistung im Bereich der humoristischen Erzählung, so in der Brautschau-Novelle
›Wie Christen eine Frau gewinnt‹ (1845),
wo ein Humor von praller Realistik fasziniert.

Weitere Werke: Dursli der Branntweinsäufer
oder ... (Nov., 1839), Bilder und Sagen aus der
Schweiz (6 Bde., 1842–46), Ein Sylvester-Traum
(E., 1842), Der Geldstag oder ... (R., 1846), Ja-
kobs, die Handwerksgesellen, Wanderungen
durch die Schweiz (2 Tle., 1846/47), Der Knabe
des Tell (E., 1846), Hans Joggeli der Erbvetter ...
(En., 1848), Erzählungen und Bilder aus dem
Volksleben der Schweiz (5 Bde., 1850–55), Die
Erbbase (E., 1851).
Ausgaben: J. G. Sämtl. Werke. Hg. v. R. HUNZI-
KER u. a. Mchn. u. Zü. 1911–77. 24 Bde. u. 18
Erg.-Bde. – J. G. Ges. Werke. Zü. 1982. 9 Bde.
Literatur: MUSCHG, W.: G. Die Geheimnisse
des Erzählers. Mchn. 1931. Nachdr. 1967. –

GUGGISBERG, K.: J. G. Zü. 1939. – FEHR, K.:
Das Bild des Menschen bei J. G. Frauenfeld
1953. – MUSCHG, W.: J. G. Eine Einf. in seine
Werke. Bern u. Mchn. 1954. – KOHLSCHMIDT,
W.: Dichter, Tradition u. Zeitgeist. Bern u.
Mchn. 1965. – JUKER, W.: Leben u. Persönlich-
keit J. G.s. Bern 1969. – JUKER, B.: Wörterbuch
zu den Werken von J. G. Zü. 1972. – KÜFFER, U.:
J. G. Bern 1982. – JUKER, B./MARTORELLI, G.: J.
G. 1797–1854. Bibliogr. 1930–1975. Bern
1983. – FEHR, K.: J. G. Stg. ²1985. – HOLL, H. P.:
J. G. Leben, Werk, Zeit. Zü. 1988. – HAHL, W.:
J. G. – der ›Dichter des Hauses‹. Stg. 1994.

Göttinger Hain (Hainbund), dt.
Dichterkreis, gegr. am 12. Sept. 1772 von
J. H. Voß, L. Ch. H. Hölty, J. M. Miller
u. a., die wie die meisten weiteren Mitglieder (H. Ch. Boie, die Grafen Ch. und
F. L. zu Stolberg-Stolberg, J. A. Leisewitz, K. F. Cramer) an der Univ. Göttingen studierten. Dem G. H. nahe standen
G. A. Bürger, M. Claudius (in Wands-
beck) und v. a. F. G. Klopstock (in Hamburg) als das verehrte und gefeierte Vorbild, auf dessen Ode ›Der Hügel und der
Hain‹ (in ›Oden und Elegien‹, 1771) sich
der Name bezog. Der G. H. war eine der
seit etwa 1750 aufbrechenden Protestbe-
wegungen gegen die rationalist. Strömungen der Aufklärung; Freundschafts-
kult, Begeisterung für sittl. Ideale,
schwärmer. Natur- und Vaterlandsliebe
zeigen seine Herkunft aus der ↑ Empfindsamkeit; die Ablehnung der rationalist.
Dichtungsauffassung allgemein und bes.
der von roman. Formmustern geprägten
Gesellschaftsdichtung zugunsten des ↑ Rokoko zugunsten erlebter Gefühlsaussage verbinden ihn mit dem ↑ Sturm und Drang. –
Typisch für den Dichtungsstil des G. H.s
ist die subjektivierte, ungekünstelte Aussage, meist in lyr. Kleinformen, so v. a.
die Topoi und Erlebnissubstanz mi-
schenden Oden (Hölty, F. L. zu Stolberg-
Stolberg, Voß, Miller), die Lieder oder
volksliedhafte Lyrik, oft mit idyll. Fär-
bung (volkstüml. wurden bes. Miller,
Bürger, z. T. vertont von J. A. P. Schulz
und J. F. Reichardt) und, als wichtigste
Leistung des G. H.s, die Herausbildung
der dt. Kunstballade aus dem histor.
Volkslied (Hölty und bes. Bürger mit
›Lenore‹, 1774). – Viele der Dichtungen
erschienen erstmals in dem von Boie und
F. W. Gotter begründeten ›**Göttinger Musenalmanach**‹ (1770–1804). Ab 1775 löste

sich der G. H. allmählich auf (Abschluß der Studien der Mitglieder).

Ausgabe: Der Göttinger Dichterbund. Hg. v. A. SAUER. Bln. u. Stg. 1885–95. 3 Tle. Nachdr. Darmst. 1966.
Literatur: PRUTZ, R. E.: Der Göttinger Dichterbund. Lpz. 1841. Nachdr. Bern 1970. – Der G. H. Hg. v. A. KELLETAT. Stg. 1967.

Göttinger Musenalmanach ↑ Göttinger Hain.

Göttingische Gelehrte Anzeigen, 1739 als ›Göttingische Zeitungen von gelehrten Sachen‹ gegründete literarischkrit. Zeitschrift, die 1753 von der Akad. der Wissenschaften in Göttingen u. d. T. ›Göttingische Anzeigen von gelehrten Sachen‹ übernommen wurde und ab 1802 als ›G. G. A.‹ erschien. 1944 stellte die Zeitschrift ihr Erscheinen ein, 1953 (207. Jg.) wurde sie neu gegründet.

Literatur: KNABE, P.-E.: Die Rezeption der frz. Aufklärung in den ›G. G. A.‹. Ffm. 1978.

Gottschalk von Orbais [frz. ɔr'bɛ] (G. der Sachse, G. von Fulda, Godescalc von O.), * um 803, † Hautevillers bei Épernay um 869, dt. Theologe und Dichter. – Oblate im Kloster Fulda, das er 829 verließ. 830 Mönch im Corbie, um 835/840 Priester im Benediktinerkloster Orbais (Dep. Marne); reiste nach Italien und bis nach Bulgarien. Wegen seiner Prädestinationslehre wurde er von seinem Lehrer Hrabanus Maurus 848 auf einer Synode in Mainz und 849 auf der Synode von Quiercy verurteilt und im Kloster Hautevillers festgesetzt. Seine Hymnen, Gedichte und Lieder sind von hoher sprachl. Qualität und tiefer Religiosität.

Gottschall, Rudolf von (seit 1877), * Breslau 30. Sept. 1823, † Leipzig 21. März 1909, dt. Schriftsteller. – Lyriker, Dramatiker, Erzähler, Kritiker und Literarhistoriker. Zunächst Anhänger des Jungen Deutschland und Betätigung in der liberalen Partei, später konservativ und national. 1865–88 Hg. der ›Blätter für literar. Unterhaltung‹, daneben auch Hg. der Monatsschrift ›Unsere Zeit‹.

Werke: Lieder der Gegenwart (1842), Ulrich von Hutten (Dr., 1843), Robespierre (Dr., 1845), Barrikadenlieder (1848), Pitt und Fox (Lsp., 1854), Im Banne des schwarzen Adlers (R., 3 Bde., 1876), Die Erbschaft des Blutes (R., 3 Bde., 1882), Bunte Blüthen (Ged., 1891), Friedrich von Schiller (Biogr., 1898), Späte Lieder (Ged., 1902).

Gottsched, Johann Christoph, * Juditten (heute zu Königsberg [Pr]) 2. Febr. 1700, † Leipzig 12. Dez. 1766, dt. Literaturtheoretiker und Kritiker. – Sohn eines Predigers, studierte Theologie, Philosophie und Philologie, kurze Zeit Lehrer der Philosophie in Königsberg; floh 1724 vor den Werbern des preuß. Königs nach Leipzig, war Privatdozent, ab 1730 Prof. der Poesie und ab 1734 Prof. der Logik und Metaphysik. G. setzte sich für die Aufklärung ein und wurde als Kritiker und Spracherzieher, der auch eine Reihe von literar. Zeitschriften herausgab, zum Reformer und geistigen Führer der Frühaufklärung. Seine umfassenden Bestrebungen, das Niveau der dt. Sprache und Literatur zu heben, schlugen sich im Hauptwerk, dem ›Versuch einer Crit. Dichtkunst vor die Deutschen‹ (1730), nieder. Darin wandte er sich gegen die von ihm als zu schwülstig empfundene Sprache der Dichtung des 17. Jh., bes. gegen die sog. zweite schles. Dichterschule (D. C. von Lohenstein, Ch. Hofmann von Hofmannswaldau) und versuchte, allgemeingültige Regeln für die dichter. Produktion und den literar. Geschmack zu entwerfen. Nach dem Vorbild des frz. Klassizismus (N. Boileau-Despréaux) und unter dem Einfluß der Philosophie Ch. von Wolffs sowie der Theorien des Aristoteles erstrebte er eine ebenbürtige dt. Literatur. Die drei Einheiten im Drama, Naturnachahmung, gesunde Vernunft, Klarheit des Stils sowie Geschmack und Witz waren die obersten Prinzipien. Verworfen wurden Regellosigkeit, das Wunderbare und Irrationale, daher lehnte er die Oper, das Stegreifspiel, den Hanswurst, Shakespeare und F. G. Klopstock ab. Zur Illustration seiner Theorie verfaßte G. das Trauerspiel ›Der sterbende Cato‹ (1732), die ›erste regelmäßige dt. Originaltragödie‹, die allerdings hpts. aus Übersetzungen (v. a. von J. Addisons ›Cato‹, 1713) bestand. G.s sicherlich verdienstvolle Leistung auf dem Gebiet der prakt. Reformarbeit und der rationalen Theorie blieb in ihrer Wirkung begrenzt, sein Despotismus führte zu einem heftigen Literaturstreit über das Wunderbare mit J. J. Bodmer und J. J. Breitinger sowie durch ein neues Geschichtsbewußtsein und den aufkom-

Johann
Christoph
Gottsched

menden Irrationalismus zu einer Fehde mit Klopstock, J. G. Herder und G. E. Lessing (17. Literaturbrief). Sein größtes Verdienst erwarb sich G. um das dt. Theater, er sorgte für die deklamator. Ausbildung der Schauspieler und in Zusammenarbeit mit Friederike Caroline Neuber für das soziale Ansehen des Standes. G. trat auch als Übersetzer hervor (B. Le Bovier de Fontenelle, J. Racine, P. Bayle u. a.), gab moral. Wochenschriften heraus (›Die vernünftigen Tadlerinnen‹, 1725/26; ›Der Biedermann‹, 1727) sowie eine v. a. aus Übersetzungen bestehende Sammlung von Musterdramen, ›Die dt. Schaubühne nach den Regeln und Exempeln der Alten‹ (6 Bde., 1741–45).

Weitere Werke: Erste Gründe Der gesammten Weltweisheit (2 Tle., 1733/34), Ausführl. Redekunst ... (1736), Grundregelung einer Dt. Sprachkunst (1748), Neueste Gedichte (1750), Nöthiger Vorrath zur Geschichte der dt. Dramat. Dichtkunst (Bibliogr., 2 Bde., 1757–65), Beobachtungen über den Gebrauch und Misbrauch vieler dt. Wörter und Redensarten (1758).
Ausgaben: J. Ch. G. Ges. Schrr. Hg. v. E. REICHEL. Bln. 1903–06. 6 Bde. – J. Ch. G. Ausgew. Werke. Hg. v. J. BIRKE. Bln. 1968–89. 12 Bde.
Literatur: REICHEL, E.: G. Bln. 1908–12. 2 Bde. – BIRKE, J.: G.s Neuorientierung der dt. Poetik an der Philosophie Wolffs. In: Zs. f. Dt. Philologie 85 (1966), S. 560. – RIECK, W.: J. Ch. G. Eine krit. Würdigung seines Werkes. Bln. 1972. – FREIER, H.: Krit. Poetik. Legitimation u. Kritik der Poesie in G.s Dichtkunst. Stg. 1973. – BORJANS-HEUSER, P.: Bürgerl. Produktivität u. Dichtungstheorie. Strukturmerkmale der poet. Rationalität im Werk v. J. Ch. G. Ffm. u. Bern 1981. – UNGER, TH.: Theorie u. Praxis bei J. Ch. G. u. J. M. R. Lenz. Gött. 1993.

Gottsched, Luise Adelgunde Victorie, geb. Kulmus, genannt ›die Gottschedin‹, * Danzig 11. April 1713, † Leipzig 26. Juni 1762, dt. Schriftstellerin. – Ab 1735 ∞ mit Johann Christoph G., dessen Literatur- und Theaterreform ihr Interesse und ihr Schaffen galten. Mit Übersetzungen frz. Komödien (u. a. Molière, Ph. Destouches, Voltaire) erarbeitete sie ein Repertoire spielbarer ›regelmäßiger Lustspiele‹. Mit ihren eigenen, witzigsatir. Komödien nach frz. Muster, z. T. nach L. Holberg, lieferte sie prakt. Beispiele für G.s Theorie des Lächerlichen und Lasterhaften (›Verlachkomödie‹) und begründete die ›Sächs. Typenkomödie‹. Mit dem Lustspiel ›Die Pietisterey im Fischbein-Rocke; Oder Die Doctormäßige Frau‹ (1736) schrieb sie die erste Typenkomödie der Aufklärung, die wegen der satir. Darstellung pietist. Frömmelei und heuchler. Betrugs großes Aufsehen erregte. Auch Übersetzerin von A. Pope (›Der Lockenraub‹, 1744), R. Steele und J. Addison (›Der Zuschauer‹, 9 Bde., 1739–43; ›Der Aufseher oder Vormund‹, 2 Bde., 1745).
Literatur: STEINMETZ, H.: Die Komödie der Aufklärung. Stg. ³1978.

Götz, Johann Nikolaus, * Worms 9. Juli 1721, † Winterburg bei Bad Kreuznach 4. Nov. 1781, dt. Schriftsteller. – Studierte Theologie in Halle/Saale, wo er mit J. P. Uz und J. W. L. Gleim den anakreont. Halleschen Freundeskreis begründete. Er war Hauslehrer, Schloßprediger, 1748 Feldprediger in einem frz. Regiment, später Konsistorialrat und Superintendent in Winterburg. In seinen Dichtungen sind Freude, Genuß und Tugend auf dem Boden bürgerl. Moral vereint (z. B. ›Versuch eines Wormsers in Gedichten‹, 1745).
Weitere Werke: Die Oden Anakreons ... (1746; Übers.; mit J. P. Uz), Der Tempel zu Gnidus (1759; Übers.), Die Gedichte Anakreons und der Sappho Oden (1760; Übers.), Die Mädchen-Insel (Elegie, 1773).
Ausgaben: J. N. G. Vermischte Gedichte. Hg. v. K. W. RAMLER. Mhm. 1785. 3 Tle. – J. NICOLAUS. G. Gedichte aus den Jahren 1745–65. Stg. 1893.
Literatur: ZEMAN, H.: Hagedorn, Gleim, Uz, G. In: Dt. Dichter des 18. Jh. Hg. v. B. VON WIESE. Bln. 1977.

Götz, Kurt, dt. Bühnenschriftsteller und Schauspieler, ↑ Goetz, Curt.

Goudge, Elizabeth [de Beauchamp] [engl. gu:dʒ], *Wells 24. April 1900, †Henley-on-Thames 1. April 1984, engl. Schriftstellerin. – Verfasserin zahlreicher lebensbejahender Unterhaltungsromane mit Humor und zuweilen Anflügen von Sentimentalität; schrieb außerdem Kinderbücher, Kurzgeschichten und Biographien.

Werke: Inselzauber (R., 1932, dt. 1935), Die Stadt der Glocken (R., 1936, dt. 1967), Unter den Türmen von Oxford (R., 1938, dt. 1967), Der grüne Delphin (R., 1944, dt. 1945), Enzianhügel (R., 1949, dt. 1950), Der Rosmarinbaum (R., 1956, dt. 1956), Das Testament des Mr. Adam (R., 1960, dt. 1964), Das Mädchen vom Meer (R., 1970, dt. 1971), Regenbogen meines Lebens (Autobiogr., 1974, dt. 1975).
Literatur: E. G. Pattern of people. An anthology. Hg. v. M. GRAINGER. Neuausg. New York 1979.

Goudouli, Pierre [frz. gudu'li], provenzal. Pèire Godolin, *Toulouse 1580, †ebd. 10. Sept. 1649, provenzal. Dichter. – Eines der wenigen hervorragenden lyrischen Talente während des Darniederliegens der provenzalischen Literatur (16.–19. Jh.); schrieb im Dialekt der Gascogne Balladen, Stanzen, Elegien, Epigramme u. a. (1617 u. d. T. ›Le ramelet moundi‹ veröffentlicht); daneben Dichtungen in nordfrz. Sprache.
Literatur: Pèire Godolin: 1580–1649; actes du colloque international ... Hg. v. CH. ANATOLE. Toulouse 1983.

Gourmont, Rémy de [frz. gur'mõ], *Bazoches-en-Houlme (Orne) 4. April 1858, †Paris 27. Sept. 1915, frz. Schriftsteller. – 1889 Mitbegründer und lange Zeit Mitarbeiter des ›Mercure de France‹; einer der hervorragendsten Theoretiker des Symbolismus; skept. Antitraditionalist, an Voltaire und E. Renan geschult; Essayist (›Le livre des masques‹, 2 Bde., 1896–98; ›L'esthétique de la langue française‹, 1899; ›La culture des idées‹, 1900; ›Die Physik der Liebe‹, 1903, dt. 1910; ›Promenades littéraires‹, 7 Bde., 1904–27), Romancier (›Ein jungfräul. Herz‹, 1907, dt. 1908) Lyriker (›Oraisons mauvaises‹, 1900) und Dramatiker (›Lilith‹, 1892).
Ausgabe: R. de G. Œuvres. Paris 1925–32. 6 Bde.
Literatur: UITTI, K. D.: La passion littéraire de R. de G. Paris u. Princeton (N. J.) 1962 (mit Bibliogr.). – BURNE, G. S.: R. de G. His ideas and influences in England and America. Carbondale (Ill.) 1963. – THIERRY, R./BANGE, E.: R. de G. In: Frz. Lit. des 19. Jh. Hg. v. W.-D. LANGE. Bd. 3. Hdbg. 1980. S. 82. – DANTZIG, CH.: R. de G. Paris 1990.

Govardhana, ind. Dichter des 11. Jahrhunderts. – Lebte in Bengalen am Hofe des Königs Lakṣmaṇasena; schuf dort in der ›Āryāsaptaśatī‹ (= 700 Āryā-Strophen) eine Sammlung von 700 erot. Sanskrit-Versen, mit denen er die Prākrit-Dichtung ›Gāthāsattasaī‹ †Hāla Sātavāhanas übertreffen wollte. Sein Werk diente wiederum als Vorbild für †Bihārilāl Caubes ›Satsaīya‹.
Ausgabe: The Āryā-saptaśatī of G. Hg. v. P. DURGĀPRASĀDA. Bombay ²1895.

Govekar, Fran [slowen. gɔ've:kar], *Ig bei Ljubljana 9. Dez. 1871, †Ljubljana 31. März 1949, slowen. Schriftsteller. – Pflegte nach dem Vorbild É. Zolas den naturalist. Roman (›V krvi‹ [= Im Blut], 1896), den er in die slowen. Literatur einführte; später literar. und prakt. Theaterarbeit.

Govoni, Corrado, *Tamara (heute zu Copparo) 29. Okt. 1884, †Pomezia bei Rom 20. Okt. 1965, italien. Dichter. – Schrieb Romane, Theaterstücke und v. a. zeitweilig bes. von G. D'Annunzio und vom Futurismus beeinflußte lyr. Gedichte (›Fuochi d'artifizio‹, 1905; ›Poesie elettriche‹, 1911; ›Il quaderno dei sogni e delle stelle‹, 1924; ›Govonigiotto‹, 1943; ›Manoscritto nella bottiglia‹, 1954).
Weitere Werke: Inaugurazione della primavera (Ged., 1915), Preghiera al trifoglio (Ged., 1953), Patria d'alto volo (Ged., 1953).
Literatur: FRATTINI, A.: Tecnica e poesia in G. Alcamo 1953. – CURI, F.: C. G. Mailand ²1973. – FOLLI, A.: Il laboratorio poetico di G.: 1902–1908. In: La rassegna della letteratura italiana 78 Serie 7 (1974), H. 3, S. 437. – LIVI, F.: Tra crepuscolarismo e futurismo. G. e Palazzeschi. Mailand 1980.

Gower, John [engl. 'gauə], *Kent um 1330, †Southwark (heute zu London) 1408, engl. Dichter. – Nach G. Chaucer, der ihn als seinen Freund apostrophierte, bedeutendster engl. Erzähldichter des 14. Jh.; sein Lehrgedicht ›Mirour de l'omme‹ (1376–79, in frz. Sprache) ist eine satir. Darstellung der Todsünden und der Weltstände. Die religiös-moral. lat. Zeitsatire ›Vox clamantis‹ (nach

1381) behandelt den Bauernaufstand und soziale Mißstände. Höhepunkt seiner Erzähl- und Verskunst ist die ›Confessio amantis‹ in engl. Sprache (um 1390), die in dt. Übersetzung 1856 u. d. T. ›Beichte des Liebenden‹ erschien. Hier erläutert er den Rahmen eines Systems der Sünden wider die Liebe an über 100 Einzelgeschichten, die aus verschiedenen Quellen stammen.
Ausgabe: J. G. Complete works. Hg. v. G. C. MACAULAY. Oxford 1899–1902. 4 Bde.
Literatur: WICKERT, M.: Studien zu J. G. Köln 1953. – FISHER, H. J.: J. G. Moral philosopher and friend of Chaucer. London 1965. – SCHMITZ, G.: The middel weie. Stil- u. Aufbauformen in J. G.s ›Confessio Amantis‹. Bonn 1974. – YEAGER, R. F.: J. G. materials. A bibliography through 1979. New York 1981. – J. G., recent materials. Hg. v. R. F. YEAGER. Kalamazoo (Mich.) 1989.

Goyen, [Charles] William [engl. 'gɔɪən], * Trinity (Tex.) 24. April 1915, † Los Angeles (Calif.) 30. Aug. 1983, amerikan. Schriftsteller. – Nach Studium in Houston und Kriegsdienst (1940–45) Aufenthalt in Taos (N. Mex.), wo er D. H. Lawrence und S. Spender traf; Europareisen und verschiedene Gastprofessuren an amerikan. Universitäten, u. a. Columbia und Princeton. Gestaltet in seinen von der Thematik des Südens und des Krieges gespeisten Erzählungen und Dramen eine verinnerlichte, entrückte Welt von Erinnerungen, Assoziationen und Halluzinationen mit den Stilmitteln einer sensiblen, lyrischen Prosa, die sich durch subtile Sprachmusikalität auszeichnet. In Deutschland wurde G. durch E. R. Curtius vorgestellt, der ihn auch übersetzte (›Haus aus Hauch‹, R., 1950, dt. 1952, Dr. 1956).
Weitere Werke: Geist und Fleisch (E., 1952, dt. 1955), Im fernsten Land (R., 1955, dt. 1957), Savata (R., 1963, dt. 1964), Christy (Dr., 1964), Come the restorer (R., 1974), Selected writings (1974), The collected stories (1975), Wonderful plant (R., 1980), Arcadio (R., 1983).
Literatur: PHILLIPS, R.: W. G. Boston (Mass.) 1979.

Goytisolo, Juan, * Barcelona 5. Jan. 1931, span. Schriftsteller. – Ging 1956 ins Exil nach Paris; Verlagslektor; lebt heute abwechselnd dort und in Marrakesch. Wurde 1994 in die Span. Akademie gewählt. Trat mit zeit- und gesellschaftskrit., auch im Ausland beachteten Romanen und Essays (über das Spanien Francos) hervor.
Werke: Die Falschspieler (R., 1954, dt. 1958), Trauer im Paradies (R., 1955, dt. 1958), Das Fest der anderen (R., 1956, dt. 1960), El circo (R., 1957), Strandgut (R., 1958, dt. 1965), Sommer in Torremolinos (R., 1961, dt. 1963), Spanische Gewissensforschung (Essays, 1966, dt. 1966), Identitätszeichen (R., 1966, dt. 1978), Rückforderung des Conde don Julián (R., 1970, dt. 1976), Johann ohne Land (R., 1975, dt. 1981), Makbara (R., 1980), Landschaften nach der Schlacht (R., 1982, dt. 1990), Jagdverbot (Autobiogr., 1985, dt. 1994), Notizen aus Sarajewo (Bericht aus dem bosn. Bürgerkrieg, 1993, dt. 1993), La saga de los Marx (R., 1993).
Ausgabe: J. G. Obras completas. Madrid 1977–78. 2 Bde.
Literatur: SANZ, S.: Lectura de J. G. Barcelona 1977. – PÉREZ, G. J.: Formalist elements in the novels of J. G. Potomac (Md.) 1979. – NAVAJAS, G.: La novela de J. G. Madrid 1979. – RIVERO SALAVERT, N.: Gesch. u. Gesellschaft Spaniens im Werk J. G.s. Diss. Bamberg 1984. – SIX, A. L.: J.G. The case for chaos. New Haven (Conn.) 1990.

Goytisolo, Luis, * Barcelona 17. März 1935, span. Schriftsteller. – Bruder von Juan G.; gibt in seinem Roman ›Auf Wegen ohne Ziel‹ (1958, dt. 1960) eine pessimist. Schilderung des Lebens der 50er Jahre in Spanien; bekannt v. a. durch die Romantetralogie ›Antagonía‹ (›Recuento‹, 1973; ›Los verdes de mayo hasta el mar‹, 1976; ›La cólera de Aquiles‹, 1979; ›Teoría del conocimiento‹, 1981), die, stilistisch an W. Faulkner und dem Nouveau roman geschult, Entwicklungs- und Erkenntnisprozesse aus der katalan. Gegenwart beschreibt.
Weitere Werke: Las mismas plabras (R., 1963), Vom Schein des Feuers (R., 1984, dt. 1987).

Gozzano, Guido, * Agliè Canavese (Prov. Turin) 19. Dez. 1883, † ebd. 9. Aug. 1916, italien. Dichter. – Seine sehnsüchtig-melanchol. Gedichte sind erfüllt von der Ahnung seines frühen Todes (lungenkrank); einer der bedeutendsten Vertreter der † Crepuscolari durch sein Hauptwerk ›I colloqui‹ (1911), in dem in schlichter Sprache der bürgerl. Alltag des italien. Provinzlebens besungen wird.
Weitere Werke: I tre talismani (Ged., 1904), Domani (Sonette, 1904), La via del rifugio (Ged., 1907), I primi e gli ultimi colloqui (1915), Verso la cuna del mondo (Reiseb., 1917), L'altare del passato (Nov.n, hg. 1918), L'ultima traccia (Nov.n, hg. 1919).

Ausgaben: G. G. Opere. Hg. v. C. CALCATERRA u. A. DE MARCHI. Verbesserte Neuaufl. Mailand 1956. – ANTONICELLI, F.: Capitoli gozzaniani. Scritti editi e inediti. Hg. v. M. MARI. Florenz 1982. – G. G. Opere. Hg. v. G. BALDISSONE. Neuausg. Turin 1983. **Literatur:** MAZZOLENI, F.: La poesia di G. G. Mailand 1950. – VACCARI, W.: La vita e i pallidi amori di G. G. Mailand 1958. – MARTIN, H.: G. G. (1883–1916). Paris 1968. – MONDO, L.: Natura e storia in G. G. Rom 1968. – LUGNANI, L.: G. Florenz 1973. – VALENTINI, A.: I piaceri di G. Rom 1978. – De RIENZO, G.: G. G. Mailand 1983.

Gozzi, Carlo Graf, * Venedig 13. Dez. 1720, † ebd. 4. April 1806, italien. Lustspieldichter. – Frühes Interesse für das Theater; Polemik gegen C. Goldoni und P. Chiari, die sich gegen die von G. weiterhin vertretene Commedia dell'arte stellten. Entscheidend blieben für G. Spektakel und Zauberwelt. Theoret. Abhandlungen und 10 phantast. dramat. Märchen vereinigte er in dem Werk ›Fiabe‹ (1772). In dem satir. Epos ›La Marfisa bizzarra‹ (1772) stellte er seine literar. Gegner als kom. Figuren dar. Sein szen. Märchen ›Turandot‹ (UA 1762, gedr. 1772) wurde von Schiller bearbeitet; es lieferte den Stoff für Opern von F. Busoni und G. Puccini. Seine Memoiren sind theatergeschichtlich aufschlußreich und bedeutsam.

Weitere Werke: Tartana degli influssi per l'anno bisestile (1757), Die Liebe zu den drei Pomeranzen (Dr., 1772, dt. zw. 1777 und 1779; Vorlage für die Oper ›Die Liebe zu den drei Orangen‹ von S. S. Prokofjew), Der Rabe (Dr., 1772, dt. zw. 1777 und 1779), König Hirsch (Dr., 1772, dt. zw. 1777 und 1779; vertont von H. W. Henze), Das grüne Vögelchen (Dr., 1772, dt. 1795), Droghe d'amore (Dr., 1777), Memorie inutili (3 Bde., 1797, dt. 1905 u. d. T. Venezian. Liebesabenteuer, 1928 u. d. T. Nichtsnutzige Erinnerungen). **Ausgaben:** C. G. Theatral. Werke. Dt. Übers. v. F. A. C. WERTHES. Bern 1777–79. 5 Bde. – C. G. Opere edite e inedite. Hg. v. A. DALMISTRO. Venedig 1801–02. 14 Bde. – C. G. Opere. Teatro e polemiche teatrali. Hg. v. G. PETRONIO. Mailand 1962. **Literatur:** CESTARO, B.: C. G. Turin 1932. – FELDMANN, H.: Die Fiabe C. G.s Die Entstehung einer Gattung u. ihre Transposition in das System der dt. Romantik. Köln u. Wien 1971. – FELDMANN, H.: C. G. u. das Theater des Siglo de oro. In: Span. Lit. im Goldenen Zeitalter. Fritz Schalk zum 70. Geburtstag. Ffm. 1973. S. 88. – LUCIANI, G.: C. G. 1720–1806. L'homme et l'œuvre. Lille 1977. 2 Bde. – BOSISIO, P.: C. G. e

Goldoni. Una polemica letteraria con versi inediti e rari. Florenz 1979.

Gozzi, Gasparo Graf, * Venedig 4. Dez. 1713, † Padua 26. Dez. 1786, italien. Schriftsteller. – Bruder von Carlo Graf G.; Theaterleiter und Zensor; wurde bekannt als Hg. der ›Gazzetta veneta‹ (1760/61) und des ›Osservatore veneto‹ (1761/62), einer moral. Zeitschrift nach dem Vorbild von J. Addisons ›Spectator‹; durch seine ›Difesa di Dante‹ (1758) gab er der Danterezeption neuen Auftrieb; auch Satiriker (›Sermoni‹, 1763), Dramatiker (›Edipo‹, 1746; ›Marco Polo‹, 1748) und Übersetzer.

Ausgaben: G. G. Opere. Hg. v. A. DALMISTRO. Padua 1818–20. 16 Bde. – G. Opere scelte. Hg. v. E. FALQUI. Mailand 1939. **Literatur:** BASSI, O.: G. G. Rom 1932. – DREWS, A.: G. G. als Publizist der italien. Aufklärung. Diss. Kiel 1950 [Masch.]. – PRINCIPE DI DONNA, C.: G. G., accademico granellesco. Neapel 1969. – PIGA, F.: La Gazzetta veneta di G. G. In: Critica eraria 8 (1980), H. 1 (26), S. 132.

Grab, Hermann, * Prag 6. Mai 1903, † New York 2. Aug. 1949, österr. Schriftsteller. – Entstammte einer wohlhabenden Prager Familie, studierte Philosophie, Musik und Jura, war Musikkritiker und Musiklehrer (Pianist) in Prag; emigrierte 1939 über Frankreich und Portugal in die USA. Schrieb neben Gedichten und Erzählungen (z. T. verloren) v. a. den an F. Kafka und M. Proust erinnernden Roman ›Der Stadtpark‹ (1935), der in Prag kurz vor Ausbruch des 1. Weltkriegs spielt und das Hereinwachsen eines behüteten bürgerl. Kindes in die Welt der Erwachsenen schildert.

Weitere Werke: Ruhe auf der Flucht (1949, in: Die Neue Rundschau), Hochzeit in Brooklyn (En., hg. 1957). **Ausgabe:** Der Stadtpark u. a. Erzählungen. Ffm. 1985. **Literatur:** CRAMER, D.: Von Prag nach New York ohne Wiederkehr. Leben u. Werk H. G.s (1903–1949). Ffm. u. a. 1994.

Grabbe, Christian Dietrich, * Detmold 11. Dez. 1801, † ebd. 12. Sept. 1836, dt. Dramatiker. – Sohn eines Zuchthausaufsehers; wurde stark geprägt durch die belastenden Eindrücke der Gefängnisatmosphäre, in der er aufwuchs; studierte 1820–22 Jura in Leipzig und Berlin, lernte in Berlin H. Heine, in Dresden L. Tieck kennen; versuchte Schauspieler und Regisseur zu werden; 1824 jurist. Examen, 1828 Militärauditor in Detmold; schied 1834 aus der Beamtenlaufbahn aus, ging nach Frankfurt am Main, dann zu K. L. Immermann ans Düsseldorfer Theater. G.s depressiver Charakter, mehr und mehr zerstört durch Alkoholismus, sein rücksichtsloser Kampf gegen die auf der dt. Bühne herrschende epigonale Trivialdramatik verhinderten eine dauerhafte Zusammenarbeit. 1836 kehrte G. nach Detmold zurück. Sein unter dem Einfluß Shakespeares, der Dramatik des Sturm und Drang und des romant. Schicksalsdramas entstandenes frühes Stück ›Herzog Theodor von Gothland‹ (entst. 1819–22, gedr. in: ›Dramat. Dichtungen‹, 2 Bde., 1827) zeigt als Tragödie einer fortschreitenden Desillusionierung den Zerfall der idealistisch-romant. Weltsicht. Wird hier der trag. Grundgestus durch groteske Akzente unterbrochen, lebt das biedermeierl. Satyrspiel ›Scherz, Satire, Ironie und tiefere Bedeutung‹ (entst. 1822, gedr. 1827) von der satir. Behandlung des Grotesk-Phantastischen, die in einer offenen dramat. Struktur zur Auflösung der geschlossenen Kausalität und Rationalität des Lustspiels der Aufklärung führte. Das Drama ›Don Juan und Faust‹ (1829) zeigt diese beiden Repräsentanten des Abendlandes als typisierte Vertreter der ›Extreme der Menschheit‹ in der Antithese von Sensualismus und Spiritualismus. In der Absicht, eine originale dt. Dramatik zu schaffen (›Über die Shakespearo-Manie‹, Studie, 1827), plante G. einen Hohenstaufen-Zyklus, von dem er aber nur ›Kaiser Friedrich Barbarossa‹

Christian
Dietrich
Grabbe

(1829) und ›Kaiser Heinrich der Sechste‹ (1830) ausführte. Den Höhepunkt seines Schaffens erreichte G. mit den Tragödien ›Napoleon oder Die hundert Tage‹ (1831) und ›Hannibal‹ (1835), deren Struktur das Bestreben zeigt, Geschichte konzentriert darzustellen und zu deuten. Die Enträtselung des geschichtl. Geistes suchte G. in einer neuen Form des Geschichtsdramas, das die Epoche zusammen mit einer überhöhten Heroendarstellung erfassen will. Die Entdeckung der realen geschichtl. Kräfte, die Darstellung der Masse auf der Bühne und die Entwicklung einer episch-dramat. Darstellungform machen ihn neben G. Büchner zu einem wichtigen Wegbereiter des modernen Dramas.

Weitere Werke: Nannette und Maria (Dr., 1823), Marius und Sulla (Dr., Fragment, 1827), Aschenbrödel (Dr., 1829; 2. Fassung 1835), Das Theater zu Düsseldorf mit Rückblicken auf die übrige net. Schaubühne (1835), Die Hermannsschlacht (Dr., hg. 1838).

Ausgaben: Ch. D. G. Werke u. Briefe. Histor.-Krit. Gesamtausg. Hg. v. der Akad. der Wiss. in Göttingen. Emsdetten 1960–73. 6 Bde. – Ch. D. G. Ges. Werke in einem Bd. Hg. v. F. SIEFERT. Güt. 1964. – Ch. D. G. Werke. Hg. v. R. C. COWEN. Mchn. 1975–77. 2 Bde. u. Komm.-Bd.

Literatur: ZIEGLER, K.: G.s Leben u. Charakter. Hamb. 1855. – NIETEN, O.: Ch. D. G. Sein Leben u. seine Werke. Do. 1908. Nachdr. Hildesheim 1974. – BÖTTGER, F.: G. Glanz u. Elend eines Dichters. Bln. 1963. – STEFFENS, W.: Ch. D. G. Velber 1966. – G. in Berichten seiner Zeitgenossen. Hg. v. A. BERGMANN. Stg. 1968. – WIESE, B. VON: Von Lessing bis G. Düss. 1968. – NICHOLS, R. A.: The dramas of Ch. D. G. Den Haag 1969. – HEGELE, W.: G.s Dramenform. Mchn. 1970. – G.-Jb. Emsdetten 1982 ff. – PORRMANN, M.: G. – Dichter für das Vaterland. Lemgo 1982. – EHRLICH, L.: Ch. D. G. Leben u. Werk. Lpz. 1986. – G. u. die Dramatiker seiner Zeit. Hg. v. D. KOPP u. a. Tüb. 1990. – ARNHOLD, Y.: ›Das Weib sieht tief, der Mann sieht weit‹. Frauenbilder in den Dramen Ch. D. G.s. Bielefeld 1994.

Grabe, Reinhold Th., Pseudonym des dt. Schriftstellers Hans Georg † Brenner.

Grabenhorst, Georg, * Neustadt am Rübenberge 21. Febr. 1899, † Göttingen 24. (?) Juli 1983, dt. Schriftsteller. – Ab 1924 freier Schriftsteller, ab 1930 Kulturreferent in Hannover, später Regierungsdirektor im niedersächs. Kultusministerium. Verfasser von Romanen, Erzählungen, Gedichten, Essays; Realist mit musikal. romant. Neigungen. Hg. des ›Niederdt. Almanachs‹ (1937; mit M. Jahn).

Werke: Fahnenjunker Volkenborn (R., 1928), Die Gestirne wechseln (R., 1929), Merve (R., 1932), Regimentstag (Nov., 1937), Unbegreifl. Herz (R., 1937), Die Reise nach Luzern (E., 1939), Einkehr am Greifenstein (E., 1949), Blätter im Wind (Ged., 1953), Abschied und Hoffnung (En., 1966), Hall und Niederhall. Begegnungen und Freundschaften (1974), Herberge der Träume (Ged., 1977), Wege und Umwege (Autobiogr., 2 Bde., 1979), Spuren im Sand (Ged., 1983).

Literatur: HAUSMANN, M.: Dichter u. Soldat. G. G. zum 70. Geburtstag. In: Niedersachsen 69 (1969).

Grabiński, Stefan [poln. gra'biĩski], Pseudonym S. Żalny,

* Kamionka Strumiłowa 26. Febr. 1887, † Lemberg 12. Nov. 1936, poln. Schriftsteller. – Bed. Vertreter der phantast. Prosa. Seine psycholog. Schauergeschichten (›Der Schatten des Satans‹, R., 1926, dt. 1989; ›Das Abstellgleis‹, dt. Auswahl 1971; ›Dunst‹, dt. Auswahl 1974) stehen in der Tradition von E. A. Poe; verfaßte auch Abhandlungen zur Theorie des Phantastischen.

Ausgabe: S. G. Utwory wybrane. Krakau 1980 ff. (bisher 3 Bde. erschienen).

Grabschrift (Grabinschrift) ↑ Epitaph, ↑ Epigramm, ↑ Epikedeion.

Gracián y Morales, Baltasar [span. gra'θian i mo'rales],

* Belmonte de Calatayud 8. Jan. 1601, † Tarazona de Aragón 6. Dez. 1658, span. Schriftsteller und Philosoph. – Seit 1619 Mitglied des Jesuitenordens; Prof. und Prediger an Ordenskollegien, u. a. in Huesca, Tarragona, vorübergehend auch am Hof in Madrid. G. y M. verteidigte in seiner außerordentlich einflußreichen Schrift ›Agudeza y arte de ingenio‹ (1642, erweitert 1648) den zeitgenöss. Stil des Cultismo und Conceptismo und gab in weiteren Werken voll barocker, pessimist. Vergänglichkeitsstimmung Maximen und exemplar. Verhaltensweisen (›Oráculo manual y arte de prudencia‹, 1647, dt. von A. Schopenhauer 1862 u. d. T. ›Hand-Orakel und Kunst der Weltklugheit‹; ›El criticón‹, allegorisch-satirischer Roman, 3 Teile, 1651–57, dt. 1698, 1957 u. d. T. ›Criticon oder Über die allgemeinen Laster des Menschen‹).

Weitere Werke: El héroe (Traktat, 1637), El discreto (Traktat, 1646).

Ausgabe: B. G. Obras completas. Hg. v. A. DEL HOYO. Madrid ³1967.

Literatur: KRAUSS, W.: G.s Lebenslehre. Ffm. 1947. – CORREA CALDERÓN, E.: B. G. Su vida y su obra. Madrid 1961. – SCHRÖDER, G.: B. G.s Criticón. Eine Unters. zur Beziehung zw. Manierismus u. Moralistik. Mchn. 1966. – WELLES, M. L.: Style and structure in G.s ›El criticón‹. Chapel Hill (N.C.) 1976. – SENABRE SEMPERE, R.: G. y M. ›El criticón‹. Salamanca 1979. – ALONSO, S.: Tensión semántica (lenguaje y estilo) de G. Madrid 1981. – NEUMEISTER, S.: Höf. Pragmatik. Zu B. G.s Ideal des Discreto. In: Europ. Hofkultur im 16. u. 17. Jh. Hg. v. A. BUCK u. a. Hamb. 1981. – HIDALGO-SERNA, E.: Das ingeniöse Denken bei B. G. Mchn. 1985. – PETSCHE, K.: Sein u. Schein im Buch der Welt. Eisenstadt ²1987.

Gracioso [span. gra'βjoso], ↑ lustige Person des span. Barockschauspiels

(↑ Comedia). Der G. parodiert und relativiert (z. B. bei Lope F. de Vega Carpio) in der Rolle des Dieners als Kontrastfigur des idealist. Helden die Taten und Erlebnisse seines Herrn oder tritt (wie bei P. Calderón de la Barca) als Ratgeber im Narrenkostüm auf.

Literatur: LEY, CH. D.: El gracioso en el teatro de la península. siglos XVI–XVII. Madrid 1954. – KINTER, B.: Die Figur des G. im span. Theater des 17. Jh. Mchn. 1978.

Gracq, Julien [frz. grak], eigtl. Louis Poirier,

* Saint-Florent-le-Vieil (Maine-et-Loire) 27. Juli 1910, frz. Schriftsteller. – Gymnasiallehrer für Geographie und Geschichte. Schloß sich den Surrealisten an und war Schüler von A. Breton. Gestaltet im vieldeutigen, verschlüsselten Inhalt seines Hauptwerkes, des Romans ›Das Ufer der Syrten‹ (1951, dt. 1952; Prix Goncourt 1951, den G. ablehnte), das Schicksal des Menschen und der modernen brüchigen Gesellschaft symbolisch im Untergang eines imaginären Stadtstaates.

Weitere Werke: Auf Schloß Argol (R., 1938, dt. 1954), Un beau ténébreux (R., 1945), Liberté grande (Ged., 1947), André Breton (Essay, 1947), Le roi pêcheur (Dr., 1948), Ein Balkon im Wald (R., 1958, dt. 1960), Entdeckungen (Essays, 1961, dt. 1965), Lettrines (Prosa, 1967), Lettrines II (Essays, 1974), Die engen Wasser (Prosa, 1976, dt. 1985), En lisant, en écrivant (Prosa, 1981), Die Form einer Stadt (Prosa, 1985, dt. 1989), Rom: um die sieben Hügel (Prosa, 1988, dt. 1993), Carnets du grand chemin (Prosa, 1992).

Ausgabe: Œuvres complètes de J. G. Hg. v. B. BOIE. Paris 1989 ff. (bisher 1 Bd. erschienen).

Literatur: BOIE, B.: Hauptmotive im Werk J. G.s. Mchn. 1966. – DOBBS, A.-C.: Dramaturgie et liturgie dans l'œuvre de J. G. Paris 1972. – HETZER, F.: Les débuts narratifs de J. G. (1938–1945). Mchn. 1980. – GROSSMAN, S.: J. G. et le surréalisme. Paris 1980. – AMOSSY, R.: Parcours symboliques chez J. G. ›Le rivage des Syrtes‹. Paris 1982. – MURSA, E.: G. und die Suche nach dem Selbst. Ffm. 1983. – MURAT, M.: Le Rivage des Syrtes de J. G. Paris 1983. 2 Tle. – CARDONNE-ARLYCK, E.: Le métaphore raconte. Pratique de J. G. Paris 1984. – BERTHIER, PH.: J. G. critique. Lyon 1990. – LEUTRAT, J.-L.: J. G. Paris 1991. – J. G., un écrivain moderne. Hg. v. M. MURAT. Paris 1994.

Gradation [lat. = stufenweise Steigerung], ↑rhetorische Figur, meist verstanden als abgestufte Reihung von Wörtern oder parallelen Satzgliedern in aufsteigender (Ascensus, ↑Klimax, z. B. ›ich bitte dich, ich flehe dich an‹) oder absteigender Folge (↑Synonymie).

Gradnik, Alojz, * Medana bei Gorizia 3. Aug. 1882, † Ljubljana 14. Juli 1967, slowen. Lyriker. – Gestaltete in seiner Lyrik u. a. Stoffe des slowen. Volkstums. Hauptthema seiner Gedankenlyrik ist der Konflikt zwischen realer Welt und der Welt der Vorstellung; auch polit. Lyrik mit nat. Tendenz; hervorragende Übersetzungen (u. a. F. Petrarca, Dante, S. Petőfi). Gedichtsammlungen sind u. a. ›Svetle samote‹ (= Helle Einsamkeiten, 1932), ›Harfa v vetru‹ (= Harfe im Wind, 1954).

Gradus ad Parnassum [lat. = Stufen zum Parnaß], Titel griech. oder lat. Wörterbücher (erstmals 1702), in denen der metr. Silbenwert des Wortes, passende und schmückende Beiwörter sowie Wendungen und Satzkonstruktionen angegeben sind, um das Verfassen von Versen zu erleichtern.

Graf, Arturo, * Athen 19. Jan. 1848, † Turin 30. Mai 1913, italien. Schriftsteller. – Ab 1882 Prof. für italien. Literatur in Turin; veröffentlichte scharfsinnige literarhistor. Studien: ›Roma nella memoria e nelle immaginazioni del medio evo‹ (2 Bde., 1882/83), ›Attraverso il cinquecento‹ (1888), ›Foscolo, Manzoni, Leopardi‹ (1898); als Dichter ging er von der europ. Romantik (G. Leopardi, Lord Byron) aus, seine Gedichte tragen einen tief pessimist. Grundzug; war auch Romancier.

Weitere Werke: Medusa (Ged., 1880), Dopo il tramonto (Ged., 1893), Morgana (Ged., 1901), Il riscatto (R., 1901), Rime della selva (Ged., 1906).
Literatur: DEFERRARI, A.: A. G. La vita e l'opera letteraria. Mailand u. a. 1930 (mit Bibliogr.). – RUVOLO, G. R.: La poesia di A. G. Palermo 1953. – MOMIGLIANO, A.: G. critico. In: MOMIGLIANO: Ultimi studi. Florenz 1954. – DE LIGUORI, G.: Il mito e la storia. Le ragioni dell'irrazionale in A. G. In: Problemi 66 (Jan.–April 1983), S. 58.

Graf, Oskar Maria, eigtl. Oskar G., * Berg (Landkreis Starnberg) 22. Juli 1894, † New York 28. Juni 1967, dt. Schriftsteller. – Bäckerlehre in München; schloß sich nach dem 1. Weltkrieg der revolutionären Gruppe um K. Eisner an; Tätigkeit an einer Arbeiterbühne als Dramaturg; 1933 emigrierte er über Österreich, die ČSR und die UdSSR in die USA, wo er ab 1938 lebte; 1958 wurde er amerikan. Staatsbürger. Den frühen Gedichten ›Die Revolutionäre‹ (1918) folgten sozialkrit. Novellen und Romane, die z. T. auf eigenem Erleben beruhen. Zu seinem eigentl. Gebiet fand er in den Dorf- und Kleinstadtromanen sowie den mitunter derb-realist. volkstüml. Schnurren und Schwänken, in denen allerdings nicht die heile Welt eines gemütvollen Landlebens geschildert wird, sondern die gesellschaftl. Realität des Dorfes oder der Kleinstadt, die Rückständigkeit, das Mißtrauen, die harte Armut und die einfältige Borniertheit der Bewohner. In den letzten Jahren des 2. Weltkriegs entstand der utop. Roman ›Die Eroberung der Welt‹ (1949, 1959 u. d. T. ›Die Erben des Untergangs‹), in dem es um das Überleben nach einem 3. Weltkrieg und die Etablierung einer 3. Weltregierung geht.
Weitere Werke: Amen und Anfang (Ged., 1919), Zur freundl. Erinnerung (En., 1922), Die Chronik von Flechting (R., 1925), Wir sind Gefangene (Autobiogr., 1927), Das bayr. Dekameron (En., 1928), Kalender-Geschichten (1929, erweitert 1957), Bolwieser (R., 1931, 1964 u. d. T. Die Ehe des Herrn Bolwieser), Einer gegen alle (R., 1932), Der Abgrund (R., 1936, 1976 u. d. T. Die gezählten Jahre), Anton Sittinger (R., 1937), Das Leben meiner Mutter (Biogr., engl. 1940, dt. 1946), Unruhe um einen Friedfertigen (R., 1947), Menschen aus meiner Jugend auf dem Dorfe (En., 1953), Die Flucht ins Mittelmäßige (R., 1959), An manchen Tagen (Essays, 1961), Der große Bauernspiegel (En.,

1962), Er nannte sich Banscho (R., 1964), Ge-
lächter von außen. Aus meinem Leben
1918–1933 (Autobiogr., 1966).
Ausgaben: O. M. G. Ausgew. Werke. Mchn.
1982. 7 Bde. – O. M. G. in seinen Briefen. Hg. v.
G. BAUER u. H. F. PFANNER. Mchn. 1984. – O. M.
G. Werkausg. Hg. v. W. F. SCHOELLER. Neuausg.
Mchn. 1994. 13 Bde. in 16 Tlen.
Literatur: O. M. G. Beschreibung eines Volks-
schriftstellers. Hg. v. W. DIETZ u. H. F. PFANNER.
Mchn. 1974. – PFANNER, H. F.: O. M. G. Eine
krit. Bibliogr. Bern u. Mchn. 1976. – RECKNA-
GEL, R.: Ein Bayer in Amerika. O. M. G. Leben
u. Werk. Bln. 1978. – JOHNSON, SH.: O. M. G.
The critical reception of his prose fiction. Bonn
1979. – BOLLENBECK, G.: O. M. G. Rbk. 1985. –
BAUER, G.: O. M. G. Ein rücksichtslos gelebtes
Leben. Neuausg. Mchn. 1994. – O. M. G. Hg. v.
H. L. ARNOLD. Mchn. 1994.

Oskar Maria
Graf

Grafe, Felix, * Wien 9. Juli 1888,
† ebd. 18. Dez. 1942, österr. Lyriker. – Als
Mitglied der Widerstandsbewegung hingerichtet; von K. Kraus entdeckter Lyriker; übersetzte u. a. O. Wilde, F. Jammes.
Werke: Idris (Ged., 1915), Ruit hora (Ged.,
1916).
Ausgabe: F. G. Dichtungen. Hg. v. J. STRELKA.
Wien 1961.

Grafenberg, Wirnt von, mhd. Epiker,
↑ Wirnt von Grafenberg.

Graf Rudolf, mhd. Verserzählung,
nur fragmentarisch in 14 Pergamentblättern um 1200 anonym überliefert, vermutlich in Mitteldeutschland um 1170
entstanden. Nach dem Vorbild einer frz.
Chanson de geste werden in frühhöf.,
realist. Stil die Abenteuer eines zum
Kreuzzug ausziehenden flandrischen
Grafen erzählt, der sich in eine heid-
nische Prinzessin verliebt, in Gefangenschaft gerät und schließlich mit der

Christin gewordenen Prinzessin aus
Konstantinopel flieht.
Ausgabe: G. R. Hg. v. P. GANZ. Bln. 1964.

Graft, Guillaume van der [niederl.
xrɑft], eigtl. Wilhelmus Barnard, * Rotterdam 15. Aug. 1920, niederl. Lyriker. –
Ev. Theologe; Verfasser sprachlich origineller, aus christl. Geist erwachsener Gedichte; auch Prosa (›Binnen de tijd‹,
1965).
Weitere Werke: In exilio (Ged., 1946), Poëzie in
practijk (Ged., 1948), Landarbeid (Ged., 1951),
Vogels en vissen (Ged., 1953), Woorden van
brood (Ged., 1956), Het oude land (Ged., 1958),
Gedichten (1961), Oude en nieuwe gedichten
(1975), Winter en later (Ged., 1984), Niettegen-
staande de tijd (Ged., 1990).

Grahame, Kenneth [engl. ˈgreɪəm],
* Edinburgh 8. März 1859, † Pangbourne
6. Juli 1932, schott. Schriftsteller. – Verfasser von sehr beliebten, humorvollen
Kinderbüchern (›Das goldene Zeitalter‹,
1895, dt. 1900; ›Dream days‹, 1898). Sein
bedeutendstes, von A. A. Milne als ›Toad
of Toadhall‹ (1929) dramatisiertes Werk
ist ›The wind in the willows‹ (1908, dt.
1951 u. d. T. ›Die Leutchen um Meister
Dachs‹, 1973 auch u. d. T. ›Der Wind in
den Weiden‹).
Literatur: CHALMERS, P. R.: K. G. Life and
writings. London 1938. – GREEN, PETER: K. G.,
1859–1932. A study of his life, work and times.
London 1959. – GREEN, P.: Beyond the wild
wood. The world of K. G. Exeter 1982.

Grainville, Patrick [frz. grɛ̃ˈvil], * Vil-
lers-sur-Mer (Calvados) 1. Juni 1947, frz.
Schriftsteller. – Gymnasiallehrer in Sar-
trouville. Seine zunächst als myth. Autobiographie entworfenen Texte entfalten
in einer üppig wuchernden Schreibweise
die Konsequenz des Todes als Form der
Totalität von Empfindungen und Sehn-
süchten und zielen auf eine antirealist.
Suche nach dem Absoluten.
Werke: La toison (R., 1972), La lisière (R.,
1973), L'abîme (R., 1974), Les flamboyants (R.,
1976; Prix Goncourt 1976), La Diane rousse (R.,
1978), Le dernier Viking (R., 1980), Louèdin (R.,
1980), L'ombre de la bête (R., 1981), Les forte-
resses noires (R., 1982), La caverne céleste (R.,
1984), Le paradis des orages (R., 1986), L'atelier
du peintre (R., 1988), Die Orgie, der Schnee (R.,
1990, dt. 1992), Zorn (R., 1992, dt. 1994), Les anges et les faucons (R., 1994).

Gral, die Bedeutung des Wortes
(altfrz. graal, greal, greel, altprovenzal.
grazal, katalan. gresal, greala u. a.) ist

umstritten, gemeint ist damit ein geheimnisvolles Gefäß, das bei Robert de Boron (›Roman de l'estoire dou Graal‹, um 1180, dt. 1958 u. d. T. ›Die Geschichte des Hl. Gral‹) einen Kelch, bei Chrétien de Troyes (›Perceval‹, 1181–88, dt. 1929) eine Schale und bei Wolfram von Eschenbach (›Parzival‹, um 1200 bis 1210) einen wunderbaren Stein bezeichnet; auch arab. oder pers. Herkunft werden diskutiert. Daneben wurde griechisch-lat. ›crater‹ (= Mischkrug) erwogen. Robert und Chrétien haben ihre Versionen unabhängig voneinander und etwa zur gleichen Zeit geschrieben, doch benutzte ersterer ältere Quellen, die mit dem apokryphen ›Nikodemus-Evangelium‹ bis in die Mitte des 2. Jh. zurückreichen. Danach wäre der G. der Kelch, dessen sich Christus beim letzten Abendmahl bedient und mit dem Joseph von Arimathia das Blut des Herrn am Kreuz aufgefangen hat. Mit dieser frühchristl. Legende wurden dann pers. Mythen und kelt. Volkserzählungen kontaminiert. Der Formung des Stoffs geht eine längere Entwicklung voraus, ehe Robert und Chrétien ihn aufgriffen. Die unterschiedlichsten Akzentuierungen der Elemente und Motive differenzieren auch die altnord., engl., kymr., span., katalan., portugies., italien. Versionen des G.stoffes. Das Werk der genannten Dichter wurde später ausgeweitet und variiert, ohne daß der Stoff vertieft worden wäre. Der G. besteht bei Wolfram aus einem lebenerhaltenden Edelstein, der – ursprünglich Engeln anvertraut – nun einer geweihten Ritterschar, den Templeisen, zur Behütung auf dem Berg Montsalvatsch übertragen wurde. Mit dem G. kehrt so ein Teil der ursprüngl. Schöpfung vor dem Sündenfall in die von Christus erlöste Welt zurück. Nur Getaufte können den Stein sehen, und durch die Verbindung mit der Eucharistie wird seine Kraft gewahrt. M. Eliade nennt die G.legende ›eine neue Mythologie‹ und ›heilige Geschichte‹. R. Wagner hat in seinem Bühnenweihfestspiel ›Parsifal‹ eine eigene Deutung gebracht und das Erlösungsmotiv betont.

Literatur: BROWN, A. C. L.: The origin of the G. legend. Boston (Mass.) 1945. – RINGBOM, L. J.: G.tempel u. Paradies. Stockholm 1951. – MER-GELL, B.: Der G. in Wolframs Parzival. Halle/Saale 1952. – MEYER, RUDOLF: Der G. u. seine Hüter. Stg. 1956 (Neuaufl. u. d. T. Zum Raum wird hier die Zeit. Die G.sgeschichte. Stg. 1983). – POLLMANN, L.: Chrétien de Troyes u. der Conte del Graal. Tüb. 1965. – JUNG, E./FRANZ, M.-L. VON: Die Graalslegende in psycholog. Sicht. Olten u. Freib. ²1983. – LEUPIN, A.: Le graal et la littérature. Lausanne 1983. – ZAMBON, F.: Robert de Boron e i segreti del graal. Florenz 1984. – MICHA, A.: Essais sur le cycle du Lancelot-Graal. Genf 1987. – ↑ auch Artusdichtung.

grammạtische Figụren ↑ rhetorische Figuren.

grammạtischer Reim, eine Reimform, die im Unterschied zum reinen Reim vom gleichen Stamm gebildete Wörter (z. B. ich bleibe – die Bleibe) oder auch verschiedene Beugungsformen eines Verbs verbindet. Der g. R. findet sich v. a. im Minnesang (z. B. ›aldâ die Vogele sungen ... da diu nahtegale sanc‹, Walther von der Vogelweide) und im Meistersang.

Grandbois, Alain [frz. grã'bwɑ], * Saint-Casimir-de-Portneuf (Quebec) 25. Mai 1900, † Quebec 18. März 1975, kanad. Schriftsteller. – Verfasser von Erzählungen (›Né à Québec: Louis Jolliet‹, 1933; ›Les voyages de Marco Polo‹, 1941), Novellen (›Avant le chaos‹, 1945, erweitert 1964) und Essays in frz. Sprache; sucht in seinem schwierigen, sich verschließenden lyr. Werk (›Les îles de la nuit‹, 1944; ›Rivages de l'homme‹, 1948; ›L'étoile pourpre‹, 1957) über die Verbindung von Ordnung und Chaos, von Rastlosigkeit und Beharren, von Eros und Mystik nach den Zusammenhängen zwischen Universum und Individuum, um Antworten auf die unstillbaren Fragen des einzelnen nach Harmonie und Dauer zu finden.

Literatur: BOLDUC, Y.: A. G., un douloureux destin. Montreal 1982.

Grạnde, Adriano, * Genua 1. Juli 1897, † Rom 1972, italien. Schriftsteller. – War u. a. Mit-Hg. der avantgardist. literar. Zeitschriften ›Circoli‹ und ›Maestrale‹. Als Kriegsfreiwilliger im Abessinienfeldzug (Kriegstagebuch in Prosa: ›La legione Parini‹, 1937; in Versen: ›Poesie in Africa‹, 1938); ausdrucksstarke, z. T. autobiograph. Lyrik, Meister des Sonetts (›Preghiera di primo inverno

1938–1950‹, 1951). Verfasser einer originellen Neubearbeitung der Faustsage (›Faust non è morto‹, Dr., 1934).

Weitere Werke: Nuvole sul greto (Ged., 1933), La tomba verde (Ged., 1937), Avventure e preghiere (Ged., 1955), Consolazioni (Ged., 1955), Acquivento (Ged., 1962).
Literatur: Esposito, V.: Profilo di A. G. Savona 1970.

Grand-Guignol [frz. grãgi'ɲɔl, zu frz.

guignol = Kasperfigur im Lyoneser Marionettentheater, ↑Guignol], Theater, 1895 als ›Théâtre Salon‹ auf dem Pariser Montmartre gegr., ab 1899 unter dem Namen ›Le G.-G.‹ von Max Maurey (* 1868, † 1947) geleitet, der zusammen mit dem Theaterautor Oscar Méténier (* 1859, † 1913) dem G.-G. durch die Spezialisierung v. a. auf Horrorstücke sein spezif. Gepräge gab. Als G.-G. wurden dann auch die Theaterstücke selbst – beliebt waren Adaptationen der Kriminalerzählungen von E. A. Poe – bezeichnet. Als deren ›Klassiker‹ galt nach O. Méténier in den 1920er Jahren André de Lorde (* 1871, † 1942). Nach dem 2. Weltkrieg lebte das G.-G. außer von Adaptationen von Kriminalromanen (›Série noire‹) v. a. auch von Science-fiction-Aufführungen. 1962 geschlossen. 1963 zunächst als ›Théâtre 347‹, dann ab 1965 unter dem Namen ›Chapsal 347‹ unter der Leitung von dem Schauspieler u. Regisseur Marcel Lupovici (* 1909) weitergeführt, u. a. mit Stücken von S. Beckett, H. Pinter und F. Arrabal.

Ausgabe: Lorde, A. de/Dubeux, A.: Les maîtres de la peur. Paris 1927.
Literatur: Antona-Traversi, C.: Histoire du G.-G. Paris 1933.

Granin, Daniil Alexandrowitsch,

eigtl. D. A. German, * Wolyn (Gebiet Kursk) 1. Jan. 1919, russ. Schriftsteller. – Ingenieur; behandelt Themen aus dem Leben und der Arbeit von Wissenschaftlern und Technikern, so in den Romanen ›Bahnbrecher‹ (1955, dt. 1955) und ›Dem Gewitter entgegen‹ (1962, dt. 1963; gekürzte Ausgabe u. d. T. ›Zähmung des Himmels‹, 1963).

Weitere Werke: Sobstvennoe mnenie (= Die eigene Meinung, E., 1956), Posle svad'by (= Nach der Hochzeit, R., 1958), Garten der Steine (Reiseskizzen, 1972, dt. 1973), Das Gemälde (R., 1980, dt. 1981), Die Spur ist sichtbar noch (Nov., 1984, dt. 1986), Der Genetiker (R.,

1987, dt. 1988, 1988 auch u. d. T. Sie nannten ihn Ur), Unser werter Roman Awdejewitsch (Nov., 1990, dt. 1991), Die verlorene Barmherzigkeit. Eine russ. Erfahrung (1993).
Ausgabe: D. A. G. Sobranie sočinenij. Leningrad 1978–80. 4 Bde.
Literatur: Starkov, A. N.: Nravstvennyj poisk geroev D. G.a. Moskau 1981.

Granville-Barker, Harley [engl.

'græɲvɪl'bɑ:kə], * London 25. Nov. 1877, † Paris 31. Aug. 1946, engl. Schauspieler, Regisseur, Dramatiker und Erzähler. – Als Leiter des Londoner Royal Court Theatre (mit J. E. Vedrenne, 1904–07) setzte G.-B. mit Inszenierungen v. a. der Dramen H. Ibsens und G. B. Shaws sowie mit ungewohnt originalnaher Shakespeare-Regie beispielgebende Zeichen für die moderne Bühnenkunst. Seine eigenen von Shaw beeinflußten Problemstücke befassen sich ironisch-kritisch mit Themen wie Klassengesellschaft (›The Voysey inheritance‹, 1905) oder Unterdrückung der Frau (›The Madras house‹, 1910). Neben seinen Beiträgen zur Ästhetik des Theaters blieben v. a. seine Shakespeare-Analysen aus theaterprakt. Warte (›Prefaces to Shakespeare‹, 5 Bde., 1927–47) einflußreich.

Weitere Werke: Waste (Dr., 1907), The marrying of Anne Leete (Dr., 1909), The secret life (Dr., 1923), The study of drama (Abh., 1934), The use of the drama (Abh., 1945).
Ausgaben: H. G.-B. Collected plays. London 1967 ff. – G.-B. and his correspondents. Hg. v. E. Salmon. Detroit (Mich.) 1986.
Literatur: Purdom, C. B.: H. G.-B. Man of the theatre, dramatist, and scholar. London 1955. – Morgan, M. M.: A drama of political man. A study in the plays of H. G.-B. London 1961. – Kennedy, D.: G.-B. and the dream of theatre. Cambridge 1985.

Gras, Félix [frz. grɑ], * Malemort-du-

Comtat (Vaucluse) 3. Mai 1844, † Avignon 4. März 1901, neuprovenzal. Dichter. – War neben F. Mistral, Th. Aubanel und J. Roumanille die bedeutendste Persönlichkeit der Félibres und ab 1891 deren Großmeister (›capoulié‹); schrieb nach dem Vorbild Mistrals das Epos ›Li carbounié‹ (1876) und nach dem Muster der Chansons de geste ›Toloza‹ (1882); ferner Gedichte, Erzählungen und den Roman aus der Frz. Revolution ›Li rouge dou miejour‹ (1896).

Grass (Graß), Günter, * Danzig

16. Okt. 1927, dt. Schriftsteller und Gra-

phiker. – Sohn deutsch-poln. Eltern; studierte in Düsseldorf und in Berlin Bildhauerei. Lebte 1956–60 als Bildhauer, Graphiker und Schriftsteller in Paris, danach in Berlin; gehörte zur ›Gruppe 47‹. Seine frühe Lyrik und die ersten Dramen fanden Anerkennung, aber keine weite Verbreitung. Den ersten großen Erfolg hatte G. mit dem 1979 von V. Schlöndorff verfilmten Roman ›Die Blechtrommel‹ (1959), dem ersten Teil der später so genannten ›Danziger Trilogie‹ (mit ›Katz und Maus‹, Nov., 1961, und ›Hundejahre‹, R., 1963). In diesem grotesk-satir. Entwicklungs- und Zeitroman, der Geschichte des Blechtrommlers, der im Irrenhaus sein Leben erzählt und über die Zeit ein Urteil fällt, bricht G. mit allen moral., sozialen und religiösen Tabus der Gesellschaft. Er schreibt einen vitalen, naturalist. Stil, durchsetzt mit surrealist. Elementen, und opfert die Komposition der provozierenden Wirkung. Noch größeres Aufsehen erregte G. mit seinem Roman ›Hundejahre‹, in dem er das für ihn Charakteristische von Mensch und Geschick, Zeit und histor. Evolution im Deutschland der Jahre zwischen etwa 1920 und 1955 festhält und auf seine Art deutet. Seit etwa 1961 entwickelte G. ein immer stärkeres polit. Engagement. Das ›dt. Trauerspiel‹ ›Die Plebejer proben den Aufstand‹ (1966) setzt sich nicht nur mit B. Brechts Haltung während des Arbeiteraufstandes am 17. Juni 1953 auseinander, sondern ist auch ein Theaterstück über polit. Möglichkeiten überhaupt. Die dann folgende, immer mehr auf die Gegenwart bezogene Auseinandersetzung, und zwar sowohl im Roman (›örtlich betäubt‹, 1969) wie vorher schon im Gedicht (›Ausgefragt‹, 1967) und schließlich im Fiktionsverzicht des Berichtes ›Aus dem Tagebuch einer Schnecke‹ (1972), zeigte den polit. Schriftsteller G., der ähnlich umstritten war wie vorher der Autor der ›Blechtrommel‹ und der ›Hundejahre‹. Zu dieser Phase, die aktive polit. Tätigkeit für die SPD einschloß und in der sich ein nüchtern-iron. Stil herausbildete, gehören auch die Sammelbände ›Der Bürger und seine Stimme. Reden, Aufsätze, Kommentare‹ (1974) und ›Denkzettel. Polit. Reden und Aufsätze 1965–1976‹ (1978). Danach begann das

Günter Grass

Erzählerische wieder eine größere Rolle zu spielen; es erschienen der Roman ›Der Butt‹ (1977), in dem G. sich auf literarisch-fiktionaler Ebene in Anlehnung an das Märchen vom Fischer und seiner Frau kulturgeschichtlich mit dem Problem der Frauenemanzipation auseinandersetzt, ›Das Treffen in Telgte‹ (E., 1979) und ›Kopfgeburten oder Die Deutschen sterben aus‹ (Prosa, 1980). Der 1986 erschienene Roman ›Die Rättin‹ steht am Ende einer längeren Zeit, in der G. fast ausschließlich als Graphiker gearbeitet hat. G. schrieb neben seinen Theaterstücken (›Theaterspiele‹, Sammelband 1970) auch Hörspiele. Neben vielen anderen Auszeichnungen erhielt er 1965 den Georg-Büchner-Preis.

Weitere Werke: Die Vorzüge der Windhühner (Ged. und Prosa, 1956), Gleisdreieck (Ged., 1960), Über das Selbstverständliche (Reden, Aufss. u. a., 1968), G. G. – Pavel Kohout, Briefe über die Grenze (1968), Über meinen Lehrer Döblin und andere Vorträge (1968), Mariazuehren. Hommageàmarie. Inmarypraise (Gedicht, 1973), Liebe geprüft (Ged., 1974), Aufsätze zur Literatur 1957–1979 (1980), Wie ich mich sehe (Ged. und Graphik, 1980), Widerstand lernen. Polit. Reden 1980–83 (1984), Totes Holz. Ein Nachruf (1990), Unkenrufe. Eine Erzählung (1992), Novemberland. 13 Sonette (1993).

Ausgabe: G. G. Werkausg. in 10 Bden. Hg. v. V. Neuhaus. Nw. 1987.

Literatur: Schwarz, W. J.: Der Erzähler G. G. Bern u. Mchn. [2]1971. – G. Kritik – Thesen – Analysen. Hg. v. M. Jurgensen. Bern u. Mchn. 1973. – Everett, G. A.: A select bibliography of G. G. from 1956 to 1973. New York 1974. – Jurgensen, M.: Über G. G. Bern u. Mchn. 1974. – Tank, K. L.: G. G. Bln. [5]1974. – Cepl-Kaufmann, G.: G. G. Kronberg 1975. – G. G. Ein Materialienb. Hg. v. R. Geissler. Darmst. u.

Nw. 1976. – ROTHENBERG, J.: G. G. Hdbg. 1976. – G. G. Hg. v. H. L. ARNOLD. Mchn. [5]1978. – BRODE, H.: G. G. Mchn. 1979. – GERSTENBERG, R.: Zur Erzähltechnik von G. G. Hdbg. 1980. – G. G. Werk u. Wirkung. Hg. v. R. WOLFF. Köln 1986. – NEUHAUS, V.: G.G. Stg. [2]1993. – VORMWEG, H.: G.G. Rbk. 16.–18. Tsd. 1993. – REICH-RANICKI, M.: G. G. Neuausg. Ffm. 1994. – STOLZ, D.: Vom privaten Motivkomplex zum poet. Weltentwurf. Konstanten u. Entwicklungen im literar. Werk von G.G. (1956–1986). Wzb. 1994.

Grassal, Georges Joseph [frz. gra'sal], frz. Schriftsteller, † Rebell, Hugues.

Graßhoff (Grasshoff), Fritz, * Quedlinburg 9. Dez. 1913, dt. Schriftsteller, Maler und Graphiker. – Kirchenmaler, Journalist; im 2. Weltkrieg Soldat; nach der Kriegsgefangenschaft seit 1946 freier Schriftsteller. Mischt in Gedichten, Balladen, Songs und ›Pläsanterien‹, die er mit Illustrationen versieht, freche Einfälle, Nonsens und Zeitkritik. Sein Hauptwerk ist die immer wieder bearbeitete und erweiterte ›Halunkenpostille‹ (1947; ›Die große Halunkenpostille‹, 1963; ›G.s neue große Halunkenpostille‹, 1981). Auch Übersetzungen, u. a. ›Die klass. Halunkenpostille‹ (1964) und ›C. M. Bellman: Durch alle Himmel, alle Gossen‹ (1966).

Weitere Werke: Hoorter Brevier (Ged., 1947), Im Flug zerfallen die Wege der Vögel (Ged., 1956), Und ab mit ihr nach Tintagel (Ged., 1958), G.s unverblümtes Lieder- und Lästerbuch (1965), Bilderreiches Haupt- und (G)liederbuch (1970), Seeräuber-Report (1972), Der blaue Heinrich (R., 1980).

Gratius, röm. Dichter, † Grattius.

Grattius (Gratius, Faliscus G.), röm. Dichter des beginnenden 1. Jahrhunderts. – Freund Ovids, der G.' Lehrgedicht über die Jagd (›Cynegetica‹) erwähnt, von dem über 500 Verse erhalten sind.

Ausgabe: G. Cynegeticon quae supersunt. Hg. u. kommentiert v. P. J. ENK. Zutphen 1918. 2 Bde.

Gratzik, Paul, * Lindenhof (heute Giżycko, Woiwodschaft Suwałki) 30. Nov. 1935, dt. Schriftsteller. – Arbeitete als Tischler, Bauarbeiter (im Ruhrgebiet, in Berlin und Weimar), im Braunkohlenbergbau und als Erzieher, wiederum als Arbeiter, dann als Dramaturg. Schildert in seinen Stücken und seiner Prosa mit krit. Distanz die Arbeits- und Lebenswelt der ehem. DDR, basierend auf eigener Erfahrung.

Werke: Malwa (Dr., UA 1968; nach M. Gorki), Märchen von einem, der auszog, das Fürchten zu lernen (Schsp., UA 1975), Transportpaule oder Wie man über den Hund kommt. Monolog (1977), Umwege – Handbetrieb – Lisa. Drei Stücke (1977), Kohlenkutte (R., 1982).

Grau, Franz, Pseudonym des dt. Schriftstellers Paul † Gurk.

Grau, Shirley Ann [engl. grɔ:], * New Orleans (La.) 8. Juli 1929, amerikan. Schriftstellerin. – Wuchs in Alabama auf; in ihren Romanen und Kurzgeschichten zeichnet sie das Leben in den Südstaaten, bes. in ihrem Heimatstaat Louisiana; erhielt 1965 für ihren Roman ›Die Hüter des Hauses‹ (1964, dt. 1966) den Pulitzerpreis; sie behandelt in ihm persönl. Probleme einer Familie in den Südstaaten vor polit. Hintergrund.

Weitere Werke: Der schwarze Prinz (Kurzgeschichten, 1955, dt. 1958), Harter blauer Himmel (R., 1958, dt. 1961), Ein Mädchen aus New Orleans (R., 1961, dt. 1968), Der Kondor (R., 1971, dt. 1972), The wind shifting West (Kurzgeschichten, 1973), Liebe hat viele Namen (R., 1977, dt. 1978).

Literatur: SCHLUETER, P.: Sh. A. G. Boston (Mass.) 1981. – HOBRECHT-REIKOWSKI,C.: Frauengestalten im Werk Sh.A.G.s und anderer Südstaatenautorinnen. Ffm. u. a. 1993.

Grau Delgado, Jacinto [span. 'grau ðɛl'γaðo], * Barcelona 1877, † Buenos Aires 14. Aug. 1958, span. Dramatiker. – Katalanischer Abkunft, wuchs in Barcelona auf; seit dem Bürgerkrieg im argentinischen Exil; knüpft in seinen technisch vollendeten, psychologisch meisterhaft motivierten Dramen durch seine Thematik (Bibel, Romanzenstoffe) an die Dramentradition des Siglo de oro an.

Werke: Don Juan de Carillana (Kom., 1913), El Conde Alarcos (Dr., 1917), El hijo pródigo (Trag., 1918), El señor de Pigmalión (Kom., 1921), El burlador que no se burla (Kom., 1930).

Literatur: GIULIANO, W. P.: The life and works of J. G. Diss. Ann Arbor (Mich.) 1950. – NAVASCUÉS, M.: El teatro de J. G. Estudio de sus obras principales. Madrid 1975.

Grave, Elsa [schwed. ˌgrɑːvə], * Norra Vram (Schonen) 17. Jan. 1918, schwed. Schriftstellerin. – Mit absurdem Humor, origineller Stoffwahl und Bildsprache zählt sie zu den Erneuerern der schwed. Lyrik der vierziger Jahre; später Hinwendung zum absurden Theater. In ihrer

Dichtung drückt sich ein wachsendes Bewußtsein für die Probleme der Zeit aus; wichtige Themenkreise sind die Stellung der Frau, die Ausbeutung der dritten Welt und die lebensbedrohende technokrat. Expansion.

Werke: Inkräktare (Ged., 1943), Som en flygande skalbagge (Ged., 1945), Bortförklaring (Ged., 1948), Isskåpet (Dr., 1952), Ariel (autobiograph. R., 1955), Från taggarnas värld (Ged., 1958), Isdityramb (Ged., 1960), Sphinxen (Hsp., 1963), De vassa palmerna (Dr., 1965), Medan vi låg och sov (R., 1966), Mödrar som vargar (Ged., 1972), Avfall. Från och till (Ged., 1974), Slutförbannelser (Ged., 1977), Evighetens barnbarn (Ged., 1982), För isdemoner är fan en snögubbe (Ged., 1985), Sataneller (Ged., 1989).

Graves, Robert [Ranke] [engl. grɛɪvz], eigtl. R. von Ranke G., * Wimbledon (heute zu London) 26. Juli 1895, † Deya (Mallorca) 7. Dez. 1985, engl. Schriftsteller. – Urenkel Leopold von Rankes; im 1. Weltkrieg Offizier in Frankreich, lebte danach in Wales. Philologie- und Geschichtsstudium in Oxford, 1926 Prof. für engl. Literatur in Kairo, 1961–66 Prof. für Poetik in Oxford. G. begann mit experimenteller Lyrik, hatte mit dem autobiograph. Kriegsbuch ›Strich drunter‹ (1929, dt. 1930) seinen ersten Erfolg (Fortsetzung u. d. T. ›But it still goes on‹, 1930). Allgemein bekannt wurde er durch den histor. Roman ›Ich, Claudius, Kaiser und Gott‹ (1934, dt. 1935), in dem G. in Form fiktiver Aufzeichnungen des Kaisers Claudius eine mit zahlreichen ironisch-satir. Anspielungen auf die Gegenwart versehene geschichtl. Rekonstruktion des Lebens in der röm. Kaiserzeit gelang. G. ist auch Verfasser einer Reihe von Schriften zur Literatur und Mythologie.

Weitere Werke: Over the brazier (Ged., 1916), Fairies and fusiliers (Ged., 1917), Rostbraungezähnt (R., 1936, dt. 1937), Belisar von Byzanz (R., 1938, dt. 1939), Von Bunker's Hill nach Saratoga (R., 1940, dt. 1948), The story of Marie Powell, wife to Mr. Milton (R., 1943), Das goldene Vlies (R., 1944, dt. 1953), König Jesus (R., 1946, dt. 1954), The white goddess (Abh., 1948), Sieben Tage Milch und Honig (R., 1949, dt. 1982), Griech. Mythologie (2 Bde., 1955, dt. 1960), Nausikaa und ihre Freier (R., 1955, dt. 1956), Collected poems (1959), Poems 1968–70 (1970), New collected poems (1977).

Literatur: DAY, D.: Swifter than reason. The poetry and criticism of R. G. Chapel Hill (N. C.) 1963. – STADE, G.: R. G. New York 1967. –

KIRKHAM, M.: The poetry of R. G. London 1969. – SNIPES, K.: R. G. New York 1979. – SEYMOUR-SMITH, M.: R. G. His life and work. Saint Albans 1987. – CARTER, D. N. G.: R. G. The lasting poetic achievement. Basingstoke u. a. 1989.

Gravina, Gian Vincenzo, * Roggiano Gravina (Prov. Cosenza) 16. Febr. 1664, † Rom 6. Jan. 1718, italien. Schriftsteller und Rechtsgelehrter. – Ging 1688 nach Rom, wo er Prof. der Rechte wurde und mit anderen die Accademia dell'Arcadia begründete; trennte sich 1711 von dieser und gründete die Akademie der ›Querini‹. Als Hauptwerk gilt die Abhandlung ›Della ragion poetica‹ (1708), in der er unter Berufung auf die ›Poetik‹ des Aristoteles den barocken Schwulst bekämpfte, aber auch gegen das frz. klassizist. Theater auftrat. Nicht weniger bed. ist der zweibändige Traktat ›Della tragedia‹ (1715), der den Neuerungen V. Montis und V. Alfieris den Weg wies. G. schrieb ferner fünf Tragödien (›Palamede‹, 1712; ›Andromeda‹, 1712; ›Servio Tullio‹, 1712; ›Papiniano‹, 1712; ›Appio Claudio‹, 1712) und rechtswissenschaftl. Werke (›Originum iuris civilis libri tres‹, 1708–13).

Ausgaben: G. V. G. Opere italiane. Hg. v. G. SERGIO. Neapel 1757. – G. V. G. Prose. Hg. v. P. EMILIANI-GIUDICI. Florenz 1857.

Literatur: BARILLARI, B.: L'estetica di G. V. G. Neapel 1937. – BARILLARI, B.: Preestetica e filosofia del diritto in G. V. G. Bari 1937–38. 2 Tle. – CONSOLI, D.: Realtà e fantasia nel classicismo di G. V. G. Mailand 1970. – PICCOLOMINI, M.: Il pensiero estetico di G. G. Ravenna 1984.

Gray, Simon [engl. grɛɪ], * Hayling Island (Hampshire) 21. Okt. 1936, engl. Dramatiker. – Seit 1966 Dozent für engl. Literatur an der Univ. London. In seinen witzig-satir., zumeist im gehobenen Mittelstand, insbes. im Akademikermilieu, angesiedelten Stücken, behandelt G. zwischenmenschl. Kommunikations- und Machtverhältnisse, wobei oft die unter der Oberflächenkomik liegende Gewalt und Grausamkeit spürbar wird; auch Fernsehspiele und Romane.

Werke: Colmain (R., 1963), Simple people (R., 1965), Kluges Kind (Dr., 1968, dt. 1970), A comeback for Stark (R., 1968), Sleeping dog (Dr., 1968), Dutch uncle (Dr., 1969), Butley (Dr., 1971), Otherwise engaged (Dr., 1975), Dog days (Dr., 1976), Die Nachhut (Dr., 1978, dt. EA

1982), Theaterblut (Dr., 1979, dt. 1979), Ende des Spiels (Dr., 1979, dt. 1979), Versäumte Stunden (Dr., 1981, dt. EA 1983), Verlorenes Glück (Dr., 1984, dt. 1984), After Pilkington (Dr. 1987), Melon (Dr., 1987), Hidden laughter (Dr., 1990).

Gray, Stephen [engl. grɛɪ], * Kapstadt 1941, südafrikan. Schriftsteller. – Widmete sich v. a. der Geschichte der Literatur seines Landes; interessiert sich für spezifisch südafrikan. Charaktere, aber auch für histor. und traditionelle Motive und Stoffe, die er mit der Problematik der Gegenwart verflicht.
Werke: It's about time (Ged., 1974), Hottentot Venus and other poems (Ged., 1979), Caltrop's desire (R., 1980), Love poems hate poems (Ged., 1982), Time of our darkness (R., 1988), Born of man (R., 1989).

Gray, Thomas [engl. grɛɪ], * London 26. Dez. 1716, † Cambridge 30. Juli 1771, engl. Dichter. – In Eton erzogen, zus. mit H. Walpole, mit dem er 1739–41 Frankreich und Italien bereiste; ab 1768 Prof. für Geschichte und moderne Sprachen in Cambridge. Formal dem Spätklassizismus verpflichtet; bemühte sich um die Erneuerung der pindar. Ode. Mit der Erschließung und Nachahmung altnord. und gäl. Dichtung sowie durch seine schwermütig-moral., sprachlich und formal geschlossene ›Elegie auf einem Dorfkirchhof‹ (1751, dt. 1787) weist er in die Romantik voraus.
Weitere Werke: Journal of a tour in Italy (Reisebericht, 1741), An ode on a distant prospect of Eton College (Ged., 1747), Progress of poesy (Ode, 1757).
Ausgaben: Th. G. Works. Hg. v. E. GOSSE. London 1884. Nachdr. 1902–06. 4 Bde. – The correspondance of Th. G. Hg. v. P. TOYNBEE u. L. WHIBLEY. Oxford 1935. 3 Bde. – The poems of G. and Collins. Hg. v. L. WHIBLEY. London ³1937. Neudr. 1950. – Th. G. Complete poems. English, Latin and Greek. Hg. v. H. W. STARR u. J. R. HENDRICKSON. London 1966.
Literatur: MARTIN, R.: Essai sur Th. G. Oxford 1934. Nachdr. Saint Clair Shores (Mich.) 1970. – KETTON-CREMER, R. W.: Th. G. A biography. London 1958. – GOLDEN, M.: Th. G. New York und London 1964. – LYTTON-SELLS, A. L.: Th. G. His life and works. London 1980.

Grazer Autorenversammlung ↑ österreichische Literatur.

Grazer Forum ↑ Forum Stadtpark.

Grazie, Marie Eugenie delle ['dɛlə 'gratsiə], * Weißkirchen (serbokroat. Bela Crkva, Wojwodina) 14. Aug. 1864,

† Wien 19. Febr. 1931, österr. Schriftstellerin. – Lebte ab 1872 in Wien; ihr Werk ist durch gesellschafts- und sozialkrit. Tendenz, Eintreten für die Emanzipation der Frau, tiefe Friedenssehnsucht, später durch Religiosität gekennzeichnet.
Werke: Gedichte (1882), Saul (Trag., 1885), Robespierre (Epos, 2 Tle., 1894), Schlagende Wetter (Dr., 1900), Der Schatten (Dr., 1901), Heilige und Menschen (R., 1909), Vor dem Sturm (R., 1910), Donaukind (autobiograph. R., 1918), Sommerheide (Nov.n, 1928), Die Empörung der Seele (R., 1930).
Ausgabe: M. E. d. G. Sämtl. Werke. Lpz. ¹⁻³1903–04. 9 Bde.
Literatur: MAYER-FLASCHBERGER, M.: M. E. d. G. Eine österr. Dichterin der Jh.wende. Mchn. 1984.

Graziendichtung, Strömung innerhalb der dt. Literatur des ↑ Rokoko und der ↑ Anakreontik, in der neben anderen mytholog. Figuren bes. die Grazien als Sinnbilder jugendl. Anmut, des hedonist. Lebensgenusses und der Schönheit eine Rolle spielen. Mit Ch. M. Wielands Verserzählung ›Musarion, oder Die Philosophie der Grazien. Ein Gedicht, in drei Büchern‹ (1768) erreichte die G. ihren Höhepunkt.

Grazzini, Antonfrancesco, * Florenz 22. März 1503, † ebd. 18. Febr. 1584, italien. Dichter. – War unter dem Namen ›il Lasca‹ Mitbegründer der Accademia degli Umidi und der Accademia della Crusca; schrieb volkstüml., satir. und burleske Gedichte in der Nachfolge L. Ariostos und F. Bernis sowie von 1540 an realist. Prosakomödien; seinen größten Erfolg hatte G. mit der nicht nur in der Rahmentechnik von G. Boccaccio beeinflußten Novellensammlung ›Le cene‹ (entst. nach 1540, hg. 1743 und 1756, dt. 1909 u. d. T. ›Die Novellen der Nachtmale‹, 1988 in 2 Bden. u. d. T. ›Feuer auf dem Arno‹).
Weitere Werke: La gelosia (Dr., 1551), La spiritata (Dr., 1561), La strega (Kom., 1582), La pinzochera (Kom., 1582).
Literatur: RODINI, R. J.: A. G. Poet, dramatist and novelliere, 1503–1584. Madison (Wis.) u. a. 1970. – Formes et significations de la ›Beffa‹ dans la littérature italienne de la Renaissance. Serie 1. Boccace, Machiavel, G. Paris 1972.

Gréban, Arnoul [frz. gre'bã], * Le Mans um 1420, † ebd. 1471, frz. Dichter. – Studierte in Paris Theologie; Organist von Notre-Dame in Paris, später Kanonikus in Le Mans. Inszenierte Aufführungen selbstverfaßter Mysterienspiele. Vor 1452 schrieb er das umfangreiche Passionsmysterium ›Die Passion‹ (dt. 1919) in rund 34 000 Versen, das die theolog. Weltsicht des MA spiegelt. G. lehnt sich zwar noch eng an den Vulgatatext an, führt aber eine Reihe von Nebenfiguren und Symbolgestalten neu ein. Er war von bed. Einfluß auf das frz. Drama.

Ausgabe: Le ›Mystère de la Passion‹ d'A. G. Hg. v. O. JODOGNE. Brüssel 1965–83. 2 Bde. **Literatur:** WARNING, R.: Funktion und Struktur. Die Ambivalenzen des geistl. Spiels. Mchn. 1974. – HELMICH, W.: Die Allegorie im frz. Theater des 15. und 16. Jh. Bd. 1 Tüb. 1976. – LEBÈGUE, R.: Études sur le théâtre français. Bd. 1 Paris 1977.

Gréban, Simon [frz. gre'bã], † Le Mans (?) 1473 (?), frz. Dichter. – Bruder von Arnoul G.; Kanonikus in Le Mans; verfaßte, wahrscheinlich in Zusammenarbeit mit seinem Bruder, das Mysterienspiel ›Le triumphant mystère des actes des apôtres‹, eines der umfangreichsten frz. Mysterienspiele (rund 62 000 Verse), von dem drei Buchausgaben (1538, 1540, 1541) erhalten sind.

Grebenka, Jewgeni Pawlowitsch [russ. grɪ'bjɛnkə], ukrain. und russ. Schriftsteller, † Hrebinka, Jewhen Pawlowytsch.

Green, Henry [engl. gri:n], eigtl. H. Vincent Yorke, * Forthampton Court (Gloucestershire) 29. Okt. 1905, † London 13. Dez. 1973, engl. Schriftsteller. – Direktor einer Fabrik in Birmingham, daneben literarisch tätig. In elegant geschriebenen Romanen, die fast nur dialog. Form aufweisen und durch eine Tendenz zu Symbolen gekennzeichnet sind, werden die handelnden Personen in charakterdarstellenden Situationen gezeigt.

Werke: Blindsein (R., 1926, dt. 1991), Leben (R., 1929, dt. 1994), Die Gesellschaftsreise (R., 1939, dt. 1979), Caught (R., 1943), Lieben (R., 1945, dt. 1964, 1988 u. d. T. Der Butler), Back (R., 1946), Dämmerung (R., 1948, dt. 1953), Nothing (R., 1950), Schwärmerei (R., 1952, dt. 1954, 1987 u. d. T. Liebesspiele). **Literatur:** RYF, R. S.: H. G. New York u. London 1967. – MENGHAM, R.: The idiom of the time. The writing of H. G. Cambridge 1982. – HOLMESLAND, O.: A critical introduction to H. G.'s novels. London 1985.

Green, Julien [frz. grin], * Paris 6. Sept. 1900, frz.-amerikan. Schriftsteller. – Prot. erzogen, trat 1916 zum Katholizismus über; Freiwilliger im 1. Weltkrieg; studierte 1919–22 in den USA; lebte dann wieder in Paris, widmete sich der Malerei, der Literatur und der Musik; Hinwendung zum Buddhismus; 1939 erneute Konversion. Während des 2. Weltkrieges in den USA, von wo aus er die frz. Widerstandsbewegung unterstützte, dann Rückkehr nach Frankreich. Erhielt u. a. 1970 den Grand prix de littérature der Académie française. Seit 1971 ist G. (als erster Nichtfranzose) Mitglied der Académie française. In seinem ›Journal‹ (16 Bde., 1938–93, Bd. 1–5 dt. 1952–54 in 2 Bden. u. d. T. ›Tagebücher‹, dt. Ausw. aus Bd. 7–9 1975 u. d. T. ›Dem Unsichtbaren zu‹) gestaltet er die ihn bedrängende Problematik des Daseins und in seinen zahlreichen Romanen Lebensangst, Verlorenheit und den vergebl. Kampf des Menschen gegen seine Triebhaftigkeit; hinter dem Morbiden und Sündhaften zeigt er jedoch auch eine transzendente Wirklichkeit, die mancher seiner Gestalten letzten Halt bedeutet. G. verfaßte auch Dramen, Autobiographien, Erzählungen und Essays.

Julien Green

Weitere Werke: Mont-Cinère (R., 1926, dt. 1928), Pilger auf Erden (Nov.n, 1927, dt. 1948), Adrienne Mesurat (R., 1927, dt. 1928), Leviathan (R., 1929, dt. 1930), Der andere Schlaf (R., 1930, dt. 1958), Treibgut (R., 1932, dt. 1932), Der Geisterseher (R., 1934, dt. 1934), Mitternacht (R., 1936, dt. 1936), Varouna (R., 1940), Wenn ich du wäre (R., 1947, dt. 1948), Moira (R., 1950, dt. 1952), Der Mann, der aus der Fremde kommt (Dr., 1953, dt. 1960), Der Feind (Dr., 1954, dt. 1955), In den Augen der Gesellschaft (R., 1956, dt. [unvollständig] 1962, vollständig

1994 u. d. T. Der Übeltäter), L'ombre (Dr., 1956), Jeder Mensch in seiner Nacht (R., 1960, dt. 1960), Aufbruch vor Tag (Autobiogr., 1. Tl., 1963, dt. 1964), Tausend offene Wege (Autobiogr., 2. Tl., 1964, dt. 1965; beide, zus. mit Quand nous habitions tous ensemble, dt. 1986 u. d. T. Junge Jahre), Fernes Land (Autobiogr., 3. Tl., 1966, dt. 1966), Der Andere (R., 1971, dt. 1972), Jugend (Autobiogr., 4. Tl., 1974, dt. 1980, erweitert 1987), Louise (R., 1977), Bruder Franz (Biogr., 1983, dt. 1984), Paris (Skizzen, 1983, dt. 1985), Träume und Schwindelgefühle (En., 1984, dt. 1992), Demain n'existe pas. L'automate (2 Stücke, 1985), Meine Städte. Ein Reisetagebuch (1985, dt. 1986), Von fernen Ländern (R., 1987, dt. 1988), Die Sterne des Südens (R., 1989, dt. 1990), Dixie (R., 1995). **Ausgaben:** J. G. Œuvres complètes. Hg. v. J. PE-TIT. Paris 1972 ff. (bisher 7 Bde. erschienen). – J. G. Tagebücher. Hg. v. J. PETIT u. a. Dt. Übers. Mchn. 1991 ff. Auf 5 Bde. berechnet (bisher 4 Bde. erschienen). **Literatur:** SAINT JEAN, R. DE: J. G. par lui-même. Paris 1967. – PETIT, J.: J. G., l'homme qui venait d'ailleurs. Paris 1969. – TAMULY, A.: J. G. à la recherche du réel. Paris 1977. – GOPPEL-MEINKE, B.: Ein projektiver Lösungsversuch. Der Doppelgänger bei J. G. Ffm. u. Bern 1982. – NEWBURY, A. H.: J. G. Religion and sensuality. Amsterdam 1985. – WEBER, A.: Inhaltl. u. formale Konstanten im Romanwerk J. G.s. Aachen 1989.

Green, Paul [Eliot] [engl. gri:n], * Lillington (N. C.) 17. März 1894, † Chapel Hill (N.C.) 4. Mai 1981, amerikan. Dramatiker. – Mitglied der 1918 gegründeten Carolina Playmakers, einer Schauspieler- und Dramatikergruppe an der University of North Carolina, wo er später Prof. war. In seinen Dramen verwertet er die auf der elterl. Farm gewonnenen Eindrücke von der Folklore des Südens und dem Leben der Schwarzen. In komisch oder tragisch perspektivierten Einaktern (›Hymn to the rising sun‹, 1936), realist. (›In Abraham's bosom‹, 1927; Pulitzerpreis 1927) und myth. Volksstücken (›Roll, sweet chariot‹, 1934) entwickelt er seine Konzeption eines amerikan. Gesamtkunstwerks, des ›symphonic drama‹, in dem musikal. und phantast. Elemente zum Einsatz kommen. Sein heute bekanntestes Stück, ›The lost colony‹ (1937), hat den Verlust der ersten engl. Kolonie in Amerika (1587) zum Inhalt. Mit Blick auf das kommerzielle Theater schrieb er ›The house of Connelly‹ (1931) über das Leben im Süden nach dem Bürgerkrieg,

schuf zus. mit Kurt Weill das Antikriegsmusical ›Johnny Johnson‹ (1936) und dramatisierte R. Wrights Roman ›Native son‹ (1941). Auch Verfasser von Romanen, Kurzgeschichten, Drehbüchern, Gedichten und theaterkrit. Schriften. **Literatur:** LAZENBY, W.: P. G. Austin (Tex.) 1970. – KENNY, V. S.: P. G. New York 1971.

Greenberg (tl.: Grînberg), Uri Zvi [hebr. 'grinbɛrg] (Grynberg), Pseudonym Tur Malka, * Biały Kamień (Galizien) 17. Okt. 1895, † Ramat Gan 9. Mai 1981, israel. Dichter. – Ab 1924 in Palästina ansässig, schloß sich 1929 der Revisionist. Partei an; 1949–51 Abgeordneter der Cherut-Partei in der Knesset. Im Mittelpunkt seiner zumeist hymn. Dichtungen steht das Thema der Bedrohung und Vernichtung der osteurop. Juden während des 2. Weltkrieges. **Literatur:** Enc. Jud. Bd. 7, 1972, S. 906.

Greene, Graham [engl. gri:n], * Berkhamsted (Hertford) 2. Okt. 1904, † Vevey (Schweiz) 3. April 1991, engl. Schriftsteller. – War Journalist, lebte 1938 längere Zeit in Mexiko, Angehöriger des Foreign Office im Zweiten Weltkrieg; war nach dem Krieg eine Zeitlang Verlagsdirektor. Verfasser von Romanen, Kurzgeschichten, Dramen, Drehbüchern, Reiseberichten, Essays, Biographien und Kinderbüchern. Kennzeichen der Romane des konvertierten Katholiken (1926) ist die Vorliebe für internat. Krisenschauplätze sowie für den Helden auf der Flucht, sei es vor der Polizei (›Am Abgrund des Lebens‹, 1938, dt. 1950), der Gesellschaft (›Die Kraft und die Herrlichkeit‹, 1940, dt. 1948), dem eigenen Gewissen (›Das Herz aller Dinge‹, 1948, dt. 1949) oder Gott (›Das Ende einer Affäre‹, 1951, dt. 1953, 1951 u. d. T. ›Der Ausgangspunkt‹). Das Mißtrauen gegenüber Autoritäten und die Sympathie mit Unterdrückten bestimmt sowohl die vom Autor als ›entertainments‹ bezeichneten Kriminalgeschichten (›Orientexpress‹, 1932, dt. 1950; ›Der dritte Mann‹, 1950, dt. 1951; ›Der stille Amerikaner‹, 1955, dt. 1956; ›Unser Mann in Havanna‹, 1958, dt. 1959) als auch die literar. Anspruch erhebenden ›novels‹, die ernsten Romane. Mit psycholog. Geschick gelingt es G., das z. T. abnorme Seelenleben seiner ›Helden‹ – oft der unerbittl. Grausam-

392 **Greene**

keit des Lebens ausgelieferte Dulder – bloßzulegen. Die faszinierende Erzählweise, die Fülle an einprägsamen Bildern und die verblüffende Mischung von sehr subjektiver Religiosität, Erotischem und Abenteuerlichem machten seine Bücher überaus erfolgreich (viele wurden verfilmt).

Graham
Greene

Weitere Werke: Schlachtfeld des Lebens (R., 1934, dt. 1952), Ein Sohn Englands (R., 1935, dt. 1952), Das Attentat (R., 1936, dt. 1950), Der verbindl. Liebhaber (Dr., 1959, dt. 1960), Ein ausgebrannter Fall (R., 1961, dt. 1961), Carving a statue (Dr., 1964), Die Stunde der Komödianten (R., 1966, dt. 1966), Leihen Sie uns Ihren Mann? (En., 1967, dt. 1967), Die Reisen mit meiner Tante (R., 1969, dt. 1970), Sämtliche Essays (1969, dt. 1974), Eine Art Leben (Autobiogr., 1971, dt. 1971), Der Honorarkonsul (R., 1971, dt. 1973), Lord Rochesters Affe (Biogr., 1974, dt. 1976), The return of A. J. Raffles (Dr., 1975), Der menschl. Faktor (R., 1978, dt. 1978), Fluchtwege (Autobiogr., 1980, dt. 1981), Dr. Fischer aus Genf oder die Bomben-Party (R., 1980, dt. 1982), For whom the bell chimes (Dr., 1980), Yes and no (Dr., 1980), Gespräche mit Marie-Françoise Allain (1981, dt. 1983), Monsignore Quijote (R., 1982, dt. 1982), Ich klage an (Schrift über Korruption und Unterwelt in Nizza, 1982, dt. 1982), Mein Freund der General (Reportage, 1984, dt. 1984), Der zehnte Mann (R., 1985, dt. 1985), Ein Mann mit vielen Namen (R., 1988, dt. 1988).
Ausgaben: G. G. The works. Uniform edition. London $^{1-2}$1946–62. 15 Bde. – G. G. Ges. Werke. Dt. Übers. Hamb. u. Wien 1962–65. 6 Bde. – G. G. Collected edition. London 1970 ff. Auf etwa 35 Bde. berechnet.
Literatur: MATTHEWS, R.: Mein Freund G. G. Dt. Übers. Hamb. u. Wien 1957. – G. G. Some critical considerations. Hg. v. R. O. EVANS. Lexington (Mass.) 1963. – G. G. A collection of critical essays. Hg. v. S. L. HYNES. Englewood Cliffs (N. J.) 1973. – WEBER, A.: Die Erzählstruktur von G. G.s kath. Romanen. Bern 1978. – WOBBE, R. A.: G. G. A bibliography and guide to research. New York 1979. – BÖKER, U.: Loyale Illoyalität. Polit. Elemente im Werk G. G.s. Mchn. 1982. – SPURLING, J.: G. G. London u. a. 1983. – SHARROCK, R.: Saints, sinners and comedians. The novels of G. G. Tunbridge Wells 1984. – SMITH, G.: The achievement of G. G. Brighton 1985. – SHERRY, N.: The life of G. G. (Bd. 1: 1904–1939). London 1989.

Greene, Robert [engl. gri:n], * Norwich 8. Juli 1558, † London 3. Sept. 1592, engl. Schriftsteller. – Studierte in Cambridge, reiste in Europa, fristete dann ein Literatendasein in der Londoner Boheme. Schrieb zahlreiche Prosaromanzen im manierist. Stil J. Lylys, darunter ›Pandosto‹ (1588, die Quelle für Shakespeares ›Wintermärchen‹), ›Menaphon‹ (1589) u. a., sowie Pamphlete über die Londoner Gaunerwelt (z. B. ›A notable discovery of cozenage‹, 1591; ›The defence of conycatching‹, 1592). Seine Theaterstücke, mit denen er zur Begründung der elisabethan. Dramatik beitrug, sind z. T. von Ch. Marlowe beeinflußt (z. B. ›The comical history of Alphonsus, king of Aragon‹, entst. um 1587, hg. 1594); die romantisch-phantast. Tragikomödien ›Friar Bacon and Friar Bungay‹ (entst. um 1589, hg. 1594, dt. 1823 u. d. T. ›Die wunderbare Sage von Pater Baco‹) und ›The Scottish history of James IV‹ (entst. um 1590, hg. 1594) verbinden geschickt literar. und volkstüml. Stoffe und Stilarten.
Ausgaben: R. G. The life and complete works in prose and verse. Hg. v. A. B. GROSART. London 1881–86. 15 Bde. Nachdr. New York 1964. – R. G. The plays and poems. Hg. v. J. C. COLLINS. Oxford 1905. 2 Bde. Nachdr. New York 1970. 2 Bde.
Literatur: JORDAN, J. C.: R. G. New York 1915. Nachdr. 1965. – SENN, W.: Studies in the dramatic constructions of R. G. and George Peele. Bern 1973. – DEAN, J. S.: R. G. A reference guide. Boston (Mass.) 1984.

Greenwood, Walter [engl. 'gri:nwʊd], * Salford (Lancashire) 17. Dez. 1903, † 13. Sept. 1974, engl. Schriftsteller. – Schildert mit mitleidloser Härte durch eigenes Erleben gewonnene Erfahrungen vom Leid der sozial Benachteiligten; sein Hauptwerk ›Love on the dole‹ (R., 1933) wurde 1934 dramatisiert; schrieb auch zahlreiche Drehbücher für Film und Fernsehen.

Weitere Werke: Time is ripe (R., 1935), The secret kingdom (R., 1938), Dawn by the sea (R., 1956), Saturday night at The Crown (Dr., 1958), There was a time (Autobiogr., 1967).

Greflinger, Georg, * bei Regensburg um 1620, † Hamburg um 1677, dt. Schriftsteller. – Nach abenteuerl. Jugend 30 Jahre Notar in Hamburg; unter dem Namen Seladon (Celadon) Mitglied des Elbschwanenordens, von J. Rist 1653 zum Dichter gekrönt; schrieb volkstüml. Lieder; auch Dramatiker, Epiker (›Der Deutschen Dreyszig-Jähriger Krieg‹, 1657), Epigrammatiker, Historiker und Übersetzer; Hg. der Hamburger Zeitung ›Nordischer Mercurius‹.
Ausgabe: G. G. Der Deutschen Dreyszig-Jaehriger Krieg. Hg. u. kommentiert v. G. H. S. MUEL-LER. Diss. University of North Carolina Chapel Hill 1974.
Literatur: BLÜHM, E.: Neues über G. G. In: Euphorion 58 (1964).

Gregh, Fernand [frz. grɛg], * Paris 14. Okt. 1873, † ebd. 5. Jan. 1960, frz. Lyriker. – Journalist; trat 1902 mit einem Manifest zur Gründung einer gegen die Artistik des zeitgenöss. Symbolismus gerichteten Dichterschule eines natürl. ›Humanismus‹ hervor; als Lyriker stand er unter dem Einfluß V. Hugos und P. Verlaines (u. a. ›La maison de l'enfance‹, 1897; ›L'or des minutes‹, 1905; ›Le mot du monde‹, 1957); schrieb auch krit. Studien (u. a. ›L'œuvre de Victor Hugo‹, 1933; ›Portrait de la poésie française: De Chénier à Valéry‹, 1936). 1953 wurde er Mitglied der Académie française.
Literatur: FIGUERAS, A.: F. G. Paris 1946.

Gregor I., der Große, * Rom um 540, † ebd. 12. März 604, Papst (seit 3. Sept. 590), Kirchenlehrer. – Sohn eines adligen Senators; 572/573 Praefectus urbi; 579 päpstl. Apokrisiar (Gesandter) in Konstantinopel, seit 585/586 wieder in Rom als Berater Papst Pelagius' II., dessen Nachfolger er wurde. Durch vorbildl. Verwaltung des Kirchenstaates bereitete er die weltl. Macht des mittelalterl. Papsttums vor. G., der in der Endzeit zu leben glaubte, wurde zu einem der maßgebl. Vermittler zwischen christl. Antike und abendländ. MA, sowohl in der Theologie (Weitergabe eines vereinfachten, ›vergröberten‹ Augustinus) als auch in

der Praxis christl. Lebens. Seine ›Regulae pastoralis‹ (4 Bücher; Reflexionen über das Amt des Seelsorgers, verfaßt aus Anlaß seines Regierungsantritts), die ›Moralia in Job‹ (eine histor., allegor. und moral. Auslegung des Buches Hiob), Homilien und ›Dialogi‹ (Heiligenlegenden in der antiken Kunstform des Dialogs) prägten die folgenden Jahrhunderte. Seine liturg. Reformen dienten v. a. der Ordnung und Bewahrung des Überlieferten (Gregorian. Gesang).
Literatur: SCHWANK, H.: G. d. G. als Prediger. Hann. 1934. – DUFNER, G.: Die Dialoge G.s d. G.n im Wandel der Zeiten u. Sprachen. Padua 1968. – RICHARDS, J.: G. d. G. Sein Leben – seine Zeit. Dt. Übers. Graz u. a. 1983.

Gregor von Nazianz (tl.: Grēgórios Nazianzēnós), genannt ›der Theologe‹, * Arianz (Kappadokien) um 329, † ebd. (?) um 390, griech. Kirchenlehrer und Schriftsteller. – Sohn des Bischofs Gregor d. Ä., zus. mit Basileios dem Großen Rhetorikstudium in Athen; Priester, Bischof in Konstantinopel, zog sich dann zu literar. Tätigkeit auf sein Gut in Arianz bei Nazianz zurück. Verfaßte Reden zu verschiedenen Anlässen (45 davon sind erhalten), Gedichte, Epigramme und gab eine Briefsammlung heraus. G. gilt als der bedeutendste christl. Schriftsteller seiner Zeit, der die klass. rhetor. Stilmittel beherrschte und in Prosa und Poesie gekonnt anwandte.
Ausgaben: Patrologiae cursus completus. Series graeca 35–38. Hg. v. J.-P. MIGNE. Paris [1-2]1857–86. – Des hl. Bischofs G. v. N. Reden. Dt. Übers. Hg. v. PH. HAEUSER. Mchn. 1928. – Gregorius Nazianzenus. Gregoriu to theologu logoi theologikoi. Die fünf theolog. Reden. Griech. u. dt. Hg. v. J. BARBEL. Düss. 1963. – G. v. N. Reden. Übers. v. PH. HAEUSER. Bearb. v. M. KERTSCH. Mchn. 1983.
Literatur: DONDERS, A.: Der hl. Kirchenlehrer G. v. N. als Homilet. Diss. Münster 1909. – PEL-LEGRINO, M.: La poesia di San Gregorio Nazianzeno. Mailand 1932. – ALTANER, B./STUIBER, A.: Patrologie. Freib. [9]1980.

Gregor von Nyssa (tl.: Grēgórios Nýssēs), * Caesarea Mazaca um 355, † Nyssa um 394, Bischof und Kirchenlehrer. – Neben seinem jüngeren Bruder Basileios dem Großen und Gregor von Nazianz einer der drei ›Kappadokier‹; nach Studienzeit, Rhetortätigkeit und asket. Leben 372 Bischof von Nyssa, war um 380 für kurze Zeit Erzbischof von Sebaste. In seinen Schriften (v. a. ›Gegen Euno-mius‹, ›Katechetische Rede‹) verteidigte G. das nizänische Glaubensbekenntnis (maßgeblich auch auf dem Konzil von Konstantinopel 381) und formte die Tri-nitätslehre entscheidend mit. Obwohl G. die beiden anderen Kappadokier an theolog. und philosoph. Können über-ragte, steht er ihnen in literar. Hinsicht nach.

Ausgabe: Gregorius Nyssenus. Opera. Hg. v. W. JÄGER u. a. Leiden 1952 ff. **Literatur:** ALTANER, B./STUIBER, A.: Patrologie. Freib. ⁹1980. – KLOCK, CH.: Unterss. zu Stil u. Rhythmus bei G. v. N. Meisenheim 1985.

Gregor, Joseph, *Tschernowzy 26. Okt. 1888, †Wien 12. Okt. 1960, österr. Theaterwissenschaftler und Schriftsteller. – Studierte Philologie und Theaterwiss., war Regieassistent bei Max Reinhardt (* 1873, † 1943); an der Österr. Nationalbibliothek in Wien begründete und leitete er die Theatersammlung so-wie das Archiv für Filmkunde. G. schrieb Gedichte, Dramen und expressionist. Er-zählungen, Opernlibretti für R. Strauss sowie theater-, film- und literaturwiss. Werke.

Werke: Isabella von Orta (R., 1920), Nacht (E., 1920), Erben (R., 1921), Gedichte (1921), Die Schwestern von Prag (Nov.n, 1929), Daphne (Libretto, 1938), Friedenstag (Libretto, 1938), Shakespeare (Monogr., 1942), Die Liebe der Danae (Libretto, 1944), Gerhart Hauptmann (Monogr., 1951).

Gregorčič, Simon [slowen. grɛ-'go:rtʃitʃ], *Vrsno bei Gorizia 15. Okt. 1844, †Gorizia 24. Nov. 1906, slowen. Lyriker. – Kath. Geistlicher; bevorzugte in seiner Lyrik schlichte Formen; eine schwermütige Grundhaltung bestimmt seine besten Gedichte (›Adria-Klänge‹, dt. Ausw. 1907).

Ausgabe: S. G. Zbrano delo. Ljubljana 1947–48. 2 Bde.

Gregor-Dellin, Martin, *Naumburg/ Saale 3. Juni 1926, †München 23. Juni 1988, dt. Schriftsteller. – Verlagslektor in Halle/Saale, seit 1958 in der BR Deutschland; Tätigkeit als Kritiker, Rundfunkredakteur, Cheflektor; seit 1966 freier Schriftsteller, von 1982 bis zu seinem Tod Präsident des P.E.N.-Zen-trums der BR Deutschland. Stellte in sei-nem Roman ›Jakob Haferglanz‹ (1963, 1956 u. d. T. ›Jüd. Largo‹) das Schicksal

eines jüd. Schülers zur Zeit des Dritten Reiches dar. In dem Roman ›Der Kande-laber‹ (1962) behandelt er das Leben un-ter totalitärer Herrschaft am Beispiel ei-nes Studienrats in einer kleinen thüring. Stadt. Auch Musikerbiographien, Hör-spiele, Erzählungen, musik- und kultur-histor. Abhandlungen, Essays; umfang-reiche Herausgebertätigkeit.

Weitere Werke: Der Nullpunkt (R., 1959), Mög-lichkeiten einer Fahrt (En., 1964), Einer (R., 1965), Aufbruch ins Ungewisse (En., 1969), Föhn (R., 1974), Richard Wagner (Biogr., 1980), Schlabrendorf oder Die Republik (R., 1982), Luther. Eine Annäherung (1983), Heinrich Schütz (Biogr., 1984), Was ist Größe? (Essays, 1985), Italienisches Traumbuch (Prosa, 1986).

Gregorios Magistros (tl.: Grēgórios Mágistros), *um 990, †1058, armen. Schriftsteller. – Sohn des Prinzen Vasak Pahlawuni; Helfer des Herrschers des Bagratidenreiches von Ani; fiel nach er-folgreicher militär. Tätigkeit bei König Gagik II. durch Intrigen in Ungnade, be-gab sich nach Konstantinopel, wo er sich wiss. Tätigkeit (erhielt den Titel Magi-stros) als Schriftsteller, Übersetzer und Lehrer widmete. Nachdem sein Versuch, König Gagik wieder zum Thron zu ver-helfen, mißlungen war, trat er seine Herr-schaft an die Byzantiner ab und wurde mit Städten und Dörfern in Mesopota-mien belehnt. Bes. wichtig sind seine Briefe, die z. T. metrisch abgefaßt sind. Er soll auch eine Erklärung der Gram-matik des Dionysios Thrax verfaßt ha-ben. Zahlreich sind seine Übersetzungen aus dem Griechischen, v. a. Platon.

Ausgabe: G. M. Venedig 1877 u. 1890. **Literatur:** LEROY, M.: Grégoire Magistros et les traductions arméniennes d'auteurs grecs. In: Annuaire de l'Institut de Philologie et d'His-toire Orientales 3 (1935), S. 263.

Gregorovius, Ferdinand, Pseud-onym Ferdinand Fuchsmund, *Neiden-burg bei Allenstein 19. Jan. 1821, †Mün-chen 1. Mai 1891, dt. Schriftsteller, Kul-turhistoriker und Essayist. – Studierte Theologie und Philosophie; war Journa-list in Königsberg (Pr), lebte von 1852 an lange Zeit in Rom (1876 Ehrenbürger) und ab 1879 in München. Er stand der jungdt. Bewegung nahe und begann mit politisch-satir. Dichtung, schrieb dann auch Romane, Epen, Dramen u. a., hatte jedoch erst Erfolg mit seinen kulturhistor. Werken, v. a. aus dem Mittelmeerraum.

Werke: Konrad Siebenhorns Höllenbriefe an seine lieben Freunde in Deutschland (Satire, 1843), Polen- und Magyarenlieder (1849), Corsica (Reiseber., 2 Bde., 1854), Wanderjahre in Italien (Reiseber., 5 Bde., 1856–77), Geschichte der Stadt Rom im MA (8 Bde., 1859–72), Kleine Schriften zur Geschichte und Cultur (3 Bde., 1887–92), Geschichte der Stadt Athen im MA (2 Bde., 1889).

Gregor-Tajovský, Jozef [slowak. 'tajouski:], * Tajov 18. Okt. 1874, † Preßburg 20. Mai 1940, slowak. Schriftsteller. – Lehrer, Bankbeamter; krit., realistisch-naturalist. Erzähler und Dramatiker des Dorfes.

Werke: Das Weibergesetz (Lsp., 1900, dt. 1955), Maco Mlieč (E., 1904, dt. 1960), Smutné nôty (= Traurige Melodien, En., 1907), Statkyzmätky (= Güter-Verwirrungen, Schsp., 1909), Zpod kosy (= Unter der Sense hervor, En., 1910). **Ausgabe:** J. G. T. Dielo. Preßburg 1953–58. 6 Bde. **Literatur:** VYDROVÁ, H.: J. G.-T. Personálna bibliografia. Martin 1977.

Gregory, Horace [engl. 'grɛgəri], * Milwaukee (Wis.) 10. April 1898, † Shelburne Falls (Mass.) 11. März 1982, amerikan. Lyriker. – Bekannt als Übersetzer von Catull und Ovid; verfaßte daneben auch krit. Studien über A. Lowell, D. H. Lawrence, J. A. M. Whistler sowie, zus. mit seiner Frau, der Lyrikerin M. Zaturenska, ›A history of American poetry, 1900–1940‹ (1946). Seine eigenen Gedichte stehen in der Tradition von E. Pound und T. S. Eliot und kontrastieren die klass. Welt der Antike mit den verwirrenden Eindrücken des modernen Stadtlebens.

Weitere Werke: No retreat (Ged., 1933), Chorus for survival (Ged., 1935), Medusa in Gramercy Park (Ged., 1961), Collected poems (1964), Another look (Ged., 1976). **Literatur:** Sondernummer der Zs. ›Modern Poetry Studies‹. 4 (Mai 1973).

Gregory, Lady Isabella Augusta [engl. 'grɛgəri], geb. Persse, * Roxborough (Galway) 5. März 1852, † Coole Park (Galway) 22. Mai 1932, ir. Schriftstellerin. – Nach dem Tod ihres Mannes (1892), eines ehemaligen Gouverneurs von Ceylon, war sie leidenschaftl. Sammlerin ir. Volkserzählungen, die sie in mehreren Bänden, z. B. ›A book of saints and wonders‹ (1906), veröffentlichte,

und Übersetzerin gäl. Dichtung (bes. ›Cuchulain of Muirthemne‹, 1902). Sie machte ihren Landsitz Coole Park zur Begegnungsstätte ir. Intellektueller, begründete zusammen mit W. B. Yeats, mit dem sie befreundet war, u. a. die ir. Theaterbewegung (Irish Literary Theatre) und wurde Mitdirektorin des Abbey Theatre. Für dieses schrieb sie etwa 40 meist schwankhafte Stücke über Leben und mythenbildende Phantasien der ir. Dorfwelt, von denen die Einakter ›Spreading the news‹ (1904) und ›Hyacinth Halvey‹ (1906) sowie die Komödie ›The image‹ (1909) die gelungensten sind.

Weitere Werke: The rising of the moon (Dr., 1907), The workhouse ward (Dr., 1908), Our Irish theatre (Abh., 1913), The Kiltartan poetry book (Ged., 1919), The story brought by Brigit (Dr., 1924). **Ausgabe:** Lady G. The Coole edition. Hg. v. T. R. HENN u. C. SMYTHE. Gerrards Cross 1970–73. 13 Bde. **Literatur:** KLENZE, H. VON: Lady G.s Leben u. Werk. Bochum 1940. Nachdr. New York 1966. – COXHEAD, E.: Lady G. A literary portrait. London ²1966. – SADDLEMYER, A.: In defence of Lady G., playwright. Dublin u. London 1966. – DEDIO, A.: Das dramat. Werk v. Lady G. Bern 1967. – KOHRFELDT, M. L.: Lady G. The woman behind the Irish renaissance. New York 1985.

Greif, Andreas, dt. Schriftsteller, ↑ Gryphius, Andreas.

Greif, Martin, eigtl. Friedrich Hermann Frey, seit 1882 offizieller Name M. G., * Speyer 18. Juni 1839, † Kufstein 1. April 1911, dt. Schriftsteller. – 1859–67 Artillerieoffizier, danach freier Schriftsteller; lebte meistens in München. Hatte mit seinen patriot. und histor. Dramen wenig Erfolg. Geschätzt war er v. a. wegen seiner Lyrik.

Werke: Gedichte (1860 und 1868), Nero (Trag., 1877), Prinz Eugen (Dr., 1880), Heinrich der Löwe (Dr., 1887), Ludwig der Bayer (Dr., 1891), Agnes Bernauer (Trag., 1894), Neue Lieder und Mären (1902). **Literatur:** KASTNER, F.: M. G. Bibliogr. ... Speyer 1959.

Greiff, León de, * bei Medellín 22. Juli 1895, † Bogotá 11. Juli 1976, kolumbian. Schriftsteller dt.-schwed. Abstammung. – Gehörte zur avantgardist. Schriftstellergruppe um die Zeitschrift ›Los Nuevos‹ (1925). Gilt mit seinem anspielungsreichen, subjektiv ausgerichteten, oft selbstironischen lyr. Werk zunehmend als einer der großen Dichter Lateinamerikas.

Werke: Tergiversaciones ... (Ged., 1925), Libro de signos (Ged., 1930), Variaciones alrededor de nada (Ged., 1936), Prosas de Gaspar (1937), Fárrago (Ged., 1954), Relatos de los oficios y mesteres de Beremundo (1955), Nova et vetera (Ged., 1973).
Ausgabe: L. de G. Obra completa. Hg. v. H. DE GREIFF. Bogotá 1985–86. 3 Bde.
Literatur: RODRÍGUEZ SARDIÑAS, O.: L. de G. Una poética de vanguardia. Madrid 1975. – MOHLER, S.C.: El estilo poético de L. de G. Span. Übers. Bogotá 1975.

Greiffenberg, Catharina Regina von, * Schloß Seisenegg bei Amstetten 7. Sept. 1633, † Nürnberg 8. April 1694, österr. Schriftstellerin. – Nach dem frühen Tod des Vaters (1640) übernahm dessen Stiefbruder Hans Rudolph von G. die Erziehung und Ausbildung; er heiratete sie 1664 (nach großen Schwierigkeiten mit Staat und Kirche wegen des nahen Verwandtschaftsgrades). G. lebte zeitweise in Nürnberg, war Mitglied in Ph. von Zesens Teutschgesinneter Genossenschaft, befreundet mit S. von Birken. Ihre religiösen Lieder zeugen von tiefer prot. Gläubigkeit; Sonette im Stil J. von Rists.

Werke: Geistl. Sonette ... (1662), Nichts als Jesus ... (Betrachtungen, 1672), Sieges-Seule der Busse und Glaubens ... (Betrachtungen, 1675), Der Allerheiligsten Menschwerdung, Geburt und Jugend Jesu Christi ... (Betrachtungen, 1678).
Literatur: FRANK, H.-J.: C. R. v. G. Gött. 1967.

Greiner, Leo, * Brünn 1. April 1876, † Berlin 21. Aug. 1928, österr. Lyriker und Dramatiker. – Verlebte seine Jugendjahre in Kronstadt, studierte in München Philosophie, wo er sich dem Kreis um F. Wedekind anschloß; Mitbegründer und künstler. Leiter des Kabaretts ›Die elf Scharfrichter‹; in seinem Werk Neuromantiker; erinnert in seiner Lyrik an N. Lenau.

Werke: Das Jahrtausend (Dichtungen, 1900), Lenau (Biogr., 1904), Der Liebeskönig (Dr., 1906), Das Tagebuch (Ged., 1906), Herzog Boccaneras Ende (Dr., 1908), Altdt. Novellen (2 Bde., 1912).

Greiner, Peter, * Rudolstadt 20. April 1939, dt. Schriftsteller. – Kam 1957 aus der DDR nach Berlin (West), studierte Chemie und Mathematik; seit 1970 freier Schriftsteller. Schreibt Hörspiele und

Dramen; die Helden seiner Stücke sind meist soziale Randfiguren und -gruppen, die versuchen, als gesellschaftl. Außenseiter zu überleben.

Werke: Gefege (Musical nach F. Wedekinds ›Frühlings Erwachen‹, UA 1976), Kiez (Dr., 1976), Orfeus. Biografie eines Halbstarken (Dr., 1978), Roll over Beethoven (Dr., 1979), Fast ein Prolet (3 Stücke, 1980; enthält u.a. das Stück Vier-Jahreszeiten-Blues), Die Torffahrer (Dr., UA 1985).

Greinz, Rudolf, * Pradl (heute zu Innsbruck) 16. Aug. 1866, † Innsbruck 16. Aug. 1942, österr. Schriftsteller. – Studierte in Graz und Innsbruck; zahlreiche Reisen nach Italien. Tiroler Heimaterzähler und Mundartdichter; heitere Darstellung der Tiroler Eigenart; auch Liebes- und Eheromane.

Werke: Die Studenten (Ged., 1885), Der Sündenfall (Volksstück, 1894), Das goldene Kegelspiel (En., 1905), Das Haus Michael Senn (R., 1909), Gertraud Sonnweber (R., 1912), Die Stadt am Inn (R., 1917), Der Garten Gottes (R., 1919), Vorfrühling der Liebe (R., 1925), Zauber des Südens (R., 1928), Das fröhliche Dorf (En., 1932).
Ausgabe: R.-G. Gedächtnisausg. Innsb. 1946–47. 3 Bde.

Grengg, Maria, * Stein (heute zu Krems an der Donau) 26. Febr. 1888, † Wien 8. Okt. 1963, österr. Schriftstellerin und Malerin. – Verfasserin anschaulich erzählter, volkstüml. Romane und Novellen mit Stoffen aus ihrer Heimat; auch Märchen, Hörspiele, Essays; Illustrationen zu Kinderbüchern.

Werke: Die Flucht zum grünen Herrgott (R., 1930), Peterl (R., 1932), Die Liebesinsel (R., 1934), Starke Herzen (Nov.n, 5 Bde., 1937), Die Kindlmutter (R., 1938), Die Tulipan (Nov., 1938), Lebensbaum (R., 1944), Das Hanswurstenhaus (R., 1951), Ein Herz brennt in der Dunkelheit (Betrachtungen, 1955).

Grenier, Jean [frz. grəˈnje], * Paris 6. Febr. 1898, † Dreux 5. März 1971, frz. Schriftsteller und Philosoph. – Als Verfasser philosoph. Schriften (›Essai sur l'esprit d'orthodoxie‹, 1938) und literar. Texte, in denen Beschreibung, Reflexion, Poetik und Lyrik ein dichtes Beziehungsgeflecht entwerfen, wesentl. Anreger und Lehrmeister von A. Camus. G. erhielt 1968 den Grand prix national des lettres.

Weitere Werke: Les îles (Essays, 1932), Inspirations méditerranéennes (Essays, 1941), Albert Camus, souvenirs (Erinnerungen, 1968).

Literatur: GARFITT, J. S. T.: Work and thought of J. G. London 1982. – J. G. Hg. v. J. ANDRÉ. Romillé 1990.

Greshoff, Jan [niederl. 'xrɛshɔf], * Nieuw-Helvoet 15. Dez. 1888, † Kapstadt 19. März 1971, niederl. Lyriker, Kritiker und Essayist. – War Korrespondent in Südafrika, danach in New York. Die feinfühlige Melancholie seiner frühen Gedichte (ab 1907) wich später humorvoller Ironie, zuweilen beißendem Zynismus.
Werke: De laatste dingen 1956–1958 (Ged., 1958), Wachten op Charon (Ged., 1964), Verzamelde gedichten. 1907–1967 (1967), Afscheid van Europa. Leven tegen het leven (Memoiren, 1969), Toen (Ged., hg. 1972).
Literatur: GILLET, L.: J. G. Hasselt 1972.

Gresset, Jean-Baptiste Louis [frz. grɛ'sɛ], * Amiens 29. Aug. 1709, † ebd. 16. Juni 1777, frz. Dichter. – Jesuit; wegen seiner spött. Verse jedoch relegiert; im Alter Rückkehr zur Religion. Schrieb liebenswürdig-frivole Versdichtungen, meist mit antiklerikalem Unterton, auch Bühnenstücke, von denen bes. ›Der Nichtswürdige‹ (1747, dt. 1753) als eines der besten Lustspiele des 18. Jh. zu nennen ist. 1748 Mitglied der Académie française.
Literatur: GIRARD, G. DELLE: ›Le Méchant‹ de G., témoin de l'évolution de la comédie vers le genre sérieux. In: Romanist. Zs. für Literaturgesch. 4 (1980), S. 199.

Gretser (Gretscher, Grether), Jakob, * Markdorf 27. März 1562, † Ingolstadt 29. Jan. 1625, dt. kath. Theologe, Humanist und Dramatiker. – Seit 1578 Jesuit; 1584–86 Lehrer der klass. Sprachen in Freiburg (Schweiz), ab 1586 in Ingolstadt für Metaphysik, Dogmatik und Moraltheologie. G. stellte seine zahlreichen Schriften (234 gedruckte, 46 ungedruckte) in den Dienst der Gegenreformation bzw. der nachtridentin. kath. Erneuerung. Als Dramatiker (23 lat. Dramen) bed. Vertreter des Jesuitendramas, das er mit der Aufführung seines Dramas ›Udo‹ in München 1598 in eine neue Entwicklungsphase führte.

Grettis saga Asmundarsonar [altisländ. = Die Geschichte von Grettir, Asmunds Sohn], altisländ. Saga, die wohl um 1300 (oder danach) aufgezeichnet wurde, möglicherweise aber auf eine ältere, verlorengegangene Fassung zurück-

geht; Held ist der starke Grettir, der nach isländ. Quellen zu Beginn des 11. Jh. lebte und nach fast 20jähriger Acht von seinen Feinden aufgespürt und erschlagen wurde.
Ausgaben: G. s. A. Hg. v. R. C. BOER. Halle/ Saale 1900. – Die Saga von Grettir. Dt. Übers., eingel. u. angemerkt v. H. SEELOW. Düss. u. Köln 1974.

Greville, Fulke, Baron Brooke (seit 1621) [engl. 'grɛvil], * Beauchamp Court (Warwickshire) 3. Okt. 1554, † London 30. Sept. 1628, engl. Politiker und Dichter. – Studierte in Cambridge, machte am Hof Elisabeths I. Karriere und hatte Regierungsämter inne; war mit Ph. Sidney befreundet, dessen dichter. Werk er postum herausgeben half und dessen Biographie er schrieb (hg. 1652). G.s eigene Lyrik – teils Liebes-, teils polit. und religiöse Gedichte – pflegt in klass. Metren einen schmucklosen Stil. Seine an Seneca d. J. orientierten Tragödien wie ›Mustapha‹ (entst. 1596, hg. 1609) und ›Alaham‹ (1600) sind klassizist. Alternativen zur gleichzeitigen elisabethan. Volksdramatik.
Ausgabe: Poems and dramas of F. G. Hg. v. G. BULLOUGH. Edinburgh u. a. 1939. 2 Bde.
Literatur: REBHOLZ, R. A.: The life of F. G. Oxford 1971. – WASWO, R.: The fatal mirror. Themes and techniques in the poetry of F. G. Charlottesville (Va.) 1972.

Grévin, Jacques [frz. gre'vɛ̃], * Clermont-en-Beauvaisis 1538, † Turin 5. Nov. 1570, frz. Dichter. – Freund P. de Ronsards, mit dem er sich wegen seiner Konversion zum Protestantismus überwarf; nahm an den Religionskriegen teil und flüchtete als Protestant nach England und in die Niederlande; Leibarzt der Herzogin von Savoyen; erreichte mit seiner Tragödie ›César‹ (1561) den Rang É. Jodelles; daneben Komödien, lyr. Gedichte (Chansons, Oden, Sonette), Übersetzungen und medizin. Werke.
Ausgabe: J. G. Comédies. Hg. v. E. LAPEYRE. Paris 1980.
Literatur: PINVERT, L.: J. G. (1538–1570). Paris 1898. – LAZARD, M.: La comédie humaniste au XVIᵉ siècle et ses personnages. Paris 1978. – LAZARD, M.: Le théâtre en France au XVIᵉ siècle. Paris 1980. – EVANS, K. J.: A study of the life and literary works of J. G. Diss. London 1983.

Grey, Zane [engl. grɛɪ], * Zanesville (Ohio) 31. Jan. 1872, † Altadena (Calif.)

23. Okt. 1939, amerikan. Schriftsteller. – Schrieb über 50 vielgelesene und oft verfilmte abenteuerliche Romane, meist aus der Welt der Cowboys und des Wilden Westens. Am erfolgreichsten war ›Das Gesetz der Mormonen‹ (R., 1912, dt. 1928).

Weitere Werke: Betty Zane (R., 1903, dt. 1928), Männer der Grenze (R., 1906, dt. 1930), Wüstengold (R., 1913, dt. 1929), Der eiserne Weg (R., 1918, dt. 1927), Der geheimnisvolle Reiter (R., 1921, dt. 1953), Die donnernde Herde (R., 1925, dt. 1928), Vollblut (R., 1928, dt. 1930).

Gribojedow (tl.: Griboedov), Alexandr Sergejewitsch [russ. griba'jɛdɐf], *Moskau 15. Jan. 1795, † Teheran 11. Febr. 1829, russ. Dramatiker. – Offizier; im diplomat. Dienst im Kaukasus und in Persien, wo er einem Attentat zum Opfer fiel. Humanistisch gebildet, hielt er am erhabenen Stil und an den Regeln der klassizist. Tradition fest, die er nur im Versmaß, freien gereimten Jamben, durchbrach; Meister der subtilen Charakterschilderung der Personen, die in ihrer Individualität dargestellt und dennoch typ. Gestalten sind; G.s Ruhm wurde durch seine einzige Komödie, ›Verstand schafft Leiden‹ (hg. 1833, dt. 1853), begründet, eine Satire auf die Moskauer Gesellschaft.

Ausgabe: A. S. Griboedov. Polnoe sobranie sočinenij. Petersburg 1911–17. 3 Bde. Nachdr. Hildesheim u. New York 1977.

Literatur: BONAMOUR, J.: A. S. Griboedov et la vie littéraire de son temps. Paris 1965. – PETROV, S. M.: Gore ot uma–komedija A. S. Griboedova. Moskau 1981.

Griechen-Müller, dt. Schriftsteller, ↑ Müller, Wilhelm.

griechische Literatur, die antike Literatur in griech. Sprache wird erst für die Zeit nach der Entstehung des griech. Alphabets (vermutlich im 9.Jh. v.Chr.) faßbar. Die Geschichte der g. L. ist gekennzeichnet durch ständiges Sichanpassen an neue Denkformen und – damit verbunden – durch Einbeziehung neuer Bereiche in die Literatur sowie durch Ausbildung neuer literar. Gattungen. Dabei wurde Bisheriges niemals aufgegeben, sondern in früh entstehenden Schulen weiter gepflegt und verfeinert. In der archaischen Zeit (800–500) überwog das poet. Form. Die *Epik* als früheste Gattung (›Ilias‹ und ›Odyssee‹ des Homer; die Werke des ↑ epischen Zyklus) beruht auf einem weit zurückreichenden, bes. im kleinasiat. griech. Raum mündlich überlieferten Lied- und Sagengut und ist zugleich wohl Spiegel einer vorarchaischen Welt. Ihr Versmaß, den daktyl. Hexameter, behielt Hesiod trotz Veränderung des Inhalts (›Theogonía‹ [= Abstammung der Götter]) und gegenwartsbezogener Lehrhaftigkeit (›Érga kaì hēméra‹ [= Werke und Tage]) bei. In auffallender zeitl. Parallelität zur Ablösung der Monarchie und zu ersten Formen demokrat. Selbstverständnisses entstand, ebenfalls vorwiegend im kleinasiatisch-ägäischen Raum, die *Lyrik* als Ausdruck einer wesentlich vom Individuum bestimmten Weise des Fühlens und Dichtens, zur Instrumentalbegleitung vorgetragen und darauf abzielend, Stimmungen zu erwecken und in Worte zu fassen. Ihre Gestaltungsmöglichkeiten (Strophenaufbau, Versmaße: Einführung jamb. Versmaße, am bekanntesten ist darüber hinaus die Verbindung von Hexameter und Pentameter zur eleg. Strophenbildung) waren ebenso vielfältig wie ihre Inhalte; spätere antike Klassifizierungsversuche (Elegie, Jambendichtung, Melos, Skolion) orientierten sich nur an Äußerlichem. Die lyr. Dichter, deren Werke weitgehend nur in Fragmenten erhalten sind, beschränkten sich nicht auf einzelne Kategorien und schufen teilweise charakterist. eigene Formen des Versmaßes und Strophenbaus, so z. B. Archilochos von Paros (↑ archilochische Strophen), Semonides, Sappho (↑ sapphische Strophe), Alkaios (↑ alkäische Strophe), Hipponax von Ephesus (↑ Choliambus). Enge Vermischung von privatem und öffentl. Bereich zeigten neben den Elegien Solons mit ihren Forderungen an die Bürger Athens v.a. die spartan. Kriegs- und Marschlieder des Tyrtaios und die Sprüchesammlung des Theognis. In der Folgezeit bezog sich die Lyrik jedoch ausschließlich auf die Erlebnisse und Gefühle des einzelnen Menschen (z. B. Erinna von Telos und die an Anakreon anknüpfenden Anakreonteia). Neben monod. Lyrik wurde Chorlyrik im privaten wie im sakral-öffentl. Bereich gepflegt (u. a. Alkman, Arion, Stesichoros, Sappho, Simonides von Keos). Aus

ihr entwickelte sich im Athen des 6. Jh.
die *Tragödie* (↑auch Dithyrambus); erster bekannter Tragödiendichter war
Thespis; Aischylos führte neben dem
Vorsänger einen zweiten Schauspieler
ein, Sophokles einen dritten.
Wiss. Interessen und das Bestreben, Erfahrungen und Erkenntnisse aufzuzeich-
nen, führten in diesem Zeitraum, bes. in
der Philosophie (Vorsokratiker), zur Herausbildung von *Prosaliteratur* (Phereky-
des von Syros [Mitte des 6. Jh. v. Chr.],
Heraklit); doch wurde gerade in der philosoph. Literatur auch noch in metr. Formen geschrieben (Xenophanes, Parmeni-
des von Elea). Neben verschiedenartigen
frühen Versuchen historisch-geograph.
Orientierung stehen Chroniken, Sieger-
und Beamtenlisten sowie Festkalender
einzelner Städte und Heiligtümer.
Die **Klassik (500 bis Ende des 4. Jh.
v. Chr.)** bedeutet demgegenüber Fortent-
wicklung bereits vorhandener Formen
und Inhalte ins Zeitlos-Vorbildliche.
Dies gilt für die *Chorlyrik* (Pindar, Bakchylides von Keos) wie für die in Athen
in Aufbau und Form jetzt voll ausgeprägte *Tragödie*. Ihr Inhalt ist das Verhältnis des Menschen zu den Göttern:
Sah Aischylos den einzelnen eingeordnet
in ein von der göttl. Gerechtigkeit bestimmtes Weltgefüge, so stand dieser bei
Sophokles in Leid und Selbsttäuschung
den Göttern gegenüber, nur durch Sich-
fügen in eine schwer zu begreifende Ordnung erlöst; Euripides konnte an derarti-
ger Bindung nur noch zweifeln. Zugleich
entwickelte sich die an den Großen Dionysien (seit 486) und Lenäen (seit 442)
aufgeführte, aus älteren Volkspossen
herzuleitende att. *Komödie* (Epicharmos,
Eupolis, Kratinos, Aristophanes) zum
unübertroffenen Element der Zeitkritik,
wendete sich dann aber in der mittleren
und neuen Komödie des 4. Jh. (z. B. Anti-
phanes, Diphilos, Menander) einer allgemeinen Thematik zu.
Die *Historiographie* erlebte in der Darstellung des Gegensatzes Griechen – Perser und der Perserkriege durch Herodot,
der Aufzeichnung der Geschichte des
Peloponnes. Krieges durch Thukydides
und in den Arbeiten Xenophons einen
nie wieder erreichten Höhepunkt. Spezielle Themen behandelten Ktesias

(5./4. Jh.) und Theopompos, allgemein-
geschichtl. Werke verfaßten Ephoros von
Kyme und Duris von Samos. Vielfältige
neue Anregungen erhielt die Historiographie durch den Zug Alexanders des Großen. Die polit. Verhältnisse und die gerichtl. Praxis wurden Voraussetzung für
die Entwicklung der *Rhetorik* als Zweig
der Literatur (Antiphon, Andokides, Ly-
sias). Wie in fast allen Bereichen geistiger
Betätigung wirkte sich hierbei die Sophistik (z. B. Gorgias von Leontinoi, Protagoras) mit ihren inhaltl. und formellen
Postulaten intensitätssteigernd aus. In
der Reaktion auf sie wurden die *philosoph. Werke* Xenophons und Platons
geschaffen. Durch Isokrates und Demos-
thenes wurde die Rhetorik zum wirksamsten Instrument polit. Ideologiebil-
dung und zugleich der Staatsführung.
Neben Zeugnissen von *Briefliteratur* und
Herausbildung der *Biographie* als literar.
Gattung entstand nun auch *naturwiss. Literatur*, z. B. in der Medizin die ältesten
Teile des sog. Corpus Hippocraticum
(Ende des 5. Jh.); gegen Ende der Epoche erschlossen Aristoteles und Theo-
phrastos weitere Gebiete (v. a. die Biologie). Für die Philosophie bedeutete das
Lebenswerk des Aristoteles umfassende
Auseinandersetzung mit den bisherigen
philosoph. Fragestellungen.
Der **Hellenismus (vom 3. Jh. v. Chr. an)**
erklärt sich im literar. Bereich aus dem
Bewußtsein des Einmaligen, Vorbildhaf-
ten der griech. Kultur als Zivilisations-
faktor in der von Griechen eroberten
Welt. Die literar. Tätigkeit bestand vornehmlich im Sammeln und Bewahren
des Überlieferten, im Ordnen und Zu-
gänglichmachen. In den wiss. Instituten
Alexandrias, Antiochias und Pergamons
wie auch in den Philosophenschulen
Athens wurde Jahrhunderte hindurch ein
ungeheures Maß an Arbeit in der literaturwiss. Forschung geleistet (z. B. Eratosthenes von Kyrene, Aristophanes von
Byzanz [* um 257, † um 180], Aristarchos
von Samothrake [* um 217, † um 145]),
die *Philologie* bildete sich als Wiss. heraus und zugleich der Typ des Philologen
wie des in verschiedenen Bereichen literarisch, geistes- und zugleich auch natur-
wissenschaftlich tätigen Polyhistors (z. B.
Eratosthenes). Bei dem gegenseitigen

400 griechische Literatur

Sichdurchdringen von griech. Kultur und Kultur des Orients war jetzt für den einzelnen Literaten weniger Abstammung als Verwurzeltsein in griech. literar. Tradition kennzeichnend (z. B. Berossos oder der ägypt. Geschichtsschreiber Manetho [3. Jh.]). In der *Geschichtsschreibung* bestimmte neben Wissenschaftlichkeit und Sachbezogenheit auch der Wunsch nach Publikumswirksamkeit Stoffwahl und Form; als Folge entstand – gleichsam als triviale Form der Geschichtsschreibung – eine vielfältig verzweigte *Anekdoten- und Erzählungsliteratur.*
In der *Poesie* wurde die dichter. Verklärung des Hirtenlebens (↑bukolische Dichtung) zum neuen Inhalt (Theokrit); neue künstler. Formen der Elegie schuf Kallimachos, während sich Apollonios von Rhodos um eine Neuerweckung der homer. Epik bemühte; daneben entwikkelte sich das Lehrgedicht weiter (Aratos von Soloi), und eine kultivierte Kleindichtung (Eidyllion [Idyll], Epyllion, Mimus) setzte ein. Trotz des allmähl. Verfalls der von einer hellenisierten Minderheit beherrschten Diadochenreiche blieb die gemeingriech. Literatursprache, die Koine, mit ihren Ausdrucksmöglichkeiten noch lange das Band zwischen den Ländern des Vorderen Orients und der antiken Kultur. Ähnliches gilt für die sich im wesentlichen von Sokrates herleitenden Philosophenschulen im hellenist. Raum mit ihren Nachfolgern in der röm. Kaiserzeit.
Später Hellenismus und Zeit der röm. Herrschaft bis zum Beginn der Spätantike (2. Jh. v. Chr. bis 3./4. Jh. n. Chr.): Für Rom wurde die Beschäftigung mit g. L. seit dem 2. Jh. v. Chr. zum Zeichen humaner Geisteskultur; die frühröm. Dichtung (Ennius, Plautus, Terenz) war Kopie g. Literatur. Eindrucksvollstes Beispiel für die Formung röm. Literatur durch Einflüsse der g. L. ist das Werk Ciceros. Griech. Literaten wurden von Rom gefördert (z. B. Poseidonios, Theophanes von Mytilene), standen in röm. Dienst und trugen in der Kaiserzeit entscheidend zur Bildung eines Imperiumsbewußtseins bei. Allerdings blieb dabei die griech. Sprache zugleich deutlich auch Mittel zur Artikulation der Belange des hellenist. Ostens gegenüber dem lat. Westen. Nach den historiograph. Werken von Autoren des 1. Jh. v. Chr. (Diodoros, Dionysios von Halikarnassos, Nikolaos von Damaskus), den philosoph. Schriften Philons von Alexandria und der geograph. Arbeit Strabons bedeutete das philosoph., histor., literarhistor., rhetor. und naturwiss. Werk Plutarchs erneut Sammlung einer Fülle vielfältigen Materials zur Tradition der wertvollsten Gehalte g. Literatur. Plutarchs Zeitgenosse, der jüd. Geschichtsschreiber F. Josephus, Teilnehmer am jüd. Krieg, wollte mit griechisch geschriebenen Werken Verständnis für die Geschichte und Probleme seines Volkes wecken und zugleich die Notwendigkeit für dessen vorbehaltlose Integration in die sich herausbildende Reichsbevölkerung dartun.
Die Reden griech. Rhetoren wie Dion Chrysostomos und Aristeides sind ein wichtiges Zeugnis für das Selbstverständnis ihrer Zeit. Bezeichnend scheint der seit dem 1. Jh. v. Chr. nachweisbare Attizismus, der wie die zweite Sophistik ein Bemühen um Wiederbelebung klass. Stil- wie Denkformen des 5. und 4. Jh. v. Chr. war, das nur aus dem Wissen um den Wert der Beschäftigung mit der g. L. als geistig formendem Element zu verstehen ist. Daher nahm die Bedeutung griech. Literaten-, Rhetoren- und Philosophenschulen in der Kaiserzeit noch zu. Der Hinweis auf Autoren wie Arrianos, Appianos, Pausanias, Galen (* 129, † 199; Arzt, Philosoph und Polyhistor), C. Ptolemaeus (* um 100, † um 170; Geograph und Astronom), Lukianos von Samosata und Athenaios kann die Skala der Möglichkeiten im 2. Jh. nur andeuten; auch Kaiser Mark Aurel (* 121, † 180) schrieb seine ›Selbstbetrachtungen‹ ›Eis heautón‹ in griech. Sprache. Im 3. Jh. kam es nach historiograph. Werken (u. a. Cassius Dio Cocceianus) zu einem Neuaufleben der philosoph. Literatur (Plotin). In ihren Rahmen gehören weitgehend auch die Zeugnisse christlich-theolog. Selbstdeutung (Origenes, T. F. Clemens Alexandrinus). In den Formen, wie sie die g. L. entwickelt hatte, wurden auch die dogmatischen Streitigkeiten der christlichen Kirche des 4. Jh. geführt (Gregor von Nazianz, Basileios der

Große, Ioannes Chrysostomos). Zugleich brachte das 4.Jh. ein nochmaliges Aufleben der griechischen Rhetorik (Libanios, Themistios).
Der Übergang vom heidnisch-röm. zum christlich-oström./byzantin. Staat war gleichzeitig der Beginn der † byzantinischen Literatur, an die sich dann, etwa seit der Jahrtausendwende, die Epoche der † neugriechischen Literatur anschloß.
Literatur: BERGK, TH.: G. L.gesch. Bln. 1872–87. 4 Bde. – SUSEMIHL, F.: Gesch. der g. Litteratur in der Alexandrinerzeit. Lpz. 1891–92. 2 Bde. – SCHMID, WILHELM/STÄHLIN, O.: Gesch. der g. L. Mchn. ¹⁻⁶1920–48. Nachdr. 1961–81. 7 Bde. in 2 Abteilungen. – GEFFCKEN, J.: G. L.gesch. Hdbg. 1926–34. 2 Bde. – ROSE, H. J.: A handbook of Greek literature from Homer to the age of Lucian. New York ⁴1951. – PALM, J.: Rom, Römertum u. Imperium der g. L. der Kaiserzeit. Lund 1959. – KÖRTE, A.: Die hellenist. Dichtung. Stg. ²1960. – BOWRA, C. M.: Greek lyric poetry from Alcman to Simonides. Oxford ²1961. – NESTLE, W.: Gesch. der g. L. Bln. ³1961–63. 2 Bde. – SNELL, B.: Dichtung u. Gesellschaft. Hamb. 1965. – SCHNEIDER, CARL: Kulturgesch. des Hellenismus. Mchn. 1967–69. 2 Bde. – LESKY, A.: Gesch. der g. L. Bern u. Mchn. ³1971. Nachdr. Mchn. 1993. – Die griech. Elegie. Hg. v. G. PFOHL. Darmst. 1972. – PFEIFFER, R.: Gesch. der klass. Philologie. Von den Anfängen bis zum Ende des Hellenismus. Dt. Übers. v. M. ARNOLD. Mchn. ²1978. – SNELL, B.: Die Entdeckung des Geistes. Gött. ⁵1980. – Neues Hdb. der Literaturwiss. Bd. 2. G. L. v. A. LESKY u. a. Hg. v. E. VOGT. Wsb. 1981. – NORDEN, E.: Die antike Kunstprosa vom 6. Jh. v. Chr. bis in die Zeit der Renaissance. Darmst. ⁸1981. – LESKY, A.: Die griech. Tragödie. Stg. ⁵1984. – FRÄNKEL, H.: Dichtung u. Philosophie des frühen Griechentums. Mchn. ⁴1993.

Grieg, [Johan] Nordahl [Brun], * Bergen 1. Nov. 1902, ✕ Berlin 2. Dez. 1943, norweg. Schriftsteller. – Lebte lange Zeit im Ausland (u. a. China, Sowjetunion), war als überzeugter Marxist Kriegsberichterstatter während des Span. Bürgerkrieges (›Span. Sommer‹, 1937, dt. 1972); 1940 Flucht vor den Deutschen nach London, wo er Offizier wurde; stürzte als Kriegsflieger über Berlin ab. Sein Werk ist von Unrast, Abenteuerlust, Freiheitsund Heimatliebe sowie starker Kritik an der norweg. Gesellschaft bestimmt.
Weitere Werke: Und das Schiff geht weiter (R., 1924, dt. 1927), Barrabas (Dr., 1927, dt. 1968), Unsere Ehre und unsere Macht (Dr., 1935, dt. 1950), Aber morgen (Dr., 1936, dt. 1938), Die

Niederlage (Dr., 1937, dt. 1947), Friheten (Ged., hg. 1945).
Ausgaben: Johan N. G. Samlede verker. Oslo 1947. 7 Bde. – N. G. Dramen. Hg. v. H. BIEN. Dt. Übers. v. U. BIRCKHOLZ. Bln. 1968.
Literatur: EGELAND, K.: N. G. Oslo 1953. – HASLUND, F. J.: N. G. Oslo 1962.

Gries, Johann Diederich, * Hamburg 7. Febr. 1775, † ebd. 9. Febr. 1842, dt. Übersetzer und Schriftsteller. – Studierte Jura; lernte während seines unsteten Lebens viele der führenden Dichter (fast alle Romantiker) kennen. Die Bedeutung von G. liegt in seiner Tätigkeit als Übersetzer, u. a. von T. Tasso ›Befreytes Jerusalem‹ (4 Bde., 1800–03), L. Ariosto ›Rasender Roland‹ (4 Bde., 1804–08), P. Calderón de la Barca ›Schauspiele‹ (8 Bde., 1815–42) und von M. M. Boiardo ›Verliebter Roland‹ (4 Bde., 1835–39).

Griese, Friedrich, * Lehsten (Landkreis Waren) 2. Okt. 1890, † Lübeck 1. Juni 1975, dt. Schriftsteller. – Verfasser schlichter Erzählungen und Romane in kräftiger, herber Sprache. Die Verbundenheit der Menschen mit ihrem Land im Auf und Ab der Natur (Einflüsse nord. Sagas, auch K. Hamsuns) steht im Mittelpunkt seines Werks. Gilt als Vertreter der Blut-und-Boden-Dichtung, dessen Werke unter den Nationalsozialisten, mit denen er sich allerdings nie direkt verbündete, großen Erfolg hatten.
Werke: Feuer (R., 1921), Die letzte Garbe (Nov.n, 1927), Winter (R., 1927), Sohn seiner Mutter (R., 1929), Der ewige Acker (R., 1930; Fortsetzung: Das letzte Gesicht, R., 1934; beide zusammen 1965 u. d. T. So lange die Erde steht), Der Saatgang (En., 1932), Die Wagenburg (E., 1935), Der Zug der großen Vögel (R., 1951), Das nie vergessene Gesicht (R., 1962), In dieser Nacht (En., 1964), Leben in dieser Zeit. 1890–1968 (1970), Eure guten Jahre. Berichte und Betrachtungen (1974).

Grieve, Christopher Murray [engl. gri:v], schott. Schriftsteller, † MacDiarmid, Hugh.

Griffith, John [engl. ˈgrıfıθ], amerikan. Schriftsteller, † London, Jack.

Griffiths, Trevor [engl. ˈgrıfıθs], * Manchester 4. April 1935, engl. Dramatiker. – Schreibt politisch engagierte Dramen für etablierte Bühnen, für das Fringe Theatre und für Theaterkollektive; behandelt histor. Themen, wie den Streik der Fiatarbeiter in Turin 1920

402 **Grigor**

(›Occupations‹, 1972), die sowjet. Verhältnisse 1937 (›Thermidor‹, 1978) oder die Pariser Studentendemonstrationen 1968 (›The party‹, 1974), aber auch Probleme alltägl. Menschen, etwa in ›Sam, Sam‹ (1972), in ›Comedians‹ (1976) oder in dem Fernsehspiel ›Through the night‹ (1977).
Weitere Werke: Lay by (Dr., 1972; mit H. Brenton, D. Hare, S. Poliakoff), Bill Brand (Fsp., 1976), All good men (Fsp., 1977), Deeds (Dr., 1978; mit H. Brenton, K. Campbell, D. Hare), Country (Fsp., 1981), Real dreams (Dr., 1986), Fatherland (Dr., 1987), Piano (Dr., 1990).
Literatur: WERTHEIM, A.: T. G. Playwriting and politics. In: Essays on contemporary British drama. Hg. v. H. BOCK u. A. WERTHEIM. Mchn. 1981. – BULL, J.: New British political dramatists. H. Brenton, D. Hare, T. G. u. D. Edgar. London u.a. 1984.

Grigor von Narek (Gregor), * um 945, † 1010, armen. Theologe. – Bedeutendster Mystiker Armeniens. Sein Erstlingswerk ist ein Kommentar zum Hohenlied, sein Hauptwerk das ›Buch der Lamentation‹. Von seinen Lobreden verdienen v.a. die auf das Hl. Kreuz und auf die Mutter Gottes Erwähnung. Daneben werden ihm auch Kirchenlieder zugeschrieben.
Ausgaben: Venedig 1840. – Grigor Narekatsi. Discorso panegrino alla beatissima Vergine Maria. Venedig 1904.
Literatur: INGLISIAN, V.: Die armen. Lit. In: Hdb. der Orientalistik. Hg. v. B. SPULER. Abt. 1, Bd. 7. Leiden u. Köln 1963. S. 186.

Grigorjew (tl.: Grigor'ev), Apollon Alexandrowitsch [russ. gri'gɔrjɪf], * Moskau 1. Aug. 1822, † Petersburg 7. Okt. 1864, russ. Schriftsteller. – Zunächst Hegelianer, später Anhänger F. W. J. von Schellings; slawophile Gesinnung. Als Lyriker mit Vorliebe für Melancholisches und Emotionales hatte er Einfluß auf A. A. Blok; bed. Übersetzer dt. Dichter sowie Literaturkritiker im Geist Schellings und des dt. Idealismus; er verfocht die ›organ.‹ Literaturkritik, die das literar. Werk als eigenständiges, zeitlich festgelegtes Produkt eines ewig gleichen Geistes sieht.
Werk: Kritičeskij vzgljad na osnovy, značenie i priemy sovremennoj kritiki iskusstva (= Krit. Betrachtung der Grundlagen, der Bedeutung und der Mittel der zeitgenöss. Kunstkritik, 1858).
Ausgabe: A. G. Grigor'ev. Izbrannye proizvedenija. Leningrad 1959.

Literatur: CZYZEWSKI, F. J.: The aesthetics of A. Grigoryev. Diss. University of Wisconsin Madison 1976.

Grigorowitsch (tl.: Grigorovič), Dmitri Wassiljewitsch [russ. griga'rɔvitʃ], * Simbirsk 31. März 1822, † Petersburg 3. Jan. 1900, russ. Schriftsteller. – Mitschüler F. M. Dostojewskis an der Petersburger Militäringenieurschule; mit N. A. Nekrassow bekannt; gehörte zur ›natürl. Schule‹. Bekannt wurde G. durch die zur Anklageliteratur gehörenden Erzählungen ›Derevnja‹ (= Das Dorf, 1846) und ›Anton-Goremyka‹ (= Anton Pechvogel, 1847), in denen er das harte Leben leibeigener Bauern darstellte. Der Roman ›Die Fischer‹ (1853, dt. 1857) gibt eine ethnographisch angereicherte Darstellung des Volkslebens; interessante Memoiren.
Ausgabe: D. V. Grigorovič. Povesti i rasskazy. Moskau 1980.

Grillparzer, Franz, * Wien 15. Jan. 1791, † ebd. 21. Jan. 1872, österr. Dramatiker. – Sohn eines Advokaten, studierte 1804–11 Philosophie und Jura in Wien. Nach dem Tod des Vaters (1809) trug er durch Hauslehrertätigkeit zum Lebensunterhalt der Familie bei. Ab 1813 im Staatsdienst, wo er dann als Beamter im Finanzministerium tätig war (1832 Archivdirektor, 1856 als Hofrat pensioniert). In J. Ph. Graf von Stadion (* 1763, † 1824; ab 1816 Finanzminister) fand er einen hochgeschätzten Förderer, der zweifellos 1818 zu G.s Ernennung zum Theaterdichter des Wiener Burgtheaters beitrug. Nach dem Selbstmord der Mutter (1819) suchte er Ablenkung und geistige Beruhigung auf einer Italienreise. 1821 lernte er Katharina ↑ Fröhlich kennen, mit der er zeitlebens verlobt blieb. Er war bereits gefeierter Klassiker der österr. Literatur, als er 1826 eine Deutschlandreise unternahm, auf der er u.a. L. Tieck, F. de la Motte-Fouqué, A. von Chamisso, R. Varnhagen von Ense, G. W. F. Hegel und Goethe kennenlernte. 1836 bereiste er England und Frankreich, in Paris traf er H. Heine und L. Börne. 1843 besuchte er Griechenland und die Türkei, 1847 noch einmal Deutschland, wo er in Stuttgart mit L. Uhland und G. Schwab zusammenkam. Verbitterung nach dem Mißerfolg seines Lustspiels ›Weh' dem, der lügt!‹

Franz
Grillparzer

(UA 1838, gedr. 1840) führte zum Rückzug aus der Öffentlichkeit, er veröffentlichte auch keines seiner Stücke mehr. Nach 1850 erlebte G.s Ruhm eine neue Blüte durch H. Laubes Inszenierungen seiner Dramen. Zahlreiche Ehrungen wurden ihm zuteil, u. a. die Aufnahme in die Wiener Akad. der Wiss. (1847) und in das österr. Herrenhaus (1861). – G. begann sein dramat. Werk unter dem Einfluß Schillers und Z. Werners mit der Tragödie ›Blanka von Kastilien‹ (entst. 1808/09, UA 1958). Der Bekanntschaft mit J. Schreyvogel, dem Dramaturgen des Wiener Burgtheaters, verdankte G. seine ersten Erfolge. In der Tragödie ›Die Ahnfrau‹ (1817) gestaltete er in der Nachfolge des Schillerschen Trauerspiels ›Die Braut von Messina‹, des engl. Schauerromans und des romant. Schicksalsdramas Schicksal als determinierende Macht, die ein ganzes Geschlecht einem unverschuldeten Fluch ausliefert. Mit dem Trauerspiel ›Sappho‹ (1819) knüpfte er in Form und Sprache an Goethes ›Iphigenie‹ und ›Torquato Tasso‹ an und thematisierte den unversöhnl. Konflikt zwischen Kunst und Leben. Nach der Dramentrilogie ›Das goldene Vließ‹ (›Der Gastfreund‹, ›Die Argonauten‹, ›Medea‹, 1822), in der Kolchis, die Heimat der Medea, und Griechenland den Gegensatz von Natur und Kultur repräsentieren, wandte sich G. mit ›König Ottokar's Glück und Ende‹ (1825) der Geschichte der Habsburger zu. Angeregt durch die zeitgeschichtl. Erscheinung Napoleons, erblickte G. in Ottokar die ›Hybris des vom Recht sich lossagenden

Menschen‹, dem er in Rudolf von Habsburg das Kaisertum als die Verkörperung des Rechtmäßigen entgegenstellte. In dem Trauerspiel ›Ein treuer Diener seines Herrn‹ (1830) ging es G. um den ›Heroismus der Pflichttreue‹, nicht aber um die Apologie knecht. Unterwürfigkeit. Die Sage von Hero und Leander, das Thema der Liebe als Lebensüberschwang und Todesdrohung zugleich, liegt dem lyr. Trauerspiel ›Des Meeres und der Liebe Wellen‹ (UA 1831, gedr. 1840) zugrunde, in dem G.s Sprachmusikalität am reinsten zum Ausdruck kommt. Die zunehmende Beschäftigung mit der span. Literatur (P. Calderón de la Barca, Lope F. de Vega Carpio) fand ihren Niederschlag in dem dramat. Märchen ›Der Traum ein Leben‹ (UA 1834, gedr. 1840), in das auch volkstüml. Elemente des Wiener Vorstadttheaters eingingen. Der Chronik Gregors von Tours entnahm er den Stoff zu seinem einzigen Lustspiel ›Weh' dem, der lügt!‹. Vor 1848 vollendete er ›Libussa‹ (gedr. 1872), in den 50er Jahren ›Die Jüdin von Toledo‹ (gedr. 1873) und sein ideelles Vermächtnis ›Ein Bruderzwist in Habsburg‹ (gedr. 1872): Rudolf II., an einer weltgeschichtl. Wende angesiedelt, ist ein gebrochener Charakter, der den Widerspruch von göttl. Ordnung und geschichtl. Tragik durch Verzicht auf Handeln lösen will und der Utopie einer Friedensordnung nachträumt, aber gerade dadurch die Heraufkunft der verworrenen neuen Zeit begünstigt.
In G.s Lyrik überwiegt ein rational-reflektierender Ton. Von seinen wenigen Prosawerken gehört die autobiographisch getönte Erzählung ›Der arme Spielmann‹ (1847, in: ›Iris. Dt. Almanach für 1848‹) zu den Meisterwerken des psycholog. Realismus des 19. Jh.; bed. sind auch die wichtige ›Selbstbiographie‹, die ›Briefe und Tagebücher‹ (2 Bde., hg. 1903). G.s Wirken als Dichter wurde durch die Intrigen und Zensurschikanen des vormärzl. Despotismus Metternichscher Prägung stark beeinträchtigt. Trotzdem bewahrte er sich lebenslang eine Loyalität zur Dynastie. Als bedeutendster österr. Dramatiker vereinigte er in seiner Dichtung Elemente des span. und österr. Barock, der dt. Klassik

und des Wiener Volkstheaters mit einer spezifisch modernen Sensibilität und einem hellsichtigen, differenzierten psycholog. Realismus, der der humanen Harmonie der dt. Klassik skeptisch begegnete. Der Zerfall der Wirklichkeit in tragische Antinomien und die um sich greifende Entfremdung wurden von ihm als Prozeß begriffen, der ›Von Humanität/Durch Nationalität/Zur Bestialität‹ führt.

Ausgaben: F. G. Sämtl. Werke. Histor.-krit. Gesamtausg. Hg. v. A. SAUER u. R. BACKMANN. Wien 1909–48. 42 Bde. – F. G. Sämtl. Werke, ausgew. Briefe, Gespräche, Berr. Hg. v. P. FRANK u. K. PÖRNBACHER. Mchn. 1961–65. 4 Bde. – F. G. Werke. Hg. v. A. SAUER u. R. BACKMANN. Mchn. 1971. 3 Bde. – F. G. Ges. Werke. Bln. ²1980. 3 Bde. – F. G. Werke. Hg. v. F. SCHREYVOGEL. Wien 1984. 4 Bde. **Literatur:** Jb. der G.-Gesellschaft. (seit 1891). Hg. v. J. GUNERT. Wien. – BAUMANN, G.: F. G. Dichtung u. österr. Geistesverfassung. Ffm. u. Bonn 1966. – MÜLLER, JOACHIM: F. G. Stg. ²1966. – NAUMANN, W.: F. G. Stg. u. a. ²1967. – SCHÄBLE, G.: F. G. Velber 1967. – G.-Forum Forchtenstein. 1968–73. 12 Bde. – Der Dichter u. seine Zeit. Hg. v. W. PAULSEN. Hdbg. 1970. – Das G.-Bild des 20. Jh. Hg. v. H. KINDERMANN. Wien 1972. – HOESCH, F.: Der Gestus des Zeigens. Wirklichkeitsauffassung u. Darstellungsmittel in den Dramen F. G.s. Bonn 1972. – POLITZER, H.: F. G. oder Das abgründige Biedermeier. Wien u. a. 1972. – VIVIANI, A.: G.-Komm. Mchn. 1972–73. 2 Bde. – FISCHER, E.: Von G. zu Kafka. Ffm. 1975. – ŠKREB, Z.: G. Eine Einf. in das dramat. Werk. Kronberg i. Ts. 1976. – Zw. Weimar u. Wien. G. Hg. v. S. KLETTENHAMMER. Innsb. 1992. – G.-Bilder 1991. Dokumentation u. Bibliogr. ... Hg. v. M. KLEIN u. a. Innsb. 1993. – F. G. Historie u. Gegenwärtigkeit. Hg. v. G. NEUMANN u. G. SCHNITZLER. Freib. 1994. – G.-Forum. Wien u. a. 1994 ff.

Grillparzer-Preis, literar. Preis, der bis 1971 (dann aufgelöst) alle drei Jahre an Verfasser deutschsprachiger dramat. Werke verliehen wurde. Der Preis wurde von der Akad. der Wiss. in Wien ab 1875 vergeben. Preisträger waren u. a. G. Hauptmann (1896, 1899 und 1905), A. Schnitzler (1908), M. Mell (1929 und 1941), F. Dürrenmatt (1968) und Th. Bernhard (1971).

Grimm, Friedrich Melchior Freiherr von, * Regensburg 26. Dez. 1723, † Gotha 19. Dez. 1807, dt. Schriftsteller. – Lebte 1748–90 in Paris, wo, z. T. unter Mitwirkung von D. Diderot, Madame d'Épinay u. a., die berühmte ›Correspondance littéraire, philosophique et critique‹ (1753–73) entstand, in der über das frz. Geistesleben berichtet wird.

Literatur: FITGER, B.: F. M. G. u. seine ›Correspondance littéraire‹. Diss. Köln 1955 [Masch.].

Grimm, Hans, * Wiesbaden 22. März 1875, † Lippoldsberg (heute zu Wahlsburg, Landkreis Kassel) 27. Sept. 1959, dt. Schriftsteller. – Lebte als Kaufmann in der Kapprovinz; ab 1918 in Lippoldsberg. Begründete mit den ›Südafrikan. Novellen‹ (1913), die ihn bekannt machten, die dt. Kolonialdichtung. Sein tendenziöser Kolonialroman ›Volk ohne Raum‹ (2 Bde., 1926), dessen Titel zum nationalsozialist. Schlagwort wurde, schildert das Schicksal eines dt. Kolonisten. In einigen seiner Werke aus der Zeit nach 1945 bestritt G. die alleinige dt. Kriegsschuld.

Weitere Werke: Die Olewagen-Saga (E., 1918), Das dt. Südwester-Buch (1929), Der Richter in der Karu u. a. Geschichten (1930), Engl. Rede (1938), Rückblicke (Autobiogr., 1950), Suchen und Hoffen (Autobiogr., hg. 1960).

Literatur: H. G. Gedenkgabe Hg. v. seiner Frau u. seinen Kindern. Lippoldsberg 1962. – JUNGWIRTH, B.: Versuch einer themat. Unters. des literar. Werkes H. G.s. Diss. Innsb. 1971.

Grimm, Jacob, * Hanau am Main 4. Jan. 1785, † Berlin 20. Sept. 1863, dt. Sprach- und Literaturwissenschaftler. – Juristensohn; Jurastudium in Marburg; Berührung mit den Romantikern, v. a. C. Brentano und A. von Arnim, sowie mit dem Juristen F. K. von Savigny; 1808 Bibliothekar in Kassel, 1829 Prof. der dt. Altertumswiss. in Göttingen; wegen seiner freiheitl. Gesinnung als einer der ›Göttinger Sieben‹ amtsenthoben und des Landes verwiesen; 1840 auf Betreiben A. von Humboldts zum preuß. König Friedrich Wilhelm IV. als Mitglied der Preuß. Akad. der Wiss. nach Berlin berufen mit der Erlaubnis, an der Berliner Univ. Vorlesungen zu halten; 1848 Abgeordneter der Frankfurter Nationalversammlung. Von 1850 an bis zu seinem Tode widmete er sich nur noch seinen wiss. Vorhaben, v. a. dem ›Dt. Wörterbuch‹. – Trotz der bis zum Tode seines Bruders Wilhelm G. gepflegten Haus- und Arbeitsgemeinschaft der beiden Brüder unterschieden sie sich in ihrem wiss. Streben und Wirken entscheidend. J. G. war der wissenschaftlich-analyt. Kopf, aufgrund seiner monolog. Natur mehr Forscher als Lehrer, während Wilhelm mehr künstlerisch und pädagogisch interessiert war. J. G. entwickelte seine bes. Forschungsgebiete der german. Sprachwissenschaft und der german. Altertumskunde, während sich Wilhelm mehr der mhd. Literatur zuwandte. J. G.s Ruf als bedeutendster Sprachforscher seiner Zeit begründete die 1819 erstmals erschienene ›Dt. Grammatik‹, die er im folgenden erweiterte und z. T. völlig umarbeitete (bis 1837 4 Teile). Mit diesem Werk erarbeitete sich J. G. auch das method. Rüstzeug für seine Publikationen zur german. Rechtsgeschichte (›Dt. Rechtsalterthümer‹, 1828), Religionsgeschichte (›Dt. Mythologie‹, 1835), und seiner Sammlung bäuerl. Rechtsquellen (›Weisthümer‹, 7 Bde., 1840–78), die er gleichrangig neben die gemeinsamen Sagen- und Märchensammlungen (›Kinder- und Hausmärchen‹, 2 Bde., 1812–15; ›Dt. Sagen‹, 2 Bde., 1816–18) stellte. In der Fülle seiner Publikationen (Aufsätze, Akademieabhandlungen, Rezensionen usw.) zu allen Gebieten der german. Philologie nehmen auch seine Editionen altdt., altnord., ags., mittellat. und lat. Werke (z. T. gemeinsam mit Wilhelm) einen gewichtigen Platz ein (›Hildebrandslied‹, 1812; ›Edda‹, 1815; ›Reinhart Fuchs‹, 1834; ›Germania‹ des Tacitus, 1835 u. a.). Die umfassendste gemeinsame Arbeit, das ›Dt. Wörterbuch‹, mußte unvollendet bleiben (Bd. 1 1854, Bd. 2 1860, Bd. 3 1862).

Ausgabe: J. u. Wilhelm G. Sämtl. Werke. Forschungsausg. Hg. v. LUDWIG E. SCHMITT. Hildesheim 1985 ff. Auf 45 Bde. berechnet.
Literatur: SCHOOF, W.: J. G. Bonn u. a. 1961. – Brüder-G.-Gedenken. Hg. v. L. DENECKE u. a. Marburg/Lahn 1963 ff. (bisher 9 Bde. erschienen). – LEMMER, M.: Die Brüder G. Lpz. ²1967. – DENECKE, L.: J. G. u. sein Bruder Wilhelm. Stg. 1971. – Die älteste Märchenslg. der Brüder G. Hg. v. H. RÖLLEKE. Genf 1975. – SEITZ, G.: Die Brüder G. Leben, Werk, Zeit. Mchn. 1984. – J. u. Wilhelm G. ... Beitrr. zur Werk- u. Wirkungsgesch. Hg. v. W. KÜRSCHNER. Coppenburg 1989. – GERSTNER, H.: Die Brüder G. Rbk. 36.–38. Tsd. 1994.

Grimm, Wilhelm, * Hanau am Main 24. Febr. 1786, † Berlin 16. Dez. 1859, dt. Literaturwissenschaftler. – Studierte Rechtswiss., war ab 1816 Bibliothekar in Kassel, ab 1830 in Göttingen, wo er 1831 Prof. wurde; als Mitglied der Göttinger Sieben 1837 amtsenthoben, ging 1841 mit seinem Bruder Jacob G. als Mitglied der Preuß. Akad. der Wiss. nach Berlin; arbeitete meist mit Jacob G. zusammen, wobei ihm an der sprachlich meisterhaften Gestaltung der ›Kinder- und Hausmärchen‹ (2 Bde., 1812–15) der Hauptanteil gebührt. Sagenforscher und Hg. zahlreicher mhd. Literaturwerke sowie Mitarbeiter am ›Dt. Wörterbuch‹.

Weitere Werke: Altdän. Heldenlieder, Balladen und Märchen (Übers., 1811), Grâve Rudolf (1828; Hg.), Die dt. Heldensage (1829), Vrîdankes Bescheidenheit (1834; Hg.), Konrads von Würzburg Goldene Schmiede (1840; Hg.), Kleinere Schriften (4 Bde., hg. 1881–87).
Literatur: SCHOOF, W.: W. G. Bonn u. a. 1960. – † auch Grimm, Jacob.

Grimmelshausen, Johann (Hans) Jakob Christoffel von, * Gelnhausen um 1622, † Renchen (Ortenaukreis) 17. Aug. 1676, dt. Schriftsteller. – Sohn prot. Eltern, die er früh verlor, vermutlich durch den Dreißigjährigen Krieg; er tat bis 1648 Kriegsdienste und erlangte 1667 das Schultheißenamt in Renchen. Konvertierte wahrscheinlich schon vor seiner Heirat (1649) zum kath. Glauben. Seine schriftsteller. Tätigkeit begann er 1658 unter verschiedenen Decknamen. Sein Hauptwerk ist der Roman in 5 Büchern ›Der Abentheurliche Simplicissimus Teutsch‹ (1669; noch 1669 erschien eine 2. Auflage und die ›Continuatio des abentheuerl. Simplicissimi ...‹ als 6. Buch), in urwüchsiger, z. T. mit Dialekt durchsetzter Sprache. In diesem bedeutendsten dt. Roman der Barockzeit verarbeitete G. eine Reihe literar. Vorlagen. Er folgte der Tradition des span. Schelmenromans, verwendete Motive aus Ch. Sorels ›Wahrhaftige und lustige Historie vom Leben des Francion‹ (7 Bücher, 1623, dt. 1967), aus Ph. Sidneys ›Arcadia‹ (dt. von M. Opitz 1629), den Erzählungen G. Ph. Harsdörffers, Wolfram von Eschenbachs ›Parzival‹ und aus der volkstüml. Schwank- und Sagenliteratur. Die Geschichte vom ›tumben Toren‹, der sich auf das Abenteuer der Weltfahrt einläßt und der Welt am Ende als Einsiedler entsagt, läßt mehrere Deutungen zu: Sie ist die erste moderne realist. Darstellung der Zeit- und Sittengeschichte (Dreißig-

jähriger Krieg), zugleich aber eine mora-
lisch-satir. Allegorie vom Leben des
Menschen in dieser Welt. In den einzelnen Stadien des Simplician. Lebenswe-
ges zeigt G. in satir. Verkehrung den Ele-
mentarzustand der Welt und des Menschen als Wandelbarkeit und Veränder-
lichkeit und enthüllt im Zerrspiegel des
satir. Erzählens die Wahrheit über den
Menschen. Unbeständigkeit und Wahn
der Welt sowie die Hoffnung auf Erlösung im Jenseits sind das immer variierte
Thema auch der sog. Simplizian. Schriften, u. a. ›Trutz Simplex: Oder Ausführl.
und wunderseltzame Lebensbeschrei-
bung Der Ertzbetrügerin und Landstört-
zerin Courasche‹ (1670), ›Der seltzame
Springinsfeld‹ (1670), ›Das wunderbarl.
Vogel-Nest‹ (1672).

Johann Jakob
Christoffel
von
Grimmels-
hausen

Ausgaben: Hans J. Ch. v. G. (Der Abentheuer-
liche) Simplicissimus Teutsch. Hg. v. J. H.
SCHOLTE. Tüb. ³1954. – G.s Werke. Ausgew. v.
S. STRELLER. Bln. u. Weimar ²1964. – G. Werke
in 2 Bden. Bearb. v. A. A. STEINER. Zü. u. a.
1967. – Hans J. Ch. v. G. Ges. Werke in Einzel-
ausgg. Hg. v. R. TAROT u. a. Tüb. ¹⁻²1967–84. 13
Bde. – H. J. Ch. v. G. Werke. Hg. v. D. BREUER.
Ffm. 1989 ff.
Literatur: KÖNNECKE, G.: Quellen u. Forsch. zur
Lebensgesch. G.s. Lpz. 1926–28. 2 Bde. –
KOSCHLIG, M.: G. u. seine Verleger. Lpz. 1939.
Nachdr. New York 1967. – HERBST, G.: Die
Entwicklung des G.bildes in der wiss. Lit. Bonn
1957. – STRELLER, S.: G.s Simplician. Schrr. Bln.
1957. – BATTAFARANO, I. M.: G.-Bibliogr.
1666–1972. Neapel 1975. – G. Dichter u.
Schultheiß. Renchen 1976. – STOLL, CH.: Hans
J. Ch. v. G. 1676–1976. Mchn. 1976. – HO-
HOFF, C.: Hans J. Ch. v. G. Rbk. 1978. –
WEYDT, G.: Hans J. Ch. v. G. Stg. ²1979. – AY-
LETT, R. P. T.: The nature of realism in G.'s
›Simplicissimus‹ cycle of novels. Bern u. a.

1982. – MEID, V.: G. Mchn. 1984. – KABUS, P.:
Verkehrte Welt. Zur schriftsteller. u. denker.
Methode G.s ... Ffm. u. a. 1993.

Grin, Alexandr Stepanowitsch, eigtl.
A. S. Grinjowski, * Slobodskoi (Gouv.
Wjatka) 23. Aug. 1880, † Stary Krym
8. Juli 1932, russ.-sowjet. Schriftsteller. –
Weite Reisen als Matrose; Verfasser
von romantisch-exot. Abenteuerromanen ohne polit. Tendenz, in denen er in
originellem Stil Phantastisches und Rea-
listisches mischte; Einflüsse von E. T. A.
Hoffmann, E. A. Poe und R. L. Stevenson; Tendenz zu märchenähnl. Gestaltung; dt. erschienen die Erzählungen
›Das Purpursegel‹ (1923, dt. 1946, 1962
u. d. T. ›Rote Segel‹), ›Wogenleiter‹
(1928, dt. 1949), ›Der silberne Talisman‹
(1930, dt. 1962), ›Die goldene Kette‹ (hg.
1939, dt. 1964) sowie der Roman ›Die
funkelnde Welt‹ (1924, dt. 1988); ausgewählte phantast. Novellen erschienen dt.
1984 (›Der Rattenfänger‹), rätselhafte
Geschichten 1989 (›Der Mord im Fisch-
laden‹); zeitweise als unpolit. Autor ver-
femt, 1956 rehabilitiert.
Ausgabe: A. S. G. Sobranie sočinenij. Moskau
1980. 6 Bde.
Literatur: KIRKIN, J. V.: A. G. Moskau 1980
(Bibliogr.).

Grin, Elmar, eigtl. Alexandr Wassiljewitsch Jakimow, * Kiwennapa (Perwomaisk, Gebiet Petersburg) 15. Juni 1909,
russ. Schriftsteller. – Schildert in Romanen und Erzählungen das Leben in Estland, Karelien und Finnland.
Werke: Wind von Süd (E., 1946, dt. 1947),
Drugoj put' (= Ein anderer Weg, R., 1956), Žil-
byl Matti (= Es lebte einst Matti, Prosa, 1981).

Grindel, Eugène [frz. grɛ̃'dɛl], frz. Lyriker, ↑ Éluard, Paul.

Grinevskij, Aleksandr Stepanovič,
russ.-sowjet. Schriftsteller, ↑ Grin, Alexandr Stepanowitsch.

Gringore, Pierre [frz. grɛ̃'gɔ:r] (Gringoire), * Thury-Harcourt (Calvados) um
1475, † in Lothringen um 1538, frz. Dichter. – Anfangs im Dienst Ludwigs XII.,
dann am Hof des Herzogs Antoine von
Lothringen; Theaterunternehmer, Haupt
der Narrenzunft ›Enfants sans souci‹ in
Paris; schrieb neben Zeitgedichten (›Fol-
les entreprises‹, 1505; ›La chasse du cerf
des cerfs‹, 1512) und Pamphleten v. a.
Schauspiele, z. T. als Auftragsarbeiten;

am berühmtesten sind die gegen die Kurie gerichtete Satire ›Le jeu du prince des sots et de la mère sotte‹ (1511) und ein Mysterienspiel. Literarische Behandlung fand G. (unter dem Namen Gringoire) durch V. Hugo (›Der Glöckner von Notre-Dame‹, R., 1831, dt. 1948, 1831 u. d. T. ›Die Kirche Notre-Dame zu Paris‹) und Th. de Banville (›Gringoire‹, Schsp., 1866, dt. 1875).

Literatur: DITTMANN, W.: P. G. als Dramatiker. Diss. Bln. 1923. Nachdr. Nendeln 1967. – BASKERVILLE, CH. R.: G.'s pageants. Chicago (Ill.) 1935.

Grinjowski (tl.: Grinevskij), Alexandr Stepanowitsch [russ. gri'njɔfskij], russ.-sowjet. Schriftsteller, ↑Grin, Alexandr Stepanowitsch.

Gripenberg, Bertel Johan Sebastian Baron von [schwed. ˌgriːpenbærj], * Petersburg 10. Sept. 1878, † Sävsjö (Schweden) 6. Mai 1947, schwedischsprachiger finn. Dichter. – Als spätromant. Lyriker bis zum 2. Weltkrieg von größter Popularität, die sich auch aus der Beschränkung auf eingängige Grundmotive (Liebe, Krieg, Tod) erklären läßt; bed. Formkünstler, früh der ästhet. Kunst O. Wildes verpflichtet.

Werke: Dikter (Ged., 1903), Aftnar i Tavastland (Ged., 1911), Under fanan (Ged., 1918), Den hemliga glöden (Ged., 1925), Vid gränsen (Ged., 1930).

Grisebach, Eduard, * Göttingen 9. Okt. 1845, † Charlottenburg (heute zu Berlin) 22. März 1906, dt. Schriftsteller und Literarhistoriker. – 1872 bis 1889 im diplomat. Dienst. Seine anonym erschienenen epigonalen, formgewandten, rhetor.-pathet. Verserzählungen ›Der neue Tanhäuser‹ (1869) und ›Tanhäuser in Rom‹ (1875) weisen eine eigenartige Mischung von Sinnlichkeit und schopenhauerschem Pessimismus auf. Bedeutender war G. als Literarhistoriker (›Die dt. Litteratur 1770–1870‹, 1876), Übersetzer (aus dem Chinesischen) und Herausgeber (G. A. Bürger, C. Brentano, E. T. A. Hoffmann, G. Ch. Lichtenberg); auch Schopenhauerforscher (›Schopenhauer‹, Biogr., 1897 und 1905) und Förderer der Bibliophilie.

Grob, Johannes, Pseudonyme Reinhold von Freienthal, Ernst Warnmund von Freyenthal, * Grobenentswil bei Flawil (Kanton Sankt Gallen) 16. Sept. 1643, † Herisau 1. April 1697, schweizer. Epigrammatiker. – Leinwandhändler, 1670 Landeskommissär, aus konfessionellen Gründen Übersiedlung nach Herisau, 1690 appenzell. Gesandter beim Kaiser in Regensburg; schrieb v. a. satir. Sinngedichte, in denen er allgemeine menschl. Schwächen und die Zeitverhältnisse anprangert.

Werke: Dichterische Versuchsgabe (Epigramme, lat. und dt., 1678), Treu-gemeinter Eydgenössischer Aufwecker. Oder ... (Streitschr., 1689), Poet. Spazierwäldlein (Epigramme, hg. 1700).

grobianische Dichtung, bes. im 16. Jh. verbreitetes Genre didakt. Literatur, die grobian. Sitten, d. h. Verhaltens- und Sprachformen, die sich von den am Höfischen orientierten Anstandsformen des Bürgertums unterschieden, beschreibt (H. Sachs, ›Die verkert dischzuecht Grobiani‹, 1563) oder bloßstellt (S. Brant, ›Narrenschiff‹, 1494). Die g. D. schließt sich vorzugsweise dem Darstellungsbereich höf. ↑Tischzuchten an. Das erfolgreichste Werk der g. D. ist F. Dedekinds ›Grobianus. De morum simplicitate libri duo‹ (1549) in 1 200 lat. Distichen und dessen (erweiternde) Übersetzung durch K. Scheidt ›Grobianus. Von groben sitten und unhöflichen geberden‹ (1551; Neudr. 1882).

Ausgabe: Grobian. Tischzuchten. Hg. v. TH. P. THORNTON. Bln. 1957.
Literatur: SEITZ, D.: J. Fischarts Geschichtklitterung. Unterss. zur Prosastruktur u. zum grobian. Motivkomplex. Ffm. 1974.

Grochowiak, Stanisław [poln. grɔ-'xɔvjak], * Leszno Wielkopolskie 24. Jan. 1934, † Warschau 2. Sept. 1976, poln. Schriftsteller. – Zeitschriftenredakteur; schrieb Romane, Erzählungen, Dramen, Hörspiele und v. a. Gedichte, in denen expressive Deformation zu drast. Antiästhetizismus gesteigert ist.

Literatur: ŁUKASIEWICZ, J.: S. G. Warschau 1980.

Grögerová, Bohumila [tschech. 'grɛgɛrɔva:], * Prag 7. Aug. 1921, tschech. Schriftstellerin. – Bed. Vertreterin experimenteller Literatur; mit J. Hiršal veröffentlichte sie u. a. 1964 das typograph. Kinderbuch ›Co se slovy všechno poví‹ (= Was man mit Worten alles sagt), 1968 ›JOB-BOJ‹, eines der wichtigsten Bücher der konkreten Poesie, und verfaßte die Prosa ›Kolotoč‹ (= Karussell, als Manuskript 1979). 1970 erschienen in dt. Sprache die ›Zivilisationsschemata‹; Hörspielautorin; bed. Übersetzerin (M. Bense, H. Heißenbüttel, E. Ionesco u. a.).

Weitere Werke: Die Mühle (R., entstanden 1976, dt. 1991; mit J. Hiršal), LET LET. Im Flug der Jahre (Tageb., 3 Bde., 1993/94, dt. 1994; mit J. Hiršal).

Grogger, Paula, *Öblarn (Steiermark) 12. Juli 1892, † ebd. 31. Dez. 1983, österr. Schriftstellerin. – Lehrerin, 1929 mit Ehrensold pensioniert; in ihren Werken, hochdt. und mundartl. Gedichten und Erzählungen, gestaltet die den Menschen ihrer Heimat und dem kath. Glauben verhaftete Autorin Themen aus ihrem Lebenskreis. In ihrem Hauptwerk, dem Roman ›Das Grimmingtor‹ (1926), gibt sie eine chronikartige Darstellung aus der Zeit Napoleons.

Weitere Werke: Die Sternsinger (Legende, 1927), Die Räuberlegende (Legenden, 1929), Das Spiel von Sonne, Mond und Sternen (1933), Der Lobenstock (En., 1935), Die Hochzeit (Festspiel, 1937), Bauernjahr (Ged., 1947, erweitert 1962), Die Reise nach Salzburg (E., 1958), Späte Matura oder Pegasus im Joch (Erinnerungen, 1975), Der Paradiesgarten. Geschichte einer Kindheit (1980), Die Reise nach Brixen (E., hg. 1987).

Groißmeier, Michael, *München 21. Febr. 1935, dt. Lyriker. – Lebt als Verwaltungsbeamter in Dachau; in seinen Gedichten bedient er sich oft der jap. Gedichtform des Haiku (›Haiku‹, Ged., 1982 und 1985); Hg. und Übersetzer jap. Lyrik.

Weitere Werke: Scherben der Zeit (Ged., 1963), Die roten Vogelbarken schaukeln (Ged., 1969), Unter dem Chrysanthemenmond (Ged., 1975), Mit Schneemannsaugen (Ged., 1980), Bestrafung für Atemzüge (Ged., 1981), Schnee auf der Zunge (Ged., 1983), Dem Rauch mißtrauen (Ged., 1984), Unser freier Fall (Ged., 1993).

Grombeck, Ernst Ludwig, Pseudonym des dt. Schriftstellers Ludwig † Rubiner.

Gröndal, Benedikt Sveinbjarnarson, *Bessastaðir bei Reykjavík 6. Okt. 1826, † Reykjavík 2. Aug. 1907, isländ. Schriftsteller. – Sein erzähler. Hauptwerk ist die Burleske ›Saga af Heljarslóðarorrustu‹ (= Die Geschichte von der Schlacht auf dem Helfeld, 1861), die in Form eines mittelalterl. Ritterromans die Schlacht

von Solferino zum Inhalt hat; auch burleske Lyrik.

Gröner, Walter, *Heubach 25. Nov. 1950, dt. Lyriker. – Lebt im schwäb. Heubach (Ostalbkreis). Sein literar. Werk zeichnet sich durch eigenwillige Verdichtungen von Elementen der Arbeitswelt, von Landschafts- und Reiseimpressionen aus. Er verknüpft persönl. Erfahrungen als Fließbandarbeiter (›Fabrikler, Leser und Poet‹, Ged. und En., 1985) mit v. a. aus der dt. Lyrik gewonnenen Leseerlebnissen zu präzisen Beschreibungen und bildhaften Sprachschliffen (›Ein rasend hingehauchtes Herbsteslicht. Bergeller Gedichte‹, 1986).

Gronon, Rose [frz. grɔ'nõ], eigtl. Marthe Bellefroid, *Antwerpen 16. April 1901, † ebd. 16. Sept. 1979, fläm. Schriftstellerin. – Debütierte mit frz. Novellen, ging dann aber in ihren histor. Romanen und Novellen zum Niederländischen über; kennzeichnend ist die Traumatmosphäre in den Handlungen.

Werke: De late oogst (Nov., 1954), Sarabande (R., 1957, dt. 1958), De ramkoning (R., 1962), De roodbaard (R., 1965), Persephone (R., 1967), Venetiaanse herfst (R., 1971).

Groschenhefte (Groschenromane), Sammelbegriff für die in preisgünstiger Heftform meist wöchentlich in hoher Auflage auf den Markt geworfenen Trivialromane, deren Autoren sich häufig hinter einem Pseudonym verbergen. G., auch Heftromane genannt, sind schon von der Aufmachung her als billige literar. Konsumware gedacht. Sie erscheinen in Serien mit unterschiedl. inhaltl. Schwerpunkten (Fürstenromane, Arztromane, Schicksalsromane, Western, Frauenromane), damit durch die fortlaufende Erscheinungsweise ein fester Leserstamm gewahrt bleibt.

Grosjean, Jean [frz. gro'ʒã], *Paris 21. Dez. 1912, frz. Schriftsteller. – Geprägt von seinen philosoph. Studien, von der Begegnung mit dem Werk P. Claudels und den bibl. Texten wurde G. 1939 Priester. Seine erste Gedichtsammlung ›Terre du temps‹ (1946) fällt noch in diese Zeit religiöser Kontemplation. Nach seiner Trennung von der kath. Kirche (1950) entfaltet sich ein reiches lyr. Œuvre, das zwischen den Themen Gott und Sprache oszilliert und in immer

neuen Anläufen auf der Basis einer vor-
sokratisch und hegelianisch inspirierten
Metaphysik nach dem Wesen des Wirklichen und dem Tod Gottes in der Dichtung sucht. Die als Zeichen verstandene
Welt wird Emblem einer möglichen auf-
findbaren absoluten Wahrheit. Durch
seine Aischylos-, Sophokles- und Shake-
speare-Übersetzungen und durch seine
Tätigkeit als Generalsekretär der ›Nouvelle Revue Française‹ (seit 1967) spielt
G. eine wichtige Rolle im literar. Leben
Frankreichs.

Weitere Werke: Hypostases (Ged., 1950), Le livre du juste (Ged., 1952), Fils de l'homme
(Ged., 1954), Majestés et passants (Ged., 1956),
Austrasie (Ged., 1960), Apocalypse (Ged.,
1962), Élégies (Ged., 1966), La gloire (Ged.,
1969), Les beaux jours (Ged., 1980), Élie (Ged.,
1982), Darius (Ged., 1983), Pilate (Ged., 1983),
Kleist (Ged., 1985), La reine de Saba (Ged.,
1987), Samson (Prosa, 1989).
Literatur: BOSQUET, A.: J. G. ou les saisons de la
foi. In: La Nouvelle Revue Française 29 (1967),
S. 1230.

Grosourdy, Michel de [frz. grozur-
'di], Marquis de Saint Pierre, frz. Schriftsteller, ↑ Saint Pierre, Michel de.

Grosse, Julius, * Erfurt 25. April
1828, † Torbole (Gardasee) 9. Mai 1902,
dt. Schriftsteller. – Stand dem Münchner
Dichterkreis (v. a. E. Geibel) nahe, Feuilletonredakteur verschiedener Zeitungen.
Klassizistisch-epigonaler Dichter mit
volksnaher, formstrenger Lyrik; seine
Dramen sind unbedeutend; erfolgreicher
mit Versepen, [histor.] Romanen und Novellen.
Werke: Gedichte (1857), Ep. Dichtungen
(1861), Gundel vom Königssee (Epos, 1864), Tiberius (Trag., 1876), Der getreue Eckart (R.,
2 Bde., 1885), Ursachen und Wirkungen (Autobiogr., 1896).
Literatur: NÄGEL, A.: J. G.s erzählende Dichtungen. Diss. Mchn. 1938.

**Große Heidelberger Liederhand-
schrift,** größte und schönste der mhd.
Liederhandschriften. Sie enthält auf 425
großformatigen Pergamentblättern in 38
Lagen 140 Gedichtsammlungen, die von
der Mitte des 12.Jh. bis etwa 1300 zu da-
tieren sind. Eröffnet wird die G. H. L. mit
Gedichten Kaiser Heinrichs (VI.), es folgen Sammlungen mehrerer Könige,
Markgrafen, Herzöge, Grafen usw. Während die Dichter am Anfang der Handschrift hierarchisch geordnet sind, spie-

len danach auch landschaftl. und chronolog. Kriterien für die Reihung eine
Rolle. Die umfangreichsten Einzelsamm-
lungen gehören Walther von der Vogelweide (etwa 450 Strophen), Ulrich von
Lichtenstein (etwa 310 Strophen), Neidhart (etwa 290 Strophen), Reinmar dem
Alten (etwa 260 Strophen) und J. Hadlaub (etwa 240 Strophen). Ein beträchtl.
Teil der Strophen ist nur hier überliefert.
Jeder Gedichtsammlung ist eine Miniatur vorangestellt, die in Vergleichsfällen
oft denen der ↑ Stuttgarter Liederhandschrift entspricht. Die Miniaturen bieten
im Stil der Zeit ihrer Entstehung einfache, aber prägnante Idealbildnisse der
Dichter, meist mit Wappen. – Entstanden ist die G. H. L. in der 1. Hälfte des
14.Jh., wohl in Zürich, mutmaßlich auf
der Grundlage einer Sammlung von
Liederbüchern, die der Züricher Patrizier
Rüdiger ↑ Manesse nach dem Zeugnis eines Liedes von J. Hadlaub anlegte. Das
mittelalterl. Schicksal der Handschrift
liegt im dunkeln. Erst kurz vor 1600 ist
sie in der Heidelberger Bibliotheca Palatina nachweisbar; in den Wirren des
Dreißigjährigen Krieges verliert sich ihre
Spur wieder. Von 1657 an ist sie in Paris
greifbar; von dort kehrte sie 1888 im
Tausch gegen frz. Handschriften nach
Heidelberg zurück. Nach ihrem Aufent-
haltsort in Paris wird die G. H. L. auch
Pariser Handschrift genannt; sie wird
auch unter dem Namen Manessische
Handschrift geführt. Die Auftraggeber
der G. H. L. sind unbekannt. In der Min-
nesangphilologie wurde die G. H. L.
(Sigle C) textkritisch meist geringer gewertet als die ↑ Kleine Heidelberger Liederhandschrift. Erst in neuerer Zeit wird
ihr Wert für eine historisch fundierte Erfassung der Geschichte des Minnesanges
gesehen.

Ausgaben: Die Manessesche Lieder-Hs. Faksi-
mile-Ausg. Einl. v. R. SILLIB u. a. Lpz. 1929. –
Die G. H. Maness. L. Hg. v. ULRICH MÜLLER.
Göppingen 1971. – Die G. H. L. in getreuem
Textabdruck. Hg. v. F. PFAFF. Hdbg. ²1984.
Literatur: JAMMERS, E.: Das Königl. Buch des
dt. Minnesangs. Hdbg. 1965. – RENK, H.-E.:
Der Manessekreis, seine Dichter u. die Maness.
Handschr. Stg. u. a. 1974. – KUHN, H.: Die Vor-
aussetzungen für die Entstehung der G. H. L. u.
ihre überlieferungsgeschichtl. Bedeutung. In:
KUHN: Liebe u. Gesellschaft. Stg. 1980.

Großepik, Sammelbegriff für die Großformen ep. Dichtung, Roman und Epos.

Großer Atonhymnus † Sonnengesang Echnatons.

Grossi, Tommaso, * Bellano (Prov. Como) 23. Jan. 1790, † Mailand 10. Dez. 1853, italien. Dichter. – Notar; mit A. Manzoni befreundet; schrieb die romant. Versnovelle ›La fuggitiva‹ (1816), satir. Dichtungen in Mailänder Mundart, ferner die erzählenden Versdichtungen ›Ildegonda‹ (1820) und ›Ulrico e Lida‹ (1837), das patriot. Epos ›I Lombardi alla prima crociata‹ (1826), den von Manzoni inspirierten histor. Roman ›Marco Visconti‹ (1834, dt. 1859) u.a. Werke.

Ausgabe: T. G. Opere poetiche. Mailand 1877. **Literatur:** Studi su T. G., pubblicati in occasione del centenario della morte. Mit Bibliogr. v. G. SOLDATI. Mailand 1953. – CHIARI, A.: T. G. e ›Marco Visconti‹. In: Italianistica 6 (1977), H. 3, S. 419. – CERRI, A.: I manzonismi nel ›Marco Visconti‹ di T. G. In: Giornale storico della letteratura italiana 157 (1980), H. 500, S. 557.

Grossman, Wassili Semjonowitsch, * Berditschew 12. Dez. 1905, † Moskau 14. Sept. 1964, russ.-sowjet. Schriftsteller. – Chemiker; sein von der sowjet. Kritik z. T. abgelehntes Werk umfaßt u. a. den Roman ›Stepan Koltschugin‹ (4 Tle., 1937–40, dt. 1953, 1962 u. d. T. ›Stürm. Jahre‹), in dem die bolschewist. Untergrundbewegung vor der Revolution dargestellt wird, den Roman ›Dies Volk ist unsterblich‹ (1942, dt. 1946), eine Schilderung verschiedener Charaktere der Roten Armee, und den Stalingradroman ›Wende an der Wolga‹ (1952, 1954 in 3 Tlen., dt. 1958). Der systemkrit. Roman ›Alles fließt‹ (hg. 1970, dt. 1972) gelangte über den Samisdat ins westl. Ausland; wo auch der Roman ›Leben und Schicksal‹ (hg. 1980, dt. 1984) postum erschien.

Weiteres Werk: Die Kommissarin (E., dt. 1989). **Literatur:** BOČAROV, A. G.: V. G. Moskau 1970.

Grosso, Alfonso, * Sevilla 6. Jan. 1928, span. Schriftsteller. – In seinen sozialkrit., zwischen Zynismus und Verzweiflung angesiedelten Romanen und Erzählungen entwirft G. vor dem Hintergrund polit., sozialer und ideolog. Erfahrungen Formen der Identität des einzel-

nen, die letztlich auf barocke Verwandlung und Erneuerung von Wirklichkeit zielen.

Werke: La zanja (R., 1961), Un cielo dificilmente azul (En., 1961), Germinal, y otros relatos (En., 1963), Testa de copo (R., 1963), El capirote (R., frz. und russ. 1964, span. 1966), Por el río abajo (Reiseb., 1966; mit A. López Salinas), La buena muerte (En., 1976), Los invitados (R., 1978), Giralda (R., 1982), Otoño indio (R., 1983).
Literatur: ABELLÁN, M. L.: Censura y creación literaria en España (1939–1976). Madrid 1980.

Großstadtdichtung. Umschlag zu Alfred Döblins Roman ›Berlin Alexanderplatz‹ (1929) von Georg Salter

Großstadtdichtung, thematisch bestimmter Sammelbegriff für Literatur, in der Erlebnisse, Erfahrungen und Konflikte von Menschen in der als bedrohend empfundenen Unüberschaubarkeit und Anonymität der modernen Großstadt dargestellt werden (wie z. B. in R. M. Rilkes ›Die Aufzeichnungen des Malte Laurids Brigge‹, 1910). Dabei erweist sich der Roman mit seinen vielfältigen Gestaltungsmöglichkeiten als die geeignetste literar. Form. Autoren von Großstadtromanen waren im 19. Jh. u. a. E. Sue, V. Hugo, Ch. Dickens, É. Zola, im 20. Jh. v. a. J. Dos Passos (›Manhattan Transfer‹, 1925, dt. 1927) und A. Döblin (›Berlin Alexanderplatz‹, 1929). Seit Ch. Baudelaire (›Kleine Prosagedichte‹, 1869, dt. 1920) ist die Großstadt auch häufig Gegenstand der Lyrik, so in Deutschland z. B. bei G. Heym, G. Trakl und B. Brecht. Auch nach dem 2. Weltkrieg wurde die Großstadt wiederholt zum literar. Thema, z. B. in den Romanen ›Paris–Rom oder die Modifikation‹ (1957, dt. 1958) von M. Butor, ›Die Erde ist unbewohnbar wie der Mond‹ (1973) von G. Zwerenz und ›Das Hochhaus‹ (1975) von I. Drewitz.

Literatur: KLOTZ, V.: Die erzählte Stadt. Ein Sujet als Herausforderung des Romans von Lesage bis Döblin. Mchn. 1969. – THEIS, R.: Zur Sprache der ›cité‹ in der Dichtung. Unters. zum Roman und zum Prosagedicht. Ffm. 1972. – REICHEL, N.: Der Dichter in der Stadt. Poesie u. Großstadt bei dtsch. Dichtern des 19. Jh. Ffm. u. Bern 1982. – RIHA, K.: Dt. Großstadtlyrik. Mchn. 1983. – Die Stadt in der Lit. Hg. v. C. MECKSEPER u. E. SCHRAUT. Gött. 1983. – Medium Metropole. Hg. v. F. KNILLI u. M. NERLICH. Hdbg. 1986.

Groteske [italien.-frz.; von italien. grottesco = phantastisch, wild, zu italien. grotta = Grotte], zunächst Bez. für die gegen Ende des 15. Jh. entstandene Ornamentik der Renaissancemalerei; diese G.n bestehen aus einer Verschlingung von stilisierten Pflanzen mit phantast. Fabelwesen und Menschengestalten, menschl. Köpfen, Masken, Gefäßen u. a.; in der Malerei wie in der Literatur bezeichnet das G. seit dem 16. Jh. dann die Darstellung der paradoxen (skurril, monströs oder makaber wirkenden) ›Verschlingung‹ der verschiedensten Dimensionen menschl. Daseins überhaupt. In diesem Sinne versteht man unter dem G. keinen bestimmten Stil, sondern eine Bewußtseinshaltung, die an den Bereich des ↑schwarzen Humors angrenzt. Die Grenze zwischen Wirklichem und Unwirklichem bleibt offen, das Wirkliche erscheint unwirklich und das Unwirkliche wirklich. Dadurch wird das G. auch literar. Gestaltung des Unbewußten, das, gemessen an der Realität der Außenwelt, als die eigtl. Wirklichkeit menschl. Exi-

stenz erlebt wird. In der literar. Darstellung spielt sich die Grenzüberschreitung im Spannungsfeld des Komischen ab. Zugleich erscheint die psycholog. Konditionierung des Menschen als widersprüchlich und unberechenbar. Die Komik des G.n besteht im Ausweichen vor dieser Erkenntnis. Die Kommunikation der Menschen ist ein Maskenspiel. Das G. begreift dies jedoch nicht als Lüge, sondern als genuin menschl. Eigenschaft. Dies wird in den ungewöhnlichsten, skurrilsten Kombinationen vorgeführt. Zentrale Themen sind Tod und Vereinsamung. Die groteske Komik ist in der Regel gewalttätig und bizarr. Die groteske Komik schockiert, das Lachen weicht dem Entsetzen. Eine Grenze zwischen Komik und Tragik ist kaum zu finden. Dabei ist dem G.n jedes Pathos fremd. Es beschränkt sich auf die Darstellung von existentiellen Grundsituationen einzelner Menschen. Werke, die durchgängig vom G.n geprägt sind, können unabhängig von ihrer spezif. Gattung, auch G.n genannt werden. – Epochen, in deren Literatur das G. eine bes. Rolle spielt, sind das 16. Jh. (in Frankreich F. Rabelais, ›Gargantua und Pantagruel‹, 5 Bde., 1532–64; in Deutschland J. Fischart, ›Affentheurliche und Ungeheuerliche Geschichtsschrift ...‹, 1575), der Sturm und Drang und v. a. die Romantik, die mit der ›Préface de Cromwell‹ (1827) von V. Hugo geradezu eine Poetik des G.n (als Ausdruck und Element des Antiklassizistischen) erhält. Für die Romantik sind in Deutschland neben den theoret. Erörterungen des G.n (u. a. F. Schlegel) v. a. die Werke von E. T. A. Hoffmann und J. M. R. Lenz sowie Ch. D. Grabbe (›Scherz, Satire, Ironie und tiefere Bedeutung‹, 1827) zu nennen, in Amerika bes. das Werk von E. A. Poe, für die europ. Literatur des 20. Jh. v. a. die Dadaisten, Expressionisten und Surrealisten. Richtungweisend war um die Jahrhundertwende das Werk F. Wedekinds. In der erzählenden Literatur ragt das Werk F. Kafkas heraus. Im Laufe des 20. Jh. entwickelt sich das G. hpts. in der dramat. Literatur, in der Folge von A. Jarrys ›König Ubu‹ (1896, dt. 1959) als Farce, zunächst v. a. in Frankreich

412 **Groth**

(G. Apollinaire, R. Vitrac), wo es auch wesentl. Element des ↑ absurden Theaters wurde. In Italien ist als Dramatiker des grotesk-absurden Theaters nach L. Pirandello v. a. D. Buzzati bedeutend, in Amerika sind es u. a. E. O'Neill (u. a. ›Der haarige Affe‹, 1922, dt. 1924), E. Albee, J. Gelber und A. L. Kopit (›Oh Vater, armer Vater, Mutter hängt dich in den Schrank, und ich bin ganz krank‹, 1960, dt. 1965). In der deutschsprachigen Literatur sind neben einzelnen Werken von M. Frisch, G. Grass und W. Hildesheimer die Komödien von F. Dürrenmatt für die groteske Literatur von Bedeutung.
Literatur: KAYSER, W.: Das G. Old. u. Hamb. 1957. – HEIDSIECK, A.: Das G. u. das Absurde im modernen Drama. Stg. u. a. 1969. – LEOPOLDSEDER, H.: Groteske Welt. Bonn 1973. – FLÖGEL, K. F.: Gesch. des Grotesk-Komischen. Do. 1978. – Das G. in der Dichtung. Hg. v. O. F. BEST. Darmst. 1980. – SANDIG, H.: Dt. Dramaturgie des G.n um die Jh.wende. Mchn. 1980. – Ares u. Dionysos. Das Furchtbare u. das Lächerliche in der europ. Lit. Hg. v. H. J. HORN u. H. LAUFHÜTTE. Hdbg. 1981. – McELROY, B.: Fiction of the modern grotesque. London u. a. 1989.

Groth, Klaus, * Heide 24. April 1819, † Kiel 1. Juni 1899, niederdt. Schriftsteller. – Schreiber, dann Lehrer in Heide, 1847–53 auf der Insel Fehmarn, wo die meisten seiner niederdt. Gedichte entstanden; 1853 zog er nach Kiel; hier erarbeitete er mit dem Germanisten Karl Müllenhoff (* 1818, † 1884) niederdt. Rechtschreibgrundlagen; Studium in Bonn, 1866 Prof. für dt. Sprache und Literatur in Kiel. Mit der Sammlung ›Quickborn‹ (1852; 2. Tl. 1871) bewies G. die Literaturfähigkeit der niederdt. Sprache. Die Bände enthalten Lieder, Balladen, Idyllen und Erzählungen über Land und Leute seiner Dithmarscher Heimat. G.s Werke zeichnen sich durch gemüt- und liebevolle Zeichnung, melodiösen Ton und behagl. Stimmung aus.
Weitere Werke: Hundert Blätter (hochdt. Ged., 1854), Vertelln (En., 2 Bde., 1855–59), Voer de Goern (Kinderreime, 1858), Briefe über Hochdeutsch und Plattdeutsch (1858), Rothgeter Meister Lamp un sin Dochder (Idyllen, 1862), Ut min Jungsparadies (En., 1876), Über Mundarten und mundartige Dichtung (1876), Lebenserinnerungen (hg. 1891).
Ausgabe: K. G. Sämtl. Werke. Hg. v. F. PAULY u. a. Heide 1981. 6 Bde.

Literatur: SEELIG, G.: K. G. Hamb. 1924. – JØRGENSEN, P.: Die dithmarscher Mundart von K. G.s ›Quickborn‹. Kopenhagen 1934. Nachdr. Hamb. 1981. – K. G.-Gesellschaft. Jahresgabe. Hg. v. B. WEIHMANN. Heide 1960 ff. – MEHLEM, R.: K. G.-Forschung in neuer Sicht. In: Jb. 87 des Vereins f. niederdt. Sprachforschung (1964), S. 139. – Das Leben K. G.s – von ihm selbst erzählt. Bearb. v. J. HARTIG. Heide 1979.

Klaus Groth

Groto (Grotto), Luigi, * Adria bei Venedig 7. Sept. 1541, † Venedig 13. Dez. 1585, italien. Dichter. – Von Geburt an blind (daher ›il Cieco d'Adria‹ genannt), trat schon mit 15 Jahren als Redner öffentlich hervor; 1565 erster Präsident der Akademie der ›Illustrati‹; schrieb bukol. Dramen in manieriertem Stil (›Calisto‹, 1577), Tragödien (›Adriana‹, 1578, die erste dramat. Bearbeitung des Romeo-und-Julia-Stoffes nach einer Novelle von M. Bandello), Komödien (›Emilia‹, 1579; ›La alteria‹, 1584), Gedichte und die ›Orazioni volgari e latine‹ (hg. 1586).
Literatur: PIERI, M.: Il ›laboratorio‹ provinciale di L. G. In: Rivista italiana di drammaturgia 4 (1979), H. 14, S. 3.

Groult, Benoîte [frz. gru], * Paris 31. Jan. 1920, frz. Schriftstellerin. – Journalistin; gehört nach einer Reihe von gemeinsamen Publikationen mit ihrer Schwester Flora (* 1924; ›Tagebuch vierhändig‹, 1962, dt. 1965; ›Juliette und Marianne. Zwei Tagebücher einer Liebe‹, 1965, dt. 1966; ›Es war zweimal‹, 1968, dt. 1994) mit ihren Schriften (›Die Dinge, wie sie sind‹, 1974, dt. 1980; ›Ödipus' Schwester. Zorniges zur Macht der Männer über die Frauen‹, 1975, dt. 1985; ›Le féminisme au masculin‹, 1977) zu den Wortführerinnen der Frauenbewegung in Frankreich. Ausgehend von ihrer eigenen glückl. Kindheit fragt sie unter Einbeziehung sozialpsycholog. und -histor. Erkenntnisse nach Geschichte und Begründung der Situation der Frau und entwirft ebenso streng in der essayist. Theorie wie sentimental in der fiktionalen Praxis Möglichkeiten von Befreiung und Verbesserung der herrschenden Zustände. Bes. Einfluß hat G. auch durch ihre journalist. Beiträge zu den Zeitschriften ›Elle‹, ›Parents‹ und ›F magazine‹ gewonnen.

Weitere Werke: La moitié de la terre (Essay, 1981), Leben will ich (R., 1983, dt. 1984), Salz auf unserer Haut (R., 1988, dt. 1989), Wie die Freiheit zu den Frauen kam: das Leben der Pauline Roland (1991, dt. 1992).
Literatur: GONTIER, F.: B. G. Paris 1978.

Group, The [engl. ðə 'gru:p], informelle Vereinigung engl. Autoren, 1955 von Ph. D. Hobsbaum in London gegründet, die im krit. Dialog junge Talente förderte. Mit harter, direkter, radikaler, z. T. politisierter Dichtung bezog die G. eine Gegenposition zur gleichzeitigen Movement-Lyrik. In ›A Group anthology‹ (1963) stellte sie sich kollektiv vor. Zu den Hauptvertretern gehören E. Lucie-Smith, G. MacBeth, P. Porter, Peter William Redgrove (* 1932), später auch Brian Stanley Johnson (* 1928) u. a.; reorganisierte sich 1965 als ›Writers' Workshop‹.

Grove, Frederick Philip [engl. ɡroʊv], eigtl. Felix Paul Greve, * Radomno (Westpreußen) 14. Febr. 1879, † bei Simcoe (Ontario) 19. Aug. 1948, kanad. Schriftsteller dt. Herkunft. – Nach unsteten Wanderjahren als Autor (u. a. die Romane ›Fanny Essler‹, 1905; ›Maurermeister Ihles Haus‹, 1906) und einer Gefängnisstrafe täuschte G. 1909 seinen Selbstmord vor und floh nach Nordamerika, wo er sich zuerst als Lehrer in Manitoba, ab 1923 als freier Schriftsteller, später auch als Vortragsreisender und Farmer eine materiell immer prekäre Existenz und mit seiner Autobiographie ›In search of myself‹ (1946) eine schwed. Herkunft schuf (eine erst ab 1969 von D. O. Spettigue aufgedeckte Fiktion). G. ist die Zentralfigur des realist., die Härten des Pionierlebens akzentuierenden kanad. Western- und Prärieromans. In

trag. Manier erzählt er von der Auseinandersetzung mit der Natur und zwischen den Generationen und den Geschlechtern.

Weitere Werke: Over prairie (Skizzen, 1922), The settlers of the marsh (R., 1925), A search for America (R., 1927), Our daily bread (R., 1928), The yoke of life (R., 1930), Fruits of the earth (R., 1933), The master of the mill (R., 1944).
Literatur: SUTHERLAND, R.: F. P. G. Toronto 1969. – SPETTIGUE, D. O.: F. P. G. The European years. Ottawa 1973.

Grübel, Johann Konrad, * Nürnberg 3. Juni 1736, † ebd. 8. März 1809, dt. Mundartdichter. – War Stadtflaschner (Klempner) in Nürnberg; Mitglied des ›Pegnes. Blumenordens‹; seine ›Gedichte in Nürnberger Mundart‹ (4 Bde., 1798–1812) bieten eine getreue Wiedergabe des bürgerl. Lebens.

Grubel, Ludwig, Pseudonym des österr. Dramatikers und Erzählers Ludwig ↑ Anzengruber.

Gruber, Reinhard Peter, * Fohnsdorf (Steiermark) 20. Jan. 1947, österr. Schriftsteller. – Studierte Theologie in Wien; seit 1974 freier Schriftsteller und Journalist. In dem Roman ›Aus dem Leben Hödlmosers‹ (1973) stellt G. Situationen aus dem Leben eines steir. Bauern dar, die er mit in einer wiss. Sprache gehaltenen Regieanweisungen kommentiert. Die Diskrepanz der beiden aufeinandertreffenden Sprachmuster entlarvt die von der Sprache erzeugten Klischees und ruft überdies eine kom. Wirkung hervor. Auch Hör- und Fernsehspiele, Dramen.

Weitere Werke: Alles über Windmühlen (Essays, 1971), Im Namen des Vaters (R., 1979), Heimwärts Einwärts (Prosa, 1980), Die grüne Madonna (R., 1982), Die Negerhaftigkeit der Literatur (Essay, 1992; mit L. Harig).

Grubeschliewa (tl.: Grubešlieva), Marija Iwanowa, * Kjustendil 13. Juni 1900, † Sofia 31. Jan. 1970, bulgar. Schriftstellerin. – Verfasserin von Gedichten, Erzählungen und Romanen; anfangs persönl. und lyr. Stimmungen, später soziale Motive und realist. Darstellungen.

Werke: Chljab i vino (= Brot und Wein, Ged., 1930), Kakvo vidjach v Ispanija (= Was ich in Spanien sah, Reiseber., 1938), Nasrešten vjatár (= Gegenwind, R., 1941), Prez igleno ucho (= Durch das Nadelöhr, R., 1948).
Ausgabe: M. I. Grubešlieva. Izbrani proizvedenija. Sofia 1970.

Grubiński, Wacław [poln. gru'biĩski], * Warschau 25. Jan. 1883, † London 9. Juni 1973, poln. Schriftsteller. – Ab 1943 in London; neigte zu skurriler und paradoxer Darstellung auswegloser Konfliktsituationen in Novellen und Dramen; Vorliebe für iron. Gestaltung und witzigen Dialog; seine frühen Dramen zeichnen sich durch subtile Charakterisierung aus; später Neigung zu paradoxer, übertreibender Typisierung.

Gruffydd, William John [engl. 'grɪfɪð], * Bethel (Caernarvon) 14. Febr. 1881, † 1954, walis. Schriftsteller. – Prof. in Cardiff; wandte sich einerseits gegen die engen Konventionen des Viktorian. Zeitalters, während er andererseits Nostalgie für die Gesellschaft seiner Jugendzeit empfand; auch Essayist, Literaturkritiker und Biograph.

Werke: Telynegion (= Lyrik, mit R. Silyn Roberts, 1900), Caneuon a cherddi (= Gesänge und Gedichte, 1906), Llenyddiaeth Cymru o 1450 hyd 1600 (= Walis. Literatur von 1450 bis 1600, 1922), Ynys yr hud a chaneuon eraill (= Die Zauberinsel und andere Gesänge, 1923), Llenyddiaeth Cymru, rhyddiaith o 1540 hyd 1660 (= Walis. Literatur, Prosa von 1540 bis 1660, 1926), Caniadau (= Gesänge, 1932), Hen atgofion (= Erinnerungen, 1936).

Grummelkut, Johann [...ku:t], dt. Musiker, Schriftsteller und Arzt, ↑Johann von Soest.

Grün, Anastasius, eigtl. Anton Alexander Graf von Auersperg, * Ljubljana 11. April 1806, † Graz 12. Sept. 1876, österr. Schriftsteller. – Studierte in Wien und Graz Philosophie und Jura, war bekannt mit E. von Bauernfeld, I. F. Castelli u. a., stand mit dem Schwäb. Dichterkreis in Verbindung und war später mit N. Lenau befreundet. Ab 1831 lebte G. auf seinen Gütern. 1848 Mitglied des Frankfurter Vorparlaments, 1861 des österr. Herrenhauses, 1868 Präsident der österr. Reichsratsdelegation. In seinem bekanntesten Werk, ›Spaziergänge eines Wiener Poeten‹ (1831), kämpft er gegen Klerus und Reaktion, als deren Verkörperung ihm Metternich galt. G. schrieb polit. Lyrik sowie Epen; auch Übersetzer; gab die Werke Lenaus heraus.

Weitere Werke: Blätter der Liebe (Ged., 1830), Schutt (Dichtungen, 1835), Gedichte (1837), Nibelungen im Frack (Epos, 1843), Der Pfaff vom Kahlenberg (Epos, 1850).

Ausgabe: A. G.s Werke. Hg. v. E. CASTLE. Bln u. a. 1909. 6 Tle.

Grün, Max von der, * Bayreuth 25. Mai 1926, dt. Schriftsteller. – War 1951–64 Bergmann im Ruhrgebiet, seither freier Schriftsteller. Obwohl G. schon seit 1953 v. a. Gedichte (ferner Essays und Literaturkritiken) schrieb, wurde er erst nach dem Zusammenschluß der Dortmunder ↑Gruppe 61, die er mitbegründete, durch seine im Kohlenrevier spielenden, realist., aus eigener Erfahrung sozialkritisch geprägten Romane ›Männer in zweifacher Nacht‹ (1962) und v. a. ›Irrlicht und Feuer‹ (1963) bekannt und führte damit, als einer der ersten in der BR Deutschland, die Welt der Arbeit erneut als literar. Thema ein. Schreibt auch Hör- und Fernsehspiele sowie Jugendbücher.

Max von der Grün

Weitere Werke: Fahrtunterbrechung und andere Erzählungen (1965), Smog (Feature, 1966), Zwei Briefe an Pospischiel (R., 1968), Menschen in Deutschland (BRD) (Porträts, 1973), Stellenweise Glatteis (R., 1973), Leben im gelobten Land. Gastarbeiterporträts (1975), Vorstadtkrokodile (Jugendb., 1976), Flächenbrand (R., 1979), Etwas außerhalb der Legalität (En., 1980), Klassengespräche. Aufsätze, Reden, Kommentare (1981), Späte Liebe (E., 1982), Friedrich und Friederike. Geschichten (1983), Die Lawine (R., 1986), Springflut (R., 1990).
Literatur: M. v. d. G. Hg. v. H. L. ARNOLD. Mchn. 1975. – SCHONAUER, F.: M. v. d. G. Mchn. 1978. – M. v. d. G. Materialienbuch. Hg. v. S. REINHARDT. Darmst. u. Nw. 1978. – M. v. d. G. Texte, Daten, Bilder. Hg. v. S. REINHARDT. Ffm. 1990.

Grünberger Handschrift, gelehrte Fälschung einer angeblich alttschech.

Liederhandschrift, † Königinhofer Handschrift.

Grundtvig, Nicolai Frederik Severin [dän. 'grondvi], * Udby (Seeland) 8. Sept. 1783, † Kopenhagen 2. Sept. 1872, dän. Theologe, Historiker und Dichter. – Sohn eines streng luth. Pfarrers, studierte Theologie in Kopenhagen, war Hauslehrer, dann Pfarrer; legte, als er unter Zensur gestellt wurde, sein Amt nieder, reiste nach England; 1839 Kaplan in Kopenhagen, gründete 1844 in Rødding die erste dän. Volkshochschule; 1861 Bischof von Seeland; bed. Volkserzieher, Förderung der Erwachsenenbildung. In bewußtem Gegensatz zum Rationalismus wandte er sich, von H. Steffens angeregt, romant. Gedanken zu und beschäftigte sich intensiv mit der nord. Vorzeit, die er in seinen Übersetzungen von Saxo Grammaticus, Snorri Sturluson und Beowulf zugänglich machte; seine Lyrik umfaßt v. a. geistliche Lieder, die, voller Naturfreude und Lebensbejahung, der nordischen religösen Lyrik neue Impulse verliehen.
Ausgaben: N. F. S. G. Værker i udvalg. Hg. v. G. CHRISTENSEN u. H. KOCH. Kopenhagen 1940–49. 10 Bde. – N. F. S. G. Sang-Værk. Kopenhagen 1944–64. 6 Bde.
Literatur: RØNNING, F. V. V.: N. F. S. G. Kopenhagen 1907–14. 4 Bde. – STEFFENSEN, S.: G. u. die dt. Romantik. In: Beitrr. zur dt. u. nord. Lit. Festgabe f. Leopold Magon zum 70. Geburtstag, 3. April 1957. Hg. v. H. W. SEIFFERT. Bln. 1958. – Kontroverse um Kierkegaard u. G. Hg. v. K. E. LØGSTRUP u. G. HARBSMEIER. Mchn. 1966–68. 2 Bde. – JØRGENSEN, A.: G.-litteraturen 1963–73. Kopenhagen 1975 (Bibliogr.). – BORUM, P.: Digteren G. Kopenhagen 1983. – N. F. S. G. Tradition u. Erneuerung. Hg. v. CH. THODBERG u. A. PONTOPPIDAN-THYSSEN. Kopenhagen 1983. – BERTELSEN, O.: Dialogen mellem G. og Kierkegaard. Kopenhagen 1990. – PONTOPPIDAN THYSSEN, A.: G. og den grundtvigske arv. Frederiksberg 1991. – ALLCHIN, A. M.: Heritage and prophecy. G. and the English-speaking world. Norwich 1994.

Gruppe 47, fluktuierende Gruppierung von Schriftstellern und Publizisten (ohne Mitgliederstatus) um H. W. Richter, entstanden mit der Absicht, die ›junge Literatur ... zu sammeln und zu fördern‹. Als Gründungsdatum gilt der 10. Sept. 1947, an dem sich die ehemaligen Herausgeber der verbotenen Zeitschrift ›Der Ruf‹ (1946/47), H. W. Richter und A. Andersch, die Autoren Heinz Friedrich (* 1922), W. Kolbenhoff, W. Schnurre, W. Bächler, Walter Maria Guggenheimer (* 1903, † 1967), Nicolaus Sombart (* 1923) trafen, um die erste, dann ebenfalls verbotene Nummer einer neuen Zeitschrift ›Der Skorpion‹ vorzubereiten. Die polit. Intentionen der G. 47 nannte H. Heißenbüttel ›antifaschistisch, antimilitaristisch, antirassistisch, antiautoritär‹ (›Nachruf auf die G. 47‹, 1971). Die G. 47 bestimmte bald das literar. Bild in der BR Deutschland (bis weit in die 60er Jahre). Die Entwicklung der Nachkriegsliteratur bis zu den Experimenten der 60er Jahre läßt sich an den Lesungen auf den Tagungen relativ gut verfolgen, ebenso an den Preisträgern des Literaturpreises der Gruppe 47 seit 1950: G. Eich, H. Böll, I. Aichinger, I. Bachmann, A. Morriën, M. Walser, G. Grass, J. Bobrowski, P. Bichsel, Jürgen Becker. 1967 fand die letzte Tagung im alten Stil statt. 1972 lud Richter unter Ausschluß der Öffentlichkeit in Berlin Freunde der alten G. 47 und jüngere Schriftsteller zu Lesungen und Gesprächen und unternahm damit möglicherweise den Versuch eines Neubeginns. Zu den über 200 Autoren, die auf den Tagungen der G. 47 im In- und Ausland gelesen haben und ihr insofern zuzurechnen sind, gehörten außer den genannten v. a. noch: R. Baumgart, H. Bender, H. Bienek, E. Borchers, H. von Cramer, G. Elsner, H. M. Enzensberger, W. Hildesheimer, W. Höllerer, W. Jens, U. Johnson, A. Kluge, W. Koeppen, S. Lenz, R. Lettau, R. Rehmann, P. Rühmkorf, E. Schnabel, P. Weiss, W. Weyrauch, G. Wohmann. Die G. 47 löste sich auf ihrer Tagung im Sept. 1977 in Saulgau endgültig auf.

Literatur: Die G. 47. Bericht, Kritik, Polemik. Hg. v. R. LETTAU. Nw. u. Bln. 1967. – KRÖLL, F.: G. 47. Stg. 1979. – HÜLSEBUS-WAGNER, CH.: Hörfunkformen von Autoren der G. 47 u. ihres Umkreises. Aachen 1983. – Leseb. der G. 47. Hg. v. H. A. NEUNZIG. Mchn. 1983. – Die G. 47. Ein krit. Grundriß. Hg. v. H. L. ARNOLD. Mchn. ²1985. – G. 47. Erstausgg., Sammel-Bde., Zss. Stg. 1988. – KINDER, H.: Der Mythos der G. 47. Egglingen 1991. – In der Gesch. der Bundesrepublik. Hg. v. J. FETSCHER u. a. Wzb. 1991. – RICHTER, H. W.: Im Etablissement der Schmetterlinge. 21 Portraits aus der G. 47. Mchn. ²1993.

Gruppe 61, Arbeitskreis von Schriftstellern, Kritikern, Journalisten und Lektoren, die ›sich frei von polit. und staatl. Aufträgen und Richtlinien mit den sozialen und menschl. Problemen der industriellen Arbeitswelt künstlerisch‹ auseinandersetzen wollten. Seit der ersten öffentl. Veranstaltung am 17. Juni 1961 regelmäßige Zusammenkünfte (mindestens zweimal jährlich). Eine Krise seit Mitte der 60er Jahre führte 1970 zur Abspaltung des ↑Werkkreises Literatur der Arbeitswelt und zu gruppeninternen Diskussionen, die 1971 zu einer Neuformulierung des Programms führten: ›Die G. 61 will unter Benutzung aller Kommunikationsmöglichkeiten Sachverhalte der Ausbeutung ins öffentl. Bewußtsein bringen‹. Bekannte Mitglieder der G. 61 sind u. a. M. von der Grün und F. C. Delius.
Literatur: Aus der Welt der Arbeit. Almanach der G. 61 u. ihrer Gäste. Hg. v. F. HÜSER u. a. Nw. u. Bln. 1966. – G. 61: Arbeiterlit. Lit. der Arbeitswelt? Hg. v. H. L. ARNOLD. Stg. u. a. 1971.

Gruppo '63 [italien. 'gruppo ses'santa 'tre], Zusammenschluß von 34 italien. Autoren (Lyriker, Prosaschriftsteller, Literaturkritiker) im Okt. 1963 in Palermo (nach dem Vorbild der dt. ↑Gruppe 47 und der frz. Gruppe ↑Tel Quel). Ihre Vertreter (z. T. schon seit Mitte der 50er Jahre als Gruppe der ›Novissimi‹ um die Zeitschrift ›Il Verri‹ zusammengeschlossen) zielten in Opposition zur Literatur des ↑Neorealismus und ↑Hermetismus auf die literar. Gestaltung der Wirklichkeit mittels experimenteller Sprachstrukturen im Sinne einer provokativen ›Entheiligung‹ der traditionellen Poesie. Zitatmontagen, Collagetechniken, serielle Assoziationen und Stilzüge des ↑Manierismus ersetzten traditionelle literar. Sprach- und Handlungsstrukturen (Vorbild war der frz. ↑Nouveau roman). Zu den Theoretikern dieser experimentellen Literatur gehörten Luciano Anceschi (* 1911) und U. Eco, die u. a. auf die Tradition barocker Dichtungstechniken des 16./17. Jh. verweisen; wichtige Vertreter waren Elio Pagliarani (* 1927), Nanni Balestrini (* 1935), Antonio Porta (* 1935) und v. a. Alfredo Giuliani (* 1924) und E. Sanguineti, die neben G. Manganelli, sowohl durch ihre Experimente im Bereich der Lyrik und des Romans als auch bes. durch ihre Bemühungen um neue Theaterformen dem G. '63 zu internat. Beachtung verhalfen (u. a. mit einer eigenen Theatergruppe, der ›Compagnia del G. '63‹; berühmte Inszenierung: Sanguinetis ›Orlando furioso‹, 1970). – Publizistische Foren des G. '63 waren Literaturzeitschriften wie ›Marcatrè‹ (seit 1963) und bes. ›Quindici‹ (1967–69); daneben eine Reihe von Anthologien wie Giulianis ›Vent'anni di impazienza‹ (1965) sowie Giuseppe Guglielmis (* 1923) und Pagliaranis ›Manuale di poesia sperimentale‹ (1966). Der G. '63 löste sich Ende der 60er Jahre auf.
Literatur: SANGUINETI, E.: Ideologia e linguaggio. Mailand 1965. – G. 63. Hg. v. N. BALESTRINI. Mailand 1966. – Manuale di poesia sperimentale. Hg. v. G. GUGLIELMI u. E. PAGLIARANI. Mailand 1966. – G.'63. Critica e teoria. Hg. v. R. BARILLI u. A. GUGLIELMI. Mailand 1976.

Gruša, Jiří [tschech. 'gruʃa], * Pardubice 10. Nov. 1938, tschech. Schriftsteller. – (Zunächst von F. Halas beeinflußter) Lyriker und Übersetzer aus dem Deutschen (u. a. F. Kafka, P. Celan, R. M. Rilke) sowie Erzähler; ab 1969 Publikationsverbot; 1978 im Gefängnis; verließ 1980 die ČSSR (Staatsbürgerschaft aberkannt) und lebte seither in der BR Deutschland. 1990 erfolgte seine Ernennung zum Botschafter der ČSFR in Bonn.
Werke: Der 16. Fragebogen (R., 1978, dt. 1979), Franz Kafka aus Prag (dt. 1983), Janinka (R., dt. 1984), Mimner, oder Das Tier der Trauer (R., dt. 1986), Der Babylonwald. Gedichte 1988 (dt. 1991), Wandersteine (Ged., dt. 1994).

Grušas, Juozas [lit. 'gruʃas], * Žadžiūnai (Kreis Šiauliai) 29. Nov. 1901, † Kaunas 21. Mai 1986, litauischer Schriftsteller. – Veröffentlichte seit 1928 realist. und sozialkrit. Prosa, die ihn zu einem der führenden litauischen Romanciers werden ließ. Nach dem 2. Weltkrieg wandte er sich dem Drama zu; gilt als der bedeutendste litauische Dramatiker seiner Zeit.
Werke: Ponia Bertulienė (= Frau B., E., 1928), Karjeristai (= Karrieristen, R., 1935), Sunki ranka (= Die schwere Hand, E., 1937), Dūmai (= Rauch, Dr., 1956), Herkus Mantas (Trag., 1957), Adomo Brunzos paslaptis (= Das Geheimnis des Adomo Brunzo, Dr., 1967).